BIBLIOTHECAE SYRIACAE

A

PAULO DE LAGARDE

COLLECTAE

QUAE AD PHILOLOGIAM SACRAM PERTINENT

WIPF & STOCK · Eugene, Oregon

Wipf and Stock Publishers
199 W 8th Ave, Suite 3
Eugene, OR 97401

Bibliothecae Syriacae
Edited by Lagarde, Paul
ISBN 13: 978-1-55635-714-5
ISBN 10: 1-55635-714-1
Publication date 11/8/2007
Previously published by Gattingae, 1892

VETERIS TESTAMENTI GRAECI

IN SERMONEM SYRIACUM VERSI

FRAGMENTA OCTO

De codicibus ad fragmenta veteris testamenti de graeco syriaca edenda a me adhibitis rettulerunt Wilhelmus Wright et Hermanus Zotenberg.

primus est musei britannici Additional 14442 = 48 Wrightii:

The book of Genesis, translated from the Septuagint by Paul, bishop of Tellā or Constantina.

Vellum, about $8^3/_4$ in. by $5^3/_8$, consisting of 46 leaves, many of which are much stained and torn, especially foll. 3—6, 9, 10, 17—21, 35, and 46. The quires, signed with letters, were originally 13 in number, but several are now lost, and only ܝܒ, ܝ, and ܒ, are complete. Leaves are wanting after foll. 2, 6, 8, 18, 19, 20, 21, 33, and 45. Each page has from 22 to 28 lines. This manuscript is written in a good, regular Esṭrangẹlā of the vii[th] cent.

secundus musei britannici Additional 12134 = 49 Wrightii:

The book of Exodus, ܡܦܩܢܐ. ܒ., translated from the Septuagint by Paul of Tellā.

Vellum, about $10^1/_4$ in. by $6^3/_4$, consisting of 134 leaves, one of which (fol. 6) is much torn. The quires, 14 in number, are signed with letters, but the first is imperfect, leaves being missing after foll. 1, 5, and 6. The number of lines in each page varies from 20 to 22. The writing is a fine, regular Esṭrangẹlā. This manuscript is dated A. Gr. 1008, A. D. 697.

librario Lazaro nomen erat

tertius musei britannici Additional 14437 = 50 Wrightii:

The book of Numbers, translated from the Septuagint by Paul of Tellā.

Vellum, about $10^1/_8$ in. by $6^5/_8$, consisting of 46 leaves, several of which are much stained and torn, especially foll. 7, 8, 38, and 39. The writing has been purposely effaced on foll. 45 *a* and *b*, and 46 *b*. The quires, now eight in number, are signed with letters, but only ܗ, ܙ and ܛ are complete. Leaves are wanting both at the beginning and end, as well as after foll. 2, 4, 6, 7, 21, and 23. The number of lines in each page varies from 24 to 29. This manuscript is written in a fine, regular Esṭrangẹlā, of the viii[th] cent.

quartus musei britannici Additional 12133 = 51 Wrightii:

The book of Joshua . . . ., translated from the Septuagint by Paul of Tellā.

Vellum, about $9^7/_8$ in. by $6^5/_8$, consisting of 61 leaves . . . ., some of which are slightly stained and the last is much torn. The quires, signed with letters, were originally eight in number, but the signatures now run from ܒ to ܛ. Leaves are wanting at the beginning, and after foll. 112, 113, 119, 120, and 128. There are 25 or 26 lines in each page. The writing is a fine, regular Esṭrangẹlā of the viii[th] cent.

quintus musei britannici Additional 17103 = 52 Wrightii:

The books of Judges and Ruth, translated from the Septuagint version by Paul of Tellā. Vellum, about $10^1/_4$ in. by $6^3/_4$, consisting of 70 leaves, a few of which are a little stained, and one (fol. 68) slightly torn. The quires, seven in number (the last of 15 leaves), are signed with letters. A couple of leaves are wanting at the beginning, and one after fol. 5. There are from 23 to 26 lines in each page. This manuscript is written in a fine, regular Esṭrangelā of the viii[th] cent.

sextus musei britannici Additional 14437 = 53 Wrightii:

The third book of Kings, translated from the Septuagint by Paul of Tellā.

Vellum, about $10^1/_8$ in. by $6^1/_2$, consisting of 78 leaves . . . ., of which the last six are more or less stained and torn. The quires, signed with letters, were originally nine in number, but ܛ is now lost. There are from 21 to 28 lines in each page. The writing is a fine, regular Esṭrangelā of the viii[th] cent.

septimus bibliothecae parisiensis ancien fonds 5 = 27 Zotenbergii:

Le quatrième livre des Rois, traduit sur le texte grec hexaplaire par Paul, évêque de Téla. Entre les feuillets actuellement cotés 86 et 87, il manque un feuillet (4e livre des Rois, chap. xxv, vers 20 à 29).

Edita erat eorum quae in hoc voluminis mei tomo repeto pars non exigua ab Henrico Middeldorpfio, Thoma Skat Rördam, Antonio Ceriani. nam HMiddeldorpfius anno 1835 in codice syriaco-hexaplari publici iuris fecerat librum Regnorum quartum, exemplo usus ab Iacobo Bruns descripto: ThSkat Rördam annis 1859 et 1861 libros Iudicum et Ruth cum viris doctis communicaverat: ACeriani annis 1863—1868 in monumentorum sacrorum et profanorum volumine secundo Genesis quae manserunt omnia et Exodi quae 33 2 verba καὶ Εὔαῖον praecedunt, protulerat.

ad hos accessi anno 1880 ego, quae post Exodi 33 2 Γεργεσαῖον sequuntur, Numerorumque et Iosue et tertii Regnorum libri lacinias superstites omnes primus edens, Cerianea et Middeldorpfiana ad codicum anno 1879 a me collatorum fidem repetens. in quo negotio perficiendo litteris hebraicis utendum erat: quod me invitissimum fecisse non est quod dicam.

tertium contuli quae anno 1879 Londinii descripseram et primum atque alterum contuleram, anno 1890: ad quartum Regnorum librum reverti non potui, mense Augusto anni 1879 a me Parisiis excussum.

ad libri Iosue versionem edendam adhibui quae anno 1574 ex officinâ Christophori Plantini vir laude meâ maior, Andreas Masius, in Iosuae imperatoris historiâ illustratâ atque explicatâ e codice suo syriaco delibaverat. quem codicem si reciperare possemus, gemellum ni fallor fratrem haberemus Ambrosiani illius celeberrimi ab Antonio Ceriani solis ope editi.

Capitum σύνοψιν huic versioni insertam eam esse quae anno 1724 in Chrysostomi editione **6** 314—391 non integram typis exscripserat Bernhardus de Montfaucon, primus ACeriani anno 1863 vidit: post Cerianium viderunt Wilhelmus Wright et Hermanus Zotenberg. de quâ quum in libro meo Septuagintastudien uberius egerim, hoc loco tacendum mihi esse intellego.

Erat quum synopsi graecâ ita uti me posse confiderem, ut verba syriaca iniuriâ temporis evanida reciperarem. sed res male cessit: nam haut raro incertus haerebam, quodnam vocabulum syriacum indoli orationis graecae aptum esset. consultius igitur visum est, locis eis quibus syriaca male servata sunt, graeca in eorum beneficium integra adponere qui me syriace doctiores damno mederi volent. syriaca ita edidi ut singularum paginarum versus quam adcuratissime imitarer. quod eo consilio feci, ut ad normam certam sua exigere possent qui ad lacunas sarciendas animum adplicare audebunt. versuum interdum non eundem in utrâque folii parte numerum haberi videbunt qui his meis utentur: quâ re ut caute agant, monebuntur.

En capita ipsa, quot quidem aetatem apud Syros tulerunt.

2¹ | ܩܛܠܐ ܕܒܪܢܫܐ ܀

ܐ ܘܡܢ ܕܡܫܬܠܛ ܒܚܝܘܬܐ ܒܥܠܡܐ ܘܡܫܬܠܛ ܒܥܒܕܘܗܝ ܕܒܪܢܫܐ ܀

ܒ ܗܘܡܢܐ ܢܘܚ ܐܝܟ . ܘܡܫܬܠܛܢܐ ܐܬܐ ܡܢ ܐܠܗܐ ܕܝܠܗ . ܘܡܢ ܐܬܒܪܟܬ ܡܢ ܫܡܝܐ . ܩܕܡܝܐ
ܒܥܠܡܐ . ܘܡܢ ܗܘܐ ܒܥܠܡܐ ܐܝܟ ܒܬܘܠܬܐ . ܢܦܩܬ ܡܢ ܦܪܕܝܣܐ . ܘܚܘܝܐ ܡܚܒܠ ܒܬܘܠܬܐ ܒܗ
ܕܟܠ ܚܝܐ ܢܦܩܘ ܀

ܓ ܦܬܓܡܐ ܠܐܒܪܗܡ ܡܠܝ ܡܫܬܠܛ ܗܘ ܕܐܬܒܪܟ . ܘܗܘ ܐܒܘܗܝ ܕܥܡܡܐ . ܘܟܠܗ ܗܘܢ ܩܘܡܝ ܒܢܝܐ : ܢܒܪܐ
ܕܝ ܗܘܐ ܒܥܡܗ ܀

ܕ ܩܝܢܝܐ ܕܗܘܢ ܕܡܢ ܐܝܟ . ܕܗܘܢ ܕܡܢ ܥܡܗ ܒܪܝܬܐ ܒܥܡܗ . ܘܡܬܢܨܒܐ ܒܦܪܝܬܐ ܕܡܫܬܠܛ ܗܘܢܝܐ
ܗܘܢ ܕܠܐ ܐܝܟܢ . ܡܢܗܪܐ ܕܠܐ ܢܬܦܩܣܘܢ ܀ ܒܢܝܐ ܕܝܢ ܕܐܠܗܐ ܗܘܐ ܗܢܐ ܒܗܘܢ ܕܡܢ ܥܡܗ ܡܬܝܒܠܝܢ

2² ܒܫܢܝܐ : ܐܦ ܡܪ ܐܡܪ »ܐܢܐ ܐܡܪܬ ܕܐܠܗܐ ܐܢܬܘܢ . | ܘܒܢܝܐ ܕܡܪܝܡܐ ܟܠܟܘܢ«. ܩܕܡܐ ܕܝܢ
ܕܒܝܬܠܚܡ ܒܗܘܢ ܕܡܢ ܡܠܝ ܀

ܗ ܡܬܝܕܥ ܕܐܠܗܐ ܐܡܪ ܠܢܘܚ ܐܝܟܢܐ ܗܘ ܕܢܥܒܕ ܒܡܬܒܢܝܐ ܠܗ ܬܒܘܬܐ . ܘܡܪܝܐ ܠܡܥܒܕ ܒܡܬܒܢܝܐ
ܕܐܪܟܐ ܐܡܬܐ ܬܠܬܡܐܐ ܘܦܬܝܐ ܐܡܬܐ ܚܡܫܝܢ ܘܪܘܡܐ ܐܡܬܐ ܬܠܬܝܢ ܀ ܡܢ ܕܝܢ ܟܠ ܒܡܬܒܢܝܐ ܢܘܚ .
ܡܬܝܠܕܐ ܗܘܐ ܬܒܘܬܐ ܐܪܒܥ ܐܢܫܝܢ ܘܐܪܒܥ ܢܫܝܢ : ܕܗܘܝܢ ܗܘܘ ܕܝܢ ܒܢܝܐ ܬܠܬܐ ܘܢܫܐ ܘܣܡܟܗܘܢ
ܕܢܘܚ . ܐܢܫܝܢ ܕܝܢ ܫܡܝܐ ܕܬܒܘܬܐ ܚܕ ܚܕ ܡܢ ܚܝܘܬܐ ܒܬܒܘܬܐ . ܘܟܠܗ ܐܪܒܥܝܢ ܝܘܡܝܢ ܡܛܪܐ ܒܥܠܡܐ . ܘܠܐ
ܗܘܐ . ܘܟܠܗ ܒܬܪ ܝܘܡܝܢ ܡܝܐ ܒܥܠܡܐ ܘܢܚܬܬ ܀

ܘ ܡܬܦܩܕ ܡܢ ܐܠܗܐ ܢܘܚ ܠܡܦܩ ܡܢ ܬܒܘܬܐ . ܘܡܢ ܢܦܩ . ܡܕܒܚ ܗܘܐ ܠܐܠܗܐ . ܘܐܬܒܪܟ ܒܗ
ܒܢܝܐ ܕܝܠܗ . ܘܢܣܒ ܡܘܠܟܢܐ ܡܢ ܐܠܗܐ ܐܝܟܢܐ ܕܠܐ ܢܗܘܐ

Καὶ ᾠκοδόμησεν ʽΑβραὰμ θυσιαστήριον τῷ θεῷ, καὶ ἔπηξε τὴν σκηνὴν αὐτοῦ κατὰ θάλασσαν. γενομένου δὲ λιμοῦ, κατελθὼν εἰς Αἴγυπτον, παραγγέλλει τῇ γυναικὶ αὐτοῦ εἰπεῖν ὅτι ἀδελφὴ αὐτοῦ εἴη. λαβὼν δὲ αὐτὴν Φαραώ, καὶ ἐτασθεὶς ὑπὸ τοῦ θεοῦ, δίδωσι τῷ ʽΑβραὰμ μετὰ δώρων. Μετασχεθέντων δὲ τῶν ποιμένων τοῦ ʽΑβραὰμ καὶ τοῦ Λὼτ πρὸς ἀλλήλους, διείλοντο τὰς σκηνάς, καὶ ὁ μὲν Λὼτ ἔλαβε τὴν Σοδομηνήν, ὁ δὲ ʽΑβραὰμ πρὸς τῇ δρυῒ τῇ Μαμβρῇ κατῴκησεν, ἐπαγγελίας τε ἔλαβε πάλιν παρὰ τοῦ θεοῦ, καὶ ὅτι εἰς πλῆθος ἐπιδώσει αὐτοῦ τὸ σπέρμα, καὶ ὅτι κληρονομήσει τὴν γῆν. ʽΟ Χοδολογόμορ βασιλεὺς ᾿Ασσυρίων, ἐπειδὴ ἀπέστησαν αὐτοῦ οἱ ε βασιλεῖς οἱ τῆς Σοδομηνῆς	3¹ [ܚ] | ܠܐܪܥܐ . ܘܒܢܐ ܐܒܪܗܡ ܡܕܒܚܐ ܠܐܠܗܐ . ܘܩܒܥ ܡܫܟܢܗ ܠܘܩܒܠ ܝܡܐ . ܐ ܟܦܢܐ ܘܢܚܬ ܦܩܕ ܠܐܢܬܬܗ ܡܪ ܕܚܬܗ ܐܢܬܝ . ܦܪܥܘܢ . ܘܐܬܕܪܫ ܗ ܠܐܒܪܗܡ ܀ ܪܥܘܬܐ [ܛ] ܠ ܥܡܐ ܚܕܕܐ . ܡܫܟܢ ܡܢ ܢܣܒ ܐ . ܐܒܪܗܡ ܕܝܢ ܡܡܪܐ ܥܡܪ . ܢܘܢ ܡܢ ܐܠܗܐ . ܘܠܐ ܡܣܓܐ ܗ ܘܢܪܬ ܠܐܪܥܐ ܀ ܡܛܠ ܕܐܪܚܩܘ ܡܢܗ [ܝ] ܐ ܡܠܟܝ ܕܣܕܘܡܝܐ

2 ܕܡܠܟܐ, ܗܘܐ ܕܝܢ ܒܥܠܡܐ ܐܚܐ margo, nisi quod ܕܡܠܟܐ est, a me ex Exodi 24, 1 (huius bibliothecae meae 77, 35) correctum. adnotatio in tres versus diremta, qui sunt ܕܡܠܟܐ et ܗܘܐ, et ܕܝܢ ܒܥܠܡܐ ܐܚܐ

10 Psalm 82, 6 = Iohann 10, 34

18 periit folium unum, in quo γενέσθαι usque δώσειν capitis septimi scriptum erat. quod post δώσειν sequitur, τὴν γῆν, apud Syrum in folio 3¹ ineunte habetur

3¹ 2 vocis ܡܕܒܚܐ ego vix ultimam litteram vidi

3¹ 16 litterae ܗ pars sinistra tantum superstes

δουλεύοντες αὐτῷ πρότερον, παραλαβὼν ἑταίρους τρεῖς βασιλεῖς, ἐπεστράτευσεν αὐτοῖς, καὶ τροπωσάμενος ἔλαβεν αἰχμαλώτους, ἐν οἷς ἦν καὶ ὁ Λώτ. ὁ δὲ Ἀβραὰμ ἀκούσας, σὺν τοῖς οἰκογενέσιν αὐτοῦ τιη καταδιώξας, ἐξείλετο τὸν ἀδελφιδοῦν μετὰ τῆς ἵππου καὶ τῶν γυναικῶν. καὶ τῷ Μελχισεδὲκ εὐλογήσαντι αὐτόν, ἐξενεγκόντι τε ἄρτους καὶ οἶνον, δεκάτην ἔδωκε. δι' ὃ φησιν ὁ Παῦλος ἐν τῇ πρὸς Ἑβραίους ὅτι καὶ ὁ Λευῒ δεκάτας λαμβάνων δεδεκάτωται. ὑπὸ δὲ τοῦ βασιλέως Σοδόμων παρακληθεὶς τὴν ἵππον λαβεῖν, οὐκ ἐπένευσεν, ἵνα μὴ εἴπῃς (φησίν) ὅτι ἐγὼ πεπλούτικα τὸν Ἀβραάμ. τότε τοῦ θεοῦ πρὸς αὐτὸν εἰπόντος ὅτι Ὁ μισθός σου πολὺς ἔσται σφόδρα, ἀποδύρεται τὴν ἀπαιδίαν, καὶ ἀκούει πάλιν ὅτι ὁ ἐξ αὐτοῦ ἐξελευσόμενος κληρονομήσει αὐτόν, καὶ τὸ σπέρμα αὐτοῦ ἔσται ὡς τὰ ἄστρα τοῦ οὐρανοῦ. ἐνταῦθα κεῖται τὸ Ἐπίστευσεν Ἀβραὰμ τῷ θεῷ, καὶ ἐλογίσθη αὐτῷ εἰς δικαιοσύνην.

Τὰ διχοτομήματα ποιεῖ καὶ μανθάνει ὅτι πάροικον ἔσται τὸ σπέρμα αὐτοῦ, καὶ ὅτι μετὰ ταῦτα ἀπαλλαγήσονται, μετὰ τὸ ταπεινωθῆναι ἔτη υ. Σάρρα δὲ ἐπειδὴ στεῖρα ἦν, δίδωσι τὴν Ἄγαρ τῷ Ἀβραάμ, ἵνα παιδοποιήσηται ἐξ αὐτῆς. ὡς δὲ ἐκύει, ἐπήρθη κατὰ τῆς κυρίας αὐτῆς Σάρρας. καὶ δίδωσιν αὐτὴν τῇ Σάρρᾳ ὁ Ἀβραὰμ ὥστε ἀμῦναι τῇ ὕβρει αὐτῆς. ἡ δέ, κακωθεῖσα ὑπὸ τῆς δεσποίνης, ἀπέδρα ἀπὸ τῆς οἰκίας. καὶ κε-

ܒܪܘܬܐ ܦܠܚܝܢ
ܠܗܘܢ
ܕܠܟ . ܦܟܪ
ܢܦܩ
ܗܘ ܐܠܗܘܬܐ
ܗܘܬ ܐܦ ܠܘܬ . ܐܒܪܗܡ | 3²
ܦܪܘܫ: ܘܥܡ ܐܢܫܝ
ܠܒܝܬܗ ܘܐܫܬܟܚ
ܦܪܩ ܠܒܪ ܐܚܘܗܝ ܒ
ܘܒܡܫܒܚܘܬܗ ܡܢ ܕܒܪܐ
ܒܢܫܐ ܘܣܘܣܝܐ.
ܡܛܠܗܕܐ ܐܡܪ ܦܘ
ܕܒܬܪ ܒܒܪܟܗ . ܕܐ
ܡܒܣܪܟ ܐܠܝܨ
ܕܦܪܘܩ ܡܢ ܐܢ
ܒܪܟܗ ܠܐ ܐ
ܕܠܐ ܬܐܡܪ ܐ
ܠܐܒܪܗܡ . ܗܝܕܝܢ
»ܒܡܠܬ ܐܡܪ:
»ܦܘܪܥܢܟ ܣܓܝ ܢܗܘܐ
»ܡܛܠ ܕܝܠܗ ܐܢܫܐ
»ܕܗܘ ܕܢܦܘܩ ܢܦܩ
»ܘܕܪܥܗ ܕܝܠܗ ܢܗܘܐ
»ܐܝܟ ܟܘܟܒܐ ܕܫܡܝܐ
»ܗܪܟܐ ܕܗܝܡܢ ܕܝܢ ܐ
»ܘܐܬܚܫܒ ܠܗ
ܠܟܐܢܘܬܐ ܕܦܠܓܘܬܐ ܠܐ
ܘܝܠܦ ܕܬܘܬܒܐ ܗܘ
ܘܕܡܢ ܒܬܪ ܗܠܝܢ
ܢܬܦܢܘܢ ܐܪܒܥ
ܣܪܐ ܕܝܢ ܡܛܠ ܕܥܩܪܬܐ ܗܘܬ. | 4¹
ܝܗܒܐ ܠܗܓܪ ܠܐܒܪܗܡ. ܐܝܟܢܐ
ܕܢܗܘܘܢ ܠܗ ܒܢܝܐ. ܟܕ ܕܝܢ ܒܛܢܬ.
ܐܬܬܪܝܡܬ ܥܠ ܡܪܬܗ ܕܣܪܐ.
ܘܝܗܒ ܠܗ ܠܣܪܐ ܐܒܪܗܡ.
ܕܬܬܒܥ ܥܠܒܘܢܗ.
ܐܬܡܟܟܬ ܡܢ ܡܪܬܗ
ܥܪܩܬ ܡܢ ܒܝܬܐ.

3² 7 Hebr 7, 9

3² 12 Genes 14, 23

3² 14—21 signa versibus praemissa nobis displicere debent, quum nos orationi rectae tantum apponere ea consueverimus

3² 14 Genes 15, 1

3² 21 Genes 15, 6

4¹ 3 ܕܢܗܘܘܢ edidi, licet nihil viderim ipse, quum Cerianius vocabulum legere potuisse videatur, etsi male: nam ܕܢܗܘܝܢ edidit, pronomine feminino ܠܗ satis damnatus

4¹ 5 ܘܐܡܪ ܠܗ Cerianius: ego nihil vidi

λεύεται ὑπὸ ἀγγέλου ἀποστραφῆναι πρὸς τὴν κυρίαν αὐτῆς, λαμβάνει τε ἐπαγγελίαν ὅτι τὸ σπέρμα αὐτῆς ἐπιδώσει εἰς πλῆθος. καὶ ὄνομα τῷ παιδὶ πρὶν ἢ τεχθῆναι ἐπιτίθησιν ὁ ἄγγελος, Ἰσμαὴλ αὐτὸν καλῶν.

ܡܬܠܩܝܐ.
ܡܪܬܐ ܕܝܠܗ.
ܘܡܩܒܠܐ. ܕܙܪܥܗ
ܘܡܣܓܝܢܘܬܐ.
ܩܕܡ ܕܢܬܝܠܕ.
ܐ. ܟܕ ܐܫܡܥܝܠ

Τίκτει Ἄγαρ τὸν Ἰσμαήλ. καὶ Ἁβραὰμ ἦν ἐτῶν ϘΘ, τότε μετωνομάσθη ἀπὸ τοῦ Ἁβρὰμ εἰς Ἁβραάμ. κελεύεται ὑπὸ τοῦ θεοῦ περιτμηθῆναι αὐτὸς πανοικί. καὶ τὸ τῆς Σάρας ὄνομα ἀμείβεται, καὶ καλεῖται Σάρρα. καὶ λαμβάνει περὶ τοῦ Ἰσαὰκ ἐπαγγελίαν ὁ Ἁβραάμ.

÷ ܝܠܕܐ ܗܓܪ [ܒ]
ܐܒܪܗܡ ܟܕ
ܗܘܐ ܘܬܫܥ ܫܢܝܐ.
ܐ ܗܘܐ ܡܢ
ܗܘ ܐܒܪܗܡ.
ܘܐܬܦܩܕ
ܗܘܐ ܕܢܓܙܪ
ܟܠܗ ܒܝܬܗ.
ܫܡܗ ܕܣܪܝ
ܐܬܚܠܦ ܠܐܒܪܗܡ [ܓ]

Ἐπιφαίνεται τῷ Ἁβραὰμ ὁ υἱὸς τοῦ θεοῦ ὁ Χριστὸς μετὰ δύο ἀγγέλων καὶ λέγει πρὸς αὐτὸν Ἐπανήξω πρὸς σὲ κατὰ τὸν καιρὸν τοῦτον εἰς ὥρας, καὶ ἕξει ἡ γυνή σου Σάρρα υἱόν. Ἁβραὰμ δεῖται τοῦ θεοῦ ὑπὲρ Σοδόμων. οἱ δύο ἄγγελοι ἔρχονται πρὸς τὸν Λώτ. ἐπιστάντες δὲ οἱ Σοδομῖται, ἐζήτουν αὐτούς, καὶ πλήττονται ἀορασίᾳ. τὸν Λὼτ λαβόντες οἱ ἄγγελοι, ἐξῆγον τῆς οἰκίας. καὶ αὐτὸς μὲν ἅμα ταῖς θυγατράσι διασῴζεται εἰς Σηγώρ, ἡ δὲ γυνὴ γίνεται στήλη ἁλός, ἐπειδὴ ἀπέβλεψεν εἰς τοὐπίσω. ὡς δὲ ἐνεπρήσθη ἡ Σοδομηνή, ἀπῆλθεν εἰς τὸ ὄρος Λώτ. καὶ συνέλαβον ἐξ αὐτοῦ αἱ θυγατέρες αὐτοῦ, καὶ ἡ μὲν πρεσβυτέρα ἔτεκε τὸν Μωάβ, ἡ δὲ νεωτέρα τὸν Ἀμμάν. τὴν δὲ μετὰ τοῦ πατρὸς μίξιν ἔκλεψαν τῇ μέθῃ·

ܒܪܗ ܕܐܠܗܐ ܥܡ ܬܪܝܢ ܡܠܐܟܝܢ | 4²
ܘܐܡܪ ܠܗ. ܕܡܬܦܢܐ ܐܢܐ ܠܘܬܟ
ܒܙܒܢܐ ܗܢܐ ܒܫܢܬܐ. ܘܢܗܘܐ ܒܪܐ
ܠܣܪܐ ܐܢܬܬܟ ܕܝܠܟ.
ܐܒܪܗܡ ܒܥܐ ܡܢ ܡܪܝܐ ܚܠܦ
ܣܕܘܡ. ܘܬܪܝܢ ܡܠܐܟܐ
ܐܬܘ ܠܘܬ ܠܘܛ. ܟܕ ܣܕܘܡܝܐ
ܩܝܡܝܢ ܒܥܝܢ ܗܘܘ ܠܗ
ܘܡܬܡܚܝܢ ܒܠܐ ܚܙܬܐ
ܢܦܩܘ ܡܠܐܟܐ
ܠܗ. ܘܐܚܕܘ
ܡܢ ܒܝܬܐ ܕܝܢ
ܕܝ. ܗܘ ܥܡ
ܡܛܠ ܕܒܢܬܐ ܬܪܬ
ܫܘܙܒ ܗܘ ܐܚܪ
ܐܬܬܗ ܠܡܬܘܬܐ
ܡܠܚܐ ܕܗܘܬ
ܚܙܬ ܒܣܬܪܗ
ܒܬܪܗ
ܕܡܢ ܟܕ

4¹ 12 priorem ܘ non vidi, edidit C

4¹ 23 ܫܡܥܘܢ vidi, postea verbis graecis bene me vidisse edoctus. ܝܠܕ C. quum ad codicem redirem, ܫ non amplius adparuit

4² 1 ܥܡ ܬܪܝܢ ܡܠܐܟܝܢ non vidi: quae a me non visa edo, Ceriano debentur

4² 2 Genes 18, 10

4² 2 ܠܘܬܟ ܐܢܐ non vidi

4² 3 ܘܢܗܘܐ ܒܪܐ non vidi

4² 4 ܕܝܠܟ non vidi

4² 5 ܚܠܦ ܡܪܝܐ ܡܢ non vidi

4² 6 ܬܪܝܢ non vidi

4² 7 ܣܕܘܡܝܐ non vidi

4² 8 ܗܘܘ ܠܗ non vidi

4² 9 ܚܙܬܐ non vidi

4² 10 ܠܗ non vidi

4² 11 ܘܐܚܕܘ non vidi

4² 12 ܕܝ non vidi

4² 13 ܥܡ non vidi

4² 20 ܟܕ Ceriani

ᾤοντο γὰρ ἐκλελοιπέναι τὸ τῶν ἀνθρώπων γένος.

Παρῴκησεν ἐν Γεράροις ὁ Ἀβραάμ, καὶ ὁ βασιλεὺς Γεράρων Ἀβιμέλεχ ἔλαβε τὴν Σάρραν. ἀπειλήσαντος δὲ αὐτῷ τοῦ θεοῦ, ἀπολογεῖται λέγων ἀδελφὴν αὐτοῦ νενομικέναι εἶναι τὴν γυναῖκα· οὕτω γὰρ αὐτὴν εἶπεν. ἀπέδωκε δὲ αὐτὴν τῷ Ἀβραὰμ μετὰ δώρων. τότε ἀποδοθεῖσα τίκτει τὸν Ἰσαάκ. ἐκβάλλει δὲ τὴν παιδίσκην μετὰ τοῦ παιδὸς Ἰσμαήλ. ὁ δὲ Ἀβιμέλεχ ἐκτίθεται πρὸς τὸν Ἀβραὰμ ὥστε μὴ ἀδικεῖν ἀλλήλους. καὶ λαμβάνει ἑπτὰ ἀμνάδας παρὰ τοῦ Ἀβραὰμ εἰς μαρτυρίαν τοῦ ὁρκισμοῦ, ἵνα ᾖ δῆλον ὅτι τοῦ Ἀβραάμ ἐστι.

ܦܩܕܢ ܗܘܘ
ܓܢܣܐ ܕܒܢܝܢܫܐ ٣
ܓܝܪܪ ܐܒܪܗܡ
ܕܓܪܪ ܐܒܝܡܠܟ
ܟܕ ܕܝܢ ܫܩܠ ܠܗ ܠܣܪܐ . ܠܦܘ 5¹
ܗܘܐ ܙܘܥܐ ܡܢ ܐܠܗܐ . ܕܚܬܐ
ܕܠܗ ܡܣܒܪ ܗܘܐ ܕܐܚܬܗ
ܗܘܬ ܐܢܬܬܐ . ܗܟܢܐ ܓܝܪ
ܐܡܪܐ . ܦܢܝܗ ܕܝܢ ܠܐܒܪܗܡ
ܥܡ   ܗܕܝܐ ܡܢ
ܠܐܝܣܚܩ .
ܥܡ ܛܠܝܐ ܡܢ
ܐ ܠܐܠܗܐ
ܒ   ܟܐ .
ܒ .

Κελεύεται ἀνενέγκαι τὸν υἱὸν εἰς ὁλοκάρπωσιν, καὶ ἀναφέρει, καὶ σφαγιάζεται κριὸς ἀντ' αὐτοῦ. ταῦτα δὲ τύπος ἦσαν τῆς μελλούσης οἰκονομίας ὑπὸ τοῦ Χριστοῦ τελεῖσθαι ὑπὲρ ἡμῶν. ἀποθνήσκει Σάρρα, καὶ ἀγοράσας τόπον ὁ Ἀβραὰμ παρὰ Ἐφρὼν τοῦ Χετταίου, θάπτει ἐκεῖ τὴν γυναῖκα. καὶ πέμπει τὸν παῖδα αὐτοῦ ὥστε μνηστεύσασθαι τῷ Ἰσαὰκ γυναῖκα ἀπὸ Μεσοποταμίας, παραγγείλας μὴ ἀποστρέψαι τὸν υἱὸν αὐτοῦ ἐκεῖ, εἰ μὴ βούλοιτο ἐλθεῖν ἡ γυνή. ὡς δὲ ἦλθεν ὁ παῖς εἰς τὴν πόλιν Ναχώρ, καὶ τὸ σημεῖον ἤτησε καθ' ὃ

÷
ܐ ܕܢܚܘ [ܣܘ]
ܡܡܟܟܐ .
[ܗ] ܕܟܪܐ
[ܛ]ܘܦܣܐ
[ܕ]ܒܪܢܘܬܐ
[ܕ]ܡܢ ܡܫܝܚܐ
[ܡܫ]ܬܠܡܐ ܗܘܬ .
ܐܒܪܗܡ ܡܢ
ܐ . ܡܚܪ ܠܡܢ
ܠܐܢܬܬܐ . ܘ[ܫܕ]ܪ [ܠ]   ܕܝܠܗ . 5²
ܐܝܟܐ ܕܢܡܟܘܪ ܠܐܝܣܚܩ
ܐܢܬܬܐ ܡܢ ܒܝܬ ܢܗܪܝܢ . ܟܕ
ܦܩܕܗ ܕܠܐ ܢܗܦܘܟ ܒܒܪܐ ܕܝܠܗ
ܠܬܡܢ . ܐܢ ܠܐ ܨܒܝܐ ܐܢܬܬܐ
ܠܡܐܬܐ . ܟܕ   ܐ
ܕܢܚܘܪ : ܘܐܬܐ

4² 23 ܕܒܢܝܢܫܐ ܓܢܣܐ margo

4² 24 γεραρα margo, et paulo inferius ܕܓܪܪ ܐܢܫܐ

4² 24 ܐܒܝܡܠܟ non vidi

5¹ 1 ܐ ܫܩܠ ܠܗ nunc evanuit

5¹ 5 nihil vidi nisi ܠܐܒܪܗܡ

5¹ 6 ܥܡ non vidi

5¹ 8 ܒ vocis ܥܡ non vidi

5¹ 9 ܐ primam non vidi

5¹ 11 edidi Cerianum sequutus: equidem ܠܐ (punctis cerianeis munitum) videre mihi visus sum, et ܒ opinatus sum ܐ esse

5¹ 12 ܒ vidi quo loco C ܡܢ legerat

5¹ 19 – 5² 1 quae uncis inclusi, »aucupatum« se esse dixit C: ego non vidi

5² 2 ܠܐܝܣܚܩ ܕ non vidi, vidit C

ἔμελλε γνωρίζειν τὴν παρθένον (ἣν δὲ τὸ σημεῖον παρασχεῖν ἐκείνην αὐτῷ τε καὶ ταῖς καμήλοις αὐτοῦ πιεῖν) ἐξέρχεται Ῥεβέκκα ἡ θυγάτηρ Φαθουὴλ τοῦ υἱοῦ Ναχώρ· ὁ δὲ Ναχὼρ ἀδελφὸς ἦν τοῦ Ἀβραάμ. δοῦσα δὲ αὐτῷ πιεῖν καὶ ταῖς καμήλοις, καὶ εἰποῦσα τίνος εἴη θυγάτηρ, εἰσάγει τὸν ἄνδρα καὶ ξενίζει. ἐπειδὴ δὲ εἶπεν ἐκεῖνος ἕνεκα τίνος ἦλθε, καὶ ᾔτει τὴν παῖδα λαβεῖν, τῇ παρθένῳ τὴν αἵρεσιν ἐπέτρεψαν οἱ γονεῖς. ὡς δὲ ἐπένευσεν ἐκείνη, λαβὼν αὐτὴν ἀπῆλθε. καὶ ἐγένετο τῷ Ἰσαὰκ γυνή.

ܗܘܐ ܡܫܘܕܥ
ܗ ܐ
ܘܠ
ܐܬܐ
ܕܢܫ

Λαμβάνει ὁ Ἀβραὰμ γυναῖκα τὴν Χεττούραν, ἀποθανούσης τῆς Σάρρας, καὶ τοὺς ἐξ αὐτῆς γενομένους παῖδας ἀπέστειλεν ἀπὸ Ἰσαάκ, δόματα δοὺς αὐτοῖς, τῆς δὲ οὐσίας κληρονόμον τὸν Ἰσαὰκ ἐποίησε, καὶ ἀπέθανε. τὰ ὀνόματα τῶν υἱῶν Ἰσμαὴλ ἔγκειται ἐνταῦθα, κατῴκησε δὲ ἀπὸ Εὐιλὰτ ἕως Σούρ. τῆς δὲ Ῥεβέκκας ἐστειρωμένης, ἐδεῖτο Ἰσαὰκ τοῦ θεοῦ ὥστε κύειν αὐτήν. καὶ ἐπειδὴ ἐκύει, φησὶν αὐτῇ ὁ θεὸς λέγων Δύο ἔθνη ἐν τῇ κοιλίᾳ σου, καὶ λαὸς λαοῦ ὑπερέξει, προλέγων τὰ περὶ Ἰουδαίων καὶ ἡμῶν τῶν Χριστιανῶν. ὡς δὲ ἐτέχθη τὰ παιδία καὶ ηὐξήθη, ἀποδίδοται καὶ πιπράσκει ἐψήματος φακῆς τὰ πρωτοτόκια αὐτοῦ ὁ Ἡσαῦ τῷ Ἰακώβ. βουλόμενον δὲ τὸν Ἰσαὰκ εἰς Αἴγυπτον ἀπελθεῖν, ἐπειδὴ λιμὸς ἐνίσχυσε, κωλύει τοῦτον ὁ θεός, παραινῶν ἔνθα ᾤκει, ἐκεῖ μένειν, καὶ ὑπισχνούμενος ἔσεσθαι μετ᾽ αὐτοῦ καὶ εὐλογήσειν τὸ σπέρμα αὐτοῦ καὶ πληθῦναι.

ܕܡܬܠ
ܟܬܒܬܐ ܗ
ܢܟܝܬܐ ܐܘ
ܡܢܝܢܐ ܗܘ
ܠܐܝܫܡܥ ܗ
ܐܒܪܗܡ
ܕܡܢܬܐ ܗܠ
ܗܘܘ. ܫ
ܢܘܚ ܒܗܘ
ܕܝ ܕܚܘܝ ܠܐ

6[1]

ܐܫܬܡܠܠ
ܗܘ ܣܘܡܟܐ
ܕܐ ܗܘܬ
ܡ ܠܐܘܟܐ.
ܦܬܝܐ. ܐܡܪ
ܒܟܪܣܐ
ܐ ܠܡܠܬ.
ܝܗܘܕܝܐ.
ܕܝ
ܝ
ܐ
ܦ

Μαθὼν δὲ ὁ βασιλεὺς Γεράρων Ἀβιμέλεχ ὅτι ἡ Ῥεβέκκα μνηστή ἐστι τοῦ Ἰσαάκ (ὑπώπτευσε γὰρ ἀδελφὴν αὐτοῦ εἶναι αὐτήν), θάνατον ὥρισεν

[ܠܐ]

ܐ
ܐ
ܗܐ
ܐܣܒܪ
ܕܠܗܘ.

5[2] 10 ο vidi, ܠ non vidi
5[2] 22 ܕܚܬܢܐ margo

5[2] 25 ad versum medium in margine ουσια adscriptum. in graeco enim οὐσίας habemus

6[1] 10—12 nihil vidi

εἴ τις ἐξυβρίσει εἰς αὐτήν. τότε ἔσπειρεν ὁ Ἰσαάκ, καὶ εὗρεν ἑκατοστεύουσαν κριθήν. ὡς δὲ ἦλθεν εἰς πλοῦτον μέγαν ἐκ τῆς εὐλογίας τοῦ θεοῦ, διεφθονοῦντο αὐτῷ οἱ Φιλιστιείμ, καὶ ὁ Ἀβιμέλεχ ἀπήλαυνεν αὐτὸν ἐκεῖθεν· ὁ δὲ οὐκ ἠμύνατο, ἀλλὰ ἀνεχώρησε. καὶ ὤρυξε φρέατα, καὶ ἐμάχοντο περὶ αὐτῶν· ὁ δὲ οὐκ ἀφίστατο, ἀλλ' ἕτερα ὤρυσσεν ἕως οὗ ἐπαύσαντο. καὶ εὐλόγησεν αὐτὸν ὁ θεός. καὶ ὁ Ἰσαὰκ ἐλθόντα πρὸς αὐτὸν τὸν Ἀβιμέλεχ, ἐδέξατο ἀσμένως καὶ ἐπαύσατο αὐτόν, οὐ μνησθεὶς ὧν ἠδικήθη.

ܒܪ ܚܕ.
ܡܚܣ
ܐܬܐ
ܐ ܕܐܠܗܐ.
ܘܐܬܚܣܡܘ
ܒܗ. ܗܘ ܕܝܢ ܠܐ

6² ܦܢܐ. ܐܠܐ
ܘܡܬܟܬܫܝܢ
ܠܐ ܫܠܝ ܗܘ
ܐܚܪܢܝܬܐ
ܕܢܚܦܘ ܗܘܝܢ
ܡܢ ܐܬܐ
ܢܘܚܐ
ܒܪܟܝ
ܒ̈

ܡܢܢ

Ἔλαβεν ὁ Ἡσαῦ Χαναναίας γυναῖκας, καὶ ἤριζον τῇ Ῥεβέκκᾳ. ἐγήρασε δὲ ὁ Ἰσαὰκ καὶ ἠμβλυώπει. καὶ προστάσσει τῷ υἱῷ Ἡσαῦ θηρεῦσαι καὶ ποιῆσαι αὐτῷ ἐδέσματα, ἵνα εὐλογήσῃ αὐτόν. ὁ δὲ Ἰακώβ, συμπραττούσης αὐτῷ τῆς μητρός, προέφθασε τὸν Ἡσαῦ. ἑψήσασα γὰρ ἐρίφους δύο, καὶ τὰ δέρματα αὐτῶν περιθεῖσα αὐτῷ ἵνα ἐπικρύψῃ τὴν λειότητα τοῦ παιδός, ἔδωκε τὰ ἐδέσματα εἰς τὰς χεῖρας αὐτοῦ καὶ ἔπεμψεν. ὁ δὲ εἰσελθὼν ἔλαβε τὰς εὐλογίας. ἐλθὼν δὲ Ἡσαῦ καὶ μαθὼν τὸ γεγονός, ἀπωδύρετο καὶ ἐθρήνει, καὶ ᾔτει εὐλογηθῆναι καὶ αὐτός, καὶ ἤνυσε τῇ ἐπιμονῇ, οὐδὲν μέντοι τοσοῦτον ὅσον ἤλπισεν, ἤνυσε δ' οὖν ὅμως.

ܘܩܕ
ܐܡܗ
ܢܘܒܠ
ܘܫܕܪܗ
ܠܒܘܪܟܬܐ
ܟܕ ܕܝܢ
ܘܫܡܥ ܗܘ
ܘܢܦܩ ܡܢܗ
ܕܕܐܙܠ ܗܘܐ
ܕܝ ܒܪܟ ܡܢ ܗ

hoc loco periit codicis folium unum.

7¹ ܘܠܐܚܪ: ܒܬܪ ܕܝܢ ܕܐܬܝܗܒ ܚܠܦ ܟܠܗ ܗܠܝܢ ܠܐܚܪܝܢ ܘܐܬܒܪܟܘ: ܘܗܘܐ ܕܒܬܪ ܐܦ ܥܣܘ ܒܗܝܢ ❖
ܡܢ ܕܝܢ ܙܒܢܐ ܗܘܐ ܕܢܛܪܘܗܝ ܝܥܩܘܒ ܠܐܚܪ ܕܝܠܗ. ܢܦܩ ܠܗ ܠܚܪܢ ܒܥܠܡ. ܗܘ ܕܗܘܐ ܝܥܩܘܒ ܕܐܬܐ..
ܥܠ ܕܐܬܢ ܒܐܪܥܐ ܘܥܠ ܕܢܣܒ ܒܥܪܐ: ܡܢ ܕܝܢ ܕܫܡܠܝܐ ܗܘܐ ܕܕܐܙܠ ܒܐܘܪܚ ܗܘܐ (ܫܡܫ ܗܘܐ) ܢܣܒ
ܟܐܦܐ ܡܢ ܟܐܦܐ ܒܡܕܒܪܐ ܕܫܢܐ. ܘܟܕ ܕܡܟ ܗܘܐ ܚܙܐ ܒܚܠܡܗ. ܣܘܠܡܐ ܗܘܐ ܫܪܝܪ ܘܡܠܐܟܐ ܘܡܠܐܟܐ.
ܥܠ ܡܢ ܕܝܢ ܒܪܩܝܥܐ ܕܐܠܗܐ ܐܬܚܙܝ ܗܘܐ. ܐܝܟ ܕܐܦ ܗܘ ܝܥܩܘܒ ܐܡܪ)܇ ܢܚܬܝܢ ܗܘܘ ܒܗ ܒܢܝܐ
ܕܥܠ: ܘܡܢ ܥܠܝܐ ܡܠܐܟܐ ܒܥܠܝܐ ܕܡܠܗ. ܟܕ ܗܘܝܢ ܕܐܬܐ ܠܗ ܐܝܬܐ: ܗܘ ܕܝܢ ܝܥܩܘܒ ܐܪܥ.. ܘܩܐܡ
ܕܢܫܬܐ ܒܥܕܢܐ ܩܕܡ. ܕܢܦܩ ܒܗ ܐܠܗܐ. ܐ ܡܫܬܐܠ ܒܠܡܚܙܐ ܒܗܐ ܝܥܩܘܒ: ܗܘ ܕܝܢ ܡܢ ܐܬܐ܇ ܡܫܬܐܠ

7² ܥܡ ܐܬܐ ܒܐܪܥܐ. ܘܡܬܬܥܝܕ ܐܬܐ ܗܘܐ ܕܢܥܡܝܐ ܫܠܝܐ: ܡܢ ܕܝܢ ܐܡܪ ܝܥܩܘܒ ܕܫܠܝܐ ܕܐܬܝܠܕ ܗܘܐ
ܕܕܫܐ ܒܫܢܝܐ ܕܒܗ ܢܗܘܐ. ܗܕܐ ܒܥܝܪ܇ ܐܬܐ ܗܘܐ ܠܚܝܘܬܐ ܕܒܗ ܝܥܩܘܒ. ܒܚܘܒܐ ܕܒܢܝܐ
ܐܝܟܢ: ܡܢ ܕܝܢ ܠܐ ܐܬܩܢܝ܇ ܘܡܬܐܡܪ ܒܥܠܘܗܝ. ܡܢ ܕܐܬܚܙܝ ܐܬܐ. ܗܘ ܝܥܩܘܒ: ܘܡܬܢܣܐ ܡܢ ܐܬܘܗ

ܘܐܬܟܠܝܘ. ܐܠܦܝܢܘ ܡܢ ܬܪܝܢ. ܡܢ ܕܐܬܟܠ ܕܐܬܩܠ ܐܣܩܘ ܕܠܬ. ܟܕܘ ܕܐܬܟܠ ܕܦܘܪܫܢܐ ܡܢܗ: ܗܟܢܐ ܐܬܟܘ ܒܡܫܟܢ ܦܠܚܘܬܐ ܕܐܠܗܐ ܀

ܓ ܡܫܝܪ ܒܡܫܟܢ ܒܟܠ ܕܘܟܐ. ܡܢ ܡܛܠ ܒܡܬܠܐܬܐ ܕܒܗ: ܟܕ ܕܝܢ ܐܬܐ ܡܬܐܬܐ ܗܘܝܢ ܕܐܬܚܙܝܘ.
ܘܐܡܪܘ ܕܐܝܬ ܒܗܘ ܒܝܬ ܐܬܟܬܒܬܐ ܒܚܝܪܐ. ܒܝܕܥܬܐ ܗܘܬ: ܘܟܠܐ ܡܢ ܐܠܗܐ. ܐܝܟܐ ܕܢܦܪܫܘܢ ܡܢ
ܡܢܗܘܢ ܕܡܫܟܢܐ. ܘܡܫܝܪ ܡܘܢܟܬܐ ܒܟܠܗ: ܟܕ ܕܝܢ ܒܟܪ ܢܣܠܐ ܒܡܫܟܢ. ܘܐܬܒܪܝ. ܘܐܬܚܙܝ
8[1] ܡܥܠ ܕܒܗ. ܢܛܪ | ܒܟܠܗ ܕܐܬܐ. ܘܡܢ ܦܬܟܝ ܒܡܫܒܚܬܗ. ܠܐܡܬܐ ܡܢ ܟܠ ܕܒܝܬ ܕܒܗܘܢ ܦܪܫܬܐ
ܠܟܗܢܐ. ܟܠܐ ܕܝܢ ܠܐܬܒܝܬܐ ܒܟܠ ܒܢܝܢܗ. ܘܟܕ ܒܪܝܫܐ ܕܝܢ ܒܟܠ ܦܘܩܕ ܐܣܝܪܬܐ ܒܟܠܬܐ ܡܢ ܩܕܝܡ.
ܗܘ ܡܛܠ ܕܒܗܘܢ ܐܬܠܐ ܗܘܐ: ܡܢ ܕܝܢ ܚܙܝܢ ܢܦܠܬ ܒܟܠܗ. ܘܡܬܘܬܐ ܢܦܩ ܡܢܗ. ܡܫܡܫ
ܗܘܐ ܒܟܠܐܬܠܐ ܒܟܗܢܐ: ܗܘ ܕܝܢ ܡܫܡܠܐ ܗܘܐ: ܘܡܢ ܐܬܐ. ܗܪܐ ܒܡܕܝܢܬܐ ܕܩܫܝܫܐ ܡܟܝܢ. ܐܝܟܐ ܕܫܡܥܢ
ܒܪܗ ܕܐܡܪ ܡܠܟܐ ܡܢ ܩܕܡ ܒܝܬܐ ܒܪܬܗ ܕܡܫܟܢ. ܘܢܦܠ ܒܟܠܗܘܢ ܒܬܠܬܐ. ܡܫܡܫ ܗܘܐ ܕܟܠܡܕܡ
ܕܗܘܢܝܐ ܒܟܫܡܫܗ ܐܠܗܐ: ܐܡܪܘ ܕܝܢ ܫܡܫܝܢ ܘܟܠ ܒܟܠܟܘܢ ܡܬܚܫܒܢܐ. ܠܐ ܡܟܝܪܝܢ ܗܘܝܢ
ܟܠ ܒܟܠ ܕܒܗܘܢ: ܡܢ ܕܝܢ ܐܬܚܙܝܘ. ܘܒܪܝܫܐ ܐܬܚܙܝܢ ܗܘܘ ܒܟܠܗܝܢ. ܡܛܠ ܒܗܘܢ ܫܡܫܝܢ ܘܟܠ:
8[2] ܢܛܠ ܗܘܐ ܡܫܡܠܐ ܒܡܫܟܢ ܕܠܐ ܐܚܝܕ ܠܡܬܩܢܘ ܒܟܠܗܘܢ ܡܬܕܟܪܐ | ܕܐܪܝܟܝܢ. ܘܡܢ ܐܠܗܐ ܦܩܝܕ ܒܗ.
ܡܢܟ ܒܟܠܗ ܐܝܟܐ ܀ ܘܡܫܒܚܐ ܡܬܒܣܡܝܢ ܕܦܘܠܐ ܀ ܡܢ ܕܝܢ ܒܪܘܚ ܐܠܗܐ. ܐܫܬܠܚ ܡܢ ܟܠܗ ܐܝܟܐ.
ܘܡܕܡ ܒܗܘܢ ܡܢ ܡܫܒܚܐ ܕܝܗܒ: ܗܟܢܐ ܐܬܟܪܝ ܒܡܬܚܙܐ ܕܢܣܐ. ܘܡܫܒܚܐ. ܘܐܬܦܪܫ ܠܘܬܐ
ܕܐܦܪܬܐ (ܗܘܐ ܐܝܟܐ ܒܟܠ ܒܢܝܢ): ܗܘ ܕܝܢ ܕܐܬܟܪܝ. ܐܬܠܗܘܢ ܗܘܐ ܒܫܡܫܐ ܀ ܗܟܢܐ ܡܫܟܢ ܕܟܠܐ
ܟܠ ܒܟܠܗ ܐܝܟܐ ܕܐܝܬܘܗܝ: ܗܟܢܐ ܡܟܠ ܐܝܬܘܗܝ. ܘܡܟܪܙܝܢ ܒܟܠܗ ܘܒܡܫܟܢ ܀

ܟܐ ܡܬܩܝܡ ܒܡܕܝܢܬܐ ܗܟܢܐ ܕܡܢ ܒܟܠܗ. ܐܝܟܐ ܕܡܬܚܙܝܢ ܐܝܟ. ܕܡܢ ܗܘܐ ܐܬܠܗܘܢ. ܘܒܟܠ ܕܝܢ ܗܘܐ ܡܢܐ ܀

ܟܒ ܢܡܡܫܝܢ ܒܝܘܡܐ ܐܢܐ ܕܒܗ: ܘܡܛܠ ܢܟܡܐ: ܘܡܛܠ ܕܒܗ ܒܟܠܗ ܕܢܝܢ ܗܘܐ ܐܟܘܬ:
ܘܡܢ ܒܟܠܗܘܢ ܒܡܫܟܢܐ ܕܟܠܗܘܢ ܐܬܐ. ܢܡܫܟܘܢ. ܟܕ ܗܘܘ ܒܟܠܗܘܢ: ܡܢ ܕܝܢ ܡܟܠ
8[2] fin ܕܟܠܗ ܒܡܫܟܢܘܬܗ | ....

Capitum libri Iosue quae supersunt:

109[1] .... | ܠܡܬܐ ܒܡܫܟܢ ܒܡܘܬܐ. ܡܛܠ ܕܐܬܒܪܝ ܘܐܬܒܢܝ ܒܫܡܫܐ ܐܬܦܩܘ ܐܝܟܢܐ ܒܡܕܝܢܬܐ.
ܘܡܛܠ ܗܘܐ ܠܐ ܒܟܠܗ ܐܬܟܘܢ ܗܘܘ ܡܫܟܢܐ ܕܒܟܠܗܘܢ ܕܒܗܘܢ. ܗܟܢܐ ܕܐܦ ܐܝܟܢ: ܡܛܠ ܕܝܢ
ܗܟܢ ܐܡܪ ܒܟܠܗ ܕܒܗܘܢ. ܒܟܠܗ ܕܡܫܟܢ ܒܝܬ ܗܘܐ. ܡܛܠ ܕܗܘܘ ܠܐ ܒܟܠܗ ܠܘܬܐ ܀ ܗܟܢܐ
ܒܝܬܗ ܒܟܪܝܐ: ܘܡܫܡܫܐ ܗܘ ܕܒܗ ܐܝܟܐ ܦܬܟܪܐ ܡܢ ܡܫܬܐ ܕܐܬܟܠ ܗܘ. ܐܘܦ ܩܛܠܐ ܀

ܗ ܡܬܦܝܣ ܡܫܟܢ ܒܟܠܗ ܕܡܬܐ ܕܒܗ. ܘܡܫܡܫܝܢ ܠܐܪܝܚܘ ܒܟܠ ܡܫܡܫܐ ܘܡܫܟܢܐ ܡܫܟܢܬܐ
ܦܬܟܐ. ܗܘ ܕܝܢ ܗܘܐ. ܗܟܢܐ ܡܢܗܘܢ ܢܦܩܘ ܡܢܐ: ܚܕܐ ܗܘܬ ܕܡܫܟܢ. ܕܡܢ ܗܟܢܐ ܡܢܘܬܐ ܢܡܫܟܢ
ܒܡܫܟܢܗ ܦܬܟܐ. ܡܢ ܐܝܟܐ ܕܠܐ ܢܦܩ ܐܝܟ. ܐܢܫܐ. ܕܦܬܟܐ ܐܦܠܐ ܒܗܘܢ ܦܬܟܐ ܡܫܟܢܬܐ ܀
109[2] ܗܟܢܐ ܡܬܦܪܫܐ ܡܢ ܕܢܚ ܐܝܟܐ | ܒܟܠ ܕܚܝܠܐ ܕܒܗ. ܘܡܫܡܫܐ ܠܡܫܟܢܐ. ܢܦܩ ܕܝܢ ܡܢܗܘܢ
ܘܡܬܚܙܝܢ ܀ ܘܡܫܟܢ ܡܫܡܫ ܒܟܠܗ ܕܟܠܐ ܒܗ ܀

ܘ ܢܦܩ ܡܢ ܚܕܐ ܒܟܪ. ܘܡܫܡܫܐ ܒܟܠܐ ܡܢ ܐܪܥܐ ܡܢܐ ܒܟܠ ܡܫܒܚܐ ܐܝܟܐ ܀ ܟܠܐ ܡܢ ܐܠܗܐ
ܡܫܟܢ. ܘܦܩܕ ܐܠܗܐ ܕܢܬܐܡܪ ܡܢܗܘܢ ܚܕܐ ܀ ܐܬܦܩܕ ܒܟܪ ܀ ܐܬܡܫܡܫܐ ܡܫܟܢܬܐ ܀ ܐܬܦܪܫ ܒܟܠ
ܒܟܠܐ ܘܡܫܟܢܐ ܒܟܪ ܀ ܐܬܦܪܫ ܡܢ ܕܢܚ ܡܫܡܫ ܒܡܬܠܡܠܐ. ܘܡܫܡܫ ܒܟܠ ܕܐܬܦܪܫ. ܘܡܫܟܢ ܒܗ
ܠܐܬܦܪܫ ܠܟܠܐ. ܘܡܫܡܫܗ ܕܡܫܒܚܐ ܐܝܟ ܒܟܠ ܡܢܐ ܀

ܙ ܡܬܦܪܫ ܐܝܟܐ ܒܡܫܟܢܗ ܒܡܫܟܢ ܐܝܟܢܐ ܡܫܟܢ ܕܐܬܩܪܝ ܘܡܫܒܚܢܐ ܘܗܟܢ ܕܐܬܡܠ ܀
ܟܠܐ ܡܫܡܫ ܡܢܟܢܐ ܡܢ ܐܬܩܠ ܡܫܟܢܢܬܐ. ܘܡܬܟܪ ܒܟܠܗܘܢ ܢܦܫܐ ܠܗ: ܘܡܫܟܢ ܡܢܝܢ ܒܡܫܟܢ
110[1] ܠܘܬܐ ܕܡܫܟܢ. ܘܡܫܟܢ ܒܡܫܟܢ ܠܘܬܐ ܕܐܪܡܢ ܀ ܡܢ ܗܢܘܢ ܗܟܢ ܕܡܫܟܢ | ܡܫܟܢܬܐ: ܗܟܢ
ܡܢ ܡܢ ܡܫܟܢ ܡܫܟܢ ܐܬܦܪܫܐ. ܕܡܫܡܫ ܡܫܟܢ. ܡܢ ܐܝܟ ܕܗܘܐ ܡܢ ܡܢܗ ܠܐܪܥܐ ܒܡܫܟܢ. ܐܝܟ

3 ܕܡܫܡܫܢܐ margo
3 ܒܡܬܠܐܬܐ codex, ܒܡܬܠܬܐ C
20 ܕܐܪܐ margo
22 quinternio ܐ notatur
24 quaternio ܒ
27 ܐܚܪܢ scribere non necessarium est

ܒܥܠܡܗܘܢ. ܡܢ ܛܠܠܐ ܕܥܒܐ ܒܥܒܝܢ. ܘܒܢܝܢܐ ܠܚܒܝܒ ܕܒܝܬܐ. ܘܚܝܠܐ ܕܥܒܕܐ. ܘܐܡܪܝܢ ܒܗܠ ܒܥܠ
ܕܡܢ ܐܕܡ ܕܢܣܒܬܗ ܐܢܬܬܐ. ܘܐܝܟ ܕܗܘ ܕܒܪܘܚܐ ܒܠܚܘܕ. ܒܛܠܠܐ ܘܠܒܝܬܐ ܘܒܚܝܠܐ ܡܫܬܡܫ ܗܘܐ:
ܕܐܬܪܘܚ ܚܝܢ ܐܠܗܘܬܗ ܐܡܪܝܢ ܗܘܐ. ܐܝܟ ܕܝܢ: ܐܢܫܐ ܕܒܥܠܡܐ ܕܝܠܗ ܒܥܒܕܝܗܘܢ ܒܥܠܡܗܘܢ: ܗܢܘܢ ܕܝܢ ܡܢ
ܠܐ ܡܠܝܘ ܠܐܠܗܐ. ܒܥܒܪܘ ܩܢܛܐ: ܡܢ ܕܝܢ ܬܒܪܘ ܐܬܬܥܝܪܘ. ܘܠܐ ܒܪܘܚܐ. ܐܠܐ ܒܡܬܠ ܒܥܡܪ. ܡܢ
ܠܐ ܡܛܝ ܗܘܐ ܒܡܫܒܚܘܬܗܘܢ ܒܥܘܒܕܐ ܡܬܘܡܐ ܩܕܡܝܐ. ܒܒܪܐ ܒܗܘܢ ܒܥܒܪܘ.. ܦܫܩ ܦܢܐ
ܘܐܬܝܒ ܡܬܐ ܀ ܗܢܘܢ ܢܦܫܐ ܦܝܫܬܐ ܕܥܒܕܬ ܕܐܝܟ ܗܘ ܕܐܡܪ «ܠܝܛ | ܒܥܒܪܐ ܕܝܢ ܥܒܕܐ ܢܗܘܐ»: ܡܢ 110²
ܗܘ ܚܝܢ ܐܬܠܗܘܢ ܗܘܝܢ ܀

ܣ ܡܛܠ ܕܐܘܠܝܕܗ ܡܠܟܐ ܕܐܘܪܫܠܡ ܕܐܬܒܛܠܬ ܐܢܫܘ ܘܒܝܬ. ܘܕܡܠܟܘ ܒܥܡܡܐ. ܘܩܕܝܫܝ
ܒܗܘܢ. ܒܗ ܐܦ ܡܠܟܐ ܐܚܪܢܐ. ܗܢܘܢ ܕܝܢ ܩܕܝܡ ܗܘܐ ܒܥܒܘܕܐ ܒܝܫܬܐ: ܐܝܟ ܕܝܢ ܕܐܡܪ ܒܥܠܝܗܘܢ.
ܕܩܛܠ ܐܢܘܢ: ܘܡܢ ܒܗܠܝܢ ܒܥܠܝܗܘܢ ܒܪܘܬ ܢܫܗ. ܘܩܫܝܬܐ ܡܛܠ ܒܪܐ ܐܘ ܒܢܝܐ ܕܐܬܒܛܠ ܒܡܫܠ ܀
ܗܘܝܢ ܩܡ ܒܥܡܠ ܒܠܠ ܒܥܒܕ. ܘܚܣܝܪ ܒܠܠ ܐܢܫܐ ܕܐܒܗܝܢ ܀ ܘܒܥܒܕܗ ܒܥܠ ܕܒܒܪܒܪܬܐ ܡܛܠ
ܝܗܒܠ ܘܢܦܫܬܐ ܡܠܟܐ. ܒܥܒ ܕܝܢ ܒܥܡܪ ܘܒܒܢܝܐ ܘܠܐܚܘܢ ܘܒܒܪܢ ܘܒܥܒܕܗܘܢ ܘܒܥܒܕ
ܘܒܬܘܪܬܐ ܘܒܥܒܕܒܪܬܐ ܀

ܘ̇ ܐܬܝܗܒ ܡܠܟܐ ܐܚܪܢܐ ܩܫܝܬܐ ܒܡ ܩܕܡܝܬܐ ܕܟܘܪܚܐ: ܘܐܦ ܒܥܘܒܕ ܒܒܥ ܝܗܒܠ ܀ ܫܒܥܝܢ
ܕܝܢ ܗܢܘܢ ܕܩܛܠܘܗܝ ܕܒܗܘܢ ܘܩܕܝܫܬܐ ܘܩܛܝܠܐ ܀

ܣ ܡܛܠ ܝܗܒܠ ܒܥܒܕܝܗܘ ܠܐܕܡ ܠܐܘܪܫܠܡ. ܘܢܦܩ ܐܝܠܐ ܒܥܠܡܐ ܐܝܟ ܦܩܐ ܢܗܪ. 111¹
ܕܒܥܒܕܐ ܦܠܐ ܐܠܗܐ ܀

ܛܐ ܡܛܠ ܝܗܒܠ ܒܥܠܡܐ ܕܐܘܪܫܠܡ ܕܝܢ ܘܒܥܒܕܝܗ ܕܒܥܠܡܐ ܐܢܫܝܐ ܒܥܡܠܐ ܕܒܗܘܢ. ܗܟܢ
ܕܢܦܩܘ ܡܢ ܒܪܘܫܠܡ ܚܕ ܗܘܐ ܡܠܟܐ ܀ ܗܢܘܢ ܕܝܢ ܡܢ ܐܬܪܗ. ܒܥܠ ܢܣܒܝܢ ܒܝܬ ܒܒܠܐ ܀ ܡܠܟܐ
ܗܘܐ ܒܥܡܠܐ ܐܚܪܢܐ: ܐܡܠܟܘ ܚܝܢ. ܕܡܛܠ ܡܬܪܥܝܢܘܬܐ ܗܘܐ ܒܥܒܪܘ ܀ ܡܩܪܒ ܒܥܠܡܗܘܢ ܡܢ
ܕܝܢ ܀ ܗܢܘܢ ܕܝܢ ܒܥܒܪ ܗܘܐ ܩܕܡ ܒܪܘܚܐ ܡܢ ܐܡܪܝܢ ܕ«ܒܗ ܡܛܠ ܡܬܪܥܝܢܘܬܐ ܒܝܬ ܚܝܢ
ܒܥܒܕܐ. ܐܠܐ ܐܝܟܢܐ ܕܠܐ ܢܗܘܐ ܐܝܬ ܒܗܘܢ ܒܥܠܝܗܘܢ ܕܡܢ ܒܬܪܗܘܢ ܗܘܝܢ. ܒܥܡܡܐ ܕܒܗ ܐܝܟ ܢܘܟܪܝܐ
ܕܐܬܚܙܝܬ ܚܝܠܐ ܕܒܗܘܢ: ܡܛܠ ܗܘ ܕܡܘܕܐ ܒܥܡܪܝܬܐ ܕܐܬܪܗܘܢ ܕܪܐ. ܐܠܐ ܐܝܟܢܐ ܕܐܝܬ ܗܘܐ ܒܥܒܕܐ
ܒܥܒܘܕܐ. ܘܠܐ | ܢܗܘܐ ܐܝܬ ܒܗܘܢ ܒܥܠܡܐ: ܒܥܡܡܐ ܕܒܗܘܢ ܒܠܠ ܒܢܝܐ ܕܡܢ ܕ«ܒܗ ܒܗܘܢ ܡܢܗ 111²
ܕܡܢܐ» ܀ ܘܐܬܒܥܝܘ ܕܠܐ ܩܒܠܘ ܢܡܘܣܝ ܒܥܒܕܗܘܢ ܗܟܢ ܡܛܠܬܐ ܕܡܠܐ ܀ ܗܢܘܢ ܦܪܐ ܠܐܘܪܫܠܡ
ܝܗܒܠ. ܘܡܢܗܘܢ ܒܗܘܢ ܒܥܒܪܬܐ ܕܒܥܘܬܐ ܕܐܠܗܐ. ܘܩܪܝܬܐ ܒܥܡܪ ܒܢܡܘܣܐ. ܘܡܩܝܡ ܐܡܪ
ܒܥܒܕܐ ܗܟܢ ܕܒܐܝܕܝ ܒܥܡܠܒܟ ܐܢܘܢ. ܐܘ ܠܐ ܢܬܬܪܝܡ ܀ ܘܦܠܚܐ ܀ ܦܠܚܐ ܕܝܢ ܐܦ ܐܠܗܝܢ ܦܠܚܐ. ܘܒܗܘܢ
ܦܫܝܛ ܒܪ ܕܒܗ ܢܚܫܒܘܢ ܀ ܘܒܬܪܗ ܒܥܠܡܗ ܐܘܪܫܠܡ. ܘܐܬܒܛܠܘ ܒܚܝܠܗܘܢ ܡܠܟܐ
ܕܥܒܕܐ. ܘܐܬܒܛܠܘ ܒܥܠܡܗܘܢ ܦܢܝܐ ܐܘܪܫܠܡ ܀

ܫܠܡܘ ܦܘܫܩܐ ܕܡܠܟܐ ܒܪܗ ܕܢܘܚ ܀

Capitum libri Iudicum quae supersunt:

1¹ ...... | ܒܪܚܐ ܐܬܦܠܓ ܗܘܐ. ܡܢ ܕܝܢ ܚܕܘ ܕܫܒܩ. ܠܐ ܗܘܐ ܕܒܥܡܠܐ: ܡܢ ܕܝܢ ܐܠܐ ܗܘܐ ܒܥܒܕܝܗ
ܦܠܓܘܬܗ. ܦܝܠܐ ܒܗ ܐܢܐ. ܘܡܛܠ ܗܠܝܢ ܕܐܬܒܛܠ ܗܘܐ: ܡܛܠ ܕܝܢ ܕܐܪܡܠ ܗܘܐ ܦܠܓܘܬܐ ܒܥܒܘܕܐ.
ܠܒܪ ܡܢ ܐܠܐ. ܚܕܐ ܒܥܒܪܬܐ ܕܪܒܐ ܒܥܘܒܕܗ ܕܐܢܐ ܗܘ ܕܐܬܬܠܠ ܡܢܗ. ܘܡܢ ܢܦܫ. ܐܝܠܐ. ܘܗܘܐ
ܐܦ ܠܐܚܪܢܐ ܕܝܢ: ܘܒܥܒܕܐ ܦܘܚܪܐ ܕܝܢ ܐܡܪ ܐܘܚܠܐ ܡܢ ܐܡܪ «ܡܢ ܦܘܡܐ ܕܐܟܘܠܐ ܢܦܩ ܡܐܟܘܠܬܐ
(ܗܢܘ ܕܝܢ ܡܢ ܦܘܡܗ ܕܐܪܝܐ). ܘܡܢ ܥܫܝܢܐ ܢܦܩ ܚܠܝܐ». ܘܐܬܒܥܝ ܕܝܢ ܦܪܝܫ ܒܗ. ܒܦܠܓܐ ܒܗܘܢ ܠܒܢܝ
ܒܥܒܕܐ ܘܠܒܢܝ ܐܦܪܝܡ. ܐܝ ܕܝܢ ܠܐ ܒܥܠܡܝܢ. ܒܥܒܕܐ ܐܝܟ ܕܐܝܬ ܗܟܢ: ܡܢ ܕܝܢ ܦܢܝܢ ܗܘܐ. ܘܠܐ
1² ܡܫܬܡܥ. ܒܪܡܫܐ ܠܐܠܗܐ ܕܒܗ ܡܠܬܐ. | ܐܝ ܠܐ ܐܬܒܥܝ ܡܢܗ ܒܪܡܫܐ: ܗܘ ܕܝܢ ܡܢ ܒܥܘܬܐ. ܐܡܪ ܗܟܢ.
ܘܡܢ ܐܡܪܘ. ܢܦܩܘ: ܦܪܫ ܒܥܒܕܝܢ: ܐܝܟ ܕܝܢ ܕܒܥܠܐ ܡܢ ܕܢܫܠ. ܢܦܩܘ ܘܢܬܒܥܘܢ ܒܥܒܕܢܐ ܕܒܗ:

1 ܕܚܒܠܐ die Hds
6 Genes 9,25
8 ܡܩܕܝܫܝ die Hds
12 ܘܡܕܝܢܚܐ die Hds
25 ܠܐܘܪܫܠܡ die Hds
32 ܡܢ ܕܝܢ ܚܕܘ ܕܫܒܩ. ܠܐ ܗܘܐ ܕܒܥܡܠܐ zweimal in der Hds geschrieben
35 Iudic 14,14

[illegible]

2[1] [illegible]

[illegible]

2[2] [illegible]

[illegible]

3[1] [illegible]

[illegible]

3[2] [illegible]

[illegible]

[illegible]

62[1] [illegible]

ܐ [illegible]

47[1] [illegible]

ܐ [illegible]

2 ܐܝܬܘܗܝ die Hds 10 ܐܬܠܘܟ die Hds 28 ܚܣܝܢ ohne Punkt die Hds

ܘܐܬܡܟܟ ܓܐܘܬܐ ܕܟܠ ܥܠܡ܆ ܡܢ ܗܘ ܓܝܪ ܢܨܝܚ ܗܘܐ ܓܢܒܪܐ܀ ܡܛܠ ܕܝܢ ܥܡܘܬܐ. ܟܪܙܘܗ ܕܝܢ
ܡܠܟ ܐܚܐܒ ܐܚܝܕ ܥܘܠܐ܀

ܢܘܟ ܡܬܡܠܟ ܒܫܘܪܝܐ ܕܡܠܟܘܬܗ܆ ܐܡܝܢܐ ܕܥܡܝܢܘܬܐ ܢܗܘܐ ܥܠ ܥܡܗ. ܠܝ ܕܝܢ ܡܬܘܡ ܢܥܒܕ. ܘ
ܠܐ ܗܘܐ ܕܠܐ ܡܫܡܫ ܒܪܢܫܐ ܠܥܘܕܪܐ ܒܢܝ̈. ܐܠܐ ܡܛܠ ܕܒܥܠ ܒܫܘܦܪܐ: ܒܪܘܟ ܒܗ ܒܢܝ̈ܐ: ܗܘ ܕܝܢ.
ܒܬܪ ܒܬܠܐ ܒܫܘܪܝܐ. ܢܕܥ ܒܥܕܢܐ ܒܥܒܕ̈ܐ: ܘܟܕ ܢܦܩ ܡܬܡܠܟ. ܘܡܛܠܗ܀

ܡܛܠ ܚܟܡܬܗ ܕܡܬܡܠܟ ܠܥܡܝܢܘܬܐ܀ ܡܛܠ ܦܘܠܚܢܐ ܕܕܝܢܘܬܗ܀ ܡܛܠ ܫܝܢܐ ܠܫܡܥܐ
47² ܕܫܪܪܗ܀ ܡܛܠ ܡܫܡܫܢܘܬܐ ܘܦܘܠܚܢܐ ܘܡܟܗ ܥܠܘܗܝ܀

ܘܟܕ ܡܬܡܠܟ ܚܟܡܬܐ ܡܢ ܐܠܗܐ. ܘܢܦܩ܀ ܗܘܝܘ ܕܝܢ ܒܬܪܥܝܬܐ ܢܦܠ. ܒܗܠܝܢ ܕܡܛܠ ܫܡܥܐ ܙ
ܡܕܒܪ ܒܗ܀ ܐܘ ܡܛܠ ܚܟܡܬܗ ܕܡܬܡܠܟ ܡܬܠܐ܀ ܡܛܠ ܦܘܠܚܢܐ ܠܫܡܥܐ ܕܫܪܪܐ ܕܝܠܗ.
ܘܐܝܟ ܡܬܡܬܝܢ ܗܘܘ ܒܗ ܒܗܘܢ ܠܥܡܪܐ܀

ܡܦܩܕ ܒܗܠܐ ܚܟܝܡ ܡܟܝܠ ܕܪܘܪ. ܒܬܪ ܦܘܩܕܢܐ ܕܡܠܐ ܡܛܠ ܥܠ ܒܪܢܫܐ: ܗܘ ܕܝܢ ܢܘܟ܀ ܗܘܝܘ ܡܫܝܚ ܚ
ܡܫܝܚܐ ܕܗܘܢ ܕܒܪܝܫ ܗܘܘ. ܘܫܪܪܐ ܕܗܘܐ ܕܐܬܚܙܝ܀ ܒܗܠܝܢ ܒܢ̈ܝܐ ܕܗܘܠܐ܀
ܛ
ܡܬܠܐ ܡܬܡܠܟ ܒܡܘܥܠܐ ܘܡܕܒܪ. ܘܡܫܪܪܐ ܒܗܠܝܢ܀
ܡܬܩܪܐ ܒܗ ܠܡܠܟܐ ܐܠܗܐ. ܠܝ ܗܘ ܕܢܫܪܐ ܦܘܩܕܢܐ ܕܝܠܗ. ܘܟܕ ܐܬܐ ܒܗ ܗܘܝܘ | ܕܒܡܘܥܠܐ. ܠܝ 48¹ ܐ
ܗܘ ܕܒܝܬ: ܐܝܟ ܗܘܐ ܒܗ ܕܝܢ ܐܠܗܐ ܕܦܠܚܐ ܕܪܘܚܐ܀

ܗܘܝܘ ܕܡܛܠ ܡܬܡܠܟ ܘܐܡܝܢܐ. ܗܘ ܕܝܢ ܠܦܘܠܚܢܐ ܒܡܬܠܝܢ ܕܚܟܡܬܗ ܕܡܬܡܠܟ܀ ܗܘܝܘ ܕܡܛܠ ܝ
ܒܥܠܬܐ ܕܝܠܗ ܗܘ ܢܦܠ܀ ܗܘܝܘ ܕܡܛܠ ܐܢܫܐ ܕܪܘܚܐ ܗܘܝܘ ܕܒܝܬ܀ ܗܘܝܘ ܕܡܛܠ ܡܫܡܫܢܐ ܕܝܠܗ.
ܡܢ ܐܬܪܐ ܒܪܘܚܐ ܠܐܝܟܐ ܦܠܚܐ ܗܘܐ܀

ܡܢ ܗܘܝܘ ܗܘܝܘ ܕܡܛܠ ܦܘܠܚܢ ܦܩܘܕܐ ܕܝܠܗ. ܘܡܛܠ ܦܫܝܛܘܬܐ ܕܝܠܗ ܗܘ ܕܐܪܥܐ ܝܐ
ܠܐܠܗܐ܀ ܡܢ ܗܘܝܘ ܒܪܘܚܐ ܒܥܠܬܗ ܘܡܫܪܐ ܕܡܫܡܫܢܘܬܐ ܘܡܬܠܐ ܕܒܝܬܐ: ܦܠܚ ܓܝܪ ܒܦܘܠܚܢܗ ܗܘܐ
ܐܝܟܢܐ ܘܡܪܕܐ. ܦܠܚ ܒܦܘܠܚܢܗ ܘܡܥܒܕ ܕܝܠܗ ܢܘܗܪܐ܀ ܐܝܟ ܒܥܠܬܗ ܕܢܘܗܪܐ ܐܝܟ ܗܘ ܢܒܝܐ.
ܘܢܦܩ ܒܗ ܒܪ | ܦܩܕ ܒܫܠܡܐ. ܦܩܕ ܒܡܪܐ. ܒܪ ܡܦܩܕ ܡܬܚܙܐ ܒܗ ܕܝܢ ܒܡܪܐ ܦܫܝܛܐ: ܒܪ 48²
ܕܝܢ ܐܝܟܢܐ ܗܘܐ ܒܗ ܒܥܡܠܐ ܕܡܬܡܠܟ. ܦܪܘܩ ܒܡܕܒܪ܀

ܗܘܝܘ ܐܝܟ ܡܢ ܡܕܒܪ ܠܥܒܕܝܢ. ܒܪ ܡܢܗ ܡܬܡܠܟ: ܒܥܠܐ ܕܝܢ. ܒܪ ܐܬܦܩܕ ܒܗܠܐ ܐܚܪܢܝܢ ܒܪܘܚ ܝܒ
ܕܡܬܡܠܟ. ܡܫܝܚ ܗܘܐ ܕܐܡܪ ܢܒܝܐ ܠܗܘܐ ܒܗܘܢ ܐܬܦܩܕ ܡܢ ܗܘܝܘ ܕܡܬܡܠܟ: ܗܘ ܕܝܢ. ܒܪ ܡܢ
ܐܢܫܐ ܠܒܢܝܐ ܦܩܕ ܠܐܪܥܐ ܕܝܠܗ ܐܠܗܘܬܐ. ܐܝܟ ܕܐܦ ܕܐܡܪ ܡܫܝܚܐ ܒܗܘܢ ܒܥܒܕܝܢ܀ ܡܢ ܗܘܝܘ
ܦܪܘܩ ܡܫܝܚ ܒܦܘܪ ܦܪܘܩܐ. ܘܐܡܬܝܢ ܒܒܝܬܗ ܒܥܒܕܝܢ. ܘܡܬܚܙܝܢ ܐܝܟܢܐ ܒܡܪܕܘܬܗ ܒܦܘܩܕܢܗ.
ܥܠ ܐܠܗܐ܀ ܒܪ ܕܝܢ ܐܬܦܩܕ ܒܗܘ ܕܥܒܕܝܢ. ܡܦܩܕ ܠܐܠܗܐ ܕܝܠܗ ܒܗܠܐ ܐܝܟܢܐ ܗܘ ܢܒܝܐ ܕܐܬܦܠܚ ܡܛܠ
ܒܡܪܘܡܐ. ܗܘ ܕܝܢ ܐܡܪ ܕܦܘܠܚܢܐ: ܘܡܫܚܐ܀

| ܡܫܝܚ ܒܪܘܚܐ ܕܪܘܚܐ ܥܒܕܝܢ.. ܚܕ ܒܥܠܬܐ ܐܝܟ ܘܚܕ ܒܢܝ̈. ܘܠܐ ܢܫܡܫ ܠܐܘܪܚܐ ܒܥܠܐ: ܒܪ 49¹ ܝܓ
ܕܝܢ ܡܕܒܪ ܒܫܠܡ. ܗܘܐ ܒܪܢܫܐ ܕܐܠܗܐ. ܒܪ ܐܝܟ ܡܬܚܙܐ ܗܘܝܘ ܕܡܛܠ ܢܒܝܐ. ܘܡܬܚܙܝܢ ܐܚܝܗ ܕܡܟܝܠ.
ܘܐܬܚܙܝ ܡܪܘܚܐ: ܒܪ ܕܝܢ ܒܬܠ ܢܒܝܐ ܡܢ ܐܠܗܐ. ܐܚܪܢ ܡܟܝܠ: ܘܡܫܡܫ ܒܗ ܒܢܒܝܐ ܒܡܫܡܫܢܘܬܗ
ܒܗܠܝܢ. ܗܘ ܕܝܢ ܠܐ ܡܬܦܠܚܝܢ ܗܘܐ. ܒܪ ܦܘܩܕܢܐ ܢܒܝܐ ܕܐܠܗܐ. ܒܠܠ ܗܘ ܕܒܪ ܒܪܘܚܐ ܒܥܒܪ. ܐܬܡܛܠ
ܡܢ ܐܢܫ܀ ܥܒܕܝܢ ܕܝܢ ܡܫܡܫ ܗܘܐ ܒܥܡܠܐ ܕܝܠܗ. ܘܐܚܪܢܝܢ ܦܩܕ ܒܗܦܟܐ܀ ܒܪܘܚܐ ܕܢܦܫ
ܘܡܫܡܫܢܘܬܐ ܕܝܠܗ. ܒܪ ܐܝܟ ܡܫܡܫܝܢ. ܢܕܥ ܒܡܫܡܫܢܘܬܐ܀ ܘܒܗܠܐ ܗܘܐ ܦܪܘܩ ܒܪܐ ܕܝܠܗ ܐܚܐ.
ܘܒܗܠܝܢ ܐܝܟܐ: ܒܗܠ ܕܝܢ ܡܬܡܠܟ ܡܫܡܫܢ ܒܪܐ ܕܝܠܗ | ܢܒܝ. ܒܗܠܝܢ ܕܒܪ ܡܛܠ ܒܥܠܐ. ܐܡܪܝܢ: 49²
ܘܦܪܘܩ ܗܘܐ ܒܥܡܠܐ ܐܝܟܐ: ܗܘ ܕܝܢ. ܒܪ ܒܡܪܘܡܐ ܕܗܘܐ ܡܫܡܫܢܐ ܐܬܚܙܝ. ܕܐܡܪ ܡܫܚܐ ܐܬܚܙܝ܀
ܒܪ ܕܝܢ ܒܥܠܐ ܐܬܚܙܝ ܗܘܐ ܒܥܠܐ. ܐܝܟ ܒܗ ܐܠܗܐ ܦܩܕܬܐ ܕܪܘܚܬܐ: ܡܢ ܕܝܢ ܡܫܚܐ. ܐܡܪ ܐܠܐ ܒܪܐ

13 in der Hds, in welcher die Zeilen 47² 18—20 folgenden Umfang haben:

18 ܕܐܬܚܙܝ. ܒܗܠܝܢ ܒܢܝܐ

19 ܕܗܘܠܐ܀

20 ܡܬܠܐ ܡܬܡܠܟ ܒܡܘܥܠܐ,

ist das Zahlzeichen ܛ zuerst bei Zeile 19 geschrieben, dann aber weggewaschen und zu Zeile 18 gesetzt: daß es zu Zeile 20 gehört, geht daraus hervor, daß die Hds die große Interpunction und den Absatz in Zeile 19 hat

ܕܡܠܟܘ . ܒܗܘ ܕܡܢ ܡܛܠ ܡܥܒܪ ܚܕ ܡܢ ܬܫܥܐ. ܐܡܪܝܢ. ܘܒܬܪ ܒܫܠܡܗ ܕܥܠܡܐ ܀ ܡܢ ܕܝܢ ܐܦ ܡܥܒܪ
ܡܬܠ (ܘܗܘ ܒܗ ܐܝܟܢ). ܡܫܡܠܝܢ ܒܥܒܪ ܀ ܡܢ ܕܝܢ ܡܬܠ ܐܦ ܗܘܐ. ܡܫܡܠܝܢ ܐܡܪ ܒܪܐ ܕܡܠܟܘ ܀
ܗ ܡܫܡܠܝܢ ܒܪܗ ܕܐܫܐ ܣܡܥܬ ܀
ܘ ܟܠܡ ܐܠܗܐ ܢܒܝܐ ܠܐܝܟ ܟܘܒܪܐ ܦܠܚܐ. ܐܘ ܕܗܘܐ ܠܗܘܢ ܩܢܝܐ ܠܟܠ ܘܐܝܟܢܐ ܡܠܐ ܀ ܐܘܡܝܢ ܡܬܐܡܪܐ
ܡܢ ܒܥܘܬܐ ܗܘ ܢܒܝܐ ܀ ܐܘܪܚܐ ܗܟܢ ܕܡܛܠ ܐܘ ܐܘܡܬܐ ܕܒܪܘܚܐ ܀ ܗܟܢ ܕܡܛܠ ܡܢܐ ܕܥܡܠܐ
50¹ ܘܡܘܗܒܬܐ ܕܡܫܝܚܐ | ܘܡܛܠ ܡܘܬܐ ܕܐܒܐ ܘܡܘܡܬܐ ܐܘ ܕܡܢ ܡܘܬܐ ܀ ܡܬܟܬܒܝܢ ܒܗܘܐ ܐܝܟ ܐܠܗܐ.
ܘܟܬܒ ܠܟܢܫܐ. ܘܦܫܩ ܢܘܪܐ ܡܢ ܫܡܝܐ. ܘܡܛܠ ܒܗ: ܐܘܡܝܢ ܢܦܩ ܒܟܘܪܐ ܕܒܝܬܐ ܘܢܦܫ:
ܐܘܡܝܢ ܡܫܡܫ ܐܝܟ ܦܠܚܐ: ܘܡܢ ܗܟܢ ܒܡܪܕܘܬܐ. ܕܟܝ ܐܠܗܐ. ܘܗܘܐ ܦܠܚܐ ܀
ܙ ܟܠܗܘܢ ܠܐܝܠܝܢ ܡܘܬܐ ܐܝܟܢ ܐܢܫܘܗܝ ܐܝܟ. ܗܘ ܕܝܢ ܐܝܟ ܒܡܕܒܪܐ. ܘܡܢ ܕܩܕܡ. ܘܐܬܐܡܪ ܡܢ
ܡܠܐܟܐ ܕܐܠܗܐ. ܐܡܝܢ ܠܡܕܒܪܐ ܘܩܘܡܬܐ: ܘܡܢ ܐܝܟܢܐ. ܐܬܚܝܠ ܒܠܐ ܐܘ ܡܐܟܘܠܬܐ ܐܬܚܝܠ ܡܥܕܐ ܀
ܐܝܟ ܕܡܐܡܪ: ܐܘܡܝܢ ܐܡܪ «ܡܪܝܐ .. ܒܡܕܒܪܐ ܕܡܢ ܒܪܗ» ܀
ܚ ܡܢ ܒܬܪ ܕܐܬܐ ܡܢ ܐܠܝܐ. ܢܦܩ ܠܐܝܠܐ ܀ ܡܢ ܐܘܪܚܐ ܠܡܕܒܪܐ ܐܘ ܕܡܛܠ ܢܒܝܐ. ܘܟܪܝܐ
ܗܘ ܕܟܠ ܐܝܟܢܐ ܐܝܟ. ܘܡܬܬܢܝܚ ܐܝܟ ܀
ܛ 50² | ܐܝܟ ܒܠܐ ܐܘܪܚܐ ܡܘܬܐ ܒܪܗ ܕܗܘܐ ܒܗ ܠܟܠܗܘܢ ܘܐܬܐ ܡܠܟܐ. ܗܘ ܕܝܢ ܒܒܝܬ ܐܝܟ: ܘܡܢ
ܕܐܬܐܠ ܐܬܐ. ܢܦܠ ܒܡܕܒܪܐ ܕܟܠܐ: ܡܢ ܕܝܢ ܐܬܐ ܗܘܐ ܗܘ ܒܗ ܒܡܕܒܪܘܬܗ. ܐܬܓܠܝ ܐܫܟܚܐ
ܘܡܬܢܝܚܐ ܘܐܬܐ ܒܗܘܐ ܐܝܟ. ܡܢ ܒܬܪ ܗܘ ܒܗ ܦܪܐ. ܘܢܦܫܗ ܐܡܪ ܒܗ ܒܡܥܡܥܢ ܡܘܬܐ:
ܗܘ ܕܝܢ ܐܫܬܡܥ ܘܒܠ ܡܕܒܪܐ. ܘܡܢ ܠܐܦܪܐ ܐܫܬܡܥ. ܥܕܪܗ ܠܐܪܥܐ ܕܡܠܟܘ ܀ ܐܝܟ ܢܒܝܐ ܕܪܥܐ ܢܦܩ
ܗܟܢ ܒܡܕܒܪܐ. ܘܦܘܐ ܟܠܡ ܀
ܝ ܡܬܟܬܒ ܐܝܟ ܠܝ ܐܘܪܚ ܒܡܕܒܪܘܬܗ ܒܠܐ ܡܘܬܢܐ: ܘܡܢ ܡܟܝܢ ܣܡܥܬ ܡܕܒܪܐ ܕܢܗܘܐ. ܥܒܪ
ܐܝܟ ܒܡܕܒܪܐ ܢܒܝܐ. ܘܡܢ ܐܬܓܠܝ. ܡܦܩܝܢ ܐܡܪ ܒܦܬܐ . ܠܝ ܗܘ ܕܡܦܩܝܢ: ܡܬܡܠܠ ܘܟܪܝܐ ܐܝܟ:
51¹ ܦܢܐ ܒܡܕܒܪܐ ܕܥܡܐ ܗܘ ܢܒܝܐ ܟܠܐ.| ܘܡܢ ܦܩܝܕ ܐܝܟ ܕܐܬܐ ܡܕܒܪܐ ܒܪܢܫܐ ܕܡܪܝܐ ܢܦܩ ܡܥܒܪܐ.
ܢܦܩ ܒܡܬܟܬܒ. ܘܐܡܪ ܒܡܫܡܥ ܕ«ܐܢܫܐ ܐܫܟܚܐ. ܘܡܢ ܠܟܢܫܐ ܕܡܢ ܢܦܩ ܐܠܐ ܐܝܟ. ܐܘܟ
ܐܠܐ ܒܗ ܐܢܫܘܗܝ ܕܐܡܪ»: ܡܢ ܕܝܢ ܗܘܐ ܗܘܐ. ܘܦܠܚܐ ܡܫܡܠܝܢ ܗܘܘ ܦܘܩܕܢܐ ܡܢ ܡܕܒܪܐ ܕܡܪܗܘܢ.
ܕܒܗܘܐ ܠܫܡܝܐ. ܘܟܢܫܘ ܒܡܕܒܪܐ ܕܐܢܫܐ ܐܬܡܠܝ ܒܡܕܒܪܐ. ܡܢ ܚܕܐ ܒܡܫܡܥ ܡܕܒܪܐ
ܕܢܗܘܐ. ܘܐܫܟܚܘ ܕܐܢܫܐ ܐܬܐܡܪܘ (ܐܫܟܚܐ ܟܪܝܐ ܒܗܘܢ ܐܝܟܢ). ܐܘܪܚ ܗܘܐ ܒܗ. ܡܢ ܕܟܪ
ܒܡܫܠܡܐ: ܗܘ ܕܝܢ ܡܢ ܡܟܐ. ܐܟܚܕܐ ܡܢ ܡܕܒܪܘܬܗ: ܐܝܟܢܐ ܕܝܢ ܐܝܟ ܦܠܚܐ ܢܫܟܚܘܢ ܠܐܝܟ. ܘܕܐܝܟ
ܕܡܢ ܟܠ ܡܕܒܪܐ. ܒܗܘ ܕܐܫܟܚܗ ܒܡܫܡܫܢܐ. ܘܐܝܬܐ ܡܫܚ ܒܪܡܐ ܕܡܠܟܘ. ܘܡܟܬܒܐ ܒܫܡܗܘܢ ܀
51² ܐܡܪܝܢ ܒܗܕܐ ܐܝܟ | ܐܝܟܢܐ ܒܪܐ ܕܡܠܟܘ. ܡܢ ܕܡܠܐ ܕܡܠܟܘ ܗܘܐ ܣܡܥܬ. ܗܘܐ ܕܐܝܟ ܒܗܘܢ ܕܐܬܩܝܡ
ܒܟܝܪܐ ܕܡܠܟܘ ܀

ܫܠܡܘ ܡܠܐ ܕܟܬܒܐ ܕܡܠܟܐ ܕܡܠܟܘܬܐ ܀

1² | ܡܠܐ ܕܟܬܒܐ ܕܬܪܝܢ ܕܡܠܟܘܬܐ ܀

ܐ ܡܢ ܐܬܡܪܗ ܐܚܐܒ. ܥܒܪ ܒܡܠܟܘܬܗ ܒܟܠܗ ܠܝ ܡܘܐܒ. ܘܡܢ ܦܪܥܗ ܐܠܗܐ ܢܒܝܐ ܒܝܘܡܝ ܕܐܚܐܒ.
ܦܩܕ ܕܡܢ ܐܚܐܒ ܠܡܪܗ ܕܠܐ ܡܘܐܒ: ܡܢ ܕܝܢ ܡܝܬ ܐܚܐܒ ܕܐܠܗܐ ܐܡܪܗܘܢ. ܥܒܪ ܒܪܗ ܐܚܙܝܐ ܗܘ ܡܢܫܐ
ܘܒܬܪܗ ܠܐܚܐ: ܡܢ ܕܝܢ ܐܬܢܚܬ ܡܢ ܢܘܪܐ ܡܛܠ ܚܕ ܒܡ ܐܚܙܝܐ ܕܡܠܟܘ. ܒܡ ܗܘ ܠܟܠܗ ܡܬܢܚܬ
ܒܡܪܝܐ ܐܠܗܐ. ܘܡܢ ܐܝܟ ܒܗܘ ܡܠܟܐ. ܐܡܪ ܕܦܠܐ ܀ ܒܗܕܐ ܦܣܩܢ ܐܚܐ ܕܡܠܟܘ ܣܘܦ. ܠܐ ܟܪܝܐ ܐܝܟ
ܗܘܐ ܒܗ ܒܪܐ ܀ ܐܘܪܚܐ ܡܫܡܫܢܐ ܕܐܠܗܐ ܗܘ ܕܐܝܟ ܕܒܡܫܠܐ ܀
ܒ ܡܢ ܚܕܐ ܦܢܝܬܐ ܕܢܦܠ ܠܐܚܙܝܐ ܕܟܠ ܒܫܡܥܬܐ ܐܘܟ ܒܥܘܪܒܐ. ܐܡܪܗ ܕܐܬܐܚܝܢ ܪܘܚܐ ܕܐܠܗܐ
2¹ ܒܟܠܗܘܢ. ܘܡܫܡܫܝܢ ܐܚܐ ܕܒܫܡܪܝܢ | ܒܟܬܒܐ ܕܐܠܗܐ. ܗܘ ܕܝܢ ܦܠܐ ܗܘܐ. ܒܪܐ ܕܝܢ ܥܒܕ: ܐܘܠܝ
ܕܝܢ ܡܢ ܐܚܘ. ܠܐ ܐܫܟܚܗ ܀ ܡܬܐܡܪܝܢ ܟܠ ܢܚܘܗ ܡܬܐ ܀ ܡܢ ܐܬܠܐ ܒܟܠܗ ܐܝܠܐ. ܒܟܬܒܐ ܕܒܪܢܫܗ ܒܗ
ܓܠܠܐ. ܘܡܬܢܝܚܝܢ ܡܢ ܕܟܐ ܀

10 ܠܡܕܒܪܘܬܐ die Hds 11 Regnor γ 19,10 29 ܒܟܝܪܐ die Hds

ܡܟܝܠ ܕܡܘܫܐ ܐܡܪ ܡܢ ܕܒܬܪܟܢ ܩܕܡܝܐ ܗܘ ܕܥܠܡܐ. ܡܛܠ ܕܒܠܥܘܗܝ ܗܘܐ ܡܟܝܠ ܕܐܝܣܪܐܝܠ.
ܡܢ ܕܢܚܬ ܠܡܨܪܝܢ ܘܠܐܚܪ ܡܟܝܠ ܕܗܘܐ ܡܠܟܘܬܐ ܕܦܪܥܘܢ. ܗܢ ܕܝܢ ܠܐ ܡܬܚܫܒ ܗܘܐ ܥܡܐ ܠܡܨܪܝܐ. ܐܠܐ
ܡܫܬܥܒܕܝܢ ܠܚܒܝܢ ܗܘܘ ܠܡܨܪܝܐ. ܗܢ ܡܢܘ ܐܣܝܪܐ. ܐܝܟ ܠܘܬ ܐܠܗܐ. ܗܘ ܕܝܢ ܐܡܪ ܗܘܐ ܠܘܬ
ܡܟܝܠ ܕܐܝܣܪܐܝܠ. ܘܠܐ ܢܬܐ ܗܘܐ ܠܗ ܐܡܪ ܐܢܐ ܠܝ ܡܛܠ ܡܟܝܠ ܕܗܘܘ. ܠܗ ܠܡܫܡܥ ܕܝܢ ܥܡܐ ܕܠܐ
2² ܣܡܥܘ ܦܬܓܡ ܐܡܪ ܕܐܝܬ ܠܗܘܢ. ܐܠܐ ܘܠܐܘܚܕܢܐ ܘܥܒܕܐ ܡܘܐܬܐ. ܐܝܟܢܐ ܕܐܦ ܗܘܐ. ܘܟܕ ܚܙܐ ܕܐܝܟ ܗܘܐ ܐܢܐ
ܡܟܝܠ ܕܡܘܬܐ. ܐܝܟܢܐ ܕܒܚܝܪܐ ܕܠܗ ܠܥܡܢܗ ܡܢ ܟܠܗ ܡܢ ܫܪܪܐ ܀

ܙ ܗܕܐ ܐܝܟܢܐ ܗܝ ܕܐܬܚܪܝܬ ܒܥܡܝܐ. ܘܗܝ ܡܫܬܥܡܠܢܝܬܐ. ܠܗܘܢ ܕܟܢܝܢ ܠܘܬܗ ܡܢ ܙܒܢ.
ܘܐܬܥܒܕܬ ܒܗ ܒܫܒܝܬܐ ܗܘܐ ܀

ܗ ܒܗ ܓܝܪ ܗܘܐ. ܘܟܕ ܡܢ ܕܢܚܬܘ ܐܝܟ ܠܗܘܢ ܕܢܦܩܘ ܗܘܐ. ܘܡܢ ܕܝܢ ܐܡܪ ܐܒܪܗܡ ܒܥܡܐ ܕܐܠܗܐ ܡܢ
ܒܥܡܝܐ ܚܢܝܢܐ ܕܟܢܫܐ ܀

ܘ ܐܝܢ ܕܢܥܒܕ ܗܘ ܐܝܟ ܒܥܠܡܐ ܕܡܟܝܠ ܕܡܨܪܝܐ. ܘܗܢ ܐܝܟܐ ܠܘܬ ܡܟܝܠ ܕܐܝܣܪܐܝܠ. ܟܠܗ ܗܘܐ
ܐܬܚܙܝ. ܗܘ ܕܝܢ ܡܬܥܒܕ ܗܘܐ ܘܡܫܬܡܠܝ ܡܢ ܐܢܫܐ ܕܟܠܗ: ܡܛܠ ܩܕܡܝܐ ܠܗ ܐܠܗܐ ܘܫܦܝܪ ܠܡܥܒܕ
3¹ ܒܗܘܢܐ ܥܒܕܐ | ܐܡܪ: ܗܘ ܕܝܢ ܡܢ ܡܛܠ ܗܢ ܐܟܠ. ܘܠܐ ܡܬܚܙܝ ܗܘܐ ܘܡܬܚܫܒ. ܒܚܙܘܐ ܕܝܢ ܗܢ ܡܢ
ܚܕܐ ܕܠܗ ܐܠܗܘܬܗ. ܒܟܠ ܘܡܬܝܕܥܐ. ܘܐܦ ܗܘܐ ܡܬܚܙܝܐ ܠܐܠܗܐ. ܗܘ ܕܝܢ ܠܐ ܢܦܠ ܗܘܐ. ܡܢ
ܕܝܢ ܐܬܐ ܗܘ ܒܪܐ. ܘܐܦ ܚܙܐ ܢܘܪܐ ܕܐܠܗܐ ܐܝܟ ܗܘ ܕܡܢ ܐܠܗܐ ܐܬܚܙܝ. ܘܚܙܐ ܩܕܡ ܕܢܬܩܪܒ
ܠܐܬܪ ܒܝܬܐ ܕܡܫܡܫܐ ܘܠܐܬܪ ܐܬܚܙܝ. ܡܢ ܐܝܟܐ ܕܝܢ ܠܘܬ ܐܠܗܐ. ܡܬܚܙܝ ܗܘܐ ܠܡܫܡܥܘ. ܗܘ ܕܝܢ
ܐܡܪܗ. ܘܗܟܢ ܦܪܘܩܐ ܢܚܬ ܠܡܨܪܝܐ ܀

ܐ ܐܝܟ ܒܢܝܐ ܕܢܫܐ ܠܡܫܡܥܘ ܡܫܬܐ ܐܝܟ ܕܒܟܢܫܬܐ: ܗܢ ܕܝܢ ܢܦܠ ܒܪܐܐ ܕܢܚ ܡܢ ܫܡܝܐ. ܗܢ ܡܫܡܫ
ܡܠܐ ܐܠܗܐ ܫܪܐ. ܘܐܬܚܙܝ ܠܟܠܗ ܡܢ ܥܡܐ ܀

ܫ 3² ܡܟܝܠ ܕܡܘܫܐ ܗܢ ܡܫܬܪܐ ܠܡܫܬܠܝ ܐܬܚܙܝ. | ܩܐܡ ܗܘܐ ܡܫܬܐܠ. ܗܢ ܕܝܢ ܠܐ ܢܦܠ ܗܘܐ
ܡܟܝܠ ܕܐܝܣܪܐܝܠ ܡܩܒܠ ܗܘܐ ܐܡܪ ܠܗ ܐܠܗܐ. ܗܢ ܚܙܐ ܡܫܬܪܝܐ. ܡܫܬܪ ܒܢܝܐ ܥܠ ܐܠܗܐ. ܗܢ
ܕܝܢ ܙܒܢ ܗܘ ܢܚܬ. ܒܟܠ ܥܠ ܚܕܐ ܗܘܝܢ ܕܐܝܬܘ. ܘܢܦܠ ܠܗܘܢ ܒܡܪܒܥܐ ܕܒܥܒܪܘܬܐ ܕܠܗܘܢ.
ܘܡܟܝܠ ܕܢܦܠ ܗܘܐ ܒܡܫܬܠܝ ܐܝܟ ܥܠ ܐܠܗܐ ܕܫܡܥ ܒܡܬܥܒܕܢܘܬܐ ܐܝܟ ܘܡܫܡܥܘ ܀

ܠ ܗܢ ܡܟܝܠ ܚܕܐ ܐܚܪܝܢ. ܐܝܟܢܐ ܕܢܦܠ ܕܫܡܫ ܒܫܡܝܐ ܡܫܬܠܗ. ܘܚܙܐ ܡܢ ܐܚܪܢ ܕܡܟܝܠ ܕܐܟܠ
ܚܢܝܢܐ ܡܫܟܚܝܢ ܗܘܘ. ܦܪܚܐ ܐܝܟܢܐ ܠܡܟܝܠ ܕܢܦܠ ܠܐܝܟܢܐ ܐܚܪܢܐ. ܘܗܢ ܠܚܕܐ ܕܠܗ ܐܝܟܢܐ ܠܥܡܗ.
4¹ ܘܟܕ ܕܝܢ ܐܬܚܙܝܬ ܠܥܡܠܐ. ܠܥܡܬܐ ܗܘܐ ܠܘܬ ܦܘܪܩܢܐ. ܗܟܢ ܡܫܬܡܠܝ. ܠܚܕܐ ܕܠܗ ܡܟܝܠ
ܘܡܫܬܐ ܠܘܬ ܐܠܗܐ ܠܡܫܡܫ ܢܦܠ ܕܠܗ: ܐܡܪ ܢܚܬ ܠܘܬܗ ܕܐܝܬ ܠܡܠܬܗ ܕܡܫܬܪ ܗܘܐ ܫܪܝܪ ܕܡܠܝܐ.
ܗܢ ܕܝܢ ܠܐ ܡܬܚܫܒ ܗܘܐ. ܡܫܬܪ ܐܡܪ ܠܗ ܗܢܐ ܀

ܒ ܒܪܬܐ ܐܚܪܬܐ ܗܢ ܦܘܫܩܗ ܡܫܪܐ: ܡܢ ܦܫܝܛܐ ܡܚܝܢ ܕܐܝܬ ܠܗܘܢ ܠܡܫܡܫܢܘܬܗ ܠܡܬܩܪܒܢܘܬܐ. ܘܗܢ
ܐܝܟ ܠܡܫܬܪܝܘܬܐ. ܡܢ ܚܫܒܬܐ ܡܢ ܕܫܒܩܗ ܐܠܗܐ ܥܡܗ. ܠܡܫܬܪܝܐ ܕܝܢ ܕܐܝܬܘܗܝ ܘܦܠܚܝܢ ܡܢ ܠܘܬܐ
ܦܘܠܚܢܐ. ܘܗܢ ܢܦܩܘ ܗܘ ܡܠܐ ܕܐܬܟܪܗ ܠܥܒܕܘܗܝ. ܐܝܟ ܘܐܡܪܗ ܠܡܟܝܠ: ܘܡܬܦܪܫܐ ܡܢ ܢܦܠ
ܠܡܬܩܪܒܢܘܬܐ ܘܐܠܗܘܬܐ ܐܡܪܢ ܡܟܝܠ. ܗܢ ܕܝܢ ܦܬܓܡ ܦܘܫܩܐ. ܘܡܠܟ ܗܘ ܕܐܡܪܬܐ. ܡܟܝܢ ܠܡܟܝܠ ܠܟܠ
4² ܣܘܓܐܐ ܕܡܫܬܠܝ. ܘܐܬܚܙܝ ܡܫܬܐ: ܘܗܘ ܘܠܐ ܗܘܐ ܡܬܚܙܝ ܗܘܐ ܠܐܠܗܐ ܗܢ ܡܢ ܒܥܠܐ ܐܝܟ ܡܫܬܠܝ ܀ ܡܫܬܪ
ܐܡܪ ܠܐܝܟܢܐ ܐܠܗܐ ܠܘܬ ܕܐܝܬ ܒܪܐ ܡܫܬܐ ܕܢܦܠ ܦܘܪܩܢܐ ܘܡܫܬܪܝܐ ܠܡܫܬܪܝܘ ܡܫܬܪܢܐ ܡܢ ܐܬܪܐ ܗܘ. ܗܢ
ܕܝܢ ܡܫܬܪ ܡܫܬܪܐ ܘܐܝܟ ܡܫܬܐ. ܐܝܟ ܡܠܬܐ ܐܝܟ ܡܫܬܪ ܠܡܫܬܪܝܐ ܒܗ ܠܡܫܬܪܝܐ ܕܢܦܠܐ ܗܘܐ ܀

ܠ ܡܟܝܠ ܕܡܘܫܐ ܗܟܢ ܠܘܬ ܐܠܗܐ ܘܡܫܬܐܠ ܐܝ ܦܬܓܡ ܡܢ ܠܡܫܬܠܝ ܗܘ ܕܐܝܟ ܐܢܫ ܗܘܐ. ܗܘ
ܕܝܢ ܠܗܘܢ ܐܡܪ ܐܡܪ ܕܠܐ ܡܬܥܒܕ. ܘܐܬܚܙܝ ܠܗ ܒܠܐܚܪܝܢ ܕܠܗܘܢ ܕܐܝܣܪܐܝܠ. ܗܢ ܕܝܢ ܥܒܕ ܗܘ. ܐܝܟ
ܠܡܫܬܪܝܢ ܚܝܠܐ. ܗܢ ܕܝܢ ܐܦ ܚܙܐ ܡܟܝܠ ܕܗܘܘ ܥܒܕ. ܘܟܠܐ ܡܢܗ ܒܪܐ ܕܠܗ ܐܢܫܐ: ܗܢ ܕܝܢ
5¹ ܗܘܐ ܐܠܗܐ ܚܕ ܡܢ ܟܠܗ ܕܢܦܠ. ܗܘܝܢ | ܠܡܫܬܡܥ ܠܗܘܢ. ܘܗܢ ܐܡܪ ܢܗܘܐ. ܦܘܩܕܢܐ ܠܡܫܬܡܥ ܠܗܢ

2 post ܐܠܝ elementum unum radendo deletum

5 ܡܟܝܠ codex vocalem ܘ nunc aut evanidam aut deletam supra ܘ addens

33 supra ܘ vocis ܣܘܓܐܐ punctum habetur haud scio an a prima manu scriptum

ܒܗ ܒܡܪܥܐ ܕܒܗܘܐ ܗܘ ܕܐܫܬܟܚ ܐܚܐ ܕܒܗ ܕܗܘܪ. ܡܢ ܕܝܢ ܡܛܠ ܘܠܐܣܝܐ. ܒܠ ܠܡܒܝܢܘܬܐ
ܐܬܪܥܝܬ. ܐܬܚܙܝ ܕܝܢ ܡܢ ܦܣܝܩܬܐ ܡܕܝܢܬܐ ܗܘܬ ܡܢ ܒܒܝܠ. ܡܕܝܢܬܐ ܕܝܢ ܐܡܪ ܠܐܪܟܣܝܘܬܐ ܒܡܒܝܢܘ.
ܘܡܢ ܐܬܚܙܝܬ ܦܝܠܐ: ܡܛܠ ܕܝܢ ܗܘܐ ܘܡܬܡܠܠ ܒܢܐ ܕܐܝܟ ܡܢ ܒܥܘܬܗ ܕܡܡܪܝܢ ܒܪܘܚܐ ܐܝܟܢ.
ܡܢ ܕܝܢ ܒܡܛܠ ܒܥܝܢܬܐ ܕܐܝܟ. ܡܛܠ ܘܠܐܣܝܘܣ ܕܐܝܬܝܐ. ܡܛܠ ܕܝܢ ܘܡܬܡܠܠܐ ܕܒܠܐ. ܘܡܬܒܠܐ ܐܢܬ:
ܗܟܢ ܫܐܠܬ ܦܝܠܝܦܘܣ ܗܘܬ ܐܚܝܕܐ ܠܐܣܛܪܛܝܓܐ: ܡܢ ܕܝܢ ܦܬܓܡ ܗܘܐ. ܡܡܠܠ ܗܘܐ ܟܕ ܒܪܐ ܕܒܗ ܀

ܟ ܗܟܢ ܕܡܛܠ ܚܠܦ ܡܕܝܢܬܐ ܕܗܘܬ ܘܡܛܠ ܒܗܘܐ ܚܘܒܐ ܘܡܛܠ ܒܠܒܠܐ ܀

ܠ 5^{2} ܐܬܠܒܟ ܒܡܒܝܢܘܬܐ ܐܣܛܪܛܝܓܐ. ܘܐܘܟ ܦܠܚ ܒܠܒܗܘܢ ܠܐܠܗܐ ܀ ܡܢ ܕܝܢ ܦܬܓܡ ܗܘܐܐܝܟ.
ܡܡܠܠ ܠܐܣܛܪܛܝܓܐ ܟܕ ܕܒܗ. ܘܡܢ ܐܢܐ ܒܗܝ ܠܝܠܝܐ. ܟܠ ܗܘܐ. ܗܘ ܕܝܢ ܦܩܕ ܠܗ ܕܢܚܡ ܢܦܫܐ
ܚܕܐ ܢܦܩ ܒܡܛܠ ܒܠ ܐܚܝ. ܡܢ ܕܝܢ ܡܢ ܕܡܛܠ ܠܐܒܘܗ ܦܡ. ܐܡܪ ܠܗ ܕܐܠܗܐ ܐܚܪܢ ܠܡܫܝܚܐ
ܒܡܠܟܐ. ܐܠܐ ܡܢ ܒܫܡܝܐ ܡܛܠ ܗܘܐ. ܒܪܝܬܐ ܒܡܠܟܘܬܐ ܒܗ ܦܬܓܡ ܗܘܐ ܀

ܡ ܡܢ ܕܦܬܓܡ ܠܠܝܠܝܐ ܡܬܩܢ. ܘܡܢ ܐܬܡܠܝ ܦܬܓܡ ܒܡܟܪܐ ܕܒܗ. ܡܢ: ܡܢ ܕܝܢ ܦܬܓܡ ܫܐܠܬ.
ܐܡܪ ܒܪܗ ܕܗܘܪ ܫܒܥܝܢ. ܦܬܓܡ ܠܐܠܗܐ ܐܚܪܢ ܒܡܠܟܘܬܐ ܗܘܐ. ܘܦܬܓܡ. ܘܡܡܠܠ ܗܘܪܡܝܢ ܒܪܐ
6^{1} ܕܒܗ: ܡܢ ܕܝܢ ܦܬܓܡ ܘܗܘܐ ܗܘܐ ܡܕܝܢܬܐ ܕܗܘܘ. ܐܡܪ ܒܪܐ ܕܒܗ. ܘܡܢ ܦܬܓܡ ܠܗܪܘܡ. ܐܬܒ ܐܚܝܕܐ
ܘܒܠ ܗܘܐ ܡܕܝܢܬܐ ܕܐܣܛܪܛܝܓܐ. ܗܘ ܕܝܢ ܦܩܕ ܘܒܠ ܠܗܪܘܡܝܐ ܀

ܢ ܡܢ ܕܦܬܓܡ ܗܘܪܡܝܢ. ܐܡܪ ܒܠ ܐܣܛܪܛܝܓܐ ܦܬܓܡܐ ܒܪܐ ܕܒܗ. ܡܢ ܕܝܢ ܦܬܓܡ ܫܡܥ ܡܕܝܢܬܐ
ܕܗܘܘ. ܐܡܪ ܒܪܘܝܐ ܗܘ ܕܐܦ ܒܗܘܝܐ: ܒܡܠܟܘܬܐ ܕܗܘܐ ܦܪܫ ܗܘܐ ܒܡܫܝܚܘ: ܒܪܘܚܐ ܕܝܢ
ܡܢ ܡܛܠ ܡܠܟܘܬ. ܐܡܪ ܒܠ ܐܣܛܪܛܝܓܐ. ܡܢ ܕܝܢ ܒܡܠܟܘܬ ܡܛܠ ܡܫܝܚ. ܐܡܪ ܒܠ ܐܣܛܪܛܝܓܐ. ܗܘܐ
ܡܬܝܠܝܕ ܗܘܬ ܒܡܕܝܢܬܐ ܕܗܘܐ ܡܕܝܢܬܐ ܕܐܬܪܐ ܡܢ ܐܚܝܕܐ ܕܡܢܬܐ ܦܬܓܡ ܒܗ: ܡܢ ܕܝܢ ܦܬܓܡ ܡܫܝܚ.
6^{2} ܐܡܪ ܦܬܓܡܐ ܒܪܐ ܕܒܗ. ܡܢ ܕܝܢ ܡܛܠ ܒܦܬܓܡܐ ܗܘܐ ܒܪܗ | ܕܐܠܐ ܐܡܪ ܫܒܥܝܢ: ܒܗ ܕܝܢ
ܐܚܝܐ ܐܡܪ ܒܠ ܗܘܐ ܒܪܐ ܕܒܗ ܗܘܬ. ܘܡܢ ܗܘܐ ܦܬܓܡ. ܐܡܪ ܐܚܝ ܒܪܗ ܕܗܘܪ ܗܘ ܕܒܡܠܟܘܬܗ
ܦܝ ܦܬܓܡܐ ܦܬܓܡ ܘܦܬܓܡ. ܐܚܝ ܕܝܢ ܦܬܓܡ ܒܗܝ ܠܡܠܟܘܬܐ ܐܬܪܐ. ܡܢ ܒܡܕܝܢܬܐ ܦܬܓܡ ܒܗ. ܗܘ
ܕܝܢ ܡܢ ܐܢܐ ܢܦܩ ܒܦܬܓܡܐ ܘܡܬܐ ܐܡܪ ܀ ܦܬܓܡ ܕܝܢ ܘܡܡܠܠܢܐ ܗܘ ܐܬܪܐ ܒܠ ܗܘܐ
ܒܪܗ ܕܐܠܐ. ܘܗܘܬ ܒܗ ܦܬܓܡ: ܡܢ ܕܝܢ ܦܬܓܡ ܗܘ ܐܬܪܐ ܕܦܬܓܡ ܦܬܓܡ (ܐܦ ܦܬܓܡ ܦܬܓܡ ܐܚܝܢ) ܒܗ
ܒܡܠܟܐ). ܫܡܥܗ ܒܡܒܝܢܘܬܗ ܘܐܬܪܗ. ܘܡܢ ܒܡܢܝܢ ܦܬܓܡ ܘܡܒܝܢܘܬܐ ܐܚܝܢܐ. ܦܬܓܡ ܐܠܗ
ܠܐܬܪ ܀

ܣ ܡܛܠ ܚܝܘܬܐ ܕܐܣܛܪܛܝܓܐ ܗܘܬ ܘܫܡܥܘܢ ܀
ܥ 7^{1} | ܗܘܝ ܕܡܢ ܒܠ ܐܬܠܒܘ ܘܐܬܠܒܟܘ ܒܡܢܝܢ. ܡܛܠ ܕܠܐ ܐܫܟܚ ܗܘܘ ܡܢ ܐܠܗܐ. ܡܬܚܫܒܝܢ
ܗܘܘ ܡܢ ܐܪܥܐ: ܗܘܝܢ ܡܬܠܒܟ ܒܗܘܐ ܡܢ ܐܡܢ ܘܦܬܓܡ ܒܗܘܢ ܒܡܠܟܘܬܐ ܕܐܠܗܐ ܘܡܒܝܢܐ ܐܫܟܚ ܗܘܘ
ܘܦܬܓܡܐ ܦܬܓܡ ܗܘܘ ܀

ܦ ܗܟܢ ܕܡܛܠܬܐ ܚܝܘܬܐ ܘܐܬܪܐ. ܗܘܝ ܕܐܦ ܒܠܒܗܘܢ ܦܬܓܡ ܀
ܨ ܗܟܢ ܕܡܛܠܬܐ ܦܬܓܡܐ ܘܡܛܠܬܐ ܦܬܓܡܐ ܕܒܗ ܘܡܫܡܫܢܘܬܐ ܡܛܠܐ: ܡܢ ܕܝܢ ܦܬܓܡ ܐܦ ܗܘܐ. ܐܡܪ
ܒܪܐ ܕܒܗ ܐܡܢ: ܡܢ ܕܝܢ ܦܬܓܡ ܐܦ ܐܡܢ. ܐܡܪ ܫܡܥܐ ܒܪܐ ܕܒܗ ܗܘ ܕܡܛܠܬܗ ܐܬܝܢܐ ܒܦܬܓܡ
ܒܚܝܐ ܕܡܬܡܢ ܐܡܪ ܕܐܦ ܐܚܝܐ ܕܡܕܝܢܬܐ ܦܬܓܡ. ܗܘܐ ܐܦ ܠܗܪܘܡܝܐ. ܘܡܢ ܒܡܒܝܢ ܕܦܬܓܡ ܒܗܝ.
7^{2} | ܘܡܬܡܪܐ ܕܦܬܓܡ ܕܡܠܟܐ. ܐܚܪ ܦܬܓܡܐ: ܡܛܠܬܗ ܐܡܪ ܕܦܬܓܡ ܒܗ ܠܐ ܗܘܬ ܡܬܡܠܠܝܢ ܡܕܝܢܬܐ
ܗܘ ܕܐܬܝܗܒ ܒܗܝ ܡܕܝܢܬܐ ܒܡܒܝܢܘ ܒܒܠ ܕܒܗ ܘܡܒܝܢܘ ܕܦܬܓܡ ܕܒܗ ܀ ܒܪܘܚܐ ܕܗܘܐ ܦܪܫ ܐܬܪܐ
ܒܡܫܝܚܘ ܀ ܒܪܘܚܗ ܐܬܠܒܟ ܗܘܬ ܫܡܥܝܢ ܗܘ ܢܦܫܬܐ ܀ ܡܢ ܕܝܢ ܡܛܠܬܗ ܦܬܓܡ ܢܬܪܘ. ܡܡܠܠ
ܗܘܐ ܒܪܐ ܕܒܗ ܫܒܥܝܢ: ܦܬܓܡ ܕܝܢ ܡܢ ܒܗܘܐ ܐܡܪ. ܘܡܒܝܢܘ ܐܬܠܒܘ (ܐܡܠܐ ܕܐܦ ܦܬܓܡ).
ܐܡܢ ܒܪܗ ܐܚܪܐ ܕܫܡܥܐ ܠܐܬܠܒܢ. ܘܦܬܓܡ ܗܘܬ ܦܬܓܡܐ ܕܐܬܪܐ. ܗܘ ܕܡܢ ܐܢܐ

3 ܕܡܒܝܢܘ fuerat, radendo correctum
7 Lagardii ܐܚܝ . ܗܘܘ correxi *AR*
8 ܦܬܓ codex
9 ܢܦܩ codex
25—27 numerus ܣ in codice ad ܠܐܬܪ, numerus ܥ ad ܡܛܠ ܚܝܘܬܐ additus est. correxi codicem
32 ܕܒܗ codex
34 supra ܐ vocis ܐܚܪ signum ܊, cuius punctum inferius deletum videatur

8^1 [illegible]
[illegible]
γ [illegible]
[illegible]
[illegible]
[illegible]
8^2 [illegible]
[illegible]
[illegible]
[illegible]
[illegible]

1 Ierem μγ, 30 — 6 [illegible] codex — 10 adscr manu primâ μαρωδαχευλαδ
2 Ierem 22, 19

Nach P. de Lagardes Anordnung folgt hier eine Liste alles desjenigen, was Andreas Masius in seinem Peculium Syrorum und in seinen in der Amsterdamer Ausgabe der Critici Sacri abgedruckten Bemerkungen zum Deuteronomium und zu Iosue aus seiner syrischen Handschrift in syrischer Sprache mitgeteilt hat.

Das Peculium (in der Liste mit P bezeichnet) ist, wie fast alle Stücke der beiden Bände der Antwerpener Polyglotte, welche die Grammatiken und Lexika und die Tractate enthalten, in zwei Drucken vorhanden. Ueber den doppelten Druck dieser beiden Bände gibt Max Rooses in seinem »Christophe Plantin« (vgl. Lagarde, Novae psalterii graeci editionis specimen 2r) S. 123 f. Auskunft. Da das kostbare Werk kaum allgemein zugänglich sein wird, setze ich die Stelle her:

Au mois d'août 1572, il [Christophe Plantin] écrivit à Arias Montanus qu'il ferait disparaître, dans la seconde édition de l'*Apparatus*, tout ce que le docteur avait signalé et signalerait encore, et, au commencement du mois suivant, il lui fit savoir qu'au reçu de ses lettres, il avait immédiatement distribué aux compositeurs le dictionnaire syro-chaldéen, après en avoir éliminé les mots suspects, afin d'en faire une édition nouvelle qui pût se vendre dans les Pays-Bas et en Espagne. Dans une lettre à Çayas du 4 novembre 1572, il dit que, s'étant trouvé à court d'argent, il avait imprimé de l'*Apparatus sacer*, c'est-à-dire des trois derniers volumes de la Bible, 600 exemplaires seulement et qu'il imprimerait les 613 autres quand il en trouverait le moyen. Il commença cette réimpression immédiatement après l'achèvement de la Bible, et, au moment où il annonçait à Çayas son intention de l'exécuter, il l'avait déjà entreprise.

Le compositeur Arnold Fabri commença à y travailler le 2 août 1572, et y besogna jusqu'au 8 août de l'année suivante, achevant successivement l'*Index biblicus*, le *Dictionarium Syro-Chaldaicum*, *Jeremias*, *Joseph* et d'autres parties non spécifiées. Du 28 juillet 1572 au 8 août 1573, Hans Han besogna au dictionnaire hébreu et aux petits traités du dernier volume. Du 23 février jusqu'au 8 août, Nicolas Amen composa le dictionnaire grec. Du 20 décembre 1572 au 21 mars suivant, Joost De Meersman l'assista. Un nouvel ouvrier, Nicolas Sterck, imprima pour ces différents compositeurs jusqu'au 11 décembre 1572. A partir de cette date, Joris Van Spangenberg continua le tirage. Du 24 avril au 2 mai 1573, il imprima la préface nouvelle; le 14 août suivant, il termina sa tâche par les dictionnaires. Cette dernière date est donc celle de l'achèvement définitif de la seconde édition de l'*Apparatus*, et de l'ensemble des travaux de la Bible royale.

En comparant les trois exemplaires de cet ouvrage que le Musée Plantin-Moretus possède, nous remarquons que le premier volume de l'*Apparatus*[1]) est dans tous de la même édition, et comme, dans le compte des ouvriers, il n'est pas question de la réimpression de la Bible de Pagnino, nous sommes autorisés à dire que, dès le principe, ce volume fut tiré à 1213 exemplaires. Le second volume, dans les trois exemplaires, est de deux éditions différentes, à l'exception de la grammaire hébraïque qui est identique dans tous. Le troisième volume est également de deux éditions différentes, à l'exception des traités: *Chanaan*, *Index Biblicus*, *Hebraea*, *Chaldaea*, *Graeca et Latina nomina*, *Variae lectiones in Chaldaicam paraphrasim*, *In tabulam titulorum Novi Testamenti Syriaci* et *Variae lectiones in Latinis Bibliis*. La préface générale est en partie identique, en partie de l'une et de l'autre édition. On peut, d'après cela, présumer que certains traités du dernier volume ne durent pas être réimprimés.

Beide Drucke des Peculium bestehn aus 1 Seite Titel + 1 Seite Vorwort + 52 Seiten Text; im ersten Drucke folgt dann noch eine Seite »Addenda et emendanda«, welche im zweiten Drucke wegfällt, da die Nachträge und Verbesserungen in den Text selbst eingefügt sind. Der erste Druck trägt die Jahreszahl M.D.LXXI, der zweite M.D.LXXII. Im Uebrigen stimmen die beiden Titel überein bis auf die Typen, welche im zweiten Druck nur zum Teil dieselben sind, wie im ersten, und das Druckerwappen. Ein »Editio altera« oder dergleichen ist auf dem Titel des zweiten Drucks nicht vermerkt.

Ich habe meine Liste ausgearbeitet nach einem in meinem Besitz befindlichen Exemplar des zweiten Druckes, und habe sie nachher, als ich das Vorhandensein zweier Drucke entdeckt hatte, mit dem in der Göttinger Universitätsbibliothek befindlichen Exemplar des ersten Drucks[2]) collationiert. Wesentliche Unterschiede beider habe ich nicht gefunden[3]). Beide sind mit einer der Plantinschen Firma und den Correctoren der Biblia regia Ehre machenden Correctheit gedruckt. Unangenehm ist das Vorhandensein zweier Drucke nur deshalb, weil die genauen Citate mit Angabe der Columne, welche ich glaubte geben zu müssen, da Masius in der Anordnung der abgeleiteten Formen kein festes Princip hat, nun nur für den zweiten Druck passen. Denn da die Seiten 3—24 des zweiten Drucks je eine Zeile mehr enthalten, als die entsprechenden des ersten, und der zweite Druck im Anfang hier und da etwas compresser ist, als der erste, so ist jener hinter diesem schon bei Seite 14 um eine volle Columne zurückgeblieben: Col. 14^1 des zweiten ist = Col. 14^2 des ersten Drucks; nachher steigt der Unterschied noch etwas, nimmt dann aber wieder langsam ab, ohne jedoch ganz zu verschwinden. Ich habe mir daher überlegt, ob ich nicht alle Citate umschreiben und dem ersten Drucke anpassen solle; da aber die zweite Ausgabe eine editio emendata ist und nach Rooses' oben angeführter Mitteilung in mindestens ebenso vielen Exemplaren verbreitet sein muß, wie die erste, habe ich es unterlassen. Will man meine Angaben nach dem ersten Druck controllieren, so wird man in der Mehrzahl der Fälle Eine, zuweilen sogar zwei Columnen weiter gehn müssen, als ich angegeben habe.

Andreas Masius citiert durchgehends nur die Kapitel, nur in ganz vereinzelten Fällen auch die Verse, in welchen die von ihm angeführten Wörter vorkommen. Hierdurch ist, da es sich

1) Als erster Band des Apparatus, also als sechster des ganzen Werkes, wird hier die Interlinearversion der Bibel (»la Bible de Pagnino«) gerechnet, welche sonst als siebenter oder auch als achter Band des Ganzen aufgeführt wird.

2) Im sechsten Bande des Göttinger Exemplars der Biblia regia. Der achte Band des Göttinger Exemplars, welcher aus verschiedenen Stücken des »Apparatus« zusammengesetzt ist und ursprünglich nicht zu diesem Exemplare gehörte, enthält unter anderem auch den zweiten Druck des Peculium.

3) Der größte Unterschied, der mir aufgestoßen ist, betrifft die Reihenfolge der Artikel von ܡܗܦ bis ܡܠܒ. Im ersten Druck ist sie so:
1 ܡܗܦ 2 ܡܚܡ 3 ܡܚܡܪܐ 4 ܡܠܠ
5 ܡܠܥ 6 ܡܣܪܐ 7 ܡܠܒ,
im zweiten so:
(1) ܡܗܦ (3) ܡܚܡܕܐ (5) ܡܠܥ
(6) ܡܣܪܐ (2) ܡܚܡ (4) ܡܠܠ (7) ܡܠܒ.
Durch die Umstellungen, deren eine übrigens schon in den Emendanda des ersten Drucks angeordnet war, ist die richtige alphabetische Reihenfolge der Artikel erzielt. ܡܚܡܕܐ des zweiten Drucks ist ein Druckfehler für das in den Emendanda an die Stelle von ܡܚܡܪܐ gesetzte ܡܚܡܪܐ.

fast überall nur um einzelne Wörter handelt, die Herstellung der Liste sehr erschwert worden. Glücklicherweise aber gibt Masius meistens die griechischen Wörter an, denen die syrischen entsprechen. So konnte die Concordanz zur Septuaginta[1]) helfen, die freilich, obgleich sie nach der 1597 in Frankfurt bei Wechels Erben erschienenen Ausgabe gearbeitet ist, also wesentlich denselben Text zur Grundlage hat, den Masius zu citieren pflegt, doch sehr oft im Stiche ließ. Von Nutzen war mir auch der Thesaurus syriacus von PSmith durch die in ihn aufgenommenen, von FField stammenden Listen über die »Hex.«-Uebersetzungen griechischer Wörter und durch die, wohl auch von Field stammenden Citate aus Masius' Peculium, in welchen die Verse fast immer richtig nachgewiesen sind[2]).

Ich habe die Citate nach der Reihenfolge der biblischen Bücher geordnet. Wenn ein griechisches Wort in dem citierten Kapitel zweimal oder öfter vorkommt, habe ich alle Verse, in denen es sich findet, angegeben, aber das Citat zu dem Verse gestellt, in welchem das griechische Wort zuerst vorkommt. Ob das griechische Wort in solchen Fällen überall durch das betreffende syrische Wort wiedergegeben war, oder nur an Einer oder einigen Stellen, muß dahingestellt bleiben.

Da wir es mit einer Uebersetzung aus dem Griechischen zu thun haben, habe ich — mit Ausnahme einiger Stellen, an denen es geraten schien den hebräischen Text zu citieren — durchgehends die griechischen Wörter vorangestellt und ihnen die syrischen folgen lassen. Wo Masius das griechische Wort angibt, habe ich es in der Form belassen, in welcher er es anführt, mag diese Form der syrischen genau entsprechen oder nicht; wo Masius eine falsche griechische Form bildet, wie παρενωχλεῖν P 5^1, habe ich sie, meist stillschweigend, verbessert; wo er das griechische Wort nicht anführt, habe ich in eckigen Klammern das Wort des griechischen Textes angegeben, zu welchem das syrische gehört. Dagegen habe ich da, wo es sich um Uebersetzungen des Aquila, Symmachus oder Theodotion handelt, stets den hebräischen Text citiert.

Masius bildet öfter falsche syrische Formen, z. B. das »Hiphil« ܐܘܥܒܐ P 3^3 statt ܐܘܥܒ, das »Piel« ܨܘܒܐ P 32^2 statt ܨܘܒ (vgl. seine Grammatik 38 39). Solche Formen habe ich stillschweigend corrigiert. Unverändert angeführt sind dagegen die falsch gebildeten Singularformen, aus denen sich die Pluralformen, welche Masius las, erschließen lassen.

Die in die Amsterdamer Ausgabe der Critici Sacri aufgenommenen Anmerkungen des Masius zu Deuteronomium 17—34 stehn im zweiten Teile des ersten Bandes, die »Additamenta nova ex MS.« zu Iosue im zweiten Bande. Da sie leicht zu finden sind, habe ich mir genaue Citate, die sehr weitläufig ausgefallen sein würden, geschenkt und citiere blos CS.

Die in CS angeführten syrischen Wörter wimmeln von Druckfehlern, die sich jedoch mit Hülfe der meistens daneben gegebenen lateinischen Uebersetzung leicht und sicher verbessern lassen, und meist stillschweigend verbessert sind. Für den syrischen Druck sind in CS — mit Ausnahme der am Ende des Deuteronomiums citierten Bemerkung über einen Zusatz des Samaritaners zum Dekalog — unpunktierte hebräische Buchstaben verwendet. Die in meiner Liste stehenden Punkte und Vokale sind von mir hinzugefügt: die lateinische Uebersetzung diente auch hier als Führerin.

Die in CS mitgeteilten Citate aus Masius' syrischer Handschrift sind natürlich mit den im Peculium mitgeteilten in Eine Liste eingereiht. Ein Zweifel darüber, welchen griechischen Worten die angeführten syrischen entsprechen, konnte bei ihnen nicht statt haben, da die Anmerkungen von Vers zu Vers vorwärts schreiten. Ich habe daher die griechischen Worte, auch wenn sie Masius nicht ausdrücklich anführt, uneingeklammert vorangestellt.

In die Liste, welche jetzt folgen möge, sind folgende fünf Citate nicht aufgenommen, da ich sie nicht zu identificieren vermochte:

Deuter 22 ܢܟܠ, ܢܟܠܐ oder ܢܟܠܟܠ *persuasit, induxit blanditiis* P 19^3
Iudic 3 ܐܬܚܫܚ *uti* P 19^2
Iudic 6 ܚܕܡ ἁρμόζεσθαι P 25^1
Esther 8 ܡܥܕܩܬܐ ἐπιτήδευμα P 51^1
Iudith 6 ܙܘܒܠܐ *fimus, stercus* P 46^1.

1) Natürlich die von Trommius. Die neue Oxforder Concordanz konnte ich noch nicht benutzen.

2) Freilich fehlen die am schwersten zu identificierenden Citate des Masius im Thesaurus syriacus durchweg.

Deuteronomium

15 7 συσφίγγειν ܣܪܘ oder ܐܣܪ P 18[3]

15 9 πρόσεχε σεαυτῷ ܐܙܕܗܪ ܠܟ ܣܘܪ P 18[3]

15 11 [ἐκλίπῃ oder ἐκλείπῃ] ܢܦܘܫ *deficiet* P 30[1]

15 13 [κενόν] ܣܦܝܩܐ *vacuus* P 33[2]

16 3 ἐν σπουδῇ ܒܣܘܪܗܒܐ P 33[3]

16 15 γεννήματα ܥܠܠܬܐ P 36[2]

16 17 [ἕκαστος = אִישׁ] ܟܠܢܫ *unusquisque.* quod Hebraei dicunt איש איש P 23[1]

17 14 βδέλυγμα ܛܢܦܘܬܐ P 29[3]

17 4 ἐκζητήσεις ܬܒܥ P 37[1]

17 8 [ἀδυνατήσῃ] ܢܬܡܚܠ pro ἀδυνατόω, ἀσθενέω, *infirmari, invaletudine affici* P 26[2]

17 8 ἁφή ܡܓܫܬܐ P 48[2]

17 8 ἀντιλογία ܚܪܝܢܐ P 18[3]

17 11 κατὰ τὸν νόμον καὶ κατὰ ܗܘ ܐܝܟ ܢܡܘܣܐ * ܘܐܝܟ ܕܢܡܘܣܐ ܕܢܚܘܐ ܠܟ CS. ܢܚܘܘܢ ubi in Hebraeo est verbum יָרָה P 29[3]

17 14 ἄρχοντα ܪܫܐ. At in margine notatur reliquos omnes vertisse ܡܠܟܐ [= מֶלֶךְ] CS

17 14 τὰ λοιπὰ ἔθνη ܫܪܟܐ ܕܥܡܡܐ P 51[2]

17 16 ὅπως μὴ πληθύνῃ ἑαυτῷ ἵππον ܕܠܐ ܢܣܓܐ ܠܗ ܗܘ ܣܘܣܝܐ CS

17 17 ἵνα μὴ μεταστῇ αὐτοῦ ἡ καρδία. Syrum sequitur Hebraeum, ܘܠܐ ܢܣܛܐ ܠܒܗ ܗܘ, hoc est, ולא יסור לבבו. Tamen in margine quoque annotatur illa lectio Graeci codicis ܐܝܟ ܕܠܐ ܢܫܬܚܠܦ ܠܒܗ ܕܝܠܗ CS

17 18 20 ἡ ἀρχή ܪܝܫܢܘܬܐ P 46[2]

17 19 φυλάσσεσθαι πάσας τὰς ἐντολὰς ταύτας καὶ τὰ δικαιώματα. Sic Syrum. Tamen in margine notatur quoque Hebraea lectio, ܦܘܩܕܢܐ ܗܠܝܢ ܘܢܡܘܣܐ ܗܢܐ CS

17 19 δικαίωμα ܢܡܘܣܐ P 15[2]

17 20[m] [רוּם] ܠܡܬܬܪܡܘ *superbum*, et *elatum esse*; ac si dicas, *efferre se* P 51[1]

17 20 μακροχρόνιος ܢܓܝܪ ܚܝܐ P 29[3]

18 1 8 [μερίς] ܡܢܬܐ P 27[3]; vgl. v. 8

18 1 2 κλῆρος ܦܣܐ P 39[2]

18 1 καρπώματα κυρίου ὁ κλῆρος αὐτῶν, φάγονται αὐτά. Ita et Syrum fere, ܩܘܪܒܢܐ ܕܡܪܝܐ ܦܣܬܗܘܢ ܢܐܟܠܘܢ ܐܢܘܢ. Tamen in margine notatur alia lectio, ܩܘܪܒܢܐ ܕܡܪܝܐ ܘ[ܝ]ܪܬܘܬܗ ܢܐܟܠܘܢ [= אִשֵּׁי יהוה וְנַחֲלָתוֹ יֹאכֵלוּן] CS

18 3 [τὰ σιαγόνια = הַלְּחָיַיִם] ܦܟܐ idem quod לְחָיַיִם P 38[3]

18 3 ἔνυστρον (M ἤνυστρον nach a) ܟܪܣܬܐ P 36[3]

18 5 post πάσας τὰς ἡμέρας + ܕܚܝܐ ÷ CS

18 6 καθότι ἐπιθυμεῖ ܐܝܟ ܡܐ ܕܪܓܝܓܐ * ܘܐܬܐ CS

18 8 חלק כחלק יאכלו μερίδα μεμερισμένην φάγεται ܡܢܬܐ ܐܝܟ ܡܢܬܐ: Θ ܡܢܬܐ ܡܦܠܓܬܐ ܢܐܟܘܠ ܢܐܟܘܠ CS: vgl. v. 1

18 8 πλὴν τῆς πράσεως τῆς κατὰ πατριάν ܣܛܪ ܡܢ ܙܒܢܐ ܕܐܝܟ ܒܝܬ ܐܒܗܬܐ CS. ܙܒܢܐ cum puncto subscripto *emptio* P 15[1]

18 10 περικαθαίρων τὸν υἱόν ܕܡܥܒܪ ܒܪܗ. Reliqui omnes ܕܡܥܒܪ = מעביר CS

18 10 μαντευόμενος μαντείαν ܕܩܣܡ ܩܣܡܐ: »scribitur .. verbum per ἐπένθεσιν literae Iud« P 44[2]. In dem Citat, wie es gedruckt ist, steckt jedenfalls ein Fehler: statt des ܘ von ܩܣܘܡ ist ܡ zu lesen. Da aber ܩܣܝܡ eine unmögliche Form, ܩܣܝܡܐ eine im »Syrischen« unerhörte Schreibweise für ܩܣܡܐ ist, so nehme ich an, dass ܕܩܣܡ ܩܣܡܐ da gestanden, und Masius in beiden Worten den Haken, mit dem das Estrangela-ܡ beginnt, für ܝ gehalten hat

18 10 κληδονιζόμενος καὶ οἰωνιζόμενος, φαρμακός ܘܡܢܚܫ ܢܚܫܐ ܘܠܐ ܚܪܝܫܐ ܚܪܫܘܬܐ ܡܢܚܫ CS: gedruckt ist חרישא, Masius hielt den Haken, mit dem das ܚ begann, für ܝ, vgl. Iudic 8 24–26 Regn α 6 9 Iudith 10 4

18 10 מערן Σ ܕܢܛܪ ܥܕܢܐ CS. ܢܛܪ ist Participium des, bei PSmith fehlenden, syrischen Verbums ܢܛܪ, welches AMasius P 13[1] durch »σκοπεύειν, *observare, spectare,* cum animi cura et studio atque diligentia« übersetzt und mit »1. Reg. 1« [vielmehr 4 13] belegt; PSmith 910 führt nur »ܢܛܪ Nasar. *observavit, spectavit* cum animi cura, studio« an

18 11 ἐπαείδων ἐπαοιδήν, ἐγγαστρίμυθος, καὶ τερατοσκόπος, καὶ ἐπερωτῶν τοὺς νεκρούς ܚܪܫܐ ܚܪܫܘܬܐ. ܘܫܐܠ ܒܐܘܒܐ ܘܡܢ ܝܕܘܥܐ. ܘܫܐܠ ܡܢ ܡܝܬܐ. Pro [ܫܐܠ] ܡܢ ܡܝܬܐ notatur in margine in Syro Aquilam (gedruckt ist: Alialam) vertisse: ܘܒܥܐ ܠܘܬ ܡܝܬܐ ܘܬܒܥ ܠܘܬ ܡܝܬܐ [= אוב וידעני ודרש אל המתים] CS

18 12 ἐξολοθρεύσει ܡܘܒܕ CS P 35[3]

18 13 τέλειος ܡܫܡܠܝܐ P 50[1]

18 15 προφήτην ÷ ܡܢ ܡܕܢܚܐ ÷ = מקרבך CS

18 16 ἐκκλησία ܟܢܘܫܬܐ P 35[1]

18 17 הֵיטִיבוּ אֲשֶׁר דִּבֵּרוּ ὀρθῶς πάντ.. ὅσα ἐλάλησαν ܫܦܝܪ ܟܠ ܡܐ ܕܡܠܠܘ: ΑΘ ܐܬܛܝܒܘ ܐܝܟ ܕܡܠܠܘ CS (gedruckt ist אמאביו אילן דמללו) CS

18 18 כמוך ὥσπερ σέ ܐܟܘܬܟ: A ܐܝܟ ܕܠܟ CS

18 19 καὶ ὁ ἄνθρωπος ὃς ἐὰν μὴ ἀκούσῃ ὅσα ἂν λαλήσῃ ὁ προφήτης ἐκεῖνος ἐπὶ τῷ ὀνόματί μου,

Deuteronomium

ἐγὼ ἐκδικήσω ἐξ αὐτοῦ ܘܐܢܐ ܗܘ ܐܬܒܥ ܡܢܗ ܚܘܠܘܗܝ ܐܢܐ ܗܘ ܐܬܒܥ ܗܘ ܢܬܒܥ ܥܠ ܡܢ ܕܠܐ ܐܫܡܥ ܠܗ ܡܢܗ CS. ܬܒܥ *vindicare, ulcisci* P 52[1]

18 20 אשר יזיד לדבר A [ܘ]ܕܡܬܚܡܨ ܠܡܡܠܠܘ ܗܘ CS. ܐܬܚܡܨ P 51[1]

18 22 [συμβῇ] ܢܓܕܫ *accidere, evenire* P 9[3]

18 22 בזדון, ⓈⒼ ἐν ἀσεβείᾳ, reliqui omnes ܒܡܬܚܡܨܢܘܬܐ CS. »Hithpael [ܐܬܚܡܨ] . . . unde est nomen ex eadem coniugatione formatum ܡܬܚܡܨܢܘܬܐ idem quod ὑπερηφανία, *superbia*. Deuteron. 18. Scribitur etiam absque Tau ܡܚܡܨܢܘܬܐ 1. Regum 17« P 51[1]. Die genaue Angabe des P scheint den größeren Anspruch auf Glaubwürdigkeit zu haben

18 22 οὐκ ἀφέξεσθε ἀπ᾽ αὐτοῦ ܠܐ ܬܬܟܠܘܢ ܡܢܗ. In margine . . notatur alia lectio, sed sine authore, videl. ܠܐ ܬܬܚܫܘܢ ܡܢܗ CS

19 1 יכרית ἀφανίσῃ ܢܚܪܘܒ CS P 33[3]: AΘ ܢܓܕܘܡ CS (wo נעמא gedruckt ist) P 35[3]

19 3 στόχασαί σοι τὴν ὁδόν ܐܬܚܙܐ ܠܟ ܐܘܪܚܐ CS. στοχάζεσθαι ܚܙܐ in Hithpael P 9[1]

19 3 καταφυγή ܒܝܬ ܓܘܣܐ P 10[1]

19 5 לחטב עצים συναγαγεῖν ξύλα ܠܡܟܢܫܘ ܩܝܣܐ: A ܠܡܩܛܥ CS

19 5 τύχῃ τοῦ πλησίον ܢܬܦܓܥ ܠܚܒܪܗ ܢܬܦܓܥ P 33[2]: in Syro additur ܒܗ, quod et in Hebraeo est לרעהו CS. ܢܬܦܓܥ »si inciderit, securis videlicet, in proximum. Deut. XIX« führt Masius auch in seiner Grammatik 44[1] an

19 9 ἀγαπᾶν κύριον ܕܬܪܚܡ ܠܡܪܝܐ CS

19 10 αἷμα ἀναίτιον ܕܡܐ ܕܠܐ ܥܠܐ CS P 15[3]

19 12 ἡ γερουσία ܩܫܝܫܘܬܐ P 32[1/2]

19 13 ובערת Θ ܘܬܥܩܘܪ CS

19 14 לא תסיג גבול רעך οὐ μετακινήσεις ὅρια . . ܠܐ ܬܫܢܐ ܬܚܘܡܐ . . : A ܠܐ ܬܫܢܐ ܬܚܘܡܐ ܕܚܒܪܟ ܠܐ ܬܫܢܐ . . Σ . . ܠܐ ܬܫܢܐ ܬܚܘܡܗ ܕܚܒܪܟ CS. ܫܢܐ »idem quod הֵסִיג, *loco movere, transferre*« P 33[1]

19 14 ἃ ἔστησαν οἱ πατέρες σου. Syrum habet ut Hebraea ܕܐܩܝܡܘ ܩܕܡܝܐ ܕܝܠܟ, nisi quod addit ܕܝܠܟ, quod et in Graeco est. Notatur tamen in margine alia quoque lectio, ea scilicet quae in Graeco est ܐܒܗܐ, i. e. *patres* etc. CS: Lucian hat οἱ πρότερόν σου, andere οἱ πρότεροί σου

19 15 Tria illa scil. עון, חטאת, חטא, quae in Hebraeo sunt, vertunt LXXII per ἀδικίαν, ἁμάρτημα, et ἁμαρτίαν. Syrum vero ܚܛܝܬܐ

Deuteronomium

ܘܥܘܠܬܐ CS

19 16 ἀσέβειαν ܥܘܠܐ CS

19 18 ἀκριβῶς ܒܚܦܝܛܘܬܐ P 19[3]

19 18 עד שקר העד שקר ענה באחיו A ܣܗܕܐ ܕܓܠܐ, ܣܗܕܘܬܐ ܕܓܠܐ ܣܗܕ ܥܠ ܐܚܘܗܝ CS

19 19 πονηρεύεσθαι (M πονηρεύειν) ܐܬܒܐܫ P 25[2]

20 1 ἵππον καὶ ἀναβάτην καὶ λαὸν πλείονα ܪܟܫܐ ܘܪܟܒܐ ܘܥܡܐ ܣܓܝܐܐ: in margine notatur in aliorum tralatione pro ܪܟܫܐ [»rectius pro ܪܟܒܐ« Field] esse ܡܪܟܒܬܐ CS

20 3 ὑμεῖς εἰσπορεύεσθε σήμερον εἰς τὸν πόλεμον ܐܢܬܘܢ ܡܬܩܪܒܝܢ ܝܘܡܢܐ ܠܩܪܒܐ CS: ܒ las προπορεύεσθε, wie Lucian; M citiert nach a

20 3 אל תחפזו μὴ θραύεσθε ܠܐ ܬܬܬܒܪܘܢ: ΑΣ ܠܐ ܬܬܕܠܚܘܢ CS

20 5 οἱ γραμματεῖς ܣܦܪܐ CS

20 5 ἐγκαινίζειν ܚܕܬ P 16[3]

20 6 ולא חללו καὶ οὐκ εὐφράνθη ἐξ αὐτοῦ ܘܠܐ ܐܬܒܣܡ ܡܢܗ: A ܘܠܐ ܐܚܠܗ CS

20 7 [μεμνήστευται] ܡܟܪ *desponsare* P 27[1]

20 8 δειλὸς τῇ καρδίᾳ ܕܕܚܝܠ ܒܠܒܗ CS. M fügt hinzu: »Nescio an sit scribendum ܒܠܒܐ sine relativo, nam hoc nec in Hebraeo nec in Graeco est«. Aber ܒܠܒܗ ist richtig: die Hinzufügung des Pronomens ist echt semitisch, und findet sich auch sonst bei ܒ häufig (Rördam § 12). Auf τῇ καρδίᾳ αὐτοῦ müßte man nur dann schließen, wenn ܒܠܒܗ ܕܝܠܗ da stände

20 8 ὥσπερ ἡ καρδία αὐτοῦ ܐܝܟ ܗܘ ܕ÷ ܠܒܐ ܕܝܠܗ ܐ CS. »τὸ ܕܠܒܐ obelisco pungitur, quod cur fiat non conjicio, nisi fortasse olim in quibusdam exemplaribus Graecis quoque lectum sit ὥσπερ καὶ αὐτοῦ« M: die meisten Hss haben ὥσπερ ἡ αὐτοῦ. M citiert nach a

20 10 καὶ ἐκκαλέσῃς αὐτοὺς μετ᾽ εἰρήνης ܘܬܩܪܐ ܠܗܘܢ ܒܫܠܡܐ CS

20 11 εἰρηνικά ܡܫܝܢܬܐ P 49[2]

20 11 φορολόγητοι (M φορολόγοι) ܡܕܐܬܐ ܡܕܐܬܐ P 26[1]: ܡܕܐܬܐ ist natürlich falsch, es muß entweder als Singular ܡܕܐܬܐ, oder als Plural ܡܕܐܬܝܢ heißen

20 12 ואם לא תשלים עמך A ܘܐܢ ܠܐ ܢܫܠܡܘܢ ܥܡܟ CS

20 12 צרת עליה A ܠܗ ܬܨܘܪ ܥܠܝܗ CS

20 14 וְהַטַּף καὶ τῆς ἀποσκευῆς ܘܛܠܝܐ CS P 4[2]: A ܘܛܦܠܐ CS P 47[3]

20 14 כל שְׁלָלָהּ καὶ πᾶσαν τὴν ἀπαρτίαν ܘܟܠܗ ܒܙܬܐ: ΣΘ ܟܠܗ ܕܝܠܗ ܒܙܬܐ ÷ ܕܝܠܗ ÷ CS. ἡ

Deuteronomium

ἀπαρτία ܕܦܘܪܩܢܐ P 12[1]

20 17 καὶ Γεργεσαῖον ܘܓܪܓܫܝܐ ÷ CS

20 18 ἐναντίον κυρίου ܩܕܡ ܡܪܝܐ CS

20 19 ἐὰν δὲ περικαθίσῃς περὶ πόλιν ܐܢ ܕܝܢ ܬܟܪܟ ܥܠ ܡܕܝ[ܢ]ܬܐ CS

20 19 20 ἐξολοθρεύειν ܠܡܚܒܠܘ P 35[3]

20 19 לא תשחית ΑΣ ܠܐ ܬܚܒܠ CS

20 19 μὴ ἄνθρωπος τὸ ξύλον τὸ ἐν τῷ ἀγρῷ ܠܡܐ ܓܝܪ ܒܪܢܫܐ ܗܘ ܐܝܠܢܐ ܗܘ ܕܒܚܩܠܐ CS

20 19 לבא מפניך במצור εἰσελθεῖν ἀπὸ προσώπου σου εἰς τὸν χάρακα ܠܡܥܠ ܡܢ ܩܕܡ ܦܪܨܘܦܟ ܠܟܪܩܘܡܐ..., Σ ܠܡܥܠ.. ܠܟܪܟܘܡܐ: Α ܠܡܚܣܪܘ ܕܡܕܝ[ܢ]ܬܐ. Θ ܠܟܪܟܘܡܐ.. ܡܢ ܩܕܡܝܟ [ܒ]ܨܘܪܐ ܕܡܕܝܢܬܐ. CS. χάραξ ܫܘܪܐ P 16[2]

20 20 [καρπόβρωτον] ܡܐܟܠܢܝܬܐ quod edi potest P 4[3]

20 20 מצור Σ ܩܛܝܢܐ CS

21 1 חָלָל τραυματίας ܩܛܝܠܐ: ΑΣ ܩܛܝܠܐ. Sic et paulo inferius [v. 2, 3 oder 6?] CS

21 1 κληρονομῆσαι ܠܡܐܪܬܗ̇ CS

21 1 πεδίον ܦܩܥܬܐ P 39[3]

21 3 [εἵλκυσε] ܢܓܕ trahere P 29[2]

21 4 אל נחל איתן εἰς φάραγγα τραχεῖαν ܠܢܚܠܐ ܥܫܝܢܐ: in margine notatur alia lectio, sed sine authore, puto tamen esse Aquilae, ܠܢܚܠܐ ܥܫܝܢܬܐ CS. ܢܚܠܐ P 45[2]

21 4 νευροκοπήσουσι ܢܦܣܩܘܢܗ̇ CS P 10[2]

21 5 ἁφή ܡܓܫܬܐ P 48[2]

21 6 [νίψονται] ܐܣܚܝ lavare P 47[3]

21 6 ערופה νενευροκοπημένης ܕܡܦܣܩܐ CS P 10[2]: Α ܕܩܛܝܠܐ ܩܕܠܗ̇ CS

21 8 ἵλεως ܡܚܣܝܢܐ P 18[2]

21 8 ואל תתן דם נקי ΑΣ ܘܠܐ ܬܬܠ ܕܡܐ ܙܟܝܐ CS

21 9 τὸ καλόν ܫܦܝܪܐ P 21[1]

21 10 שבית שביו 𝔊𝔖 προνομεύσῃς τὴν προνομὴν αὐτῶν, reliqui ܬܫܒܐ ܫܒܝܬܐ ܕܝܠܗܘܢ CS

21 12 [ξυρήσεις] ܬܓܪܥܝܢ radere P 11[2]

21 12 [περιονυχιεῖς] ܬܩܨܝܢ amputare P 30[3]

21 14 ἐὰν μὴ θελήσῃς αὐτήν ܐܢ ܠܐ ܬܨܒܝܗ̇ CS

21 14 οὐκ ἀθετήσεις αὐτήν ܠܐ ܬܫܛܝܗ̇ CS P 20[2]

21 16 τὰ ὑπάρχοντα αὐτοῦ ܗܘ ܡܐ ܕܐܝܬ ܠܗ CS

21 16 ὑπεριδεῖν ܠܡܒܣܘ P 8[2]

21 17 ἐπιγινώσκειν ܠܡܫܬܘܕܥܘ P 6[3]

21 17 διπλᾶ ܥܦܝܦܐ P 37[1]

21 17 ἀπὸ πάντων ὧν ἂν εὑρεθῇ αὐτῷ ܡܢ ܟܠܗܘܢ ܗܢܘܢ ܕܢܫܬܟܚܘܢ ܠܗ CS

21 17 כי הוא ראשית אנו לו Α ܡܛܠ ܕܗܘ ܪܫܝܬܐ ܕܐܘܢܗ ܠܗ, Σ ܕܗܘ ܪܫܐ ܕܚܝܠܗ, ܕܚܝܠܗ CS: ܕܐܘܢܗ schreibe ich nur vermutungsweise, gedruckt ist דהונה, M übersetzt quia ille est (ebenso übersetzt er des Α ܡܛܠ ܕܗܘ)

21 18 ἀπειθής ܡܡܪܓܢܐ P 37[1]

21 18 ἐρεθιστής ܡܪܓܙܢܐ P 14[3]

21 18 [παιδεύωσιν] ܪܕܐ castigare P 45[3]

21 20 אל זקני עירו Α ܠܘܬ ܩܫܝܫܐ ܕܡܕܝܢܬܗ ܠܘܬ ܣܒܐ CS

21 20 siehe 31 27

21 20 συμβολοκοπῶν ܪܘܝܐ ܘܡܣܩܠ P 31[2]

21 21 כל אנשי οἱ ἄνδρες ÷ ܟܠܗܘܢ.. CS

21 22 ἐὰν δὲ γένηται ἔν τινι ἁμαρτία κρίμα θανάτου ܐܢ ܕܝ[ܢ] ܢܗܘܐ ܒܐܢܫ ܚܛܗܐ ܕܝܢܐ ܕܡܘܬܐ CS

21 23 לא תלין οὐκ ἐπικοιμηθήσεται 𝔬Α ܠܐ ܢܒܘܬ CS

21 23 כי קללת אלהים תלוי ὅτι κεκατηραμένος ὑπὸ θεοῦ πᾶς κρεμάμενος ἐπὶ ξύλου ܡܛܠ ܕܠܝܛ ܗܘ ܡܢ ܐ[ܠ]ܗܐ ܟܠ ܕܬܠܐ ※ ܟܠ ܕܬܠܐ ※ ܥܠ ܩܝܣܐ CS

22 1 μόσχον ܬܘܪܐ CS

22 1 ὑπερίδῃς αὐτά ܬܬܥܠܡ ܡܢܗܘܢ CS P 14[2]

22 4 נֹפְלִים πεπτωκότα ܕܢܦܠܘ: ΣΘ ܕܢܦܠܝܢ CS

22 6 θάλπειν (M θάλπεσθαι) ܫܚܢ P 44[1]

22 7 ἀποστέλλειν ܫܕܪ P 50[1]

22 8 στεφάνη ܬܟܠܐ P 52[3]

22 9 כלאים διάφορον ܡܫܚܠܦܐ: Σ ܙܢܐ ܘܙܢܐ ܠܐ CS

22 9 מלאה γέννημα ܥܠܠܬܐ CS P 36[2]: ΑΘ ܡܠܝܐ ܕܙܪܥܐ CS

22 10 [ἀροτριάσεις] ܬܕܒܪ arare P 23[3]

22 11 שעטנז κίβδηλον (M κίβδηλα nach a) ܡܣܠܝܐ (M übersetzt reproba) CS P 28[1] (wo »Deuteron. 32« gedruckt ist): Α ܩܘܡ ܡܫܚܠܦܐ CS. Σ ܡܫܚܠܦܐ ܐܝܟ ܕܙܢܝܐ CS, Θ ܡܣܠܝܐ CS P 32[1]

22 14 עלילת דברים προφασιστικοὺς λόγους ܥܠܠ ܡܠܬܐ P 36[1]: Α ܥܠܠ ܡܣܬܥܪܢܘܬܐ CS

22 17 הִנֵּה [νῦν] ܗܫܐ P 14[3]

22 19 ענש ܢܦܣܩ P 18[2]

22 19 מאה כסף ἑκατὸν σίκλους ܡܐܐ ܡܬܩܠܝܢ: ΑΣΘ ܡܐܐ ܕܣܐܡܐ CS

22 24 zweimal על דבר אשר ὅτι [ܕ] ܥܠ ܡܠܬܐ CS

22 25 πεδίον ܦܩܥܬܐ P 39[3]

22 25 והחזיק בה האיש ושכב עמה καὶ βιασάμενος κοιμηθῇ μετ' αὐτῆς ܘܢܥܩܘܪ ÷ ܗܘ ܓܒܪܐ ܘܢܕܡܟ ܥܡܗ̇ CS. ܐܥܩܪ ܥܩܪ P 43[2]

22 26 πρᾶγμα ܣܘܥܪܢܐ P 33[1]

22 28 βιάζεσθαι ܐܥܩܪ ܥܩܪ P 43[2]: vgl. CS

22 29 δίδραχμα ÷ ܕܬܪܝܢ ܙܘܙܝܢ CS

22 30 [συγκάλυμμα] ܬܟܣܝܬܐ velamen P 52[3]

23 1 [ἀποκεκομμένος] ܦܣܩ abscindere P 39[2]

23 2 גם דור עשירי לא יבא לו בקהל יהוה > 𝔊

Deuteronomium

ܘܐܢܫܐ ܕܡܫܒܚܝܢ ܠܐ ܢܚܘܠ ܚܒܫܝܢ ܠܟܠ ܕܒܪ ܐ ※ CS

23 4 מפתור ארם נהרים ἐκ τῆς Μεσοποταμίας ܡܢ ܡܨܪܝܢ ܢܗܪܝܢ (gedruckt ist מצירת): A ܡܢ ܦܬܘܪ ܕܐܪܡ CS

23 6 συμφέρον ܦܩܚ P 39[3]

23 7 βδελύττεσθαι ܣܪܚ P 11[1]

23 8 בנים אשר יולדו להם Σ ܒܢܝܐ ܕܢܬܝܠܕܘܢ ܠܗܘܢ CS

23 9 καὶ φυλάξῃ ἀπὸ παντὸς ῥήματος πονηροῦ ܘܬܛܪ ܡܢ ܟܠ ܡܠܬܐ ܒܝܫܬܐ CS

23 11 [τὸ πρὸς ἑσπέραν] ܠܘܩܒܠ ܪܡܫܐ circa vesperam P 6[1]

23 13 [πάσσαλος] ܣܟܬܐ (gedruckt ist ܣܩܬܐ) P 32[2]

23 13 צאתך τὴν ἀσχημοσύνην σου: ℧ übersetzt ἀσχημοσύνη durch ܡܦܩܬܐ oder ܡܦܩܐ P 7[1/2]: A id quod exit ab[s] te CS, ΣΘ ܡܦܩܬܐ ܕܝܠܟ CS P 42[1]

23 14 παραδοῦναι τὸν ἐχθρόν σου πρὸ προσώπου σου ܢܫܠܡ ܒܥܠܕܒܒܝܟ ܩܕܡ ܦܪܨܘܦܟ ܕܝܠܟ CS: gedruckt ist בעל דבבד, aber M übersetzt *inimicos tuos* und sagt ausdrücklich: »ut et in Hebraeo est, in plurali scilicet numero«

23 14 ἀσχημοσύνη ܡܦܩܬܐ oder ܡܦܩܐ P 7[1/2]: vgl. CS

23 15 לא תסגיר AΘ ܠܐ ܬܫܠܡ CS

23 16 עמך ישב בקרבך במקום אשר יבחר באחד שעריך בטוב לו μετὰ σοῦ κατοικήσει, ἐν ὑμῖν κατοικήσει ἐν παντὶ τόπῳ οὗ ἂν ἀρέσῃ αὐτῷ ܥܡܟ ܢܬܒ ܒܟܘܢ ܢܥܡܪ ܒܟܠ ܐܬܪ ܕܢܫܦܪ ܠܗ ※ ܒܚܕ ܡܢ ܩܘܪܝܟ ܒܕܛܒ ܠܗ ܢܬܒ ܒܟܘܢ ܕܢܥܡܪ ܒܟܠ ܐܬܪ ܕܢܫܦܪ (gedruckt ist ܒܟܘܢ ܢܥܡܪ, aber statt ܒܟܘܢ ܢܥܡܪ — wäre ܒܟܠ ܢܥܡܪ — zu schreiben gewesen, und M sagt vorher, παντί habe den Obelus: der dem Asteriscus folgende Metobelus ist gleich hinter דגבא gedruckt): als Variante zu ܩܘܪܝܟ ܕܝܠܟ steht am Rande ܫܒܛܝܟ ܕܝܠܟ, »quae varietas videtur ex similitudine Graecarum vocum τῶν φυλῶν et τῶν πολῶν nata esse« CS

23 16 θλίβω ܐܠܨ P 5[1]

23 17 τελεσφόρος ܡܫܡܠܝܐ ܡܢ ܐܝܬܐ CS

23 17 τελισκόμενος ܘܡܫܡܠܝܢ ܡܢ ܐܝܬܐ CS

23 19 20 [ἐκτοκιεῖς] ܬܬܒܥ ܪܒܝܬܐ exigere foenus, foenerari P 9[2]

23 19 καὶ τόκον παντὸς πράγματος οὗ ἐὰν ἐκδανείσῃς ܘܪܒܝܬܐ ܕܟܠ ܣܘܥܪܢܐ ܕܐܢ ܬܘܙܦ CS

23 22 וכי תחדל לנדר Σ ܘܐܢ ܬܬܟܠܐ ܡܢ ܠܡܢܕܪ CS

23 22 οὐκ ἔστιν ἐν σοὶ ἁμαρτία (Lucian) ܠܐ ܗܘܬ

Deuteronomium

ܒܟ ܚܛܝܬܐ CS

23 23 נדבה δόμα ܡܘܗܒܬܐ: reliqui ܨܒܝܢܐ CS

23 25 וקטפת מלילת בידך Σ ܘܬܩܛܘܦ ܫܒܠܐ ܒܐܝܕܟ CS

24 1 ἄσχημον ܥܪܝܐ P 49[2]

24 1 ספר כריתת βιβλίον ἀποστασίου ܟܬܒܐ ܕܫܘܒܩܢܐ: Σ ܟܬܒܐ ܕܦܘܪܫܢܐ CS P 39[2]

24 5 שמח את אשתו AΣ ܢܚܕܐ ܥܡ ܐܢܬܬܗ CS

24 6 17 [ἐνεχυράσεις, ἐνεχυράζει] ܡܡܫܟܢ pignus capere P 29[1]

24 7 ἐὰν δὲ ἁλῷ ܐܢ ܕܝܢ ܐܬܐܚܕ P 41[2]

24 7 καταδυναστεύω ܥܫܩ P 37[3]

24 7 ובערת הרע מקרבך A [ܘ]ܬܦܠܐ ܒܝܫܐ ܡܢ ܓܘܟ CS. בער ܦܠܐ P 9[2]

24 8 πρόσεχε σεαυτῷ ܐܙܕܗܪ ܠܟ P 18[3]

24 9 ἐν τῇ ἀφῇ ܒܡܚܘܬܐ CS

24 10 כי תשה ברעך משאת מאומה Σ ܐܢ ܬܘܙܦ ܠܚܒܪܟ ܡܘܙܦܬܐ ܡܕܡ CS. ܐܘܙܦ P 52[1]

24 13 περὶ δυσμὰς ἡλίου ܠܘܩܒܠ ܡܥܪܒܝ ܫܡܫܐ P 6[1]

24 13 ἐλεημοσύνη ܡܪܚܡܢܘܬܐ CS

24 14 לא תעשק שכיר עני οὐκ ἀποστερήσεις μισθὸν πένητος ܠܐ ܬܛܠܘܡ ܐܓܪܐ ܕܡܣܟܢܐ: AΣΘ ܠܐ ܬܥܫܘܩ CS. ἀποστερεῖν ܛܠܡ P 20[2] [Lag. Mitth. 3 14]

24 19 δράγμα ܥܡܪܐ P 23[3]

25 1 καταγινώσκειν ܚܝܒ P 10[3]

25 5 יבם A ܡܝܒܡܢܗ CS P 29[2]

25 6 19 [ἐξαλειφθήσεται, ἐξαλείψεις] ܥܛܐ delere P 25[1]: M citiert »Deut. 24. et 25«, aber Deut 24 kommt kein Wort vor, dem ܥܛܐ entsprechen könnte

25 7 יבמי A ܡܝܒܡܢܝܬܗ ܕܝܠܝ CS

25 9 10 ὑπόδημα ܡܣܢܐ P 31[2]

25 13 [μαρσίππῳ] ܡܪܣܦܐ = μαρσύπιον P 28[3]

25 14 15 μέτρον ܟܝܠܐ P 22[3]

25 18 נחשל A ܚܫܝܠ P 12[2]: M schreibt ܚܫܠ, er bildete zu der Pluralform, welche er vor sich hatte, einen falschen Singular

25 18 אתה עיף Σ ܡܫܠܗܝ ܗܘܝܬ (gedruckt ist חריתא) CS

26 9 »*E t d e d i t n o b i s t e r r a m. post hoc verbum desunt in Syro aliquot paginae omissae, usque ad versum vigesimum nonum capitis 28. illic enim rursus apud me habentur reliquae paginae inchoatae ab hoc verbo, e r i t s e r v a t o r a u t a u x i l i a t o r etc.*« CS

28 30 ἕξει αὐτήν ܢܚܣܢܝܗ CS

28 32 σφακελίζειν ܢܫܚܩ P 20[3]

28 32 ἰσχύειν ܡܨܐ P 28[2]

Deuteronomium

28 33 τὰ ἐκφόρια ܥܠܠܬܐ P 21[2]

28 33 καὶ ἔσῃ ἀδικούμενος καὶ τεθραυσμένος ܘܬܗܘܐ ܥܫܝܩ ܘܡܬܪܥܥ ܘܡܬܪܨܨ CS

28 34 παράκλητος ܡܦܝܣܢܐ P 51[1/2]: gedruckt ist ܡܦܝܣܢܐ; daraus, daß M sagt »nomen ex participio passivo formatum«, folgt nicht, daß wir ein *Derivat* des Participiums haben müssen, denn auch zu ܡܝܩܪܐ ἔντιμος P 26[3] bemerkt M »est.. participium Paul, coniugationis Piel aut potius nomen ab eo formatum participio«

28 35 [ἕλκος] ܫܘܚܢܐ *ulcus* P 48[3]

28 37 לשמה Σ ܠܫܡܝܫܘܬܐ CS

28 37 αἴνιγμα ܐܘܚܕܬܐ P 46[3]

28 42 ἐξαναλοῦν ܠܡܫܦܐ P 20[2]

28 42 ἐρυσίβη ܫܘܦܢܐ P 48[2]

28 45 וחקתיו καὶ τὰ δικαιώματα αὐτοῦ ܘܢܡܘܣܘܗܝ ܕܝܠܗ CS P 15[2]: A ܘܚܘܩܘܗܝ ܕܝܠܗ CS

28 48 ἔκλειψις ܚܘܣܪܢܐ P 20[2]

28 49 ὅρμημα ܗܘܦܟܐ P 16[2]

28 50 ἀναιδής ܚܨܝܦ P 10[3]

28 52 erstes והבצר לך ΑΣ ܘܟܪܝܟܝܢ CS

28 53 55 57 στενοχωρία ܐܘܠܨܢܐ P 16[1]

28 54 האיש הרך ὁ ἁπαλός ܪܟܝܟܐ[?] ܓܒܪܐ CS P 34[3]

28 54 ענג Σ ܦ[ܢ]ܩ CS

28 54 56 βασκαίνω ܚܣܡ P 18[2]

28 57 שִׁלְיָה [χόριον] ܫܠܝܬܐ P 49[3]: A ܫܠܝܬܐ CS P 53[3]

28 58 ἔντιμος ܡܝܩܪܐ P 26[3]

28 59 נאמנים Σ ܡܗܝܡܢܢܐ CS P 24[1]

28 60 ὀδύνη ܚܫܐ P 12[1]

28 65 רגז ἀθυμοῦσαν ܡܥܝܩܐ: A ܡܙܝܥ ܠܒܐ CS

28 67 πῶς ἄν ܡܢ ܢܬܠ P 27[3]: ist das die Uebersetzung von ΑΣ, welche nach CS מי יתן genau übertragen haben? Vgl. PSmith 2153 11

29 2 θεράποντες ܡܫܡܫܢܐ P 27[3]

29 6 וְשֵׁכָר καὶ σίκερα ܘܫܟܪܐ: A ܘܫܪܟܐ CS

29 7 סיחן Σηών ܣܝܚܘܢ: ΑΣ ܣܝܚܘܢ CS

29 8 לראובני ולגדי ולחצי שבט המנשי 𝔊 τῷ Ῥουβὴν . . . . , ܘ . . . . ܠܪܘܒܝܠ: Σ ܠܪܘܒܢܝܐ ܘܠܓܕܝܐ ܘܠܦܠܓܗ ܕܫܒܛܐ ܕܡܢܫܐ CS

29 11 מים ΑΣ ܡܝܐ CS

29 16 ὡς κατῳκήσαμεν ܐܝܟ ܕܥܡܪܢ ܗܘܝܢ P 22[1/2]

29 17 גללים A ܓܠܠܐ CS

29 19 ἐπιφημίζεσθαι ܠܡܒܪܟܘ P 19[3]

29 19 ὁσιά μοι γένοιτο ܫܠܡܐ ܠܝ ܢܗܘܐ P 18[2]

29 20 εὐιλατεύειν ܠܡܚܣܝܘ CS

29 20 [ἐξαλείψει] ܢܥܛܐ *delere* P 25[1]

Deuteronomium

29 23 עשב [Σ: vgl. BE bei Field] ܥܣܒܐ P 36[2]

30 9 והותירך ΑΘ ܘܢܘܬܪܟ CS

30 9 τῆς γῆς σου + ܠܛܒܬܐ = לטבה CS

30 11 ὑπέρογκος ܡܬܝܒܝܢ P 10[3]

31 8 δειλιᾶν ܡܬܒܪ P 33[3]

31 10 σκηνοπηγία ܡܛܠܬܐ ܕܡܛܠܠܐ P 42[3]

31 19[1] 19[2] 21 22 30 ᾠδή ܬܫܒܘܚܬܐ P 54[1]: M schreibt als Singular ܬܫܒܘܚܬܐ und als Plural ܬܫܒܘܚܬܐ, das Richtige hat er in seiner Grammatik 46[1]

31 21 יֵצֶר ΑΣ ܓܒܝܠܬܐ = τὸ πλάσμα CS P 9[3]

31 27 »ܡܓܪܓ . . . ἐρεθίζειν . . . Deut. 31. unde nomen ܡܓܪܓܢܐ, *irritamentum, incitamentum*« P 11[2]: falls nicht »Deut. 21« [20 ἐρεθίζει] zu lesen ist, hat M das Citat irrtümlich vor, statt hinter ܡܓܪܓܢܐ gesetzt, dann ist ܡܓܪܓܢܐ = ἐρεθισμός 31 27

31 27 παραπικραίνων ܡܡܪܡܪܢܐ P 27[2]: ΑΣ ܡܡܪܝܢ = מַמְרִים CS

31 27 ἔσχατον τοῦ θανάτου μου ܡܢ ܒܬܪ ܡܘܬܐ ܕܝܠܝ CS

32 2 יערף A ܢܛܘܦ CS P 36[2]

32 2 ἄγρωστις ܚܠܐ P 21[1]

32 4 הצור A ܛܘܪܐ CS, Θ ܓܒܘܠܐ = πλάστης CS P 9[3]

32 6 μωρός ܣܟܠܐ P 25[1/2]

32 10 ובתהו ילל ישמן A ܘܒܫܚܝܢܘܬܐ ܕܡܝܠܠܬܐ ܕܠܐ ܡܥܡܪܘܬܐ, Σ ܘܒܠܐ ܡܕܡ ܕܠܐ ܡܬܚܙܐ ܕܡܝܠܠܬܐ CS. תהו A ܣܪܝܩܘܬܐ P 33[2]

32 12 בדד A ܒܠܚܘܕܘܗܝ CS

32 13 חַלָּמִישׁ ܫܘܥܐ P 20[3]

32 14 βούτυρον ܚܠܒܐ P 16[2]

32 14 עתודים A ܬܝܫܐ CS

32 14 חֶמֶר A ܚܡܪܐ, Σ ܠܐ ܡܙܝܓ CS

32 15 כָּשִׂיתָ A ܐܬܚܦܝܬ CS

32 15 צור A ܡܚܣܢܐ [so], hoc est, *qui est firmus* CS, Θ ܓܒܘܠܐ = πλάστης CS P 9[3]

32 17 πρόσφατοι ܚܕܬܐ »nisi menda est. nam adhuc non memini me alibi legere« P 33[2]

32 18 אל A ܚܝܠܬܢܐ CS

32 21 נבל A ܣܟܠܐ (gedruckt ist וידאיב) CS

32 22 [θεμέλια] ܫܬܐܣܐ *fundamentum* P 49[1]: M sagt »alibi tamen per Tau loco Teth scribitur. nescio utrum rectius«, also liegt kein Druckfehler vor, aber vielleicht hat sich M beim Excerpieren seiner Hds versehen

32 24 [זֹחֲלֵי] ܪܚܫ *repere* P 47[2]

32 25 ἀτεκνόω ܐܬܟܠ oder ܬܟܠ P 10[1]

32 25 ταμ[ι]εῖα ܬܘܢܐ P 52[2]

Deuteronomium

32 27 [μακροχρονίσωσι] ܡܠܝ »ὀκνεῖν, *contari* cum quodam fastidio rei agendae« P 25[3]: ὀκνεῖν kommt Deut 32 nicht vor; ein anderes Wort, dem ܡܠܝ entsprechen könnte, finde ich nicht

32 27 ἵνα μὴ συνεπιθῶνται οἱ ὑπεναντίοι ܐܝܟܢܐ ܕܠܐ ܢܬܚܒܪܘܢ ܗܢܘܢ ܕܠܩܘܒܠܐ P 52[3]

32 30 הסגיר ΑΘ ܣܓܪ CS

32 31 פלילים ἀνόητοι ܕܠܐ ܗܘܢܐ : Σ ܣܟܠܝܢ CS

32 36 [παρακληθήσεται] ܒܝܐ *consolatus est* P 7[3]

32 36 [ἐκλελοιπότας] ܦܣܝܩܐ *deficiens* P 21[2]

32 38 ἐπαγωγῇ »Syrum videtur ἀπαγωγῇ legisse, sed ἐπαγωγῇ videtur verior lectio« CS: ἀπαγωγή ܡܘܒܠܢܘܬܐ P 18[2]

32 37 צור Α ܫܪܝܪܐ CS: M führt das syrische Wort nicht an, sagt aber »Aquilas hîc rursus, ut ante, traducit, *firmus*«, das »ante« bezieht sich auf v. 15 »ܕܫܪܝܪܐ, hoc est, *qui est firmus*«, nicht auf v. 4 »ܫܪܝܪܐ, hoc est, *verus*«

32 43 εὐφράνθητε οὐρανοὶ ἅμα αὐτῷ ܐܬܒܣ[ܡ]ܘ ܫܡܝܐ ܐܟܚܕܐ ܥܡܗ CS

32 51 ἠπειθήσατε τῷ ῥήματί μου ܣܪܒܬܘܢ ܠܡܠܬܐ ܕܝܠܝ P 37[1]

33 2 [דת] Α ܡܠܦܢܘܬܐ *doctrina* P 29[3]: vgl. CS אשדת למו Α *ignis doctrinae eis*

33 10 [διὰ παντός] ܐܡܝܢܐܝܬ *perpetuo, continuo* P 5[1]

33 14 ἡλίου τροπαί ܦܘܢܝܐ ܕܫܡܫܐ P 48[3]

33 14 σύνοδος ܟܢܘܫܝܐ P 23[2]

33 15 [βουνῶν] ܠܓܒܥܬܐ *collis* P 53[1]

33 25 [דבא] Α ܐܝܬܝܐ, herkommend von ܐܝܬܘܬܐ, welches »usurpatur pro *natura*, et *indole*, atque *ingenio corporis*« P 41[1/2]: vgl. CS דבא Α *corporis habitudo*

33 26 καὶ ὁ μεγαλοπρεπὴς τοῦ στερεώματος ܘܗܘ ܕܪܒܐ ܒܫܘܪܪܐ ܕܪܩܝܥܐ CS

33 28 [πεποιθώς] ܐܡܝܢܐܝܬ *confidenter* P 53[1]: vgl. CS

33 28 [συννεφής] ܠܥܡܛܠܐ[30] *nubilum, obscurum* P 53[2]

33 29 [מגן ὑπερασπιεῖ] ܬܪܣܐ *scutum* P 32[3]

34 6 ταφή ܩܒܘܪܬܐ CS P 49[3]

34 Ende »Libet hîc adnotare quod in Syro exemplari post finem Deuteronomii scripti habeantur aliquot versus, qui in Hebraicis codicibus non reperiuntur. Significatque scriba eos versus in Samaritano exemplari haberi veluti supplementum decem verborum, hoc est, Decalogi Deuteronomii, sunt autem hi: ܘܗܘܐ ܕܝ ܗܘ ܕ[ܬ]ܥܠܘܢ ܡܪܝܐ ܐܠܗܟ ܠܐܪܥܐ ܕܟܢܥܢ[ܝ]ܐ ܕܐ[ܢܬ] ܥܐܠ ܠܬܡܢ ܠܡܐܪܬܗ ܬܩܝܡ ܠܟ ܟܐܦܐ ܪܘܪܒܬܐ ܘܬܫܘܥ ܐܢܝܢ ܒܓܝܪܐ ܘܬܟܬܘܒ ܥܠ ܟܐܦܐ ܟܠܗܝܢ ܡܠܐ ܕܢܡܘܣܐ ܗܢܐ. ܘܟܕ ܬܥܒܪܘܢ ܠܗ ܠܝܘܪܕܢܢ ܬܩܝܡܘܢ ܟܐܦܐ ܗܠܝܢ ܕܐܢܐ ܡܦܩܕ ܠܟܘܢ ܝܘܡܢܐ ܒܛܘܪܐ ܕܓܪܙܝܡ. ܘܬܒܢܐ ܬܡܢ ܡܕܒܚܐ ܠܡܪܝܐ ܐܠܗܟ. ܡܕܒܚܐ ܡܢ ܟܐܦܐ. ܠܐ ܬܪܡܐ ܥܠܝܗܝܢ ܦܪ[ܙ]ܠܐ. ܡܢ ܟܐܦܐ ܫܠܡܬܐ ܬܒܢܐ ܡܕܒܚܐ ܠܡܪܝܐ ܐܠܗܟ. ܘܬܣܩ ܥܠܘܗܝ ܥܠܘܬܐ ܠܡܪܝܐ ܐܠܗܟ. ܘܬܕܒܘܚ ܕܒܚܐ ܕܫܠܡܐ ܘܬܐܟܘܠ ܬܡܢ ܘܬܚܕܐ ܩܕܡ ܡܪܝܐ ܐܠܗܟ. ܛܘܪܐ ܗܘ ܕܝܢ ܗܘ ܒܥܒܪܐ ܕܝܘܪܕܢܢ ܒܬܪ ܐܘܪܚܐ ܕܡܥܪܒ ܫܡܫܐ ܒܐܪܥܐ ܕܟܢܥܢܝܐ ܗܘ ܕܝܬܒ ܒܥܪܒܬܐ ܠܘܩܒܠ ܓܠܓܠܐ ܠܘܬ ܒܠܘܛܐ ܕܡܘܪܐ ܠܘܩܒܠ ܫܟܝܡ. ܗܪܟܐ ܫܠܡ ܣܘܪܝܝܐ ܕܚܕܐ ܥܣܪܐ ܡܠܝܢ. Hactenus Syrum exemplar. Porro hoc praeceptum ex parte repetitur Josuae 8. v. 29« CS: alle Druckfehler, mit welchen der Text — abgesehen von den ausgelassenen Buchstaben — in CS verunziert ist, anzuführen ist unnötig; ich erwähne nur, daß ich ܕܓܪܙܝܡ statt ܕܓܪܝܙܝܡ und ܫܠܡܬܐ statt ܫܠܡܬܐ geschrieben habe. Vgl. BS Exod 20 17r

Iosue

1 2 θεράπων ܡܫܡܫܢܐ P 27[3] (M führt nur die Pluralform ܡܫܡܫܢܐ an, welche an der von ihm zuerst citierten Stelle Deut 29 [2] vorkommt) = BS 121 16

1 5 ὑπεριδεῖν ܐܫܒܘܩܟ P 14[2] = BS 121 22

1 14 εὔζωνοι ܡܫܪܝܢ ܚܨܝܗܘܢ P 17[1] > BS

2 1 κατασκοπεῦσαι ÷ ܠܡܬܒܝܢܘ ※ = חרש CS > BS

2 1 5 21 22 πορεύεσθαι ܐܙܠ P 45[2]: 21 22 > BS, 1 5 ܐܙܠܘ BS 122 5 12

2 6 τῇ ἐστοιβασμένῃ αὐτῇ ܕܣܕܝܪ ܗܘܐ ܠܗ̇ P 23/24 = BS 122 14

2 19 ἡμεῖς ἀθῷοι ܡܚܣܝܢܢ P 28[1] > BS

2 19 ἅψασθαι (in dem in ܘ auf ἐσόμεθα folgenden ※ ἐὰν χεὶρ ἅψηται αὐτοῦ ↙) ܬܓܫ P 11[3] > BS

3 12 προχειρίζεσθαι ܐܛܝܒܘ P 33/34 > BS

3 13 τὸ ὕδωρ ἐκλείψει ܡܝܐ ܢܦܣܩܘܢ P 21[2] > BS

3 15 σωρός ܥܪܡܬܐ P 49[2] > BS

3 15 גדותיו Α ܐܣܦܩܘܗܝ P 5[1] > BS

3 16 πῆγμα ܩܘܡܬܐ P 24[1] > BS

4 7 ἐκλείπειν ܦܣܩ oder ܦܣܩ P 10[1] · ܦܣܩ BS 123 16, ܦܣܩܘ BS 123 17

4 13 μάχη ܩܪܒܐ P 24[1] = BS 124 10

5 1 κατατήκω ܬܡܣܐ P 21[3]: ܬܡܣܝ BS 125 8

5 1 κατεπλάγησαν ܐܬܬܒܪܘ P 10[2] = BS 125 8

5 1 φρόνησις ܪܥܝܢܐ P 7[2] = BS 125 9

5 6 διορίζειν ܦܪܫ P 52[3] = BS 125 20

Iosue

5_{14} [ἀρχιστράτηγος] ܡܕܒܪܢܝ ܦܠܚܐ *die Führer der Krieger* (M falsch *milites, qui scilicet exercent rem bellicam*) P 12^{1} = BS 126 $_{11}$

5_{15} [ἀρχιστράτηγος] ܡܕܒܪܢܝ ܚܝܠܘܬܐ *die Führer der Heere* (M falsch *milites, qui scilicet exercent vires*) P 12^{1} = BS 126 $_{13}$

6_{1} (M nach anderer Zählung $5_{[16]}$) συγκλείειν ܣܟܪ P 16^{2} = BS 126 $_{15}$

$6_{3\,7\,9\,13}$ οἱ μάχιμοι ܡܩܛܠܢܘܬܐ P 24^{1} = BS 126 $_{18}$ 127 $_{6\,9\,16}$

6_{4} Syrus retinet vocem ܝܘܒܠ *Jobal* quae est in Graeco CS = BS 126 $_{19}$

6_{5} τῆς πόλεως + ܕܡܕܝܢܬܐ ※ CS = BS 127 $_{2}$

6_{7} παραγγέλλειν ܦܩܕ P 39^{3} = BS 127 $_{5}$

6_{8} σημαίνειν ܢܩܫ P 48^{1} = BS 127 $_{8}$

6_{8} εὐτόνως ܒܬܘܩܦܐ P 17^{2} = BS 127 $_{8}$

7_{1} πλημμελεῖν ܣܟܠ P 32$^{2/3}$: ܐܣܬܟܠ BS 128 $_{8}$

7_{3} ἐκπολιορκεῖν ܣܟܪ P 16^{2} = BS 128 $_{13}$

7_{5} πτοέομαι ܙܘܥ P 16^{1} = BS 128 $_{16}$

7_{14} ὃν ἂν δείξῃ ܗܘ ܕܢܚܘܐ ܐܢܘܢ P 5^{2} > BS

7_{21} ποικίλος ܡܨܒܬܐ P 41^{1} = BS 129 $_{5}$

7_{25} עכר ... significat *perturbare, confusionem facere* ... Et ita Aquilas, Symmachus ac reliqui interpretes vertunt CS: ܕܫܓܫ *perturbare,* ἐκταράττειν P 12^{3}: ܗܘ ܕܫܓܫܬ ܠܢ ܡܫܓܫܐ haben nach BS 129^{r} 2 $_{19}$ ܕܫܓܫ

8_{15} ἀναχωρεῖν ܥܪܩ P 50^{2} = ܥܪܩ BS 130 $_{16}$

$8_{18\,26}$ γαῖσος ܢܝܙܟܐ P 30^{2} = BS 130 $_{20\,22}$ 131 $_{12}$

8_{26} כידון Σ ܪܘܡܚܐ P 15$^{1/2}$ = BS 131^{r} 2 $_{4}$

8_{29} δίδυμον ܬܐܡܐ P 34^{1} = BS 131 $_{16}$: dazu war in Ms Hds als Erklärung ܡܬܢܣܒ ܚܕ an den Rand gesetzt P 34^{1} > BS

8_{33} αὐτόχθων ܒܪ ܐܬܪܐ P 9^{1} = BS 132 $_{1}$

9_{4} πανουργία ܢܟܠܘܬܐ P 19^{1} = BS 132 $_{12}$

9_{5} σανδάλια ܡܣܢܐ P 31^{3} = BS 132 $_{13}$

9_{5} [καταπεπελματωμένα] ܡܣܡܟܢ ܡܣܡܟܢܐ *lutulenti*, quasi dicas, *qui lutum gestant* (so übersetzt M falsch) P 23^{2}: ܡܣܡܟܢ ܡܣܡܟܢܐ BS 132 $_{14}$

9_{5}^{r} [מְטֻלָּאוֹת] ܡܪܩܥ *suppingi*, ut calceorum sola pittaciis assutis obducuntur, quo melius durent P 44^{3}: »Syri ܡܪܩܥܐ dicunt« M commentar. in Ios 9_{5}: Σ ܡܪܩܥܐ BS 132^{r} 3 $_{8}$

9_{10} καὶ ἐν ᾿Αδρασείν ܘܒܐܕܪܥܝ ÷ CS: Lagarde schließt aus der von ihm citierten textkritischen Bemerkung Ms zu der Stelle, daß Ms Hds ܘܒܐܕܪܥܝ ÷ gehabt habe, und setzt dies in den Text BS 133 $_{2}$; Lagardes Hds hat ܘܒܐܕܪܥܝ ÷ (ܒܐܕܪܥܝ) schreibt sie auch Ios 12_{2} $13_{9\,25}$, dagegen ܒܐܕܪܥܝ 13_{16})

9_{12} βεβρωμένος ܐܟܝܠ P 9^{1} = BS 133 $_{6}$

9_{18} διαγογγύζειν ܪܛܢ P 46^{2} = BS 133 $_{18}$

9_{19} ἅψασθαι ܠܡܩܪܒ P 11^{3} = BS 133 $_{15}$

10_{10} (M 9) ἐξέστησεν αὐτοὺς κύριος ܐܬܒܗܠ ܐܢܘܢ ܡܪܝܐ ܒܗܠ ܐܢܘܢ P 16^{1} > BS

10_{19} μὴ ἑστήκατε (oder στήκετε) καταδιώκοντες ܠܐ ܬܩܘܡܘܢ ܟܕ ܪܕܦܝܢ P 11^{3} = BS 134 $_{24}$

10_{20} [κατέπαυσεν] ܫܠܡ P 49$^{2/3}$: ܫܠܡ BS 135 $_{1}$

10_{21} γρύζειν ܪܛܢ P 25^{2} = BS 135 $_{3}$

10_{26} ἦσαν κρεμάμενοι ܗܘܘ ܬܠܝܢ ܗܘܘ ܙܩܝܦܝܢ P 11^{3} = BS 135 $_{12}$: M vokalisiert falsch ܙܩܝܦܝܢ

10_{34} ᾿Οδολάμ ܥܕܘܠܡ CS = BS 136 $_{1}$

11_{6} τετρωμένοι ܢܩܝܫܝܢ P 31^{1} = BS 137 $_{3}$

$11_{6\,9}$ νευροκοπεῖν ܥܩܪ P 10^{2} = ܥܩܪ BS 137 $_{3\,8}$

11_{7} ἐξάπινα ܡܢ ܫܠܝ P 49^{3} = BS 137 $_{4}$

11_{16} τὰ ταπεινά (M τὰ πεδινά nach a) ܡܫܝܩܬܐ P 27^{1} = BS 137 $_{21}$

12_{2}^{r} נחל ܢܚܠܐ P 45^{2}: falls M sich nicht verschrieben hat, las er hier die Randglosse ܢܚܠܐ, welche BS bei 13_{9} hat

12_{18} Χεσαρώμ ܚܨܪܘܢ CS = BS 139 $_{10}$: Lagarde schreibt ܚܨܪܘܢ, seine Hds ܚܨܪܘܢ

12_{19} Μαρών ܡܪܘܢ (gedruckt ist מראון) CS: ܡܪܘܢ BS 139 $_{10}$. Post [12_{20}] etiam .. σαμρὼν μαδὼν CS: ܫܡܪܘܢ ܡܕܘܢ BS 139 $_{11}$

12_{19} ᾿Ασώρ ܐܣܘܪ CS = BS 139 $_{11}$: Lagarde schreibt ܐܣܘܪ, seine Hds ܐܣܘܪ

13_{1} προβαίνω ܐܬܩܕܡ P 21^{3} = BS 139 $_{17}$

13_{22} μάντις ܩܨܘܡܐ P 44^{2} = BS 141 $_{1}$

14_{10} [δια]τρέφειν ܐܬܪܣܝ P 53^{3} = BS 142 $_{7}$

15_{17} [νεώτερος] ܛܠܝܐ *iuvenis* P 20^{2} = BS 144 $_{1}$

15_{46} πλησίον ܠܘܬ ܓܢܒܐ P 10^{3} = BS 144 $_{18}$

16_{10} φερνή ܦܪܢܝܬܐ P 40^{1} = BS 146 $_{7}$

17_{9} τερέβινθος ܒܛܡܬܐ P 7^{3} = BS 146 $_{21}$

17_{10} συνάψουσι ܢܬܚܡܘܢ P 25^{1} = BS 146 $_{24}$

17_{13} [מַס] Σ ܡܕܐܬܐ P 26^{1} = BS 147^{r} 1 $_{5}$

17_{14} ἀντειπεῖν ܐܦܩܘܪ P 14 $_{3}$ = BS 147 $_{5}$

$17_{15\,18}$ δρυμός ܚܘܫܐ P 34^{1} = BS 147 $_{7\,11}$

17_{15} στενοχωρέω ܐܬܥܠܨ ܐܠܨ P 5^{1}: ܐܬܥܠܨ BS 147 $_{7}$

18_{14} μέρος ܡܢܬ P 32^{1} = BS 148 $_{12\,13}$: ebenso $18_{15\,16\,19\,20}$ = BS 148 $_{14\,15\,21\,22}$, aber M citiert ausdrücklich »Iosu. 18. v. 14«

18_{15} vor ἐπὶ πηγήν + ܘܢܦܩ ※ CS = BS 148 $_{15}$

18_{16} νάπη ܚܩܠܐ P 49^{3} = BS 148 $_{16}$

$19_{17\,39\,48}$ συγγένεια ܐܢܫܘܬܐ ܫܪܒܬܐ P 3^{3} = BS 150 $_{5}$ 151 $_{4\,14}$

19_{33} ᾿Αρμαί oder ᾿Αδεμμή (= אֲדָמִי) ܐܕܡܐ CS

Iosue

= BS 150 21

19 47 εἰς τὴν κοιλάδα ܠܥܘܡܩܗ̇ ܕܢܚܠܐ P 42²: ܠܢܚܠܐ ܕܥܘܡܩܬܐ BS 151 10

20 3 5 9 ܬܒܥ vindicare P 37²: ܐܝܟ ܬܒܥܐ ܕܕܡܐ = (ὁ) ἀγχιστεύων τὸ αἷμα BS 152 6 152ʳ 1 12 152 9 18

20 5 συγκλείειν ܢܣܟܪ P 16² = BS 152 9

21 2 τὰ περισπόρια ܦܪ̈ܘܕܝܗ̇ CS = BS 152 22

21 32 Ἀμαθδώρ: in Hebraeo est חמת דאר cum aspiratione in prima, et ita in Syro quoque CS: ܚܡܬܕܐܪ BS 154 4

22 5 πορεύεσθαι ܠܡܗܠܟܘ P 45² = BS 155 8

22 10 11 16 19 23 26 34 [βωμός] ܠܡܕܒܚܐ P 36¹ = BS 155 19 20 21 156 3 8 14 19 157 12

22 16 מעל Σ ܚܛܐ CS P 8³: ܚܛܝܬܘܢ..ܕܚܛܝܬܘܢ BS 156ʳ 1 3 (ohne Angabe des Uebersetzers)

22 19 ἀποστάτης ܡܣܬܐܢܐ P 46² = BS 156 7

23 5 ܥܙܝܙܘܬܐ feritas P 8³: ܥܙܝܙܘܬܐ = τὰ ἄγρια BS 157 22

23 12 [συγκαταμιγῆτε] ܚܠܛ miscere P 17²: ܬܬܚܠܛܘܢ BS 158 7

24 3 ὁδηγεῖν ܕܒܪ P 13³ = BS 158 23

24 20 κακοῦν ܐܒܐܫ P 27¹ = BS 160 2

24 20 ἐξαναλοῦν ܫܠܡ P 20² = ܫܡܠܝ BS 160 2

24 26 (M 22) τερέβινθος ܒܛܡܬܐ P 7³ = BS 160 9

24 32 ἀμνάς ܢܩܝܐ so P 31¹: ܢܩܝܐ BS 160 21

Iudices

1 14 ἐπέσεισεν ܢܦܣܬ P 18² = BS 161 20

2 3 συνοχή ܐܘܠܨܢܐ P 16¹ = BS 162 24

2 19 ἐπιτηδεύματα ܨܢܥ̈ܐ P 5¹ = BS 163 12

3 7 τὰ ἄλση ܠܐܫܝܪ̈ܬܐ P 51³ = BS 163 28

3 15 ἀμφοτεροδέξιος ܐܝܟ ܝܡܝܢܐ ܕܝܡܝܢܐ P 53³: ܐܝܟ ܝܡܝܢܐ ܕܝܡܝܢܐ BS 164 2

ἀμφοτεροδέξιος ܓܕܝܡܐ oder ܓܕܝܡܐ P 10¹ > BS Rördam sagt zu der Stelle: »ܐܝܟ ܝܡܝܢܐ ܕܝܡܝܢܐ) *Masius* in cod. suo pro his verbis ܓܕܝܡܐ vel ܓܕܝܡܐ legisse videtur; hoc modo enim in Syror. Pecul. s. h. v. scribit: „ܓܕܝܡܐ et sine Vau ܓܕܝܡܐ ἀμφοτεροδέξιος . . . Jud. 3, et 20 (v. 16)“. Fieri tamen potest, ut vocem ܓܕܝܡܐ in scholio marginali legerit«: die erste Möglichkeit wird durch P 53³ ausgeschlossen

3 17 ἀστεῖος ܦܪܝܣܐ P 39³ = BS 164 5

3 22 λαβή ܡܚܕܘܬܐ P 24² = BS 164 12

3 23 σφηνοῦν ܙܦܪ P 16¹ = BS 164 14

3 25 αἰσχύνεσθαι ܐܬܒܗܬ P 17³ = BS 164 17

3 26 θορυβοῦσθαι ܫܓܫ P 45³: ܡܫܬܓܫܝܢ BS 164 18

4 9 הַמַּאֲרָה A ܡܟܡܢܬܐ P 47³ > BS

4 10 παραγγέλλειν ܦܩܕ P 39³ = BS 165 5

2b³

4 17 (M 5) ἀναχωρεῖν ܥܪܩ P 50² = ܥܪܩ BS 165 15: oder ist 5 Druckfehler für 9, und 9 21 gemeint?

4 21 ἡσυχῇ ܒܫܠܝܐ P 49³ = BS 165 22

5 7 ἐκλείπειν ܥܒܪ P 20²: ܐܬܓܡܪܘ BS 166 2

5 10 λαμπήνη ܡܪܟܒܬܐ P 44³ = BS 166 6

5 14 [ἐτιμωρήσατο αὐτούς] ܗܘ ܕܬܒܥ ܕܡܗܘܢ P 32³ = BS 166 12

5 14 ἐξερευνᾶν ܒܨܐ P 8/9: ܡܒܨܝܢ BS 166 13

5 19 »ܥܠܘܒܐ πλεονέκτης . . Iudic. 5 . . . Et ܥܠܘܒܘܬܐ πλεονεξία« P 36¹: ܥܠܘܒܘܬܐ = πλεονεξία BS 166 20

5 22 ἔκστασις ܬܗܪܐ P 52²: ܬܡܗܐ BS 166 23: vgl. Rördam und Field

5 23 μαχηταί ܡܩܛܠܢܐ P 24¹ = BS 166 25

5 25 λεκάνη ܠܩܢܐ P 25² = BS 166 27

5 25 βούτυρον ܚܠܒܐ P 16² = BS 166 27

5 28 ἐσχατίζειν ܐܬܥܘܟܒ P 3³ = BS 166 31

5 30 ποικίλος (M ποικιλτής nach ac) ܡܨܒܥܢܐ P 41¹ = BS 166 35

6 4 τὰ ἐκφόρια ܡܥܠܢܘܬܐ P 21² = BS 167 6

6 4 ὑπόστασις ܩܢܘܡܐ P 43¹ = BS 167 6

6 13 ἀπωθεῖν ܕܚܩ P 12² = BS 167 22

6 19 κανοῦν ܩܢܝܘܢܐ P 44¹ = BS 167 30

6 19 20 (M 7) ζωμός ܙܘܡܐ P 15² = BS 167 30 32

6 21 ἅψασθαι ܢܩܦ P 11³ = BS 167 33

6 21 ἀνήφθη πῦρ ܐܬܢܣܩܬ ܢܘܪܐ Masius' Grammatik 44¹ = BS 167 33. ܐܬܢܣܩ *incendi* P 10¹

6 26 κορυφή ܪܝܫܐ P 45¹ = BS 168 6

6 31 ἀντιδικεῖν ܐܬܕܝܢ P 8³: ܡܬܕܝܢܝܢ BS 168 16

6 38 λεκάνη ܠܩܢܐ P 25² = BS 168 26

7 3 ܙܘܥ *trepidare*, δειλιᾶν, et δειλιάζειν P 33³: ܙܘܝܥܐ = δειλός BS 168 34

7 3 ἐξορμᾶν ܢܦܩ P 51¹: ܢܦܩ BS 168 34

7 5—7 λάπτω ܠܚܟ P 24³ = BS 169 1—5: in margine ܠܚܟ *lambere* P 25¹ > BS

7 in margine ܩܪܢܐ *buccina* P 7² > BS: es kann bei v. 8 16 18—20 22 gestanden haben

7 13 μαγίς ܓܪܨܐ P 22² = BS 169 16

7 16 19 20 ὑδρία ܩܠܬܐ P 43¹ = BS 169 22 23 27 28

7 16 20 λαμπάς ܠܡܦܕܐ oder ܠܡܦܐܕܐ P 25²: ܠܡܦܐܕܐ BS 169 23 28

7 19 ἐκτινάσσειν ܢܦܨ P 31¹ = ܢܦܨ BS 169 27

7 21 καθ' ἑαυτόν ܒܗ ܒܪܫܗ P 27³ = BS 169 30

7 21 σημαίνειν ܪܡܙ P 48¹ = BS 169 30

8 2 ἐπιφυλλίς ܥܘܠܠܬܐ P 20¹ = BS 170 4

8 6 στρατιά ܚܝܠܘܬܐ P 38³ = BS 170 10

8 7 16 καταξαίνειν ܕܪܣ P 34¹ = BS 170 11 24

Iudices

8 21 μηνίσκος ܣܗܪܐ P 15³ = BS 170 31
8 24—26 ἐνώτιον ܩܕܫܐ P 42³ = BS 170 35 37 : M hat ܩܕܫܐ, er hat sich verlesen, vgl. Deut 18 10
8 26 ὁρμίσκοι ܥܩܐ P 37¹ = BS 171 1
8 31 παλλακή ܦܠܓܫܬܐ P 13² = BS 171 7
8 32 [πολιά] ܣܝܒܘܬܐ *capilli albi* P 17¹ = BS 171 8 (Lagardes Hds hat ܣܝܒܬܐ)
9 2 βέλτιον ܦܩܚ P 39³: ܦܩܚܐ BS 171 16
9 4 θαμβουμένους ܦܚܙܐ (= ῥεμβομένους Rördam) P 38² = BS 171 20
9 11 [γλυκότης] ܚܠܝܘܬܐ P 17² = BS 171 28
9 14 15 ῥάμνος ܐܛܕܐ P 14¹ = BS 171 31 32 33: M vocalisiert ܐܛܕܐ
9 16 ἀνταπόδομα ܦܘܪܥܢܐ P 40¹ = BS 171 35
9 21 ἀπέδρα ܥܪܩ P 38/39 = BS 172 3
9 21 siehe 4 17
9 23 ἀτεθεῖν ܢܒܓܕ P 20² = BS 172 6
9 27 χορός ܪܩܕܐ P 47¹ = BS 172 12
9 28 in marg [zu ܦܩܝܕܐ = ἐπίσκοπος] ܣܥܘܪܐ *episcopus*, *curator* P 33¹ > BS: vgl. M in der Widmung seiner Uebersetzung von Bar-Cepha's Buch über das Paradies (S. 389/90 38—40 des Abdrucks in Band I 2 der Amsterdamer Ausgabe der CS): »Savoro, hoc est, *curator* . . . Cui . . vocabulo, apto sane, Aquilas Ponticus etiam quos Graeci vocant *episcopos* solet subjicere«, wo Savoro (so!!) nur ܣܥܘܪܐ sein kann
9 33 ὀρθρίζειν ܐܩܕܡ P 42³: ܬܩܕܡ BS 172 21
9 38 ὃν ἐξουδένωσας ܕܐܫܛܬ ܒܗ P 3² = BS 172 29. ἐξουδενοῦν ܐܫܛ P 14²
9 48 [הַקַּרְדֻּמּוֹת] ܩܘܕܡܐ *securis* P 23¹: BS hat im Texte 173 8 ܢܪܓܐ, am Rande nichts
9 48 49 φορτίον ܛܥܢܐ P 11² = BS 173 3 5
11 3 λιτός ܣܦܝܩܐ P 48³ = BS 174 10
11 34 τύμπανον ܦܠܓܐ P 38³ = BS 175 20
11 34 χορός ܪܩܕܐ P 47¹ = BS 175 20
11 35 [ἐμπεποδοστάτηκας] ܥܘܩܐ *impedimentum* P 36¹ = BS 175 22
11 35 σκῶλον ܬܘܩܠܐ P 50³ = BS 175 22
12 6 σύνθημα ܡܫܘܕܥܘܬܐ P 48¹: ܡܫܘܕܥܘܬܐ BS 176 5
13 6 ἐπιφανής ܢܗܝܪܐ P 13¹: ܢܗܝܪ BS 176 26
13 15 16 βιάζεσθαι ܐܠܨ P 37¹: ܐܠܨܐ BS 177 3, ܐܠܨܢܝ 177 4. Vgl. Deut 19 3
14 6 διασπᾶν ܦܫܚ P 40³ = BS 177 26
14 8 συστροφή ܟܢܘܫܬܐ P 49³ = BS 177 29
14 9 ἕξις ܥܘܝܢܐ P 44¹ = BS 177 31
14 12 13 16 προβάλλειν ܐܪܡܝ P 33/34 = BS 177 33 37 178 3
14 12 13 σινδών ܣܕܝܢܐ P 23¹: ܣܕܝܢܐ BS 177 35 36
14 17 παρενοχλεῖν ܐܥܝܩ P 5¹ = BS 178 6
15 1 [ἀφῆκεν] ܐܪܦܝ P 47¹ = BS 178 14
15 5 δράγματα (M στάχυες nach a) ܦܩܐ P 23³ = BS 178 19
15 16 [ἐξαλείφων ἐξήλειψα] ܠܚܐ *delere* P 25¹ = BS 178 37
15 19 τραῦμα ܦܠܘܥܬܐ P 10³ = BS 179³
16 3 περὶ τὸ μεσονύκτιον ܐܟܠܐ ܦܠܓܗ ܕܠܠܝܐ (gedruckt ist ܦܠܓܗ ܕܠܠܝܐ) P 5³ = BS 179 9
16 9 στρέμμα oder κλῶσμα ܚܘܛܐ P 40³ = BS 179 19
16 13 14 ὑφαίνειν ܙܩܪ P 16¹ = BS 179 26 27 29
16 13 14 [τοῖχος] ܐܣܬܐ P 5³ = BS 179 27 28
16 14 ἔκτασις oder διάσμα ܡܬܝܚܘܬܐ P 29¹: ܡܬܝܚܐ BS 179 28, dagegen v. 9 ܗܘ ܕܡܬܚ, wo die Handschriften 𝔊s τοῦ ἀποτινάγματος oder στυππίου haben (Rördam retrovertiert τὸ ἐκτεταμένον)
16 17 ξυρόν ܡܣܦܪܐ P 26¹ = BS 179 34
16 17 19 22 [ἐξύρησε] ܓܪܥ P 11² = BS 179 35 180 1 6
16 25 παίζειν ܐܬܒܣܡ P 50² = BS 180 11
17 3 4 χωνευτόν ܢܣܝܟܐ P 30³ = BS 180 30 31
[1]8 7 σύγκρισις ܦܘܪܫܢܐ P 38² = BS 181 16
18 9 ὀκνεῖν ܚܒܠ P 25³ = BS 181 23
18 21 πανοικία (M παροικία nach ac) ܥܡ ܟܠܗ ܒܝܬܐ (gedruckt ist ܒܝܬܐ) P 22² = BS 182 4
19 1 2 9 10 24 25 27 29 παλλακή ܦܠܓܫܬܐ P 13² = BS 182 22 23 34 183 2 23 25 29 31
19 10 ἐπισεσαγμένοι ܡܛܥܢܝܢ P 29¹ = ܡܛܥܢܝܢ BS 183 2
19 11 ἡμέρα κεκλικυῖα ܝܘܡܐ ܢܦܠ P 46³ = BS 183 3
19 14 ἐχόμενα ܠܘܬ ܓܒܗ P 10³ = BS 183 7
19 26 τὸ πρωΐ ܒܨܦܪܐ P 25³ = BS 183 27
19 30 βουλή ܡܠܟܐ P 19² = BS 183 36
20 2 κλίμα ܦܢܝܬܐ P 9² = BS 183 38
20 16 ἀμφοτεροδέξιος ܝܡܝܢܝܐ oder ܝܡܝܢܝܐ P 10¹: ܝܡܝܢܝܐ BS 184 20
20 16 θρίξ ܣܥܪܬܐ P 27³ = BS 184 21
20 16 διαμαρτάνειν ܚܛܐ P 38¹ = BS 184 21
20 38 συνταγή ܫܘܕܥܐ P 43² = BS 185 14
20 38 πυρσός ܢܘܪܐ P 17² (im ersten Druck steht 17³ ܢܘܪܐ, im zweiten 17² ܢܘܪܐ, ܢܘܪܐ hat das Druckfehlerverzeichnis des ersten Drucks): ܢܘܪܐ BS 185 15
20 44 46 σὺν πᾶσι τούτοις (M οἱ πάντες οὗτοι nach a) ἄνδρες δυνατοί ܥܡ ܟܠܗܘܢ ܗܠܝܢ ܓܒܪܐ ܚܝܠܬܢܐ

Iudices

P 36² = BS 185 22/23 26: M sagt ausdrücklich »bis scriptum«

20 45 καλαμᾶσθαι ܚܨܕ P 8³ = BS 185 23

20 48 ἐξῆς ܚܠܝܦܐ ܚܠܝܦܐ P 4¹ = BS 185 28

Regnorum α

1 6 16 ἀθυμία ܡܥܩܬܐ P 43²

1 9 φλιά ܐܣܩܘܦܬܐ P 5³: M las die Pluralform ܐܣܩܘܦ̈ܬܐ und bildete dazu einen falschen Singular

1 18 κατάλυμα ܒܝܬ ܡܫܪܝܐ P 29¹

Da die nächsten Citate Ms aus Kap. 4 stammen, und er sie irrtümlich als noch aus Kap. 1 stammend anführt, werden in seiner Hds Kap. 2 3, der Schluß von Kap. 1 und der Anfang von Kap. 4 gefehlt haben

4 13 (M 1) σκοπεύειν ܕܩ P 13¹: vgl. Deut 18 10

4 13 (M 1) καρδία .. ἐξεστηκυῖα ܠܒܐ .. ܡܬܬܚܝܒ P 10³

4 18 (M 1) ἐμνήσθη ܐܬܕܟܪܬ P 35¹: M citiert »ὡς ἐμνήσθη τῆς κιβωτοῦ«

4 18 (M 1) συντρίβειν ܥܨܐ P 49¹: M gibt das Citat zu ܥܨܐ θλίβειν, aber θλίβειν kommt Regn α 1 4 nicht vor

5 3 (oder 6) βασανίζειν ܫܢܩ P 50²

5 4 καρπός ܦܐܪܘܬܐ P 23²: M las ܦܐܪ̈ܘܬܐ und bildete dazu einen falschen Singular

5 4 ἡ ῥάχις ܚܨܐ P 22³

5 5 ὑπερβαίνειν ܦܣܥ P 39²: gedruckt ist ܦܣܥ

5 6 μῦς ܥܟܒܪܐ P 35³

5 8 11 σατράπης ܣܛܪܛܝܓܐ P 32¹

6 1 ἐξέζεσε, Lucian ἐξέβρασε: »ܐܬܦܪܥ . . . ἐκζεῖν, quasi fervore quodam *ebullire*, atq. *edere* tamquam ampullas, *producere*, *profundere*, sicut ܦܠܛ, 1. Regū 6« P 20³, »ܦܠܛܐ . . . *ebullire*, *provomere* . . . 1. Reg. 6« P 11¹. Ms Hds hatte sowohl ܐܬܦܪܥ = ἐξέζεσε, als ܦܠܛܐ = ἐξέβρασε; welches der beiden im Texte, welches am Rande stand, bleibt dahin gestellt

6 3 4 8 17 βάσανος ܫܘܢܩܐ P 50²

6 5 ὁμοίωμα ܕܡܘܬܐ P 21¹

6 5 κουφίζειν ܐܩܠ P 53¹

6 7 10 ζεύγνυμι ܨܡܕ P 22²: M citiert »1. Regum 5. et 6«, aber in Kap. 5 kommt das Wort noch nicht vor

6 9 ἅψασθαι ܠܡܦܓܥ P 11³

6 9 σύμπτωμα ܦܓܥܐ P 9³: gedruckt ist ܦܘܓܥܐ, vgl. Deut 18 10

6 13 εὐφραίνεσθαι ܚܕܝ P 39²

Regnorum α

7 6 ὑδρεύεσθαι ܡܠܐ P 27¹

8 1 5 [ἐγήρασε, γεγήρακας] ܣܐܒ *senuit* P 31²

8 3 בֶּצַע συντέλεια ܡܣܬܘܓܠܢܘܬܐ P 32¹: Αθ ܐܥܠܘܒܘܬܐ (= πλεονεξία) P 36¹

8 12 [ἑκατοντάρχους] ܩܢܛܪܝ̈ܢܐ *centuriae* P 26²: gedruckt ist ܩܢܛܪܐ

9 2 εὐμεγέθης ܪܒ ܩܘܡܬܐ P 51¹

9 24 τὸ ὑπόλειμμα ܫܪܟܐ P 51²

9 24 ἀποκνίζειν ܓܪܡ P 11²

10 1 φακός ܫܠܩܝܬܐ P 38¹ ³

10 1 [ἐπέχεεν] ܢܣܟ *fundere, profundere* P 30³

10 3 ἐπέκεινα ܠܗܠ P 24³

10 5 ἀπαντᾶν ܦܓܥ P 38¹

10 5 נֵבֶל νάβλα ܐܢܒܠܐ P 6¹: in marg ܢܒܠܐ P 44³

10 5 τύμπανον ܦܠܓܐ P 38³

10 6 (10) ἐφάλλεσθαι ܐܬܢܚܬ P 10³

11 2 [ἐξορύξαι] ܣܪܓ oder ܣܪܓܐ *effodere* P 18³

11 7 ἔκστασις ܬܗܪܐ P 52²

11 9 11 διαθερμαίνειν ܚܡܡ P 48³

12 3 הַעֲלִים ܐܬܟܣܝ: nescio an non mendose ܒ, pro ܦ, sit scriptum P 8²

12 10 ἄλσος ܚܘܠܐ P 34¹

12 22 ἐπιεικής ܡܟܝܟܐ P 27¹

13 3 ἀθετεῖν ܐܛܠܡ P 20²

13 12 ἐνεκρατευσάμην ܐܬܚܣܢܬ P 17³

13 19 22 δόρυ ܡܘܪܓܝܐ P 43¹

13 20 χαλκεύειν ܢܦܚ P 43²

13 20 21 [ἀξίνη] ܚܨܝܢܐ *securis* P 23¹

14 11 τρώγλη ܢܩܪܐ P 19¹

14 14 κόχλακες ܡܠܐܟܐ P 43³

14 22 [συνάπτουσι] ܐܬܠܟܕܘ *coniungi* P 25¹

14 29 ἀπαλλάττειν ܢܦܩ P 45³

15 5 נַחַל ܢܚܠܐ P 45²

15 9 ἠτιμωμένον ܫܝܛܐ P 49¹

15 15 τὰ κράτιστα ܫܦܝܪܐ P 21¹

15 19 ὁρμᾶν ܣܥܪ P 33¹

15 27 διπλοΐς ܡܥܦܦܬܐ P 35³

15 32 τρέμειν ܪܬܬ P 47¹

16 7 ἕξις ܩܘܡܬܐ P 44¹

16 11 ἐκλείπειν ܐܝܟ ܦܣܩ P 3³

16 12 πυρράκης ܣܘܡܩܐ P 32³

16 23 ἀφίστατο ἀπ' αὐτοῦ ܗܘܐ ܪܚܝܩ ܡܢܗ P 50²

17 5¹ 5² 38 39 θώραξ ܫܪܝܢܐ ܫܪܝܢ P 9¹

17 6 45 ἀσπίς ܡܓܢܐ P 26¹

17 7 מְנוֹר ܢܘܠܐ P 23³

17 17 ἄλφιτον ܩܠܝܬܐ P 43³

17 18 τρυφαλίς ܓܒܢܬܐ P 17²

17 28 ὑπερηφανία ܫܘܒܗܪܐ P 51¹

Regnorum α

17 35 φάρυγξ ܓܓܪܬܐ P 9^3
17 40 βακτηρία ܚܘܛܪܬܐ P 26^2
17 46 κῶλον ܫܠܕܐ P 43^1
17 49 πατάσσω ܡܚܐ P 46^3: πατάσσειν kommt auch 17 9^1 9^2 25 26 27 35^1 35^2 36 50 57 vor, aber ܡܚܐ paßt nur zu 17 49
17 51 [κολεός] ܬܠܝܬܐ *vagina* P 17^3
18 4 μανδύας ܡܪܛܘܛܐ P 44^3
18 6 (7) χορεύειν ܐܪܩܕ P 36^3
18 6 κύμβαλα ܨܨܠܐ P 42^2
18 11 αἴρειν ܫܩܠ P 53^1
18 23 ταπεινός ܡܟܝܟܐ P 28^1
19 10 τοῖχος ܫܘܪܐ P 5^3
19 12 [θυρίς] ܟܘܬܐ *fenestra* P 22^3
19 13 16 κενοτάφια ܩܒܪܐ ܣܦܝܩܐ P 42^2
20 5 24 34 φαγεῖν ܠܡܐܟܠ P 25^2
20 5 δείλη ܪܡܫܐ P 39^1
20 11 μένειν ܩܘܝ P 24^1
20 30 ἀποκάλυψις ܓܠܝܢܐ P 40^1
20 34 ἐθραύστη ܐܬܥܝܩ P 10/11
21 4 5 oder 5 6 βέβηλος ܡܚܠܠܐ P 20^1 26^3
21 7 oder 8 ἡμίονος ܟܘܕܢܐ P 9^1
21 9 oder 10 ἐπωμίς ܟܬܦܝܬܐ P 22^1
21 13 oder 14 [προσεποιήσατο] ܐܫܬܢܝ P 5^3
21 13 oder 14 παραφέρεσθαι ܐܬܚܠܦ P 7^1
21 13 oder 14 πύλη ܬܪܥܐ P 28^2
21 13 oder 14 σίελον ܪܘܩܐ P 46^2
22 1 [ἀπηλλάγη] ܐܬܦܢܝ *declinare, recedere* P 9^3: ἀπηλλάγη hat A, die anderen Hss 𝔊s ἀπῆλθεν
22 10 ἐπισιτισμός ܙܘܕܐ P 15^2
23 14 15 18 19 24 αὐχμώδης ܡܚܪܒܐ *squalidus, siticulosus* P 22^3: in margine ܚܪܒ *macrum, squalidum, vastum esse.* fere ut חרב P $30^{1/2}$: M citiert beide Male Kap. 22
23 22 πανουργεύεσθαι ܢܟܠ P 42^1
23 23 ἐξερευνᾶν ܒܨܐ P 8/9
23 26 μέρος ܓܒܐ P $9^{2/3}$
23 26 σκεπάζεσθαι ܐܬܛܫܝ P 10^3
24 5 6 12 διπλοΐς ܦܪܓܘܕܐ P 40^1
24 8 [ἔπεισε] ܦܘܝܣܐ *persuasio* P 38^2
24 9 [ἔκυψε] ܐܬܟܦܦ *procumbere, inclinari* P 9^3
24 15 φύλλος (M φύλλη) ܦܪܥܘܫܐ P 38^2 40^3
24 22 ἀφανίζειν ܚܒܠ P 33^3
25 7 15 33 34 ἀποκωλύειν ܟܠܐ P 36^1
25 18 σταφίς ܥܢܒܐ P 6^1
25 20 σκέπη ܛܠܠܐ P 10^3
25 36 [μεθύων] ܪܘܐ *ebrium esse* P 46^1
26 4 [κατασκόπους] ܓܫܘܫܐ *exploratores* P 11^3
26 5 7 λαμπήνη ܡܪܟܒܬܐ P 44^3
26 12 θάμβος ܬܗܪܐ P 53^1
26 13 κορυφή ܪܝܫܐ P 45^1
26 20 νυκτικόραξ ܩܘܦܐ P 35^2
26 24 μεγαλύνεσθαι ܪܒܐ P 21^3
28 9 παγιδεύειν ܦܚܚ P 38^2
28 15 παρενοχλεῖν ܐܛܪܚ P 5^1
28 23 [παρα]βιάζεσθαι ܟܦ P 37^1: vgl. Iudic 13 15
29 4 ἀποστρέφεσθαι ܗܦܟ P 35^3
29 4 ἐπίβουλος ܡܟܡܢ (sprich ܡܟܡܢܐ) P 27^1
29 5 χορός ܙܡܪܐ P 10^1
30 6 θλίβειν ܥܨܐ P 49^1
30 8 καταλαμβάνεσθαι ܐܕܪܟ P 13^2
31 2 [συνάπτουσιν] ܐܬܚܒܪܘ *coniungi* P 25^1
31 3 τοξότης ܩܫܬܐ P 24^1

Regnorum β

1 10 χλιδών ܫܫܠܬܐ P 43^1
1 17 θρηνῶ ܐܠܐ P 4^3
1 17 θρῆνος ܐܠܝܬܐ P 4^3
1 22 ἀποστρέφεσθαι ܗܦܟ P 35^3
1 24 κόσμος ܨܒܘܬܐ P 41^2
2 23 φόα ܚܨܨܬܐ P $23^{2/3}$
2 26 νῖκος ܫܘܙܒܐ P 18/19
3 7 παλλακή ܦܠܓܫܐ P 13^2
3 8 ἐπιζητεῖν ܒܥܐ P 37^1
3 23 στρατιά ܡܫܪܝܬܐ P 38^3
3 30 διαπαρατηρεῖσθαι (M παρατηρεῖν) ܢܛܪ P 45^3
3 35 [περιδειπνῆσαι] ܐܫܡܫܬܐ *caena* P 19^3
3 35 δύνειν ܥܪܒ P 36^2
6 5 14 ἁρμόζεσθαι ܥܒܕ P 25^1
6 6 περισπᾶν ܢܕܐ P 31^2
6 7 προπέτεια ܡܪܗܒܘܬܐ P 28^3
6 13 ἄρνες ܐܡܪܐ ܐܡܪܐ P 5^1
6 14 16 ἀναχρούεσθαι (M ἀναχρούειν) ܢܩܫ P 31^2
6 14 [בַּד] ܒܘܨܐ *byssus* P 7^2: vgl. ܐܦܘܕܐ ܕܒܘܨܐ ܥ BE bei Field
6 16 διακόπτειν ܐܪܩܕ P 13^2
6 19 ἐσχαρίτης ܐܫܦܝܕܐ P 20^3
6 22 ἀχρεῖος ܠܐ ܢܨܝܚ P 19^2
7 8 μάνδρα ܕܝܪܐ P 12^3
7 23 ὁδηγεῖν ܕܒܪ P 13^3
8 1 [ἐτροπώσατο] ܙܟܐ *vincere* P 15^3
8 2 [κοιμίσας] ܐܫܟܒ *facere ut cubet aliquis* P 11^1
8 2 ξένια ܐܫܟܪܐ P 4^2
8 4 καταλαμβάνεσθαι ܐܕܪܟ P 13^2
8 7 χλιδών ܫܫܠܬܐ P 43^1
8 8 στύλος ܐܣܛܘܢܐ P 5^2
8 8 λουτήρ ܟܝܪܐ P 25^2

Regnorum β

8 18 σύμβουλος ܡܡܠܟܢܐ P 27^2

10 4 (M 9) [ἐξύρησε] ܓܪܥ *radere* P 11^2

10 4 (M 9) ἰσχίον ܓܪܡܐ P 11^1

10 5 (M 9) ἀτιμάζειν ܨܥܪ P 42^2

11 9 θύρα ܦܬܚܐ P 33^2: ܦ las πυλών, wie Lucian, nicht θύρα; daher kann auch nicht 11 23 gemeint sein, wo alle θύρα haben

11 15 (20) 23 πλήττεσθαι ܡܚܐ P 8^2

11 20 24 τοξεύειν ܫܕܐ P 24^1

12 3 4 6 ἀμνάς ܐܡܪܬܐ P 5^1, ܐܡܪܐ P 31^1: ܐܡܪܬܐ in v. 3 (ἀμνὰς μικρά)?

12 14 παροξύνειν ܐܪܓܙ P 19^1

12 19 ἐνόησε (M ἐννοεῖν nach a ἐννόησε) ܐܬܪܥܝ P 14^1

12 21 ἀγρυπνεῖν ܫܗܪ P 48^1

12 31 τρίβολος ܓܪܓܪܐ P 11^2

13 8 τὸ σταῖς (M ἡ σταίς) ܠܫܐ P 25^2

13 9 [κατεκένωσεν] ܣܦܩ *evacuare* P 33^2

13 29 ἡμίονος ܟܘܕܢܝܐ P 26^2

14 25 ἴχνος ܥܩܒܬܐ P 39^2

15 14 [ἐξώσῃ] ܕܚܝ oder ܕܚܐ *expellere* P 12^2

15 20 [μετακινήσω] ܙܝܥ *loco movere* P 16^1

15 34 διασκεδάζειν ܒܕܪ P 38^3

16 1 ζεῦγος ܙܘܓܐ P 15^2

16 13 πάσσειν ܪܣܣ P 27^2

17 8 [ἠτεκνωμένη] ܬܟܠ *carere*, *privari*, *orbari* P 10^2

17 10 τήκειν ܦܫܪ P 40^3

17 14 διασκεδάζειν ܒܕܪ P 38^3

19 24 oder 25 θεραπεύειν ܓܪܒ P 37^1

19 27 μεθοδεύειν ܐܬܢܟܠ P 20^2

19 44 (oder 43) Lucian ἀτιμάζειν ܨܥܪ P 42^2

20 8 ὀσφύς ܚܨܐ P $23^{2/3}$

20 12 φύρω (M φυρόω) ܦܚܠܠ P 39^1

20 15 πρόσχωμα ܣܘܪܐ P 13^2 26^1

21 6 9 13 14 ἐξηλίασε ܨܠܒ P $50^{1/2}$

21 10 καταπαῦσαι ܢܘܚ P 49^2

21 12 πλατεῖα ܦܠܛܝܐ P 39^1

21 16 19 δόρυ ܢܝܙܟܐ P 30^2

21 16 περιεζωσμένος ܚܝܨܐ P 17^1

21 20 [δάκτυλοι] ܨܒܥܬܐ P 41^2

22 12 ἀήρ ܐܐܪ P 3^1

22 16 πνοή ܢܫܡܬܐ P 29^1

22 41 νῶτον ܚܨܐ P 17^1

22 43 λεαίνω ܫܥܝܐ P 25^1

22 46 σφάλλειν ܚܠܓ P 20^3

23 4 φέγγος ܢܘܗܪܐ P 15^3

23 6 ἐξωθεῖν (M ἀπωθεῖν: dies steht an der zuerst citierten Stelle Iudic 6 [13]) ܕܚܐ P 12^2

Regnorum β

24 3 ἑκατονταπλάσιον ܡܐܐ ܥܦܐܝܢ P 37^1

24 16 παρακαλεῖσθαι ܐܬܦܝܣ P 20^1

24 17 ἠδίκησε ܐܥܘܠ P 35^2

24 24 ἄλλαγμα ܫܘܚܠܦܐ P 52^3

Regnorum γ

1 1 [זָקֵן πρεσβύτερος oder προσβύτης] ܣܒ *senex fuit* P 45^1 = BS 190 13

1 5 [מִתְנַשֵּׂא] ܐܬܪܘܪܒ *superbum*, et *elatum esse* P 51^1: ܡܬܪܘܪܒ BS 190^r 3 4

1 15 ταμεῖον ܬܘܢܐ P 52^2 = BS 191 5: aus der Citationsweise Ms könnte man schließen, daß in seiner Hds ܬܘܢܐ = ταμεῖα gestanden habe, aber ταμεῖα kommt in dem Kapitel nicht vor

1 16 [ἔκυψε] ܐܬܓܚܢ P 9^3 = BS 191 6

1 21 ἁμαρτωλοί ܚܛܝܐ P 38^1 = BS 191 13

1 33 38 44 ἡμίονος ܟܘܕܢܝܐ P 26^2 = BS 191 27 34 192 5

1 40^r ἠχεῖν ܙܥ P 15^3 > BS: Lucian hat ἤχησεν statt ἐρράγη

2 5 τάττειν ܛܟܣ P 19^2 = BS 192 27

2 26 κακουχεῖσθαι ܐܬܒܝܫ P 20/21 = BS 193 25

2^2 5 (M nach anderer Zählung 3: ich citiere hier und in den folgenden Kapiteln nach BS) κρήνη ܡܒܘܥܐ P 44^1 = BS 194 13

2^2 5 (M 3) ἐπάλξεις ܫܢܢܝܬܐ P 21^2 = BS 194^r 1 4 (Lagardes Hds): Lagarde schreibt ܫܢܢܝܬܐ, aber siehe PSmith 1611

2^2 8 (M 3) ἐπιστάτης ܡܥܕܪܢܐ P 43^2 = BS 194 17

3 2 3 θυμιᾶν ܒܣܡ P 36^1: ܒܣܡܝܢ BS 195 9, ܒܣܡܝܢ 195 12

3 21 κατενόησα αὐτόν ܐܬܒܩܝܬ ܒܗ P 9^1 = BS 196 5

5 2 (M 4 [22]) σεμίδαλις ܣܡܝܕܐ P 32^3 = BS 197 3

5 2 (M 4 [22]) κοπανίζω ܕܩ P 31^2 = BS 197 4

5 1 [ἀγαπῶν] ܪܚܡܐ *amicus*, *amasius* P 16^2 = BS 197 23

5 3 ἴχνος ܥܩܒܐ P 39^2 = BS 197 27

5 4 ἐπίβουλος ܢܟܝܠܐ P 27^1 = BS 197 28

5 8 πεύκινον ܕܦܩܘܢܐ P 38^2 = BS 197 36

5 9 σχεδία ܡܥܒܪܬܐ P 32^2 = BS 197 37

5 10 πεῦκαι ܦܩܘܢܐ P 38^2 = BS 198 2

6 5 μέλαθρα ܡܛܠܠܬܐ P 39^2 = BS 198 20

6 5 6 15 29 τοῖχος ܐܣܬܐ^{so} P 5^2 (vgl. ܐܣܬܐ P 5^3): ܐܣܬܐ BS 198 20 23 33 34, ܐܣܬܘܬܐ 199 15

6 5 6 8 15 πλευρά ܥܠܥܐ P 5^1 = BS 198 21 25 35

6 7 σφύρα ܐܪܙܦܬܐ P 6^2: ܐܪܙܦܬܐ BS 198 34

6 31 33 φλιά ܐܣܩܘܦܬܐ^{so} P 5^3: ܐܣܩܘܦܬܐ BS 199 17 19

6 33 ἀρχεῦθος ܕܪܘܬܐ P 37^3 = BS 199 19

6 37 [ἐθεμελίωσε] ܫܬܐܣ^{so} *fundare* P 49^1: ܫܬܐܣ BS 199 24

Regnorum γ

7 4 μέλαθρα ܦܩܠܛܐ P 39² = BS 199 31

7 4 χώρα ܐܬܪܐ P 22³ = BS 199 31

7 15 (M 6) κοίλωμα ܐܘܩܝܢܐ P 5¹ > BS

7 20 31 (M 6) κεφαλίς ܩܦܠܝܣ P 44² > BS

7 26 βλαστὸς κρίνου ܦܘܪܚܐ ܕܫܘܫܢܬܐ P 40² > BS

7 28 29 ἐξέχεσθαι ܢܦܩ P 29³ > BS

7 38 בַּת »ܒܬܐ [Field bessert in ܒܬܐ] . . . 3. Reg. 7. ubi in Hebraeo est בַּת. et Aquila Symmachusque βάτους verterunt. Complutenses vero et vulgati libri habent χόεις [so accentuiert M nach c]. Esse autem χόεις scribendum, ostenditur in margine Syri: cum notatur, quod χοῦς contineat octo ξέστας, hoc est, cyathos« P 29² > BS

7 40 45 θερμαστρεῖς ܬܪܡܣܛܪܐ: »Aquila *fuscinas*, id est, τριαίνας; Symmachus ἄγκιστρα, verterunt, quod in Hebraeo est הַיָּעִים« P 23¹ > BS: stammen die Angaben über ΑΣ auch aus Ms syrischer Hds?

7 40 45 50 φιάλη ܦܝܠܐ P 24² > BS

7 49 ἐπαρυστρίδες ܢܨܘܦܐ P 30³ > BS

7 50 [οἱ ἧλοι] ܙܘܓܐ *clavi* P 42² > BS

7 50 θυίσκη ܒܝܬ ܪܚܐ P 15¹ > BS

7 50 θυρώματα ܐܣܛܘܢܐ P 52¹ > BS: θυρώματα kommt auch 7 5 vor, aber da hat BS ܐܣܛܘܢܐ

8 2 65 ἑορτή ܥܐܕܐ P 34¹: 2 > BS, 65 ܥܐܕܐ BS 200 17

8 12 53 γνόφος ܥܡܛܢܐ P 36² > BS

8 23 25 36 58 61 πορεύεσθαι ܗܠܟ P 45² > BS

8 25 τέρψις ܦܘܪ[ܣ]ܐ P 39² > BS

8 31 ἐξαγορεύειν ܐܘܕܝ P 47/48 > BS

8 35 [συσχεθῆναι] »ܚܒܫ ex ordine geminantium, *unire, continere, cohibere*« P 16³ > BS: M leitete ܐܬܚܒܫ von ܚܒܫ, statt von ܐܬܚܒܫ ab: vgl. ܣ Luc 4 25 ܐܬܚܒܫܘ ܫܡܝܐ = ἐκλείσθη ὁ οὐρανός

8 37 ἐρυσίβη ܫܪܝܬܐ P 48² > BS

8 47 μετοικία ܫܒܝܬܐ ܡܫܢܝܘܬܐ P 17² > BS

8 56 διαφωνεῖν ܦܓ P 38¹ > BS

9 3r »ܐܘܦܠܣ est Graecum ὄφελος, *utilitas, fructus*. apud Patriarcham Severum, annotationibus 3. Re. 8« P 6¹: der größte Teil von Kap. 8 fehlt in BS, es läßt sich daher nicht controllieren, ob ܐܘܦܠܣ nicht auch in einer Anmerkung zu Kap. 8 vorgekommen ist; da sich jedoch das Wort BS 200r 3 1 in der Anmerkung zu 9 3 findet, so glaube ich, daß M es an eben dieser Stelle gefunden, und nur diese Anmerkung irrtümlich für noch zu Kap. 8 gehörig gehalten hat

Regnorum γ

9 27 ἐλαύνειν ܕܒܪ P 45³ = BS 201 33

10 16 17 ἐλαύνειν ܦܫܛ P 47³ = BS 202 22 23

10 22 πίθηκος ܩܘܦܐ P 9² = BS 202 33

10 26 [συνέλεξεν] ܟܢܫ *exigere* P 9² = BS 202 38

11 2 8 33 εἴδωλα ܦܬܟܪܐ P 41¹ = BS 203 12 20 204 24

11 24 σύστρεμμα ܟܢܫܐ P 10² = BS 204 10

12 11 14 [μάστιξ] ܡܢܓܕܐ P 29² = BS 205 22 27

13 25 θνησιμαῖον ܦܓܪܐ P 49³ = BS 207 28

13 26 28 συντρίβειν ܫܚܩ P 49¹: ܕܩܩ BS 207 30, ܬܒܪ 207 33

14 2 ἀλλοιοῦσθαι ܫܚܠܦ P 47³: ܐܫܬܚܠܦ BS 208 9

14 3 בַּקְבֻּק [στάμνος] ܩܘܠܬܐ P 43¹ = BS 208 11

14 10 ἐπιλέγειν ܓܒܐ P 8³ = ܓܒܝ BS 208 25

14 10 κόπρος ܙܒܠܐ P 31¹ = BS 208 25

14 15 λικμᾶν ܕܪܐ P 13² = BS 208 33

ܡܕܪܝܐ *ventilabrum* P 13² > BS: hat es am Rande von 14 15 gestanden?

14 23 σύσκιος ܡܛܠܠ oder ܡܛܠܠܐ P 34²: ܡܛܠܠܬܐ BS 209 13

15 13 κατάδυσις ܡܥܠܢܐ P 17¹ = BS 210 13

15 19 διασκεδάζειν ܒܕܪ P 38³ = BS 210 22

16 (9) 16 συστρέφεσθαι ܐܬܚܦܛ P 47³ = ܐܬܚܦܛ BS 211 (20) 30

16 12 ἐξολοθρεύειν (so M nach c: andere ἐπάταξεν oder ἐξέτριψεν) ܫܪܫ P 49¹ = BS 211 24

17 6 δείλη ܪܡܫܐ P 39¹ = BS 212 33

17 12 δράξ ܚܘܦܢܐ P 15²/³ = BS 213 2

17 12 14 16 κα(μ)ψάκης ܩܘܩܦܐ P 44² = BS 213 2 6 9

18 21 (M 17) ἰγνύα ܥܩܒܐ P 44² = BS 214 15

18 22 (M 17) μονώτατος ܒܠܚܘܕܝ P 48² = BS 214 17

18 26 (M 17) ἀκρόασις ܡܫܡܥܐ P 42² = BS 214 24

18 27 (M im ersten Druck 17, was jedoch in den »Addenda et Emendanda« corrigiert wird) χρηματίζει (M χρηματίζῃ nach a) αὐτός ܡܬܥܢܐ ܗܘ P 10²/³ = BS 214 26

18 30 κατασκάπτειν ܣܚܦ P 37² = BS 214 32

18 32 χωρεῖν ܚܕܩ P 37² = BS 214 34

18 34 ὑδρία ܓܪܒܐ P 43¹ = BS 215 1

18 44 ζεύγνυμι ܨܡܕ P 22² = BS 215 16

19 12 αὔρα ܢܫܡܐ P 29¹ = BS 216 5

19 12 λεπτός ܕܩܝܩܐ P 43² = BS 216 5

19 13 19 μηλωτή ܦܠܛܐ P 39³ = BS 216 6 17

20 11 κυρτός ܩܦܝܦܐ P 22³ = BS 217 4

20 12 χάραξ ܩܠܩܘܡܐ P 39² = BS 217 5

20 38 [κατεδήσατο] ܚܪܡ *obvincire* P 37¹ = BS 218 11

Regnorum γ

20 $_{38\ 41}$ τελαμών ܚܙܩܬܐ P 37^3 = BS 218 $_{12\ 16}$

21 $_2$ ἄλλαγμα ܫܘܚܠܦܐ P 52^3 = BS 218 $_{23}$

21 $_{13}$ ἀποστασία ܡܪܚܩܘܬܐ P 46^2 = BS 219 $_3$

21 $_{19}$ λείχω ܠܚܟ P 25^1 = BS 219 $_{12}$

21 $_{19}$ [λούσονται] ܣܚܐ *lavare* P 32^1 = BS 219 $_{13}$

21 $_{19^r}$ »Patriarcha Severus annotationibus in libros Regum opponit τὸ ܢܟܦܬܐ, τῷ ܙܢܝܬܐ, nimirum mulieres castas et pudicas impudicis meretricibus, cum ait, has esse lotas sanguine Achab; illas vero sanguine Christi. 3. Regum 21« P 30 $_3$ = BS 219^r 2 $_{4-6}$

22 $_{34}$ (M 23) εὐστόχως ܡܟܘܢܢܐܝܬ P 13^1 = BS 221 $_9$

22 $_{34}$ πνεύμων ܪܐܬܐ P 47^2 = BS 221 $_{10}$

22 $_{34}$ ἡνίοχος ܗܢܝܘܟܘܣ P 14^3 = BS 221 $_{10}$

22 $_{35}$ δύνειν ܛܡܥ P 36^2 = BS 221 $_{14}$

22 $_{38}$ κρήνη ܡܥܝܢܐ P 39^2 = BS 221 $_{16}$

22 $_{45}$ [εἰρήνευσεν] ܐܫܝܢ P 49$^{1/2}$ = BS 221 $_{24}$

22 $_{47}$ [ἐπέλεξεν] ܠܡܓܒܐ *auferre* P 9^2: ܓܒܐ BS 221 $_{27}$

Regnorum δ

1 $_2$ δικτυωτόν ܩܢܩܠܝܪܘܢ P 23^3: ܩܢܩܠܝܪܘܢ BS 222 $_5$

1 $_8$ ζώνη ܚܙܩܬܐ P 37^3 = BS 222 $_{17}$

2 $_{1\ 11}$ [סערה] A ܥܠܥܠܐ P 44^3 = BS 223^r 1 $_{11}$ 3 $_7$

2 $_{16}$ μήποτε ܠܡܐ ܡܟܝܠ P 25^2 = BS 224 $_8$

2 $_{17}$ αἰσχύνεσθαι ܐܬܒܗܬ P 22^3 = BS 224 $_{10}$

2 $_{19}$ ἀτεκνουμένη ܡܬܝܬܡܢܝܬܐ P 10^1: ܡܬܝܬܡܢܝܬܐ BS 224 $_{15}$, ܡܬܝܬܡܢܝܬܐ Lagardes Hds

2 $_{20}$ ὑδρίσκη ܩܘܠܬܐ P 43^1 = BS 224 $_{15}$: M ὑδρία nach a, aber das las ܩ nicht; das syrische Diminutiv entspricht dem griechischen

2 $_{24}$ ἀναρρηγνύειν ܦܪܐ P 40^3 = BS 224 $_{21}$

3 $_{11}$ [ἐπέχεε] ܢܣܟ *fundere* P 30^3 = BS 225 $_5$

3 $_{19}$ ἀχρειοῦν ܣܪܚ P 33^3 = BS 225 $_{16}$

3 $_{25}$ [καθηρημένους] ܣܚܦ *destruere*, *subvertere* P 32^1 = BS 225 $_{25}$

3 $_{27}$ μετάμελος ܡܬܬܘܝܢܘܬܐ P 52^2 = BS 225 $_{28}$

4 $_{16}$ περιλαμβάνειν ܚܒܩ P 37^1 = BS 226 $_{20}$

4 $_{29\ 31}$ βακτηρία ܚܘܛܪܐ P 47^3 = BS 226 $_{36}$ 227 $_{14}$

4 $_{34}$ ἐκοιμήθη ἐπὶ τὸ παιδάριον ܕܡܟ ܥܠ ܛܠܝܐ P 3^1 11^1 = BS 227 $_7$

4 $_{38-41}$ λέβης ܩܕܪܐ P 42^3 = BS 227 $_{16-21}$

4 $_{39}$ [פַּקֻּעֹת] ΑΣ ܩܪܐ *cucumis* P 44^3 = BS 227^r 1 $_8$

4 $_{42}$ [צִקְלֹן] Θ ܬܪܣܬܐ πήρα P 43^3 = BS 227 $_{23}$

5 $_1$ τεθαυμασμένος ܡܫܒܚ P 53^1 = BS 227 $_{26}$

5 $_1$ (Lucian) λεπρός ܓܪܒܐ P 11^2 = BS 227 $_{28}$

5 $_3$ ὄφελον ܛܘܒܝ P 24^3 = ܛܘܒܝ BS 227 $_{29}$
ὄφελον ܦܫܝܩ P 39^3: ܦܫܝܩܐ ܗܘܐ BS 227^r 3 $_3$

5 $_7$ προφασίζεσθαι ܐܬܥܠܠ P 36^1 = BS 228 $_2$

Regnorum δ

5 $_{11}$ θυμοῦσθαι ܐܬܚܡܬ P 17^3 = BS 228 $_7$

5 $_{23}$ θυλάκιον ܟܝܣܬܐ P 19^3 = BS 228 $_{27}$

6 $_{2\ 5}$ (M 5) δοκός ܩܪܝܬܐ P 44^3 = BS 229 $_{4\ 7}$

6 $_6$ ἐπιπολάζειν ܛܦ P 20^3 = ܛܦ BS 229 $_9$

6 $_{33}$ ὑπομένειν ܣܒܪ P 32^2 = BS 230 $_{17}$

7 $_{19}$ καταρράκτης ܩܛܪܩܛܐ P 43^2 = BS 231 $_{19}$

8 $_5$ ἐξηγεῖσθαι ܬܢܐ P 53^2 = BS 231 $_{27}$

8 $_{12}$ ὀχυρώματα ܚܣܢܐ P 18^2 = BS 232 $_{11}$

8 $_{12}$ [ἐνσείσεις oder ἐδαφιεῖς] ܛܪܦ *allidere ad terram* P 51^2 = ܛܪܦ BS 232 $_{12}$

8 $_{12}$ ἀναρρηγνύειν ܦܪܐ P 40^3 = BS 232 $_{12}$

9 $_{1\ 3}$ φακός ܦܟܐ P 38^3 = BS 233 $_{3\ 11}$

9 $_{11}$ in scholiis Severi Patriarchae ܠܒܐ *cor* P 8^2 = BS 233^r 3 $_5$

9 $_{11}$ »ܕܘܒܪܐ . . . τὸν τρόπον, *morem*, *indolem* et *ingenium* significat. 4. Regum 9. ubi in Graeco vulgato est ἀδολεσχία, ex Aquila sumptum vocabulum, cum LXXII. dixissent, τρόπον, ut Syrus convertit« P 47^1: ܘܕܘܒܪܗ = καὶ τὴν ἀδολεσχίαν αὐτοῦ BS 233 $_{22}$, ܘܕܘܒܪܗ ܕܝܠܗ ܗܘ ܡܫܬܥܝܢܘܬܐ BS 233^r 3 $_7$

9 $_{16}$ τόξευμα ܓܐܬܐ P 24^1 = BS 234 $_1$

9 $_{17}$ πύργος ܦܘܪܓܘܣܐ P 40^2 = BS 234 $_3$

9 $_{20}$ παραλλαγή ܫܘܚܠܦܐ P 4^3 = ܫܘܚܠܦܐ BS 234 $_9$

9 $_{33}$ ῥαντίζειν ܙܠܦ P 46^1: ܐܙܕܠܦ BS 234 $_{28}$

10 $_{27}$ [λοτρῶν] ܡܣܚܝܐ *balneum* P 32^1 = BS 236 $_9$: in P ist ܡܣܚܝܐ gedruckt

10 $_{34}$ σύναψις ܡܩܛܪܬܐ P 25^1 = BS 236 $_{18}$

14 $_9$ ἄκαν (M ἄκανθα) ܗܘܓܬܐ P 14^1 = BS 240 $_{2\ 3}$

14 $_{26}$ ἐσπανισμένον esse ܒܨܝܪ P 12^3: ܒܨܝܪܐ = ἐσπανισμένους BS 240 $_{27}$

14 $_{27}$ ἐξαλείφειν ܚܣܐ P 25^1 = BS 240 $_{28}$

15 $_{29}$ [ἀπῴκισεν] ܐܓܠܝ P 10^2: ܐܓܠܝ BS 242 $_1$

16 $_{10}$ (M 15) ῥυθμός ܡܫܘܚܬܐ P 25^1 = BS 242 $_{28}$

16 $_{13}$ σπένδω ܢܣܟ P 31^1 = BS 242 $_{32}$

16 $_{13\ 15}$ σπονδή ܢܣܟܐ P 31^1 = BS 242 $_{32}$ 243 $_2$

16 $_{17}$ λουτήρ ܡܣܚܝܬܐ P 47^3 = BS 243 $_5$

17 $_{11}$ χαράττειν ܚܪܛ P 19$^{1/2}$ = BS 243 $_{25}$

17 $_{14}$ νῶτος ܚܨܐ P 17^1 = BS 243 $_{29}$

17 $_{15}$ [ἀκριβασμός] ܚܬܝܬܘܬܐ P 19^3 = BS 244 $_1$

17 $_{20}$ σαλεύειν ܐܬܙܝܥ P 16^1 = BS 244 $_{10}$

18 $_8$ πύργος ܦܘܪܓܘܣܐ P 40^2 = BS 245 $_{25}$

18 $_{17}$ κολυμβήθρα ܡܥܡܘܕܝܬܐ P 36^2 = BS 246 $_4$

18 $_{27}$ [οὖρον] ܬܝܢܬܐ *urina* P 53^2 = BS 246 $_{20}$

18 $_{31}$ ἄμπελος ܓܦܬܐ P 34^1 = BS 246 $_{25}$

19 $_{23}$ μηρός ܚܠܨܐ P 35^3 = BS 247 $_{31}$: »est . . illic scribendum μηροῦ, pro μέρος, cum dicitur, εἰς ὕψος ὀρέων μηροῦ τοῦ λιβάνου« M = ܠܪܘܡܐ ܕܛܘܪܐ ܕܚܠܨܐ ܕܠܒܢܢ BS

Regnorum δ

19 26 βοτάνη ܚܡܪܐ P 37^2 = BS 247 36

19 28 στρῆνος ܐܣܛܪܝܢܘܣ P 5^3: ܐܣܛܪܝܢܘܣ BS 247 37

19 28 ἄγκιστρον ܚܟܘܪܐ P 8^2 = BS 248 1

19 29 [αὐτόματα] ܫܠܠܐ *quod sponte enascitur in agro* P 22^1 = BS 248 2

19 32 πρόσχωμα ܡܣܪܐ P 26^1 = BS 248 7

19 34 ὑπερασπίζειν ܐܣܦܪ P 34^1: ܐܣܦܪ (sprich ܐܣܦܪ) BS 248 7

20 13 ἄρωμα ܒܣܡܐ P 14^3 = BS 248 29

20 20 κρήνη ܡܒܘܥܐ P 44^1 = BS 249 9

20 20 ὑδραγωγός ܡܝܐ ܕܡܝܐ P 3^1: ܐܘܕܪܓܘܓ BS 249 10, dagegen 18 17 ܕܡܝܐ ܐܘܕܪܓܘܓ = ὑδραγωγός BS 246 8

21 6 (M 20) θεληταί ܪܓܝܓܬܐ P 15^3 = BS 249 18

21 12 ἠχεῖν ܪܢܡ P 15^3 = BS 249 29

21 13 ἐξαλείφειν ܡܚܐ P 25^1 = BS 249 30

22 19 ἐντρέπεσθαι ܐܬܒܗܬ P 22^3 = BS 251 1

23 8 στύλος ܐܣܛܘܠܐ P 5^2 = BS 251 9

23 8 10 13 16 μιαίνειν ܛܢܦ P 20^1 = BS 251 19 23 30 252 5

23 8 πόλη ܬܪܥܐ P 33^2 = BS 251 21

23 17 σκόπελος ܫܘܩܦܬܐ P 45^2 = BS 252 7

23 24 θεληταί ܪܓܝܓܬܐ P 15^3 = BS 252 18

23 33 ζημία ܚܣܪܢܐ P 18^2 = BS 253 4

23 35 [ἐτιμογράφησε] ܦܣܩ τίμημα P 39^2 = BS 253 7

24 14 16 συγκλείων ܡܣܟܪܢܐ P 25^1 = BS 253 30 32

25 4 [ἐρράγη] ܐܬܒܙܥ *disrumpi* P 53^3 = BS 254 8

25 15 τὰ πυρεῖα ܡܩܛܪܐ P 40^1 = ܡܩܛܪܐ BS 254 22

25 30 ἑστιατορία ܦܪܢܣܐ P 51^3 = BS 254 31

Esther

(citiert nach Lagardes Ausgabe von »Εσθηρ β«: in Klammern die Kapitelzahlen Ms)

3 18 (2) ὕψωσεν ܐܪܝܡ P 3^3

3 19 (2) θεραπεύειν ܐܫܡܫ P 30^1

3 20 (2) ἀγωγή ܕܒܪܐ P 12^1

3 21 (2) προάγομαι ܐܬܩܕܡܬ P 21^3

4 1 (3) ὕψωσεν ܐܪܝܡ P 3^3

4 10 (3) δακτύλιος ܥܙܩܬܐ P 35^3

4 13 (3) νεανίσκος ܥܠܝܡܐ P 21^2

4 15 (3) θράσος ܡܪܚܘܬܐ P 28^3

4 16 (3) διαπρέψας (c = διατρέψας a: Lag. διενέγκας) ܐܥܒܪ [ܥܒܪ] P 6^1 39^3

4 18 (3) οἶκτος ܪܚܡܬܐ P 52^3

5 14 (5) [ἐβασίλευσας] ܐܬܡܠܟܬ *dominari* P 47^2

5 23 (5) ἀγαλλίαμα ܪܘܙܐ P 46^1

5 27 (5) ὁρισμός ܬܚܘܡܐ P 52^3

5 34 (5) καταμήνιον ܦܘܪܢܐ P 23^3

5 35 (5) συμπόσιον ܡܫܬܝܐ P 38^2

5 37 (5) πονηρεύεσθαι (M πονηρεύειν) ܐܬܒܐܫ P 25^2

6 1 12 (6) θεραπεία ܬܫܡܫܬܐ P 27^3

6 8 (6) ἐρυθριᾶν (M ἐρυτριᾶν nach a) ܐܣܡܩ P 22^3

6 8 5 (6) ἀκμή ܚܝܠܬܐ P 35^3

6 8 (6) ἱλαρός ܦܨܝܚܐ P 39^3

6 13 18 (6) ἀξίωμα ܦܘܣܩܬܐ P 39^1

6 14 16 18 21 23 (6) δοχή ܦܘܩܠܐ P 42^3

6 19 (6) [ἐξανέστη] ܙܥ *movere se loco* P 47^1

7 4 oder 8 2 oder 8 5, nicht 7 5 7 8 (7) ܐܝܟ *qualis*, interrogative, ut sic dicam P 4^2

8 4 (7) διάβολος ܡܣܛܢܐ P 28^3

8 7 (7) συμπόσιον ܡܫܬܝܐ P 38^2

8 21 (8) ἀντίδικος ܒܥܠ ܕܝܢܐ P 8^3

8 23 (8) ἐπιχειρεῖν ܫܕܠ P 33^1

8 23 (8) μηχανᾶσθαι ܐܬܚܫܒ P 20^2

8 23 (8) εὐχαριστία ܦܘܩܠ ܛܝܒܘܬܐ P 42^3

8 25 (8) ἐκζητεῖν (M ἐπιζητεῖν) ܒܥܐ P 52^3

8 26 (8) ξενοῦσθαι (c: Lag. ἐπιξεν.) ܐܬܢܟܪ P 6/7

8 27 (8) [ἐπετήδευσεν] ܐܬܢܟܠ *per fraudem aliquid instituere, et conari* P 19^1

8 27 (8) [πολυπλόκοις] ܚܒܝܟܬܐ πλοκή P 37^2

8 31 37 (8) εὐφροσύνη ܚܕܘܬܐ P 8^3

8 33 (8) εὐωχία ܦܘܓܐ P 39^1

8 40 (9) τύραννος ܛܪܘܢܐ P 20^3

8 47 (M: »in Esther«) περίχωρος ܦܪܝܟܘܪܐ P 40^1

8 72 (10) γαμεῖν ܐܙܕܘܓ P 15^2

Iudith

(citiert nach Tischendorf)

1 12 [θάλασσαι] ܝܡܡܐ P 21^2

1 14 χορεύειν ܐܬܚܕܪ P 7^1

1 14 πλατεῖα ܦܠܛܝܬܐ P 39^1: M las ܦܠܛܝܬܐ und bildete dazu einen falschen Singular

1 15 κατακοντίζειν ܫܓܪ P 50^3

1 15 ζιβύνη ܪܘܡܚܐ P 15^1

2 2 θεράποντες ܡܫܡܫܢܐ P 27^3

2 2 μυστήριον ܐܪܙܐ P 6^2 45^1

2 17 ἡμίονος ܟܘܕܢܝܬܐ P 26^2

2 19 πορεία ܡܪܕܝܬܐ P 45^3

2 26 [σκήνωμα] ܡܛܠܬܐ *tugurium, habitatio* P 30^1

2 26 μάνδρα ܛܝܪܐ P 20^2

2 27 [ἐξελίκμησε] ܕܪܐ *conterere* P 13^2

2 27 νεανίσκος ܥܠܝܡܐ P 21^2

2 28 φόβος ܕܚܠܬܐ P 47^2

3 3 [σκηνή] ܡܛܠܬܐ *tugurium*, *habitatio* P 30^1

3 7 περίχωρος ܦܪܝܟܘܪܐ P 40^1

3 7 χορός ܓܘܫܐ P 47^1

4 3 5 προσφάτως ܦܪܝܣܐܝܬ P 51^2

4 5 (der zweite Druck hat »Iudic. 4« statt »Iu-

Iudith

dit. 4«: das t ist im ersten Drucke, wenigstens in dem Göttinger Exemplar desselben, verstümmelt und hat dadurch Aehnlichkeit mit einem c bekommen) παρασκευή ܛܘܝܒܐ P 38[1]

4 7 διακωλῦσαι ܟܠܐ P 51[2]

4 15 ܡܨܢܦܬܐ idem quod Graece κίδαρις, ut notatur in margine Iudith 4 P 28[2]

5 3 [τίνες] ܐܝܢܐ *quales* P 4[1]

5 4 κατεγνώσαντο ܐܬܚܝܒܘ P 3[1]

5 11 κατασοφίζεσθαι ܐܬܚܟܡ P 19[1]

6 1 καταπαύειν ܐܘܩܦ P 21[2]

7 14 22 πλατεῖα ܫܩܩܬܐ P 39[1]: vgl. zu 1 14

7 19 ὀλιγοψυχεῖν ܡܟܟ P 43[2]

7 21 μέτρον ܟܝܠܐ P 22[3]

7 30 (M 5) διακαρτερήσωμεν ܢܣܝܒܪ P 17[3]

8 4 [χηρεύουσα] ܪܡܠܘ *exercere viduitatem* P 46[3]

8 7 ὡραῖος ܫܦܝܪ P 38[1]

8 16 [ἐνεχυράζετε] ܡܡܫܟܢ *pignus capere* P 29[1]

8 17 ἀναμένειν ܣܟܪ P 24[1]

8 27 νουθεσία (ac: andere νουθέτησις) ܡܪܬܝܢܘܬܐ P 47[2]

8 31 τάχα (nach Parsons in 58 und Vet. Lat.) ܟܒܪ P 20[2]

9 7 γαυριᾶν ܫܒܗܪ P 19[3]

9 8 ῥάσσω ܫܚܩ P 8[3]

9 13 τραῦμα ܡܚܘܬܐ P 48[2]

10 3 μίτρα (M μήτρα nach c) ܡܨܢܦܬܐ P 28[2]

10 4 σανδάλια ܣܢܕܠܐ P 31[3]

10 4 χλιδῶνες ܫܒܝܪܐ P 6[1]

10 4 ψέλλιον ܫܒܝܪܐ P 43[1]

10 4 ἐνώτιον ܩܕܫܐ P 42[3]: M ܩܕܫܐ, vgl. Deut 18 10

10 5 ἀσκοπυτίνη ܙܩܐ P 16[1]

10 5 ἄλφιτον ܩܠܝܬܐ P 49[1]

10 5 [τυρός in Parsons' 19 108] ܓܒܬܐ *caseus* P 9[3]

10 10 [ἀπο]σκοπεύειν ܕܘܩ P 13[2]

10 14 κατενόησαν τὸ πρόσωπον αὐτῆς ܐܬܒܩܝܘ ܒܦܪܨܘܦܗ P 9[1]

10 18 συνδρομή ܡܪܗܛܐ P 45[3]

10 19 [καταφρονήσει] ܫܛܐ *contemnere* P 8[2]

10 19 κατασοφίζεσθαι ܐܬܚܟܡ P 19[1]

11 8 πανουργήματα ܢܟܝܠܘܬܐ P 42[1]

11 13 δαπανῆσαι ܦܪܢܣ P 20[2]

11 19 γρύζειν ܢܒܚ P 37[1]

11 23 ἀστεῖος ܦܪܝܫܐ P 39[3]

12 11 (M 11) πεῖσον ܦܝܣܐ ܦܝܣ P 38[2/3]

12 12 (M 11) αἰσχρόν ܨܥܪܐ P 49[2]

12 12 (M 11) ὁμιλεῖν ܐܬܡܠܠ P 36[3]: stand ܐܬܡܠܠ in der Hds?

12 12 (M 11) ἐπισπᾶσθαι (M ἐπισπᾶν) ܢܓܕ P 31[2]

12 13 (M 11) ὀκνεῖν ܚܡܠ P 25[3]

12 14 (M 11) σπεύδειν ܣܪܗܒ P 21[3]

12 15 (M 11) κώδιον ܦܪܘܬܐ P 39[3]

12 18 (M 11) γένεσις ܗܘܝܐ P 14[1]

14 1 ἐπάλξεις (𝔊 hat den Singular) ܫܘܪܐ P 21[2]

15 2 τρόμος ܪܬܝܬܐ P 47[2]

15 in margine [2 ἐκχυθέντες, 3 ἐξεχύθησαν, 4 ἐπεχύθωσι] ܐܫܬܦܟ *effundi* P 10[2]

15 11 ὁλκία (M ὅλκια nach ac) ܡܐܢܐ P 3[1]

15 11 σκευάσματα ܛܘܝܒܐ P 53[2]

15 12 χορός ܪܘܩܕܐ P 47[1]

15 12 θύρσος ܬܘܪܣܐ P 6[3]

16 12 κατακεντᾶν ܕܩܪ P 12[1]

16 12 τιτρώσκειν ܚܡܨ P 50[3]

16 15 κηρός ܫܥܘܬܐ P 42[3]

Tobias

(citiert nach L[agardes Ausgabe der »libri veteris testamenti apocryphi syriace«])

1 6 7 γεννήματα ܥܠܠܬܐ P 36[2] = L

1 7 θεραπεύειν ܦܠܚ P 30[1] = L

1 7 δαπανᾶν ܢܦܩ P 31[1]: ܢܦܩ L

1 13 ἀγοραστής ܙܒܘܢܐ P 15[1]: ܙܒܘܢܐ L: es muß natürlich ܙܒܘܢܐ heißen

1 14 [παρεθέμην] ܦܩܕܘܢܐ *depositum* P 11[1] = L

1 21 διοίκησις ܦܘܪܢܣܐ P 40[1] = L

2, 2 ὄψον ܬܒܫܝܠܐ P 20[3]: ܬܒܫܝܠܐ Walton, ܬܒܫܝܠܐ L, aber in der kritischen Note zieht L diese Aenderung als verfehlt zurück

2 2 ἐνδεής ܚܣܝܪ P 33[1] = L

2 6 θρῆνος ܐܘܠܝܬܐ P 3[2]: ܐܘܠܝܬܐ L

2 10 ἀφοδεύειν ܢܬܢ P 19[1]: ܢܬܢ L: zu lesen ist ܢܬܢ, vgl. PSmith 1233 3—5 1359 22—35

2 10 λευκώματα ܚܘܪܐ P 19[1] = L

2 10 ἰατρός ܐܣܝܐ[so] P 5[2]: ܐܣܝܐ L

2 11 ἐριθεύεσθαι (M ἐριθεύειν) ܥܒܕ P 8[1] = L

4 1 20 [παρέθετο, παρεθέμην] ܐܓܥܠ *commendare, fidei committere* P 11[1]: ܐܓܥܠ L

4 12 14 πρόσεχε σεαυτῷ ܙܕܗܪ ܠܟ ܒܪܝ P 18[3] = L

5 3 χειρόγραφον ܫܛܪܐ P 6[2] = L

5 7 ὑπομένειν ܣܝܒܪ P 17[3] = L

5 14 κοινῶς ܐܚܕܐܝܬ P 10[1] = L

6 6 [ὀπτήσαντες] ܛܘܐ *assare* P 20[1]: ܛܘܐ L

6 6 ὁδεύειν ܪܕܐ P 17[1] = L

6 8 ὀχλεῖν ܐܠܨ P 25[1] = L

6 15 οὐκ ἀδικεῖ οὐδένα ܠܐ ܡܥܠ ܠܐܢܫ P 30[2]: ܠܐ ܡܥܠ ܠܐܢܫ L

7 8 (M 6) προθύμως ܒܚܦܝܛܘܬܐ (gedruckt ist ܒܚܦܝܛܘܬܐ) P 17[1] = L

Masius' Handschrift enthielt, wie er in der Widmung seines Iosue 6 angibt, außer Iosue

> Iudicum historias et Regum: praeterea Paralipomena, Ezdram, Esther, Iudith: denique Tobiae, et Deuteronomii bonam partem.

Vorstehende Liste zeigt, daß er alle diese Bücher systematisch excerpiert hat mit Ausnahme der Paralipomena und des Ezdras.

In der Widmung seiner Uebersetzung von Bar-Cepha's Buch über das Paradies teilt Masius mit, daß die in seinem Besitz befindliche syrische Uebersetzung der Bücher der Regna am Rande hier und da Scholien habe, »brevissima quidem illa, sed peracuta plerumque et docta, quae Divi Severi Patriarchae titulum prae se ubique ferunt« [1]). Auch diese, die sich gleichfalls in den von Lagarde herausgegebenen Handschriften von Regn γ und δ finden, hat er für seine Sammlungen excerpiert: Regn γ 9_3 21_{19} δ 9_{11}. Bei anderen Büchern erwähnt Masius solche Scholien nicht: auch die Londoner Handschriften von Iosue und Iudices haben keine Scholien.

Masius' Handschrift enthielt außer den elf vollständigen zwei unvollständige Bücher. Diese, Deuteronomium und Tobias, müssen den Anfang und Schluß gebildet haben. Dazu stimmt, daß vom Deuteronomium der Anfang, von Tobias der Schluß fehlt. Das erste Citat stammt aus Deut 15_7, das letzte aus Tob 7_8. Daß durch diese Citate zugleich Anfang und Ende der Handschrift ziemlich genau bestimmt sind, ergibt sich mir aus folgenden Erwägungen.

Andreas Masius gibt zuweilen die Kapitel, welchen seine Citate entstammen, falsch an; so citiert er statt »Iudith 12« stets »Iudith 11«, statt »1. Reg. 4« stets »1. Reg. 1«. Solche Fehler lassen sich, soweit sie nicht einfache Schreib- oder Druckfehler sind, am leichtesten durch die Annahme erklären, daß Masius seiner Handschrift, um ihre Benutzung zu erleichtern, die Kapitelzahlen beigeschrieben hatte und dabei nicht immer ganz genau gewesen war, später aber, als er seine Excerpte machte, sich ganz auf jene Beischriften verließ und durch sie zuweilen zu falschen Angaben veranlaßt wurde. Insbesondere der zweite der beiden angeführten Fehler erklärt sich so sehr einfach: in der Handschrift war hier ein Blatt ausgefallen, welches den Schluß des ersten Kapitels, das zweite und dritte Kapitel, und den Anfang des vierten enthielt: Masius hatte den Beginn von Kap. 1 und 5 richtig notiert, aber versäumt zu bemerken, daß ein Blatt fehle und das neue Blatt mit dem so- und so-vielten Verse des vierten Kapitels beginne, und so kam er dazu, das auf dem neuen Blatte zuerst Stehende als auch noch aus Kap. 1 stammend zu citieren. Die Annahme, daß Masius so mit seiner Handschrift verfahren ist, ist ja auch an sich sehr wahrscheinlich: ich erinnere, um nur Ein Beispiel anzuführen, an die Beischriften, mit welchen Antonius Giggeius (Ceriani, Monumenta 7 1^1 Pescitto I 8^1) die beiden von Ceriani in Photolithographie herausgegebenen Mailänder Handschriften verziert hat. — Nun gibt Masius, während er sonst im Tobias überall richtig citiert, für das letzte Citat fälschlich »Tob. 6« statt »Tob. 7« an. Daraus folgt mir, daß von dem siebenten Kapitel nur noch ein Teil in seiner Handschrift stand, und er dadurch, als er seine Beischrift zum Anfang von Kap. 6 gemacht hatte, zu der Annahme verführt wurde, der Rest der Handschrift gehöre dem sechsten Kapitel an, und keine weitere Beischrift machte.

Folgt mir hier beim Schlusse aus dem Fehler im Citieren, daß das letzte Citat ungefähr mit dem Ende der Handschrift zusammenfällt, so folgt mir beim Anfange dasselbe aus der Genauigkeit des ersten Citats. Masius gibt für سرو oder سرز συσφίγγειν ganz gegen seine Gewohnheit auch den Vers an: »Deuter. 15. vers. 7«, während er dies gleich bei den folgenden Citaten nicht mehr thut. Daraus schließe ich, daß »Deuter. 15. vers. 7« in der Handschrift selbst, um ihren Anfang zu bezeichnen, vermerkt stand. Sollte aber auch dieser Schluß falsch sein, so kann doch der Text keinesfalls weit vor Deut 15_7 begonnen haben. Da die ersten Citate dicht auf einander folgen ($15_{7\ 9\ 11\ 13}$), so würde die Annahme allen Gesetzen der Wahrscheinlichkeit widersprechen, daß noch ein größeres Stück vorhergegangen sei, das Masius ganz unexcerpiert gelassen hätte.

1) Die Stelle, welche ganz nachgelesen zu werden verdient, steht in dem mir allein vorliegenden Abdrucke im zweiten Teile des ersten Bandes der Amsterdamer Critici Sacri 391 392_{24-42}.

Masius' Handschrift enthielt also

Deuteronomium von 15_7 (eventuell von einem der vorhergehenden Verse) an
Iosue
Iudices (wahrscheinlich ohne das Buch Ruth, das Masius weder nennt, noch citiert)
Regnorum α—δ (mit Scholien des Severus: zu α—δ, oder nur zu γ und δ?)
Paralipomenon α und β
Ezdras
Esther
Iudith
Tobias bis 7_8 oder etwas weiter (genauer, wie sich unten zeigen wird, bis 7_{11}),

wahrscheinlich in dieser Reihenfolge. Sie war am Anfange und Schlusse defekt. Ursprünglich hat sie jedenfalls mit der Genesis begonnen und mindestens bis zum Schlusse von Tobias gereicht.

Da sie mit der Mailänder hexaplarischen Handschrift zusammen gerade ein ganzes Altes Testament ausmacht, so ist seit Björnståhl (bei PJBruns in Eichhorns Repertorium 3 167 170/171) öfter vermutet worden, daß sie ursprünglich mit jener zusammengehört habe. Diese Vermutung glaube ich, soweit das in diesem Falle überhaupt möglich ist, zur Gewißheit erheben zu können.

In Masius' Handschrift fehlte Deut 26_9 ταύτην—28_{29} ἡμέρας καὶ οὐκ. Da dieser Defekt sich nicht weit vom Anfange der Handschrift fand, so ist anzunehmen, daß das Fehlende den Schluß der ersten erhaltenen Lage gebildet hatte, und daß sein Verlust durch den Verlust des Anfanges dieser Lage veranlaßt war. Das Fehlende nimmt im griechischen Texte bei Tischendorf 120½ Zeilen, bei Eß 5 Columnen —2 Zeilen ein, das vorher Erhaltene (von Deut 15_7 an gerechnet) bei Tischendorf 492½ Zeilen, bei Eß 20 Columnen + 11 Zeilen: daraus folgt, daß sich jenes zu diesem wie 1 : 4 verhielt. Nun spricht Masius von »aliquot paginae omissae«, aber ich bezweifle, daß mehr als Ein Blatt gefehlt hat. Denn wenn auch nur zwei Blätter gefehlt hätten, so hätte die Lage schon aus 12 Blättern (8 erhaltenen, 2 vorn und 2 hinten verlorenen) bestehn müssen; ein Blick in Wrights Katalog syrischer Handschriften lehrt aber, daß zwar zehnblättrige Lagen allgemein üblich waren, stärkere Lagen jedoch, zumal in alten Handschriften, nur ausnahmsweise vorkommen[1]). Ein größeres Format ist übrigens bei dieser Handschrift schon um ihres großen Umfanges willen wahrscheinlicher, als ein kleineres.

Ein zweiter Defekt fand sich, wie Masius zwar nicht ausdrücklich angibt, wie aber aus seinen Citaten hervorgeht, in Regn α 1—4. Die Lücke muß hinter κατάλυμα 1_{15} begonnen und vor σκοπεύων 4_{13} geendigt haben. 1_{19}—4_{12} nimmt bei Tischendorf 160 Zeilen, bei Eß 6 Columnen + 28 Zeilen ein. Nehmen wir an, daß hinter 1_{18} und vor 4_{13} noch mehrere Verse vorhanden waren, welche Masius nur nicht excerpiert hat, so ergibt sich, daß hier ungefähr ebenso viel fehlte, wie im Deuteronomium. Wahrscheinlich war also auch hier Ein Blatt ausgefallen[2]).

Als wahrscheinlicher Normalumfang eines Blattes der Handschrift ergibt sich hieraus: ca. 120 —125 Zeilen des Tischendorf'schen, ca. 5 Columnen des Eß'schen Textes.

Vergleichen wir hiermit den Umfang der Blätter der Mailänder Handschrift. Ich habe be-

1) Eine fünfzehnblättrige Lage findet sich in der von Lagarde in dieser Bibliothek edierten Handschrift Addit. 17103 (siehe oben S. 4), aber am Schlusse der Handschrift, weil man eine zu dünne Lage am Ende vermeiden wollte. — Aus der Annahme, daß in Masius' Handschrift nur Ein Blatt ausgefallen ist, folgt übrigens nicht, daß die defekte Lage ursprünglich aus nur 6 Blättern bestanden hat. Sie kann, wie die meisten Lagen alter Handschriften, aus 10 Blättern bestanden haben, von denen die ersten fünf und das letzte verloren giengen. Vgl. z. B. die eben erwähnte Handschrift Addit. 17103, in der nach Wright »a couple of leaves are wanting at the beginning, and one after fol. 5«: das »couple« wird hier, da die Lagen der Handschrift mit Ausnahme der letzten aus je 10 Blättern bestehn, = 4 sein.

2) Andere Lücken könnte man zwischen Regn β 17_{14} und 19_{24} und zwischen Regn δ 10_{34} und 14_9 vermuten, da Masius in beiden Fällen gegen seine Gewohnheit aus ca. 7 Columnen des Eß'schen Textes kein einziges Citat gibt.

liebige Blätter aus verschiedenen Teilen der Handschrift herausgegriffen, nur natürlich die stichisch geschriebenen Stücke unberücksichtigt gelassen.

Blatt	Inhalt	Umfang bei Tischendorf	Umfang bei Eß
111	Zachar 6 $_{15}$ διότι—11 $_{5}$ αὐτά	143½ Zeilen	5 Columnen + 49 Zeilen
121	Ierem 11 $_{9}$—14 $_{4}$ κεφαλήν	123½ Zeilen	5 Columnen + 4 Zeilen
165	Ezech 32 $_{2}$ θρῆνον—33 $_{30}$ ἀκούσωμεν	117½ Zeilen	5 Columnen — 10 Zeilen
182	Isai 29 $_{22}$ οὐδέ—32 $_{14}$ σπήλαια	112½ Zeilen	5 Columnen — 18½ Zeilen.

Die Mailänder Handschrift ist nicht ganz gleichmäßig geschrieben, der Durchschnittsumfang stimmt aber genau mit dem erschlossenen Durchschnittsumfange eines Blattes der Masius'schen Handschrift überein. Daraus folgt als so gut wie gewiß, daß beide Handschriften in der That ursprünglich als zwei Bände Einer Handschrift zusammengehörten.

Müssen wir hiernach den Verlust der Handschrift des Masius um so mehr bedauern, so wird der Nachweis nicht unwillkommen sein, daß uns ein Teil von ihr, wenn auch nur in Abschrift, erhalten ist.

Es ist bekannt, daß die auf uns gekommene syrische Uebersetzung des Tobias aus zwei Stücken verschiedener Herkunft, 1 $_{1}$—7 $_{11}$ und 7 $_{11}$—14 $_{15}$, zusammengesetzt ist. Der erste Teil wird in der Ueberschrift und einer Beischrift zu 7 $_{11}$ als »Septuaginta-Uebersetzung« bezeichnet. Hieraus und aus dem Charakter der Uebersetzung hat man als wahrscheinlich gefolgert, daß 1 $_{1}$—7 $_{11}$ der Uebersetzung Pauls von Tella angehöre: FField, Hexapla **1** lxviii^{r}: ThNöldeke in den Monatsberichten der Berliner Akademie der Wissenschaften 1879, 46. Field und Nöldeke haben es sich entgehn lassen, daß schon 1869 AMCeriani in »Le edizioni e i manoscritti delle versioni siriache del Vecchio Testamento« (in den Memorie del R. Istituto Lombardo **11** 2) S. 22 gesagt hatte:

> Che la prima parte di Tobia sia l'Esaplare, lo si vede confrontando le frequenti citazioni, che ha fatte di quella parte Masio dal suo codice Esaplare e si trovano nel suo *Syrorum Peculium.*

Was Ceriani damals ausgesprochen hat, ohne die Belege anzuführen, das kann aus meiner Liste jeder auf den ersten Blick ersehen [1].

Das letzte Citat des Masius stammt aus Tob 7 $_{8}$, und es ist oben gezeigt worden, daß die Handschrift wohl nicht viel weiter reichte. Hält man hiermit die in der Ussher'schen Handschrift (ZATW **9** 193—210) am Rande von Tob 7 $_{11}$ stehende, nicht von dem Schreiber dieser Handschrift, sondern von dem Zusammensteller unseres jetzigen Tobiastextes [2]) herstammende Notiz

ܕܡܛܠ ܕܥܘܗܕܢܐ ܡܢ ܝܘܢܝܐ ܡܫܠܡܢܐ ܐܫܟܚܢ. ܘܡܛܠܗ ܐܦ ܕܡܦܩܬܗ ܗܘܐ. ܠܐ ܐܫܟܚܢ ܗܪܟܐ.
ܘܫܪܟܐ ܡܢ ܝܘܢܝܐ ܐܚܪܢܐ ܐܝܟ ܕܢܫܠܡܘܢ...

zusammen, so wird man erkennen, wie richtig ENestle vermutet hat [3]), daß

> das Buch Tobit in dem verlorenen Codex des Masius . . . schon früh zufällig verstümmelt war, und daß alle noch vorhandenen Texte dieser syrischen Uebersetzung [von Tob 1 $_{1}$—7 $_{11}$] aus jenem Codex nach seiner Verstümmelung geflossen sind.

Auf die Bedeutung dieser Thatsache für die Geschichte des Textes der syrischen Apokryphen kann ich hier nicht eingehn. Ebenso wenig ist es möglich, über den Text der Handschrift des Masius und sein Verhältnis zu den sonst erhaltenen Resten der Uebersetzung Pauls von Tella zu sprechen, worüber sich übrigens jeder aus der mitgeteilten Liste bequem orientieren kann. Nur darauf sei noch besonders hingewiesen, daß die Handschrift des Masius offenbar manche Randnoten gehabt hat, welche den Londoner und Pariser Handschriften fehlen: Iosue 8 $_{29}$ Iudic 3 $_{15}$ 4 $_{9}$ 7 $_{5}$ 7 $_{8}$ 9 $_{28}$ Regn γ 1 $_{40}$, vgl. auch Iosue 12 $_{2}$ 22 $_{16}$ Iudic 9 $_{48}$ Regn γ 13 $_{26}$ 14 $_{15}$.

1) Für den syrischen Ezdras kann man einen solchen Beweis nicht liefern, da Masius seinen Ezdras leider nicht excerpiert hat.

2) Die vorhandenen Handschriften des syrischen Tobias haben, soweit genauer bekannt, sämtlich denselben zusammengesetzten Text, wie die Londoner Polyglotte (und Lagarde). Nöldeke MBAW 1879, 46^{r}.

3) Die Vermutung ist an die Oeffentlichkeit gebracht durch ThNöldeke MBAW 1879, 46^{r}. Vgl. aber auch ENestle in Herzogs Real-Encyklopädie ^{2} **15** 200.

4

9¹ | ܘܩܡ ܩܐܝܢ ܥܠ ܗܒܝܠ ܐܚܘܗܝ. ܘܩܛܠܗ ÷ ⁹ܘܐܡܪ ܡܪܝܐ ܐܠܗܐ ܠܩܐܝܢ ·ܐܝܟܐ ܐܝܬܘܗܝ
ܗܒܝܠ ܐܚܘܟ.·. : ܗܘ ܕܝܢ ܐܡܪ ·ܠܐ ܝܕܥ ܐܢܐ: ܕܠܡܐ ܢܛܘܪܗ ܕܐܚܘܝ ܐܝܬܝ ܐܢܐ.·. ÷
¹⁰ܘܐܡܪ ܐܠܗܐ ·ܡܢܐ ܥܒܕܬ ܗܕܐ.·. ܩܠܐ ܕܕܡܗ ܕܐܚܘܟ ܩܥܐ ܠܘܬܝ ܡܢ ܐܪܥܐ: ܡܢ
¹¹ܘܗܫܐ ܠܝܛ ܐܢܬ ܡܢ ܐܪܥܐ ܗܝ ܕܦܬܚܬ ܠܦܘܡܗ ܕܬܩܒܠ ܕܡܗ ܕܐܚܘܟ ܡܢ ܐܝܕܟ
ܕܝܠܟ: ¹²ܡܛܠ ܕܬܦܠܘܚ ܠܐܪܥܐ. ܘܠܐ ܬܘܣܦ ܠܡܬܠ ܠܟ ܚܝܠܗ ܕܝܠܗ: ܡܬܬܢܚ ܘܪܥܠ
ܬܗܘܐ ܥܠ ܐܪܥܐ ÷ ¹³ܘܐܡܪ ܩܐܝܢ ܠܘܬ ܡܪܝܐ ܐܠܗܐ ·ܪܒܐ ܗܘ ܥܘܠܝ ܕܝܠܝ ܡܢ ܗܝ ܕܐܫܬܒܩ:
¹⁴ܐܢ ܡܦܩ ܐܢܬ ܠܝ ܝܘܡܢܐ ܡܢ ܦܪܨܘܦܐ ܕܐܪܥܐ. ܘܡܢ ܦܪܨܘܦܟ ܕܝܠܟ ܐܬܛܫܐ. ܘܐܗܘܐ *ܡܬܬܢܚ
ܘܪܥܠ ܥܠ ܐܪܥܐ. ܘܢܗܘܐ ܕܟܠ ܡܢ ܕܡܫܟܚ ܠܝ. ܢܩܛܠܢܝ ÷ ¹⁵ܘܐܡܪ ܠܗ *ܡܪܝܐ ܐܠܗܐ ·ܠܐ
ܗܟܢܐ ܗܘܐ: ܟܠ ܡܢ ܕܩܛܠ ܠܩܐܝܢ. †ܫܒܥ ܡܬܬܒܥܢܘܬܐ ܢܫܪܐ ÷ ܘܣܡ **ܡܪܝܐ ܐܠܗܐ ܠܩܐܝܢ ܐܬܐ. ܕܠܐ
9² ܢܩܛܠܝܘܗܝ ܟܠ ܡܢ ܕܡܫܟܚ ܠܗ ÷ | ¹⁶ܢܦܩ ܕܝܢ ܩܐܝܢ ܡܢ ܦܪܨܘܦܗ ܕܐܠܗܐ. ܘܝܬܒ ܒܐܪܥܐ
*ܕܢܘܕ ܠܘܩܒܠ ܥܕܢ ÷ ¹⁷ܘܝܕܥ ܩܐܝܢ ܠܐܢܬܬܐ ܕܝܠܗ. ܘܒܛܢܬ ܘܝܠܕܬ ܠܚܢܘܟ: ܘܐܝܬܘܗܝ
ܗܘܐ ܒܢܐ ܡܕܝܢܬܐ. ܘܩܪܐ ܫܡܐ ܠܡܕܝܢܬܐ ܥܠ ܫܡܐ ܕܒܪܗ ܕܝܠܗ. ܚܢܘܟ ÷ ¹⁸ܐܬܝܠܕ ܕܝܢ
ܠܚܢܘܟ *ܥܝܪܕ. ܘܥܝܪܕ ܐܘܠܕ ܠܡܚܘܝܐܝܠ. ܘܡܚܘܝܐܝܠ ܐܘܠܕ ܠܡܬܘܫܐܠ. ܘܡܬܘܫܐܠ ܐܘܠܕ
ܠܠܡܟ ÷
¹⁹ܘܢܣܒ ܠܗ ܠܡܟ ܬܪܬܝܢ ܢܫܐ: ܫܡܗ ܕܚܕܐ ܥܕܐ. ܘܫܡܗ ܕܬܢܝܢܬܐ ܨܠܐ ÷ ²⁰ܘܝܠܕܬ ܥܕܐ
ܠܝܒܠ: ܗܢܐ ܐܝܬܘܗܝ ܗܘܐ ܐܒܐ ܕܥܡܪܝ ܒܡܫܟܢܐ.. ܕܡܪܥܝܢ ܒܥܝܪܐ: ²¹ܘܫܡܐ ܠܐܚܘܗܝ
ܝܘܒܠ: ܗܢܐ ܐܝܬܘܗܝ ܗܘܐ ܐܒܐ ܗܘ ܕܚܘܝ ܩܝܬܪܐ ܘܟܢܪܐ ÷ ²²ܨܠܐ ܕܝܢ ܐܦ ܗܝ ܝܠܕܬ. ܠܬܘܒܠ.
ܘܐܝܬܘܗܝ ܗܘܐ ܦܛܝܫ ܠܐܪܙܦܬܐ.. ܢܚܫܐ ܘܦܪܙܠܐ: ܚܬܗ ܕܝܢ ܕܬܘܒܠ. ܢܥܡܐ ÷ ²³ܐܡܪ ܕܝܢ
ܠܡܟ ܠܢܫܐ ܕܝܠܗ ·ܥܕܐ ܘܨܠܐ.. ܫܡܥܝܢ ܠܩܠܐ ܕܝܠܝ. ܢܫܐ ܕܠܡܟ.. ܨܘܬܝ ܠܡܠܐ ܕܝܠܝ: ܡܛܠ
10¹ ܕܓܒܪܐ | ܩܛܠܬ ܠܡܚܘܬܐ ܕܝܠܝ. ܘܛܠܝܐ ܠܫܘܚܠܦܬܐ ܠܝ ÷
²⁴ܡܛܠ *ܕܫܒܥܐ ܙܒܢܝܢ ܐܬܬܒܥܬ ܡܢ ܩܐܝܢ. ܡܢ ܕܝܢ ܠܡܟ ܫܒܥܝܢ ܘܫܒܥܐ ܫܒܥ ÷ ²⁵ܝܕܥ ܕܝܢ ܐܕܡ
ܠܚܘܐ ܐܢܬܬܐ ܕܝܠܗ. ܘܒܛܢܬ ܘܝܠܕܬ ܒܪܐ. ܘܩܪܬ ܫܡܗ ܕܝܠܗ ܫܝܬ ·ܟܕ ܐܡܪܐ
ܕ·ܐܩܝܡ ܓܝܪ ܠܝ ܐܠܗܐ ܙܪܥܐ ܐܚܪܢܐ. ܚܠܦ ܗܒܝܠ. ܗܘ ܕܩܛܠܗ ܩܐܝܢ ÷ ²⁶ܘܠܫܝܬ ܐܦ ܠܗ
ܐܬܝܠܕ ܒܪܐ. ܘܩܪܐ ܕܝܢ ܫܡܗ ܕܝܠܗ. ܐܢܘܫ: *ܗܢܐ ܣܒܪ ܠܡܩܪܐ ܫܡܗ †ܕܡܪܝܐ ܐܠܗܐ ÷

5

ܩܦܠܐܘ ܕ ÷

¹ܗܢܐ ܗܘ ܟܬܒܐ ܕܬܘܠܕܬܐ ܕܒܪܢܫܐ ÷ ܒܝܘܡܐ ܗܘ ܕܒܪܐ ܠܗ ܐܠܗܐ ܠܐܕܡ. ܐܝܟ ܨܠܡܐ ܕܐܠܗܐ
ܥܒܕܗ. ²ܕܟܪܐ ܘܢܩܒܬܐ ܥܒܕ ܐܢܘܢ ÷ ܘܒܪܟ ܐܢܘܢ. ܘܩܪܐ ܫܡܐ ܕܝܠܗܘܢ ܐܕܡ ܒܝܘܡܐ

11 ܘܗܫܐ serius scriptum

14 ܢܚ vocis ܡܬܬܢܚ et adnotatio margini inscripta unâ cum margine perierunt

15 ܫܒܥ

15 ܐ ܡܢ ܠܡܬܒܥܢܘܬܐ ܢܫܪܐ ÷ ܬܐ ܫܒܥܐ ܡܬܒܥܢܘܬܐ ܢܫܪܐ ÷ ܠ ܡܢ ܫܒܥܐ ܡܬܒܥܢܘܬܐ ܢܫܪܐ. ܗܘ ܕܢܫܪܐ. ubi quae Theodotionis sunt, me non certum legisse, et in liturâ scripta esse adnotavi

15 ܡܪܝܐ vocis ܡܪܝܐ cum margine periit

15 adnotatio ad ܡܪܝܐ alterum adscripta cum margine periit

15 ܢܐ vocis ܐܬܐ et ܚܝ vocis ܕܡܫܟܚܝܢ cum margine perierunt

16 ܡܢ ܕܢܘܕ ÷ ܠ ܕܡܬܛܪܕܐ

18 γαϊδαδ

22 vocis ܕܠܐ non superest nisi ܐ

23 ܟܕ vocis ܐܟܕ et ܫܡܥܝ vocis ܫܡܥܝܢ et ܨܘ̈ vocis ܨܘܬܝ perierunt

23 paginae 10¹ pars prior lectu difficilis

24 ܡܢ ܫܒܥܐ ܠܫܒܥܐ ܢܬܒܥ

26 ܡܢ ܫܒܥܐ ܕܫܒܥܐ ÷ ܗܝܕܝܢ ܐܫܬܪܝ ܠܡܩܪܐ ܗܘܐ ܕܗܢܐ ܗܘܐ ܕܡܪܝܐ. ubi quae Symmachi profero, Ceriano debeo: equidem legere non poteram

26 ܫܪܝ ܕܒ Cerianius rimatus est: equidem nihil videbam

o codex ܩܦ ni fallor, semper. ܩܦܠܐܘ ego posui hoc loco, et deinceps ponam

ܥܒܕ ܐܢܘܢ ܀ ³ܚܝܐ ܕܝܢ ܐܕܡ *ܬܠܬܝܢ ܘܡܐܬܝܢ ܫ̈ܢܝܢ. ܘܐܘܠܕ ܐܝܟ ܚܙܘܐ ܕܝܠܗ ܘܐܝܟ ܨܠܡܐ
ܕܝܠܗ. ܘܩܪܐ ܫܡܗ ܕܝܠܗ ܫܝܬ ܀ ⁴ܗܘܘ ܕܝܢ ܝܘ̈ܡܘܗܝ ܕܐܕܡ ܒܬܪ ܕܐܘܠܕ | ܠܫܝܬ. ܫܒܥܡܐܐ 10²
ܫ̈ܢܝܢ. ܘܐܘܠܕ ܒ̈ܢܝܐ ܘܒ̈ܢܬܐ: ⁵ܘܗܘܘ ܟܠܗܘܢ ܝܘ̈ܡܘܗܝ ܕܐܕܡ. ܗܠܝܢ ܕܚܝܐ. ܬܫܥܡܐܐ ܫ̈ܢܝܢ ܘܬܠܬܝܢ
ܫ̈ܢܝܢ. ܘܡܝܬ ܀ ⁶ܚܝܐ ܕܝܢ ܫܝܬ *ܚܡܫ ܘܡܐܬܝܢ ܫ̈ܢܝܢ. ܘܐܘܠܕ ܠܐܢܘܫ: ⁷ܘܚܝܐ ܫܝܬ ܒܬܪ
ܕܐܘܠܕܗ ܠܐܢܘܫ. ※ܫ̈ܢܝܢ↙ ܫܒܥ ܘܫܒܥܡܐܐ ܫ̈ܢܝܢ. ܘܐܘܠܕ ܒ̈ܢܝܐ ܘܒ̈ܢܬܐ ܀ ⁸ܘܗܘܘ ܟܠܗܘܢ ܝܘ̈ܡܘܗܝ
ܕܫܝܬ ܕܚܝܐ ※ܫ̈ܢܝܢ↙ ܬܪܬܥܣܪܐ ܘܬܫܥܡܐܐ ܫ̈ܢܝܢ. ܘܡܝܬ ܀ ‖ ⁹ܘܚܝܐ ܐܢܘܫ ܫ̈ܢܝܢ ܡܐܐ ܘܬܫܥܝܢ. ܘܐܘܠܕ
ܠܩܝܢܢ ܀ ¹⁰ܘܚܝܐ ܐܢܘܫ ܒܬܪ ܕܐܘܠܕܗ ܠܩܝܢܢ. ܚܡܫ ܘܥܣܪ ܫ̈ܢܝܢ ܘܫܒܥܡܐܐ ※ܫ̈ܢܝܢ↙. ܘܐܘܠܕ
ܒ̈ܢܝܐ ܘܒ̈ܢܬܐ ܀ ¹¹ܘܗܘܘ ܟܠܗܘܢ ܝܘ̈ܡܘܗܝ ܕܐܢܘܫ ※ܫ̈ܢܝܢ↙ ܚܡܫ ܘܬܫܥܡܐܐ ܫ̈ܢܝܢ. ܘܡܝܬ ܀
¹²ܚܝܐ ܕܝܢ ܩܝܢܢ ܫܒܥܝܢ ܘܡܐܐ ܫ̈ܢܝܢ. ܘܐܘܠܕ ܠܡܗܠܠܐܝܠ ܀ ¹³ܘܚܝܐ ܩܝܢܢ ܒܬܪ ܕܐܘܠܕܗ
ܠܡܗܠܠܐܝܠ. ܐܪܒܥܝܢ ܫ̈ܢܝܢ ܘܫܒܥܡܐܐ | ※ܫ̈ܢܝܢ↙. ܘܐܘܠܕ ܒ̈ܢܝܐ ܘܒ̈ܢܬܐ ܀ ¹⁴*ܘܗܘܘ ܗܟܝܠ 11¹
ܟܠܗܘܢ ܝܘ̈ܡܘܗܝ ܕܩܝܢܢ ܥܣܪ ܘܬܫܥܡܐܐ ܫ̈ܢܝܢ. ܘܡܝܬ ܀ ¹⁵ܘܚܝܐ ܡܗܠܠܐܝܠ ܚܡܫ ※ܫ̈ܢܝܢ↙
ܘܫܬܝܢ ܘܡܐܐ ܫ̈ܢܝܢ. ܘܐܘܠܕ ܠܝܪܕ ܀ ¹⁶ܘܚܝܐ ܡܗܠܠܐܝܠ ܒܬܪ ܕܐܘܠܕܗ ܠܝܪܕ. ܫ̈ܢܝܢ ܬܠܬܝܢ
ܘܫܒܥܡܐܐ ※ܫ̈ܢܝܢ↙. ܘܐܘܠܕ ܒ̈ܢܝܐ ܘܒ̈ܢܬܐ ܀ ¹⁷ܘܗܘܘ ܟܠܗܘܢ ܝܘ̈ܡܘܗܝ ܕܡܗܠܠܐܝܠ ܫ̈ܢܝܢ ܚܡܫ
ܘܬܫܥܝܢ ※ܫ̈ܢܝܢ↙ ܘܬܡܢܡܐܐ ※ܫ̈ܢܝܢ↙. ܘܡܝܬ ܀ ¹⁸ܘܚܝܐ ܝܪܕ ܬܪܬܝܢ ܘܫܬܝܢ ※ܫ̈ܢܝܢ↙ ܘܡܐܐ
※ܫ̈ܢܝܢ↙. ܘܐܘܠܕ ܠܚܢܘܟ ܀
ܠ ¹⁹ܘܚܝܐ ܝܪܕ ܒܬܪ ܕܐܘܠܕ ܠܚܢܘܟ. ܬܡܢܡܐܐ ܫ̈ܢܝܢ. ܘܐܘܠܕ ܒ̈ܢܝܐ ܘܒ̈ܢܬܐ ܀ ²⁰ܘܗܘܘ ܟܠܗܘܢ
ܝܘ̈ܡܘܗܝ ܕܝܪܕ ܬܪܬܝܢ ܘܫܬܝܢ ܫ̈ܢܝܢ ܘܬܫܥܡܐܐ ※ܫ̈ܢܝܢ↙. ܘܡܝܬ ܀ ²¹ܘܚܝܐ ܚܢܘܟ ܚܡܫ ܘܫܬܝܢ
ܘܡܐܐ ܫ̈ܢܝܢ. ܘܐܘܠܕ ܠܡܬܘܫܠܚ ܀ ²²*ܫܦܪ ܕܝܢ ܚܢܘܟ ܠܐܠܗܐ ܒܬܪ ܕܐܘܠܕܗ ܠܡܬܘܫܠܚ.
| ܡܐܬܝܢ ܫ̈ܢܝܢ. ܘܐܘܠܕ ܒ̈ܢܝܐ ܘܒ̈ܢܬܐ ܀ ²³ܘܗܘܘ ܟܠܗܘܢ ܝܘ̈ܡܘܗܝ ܕܚܢܘܟ ܚܡܫ ܘܫܬܝܢ ܫ̈ܢܝܢ 11²
ܘܬܠܬܡܐܐ ※ܫ̈ܢܝܢ↙ ܀ ²⁴*ܘܫܦܪ ܚܢܘܟ ܠܐܠܗܐ. ܘܠܐ ܡܫܬܟܚ ܗܘܐ: ܡܛܠ ܕܫܢܝܗ ܐܠܗܐ ܀
²⁵ܘܚܝܐ ܡܬܘܫܠܚ *ܫܒܥ ܘܫܬܝܢ ※ܫ̈ܢܝܢ↙ ܘܡܐܐ ܫ̈ܢܝܢ. ܘܐܘܠܕ ܠܠܡܟ ܀ ²⁶ܘܚܝܐ ܡܬܘܫܠܚ
ܒܬܪ ܕܐܘܠܕܗ ܠܠܡܟ. *ܬܪܬܝܢ ܘܬܡܢܝܢ ※ܫ̈ܢܝܢ↙ ܘܫܒܥܡܐܐ ܫܢܐ. ܘܐܘܠܕ ܒ̈ܢܝܐ ܘܒ̈ܢܬܐ ܀ ²⁷ܘܗܘܘ
ܟܠܗܘܢ ܝܘ̈ܡܘܗܝ ܕܡܬܘܫܠܚ ܬܫܥ ܘܫܬܝܢ ※ܫ̈ܢܝܢ↙ ܘܬܫܥܡܐܐ ܫ̈ܢܝܢ. ܘܡܝܬ ܀ ²⁸ܘܚܝܐ ܠܡܟ
ܬܡܢܝܢ ܘܬܡܢܐ ※ܫ̈ܢܝܢ↙ ܘܡܐܐ ܫ̈ܢܝܢ. ܘܐܘܠܕ ܒܪܐ. ²⁹ܘܩܪܐ ܫܡܗ ܕܝܠܗ ܢܘܚ. ܟܕ ܐܡܪ: ܗܢܐ
ܢܢܝܚܢ ܡܢ ܥܒ̈ܕܝܢ ܕܝܠܢ ܘܡܢ *ܥܡܠܐ ܕܐܝ̈ܕܝܢ ܕܝܠܢ. ܘܡܢ ܐܪܥܐ ܗܝ ܕܠܛܗ ܡܪܝܐ ܐܠܗܐ ܀ ³⁰ܘܚܝܐ
ܠܡܟ ܒܬܪ ܕܐܘܠܕܗ ܠܢܘܚ. ܚܡܫ ܘܫܬܝܢ ܫ̈ܢܝܢ ܘܚܡܫܡܐܐ ܫ̈ܢܝܢ. ܘܐܘܠܕ ܒ̈ܢܝܐ ܘܒ̈ܢܬܐ ܀ ³¹ܘܗܘܘ
| ܟܠܗܘܢ ܝܘ̈ܡܘܗܝ ܕܠܡܟ ܬܠܬ ܘܚܡܫܝܢ ܫ̈ܢܝܢ ܘܫܒܥܡܐܐ ※ܫ̈ܢܝܢ↙. ܘܡܝܬ ܀ ³²ܘܐܝܬܘܗܝ ܗܘܐ 12¹
ܢܘܚ ܒܪ ܫ̈ܢܝܢ ܚܡܫܡܐܐ. ܘܐܘܠܕ ܢܘܚ ܬܠܬܐ ܒ̈ܢܝܐ. ܠܫܝܡ .. ܠܚܡ .. ܠܝܦܬ ܀
6 ܣܒ ¹ܘܗܘܐ ܕܟܕ ܫܪܝܘ ܒ̈ܢܝܢܫܐ ܣܓܝܐܐ ܠܡܗܘܐ ܥܠ ܐܪܥܐ. ܘܒ̈ܢܬܐ ܐܬܝܠܕ ܠܗܘܢ. ²ܟܕ ܕܝܢ
ܚܙܘ *ܒ̈ܢܝܐ† ܕܐܠܗܐ ܠܒ̈ܢܬܐ ܕܒ̈ܢܝܢܫܐ ܕܫܦܝܪ̈ܢ ܐܢܝܢ. ܢܣܒܘ ܠܗܘܢ ܢܫ̈ܐ ܡܢ ܟܠܗܝܢ ܐܝܠܝܢ
ܕܓܒܘ ܀ ³ܘܐܡܪ ܡܪܝܐ ܐܠܗܐ ܠܐ ܬܥܡܪ ܪܘܚܝ ܒܗܠܝܢ ܒ̈ܢܝܢܫܐ ܗܠܝܢ ܠܥܠܡ. ܡܛܠ ܕܐܢܝܢ
ܒܣܪܐ: ܢܗܘܘܢ ܕܝܢ ܝܘ̈ܡܝܐ ܕܝܠܗܘܢ ܡܐܐ ܘܥܣܪܝܢ ܫ̈ܢܝܢ ܀ ⁴*ܓܢܒܪ̈ܐ† ܕܝܢ ܐܝܬܝܗܘܢ ܗܘܘ ܥܠ
ܐܪܥܐ ܒܝܘ̈ܡܬܐ ܗܢܘܢ. ܘܒܬܪ ܗܘ. ܐܝܟ ܕܥܠܘ ܗܘܘ ܒ̈ܢܝܐ ܕܐܠܗܐ ܠܘܬ ܒ̈ܢܬܐ ܕܐܢܫܐ. ܘܝܠܕܝ ܗܘܝ
ܠܗܘܢ: ܗܢܘܢ ܐܝܬܝܗܘܢ ܗܘܘ **ܓܢܒܪ̈ܐ. ܗܠܝܢ ܕܡܢ ܥܠܡ. ܒ̈ܢܝܢܫܐ ܡܫܡܗ̈ܐ ܀
ܢܗ | ⁵ܟܕ ܕܝܢ ܚܙܐ ܡܪܝܐ ܐܠܗܐ ܕܣܓܝܐܐ ܒܝܫܘܬܐ ܕܒ̈ܢܝܢܫܐ ܥܠ ܐܪܥܐ. ܘܟܠܢܫ ܡܬܚܫܒ ܒܠܒܗ 12²

3 indice ad ܘܡܐܬܝܢ posito ܗܠܝܢ ܕܥܒܪܢ ܘܡܐܬܝܢ ܘܬܠܬܝܢ
5 ܠܗ vocis ܬܫܥܡܐܐ laciniolâ chartae pergamenae apud Britannos adglutinatâ tectum
6 ܗܠܝܢ ܕܥܒܪܢ ܘܡܐܬܝܢ ܘܚܡܫ
14 ܘܗܘܘ ܟܠܗܘܢ ܝܘ̈ܡܘܗܝ ܕܩܝܢܢ
17 ܘܬܡܢܡܐܐ B¹??

22 ܡܢ ܐܠܗܐ: ܡܢ ܚܢܘܟ ܗܘܐ ܫܦܝܪ | ܡܫܬܦܪ ܗܘܐ
24 ܡܢ ܐܠܗܐ: ܡܢ ܚܢܘܟ ܗܘܐ ܫܦܝܪ | ܡܫܬܦܪ ܗܘܐ
25 ܗܠܝܢ ܕܥܒܪܢ ܘܡܐܬܝܢ ܘܚܡܫ ܘܫܬܝܢ ܫ̈ܢܝܢ
26 ܘܐܢܫ ܠܝ ܒܗܘ ܟܠܗ: ܗܠܝܢ ܕܥܒܪܢ ܬܪܬܝܢ ܘܬܡܢܡܐܐ ܫ̈ܢܝܢ

29 ܡܢ ܥܒ̈ܕܝܢ
2 ܒ̈ܢܝܐ ܕܐܠܗܐ: ܡܢ ܒ̈ܢܝܐ ܕܫܠܝܛܢܐ | ܒ̈ܢܝܐ ܕܐܠܗܐ
2 ܕܫܦܝܪ̈ܢ
4 ܢܦܝ̈ܠܐ: ܡܢ ܕܢܦܠܘ ܓܢܒܪ̈ܐ |
4 γιγαντες
4 ܫܠܝܛ̈ܢܐ: ܡܢ ܕܢܦܠܘ ܓܢܒܪ̈ܐ |

[illegible]

13[1] [illegible]

[illegible]

13[2] [illegible]

1 [illegible]

[illegible]

7 [illegible]

[illegible]

14[2] [illegible]

[illegible]

6 [illegible] |
7 [illegible] |
12 [illegible]
13 [illegible]
13 καιρος
13 [illegible] |
14 [illegible] |

15 [illegible]
16 [illegible] |
18 [illegible] |
19 quae ex [illegible] adscripta ad [illegible] erant, perierant
21 [illegible] in margine pr m: punctis et super [illegible] et super [illegible] proxime, in versu ineunte, adstans impositis transponere vocabula iubemur
22 1 [illegible]
3 med post [illegible] a librario [illegible] omissus, quem addidi post [illegible]
4 ετι γαρ
5 [illegible]

ܕܫܬܡܐܐ ܒܚܝܘܗܝ ܕܢܘܚ.. ܕܝܪܚܐ ܕܬܪܝܢ.. ܒܥܣܪܝܢ *ܘܫܒܥܐ ܒܝܪܚܐ: ܒܝܘܡܐ ܗܢܐ | ܐܬܒܙܥܘ 14[2]
ܟܠܗܘܢ ܡܒܘܥܐ ܕܬܗܘܡܐ *ܗܘ ܣܓܝܐܐ⸓. †ܘܡܪ̈ܙܒܐ ܕܫܡܝܐ ܐܬܦܬܚܘ. [12]ܘܗܘܐ ܡܛܪܐ ܥܠ ܐܪܥܐ
ܐܪܒܥܝܢ ܐܝܡܡܝܢ ܘܐܪܒܥܝܢ ܠܠܘܬܐ ܀ [13]ܒܝܘܡܐ ܗܢܐ ܥܠ ܢܘܚ.. ܫܝܡ ܚܡ ܝܦܬ ܒܢ̈ܝܐ ܕܢܘܚ..
ܘܐܢܬܬܗ ܕܢܘܚ ܘܬܠܬ ܢܫ̈ܐ ܕܒܢ̈ܘܗܝ ܥܡܗ ܠܩܒܘܬܐ. [14]*ܗܢܘܢ⸓ ܘܟܠܗܘܢ ܚܝ̈ܘܬܐ ܚܝܐ ܐܝܟ
ܓܢܣܗ̇ *ܕܝܠܗܘܢ⸓. ܘܟܠܗ̇ ܒܥܝܪܐ ܐܝܟ ܓܢܣܗ̇ *ܕܝܠܗ⸓. ܘܟܠ ܪܚܫܐ ܕܡܬܬܙܝܥ ܥܠ ܐܪܥܐ ܐܝܟ
ܓܢܣܗ̇ *ܕܝܠܗ⸓. ܘܟܠ ܦܪܚܬܐ ܐܝܟ ܓܢܣܗ̇ *ܕܝܠܗ.. ܟܠ ܦܪܚܬܐ ܟܠ ܓܦܢܐ⸓. [15]ܘܥܠܘ
ܠܘܬ ܢܘܚ ܠܩܒܘܬܐ.. ܬܪܝܢ ܬܪܝܢ ܡܢ ܟܠ ܒܣܪܐ ܗܘ ܕܐܝܬ ܒܗ ܪܘܚܐ ܕܚܝܐ ܀ [16]ܘܗܠܝܢ ܕܥܠܘ.
ܕܟܪܐ ܘܢܩܒܬܐ ܡܢ ܟܠ ܒܣܪܐ ܥܠܘ. ܐܝܟܢܐ ܕܦܩܕ ܠܗ ܠܢܘܚ ܐܠܗܐ: ܘܐܚܕ *ܡܪܝܐ ܐܠܗܐ ܡܢ ܠܒܪ ܬܪܥܗ
ܠܩܒܘܬܐ ܀ [17]ܘܗܘܐ ܛܘܦܢܐ ܐܪܒܥܝܢ ܐܝܡܡܝܢ ÷ ܘܐܪܒܥܝܢ ܠܠܘܬܐ⸓ ܥܠ ܐܪܥܐ. ܘܣܓܝܘ ܡܝܐ.
ܘܐܪܝܡܘܗ̇ ܠܩܒܘܬܐ. ܘܐܬܪܝܡܬ ܡܢ ܐܪܥܐ ܀ [18]ܘܥܫܢܘ | ܗܘܘ ܡܝܐ ܘܣܓܝܘ ܗܘܘ ܛܒ ܥܠ 15[1]
ܐܪܥܐ. ܘܡܬܗܠܟܐ ܗܘܬ ܩܒܘܬܐ ܠܥܠ ܡܢ ܡܝܐ ܀ [19]ܡܝܐ ܕܝܢ ܐܥܫܢܘ ܗܘܘ ܛܒ ܛܒ ܥܠ ܐܪܥܐ.
ܘܟܣܝܘ ܠܟܠܗܘܢ ܛܘܪ̈ܐ ܪ̈ܡܐ ܗܠܝܢ ܕܐܝܬܝܗܘܢ ܗܘܘ ܬܚܝܬ ܡܢ ܫܡܝܐ ܀ [20]ܚܡܫܬܥܣܪܐ ܐܡ̈ܝܢ ܡܢ
ܠܥܠ ܐܬܪܘܪܒܘ ܡܝܐ. ܘܟܣܝܘ ܟܠ ܟܠܗܘܢ⸓ ܠܛܘܪ̈ܐ. [21]ܘܡܝܬ ܟܠ ܒܣܪܐ ܕܪܚܫ ܥܠ ܐܪܥܐ.
ܕܦܪܚܬܐ ܘܕܒܥܝܪܐ ܘܕܚܝ̈ܘܬܐ ܕܝܠܗ̇. ܘܟܠ ܪܚܫܐ ܕܪܚܫ ܥܠ ܐܪܥܐ. ܘܟܠ ܒܪܢܫܐ. [22]ܘܟܠܗܘܢ
ܐܝܠܝܢ ܕܐܝܬ ܠܗܘܢ ܢܫܡܬܐ ܕܚܝܐ ܒܢܚܝܪܐ ܕܝܠܗܘܢ. ܘܟܠ ܐܝܢܐ ܕܐܝܬܘܗܝ ܗܘܐ ܥܠ ܐܪܥܐ. ܡܝܬ:
[23]ܘܥܛܐ ܠܟܠܗ ܩܝܡܐ ܗܘ ܕܐܝܬ ܗܘܐ ܥܠ ܦܪܨܘܦܐ ܕܟܠܗ̇ ܐܪܥܐ. ܡܢ ܒܪܢܫܐ ܥܕܡܐ ܠܒܥܝܪܐ
ܘܪܚܫܐ ܘܠܦܪܚܬܐ ܕܫܡܝܐ. ܘܐܬܥܛܝܘ ܡܢ ܐܪܥܐ. ܘܐܫܬܒܩ ܒܠܚܘܕܘܗܝ ܢܘܚ ܘܐܝܠܝܢ ܕܥܡܗ
ܒܩܒܘܬܐ ܀ [24]*ܘܐܬܥܫܢܘ ܡܝܐ ܥܠ ܐܪܥܐ ܡܐܐ ܘܚܡܫܝܢ ܝܘܡܝܢ ܀
[1]ܘܐܬܕܟܪ ܐܠܗܐ ܠܢܘܚ ܘܠܟܠܗܘܢ ܚܝ̈ܘܬܐ ܚܝܐ ܘܠܟܠܗܘܢ ܒܥܝܪܐ ܘܠܟܠܗ̇ ܦܪܚܬܐ ܘܠܟܠܗ̇ | 15[2] 8
ܪܚܫܐ ܐܝܠܝܢ ܕܐܝܬܝܗܘܢ ܗܘܘ ܥܡܗ ܒܩܒܘܬܐ ܀ *ܘܐܥܒܪ ܐܠܗܐ ܪܘܚܐ ܥܠ ܐܪܥܐ. †ܘܫܠܝܘ ܡܝܐ ܀
[2]*ܘܐܬܟܠܝܘ ܡܒܘܥܐ ܕܬܗܘܡܐ ܘܡܪ̈ܙܒܐ ܕܫܡܝܐ. ܘܐܬܟܠܝ ܡܛܪܐ ܡܢ ܫܡܝܐ. [3]ܘܢܦܩܝܢ ܗܘܘ
ܡܝܐ ܡܢ ܐܪܥܐ: ܟܕ ܐܙܠܝܢ. ܢܦܩܝܢ ܗܘܘ ܘܚܣܪܝܢ ܗܘܘ ܡܝܐ ܒܬܪ ܡܐܐ ܘܚܡܫܝܢ ܝܘܡܝܢ ܀ [4]ܘܝܬܒܬ
ܩܒܘܬܐ ܒܝܪܚܐ ܫܒܝܥܝܐ.. *ܒܥܣܪܝܢ ܘܫܒܥܐ ܒܝܪܚܐ.. ܥܠ ܛܘܪ̈ܐ †ܕܐܪܪܛ ܀ [5]ܡܝܐ ܕܝܢ ܐܙܠܝܢ ܗܘܘ
ܥܕܡܐ ܠܝܪܚܐ ܥܣܝܪܝܐ: ܒܝܪܚܐ ܕܝܢ ܥܣܝܪܝܐ.. ܒܚܕ ܒܝܪܚܐ.. ܐܬܚܙܝܘ ܪ̈ܫܝ ܛܘܪ̈ܐ ܀
[6]ܘܗܘܐ ܒܬܪ ܐܪܒܥܝܢ ܝܘܡܝܢ. ܦܬܚ ܢܘܚ ܟܘܬܐ ܕܩܒܘܬܐ ܗܝ ܕܥܒܕ. [7]ܘܫܕܪ ܠܥܘܪܒܐ. ܗܠ
⸓ܠܡܚܙܐ ܐܢ ܫܠܝܘ ܡܝܐ⸓: ܘܢܦܩ ܢܦܩ. ⸓ܘܠܐ⸓ ܗܦܟ. ܥܕܡܐ ܕܝܒܫܘ ܡܝܐ ܡܢ ܐܪܥܐ ܀
ܗܘ [8]ܘܫܕܪ ܝܘܢܐ ܒܬܪܗ. ܠܡܚܙܐ ܐܢ ܫܠܝܘ ܡܝܐ ܡܢ ܦܪܨܘܦܐ ܕܐܪܥܐ: [9]ܘܟܕ | ܠܐ ܐܫܟܚܬ ܝܘܢܐ 16[1]
ܢܝܚܐ ܠܪܓܠܐ ܕܝܠܗ̇. ܗܦܟܬ ܠܘܬܗ ܠܩܒܘܬܐ. ܡܛܠ ܕܡܝܐ ܐܝܬ ܗܘܘ ܥܠ ܟܠ ܦܪܨܘܦܐ ܕܟܠܗ̇
ܐܪܥܐ: ܘܟܕ ܦܫܛ ܐܝܕܗ ܕܝܠܗ. ܢܣܒܗ̇ ܘܐܥܠܗ̇ ܠܘܬܗ ܠܩܒܘܬܐ ܀ [10]ܘܟܕ ܩܘܝ ܬܘܒ ܫܒܥܐ
ܝܘܡܝܢ ܐܚܪ̈ܢܐ. ܬܘܒ ܫܕܪܗ̇ ܠܝܘܢܐ ܡܢ ܩܒܘܬܐ: [11]ܘܗܦܟܬ ܠܘܬܗ ܗܝ ܝܘܢܐ ܠܪ̈ܡܫܐ ܕܥܪܒܐ. ܘܐܝܬ
ܗܘܐ ܒܦܘܡܗ̇ ܛܪܦܐ ܕܙܝܬܐ *ܫܪܝܐ ܒܦܘܡܗ̇ ܕܝܠܗ̇ ܀ ܘܝܕܥ ܢܘܚ ܕܫܠܝܘ ܡܝܐ ܡܢ ܐܪܥܐ: [12]ܘܟܕ ܩܘܝ
ܬܘܒ ܫܒܥܐ ܝܘܡܝܢ ܐܚܪ̈ܢܐ. ܬܘܒ ܫܕܪܗ̇ ܠܝܘܢܐ. ܘܠܐ ܐܘܣܦܬ ܠܡܗܦܟ ܠܘܬܗ ܬܘܒ ܀ [13]ܘܗܘܐ
ܒܫܢܬܐ ܕܫܬܡܐܐ ܘܚܕ ܒܚܝܘܗܝ ܕܢܘܚ.. ܒܝܪܚܐ ܩܕܡܝܐ.. ܒܚܕ ܒܝܪܚܐ. ܫܠܝܘ ܡܝܐ ܡܢ ܦܪܨܘܦܐ
ܕܐܪܥܐ: ܘܓܠܐ ܢܘܚ *ܠܡܛܠܠܐ ܕܩܒܘܬܐ. ܘܚܙܐ ܕܫܠܝܘ ܡܝܐ ܡܢ ܦܪܨܘܦܐ ܕܐܪܥܐ ܀ [14]ܒܝܪܚܐ
ܕܝܢ ܬܪܝܢܐ.. ܒܥܣܪܝܢ ܘܫܒܥܐ ܒܝܪܚܐ.. ܝܒܫܬ ܐܪܥܐ ܀

11 ܗܠܝܢ ܕܫܢܬܐ ܚ
11 ܡܢ ܡܪ̈ܙܒܐ
14 vocis ܓܢܣܗ̇ ubi primum occurrit, elementum secundum legi nequit
14 post ܕܝܠܗ alterum nunc ⸓ legitur, sed in liturâ serius appositus. ante ܟܠ proximum (in codice in versu ineunte positum) ※ est, ex more repetitus, ne lector asterisci in mèdio versu praecedente positi oblivisceretur
16 ܒܟ ܦܩܕ
17 ܘܐܪܝܡܘܗ̇ B¹
20 ܠܟܠܗܘܢ ÷ omisso ⸓ B
22 ܕܝܠܗ B
24 ܘܐܬܥܫܢܘ ÷ ܡܢ ܘܐܬܥܫܢ |
1 ܡܢ ܘܐܬܕܟܪ |
1 ܘܐܬܟܠܝܘ ÷ ܠ ܘܣܝܘ |
2 ܘܐܬܟܠܝܘ |
4 ܗܠܝܢ ܕܫܢܬܐ ܒܥܣܪܝܢܘܫܒܥܐ
4 αραρατ
11 χαρπος
12 ܗ vocis ܠܡܗܦܟ > B¹, primâ manu addita
13 ܡܢ ܠܡܛܠܠܐ |

[illegible]

16² [illegible]

17¹ [illegible]

9 [illegible]

17² [illegible]

18¹ [illegible]

18² [illegible]

15 [illegible] legit Cerianius: ego nihil vidi nisi adfuisse quondam nescio quid

21 utroque loco [illegible]: membranam laceram esse non vidi: quae Cerianius legit, quo tempore ego ad codicem accedebam, non amplius comparebant. de [illegible] dubitabat C

22 [illegible] . index in codice ad [illegible] appositus

22 και εαρ

2 post [illegible] alterum in versu exeunte [illegible] [vel [illegible] C] additum est: num primâ manu, nescio

3 [illegible] evanuit

4 [illegible]

[illegible] ubi [illegible] alterum evanuit nunc

5 [illegible] legit Cerianius, nunc evanida

11 [illegible] prius evanuit

12 [illegible]

16 vocis [illegible] non superest nisi [illegible]

16 vocis [illegible] non superest nisi elementum ultimum

ܦܗ ¹⁸ ܐܠܝܢܘܢ ܗܘܘ ܕܝܢ ܒܢܝ̈ܐ ܕܢܘܚ. ܗܠܝܢ ܕܢܦܩܘ ܡܢ ܩܒܘܬܐ. ܫܝܡ ܘܚܡ ܘܝܦܬ ܀ ܚܡ ܐܝܬܘܗܝ
ܗܘܐ ܐܒܘܗܝ ܕܟܢܥܢ ܀ ¹⁹ ܬܠܬܝܗܘܢ ܗܠܝܢ ܐܝܬܝܗܘܢ ܒܢܝ̈ܐ ܕܢܘܚ: ܡܢ ܗܠܝܢ ܐܬܒܕܪܘ ܥܠ ܟܠ ܐܦܝ
ܐܪܥܐ ܀ ²⁰ ܘܫܪܝ ܢܘܚ ܓܒܪܐ ܦܠܚ ܐܪܥܐ ܘܢܨܒ ܟܪܡܐ ܀ ²¹ ܘܐܫܬܝ ܡܢ ܚܡܪܐ ܘܪܘܝ:
ܘܐܬܓܠܝ ܒܡܫܟܢܗ ܀ ²² ܘܚܙܐ ܚܡ ܐܒܘܗܝ ܕܟܢܥܢ *ܒܥܪܛܠܝܘܬܐ ܕܐܒܘܗܝ. ܘܢܦܩ
ܚܘܝ ܠܬܪܝܢ ܐܚܘܗܝ ܠܒܪ ܀ ²³ ܘܢܣܒܘ ܫܝܡ ܘܝܦܬ ܡܣܘܬܐ. ܘܣܡܘ ܥܠ
ܬܪܬܝܗܘܢ ܟܬܦܬܗܘܢ. ܘܐܙܠܘ ܠܒܣܬܪܗܘܢ. ܘܟܣܝܘ *ܥܪܛܠܝܘܬܐ ܕܐܒܘܗܝ.
*ܘܦܪܨܘܦܗܘܢ ܠܒܣܬܪܗܘܢ. ܘܥܪܛܠܝܘܬܐ ܕܐܒܘܗܝ ܠܐ ܚܙܘ ܀
ܦܘ ²⁴ ܘܐܬܥܝܪ ܕܝܢ ܢܘܚ ܡܢ ܚܡܪܗ *ܘܝܕܥ ܡܕܡ |

16

19¹ | ܘܗܘܐ *ܕܢܦܩ †ܡܪܝܐ ܘܠܐ ܥܒܕ: ܒܥܠܡܐ ܘܗܘܐ ܒܬܪ ܐܠܗܐ ܕܝܠܗ. ܐܝܟ ܕܗܘܐ ܒܪܐ ܡܢܗ ܀
ܐܠܝܢ ܕܝܢ ܐܒܪܗܡ ܒܫܘܒܚܗ ܕܡܪܝܐ: ³ ܘܢܦܩ ܡܢ ܐܬܪܗ ܘܐܒܪܗܡ ܒܥܝܢ ܡܕܝܢܬܐ ܐܠܗܐ ܕܝܠܗ:
ܒܬܪ *ܒܢܝ ܩܝܢܐ ܕܒܬܪ ܐܒܪܗܡ ܒܐܪܥܐ ܕܟܢܥܢ. ܘܐܬܓܠܝ ܠܐܒܪܗܡ ܒܚܙܘܐ ܕܝܠܗ ܐܠܗܐ ܠܗ.
⁴ ܘܟܠ ܒܝܬܐ ܗܘܐ. ܘܒܪܟܗ ܀ ܘܚܙܐ ܕܐܝܬ ܠܗ ܒܢܝܢܐ. ܘܐܬܐܡܪ ܡܢܐ *ܕܝܠܗ ܡܕܡ ܀
⁵ ܐܡܪܐ ܕܝܢ ܗܢܘܢ ܒܝܬ ܐܒܪܗܡ ܫܒܩܬ ܐܢܐ ܡܢܟ: ܐܢܐ ܝܗܒܬ ܠܐܡܬܐ ܕܝܠܝ ܒܚܘܒܟ ܕܝܠܝ: ܡܢ ܚܙܬ
ܕܝ ܕܒܛܢܬ ܐܝܬ ܒܗ. ܘܐܬܒܣܪܬ ܡܢܐ: ܢܕܘܢ ܐܠܗܐ ܒܝܢܝ ܠܟ ܘܒܝܢܟ ܀ ⁶ ܐܡܪ ܕܝܢ ܐܒܪܗܡ
ܠܘܬ ܫܪܝ ܗܐ ܐܡܬܟ ܕܝܠܟ ܒܐܝܕܝܟ. ܥܒܕܝ ܠܗ ܐܝܟ ܕܫܦܝܪ ܒܥܝܢܝܟܝ ܕܝܠܟܝ ܀ ܘܐܥܠܝܬܗ
ܠܗ ܫܪܝ: ܘܥܪܩܬ ܡܢ ܦܪܨܘܦܗ ܕܝܠܗ ܀
19² ܡܠ | ⁷ ܐܫܟܚܗ ܕܝܢ ܡܠܐܟܐ *ܕܡܪܝܐ ܥܠ ܡܒܘܥܐ ܕܡܝܐ ܒܡܕܒܪܐ .. ܥܠ ܡܒܘܥܐ ܕܒܐܘܪܚܐ ܕܫܘܪ ܀
⁸ ܘܐܡܪ ܠܗ ܡܠܐܟܐ *ܕܡܪܝܐ ܗܓܪ ܐܡܬܗ ܕܫܪܝ .. ܡܢ ܐܝܟܐ ܐܬܝܐ ܐܢܬܝ. ܘܠܐܝܟܐ ܐܙܠܐ ܐܢܬܝ ܀
ܘܐܡܪܐ ܡܢ ܦܪܨܘܦܐ ܕܫܪܝ ܡܪܬܝ ܕܝܠܝ ܐܢܐ ܥܪܩܐ ܐܢܐ ܀ ⁹ ܐܡܪ ܕܝܢ ܠܗ ܗܘ ܡܠܐܟܐ *ܕܡܪܝܐ ܗܦܘܟܝ
ܠܘܬ ܡܪܬܟܝ ܕܝܠܟܝ. ܘܐܬܡܟܟܝ ܬܚܝܬ ܐܝܕܝܗ ܕܝܠܗ ܀
ܡܒ ¹⁰ ܘܐܡܪ ܠܗ ܗܘ ܡܠܐܟܐ *ܕܡܪܝܐ ܡܣܓܝܘ ܐܣܓܐ ܙܪܥܐ ܕܝܠܟܝ. ܘܠܐ ܢܬܡܢܐ ܡܢ
ܣܘܓܐܗ ܀ ¹¹ ܘܐܡܪ ܠܗ ܗܘ ܡܠܐܟܐ *ܕܡܪܝܐ ܗܐ ܒܛܢܬܐ ܐܝܬ ܠܟܝ. ܘܬܠܕܝܢ ܒܪܐ. ܘܬܩܪܝܢ
ܫܡܗ ܕܝܠܗ ܐܝܫܡܥܐܝܠ: ܡܛܠ ܕܫܡܥ *ܡܪܝܐ ܠܫܥܒܕܘܬܐ ܕܝܠܟܝ: ¹² ܗܘܐ ܢܗܘܐ ܓܒܪܐ *ܒܪܐ
ܕܒܪܐ. ܐܝܕܗ ܕܝܠܗ ܥܠ ܟܠ. ܘܐܝܕܐ ܕܟܠ ܒܗ |

20

20¹ | *ܒܓܪܪ ܀ ² ܐܡܪ ܕܝܢ ܐܒܪܗܡ ܡܛܠ ܣܪܐ ܐܢܬܬܗ ܕܝܠܗ «ܚܬܐ ܕܝܠܝ ܐܝܬܝܗ»: ܕܚܠ ܓܝܪ
ܕܢܐܡܪ ܕܐܢܬܬܐ ܕܝܠܝ ܐܝܬܝܗ. ܕܠܡܐ ܢܩܛܠܘܢܢܝ ܗܠܝܢ ܓܒܪܐ ܕܡܕܝܢܬܐ ܡܛܠܬܗ
ܕܝܠܗ ܕܝܢ ܐܒܝܡܠܟ ܡܠܟܐ ܕܓܪܪ. ܘܢܣܒܗ ܠܣܪܐ ܀ ³ ܘܐܬܐ ܐܠܗܐ ܠܘܬ ܐܒܝܡܠܟ ܒܚܠܡܐ
ܕܠܠܝܐ. ܘܐܡܪ *ܠܗ «ܗܐ ܐܢܬ ܡܝܬ ܐܢܬ ܡܛܠ ܐܢܬܬܐ ܗܝ ܕܢܣܒܬ. ܗܝ ܕܝܢ ܐܝܬܝܗ ܒܥܝܠܐ ܒܥܠ
ܓܒܪܐ» ܀ ⁴ ܐܒܝܡܠܟ ܕܝܢ ܠܐ ܩܪܒ ܠܗ ܀ ܘܐܡܪ «*ܡܪܝܐ .. ܥܡܡܐ ܕܠܐ ܝܕܥ ܐܦ ܙܕܝܩܐ
ܬܘܒܕ ܐܢܬ ܀ ⁵ ܠܐ ܗܘܐ ܗܘ ܐܡܪ ܠܝ «ܚܬܐ ܕܝܠܝ ܐܝܬܝܗ» ܘܗܝ ܠܝ ܐܡܪܐ «ܐܚܐ ܕܝܠܝ ܐܝܬܘܗܝ» ܀
*ܒܠܒܐ ܕܟܝܐ ܘܒܕܟܝܘܬܐ ܕܐܝܕܝܐ ܥܒܕܬ ܗܕܐ» ܀ ⁶ ܐܡܪ ܕܝܢ ܠܗ ܐܠܗܐ ܒܚܠܡܐ «ܘܐܢܐ ܝܕܥܬ ܕܒܠܒܐ
20² ܕܟܝܐ ܥܒܕܬ ܗܕܐ. ܘܚܣܟܬ ܐܢܐ ܠܟ. ܕܠܐ ܬܚܛܐ | ܠܝ: ܡܛܠ ܗܕܐ ܠܐ ܫܒܩܬܟ ܠܡܩܪܒ
ܠܗ: ⁷ ܘܗܫܐ ܕܝܢ ܐܦܢܐ ܠܐܢܬܬܐ ܠܓܒܪܗ. ܡܛܠ ܕܢܒܝܐ ܐܝܬܘܗܝ. ܘܢܨܠܐ ܡܛܠܬܟ. ܘܬܚܐ:

22 ܐ ܡܢ ܠܒܣܬܪܗܘܢ
22 ܚ habet codex ante ܢܦܩ, quem ante ܚܘܝ posui ego. ܠ in codice omissum addidi
23 ܐ ܡܢ ܠ ܠܒܣܬܪܗܘܢ
23 ܘܦܪܨܘܦܗܘܢ ܕܝ ܕܐܒܘܗܝ ܘܟܣܝܘ ܟ
ܠܒܣܬܪܗܘܢ ܕܐܒܘܗܝ ܠܐ ܚܙܘ
23 non adest ܠ
24 ܕܝ ܢ: nunc evanuerunt
2 ܐ ܒܥܠܡܐ ܀ ܡܢ ܒܥܠܡܐ
2 7 9 ܡܪܝܐ
3 ܒܪ vocis ܕܐܒܪܗܡ, ܡ vocis ܐܡܬܐ, et ܢ vocis ܫܪܝ perierunt
3 ܒܥܝܢ
8 ܡܪܝܐ ܠ
8 ܘ vocis ܦܪܨܘܦܐ periit
10 ܡܪܝܐ
11 bis ܡܪܝܐ
12 ܐ. ܒܪܐ ܀ ܠ ܕܒܪܐ ܡܢ ܒܢܝܢܐ. super ܒ vocis ܒܪܐ punctum additum
1 εν γεραροις
2 ܒܪ vocis ܒܓܪܪ periit
4 ܡܪܝܐ
5 ܐ ܒܕܟܝܘܬܐ ܀ ܡܢ ܒܕܟܝܘܬܐ

[illegible] [8] [illegible]
[illegible]
[illegible] [9] [illegible]
[illegible]
[10] [illegible] [11] [illegible]
[illegible]
[illegible] [12] [illegible]

31

21¹ [illegible] [54] [illegible]
[illegible]
[55] [illegible]
[illegible]

32 [1] [illegible]
[illegible] [2] [illegible]
[illegible]

[illegible]

[3] [illegible] [4] [illegible]
[illegible]
[illegible] [5] [illegible]
21² [illegible] [6] [illegible]
[illegible]
[illegible] [7] [illegible]
[illegible] [8] [illegible]
[illegible] [9] [illegible]
[illegible]
[illegible] [10] [illegible]
[illegible] [11] [illegible]
[illegible]

36

22¹ [illegible]
[3] [illegible] [4] [illegible]
[illegible] [5] [illegible]
[illegible] [6] [illegible]
[illegible]
[illegible] [7] [illegible]
[illegible]
22² [illegible] [8] [illegible]
[illegible] [9] [illegible] [10] [illegible]

7 [illegible] vocabulorum [illegible] perierunt
8 vocis [illegible] sola [illegible] superstes
53 [illegible] periit

32 1m o numeri Lo periit
5 [illegible] vocabulorum [illegible] perierunt
7 [illegible]

11 [illegible] B, correxit ARahlfs
36 6 [illegible]
7 [illegible]

3⁴

ܫܡ̈ܗܐ ܕܒܢ̈ܝܐ ܕܥܣܘ: ܐܠܝܦܙ ܒܪܗ ܕܥܕܐ ܐܢܬܬܗ ܕܥܣܘ: ܪܥܘܐܝܠ ܒܪܗ ܕܒܣܡܬ ܐܢܬܬܗ ܕܥܣܘ܀
[11] ܘܗܘܘ ܒܢ̈ܝܗܘܢ ܕܐܠܝܦܙ. ܬܝܡܢ ܐܘܡܪ ܨܦܘ ܓܥܬܡ ܘܩܢܙ܀ [12] ܬܡܢܥ ܕܝܢ ܐܝܬܝܗ̇ ܗܘܬ
ܦܠܓܫܬܗ ܕܐܠܝܦܙ ܒܪܗ ܕܥܣܘ. ܘܝܠܕܬ ܠܗ ܠܐܠܝܦܙ ܠܥܡܠܩ܀ ܗܠܝܢ ܒܢ̈ܝܗ̇ ܕܥܕܐ ܐܢܬܬܗ ܕܥܣܘ܀
[13] ܘܗܠܝܢ ܒܢ̈ܝܐ ܕܪܥܘܐܝܠ. ܢܚܬ ܘܙܪܚ ܫܡܐ ܘܡܙܐ܀ ܗܠܝܢ ܗܘܘ ܒܢ̈ܝܐ ܕܒܣܡܬ
ܐܢܬܬܗ ܕܥܣܘ܀ [14] ܘܗܠܝܢ ܗܘܘ ܒܢ̈ܝܐ ܕܐܗܠܝܒܡܐ ܒܪܬ ܥܢܐ ܒܪܬ ܨܒܥܘܢ ܐܢܬܬܗ
ܕܥܣܘ: ܘܝܠܕܬ ܠܥܣܘ ܠܝܥܘܫ ܘܠܝܥܠܡ ܘܠܩܘܪܚ܀ [15] ܗܠܝܢ ܪ̈ܫܢܐ ܕܒܢ̈ܝܐ ܕܥܣܘ:
÷ *ܒܢ̈ܝܗܘܢ ܕܐܠܝܦܙ ܒܘܟܪܗ ܕܥܣܘ.⁄ ܪܫܢܐ ܬܝܡܢ. ܪܫܢܐ ܐܘܡܪ. ܪܫܢܐ ܨܦܘ. | 23[1]
ܪܫܢܐ ܩܢܙ. [16] ܪܫܢܐ ܩܘܪܚ. ܪܫܢܐ ܓܥܬܡ. ܪܫܢܐ ܥܡܠܩ: ܗܠܝܢ ܪ̈ܫܢܐ
ܕܐܠܝܦܙ ܒܐܪܥܐ ܕܐܕܘܡ. ܗܠܝܢ ܒܢ̈ܝܗ̇ ܕܥܕܐ܀ [17] ܘܗܠܝܢ ܒܢ̈ܝܐ ܕܪܥܘܐܝܠ ܒܪܗ ܕܥܣܘ. ܪܫܢܐ
ܢܚܬ. ܪܫܢܐ ܙܪܚ. ܪܫܢܐ ܫܡܐ. ܪܫܢܐ ܡܙܐ. ܗܠܝܢ ܪ̈ܫܢܐ ܕܪܥܘܐܝܠ ܒܐܪܥܐ ܕܐܕܘܡ.
ܗܠܝܢ ܒܢ̈ܝܐ ܕܒܣܡܬ ܐܢܬܬܗ ܕܥܣܘ܀ [18] ܘܗܠܝܢ ܒܢ̈ܝܐ ܕܐܗܠܝܒܡܐ ܐܢܬܬܗ ܕܥܣܘ: ܪܫܢܐ
ܝܥܘܫ. ܪܫܢܐ ܝܥܠܡ. ܪܫܢܐ ܩܘܪܚ: ܗܠܝܢ ܪ̈ܫܢܐ ܕܐܗܠܝܒܡܐ ※ܒܪܬܗ ܕܥܢܐ ܐܢܬܬܗ
※ܕܥܣܘ⁄܀ [19] ܗܠܝܢ ܒܢ̈ܝܐ ܕܥܣܘ. ܘܗܠܝܢ ܪ̈ܫܢܝܗܘܢ. ܗ̣ܘ ܐܕܘܡ ܒܢ̈ܝܐ ܕܐܕܘܡ܀
[20] ܗܠܝܢ ܒܢ̈ܝܐ ܕܣܥܝܪ ܚܘܪܝܐ | ܕܥܡܪ ܗܘܐ ܒܐܪܥܐ. ܠܘܛܢ ܫܘܒܠ ܨܒܥܘܢ ܥܢܐ [21] ܘܕܝܫܘܢ ܘܐܨܪ 23[2]
ܘܕܝܫܢ: ܗܠܝܢ ܪ̈ܫܢܐ ܕܚܘܪܝܐ ܒܢ̈ܝܐ ܕܣܥܝܪ ܒܐܪܥܐ ܕܐܕܘܡ܀ [22] ܘܗܘܘ ܒܢ̈ܝܐ ܕܠܘܛܢ ܚܘܪܝ
ܘܗܝܡܡ. ܚܬܗ ܕܝܢ ܕܠܘܛܢ ܬܡܢܥ܀ [23] ܘܗܠܝܢ ܒܢ̈ܝܐ ܕܫܘܒܠ: ܥܠܘܢ ܘܡܢܚܬ ܘܥܝܒܠ. ܫܦܘ
ܘܐܘܢܡ܀ [24] ܘܗܠܝܢ ܒܢ̈ܝܐ ܕܨܒܥܘܢ. *ܐܝܐ ܘܥܢܐ: ܗܘ ܥܢܐ ܕܐܫܟܚ ܝܡ̈ܡܐ ܒܡܕܒܪܐ. ܟܕ
ܪܥܐ ܗܘܐ *ܚܡ̈ܪܐ ܕܨܒܥܘܢ ܐܒܘܗܝ܀ [25] ܘܗܠܝܢ ܒܢ̈ܝܐ ܕܥܢܐ. ܕܝܫܘܢ ܘܐܗܠܝܒܡܐ ܒܪܬܗ ܕܥܢܐ܀
[26] ܘܗܠܝܢ ܒܢ̈ܝܐ ܕܕܝܫܘܢ. ܚܡܕܢ ܘܐܫܒܢ ܘܝܬܪܢ ܘܟܪܢ܀ [27] ܘܗܠܝܢ ܒܢ̈ܝܐ ܕܐܨܪ. ܒܠܗܢ ܘܙܥܘܢ
÷ ܘܥܩܢ⁄: [28] ܘܗܠܝܢ ܒܢ̈ܝܐ ܕܕܝܫܢ. ܥܘܨ ܘܐܪܢ܀ [29] ܗܠܝܢ ܪ̈ܫܢܐ ܕܚܘܪܝܐ: ܪܫܢܐ ܠܘܛܢ.
ܪܫܢܐ ܫܘܒܠ. ܪܫܢܐ ܨܒܥܘܢ. ܪܫܢܐ ܥܢܐ. [30] ܪܫܢܐ ܕܝܫܘܢ. ܪܫܢܐ ܐܨܪ. ܪܫܢܐ
ܕܝܫܢ: ܗܠܝܢ ܪ̈ܫܢܐ ܕܚܘܪܝܐ ܠܪ̈ܫܢܘܬܗܘܢ ܒܐܪܥܐ ܕܐܕܘܡ܀ [31] ܘܗܠܝܢ ܡܠܟ̈ܐ ܕܐܡܠܟܘ
ܒܐܪܥܐ | ܕܐܕܘܡ. ܩܕܡ ܕܢܡܠܟ ܡܠܟܐ ܠܒܢ̈ܝ ܐܝܣܪܝܠ܀ [32] ܘܐܡܠܟ ܒܐܕܘܡ ܒܠܥ ܒܪܗ ܕܒܥܘܪ. ܘܫܡܐ 24[1]
ܕܡܕܝܢܬܐ ܕܝܠܗ *ܕܢܗܒܐ܀ [33] ܘܡܝܬ ܒܠܥ. ܘܐܡܠܟ ܚܠܦܘܗܝ *ܝܘܒܒ ܒܪܗ ܕܙܪܚ ܡܢ ܒܨܪܐ܀
[34] ܘܡܝܬ ܝܘܒܒ. ܘܐܡܠܟ ܚܠܦܘܗܝ ܚܫܘܡ ܡܢ ܐܪܥܐ ܕܬܝܡܢܝܐ܀ [35] ܘܡܝܬ ܚܫܘܡ. ܘܐܡܠܟ
ܚܠܦܘܗܝ ܗܕܕ ܒܪܗ ܕܒܕܕ ܗܘ ܕܩܛܠ ܠܡܕܝܢ ܒܚܩܠܐ ܕܡܘܐܒ. ܘܫܡܐ ܕܡܕܝܢܬܐ ܕܝܠܗ ܥܘܝܬ܀
[36] ܘܡܝܬ ܗܕܕ. ܘܐܡܠܟ ܚܠܦܘܗܝ ܫܡܠܐ ܡܢ ܡܫܪܩܐ܀ [37] ܘܡܝܬ ܫܡܠܐ. ܘܐܡܠܟ
ܚܠܦܘܗܝ ܫܐܘܠ ܡܢ ܪܚܒܘܬ ܕܥܠ ܢܗܪܐ܀ [38] ܘܡܝܬ ܫܐܘܠ. ܘܐܡܠܟ ܚܠܦܘܗܝ ܒܥܠܚܢܢ
ܒܪܗ ܕܥܟܒܘܪ܀ [39] ܘܡܝܬ ܒܥܠܚܢܢ ܒܪܗ ܕܥܟܒܘܪ. ܘܐܡܠܟ ܚܠܦܘܗܝ ܗܕܕ ÷ ܒܪܗ ܕܒܕܕ⁄.
ܘܫܡܐ ܕܡܕܝܢܬܐ ܕܝܠܗ ܦܥܘ. ܘܫܡܐ ܕܐܢܬܬܗ ܡܗܝܛܒܐܝܠ ܒܪܬܗ ܕܡܛܪܕ ܒܪܬܗ ܕܡܝܙܗܒ܀ 24[2]
[40] ܗܠܝܢ ܫܡ̈ܗܐ ܕܪ̈ܫܢܐ ܕܥܣܘ ܠܫܪ̈ܒܬܐ ܕܝܠܗܘܢ.. ܠܐܬܪ̈ܐ ܕܝܠܗܘܢ.. ܒܫܡ̈ܗܝܗܘܢ ܕܝܠܗܘܢ..
ܒܐܬܪ̈ܘܬܗܘܢ ܘܒܫܡ̈ܗܝܗܘܢ ÷ ܕܝܠܗܘܢ⁄: ܪܫܢܐ ܬܡܢܥ. ܪܫܢܐ ܥܠܘܢ. ܪܫܢܐ ܝܬܬ.
[41] ܪܫܢܐ ܐܗܠܝܒܡܐ. ܪܫܢܐ ܐܝܠܐ. ܪܫܢܐ ܦܝܢܘܢ. [42] ܪܫܢܐ ܩܢܙ. ܪܫܢܐ
ܬܝܡܢ. ܪܫܢܐ ܡܒܨܪ. [43] ܪܫܢܐ ܡܓܕܝܐܝܠ. ܪܫܢܐ ܥܝܪܡ܀ ܗܠܝܢ ܪ̈ܫܢܐ ܕܐܕܘܡ
ܠܡܥܡܪ̈ܝܗܘܢ ܒܐܪܥܐ ܕܝܪܬܘܬܗܘܢ: ܗܢܘ ܥܣܘ ܐܒܐ ܕܐܕܘܡ܀

37 [1] ܥܡܪ ܗܘܐ ܕܝܢ ܝܥܩܘܒ ܒܐܪܥܐ ܗܝ ܕܬܘܬܒܘܬܐ ܕܐܒܘܗܝ. ܒܐܪܥܐ ܕܟܢܥܢ܀

15 ܘܐܠܝܦܙ ܒܘܟܪܗ ܕܥܣܘ ܪܫܢܐ ܬܝܡܢ. ܪ̈ܫܢܐ ܕܝܠܗܘܢ sequente versu uno qui legi nequit. ܘܐܠܝܦܙ ܒܘܟܪܗ Cerianium sequutus dedi: ipse nihil dinovi

23 litterae ultimae nominis ܐܘܢ v inscripta est

24 αιε

24 ὑποζυγια. sequitur ܪ̈ܓܠܐ, cui voci praemissus index videatur

26 super ܡ nominis ܚܡܕܢ v scripta

27 super ܒ nominis ܒܠܗܢ β scripta

28 30 super ܕ nominis ܕܝܫܢ ρ scripta

32 δενναβα

33 ܝܘܒܒ ܐܠܦܐ ܗܘ ܦܫܩܗ ܕܡܠܟܐ ܕܐܬܐ ܡܢ ܒܨܪܐ

34 ܕܬܝܡܢܝܐ B

ܡܥܠܠܗ ܟܕ܀ r

25^{1} ² ܗܠܝܢ ܕܝܢ ܬܘܠܕܬܐ ܕܝܥܩܘܒ܀ ܝܘܣܦ ܒܪ | ܫܒܥܣܪܐ ܫܢܝܢ ܐܝܬܘܗܝ ܗܘܐ܂ ܪܥܐ ܥܡ ܐܚ̈ܘܗܝ
ܕܝܠܗ. ܟܕ ܛܠܝܐ ܗܘܐ. ܥܡ ܒ̈ܢܝܐ ܕܒܠܗܐ ܘܥܡ ܒ̈ܢܝܐ ܕܙܠܦܐ ܢܫ̈ܐ ܕܐܒܐ ܕܝܠܗ܀ *ܐܝܬܝܘ ܕܝܢ ܝܘܣܦ
ܙܘܦܐ ܒܝܫܬܐ ܠܘܬ ܐܒܐ ܕܝܠܗܘܢ܀ ³ ܐܝܣܪܐܝܠ ܕܝܢ ܪܚܡ ܗܘܐ ܠܝܘܣܦ ܝܬܝܪ ܡܢ ܟܠܗܘܢ
ܒ̈ܢܝܐ ܕܝܠܗ. ܡܛܠ ܕܒܪܐ ܕܣܝܒܘܬܐ ܐܝܬܘܗܝ ܗܘܐ ܠܗ: ܥܒܕ ܕܝܢ ܠܗ ܟܘܬܝܢܐ *ܡܨܒܥܬܐ܀
⁴ ܟܕ ܚܙܘ ܕܝܢ ܐܚ̈ܐ ܕܝܠܗ. ܕܠܗ ܪܚܡ ܐܒܐ ܡܢ ܟܠܗܘܢ ܒ̈ܢܝܐ ܕܝܠܗ. ܣܢܐܘܗܝ. ܘܠܐ ܡܫܟܚܝܢ ܗܘܘ
ܠܡܡܠܠܘ ܥܡܗ ܘܠܐ ܡܕܡ ܡܫܝܢܐ܀ ⁵ ܟܕ ܚܠܡ ܕܝܢ ܝܘܣܦ ܚܠܡܐ. ܐܘܕܥ ܠܐܚ̈ܐ ܕܝܠܗ. ※ܘܐܘܣܦܘ
※ܬܘܒ ܠܡܣܢܝܘܬܗ↙܀ ⁶ ܘܐܡܪ ܠܗܘܢ ※ܫܡܥܘ ܚܠܡܐ ܗܢܐ ܗܘ ܕܚܠܡܬ: ⁷ ܣܒܪܐ ܗܘܝܬ ܠܟܘܢ
ܕܐܣܪܝܢ ܐܢܬܘܢ ܦܬ̈ܐ ܒܡܨܥܬ ܚܩܠܐ. ܘܩܡܬ ܦܬܐ ܕܝܠܝ ܘܐܬܬܪܝܨܬ: ܘܟܕ ܐܬܦܢܝܘ ܗܘܝ ܦܬ̈ܐ
ܕܝܠܟܘܢ. ܣܓܕܝܢ ܠܦܬܐ | ܕܝܠܝ܀ ⁸ ܐܡܪܘ ܕܝܢ ܠܗ ܐܚ̈ܘܗܝ ※ܕܡܠܟܘ ܡܡܠܟ ܐܢܬ 25^{2}
ܥܠܝܢ∴ ܐܘ ܡܫܠܛܘ ܡܫܠܛ ܐܢܬ ܒܢ∴: ܘܐܘܣܦܘ ܬܘܒ ܠܡܣܢܝܘܬܗ ܡܛܠ ܚܠܡ̈ܘܗܝ ܘܡܛܠ
ܡ̈ܠܐ ܕܝܠܗ܀ ⁹ ܚܙܐ ܕܝܢ ܚܠܡܐ ܐܚܪܢܐ. ܘܐܫܬܥܝܗ ÷ ܠܐܒܘܗܝ ↙ ÷ ܘ↙ܠܐܚ̈ܐ ܕܝܠܗ. ܘܐܡܪ ※ܗܐ
ܚܠܡܬ ܚܠܡܐ ܐܚܪܢܐ. ܐܝܟ ܗܠ ܕܫܡܫܐ ܘܣܗܪܐ ܘܚܕܥܣܪ ܟܘܟ̈ܒܐ ܣܓܕܝܢ ܗܘܘ ܠܝ܀
¹⁰ ※ܘܐܫܬܥܝܗ ܠܐܒܘܗܝ ܘܠܐܚ̈ܐ ܕܝܠܗ↙: ܘܟܐܐ ܒܗ ܐܒܘܗܝ ܘܐܡܪ ܠܗ ※ܡܢܘ ܚܠܡܐ ܗܢܐ
ܕܚܠܡܬ∴ ܐܬܐ ܟܕ ܐܬܝܢ ܢܐܬܐ ܐܢܐ ܘܐܡܟ ܘܐܚ̈ܝܟ ܕܢܣܓܘܕ ܠܟ ܥܠ ܐܪܥܐ∴܀ ¹¹ ܛܢܘ
ܕܝܢ ܒܗ ܐܚ̈ܐ ܕܝܠܗ. ܐܒܐ ܕܝܢ ܕܝܠܗ ܢܛܪܗ ܠܡܠܬܐ܀ ¹² ܐܙܠܘ ܕܝܢ ܐܚ̈ܐ ܕܝܠܗ ܠܡܪܥܐ ܠܥܢ̈ܐ ܕܐܒܐ
ܕܝܠܗܘܢ ܒܫܟܝܡ܀ ¹³ ܘܐܡܪ ܐܝܣܪܐܝܠ ܠܘܬ ܝܘܣܦ ※ܠܐ ܗܐ ܐܚ̈ܝܟ ܪܥܝܢ ܒܫܟܝܡ∴ ܬܐ ܐܫܕܪܟ
26^{1} ܠܘܬܗܘܢ܀ | ܐܡܪ ܕܝܢ ܠܗ ※ܗܐ ܐܢܐ܀ ¹⁴ ܐܡܪ ܕܝܢ ܠܗ ÷ ܐܝܣܪܐܝܠ↙ ※ܐܙܠ ܚܙܝ. *ܐܢ ܫܠܝܡܝܢ ܐܚ̈ܐ
ܕܝܠܟ ܘܥܢ̈ܐ. ܘܐܘܕܥܢܝ ※ܡܠܬܐ↙: ܘܫܕܪܗ ܡܢ ܥܘܡܩܐ ܕܚܒܪܘܢ. ܘܐܬܐ ܠܫܟܝܡ܀ ¹⁵ ܘܐܫܟܚܗ
ܓܒܪܐ ܟܕ ܛܥܐ ܒܦܩܥܬܐ: ܫܐܠܗ ܕܝܢ ܓܒܪܐ ܗܘ ܟܕ ܐܡܪ ※ܡܢܐ ܒܥܐ ܐܢܬ∴: ¹⁶ ܗܘ ܕܝܢ ܐܡܪ
※ܠܐܚ̈ܐ ܕܝܠܝ ܒܥܐ ܐܢܐ. ܐܘܕܥܢܝ ܐܝܟܐ ܪܥܝܢ܀ ¹⁷ ܐܡܪ ܕܝܢ ܠܗ ܗܘ ܓܒܪܐ ※ܫܩܠܘ ܡܢ ܗܪܟܐ:
ܫܡܥܬ ܐܢܘܢ ܟܕ ܐܡܪܝܢ ※ܢܐܙܠ ܠܕܘܬܝܢ↙܀

ܕܢܡܘܣܐ ܫܒܝܠܐ ܕܐܪܐ ܠܥܠܝܡܘܬܗ ܕܝܘܣܦ܀

ܘܐܙܠ ܝܘܣܦ ܒܬܪ ܐܚ̈ܐ ܕܝܠܗ. ܘܐܫܟܚ ܐܢܘܢ ܒܕܘܬܝܢ: ¹⁸ ܚܙܐܘܗܝ ܕܝܢ ܐܚ̈ܘܗܝ ܡܢ ܪܘܚܩܐ ܩܕܡ
ܕܢܬܩܪܒ ܠܘܬܗܘܢ. *ܘܡܬܚܫܒܝܢ ܗܘܘ ܠܡܩܛܠܗ܀ ¹⁹ ܐܡܪܘ ܕܝܢ ܟܠ ܚܕ ܠܘܬ ܐܚܐ ܕܝܠܗ ※ܗܐ
ܚܠܡܢܐ ܗܘ ܐܬܐ: ²⁰ ※ܗܫܐ ܬܘ ܢܩܛܠܝܘܗܝ ܘܢܪܡܝܘܗܝ ܒܚܕ ܡܢ ܓܘܒ̈ܐ. ܘܢܐܡܪ ܕܚܝܘܬܐ
26^{2} ܒܝܫܬܐ ܐܟܠܬܗ. ܘܢܚܙܐ | ܡܢܐ ܢܗܘܘܢ ܚܠܡ̈ܐ ܕܝܠܗ܀ ²¹ ܟܕ ܫܡܥ ܕܝܢ ܪܘܒܝܠ. ܦܪܩܗ ܡܢ
ܐܝ̈ܕܝܐ ܕܝܠܗܘܢ ܘܐܡܪ ※ܠܐ ܢܩܛܠܝܘܗܝ ܒܢܦܫܐ܀ ²² ܐܡܪ ܕܝܢ ܠܗܘܢ ܪܘܒܝܠ ※ܠܐ ܬܐܫܕܘܢ ܕܡܐ:
ܪܡܐܘܗܝ ܒܓܘܒܐ ܗܢܐ ܕܒܡܕܒܪܐ. ܐܝܕܐ ܕܝܢ ܠܐ ܬܘܫܛܘܢ ܒܗ܀ ܐܝܟܢܐ ܕܢܦܨܝܘܗܝ ܡܢ ܐܝ̈ܕܝܐ ܕܝܠܗܘܢ.
ܘܢܗܦܟܘܢܝܗ ܠܐܒܐ ܕܝܠܗ܀ ²³ ܗܘܐ ܕܝܢ ܟܕ ܐܬܐ ܝܘܣܦ ܠܘܬ ܐܚ̈ܐ ܕܝܠܗ. ܐܫܠܚܘܗܝ ܠܝܘܣܦ
ܠܟܘܬܝܢܐ ※ܕܝܠܗ↙ ܗܝ ܡܨܒܥܬܐ ܕܥܠܘܗܝ. ²⁴ ܘܟܕ ܢܣܒܘܗܝ. ܪܡܐܘܗܝ ܒܓܘܒܐ: ܗܘ ܕܝܢ
ܓܘܒܐ ܣܪܝܩܐ ܗܘܐ. ܠܐ ܐܝܬ ܗܘܐ ܒܗ ܡ̈ܝܐ: ²⁵ ܝܬܒܘ ܕܝܢ ܠܡܐܟܠ ܠܚܡܐ܀ ܘܟܕ ܐܪܝܡܘ
ܥܝ̈ܢܝܗܘܢ. ܚܙܘ. ܘܗܐ ܐܘܪܚܐ ܕܐܝܫܡܥܝܠܝ̈ܐ ܐܬܝܐ ܡܢ ܓܠܥܕ. ܘܓܡܠ̈ܐ ܕܝܠܗܘܢ ܛܥܝܢܝܢ ܗܘܘ.
27^{1} ܒܣ̈ܡܐ ܘܪܘܛܝܢܐ ܘܐܣܛܩܛܐ: ܐܙܠܝܢ ܗܘܘ ܕܝܢ ܠܡܚܬܘ ܠܡܨܪܝܢ܀ ²⁶ ܐܡܪ ܕܝܢ | ܝܗܘܕܐ ܠܘܬ ܐܚ̈ܐ
ܕܝܠܗ ※ܡܢܐ ܝܘܬܪܢܐ. ܐܢ ܢܩܛܘܠ ܠܐܚܐ ܕܝܠܢ. ܘܢܟܣܝܘܗܝ ܠܕܡܐ ܕܝܠܗ∴ ²⁷ ܬܘ ܢܙܒܢܝܘܗܝ
ܠܐܝܫܡܥܝܠܝ̈ܐ ܗܠܝܢ. ܐܝ̈ܕܝܐ ܕܝܢ ܕܝܠܢ ܠܐ ܢܗܘ̈ܝܢ ܥܠܘܗܝ. ܡܛܠ ܕܐܚܐ ܕܝܠܢ ܘܒܣܪܐ ܕܝܠܢ ܐܝܬܘܗܝ܀
ܫܡܥܘܗܝ ܕܝܢ ܐܚ̈ܐ ܕܝܠܗ: ²⁸ ܘܥܒܪܝܢ ܗܘܘ ܐܢܫ̈ܐ ܡܕܝܢܝ̈ܐ ܬܓܪ̈ܐ. ܘܐܣܩܘܗܝ.
ܘܐܣܩܘܗܝ ܠܝܘܣܦ ܡܢ ܓܘܒܐ. ܘܙܒܢܘܗܝ ܠܝܘܣܦ ܠܐܝܫܡܥܝܠܝ̈ܐ ܒܥܣܪܝܢ ܕܕܗܒܐ܀ ܗ܀
ܘܐܥܠܘܗܝ ܠܝܘܣܦ ܠܡܨܪܝܢ܀ ²⁹ ܗܦܟ ܕܝܢ ܪܘܒܝܠ ܥܠ ܓܘܒܐ. *ܘܠܐ ܚܙܐ ܠܝܘܣܦ

2 ܡܫܬܡܥܢܐ ܗܘܐ ܝܘܣܦ ܡܢܬܐ ܗ̄ ܒܢܝܐ ܕܒܢܝܗܘܢ
3 ܡܨܒܥܬܐ ܕܡܨܒܥܬܐ ܒܓܘܢܐ

14 ܐ̄ ܡܢ ܟܕ ܕܐܚܐ ܕܝܠܟ ܘܥܢܐ ܕܝܠܟ ܫܠܡܝܢ indice ad ܘܐܘܕܥܢܝ adposito
18 ܐ̄ ܡܢ ܐܬܩܪܒ

26 ܐ̄ ܡܢ ܡܢܐ ܝܘܬܪܢܐ
29 ܘܠܐ ܐܫܟܚܗ indice ad ܚܙܐ adposito

ܒܓܘܒܐ . ܘܨܪܐ ܡܐܢܘ̈ܗܝ ܕܝܠܗ . ³⁰ ܘܗܦܟ ܠܘܬ ܐܚܘ̈ܗܝ ܕܝܠܗ. ܘܐܡܪ «ܛܠܝܐ ܠܐ ܐܝܬܘܗܝ . ܐܢܐ ܕܝܢ ܠܐܝܟܐ
ܐܙܠ ܐܢܐ ܠܘܬ.·.« ÷ ³¹ ܟܕ ܢܣܒܘܗ ܕܝܢ ܠܟܘܬܝܢܐ ܕܝܘܣܦ. ܢܟܣܘ ܨܦܪܐ ܕܥܙܐ . ܘܨܒܥܘܗ
ܠܟܘܬܝܢܐ ܒܕܡܐ . ³² ܘܫܕܪܘܗ ܠܟܘܬܝܢܐ ܗܘ ܡܨܝܪܬܐ. ܘܐܝܬܝܘܗ ܠܘܬ ܐܒܘܗܘܢ. ܘܐܡܪܘ «ܗܕܐ
27² ܐܫܟܚܢ ܣܒ: | ܐܫܬܘܕܥ ܐܢ ܟܘܬܝܢܐ ܕܒܪܟ ܗܝ ܐܘ ܠܐ« ÷ ³³ ܘܐܫܬܘܕܥܗ . ܘܐܡܪ «ܟܘܬܝܢܐ
ܕܒܪܝ ܕܝܠܝ ܗܝ: ܚܝܘܬܐ ܒܝܫܬܐ ܐܟܠܬܗ . ܚܝܘܬܐ ܒܝܫܬܐ ܚܛܦܬܗ ܠܝܘܣܦ« ÷ ³⁴ ܨܪܐ ܕܝܢ
ܝܥܩܘܒ ܡܐܢ̈ܘܗܝ ܕܝܠܗ . ܘܣܡ ܣܩܐ ܥܠ ܚܨܘ̈ܗܝ ܕܝܠܗ . ܘܡܬܐܒܠ ܗܘܐ ܥܠ ܒܪܗ ܕܝܠܗ ܝܘ̈ܡܬܐ
ܣܓܝ̈ܐܐ ÷ ³⁵ ܐܬܟܢܫܘ ܕܝܢ ܟܠܗܘܢ ܒܢ̈ܘܗܝ ܕܝܠܗ ܐܦ ※ܟܠܗܝܢ↓ ܒܢ̈ܬܗ . ܘܐܬܘ ܠܡܒܝܐܘܬܗ . ܘܠܐ ܨܒܐ
ܗܘܐ ܠܡܬܒܝܐܘ. ܟܕ ܐܡܪ ܕ«ܐܚܘܬ ܐܢܐ ܠܘܬ ܒܪܝ ܕܝܠܝ ܠܫܝܘܠ ܟܕ ܐܒܝܠ ܐܢܐ« ÷ ܘܒܟܐ ܠܗ ܐܒܐ
ܕܝܠܗ ÷ ³⁶ ܡܕܝܢܝ̈ܐ ܕܝܢ *ܡܕܝܢܝ̈ܐ ܐܙܒܢܘܗܝ ܠܝܘܣܦ ܒܡܨܪܝܢ ܠܦܘܛܝܦܪ †ܡܗܝܡܢܐ ܘܪܫ
ܡܠܟ ܚܝ̈ܠܐ ܕܦܪܥܘܢ ÷

38 ¹ ܗܘܐ ܕܝܢ ܒܙܒܢܐ ܗܘ. ܢܚܬ ܝܗܘܕܐ ܡܢ ܠܘܬ ܐܚ̈ܘܗܝ ܕܝܠܗ . ܘܐܙܠ ܥܕܡܐ ܠܓܒܪܐ ܐܝܟ ܥܕܘܠܡܝܐ
28¹ ܗܘ ܕܫܡܗ ܠܗ ܚܝܪܐ: ² ܘܚܙܐ ܬܡܢ ܝܗܘܕܐ ܒܪܬܐ ܕܓܒܪܐ ܐܢܫ | ܟܢܥܢܝܐ ܕܗܘ ܫܡܗ ܕܝܠܗ ܫܘܥ.
ܘܢܣܒܗ̇ . ܘܥܠ ܠܘܬܗ̇: ³ ܘܒܛܢܬ . ܘܝܠܕܬ ܒܪܐ . ܘܩܪܐ ܫܡܗ ܕܝܠܗ ܥܪ: ⁴ ܘܒܛܢܬ
ܬܘܒ . ܘܝܠܕܬ ܒܪܐ . ܘܩܪܬ ܫܡܗ ܕܝܠܗ ܐܘܢܢ: ⁵ ܘܐܘܣܦܬ ܬܘܒ ܝܠܕܬ ܒܪܐ . ܘܩܪܬ ܫܡܗ ܕܝܠܗ ܫܠܐ.
ܗܝ ܕܝܢ ܐܝܬܝܗ̇ ܗܘܬ ܒܟܙܒܝ. ܟܕ ܝܠܕܬ ܐܢܘܢ: ⁶ ܘܢܣܒ ܝܗܘܕܐ ܐܢܬܬܐ ܠܥܪ ܒܘܟܪܐ ܕܝܠܗ ܗܘ
ܕܫܡܗ̇ ܠܗ̇ ܬܡܪ: ⁷ ܗܘܐ ܕܝܢ ܥܪ ܒܘܟܪܗ ܕܝܗܘܕܐ ܒܝܫܐ ܩܕܡ ܡܪܝܐ . ܘܩܛܠܗ ܐܠܗܐ: ⁸ ܐܡܪ
ܕܝܢ ܝܗܘܕܐ ܠܐܘܢܢ «ܥܘܠ ܠܘܬ ܐܢܬܬܗ ܕܐܚܘܟ ܕܝܠܟ . ܘܝܒܡܝܗ̇. ܘܐܩܝܡ ܙܪܥܐ ܠܐܚܘܟ ܕܝܠܟ«: ⁹ ܟܕ
ܝܕܥ ܕܝܢ ܐܘܢܢ ܕܠܘ ܠܗ ܗܘܐ ܙܪܥܐ. ܗܘܐ. ܘܡܐ ܕܥܐܠ ܗܘܐ ܠܘܬ ܐܢܬܬܗ ܕܐܚܘܗܝ ܕܝܠܗ. *ܐܫܕ ܗܘܐ
ܥܠ ܐܪܥܐ. ܕܠܐ ܢܬܠ ܙܪܥܐ ܠܐܚܘܗܝ ܕܝܠܗ: ¹⁰ ܒܝܫܬܐ ܕܝܢ ܐܬܚܙܝܬ ܩܕܡ ܐܠܗܐ ܡܛܠ ܕܥܒܕ ܗܕܐ .
28² ܘܐܡܝܬܗ ܐܦ ܠܗܢܐ: | ¹¹ ܐܡܪ ܕܝܢ ܝܗܘܕܐ ܠܬܡܪ ܟܠܬܐ ܕܝܠܗ «ܬܒܝ ܐܪܡܠܬܐ ܒܒܝܬܗ ܕܐܒܐ ܕܝܠܟܝ
ܥܕܡܐ ܕܢܪܒܐ ܫܠܐ ܒܪܝ ܕܝܠܝ«: ܐܡܪ ܓܝܪ ܕ«ܕܠܡܐ ܢܡܘܬ ܐܦ ܗܢܐ ܐܝܟ ܐܚ̈ܘܗܝ ܕܝܠܗ« ÷ ܟܕ
ܐܙܠܬ ܕܝܢ ܬܡܪ. ܝܬܒܐ ܗܘܬ ܒܒܝܬܐ ܕܐܒܐ ܕܝܠܗ̇ ÷ ¹² ܣܓܝܘ ܕܝܢ ܝܘ̈ܡܬܐ . ܘܡܝܬܬ ※ܒܪܬܐ ܕ↓
ܫܘܥ ܐܢܬܬܗ ܕܝܗܘܕܐ ÷ ܘܒܥܐ ܝܗܘܕܐ. ܘܣܠܩ ܠܘܬ ܓܙ̈ܘܙܐ ܕܥܢܗ ܕܝܠܗ ܗܘ ܘܚܝܪܐ ܪܥܝܐ ܕܝܠܗ
ܗܘ ܥܕܘܠܡܝܐ. ܠܬܡܢܬ ÷ ¹³ ܘܐܬܬܚܘܝ ܠܬܡܪ ܟܠܬܐ ܕܝܠܗ↓ ÷ܟܕ ܐܡܪܝܢ↓ «ܗܐ ܚܡܐ ܕܝܠܟܝ
ܣܠܩ ܠܬܡܢܬ. ܠܡܓܙ ܥܢܐ ܕܝܠܗ« ÷ ¹⁴ ܘܫܠܚܬ ܡܐ̈ܢܐ ܕܐܪܡܠܘܬܐ ܕܝܠܗ̇ ܡܢܗ̇.
ܘܐܬܟܣܝܬ ܒܥܦܝܦܐ ܘܐܬܨܒܬ. ܘܝܬܒܬ ܠܘܬ ܬܪܥܐ *ܕܐܝܢܝܢ ܕܐܝܬܝܗܘܢ ܒܫܒܝܠܐ ܕܬܡܢܬ: ܚܙܬ ܓܝܪ
ܕܪܒܐ ܗܘܐ ܫܠܐ. ܗܝ ܕܝܢ ܠܐ ܝܗܒܗ̇ ܠܗ ܐܢܬܬܐ ÷ ¹⁵ ܘܟܕ ܚܙܗ̇ ܝܗܘܕܐ. ܣܒܪܗ̇ ܕܙܢܝܬܐ ܐܝܬܝܗ̇:
29¹ ܟܣܝܬ ܓܝܪ ܦܪܨܘܦܗ̇ ܕܝܠܗ̇ ÷ ܘܠܐ ܐܫܬܘܕܥܗ̇↓ ÷ ¹⁶ ܐܣܛܝ ܕܝܢ ܠܘܬܗ̇ ܠܐܘܪܚܐ | ܘܐܡܪ ܠܗ̇
«ܫܒܘܩܝܢܝ ܐܥܘܠ ܠܘܬܟܝ«: ܠܐ ܓܝܪ ܝܕܥ ܕܟܠܬܐ ܕܝܠܗ ܐܝܬܝܗ̇ ÷ ܗܝ ܕܝܢ ܐܡܪܬ «ܡܢܐ ܬܬܠ
ܠܝ ܐܢ ܬܥܘܠ ܠܘܬܝ.·.« ÷ ¹⁷ ܗܘ ܕܝܢ ܐܡܪ «ܐܢܐ ܡܫܕܪ ܐܢܐ ܠܟܝ ܓܕܝܐ ܕܥܙܐ ܡܢ ܥܢܐ« ÷ ܗܝ
ܕܝܢ ܐܡܪܬ «ܐܢ ܬܬܠ ܠܝ ܪܗܒܘܢܐ ܥܕܡܐ ܕܬܫܕܪ ܠܗ« ÷ ¹⁸ ܗܘ ܕܝܢ ܐܡܪ «ܡܢܐ ܪܗܒܘܢܐ ܐܬܠ ܠܟܝ.·.« ÷
ܗܝ ܕܝܢ ܐܡܪܬ «ܥܙܩܬܐ ܕܝܠܟ *ܘܩܠܘܣܛܐ ܕܝܠܟ ܘܚܘܛܪܐ ܗܘ ܕܒܐܝܕܟ« ÷ ܘܝܗܒ ܠܗ̇: ܘܥܠ
ܠܘܬܗ̇ . ܘܒܛܢܬ ܡܢܗ ÷ ¹⁹ ܘܩܡܬ ܘܐܙܠܬ . ܘܐܥܒܪܬ ܥܦܝܦܐ ܕܝܠܗ̇ ܡܢܗ̇ . ܘܠܒܫܬ
ܡܐ̈ܢܐ ܕܐܪܡܠܘܬܐ ܕܝܠܗ̇ ÷ ²⁰ ܫܕܪ ܕܝܢ ܝܗܘܕܐ ܓܕܝܐ ܡܢ ܥܙܐ ܒܐܝܕ ܪܥܝܐ ܕܝܠܗ ܗܘ ܥܕܘܠܡܝܐ.
ܠܡܣܒ ܪܗܒܘܢܐ ܡܢ ܐܢܬܬܐ . ܘܠܐ ܐܫܟܚܗ̇ ÷ ²¹ ܫܐܠ ܕܝܢ ܠܓܒܪ̈ܐ ܕܕܘܟܬܐ. ※ܘܐܡܪ ܠܗܘܢ↓
29² «ܐܝܟܐ ܐܝܬܝܗ̇ ܙܢܝܬܐ ܗܝ ܕܗܘܬ ܒܥܝܢܝ ܥܠ | ܐܘܪܚܐ.·.«: ܘܐܡܪܘ «ܠܐ ܐܝܬ ܗܘܬ ܗܪܟܐ ܙܢܝܬܐ« ÷
²² ܘܗܦܟ ܠܘܬ ܝܗܘܕܐ ܘܐܡܪ «ܠܐ ܐܫܟܚܬܗ̇ . ܘܒܢܝ̈ܢܫܐ ܗܢܘܢ ܕܡܢ ܕܘܟܬܐ ܐܡܪܝܢ «ܠܐ ܐܝܬ ܗܪܟܐ ܙܢܝܬܐ«« ÷

31 priori loco ܟܘܬܝܢܐ codex
36 ܐܬܡܨܝܢܐ ܠܓܪܐ
36 τω σπαδοντι
1 12 20 super ܪ vocis ܥܕܘܠܡܝܐ scripta δ
5 ܒܟܙܒܝ B, ܒ super versum

8 ܘܝܒܡܝܗ̇ codicis nolebam mutare
9 ܗܘܐ ܡܛܠ ܗܘ |
14 αιναν
18 και ορμισκον, ubi και siglâ scriptum est. additur ܐܘܪܡܝܣܩܘܢ ܐܡܪܝܢ

ܕܐܡܪܝܢ ܣܘܟܐ ܕܡܩܒܠܐ ܠܘܬ ܨܘܪܐ ܕܡܩܒܠܐ ܘܣܘܥܪܢܐ ܕܢܫܐ ܠܘܬ. post ܩܠܘܣܛܐ + ܩܠܘܣܛܐ ܕܨܘܪܐ ܗܘ, ubi ad ܩܠܘܣܛܐ adnotatur, quod ad ܨܘܪܐ pertinet, περιτραχηλον

[23] ܐܡܪ ܕܝܢ ܝܗܘܕܐ ܬܣܒ ܠܗ̇. ܕܠܐ *ܢܗܘܐ ܠܓܘܚܟܐ: ܗܐ ܡܢ ܫܕܪܬ ܓܕܝܐ ܗܢܐ. ܘܐܢܬ ܕܝܢ ܠܐ
ܐܫܟܚܬܗ̇ ܀ [24] ܘܗܘܐ ܕܝܢ ܒܬܪ ܬܠܬܐ ܝܪܚܝܢ. ܐܫܬܘܕܥ ܠܝܗܘܕܐ. ܟܕ ܐܡܪܝܢ ܕܙܢܝܬ ܬܡܪ ܟܠܬܟ ܘܐܦ.
ܘܗܐ ܒܛܢܐ ܐܝܬ ܠܗ̇ ܡܢ ܙܢܝܘܬܐ ܀ ܐܡܪ ܕܝܢ ܝܗܘܕܐ ܐܦܩܘܗ̇. ܘܬܬܝܩܕ ܀ [25] ܗܝ ܕܝܢ ܟܕ ܡܬܦܩܐ.
ܫܕܪܬ ܠܘܬ ܚܡܘܗ̇ ܘܐܡܪܬ. ܟܕ ܐܡܪܐ. ܡܢ ܓܒܪܐ ܐܝܟ ܗܘ ܕܗܠܝܢ ܕܝܠܗ ܐܢܝܢ. ܐܢܐ ܒܛܢܐ ܐܢܐ
ܠܗ ܀ ܘܐܡܪܐ ܐܫܬܘܕܥ ܕܡܢ ܗܘ ܚܬܡܐ *ܘܫܘܫܦܐ ܘܚܘܛܪܐ ܗܢܐ ܀ [26] ܐܫܬܘܕܥ ܕܝܢ ܝܗܘܕܐ
30[1] ܘܐܡܪ ܙܕܝܩܐ ܗܝ ܡܢܝ ܐܘ ܐܢܐ. ܡܛܠ ܗܢܐ ܕܠܐ ܝܗܒܬܗ̇ ܠܫܠܐ | ܒܪܝ ܕܝܠܝ ܀ ܘܠܐ ܐܘܣܦ ܬܘܒ
ܠܡܕܥܗ̇ ܀ [27] ܗܘܐ ܕܝܢ ܟܕ ܝܠܕܐ ܗܘܬ. ܘܒܗ̇ ܐܝܬ ܗܘܐ ܬܐܡܐ ܒܟܪܣܗ̇ ܕܝܠܗ̇: [28] ܗܘܐ ܕܝܢ ܟܕ
ܝܠܕܐ ܗܘܬ. ܗܘ ܚܕ ܦܫܛ ܐܝܕܗ ܠܒܪ: ܟܕ ܕܝܢ ܢܣܒܬ ܚܝܬܐ. ܘܩܛܪܬ ܥܠ ܐܝܕܗ ܙܗܘܪܝܬܐ ܟܕ ܐܡܪܐ
ܗܢܐ ܢܦܩ ܩܕܡܝܐ ܀ [29] ܟܕ ܕܝܢ ܦܢܝ ܠܐܝܕܗ. ܘܡܚܕܐ ܢܦܩ ܐܚܘܗܝ ܘܐܡܪܬ: ܗܝ ܕܝܢ ܐܡܪܐ ܕܠܡܢܐ
ܐܬܦܣܩ ܡܛܠܬܟ ܣܝܓܐ ܀: ܘܩܪܬ ܫܡܗ ܕܝܠܗ *ܦܪܨ ܀ [30] ܘܒܬܪܟܢ ܢܦܩ ܐܚܘܗܝ ܕܝܠܗ.. ܗܘ ܕܐܝܬ
ܗܘܐ ܥܠ ܐܝܕܗ ܙܗܘܪܝܬܐ. ܘܩܪܬ ܫܡܗ ܕܝܠܗ *ܙܪܚ ܀

ܫܠܡ ܠܚ ܀

39 [1] ܝܘܣܦ ܕܝܢ *ܐܬܚܬ ܠܡܨܪܝܢ. ܘܩܢܝܗܝ ܦܘܛܝܦܪ ܐܘܢܘܟܐ ܪܒ ܩܛܘܠܐ ܕܦܪܥܘܢ ܓܒܪܐ
ܡܨܪܝܐ ܡܢ ܐܝܕܝ ܕܐܝܫܡܥܝܠܝܐ ܗܢܘܢ ܕܐܚܬܘܗܝ ܠܬܡܢ ܀ [2] ܘܐܝܬܘܗܝ ܗܘܐ ܡܪܝܐ ܥܡ ܝܘܣܦ.
30[2] ܘܐܝܬܘܗܝ ܗܘܐ ܓܒܪܐ *ܕܡܨܠܚ. ܘܗܘܐ ܒܒܝܬܐ ܠܘܬ ܡܪܗ | *ܕܝܠܗ \ ܗܘ ܡܨܪܝܐ ܀ [3] ܚܙܐ ܗܘܐ
ܕܝܢ ܡܪܗ ܕܝܠܗ ܕܡܪܝܐ ܥܡܗ ܗܘ. ܘܟܠܡܕܡ ܐܝܟ ܕܗܘ ܥܒܕ. ܡܪܝܐ ܡܨܠܚ ܗܘܐ ※ܒܐܝܕܘܗܝ \ ܀
[4] ܘܐܫܟܚ ܝܘܣܦ ܪܚܡܐ ܩܕܡ ܡܪܗ ܕܝܠܗ: ܫܡܫ ܗܘܐ ܠܗ ܕܝܢ. ܘܐܩܝܡܗ ܥܠ ܒܝܬܗ. ܘܟܠܡܕܡ
ܐܝܟ ܕܐܝܬ ܗܘܐ ܠܗ. ܝܗܒ ܒܐܝܕܘܗܝ *ܕܝܠܗ ܀ [5] ܗܘܐ ܕܝܢ ܒܬܪ ܕܐܩܝܡܗ ܥܠ ܒܝܬܗ ܕܝܠܗ ܘܥܠ
ܟܠ ܡܕܡ ܕܐܝܬ ܗܘܐ ܠܗ. ܘܒܪܟ ܡܪܝܐ ܠܒܝܬܗ ܕܡܨܪܝܐ ܡܛܠ ܝܘܣܦ. ܘܐܬܒܪܟ ܒܥܘܬܪܗ
ܕܡܪܝܐ ܒܟܠܡܕܡ ܕܐܝܬ ܗܘܐ ܠܗ ܒܒܝܬܐ ܘܒܚܩܠܐ ܀ [6] ܘܫܒܩ ܟܠܡܕܡ ܕܐܝܬ ܗܘܐ ܠܗ.
ܠܐܝܕܐ ܕܝܘܣܦ. ܘܠܐ ܝܕܥ ܗܘܐ ܡܢ ܟܠܡܕܡ ܕܝܠܗ ܘܠܐ ܡܕܡ. ܣܛܪ ܡܢ ܠܚܡܐ ܗܘ ܕܗܘ ܐܟܠ ܗܘܐ ܀
ܘܐܝܬܘܗܝ ܗܘܐ ܝܘܣܦ ܫܦܝܪ ܒܚܙܘܗ ܘܦܐܐ ܒܚܙܬܐ ܛܒ ܀ [7] ܘܗܘܐ ܒܬܪ ܡܠܐ ܗܠܝܢ. ܘܐܪܡܝܬ
31[1] ܐܢܬܬܐ ܕܡܪܗ ܥܝܢܝܗ̇ ܥܠ ܝܘܣܦ. ܘܐܡܪܬ ܕܡܟ ܥܡܝ: | [8] ܗܘ ܕܝܢ ܠܐ ܨܒܐ ܗܘܐ. ܐܡܪ ܕܝܢ
ܠܐܢܬܬܐ ܕܡܪܗ ※ܕܝܠܗ \ ܕܗܐ ܡܪܝ ܕܝܠܝ ܠܐ ܝܕܥ ܡܛܠܬܝ ܘܠܐ ܡܕܡ ܒܒܝܬܐ ܕܝܠܗ. ܘܟܠܡܕܡ ܕܐܝܬ
ܗܘܐ ܠܗ. ܝܗܒ ܒܐܝܕܝ ܕܝܠܝ. [9] ܘܠܐ ܐܝܬ ܕܪܒ ܡܢܝ ܒܒܝܬܐ ܕܝܠܗ ܐܦ ܠܐ ܡܢܝ. *ܘܠܐ ܚܣܟ ܡܢܝ
ܘܠܐ ܡܕܡ. ܣܛܪ ܡܢܟܝ. ܡܛܠ ܕܐܢܬܝ ܐܢܬܬܗ ܕܝܠܗ ܐܢܬܝ. ܘܐܝܟܢܐ ܐܥܒܕ †ܒܝܫܬܐ ܗܕܐ ܪܒܬܐ.
ܘܐܚܛܐ ܩܕܡ ܐܠܗܐ ܀: [10] ※ܘܗܘܐ \ ܕܟܕ ܡܡܠܠܐ ܗܘܬ ܠܝܘܣܦ ܝܘܡܐ ܡܢ ܝܘܡܐ. ܘܠܐ ܡܫܬܡܥ
ܗܘܐ ܠܗ̇. ܠܡܫܟܒ ܠܘܬܗ̇ .. ܠܡܗܘܐ ܠܘܬܗ̇ ܀ [11] ܗܘܐ ܕܝܢ ܝܘܡܐ ܕܐܝܟ ܗܢܐ ܡܕܡ. ܥܠ ܝܘܣܦ
ܠܒܝܬܐ ܠܡܥܒܕ ܥܒܕܐ ܕܝܠܗ. ܘܠܐ ܐܢܫ ܡܢ ܗܠܝܢ ܕܒܒܝܬܐ ܐܝܬ ܗܘܐ ܬܡܢ. [12] ܘܐܬܬܚܕܬ
ܒܠܒܘܫܗ ܕܝܠܗ ܟܕ ܐܡܪܐ ܕܡܟ ܥܡܝ: ܘܫܒܩ ܡܐܢܐ ※ܕܝܠܗ \ ܒܐܝܕܝܗ̇ ܕܝܠܗ̇. ܥܪܩ. ܘܢܦܩ
31[2] ܠܒܪ ܀ [13] ܗܘܐ ÷ ܕܝܢ ܟܕ ܚܙܬ ܕܫܒܩ ܡܐܢܐ ܕܝܠܗ | ܒܐܝܕܝܗ̇ ܕܝܠܗ̇. ܘܥܪܩ ܢܦܩ ܠܒܪ \.
[14] ܘܩܪܬ ܠܒܢܝ ܒܝܬܐ. ܘܐܡܪܐ ܠܗܘܢ ܟܕ ܐܡܪܐ ܚܙܘ. *ܐܝܬܝ ܠܢ ܓܒܪܐ ܥܒܪܝܐ ܠܡܓܚܟܘ
ܒܢ: ܥܠ ܠܘܬܝ ܟܕ ܐܡܪ ܕܡܟ ܥܡܝ. ܘܩܥܝܬ ܒܩܠܐ ܪܒܐ: [15] ܟܕ ܕܝܢ ܫܡܥ ܕܐܪܝܡܬ ܩܠܝ
ܕܝܠܝ ܘܩܥܝܬ. ܫܒܩ ܡܐܢܐ ܕܝܠܗ ܠܘܬܝ. ܘܥܪܩ. ܘܢܦܩ ܠܒܪ ܀ [16] ܘܫܒܩܬ ܠܡܐܢܐ ܠܘܬܗ̇
ܥܕܡܐ ܕܐܬܐ ܡܪܗ ܠܒܝܬܐ ܕܝܠܗ: [17] ܘܡܠܠܬ ܥܡܗ ܐܝܟ ܡܠܐ ܗܠܝܢ ܟܕ ܐܡܪܐ: ܥܠ ܠܘܬܝ ܥܒܕܐ
ܥܒܪܝܐ ܗܘ ܕܐܝܬܝܬ ܠܘܬܢ. ܠܡܓܚܟܘ ܒܝ. ÷ ܘܐܡܪ ܠܝ ܕܡܟ ܥܡܝ \. ÷ ܘܐܪܝܡܬ ܩܠܐ
÷ ܩܠܝ \: [18] ܟܕ ܕܝܢ ܫܡܥ ܕܐܪܝܡܬ ܩܠܐ ܕܝܠܝ ܘܩܥܝܬ. ܫܒܩ ܡܐܢܐ ܕܝܠܗ ܠܘܬܝ. ܘܥܪܩ.

23 ad ܠܓܘܚܟܐ adposuit librarius quae ad ܫܕܪܬ ܓܕܝܐ rettuli ܗܐ ܡܢ ܫܕܪܬ ܓܕܝܐ ܗܢܐ

25 ܡܢ ܓܒܪܐ ܐܝܠܐ

29 ܦܪܨ ܦܘܪܨܐ

30 ܙܪܚ ܕܢܚܐ ܐܘ ܡܕܢܚܐ [??ܡܕܢܚܐ] ܕܢܚ

1 ܐܬܚܬ ܡܢ ܡܕܒܪܐ

2 ܡܨܠܚ ܀ ܡܢ ܠܘܬܗ

3 ܚܙܐ puncto inferno munivit B

3 asteriscus in codice ante ܗܘܐ positus est

4 ܝܘܣܦ

9 ܘܠܐ ܚܣܟ ܀ ܘܠܐ ܡܕܡ, indice ad ܚܣܟ adposito

9 ܗܕܐ ܒܝܫܬܐ

12 ܘܐܬܬܚܕܬ mutare nolebam

13 deest \ in codice

14 ܐܝܬܝ

ܘܢܦܩ ܠܒܪ܀ [19]ܗܘܐ ܕܝܢ ܕܟܕ ܫܡܥ ܡܪܗ ܡ̈ܠܐ ܕܐܢܬܬܗ ܕܡܠܠܬ. ܐܝܟܢ ܕܡܡܠܠܐ ܠܘܬܗ ܟܕ
32¹ ܐܡܪܐ ܕ»ܗܟܢܐ ܥܒܕ ܠܝ ܥܒܕܟ«܀ | ܘܐܬܚܡܬ ܒܪܘܓܙܐ܀ [20]ܘܢܣܒܗ ܡܪܗ ܠܝܘܣܦ.
ܘܐܪܡܝܗ ܒܒܝܬ ܚܒܘܫܐ.. ܒܕܘܟܬܐ ܐܝܟܐ ܕܐܣܝܪ̈ܐ ܕܡܠܟܐ ܡܬܐܚܕܝܢ ܬܡܢ ܒܒܝܬ ܚܒܘܫܐ܀ [21]ܘܐܝܬܘܗܝ
ܗܘܐ ܡܪܝܐ ܥܡ ܝܘܣܦ. ܘܐܫܦܥ ܥܠܘܗܝ ܚܣܕܐ. ܘܝܗܒ ܠܗ ܠܛܝܒܘܬܐ ܩܕܡ ܪܝܫ ܢܛܘܪ̈ܐ ܕܒܝܬ
ܐܣܝܪ̈ܐ܀ [22]ܘܝܗܒ ܪܝܫ ܢܛܘܪ̈ܐ ܕܒܝܬ ܐܣܝܪ̈ܐ ܠܒܝܬ ܐܣܝܪ̈ܐ ܒܐܝܕܐ ܕܝܘܣܦ.. ܘܠܟܠܗܘܢ ܗܠܝܢ *ܕܐܬܕܒܪܘ
ܗܘܘ. ܗܠܝܢ ܕܒܒܝܬ ܐܣܝܪ̈ܐ. ܘܟܠܡܕܡ ܗܠܝܢ ܕܥܒܕܝܢ ܗܘܘ ܬܡܢ. *ܗܘ ܐܝܬܘܗܝ ܗܘܐ ܕܥܒܕ↙܀
[23]ܘܠܐ ܝܕܥ ܗܘܐ ܪܝܫ ܢܛܘܪ̈ܐ ܕܒܝܬ ܐܣܝܪ̈ܐ ܡܕܡ ܕܒܐܝܕܘܗܝ ܘܠܐ ܡܕܡ܆ ܡܛܠ ܕܡܪܝܐ ܓܝܪ ܐܝܬܘܗܝ ܗܘܐ
ܥܡܗ ܕܝܘܣܦ܆ ܡܛܠ ܕܡܪܝܐ ܥܡܗ ܐܝܬܘܗܝ ܗܘܐ.. ܘܐܝܟܢ ܕܗܘ ܥܒܕ ܗܘܐ. ܡܪܝܐ ܡܨܠܚ ܗܘܐ
ܒܐܝ̈ܕܘܗܝ ܕܝܠܗ↙܀

40 [1]ܗܘܐ ܕܝܢ ܒܬܪ ܡ̈ܠܐ ܗܠܝܢ. ܣܟܠ ܪܒ ܡܫܩܝܢܐ ܕܡܠܟܐ ܕܡܨܪܝܢ ܘܪܒ ܢܚ̈ܬܘܡܐ ܠܡܪܗܘܢ ܕܝܠܗܘܢ
32² | ܡܠܟܐ ܕܡܨܪܝܢ܀ [2]ܘܪܓܙ ܦܪܥܘܢ ܥܠ ܬܪ̈ܝܗܘܢ ܐܘܢܘܟ̈ܘܣܐ ܕܝܠܗ.. ܥܠ ܪܒ ܡܫܩܝܢܐ ܘܥܠ ܪܒ
ܢܚ̈ܬܘܡܐ. [3]ܘܝܗܒ ܐܢܘܢ ܒܝܬ ܢܛܘܪܬܐ.. ܠܘܬ ܪܒ ܡܛܪ̈ܬܐ ܕܒܝܬ ܐܣܝܪ̈ܐ.. ܒܕܘܟܬܐ ܗܝ ܕܝܘܣܦ
*ܡܬܚܒܫ ܗܘܐ ܬܡܢ܀ [4]ܘܐܫܠܡ ܐܢܘܢ ܪܝܫ ܢܛܘܪ̈ܐ ܕܒܝܬ ܐܣܝܪ̈ܐ ܠܝܘܣܦ. ܘܩܡ ܩܕܡܝܗܘܢ܀
ܐܝܬܝܗܘܢ ܗܘܘ ܕܝܢ ܝܘܡ̈ܬܐ ܒܡܛܪܬܐ ܒܝܬ ܐܣܝܪ̈ܐ. [5]ܘܚܙܘ ܚܠܡܐ ܬܪ̈ܝܗܘܢ. ܟܠ ܚܕ ܚܠܡܗ ܒܠܠܝܐ ܚܕ܀
ܚܙܘܐ ܕܚܠܡܗ *ܕܪܒ ܡܫܩܝܢܐ ܘܕܪܒ ܢܚ̈ܬܘܡܐ ܗܢܘܢ ܕܐܝܬ ܗܘܘ ܠܡܠܟܐ ܕܡܨܪܝܢ. ܗܠܝܢ ܕܐܝܬܝܗܘܢ
ܗܘܘ ܒܒܝܬ ܐܣܝܪ̈ܐ܀ [6]ܥܠ ܕܝܢ ܠܘܬܗܘܢ ܝܘܣܦ ܒܨܦܪܐ. ܘܚܙܐ ܐܢܘܢ. ܘܐܝܬܝܗܘܢ ܗܘܘ *ܡܫܓܫܝܢ܀
[7]ܘܡܫܐܠ ܗܘܐ ܠܐܘܢܘܟ̈ܘܣܐ ܕܦܪܥܘܢ.. ܗܠܝܢ ܕܐܝܬܝܗܘܢ ܗܘܘ ܥܡܗ ܒܡܛܪܬܐ ܠܘܬ ܡܪܗ ܕܝܠܗ.
33¹ ܟܕ | ܐܡܪ »ܡܛܠܡܢܐ ܡܥܒܣܝܢ ܦܪ̈ܨܘܦܐ ܕܝܠܟܘܢ ܝܘܡܢܐ«: [8]ܗܢܘܢ ܕܝܢ ܐܡܪܘ ܠܗ »ܚܠܡܐ ܚܙܝܢ.
*ܘܡܦܫܩܢܐ ܠܗ ܠܐ ܐܝܬ«܀ ܐܡܪ ܕܝܢ ܠܗܘܢ ܝܘܣܦ »ܠܐ ܗܘܐ ܒܝܕ ܐܠܗܐ †ܦܘܫܩܗܘܢ ܕܝܠܗܘܢ ܐܝܬܘܗܝ.
ܐܫܬܥܘ ܠܝ ܗܟܝܠ«܀ [9]ܘܐܫܬܥܝ ܗܘ ܪܒ ܡܫܩܝܢܐ ܚܠܡܐ ܕܝܠܗ ܠܝܘܣܦ ܘܐܡܪ »ܒܚܠܡܐ ܕܝܠܝ
ܐܝܬ ܗܘܐ ܓܦܬܐ ܩܕܡܝ: [10]ܒܗ ܕܝܢ ܒܓܦܬܐ ܬܠܬܐ *ܫܒܫ̈ܬܐ. ܘܗܝ †ܦܪܥܬ ܗܘܬ ܡܢ ܦܩܥܐ
ܦܩܥܬ. ܒܫܠܘ ܗܘܘ ܣܓܘ̈ܠܐ ܕܥܢ̈ܒܐ: [11]ܘܟܣܐ ܕܦܪܥܘܢ ܒܐܝܕܐ ܕܝܠܝ. ܘܢܣܒܬ ܠܥܢ̈ܒܬܐ
ܘܥܨܪܬ ܐܢܝܢ ܒܟܣܐ *ܕܦܪܥܘܢ↙. ܘܝܗܒܬ ܠܟܣܐ ܒܐܝ̈ܕܘܗܝ ܕܦܪܥܘܢ«܀ [12]ܘܐܡܪ ܝܘܣܦ »ܗܢܘ
ܦܘܫܩܐ ܕܝܠܗ: ܗܠܝܢ ܬܠܬܐ ܫܒܫ̈ܬܐ ܬܠܬܐ ܝܘܡ̈ܬܐ ܐܝܬܝܗܘܢ: [13]ܥܘܕ ܬܠܬܐ ܝܘܡ̈ܬܐ. ܘܢܕܟܪ
33² ܦܪܥܘܢ ܠܪܝܫܘܬܐ ܕܝܠܟ. ܘܢܦܢܝܟ | ܘܢܩܝܡܟ ܥܠ ܬܫܡܫܬܐ ܩܕܡܝܬܐ ܕܝܠܟ. ܘܬܬܠ ܟܣܐ ܠܦܪܥܘܢ ܒܐܝܕܐ
ܕܝܠܗ. ܐܝܟ ܬܫܡܫܬܐ ܩܕܡܝܬܐ ܕܝܠܟ. ܐܝܟ ܕܐܝܬܝܟ ܗܘܝܬ ܡܫܩܝܢܐ܀ [14]ܐܠܐ ܐܬܕܟܪܢܝ ܐܢܬ
ܠܘܬܟ. ܐܡܬܝ ܕܛܒ ܢܗܘܐ ܠܟ. ܘܬܥܒܕ ܥܡܝ ܚܣܕܐ. ܘܬܥܒܕ ܡܥܗܕܢܘܬܝ ܩܕܡ ܦܪܥܘܢ. ܘܬܦܩܢܝ
ܡܢ ܚܒܘܫܝܐ ܗܢܐ܆ [15]ܡܛܠ ܕܒܓܢܒܘ ܐܬܓܢܒܬ ܡܢ ܐܪܥܐ ܕܥܒܪ̈ܝܐ. ܘܗܪܟܐ ܠܐ ܥܒܕܬ ܘܠܐ ܡܕܡ.
ܐܠܐ ܐܪܡܝܘܢܝ ܒܓܘܒܐ ܗܢܐ«܀ [16]ܘܚܙܐ ܗܘ ܪܒ ܢܚ̈ܬܘܡܐ ܕܬܪܝܨܐܝܬ ܦܫܩ. ܘܐܡܪ ܠܝܘܣܦ »ܐܦ
ܐܢܐ ܚܙܝܬ ܒܚܠܡܐ. ܘܣܒܪܬ ܗܘܝܬ *ܕܬܠܬܐ ܣܠ̈ܐ †ܕܓܪ̈ܝܣܐ ܛܥܝܢ ܗܘܝܬ ܥܠ ܪܝܫܐ ܕܝܠܝ:
[17]ܒܣܠܐ ܕܝܢ ܗܘ ܥܠܝܐ. ܡܢ ܟܠܡܕܡ ܗܠܝܢ ܕܡܐܟܠܐ ܦܪܥܘܢ ܐܟܠ.. ܥܒܕܐ ܕܢܚܬܘܡܐ. ܘܦܪ̈ܚܬܐ
ܕܫܡܝܐ ܐܟܠܝܢ ܗܘܘ ܠܗܘܢ ܡܢ ܣܠܐ ܗܘ ܕܥܠܝܐ ܡܢ ܪܝܫܐ ܕܝܠܝ«܀ |

43

34¹ | ܕܝܢ ܐܬܚܝܠ ܥܠ ܐܪܥܐ܀ [2]ܗܘܐ ܕܝܢ ܕܟܕ ܫܠܡܘ ܠܡܐܟܠ ܥܒܘܪܐ ܗܘ ܕܐܝܬܝܘ ܡܢ ܡܨܪܝܢ.
ܘܐܡܪ ܠܗܘܢ ܐܒܐ ܕܝܠܗܘܢ »ܗܦܘ ܙܒܢܘ ܠܢ ܩܠܝܠ ܡܐܟܘܠܬܐ«܀ [3]ܐܡܪ ܕܝܢ ܠܗ ܝܗܘܕܐ ܟܕ ܐܡܪ
»ܡܣܗܕܘ ܣܗܕ ܠܢ ܗܘ ܓܒܪܐ ܟܕ ܐܡܪ »ܠܐ ܬܚܙܘܢ ܠܦܪ̈ܨܘܦܐ ܕܝܠܝ. ܐܠܐ ܐܢ ܐܚܐ ܕܝܠܟܘܢ ܥܡ ܗܘ
ܕܙܥܘܪ ܥܡܟܘܢ ܢܗܘܐ«: [4]ܐܢ ܡܢ ܗܟܝܠ ܡܫܕܪ ܐܢܬ ܠܐܚܐ ܕܝܠܢ ܥܡܢ. ܢܚܘܬ ܘܢܙܒܢ ܠܟ
ܡܐܟܘܠܬܐ: [5]ܐܢ ܕܝܢ ܠܐ ܡܫܕܪ ܐܢܬ ܠܐܚܐ ܕܝܠܢ ܥܡܢ. ܠܐ ܐܙܠܝܢܢ: ܗܘ ܓܝܪ ܓܒܪܐ ܐܡܪ ܠܢ ܟܕ ܐܡܪ

22 ܕܐܬܕܒܪܘ ܗܘܘ
3 απηχτο
5 ܕܥܒܕ, indice ad ܥܒܕܐ addito
6 ܩܘ ܡܫܓܫܝܢ

8 ܡܦܫܩܢܐ ܠܗ ܠܐ ܐܝܬ ܀ ܩܘ | ܐܡܪ : ubi | Aquilae incerta, ܡܦܫܩܢܐ vix legi potest. additur συγκρινον [sic]
8 ܦܘܫܩܐ ܀ ܩܘ ܦܘܫܩܗ |
10 ܩܘ ܫܒܫ̈ܬܐ |

10 ܦܪܥܬ ܗܘܬ ܩܘ |, quod non certum
16 ܣܠ̈ܐ ܕܓܪ̈ܝܣܐ |, ubi ad ܕܓܪ̈ܝܣܐ adscr γυρεως
16 χονδριτων
17 ܕܝܠܟ nolebam mutare

ܕ«ܠܐ ܬܚܙܘܢ ܒܦܪܨܘܦܐ ܕܝܠܝ. ܐܠܐ ܐܢ ܐܚܐ ܕܥܡܟܘܢ ܒܝܕ ܗܘ ܕܝܡܐ ܠܗܠܝܢ ܒܥܡܟܘܢ ܢܗܘܐ«܀ [6] ܐܡܪ ܕܝܢ
ܐܝܣܪܐܝܠ «ܒܡܢܐ ܐܒܐܫܬܘܢ ܠܝ ܕܐܘܕܥܬܘܢ ܠܓܒܪܐ *ܕܐܝܬ ܠܟܘܢ ܐܚܐ:«܀ [7] ܗܢܘܢ ܕܝܢ ܐܡܪܘ
«ܡܫܐܠܘ ܫܐܠ ܠܢ ܗܘ ܓܒܪܐ ܐܦ ܥܠ ܫܪܒܬܐ ܕܝܠܢ ܟܕ ܐܡܪ «ܐܢ ܥܕܟܝܠ ܐܒܐ | ܕܝܠܟܘܢ ܚܝ܀ 34[2]
ܘܐܢ ܐܝܬ ܠܟܘܢ ܐܚܐ:« . ܘܐܘܕܥܢܝܗܝ ܐܝܟ ܫܘܐܠܐ ܗܢܐ: ܡܢܐ ܝܕܥܝܢ ܗܘܝܢ ܕܐܡܪ ܠܢ ܕ«ܐܚܬܘ ܠܐܚܐ
ܕܥܡܟܘܢ«܀ [8] ܐܡܪ ܕܝܢ ܝܗܘܕܐ ܠܘܬ ܐܝܣܪܐܝܠ ܐܒܘܗܝ «ܫܕܪܝܗܝ ܠܛܠܝܐ ܥܡܝ. ܘܢܩܘܡ
ܘܢܐܙܠ. ܘܢܚܐ ܘܠܐ ܢܡܘܬ .. ܘܚܢܢ ܐܦ ܐܢܬ *ܘܐܝܣܪܐܝܠ ܕܝܠܢ: [9] ܐܢܐ ܕܝܢ *ܡܥܪܒܐ ܐܢܐ ܠܗ: ܡܢ ܐܝܕܝ
ܕܝܠܝ ܬܒܥܝܘܗܝ: ܐܢ ܗܘ ܕܠܐ ܐܝܬܝܬܗ. ܘܐܩܝܡܬܗ ܩܕܡܝܟ. ܘܚܛܝܬ ܗܘܐ ܠܟ ܟܠܗܘܢ ܝܘܡܬܐ:
[10] ܐܠܘ ܠܐ ܓܝܪ ܐܬܡܗܡܗܢܢ. ܗܐ ܡܢ ܟܕܘ ܕܝܢ ܗܦܟܢ ܗܘܝܢ ܙܒܢܝܢ«܀ [11] ܐܡܪ ܕܝܢ ܠܗܘܢ ܐܝܣܪܐܝܠ ܐܒܐ
ܕܝܠܗܘܢ «ܐܢ ܗܟܢܐ ܐܝܬܘܗܝ. ܗܕܐ ܥܒܕܘ: ܣܒܘ ܡܢ ܙܡܪܬܗ ܕܐܪܥܐ ܒܡܐܢܝܟܘܢ. ܘܐܚܬܘ ܠܓܒܪܐ
ܐܝܟ ܡܘܗܒܬܐ. ܡܢ ܙܥܘܪ ܩܛܦ ܕܒܫܐ .. *ܦܝܛܩܐ ܘܫܓܡܐ ܘܒܘܛܡܐ ܘܫܩܕܐ: [12] ܘܟܣܦܐ ܥܦܝܦܐ
ܣܒܘ ܒܐܝܕܝܟܘܢ. ܘܟܣܦܐ ܗܘ ܕܐܬܗܦܟ ܒܦܘܡ ܛܥܘܢܝܟܘܢ. | ܐܗܦܟܘ ܒܐܝܕܝܟܘܢ: ܕܠܡܐ 35[1]
ܛܥܝܘܬܐ ܐܝܬܝܗ: [13] ܘܠܐܚܘܟܘܢ ܕܒܪܘ. ܘܩܘܡܘ ܗܦܘܟܘ ܠܘܬ ܓܒܪܐ: [14] ܐܠܗܐ ܕܝܢ ܕܝܠܝ
ܢܬܠ ܠܟܘܢ ܪܚܡܐ ܩܕܡ ܓܒܪܐ. *ܘܢܫܪܐ ܠܟܘܢ ܠܐܚܐ ܕܝܠܟܘܢ ܗܘ ܚܕ ܘܠܒܢܝܡܝܢ: ܐܢܐ ܡܢ
ܓܝܪ ܐܝܟ *ܕܐܬܟܠܬ ܐܢܐ. ܐܬܟܠܬ ܐܢܐ«܀ [15] ܘܢܣܒܘ ܕܝܢ ܓܒܪܐ ܡܘܗܒܬܐ ܗܕܐ. ܘܟܣܦܐ
ܥܦܝܦܐ ܢܣܒܘ ܒܐܝܕܝܗܘܢ. ܘܠܒܢܝܡܝܢ. ܘܩܡܘ ܢܚܬܘ ܠܡܨܪܝܢ. ܘܩܡܘ ܩܕܡ ܝܘܣܦ܀ [16] ܚܙܐ
ܕܝܢ ܝܘܣܦ. ܘܒܢܝܡܝܢ ܥܡ ܐܚܐ ܕܝܠܗ. ܘܐܡܪ ܠܡܢ ܕܥܠ ܒܝܬܗ ܕܝܠܗ «ܐܥܠ ܐܢܘܢ ܠܓܒܪܐ
ܠܒܝܬܐ. ܘܢܟܘܣ ܢܟܣܬܐ. ܘܬܩܢ. ܡܛܠ ܕܥܡܝ ܐܟܠܝܢ ܗܠܝܢ ܓܒܪܐ ܒܛܗܪܐ«܀ [17] ܥܒܕ
ܕܝܢ ܗܘ ܓܒܪܐ ܐܝܟܢܐ ܕܐܡܪ ܝܘܣܦ. ܘܐܥܠ ܐܢܘܢ ※ܗܘ ܓܒܪܐ ܠܓܒܪܐ ܠܒܝܬܗ ܕܝܘܣܦ܀ | [18] ܟܕ 35[2]
ܚܙܘ ܕܝܢ ܗܢܘܢ ܓܒܪܐ ܕܐܬܥܠܠܘ ܠܒܝܬܗ ܕܝܘܣܦ. ܐܡܪܘ «ܡܛܠ ܟܣܦܐ ܗܘ ܕܗܦܟ ܒܛܥܘܢܝܢ ܕܝܠܢ
ܒܩܕܡܝܬܐ. ܚܢܢ ܡܬܥܠܠܝܢ ܚܢܢ. ܠܡܬܥܠܠܘ ܒܢ ܘܠܡܬܚܪܫܘ ܥܠܝܢ. ܠܡܫܩܠ ܠܢ ܠܥܒܕܐ
ܘܠܚܡܪܐ ܕܝܠܢ«܀ [19] ܩܪܒܘ ܕܝܢ ܠܘܬ ܓܒܪܐ ܗܘ ܕܥܠ ܒܝܬܗ ܕܝܘܣܦ. ܘܡܠܠܘ ܥܡܗ
ܒܬܪܥܐ ܕܒܝܬܐ [20] ܟܕ ܐܡܪܝܢ «ܒܒܥܘ .. ܡܪܝ .. ܢܚܬܢ ܒܩܕܡܝܬܐ ܠܡܙܒܢ ܡܐܟܘܠܬܐ: [21] ܘܗܘܐ
ܕܝܢ ܟܕ ܐܬܝܢ ܠܒܝܬܐ. ܘܦܬܚܢ ܛܥܘܢܝܢ ܕܝܠܢ. ܘܗܐ ܟܣܦܐ ܕܟܠ ܚܕ ܒܛܥܘܢܗ ܕܝܠܗ:
ܟܣܦܐ ܕܝܠܢ ܒܡܬܩܠܗ. ܐܗܦܟܢ ܐܢܝܢ ܗܫܐ ܒܐܝܕܝܢ ܕܝܠܢ. [22] ܘܟܣܦܐ ܐܚܪܢܐ ܐܝܬܝܢ ܥܡܢ
ܠܡܙܒܢ ܡܐܟܘܠܬܐ: ܠܐ ܝܕܥܝܢ ܡܢܘ ܐܪܡܝܗ ܠܟܣܦܐ ܕܝܠܢ ܒܛܥܘܢܝܢ ܕܝܠܢ«܀ [23] ܐܡܪ ܕܝܢ
ܠܗܘܢ «*ܫܠܡ ܠܟܘܢ. ܠܐ ܬܕܚܠܘܢ: ܐܠܗܐ ܕܝܠܟܘܢ ܘܐܠܗܐ | ܕܐܒܘܟܘܢ ܝܗܒ ܠܟܘܢ ܣܝܡܬܐ 36[1]
ܒܛܥܘܢܝܟܘܢ ܕܝܠܟܘܢ. ܟܣܦܐ ܕܝܢ ܕܝܠܟܘܢ ܥܠ ܠܘܬܝ«܀ ܘܐܦܩ ܠܘܬܗܘܢ ܠܫܡܥܘܢ: *ܘܐܥܠ
*ܗܘ ܓܒܪܐ ܠܓܒܪܐ ܠܒܝܬܐ ܕܝܢ ܕܝܘܣܦ. [24] ܘܝܗܒ ܡܝܐ ܘܐܫܝܓܘ ܪܓܠܝܗܘܢ. ܘܝܗܒ
ܟܘܫܬܐ ܠܚܡܪܐ ܕܝܠܗܘܢ܀ [25] ܛܝܒܘ ܕܝܢ ܠܡܘܗܒܬܐ ܥܕܡܐ ܕܐܬܐ ܝܘܣܦ ܒܛܗܪܐ: ܫܡܥܘ ܓܝܪ
ܕܬܡܢ ܥܬܝܕ *ܢܐܟܠܘܢ܀ [26] ܥܠ ܕܝܢ ܝܘܣܦ ܠܒܝܬܐ. ܘܩܪܒܘ ܠܗ ܠܡܘܗܒܬܐ ܗܢܘܢ ܕܐܝܬ ܗܘܐ ܥܡܗܘܢ
ܒܐܝܕܝܗܘܢ. ܠܒܝܬܐ. ܘܣܓܕܘ ܠܗ ܥܠ ܐܪܥܐ ܥܠ ܐܦܝܗܘܢ܀ [27] ܫܐܠ ܐܢܘܢ ܕܝܢ «ܐܝܟܢܐ ܐܝܬ
ܠܟܘܢ:« . ܘܐܡܪ ܠܗܘܢ «ܐܢ ܫܠܡ ܐܒܐ ܕܝܠܟܘܢ ܗܘ ܣܒܐ. ܗܘ ܕܐܡܪܬܘܢ ܕܥܕܟܝܠ ܚܝ:«܀
[28] ܗܢܘܢ ܕܝܢ ܐܡܪܘ «ܫܠܡ ܠܥܒܕܟ ܐܒܘܢ ܕܝܠܢ. ܥܕܟܝܠ ܚܝ«܀ ܒܪܟܘ ܘܣܓܕܘ: «ܒܪܝܟ ܗܘ
ܓܒܪܐ ܗܘ ܠܐܠܗܐ«: ܘܐܬܟܪܥܘ | ܘܣܓܕܘ ܠܗ܀ [29] ܟܕ ܐܪܝܡ ܕܝܢ ܥܝܢܐ ܕܝܠܗ. ܚܙܐ 36[2]
ܠܒܢܝܡܝܢ ܐܚܘܗܝ ܕܝܠܗ ܒܪ ܐܡܗ. ܘܐܡܪ «ܗܢܘ ܗܘ ܐܚܘܟܘܢ ܗܘ ܙܥܘܪܐ. ܗܘ ܕܐܡܪܬܘܢ
ܠܝ:« . ܘܐܡܪ «ܐܠܗܐ ܢܬܪܚܡ ܥܠܝܟ .. ܒܪܝ«܀ [30] ܐܣܬܪܗܒ ܕܝܢ ܝܘܣܦ (ܡܛܠ ܕܐܬܬܙܝܥܘ ܗܘܘ
ܓܝܪ *ܪܚܡܘܗܝ ܕܝܠܗ ܥܠ ܐܚܘܗܝ). ܘܒܥܐ ܗܘܐ ܠܡܒܟܐ: ܟܕ ܥܠ ܕܝܢ ܠܬܘܢܐ. ܒܟܐ ܬܡܢ.

5 ܡܫܪ B
6 ?
8 αποσχευη et ܡܢ ܥܒܕܐ |
9 ܐܢܐ ܟܕ ܥܪܒ ܡܢ praemissâ vel ܘ vel |
11 ܡܢ ܐܬܡܗܡܗܢܢ | legit C
14 ܡܢ ܘܢܫܪܐ ܠܟܘܢ : adnotationis index ad ܠܟܘܢ appositus est
14 ܐܬܟܠܬ ܐܢܐ . ܐܢܐ ܕܝܢ ܡܢ ܟܡܐ
17 ܢ vocis ܢܟܘܣ periit
17 ܓ vocis ܓܒܪܐ periit
23 | ܡܢ ܫܠܡ ܠܟܘܢ
23 ܡ vocis ܬܕܚܠܘܢ periit
23 | altera vocis ܘܐܠܗܐ periit
25 ܫܡܥܘ ܡܢ ܗܘܝܐ܀ | ܡܢ ܕܐܟܠܝܢ ܠܚܡܐ
30 | ܡܢ ܪܚܡܘܗܝ ܕܝܠܗ

³¹ ܘܟܕ ܐܫܝܓ ܦܪܨܘܦܗ ܘܢܦܩ. ܐܬܚܣܢ: ܘܐܡܪ »ܣܝܡܘ ܠܚܡܐ«: ³² ܘܣܡܘ ܠܗ ܠܒܠܚܘܕܘܗܝ.
ܘܠܗܘܢ ܒܠܚܘܕܝܗܘܢ ܘܠܗܘܢ. ܘܠܡܨܪܝܐ ܕܐܟܠܝܢ ܥܡܗ. ܒܠܚܘܕܝܗܘܢ ܘܠܗܘܢ: ܠܐ ܓܝܪ ܡܫܟܚܝܢ ܗܘܘ ܡܨܪܝܐ
ܠܡܐܟܠ ܥܡ ܥܒܪܝܐ ܠܚܡܐ: ܛܢܦܘܬܐ ܓܝܪ ܐܝܬܝܗ ܠܡܨܪܝܐ ܀ ³³ ܝܬܒܘ ܕܝܢ ܩܕܡܘܗܝ ܒܘܟܪܐ
ܐܝܟ ܩܫܝܫܘܬܗ ܕܝܠܗ. ܘܗܘ ܕܙܥܘܪ ܛܠܝܐ ܐܝܟ ܛܠܝܘܬܗ ܕܝܠܗ: ܘܬܡܗܝܢ ܗܘܘ ܕܝܢ ܗܢܘܢ ܓܒܪܐ ܟܠ ܚܕ
ܠܘܬ ܐܚܐ ܕܝܠܗ ܀ ³⁴ ܘܫܩܠܘ ܕܝܢ ܡܢܘܬܐ ܡܢܗ ܠܘܬܗܘܢ. ܣܓܝܐܐ ܕܝܢ ܗܘܬ ܡܢܬܗ | ܕܒܢܝܡܝܢ ܡܢ ܡܢܘܬܐ 37¹
ܕܟܠܗܘܢ. ܚܡܫܐ ܐܦܝܢ ܝ— ܠܘܬ ܕܗܢܘܢ: ܐܫܬܝܘ ܕܝܢ ܘܪܘܝܘ ܥܡܗ ܀
¹ ܘܦܩܕ ܝܘܣܦ ܠܗܘ ܕܥܠ ܒܝܬܗ ܕܝܠܗ ܟܕ ܐܡܪ »ܡܠܝ ܠܡܪܬܘܩܐ ܕܐܢܫܐ ܡܐܟܘܠܬܐ ܟܡܐ ܕܐܢ 44
ܡܫܟܚܝܢ ܠܡܫܩܠ. ܘܐܪܡܐ ܠܟܣܦܐ ܕܟܠ ܚܕ ܠܦܘܡܐ ܕܡܪܬܘܩܗ. ² *ܘܠܟܣܐ ܕܝܠܝ ܕܟܣܦܐ
ܐܪܡܘ ܠܡܪܬܘܩܗ ܕܗܘ ܕܙܥܘܪ ܛܠܝܐ. ܘܠܟܣܦܐ ܕܙܒܢܐ ܕܝܠܗ« ܀ ܗܘܐ ܕܝܢ ܐܝܟ ܡܠܬܗ ܕܝܘܣܦ..
ܐܝܟ ܕܐܡܪ ܀ ³ ܨܦܪܐ ܢܗܪ. ܘܗܠܝܢ ܐܢܫܐ ܐܫܬܕܪܘ.. ܗܢܘܢ ܘܚܡܪܝܐ ܕܝܠܗܘܢ ܀ ⁴ ܟܕ ܗܢܘܢ ܕܝܢ ܢܦܩܘ
ܡܢ ܡܕܝܢܬܐ. ܠܐ ܐܪܚܩܘ ܠܒܪܝܐ. ܘܝܘܣܦ ܐܡܪ ܠܗܘ ܕܥܠ ܒܝܬܐ ܕܝܠܗ »ܩܘܡ ܪܗܛ ܒܬܪ ܗܢܘܢ
ܐܢܫܐ. ܘܐܕܪܟ ܐܢܘܢ. ܘܐܡܪ ܠܗܘܢ »ܡܢܐ ܦܪܥܬܘܢ ܒܝܫܬܐ ܚܠܦ ܛܒܬܐ.· ⁵ ܝ— ܠܡܢܐ ܓܢܒܬܘܢ
ܝ— *ܟܣܐ ܕܝܠܝ ܗܘ ܕܟܣܦܐ.· ܠܘ ܗܢܐ | ܐܝܬܘܗܝ ܗܘ ܕܫܬܐ ܒܗ ܡܪܝ ܕܝܠܝ.· ܗܘ ܕܝܢ ܡܢܚܫ 37²
ܡܢܚܫ ܒܗ: ܒܝܫܬܐ ܡܫܡܠܝܬܘܢ ܗܠܝܢ ܕܥܒܕܬܘܢ«« ܀ ⁶ ܟܕ ܕܝܢ ܐܕܪܟ ܐܢܘܢ. ܐܡܪ ܠܗܘܢ ܐܝܟ ܡ̈ܠܐ
ܗܠܝܢ: ⁷ ܗܢܘܢ ܕܝܢ ܐܡܪܘ ܠܗ »ܠܡܢܐ ܡܡܠܠ ܡܪܢ ܐܝܟ ܡ̈ܠܐ ܗܠܝܢ.· ܠܐ ܬܗܘܐ ܠܥܒܕܝܟ ܕܢܥܒܕܘܢ
ܐܝܟ ܡܠܬܐ ܗܕܐ: ⁸ ܐܢ ܡܢ ܟܣܦܐ ܗܘ ܕܐܫܟܚܢ ܒܦܘܡ ܡܪܬܘܩܐ ܕܝܠܢ. ܐܗܦܟܢܝܗܝ
ܠܘܬܟ ܡܢ ܐܪܥܐ ܕܟܢܥܢ.· ܐܝܟܢܐ ܕܝܢ ܢܓܢܘܒ ܗܘܝܢ ܡܢ ܒܝܬܗ ܕܡܪܟ ܟܣܦܐ ܐܘ ܕܗܒܐ.· ⁹ ܠܘܬ
ܗܘ ܕܐܢ ܢܫܬܟܚ ܟܣܐ ܡܢ ܥܒܕܝܟ ܕܝܠܢ. ܢܡܘܬ. ܘܐܦ ܚܢܢ ܕܝܢ ܢܗܘܐ ܥܒܕܐ ܠܡܪܢ ܕܝܠܢ« ܀ ¹⁰ ܗܘ
ܕܝܢ ܐܡܪ »ܘܗܫܐ ܐܝܟ ܕܐܡܪܬܘܢ ܗܟܢܐ. ܗܟܢܐ ܢܗܘܐ: ܠܘܬ ܗܘ ܕܐܢ ܢܫܬܟܚ ܟܣܐ. ܢܗܘܐ ܠܝ
ܥܒܕܐ. ܐܢܬܘܢ ܕܝܢ ܬܗܘܘܢ ܙܟܝܐ« ܀ ¹¹ ܘܐܣܬܪܗܒܘ ܘܐܚܬܘ ܟܠ ܚܕ ܡܪܬܘܩܗ | ܕܝܠܗ ܥܠ 38¹
ܐܪܥܐ. ܘܦܬܚܘ ܟܠ ܚܕ ܡܪܬܘܩܗ ܕܝܠܗ ܀ ¹² ܒܨܐ ܗܘܐ ܕܝܢ. ܟܕ ܡܢ ܩܫܝܫܐ ܫܪܝ. ܥܕܡܐ ܕܐܬܐ
ܠܘܬ ܗܘ ܕܙܥܘܪ ܛܠܝܐ *ܘܫܟܚܗ. ܘܐܫܟܚܘ ܠܟܣܐ ܒܡܪܬܘܩܗ ܕܒܢܝܡܝܢ ܀ ¹³ ܘܨܪܘ ܢܚܬܝܗܘܢ
ܕܝܠܗܘܢ. ܘܣܡܘ ܟܠ ܚܕ ܥܠ ܚܡܪܐ ܕܝܠܗ. ܘܗܦܟܘ ܠܡܕܝܢܬܐ ܀ ¹⁴ ܥܠ ܕܝܢ ܝܗܘܕܐ ܘܐܚܐ ܕܝܠܗ
ܠܘܬ ܝܘܣܦ. ܟܕ ܗܘ ܕܝܢ ܥܕܟܝܠ ܐܬܡܢ ܗܘܐ ܬܡܢ. ܘܢܦܠܘ ܩܕܡܘܗܝ ܥܠ ܐܪܥܐ ܀ ¹⁵ ܐܡܪ ܕܝܢ
ܠܗܘܢ ܝܘܣܦ »ܠܡܢܐ ܥܒܕܬܘܢ ܗܢܐ ܥܒܕܐ.· *ܠܐ ܝܕܥܬܘܢ ܕܢܚܫܐ ܡܢܚܫ ܓܒܪܐ ܗܘ
ܕܐܝܟ ܐܢܐ« ܀ ¹⁶ ܐܡܪ ܕܝܢ ܝܗܘܕܐ »ܡܢܐ ܢܐܡܪ ܠܡܪܢ. ܐܘ ܢܡܠܠ. ܐܘ ܡܢܐ ܢܙܕܕܩ.· ܐܠܗܐ ܕܝܢ
ܐܫܟܚ ܠܥܘܠܐ ܕܥܒܕܝܟ ܕܝܠܢ: ܗܐ ܐܝܬܝܢ ܥܒܕܐ ܠܡܪܢ ܕܝܠܢ.. ܐܦ ܚܢܢ. ܐܦ ܗܘ ܕܒܐܝܕܗ
ܐܫܬܟܚ ܟܣܐ« ܀ ¹⁷ ܐܡܪ ܕܝܢ »ܠܐ ܬܗܘܐ ܠܝ ܠܡܥܒܕ ܡܠܬܐ ܗܕܐ: ܓܒܪܐ ܗܘ ܕܒܐܝܕܗ
| ܐܫܬܟܚ ܟܣܐ. ܗܘ ܢܗܘܐ ܠܝ ܥܒܕܐ. ܐܢܬܘܢ ܕܝܢ. ܣܩܘ ܠܘܬ ܐܒܘܟܘܢ ܒܫܠܡܐ« ܀ 38²
¹⁸ ܩܪܒ ܕܝܢ ܠܘܬܗ ܝܗܘܕܐ. ܐܡܪ »ܒܥܐ ܐܢܐ.. ܡܪܝ.. ܢܡܠܠ ܥܒܕܐ ܕܝܠܟ ܡܠܬܐ ܩܕܡܝܟ. ܘܠܐ ܬܬܚܡܬ
ܥܠ ܥܒܕܐ ܕܝܠܟ: *ܡܛܠ ܕܐܢܬ ܐܝܟ ܦܪܥܘܢ.. ¹⁹ ܡܪܝ: ܐܢܬ ܫܐܠܬ ܠܥܒܕܝܟ ܕܝܠܟ ܟܕ ܐܡܪ
ܐܢܬ »ܐܝܬ ܠܟܘܢ ܐܒܐ ܐܘ ܐܚܐ.·«. ²⁰ ܘܐܡܪܢ ܠܡܪܝ »ܐܝܬ ܠܢ ܐܒܐ ܣܒܐ. ܘܒܪܐ ܕܣܝܒܘܬܐ ܗܘ
ܕܙܥܘܪ ܛܠܝܐ ܠܗ: ܘܐܚܐ ܕܝܠܗ ܡܝܬ. ܗܘ ܕܝܢ ܗܘ ܒܠܚܘܕܘܗܝ *ܠܐܡܐ ܕܝܠܗ. ܐܒܐ ܕܝܢ ܕܝܠܗ ܪܚܡܗ«:
²¹ ܐܡܪܬ ܕܝܢ ܠܥܒܕܝܟ ܕܝܠܟ »ܐܚܬܘܗܝ ܠܘܬܝ. ܘܐܚܙܐ ܐܢܐ ܕܝܠܗ«: ²² ܘܐܡܪܢ ܠܡܪܝ »ܠܐ ܡܫܟܚ
ܛܠܝܐ ܠܡܫܒܩ ܠܐܒܘܗܝ. ܐܢ ܕܝܢ ܢܫܒܘܩ ܠܐܒܐ *ܕܝܠܗ. ܢܡܘܬ«: ²³ ܐܡܪܬ ܕܝܢ ܠܥܒܕܝܟ
ܕܝܠܟ »ܐܢ ܠܐ ܢܚܘܬ ܐܚܐ ܕܝܠܟܘܢ ܗܘ ܕܙܥܘܪ ܛܠܝܐ ܥܡܟܘܢ. ܠܐ ܬܘܣܦܘܢ* ܠܡܚܙܐ ܦܪܨܘܦܐ ܕܝܠܝ«:
²⁴ ܗܘܐ ܕܝܢ ܟܕ ܣܠܩܢ ܠܘܬ ܥܒܕܐ ܕܝܠܟ.. ܐܒܐ ܕܝܢ ܕܝܠܢ. ܘܚܘܝܢܝܗܝ ܡ̈ܠܐ | ܕܡܪܝ *ܕܝܠܝ: 39¹

2 adnotatio nulla in margine, sed huc cum Ceriano trahendum quod voci ܠܟܣܐ commatis quarti impositum est vocabulum κονδυ

4 vide quae ad 2 adscripsi

5 super versu + σκυφος. in margine ܣܩܘܦܘܣ ܀ ܗܘ ܟܣܐ |

15 indice ad ܡܢܚܫ adposito ܠܐ ܡܢܚܫ ܐܢܐ

18 ܥܒܕܐ B¹

18 ܡܛܠ ܕܐܢܬ ܐܝܟ ܦܪܥܘܢ |

20 ܠܐܡܐ

23 ܕ vocis ܕܐܢ > B¹

23 ܢܚܬ

25 ܐܡܪ ܕܝܢ ܐܒܐ ܕܝܠܢ ܗܦܘܟܘ ܙܒܢܘ ܠܢ ܩܠܝܠ ܥܒܘܪܐ: 26 ܚܢܢ ܕܝܢ ܐܡܪܢ ܠܐ ܡܫܟܚܝܢܢ
ܠܡܚܬ. ܐܠܐ ܐܢ ܗܘ ܐܚܐ ܕܝܠܢ ܗܘ ܕܙܥܘܪ ܢܐܬܐ ܥܡܢ. ܢܚܘܬ: ܠܐ ܓܝܪ ܡܫܟܚܝܢܢ ܠܡܚܙܐ
ܠܦܪܨܘܦܗ ܕܗܘ ܓܒܪܐ. ܟܕ ܐܚܘܢ ܗܘ ܕܙܥܘܪ ܠܐ ܐܬܐ ܥܡܢ: 27 ܐܡܪ ܕܝܢ ܥܒܕܐ ܕܝܠܟ
ܐܒܐ ܕܝܠܢ ܠܘܬܢ: ܐܢܬܘܢ ܝܕܥܝܢ ܐܢܬܘܢ ܕܬܪܝܢ ܝܠܕܬ ܠܝ ܐܢܬܬܝ *ܕܝܠܝ. 28 ܘܢܦܩ ܚܕ ܡܢܝ. ܘܐܡܪܬ
ܕܐܟܠܗ ܡܢ ܚܝܘܬܐ ܒܙܐ ܗܘܐ. ܘܠܐ ܚܙܝܬܗ ܠܗ ܥܕܡܐ ܠܗܫܐ: 29 ܐܢ ܗܟܝܠ ܕܒܪܝܬܘܢ ܐܦ ܠܗܢܐ
ܡܢ ܦܪܨܘܦܝ ܕܝܠܝ. ܘܢܓܕܫܝܘܗܝ ܟܘܪܗܢܐ ܒܐܘܪܚܐ. ܬܚܬܘܢ ܐܢܬܘܢ ܠܣܝܒܘܬܝ ܕܝܠܝ ܒܥܩܬܐ
ܠܫܝܘܠ: 30 ܘܗܫܐ ܗܟܝܠ ܐܢ ܐܙܠܬ ܐܢܐ ܠܘܬ ܥܒܕܐ ܕܝܠܟ .. ܐܒܐ ܕܝܢ ܕܝܠܢ. ܘܛܠܝܐ ܠܐ ܢܗܘܐ
39² ܥܡܢ (ܢܦܫܐ ܕܝܢ *ܕܝܠܗ *ܐܚܝܕܐ ܒܢܦܫܗ ܕܗܢܐ). 31 ܘܢܗܘܐ | ܕܟܕ ܢܚܙܐ ܕܠܐ ܐܬܘܗܝ ܛܠܝܐ ܢܡܘܬ.
ܘܢܡܘܬ. ܘܢܚܬܘܢ ܥܒܕܐ ܕܝܠܟ ܠܣܝܒܘܬܗ ܕܥܒܕܐ ܕܝܠܟ .. ܐܒܐ ܕܝܢ ܕܝܠܢ. ܥܡ ܟܐܒܐ ܠܫܝܘܠ:
32 ܗܘ ܓܝܪ ܥܒܕܐ ܕܝܠܟ ܥܪܒܗ ܠܛܠܝܐ ܡܢ ܐܒܘܗܝ. ܟܕ ܐܡܪ ܐܢܐ ܕܐܢ ܠܐ ܐܝܬܝܬܝܘܗܝ ܠܘܬܟ
ܘܐܩܝܡܬܝܘܗܝ ܩܕܡܝܟ. ܘܚܛܝܐ ܐܗܘܐ ܠܘܬ ܐܒܘܢ ܟܠܗܘܢ ܝܘܡܬܐ: 33 ܘܗܫܐ ܗܟܝܠ ܢܩܘܐ ܐܢܐ ܥܒܕܐ
ܕܝܠܟ ܚܠܦ ܛܠܝܐ ܥܒܕܐ ܠܡܪܝ *ܕܝܠܝ. ܘܗܘ ܕܝܢ ܛܠܝܐ ܢܣܩ ܥܡ ܐܚܘܗܝ: 34 ܐܝܟܢܐ ܓܝܪ
ܐܣܩ ܠܘܬ ܐܒܐ ܕܝܠܝ. ܟܕ ܛܠܝܐ ܠܐ ܐܬܘܗܝ ܥܡܢ. ܐܝܟܢܐ ܕܠܐ ܐܚܙܐ ܒܒܝܫܬܐ ܐܝܕܐ ܕܡܫܟܚܐ
ܠܐܒܐ ܕܝܠܝ ܀

45 1 ܘܠܐ ܡܨܐ ܗܘܐ ܝܘܣܦ *ܠܡܬܚܝܣܢܘ ܡܢ ܩܕܡ ܟܠܗܘܢ ܕܩܝܡܝܢ ܗܘܘ ܩܕܡܘܗܝ. ܐܠܐ ܐܡܪ ܐܦܩܘ
ܟܠܢܫ ܡܢܝ: ܘܠܐ ܩܐܡ ܗܘܐ ܐܦܠܐ ܐܢܫ *ܩܕܡܘܗܝ. ܟܕ ܡܬܝܕܥ ܗܘܐ ܝܘܣܦ ܠܐܚܘܗܝ.
40¹ 2 ܘܫܒܩ ܩܠܗ ܒܒܟܝܐ. ܘܫܡܥܘ ܕܝܢ | ܡܨܪܝܐ. ܘܐܫܬܡܥܬ ܗܘܬ ܒܒܝܬܗ ܕܦܪܥܘܢ ܀ 3 ܘܐܡܪ ܕܝܢ
ܝܘܣܦ ܠܘܬ ܐܚܐ ܕܝܠܗ: ܐܢܐ ܐܝܬܝ ܝܘܣܦ. ܕܥܕܟܝܠ ܐܒܐ ܕܝܠܝ ܚܝ: ܘܠܐ ܡܨܝܢ ܗܘܘ ܐܚܐ
*ܕܝܠܗ ܠܡܦܢܝܘ ܠܗ. ܐܬܬܙܝܥܘ ܓܝܪ *ܡܢ ܦܪܨܘܦܐ ܕܝܠܗ ܀ 4 ܐܡܪ ܕܝܢ ܝܘܣܦ ܠܘܬ ܐܚܐ
ܕܝܠܗ: ܩܪܘܒܘ ܠܘܬܝ. ܘܩܪܒܘ. ܘܐܡܪ: ܐܢܐ ܐܝܬܝ ܝܘܣܦ ܐܚܐ ܕܝܠܟܘܢ. ܗܘ ܕܙܒܢܬܘܢܝ ܠܡܨܪܝܢ:
5 ܘܗܫܐ ܗܟܝܠ. ܠܐ ܬܬܥܝܩܘܢ. ܘܠܐ ܬܩܫܐ ܠܟܘܢ ܠܡܐܢܐ. ܕܙܒܢܬܘܢܝ ܠܗܪܟܐ. ܠܚܝܐ ܓܝܪ ܫܕܪܢܝ
ܐܠܗܐ ܩܕܡܝܟܘܢ: 6 ܗܕܐ ܓܝܪ ܫܢܬܐ ܕܬܪܬܝܢ ܗܝ ܕܟܦܢܐ ܒܓܘ ܐܪܥܐ. ܘܥܘܕ ܕܚܡܫ ܫܢܝܢ.
ܗܠܝܢ ܕܒܗܘܢ ܠܐ ܢܗܘܐ ܙܪܥܐ ܘܠܐ ܚܨܕܐ: 7 ܫܕܪܢܝ ܓܝܪ ܐܠܗܐ ܩܕܡܝܟܘܢ. ܠܡܣܡ ܠܟܘܢ ܫܪܟܐ
ܒܐܪܥܐ. *ܘܠܡܚܝܘ ܫܘܙܒܐ ܪܒܐ ܠܟܘܢ ܗܪܟܐ: 8 ܘܗܫܐ ܗܟܝܠ. ܠܐ ܗܘܐ ܐܢܬܘܢ ܫܕܪܬܘܢܝ ܠܗܪܟܐ.
40² ܐܠܐ ܐܢ | ܐܠܗܐ. ܘܫܘܝܢܝ ܐܝܟ ܐܒܐ ܠܦܪܥܘܢ .. ܘܡܪܐ ܠܟܠܗ ܒܝܬܗ .. ܘܫܠܝܛܐ ܒܟܠܗ ܐܪܥܐ
ܕܡܨܪܝܢ: 9 ܐܣܬܪܗܒܘ ܗܟܝܠ ܣܩܘ ܠܘܬ ܐܒܐ ܕܝܠܝ ܘܐܡܪܘ ܠܗ. ܗܟܢ ܐܡܪ ܒܪܟ ܕܝܠܟ ܝܘܣܦ:
ܫܘܝܢܝ ܐܠܗܐ ܡܪܐ ܠܟܠܗ ܡܨܪܝܢ. ܢܚܘܬ ܗܟܝܠ ܠܘܬܝ. ܘܠܐ ܬܩܘܘܣ. 10 ܘܬܬܒ ܒܐܪܥܐ ܕܓܘܫ
ܢ. ܘܬܗܘܐ ܩܪܝܒ ܠܘܬܝ. ܐܢܬ ܘܒܢܝܐ ܕܝܠܟ. ܘܒܢܝܐ ܕܒܢܝܐ ܕܝܠܟ. ܘܥܢܐ ܕܝܠܟ ܘܬܘܪܐ. ܘܟܠܗ
ܕܐܝܬ ܠܟ. 11 ܘܐܬܪܣܝܟ ܬܡܢ (ܥܘܕ ܓܝܪ ܚܡܫ ܫܢܝܢ ܕܟܦܢܐ). ܐܝܟܢܐ ܕܠܐ ܬܐܒܕ ܐܢܬ ܘܒܢܝܐ ܕܝܠܟ.
ܘܒܝܬܟ ܘܟܠ ܕܐܝܬ ܠܟ: 12 ܗܐ ܥܝܢܝܐ ܕܝܠܟܘܢ ܚܙܝܢ ܘܥܝܢܘܗܝ ܕܐܚܐ ܕܝܠܝ ܒܢܝܡܝܢ. ܕܦܘܡܐ
ܗܘ ܕܝܠܝ ܕܡܡܠܠ ܥܡܟܘܢ: 13 ܘܐܫܬܥܘ ܗܟܝܠ ܠܐܒܐ ܕܝܠܝ ܟܠܗ ܬܫܒܘܚܬܐ ܕܝܠܝ ܕܒܡܨܪܝܢ.
ܘܟܠ ܕܚܙܝܬܘܢ. ܘܐܣܬܪܗܒܘ ܐܚܬܘ ܠܐܒܐ ܕܝܠܝ ܠܗܪܟܐ ܀ 14 ܘܢܦܠ ܥܠ ܨܘܪܗ ܕܒܢܝܡܝܢ ܐܚܐ
41¹ ܕܝܠܗ. ܘܒܟܐ. ܘܒܢܝܡܝܢ | ܒܟܐ ܥܠ ܨܘܪܗ ܕܝܠܗ: 15 ܘܢܫܩ ܠܟܠܗܘܢ ܐܚܐ ܕܝܠܗ. ܘܒܟܐ
ܥܠܝܗܘܢ. ܘܒܬܪ ܗܠܝܢ ܡܠܠܘ ܐܚܐ ܕܝܠܗ ܥܡܗ ܀ 16 ܘܐܫܬܡܥܬ ܩܠܐ ܒܒܝܬܗ ܕܦܪܥܘܢ. ܟܕ
ܐܡܪܝܢ ܕܐܬܘ ܐܚܘܗܝ ܕܝܘܣܦ: ܫܦܪ ܕܝܢ ܦܪܥܘܢ ܘܥܒܕܝܐ ܕܝܠܗ ܀ 17 ܐܡܪ ܕܝܢ ܦܪܥܘܢ ܠܘܬ
ܝܘܣܦ: ܐܡܪ ܠܐܚܐ ܕܝܠܟ ܗܕܐ ܥܒܕܘ. ܛܥܘܢܘ *ܒܥܝܪܐ ܕܝܠܟܘܢ ܥܒܘܪܐ. ܘܙܠܘ ܠܐܪܥܐ ܕܟܢܥܢ: 18 ܘܕܒܪܘ
ܐܒܐ ܕܝܠܟܘܢ ܘܐܢܫܝ ܒܬܝܟܘܢ. ܬܘ ܠܘܬܝ. ܘܐܬܠ ܠܟܘܢ ܡܢ ܟܠܗܘܢ ܛܒܬܐ
ܕܡܨܪܝܢ. ܘܬܐܟܠܘܢ ܫܘܡܢܗ ܕܐܪܥܐ: 19 ܘܐܢܬ ܕܝܢ ܦܩܘܕ ܠܗܘܢ. ܗܕܐ ܥܒܕܘ. ܣܒܘ ܠܟܘܢ ܡܢ ܐܪܥܐ ܕܡܨܪܝܢ
ܥܓܠܬܐ ܠܛܠܝܐ ܕܝܠܟܘܢ ܘܠܢܫܐ. ܘܛܥܘܢܘ ܐܒܐ ܕܝܠܟܘܢ. ܘܬܘ: 20 ܘܥܝܢܝܟܘܢ ܠܐ ܬܚܘܣ

30 ܡܢ ܦܘܡܗ ܀ | ܐܦܘܡܐ — ܘܕܝܠܗ. an minio scr, non notavi — 17 ܡܢ ܒܥܝܢܝ ܕܝܠܗ | et super versu
ܡܢ ܦܪܨܘܦܗ | — 1 ܝܘܣܦ ܠܟܠ — πορ[illegible]
1 ante ܐܠܐ + ܠܐܚܐ ܝܘܣܦ ܠܐܚܐ ܡܢ — 7 ܐܚܐ ܬܡܢ ܕܝܠܟܘܢ ܡܢ ܥܒܕܬܐ | — 19 post ܠܗܘܢ distinguit ipse B

ܥܠ ܡ̈ܐܢܐ ܕܝܠܟܘܢ܆ ܛ̈ܒܬܐ ܓܝܪ ܕܟܠܗ ܕܡܨܪܝܢ ܠܟܘܢ ܬܗܘܐ« ܀ 21 ܥܒܕܘ ܕܝܢ ܗܟܢܐ ܒ̈ܢܝܐ
41² ܕܐܝܣܪܐܝܠ: ܘܝܗܒ | ܠܗܘܢ ܝܘܣܦ ܥ̈ܓܠܬܐ ܐܝܟ ܗܠܝܢ ܕܐܡܝܪܢ ܡܢ ܦܪܥܘܢ ÷ܡܠܟܐ↙. ܘܝܗܒ
ܠܗܘܢ ܙܘܕܐ ܠܐܘܪܚܐ. 22 ܘܠܟܠܗܘܢ ܝܗܒ ܬܪ̈ܬܝܢ ܐܣܛ̈ܠܐ. ܠܒܢܝܡܝܢ ܕܝܢ ܝܗܒ *ܬܠܬܡܐܐ ܕܕܗܒܐ
ܘܚܡܫ ܐܣܛ̈ܠܐ ܡܫܚܠܦܢܝ̈ܬܐ. 23 ܘܠܐܒܐ ܕܝܠܗ ܫܕܪ ܕܐܝܟ ܗܠܝܢ ܘܥܣܪܐ ܚܡ̈ܪܐ ܕܫܩܠܝܢ ܡܢ ܟܠܗܘܢ ܛ̈ܒܬܐ
ܕܡܨܪܝܢ. ܘܥܣܪ ܡܘܠ̈ܘܬܐ ܕܫ̈ܩܠܢ ܠܚ̈ܡܐ * ܘܡܙܘܢܝܬܐ↙ ܠܐܒܐ ܕܝܠܗ ܠܐܘܪܚܐ. 24 ܫܪܐ ܕܝܢ ܠܐܚ̈ܐ
ܕܝܠܗ. ܘܐܙ̈ܠܘ. ܘܐܡܪ ܠܗܘܢ »ܠܐ *ܬܬܚܪܘܢ ܒܐܘܪܚܐ܀ 25 ܘܣܠܩܘ ܡܢ ܡܨܪܝܢ. ܘܐܬܘ ܠܐܪܥܐ ܕܟܢܥܢ
ܠܘܬ ܝܥܩܘܒ ܐܒܐ ܕܝܠܗܘܢ. 26 ܘܐܘܕܥܘܗܝ ܟܕ ܐܡܪܝܢ ܕ»ܒܪܐ ܕܝܠܟ ܝܘܣܦ ܚܝ ܗܘ. ܘܗܘ ܫܠܝܛ
ܥܠ ܟܠܗ ܐܪܥܐ ܕܡܨܪܝܢ« : *ܘܐܬܘܗ ܒܬܪܥܝܬܐ. ܠܐ ܓܝܪ ܗܝܡܢ ܐܢܘܢ: 27 ܡܠܠܘ ܕܝܢ ܥܡܗ ܟܠܗܘܢ
ܗܠܝܢ ܕܐܡܝܪܢ ܡܢ ܝܘܣܦ .. ܐܝܟ ܕܐܡܪ ܠܗܘܢ: ܟܕ ܕܝܢ ܚܙܐ ܥ̈ܓܠܬܐ ܗܠܝܢ ܕܫܕܪ ܝܘܣܦ ܐܝܟܢܐ
42¹ ܕܢܫܩܠܘܢܝܗܝ. | ܐܬܚܝܬ ܪܘܚܗ ܕܝܥܩܘܒ ܐܒܐ ܕܝܠܗܘܢ܀ 28 ܐܡܪ ܕܝܢ ܐܝܣܪܐܝܠ »ܪܒܐ ܐܝܬܝܗ
ܠܝ. ܐܢ ܥܕܟܝܠ ܝܘܣܦ ܗܘ ܒܪܐ ܕܝܠܝ ܚܝ: ܐܙܠ ܐܚܙܝܘܗܝ ܡܢ ܩܕܡ ܕܐܡܘܬ« ܀
46 1 ܟܕ ܐܫܩܠ ܕܝܢ ܐܝܣܪܐܝܠ ܗܘ ܘܟܠܗܘܢ ܗܠܝܢ ܕܐܝܬ ܠܗ. ܐܬܐ ܥܠ ܒܐܪܐ *ܕܡ̈ܘܡܬܐ. ܘܕܒܚ
ܕܒܚܬܐ ܠܐܠܗܐ ܕܐܒܐ ܕܝܠܗ ܐܝܣܚܩ܀ 2 ܐܡܪ ܕܝܢ ܐܠܗܐ ܠܘܬ ܐܝܣܪܐܝܠ ܒܚܙܘܐ ܕܠܠܝܐ ܟܕ ܐܡܪ
»ܝܥܩܘܒ ܝܥܩܘܒ«. ܗܘ ܕܝܢ ܐܡܪ »ܡܢܐ ܐܝܬܘܗܝ.·.« ܀ 3 ܟܕ ܐܡܪ »ܐܢܐ ܐܝܬܝ ܐܠܗܐ ܕܐܒ̈ܗܬܐ ܕܝܠܟ:
ܠܐ ܬܕܚܠ ܠܡܚܬ ܠܡܨܪܝܢ܆ ܠܥܡܐ ܓܝܪ ܪܒܐ ܐܥܒܕܟ ܬܡܢ: 4 ܘܐܢܐ ܐܚܘܬ ܥܡܟ ܠܡܨܪܝܢ. ܘܐܢܐ
ܐܣܩܟ ܠܫܘܠܡܐ. ܘܝܘܣܦ ܢܪܡܐ ܐܝ̈ܕܝܐ *ܕܝܠܗ↙ ܥܠ ܥܝ̈ܢܝܟ« ܀ 5 ܩܡ ܕܝܢ ܝܥܩܘܒ *ܡܢ ܒܐܪܐ
ܕܡ̈ܘܡܬܐ. ܘܫܩܠܘܗܝ ܒ̈ܢܝܐ ܕܐܝܣܪܐܝܠ **ܠܝܥܩܘܒ ܐܒܐ ܕܝܠܗܘܢ ܘܠܐܣܬܪܐ ܘܢܫ̈ܐ ܕܝܠܗܘܢ ܥܠ
ܥ̈ܓܠܬܐ ܗܠܝܢ ܕܫܕܪ †ܦܪܥܘܢ ܠܡܫܩܠܗ܀ 6 ܘܟܕ ܫܩܠܘ ܐܝܠܝܢ ܕܐܝܬܝܗܘܢ ܕܝܠܗܘܢ. ܘܟܠܗ
42² ܩܢܝܢܐ ܕܝܠܗܘܢ ܗܘ ܕܩܢܘ | ܒܐܪܥܐ ܕܟܢܥܢ. ܥܠܘ ܠܡܨܪܝܢ .. ܝܥܩܘܒ ܘܟܠܗ ܙܪܥܐ ܕܝܠܗ ܥܡܗ ..
7 ܒ̈ܢܝܐ *ܕܝܠܗ↙ ܘܒ̈ܢܝܐ ܕܒ̈ܢܝܐ ܕܝܠܗ ܥܡܗ .. ܒ̈ܢܬܐ *ܕܝܠܗ↙ ܘܒ̈ܢܬܐ *ܕܒ̈ܢܝܐ ܕܝܠܗ: ܘܟܠܗ ܙܪܥܐ
ܕܝܠܗ ܐܝܬܝ ܠܡܨܪܝܢ܀ 8 ܗܠܝܢ ܕܝܢ *ܫܡ̈ܗܐ ܕܒ̈ܢܝܐ ܕܐܝܣܪܐܝܠ .. ܗܢܘܢ ܕܥܠܘ ܠܡܨܪܝܢ܀ ܝܥܩܘܒ
ܘܒ̈ܢܝܐ ܕܝܠܗ܀ ܒܘܟܪܐ ܕܝܥܩܘܒ ܪܘܒܝܠ: 9 ܒ̈ܢܘܗܝ ܕܝܢ ܕܪܘܒܝܠ. ܚܢܘܟ ܘܦܠܘ ܘܚܨܪܘܢ ܘܟܪܡܝ܀
10 ܒ̈ܢܝܐ ܕܝܢ ܕܫܡܥܘܢ. ܝܡܘܐܝܠ ܘܝܡܝܢ ܘܐܘܗܕ ܘܝܟܝܢ ܘܨܘܚܪ ܘܫܐܘܠ ܒܪܗ ܕܟܢܥܢܝܬܐ܀ 11 ܒ̈ܢܝܐ
ܕܝܢ ܕܠܘܝ. ܓܪܫܘܢ ܘܩܗܬ ܘܡܪܪܝ܀ 12 ܒ̈ܢܝܐ ܕܝܢ ܕܝܗܘܕܐ. ܥܪ ܘܐܘܢܢ ܘܫܠܐ ܘܦܪܨ ܘܙܪܚ:
ܡܝܬܘ ܕܝܢ ܥܪ ܘܐܘܢܢ ܒܐܪܥܐ ܕܟܢܥܢ: ܗܘܘ ܕܝܢ ܒ̈ܢܝܐ ܕܦܪܨ ܚܨܪܘܢ ܘܚܡܘܐܝܠ܀ 13 ܒ̈ܢܝܐ ܕܝܢ ܕܐܝܣܟܪ.
ܬܘܠܥ ܘܦܘܐ ܘܐܫܘܒ ܘܫܡܪܘܢ܀ 14 ܒ̈ܢܝܐ ܕܝܢ ܕܙܒܘܠܘܢ. ܣܪܕ ܘܐܠܘܢ ܘܝܚܠܐܝܠ܀ 15 ܗܠܝܢ ܒ̈ܢܝܐ
43¹ ܕܠܐܝܐ ܗܠܝܢ ܕܝܠܕܬ ܠܝܥܩܘܒ | ܒܡܨܥܬ ܢܗܪ̈ܝܢ ܕܣܘܪܝܐ. ܘܕܝܢܐ ܒܪܬܐ ܕܝܠܗ. ܟܠܗܘܢ ܢܦ̈ܫܬܐ
ܕܒ̈ܢܝܐ ܘܕܒ̈ܢܬܐ ܬܠܬܝܢ ܘܬܠܬ܀ 16 ܒ̈ܢܝܐ ܕܝܢ ܕܓܕ. ܨܦܘܢ ܘܚܓܝ ܘܫܘܢܝ ܘܐܨܒܘܢ ܘܥܪܝ ܘܐܪܘܕ
ܘܐܪܐܠܝ܀ 17 ܗܠܝܢ ܕܝܢ ܒ̈ܢܝܐ ܕܐܫܝܪ. ܝܡܢܐ ܘܝܫܘܐ ܘܝܫܘܝ ܘܒܪܝܥܐ. ܘܣܪܚ ܚܬܐ ܕܝܠܗܘܢ. ܒ̈ܢܝܐ ܕܝܢ
ܕܒܪܝܥܐ. ܚܒܪ ܘܡܠܟܐܝܠ܀ 18 ܗܠܝܢ ܒ̈ܢܝܐ ܕܙܠܦܐ ܗܝ ܕܝܗܒ ܠܒܢ ܠܠܐܝܐ ܒܪܬܐ ܕܝܠܗ .. ܗܝ
ܕܝܠܕܬ ܗܠܝܢ ܠܝܥܩܘܒ .. ܐܫܬܬܥܣܪܐ ܢܦ̈ܫܬܐ܀ 19 ܒ̈ܢܝܐ ܕܝܢ ܕܪܚܝܠ ܐܢܬܬܗ ܕܝܥܩܘܒ. ܝܘܣܦ
ܘܒܢܝܡܝܢ܀ 20 ܗܘܘ ܕܝܢ ܒ̈ܢܘܗܝ ܕܝܘܣܦ ܒܐܪܥܐ ܕܡܨܪܝܢ ܗܠܝܢ ܕܝܠܕܬ ܠܗ ܐܣܢܬ ܒܪܬܗ
ܕܦܘܛܝܦܪܥ ܟܘܡܪܐ ܕܡܕܝܢܬ ܫܡܫܐ .. ܡܢܫܐ ܘܐܦܪܝܡ܀ ÷ܗܘܘ ܕܝܢ ܒ̈ܢܝܐ ܕܡܢܫܐ ܗܠܝܢ ܕܝܠܕܬ
÷ܠܗ ܦܠܓܫܬܐ ܗܝ ܣܘܪܝܬܐ. ܠܡܟܝܪ. ܡܟܝܪ ܕܝܢ ܐܘܠܕ ܠܓܠܥܕ: ܒ̈ܢܝܐ ܕܝܢ ܕܐܦܪܝܡ ܐܚܘܗܝ
43² | ÷ܕܡܢܫܐ. ܫܘܬܠܚ ܘܬܚܡ. ܒ̈ܢܝܐ ܕܝܢ ܕܫܘܬܠܚ *ܐܕܡ↙܀ 21 ܒ̈ܢܝܐ ܕܝܢ ܕܒܢܝܡܝܢ. *ܒܠܥ
÷ܘܟܒܪ ܘܐܫܒܝܠ. ܗܘܘ ܕܝܢ ܒ̈ܢܝܐ ܕܒܠܥ↙ ܓܪܐ ܘܢܥܡܢ †ܘܐܓܟܝܣ ܘܪܘܫ ܘܡܡܦܝܢ ܘܐܦܝܡܝܢ.
÷ܓܪܐ ܕܝܢ ܐܘܠܕ ܠܐܪܕ↙܀ 22 ܗܠܝܢ ܒ̈ܢܝܐ ܕܪܚܝܠ ܕܝܠܕܬ ܠܝܥܩܘܒ. ܟܠܗܘܢ ܢܦ̈ܫܬܐ

22 ܬܠܬܡܐܐ
23 ܟܠܗܘܢ non habet nisi in margine
24 ܐ ܠܐ ܬܬܚܪܘܢ ܒܐܘܪܚܐ
26 ܘܐܬܬܥܝܪ ܐ et ἐξένηψεν et ܗܘ ܐܘܚܕܢ ܢܥܘܗ

1 ܗܘ ܒܢܝܢܗ
5 ܗܘ ܡܢ ܒܢܝܢܗ
5 ܠܐܝܣܪܐܝܠ
5 ܘܡܫܩ
7 ܕܩܢܝܐ

8 ܫܡ̈ܗܐ ܕܒ̈ܢܝ ܐܝܣܪܐܝܠ ܗܠܝܢ ܕܥܠܘ ܠܡܨܪܝܢ ܘܫܡܗܐ
14 super ܝ̈ nominis ܝܚܠܐܝܠ δρ scr
20 ܐܘܢ
21 ܘܟܘܒܪ
21 ܘܐܫܒܝܠ

ܐܪܒܥܣܪܐ ܀ ²³ ܘܒܢܝ ܕܢ. ܚܘܫܝܡ ܀ ²⁴ ܘܒܢܝ ܢܦܬܠܝ. ܝܚܨܝܐܝܠ ܘܓܘܢܝ ܘܝܨܪ ܘܫܠܡ ܀
²⁵ ܗܠܝܢ ܒܢ̈ܝܗ ܕܒܠܗܐ ܗܝ ܕܝܗܒ ܠܒܢ ܠܪܚܝܠ ܒܪܬܗ. ܘܝܠܕܬ ܐܢܘܢ ܠܝܥܩܘܒ. ܟܠܗܘܢ
ܢܦܫ̈ܬܐ ܫܒܥܐ ܀ ²⁶ ܟܠܗܘܢ ܕܝܢ ܢܦܫ̈ܬܐ ܗܠܝܢ ܕܥܠܝܢ ܥܡ ܝܥܩܘܒ ܠܡܨܪܝܢ.. ܗܠܝܢ ܕܢܦܩܘ ܡܢ
ܚܨܘ̈ܗܝ ܕܝܠܗ.. ܣܛܪ ܡܢ ܢܫ̈ܐ ܕܒܢ̈ܘܗܝ ܕܝܥܩܘܒ.. ܟܠܗܘܢ ܢܦܫ̈ܬܐ. ܫܬܝܢ ܘܫܬ ܀ ²⁷ ܘܒܢܝ ܕܝܢ
ܕܝܘܣܦ ܗܠܝܢ ܕܗܘܘ ܠܗ ܒܐܪܥܐ ܕܡܨܪܝܢ. ܢܦܫ̈ܬܐ *ܬܪܬܝܢ: ܟܠܗܘܢ ܢܦܫ̈ܬܐ †ܕܒܝܬܗ | ܕܝܥܩܘܒ ܗܠܝܢ 44¹
ܕܥܠܝܢ ܠܡܨܪܝܢ. ܫܒܥܝܢ ܘܚܡܫܐ ܀ ²⁸ ܠܝܗܘܕܐ ܕܝܢ ܫܕܪ ܩܕܡܘܗܝ ܠܘܬ ܝܘܣܦ. ܕܢܚܘܐ
ܠܗ ܠܡܦܓܥܗ *ܒܓܘܫܢ ܒܐܪܥܐ ܕܪܥܡܣܣ. ※ܘܐܬܐ ܠܐܪܥܐ ܕܓܘܫܢ ܀

ܫܠܡܗ ܡܢ ܀

²⁹ ܡܢ ܩܕܡ ܕܝܢ ܝܘܣܦ ܡܪܟܒܬܗ ܕܝܠܗ. ܘܣܠܩ ܠܐܘܪܥܗ *ܕܐܝܣܪܐܝܠ ܐܒܘܗܝ ܕܝܠܗ.. ܠܡܦܓܥܗ
ܒܓܘܫܢ. ܘܟܕ ܐܬܚܙܝ ܠܗ. ܢܦܠ ܥܠ ܨܘܪܗ ܕܝܠܗ. ܘܒܟܐ ܥܠܘܗܝ ܛܒ ܀ ³⁰ ܘܐܡܪ ܐܝܣܪܐܝܠ
ܠܘܬ ܝܘܣܦ «ܐܡܘܬ ܡܢ ܗܫܐ. ܡܛܠ ܕܚܙܝܬ ܠܦܪܨܘܦܟ ܕܝܠܟ. ܕܥܕܟܝܠ ܐܢܬ ܚܝ ܐܢܬ» ܀
³¹ ܐܡܪ ܕܝܢ ܝܘܣܦ ܠܘܬ ܐܚ̈ܘܗܝ ܕܝܠܗ ※ܘܠܘܬ ܒܝܬܐ ܕܐܒܘܗܝ ܕܝܠܗ «ܐܣܩ ܐܢܐ ܘܐܚܘܐ ܠܦܪܥܘܢ
ܘܐܡܪ ܐܢܐ ܠܗ. ܕܐܚ̈ܝ ܕܝܠܝ ܘܒܝܬܐ ܕܐܒܐ ܕܝܠܝ ܗܠܝܢ ܕܐܝܬܝܗܘܢ ܗܘܘ ܒܐܪܥܐ ܕܟܢܥܢ. ܐܬܘ ܠܘܬܝ:
³² ܘܗܢܘܢ ܕܝܢ ܓܒܪ̈ܐ ܐܝܬܝܗܘܢ ܪ̈ܥܘܬܐ (ܓܒܪ̈ܐ ܓܝܪ ܡܩܢܝܢ | ܩܢܝܢܐ ܐܝܬܝܗܘܢ ܗܘܘ) . ܘܥܢܒ̈ܐ ܘܬܘܪ̈ܐ 44²
ܘܟܠܗܘܢ ܗܠܝܢ ܕܝܠܗܘܢ ܐܝܬܝܘ ܀ ³³ ܘܡܐ ܕܩܪܐ ܠܟܘܢ ܦܪܥܘܢ. ܘܐܡܪ ܠܟܘܢ «ܡܢܐ ܐܝܬܝܗܘܢ ܥܒ̈ܕܝܟܘܢ
ܕܝܠܟܘܢ.»» ³⁴ ܐܡܪܘ «ܓܒܪ̈ܐ ܡܩܢܝܢ ܩܢܝܢܐ ܐܝܬܝܗܘܢ ܥܒ̈ܕܝܟ ܕܝܠܟ. ܡܢ ܛܠܝܘܬܢ ܘܥܕܡܐ ܠܗܫܐ..
ܐܦ ܚܢܢ ܐܦ ܐܒܗ̈ܬܢ ܕܝܠܢ». ܐܝܟܢܐ ܕܬܬܒܘܢ ܒܐܪܥܐ ܕܓܘܫܢ. ܡܛܠ ܕܛܢܦ ܗܘ ܓܝܪ ܠܡܨܪ̈ܝܐ ܟܠ ܪܥܐ ܥܢܐ ܀
¹ ܐܬܐ ܕܝܢ ܝܘܣܦ. ܘܚܘܝ ܠܦܪܥܘܢ ܟܕ ܐܡܪ «ܐܒܝ ܕܝܠܝ ܘܐܚ̈ܝ ܕܝܠܝ ܘܥܢܐ ܘܬܘܪ̈ܐ ܕܝܠܗܘܢ 47
ܘܟܠܗܘܢ ܕܝܠܗܘܢ ܐܬܘ ܡܢ ܐܪܥܐ ܕܟܢܥܢ. ܘܗܐ ܐܝܬܝܗܘܢ ܒܐܪܥܐ ܕܓܘܫܢ» ܀ ² ܘܡܢ ܕܝܢ ܐܚ̈ܘܗܝ ܕܝܠܗ ܕܒܪ
ܚܡܫܐ ܓܒܪ̈ܝܢ. ܘܐܩܝܡ ܐܢܘܢ ܩܕܡ ܦܪܥܘܢ ܀ ³ ܘܐܡܪ ܦܪܥܘܢ ܠܐܚ̈ܘܗܝ *ܕܝܠܗ «ܡܢܐ ܐܝܬܝܗܘܢ ܥܒ̈ܕܝܟܘܢ
ܕܝܠܟܘܢ.»» ܘܗܢܘܢ ܕܝܢ ܐܡܪܘ ܠܦܪܥܘܢ «ܪ̈ܥܘܬܐ ܕܥܢܐ ܥܒ̈ܕܝܟ ܕܝܠܟ.. ܐܦ ܚܢܢ ܐܦ ܐܒܗ̈ܬܢ ܕܝܠܢ».
⁴ ܐܡܪܘ ܕܝܢ ܠܦܪܥܘܢ «ܠܡܬܬܘܬܒܘ ܒܐܪܥܐ ܐܬܝܢܢ. ܠܐ ܓܝܪ ܐܝܬ ܪܥܝܐ | ܠܥܢܐ ܕܥܒ̈ܕܝܟ ܕܝܠܟ. ܐܠܝܨܐ 45¹
ܓܝܪ ܟܦܢܐ ܒܐܪܥܐ ܕܟܢܥܢ: ܘܗܫܐ ܢܬܒܘܢ ܥܒ̈ܕܝܟ ܕܝܠܟ ܒܐܪܥܐ ܕܓܘܫܢ» ܀ ⁵ ※ܐܡܪ ܕܝܢ
※ܦܪܥܘܢ ܠܝܘܣܦ ܟܕ ܐܡܪ «ܐܒܘܟ ܕܝܠܟ ܘܐܚ̈ܝܟ ܕܝܠܟ ܐܬܘ ܠܘܬܟ: ⁶ ܗܐ ܐܪܥܐ ܕܡܨܪܝܢ ܩܕܡܝܟ
※ܐܝܬܝܗ. ܒܐܪܥܐ ܡܫܒܪܬܐ ܐܘܬܒ ܠܐܒܘܟ ܕܝܠܟ ܘܠܐܚ̈ܝܟ ܕܝܠܟ ܢܬܒܘܢ ܒܐܪܥܐ ܕܓܘܫܢ ܀ ܐܢ ܕܝܢ ܝܕܥܬ
ܕܐܝܬ ܒܗܘܢ ܓܒܪ̈ܐ ܚܝܠܬܢ̈ܐ. ܐܩܝܡ ܐܢܘܢ ܪ̈ܒܝ ܩܢܝܢܐ ܥܠ ܩܢܝܢܐ ܕܝܠܝ» ※ ܀ ⁷ ܐܝܬܝ ܕܝܢ ܝܘܣܦ
ܠܝܥܩܘܒ ܐܒܘܗܝ ܕܝܠܗ. ܘܐܩܝܡܗ ܩܕܡ ܦܪܥܘܢ. ܘܒܪܟ ܝܥܩܘܒ ܠܦܪܥܘܢ ܀ ⁸ ܐܡܪ ܕܝܢ ܦܪܥܘܢ
ܠܝܥܩܘܒ «ܟܡܐ ܐܢܘܢ ܝܘܡ̈ܝ ܫܢ̈ܝ ܚܝ̈ܝܟ ܕܝܠܟ.»» ⁹ ܘܐܡܪ ܝܥܩܘܒ ܠܦܪܥܘܢ «ܝܘܡ̈ܝ ܫܢ̈ܝ ܥܡܪܝ ܕܡܐܐ
ܕܝܠܝ ܘܡܬܬܘܬܒܘܬܝ ܗܘܐ. ܙܥܘܪܝܢ ܘܒܝܫܝܢ: ܗܘܘ ܝܘܡ̈ܝ ܫܢ̈ܝ ܚܝ̈ܝ ܘܠܐ ܡܛܘ ܠܝܘܡ̈ܝ ܫܢ̈ܝ ܚܝ̈ܐ
ܕܝܠܝ. ܘܠܐ ܡܛܝܘ ܠܝܘܡ̈ܝ ܫܢ̈ܝ ܚܝ̈ܐ ܕܐܒܗ̈ܬܝ ܕܝܠܝ.. ܗܠܝܢ ܝܘܡ̈ܝ | ܕܡܬܬܘܬܒܘܬܗܘܢ» ܀ ¹⁰ ܘܒܪܟ 45²
ܝܥܩܘܒ ܠܦܪܥܘܢ. ܘܢܦܩ ܡܢ ܩܕܡܘܗܝ ܀ ¹¹ ܘܐܘܬܒ ܝܘܣܦ ܠܐܒܐ ※ܕܝܠܗ ܘܠܐܚ̈ܘܗܝ ܕܝܠܗ. ܘܝܗܒ
ܠܗܘܢ ܝܪܬܘܬܐ ܒܐܪܥܐ ܕܡܨܪܝܢ. ܒܐܪܥܐ ܡܫܒܪܬܐ.. ܒܐܪܥܐ ܕܪܥܡܣܣ. ܐܝܟܢܐ ܕܦܩܕ ܦܪܥܘܢ:
¹² ܘܡܬܪܣܐ ܗܘܐ ܝܘܣܦ ܠܐܒܘܗܝ ܘܠܐܚ̈ܘܗܝ ܕܝܠܗ ܘܠܟܠܗ ܒܝܬܐ ܕܐܒܐ ܕܝܠܗ.. ܠܚܡܐ ܠܦܘܡܐ
ܕܛܠ̈ܝܐ: ¹³ ܠܚܡܐ ܕܝܢ ܠܐ ܐܝܬ ܗܘܐ ܒܟܠܗ ܐܪܥܐ. ܡܛܠ ܕܬܩܝܦ ܗܘܐ ܟܦܢܐ ܛܒ. ܘܐܫܬܠܗܝܬ ܕܝܢ ܐܪܥܐ
ܕܡܨܪܝܢ ܘܐܪܥܐ ܕܟܢܥܢ ܡܢ ܟܦܢܐ: ¹⁴ ܘܟܢܫ ܕܝܢ ܝܘܣܦ ܟܠܗ ܟܣܦܐ ܗܘ ܕܐܫܬܟܚ ܒܐܪܥܐ ܕܡܨܪܝܢ
ܘܒܐܪܥܐ ܕܟܢܥܢ ܒܥܒܘܪܐ ܕܙܒܢܝܢ ܗܘܘ . ܘܡܥܠ ܗܘܐ ܠܗ ܝܘܣܦ ܟܠܗ
ܟܣܦܐ ܠܒܝܬܗ ܕܦܪܥܘܢ ܀ ¹⁵ ܘܫܠܡ ܟܣܦܐ ܡܢ ܐܪܥܐ ܕܡܨܪܝܢ ܘܡܢ ܐܪܥܐ ܕܟܢܥܢ. ܐܬܘ ܕܝܢ ܟܠܗܘܢ
ܡܨܪ̈ܝܐ ܠܘܬ ܝܘܣܦ ܟܕ ܐܡܪܝܢ «ܗܒ ܠܢ ܠܚܡܐ: ܡܛܠ ܡܢܐ ܢܡܘܬ ܩܕܡܝܟ.» ܫܠܡ ܠܗ

27 indice ad ܢܦܫ̈ܬܐ prius relata, sed huc referenda, et ܫܬܝܢ et ܘܫܬ
27 ܥܡ
28 super versu ηρωων
29 ܕܐܝܣܪܐܝܠ
32 ܩܢܝܢܐ punctis caret in B
34 ܛܠܝܘܬܢ B
3 ܕܝܠܗ
6 ܐܦ ܕܝܢ ܐܝܬ ܒܗܘܢ ܓܒܪ̈ܐ ܚܝܠܬܢ̈ܐ ܕܝܠܗ. ܐܩܝܡ ܐܢܘܢ ܪ̈ܥܘܬܐ ܕܥܢܐ ܕܝܠܝ. ܘܐܡܪ ܦܪܥܘܢ ܠܝܘܣܦ ܐܒܘܟ ܕܝܠܟ ܘܐܚ̈ܝܟ ܐܬܘ ܠܘܬܟ. ܐܪܥܐ ܕܡܨܪܝܢ ܕܝܢ ܩܕܡܝܟ ܗܝ
15 ܡܨܪ̈ܝܐ > B¹, pr m in margine suppl

ܝܘܣܦ ܦܩܕܗ܀ [16] ܐܡܪ ܕܝܢ ܠܗܘܢ ܝܘܣܦ ܠܐ ܐܝܬܘ |

50

46¹ | ܐܡܪܘ ܠܝܘܣܦ „ܡܦܩܕ ܠܗܘܢ ܠܡܦܩܕܗ ܘܡܫܒܩܬܐ *ܕܐܚܘܟ. ܡܛܠ ܕܒܝܫܬܐ ܥܒܕܘ ܠܟ„.
†ܘܗܫܐ ܫܒܘܩ ܠܡܫܒܩܬܐ ܕܥܒܕܝܢ ܕܐܠܗܐ ܕܐܒܘܟ ܕܝܠܟ܀ ܘܒܟܐ ܝܘܣܦ ܟܕ ܡܡܠܠܝܢ ܠܘܬܗ܀
[18] ܘܐܬܘ ܐܦ ܠܘܬܗ *ܐܦ ܐܚܘܗܝ ܕܝܠܗ. ܘܢܦܠܘ ܥܠ ܐܦܝܗ ܕܝܠܗ. ܐܡܪܘ ܗܐ ܚܢܢ ܠܟ ܥܒܕܐ܀
[19] ܘܐܡܪ ܠܗܘܢ ܝܘܣܦ ܠܐ ܬܕܚܠܘܢ. *ܕܐܠܗܐ ܗܘ ܐܢܐ ܐܢܐ: [20] ܐܢܬܘܢ ܐܬܚܫܒܬܘܢ ܥܠܝ ܠܒܝܫܬܐ.
ܐܠܗܐ ܕܝܢ ܐܬܚܫܒ ܥܠܝ ܠܛܒܬܐ: ܐܝܟ ܕܗܘܐ ܝܘܡܢܐ: ܐܝܟ ܕܢܚܝܐ ܥܡܐ ܣܓܝܐܐ܀
[21] ܘܐܡܪ ܠܗܘܢ ܠܐ ܬܕܚܠܘܢ. ܐܢܐ ܐܬܪܣܐ ܠܟܘܢ ܘܠܒܢܝܟܘܢ܀ ܘܒܝܐ ܐܢܘܢ ܘܡܠܠ ܥܠ ܠܒܗܘܢ܀
ܕܝܘܡܐ ܕܝܘܣܦ ܦܢܝܐ ܚܠܨܗ ܢܦܫܗ܀

46² [22] ܘܝܬܒ ܝܘܣܦ ܒܡܨܪܝܢ. ܗܘ ܘܐܚܘܗܝ ܘܟܠܗ ܒܝܬܐ | ܕܐܒܘܗܝ. ܘܚܝܐ ܝܘܣܦ *ܡܐܐ
ܘܥܣܪ ܫܢܝܢ. [23] ܘܚܙܐ ܝܘܣܦ ܠܐܦܪܝܡ ܒܢܝܐ ܕܬܠܬܐ ܕܪܝܢ. ܐܦ ܒܢܝܐ ܕܡܟܝܪ ܒܪܗ
ܕܡܢܫܐ ܐܬܝܠܕܘ ܥܠ ܒܘܪܟܘܗܝ ܕܝܘܣܦ܀ [24] ܘܐܡܪ ܝܘܣܦ ܠܐܚܘܗܝ ܟܕ ܐܡܪ ܐܢܐ ܡܝܬ ܐܢܐ.
ܣܥܘܪ ܕܝܢ ܢܣܥܘܪ ܐܠܗܐ ܠܟܘܢ. ܘܢܣܩܟܘܢ ܡܢ ܐܪܥܐ ܗܕܐ ܠܐܪܥܐ ܗܝ ܕܝܡܐ ܐܠܗܐ ܠܐܒܗܬܢ
ܠܐܒܪܗܡ ܘܠܝܣܚܩ ܘܠܝܥܩܘܒ܀ [25] ܘܐܘܡܝ ܝܘܣܦ ܠܒܢܝܐ ܕܐܝܣܪܐܝܠ ܟܕ ܐܡܪ ܒܣܘܥܪܢܐ
ܗܘ ܕܢܣܥܘܪ ܠܟܘܢ ܐܠܗܐ. ܘܬܣܩܘܢ ܓܪܡܝ ܡܢ ܗܪܟܐ ܥܡܟܘܢ܀ [26] ܘܡܝܬ ܝܘܣܦ
ܟܕ ܐܝܬܘܗܝ ܒܪ ܡܐܐ ܘܥܣܪ ܫܢܝܢ. ܘܩܒܪܘܗܝ. ܘܣܡܘܗܝ ܒܓܘܠܬܐ ܒܡܨܪܝܢ܀ ܫ܀

8² | ܫܡܗܬܐ܀ ܒ܀

1 ܩܪܝܢܐ ܕܨܦܪܐ ܬܪܝܢܐ܀

[1] ܘܐܠܝܢ ܫܡܗܬܗܘܢ ܕܒܢܝܐ ܕܐܝܣܪܐܝܠ.. ܕܥܠܘ ܕܥܠܝܢ ܗܘܘ ܠܡܨܪܝܢ. ܥܡ ܝܥܩܘܒ ܐܒܘܗܘܢ ܓܒܪ
ܓܒ ܒܢܝ ܒܝܬܗ. ܥܠܘ ܥܡܗ: [2] ܪܘܒܝܠ. ܫܡܥܘܢ. ܠܘܝ. ܝܗܘܕܐ.
[3] ܝܣܫܟܪ. ܙܒܘܠܘܢ ܘܒܢܝܡܝܢ. [4] ܕܢ ܘܢܦܬܠܝ. ܓܕ ܘܐܫܪ: [5] ܘܐܝܬܝܗܘܢ ܗܘܘ ܕܝܢ ܟܠܗܘܢ ܢܦܫܬܐ
*ܕܢܦܩܘ ܡܢ ܝܥܩܘܒ ܫܒܥܝܢ ܘܚܡܫ ܢܦܫܢ. ܝܘܣܦ ܕܝܢ ܐܝܬܘܗܝ ܗܘܐ ܒܡܨܪܝܢ܀
[6] ܘܡܝܬ ܕܝܢ ܝܘܣܦ ܘܟܠܗܘܢ ܐܚܘܗܝ ܘܟܠܗ ܕܪܐ ܗܘ: [7] ܒܢܝܐ ܕܝܢ ܕܐܝܣܪܐܝܠ ܦܝܫܘ *ܘܐܬܝܠܕܘ
ܗܘܘ ܘܣܓܝܘ ܘܐܬܥܫܢܘ ܛܒ ܛܒ. †ܘܐܬܡܠܝܬ ܐܪܥܐ ܕܝܢ ܡܢܗܘܢ܀
ܫܠܡ ܐ܀
ܩܪܝܢܐ ܕܨܦܪܐ ܕܝܘܡ ܚܕ ܒܫܒܐ܀

9¹ [8] ܘܩܡ ܕܝܢ ܡܠܟܐ *ܐܚܪܢܐ ܥܠ ܡܨܪܝܢ. ܗܘ ܕܠܐ | ܝܕܥ ܗܘܐ ܠܝܘܣܦ: [9] ܐܡܪ ܕܝܢ ܠܥܡܐ ܕܝܠܗ
ܗܐ *ܥܡܐ ܕܒܢܝܐ ܕܐܝܣܪܐܝܠ. ܣܓܝܐܐ ܗܘ ܘܥܫܝܢ ܝܬܝܪ ܡܢܢ: [10] . . . . . ; ܕܥܡܐ
*ܢܬܚܟܡ.. ܘܐܡܬܝ ܕܐܢ ܢܬܩܪܒ ܠܢ ܩܪܒܐ. ܢܬܘܣܦܘܢ ܐܦ †ܗܢܘܢ ܥܠ ܒܥܠܕܒܒܝܢ ܕܝܠܢ. ܘܢܩܒ
ܘܢܦܩܘܢ ܡܢ ܐܪܥܐ: [11] ܘܐܩܝܡ ܠܗܘܢ ܪܒܝ ܦܠܚܐ ܕܢܫܥܒܕܘܢ. ܐܝܟ ܕܢܫܥܒܕܘܢ
ܐܢܘܢ ܒܥܒܕܐ. ܘܒܢܘ ܩܘܪܝܐ ܡܚܣܢܬܐ ܠܦܪܥܘܢ.. *ܘܦܝܬܘܡ *ܐ ܗ ܐ ܘܠܪܥܡܣܣ ܘܐܘܢ
ܗܝ ܕܐܝܬܝܗ †ܗܠܝܘܦܘܠܝܣ: [12] ܟܠ ܡܐ ܕܝܢ ܕܡܫܥܒܕܝܢ ܗܘܘ ܠܗܘܢ. ܗܟܢܐ ܣܓܝܐܝܢ

17 ܠܐܚܝܟ ܕܝܠܟ
17 indice ad ܡܠܬܐ adposito | ܐܡܪܘ ܕܡܠܬܐ
19 | ܕܐܠܗܐ ܗܘ ܐܢܐ ÷ ܗܘ ܕܐܠܗܐ ܗܘ ܐܢܐ [ܐܢܐ]
21 ܐܬܪܣܐ B
22 ܡܐܐ ܗܘ ÷ ܐܝܟ ܕܗܘܐ ܡ ܡܐܐ ܠܐܪܒܥ ܕܝܢ. ܡܚܕܝܢܐ ܗ . ܡܢܗ ܐܘܠܐ

ܟܕ ܐܝܬܘܗܝ ܒܪ ܡܐܐ ܘܥܣܪ ܫܢܝܢ ܫ
26 subscr ܐܝܟ ܫܠܡ ܣܦܪܐ ܕܒܪܝܬܐ ܕܥܠܡܐ ܕܥܠܡܝܢ ܐܡܝܢ
5 ܢܦܫܢ B¹
7 | ܗܘ ܘܐܬܝܠܕܘ ÷ ܐ ܘܐܬܝܠܕܘ ܗܘܘ
7 | ܗܘ ܘܐܬܡܠܝܬ ܐܪܥܐ ܡܢܗܘܢ
8 ܐܚܪܢܐ ܣ
9 ܥܡܐ ܣ

10 signum lacunae posui ego: codex ܐ, quod Wilhelmus Wright, a Ceriano quid rei esset, interrogatus, ܣܦܠܡܐ = σφάλμα significare docuit
10 ܢܬܚܟܡ ܥܡܗ ܒܚܟܡܬܐ
10 ܗܢܘܢ textus, ܗܢܘܢ margo
11 ܘܦܝܬܘܡ ÷ | ܗܘ ܦܝܬܘܡ ܐ [sic]
11 ܗܠܝܘܦܘܠܝܣ ܡܕܝܢܬܐ ܕܫܡܫܐ

ܐܝܟ ܗܘ ܘܡܫܬܥܒܕܝܢ: ܗܟܢ ܗܘܘ ܣܓܝܢ ܘܡܬܝܪܝܢ. ܘܕܚܠܘ ܡܢ ܒܢܝ ܐܝܣܪܝܠ. [13] ܘܫܥܒܕܘ ܗܘܘ ܡܨܪܝܐ
9² ܠܒܢܝ ܐܝܣܪܝܠ | ܒܩܫܝܘܬܐ: [14] ܘܡܡܪܡܪܝܢ ܗܘܘ ܚܝܐ ܕܝܠܗܘܢ ܒܦܘܠܚܢܐ ܩܫܝܐ. ܒܛܝܢܐ ܘܒܠܒܢܐ
ܘܒܟܠܗܘܢ ܦܘܠܚܢܐ ܕܒܚܩܠܐ ܐܝܟ ܕܟܠܗܘܢ ܦܘܠܚܢܐ *ܠܐ ܕܝܠܗܘܢ ܕܦܠܚܝܢ ܗܘܘ ܒܗܘܢ
ܒܩܫܝܘܬܐ: ܫ ܒ ܫ

ܦܘܪܫܐ ܕܒܘܟܪܐ ܕܟܬܒܐ: ܘܗܘ ܦܘܪܫܐ ܕܡܕܒܚܐ ܕܐܘܪܚܐ:

[15] ܘܐܡܪ ܡܠܟܐ ܕܡܨܪܝܢ ܠܚܝܬܐ ܕܥܒܪܝܬܐ. ܠܚܕܐ ܕܫܡܗ ܫܦܪܐ. ܘܫܡܐ ܕܗܝ ܕܬܪܬܝܢ
ܦܘܥܐ: [16] ܘܐܡܪ ܕܡܐ ܕܡܘܠܕܢ ܐܢܬܝܢ ܠܥܒܪܝܬܐ. ܘܚܙܝܢ ܠܗܝܢ ܥܠ ܟܘܪܣܝܐ: ܐܢ ܗܘ ܕܕܟܪܐ
ܢܗܘܐ. ܩܛܘܠܝܢܝܗܝ. ܐܢ ܕܝܢ ܢܩܒܬܐ. ܢܚܘܢܝܗ: [17] ܘܕܚܠ ܕܝܢ ܚܝܬܐ ܡܢ ܐܠܗܐ. ܘܠܐ ܥܒܕܝ
10³ ܐܝܟ ܡܐ ܕܦܩܕ ܐܢܝܢ ܡܠܟܐ ܕܡܨܪܝܢ. ܘܐܚܝܢ | ܗܘܝ ܠܕܟܪܐ: [18] ܩܪܐ ܕܝܢ ܡܠܟܐ ܕܡܨܪܝܢ ܠܚܝܬܐ
ܘܐܡܪ ܠܗܝܢ ܡܛܠ ܡܢܐ ܥܒܕܬܝܢ ܨܒܘܬܐ ܗܕܐ. ܘܐܚܝܬܝܢ ܗܘܝܬܝܢ ܠܕܟܪܐ: [19] ܐܡܪܝ ܕܝܢ ܚܝܬܐ
ܠܦܪܥܘܢ ܕܠܐ ܗܘܐ ܐܝܟ ܢܫܐ ܡܨܪܝܬܐ ܥܒܪܝܬܐ: *ܚܝܢ ܓܝܪ ܡܢ ܩܕܡ ܕܬܐܬܐ ܠܘܬܗܝܢ ܚܝܬܐ. ܘܝܠܕܢ
ܗܘܝ: [20] ܘܐܛܒ ܕܝܢ ܐܠܗܐ ܠܚܝܬܐ. ܘܣܓܝ ܥܡܐ ܘܐܬܥܫܢ ܗܘܐ ܛܒ:
[21] ܡܛܠ ܕܕܚܠܝ ܗܘܝ ܚܝܬܐ ܡܢ ܐܠܗܐ. *ܥܒܕ ܠܗܝܢ ܒܬܐ: [22] ܘܦܩܕ ܕܝܢ ܦܪܥܘܢ
ܠܟܠܗ ܥܡܐ ܕܝܠܗ ܟܕ ܐܡܪ ܟܠ ܕܟܪܐ ܗܘ ܕܢܬܝܠܕ ܠܥܒܪܝܬܐ. ܒܢܗܪܐ ܫܕܘ. ܘܟܠ ܢܩܒܬܐ
ܐܚܘ:

2 [1] ܐܙܠ ܗܘܐ ܕܝܢ ܓܒܪܐ ܡܢ ܒܝܬ ܠܘܝ ܘܢܣܒ ܡܢ ܒܢܬܐ ܕܠܘܝ. ܘܗܘܬ ܠܗ: [2] ܘܒܛܢܬ
10² ܐܢܬܬܐ. ܘܝܠܕܬ ܒܪܐ: | ܘܟܕ ܚܙܬܗ ܕܫܦܝܪ ܗܘ. *ܛܫܝܬܗ ܬܠܬܐ ܝܪܚܝܢ: [3] ܘܟܕ
ܕܝܢ ܠܐ ܡܨܝܐ ܗܘܬ ܬܘܒ ܠܡܛܫܝܘܬܗ *ܠܗ. ܢܣܒܬ ܠܗ ܬܒܘܬܐ ܕܓܡܐ *ܘܚܦܬܗ. ܘܫܝܥܬܗ
ܒܚܡܪܐ ܘܒܙܦܬܐ. ܘܪܡܬܗ ܠܛܠܝܐ ܒܗ. ܘܣܡܬܗ ܒܝܥܪܐ ܥܠ ܣܦܬܗ ܕܢܗܪܐ: [4] ܘܩܡܬ ܗܘܬ
ܚܬܗ ܡܢ ܪܘܚܩܐ ܠܡܕܥ ܡܢܐ ܢܗܘܐ ܠܗ: [5] ܢܚܬܬ ܕܝܢ ܒܪܬܗ ܕܦܪܥܘܢ ܠܡܣܚܐ
ܥܠ ܢܗܪܐ. ܘܥܠܝܡܬܗ ܕܝܠܗ ܡܗܠܟܢ ܗܘܝ ܥܠ ܝܕ ܢܗܪܐ: ܘܚܙܬ ܬܒܘܬܐ ܒܝܥܪܐ. ܘ
ܫܕܪܬ ܠܐܡܬܐ ܕܝܠܗ. ܘܢܣܒܬܗ: [6] ܘܦܬܚܬ ܚܙܬ ܕܝܢ ܛܠܝܐ *ܕܒܟܐ. *ܘܐܬܪܚܡܬ ܗܘܬ
11¹ *ܥܠܘܗܝ ܘܐܡܪܬ ܗܘܬ ܒܪܬܗ ܕܦܪܥܘܢ ܕܡܢ | ܝܠܕܐ ܕܥܒܪܝܐ
ܗܘ ܗܢܐ: [7] ܘܐܡܪܐ ܚܬܗ ܠܒܪܬܗ ܕܦܪܥܘܢ ܬܐܙܠ ܐܩܪܐ ܠܟܝ ܐܢܬܬܐ ܡܝܢܩܢܝܬܐ ܡܢ
ܥܒܪܝܬܐ. ܘܬܝܢܩܝܘܗܝ ܠܟܝ ܠܛܠܝܐ: [8] ܗܝ ܕܝܢ ܐܡܪܬ ܠܗ ܒܪܬܗ ܕܦܪܥܘܢ ܙܠܝ: ܘܐܙܠܬ
ܥܠܝܡܬܐ ܩܪܬ ܠܐܡܗ ܕܛܠܝܐ: [9] ܘܐܡܪܬ ܠܗ ܒܪܬܗ ܕܦܪܥܘܢ ܕܒܪܝ ܠܟܝ
ܠܛܠܝܐ ܗܢܐ ܘܐܝܢܩܝܘܗܝ ܠܝ. ܘܐܢܐ ܐܬܠ ܠܟܝ ܐܓܪܟܝ: ܢܣܒܬ ܕܝܢ ܗܝ ܐܢܬܬܐ ܠܛܠܝܐ
ܘܐܝܢܩܬܗ: [10] ܘܟܕ ܪܒܐ ܕܝܢ ܗܘ ܛܠܝܐ. ܐܝܬܝܬܗ ܠܘܬ ܒܪܬܗ ܕܦܪܥܘܢ. ܘܗܘܐ ܠܗ ܠܒܪܐ:
ܘܩܪܬ ܕܝܢ ܫܡܗ ܡܘܫܐ ܟܕ ܐܡܪܐ ܕܡܢ ܡܝܐ ܐܢܬܫܬܗ: ܫ ܒ ܫ

11² ܒ | ܦܘܪܫܐ ܕܡܘܠܕܗ ܕܡܘܫܐ:

[11] ܗܘܐ ܕܝܢ ܒܝܘܡܬܐ ܣܓܝܐܐ ܗܢܘܢ. ܟܕ ܪܒܐ ܗܘܐ ܡܘܫܐ. ܢܦܩ ܠܘܬ ܐܚܘܗܝ ܕܝܠܗ ~ ܒܢܝ
~ ܐܝܣܪܝܠ. ܘܚܙܐ ܒܐܘܠܨܢܗܘܢ ܕܝܠܗܘܢ. ܘܚܙܐ ܠܓܒܪܐ ܡܨܪܝܐ ܕܡܚܐ ܗܘܐ ܠܓܒܪܐ ܥܒܪܝܐ
ܡܢ ܐܚܘܗܝ ܕܝܠܗ ܡܢ ܒܢܝ ܐܝܣܪܝܠ: [12] ܘܐܬܦܢܝ ܗܪܟܐ ܘܗܪܟܐ. ܘܚܙܐ ܕܠܝܬ ܐܢܫ. ܘܩܛܠܗ
ܠܡܨܪܝܐ ܘܛܫܝܗ ܒܚܠܐ: [13] ܘܢܦܩ ܕܝܢ ܒܝܘܡܐ ܗܘ ܕܒܬܪܗ. ܘܚܙܐ ܬܪܝܢ ܓܒܪܝܢ ܥܒܪܝܐ ܕܡܬܟܬܫܝܢ.
ܘܐܡܪ ܠܗܘ ܕܡܥܘܠ: ܠܡܢܐ ܡܚܐ ܐܢܬ ܠܚܒܪܟ: [14] ܗܘ ܕܝܢ ܐܡܪ ܠܡܢܘ ܐܩܝܡܟ
*ܪܝܫܐ ܘܕܝܢܐ ܥܠܝܢ. ܐܘ ܠܡܩܛܠܢܝ ܐܢܬ ܐܡܪ ܐܝܟ ܕܩܛܠܬ ܐܬܡܠܝ ܠܡܨܪܝܐ
12¹ ~ ܘܕܚܠ ܡܘܫܐ ܘܐܡܪ: ܐܝܢܐ ܝܕܝܥܐ ܗܘܬ ܡܠܬܐ | ܗܕܐ: [15] ܘܫܡܥ ܕܝܢ
ܦܪܥܘܢ ܒܡܠܬܐ ܗܕܐ. ܘܒܥܐ ܗܘܐ ܠܡܩܛܠܗ ܠܡܘܫܐ. ܥܪܩ ܕܝܢ ܡܘܫܐ ܡܢ ܩܕܡ ܦܪܨܘܦܗ ܕܦܪܥܘܢ.
*ܘܥܡܪ ܒܐܪܥܐ ܕܡܕܝܢ. ܘܝܬܒ ܥܠ ܒܐܪܐ: [16] ܠܟܘܡܪܐ ܕܝܢ ܕܡܕܝܢ *ܗܘܝ ܠܗ ܫܒܥ ܒܢܬܐ

19 ܚܝܢ ܓܝܪ ܡܢ ܩܕܡ ܕܬܐܬܐ ܠܘܬܗܝܢ ܚܝܬܐ] ܐ ܡܛܠ ܕܚܝܬܐ ܐܢܝܢ ÷ ܗܢ ܣܢܝܩܐ ܚܝ ܠܗܝܢ ÷ ܐ ܘܝܠܕܢ ܐܢܝܢ ܙ

8 ܗܝ ante ܕܝܢ et ante ܠܛܠܝܐ positum punctum habet tam supernum quam infernum

11 ܒܢܝ prius signo ~ caret in B
15 ܘܥܡܪ ܒܐܪܥܐ ܕܡܕܝܢ, ubi ܥܡܪ participium. indicem ad ܘܥܡܪ adpositum

ـ ܕܪܥܝܢ ܠܥܢܐ ܕܐܒܘܗܝ̈ ܝܬܪܘ:

ܡܫܠܡ ܗ ܀

ܩܕ ܗ ‖ ܟܕ ܕܝܢ ܐܬܝ̈. ܡܠܝܢ ܗܘܝ̈ ܥܕܡܐ ܕܡܠܝ̈ ܠܡܫܩܝܬܐ. ܠܡܫܩܝܘ ܠܥܢܐ ܕܐܒܘܗܝ̈ ܝܬܪܘ:
[17] ܟܕ ܕܝܢ ܐܬܘ ܪ̈ܥܘܬܐ. ܛܪܕܘ ܐܢܝܢ: ܟܕ ܕܝܢ ܩܡ ܡܘܫܐ. ܦܪܩ ܐܢܝܢ. ܘܐܫܩܝ ܠܥܢܐ ܕܝܠܗܝܢ: [18] ܐܬܝ̈
ܕܝܢ ܠܘܬ ܪܥܘܐܝܠ ܐܒܐ ܕܝܠܗܝܢ: ܗܘ ܕܝܢ ܐܡܪ ܠܗܝܢ »ܡܛܠ ܡܢܐ ܣܪܗܒܬܝܢ ܐܬܝܬܝܢ ܝܘܡܢܐ.·.«:
[19] ܗܢܝܢ ܕܝܢ ܐܡܪ̈ܝܢ »ܓܒܪܐ ܡܨܪܝܐ ܦܪܩ ܠܢ ܡܢ ܪ̈ܥܘܬܐ ܘ※ܕܠܐ ܕܠܐ ܠܢ. ܘܐܫܩܝ ܠܥܢܢ«:
| [20] ܗܘ ܕܝܢ ܐܡܪ ܠܒܢܬܗ ܕܝܠܗ »ܘܐܝܟܐ ܐܝܬܘܗܝ.·. ܡܛܠ ܡܢܐ ܗܟܢܐ ܫܒܩܬܝܢܝܗܝ ܠܓܒܪܐ.·. ܩܪܝܝܢ 12[2]
ܠܗ ܗܟܝܠ: ܐܝܟܢܐ ܕܢܐܟܘܠ ܠܚܡܐ« ܀ [21] ܫܪܐ ܕܝܢ ܡܘܫܐ ܠܘܬܗ ܕܓܒܪܐ. ܘܝܗܒ ܠܨܦܘܪܐ ܒܪܬܗ
ܕܝܠܗ ܠܡܘܫܐ ܐܢܬܬܐ ܀ [22] ܟܕ ܒܛܢܬ ܕܝܢ ܐܢܬܬܐ ـ ܐܝܠܕܬ. ※ܝܠܕܬ ܒܪܐ. ܘܩܪܝܗ ܡܘܫܐ
ܫܡܐ ܕܝܠܗ ܓܪܫܘܡ ܟܕ ܐܡܪ ܕ»ܬܘܬܒܐ ܐܝܬܝ ܒܐܪܥܐ ܢܘܟܪܝܬܐ«* ܀ [23] ܡܢ ܒܬܪ ܕܝܢ ܝܘܡܬܐ ܣܓܝ̈ܐܬܐ
ܗܠܝܢ ܡܝܬ ܡܠܟܐ ܕܡܨܪܝܢ. ܘܐܬܬܢܚܘ ܒܢ̈ܝ ܐܝܣܪܝܠ ܡܢ ܥܒ̈ܕܐ. ܘܩܥܘ. ܘܣܠܩܬ ܩܥܬܐ ܕܝܠܗܘܢ
ܠܘܬ ܐܠܗܐ ܡܢ ܥܒ̈ܕܐ: [24] ܘܫܡܥ ܐܠܗܐ ܐܢܚܬܗܘܢ ܕܝܠܗܘܢ. ܘܐܬܕܟܪ ܐܠܗܐ ܠܩܝܡܐ ܕܝܠܗ ܗܘ
ܕܠܘܬ ܐܒܪܗܡ ܘܐܝܣܚܩ | ܘܝܥܩܘܒ. [25] *ܘܚܪ ܐܠܗܐ ܒܒܢ̈ܝ ܐܝܣܪܝܠ. ܘܐܬܝܕܥ ܠܗܘܢ ܀ ܗ ܗ ܀ 13[1]

ܦܪ̈ܫܐ ܕܥܠ ܝܠܕܗ ܕܡܘܫܐ ܀ ܘܥܠ ܦܪ̈ܫܐ ܕܒܣܢܝܐ ܕܝܩܕܐ ܀

[1] ܘܡܘܫܐ ܐܝܬܘܗܝ ܗܘܐ ܪܥܐ ܠܥܢܐ ܕܝܬܪܘ *ܚܡܘܗܝ ܗܘ ܟܘܡܪܐ ܕܡܕܝܢ. ܘܕܒܪܗ ܗܘܐ 3
ܠܥܢܐ ܠܡܕܒܪܐ. ܘܐܬܐ ܠܛܘܪܗ ܕܐܠܗܐ.. ܠܚܘܪܝܒ: [2] ܐܬܚܙܝ ܠܗ ܕܝܢ ܡܠܐܟܗ *ܕܡܪܝܐ
ܒܫܠܗܒܝܬܐ ܕܢܘܪܐ ܡܢ *ܡܨܥܬܗ ܕܣܢܝܐ. ܘܚܙܐ ܕܣܢܝܐ ܡܬܝܩܕ ܒܢܘܪܐ. ܗܘ ܕܝܢ ܣܢܝܐ ܠܐ ܝܩܕ:
[3] ܐܡܪ ܕܝܢ ܡܘܫܐ »ܐܥܒܪ ܐܚܙܐ ܚܙܘܐ ܪܒܐ ܗܢܐ. ܡܛܠ ܡܢܐ ܠܐ ܝܩܕ ܣܢܝܐ«: [4] ܟܕ ܕܝܢ ܚܙܐ *ܡܪܝܐ
ܕܡܬܦܢܐ ܠܡܚܙܐ. ܩܪܝܗ †ܡܪܝܐ ܡܢ ܡܨܥܬܗ ܕܣܢܝܐ ܟܕ ܐܡܪ. »ܡܘܫܐ ܡܘܫܐ«: ܗܘ ܕܝܢ
ܐܡܪ »ܡܢܐ ܐܝܬܘܗܝ«: [5] ܘܐܡܪ »ܠܐ | ܬܬܩܪܒ ܠܗܪܟܐ. ܫܪܝ ܡܣܐܢܐ *ܠܟ ܕܝܠܟ ܡܢ ܪ̈ܓܠܝܟ: 13[2]
ܕܐܬܪܐ ܓܝܪ ܗܘ ܕܥܠܘܗܝ ܐܢܬ ܩܐܡ ܐܢܬ *ܐ ܠܥܠܡܝܢ. ܐܪܥܐ ܩܕܝܫܬܐ ܐܝܬܝܗ«: [6] ܘܐܡܪ ـ ܠܗ
»ܐܢܐ ܐܝܬܝ ܐܠܗܗ ܕܐܒܐ ܕܝܠܟ.. ܐܠܗܗ ܕܐܒܪܗܡ ـ ܘܐܠܗܗ ܕܐܝܣܚܩ ܘܐܠܗܗ ܕܝܥܩܘܒ«:
ܐܗܦܟ ܕܝܢ ܡܘܫܐ ܦܪܨܘܦܐ ܕܝܠܗ. *ܕܚܠ ܗܘܐ ܓܝܪ ܠܡܚܪ ܩܕܡ ܐܠܗܐ ܀ [7] ܐܡܪ ܕܝܢ *ܡܪܝܐ
ـ ܠܘܬ ܡܘܫܐ »ܚܙܝܐ ܚܙܝܬ ܠܫܥܒܘܕܐ ܕܥܡܐ ܕܝܠܝ ܗܘ ܕܒܡܨܪܝܢ ܘܠܩܥܬܐ ܕܝܠܗܘܢ ܫܡܥܬ ܡܢ
ܩܕܡ ܕܝܪ̈ܘܫܐ *ܕܝܠܗܘܢ ܒܥܒ̈ܕܐ. ܝܕܥ ܐܢܐ ܓܝܪ ܠܟܐܒܐ ܕܝܠܗܘܢ. [8] ܘܢܚܬܬ ܕܐܦܨܝܘ ܐܢܘܢ ܡܢ
ܐܝܕܐ ܕܡܨܪ̈ܝܐ ܘܕܐܣܩܝܘ ܐܢܘܢ ܡܢ ܐܪܥܐ ܗܝ* ܠܐܪܥܐ ܛܒܬܐ ܘܣܓܝܐܬܐ.. ܠܐܪܥܐ ܕܪܕܝܐ ܚܠܒܐ
ܘܕܒܫܐ.. ܠܕܘܟܬܐ ܕܟܢܥܢ̈ܝܐ | ܘܕܚܬ̈ܝܐ ܘܕܐܡܘܪ̈ܝܐ ܘܕܦܪ̈ܙܝܐ ܘܕܓܪ̈ܓܫܝܐ ـ ܘܕܚܘ̈ܝܐ ܘܕܝܒܘ̈ܣܝܐ: 14[1]
[9] ܘܗܫܐ ܗܐ ܩܥܬܐ ܕܒܢ̈ܝ ܐܝܣܪܝܠ ܐܬܬ ܠܘܬܝ. ܘܐܦ ܚܙܝܬ ܠܐܘܠܨܢܐ ܗܘ ܕܡܨܪ̈ܝܐ ܐܠܨܝܢ ܠܗܘܢ:
[10] ܘܗܫܐ ܬܐ ܐܫܕܪܟ ܠܘܬ ܦܪܥܘܢ ـ ܡܠܟܐ ܕܡܨܪܝܢ. ܘܬܦܩ ܠܥܡܐ ܕܝܠܝ ܠܒܢ̈ܝ ܐܝܣܪܝܠ ܡܢ
ܐܪܥܐ ܕܡܨܪܝܢ« ܀ [11] ܘܐܡܪ ܡܘܫܐ ܠܘܬ ܐܠܗܐ »ܡܢܘ *ܐ ܐ ܐܢܐ ܐܝܬܝ. ܕܐܙܠ ܠܘܬ ܦܪܥܘܢ ـ ܡܠܟܐ
ـ ܕܡܨܪ̈ܝܐ. ܘܕܐܦܩ ܠܒܢ̈ܝ ܐܝܣܪܝܠ ܡܢ ܐܪܥܐ ܕܡܨܪܝܢ.·.« ܀ [12] ܐܡܪ ܕܝܢ* »ܡܛܠ ܕܐܗܘܐ ܥܡܟ: ܘܗܢܐ
ܠܟ ܐܬܐ ܕܐܢܐ ܡܫܕܪ ܐܢܐ ܠܟ: ܟܕ ܕܬܦܩ ܐܢܬ ܠܥܡܐ ܡܢ ܡܨܪܝܢ. ܬܦܠܚܘܢ ܠܐܠܗܐ ܒܛܘܪܐ ܗܢܐ« ܀
ـ [13] ܘܐܡܪ ܡܘܫܐ ܠܘܬ ܐܠܗܐ »ܗܐ ܐܢܐ ܐܙܠ | ܐܢܐ ܠܘܬ ܒܢ̈ܝ ܐܝܣܪܝܠ ܘܐܡܪ ܠܗܘܢ »ܐܠܗܐ ܕܐܒܗ̈ܬܐ 14[2]
ܕܝܠܟܘܢ ܫܕܪܢܝ ܠܘܬܟܘܢ«. ܢܫܐܠܘܢܢܝ ܕܝܢ »ܡܢܘ ܫܡܐ ܕܝܠܗ.·.«. ܡܢܐ ܐܡܪ ܠܗܘܢ.·.«: [14] ܘܐܡܪ
ܐܠܗܐ ܠܘܬ ܡܘܫܐ »ܐܢܐ ܐܝܬܝ ܗܘ ܕܐܝܬܘܗܝ«. ܘܐܡܪ »ܗܟܢܐ ܬܐܡܪ ܠܒܢ̈ܝ ܐܝܣܪܝܠ »ܗܘ ܕܐܝܬܘܗܝ
ܫܕܪܢܝ ܠܘܬܟܘܢ««: [15] ܘܐܡܪ ܬܘܒ ܐܠܗܐ ܠܘܬ ܡܘܫܐ »ܗܟܢܐ ܬܐܡܪ ܠܒܢ̈ܝ ܐܝܣܪܝܠ »*ܡܪܝܐ

ad ܘܡܟܣ: transtuli ego

19 ※ܘܕܠܝܬ

22 ܐܠܗܐ. ܐܠܗܐ ܕܡܢ ܒܝܬ ܕܝܠܗ ܡܢ ܕܝܢ ܚܕܐ ܓܝܪ ܕܐܬܐ ܕܝܠܗ ܡܬܐܡܪ. ܘܡܛܠ ܗܢܐ ܐܝܬ ܒܗ. indicem non posuit librarius

25 ܐ ܠ ܐܝܬ

1 ܒܝ . ܠܥܢܐ ܕܝܬܪܘ ܚܡܘܗܝ ܠܒܝܬ ܟܘܡܪܐ ܕܐܢܫܐ . ܡܛܠ ܕܐܝܬ ܒܗ ܕܡܨܪ̈ܝܐ . ܘܡܛܠ ܗܢܐ ܕܚܝܠ ܗܘܐ ܒܗ ܡܫܠܡܢܘܬܐ

2 ne taedium creem legentibus, se- ܡܪܝܐ adscribi in B solere ܐܠܗܐ semel moneo. adest, ubi * addo

4 alterum ܡܘܫܐ in margine deest, adest in textu index

6 ܐܒܘܟ . B voci ܠܟ punctum infernum addidit

8 ܐܝܟ ܕܟܢܥ

12 ܐܡܪ ܠܗ ܡܘܫܐ ܠܘܬ ܐܠܗܐ

1 ܐܠܗܐ ܕܐܒ̈ܗܝܟܘܢ ܕܝܠܟܘܢ.. ܐܠܗܗ ܕܐܒܪܗܡ ܘܐܠܗܗ ܕܐܝܣܚܩ ܘܕܝܥܩܘܒ. ܫܕܪܢܝ ܠܘܬܟܘܢ.
ܗܢܐ ܕܝܠܝ ܐܝܬܘܗܝ ܫܡܐ ܕܠܥܠܡ. ܘܕܘܟܪܢܐ ܕܕܪ̈ܐ ܠܕܪ̈ܐ ܀ ܗ ܀

ܩܪܝܢܐ ܕܚܕܒܫܒܐ ܕܫܠܐ ܀

15^1 [16] ܙܠ ܕܝܢ ܘܟܢܘܫ ܠܩܫܝ̈ܫܘܬܐ ܕܒ̈ܢܝ ܐܝܣܪܝܠ. ܘܐܡܪ | ܠܘܬܗܘܢ *ܡܪܝܐ ܐܠܗܐ
ܕܐܒ̈ܗܝܟܘܢ ܕܝܠܟܘܢ ܐܬܚܙܝ ܠܝ.. ܐܠܗܗ ܕܐܒܪܗܡ ܘܐܠܗܗ ܕܐܝܣܚܩ ܘܕܝܥܩܘܒ. ܟܕ ܐܡܪ
ܣܘܥܪܐ ܣܥܪܬܟܘܢ. ܘܠܟܠܗܝܢ ܗܠܝܢ ܕܓܕ̈ܫ ܠܟܘܢ ܒܡܨܪܝܢ: [17] ܘܐܡܪܬ ܕܐܣܩܟܘܢ ܡܢ ܫܥܒܕܐ
ܕܡܨܪ̈ܝܐ ܠܐܪܥܐ ܕܟܢܥܢ̈ܝܐ ܘܕܚܬ̈ܝܐ ܘܕܐܡܘܪ̈ܝܐ ܘܕܦܪ̈ܙܝܐ ܘܕܓܪܓܫ̈ܝܐ ܘܕܚܘ̈ܝܐ ܘܕܝܒܘܣ̈ܝܐ.
ܠܐܪܥܐ ܕܪܕܝܐ ܚܠܒܐ ܘܕܒܫܐ: [18] ܘܢܫܡܥܘܢ ܠܩܠܟ ܕܝܠܟ. ܘܬܥܘܠ ܐܢܬ ܘܩܫܝ̈ܫܘܬܐ ܕܐܝܣܪܝܠ
ܠܘܬ ܡܠܟܐ ܕܡܨܪܝܢ. ܘܬܐܡܪ ܠܘܬܗ *ܡܪܝܐ ܐܠܗܐ ܕܥܒܪ̈ܝܐ ܩܪܐ ܠܢ: ܢܐܙܠ ܗܟܝܠ ܐܘܪܚܐ ܕܬܠܬܐ
ܝܘܡ̈ܝܢ ܠܡܕܒܪܐ. ܐܝܟܢܐ ܕܢܕܒܚ *ܠܡܪܝܐ ܐܠܗܐ ܕܝܠܢ: [19] ܐܢܐ ܕܝܢ ܝܕܥ ܐܢܐ ܕܠܐ ܫܒܩ ܠܟܘܢ
15^2 ܡܠܟܐ ܕܡܨܪܝܢ ܠܡܐܙܠ. ܐܠܐ ܐܢ ܠܐ ܒܐܝܕܐ ܚܣܝܢܬܐ: | [20] ܘܐܘܫܛ ܐܝܕܐ ܕܝܠܝ. ܘܐܡܚܐ ܠܡܨܪ̈ܝܐ
ܒܟܠܗܘܢ ܬܕܡܪ̈ܬܐ ܕܝܠܝ. ܗܠܝܢ ܕܐܥܒܕ ܒܗܘܢ. ܘܡܢ ܒܬܪ ܗܠܝܢ ܢܫܕܪܟܘܢ: [21] ܘܐܬܠ ܛܝܒܘܬܐ
ܠܥܡܐ ܗܢܐ ܩܕܡ ܡܨܪ̈ܝܐ: ܐܡܬܝ ܕܝܢ ܕܡܐ ܕܬܐܙܠܘܢ ܠܐ ܬܐܙܠܘܢ ܣܦܝܩܐ. [22] ܐܠܐ ܬܫܐܠ
ܐܢܬܬܐ ܡܢ ܫܒܒܬܗ ܘܡܢ ܬܘܬܒܬܐ ܕܒܝܬܗ ܡܐܢ̈ܐ ܕܣܐܡܐ ܘܕܕܗܒܐ ܘܠܒܘܫܐ. ܘܬܣܝܡܘܢ ܥܠ
ܒܢ̈ܝܟܘܢ ܘܥܠ ܒܢ̈ܬܟܘܢ. ܘܬܫܒܘܢ ܐܢܘܢ ܠܡܨܪ̈ܝܐ ܀

4 [1] ܥܢܐ ܕܝܢ ܡܘܫܐ ܘܐܡܪ. ܐܢ ܗܟܝܠ ܠܐ ܢܗܝܡܢܘܢܢܝ. ܘܠܐ ܢܫܡܥܘܢ ܠܩܠܝ ܕܝܠܝ (ܢܐܡܪܘܢ
ܓܝܪ ܕܠܐ ܐܬܚܙܝ ܠܟ ܐܠܗܐ). ܘܡܢܐ ܐܡܪ ܠܘܬܗܘܢ: [2] ܐܡܪ ܕܝܢ ܠܗ *ܡܪܝܐ ܡܢܐ ܗܘ ܗܢܐ
16^1 ܕܒܐܝܕܟ ܕܝܠܟ: ܗܘ ܕܝܢ | ܐܡܪ ܚܘܛܪܐ: [3] ܘܐܡܪ ܫܕܝܗܝ ܥܠ ܐܪܥܐ: ܘܫܕܝܗܝ ܥܠ
ܐܪܥܐ. ܘܗܘܐ ܚܘܝܐ. ܘܥܪܩ ܡܘܫܐ ܡܢܗ ܀ [4] ܘܐܡܪ *ܡܪܝܐ ܠܘܬ ܡܘܫܐ ܦܫܘܛ ܐܝܕܟ ܘܐܚܘܕ
ܒܕܘܢܒܗ: ܘܦܫܛ ܐܝܕܗ ܘܐܚܕܗ. ܘܗܘܐ ܚܘܛܪܐ ܒܐܝܕܗ ܕܝܠܗ: [5] *ܐܝܟܢܐ
ܕܢܗܝܡܢܘܢܟ ܕܐܬܚܙܝ ܠܟ †ܡܪܝܐ ܐܠܗܐ ܕܐܒ̈ܗܝܟܘܢ.. ܐܠܗܗ ܕܐܒܪܗܡ ܘܐܠܗܗ ܕܐܝܣܚܩ
ܘܐܠܗܗ ܕܝܥܩܘܒ ܀ [6] ܐܡܪ ܕܝܢ *ܡܪܝܐ ܠܗ ܬܘܒ ܐܥܠ ܐܝܕܟ ܠܥܘܒܟ: ܘܐܥܠ ܐܝܕܗ
ܠܥܘܒܗ: † ܘܐܦܩ ܐܝܕܗ ܡܢ ܥܘܒܐ ܕܝܠܗ. ܘܗܘܬ ܐܝܕܗ ※ܡܣܪܓܠܐ ܐܝܟ ܬܠܓܐ: [7] ܘܐܡܪ
*ܐܥܠ ܐܝܕܟ ܠܥܘܒܐ ܕܝܠܟ: ܘܐܥܠ ܐܝܕܗ ※ܗ ܕܝܠܗ ܠܥܘܒܗ. ܘܐܦܩܗ ܡܢ ܥܘܒܗ. ܘܬܘܒ
16^2 | ܗܦܟܬ ܠܓܘܢܐ ܕܒܣܪܐ ܕܝܠܗ: [8] ܐܢ ܕܝܢ ܠܐ ܢܗܝܡܢܘܢܟ. ܘܠܐ ܢܫܡܥܘܢ ܠܩܠܐ ܕܐܬܐ
ܩܕܡܝܬܐ. ܢܗܝܡܢܘܢܟ ܠܩܠܐ ܕܐܬܐ ܗܝ ܕܐܚܪܬܐ: [9] ܘܢܗܘܐ ܕܐܢ ܠܐ ܢܗܝܡܢܘܢ ܠܬܪܬܝܢ ܐܬܘ̈ܬܐ
ܗܠܝܢ. ܘܠܐ ܢܫܡܥܘܢ ܠܩܠܐ ܕܝܠܟ. ܬܣܒ ܡܢ ܡܝ̈ܐ ܕܢܗܪܐ. ܘܬܐܫܘܕ ܥܠ ܝܒܝܫܬܐ. ܘܢܗܘܘܢ ܡܝ̈ܐ
ܗܠܝܢ ܕܬܣܒ ܡܢ ܢܗܪܐ. ※ܗ ܠ ܘܢܗܘܘܢ ܕܡܐ ܥܠ ܝܒܝܫܬܐ ܀ [10] ܐܡܪ ܕܝܢ ܡܘܫܐ ܠܘܬ *ܡܪܝܐ
ܒܥܐ ܐܢܐ.. ܡܪܝܐ.. ܠܐ †ܣܦܩ ܡܡܠܠܐ ܐܝܬܝ ܡܢ ܐܬܡܠܝ. ܐܦ ܠܐ ܡܢ ܩܕܡ ܝܘܡܐ ܬܠܝܬܝܐ.
ܐܦ ܠܐ ܡܢ ܕܫܪܝܬ **ܠܡܡܠܠܘ ܠܥܒܕܟ ܕܝܠܟ: ܚܣܝܪ ܩܠܐ ※ܓܝܪ ܐ *ܘܝܩܝܪ ܠܫܢܐ ܐܢܐ
17^1 ܐܝܬܝ: [11] ܐܡܪ ܕܝܢ *ܡܪܝܐ ܠܘܬ ܡܘܫܐ ܡܢܘ ܝܗܒ ܦܘܡܐ ܠܒܪܢܫܐ: | ܘܡܢܘ ܥܒܕ †ܚܪܫܐ
ܘܣܡܝܐ: ܘܚܙܝܐ ܘܣܡܝܐ: ܠܐ ܗܘܐ ܐܢܐ **ܡܪܝܐ: [12] ܘܗܫܐ ܙܠ. ܘܐܢܐ ܐܦܬܚ ܠܦܘܡܐ ܕܝܠܟ ܘܐܠܦܝܘܟ
ܗܠܝܢ ܕܥܬܝܕ ܐܢܬ ܠܡܡܠܠܘ: [13] ܘܐܡܪ ܒܥܐ ܐܢܐ.. ܡܪܝܐ.. ܐܬܩܢ ܐܚܪܢܐ ܕܡܨܐ ܕܬܫܕܪ: ܗ ܀
3 [14] ܘܐܬܚܡܬ *ܡܪܝܐ ܒܪܘܓܙܐ ܥܠ ܡܘܫܐ. ܐܡܪ ܠܐ ܗܐ ܐܗܪܘܢ ܐܚܘܟ ܕܝܠܟ ܠܘܝܐ: ܝܕܥ ܐܢܐ
ܕܡܡܠܠܘ ܢܡܠܠ ܗܘ ܠܟ. ܘܗܐ ܗܘ ܢܦܘܩ ܠܐܘܪܥܟ ܕܝܠܟ. ܘܟܕ ܢܚܙܝܟ. ܢܚܕܐ ܗܘ ܒܗ.
[15] ܘܬܐܡܪ ܠܘܬܗ. ܘܬܬܠ ܡ̈ܠܐ ܕܝܠܝ ܒܦܘܡܗ. ܘܐܢܐ ܐܦܬܚ ܦܘܡܟ ܘܦܘܡܐ ܕܝܠܗ. ܘܐܠܦܟܘܢ
17^2 ܗܠܝܢ ܕܬܥܒܕܘܢ: [16] ܘܢܡܠܠ ܗܘ ܠܟ ܠܘܬ ܥܡܐ. ܘܗܘ ܢܗܘܐ ܠܟ ܦܘܡܐ. ܐܢܬ | ܕܝܢ ܠܗ ܬܗܘܐ

16⁰ in margine signum eius simile quo numerum ܨ exprimebant: quod notavit Cerianius, ad ZDMG **16** 578, Landii anecdotorum I tabulam 25, Wrightium JSL 1863 $_{128}$ provocans

1 ܗ versui praemissum in codice

Cerianius ܡܪܝܐ explicandum esse credebat. ego in margine notavisse satis habeo: vide 12 $_{17}$

5 ܘܐܡܪ: ܡܪܝܐ

6 ܘܐܡܪ. ܘܐܦܩ ܐܝܕܗ ܡܢ ܥܘܒܗ

7 ܬܘܒ

7 ܗܦܟܬ |

10 ܕܡܠܠܬ

10 ܠܥܒܕܟ:

10 ܘܝܩܝܪ:

11 ܠܡܡܠܠܘ ܠܗ ܡܢ |

ܗܟܝܠ ܕܒܗ ܐܠܗܐ: 17 ܘܚܘܛܪܐ ܗܢܐ* ܐܚܘܕ ܒܐܝܕܟ ܕܝܠܟ. ܕܒܗ ܠܡܥܒܕ ܐܬܘܬܐ« ÷ ܗ ܘ ÷

ܦܪܫܐ ܕܐܬܚܫܒܬ ܕܚܕܐ ܒܗ ܥܒܪܐ ÷

18 ܐܙܠ ܕܝܢ ܡܘܫܐ ܘܗܦܟ ܠܘܬ ܝܬܪܘ ܚܡܘܗܝ. ܘܐܡܪ ܠܗ »ܐܙܠ ܘܐܗܦܘܟ ܠܘܬ ܐܚܝ ܕܒܡ
ܗܟܢ ܕܒܡܨܪܝܢ. ܘܐܚܙܐ ܐܢ ܥܕܟܝܠ ܚܝܝܢ«: ܘܐܡܪ ܝܬܪܘ ܠܡܘܫܐ »ܐܙܠ ܒܫܠܡ ܐܢܬ« ÷ ܒܬܪ ܕܝܢ
ܝܘܡܬܐ ܣܓܝܐܐ ܗܠܝܢ ܡܝܬ ܡܠܟܐ ܕܡܨܪܝܢ ÷ 19 ܐܡܪ ܕܝܢ *ܡܪܝܐ ܠܘܬ ܡܘܫܐ †ܒܡܕܝܢ »ܗܠܟ
ܐܙܠ ܠܡܨܪܝܢ. ܡܝܬܘ ܓܝܪ ܟܠܗܘܢ *ܓܒܪ̈ܐ ܗܠܝܢ ܕܒܥܝܢ ܗܘܘ ܢܦܫܐ ܕܝܠܟ«: 20 ܟܕ ܢܣܒ ܕܝܢ
18¹ ܡܘܫܐ ܠܐܢܬܬܗ ܘܠܒܢܝܐ *ܗ ܕܝܠܗ. ܐܪܟܒ ܐܢܘܢ ܥܠ ܚܡܪ̈ܐ. ܘܗܦܟ ܠܡܨܪܝܢ: ܢܣܒ | ܕܝܢ ܡܘܫܐ
ܚܘܛܪܐ ܗܘ ܕܡܢ ܠܘܬ ܐܠܗܐ ܒܐܝܕܐ ܕܝܠܗ ÷ 21 ܐܡܪ ܕܝܢ *ܡܪܝܐ ܠܘܬ ܡܘܫܐ »ܟܕ ܐܙܠ ܐܢܬ ܘܗܦܟ
ܐܢܬ ܠܡܨܪܝܢ. ܚܙܝ ܟܠܗܘܢ ܐܬܘܬܐ ܗܠܝܢ ܕܝܗܒܬ ܒܐܝܕܐ ܕܝܠܟ. ܠܡܥܒܕ ܐܢܝܢ ܩܕܡ ܦܪܥܘܢ. ܐܢܐ ܕܝܢ
ܐܩܫܐ ܠܠܒܐ ܕܝܠܗ. ܘܠܐ ܢܫܕܪܝܘܗܝ ܠܥܡܐ: 22 ܐܢܬ ܕܝܢ ܬܐܡܪ ܠܦܪܥܘܢ »ܗܟܢ ܐܡܪ *ܡܪܝܐ. ܒܪܐ
*ܗ ܕܝܠܝ ܒܘܟܪܐ ܕܝܠܝ ܐܝܣܪܝܠ: 23 ܐܡܪܬ ܕܝܢ ܠܟ. ܫܕܪ ܠܥܡܐ ܕܝܠܝ. ܐܝܟܢܐ ܕܢܦܠܚܘܢ ܠܝ:
*ܐܢ ܕܝܢ ܠܐ ܨܒܐ ܐܢܬ ܕܬܫܕܪܝܘܗܝ. ܚܙܝ ܗܟܝܠ. ܐܢܐ *ܐ ܐ ܐܩܛܘܠ ܩܛܠ ܐܢܐ ܠܒܪܟ ܒܘܟܪܐ *ܗ
*ܕܝܠܟ« ÷ 24 ܗܘܐ ܕܝܢ ܒܐܘܪܚܐ ܒܒܝܬ ܡܫܪܝܐ. ܦܓܥ ܒܗ *ܡܠܐܟܐ ܘܒܥܐ ܗܘܐ ܠܡܩܛܠܗ:
18² 25 ܘܟܕ ܢܣܒܬ ܨܦܘܪܐ *ܡܘܫܐ. | ܛܪܢܐ ܠܥܘܪܠܘܬܐ ܕܒܪܐ *ܕܝܠܗ. ܘܢܦܠܬ ܠܘܬ ܪ̈ܓܠܘܗܝ ܕܝܠܗ
ܘܐܡܪܬ »ܩܡ ܕܡܐ ܕܓܙܘܪܬܐ ܕܒܪܐ ܕܝܠܟ«: 26 ܘܐܙܠ ܡܢܗ. ܡܛܠ ܕܐܡܪܬ »ܩܡ ܕܡܐ ܕܓܙܘܪܬܐ ܕܒܪܐ
ܕܝܠܟ« ÷

ܡܫܠܡ ܝ ÷

27 ܐܡܪ ܕܝܢ *ܡܪܝܐ ܠܘܬ ܐܗܪܘܢ »ܙܠ ܠܐܘܪܥܗ ܕܡܘܫܐ ܠܡܕܒܪܐ«: ܘܐܙܠ. ܘܐܪܥ ܠܗ ܒܛܘܪܗ
ܕܐܠܗܐ. ܘܢܫܩܗ: 28 ܘܚܘܝ ܡܘܫܐ ܠܐܗܪܘܢ ܟܠܗܘܢ ܡ̈ܠܘܗܝ *ܕܡܪܝܐ ܗܟܢ ܕܫܕܪܗ. ܘܟܠܗܘܢ ܐܬܘܬܐ
ܗܠܝܢ ܕܦܩܕܗ ÷ ܗ ÷

ܦܪܫܐ ܕܐܬܚܙܝܬ ܕܦܣܚܐ ÷

29 ܐܙܠ ܕܝܢ ܡܘܫܐ ܘܐܗܪܘܢ. ܘܟܢܫܘ ܠܟܠܗܘܢ ܩܫܝ̈ܫܐ ܕܒܢܝ̈ܐ ܕܐܝܣܪܝܠ: 30 ܘܡܠܠ ܐܗܪܘܢ
19¹ ܟܠܗܘܢ ܡ̈ܠܐ ܗܠܝܢ ܕܡܠܠ ܐܠܗܐ ܠܘܬ ܡܘܫܐ. | ܘܥܒܕ ܐܬܘܬܐ ܩܕܡ ܥܡܐ. 31 ܘܗܝܡܢ
ܥܡܐ ܘܚܕܝ. ܡܛܠ ܕܣܥܪ ܐܠܗܐ ܠܒܢܝ̈ܐ ܕܐܝܣܪܝܠ. ܘܚܙܐ ܠܐܘܠܨܢܐ ܕܝܠܗܘܢ: ܟܕ ܐܬܟܦܦ ܕܝܢ
ܥܡܐ ܕܝܠܗ. ܣܓܕ ÷
5 1 ܘܒܬܪ ܗܟܢ ܥܠ ܡܘܫܐ ܘܐܗܪܘܢ. ܘܐܡܪܘ ܠܘܬ ܦܪܥܘܢ »ܗܟܢ ܐܡܪ *ܡܪܝܐ ܐܠܗܐ
ܕܐܝܣܪܝܠ »ܫܕܪ ܠܥܡܐ ܕܝܠܝ. ܐܝܟܢܐ ܕܢܥܒܕܘܢ ܠܝ ܥܐܕܐ ܒܡܕܒܪܐ«: 2 ܘܐܡܪ ܦܪܥܘܢ »ܡܢܘ
ܐܝܬܘܗܝ ܗܘ ܕܐܫܡܥ ܒܩܠܗ ܕܝܠܗ. ܐܝܟܢܐ ܕܐܫܕܪ ܠܒܢܝ̈ܐ ܕܐܝܣܪܝܠ. ܠܐ ܝܕܥ ܐܢܐ *ܠܡܪܝܐ.
ܘܠܐܝܣܪܝܠ ܠܐ ܡܫܕܪ ܐܢܐ«: 3 ܘܐܡܪܝܢ ܠܗ »ܐܠܗܐ ܕܥܒܪ̈ܝܐ ܩܪܐ ܠܢ. ܢܐܙܠ ܗܟܝܠ ܐܘܪܚܐ
ܕܬܠܬܐ ܝܘܡܝܢ ܒܡܕܒܪܐ. ܐܝܟܢܐ ܕܢܕܒܚ *ܠܡܪܝܐ ܐܠܗܐ ܕܝܠܢ. ܕܠܡܐ †ܢܦܓܘܥ ܒܢ ܡܘܬܐ ܐܘ ܩܛܠܐ«:
19² 4 ܘܐܡܪ ܠܗܘܢ ܡܠܟܐ ܕܡܨܪܝܢ | »ܡܛܠ ܡܢܐ .. ܡܘܫܐ ܘܐܗܪܘܢ .. ܡܦܪܕܝܢ ܐܢܬܘܢ ܠܥܡܐ ܡܢ ܥܒ̈ܕܐ
ܦܠܚ ܕܝܠܗ. ܙܠܘ ܟܠ ܚܕ ܡܢܟܘܢ ܠܘܬ ܥܒ̈ܕܐ *ܕܝܠܟܘܢ«: || 5 ܘܐܡܪ ܦܪܥܘܢ »ܗܐ ܣܓܝ ܟܢܝܫܐ
ܣܓܝ ܥܡܐ ܕܐܪܥܐ. ܠܐ ܗܟܝܠ ܢܢܝܚ ܐܢܘܢ ܡܢ ܥܒ̈ܕܐ«: 6 ܦܩܕ ܕܝܢ ܦܪܥܘܢ *ܗ ܒܝܘܡܐ ܗܘ ܕܝܠܗ
ܠܫܠܝܛ̈ܢܐ ܕܥܒ̈ܕܐ ܕܥܡܐ ܘܠܣܦܪ̈ܐ *ܕܝܠܗ ܟܕ ܐܡܪ 7 »ܠܐ ܬܘܣܦܘܢ ܬܘܒ ܠܡܬܠ ܬܒܢܐ ܠܥܡܐ
ܠܥܡܐ ܠܡܠܒܢ ܠܒ̈ܢܐ ܐܝܟ ܕܡܢ ܐܬܡܠܝ ܘܕܡܢ ܩܕܡ. ܐܢܘܢ ܢܐܙܠܘܢ ܘܢܟܢܫܘܢ

17 ܒܗܝ ܕܚܘܛܪܐ: ad ܣܒ relatum
19 ܒܡܕܝܢ ܝ
20 ܝ ܕܝܢ — B
23 ܐܢܬ ܕܝܢ ܠܐ ܨܒܐ ܗܘܝܬ
24 ܒܗ B¹
24 ܐܠܗܐ ÷ ܗܘ ܡܪܝܐ
25 ܡܘܫܐ. ܗܘ ܕܝܢ ܡܛܠܗ
25 ܐ ܠ ܛܪܢܐ ܕܥܘܪܠܘܬܐ ܘܐܡܪܬ.

ܛܪܢܐ ܡܛܠ ܕܝܗܒܬ ܐܝܟ ܕܝܢ, ubi ad ܛܪܢܐ ܐܝܟ ܕܝܢ additur ܠܥܘܪܠܘܬܐ. ܐ ܛܪܢܐ ܕܥܘܪܠܘܬܐ. ܠܐ ܗܘܐ ܕܢܣܒܬ ܛܪܢܐ ܐܝܟ ܡܢܐ ܗܘܐ. ܐܠܐ ܘܛܪܢܐ ܐܝܬܝܗ: ܕܝܢ ܗܘܐ ܕܩܛܠܐ ܕܝܠܗ ܛܪܢܐ. ܗܘ ܕܝܢ ܐܡܪܬ ܗܘܐ ܐܝܟ ܕܝܢ ܕܝܗܒܬ. sequitur ἀντίτυπον, quod quo pertineat, patere credo
27 ܗܘ ܣܒܪ vocabulorum ܠܐܘܪܥܗ

ܕܩܕܡܐ pr m in liturâ scr
3 indice non ad ܢܦܓܘܥ, sed ad ܡܘܬܐ addito ÷ ܒܡܘܬܐ ܐܘ ܩܛܠܐ ܕܢܦܓܘܥ
ܗܘ ܢܦܓܘܥ ܡܘܬܐ ܒܢ ܐܘ ܩܛܠܐ ÷ ܠ
ܢܦܓܘܥ ܒܢ ܡܘܬܐ ܐܘ ܩܛܠܐ
4 ܕܝܠܗ, ad ܥܒ̈ܕܐ relatum in B
6 ܝ post ܗܘ positum addidi ego
7 ܒ priorem B ante ܠܐ posuit

ܠܗܘܢ ܬܒܢܐ: ⁸ ܘܡܫܘܚܬܐ ܕܠܒܢܐ ܕܗܢܘܢ ܥܒܕܝܢ ܟܠ ܝܘܡ. ܬܣܝܡܘܢ ܥܠܝܗܘܢ. ܠܐ
ܬܒܨܘܢ ܘܠܐ ܡܕܡ: ܒܛܝܠܝܢ ܓܝܪ: ܡܛܠ ܗܢܐ ※ ܗܢܘܢ ܩܥܝܢ ܟܕ ܐܡܪܝܢ ܕܢܐܙܠ ܘܢܕܒܘܚ ܠܐܠܗܐ
ܕܝܠܢ: ⁹ ܬܬܝܩܪ ܥܒܕܐ ܕܐܢܫܐ ܗܠܝܢ ܘܢܬܥܢܘܢ ܒܗ. ܘܠܐ ܢܬܢܝܘܢ ܒܡܠܐ ܣܪܝܩܬܐ:
20¹ | ¹⁰ ܡܫܬܪܗܒܝܢ ܗܘܘ ܠܗܘܢ ܕܝܢ ܦܠܚ̈ܝ ܥܒܕܐ ܕܥܡܐ ܘܣܦܪ̈ܐ ܕܝܠܗ. ܘܐܡܪܝܢ ܗܘܘ ܠܥܡܐ ܗܘ
ܥܡܐ ܟܕ ܐܡܪܝܢ ܕܗܟܢܐ ܐܡܪ ܦܪܥܘܢ ܕܠܐ ܝܗܒ ܐܢܐ ܠܟܘܢ ܬܒܢܐ: ¹¹ ܐܢܬܘܢ ܐܙܠܘ ܠܟܘܢ ܠܩܘܛܘ
ܠܟܘܢ ܬܒܢܐ ܡܢ ܐܝܟܐ ܕܡܫܟܚܝܬܘܢ ܐܢܬܘܢ. ܠܐ ܓܝܪ ܡܬܒܨܪ ܡܢ ܬܫܡܫܬܟܘܢ ܘܠܐ ܡܕܡ: ¹² ܘܐܬܒܕܪ
ܥܡܐ ܒܟܠܗ ※ ܐܪܥܐ ܕܡܨܪܝܢ. ܠܡܟܢܫܘ ܩܫܐ ܠܬܒܢܐ: ¹³ ܦܠܚ̈ܝ ܕܝܢ ܥܒܕܐ ܡܫܬܪܗܒܝܢ
ܗܘܘ ܒܗܘܢ. ܟܕ ܐܡܪܝܢ ܕܫܠܡܘ ܥܒ̈ܕܐ ܕܝܠܟܘܢ ܗܘܝܢ ܕܦܬܓܡ ܟܠ ܝܘܡ. ܐܝܟ ܡܐ ܕܐܦ ܟܕ
ܬܒܢܐ ܡܬܝܗܒ ܗܘܐ ܠܟܘܢ: ¹⁴ ܘܐܬܢܓܕܘ ܣܦܪ̈ܐ ܕܒܢ̈ܝ ܓܢܣܐ ܕܥܡܐ ܕܐܝܣܪܐܝܠ ܗܢܘܢ ܕܩܡܘ
ܥܠܝܗܘܢ. ܡܢ ܦܩܘܕܐ ܕܦܪܥܘܢ. ܟܕ ܐܡܪܝܢ ܗܘܘ ܕܠܡܢܐ ܠܐ ܫܠܡܬܘܢ ܠܦܘܣܩܢܐ ܕܝܠܟܘܢ ܕܒܠܒܢܬܐ
ܐܝܟ ܡܐ ܕܐܬܡܠܝ ܘܕܡܢ ܩܕܡ ܐܬܡܠܝ. ܘܗܐ ܕܝܘܡܢܐ: ❖ ܗ ܪ ❖
20² | ܦܪܫܬܐ ܕܫܪܒܝܬܐ ܕܥܡܐ ❖
¹⁵ ܟܕ ܥܠܘ ܕܝܢ ܣܦܪ̈ܐ ܕܒܢ̈ܝ ܕܐܝܣܪܐܝܠ. ܩܥܘ ܠܘܬ ܦܪܥܘܢ. ܟܕ ܐܡܪܝܢ ܕܡܛܠ ܡܢܐ
ܥܒܕ ܐܢܬ ܗܟܢܐ ܠܥܒ̈ܕܝܟ ܕܝܠܟ: ¹⁶ ܬܒܢܐ ܠܐ ܡܬܝܗܒ ܠܥܒ̈ܕܝܟ. ܘܠܒܢܐ ܐܡܪܝܢ ܠܢ ܠܡܥܒܕ.
ܘܗܐ ܥܒ̈ܕܝܟ ܕܝܠܟ ܡܬܢܓܕܝܢ: ܬܥܘܠ ܐܢܬ ܗܟܝܠ ܥܠ ܥܡܐ ܕܝܠܟ: ❖ ¹⁷ ܘܐܡܪ ܠܗܘܢ ܕܒܛܝܠܝܢ ܐܢܬܘܢ.
ܒܛܠܢܐ ܐܢܬܘܢ. ܡܛܠ ܗܢܐ ܐܡܪܝܢ ܐܢܬܘܢ ܕܢܐܙܠ ܘܢܕܒܘܚ ܠܐܠܗܐ ܕܝܠܢ: - ¹⁸ ܗܫܐ ܗܟܝܠ ܐܙܠܘ
ܦܠܘܚܘ. ܬܒܢܐ ܓܝܪ ܠܐ ܡܬܝܗܒ ܠܟܘܢ: ܘܡܫܘܚܬܐ ܕܠܒܢܐ ܬܬܠܘܢ: ¹⁹ ܚܙܝܢ ܗܘܘ ܕܝܢ ܣܦܪ̈ܐ
ܕܒܢ̈ܝ ܕܐܝܣܪܐܝܠ ܠܗܘܢ ܠܢܦܫܗܘܢ ܒܒܝܫܬܐ. ܟܕ ܐܡܪܝܢ ܕܠܐ ܡܬܒܨܪ ܡܢ ܠܒܢܬܐ ܕܝܠܟܘܢ .. ܡܢ ܗܘ ܕܡܐ
21¹ ܕܝܘܡ ܒܝܘܡܗ: ²⁰ ܦܓܥܘ ܕܝܢ ※ ܗ ܠ ܒܡܘܫܐ | ܘܒܐܗܪܘܢ ܕܩܝܡܝܢ ܗܘܘ ܠܐܘܪܥܐ ܕܝܠܗܘܢ. ܟܕ
ܢܦܩܝܢ ܗܘܘ ܡܢ ܠܘܬ ܦܪܥܘܢ. ²¹ ܘܐܡܪܘ ܠܗܘܢ ܢܚܙܐ ܐܠܗܐ ܒܟܘܢ ܘܢܕܘܢ. ܡܛܠ ܕܐܒܐܫܬܘܢ
ܠܪܝܚܢ ܕܝܠܢ ܩܕܡ ܦܪܥܘܢ ܘܩܕܡ ܥܒ̈ܕܘܗܝ ܕܝܠܗ. ܠܡܬܠ ܣܝܦܐ ܒܐܝ̈ܕܝܗܘܢ ܠܡܩܛܠ ܠܢ:
²² ܗܦܟ ܕܝܢ ܡܘܫܐ ܠܘܬ *ܡܪܝܐ ܘܐܡܪ ܕܡܪܝܐ.. ܡܛܠ ܡܢܐ ܐܒܐܫܬ ܠܥܡܐ ܗܢܐ:. ܘܡܛܠ ܡܢܐ
ܫܕܪܬܢܝ: ²³ ܘܡܢ ܟܕ ܥܠܬ ܠܘܬ ܦܪܥܘܢ ܠܡܡܠܠܘ ܒܫܡܐ ܕܝܠܟ. ܐܒܐܫ ܠܥܡܐ ܗܢܐ.
ܘ※ ܐ ܠ ܦܪܩܬ ܠܐ ܦܪܩܬܝܗܝ ܠܥܡܐ ܕܝܠܟ: ❖
6 ¹ ܘܐܡܪ *ܡܪܝܐ ܠܘܬ ܡܘܫܐ ܗܫܐ ܡܢ ܟܕܘ ܬܚܙܐ ܗܢܝܢ ܕܥܒܕ ܐܢܐ ܠܦܪܥܘܢ: †ܒܐܝܕܐ ܓܝܪ
21² ܚܣܝܢܬܐ ܢܫܕܪ ܐܢܘܢ. ܘܒܕܪܥܐ ܪܡܐ ܢܦܩ ܐܢܘܢ ܡܢ ܐܪܥܐ ܕܝܠܗ: ❖ ² ܡܠܠ | ܕܝܢ ܐܠܗܐ ܠܘܬ ܡܘܫܐ
ܘܐܡܪ ܠܘܬܗ ܕܐܢܐ *ܡܪܝܐ. ³ ܘܐܬܚܙܝܬ ܠܘܬ ܐܒܪܗܡ ܘܐܦ ※ ܠܘܬ ܐܝܣܚܩ ※ ܘܠܘܬ
ܝܥܩܘܒ. ܟܕ ܐܠܗܐ ܐܝܬܝ ܕܝܠܗܘܢ. ܘܫܡܐ ܕܝܠܝ ܡܪܝܐ ܠܐ ܐܘܕܥܬ ܠܗܘܢ: ⁴ ܘܐܩܝܡܬ ܕܝܬܩܐ
ܕܝܠܝ ܠܘܬܗܘܢ ܐܝܟ ܕܐܬܠ ܠܗܘܢ ܠܐܪܥܐ ܕܟܢܥܢ.. ܠܐܪܥܐ ܗܝ ܕܬܘܬܒܘܬܗܘܢ. ܗܝ ܕܒܗ ܐܬܬܘܬܒܘ:
⁵ ܘܐܢܐ ܫܡܥܬ ܠܐܢܚܬܐ ܕܒܢ̈ܝ ܕܐܝܣܪܐܝܠ. ܗܝ ܕܡܨܪ̈ܝܐ ܡܫܥܒܕܝܢ ܠܗܘܢ. ܘܐܬܕܟܪܬ ܕܝܬܩܐ ܕܝܠܟܘܢ:
⁶ ܙܠ ܐܡܪ ܠܒܢ̈ܝ ܕܐܝܣܪܐܝܠ ܕܐܢܐ *ܡܪܝܐ. ܘܐܦܩܟܘܢ ܡܢ ܫܘܥܒܕܐ ܕܡܨܪ̈ܝܐ. ܘܐܦܨܝܟܘܢ ܡܢ ܥܒܕܘܬܐ
22¹ ܕܝܠܗܘܢ. ܘܐܦܪܘܩܟܘܢ ܒܕܪܥܐ ܪܡܐ ܘܒܕܝܢܐ ܪܒܐ. ⁷ ܘܐܣܒܟܘܢ ܠܝ ※ ܠܥܡܐ. ܘܐܗܘܐ | ܕܝܠܟܘܢ
ܐܠܗܐ. ܘܬܕܥܘܢ ܕܐܢܐ ܐܢܐ *ܡܪܝܐ ܐܠܗܐ ܕܝܠܟܘܢ ܗܘ ܕܐܦܩܟܘܢ ܡܢ ܫܘܥܒܕܐ ܕܡܨܪ̈ܝܐ: ⁸ ܘܐܥܠܟܘܢ
ܠܐܪܥܐ. ܗܝ ܕܐܪܝܡܬ ܐܝܕܝ ܕܐܬܠ ܠܗ. ܠܐܒܪܗܡ ܘܠܐܝܣܚܩ ܘܠܝܥܩܘܒ. ܘܐܬܠܝܗ
ܠܟܘܢ ܒܝܪܘܬܘܬܐ ܐܢܐ *ܡܪܝܐ: ⁹ ܡܠܠ ܕܝܢ ܡܘܫܐ ܗܟܢܐ ܠܒܢ̈ܝ ܕܐܝܣܪܐܝܠ. ܘܠܐ ܫܡܥܘܗܝ
ܠܡܘܫܐ ܡܢ ܙܥܘܪܘܬ ܢܦܫܐ ܘܡܢ ܥܒܕܐ ܩܫܝܐ: ❖ ܗ ܝ ❖
※¹⁰ ܐܡܪ ܕܝܢ †ܡܪܝܐ ܠܘܬ ܡܘܫܐ ܟܕ ܐܡܪ ¹¹ ܥܘܠ ܡܠܠ ܠܘܬ ܦܪܥܘܢ ܡܠܟܐ ܕܡܨܪܝܢ. ܐܝܟܢܐ ܕܢܫܕܪ

10 ܠܥܡܐ B: vide 6 13
22 med ܡܛܠ ܡܢܐ pr m ex ܘܡܛܠ ܡܢܐ corr
23 ܦܪܩܬܝܗܝ ܐ ܠ ※ B
1 ܒܐܝܕܐ ܓܝܪ ܚܣܝܢܬܐ ܢܫܕܪ ܐܢܘܢ ܘܒܐܝܕܐ ܚܣܝܢܬܐ: ܗܘ ܕܝܢ ܒܐܝܕܐ ܚܣܝܢܬܐ ܢܦܩ ܐܢܘܢ ܘܕܝܢ ܒܐܝܕܐ ܚܣܝܢܬܐ: ܠ ܒܐܝܕܐ ܚܣܝܢܬܐ ܢܫܕܪ ܐܢܘܢ ܒܐܝܕܐ ܚܣܝܢܬܐ

10 indice non addito in margine B, quae huc trahenda esse apparet: ※ ܘܐܡܪ ܠܘܬ ܡܘܫܐ. ܒܟܠܗ ܠܗ ܡܬܥܒܕ ܒܥܒܕܘܬܐ ܩܫܝܬܐ: ܥܒܕ ܠܗ ܓܝܪ ܥܒܕܘܬܐ ܒܥܒܕܘܬܐ ܩܫܝܬܐ ܐܘ ܥܒܕܐ ܒܥܒܕܬܐ ܠܗ ❖

ܘܠܐ ܫܡܥܘܗܝ ܠܡܘܫܐ ܡܢ ܙܥܘܪܘܬ ܢܦܫܐ. ܥܒܕܘܗܝ ܠܗܘܢ ܕܝܢ ܒܥܒܕܐ ܩܫܝܐ ܕܝܠܗ ܟܕ ܐܡܪ ܠܘܬ ܡܘܫܐ ܕܠܐ ܗܘܐ ܗܘܐ ܡܘܫܐ ܗܝ ܕܐܡܪܝܢ ܠܘܬ ܦܪܥܘܢ: ܟܕ ܐܡܪܝܢ ܥܒܕܘܗܝ ܠܗ ܘܢܦܠܚ ܠܡܨܪ̈ܝܐ: ubi ܠ supplevi ego. confer Exodi 14 12

[illegible] 12 [illegible] 22[2]
[illegible] 13 [illegible]
[illegible]
[illegible] 14 [illegible]
[illegible]
[illegible] 15 [illegible]
[illegible] 16 [illegible] 23[1]
[illegible]
17 [illegible] 18 [illegible]
[illegible]
[illegible] 19 [illegible]
[illegible] 20 [illegible]
[illegible]
21 [illegible] 22 [illegible]
[illegible] 23 [illegible] 23[2]
[illegible] 24 [illegible]
[illegible] 25 [illegible]
[illegible] 26 [illegible]
[illegible] 27 [illegible]
[illegible]
[illegible] 28 [illegible] 24[1]

[illegible]

29 [illegible]
[illegible] 30 [illegible]
[illegible]

1 [illegible] 7
2 [illegible]
[illegible] 3 [illegible]
[illegible] 4 [illegible] 24[2]
[illegible]
5 [illegible]
[illegible] 6 [illegible]
7 [illegible]
[illegible] 8 [illegible] 9 [illegible]
[illegible] 25[1]
[illegible] 10 [illegible]
[illegible]

12 indice ad [illegible] adiecto [illegible] — 13 [illegible] librarius voci [illegible] imposuit. [illegible] addidi ego — 15 [illegible]

22 [illegible] — 23 [illegible] — 24 [illegible] — 25 [illegible] B, quod falsum esse vidit C

25 [illegible] — 2 [illegible] — 5 [illegible], quod ad [illegible] sequens referri vult C — 9 [illegible]

ܕܝܠܗ. ܘܗܘܬ ܬܢܝܢܐ: [11]ܩܪܐ ܕܝܢ ܦܪܥܘܢ ܠܚܟܝܡܐ ܘܠܚܪ̈ܫܐ. ܘܥܒܕܘ ܐܦ ܚܪ̈ܛܘܡܐ ܕܡܨܪ̈ܝܐ
ܒܚܪ̈ܫܝܗܘܢ ܐܟܘܬܗ ܗܟܢܐ: [12]ܘܫܕܘ ܟܠ ܚܕ ܚܘܛܪܗ ܘܗܘܘ ܬܢ̈ܝܢܐ. ܘܒܠܥ ܚܘܛܪܗ
ܕܐܗܪܘܢ ܠܚܘܛ̈ܪܝܗܘܢ: [13]ܘܐܬܚܝܠ ܠܒܗ ܕܦܪܥܘܢ. ܘܠܐ ܫܡܥ ܠܗܘܢ. ܐܝܟܢܐ ܕܡܠܠ *ܡܪܝܐ ܀ ܫ ܚ ܀
ܩܪܝܢܐ ܕܚܕܒܫܒܐ ܕܚܡܫܐ ܀
25² [14]ܐܡܪ ܕܝܢ ܡܪܝܐ ܠܘܬ ܡܘܫܐ »ܐܬܝܩܪ | ܠܒܗ ܕܦܪܥܘܢ ܘܠܐ ܢܫܪܐ ܠܥܡܐ: [15]ܙܠ ܠܘܬ
ܦܪܥܘܢ ܒܨܦܪܐ. ܗܐ ܗܘ ܢܦܩ ܠܘܬ ܡܝܐ. ܘܩܘܡ ܠܘܩܒܠܗ ܥܠ ܣܦܬܗ ܕܢܗܪܐ.
ܘܚܘܛܪܐ ܗܘ ܕܐܬܗܦܟ ܠܚܘܝܐ. ܣܒ ܒܐܝܕܟ: [16]ܘܐܡܪ ܠܘܬܗ »*ܡܪܝܐ ܐܠܗܐ ܕܥܒܪ̈ܝܐ
ܫܕܪܢܝ ܠܘܬܟ ܟܕ ܐܡܪ „ܫܪܐ ܠܥܡܐ ܕܝܠܝ. ܐܝܟܢܐ ܕܢܦܠܚܘܢܝ ܒܡܕܒܪܐ" : ܘܗܐ ܠܐ ܫܡܥܬ ܥܕܡܐ
ܠܗܪܟܐ. [17]ܗܟܢ ܐܡܪ *ܡܪܝܐ »ܒܗܕܐ ܬܕܥ ܕܐܢܐ ܡܪܝܐ: ܗܐ ܐܢܐ ܡܚܐ ܐܢܐ ܒܚܘܛܪܐ ܕܒܐܝܕܝ ܥܠ
ܡܝ̈ܐ ܕܒܢܗܪܐ. ܘܡܬܗܦܟܝܢ ܠܕܡܐ. [18]ܘܢܘ̈ܢܐ ܕܒܢܗܪܐ ܢܡܘܬܘܢ. ܘܢܣܪܐ ܢܗܪܐ. ܘܠܐ ܢܫܟܚܘܢ
26¹ ܡܨܪ̈ܝܐ ܠܡܫܬܐ ܡܝ̈ܐ ܡܢ ܢܗܪܐ«« : [19]*ܐܡܪ ܕܝܢ ܡܪܝܐ ܠܘܬ ܡܘܫܐ | »ܐܡܪ ܠܐܗܪܘܢ »ܣܒ ܚܘܛܪܐ
ܕܝܠܟ. ܘܐܪܝܡ ܐܝܕܟ ܥܠ ܡܝ̈ܐ ܕܡܨܪܝܢ ܘܥܠ ܢܗܪ̈ܘܬܐ ܕܝܠܗܘܢ ܘܥܠ ܝܒܘ̈ܥܬܐ ܕܝܠܗܘܢ ܘܥܠ ܐܓܡ̈ܐ
ܕܝܠܗܘܢ ܘܥܠ ܟܠ ܟܢܫ ܡܝ̈ܐ ܕܝܠܗܘܢ ܘܢܗܘܘܢ ܕܡܐ«« ܀ †ܘܗܘܐ ܕܡܐ ܒܟܠܗ ܐܪܥܐ ܕܡܨܪܝܢ ܘܒܩܝ̈ܣܐ
ܘܒܟܐܦ̈ܐ ܀ [20]ܘܥܒܕܘ ܗܟܢܐ ܡܘܫܐ ܘܐܗܪܘܢ. ܐܝܟܢܐ ܕܦܩܕ *ܡܪܝܐ ܐ ܠܗܘܢ ·/· : ܘܐܪܝܡ ܐܪܝܡ ܒܚܘܛܪܐ
ܐ ܕܝܠܗ ·/·. ܘܡܚܐ ܠܡ̈ܝܐ ܕܒܢܗܪܐ ܩܕܡ ܦܪܥܘܢ ܘܩܕܡ ܥܒܕ̈ܘܗܝ ܕܝܠܗ. ܘܐܬܗܦܟܘ ܟܠܗܘܢ
26² ܡܝ̈ܐ ܕܒܢܗܪܐ ܠܕܡܐ: | [21]ܘܢܘ̈ܢܐ ܕܒܢܗܪܐ ܡܝܬܘ. ܘܣܪܝ ܢܗܪܐ. ܘܠܐ ܡܫܟܚܝܢ ܗܘܘ ܡܨܪ̈ܝܐ ܠܡܫܬܐ
ܡܝ̈ܐ ܡܢ ܢܗܪܐ. ܘܐܬܚܙܝ ܗܘܐ ܕܡܐ ܒܟܠܗ ܐܪܥܐ ܕܡܨܪܝܢ ܀ [22]ܥܒܕܘ ܕܝܢ ܗܟܢܐ ܐܦ ܚܪ̈ܛܘܡܐ ܕܡܨܪܝܢ
ܒܚܪ̈ܫܝܗܘܢ. ܘܐܬܥܫܢ ܠܒܗ ܕܦܪܥܘܢ. ܘܠܐ ܫܡܥ ܠܗܘܢ. ܐܝܟܢܐ ܕܐܡܪ *ܡܪܝܐ: [23]ܘܗܦܟ ܕܝܢ
ܦܪܥܘܢ. ܘܥܠ ܠܒܝܬܗ ܕܝܠܗ. ܘܠܐ ܐܬܒܝܢ ܐܦ ܠܗܕܐ ܕܝܠܗ. ܘܠܐ ܣܡ ܠܒܗ ܐܦ ܥܠ ܗܕܐ: [24]ܘܚܦܪܘ ܕܝܢ ܟܠܗܘܢ ܡܨܪ̈ܝܐ
ܚܕܪ̈ܘܢ ܢܗܪܐ. ܐܝܟܢܐ *ܕܠܡܫܬܐ ܡܝ̈ܐ. ܘܠܐ ܡܫܟܚܝܢ ܗܘܘ ܠܡܫܬܐ ܡܝ̈ܐ ܡܢ ܢܗܪܐ: [25]ܘܫܠܡܘ
ܫܒܥܐ ܝܘܡܝܢ ܒܬܪ ܕܡܚܐ *ܡܪܝܐ ܠܢܗܪܐ: [26]ܐܡܪ ܕܝܢ *ܡܪܝܐ ܠܘܬ ܡܘܫܐ »ܥܘܠ ܠܘܬ ܦܪܥܘܢ
27¹ ܘܐܡܪ ܠܘܬܗ »ܗܟܢܐ | ܐܡܪ ܡܪܝܐ „ܫܪܐ ܠܥܡܐ ܕܝܠܝ. ܐܝܟܢܐ ܕܢܦܠܚܘܢܝ ܠܝ: [27]ܐܢ ܕܝܢ ܠܐ ܨܒܐ ܐܢܬ
ܠܡܫܪܝܘ. ܗܐ ܐܢܐ ܡܚܐ ܐܢܐ ܠܟܠܗܘܢ ܬܚܘܡ̈ܝܟ ܒܐܘܪ̈ܕܥܐ: [28]ܘܢܪܚܫ ܢܗܪܐ ܐܘܪ̈ܕܥܐ. ܘܢܣܩܘܢ
ܘܢܥܠܘܢ ܠܒܝܬܟ ܘܠܬܘܢܝ ܡܫܟܒܟ ܘܠܥܠ ܥܪܣܟ ܘܠܒܬ̈ܐ ܕܥܒ̈ܕܝܟ ܘܒܥܡܟ ܘܒܬܢܘܪ̈ܝܟ ܘܒܠܫ̈ܝܟ
ܘܒܥܡܟ ܘܒܥܒ̈ܕܝܟ ܘܒܠܫ̈ܝܟ ܕܝܠܟ. [29]ܘܒܟ ܘܒܟܠܗ ܥܡܟ ܕܝܠܟ ܘܒܟܠܗܘܢ ܥܒ̈ܕܝܟ ܕܝܠܟ
ܢܣܩܘܢ ܐܘܪ̈ܕܥܐ«« * ܀ ܫ ܚ ܀

8 ܩܪܝܢܐ ܕܚܕܒܫܒܐ ܕܐܪܒܥܐ ܀

27² [1]ܐܡܪ ܕܝܢ *ܡܪܝܐ ܠܘܬ ܡܘܫܐ »ܐܡܪ ※ ܠܘܬ ·/· ܐܗܪܘܢ ܐ ܐܚܘܟ ܕܝܠܟ ·/· | »ܐܪܝܡ ܐܝܕܟ ܒܚܘܛܪܐ ܕܝܠܟ
ܥܠ ܢܗܪ̈ܘܬܐ ܘܥܠ ܝܒܘ̈ܥܬܐ ܘܥܠ ܐܓܡ̈ܐ. ܐ ܘܐܣܩ ܐܘܪ̈ܕܥܐ ※ ܥܠ ܐܪܥܐ ܕܡܨܪܝܢ ·/·««†:
[2]ܘܐܪܝܡ ܐܗܪܘܢ ܐܝܕܗ ※ ܐ ܕܝܠܗ ·/· ܫ ܐ ܥܠ ܡܝ̈ܐ ܕܡܨܪܝܢ ܐ ܘܐܣܩ ܠܐܘܪ̈ܕܥܐ ·/·: ܘܣܠܩܘ ܐܘܪ̈ܕܥܐ
ܘܚܦܘ ܠܐܪܥܐ ܕܡܨܪܝܢ: [3]ܥܒܕܘ ܕܝܢ ܗܟܢܐ ܐܦ ܚܪ̈ܛܘܡܐ ܒܚܪ̈ܫܝܗܘܢ. ܘܐܣܩܘ ܠܐܘܪ̈ܕܥܐ

15 ܗܘ ·/· ܢܦܩ B
16 ܠܗܘܢ ܗܟܢܐ
19 ※ ܘܐܡܪ ܡܘܫܐ ܘܐܗܪܘܢ ܠܘܬ ܦܪܥܘܢ ܘܐܡܪܘ ܠܗ . ܗܟܢܐ ܐܡܪ ܡܪܝܐ ܐܠܗܐ ܕܥܒܪ̈ܝܐ ܫܕܪܢ ܠܘܬܟ ܟܕ ܐܡܪ . ܫܪܐ ܠܥܡܐ ܕܝܠܝ . ܐܝܟܢܐ ܕܢܦܠܚܘܢܝ ܒܡܕܒܪܐ . ܘܗܐ ܠܐ ܫܡܥܬ ܥܕܡܐ ܠܗܪܟܐ . ܗܟܢ ܐܡܪ ܡܪܝܐ . ܒܗܕܐ ܬܕܥ ܕܐܢܐ ܗܘ ܡܪܝܐ . ܗܐ ܐܢܐ ܡܚܐ ܐܢܐ ܒܚܘܛܪܐ ܕܒܐܝܕܝ [scribe ܕܒܐܝܕܝ] ܥܠ ܡܝ̈ܐ ܕܒܢܗܪܐ . ܘܡܬܗܦܟܝܢ ܠܕܡܐ . ܘܢܘ̈ܢܐ ܕܒܢܗܪܐ ܢܡܘܬܘܢ . ܘܢܣܪܐ ܢܗܪܐ . ܘܠܐ ܢܫܟܚܘܢ ܡܨܪ̈ܝܐ ܠܡܫܬܐ ܡܝ̈ܐ ܡܢ ܢܗܪܐ ·/· ܘܟܠ ܚܕ ܕܡܬܩܪܐ ܠܒܣܘܦ ܣܦܪܐ. quae folio 26¹ ineunte ante textum leguntur
19 ܥܠ ܟܠ ܐܓܡ̈ܐ : B ܘܥܠ ܟܠ ܐܓܡ̈ܐ?
19 ܗܘܐ ÷ ܐ ܗ ܢܗܘܘܢ L
20 Bᵐ ܒܚܘܛܪܐ ܕܒܐܝܕܗ ܐܝܟ ܒܗܕܐ
24 ܐܝܟ ܕܠܡܫܬܐ. ܡܛܠ ܕܠܐ ܡܫܟܚܝܢ ܗܘܘ ܠܡܫܬܐ ܡܝ̈ܐ ܡܢ ܢܗܪܐ ܀ ܡܢ ܟܠ ܡܝ̈ܐ ܕܒܢܗܪܐ L ܡܛܠ ܕܠܐ ܡܫܟܚܝܢ ܗܘܘ ܠܡܫܬܐ ܡܝ̈ܐ ܡܢ ܢܗܪܐ ܀ L ܐܝܟ ܕܠܡܫܬܐ. ܡܛܠ ܕܠܐ ܡܫܟܚܝܢ ܗܘܘ ܠܡܫܬܐ ܡܝ̈ܐ ܡܢ ܢܗܪܐ
27 ubi ‖ ponendum sit, non liquet
29 ※ ܘܥܠܘ ܡܘܫܐ ܘܐܗܪܘܢ ܠܘܬ ܦܪܥܘܢ ܘܐܡܪܘ ܠܗ . ܗܟܢܐ ܐܡܪ ܡܪܝܐ . ܫܪܐ ܠܥܡܐ ܕܝܠܝ . ܐܝܟܢܐ ܕܢܦܠܚܘܢܝ ܠܝ . ܐܢ ܕܝܢ ܠܐ ܨܒܐ ܐܢܬ ܠܡܫܪܝܘ . ܗܐ ܐܢܐ ܡܚܐ ܐܢܐ ܠܟܠܗܘܢ ܬܚܘܡ̈ܝܟ ܒܐܘܪ̈ܕܥܐ . ܘܢܪܚܫ ܢܗܪܐ ܐܘܪ̈ܕܥܐ . ܘܢܣܩܘܢ ܘܢܥܠܘܢ ܠܒܝܬܟ ܘܠܬܘܢܝ ܡܫܟܒܟ ܘܠܥܠ ܥܪܣܟ ܘܠܒܬ̈ܐ ܕܥܒ̈ܕܝܟ ܘܒܥܡܟ ܘܒܬܢܘܪ̈ܝܟ ܘܒܠܫ̈ܝܟ . ܘܒܟ ܘܒܟܠܗ ܥܡܟ ܘܒܟܠܗܘܢ ܥܒ̈ܕܝܟ ܢܣܩܘܢ ܐܘܪ̈ܕܥܐ ·/· ܘܟܠ ܚܕ ܕܡܬܩܪܐ ܠܒܣܘܦ ܣܦܪܐ. in paginâ summâ scr
※ ܘܐܡܪ ܡܘܫܐ ܠܘܬ ܐܗܪܘܢ . ܐܪܝܡ 1 ܐܝܕܟ ܒܚܘܛܪܐ ܕܝܠܟ . ܘܐܣܩ ܠܐܘܪ̈ܕܥܐ ܥܠ ܐܪܥܐ ܕܡܨܪܝܢ ·/· ܘܟܠ ܚܕ ܕܡܬܩܪܐ ܠܒܣܘܦ ܣܦܪܐ. in paginâ summâ scr
2 ܒ et ܐܘܪ̈ܕܥܐ ܕܢܣܩܘܢ ܐܝܟ ܒܗܕܐ Bᵐ

ܥܠ ܐܪܥܐ ܕܡܨܪܝܢ܀ ⁴ܩܪܐ ܕܝܢ ܦܪܥܘܢ ܠܡܘܫܐ ܘܠܐܗܪܘܢ ܘܐܡܪ »ܨܠܘ ܠܘܬ *ܡܪܝܐ. ܘܢܥܒܪ ܠܥܘܪ̈ܕܥܐ
ܡܢܝ ܘܡܢ ܥܡܐ ܕܝܠܝ. ܘܐܫܪܐ ܠܥܡܐ. ܘܢܕܒܚܘܢ *ܠܡܪܝܐ« ܀ ⁵ܐܡܪ ܕܝܢ ܡܘܫܐ ܠܘܬ ܦܪܥܘܢ »ܐܫܬܒܗܪ
ܥܠܝ. ܠܐܡܬܝ ܐܨܠܐ ܡܛܠܬܟ ܘܡܛܠ ܥܒ̈ܕܐ ܕܝܠܟ|ܘܥܡܐ ܕܝܠܟ. ܠܡܘܒܕܘ ܠܥܘܪ̈ܕܥܐ ܡܢܟ ÷ ܘܡܢ 28[1]
÷ ܒܝܬܐ ܕܝܠܟ ܘܡܢ ܒ̈ܬܐ ܕܥܡܟ ܐܠܐ: *ܒܪܡ ܒܢܗܪܐ ܢܫܬܚܪܢ« ܀ ⁶†ܗܘ ܕܝܢ ܐܡܪ »ܠܡܚܪ«: ܐܡܪ ܗܟܢܐ
»ܐܝܟ ܕܐܡܪܬ. ܡܛܠ ܕܬܕܥ ܕܠܐ ܐܠܗ ܐܚܪܢܐ *ܒܪ ܡܢ ܡܪܝܐ *ܐܠܗܐ ܕܝܠܢ: ⁷ܘܢܥܒܪܘܢ ܥܘܪ̈ܕܥܐ ܡܢܟ
ܘܡܢ ܒ̈ܬܐ ܕܝܠܟ ܘܡܢ ܥܒ̈ܕܐ ܕܝܠܟ ܘܡܢ ܥܡܐ ܕܝܠܟ. ܒܪܡ ܒܢܗܪܐ ܢܫܬܚܪܢ« ܀ ⁸†ܢܦܩ ܕܝܢ ܡܘܫܐ
ܘܐܗܪܘܢ ܡܢ ܦܪܥܘܢ. ܘܨܠܐ ܡܘܫܐ ܠܘܬ *ܡܪܝܐ ܡܛܠ ܦܬܓܡܐ ܕܥܠ ܥܘܪ̈ܕܥܐ. ܐܝܟ ܕܐܣܝܡ ܠܦܪܥܘܢ:
⁹ܥܒܕ ܕܝܢ *ܡܪܝܐ ܐܝܟ ܡܐ ܕܐܡܪ ܡܘܫܐ. ܘܡܝܬܘ ܥܘܪ̈ܕܥܐ ܡܢ ܒ̈ܬܐ ܘܡܢ ܕܪ̈ܬܐ ܘܡܢ ܚܩ̈ܠܬܐ: ¹⁰ܘܟܢܫܘ
ܐܢܘܢ *ܟܘܡܪ̈ܐ ܟܘܡܪ̈ܐ. ܘܣܪܝܬ ܐܪܥܐ ܀ ¹¹ܟܕ ܚܙܐ ܕܝܢ ܦܪܥܘܢ ܕܗܘܐ ܢܝܚܐ. ܐܬܥܫܢ ܠܒܐ|ܕܝܠܗ. 28[2]
ܘܠܐ ܫܡܥ ܠܗܘܢ. ܐܝܟ ܡܐ ܕܡܠܠ *ܡܪܝܐ: ¹²ܐܡܪ ܕܝܢ *ܡܪܝܐ ܠܘܬ ܡܘܫܐ »ܐܡܪ ܠܐܗܪܘܢ »ܦܫܘܛ
÷ ܐܝܕܟ ܒܚܘܛܪܐ ܕܝܠܟ ܘܡܚܝ ܠܥܦܪܐ ܕܐܪܥܐ. ܘܢܗܘܘܢ ܩܠ̈ܡܐ ÷ ܒܒܢܝ̈ ܐܢܫܐ ܘܒܒܥܝܪܐ ܒܟܠܗ̇
÷ ܘܒܟܠܗ̇ ܐܪܥܐ ܕܡܨܪܝܢ«: ¹³ܘܥܒܕܘ *ܗܟܢܐ ܀ *ܦܫܛ ܗܟܢܐ ܐܗܪܘܢ ܐܝܕܗ ܒܚܘܛܪܐ ܕܝܠܗ
ܘܡܚܐ ܠܥܦܪܐ ܕܐܪܥܐ. ܘܗܘܘ †ܩܠ̈ܡܐ ܒܒܢܝ̈ ܐܢܫܐ ܘܒܒܥܝܪܐ ܒܟܠܗ̇. ܘܒܟܠܗ ܥܦܪܐ ܕܐܪܥܐ ܗܘܘ
ܩܠ̈ܡܐ. ܒܟܠܗ̇ ܐܪܥܐ ܕܡܨܪܝܢ: ¹⁴ܥܒܕܘ ܕܝܢ ܗܟܢܐ ÷ ܐܦ ܐܫ̈ܦܐ ܒܚܪ̈ܫܐ ܕܝܠܗܘܢ. ܠܡܦܩܘ ܩܠ̈ܡܐ.
ܘܠܐ ܡܫܟܚܝܢ ܗܘܘ. ܘܗܘܘ ܩܠ̈ܡܐ ܒܒܢܝ̈ ܐܢܫܐ ܘܒܒܥܝܪܐ ܒܟܠܗ̇: ¹⁵ܐܡܪܘ ܗܟܢܐ ܐܫ̈ܦܐ ܠܦܪܥܘܢ
»ܨܒܥܐ ܕܐܠܗܐ ܐܝܬܝܗ̇ ÷ ܗܕܐ« ܀ | ܘܐܬܥܫܢ ܠܒܗ ܕܦܪܥܘܢ. ܘܠܐ ܫܡܥ ܠܗܘܢ. ܐܝܟ *ܡܐ ܕܡܠܠ *ܡܪܝܐ ܀ 29[1]

ܫܪܝܐ ܕܚܡܫܬܐ ܕܐܬ̈ܘܬܐ ܀

¹⁶ܐܡܪ ܕܝܢ *ܡܪܝܐ ܠܘܬ ܡܘܫܐ »ܩܕܡ ܒܨܦܪܐ ܘܩܘܡ ܩܕܡ ܦܪܥܘܢ. ܗܐ ÷ ܗܘ ܢܦܩ ܠܘܬ
ܡܝܐ: ܘܐܡܪ ܠܗ »ܗܟܢܐ ܐܡܪ †ܡܪܝܐ »ܫܕܪ ܠܥܡܐ ܕܝܠܝ. ܐܝܟܢܐ ܕܠܝ ܢܦܠܚܘܢ: ¹⁷ܐܢ ܕܝܢ ܠܐ
ܨܒܐ ܐܢܬ ܠܡܫܕܪܘ ܠܥܡܐ ܕܝܠܝ. ܗܐ ܐܢܐ ܡܫܕܪ ܐܢܐ ܥܠܝܟ ܘܥܠ ܥܒ̈ܕܐ ܕܝܠܟ ܘܥܠ ܥܡܐ ܕܝܠܟ
ܘܥܠ ܒ̈ܬܐ ܕܝܠܟ *ܥܘܪܒ* ܥܪܒܐ. ܘܢܬܡܠܘܢ ܒ̈ܬܐ ܕܡܨܪ̈ܝܐ ܡܢ ܥܘܪܒ ܥܪܒܐ. ܘܐܦ ܐܪܥܐ ܗܝ
ܕܐܝܬܝܗܘܢ ܥܠܝܗ̇: ¹⁸ܘܐܦܪܘܫ ܒܝܘܡܐ ܗܘ ܠܐܪܥܐ ܕܓܘܫܢ. ܥܠ ܗܝ ܕܥܡܐ ܕܝܠܝ ܐܝܬܘܗܝ ܥܠܝܗ̇.
ܥܠ ܗܝ ܕܠܐ ܢܗܘܐ ܬܡܢ ܥܘܪܒ ܥܪܒܐ. ܐܝܟܢܐ | ܕܬܕܥ ܕܐܢܐ *ܡܪܝܐ †ܕܐܪܥܐ ܀ ¹⁹ܘܐܬܠ ܦܘܪܩܢܐ ܒܝܬ 29[2]
ܥܡܐ ܕܝܠܝ ܘܒܝܬ ܥܡܐ ܕܝܠܟ: ܠܡܚܪ ܕܝܢ ܬܗܘܐ ܐܬܐ ܗܕܐ«» ܀ ܗ ܀
²⁰ܥܒܕ ܕܝܢ *ܡܪܝܐ ܗܟܢܐ. ܘܐܬܐ ܥܘܪܒ ܥܪܒܐ ܣܓܝܐܐ ܠܒ̈ܬܐ ܕܦܪܥܘܢ ܘܠܒ̈ܬܐ ܕܥܒ̈ܕܐ ܕܝܠܗ
ܘܒܟܠܗ̇ ܐܪܥܐ ܕܡܨܪܝܢ. ܘܐܬܚܒܠܬ ܐܪܥܐ ܡܢ ܥܘܪܒ ܥܪܒܐ ܀ ²¹ܩܪܐ ܕܝܢ ܦܪܥܘܢ ܠܡܘܫܐ ܘܠܐܗܪܘܢ ܟܕ
ܐܡܪ »ܙܠܘ ܕܒܘܚܘ ܠܐܠܗܐ ܕܝܠܟܘܢ ܒܐܪܥܐ«: ²² . . . . | ܠܡܥܒܕ ܗܟܢܐ: *ܕܛܢܦܘܬܐ ܓܝܪ 30[1]
ܕܡܨܪ̈ܝܐ ܢܕܒܘܚ ܠܡܪܝܐ ܐܠܗܐ ܕܝܠܢ: ܐܢ ܓܝܪ ܢܕܒܘܚ ܛܢ̈ܦܘܬܐ ܕܡܨܪ̈ܝܐ ܩܕܡܝܗܘܢ. ܡܪܓܡܝܢ ܠܢ ܀
²³ܐܘܪܚܐ ܕܬܠܬܐ ܝܘܡܝ̈ܢ ܢܐܙܠ ܠܡܕܒܪܐ. ܘܢܕܒܘܚ ܠܡܪܝܐ ܐܠܗܐ ܕܝܠܢ ܐܝܟ ܡܐ ܕܐܡܪ ܠܢ« ܀ ²⁴ܘܐܡܪ
ܦܪܥܘܢ »ܐܢܐ ܡܫܕܪ ܐܢܐ ܠܟܘܢ. ܘܕܒܘܚܘ ܠܡܪܝܐ ܐܠܗܐ ܕܝܠܟܘܢ ܒܡܕܒܪܐ. ܐܠܐ ܠܐ ܠܪܘܚܩܐ ܬܪܚܩܘܢ
ܠܡܐܙܠ: ܨܠܘ ܗܟܝܠ ܡܛܠܬܝ ÷ ܠܘܬ ܡܪܝܐ« ܀ ²⁵ܐܡܪ ܕܝܢ ܡܘܫܐ »ܗܐ ܐܢܐ ܢܦܩ ܐܢܐ ܡܢ ܠܘܬܟ.

5 ܘܡܢ ※ ܥܒ̈ܕܐ ܕܝܠܟ ܘܡܢ ܒ̈ܬܐ ܕܝܠܟ ܘܡܢ ܥܡܐ ܕܝܠܟ ܢܫܬܚܪܢ ܡܢܟ
6 8 crucem posui, ubi ※ B: Bᵐ ܡܢ ܒܬܪ ܕܒܥܐ ܡܢ ܡܪܝܐ ܡܛܠ ܥܘܪ̈ܕܥܐ ܥܠܝܗܘܢ. ܡܛܠ ܕܐܡܪ ܠܗ ܦܪܥܘܢ ܥܒ̈ܕܐ
6 et male 9 ܕܠܝ ܐܠܗܐ ܐܚܪܢ ܐܝܟ ܠ ܡܢ |
10 ܟܘܡܪ̈ܐ ܀ ܠ ܐܝܟ ܟܘܡܪ̈ܐ ܡܢ |
12 ⸗ alterum addidi ego
13 ante ܦܫܛ B ܀ : ܘܥܒܕܘ ܗܟܢܐ Bᵐ
13 ܒܚܘܛܪܐ ܐܝܕܗ B, correxit C
13 ܩܠ̈ܡܐ ܐܫ̈ܦܐ ܐܝܬܝܗܘܢ ܕܐܝܬ ܠܗ ܘܐܝܬܝܗܘܢ ܥܦܪܐ ܕܐܪܥܐ
17 ܠܥܡܐ ܀ ܡܢ ܐܝܟ ܥܒ̈ܕܝܟ ܀ ܠ ܥܡܐ |
18 ܠ ܀ ܒܐܪܥܐ ܀ ܡܢ ܕܓܘܫܢ |
ܕܐܪܥܐ ܥܒܕܗ̇ . index non adest
19 extr ܠܘܬ ܦܪܥܘܢ ܘܐܡܪ ܠܗ ※ ܘܥܠ ܡܘܫܐ
ܦܪܥܘܢ ܘܐܡܪ ܠܗ. ܗܟܢܐ ܐܡܪ ܡܪܝܐ. ܫܪܐ ܠܥܡܐ ܕܝܠܝ. ܐܝܟܢܐ ܕܢܦܠܚܘܢ ܠܝ. ܐܢ ܕܝܢ ܠܐ ܨܒܐ ܐܢܬ ܠܡܫܕܪܘ ܠܥܡܐ ܕܝܠܝ. ܗܐ ܐܢܐ ܡܫܕܪ ܐܢܐ ܥܠܝܟ ܘܥܠ ܥܒ̈ܕܐ ܕܝܠܟ ܘܥܠ ܥܡܐ ܕܝܠܟ ܘܥܠ ܒ̈ܬܐ ܕܝܠܟ ܥܘܪܒ ܥܪܒܐ. ܘܢܬܡܠܘܢ ܒ̈ܬܐ ܕܡܨܪ̈ܝܐ ܡܢ ܥܘܪܒ ܥܪܒܐ. ܘܐܦ ܐܪܥܐ ܗܝ ܕܐܝܬܝܗܘܢ ܥܠܝܗ̇. ܘܐܦܪܘܫ ܒܝܘܡܐ ܗܘ ܐܪܥܐ ܕܓܘܫܢ. ܥܠ ܗܝ ܕܥܡܐ ܕܝܠܝ ܐܝܬܘܗܝ ܥܠܝܗ̇. ܥܠ ܗܝ ܕܠܐ ܢܗܘܐ ܬܡܢ ܥܘܪܒ ܥܪܒܐ. ܐܝܟܢܐ ܕܬܕܥ ܕܐܢܐ ܗܘ ܡܪܝܐ ܕܐܪܥܐ. ܘܐܬܠ ܦܘܪܩܢܐ ܒܝܬ ܥܡܐ ܕܝܠܝ ܘܒܝܬ ܥܡܐ ܕܝܠܟ. ܠܡܚܪ ܕܝܢ ܬܗܘܐ ܐܬܐ ܗܕܐ ܀
ܘܐܡܪ ܠܗ ܡܘܫܐ ܠܐ ܫܦܝܪ ܠܡܥܒܕ ܗܟܢܐ
20 ineunte Bᵐ ܐܘܪܚܐ ܕܬܠܬܐ ܝܘܡܝ̈ܢ
ܝܘܡܝ̈ܢ et in textu numerum ؛
22 lacunam esse perspexit C
22 ܕܛܢܦܘܬܐ ܕܡܨܪ̈ܝܐ ܡܛܠ | ܡܪܝܐ ܐܠܗܐ ܕܝܠܢ. ܐܢ ܕܒܚܝܢ ܚܢܢ ܛܢ̈ܦܘܬܐ ܕܡܨܪ̈ܝܐ ܠܥܝܢ̈ܝܗܘܢ. ܘܠܐ ܪܓܡܝܢ ܠܢ ܀ ܡܢ ܛܢ̈ܦܘܬܐ ܕܡܨܪ̈ܝܐ ܕܒܚܝܢ ܠܡܪܝܐ ܐܠܗܐ ܕܝܠܢ. ܐܢ ܕܝܢ ܕܒܚܝܢ ܛܢ̈ܦܘܬܐ ܕܡܨܪ̈ܝܐ ܩܕܡܝܗܘܢ. ܠܐ ܪܓܡܝܢ ܠܢ ܀ ܠ ܡܛܠ ܕܛܢ̈ܦܘܬܐ ܕܡܨܪ̈ܝܐ ܕܒܚ ܠܡܪܝܐ ܐܠܗܐ ܕܝܠܢ. ܘܕܒܚܝܢ ܛܢ̈ܦܘܬܐ ܕܡܨܪ̈ܝܐ ܩܕܡ ܥܝܢ̈ܝܗܘܢ ܘܠܐ ܪܓܡܝܢ ܠܢ indice carentia
24 ÷ addidi ego

ܘܐܙܠ ܨܠܐ ܠܘܬ ܐܠܗܐ. ܘܐܥܒܪ ܥܘܪܒܐ ܡܢ ܦܪܥܘܢ ܘܡܢ ܡܫܡܫܢܐ ܕܝܠܗ ܘܡܢ ܥܡܐ ܕܝܠܗ ܒܥܓܠ: ܠܐ
30² ܢܘܣܦ ܬܘܒ.. ܦܪܥܘܢ.. ܠܡܕܓܠܘ. ܕܠܐ ܠܡܫܪܐ ܠܥܡܐ ܠܡܕܒܚܘ | *ܠܡܪܝܐ» ܀ [26] ܢܦܩ ܕܝܢ ܡܘܫܐ ܡܢ
ܦܪܥܘܢ. ܘܨܠܝ ܠܘܬ ܐܠܗܐ ܀ [27] ܘܥܒܕ ܕܝܢ *ܡܪܝܐ ܐܝܟ ܡܐ ܕܐܡܪ ܡܘܫܐ. ܘܐܥܒܪ ܥܘܪܒܐ ܡܢ
ܦܪܥܘܢ ܘܡܢ ܡܫܡܫܢܐ ܕܝܠܗ ܘܡܢ ܥܡܐ ܕܝܠܗ. ܘܠܐ ܐܫܬܒܩ ܐܦ ܠܐ ܚܕ ܀ [28] ܘܐܘܩܪ ܦܪܥܘܢ ܠܠܒܐ
ܕܝܠܗ ܘܒܙܒܢܐ ܗܕܐ. ܘܠܐ ܨܒܐ ܕܢܫܪܝܘܗܝ ܠܥܡܐ ܀ ܫ ܝܒ ܀

ܡܚܘܬܐ ܕܚܡܫܬܐ ܕܡܘܬܐ ܒܒܥܝܪܐ ܀

9 [1] ܘܐܡܪ ܕܝܢ ܡܪܝܐ ܠܘܬ ܡܘܫܐ «ܥܘܠ ܠܘܬ ܦܪܥܘܢ. ܘܐܡܪ ܠܗ «ܗܟܢܐ ܐܡܪ *ܡܪܝܐ ܐܠܗܗ
ܐܠܗܐ ܕܥܒܪܝܐ „ܫܕܪ ܠܥܡܐ ܕܝܠܝ. ܐܝܟܐ ܕܢܦܠܚܘܢ ܠܝ: [2] ܐܢ ܕܝܢ ܗܘܝܬ ܠܐ ܨܒܐ ܐܢܬ ܠܡܫܕܪܘ
ܠܥܡܐ ܕܝܠܝ. ܘܡܬܚܝܠ ܐܢܬ ܐܠܐ ܒܗܘܢ. [3] ܗܐ ܐܝܕܗ ܕܡܪܝܐ ܗܘܝܐ ܒܒܥܝܪܐ ܕܝܠܟ ܗܠܝܢ ܕܒܚܩܠ
31¹ ܘܒܣܘܣܘܬܐ. ܘܒܚܡܪܐ | ܘܒܓܡܠܐ ܘܒܬܘܪܐ ܘܒܥܢܐ. ܡܘܬܐ ܪܒܐ ܛܒ: [4] ܘܐܦܪܫ ܐܢܐ
ܒܡܪܥܝܬܗ ܒܥܝܪܐ ܕܥܡܐ ܕܐܝܣܪܝܠ ܘܒܡܪܥܝܬܗ ܒܥܝܪܐ ܕܡܨܪܝܐ. ܘܠܐ ܢܡܘܬ ܡܢ ܟܠܗ ܒܥܝܪܐ ܕܥܡܐ
ܕܐܝܣܪܝܠ *ܡܕܡ„»» ܀
[5] ܘܣܡ ܐܠܗܐ ܙܒܢܐ ܟܕ ܐܡܪ «ܒܥܓܠ ܢܥܒܕ ܡܪܝܐ ܡܠܬܐ ܗܕܐ ܥܠ ܐܪܥܐ» ܀ [6] ܘܥܒܕ
ܡܪܝܐ ܡܠܬܐ ܗܕܐ ܒܝܘܡܐ ܕܒܬܪܗ. ܘܡܝܬ ܟܠܗ ܒܥܝܪܐ ܕܡܨܪܝܐ. ܡܢ ܕܝܢ ܒܥܝܪܐ ܕܒܢܝ ܐܝܣܪܝܠ
31² | ܠܐ ܡܝܬ ܐܦ ܠܐ ܚܕ: [7] ܘܚܙܐ ܕܝܢ ܦܪܥܘܢ ܕܠܐ ܡܝܬ ܡܢ ܟܠܗܘܢ ܒܥܝܪܐ ܕܒܢܝ ܐܝܣܪܝܠ ܐܦ ܠܐ
ܚܕ. ܘܐܬܝܩܪ ܠܒܗ ܕܦܪܥܘܢ. ܘܠܐ ܫܪܝܗ ܠܥܡܐ: [8] ܘܐܡܪ ܕܝܢ *ܡܪܝܐ ܠܘܬ ܡܘܫܐ ܘܠܐܗܪܘܢ «ܣܒܘ
ܠܟܘܢ ÷«ܡܠܐ ܚܘܦܢܝܟܘܢ **ܩܛܡܐ ܕܐܬܘܢܐ ܘܢܙܪܘܩ ܡܘܫܐ ܠܫܡܝܐ ܩܕܡ
ܦܪܥܘܢ ܘܩܕܡ ܡܫܡܫܢܐ ܕܝܠܗ. [9] ܘܢܗܘܐ ܐܒܩܐ ܥܠ ܟܠܗ ܐܪܥܐ ܕܡܨܪܝܢ. ܘܢܗܘܘܢ ܥܠ ܒܢܝܢܫܐ
ܘܥܠ ܒܥܝܪܐ ܫܚܢܐ ܫܚܝܢܐ ܕܦܪܚܝܢ ܒܗܘܢ ܐܒܥܒܘܥܐ ܫܚܝܢܐ ܒܟܠܗ ܐܪܥܐ ܕܡܨܪܝܢ»:
[10] ܘܢܣܒܘ ܩܛܡܐ ܕܐܬܘܢܐ ܘܩܡܘ ܩܕܡ ܦܪܥܘܢ. ܘܙܪܩܗ ܡܘܫܐ ܠܫܡܝܐ. ܘܗܘܐ ܫܚܢܐ
32¹ ܫܚܝܢܐ ܕܦܪܚܝܢ ܒܐܢܫܐ ܘܒܒܥܝܪܐ ܫܚܝܢܐ: [11] ܘܠܐ ܡܫܟܚܝܢ ܗܘܘ ܚܪܫܐ | ܠܡܩܡ ܩܕܡ ܡܘܫܐ ܡܛܠ
ܫܚܢܐ. ܗܘܐ ܓܝܪ ܫܚܢܐ ܒܚܪܫܐ ܘܒܟܠܗ ܐܪܥܐ ܕܡܨܪܝܢ ܀ [12] ܘܐܩܫܝ ܕܝܢ *ܡܪܝܐ ܠܠܒܗ ܕܦܪܥܘܢ.
ܘܠܐ ܫܡܥ ܠܗܘܢ. ܐܝܟܢܐ ܕܡܠܠ *ܡܪܝܐ ܠܡܘܫܐ ܀ ܫ ܝܓ ܀

ܡܚܘܬܐ ܕܫܒܥܐ ܕܒܪܕܐ ܀

[13] ܘܐܡܪ ܕܝܢ ܡܪܝܐ ܠܘܬ ܡܘܫܐ «ܩܕܘܡ ܒܨܦܪܐ ܘܩܘܡ ܩܕܡ ܦܪܥܘܢ ܘܐܡܪ ܠܘܬܗ «ܗܟܢܐ ܐܡܪ
*ܡܪܝܐ ܐܠܗܐ ܕܥܒܪܝܐ „ܫܕܪ ܠܥܡܐ ܕܝܠܝ. ܐܝܟܐ ܕܢܦܠܚܘܢ ܠܝ: [14] ܒܙܒܢܐ ܓܝܪ ܗܢܐ ܐܢܐ ܡܫܕܪ
ܐܢܐ ܟܠܗܘܢ *ܡܚܘܬܐ ܕܝܠܝ ܒܠܒܐ ܕܝܠܟ ܘܒܡܫܡܫܢܐ ܕܝܠܟ ܘܒܥܡܐ ܕܝܠܟ. ܐܝܟܢܐ ܕܬܕܥ ܕܠܐ ܐܝܬ ܐܟܘܬܝ
ܒܟܠܗ ܐܪܥܐ: [15] ܗܫܐ ܓܝܪ ܐܫܕܪ ܐܝܕܝ ܕܝܠܝ. ܘܐܡܚܝܟ ܠܟ ܘܠܥܡܐ ܕܝܠܟ ܒܡܘܬܐ. ܘܬܐܒܕ ܡܢ
32² ܐܪܥܐ ܀ [16] ܘܡܛܠ ܗܕܐ ܗܘ ܐܩܝܡܬܟ. ܐܝܟܢܐ ܕܐܚܘܐ ܒܟ ܚܝܠܐ | ܕܝܠܝ. ܘܐܝܟܢܐ ܕܢܫܬܥܐ ܫܡܐ ܕܝܠܝ
ܒܟܠܗ ܐܪܥܐ: [17] ܥܕܟܝܠ ܡܬܬܪܝܡ ܐܢܬ ܡܫܬܥܒܕ ܐܢܬ ܠܥܡܐ ܕܝܠܝ. ܘܠܐ ܡܫܪܐ ܐܢܬ ܠܗܘܢ: [18] ܗܐ ܐܢܐ
ܡܡܛܪ ܐܢܐ ܠܡܚܪ ܒܙܒܢܐ ܗܢܐ ܒܪܕܐ ܬܩܝܦܐ ܛܒ. ܗܘ ܕܐܟܘܬܗ ܠܐ ܗܘܐ ܒܡܨܪܝܢ ܡܢ ܝܘܡܐ ܗܘ
ܕܐܫܬܬܣܬ. ܘܥܕܡܐ ܠܝܘܡܐ ܗܢܐ ܀ [19] ܗܫܐ ܗܟܝܠ ܫܕܪ ܟܢܘܫ ܩܢܝܢܟ ܘܟܠ ܕܐܝܬ ܠܟ ܒܚܩܠܐ. ܟܠܗܘܢ ܓܝܪ ܒܢܝܢܫܐ ܘܒܥܝܪܐ ܗܢܘܢ ܕܢܫܬܟܚܘܢ ܒܚܩܠܐ ܘܠܐ ܢܬܟܢܫܘܢ ܠܒܝܬܐ.

4 ܡܕܡ ܗܘܐ ܕܝܢ ܐܦ ܚܕ indice carens
5 ܢܫܪܐ B, correxit C
5 ad finem commatis trahantur ※ ܡܛܠ ܡܘܫܐ ܘܐܗܪܘܢ ܠܘܬ ܦܪܥܘܢ ܘܐܡܪ ܠܗ. ܗܟܢܐ ܐܡܪ ܡܪܝܐ ܐܠܗܐ ܕܥܒܪܝܐ. ܫܕܪ ܠܥܡܐ ܕܝܠܝ ܐܝܟܐ ܕܢܦܠܚܘܢ ܠܝ. ܐܢ ܕܝܢ ܠܐ ܨܒܐ ܐܢܬ ܠܡܫܕܪܘ. ܘܡܬܚܝܠ ܐܢܬ ܒܗܘܢ. ܗܐ ܐܝܕܗ ܕܡܪܝܐ ܗܘܝܐ ܒܒܥܝܪܐ ܕܝܠܟ ܕܒܚܩܠܐ. ܒܣܘܣܘܬܐ ܘܒܚܡܪܐ ܘܒܓܡܠܐ. ܡܘܬܐ ܪܒܐ ܛܒ. ܘܡܦܪܫ ܐܢܐ ܒܡܪܥܝܬܗ ܒܥܝܪܐ ܕܥܡܐ ܕܐܝܣܪܝܠ ܘܒܡܪܥܝܬܗ ܒܥܝܪܐ ܕܡܨܪܝܐ. ܘܠܐ ܢܡܘܬ ܡܢ ܟܠܗ ܒܥܝܪܐ ܕܒܢܝ ܐܝܣܪܝܠ ܡܕܡ. ܘܣܡ ܐܠܗܐ ܙܒܢܐ ܟܕ ܐܡܪ ܒܥܓܠ ܢܥܒܕ ܡܪܝܐ ܡܠܬܐ ܗܕܐ ܥܠ ܐܪܥܐ.
6 Bᵐ ܡܕܡ ܕܒܥܝܪܐ ܕܡܨܪܝܐ; B ܘ ante ܡܝܬ
8 ܡܢ ܠ ܩܕܡ ܦܪܥܘܢ ܠ
8 ܩܕܡ ܦܪܥܘܢ ܘܩܕܡ ܥܒܕܘܗܝ ÷ ܡܢ ܩܕܡ ܡܫܡܫܢܐ ܕܝܠܗ ܠ ܩܕܡ ܐܝܕܝ ܥܒܕܘܗܝ
8 ※ super ܘܢܙܪܩܝܘܗܝ scriptum
9 ÷ deest in B, addidit C
10 ante ܘܗܘܐ Bⁿ ܘܡܛܠ ܕܗܘܐ ܫܚܢܐ et ܘ
14 ܒܙܒܢܐ ܓܝܪ ܗܢܐ ܐܢܐ ܡܫܕܪ ܐܢܐ ܟܠܗܘܢ ܡܚܘܬܐ ܕܝܠܝ. ܐܝܟܢܐ ܕܬܕܥ ܕܠܐ ܐܝܬ ܐܟܘܬܝ, ubi συναντήματα [sic] ad primum vocabulum adscriptum est

ܢܦܠ ܕܝܢ ܥܠܝܗܘܢ ܒܪܕܐ. ܢܡܘܬܘܢ«: 20 ܗܘ ܕܕܚܠ ܡܢ ܡܠܬܗ *ܕܡܪܝܐ ܡܢ ܥܒ̈ܕܘܗܝ ܕܦܪܥܘܢ
ܟܢܫ *†ܠܥܒ̈ܕܐ ܕܠܗ ܘܠܒܥܝܪܐ ܕܠܗ ܠܒܬܐ. 21 ܗܘ ܕܝܢ ܕܠܐ ܣܡ ܒܠܒܗ | ܕܠܗ ܠܡܠܬܗ 33^{1}
*ܕܡܪܝܐ. ܫܒܩ *ܠܥ̈ܒܕܐ ܕܠܗ ܘܠܒܥܝܪܐ *ܕܠܗ ܒܚܩܠܐ: 22 ܐܡܪ ܕܝܢ *ܡܪܝܐ ܠܘܬ ܡܘܫܐ
»ܐܪܝܡ ܐܝܕܟ ܠܫܡܝܐ ܘܢܗܘܐ ܒܪܕܐ ܒܟܠܗ̇ ܐܪܥܐ ܕܡܨܪܝܢ. ܥܠ ܒܢܝ̈ܢܫܐ ܘܥܠ ܒܥܝܪܐ ܘܥܠ
ܟܠܗ ܥܣܒܐ *†ܕܒܚܩܠܐ ܒܟܠ ܐܪܥܐ *ܕܡܨܪܝܢ«: 23 ܘܐܪܝܡ ܕܝܢ ܡܘܫܐ ܠܫܡܝܐ *ܐܝܕܗ ܒܚܘܛܪܐ.
| *ܡܪܝܐ ܕܝܢ ܝܗܒ ܩܠܐ ܘܒܪܕܐ. ܘܪܗܛܬ ܢܘܪܐ ܥܠ ܐܪܥܐ. ܘܐܡܛܪ *ܡܪܝܐ ܒܪܕܐ ܥܠ ـ ܟܠܗ̇ 33^{2}
ܐܪܥܐ ܕܡܨܪܝܢ ܀ 24 ܐܝܬܘܗܝ ܗܘܐ ܕܝܢ ܒܪܕܐ. ܘܢܘܪܐ ܡܬܟܪܟܐ ܗܘܬ ܒܒܪܕܐ. ܗܘ ܕܝܢ ܒܪܕܐ ܚܣܝܢܐ
ܐܝܬܘܗܝ ܗܘܐ ܚܣܝܢ ـ ܚܣܝܢܐܝܬ. ܗܘ ܐܝܟ ܕܠܐ ܗܘܐ ܐܝܟܘܬܗ *ܐ ܒܟܠܗ̇ ܐܪܥܐ ܕܡܨܪܝܢ ܡܢ ܟܕ ܗܘܬ
ܒܗ̇ ܥܡܐ: 25 ܡܚܐ ܕܝܢ ܗܘ ܒܪܕܐ ܒܟܠܗ̇ ܐܪܥܐ ܕܡܨܪܝܢ *ܟܠ ܕܐܝܬ ܗܘܐ ܒܚܩܠܐ ܡܢ
ܒܪܢܫܐ ܘܥܕܡܐ †ܠܒܥܝܪܐ. ܘܠܟܠܗ ܥܣܒܐ ܕܒܚܩܠܐ ܡܚܐ ܒܪܕܐ ܘܠܟܠܗܘܢ ܐܝ̈ܠܢܐ ܕܚܩܠܐ
ܕܒܚܩܠܐ ܬܒܪ ܒܪܕܐ: 26 ܒܪܡ ܒܐܪܥܐ ܕܓܘܫܢ. ܐܝܟܐ ܕܐܝܬܝܗܘܢ ܗܘܘ ܒܢܝ̈ ܐܝܣܪܝܠ. ܠܐ ܗܘܐ
ܗܘ ܒܪܕܐ ܀ ܥ ܣ ܀

| ܩܪܝܢܐ ܕܚܕܒܫܒܐ ܕܫܒܘܥܐ ܕܚܫܐ ܀ 34^{1}

27 ܫܕܪ ܕܝܢ ܦܪܥܘܢ ܩܪܐ ܠܡܘܫܐ ܘܠܐܗܪܘܢ ܘܐܡܪ ܠܗܘܢ »ܚܛܝܬ ܗܫܐ: *ܡܪܝܐ ܙܕܝܩܐ. ܐܢܐ ܕܝܢ
ܘܥܡܐ ܕܝܠܝ ܚܛܝܐ: 28 ܨܠܘ ܗܟܝܠ *ܩܕܡ ܡܪܝܐ. ܘܢܬܟܠܘܢ ܡܢ ܕܢܗܘܘܢ ܩܠܐ ܕܐܠܗܐ ܘܒܪܕܐ
ـ ܘܢܘܪܐ. ܘܐܫܪܐ ܐܢܘܢ. ܘܠܐ ܬܘܣܦܘܢ ܠܡܩܡ ܒܩܝܡܬܟܘܢ« ܀ 29 ܐܡܪ ܕܝܢ ܠܗ ܡܘܫܐ »ܡܐ ܕܢܦܩܬ
ܡܢ ܡܕܝܢܬܐ. ܐܦܪܘܣ ܐܝܕܝ̈ ܕܝܠܝ ܩܕܡ *ܡܪܝܐ. ܘܩܠܐ ܢܬܟܠܘܢ. ܘܒܪܕܐ ـ ܘܡܛܪܬܐ ܠܐ ܬܘܒ
ܢܗܘܐ. ܐܝܟܢܐ ܕܬܕܥ *ܕܕܡܪܝܐ ܗܝ ܐܪܥܐ: 30 *ܘܐܢܬ ܘܥܒ̈ܕܝܟ ܕܝܠܟ ܝܕܥ ܐܢܐ ܕܠܐ ܥܕܟܝܠ ܕܚܠܬܘܢ ܡܢ
†ܡܪܝܐ *ܐܠܗܐ« ܀ 31 ܟܬܢܐ ܕܝܢ ܘܣܥܪܐ ܐܬܡܚܝ. ܡܛܠ ܕܣܥܪܐ ܡܫܒܠ ܗܘܐ. ܘܟܬܢܐ ܐܪܒܥ ܀
32 ܚܛܬܐ ܕܝܢ *ܘܟܘܢܬܐ ܠܐ ܐܬܡܚܝ. ܡܛܠ ܕܐܦܝܠܢܝܬܐ | ܗܘܝ ܐܝܬܝܗܝܢ ܗܘܝ ܀ 33 ܢܦܩ ܕܝܢ ܡܘܫܐ ܡܢ ܠܘܬ 34^{2}
ܦܪܥܘܢ ܠܒܪ ܡܢ ܡܕܝܢܬܐ. ܘܦܪܣ ܐܝܕ̈ܘܗܝ ܩܕܡ *ܡܪܝܐ. ܘܢܚܘ ܩܠܐ ܘܒܪܕܐ. ܘܡܛܪܐ ܠܐ
ܢܛܦ ܬܘܒ ܥܠ ܐܪܥܐ ܀ 34 ܟܕ ܕܝܢ ܚܙܐ ܦܪܥܘܢ ܕܢܚ ܡܛܪܐ ܘܒܪܕܐ ܘܩܠܐ. ܐܘܣܦ ܠܡܚܛܐ.
ܘܐܘܩܪ ܠܒܐ ܕܠܗ ܘܕܥܒ̈ܕܘܗܝ ܕܠܗ ܀ 35 ܘܐܬܥܫܢ ܠܒܗ ܕܦܪܥܘܢ. ܘܠܐ ܫܕܪ ܠܒܢܝ̈ ܐܝܣܪܝܠ.
ܐܝܟ ܡܐ ܕܡܠܠ ܡܪܝܐ ܐ ܗ ܒܝܕ ܡܘܫܐ ܀
1 ܐܡܪ ܕܝܢ *ܡܪܝܐ ܠܡܘܫܐ ـ ܡܢ ܐܡܪܬ »ܥܘܠ ܠܘܬ ܦܪܥܘܢ. ܐܠܐ ܚܙܝ ܕܐܘܩܪܬ ܠܠܒܗ 10
*ܘܠܠܒܐ ܕܥܒ̈ܕܘܗܝ ܕܠܗ. ܐܝܟܢܐ ـ ܕܐܣܝܡ ܐܬܘ̈ܬܝ ܗܠܝܢ ܒܗܘܢ: 2 ܐܝܟܢܐ
ܘܠܡܫܬܥܝܘ ܠܐܕܢܐ ܕܒܢܝ̈ܐ ܕܒܢܝ̈ܟ ܘܒܢܝ̈ܐ ܕܒܢܝ̈ܟ. ܡܕܡ ܗܘ ܕܥܒܕܬ ܒܡܨܪ̈ܝܐ. ܘܐܬܘ̈ܬܐ ܕܝܠܝ
ܗܠܝܢ ܕܣܡܬ | ܒܗܘܢ. ܘܬܕܥܘܢ ܕܐܢܐ *ܡܪܝܐ†« ܀ ܥ ܣ ܀ 35^{1}

19/20 ad ܕܝܢ 19 referuntur in 33^{1} scr
※ܘܥܠ ܡܘܫܐ ܘܐܗܪܘܢ ܠܘܬ ܦܪܥܘܢ ܘܐܡܪܘ
ܠܗ. ܗܟܢ ܐܡܪ ܦܩܘܕ ܐܠܗܐ ܕܥܒܪ̈ܝܐ.
ܫܕܪ ܠܥܡܐ ܕܝܠܝ ܐܝܟܢܐ ܕܢܦܠܚܘܢ ܠܝ. ܒܙܒܢܐ
ܗܢܐ ܕܝܢ ܐܢܐ ܡܫܕܪ ܐܢܐ ܠܟܠܗܝܢ ܡܚܘ̈ܬܐ ܕܝܠܝ
ܠܠܒܐ ܕܝܠܟ ܘܕܥܒ̈ܕܝܟ ܕܝܠܟ ܘܕܥܡܐ ܕܝܠܟ.
ܐܝܟܢܐ ܕܬܕܥ ܕܠܐ ܐܝܬ ܐܟܘܬܝ ܒܟܠܗ̇ ܐܪܥܐ. ܗܫܐ
ܓܝܪ ܐܦܫܛ ܠܐܝܕܐ ܕܝܠܝ ܘܐܡܚܐ ܠܟ ܘܠܥܡܐ
ܕܝܠܟ ܒܡܘܬܐ. ܘܬܐܒܕ ܡܢ ܐܪܥܐ. ܒܪܡ ܡܛܠ
ܗܕܐ ܐܬܢܛܪܬ. ܐܝܟܢܐ ܕܐܚܘܐ ܒܟ ܚܝܠܐ ܕܝܠܝ.
ܘܐܝܟܢܐ ܕܢܬܬܢܐ ܫܡܐ ܕܝܠܝ ܒܟܠܗ̇ ܐܪܥܐ.
ܒܪܡ ܗܟܝܠ ܐܢܬ ܡܬܥܫܢ ܐܢܬ ܒܥܡܐ
ܕܝܠܝ ܕܠܐ ܠܡܫܕܪ ܐܢܘܢ. ܗܐ ܡܡܛܪ ܐܢܐ ܒܥܕܢܐ
ܗܢܐ ܠܡܚܪ ܒܪܕܐ ܚܣܝܢܐ ܛܒ. ܗܘ ܐܝܢܐ
ܕܐܝܟܘܬܗ ܠܐ ܗܘܐ ܒܡܨܪܝܢ ܡܢ ܝܘܡܐ ܕܐܬܒܢܝܬ
ܥܕܡܐ ܠܝܘܡܐ ܗܢܐ. ܗܫܐ ܗܟܝܠ ܐܣܬܪܗܒ
ܟܢܘܫ ܠܒܥܝܪܐ ܕܝܠܟ ܘܟܠܡܕܡ ܗܘ ܕܐܝܬ
ܠܟ ܒܚܩܠܐ. ܟܠܗܘܢ ܓܝܪ ܒܢܝ̈ܢܫܐ ܘܒܥܝܪܐ
ܗܠܝܢ ܕܢܫܬܟܚܘܢ ܒܚܩܠܐ. ܘܠܐ ܢܬܟܢܫܘܢ
ܠܒܝܬܐ. ܢܦܠ ܕܝܢ ܥܠܝܗܘܢ ܒܪܕܐ. ܢܡܘܬܘܢ ܀
ܘܗܠܝܢ ܒܠܚܘܕ ܕܡܫܟܚܐ ܒܚܘܪ̈ ܡܫܡܥܝܢ
20 ܘܕܠܗ ܠܒܥܝܪܐ ܠ ܡܢ | . ※ ego addidi
22 ܕܫܡܝܐ ܠ ܀ ܕܐܪܥܐ ܡܢ |
23 folio 33^{2} ineunte ܥܣܘܐܐ ܕܢܚܬ
ܒܪܕܐ et numerus ܝ
25 ܠܒܗܘܢ ܘܗܘܝ ܕܒܪܕܐ ܀ ܡܢ ܠܒܗܘܢ |
ܘܠܐ ܕܡܪܕܐ ܀ ܠ ܠܒܗܘܢ ܘܠܐ ܕܦܘܠܐ ܀
indicem in B ad ܕܐܝܬ appositum ad
ܟܠ transtuli ego
25 ܠܐܘܚܕܗ ܐܝܠܢܐ
28 ܡܬܟܠܝܢ
30 ܡܢ ܐܢܬ ܕܝܢ ܘܥܒ̈ܕܝܟ ܕܝܠܟ. ܝܕܥ ܐܢܐ
ܕܠܐ ܕܚܠܬܘܢ ܐܢܬܘܢ ܡܢ ܦܪܨܘܦܗ ܕܡܪܝܐ ܐܠܗܐ ܀
ubi codex ܝ vocis ܕܚܠܝܢ in litura
habet, et ܐܢܬܘܢ praebet. deest index
32 ܒܟܘܢܬܐ ܠ ܀ ܒܟܘܢܬܐ ܡܢ |
1 ※ ܐܠܗܐ ܕܝܠܟܘܢ. ܘܐܬܐ ܠܘܬ ܦܪܥܘܢ.
ܘܐܡܪ ܠܗ. ܗܟܢ ܐܡܪ ܦܩܘܕ ܐܠܗܐ ܕܥܒܪ̈ܝܐ. ܥܕܡܐ ܠܐܡܬܝ
ܠܐ ܨܒܐ ܐܢܬ ܠܡܬܟܢܥܘ ܩܕܡܝ. ܫܕܪ ܠܥܡܐ
ܕܝܠܝ ܐܝܟܢܐ ܕܢܦܠܚܘܢ ܠܝ. ܐܢ ܕܝܢ ܠܐ ܨܒܐ
ܐܢܬ ܠܡܫܕܪܘ ܠܥܡܐ ܕܝܠܝ. ܗܐ ܐܢܐ ܡܝܬܐ ܐܢܐ
ܡܚܪ ܩܡܨܐ ܥܠ ܬܚܘܡܐ ܕܝܠܟ ܘܢܚܦܐ
ܠܥܝܢܗ ܕܐܪܥܐ. ܘܠܐ ܬܫܟܚ ܠܡܚܙܝܗ̇ ܠܐܪܥܐ.
ܘܬܐܟܘܠ ܠܫܪܟܐ ܕܐܫܬܚܪ. ܗܘ ܕܫܒܩ
ܠܟܘܢ ܒܪܕܐ. ܘܬܐܟܘܠ ܟܠܗ ܐܝܠܢܐ ܕܐܪܥܐ ܘܟܠ
ܦܐܪܐ ܕܡܫܬܡܥ ܗܘ ܕܨܡܚ ܠܟܘܢ ܡܢ ܐܪܥܐ.
ܘܢܬܡܠܘܢ ܒ̈ܬܐ ܕܝܠܟ ܘܕܥܒ̈ܕܐ ܕܥܒ̈ܕܝܟ ܕܝܠܟ
ܘܟܠ ܒܬܐ ܕܡܨܪ̈ܝܐ ܗܘ ܡܐ ܕܠܐ ܚܙܘ ܐܒܗ̈ܝܟ
ܐܒܗ̈ܬܟ ܕܝܠܟ ܘܠܐ ܐܒܗ̈ܬܐ ܕܐܒܗ̈ܬܟ ܕܝܠܟ ܡܢ ܝܘܡܐ
ܗܘ ܕܗܘܘ ܥܠ ܐܪܥܐ ܥܕܡܐ ܠܝܘܡܐ ܗܢܐ ܀
ܘܗܠܝܢ ܒܠܚܘܕ ܕܡܫܟܚܐ ܒܚܘܪ ܡܫܡܥܝܢ ܗܘܘ

ܩܪܝܢܐ ܕܫܒܥܬܐ ܕܬܠܬܚܡܫܐ ܀

‖ ³ܥܠܘ ܕܝܢ ܡܘܫܐ ܘܐܗܪܘܢ ܩܕܡ ܦܪܥܘܢ. ܘܐܡܪܘ ܠܗ. ܗܟܢܐ ܐܡܪ ܡܪܝܐ ܐܠܗܐ ܕܥܒܪܝܐ. ܥܕܡܐ
ܠܐܡܬܝ ܠܐ ܨܒܐ ܐܢܬ ܕܬܬܟܢܥ ܩܕܡܝ. ܫܕܪ ܠܥܡܐ ܕܝܠܝ. ܐܝܟܢܐ ܕܢܦܠܚܘܢܢܝ ܠܝ: ⁴ܐܢ ܕܝܢ ܠܐ ܨܒܐ
ܐܢܬ ܠܡܫܕܪܘ ܠܥܡܐ ܕܝܠܝ. ܗܐ ܐܢܐ ܡܝܬܐ ܐܢܐ ܡܚܪ ܓܘܒܐ ܒܬܚܘܡܝ ܡܨܪܝܢ ܒܬܚܘܡܝܟ ܟܠ
35² ܒܬܚܘܡܝܟ ܐܪܥܐ ܕܝܠܟ: ⁵ܘܢܟܣܐ ܠܥܝܢܗ ܕܐܪܥܐ. ܘܠܐ ܬܬܚܙܐ ܐܪܥܐ ܠܡܚܙܝܘܗ | ܠܐܪܥܐ. ܘܢܐܟܘܠ
ܟܠܗ ܫܪܟܐ ܕܐܫܬܚܪ. ܗܘ ܕܫܒܩ ܠܟܘܢ ܒܪܕܐ. ܘܢܐܟܘܠ ܟܠ ܐܝܠܢܐ ܗܘ ܕܥܒܕ ܠܟܘܢ
ܥܠ ܐܪܥܐ: ⁶ܘܢܬܡܠܘܢ ܒܬܝܟ ܘܒܬܝ ܥܒܕܝܟ ܘܒܬܝ ܟܠܗܘܢ ܡܨܪܝܐ. ܒܬܐ ܕܟܠܗ ܐܪܥܐ
ܕܡܨܪܝܢ. ܗܘ ܡܐ ܕܠܐ ܚܙܘ ܐܒܗܝܟ ܘܐܒܗܬܐ ܕܐܒܗܝܟ. ܐܦ ܠܐ ܗܘܐ ܕܝܘܡ ܝܘܡܐ ܕܗܘܘ ܒܗ. ܡܢ ܝܘܡܐ ܗܘ
ܕܗܘܘ ܒܗ ܥܠ ܐܪܥܐ. ܥܕܡܐ ܠܝܘܡܐ ܕܝܘܡܢܐ ܗܢܐ ܀ ܘܦܢܐ ܐܬܦܢܝ. ܢܦܩ ܡܢ ܠܘܬ ܦܪܥܘܢ: ⁷ܘܐܡܪܘ
ܕܝܢ ܥܒܕܘܗܝ ܕܦܪܥܘܢ ܠܦܪܥܘܢ. ܥܕܡܐ ܠܐܡܬܝ ܢܗܘܐ ܠܢ ܗܢܐ ܬܩܠܐ. ܫܕܪ ܐܢܘܢ ܠܓܒܪܐ. ܐܝܟܢܐ
ܕܢܦܠܚܘܢ *ܠܡܪܝܐ ܐܠܗܐ ܕܝܠܗܘܢ: ܐܘ ܠܡܕܥ ܨܒܐ ܐܢܬ ܕܐܒܕܬ ܠܗ ܡܨܪܝܢ.܀: ⁸ܘܐܗܦܟܘ ܐܢܘܢ
36¹ ܠܡܘܫܐ ܘܠܐܗܪܘܢ *ܠܘܬ ܦܪܥܘܢ. ܘܐܡܪ ܠܗܘܢ ܙܠܘ ܦܠܘܚܘ *ܠܡܪܝܐ ܐܠܗܐ ܕܝܠܟܘܢ: ܐܝܠܝܢ ܕܝܢ
ܘܐܝܠܝܢ ܐܢܘܢ ܗܠܝܢ ܕܐܙܠܝܢ.܀ ⁹ܘܐܡܪ ܡܘܫܐ ܙܠܝܢ ܒܛܠܝܐ ܕܝܠܢ ܘܒܣܒܐ ܣܒܐ *ܐ ܠ
*ܕܝܠܢ ܢܐܙܠ. ܒܒܢܝܐ *ܐ ܠ ܕܝܠܢ ܘܒܒܢܬܐ *ܢ ܕܝܠܢ ܘܒܥܢܢ *ܢ ܕܝܠܢ ܘܒܬܘܪܝܢ ܕܝܠܢ
*ܢܐܙܠ. ܡܛܠ ܕܥܐܕܐ *ܕܡܪܝܐ ܗܝ ܐܠܗܢ ܕܝܠܢ: ¹⁰ܘܐܡܪ ܠܘܬܗܘܢ ܢܗܘܐ ܗܟܢܐ. *ܡܪܝܐ
ܥܡܟܘܢ. ܐܝܟ ܡܐ ܕܡܫܕܪ ܐܢܐ ܠܟܘܢ. ܘܠܛܠܝܐ ܐܦ ܠܢܫܐ ܕܝܠܟܘܢ: ܚܙܘ ܕܒܝܫܬܐ ܩܝܡܐ ܠܘܩܒܠ
ܠܟܘܢ ܀ ¹¹ܠܐ ܗܟܢܐ: ܐܙܠܘ ܗܫܐ ܓܒܪܐ. ܘܦܠܘܚܘ ܠܡܪܝܐ ܐܠܗܐ. ܗܕܐ ܓܝܪ ܐܢܬܘܢ *ܒܥܝܢ
ܐܢܬܘܢ» ܀ ܐܦܩܘ ܐܢܘܢ ܕܝܢ ܡܢ ܩܕܡ ܦܪܨܘܦܗ ܕܦܪܥܘܢ ܀ ܦ ܝܘ ܀

ܩܪܝܢܐ ܕܫܒܥܬܐ ܕܬܠܬܫܬܐ ܀

36² ¹²ܐܡܪ ܕܝܢ *ܡܪܝܐ ܠܘܬ ܡܘܫܐ ' »ܐܘܫܛ ܐܝܕܟ ܥܠ ܐܪܥܐ ܕܡܨܪܝܢ. †ܘܢܣܩ **ܓܘܒܐ ܥܠ
ܐܪܥܐ *ܕܡܨܪܝܢ. ܘܢܐܟܘܠ ܟܠܗ ܥܣܒܐ ܕܐܪܥܐ ܘܟܠܗ ܦܐܪܐ ܕܐܝܠܢܐ ܗܘ ܕܫܒܩ ܒܪܕܐ»:
¹³*ܘܐܘܫܛ ܕܝܢ ܡܘܫܐ ܚܘܛܪܗ *ܐ ܕܒܐܝܕܗ ܠܫܡܝܐ. *ܘܡܪܝܐ ܐܝܬܝ ܪܘܚܐ ܩܕܝܡܐ ܥܠ ܐܪܥܐ. ܟܠܗ
ܝܘܡܐ ܗܘ ܘܟܠܗ ܠܠܝܐ: ܨܦܪܐ ܗܘܐ. ܘܪܘܚܐ ܩܕܝܡܐ ܐܝܬܝܬܗ ܠܩܡܨܐ. ¹⁴*ܘܐܣܩܬܗ ܥܠ ܟܠܗ
ܐܪܥܐ ܕܡܨܪܝܢ. ܘܢܚܬ ܥܠ ܟܠܗܘܢ ܬܚܘܡܝܗ ܕܡܨܪܝܢ. ܣܓܝܐܐ ܛܒ: ܩܕܡܘܗܝ ܠܐ ܗܘܐ * *ܕܐܟܘܬܗ ܗܟܢܐ
ܩܡܨܐ ܐܚܪܢܐ. ܘܒܬܪܗ ܠܐ ܢܗܘܐ ܗܟܢܐ: ¹⁵ܘܟܣܝ ܐܦܝ *ܠ ܕܟܠܗ ܐܪܥܐ. ܘܐܬܚܫܟܬ ܐܪܥܐ.
37¹ ܘܐܟܠ ܟܠ ܥܣܒܐ ܕܐܪܥܐ ܘܟܠܗ ܦܐܪܐ ܕܐܝܠܢܐ ܗܘ | ܕܐܫܬܒܩ ܡܢ ܒܪܕܐ. ܠܐ ܐܫܬܚܪ ܝܘܪܩܐ ܘܠܐ ܡܕܡ
ܒܐܝܠܢܐ ܘܒܟܠ ܥܣܒܐ ܕܒܚܩܠܐ ܒܟܠܗ ܐܪܥܐ ܕܡܨܪܝܢ ܀ ¹⁶ܘܣܪܗܒ ܕܝܢ ܦܪܥܘܢ ܠܡܩܪܐ ܠܡܘܫܐ
ܘܠܐܗܪܘܢ ܟܕ ܐܡܪ »ܚܛܝܬ ܩܕܡ *ܡܪܝܐ ܐܠܗܐ ܕܝܠܟܘܢ ܘܠܟܘܢ: ¹⁷ܫܒܘܩܘ ܗܫܐ ܠܚܛܝܬܐ ܕܝܠܝ
ܠܚܕ ܙܒܢܐ. ܘܨܠܘ ܩܕܡ *ܡܪܝܐ ܐܠܗܐ ܕܝܠܟܘܢ. ܘܢܥܒܪ ܡܢܝ ܡܘܬܐ ܗܢܐ»: ¹⁸ܢܦܩ ܕܝܢ ܡܘܫܐ ܡܢ
ܦܪܥܘܢ ܘܨܠܝ ܩܕܡ *ܡܪܝܐ: ¹⁹ܘܐܗܦܟ *ܡܪܝܐ ܪܘܚܐ ܡܢ ܝܡܐ ܥܫܝܢܬܐ. ܘܫܩܠܬܗ ܠܩܡܨܐ
ܘܐܪܡܝܬܗ ܒܝܡܐ ܕܣܘܦ. ܘܠܐ ܐܫܬܚܪ ܩܡܨܐ ܚܕ ܒܟܠܗ ܐܪܥܐ ܕܡܨܪܝܢ ܀ ²⁰ܘܐܩܫܝ *ܡܪܝܐ ܠܠܒܗ
ܕܦܪܥܘܢ. ܘܠܐ ܫܕܪ ܠܒܢܝܐ ܕܐܝܣܪܝܠ ܀ ܦ ܚ ܀

ܩܪܝܢܐ ܕܫܒܥܬܐ ܕܬܠܬܫܒܥܐ ܀

37² ²¹ܐܡܪ ܕܝܢ *ܡܪܝܐ ܠܘܬ ܡܘܫܐ | »ܐܘܫܛ ܐܝܕܟ ܠܫܡܝܐ. ܘܢܗܘܐ ܚܫܘܟܐ ܥܠ ܐܪܥܐ
ܕܡܨܪܝܢ .. ܚܫܘܟܐ ܡܬܓܫܫܢܐ» ܀ ²²*ܐܘܫܛ ܕܝܢ ܡܘܫܐ ܐܝܕܗ ܠܫܡܝܐ. ܘܗܘܐ ܚܫܘܟܐ ܥܡܛܢܐ
ܒܝܘܡܬܐ ܥܠ ܟܠܗ ܐܪܥܐ ܕܡܨܪܝܢ. ܠܬܠܬܐ ܝܘܡܝܢ: ²³ܘܠܐ ܚܙܐ ܘܠܐ ܐܢܫ ܠܐܚܘܗܝ. ܘܠܐ ܩܡ ܘܠܐ ܐܢܫ
ܡܢ ܡܘܬܒܗ ܕܝܠܗ. ܠܬܠܬܐ ܝܘܡܝܢ: ܠܟܠܗܘܢ ܕܝܢ ܒܢܝܐ ܕܐܝܣܪܝܠ ܐܝܬ ܗܘܐ ܢܘܗܪܐ ܒܟܠ ܡܕܡ
ܕܡܬܥܡܪܝܢ ܗܘܘ ܀ ²⁴ܘܩܪܐ ܦܪܥܘܢ ܠܡܘܫܐ ܘܠܐܗܪܘܢ ܟܕ ܐܡܪ »ܙܠܘ ܦܠܘܚܘ *ܠܡܪܝܐ ܐܠܗܐ
ܕܝܠܟܘܢ. ܒܪܡ ܡܢ ܥܢܢܐ *ܢ ܕܝܠܟܘܢ ܘܬܘܪܐ *ܢ ܕܝܠܟܘܢ ܢܩܘܡܘܢ. ܘܐܢܫܐ ܕܝܠܟܘܢ ܢܐܙܠ

8 ; ܠܘܬ ܦܪܥܘܢ
11 ܦܘ 1 ܡܥܒܕܝܢ ܐܢܬܘܢ
12 ܦܘ 1 ܒܡܨܪܝܢ |
12 ܘܢܣܩ 1 |
13 ܒ praem B: ܒܚܘܛܪܐ ܕܒܐܝܕܗ ܡܫܐ B^m
13 ܐܝܬܝ
14 ܘܠܐ ܗܘܐ
14 ܕܐܟܘܬܗ ܗܘ 1 |
22 ܚܫܘܟܐ ܕܠܐ ܡܬܓܫܫ

ܥܡܟܘܢ«: [25]ܘܐܡܪ ܡܘܫܐ »ܐܠܐ ܐܦ ܐܢܬ ܬܬܠ ܠܢ ܥܠܬܐ ܘܕܒܚܐ ܢܟܣܬܐ. ܘܢܥܒܕ ܠܡܪܝܐ
38[1] ܐܠܗܐ ܕܝܠܢ: [26]ܐܦ ܒܥܝܪܐ | ܕܝܠܢ ܢܐܙܠ ܥܡܢ. ܘܠܐ ܢܫܬܒܩ ܦܪܣܬܐ. ܡܛܠ ܕܡܢܗܘܢ ܢܣܒ ܢܦܠܚ
ܠܡܦܠܚ *ܠܡܪܝܐ ܐܠܗܐ ܕܝܠܢ. ܚܢܢ ܕܝܢ ܠܐ ܝܕܥܝܢ ܚܢܢ. ܡܢܐ ܢܦܠܘܚ *ܠܡܪܝܐ ܷ ܐܠܗܐ ܕܝܠܢ
ܥܕܡܐ ܕܢܐܙܠ ܠܬܡܢ« ܀ [27]ܘܐܩܫܝ ܕܝܢ *ܡܪܝܐ ܠܠܒܗ ܕܦܪܥܘܢ. ܘܠܐ ܨܒܐ ܠܡܫܕܪܘ ܐܢܘܢ: [28]ܘܐܡܪ
ܠܗ ܦܪܥܘܢ »ܙܠ ܡܢܝ. ܚܘܪ ܐܢܬ ܠܟ. ܠܐ ܬܘܣܦ ܠܡܚܙܐ ܦܪܨܘܦܝ ܕܝܠܝ: ܒܝܘܡܐ ܕܝܢ
ܗܘ ܕܬܬܚܙܐ ܐܢܬ ܠܝ. ܬܡܘܬ« ܀ [29]ܐܡܪ ܕܝܢ ܡܘܫܐ »※ ܐ ܠ ܗܟܢܐ ܐܡܪܬ. ܠܐ ܬܘܒ ܐܬܚܙܐ ܐܢܐ
ܠܦܪܨܘܦܟ ܕܝܠܟ« ܀ ܫ ܡܚ ܀

11 ܩܪܝܢܐ ܕܡܚܘܬܐ ܕܒܘܟܪܐ ܀

[1]ܐܡܪ ܕܝܢ *ܡܪܝܐ ܠܘܬ ܡܘܫܐ »ܬܘܒ ܡܚܘܬܐ ܚܕܐ ܐܝܬܐ ܐܢܐ ܥܠ ܦܪܥܘܢ ܘܥܠ ܡܨܪܝܢ.
38[2] ܘܒܬܪܟܢ ܢܫܕܪܟܘܢ ܡܟܐ: ܐܡܬܝ ܕܝܢ ܕܡܫܕܪ ܠܟܘܢ. ܥܡ ܟܠ ܡܕܡ | ܡܦܩܘ ܡܦܩ ܠܟܘܢ ※ ܐ ܠ ܡܢ
※ ܬܘܪܕܐ: [2]ܡܠܠ ܗܟܝܠ ܒܐܕܢܝ̈ܗ ܕܥܡܐ. ܘܢܫܐܠ ܟܠ ܚܕ ܡܢ ܩܪܝܒܗ ※ ܕܝܠܗ
ܘܐܢܬܬܐ ܡܢ ܩܪܝܒܬܗ ※ ܕܝܠܗ ܡܐܢܝ̈ܐ ܕܣܐܡܐ ܘ※ܡܐܢܝ̈ܐ ܕܕܗܒܐ ܘܠܒܘܫܐ« ܀ [3]ܝܗܒ ܕܝܢ ܡܪܝܐ
ܛܝܒܘܬܐ ܠܥܡܐ ܕܝܠܗ ܩܕܡ ܡܨܪܝܐ. ܘܐܫܐܠܘ ܐܢܘܢ ܀ ܘܗܘ ܓܒܪܐ ܡܘܫܐ ܪܒܐ ܗܘܐ ܛܒ
ܩܕܡ ܡܨܪܝܐ ܘܩܕܡ ܦܪܥܘܢ ܘܩܕܡ ܥܒܕܘܗܝ ܘܩܕܡ ܟܠܗ ※ ܐ ܠ ܕܥܡܐ ܕܝܠܗ ܀ ‖ [4]ܘܐܡܪ
ܡܘܫܐ »ܗܟܢ ܐܡܪ ܡܪܝܐ »ܠܦܠܓܗ ܕܠܠܝܐ ܐܢܐ ܢܦܩ ܐܢܐ ܠܡܨܪܝܢ: [5]ܘܢܡܘܬ ܟܠ
ܒܘܟܪܐ ܒܐܪܥܐ ܕܡܨܪܝܢ. ܡܢ ܒܘܟܪܗ ܕܦܪܥܘܢ ܗܘ ܕܝܬܒ ܥܠ ܟܘܪܣܝܐ ※ ܕܝܠܗ ܘܥܕܡܐ ܠܒܘܟܪܐ
39[1] *ܕܐܡܬܐ ܗܝ ܕܛܚܢܐ ܒܪܚܝܐ | ܘܥܕܡܐ ܠܒܘܟܪܐ ܕܒܥܝܪܐ: [6]ܘܬܗܘܐ ܩܥܬܐ ܪܒܬܐ ܒܟܠ
ܐܪܥܐ ܕܡܨܪܝܢ. ܐܝܟ ܕܐܝܟܘܬܗ ܠܐ ܗܘܬ. ܘܐܝܟܘܬܗ ܠܐ ܬܘܒ ܬܬܘܣܦ: [7]ܘܒܟܠܗܘܢ ܒܢܝ̈ܐ
ܕܐܝܣܪܝܠ ܠܐ ܢܚܪܘܨ ܟܠܒܐ ܒܠܫܢܗ ܕܝܠܗ ܡܢ ܒܪܢܫܐ ܘܥܕܡܐ ܠܒܥܝܪܐ. ܐܝܟܢܐ ܕܬܕܥ ܐܝܟܢܐ ܡܦܪܫ
20 ܡܪܝܐ ܒܝܢܝ ܡܨܪܝܐ ܘܒܝܢܝ ܐܝܣܪܝܠ: [8]ܘܢܚܬܘܢ ܟܠܗܘܢ ܥܒܕܝܟ ܗܠܝܢ
ܠܘܬܝ ܘܢܣܓܕܘܢ ܠܝ ܟܕ ܐܡܪܝܢ »ܦܘܩ ܐܢܬ ܘܟܠܗ ܥܡܐ ※ ܕܝܠܟ ܗܘ ܕܒܪܓܠܝܟ ܐܢܬ«.
39[2] ܘܡܢ ܒܬܪ ܗܠܝܢ ܐܦܘܩ« ܀ | ܢܦܩ ܕܝܢ ※ ܡܘܫܐ ܡܢ ܠܘܬ ܦܪܥܘܢ ܒܚܡܬܐ: [9]ܐܡܪ ܕܝܢ *ܡܪܝܐ
ܠܘܬ ܡܘܫܐ »ܠܐ ܢܫܡܥܘܢ ܦܪܥܘܢ. ܐܝܟܢܐ ܕܐܣܓܐ ※ ܐܬܘܬܐ ܕܝܠܝ ܘܬܕܡܪܬܐ ܒܐܪܥܐ ܕܡܨܪܝܢ« ܀
ܡܚ [10]ܡܘܫܐ ܕܝܢ ܘܐܗܪܘܢ ܥܒܕܘ ܟܠܗܘܢ ܐܬܘܬܐ ܗܠܝܢ ܩܕܡ ܦܪܥܘܢ: ܐܩܫܝ ܕܝܢ *ܡܪܝܐ ܠܠܒܗ
ܕܦܪܥܘܢ. ܘܠܐ ܨܒܐ ܠܡܫܕܪܘ ܠܒܢܝ̈ܐ ܕܐܝܣܪܝܠ [†]ܡܢ ܐܪܥܐ ܕܡܨܪܝܢ ܀ ܫ ܡܚ ܀

ܩܪܝܢܐ ܕܦܨܚܐ ܥܬܝܩܐ ܕܐܬܐ ܠܥܠܡܐ ܗܢܐ ܀

12 [1]ܐܡܪ ܕܝܢ *ܡܪܝܐ ܠܘܬ ܡܘܫܐ ※ ܘܠܘܬ ܐܗܪܘܢ ܒܐܪܥܐ ܕܡܨܪܝܢ ܟܕ ܐܡܪ: [2]»ܝܪܚܐ ܗܢܐ
ܠܟܘܢ ܪܫܐ ܕܝܪ̈ܚܐ ܗܘ. ܩܕܡܝܐ ܐܝܬܘܗܝ ܠܟܘܢ ܒܝܪ̈ܚܐ ܕܫܢܬܐ ܀ [3]ܡܠܠ ܠܘܬ ܟܠܗ ܟܢܘܫܬܐ
40[1] ܕܒܢܝ̈ܐ ܕܐܝܣܪܝܠ ܟܕ ܐܡܪ ܐܢܬ | »ܒܥܣܪܐ ܕܝܪܚܐ ܗܢܐ ܢܣܒܘܢ ※ ܠܗܘܢ ܟܠ ܚܕ ܐܡܪܐ ܐܝܟ ܒܬ̈ܐ
ܕܐܒܗ̈ܬܐ. ܐܡܪܐ ܠܒܝܬܐ: [4]ܐܢ ܕܝܢ ܙܥܘܪܐ ܢܗܘܘܢ ܗܢܘܢ ܕܒܒܝܬܐ. ܐܝܟ ܕܠܐ ܢܗܘܘܢ ܣܦܩܝܢ
ܠܐܡܪܐ. ܢܣܒ ܥܡܗ ܠܡܩܪܒܐ ※ ܕܝܠܗ ܗܘ ܕܩܪܝܒ ܠܗ. ܐܝܟ ܡܢܝܢܐ ܕܢܦܫܬܐ: ܟܠ
ܚܕ ܗܘ ܡܐ ܕܣܦܩ ܠܗ. ܢܬܡܢܐ ܒܗ ܒܐܡܪܐ: [5]ܐܡܪܐ ܡܫܠܡܐ. ܕܟܪܐ. ܒܪ ܫܢܬܐ ܢܗܘܐ
ܠܟܘܢ. ܡܢ ܐܡܪܐ ܘܡܢ ܓܕܝܐ ܬܣܒܘܢ ܀ [6]ܘܢܗܘܐ ܢܛܝܪ ܠܟܘܢ ܥܕܡܐ ※ ܠܐܪܒܥܣܪܐ

28 ܐ̈ in B et Bᵐ plumbo scriptum
29 ܐܡܪ ܕܝܢ non addito indice
2 ܗ̇ post ܩܪܝܒܬܗ deesse viderat C
2 ܗ̇ ܘܡܐܢܝ̈ܐ ܕܕܗܒܐ B: correxit C
3 ܕܝܠܗ, indice, quem transposui ego, ad ܡܨܪܝܐ addito
4 stichorum notationem huc posui, ad 3 ܕܦܪܥܘܢ additam in codice
5 ܡܨܪܝܐ ܠܒܘܟܪܐ ܕܐܡܬܐ ܕܐܦ ܡܨܪܝܐ ܠܥܒܕܐ
7 ܠܒܥܝܪܐ ܡܪܝܐ ܠ B

7/8 ܐܝܟܢܐ ܕܬܕܥܘܢ ܐܝܟܢܐ ܡܦܪܫ ܡܪܝܐ ܒܝܢܝ ܡܨܪܝܐ ܘܒܝܢܝ ܐܝܣܪܝܠ. ܘܬܕܥ ܟܠܗ ܐܪܥܐ ܕܡܨܪܝܢ ܘܐܡܪ ܡܘܫܐ ܠܦܪܥܘܢ. ܗܟܢ ܐܡܪ ܡܪܝܐ. ܒܪܝ ܒܘܟܪܝ ܐܝܣܪܝܠ. ܘܐܡܪܬ ܠܟ. ܫܕܪ ܠܥܡܝ ܕܢܦܠܚܘܢܢܝ. ܘܐܢܬ ܠܐ ܨܒܝܬ ܠܡܫܕܪܘ. ܗܐ ܡܢܐ ܡܐ ܩܛܠ ܐܢܐ ܠܒܪܟ ܒܘܟܪܟ. ܘܐܡܪ ܡܘܫܐ. ܗܟܢ ܐܡܪ ܡܪܝܐ. ܠܦܠܓܗ ܕܠܠܝܐ ܐܢܐ ܢܦܩ ܐܢܐ ܠܡܨܪܝܢ. ܘܢܡܘܬ ܟܠ ܒܘܟܪܐ ܒܐܪܥܐ ܕܡܨܪܝܢ. ܡܢ ܒܘܟܪܗ ܕܦܪܥܘܢ ܗܘ ܕܝܬܒ ܥܠ ܟܘܪܣܝܐ ܕܝܠܗ ܘܥܕܡܐ ܠܒܘܟܪܐ ܕܐܡܬܐ ܗܝ ܕܛܚܢܐ ܒܪܚܝܐ. ܘܥܕܡܐ ܠܒܘܟܪܐ ܕܒܥܝܪܐ. ܘܬܗܘܐ ܩܥܬܐ ܪܒܬܐ ܒܟܠ ܐܪܥܐ ܕܡܨܪܝܢ ܐܝܟ ܕܐܝܟܘܬܗ ܠܐ ܗܘܬ ܘܐܝܟܘܬܗ ܠܐ ܬܘܒ ܬܬܘܣܦ. ܘܒܟܠܗܘܢ ܒܢܝ̈ܐ ܕܐܝܣܪܝܠ ܠܐ ܢܚܪܘܨ ܟܠܒܐ ܒܠܫܢܗ ܡܢ ܒܪܢܫܐ ܘܥܕܡܐ ܠܒܥܝܪܐ. ܐܝܟܢܐ ܕܬܕܥ ܐܝܟܢܐ ܡܦܪܫ ܡܪܝܐ ܒܝܢܝ ܡܨܪܝܐ ܘܒܝܢܝ ܐܝܣܪܝܠ. ܘܢܚܬܘܢ ܟܠܗܘܢ ܥܒܕܝܟ ܗܠܝܢ

8 ـ addidit C
10 ܡܢ ܐܪܥܐ ܕܡܨܪܝܢ, indice ad ܕܡܘܫܐ app
3 ܗ̇ ܕܡܨܪܝܐ B

* ܕܝܪܚܐ ܗܢܐ. ܘܢܟܣܘܢܝܗܝ ܟܠܗ ܩܗܠܐ ܕܟܢܘܫܬܐ ܕܒܢܝ ܐܝܣܪܝܠ ܠܐܦܝ ܪܡܫܐ:
40² ⁷ܘܢܣܒܘܢ ܡܢ ܕܡܐ ܘܢܪܫܡܘܢ ܥܠ ܬܪܝܢ ܣܩܦܐ ܘܥܠ ܐܣܩܘܦܬܐ *ܕܒܬܐ ܗܢܘܢ. | ܕܒܗ ܢܐܟܠܘܢܝܗܝ
ܒܗܘܢ: ⁸ܘܢܐܟܠܘܢ ܒܣܪܐ ܒܠܠܝܐ ܗܢܐ ܡܛܘܝ ܢܘܪܐ: ܘܦܛܝܪܐ ܥܠ ܡܪܪܐ ܢܐܟܠܘܢܝܗܝ܀ ⁹ܠܐ
ܬܐܟܠܘܢ ܡܢܗ ܚܝܐ ܘܠܐ *ܕܒܫܝܠ ܒܫܘܠܐ ܒܡܝܐ. ܐܠܐ ܟܕ ܡܛܘܝ ܢܘܪܐ܀ ܪܫܗ *ܥܡ ܟܪܥܘܗܝ
ܥܡ ܓܘܗ *ܥܡ ܟܪܥܘܗܝ ܘܥܡ ܦܐܬܘܗܝ *ܥܡ ܟܪܥܘܗܝ܀ ¹⁰ܠܐ ܬܫܒܩܘܢ ܡܢܗ ܥܕܡܐ ܠܨܦܪܐ.
ܘܓܪܡܐ ܠܐ ܬܬܒܪܘܢ ܡܢܗ܀ ܘܡܐ ܕܫܚܢ ܡܢܗ. ܥܕܡܐ ܠܨܦܪܐ ܒܢܘܪܐ ܐܘܩܕܘܗܝ܀ ¹¹ܗܟܢܐ
ܕܝܢ ܬܐܟܠܘܢܝܗܝ: ܟܕ ܚܨܝܟܘܢ ܐܣܝܪܝܢ. ܘܡܣܐܢܝܟܘܢ ܒܪܓܠܝܟܘܢ. ܘܚܘܛܪܝܟܘܢ
ܒܐܝܕܝܟܘܢ. ܘܬܐܟܠܘܢܝܗܝ ܒܥ *ܒܣܘܪܗܒܐ: †ܦܨܚܐ ܐܝܬܘܗܝ ܠܡܪܝܐ܀ ¹²ܘܐܥܒܪ ܒܐܪܥܐ ܕܡܨܪܝܢ
41¹ ܒܠܠܝܐ ܗܢܐ. ܘܐܡܚܐ ܟܠ ܒܘܟܪܐ ܒܐܪܥܐ ܕܡܨܪܝܢ. ܡܢ ܒܪܢܫܐ ܥܕܡܐ ܠܒܥܝܪܐ: ܘܒܟܠܗܘܢ | ܐܠܗܐ
ܕܡܨܪܝܐ ܐܥܒܕ ܕܝܢܐ ܐܢܐ *ܡܪܝܐ܀ ¹³ܘܢܗܘܐ ܠܟܘܢ ܕܡܐ ܗܢܐ ܠܐܬܐ ܥܠ ܒܬܐ ܕܐܢܬܘܢ ܐܢܬܘܢ
ܬܡܢ. ܘܐܚܙܐ ܕܡܐ ܘܐܦܨܚ ܥܠܝܟܘܢ. ܘܠܐ ܢܗܘܐ ܒܟܘܢ ܡܚܘܬܐ ܠܡܚܒܠܘ. ܡܐ ܕܡܚܐ ܐܢܐ ܒܐܪܥܐ
ܕܡܨܪܝܢ܀ ¹⁴ܘܢܗܘܐ ܝܘܡܐ ܗܢܐ ܠܟܘܢ *ܠܕܘܟܪܢܐ. ܘܬܥܒܕܘܢܝܗܝ ܥܐܕܐ *ܠܡܪܝܐ ܠܕܪܝܟܘܢ
ܠܕܪܝܟܘܢ. ܢܡܘܣܐ ܕܠܥܠܡ ܬܥܒܕܘܢܝܗܝ܀ ¹⁵ܫܒܥܐ ܝܘܡܝܢ ܦܛܝܪܐ ܬܐܟܠܘܢ: ܡܢ ܕܝܢ ܝܘܡܐ ܩܕܡܝܐ
ܬܒܛܠܘܢ ܚܡܝܥܐ ܡܢ ܒܬܝܟܘܢ: ܟܠ ܡܢ ܕܢܐܟܘܠ ܚܡܝܥܐ. ܬܐܒܕ ܢܦܫܐ ܗܝ ܡܢ
ܐܝܣܪܝܠ.. ܡܢ ܝܘܡܐ ܩܕܡܝܐ ܥܕܡܐ ܠܝܘܡܐ ܫܒܝܥܝܐ: ¹⁶ܘܝܘܡܐ ܩܕܡܝܐ ܢܗܘܐ ܩܪܝܐ ܩܕܝܫܐ. ܘܝܘܡܐ
41² ܗܘ ܫܒܝܥܝܐ ܩܪܝܐ | ܩܕܝܫܐ ܢܗܘܐ ܠܟܘܢ. ܟܠ ܥܒܕܐ ܕܬܫܡܫܬܐ ܠܐ ܬܥܒܕܘܢ ܒܗܘܢ. ܒܪ
ܡܢ ܕܡܬܐܟܠ ܠܟܠ ܢܦܫ. ܗܘ ܒܠܚܘܕ ܢܬܥܒܕ ܠܟܘܢ: ¹⁷ܘܛܪܘ ܠܦܛܝܪܐ ܗܢܐ: ܒܝܘܡܐ
ܓܝܪ ܗܢܐ ܐܦܩܬ ܚܝܠܟܘܢ ܡܢ ܡܨܪܝܢ. ܘܬܥܒܕܘܢܝܗܝ ܠܝܘܡܐ ܗܢܐ ܠܕܪܝܟܘܢ. ܢܡܘܣܐ
ܕܠܥܠܡ: ¹⁸ܡܢ ܒܪܫܐ ܝܘܡܐ ܕܐܪܒܥܣܪܐ ܕܝܪܚܐ ܩܕܡܝܐ. ܡܢ ܪܡܫܐ ܬܐܟܠܘܢ ܦܛܝܪܐ ܥܕܡܐ
ܠܝܘܡܐ ܕܥܣܪܝܢ ܘܚܕ ܒܝܪܚܐ ܒܪܡܫܐ܀ ¹⁹ܫܒܥܐ ܝܘܡܝܢ ܚܡܝܪܐ ܠܐ ܢܫܬܟܚ ܒܒܬܝܟܘܢ
ܕܝܠܟܘܢ: ܟܠ ܡܢ ܕܢܐܟܘܠ ܕܚܡܝܥ. ܬܐܒܕ ܢܦܫܐ ܗܝ ܡܢ ܟܢܘܫܬܐ ܕܐܝܣܪܝܠ. ܒܬܘܬܒܐ ܘܒܝܠܝܕ
42¹ ܕܐܪܥܐ܀ ²⁰ܟܠ ܕܚܡܝܥ ܠܐ ܬܐܟܠܘܢ: ܒܟܠܗ ܒܬܐ | ܡܘܬܒܢܝܟܘܢ ܬܐܟܠܘܢ ܦܛܝܪܐ«« ܀
²¹ܩܪܐ ܕܝܢ ܡܘܫܐ ܠܟܠܗܘܢ ܣܒܐ ܕܐܝܣܪܝܠ ܘܐܡܪ ܠܗܘܢ »ܐܙܠܘ ܣܒܘ ܠܟܘܢ *ܠܟܘܢ ܐܡܪܐ
ܠܟܠ ܐܢܫܘܬܐ ܐܡܪܐ ܕܝܠܟܘܢ. ܘܟܘܣܘ ܦܨܚܐ: ²²ܘܣܒܘ ܕܝܢ ܡܠܝ ܟܦܐ ܕܙܘܦܐ. ܘܨܒܘ ܒܕܡܐ
ܐܝܟ ܡܢ ܕܡܐ ܗܘ ܕܒܡܐܢܐ. ܘܐܪܫܡܘ ܥܠ *ܐܣܩܘܦܬܐ ܘܥܠ ܬܪܝܢ ܣܩܦܐ ܡܢ ܕܡܐ ܗܘ ܕܐܝܬ
ܒܡܐܢܐ: ܐܢܬܘܢ ܕܝܢ ܠܐ ܬܦܩܘܢ ܐܢܫ ܡܢ ܬܪܥܐ ܕܒܝܬܗ ܥܕܡܐ ܠܨܦܪܐ܀
²³ܘܢܥܒܪ *ܡܪܝܐ ܠܡܡܚܐ ܠܡܨܪܝܐ. ܘܢܚܙܐ ܠܕܡܐ ܥܠ †ܐܣܩܘܦܬܐ ܘܥܠ ܬܪܝܢ ܣܩܦܐ ܢܦܨܚ
ܬܪܥܐ. ܘܢܥܒܪ **ܡܪܝܐ ܥܠ ܬܪܥܐ. ܘܠܐ ܢܫܒܘܩ ܠܡܚܒܠܢܐ ܠܡܥܠ ܠܒܬܝܟܘܢ ܠܡܡܚܐ܀
42² ²⁴ܘܬܛܪܘܢ ܠܡܠܬܐ ܗܕܐ: | ܢܡܘܣܐ ܠܟ ܘܠܒܢܝܟ ܥܕܡܐ ܠܥܠܡ܀ ܗ܀
²⁵ܐܢ ܕܝܢ ܬܥܠܘܢ ܠܐܪܥܐ ܗܝ ܕܢܬܠ *ܡܪܝܐ ܠܟܘܢ. ܐܝܟ ܕܡܠܠ. ܛܪܘ ܠܬܫܡܫܬܐ ܗܕܐ܀
²⁶ܘܢܗܘܐ ܕܐܢ ܢܐܡܪܘܢ ܠܟܘܢ ܒܢܝܟܘܢ ܕܡܢܘ ܬܫܡܫܬܐ ܗܕܐ *ܕܐܝܬ ܠܟܘܢ܀.. ²⁷ܐܦ ܐܡܪܘܢ
ܕܒܚܐ »ܕܦܨܚܐ ܗܘ *ܠܡܪܝܐ. ܐܝܟ ܕܦܨܚ ܥܠ ܒܬܐ ܕܒܢܝ ܐܝܣܪܝܠ ܒܡܨܪܝܢ.
ܟܕ ܡܚܐ ܠܡܨܪܝܐ. ܒܬܝܢ ܕܝܢ ܕܝܠܢ ܦܨܐ«« ܀ ܘܐܬܟܪܥ ܥܡܐ. ܘܣܓܕܘ: ‖ ²⁸ܘܐܙܠܘ ܥܒܕܘ. ܟܠܗ
ܒܢܝ ܐܝܣܪܝܠ. ܐܝܟ ܕܦܩܕ *ܡܪܝܐ ܠܡܘܫܐ ܘܠܐܗܪܘܢ. ܗܟܢܐ ܥܒܕܘ܀
ܫܠܡ ܩܪܝܢܐ ܕܥܪܘܒܬܐ܀ ܘܫܘܪܝ ܩܪܝܢܐ ܕܠܠܝܐ ܕܫܒܬܐ܀
43¹ ²⁹ܗܘܐ ܕܝܢ ܒܦܠܓܗ ܕܠܠܝܐ. *ܘܡܪܝܐ | ܡܚܐ ܠܟܠ ܒܘܟܪܐ ܒܐܪܥܐ ܕܡܨܪܝܢ. ܡܢ ܒܘܟܪܗ

6 ܗܘ] ܠ ܝܘܡܐ
7 ܗܘ] ܠ ܟܠܗ
11 ܠ] ܒܣܘܪܗܒܐ ܀ ܗܘ ܒܣܘܪܗܒܐ
11 ܠܡܪܝܐ ܀ ܗܘ ܦܨܚܐ ܐܝܬܘܗܝ ܠܡܪܝܐ ܀ ܠ ܐܝܟ ܡܫܡܥ
12 B subter ܘܐܥܒܪ in margine elementum ܒ (ut videtur) minio scriptum, inter puncta quatuor et ipsa minio exarata medium. C numeri ܒ notam esse credebat [vide Exod 3_{16}]
17 ad ܒܝܘܡܐ B^m ܗ
17 ܓܝܪ B^1, pr m corr
19 ܚܡܝܪܐ B
21 ܗܘ] ܠ ܐܝܟ ܠܟܘܢ
22 ܥܠ ܐܣܩܘܦܬܐ ܕܬܪܥܐ ܗܘ ܠ
23 ineunte ܘܢܥܒܪ B, correxit C
23 ܥܠ ܐܣܩܘܦܬܐ ܕܬܪܥܐ ܗܘ ܠ
26 ܠ ܟܢ
27 ܕܡܪܝܐ] ܐܝܬܘܗܝ ܀ ܗܘ ܦܨܚܐ ܐܝܬܘܗܝ ܀ ܠ ܐܝܟ ܡܫܡܥ
29 ܕܒܫܒܝܐ. ܕܒܝܬ ܐܣܝܪܐ et ܘ B^m

ܕܦܪܥܘܢ ܗܘ ܕܝܬܒ ܥܠ ܟܘܪܣܝܐ *ܗ̇ ܕܡܠܟܘܬܗ ܘܥܕܡܐ ܠܒܘܟܪܗ ܕܫܒܝܬܐ ܗܝ †ܕܒܝܬ ܐܣܝܪܐ ܘܟܠ
ܒܘܟܪܐ ܕܒܥܝܪܐ ✢ [30] ܘܩܡ ܦܪܥܘܢ ܒܠܠܝܐ *ܗ̇ ܗܘ ܘܟܠܗܘܢ ܡܫܡܫܢܘܗܝ ܕܝܠܗ ܘܟܠܗܘܢ ܡܨܪܝܐ.
ܘܗܘܬ ܓܥܬܐ ܪܒܬܐ ܒܐܪܥܐ ܕܡܨܪܝܢ. ܠܐ ܓܝܪ ܐܝܬ ܗܘܐ ܒܝܬܐ ܗܘ ܕܠܐ ܐܝܬ ܗܘܐ ܒܗ ܡܝܬܐ ✢
[31] ܘܩܪܐ ܦܪܥܘܢ ܠܡܘܫܐ ܘܠܐܗܪܘܢ ܒܠܠܝܐ. ܘܐܡܪ ܠܗܘܢ. ܩܘܡܘ ܦܘܩܘ ܡܢ ܒܝܬ ܥܡܝ.
ܐܢܬܘܢ ܘܒܢܝ ܐܝܣܪܝܠ: ܙܠܘ ܦܠܘܚܘ ܠܡܪܝܐ ܐܠܗܐ ܕܝܠܟܘܢ ܐܝܟ ܡܐ ܕܐܡܪܬܘܢ ܐܢܬܘܢ:
[32] ܘܥܢܟܘܢ *ܗ̇ ܘܬܘܪܝܟܘܢ ܕܒܪܘ ܡܢ ܩܕܡܝ ܐܢܬܘܢ *ܐܝܟ ܡܐ ܕܐܡܪܬܘܢ ܐܢܬܘܢ: ܙܠܘ ܕܝܢ ܒܪܟܘ ܐܦ ܠܝ ✢
[33] ܘܐܠܨܘ ܗܘܘ ܡܨܪܝܐ ܠܥܡܐ | ܒܣܘܪܗܒܐ. ܠܡܦܩܗ ܐܢܘܢ ܡܢ ܐܪܥܐ. ܐܡܪܘ ܓܝܪ ܕܟܠܢ ܚܢܢ 43²
ܡܝܬܝܢ ✢ [34] ܘܫܩܠ ܕܝܢ ܥܡܐ ܠܠܝܫܐ ܕܝܠܗܘܢ ܥܕܠܐ ܢܚܡܥ. ܘܡܘܬܪܬܐ ܕܝܠܗܘܢ ܨܪܝܪܢ ܒܡܐܢܝܗܘܢ
ܕܝܠܗܘܢ ܥܠ ܟܬܦܬܗܘܢ *ܗ̇ ܕܝܠܗܘܢ ✢ [35] ܒܢܝܐ ܕܝܢ ܕܐܝܣܪܝܠ ܥܒܕܘ ܐܝܟ ܡܐ ܕܦܩܕ ܠܗܘܢ ܡܘܫܐ.
ܘܫܐܠܘ ܡܢ ܡܨܪܝܐ ܡܐܢܐ ܕܣܐܡܐ ܘܡܐܢܐ ܕܕܗܒܐ. ܘܢܚܬܐ ✢ [36] *ܡܪܝܐ ܕܝܢ ܝܗܒ ܛܝܒܘܬܐ ܠܥܡܐ
ܩܕܡܝܗܘܢ ܕܡܨܪܝܐ. ܘܫܐܠܘ ܠܗܘܢ. ܘܒܙܘ ܐܢܘܢ ܠܡܨܪܝܐ: [37] ܫܩܠܘ ܕܝܢ ܒܢܝܐ ܕܐܝܣܪܝܠ
ܡܢ ܪܥܡܣܣ ܠܣܘܟܘܬ ܐܝܟ ܫܬܡܐܐ ܐܠܦܝܢ ܓܒܪܐ ܪܓܠܝܐ. ܣܛܪ ܡܢ ܛܠܝܐ ✢ [38] ܐܦ ܚܠܝܛܐ
ܣܓܝܐܐ ܣܠܩ ܥܡܗܘܢ. ܘܥܢܐ ܘܬܘܪܐ ܘܩܢܝܢܐ ܣܓܝܐܐ ܛܒ ✢ | [39] ܘܐܦܘ ܠܠܝܫܐ ܗܘ ܕܐܦܩܘ 44¹
ܡܢ ܡܨܪܝܢ. ܓܪܨܝܬܐ ܦܛܝܪܬܐ: ܠܐ ܓܝܪ ܚܡܥ. ܐܬܛܪܕܘ ܓܝܪ ܡܢ ܡܨܪܝܢ. ܘܠܐ ܐܫܟܚܘ ܠܡܬܟܪܝܘ. ܘܐܦ
ܠܐ ܙܘܕܐ ܥܒܕܘ ܠܗܘܢ ܒܐܘܪܚܐ ✢ [40] ܡܘܬܒܐ ܕܝܢ ܕܒܢܝܐ ܕܐܝܣܪܝܠ ܗܘ ܕܝܬܒܘ ܒܐܪܥܐ ܕܡܨܪܝܢ
ܘܐܪܒܥܡܐܐ ܫܢܝܢ ܐܝܬ ܗܘܝ ܘܕܝܠܗܘܢ ܫܢܝܐ ܕܐܒܗܝܗܘܢ: ܩ ܝ ܗ ✢

ܦܘܪܫܐ ܕܦܨܚܐ ܩܕܡܝܐ ✢

[41] ܘܗܘܐ ܡܢ ܒܬܪ ܐܪܒܥܡܐܐ ܘܬܠܬܝܢ ܫܢܝܢ. *ܘܗܘܐ ܒܗ ܒܝܘܡܐ ܗܢܐ. ܢܦܩܘ *ܚܝܠܘܬܗ
†ܕܡܪܝܐ ܡܢ ܐܪܥܐ ܕܡܨܪܝܢ **ܒܠܠܝܐ: [42] ܘܢܛܝܪܐ ܐܝܬܘܗܝ ܗܘܐ ܠܡܪܝܐ ܐܝܟ ܕܢܦܩܘܢ ܐܢܘܢ
ܡܢ ܐܪܥܐ ܕܡܨܪܝܢ. *ܗܘ ܠܠܝܐ ܗܘ ܢܛܝܪܐ ܠܡܪܝܐ. ܐܝܟܐ ܕܠܟܠܗܘܢ ܒܢܝܐ ܕܐܝܣܪܝܠ ܢܗܘܐ ܠܕܪܝܗܘܢ
ܕܝܠܗܘܢ ✢ | [43] ܐܡܪ ܕܝܢ *ܡܪܝܐ ܠܡܘܫܐ ܘܠܐܗܪܘܢ ܗܢܐ ܢܡܘܣܐ ܕܦܨܚܐ: ܟܠ ܒܪ ܥܡܡܐ ܠܐ 44²
ܢܐܟܘܠ ܡܢܗ: [44] ܘܟܠ ܥܒܕ ܕܐܢܫ ܕܙܒܝܢ ܒܟܣܦܐ. ܬܓܙܘܪܘܢܝܗܝ. ܘܗܝܕܝܢ ܢܐܟܘܠ ܡܢܗ:
[45] ܬܘܬܒܐ ܘܐܓܝܪܐ ܠܐ ܢܐܟܘܠ ܡܢܗ ✢ [46] ܒܒܝܬܐ ܚܕ ܢܬܐܟܠ: ܠܐ ܬܦܩܘܢ ܡܢ ܒܝܬܐ ܡܢܗ ܒܣܪܐ
ܠܒܪ. ܘܓܪܡܐ ܠܐ ܬܬܒܪܘܢ ܡܢܗ ✢ [47] ܟܠܗ ܟܢܘܫܬܐ ܕܒܢܝܐ ܕܐܝܣܪܝܠ ܢܥܒܕܘܢܝܗܝ: [48] ܘܐܢ
ܕܝܢ ܐܬܐ ܢܬܩܪܒ ܠܘܬܟܘܢ ܓܝܘܪܐ. ܘܢܥܒܕ ܦܨܚܐ *ܐ ܠ ܠܡܪܝܐ ܢܬܓܙܪ ܟܠ ܕܟܪܐ ܕܝܠܗ. ܘܗܝܕܝܢ
ܢܬܩܪܒ ܠܡܥܒܕܗ. ܘܢܗܘܐ ܐܝܟ ܗܘ ܕܡܬܝܠܕ ܕܐܪܥܐ ✢ ܟܠ ܠܐ ܓܙܝܪܐ ܠܐ ܢܐܟܘܠ ܡܢܗ: [49] ܢܡܘܣܐ
ܚܕ ܢܗܘܐ ܠܒܪ ܐܪܥܐ ܘܠܓܝܘܪܐ ܕܡܬܩܪܒ ܠܘܬܟܘܢ ✢ | [50] ܘܥܒܕܘ ܟܠܗܘܢ ܒܢܝܐ ܕܐܝܣܪܝܠ. ܐܝܟܐ ܕܦܩܕ 45¹
*ܡܪܝܐ ܠܡܘܫܐ ܘܠܐܗܪܘܢ. ܗܟܢܐ ܥܒܕܘ ✢ [51] ܘܗܘܐ ܒܝܘܡܐ ܗܘ ܐܦܩ *ܡܪܝܐ ܠܒܢܝܐ ܕܐܝܣܪܝܠ
ܡܢ ܐܪܥܐ ܕܡܨܪܝܢ ܥܡ ܚܝܠܐ ܕܝܠܗܘܢ ✢
13 [1] ܐܡܪ ܕܝܢ *ܡܪܝܐ ܠܡܘܫܐ ܟܕ ܐܡܪ [2] ܩܕܫ ܠܝ ܟܠ ܒܘܟܪܐ ܦܬܚ ܡܪܒܥܐ ܕܦܬܚ ܟܠ
[ܣܒ] ܡܪܒܥܐ ܒܒܢܝܐ ܕܐܝܣܪܝܠ. ܡܢ ܒܪܢܫܐ ܘܥܕܡܐ ܠܒܥܝܪܐ ܕܝܠܝ ܐܝܬܝܗܘܢ: [3] ܐܡܪ ܕܝܢ ܡܘܫܐ ܠܥܡܐ
ܥܡܐ ܐܬܕܟܪܘ ܝܘܡܐ ܗܢܐ ܕܒܗ ܢܦܩܬܘܢ ܡܢ ܐܪܥܐ ܕܡܨܪܝܢ.. ܡܢ ܒܝܬܐ ܕܥܒܕܘܬܐ: ܡܛܠ ܓܝܪ ܕܒܐܝܕܐ
ܥܫܝܢܬܐ ܐܦܩܟܘܢ ܡܪܝܐ ܡܢ ܗܪܟܐ. ܘܠܐ ܬܬܐܟܠ ܚܡܝܥܐ: [4] ܝܘܡܢܐ ܓܝܪ ܐܢܬܘܢ ܢܦܩܝܢ ܒܝܪܚܐ
ܕܐܒܝܒܐ ✢ [5] ܘܢܗܘܐ ܕܐܡܬܝ ܕܢܥܠܟ | ܡܪܝܐ ܐܠܗܟ ܠܐܪܥܐ ܕܟܢܥܢܝܐ ܘܕܚܬܝܐ ܘܕܐܡܘܪܝܐ 45²
ܘܕܚܘܝܐ ܘܕܝܒܘܣܝܐ ܐܠܗܟ ܘܕܦܪܙܝܐ.. ܗܝ ܕܝܡܐ ܠܐܒܗܬܟ ܕܢܬܠ ܠܟ. ܐܪܥܐ
ܕܡܪܕܝܐ ܚܠܒܐ ܘܕܒܫܐ. ܘܬܥܒܕܘܢܝܗܝ ܠܬܫܡܫܬܐ ܗܕܐ ܒܝܪܚܐ ܗܢܐ ✢ [6] *ܫܒܥܐ ܝܘܡܝܢ ܬܐܟܘܠ
ܦܛܝܪܐ. ܒܝܘܡܐ ܕܝܢ ܫܒܝܥܝܐ ܥܐܕܐ †ܠܡܪܝܐ ✢ [7] ܦܛܝܪܐ ܬܐܟܘܠ ܫܒܥܐ ܝܘܡܝܢ: ܠܐ ܢܬܚܙܐ ܠܟ
ܚܡܝܥܐ. ܐܦ ܠܐ ܢܬܚܙܐ ܠܟ ܚܡܝܪܐ ܒܟܠܗܘܢ ܬܚܘܡܝܟ: [8] ܘܬܚܘܐ ܠܒܪܟ ܕܝܠܟ ܒܝܘܡܐ ܗܘ

ܐ ܡܢ ܘܗܘܐ ܥܠܡܐ ܗܘܐ ܦܨܚܐ ܕܦܘܪܫܢܐ ✢ 42 | ܐ ܡܢ ܦܨܚܐ ✢ ܠ ܚܝܠܘܬܐ 41 | ܐ ܠ ܒܥܝܪܐ ܕܒܝܬܐ ✢ ܡܢ ܒܝܬ ܐܣܝܪܐ 29
ܠ ܕܦܘܪܫܢܐ ܗܘ ܥܠܡܐ ܦܨܚܐ ܕܦܘܪܫܢܐ | ܐ ܥܠܡܐ ܕܦܘܪܫܢܐ ܠܡܪܝܐ ܗܘܐ ܦܨܚܐ ✢ 41 | ܐ ܐܝܟܐ ܕܐܡܪܬܘܢ : ܡܢ ܠ ܐܝܟ ܡܐ 32 ܕܐܡܪܬܘܢ
B ܠܐ ܢܬܩܪܒܘܢ 44 | ܡܢ ܥܠܡܐ ܠܡܪܝܐ ܠܗܘܢ ܦܨܚܐ ✢ ܠ ܐܝܟ
ܕܡܠܟ ܦܨܚܐ ܗܘܐ 6 | ܦܨܚܐ ✢ | ܐ ܡܢ ܠ ܚܝܠܗܘܢ 41

ܟܕ ܐܡܪ ܐܢܬ ܕܡܛܠ ܗܢܐ ܥܒܕ *ܡܪܝܐ ܠܐܠܗܐ ܠܝ. ܟܕ ܢܦܩ ܗܘܝܬ ܡܢ *ܐܪܥܐ ܕܡܨܪܝܢ:
⁹ ܘܢܗܘܐ ܠܟ ܠܐܬܐ ܥܠ ܐܝܕܐ ܕܝܡܝܢܟ. ܘܠܕܘܟܪܢܐ ܩܕܡ ܥܝܢܝܟ. ܐܝܟܢܐ ܕܬܗܘܐ ܢܡܘܣܗ *ܕܡܪܝܐ ܒܦܘܡܐ ܕܝܠܟ:
ܡܛܠ ܕܒܐܝܕܐ | ܥܫܝܢܬܐ ܐܦܩܟ ܡܪܝܐ ܡܢ ܡܨܪܝܢ: [10] ܘܬܛܪܘܢ ܢܡܘܣܐ ܗܢܐ ܒܙܒܢܗ ܡܢ ܝܘܡܬܐ 46¹
ܠܝܘܡܬܐ ܀ ܦ ܀

ܩܪܝܢܐ ܕܥܪܘܒܬܐ ܕܦܨܚܐ ܩܕܡܝ ܀

[11] ܘܢܗܘܐ ܕܟܕ ܢܥܠܟ ܡܪܝܐ ܠܐܠܗܐ ܕܝܠܟ ܠܐܪܥܐ ܕܟܢܥܢܝܐ ܐܝܟ ܕܐܝܡܝ ※ ܠܟ ܘܠܐܒܗܝܟ.
ܘܢܬܠܝܗ ܠܟ. [12] ܘܬܥܒܪ ܟܠ ܦܬܚ ܡܪܒܥܐ ܠܡܪܝܐ ※ ܘܟܠ ܦܬܚ ܡܪܒܥܐ ܡܢ
ܒܥܝܪܐ ܕܗܘܝܢ ܠܟ .. ܕܟܪܐ *ܠܡܪܝܐ: [13] ܘܟܠ ܦܬܚ
ܡܪܒܥܐ ܕܚܡܪܐ *ܬܦܪܘܩ ܒܐܡܪܐ: ܘܐܢ ܠܐ ܬܦܪܘܩ ܬܦܪܩܝܘܗܝ: ܘܟܠ ܒܘܟܪܐ
ܕܒܢܝܢܫܐ ܕܒܢܝܟ ܬܦܪܘܩ ܀ [14] ܘܐܢ ܢܫܐܠܟ ܒܪܟ ܡܚܪ ܠܡܐܡܪ ܡܢܐ ܗܝ
ܗܕܐ. ܬܐܡܪ ܠܗ | *ܕܒܐܝܕܐ ܥܫܝܢܬܐ ܐܦܩܢ *ܡܪܝܐ ܡܢ ܡܨܪܝܢ .. ܡܢ ܒܝܬ ܥܒܕܘܬܐ: 46²
[15] ܟܕ ܕܝܢ ܐܩܫܝ ܦܪܥܘܢ ܠܡܫܪܝܘ ܠܢ. ܩܛܠ *ܡܪܝܐ ܟܠ ܒܘܟܪܐ ܒܐܪܥܐ ܕܡܨܪܝܢ. ܡܢ ܒܘܟܪܐ
ܕܒܢܝܢܫܐ ܘܥܕܡܐ ܠܒܘܟܪܐ ܕܒܥܝܪܐ: ܡܛܠ ܗܢܐ ܐܢܐ ܕܒܚ ܐܢܐ †ܠܡܪܝܐ ܟܠ ܦܬܚ ܡܪܒܥܐ ܕܟܪܐ. ܘܟܠ
ܒܘܟܪܐ ܕܒܢܝܐ ܕܝܠܝ ܦܪܩ ܐܢܐ: [16] ܘܢܗܘܐ ܠܐܬܐ ܥܠ ܐܝܕܐ ܕܝܡܝܢܟ *ܘܠܬܦܠܝܢ ܒܝܬ ܥܝܢܝܟ. ܡܛܠ ܕܒܐܝܕܐ
ܥܫܝܢܬܐ ܐܦܩܢ ܡܪܝܐ ܡܢ ܡܨܪܝܢ ܀ [17] ܟܕ ܕܝܢ ܫܕܪ ܦܪܥܘܢ ܠܥܡܐ. ܠܐ ܕܒܪ ܐܢܘܢ ܐܠܗܐ ܒܐܘܪܚܐ
ܕܐܪܥܐ ܕܦܠܫܬܝܐ. ܡܛܠ ܕܩܪܝܒܐ ܗܘܬ: ܐܡܪ ܓܝܪ ܐܠܗܐ ܕܠܡܐ ܢܬܘܐ ܠܥܡܐ. ܟܕ ܢܚܙܐ ܩܪܒܐ.
ܘܢܗܦܟܘܢ ܠܡܨܪܝܢ: [18] ܘܐܟܪܟ ܐܠܗܐ ܠܥܡܐ ܒܐܘܪܚܐ ܕܡܕܒܪܐ ܠܝܡܐ ܕܣܘܦ: ܙܪܝܙܝܢ ܕܝܢ ܣܠܩܘ | 47¹
ܒܢܝ ܐܝܣܪܐܝܠ ܡܢ ܐܪܥܐ ܕܡܨܪܝܢ ܀

ܩܪܝܢܐ ܕܗܫܒܥܐ ܕܦܨܚܐ ܀

[19] ܘܢܣܒ ܡܘܫܐ ܠܓܪ̈ܡܘܗܝ ܕܝܘܣܦ ܥܡܗ. ܒܡܘܡܬܐ ܓܝܪ ܐܘܡܝ ܠܗܘܢ ܠܒܢܝ
ܐܝܣܪܐܝܠ ܟܕ ܐܡܪ ܕܡܣܥܪ ܡܣܥܪ *ܡܪܝܐ ܠܟܘܢ. ܘܐܣܩܘܢ ܓܪ̈ܡܝ ܡܢ ܗܪܟܐ ܥܡܟܘܢ ܀
[20] ܟܕ ܫܩܠܘ ܕܝܢ ܒܢܝ ܐܝܣܪܐܝܠ ܡܢ ܣܟܘܬ. ܫܪܘ ܒܐܬܡ ܕܒܣܛܪ ܡܕܒܪܐ: [21] ܡܪܝܐ ܕܝܢ ܐܙܠ ܗܘܐ
ܩܕܡܝܗܘܢ. ܒܐܝܡܡܐ ܒܥܡܘܕܐ ܕܥܢܢܐ ܕܢܚܘܐ ܐܢܘܢ ܐܘܪܚܐ. ܘܒܠܠܝܐ ܒܥܡܘܕܐ ܕܢܘܪܐ ※ ܕܢ
ܢܢܗܪ ܠܗܘܢ. ܠܡܗܠܟܘ ܒܐܝܡܡܐ ܘܒܠܠܝܐ: [22] ܠܐ | ܥܒܪ ܥܡܘܕܐ ܕܥܢܢܐ ܒܐܝܡܡܐ ܘܥܡܘܕܐ 47²
ܕܢܘܪܐ ܒܠܠܝܐ ܡܢ ܩܕܡ ܟܠܗ ܥܡܐ ܀

14 [1] ܘܡܠܠ ܡܪܝܐ ܥܡ ܡܘܫܐ ܟܕ ܐܡܪ: [2] ܡܠܠ ܥܡ ܒܢܝ ܐܝܣܪܐܝܠ. ܘܢܗܦܟܘܢ ܢܫܪܘܢ ܠܘܩܒܠ
*ܦܘܡ ܚܝܪܬܐ ܒܝܬ ܡܓܕܘܠ ܘܒܝܬ ܝܡܐ. ܠܘܩܒܠ †ܒܥܠܨܦܘܢ. **ܠܘܩܒܠܗ ܬܫܪܘܢ ܥܠ ܝܡܐ:
[3] ܘܢܐܡܪ ܦܪܥܘܢ ܥܠ ܒܢܝ ܐܝܣܪܐܝܠ ܕܛܥܝܢ ܗܢܘܢ ܒܐܪܥܐ. ܘܐܚܕ ܥܠܝܗܘܢ ܡܕܒܪܐ: [4] ܘܐܢܐ
ܕܝܢ ܐܩܫܐ ܠܒܗ ܕܦܪܥܘܢ. ܘܢܪܕܘܦ ܒܬܪܟܘܢ. ܘܐܫܬܒܚ ܒܦܪܥܘܢ ܘܒܟܠܗ ܚܝܠܗ. ܘܢܕܥܘܢ
ܡܨܪܝܐ ܕܐܢܐ ܗܘ ܡܪܝܐ ܀ ܘܥܒܕܘ ܗܟܢܐ ܀ ܦ ܀

ܩܪܝܢܐ ܕܥܪܘܒܬܐ ܕܦܨܚܐ ܬܠܝܬܝ ܀

[5] ܘܐܬܡܠܟ ܠܡܠܟܐ ܕܡܨܪܝܢ ܕܥܪܩ ܥܡܐ: ܘܐܬܗܦܟ ܠܒܗ ܕܦܪܥܘܢ ܘܕܥܒܕܘܗܝ ܥܠ ܥܡܐ. ܘܐܡܪܘ
ܘܐܡܪܘ ܡܢܐ | ܗܕܐ ܥܒܕܢ. ܕܫܪܝܢ ܠܒܢܝ ܐܝܣܪܐܝܠ ܕܠܐ ܢܦܠܚܘܢ ܠܢ: [6] ܘܐܣܪ 48¹
ܦܪܥܘܢ ܡܪܟܒܬܗ ܘܕܒܪ ܥܡܗ ܥܡܗ: [7] ܘܕܒܪ
ܫܬܡܐܐ ܡܪܟܒܬܐ ܓܒܝܬܐ ܘܟܠܗ ܪܟܒܐ ܕܡܨܪܝܢ ܘܬܠܝܬܝܐ ܥܠ ܟܠܗܘܢ: [8] ܘܐܩܫܝ ܡܪܝܐ

11 ܗ et alterum ܠ addidit C
12 ܘܟܠ ܦܬܚ ܡܪܒܥܐ ※ B
12 ܕܠܟ
13 ܠܡܪܝܐ B
13 ܬܦܪܩܝܘܗܝ ... ܘܐܢ ܠܐ ...
14 ܠܗ
15 ܦܪܥܘܢ
16 ܘܠܬܦܠܝܢ ...
2 ... ܚܝܪܬܐ
2 ܒܥܠܨܦܘܢ ...
2 cum adnotatione praecedenti coniunctum et indice in textu carens ... delevi quod in B^m ante ܠܘܩܒܠܗ legitur, ܒܥܠܨܦܘܢ. in B ܠܘܩܒܠܗ a praecedentibus aptum
6 ܥܡܗ B, correxit C
7 ...

ܠܠܒܗ ܕܦܪܥܘܢ ܡܠܟܐ ܕܡܨܪܝܢ. ܘܪܕܦ ܒܬܪ ܒܢܝ̈ܐ ܕܐܝܣܪܝܠ: ܒܢܝ̈ܐ ܕܝܢ ܕܐܝܣܪܝܠ ܢܦܩܝܢ ܗܘܘ ܒܐܝܕܐ
ܪܡܬܐ: ⁹ܘܪܕܦܘ ܡܨܪ̈ܝܐ ܒܬܪܗܘܢ. ܘܐܫܟܚܘ ܐܢܘܢ ܟܕ ܫܪܝܢ ܥܠ ܝܡܐ. ܘܟܠܗ ܪܟܫܐ ܘܡܪ̈ܟܒܬܗ
ܕܦܪܥܘܢ ܘܦܪ̈ܫܐ ※ܕܝܠܗ↙ ܘܚܝܠܘܬܐ ܕܝܠܗ *ܩܕܡ ܕܝܪܐ ܠܘܩܒܠ ܒܥܠܨܦܘܢ. ¹⁰ܘܦܪܥܘܢ ܡܬܩܪܒ
ܗܘܐ: ܘܟܕ ܐܪܝܡܘ ܥܝ̈ܢܐ ※ܕܝܠܗܘܢ↙ ܒܢܝ̈ܐ | ܕܐܝܣܪܝܠ. ܚܙܘ. ܘܗܐ ܗܠܝܢ ܡܨܪ̈ܝܐ ܫܩܠܘ ܒܬܪܗܘܢ: 48²
ܘܕܚܠܘ ܛܒ ÷ ܗ ÷
ܘܩܥܘ ܕܝܢ ܒܢܝ̈ܐ ܕܐܝܣܪܝܠ ܠܘܬ *ܡܪܝܐ. ¹¹ܘܐܡܪܘ ܠܘܬ ܡܘܫܐ ⸢ܡܛܠ ܕܠܐ ܐܝܬ ܗܘܐ ܩܒܪ̈ܐ
÷ܒܐܪܥܐ ܕ↙ܡܨܪܝܢ. ܐܦܩܬ ܠܢ ܠܡܩܛܠܢ ܒܡܕܒܪܐ: ܗܕܐ ܗܝ ܕܥܒܕܬ ܠܢ ܕܐܦܩܬ ※ܠܢ↙ ܡܢ
ܡܨܪܝܢ. ¹²ܠܐ ܗܘܐ ܗܕܐ ܐܝܬܝܗ̇ ܗܘܬ ܡܠܬܐ ܗܝ ܕܡܠܠܢ ܠܘܬܟ ܒܡܨܪܝܢ ܟܕ ܐܡܪܝܢ ⸢ܫܒܘܩ
ܠܢ ܕܢܦܠܘܚ ܠܡܨܪ̈ܝܐ. ܛܒ ܗܘܐ ܓܝܪ ܠܢ ܕܢܦܠܘܚ ܠܡܨܪ̈ܝܐ ܐܘ ܕܢܡܘܬ ܒܡܕܒܪܐ
÷ܗܢܐ↙ ÷ ¹³ܐܡܪ ܕܝܢ ܡܘܫܐ ܠܘܬ ܥܡܐ ⸢ܐܬܠܒܒܘ. ܩܘܡܘ ܘܚܙܘ ܠܦܘܪܩܢܐ ܗܘ ܕܡܢ *ܡܪܝܐ
ܗܘ ܕܥܒܕ ܠܟܘܢ ܝܘܡܢܐ. ܒܗܘ ܓܝܪ ܓܘܢܐ ܕܚܙܝܬܘܢ ܠܡܨܪ̈ܝܐ ܝܘܡܢܐ. ܠܐ | ܬܘܣܦܘܢ ܠܡܚܙܐ ܐܢܘܢ ܬܘܒ 49¹
÷ܠܥܠܡ ܕܠܥܠܡ: ¹⁴ܡܪܝܐ ܢܩܪܘܒ ܚܠܦܝܟܘܢ. ܘܐܢܬܘܢ ܬܫܬܩܘܢ↙ ÷

ܩܪܝܢܐ ܕܥܘܒܪܐ ܕܦܨܚܐ ÷

¹⁵ܐܡܪ ܕܝܢ ܡܪܝܐ ܠܘܬ ܡܘܫܐ ⸢ܡܢܐ ܩܥܐ ܐܢܬ ܠܘܬܝ. ܡܠܠ ܠܒܢܝ̈ܐ ܕܐܝܣܪܝܠ *ܘܢܫܩܠܘܢ:
¹⁶ܘܐܢܬ ܐܪܝܡ ܚܘܛܪܐ ܕܝܠܟ. ܘܦܫܘܛ ܐܝܕܟ ܥܠ ܝܡܐ. ܘܨܠܘܚܝܗܝ. ܘܢܥܠܘܢ ܒܢܝ̈ܐ ܕܐܝܣܪܝܠ
ܒܡܨܥܬܗ ܕܝܡܐ ܥܠ ܝܒܝܫܬܐ: ¹⁷ܘܗܐ ܐܢܐ ܡܩܫܐ ܐܢܐ ܠܠܒܐ ÷ܕܦܪܥܘܢ ܘܕܡܨܪ̈ܝܐ ÷ܕܟܠܗܘܢ↙.
ܘܢܥܠܘܢ ܒܬܪܗܘܢ. ܘܐܫܬܒܚ ܒܦܪܥܘܢ ܘܒܟܠܗ ܚܝܠܘܬܐ ܕܝܠܗ ܘܒܡܪ̈ܟܒܬܐ ※ܐ ܠ ܕܝܠܗ↙
ܘܒܦܪ̈ܫܐ ܕܝܠܗ: ¹⁸ܘܢܕܥܘܢ ÷ܟܠܗܘܢ ܡܨܪ̈ܝܐ↙ ܕܐܢܐ ÷ܐܢܐ↙ *ܡܪܝܐ. ܟܕ ܡܫܬܒܚ ܐܢܐ
ܒܦܪܥܘܢ ܘܒܡܪ̈ܟܒܬܐ ※ ܕܝܠܗ↙ ܘ※ܒܦܪ̈ܫܐ ܕܝܠܗ↙ ÷ | ¹⁹ܐܫܬܩܠ ܕܝܢ ܡܠܐܟܗ ܕܐܠܗܐ ܗܘ ܕܐܙܠ 49²
ܗܘܐ ܩܕܡ ܡܫܪܝܬܐ ÷ܕܒܢܝ̈ܐ↙ ܕܐܝܣܪܝܠ. ܘܐܙܠ ܡܢ ܒܣܬܪܗ ※ܕܝܠܗܘܢ↙. ܐܫܬܩܠ ܕܝܢ ܐܦ ܐܣܛܘܢܐ
ܕܥܢܢܐ ܡܢ ܩܕܡ ܦܪܨܘܦܐ ܕܝܠܗܘܢ. ܘܩܡ ܡܢ ܒܣܬܪܗܘܢ: ²⁰ܘܥܠ ܒܡܨܥܬ ܡܫܪܝܬܐ ܕܡܨܪ̈ܝܐ
ܘܒܡܨܥܬ ܡܫܪܝܬܐ ܕܐܝܣܪܝܠ. ܘܗܘܐ ܚܫܘܟܐ ܘܥܪܦܠܐ: ܘܥܒܪ ܠܠܝܐ. ܘܠܐ ܐܬܩܪܒܘ ܚܕ ܥܡ ܚܒܪܗ
ܟܠܗ ܠܠܝܐ ÷ ܗ ܡܕ ÷

ܩܪܝܢܐ ܕܚܕܒܫܒܐ ܕܦܨܚܐ ܘܠܨܦܪܐ ÷

²¹ܘܦܫܛ ܕܝܢ ܡܘܫܐ ܐܝܕܗ ※ܕܝܠܗ↙ ܥܠ ܝܡܐ. ܘܐܘܒܠܗ *ܡܪܝܐ ܠܝܡܐ ܒܪܘܚܐ ܩܕܡܝܬܐ ܥܫܝܢܬܐ
ܟܠܗ ܠܠܝܐ. ܘܥܒܕܗ ܠܝܡܐ ܝܒܝܫܬܐ. ܘܐܬܦܠܓܘ ܡ̈ܝܐ: ²²ܘܥܠܘ ܒܢܝ̈ܐ ܕܐܝܣܪܝܠ ܒܡܨܥܬܗ
ܕܝܡܐ ܥܠ ܝܒܝܫܬܐ. ܘܡ̈ܝܐ ܠܗܘܢ ܫܘܪܐ ܡܢ ܝܡܝܢܐ ※ܐ ܗ ܕܝܠܗܘܢ↙ ܘܡܢ ܣܡܠܐ ※ ܕܝܠܗܘܢ↙:
| ²³ܪܕܦܘ ܕܝܢ ܡܨܪ̈ܝܐ ܘܥܠܘ ܒܬܪܗܘܢ.. ܟܠ ܪܟܫܐ ܕܦܪܥܘܢ ܘܡܪ̈ܟܒܬܐ ※ܕܝܠܗ↙ ܘܦܪ̈ܫܐ ܠܡܨܥܬܗ 50¹
ܗ ܠܠܦ ܗ ܕܝܡܐ: ²⁴ܗܘܐ ܕܝܢ ܒܡܛܪܬܐ ܨܦܪܝܬܐ. ‖ ܘܚܪ *ܡܪܝܐ ܒܡܫܪܝܬܐ ܕܡܨܪ̈ܝܐ ܒܐܣܛܘܢܐ ܕܢܘܪܐ
ܘܕܥܢܢܐ. ܘܕܠܚܗ ܠܡܫܪܝܬܐ ܕܡܨܪ̈ܝܐ: ²⁵ܘܐܣܪ ܐܣܪܐ *ܕܓܝ̈ܓܠܐ ܕܡܪ̈ܟܒܬܐ ܕܝܠܗܘܢ. ܘܕܒܪ
ܗܘܐ ܠܗܘܢ ܥܡ ܩܛܝܪܐ ÷ ܘܐܡܪܘ ܡܨܪ̈ܝܐ ⸢ܢܥܪܘܩ ܡܢ ܩܕܡ ܦܪܨܘܦܐ ܕܐܝܣܪܝܠ: ܡܪܝܐ ܓܝܪ ܩܪܒ
ܚܠܦܝܗܘܢ ܥܡ ܡܨܪ̈ܝܐ ÷
²⁶ܐܡܪ ܕܝܢ *ܡܪܝܐ ܠܘܬ ܡܘܫܐ ⸢ܦܫܘܛ ܐܝܕܟ ܥܠ ܝܡܐ. ܘܢܬܦܢܘܢ ܢܬܟܣܘܢ ܡ̈ܝܐ ܗܘ
÷ܘܢܟܣܘܢ↙ ※ܠܟܠ↙ ܡܨܪ̈ܝܐ ܘܥܠ ܡܪ̈ܟܒܬܐ ܘܥܠ ܦܪ̈ܫܐ ÷ ²⁷ܘܦܫܛ ܕܝܢ ܡܘܫܐ ܐܝܕܗ ※
ܕܝܠܗ↙ ܥܠ ܝܡܐ. ܘܬܒܘ ܡ̈ܝܐ ܠܨܦܪܐ ܥܠ ܐܬܪܐ ܕܝܠܗܘܢ. | ܡܨܪ̈ܝܐ ܕܝܢ ܥܪܩܘ ܠܩܘܒܠܗ 50²
ܡ̈ܝܐ. *ܘܢܦܨ ܡܪܝܐ ܠܡܨܪ̈ܝܐ ܒܡܨܥܬܗ ܕܝܡܐ: ²⁸ܘܟܕ ܗܦܟܘ ܡ̈ܝܐ. ܟܣܘ ܠܡܪ̈ܟܒܬܐ ܘܠܦܪ̈ܫܐ
ܘܠܟܠܗ ܚܝܠܗ ܕܦܪܥܘܢ.. ܗܢܘܢ ܕܥܠܘ ܒܬܪܗܘܢ ܒܝܡܐ. ܠܐ ܐܫܬܚܪܘ ܡܢܗܘܢ ܐܦ ܠܐ ܚܕ: ²⁹ܒܢܝ̈ܐ
ܕܝܢ ܕܐܝܣܪܝܠ ܐܙܠܘ ܐܝܟ ܕܒܝܒܫܐ ܒܡܨܥܬܗ ܕܝܡܐ. ܡ̈ܝܐ ܕܝܢ ܠܗܘܢ ܫܘܪܐ ܡܢ ܝܡܝܢܐ ※ܕܝܠܗܘܢ↙

9 ܪܟܫܗ B
9] ܠ ܠܗܡܠܐ ܕܐܝܬܝܪ̈ܐ ÷ ܗܘ ܥܠ ܗܘܡܐ ܕܐܝܬܝܪ̈ܐ, indice ad ܕܐܝܪܐ adposito
11 ÷ܒܐܪܥܐ↙ ܕܡܨܪܝܢ B
13 ÷ܠܥܠܡ↙ ܕܠܥܠܡ B
15] ܗܘ ܠ ܘܢܫܩܠܘܢ
18 ※ܘܒܡܪ̈ܟܒܬܐ B, correxit C
19 ܕܐܙܠ in B punctis caret
21 ܥܫܝܢܬܐ B², ܢ manu seriori addita
25] ܕܓܝ̈ܓܠܐ
27 ܗܘܡܐ ,ܣܘܡ, utrumque, ut ܣܘܡ in textu B, puncto superno insignitum
29 ܕܝܠܗܘܢ priori et ܫܘܪܐ alteri signa quae edidi, adiunxit C, quum B ÷ habeat ante ܫܘܪܐ prius, et ↙ܕܝܠܗܘܢ÷ praebeat

ܘܫܘܪܐ ܡܢ ܣܡܠܐ ※ ܐ ܠ ܕܠܗܘܢ: [30]ܘܦܪܩ ܡܪܝܐ ܒܝܘܡܐ ܗܘ ܠܐܝܣܪܝܠ ܡܢ ܐܝܕܐ ܕܡܨܪ̈ܝܐ.
ܘܚܙܐ ܐܝܣܪܝܠ ܠܡܨܪ̈ܝܐ ܕܡ̈ܝܬܝܢ ܥܠ ܣܦܬܗ ܕܝܡܐ: [31]ܚܙܐ ܕܝܢ ܐܝܣܪܝܠ ܠܐܝܕܐ ܗܝ ܪܒܬܐ..
ܕܥܒܕ *ܡܪܝܐ ܒܡܨܪ̈ܝܐ. ܘܕܚܠܘ ܕܝܢ ܥܡܐ ܡܢ ܡܪܝܐ. ܘܗܝܡܢܘ ܠܐܠܗܐ ܘܠܡܘܫܐ ܗܘ ܡܫܡܫܢܐ
ܕܝܠܗ ܀ ܫ ܩܝ ܫ ܀

15 51¹ [1]ܗܝܕܝܢ ܫܒܚ ܡܘܫܐ ܘܒ̈ܢܝ ܐܝܣܪܝܠ | ܬܫܒܘܚܬܐ ܗܕܐ ܠܡܪܝܐ. ܘܐܡܪܘ ܠܡܐܡܪ »ܢܫܒܚ
*ܠܡܪܝܐ. ܡܫܒܚܐܝܬ ܓܝܪ ܡܫܒܚ. ܣܘܣܝܐ ܘܪܟܒܗ ※ ܕ ܕܝܠܗ ܫܕܐ ܒܝܡܐ: [2]ܡܥܫܢܘܬܝ
ܘܡܫܒܚܬܝ ※ ܕܝܠܝ *ܡܪܝܐ ܗܘܐ ܠܝ ܠܦܘܪܩܢܐ. ܗܢܘ ܐܠܗܐ ܕܝܠܝ. ܘܐܫܒܚܝܘܗܝ. ܐܠܗܗ ܕܐܒܐ
ܕܝܠܝ. ܘܐܪܝܡܝܘܗܝ ܀ [3]*ܡܪܝܐ ܓܢܒܪܐ ܩܪܒܐ. *ܡܪܝܐ ܫܡܗ ܀ [4]ܡܪ̈ܟܒܬܗ ܕܦܪܥܘܢ
ܘܚܝܠܗ ܫܕܐ ܒܝܡܐ. ܓܒ̈ܝܐ ܬ ܬܠܝܬܝ̈ܗ ܐܛܒܥܘ ܒܝܡܐ ܕܣܘܦ: [5]*ܬܗܘܡܐ
ܟܣܝ ܐܢܘܢ. ܢܚܬܘ ܠܥܘܡܩܐ ܐܝܟ ܟܐܦܐ ܀ [6]ܝܡܝܢܐ ܕܝܠܟ .. *ܡܪܝܐ .. ܡܫܒܚܐ ܒܚܝܠܐ. †ܝܡܝܢܐ
ܕܝܠܟ .. *ܡܪܝܐ .. ܬܒܪܬ ܠܒܥܠܕܒܒܐ: [7]ܘܒܣܘܓܐܐ ܕܬܫܒܘܚܬܐ ܕܝܠܟ ܚܪܒܬ ܠܣܢܐܝܟ
ܕܣܘܬܐ. ܫܕܪܬ ܪܘܓܙܐ ܕܝܠܟ. ܘܐܟܠܬ ܐܢܘܢ ܐܝܟ ܩܫܐ: [8]ܘܒܪܘܚܐ ܕܚܡܬܐ ܕܝܠܟ ܐܬܟܢܫܘ
51² | ܡ̈ܝܐ. ܘܩܡܘ ܐܝܟ ܫܘܪܐ ܡ̈ܝܐ. ܘܩܦܘ ܬܗ̈ܘܡܐ ܒܠܒܗ ܕܝܡܐ ܀ [9]ܐܡܪ ܗܘ ܒܥܠܕܒܒܐ »ܐܪܕܘܦ
ܐܕܪܟ. ܐܦܠܓ ܒܙ̈ܬܐ. ܐܣܒܥ ※ ܡܢܗܘܢ ܢܦܫܐ ܕܝܠܝ. ܐܫܠܘܦ ܣܝܦܐ ܕܝܠܝ. ܐܚܪܘܒ ܒܗܘܢ
ܐܝܕܐ ܕܝܠܝ« ܀ [10]ܫܕܪܬ ܪܘܚܐ ܕܝܠܟ. ܘܟܣܝ ܐܢܘܢ ܝܡܐ. ܛܒܥܘ ܐܝܟ ܐܒܪܐ ܒܡ̈ܝܐ ܥܫܝܢܐ ܀ [11]ܡܢܘ
ܕܕܡܐ ܠܟ ܒܐܠܗ̈ܐ .. *ܡܪܝܐ. ܡܢܘ ܕܕܡܐ ܠܟ .. ܡܫܒܚ ܒܩܘܕܫܐ. ܕܚܝܠ ܒܬܫܒ̈ܚܬܐ. ܗܘ ܕܥܒܕ
ܬܕܡܪ̈ܬܐ ܀ [12]ܐܘܫܛܬ ܝܡܝܢܐ ܕܝܠܟ. ܘܒܠܥܬ ܐܢܘܢ ܐܪܥܐ: [13]ܕܒܪܬ ܒܛܝܒܘܬܟ ܠܥܡܐ ܕܝܠܟ ܗܢܐ. ܗܘ
ܕܦܪܩܬ. ܘܐܬܠܝ ܒܚܝܠܐ ܕܝܠܟ ܠܥܡܪܐ ܗܘ ܩܕܝܫܐ ܕܝܠܟ ܀ [14]ܫܡܥܘ ܥܡ̈ܡܐ. ܘܪܓܙܘ. ܚܒ̈ܠܐ ܐܚܕܘ
ܠܥܡܘܪ̈ܝ ܦܠܫܬ: [15]ܗܝܕܝܢ ܐܬܒܗܠܘ ܪܘܪ̈ܒܢܐ ܕܐܕܘܡ. ܘܚܝ̈ܠܐ ܕܡܘܐܒ̈ܝܐ. ܐܚܕ ܐܢܘܢ ܪܬܝܬܐ.
52¹ | ܡܣܘ ܟܠܗܘܢ ܥܡܘܪ̈ܝ ܟܢܥܢ: [16]ܢܦܠ ܥܠܝܗܘܢ *ܕܚܠܬܐ ܘܪܬܝܬܐ. ܒܪܒܘܬܐ ܕܕܪܥܐ ܕܝܠܟ
†ܢܫܬܬܩܘܢ ܐܝܟ ܟܐܦܐ. ܥܕܡܐ ܕܢܥܒܪ ܥܡܐ ܕܝܠܟ .. *ܡܪܝܐ .. ܥܕܡܐ ܕܢܥܒܪ ܥܡܐ ܕܝܠܟ ܗܢܐ ܗܘ
ܕܩܢܝܬ ܀ [17]ܥܠ ܡܕܝܢܬܐ ※ ܐ ܐܥܠ ܐܢܘܢ. ܘܩܒܥ ܐܢܘܢ ܒܛܘܪܐ ܕܝܪܬܘܬܐ ܕܝܠܟ. ܒܡܬܩܢܘܬܐ ܕܡܘܬܒܐ ܕܝܠܟ
ܗܘ ܕܥܒܕܬ .. *ܡܪܝܐ .. ܡܩܕܫܐ. ܡܪܝܐ .. ܗܘ ܕܬܩܢ ܐܝܕ̈ܝܟ ܕܝܠܟ: [18]*ܡܪܝܐ ܗܘ ܕܡܡܠܟ ܠܥܠܡ
ܘܠܥܠܡ ܥܠܡܝܢ. [19]ܡܛܠ ܕܥܠܘ ܣܘܣܘ ܕܦܪܥܘܢ ܥܡ ܡܪ̈ܟܒܬܗ ※ ܕ ܕܝܠܗ ܘܪ̈ܟܒܗ ※ ܕ ܕܝܠܗ
ܒܝܡܐ. ܘܐܗܦܟ ܡܪܝܐ ܥܠܝܗܘܢ ܠܡ̈ܝܐ ܕܝܡܐ. ܒ̈ܢܝܐ ܕܝܢ ܕܐܝܣܪܝܠ ܐܙܠܘ ܒܝܒܝܫܬܐ ܒܡܨܥܬܗ
ܕܝܡܐ« ܀ [20]*ܘܢܣܒܬ ܕܝܢ ܡܪܝܡ ܗܝ ܢܒܝܬܐ ܚܬܗ ܕܐܗܪܘܢ ܦܠܓܐ ܒܐܝܕܗ. ܘܢܦܩܝ
52² ܒܬܪܗ ܢܫܐ | ܟܠܗܝܢ ܒܦ̈ܠܓܐ ܘܒܚ̈ܕܘܬܐ: [21]*ܘܡܥܢܝܐ ܗܘܬ ܠܗܝܢ ܕܝܢ ܡܪܝܡ ~ ܘܐܡܪܐ ܗܘܬ
»ܢܫܒܚ †ܠܡܪܝܐ. ܡܫܒܚܐܝܬ ܓܝܪ ܡܫܒܚ. ܣܘܣܝܐ ܘܪܟܒܗ ※ ܕܝܠܗ ܫܕܐ ܒܝܡܐ« ܀

ܫܠܡ ܕ ܀

ܡ̈ܝܐ ܕܐܬܚܠܝܘ ܕܡܪܬܐ ܀

[22]ܐܫܩܠ ܕܝܢ ܡܘܫܐ ܠܒ̈ܢܝܐ ܕܐܝܣܪܝܠ ܡܢ ܝܡܐ ܕܣܘܦ. ܘܐܬܘ ܐܝܟ ܠܡܕܒܪܐ ܕܚܘܪ. ܘܐܙܠܘ
ܗܘܘ ܬܠܬܐ ܝܘ̈ܡܝܢ ܒܡܕܒܪܐ. ܘܠܐ ܐܫܟܚܘ ܗܘܘ ܡ̈ܝܐ ܒ ܐܝܟ ܕܢܫܬܘܢ ܀
[23]ܐܬܘ ܕܝܢ *ܠܡܪܬܐ. ܘܠܐ ܐܫܟܚܘ ܗܘܘ ܠܡܫܬܐ ܡ̈ܝܐ ܡܢ ܡܪܬܐ. ܡܪ̈ܝܪܝܢ ܓܝܪ ܐܝܬܝܗܘܢ ܗܘܘ: ܡܛ
ܡܛܠ ܗܢܐ ܩܪܘ ܫܡܗ ܕܕܘܟܬܐ ܗܝ ܡܪܝܪܬܐ: [24]ܘܪܛܢܘ ܗܘܐ ܥܡܐ ܥܠ ܡܘܫܐ ܟܕ ܐܡܪܝܢ »ܡܢܐ
53¹ ܢܫܬܐ. ܀ «: [25]ܩܥܐ ܕܝܢ ܗ ܡܘܫܐ ܠܘܬ ܡܪܝܐ. ܘܚܘܝܗ ܠܗ ܡܪܝܐ | ܩܝܣܐ. ܘܐܪܡܝ ܗܘ ܒܡ̈ܝܐ.
ܘܐܬܚܠܝܘ ܡ̈ܝܐ ܀ ܬܡܢ ܣܡ ܠܗ ܢܡܘܣܐ ܘܕܝܢܐ. ܘܬܡܢ ܢܣܝܗ ܗܘܐ ܠܗ. [26]ܘܐܡܪ »ܐܢ ܡܫܡܥ ܬܫܡܥ
ܠܩܠܗ *ܕܡܪܝܐ ܐܠܗܐ ܕܝܠܟ. ܘܕܬܪܝܨ ܩܕܡܘܗܝ ܬܥܒܕ. ܘܬܨܘܬ ܠܦܘܩܕܢܘܗܝ. ܘܬܛܪ

1 ܬܫܒܘܚܬܐ ܕܐܫܬܒܚܬ ܡܛܠ ܦܘܪܩܢܐ ܕܥܡܐ ܘܐܚܪܢܐ ܕܒܬܪ ܡܫܝܚܐ
5 ܠ ܡܢ ܠܥܘܡܩܐ
6 ܒܚܝܠܐ ܪܒܐ
16 ܠ ܕܚܠܬܐ ܘܪܬܝܬܐ ܠ ܐܝܟ ܟܐܦܐ 16
16 ܠ ܢܫܬܬܩܘܢ ܠ ܡܢ ܕܐܬܚܫܒܬ ܢܫܬܬܩܘܢ 16 ܠ ܐܝܟ ܟܐܦܐ
18 ܠ ܗܘ ܕܡܡܠܟ ܠ ܗܘ ܕܡܡܠܟ ܠܥܠܡ
19 ܦܪ̈ܫܘܗܝ B
20 ܥܡ ܦܠܓܐ
21 ܠ ܡܥܢܝܐ ܗܘܬ ܠ ܡܥܢܝܐ ܗܘܬ ܕܝܢ
21 ܠܡܪܝܐ
22⁰ ܡ̈ܝܐ B
23 ܠ ܡܪܬܐ ܠ ܐܝܟ ܡܘܫܐ ܠܡܪܬܐ
25 ܘܐܬܚܠܝܘ B¹

5²

ܡܪܝܐ* ܐܣܝܟ ܐܢܐ ܓܝܪ: ܥܠܝܟ. ܠܐ ܐܝܬܐ ܥܠ ܡܨܪ̈ܝܐ. ܗܘ ܕܐܝܬܝܬ ܟܠ ܟܘܪ̈ܗܢܐ ܕܡܚܘ. ܐܪ̈ܥܐ ܕܡܚܘ
ܗܘ ܕܡܐܣܐ ܠܟ ܀ ܗ ܀

[27] ܘܐܬܘ ܠܐܝܠܝܡ. ܘܐܝܬ ܬܡܢ ܬܪܬܥܣܪܐ ܡܒܘܥܝܢ ܕܡ̈ܝܐ ܘܫܒܥܝܢ ܕܩܠ̈ܐ ܕܕܩܠܐ. ܘܫܪܘ ܬܡܢ ܥܠ ܡ̈ܝܐ ܀

[1] ܘܫܩܠܘ ܕܝܢ ܡܢ ܐܝܠܝܡ. ܘܐܬܘ ܟܠܗ ܟܢܘܫܬܐ ܕܒܢ̈ܝ ܐܝܣܪܝܠ ܠܡܕܒܪܐ ܕܣܝܢ ܗܘ ܕܐܝܬܘܗܝ 16
ܒܝܬ ܐܝܠܝܡ ܘܒܝܬ ܣܝܢܝ ܀ ܒܚܡܫܬܥܣܪ ܕܝܢ ܕܝܪܚܐ ܕܬܪܝܢ | ܠܡܦܩܗܘܢ ܡܢ ܐܪܥܐ 53[2]
ܕܡܨܪܝܢ. ‖ [2] ܘܪܛܢܘ ܗܘܘ ܟܠܗ ܟܢܘܫܬܐ ܕܒܢ̈ܝ ܐܝܣܪܝܠ ܥܠ ܡܘܫܐ ܘܥܠ ܐܗܪܘܢ ※ ܗ ܠ
ܒܡܕܒܪܐ: [3] ܘܐܡܪܘ ܠܗܘܢ ܒܢ̈ܝ ܐܝܣܪܝܠ ܠܘ ܡܝܬܝܢ ܗܘܝܢ ܒܡܚܘܬܐ ܡܢ *ܡܪܝܐ ܒܐܪܥܐ
ܕܡܨܪܝܢ. ܟܕ ܝܬܒܝܢ ܗܘܝܢ ܥܠ ܩܕܪ̈ܐ ܕܒܣܪܐ. ܘܐܟܠܝܢ ܗܘܝܢ ܠܚܡܐ ܠܣܒܥܐ. ܡܛܠ ܕܐܦܩܬܘܢ
ܠܢ ܠܡܕܒܪܐ ܗܢܐ ܠܡܩܛܠ ܟܠܗ ܟܢܘܫܬܐ ܗܕܐ ܒܟܦܢܐ ܀

ܡܪܝܐ ܕܝܢ ܠܡܘܫܐ ܕܡܛܪ ܐܢܐ ܀

[4] ܐܡܪ ܕܝܢ *ܡܪܝܐ ܠܘܬ ܡܘܫܐ ܗܐ ܐܢܐ ܡܚܬ ܐܢܐ ܠܟܘܢ ܠܚ̈ܡܐ ܡܢ ܫܡܝܐ. ܘܢܦܩܘܢ ܥܡܐ.
ܘܢܠܩܛܘܢ ※*ܐ ܡܠܬܐ ܕܝܘܡܐ ܒܝܘܡܐ ※ܐ ܕܝܠܗ. ܐܝܟܢܐ ܕܐܢܣܝܘܗܝ ܐܢܘܢ. ܐܢ ܐܙܠܝܢ ܒܢܡܘܣܐ ܕܝܠܝ ܐܘ
ܠܐ: [5] ܘܢܗܘܐ ܒܝܘܡܐ ܫܬܝܬܝܐ. ܘܢܛܝܒܘܢ ܗܘ ܡܐ ܕܢܝܬܘܢ | ܘܢܗܘܐ ܥܦܝܦܐ ܗܘ ܡܐ ܕܢܠܩܛܘܢ 54[1]
*ܟܠ ܝܘܡܐ ܒܝܘܡܗ ܀ [6] ܘܐܡܪ ܡܘܫܐ ܘܐܗܪܘܢ ܠܘܬ ܟܠܗ ܟܢܘܫܬܐ ܕܒܢ̈ܝ ܐܝܣܪܝܠ ܒܪܡܫܐ
ܬܕܥܘܢ *ܕܡܪܝܐ ܐܦܩܟܘܢ ܡܢ ܐܪܥܐ ܕܡܨܪܝܢ: [7] ܒܨܦܪܐ ܕܝܢ ܬܚܙܘܢ ܠܫܘܒܚܗ *ܕܡܪܝܐ ܟܕ ܫܡܥ
ܬܪܛܢܬܟܘܢ ※ ܠܘܬ ܐܠܗܐ ܕܝܠܟܘܢ ܕܥܠ ܐܠܗܐ: ܚܢܢ ܕܝܢ ܡܢܘ ܐܝܬܝܢ ܕܪܛܢܝܢ ܐܢܬܘܢ ܥܠܝܢ ܀:
[8] ܘܐܡܪ ܡܘܫܐ ܒܡܬܠ ܕܝܗܒ ܠܟܘܢ *ܡܪܝܐ ܒܪܡܫܐ ܒܣܪܐ ܠܡܐܟܠ ܘܠܚܡܐ ܒܨܦܪܐ ܠܣܒܥܐ:
ܡܛܠ ܕܫܡܥ *ܡܪܝܐ ܬܪܛܢܬܟܘܢ ܗܝ ܕܐܢܬܘܢ ܡܪܛܢܝܢ ܐܢܬܘܢ ܥܠܝܢ: ܚܢܢ ܕܝܢ ܡܢܐ ܐܝܬܝܢ ܀ ܠܐ ܗܘܐ
ܓܝܪ ܥܠܝܢ ܬܪܛܢܬܐ ܕܝܠܟܘܢ ܐܝܬܝܗ. ܐܠܐ ܥܠ ܐܠܗܐ ܀ [9] ܐܡܪ ܕܝܢ ܡܘܫܐ ܠܘܬ ܐܗܪܘܢ ܐܡܪ ܠܟܠܗ
| ܟܢܘܫܬܐ ܕܒܢ̈ܝ ܐܝܣܪܝܠ ܩܪܘܒܘ ܩܕܡ ܐܠܗܐ. ܫܡܥ ܓܝܪ ܬܪܛܢܬܐ ܕܝܠܟܘܢ ܀ [10] ܟܕ ܕܝܢ 54[2]
ܡܡܠܠ ܗܘܐ ܐܗܪܘܢ ܠܟܠܗ ܟܢܘܫܬܐ ܕܒܢ̈ܝ ܐܝܣܪܝܠ. *ܐܦ ܐܬܦܢܝܘ ܠܡܕܒܪܐ. ※ ܘܗܘܐ
ܠܫܘܒܚܗ *ܕܡܪܝܐ ܐܬܚܙܝ ܒܥܢܢܐ: [11] ܘܡܠܠ ܡܪܝܐ ܠܘܬ ܡܘܫܐ ܟܕ ܐܡܪ [12] ܫܡܥܬ ܬܪܛܢܬܐ
ܕܒܢ̈ܝ ܐܝܣܪܝܠ. ܡܠܠ ܠܘܬܗܘܢ ܟܕ ܐܡܪ ܐܢܬ ܠܘܬ ܪܡܫܐ ܬܐܟܠܘܢ ܒܣܪܐ. ܘܒܨܦܪܐ ܬܣܒܥܘܢ
ܠܚܡܐ. ܘܬܕܥܘܢ ܕܐܢܐ ܗܘ ܡܪܝܐ ܐܠܗܐ ܕܝܠܟܘܢ ܀ [13] ܘܗܘܐ ※ ܕܝܢ ܪܡܫܐ. ܘܣܠܩܬ ܣܠܘܝ
ܘܟܣܬ ܠܡܫܪܝܬܐ. ܒܨܦܪܐ ܕܝܢ ܗܘܐ. ܟܕ ܢܚܬ ܛܠܐ ܚܕܪܘܗܝ ܕܡܫܪܝܬܐ. [14] *ܘܣܠܩܬ ܢܚܬܬ ܛܠܐ.
ܘܗܐ ܥܠ ܦܪ̈ܨܘܦܝܗ ܕܡܕܒܪܐ ܕܩܝܩ ܐܝܟ ܟܘܦܪܐ | ܕܩܛܝܢ ܐܝܟ ܓܠܝܕܐ ܥܠ ܐܪܥܐ ܀ [15] ܟܕ ܕܝܢ 55[1]
ܚܙܘ ܒܢ̈ܝ ܐܝܣܪܝܠ. ܐܡܪܘ ܐܢܫ ܠܐܚܘܗܝ *ܡܢܐ ܐܝܬܘܗܝ ܗܢܐ ܀: ܠܐ ܓܝܪ ܝܕܥܝܢ ܗܘܘ ܡܢܐ ܐܝܬܘܗܝ
ܗܘܐ ܀ ܐܡܪ ܕܝܢ ܡܘܫܐ ܠܘܬܗܘܢ ܗܢܘ ܠܚܡܐ ܗܘ ܕܝܗܒ ܠܟܘܢ *ܡܪܝܐ ܠܡܐܟܠ: [16] ܗܢܐ ܗܘ
ܡܠܬܐ ܗܝ ܕܦܩܕ ܡܪܝܐ: ܠܩܘܛܘ ܡܢܗ ܟܠ *ܚܕ ܠܡܐܟܠܗ ܕܝܠܗ ※ ܠܘܬܗ. ܥܘܡܪܐ ܠܟܠ ܪܫܐ
ܐܝܟ ܡܢܝܢܐ ܕܢܦ̈ܫܬܐ ܕܝܠܟܘܢ. ܟܠ ܚܕ †ܠܘܬܗܘܢ ܕܒܡܫܟ̈ܢܐ ܕܝܠܟܘܢ ܢܣܒܘܢ:
[17] ܥܒܕܘ ܕܝܢ ܗܟܢܐ ܒܢ̈ܝ ܐܝܣܪܝܠ *ܘܠܩܛܘ. ܗܘ ܕܣܓܝ ܘܗܘ ܕܒܨܝܪ: [18] ܘܟܝܠܘܗܝ
*ܒܥܘܡܪܐ. ܘܠܐ ܐܝܬܪ ܗܘ ܕܐܣܓܝ. ܘܗܘ ܕܒܨܪ. ܠܐ ܐܚܣܪ. ܟܠ ܚܕ ܠܡܐܟܠܗ ܕܝܠܗ ܠܘܬܗ. ܠܩܛܘ ܀
[19] ܐܡܪ ܕܝܢ ܡܘܫܐ | ܠܘܬܗܘܢ ܠܐ ܐܢܫ ܢܫܒܘܩ ܡܢܗ ܠܨܦܪܐ: [20] ܘܠܐ ܫܡܥܘܗܝ ܠܡܘܫܐ. ܐܠܐ 55[2]
ܫܒܩܘ ܐܢܫ̈ܝܢ ܡܢܗ ܠܨܦܪܐ. ܘܐܪܚܫ ܬܘܠܥ̈ܐ ܘܣܪܝ: ܘܐܬܪܓܙ ܡܘܫܐ ܥܠܝܗܘܢ ܀ [21] ܘܠܩܛܘܗܝ
ܒܨܦܪ ܨܦܪ. ܟܠ ܚܕ *ܗܘ ܡܐ ܕܣܦܩ ܠܗ. ܐܡܬܝ ܕܝܢ ܕܚܡܐ ܗܘܐ ܫܡܫܐ. ܦܫܪ ܗܘܐ ܀ ܗ ܀

ܡܛܠܬ ܡܫܘܫܐ 4
ܐ ܠ ܝܘܡܐ ܝܘܡܐ ܀ ܡܘ ܒܟܠ ܝܘܡܐ 5, indice ad ܝܘܡܐ adposito, quem ad ܟܠ transtuli
ܐ ܠ ܘܢܦܩܘܢ ܀ ܡܘ ܘܐܬܦܢܝܘ 10, indice ad ܐܬܦܢܝܘ adposito
ܐ ܘܣܠܩܬ ܢܚܬܬ ܛܠܐ ܀ ܡܘ ܘܣܠܩܬ 14 ܘܣܠܩܬ ܛܠܐ ܠ ܢܚܬܬ ܢܚܬܬ

ܐ ܠ ܕܩܛܝܢ ܡܛܠ. ܕܩܛܝܢ ܐܝܟ ܓܠܝܕܐ ܀ 14
ܡܘ ܕܩܛܝܢ ܐܝܟ ܓܠܝܕܐ ܐܝܟ ܦܪܙܠܐ
ܡܘ ܡܢܗ 15
ܐ ܠܘܬܐ ܠܡܫܟܢܐ ܕܡܫܟܢܘܬܐ ܕܝܠܗ 16 ܐܡܪ ܀ ܡܘ ܟܠ ܚܕ ܠܘܬ ܡܫܟܢܐ ܕܡܫܟܢܘܬܐ ܕܝܠܗ ܠܩܘܛܘ ܀ ܠ ܠܘܬܐ ܡܫܟܢܘܬܐ ܕܝܠܗ ܠܩܘܛܘ
ܟܠ ܒܢ̈ܝ ܡܫܟܢܐ 16

ܡܘ ܘܠܩܛܘ. ܗܘ ܡܢ ܣܓܝ. ܗܘ ܕܝܢ 17 ܡܥܛ. ܘܟܝܠܘܗܝ ܒܥܘܡܪܐ. ܘܠܐ ܐܝܬܪ ܠܗ ܗܘ ܕܐܣܓܝ. ܘܠܐ ܗܘ ܕܡܥܛ ܐܚܣܪ
ܐ ܠܥܘܡܪܐ ܀ ܡܘ ܠ ܒܥܘܡܪܐ 18
ܐ ܐܝܟ ܡܐܟܘܠܬܐ ܕܝܠܗ ܀ ܡܘ 21 ܐܝܟ ܡܢܬܐ ܕܡܐܟܘܠܬܐ ܕܝܠܗ ܀ ܠ ܠܡܐܟܠ ܕܝܠܗ ܗܘ, indice ad ܟܠ adposito

ܩܪܝܢܐ ܕܚܕܒܫܒܐ ܕܐܘܚܕܐ ܕܢܘܡܐ ܀

[22] ܗܘܐ ܕܝܢ ܒܝܘܡܐ ܫܬܝܬܝܐ. ܠܩܛܘ *ܠܚܡ ܕܐܬܒܥܝ. ܥܦܝܦܐ .. ܬܪܝܢ ܓܘܡܪܝܢ ܠܚܕ: ܥܠܘ
ܕܝܢ ܟܠܗܘܢ ܪ̈ܫܐ ܕܟܢܘܫܬܐ. ܘܐܘܕܥܘ ܠܡܘܫܐ ܀ [23] ܐܡܪ ܕܝܢ ܠܘܬ ܗܢܘܢ ܡܘܫܐ ܗܢܐ
ܗܘ ܡܠܬܐ ܐܝܕܐ ܕܡܠܠ *ܡܪܝܐ ܫܒܬܐ ܢܝܚܬܐ ܩܕܝܫܬܐ ܠܡܪܝܐ ܡܚܪ: ܟܠܗܝܢ ܕܗܘ ܕܐܢ ܐܦܝܬܘܢ
56¹ ܐܢܬܘܢ. ܐܦܘ. ܘܟܠܗܝܢ ܕܐܢ ܡܒܫܠܝܢ | ܐܢܬܘܢ. ܒܫܠܘ. ܘܟܠ ܗܘ ܡܐ ܕܡܝܬܪ. ܐܣܬܥܡܘܗܝ ܠܗ
ܐܨܛܢܥܘ ܒܛܢܛܪܐ ܠܨܦܪܐ ܀ [24] ܘܐܫܒܩܘ ܡܢܗ ܒܛܢܛܪܐ ܠܨܦܪܐ ܐܝܟܢܐ ܕܦܩܕ ܠܗܘܢ ܡܘܫܐ. ܘܠܐ ܣܪܝ.
ܐܦ ܠܐ ܐܬܥܒܕ ܗܘܐ ܒܗ: [25] ܐܡܪ ܕܝܢ ܡܘܫܐ ܐܟܘܠܘ ※ܠܟܘܢ ܝܘܡܢܐ: ܐܝܬܘܗܝ ܓܝܪ ܫܒܬܐ ܝܘܡܢܐ
ܠܡܪܝܐ: ※ܠܟܘܢ ܝܘܡܢܐ ܠܐ ܬܫܟܚܘܢ ܐܢܘܢ ※ܠܟܘܢ ܒܚܩܠܐ: [26] ܫܬܐ ܝܘܡܝܢ ܬܠܩܛܘܢܝܗܝ.
ܒܝܘܡܐ ܕܝܢ ܫܒܝܥܝܐ ܫܒܬܐ: ܠܐ ܢܗܘܐ ܒܗ ܀ [27] ܗܘܐ ܕܝܢ ܒܝܘܡܐ ܫܒܝܥܝܐ. ܢܦܩܘ ܡܢ ܥܡܐ
ܠܡܠܩܛ. ܘܠܐ ܐܫܟܚܘ ܀ [28] ܐܡܪ ܕܝܢ *ܡܪܝܐ ܠܘܬ ܡܘܫܐ ܥܕܡܐ ܠܐܡܬܝ ܠܐ ܨܒܝܢ ܐܢܬܘܢ ܠܡܛܪ
ܦܘܩܕ̈ܢܝ ܘܢܡܘܣܝ ܀ [29] ܚܙܘ: *ܡܪܝܐ ܓܝܪ ܝܗܒ ܠܟܘܢ ܝܘܡܐ ܗܢܐ ܫܒܬܐ:
56² ܡܛܠ ܗܢܐ ܗܘ ܝܗܒ | ܠܟܘܢ ܒܝܘܡܐ ܫܬܝܬܝܐ ܠܚܡܐ ܕܬܪܝܢ ܝܘܡܝܢ: ܬܬܒܘܢ ܟܠ ܚܕ *ܗܘ ܒܒܝܬܗ.
ܠܐ ܢܦܘܩ ܘܠܐ ܐܢܫ ܡܢ ܕܘܟܬܗ ܕܝܠܗ ܒܝܘܡܐ ܫܒܝܥܝܐ ܀ [30] ܘܫܒܬ ܥܡܐ ܒܝܘܡܐ ܫܒܝܥܝܐ:
[31] ܘܩܪܘ ܒܢ̈ܝ ܐܝܣܪܐܝܠ ܫܡܗ ܕܝܠܗ ܡܢܐ: ܗܘ ܕܝܢ ܐܝܬܘܗܝ ܗܘܐ ܐܝܟ ܙܪܥܐ ܕܟܘܣܒܪܬܐ. ܚܘܪܐ.
ܛܥܡܗ ܕܝܢ ܕܝܠܗ *ܐܝܟ ܚܠܝܪܐ ܒܕܒܫܐ ܀ [32] ܐܡܪ ܕܝܢ ܡܘܫܐ ܗܢܐ ܗܝ ܡܠܬܐ ܗܝ ܕܦܩܕ ܡܪܝܐ:
ܡܠܝ ܓܘܡܪܐ ܡܢ ܡܢܐ. ܕܢܬܢܛܪ ܠܕܪ̈ܝܟܘܢ: ܐܝܟܢܐ ܕܢܚܙܘܢ ܠܠܚܡܐ ܗܘ ܕܐܘܟܠܬܘܢ ܐܢܬܘܢ
ܒܡܕܒܪܐ. ܟܕ ܐܦܩܟܘܢ *ܡܪܝܐ ܡܢ ܐܪܥܐ ܕܡܨܪܝܢ ܀

ܩܪܝܢܐ ܕܥܪܘܒܬܐ ܕܫܒܬܐ ܪܒܬܐ ܀

[33] ܘܐܡܪ ܡܘܫܐ ܠܘܬ ܐܗܪܘܢ ܣܒ ܩܣܛܐ ܕܕܗܒܐ ܚܕܐ. ܘܐܪܡܐ ܒܗ ܡܠܐ ܓܘܡܪܐ ܡܢ
57¹ | ܡܢܐ. ܘܐܬܢܝܚܝܘܗܝ ܩܕܡ ܐܠܗܐ. ܕܢܬܢܛܪ ܠܕܪ̈ܝܟܘܢ ܀ [34] ܟܡܐ ܕܐ ܦܩܕ ܡܪܝܐ ܠܡܘܫܐ ܀
ܘܐܣܝܡܗ ※ܗܘ ܐܗܪܘܢ ܩܕܡ ܣܗܕܘܬܐ. ܕܢܬܢܛܪ ܀ [35] ܒܢ̈ܝ ܕܝܢ ܕܐܝܣܪܐܝܠ ܐܟܠܘ ܡܢܐ ܐܪܒܥܝܢ ܫ̈ܢܝܐ:
ܥܕܡܐ ܕܐܬܘ ܠܐܪܥܐ ܡܬܝܬܒܢܝܬܐ. ܡܢܐ ܐܟܠܘ .. ܥܕܡܐ ܕܐܬܘ ܠܡܢܬܐ ܕܦܘܢܝܩܐ ܀
‖ [36] ܓܘܡܪܐ ܕܝܢ ܚܕ ܡܢ ܥܣܪܐ ܕܬܠܬܐ ܡ̈ܟܝܠܬܐ ܐܝܬܘܗܝ ܗܘܐ ܀ ܫ ܀ ܩܠ ܠܠܦ ܫ ܀

ܩܪܝܢܐ ܕܪܡܫܐ ܕܥܪܘܒܬܐ ܪܒܬܐ ܀

17 [1] ܘܐܫܬܩܠܬ ܟܠܗ ܟܢܘܫܬܐ ܕܒܢ̈ܝ ܐܝܣܪܐܝܠ ܡܢ ܡܕܒܪܐ ܕܣܝܢ. ܐܝܟ ܡܫܪ̈ܝܬܐ ܕܝܠܗܘܢ ܒܝܕ
ܡܠܬܗ *ܕܡܪܝܐ. ܘܫܪܘ *ܒܪܦܝܕܝܢ: ܠܐ ܐܝܬ ܗܘܐ ܕܝܢ ܡ̈ܝܐ ܠܡܫܬܐ ܠܥܡܐ: [2] ܘܡܬܚܪܐ ܗܘܐ ܥܡܐ
57² ܠܘܬ ܡܘܫܐ *ܘܐܡܪܝܢ ܗܘܘ ܗܒ | ܠܢ ܡ̈ܝܐ. ܐܝܟܢܐ ܕܢܫܬܐ: ܘܐܡܪ ܠܗܘܢ ܡܘܫܐ ܡܢܐ ܡܬܚܪܝܢ ܐܢܬܘܢ
ܥܡܝ. ܘܡܢܐ ܡܢܣܝܢ ܐܢܬܘܢ *ܠܡܪܝܐ ܀ [3] ܨܗܝ ܕܝܢ ܬܡܢ ܥܡܐ ܠܡ̈ܝܐ. ܘܡܬܪܛܢ ܗܘܐ ܥܡܐ ܥܠ
ܡܘܫܐ ܟܕ ܐܡܪܝܢ ܡܛܠ ܡܢܐ ܗܢܐ. ܐܣܩܬ ܠܢ ܡܢ ܡܨܪܝܢ ܠܡܩܛܠ ※ܠܢ ܘܠܒܢ̈ܝܢ ܕܝܠܢ
ܘܠܒܥܝܪ̈ܢ ܕܝܠܢ ܒܨܗܝܐ: [4] ܐܓܥܝ ܕܝܢ ܡܘܫܐ ܠܘܬ *ܡܪܝܐ ܟܕ ܐܡܪ ܡܢܐ ܐܥܒܕ ܠܥܡܐ ܗܢܐ.
ܥܘܕ ܩܠܝܠ. ܘܪܓܡܝܢ ܠܝ ܀
[5] ܘܐܡܪ *ܡܪܝܐ ܠܘܬ ܡܘܫܐ ܥܒܘܪ ܩܕܡ ܥܡܐ. ܕܒܪ ܕܝܢ ܥܡܟ ܡܢ ܩܫܝ̈ܫܐ ܕܥܡܐ. ܘܚܘܛܪܐ ܗܘ
※ܠܟ ܕܒܗ ܡܚܝܬ ܠܢܗܪܐ. ܣܒ ܒܐܝܕܟ. ܘܐܙܠ ܀ [6] ܗܐ ܕܝܢ ܐܢܐ ܩܐܡ ܐܢܐ *ܩܕܡ ܕܐܬܐ
58¹ ܠܬܡܢ. ܥܠ ܫܘܥܐ ܒܚܘܪܒ: ܘܬܡܚܐ ܠܫܘܥܐ. ܘܢܦܩܘܢ ܡܢܗ ܡ̈ܝܐ. | ܘܢܫܬܐ ܥܡܐ ܀ ܘܥܒܕ
ܗܟܢܐ ܡܘܫܐ ܩܕܡ ܒܢ̈ܝ ܐܝܣܪܐܝܠ ܀ [7] ܘܩܪܐ ܫܡܗ ܕܕܘܟܬܐ ܗܝ ܢܣܝܘܢܐ ܘܚܪܝܢܐ ܡܛܠ
ܚܪܝܢܐ ܕܒܢ̈ܝ ܐܝܣܪܐܝܠ. ܘܡܛܠ ܕܢܣܝܘ ※ܗܘܝܘ *ܠܡܪܝܐ ܟܕ ܐܡܪܝܢ ܕܐܢ ܐܝܬܘܗܝ *ܡܪܝܐ *ܒܢ.
ܐܘ ܠܐ ܀ ܫ ܀

22 ܠܚܕ ܐܢܫܐ ܀ ܗܘ ܠܚܕ ܚܕ ܐ, ubi ad ܐܢܫܐ adscriptum ܠܚܕ ܚܕ ܐܢܫܐ
29 ܕܬܪܝܢ ܝܘܡܝܢ
30 ܘܫܒܬ in B punctum habet super versum positum

31 ܐܝܟ ܙܪܥܐ ܐ, ubi ad ܙܪܥܐ adscriptum ܙܪܥܐ ܕܟܘܣܒܪܬܐ ܕܝܠܗ ܡܢ ܚܘܪܐ
33 initio folii 57¹ ܡܢ ex 56² repetitur
1 ܥܠ ܦܘܡܗ ܕܡܪܝܐ ܒܝܕ ܦܘܡܗ
2 ܟܕ ܐܡܪܝܢ

6 ܠܬܡܢ ܕܝܠܟ ܀ ܗܘ ܠ ܩܕܡܝܟ
7 ܘܚܪܝܢܐ, B, qui ܘܚܪܝܢܐ, puncto superno insigniverat
7 ܗܘ ܀ ܕܝܠܗ ܡܛܠ ܠ ܀ ܕܝܠܗ ܡܛܠ ܐ
ܟܕ ܐܡܪܝܢ ܐܝܬܘܗܝ

ܩܪܝܢܐ ܕܚܕܒܫܒܐ ܕܫܒܬܐ ܘܐܪܒܥܐ܀

⁸ ܐܬܐ ܕܝܢ ܥܡܠܝܩ ܘܐܬܟܬܫ ܗܘܐ *ܗ ܥܡܗ ܕܐܝܣܪܝܠ ܒܪܦܝܕܝܡ܀ ⁹ ܐܡܪ ܕܝܢ ܡܘܫܐ ܠܗܘ
ܝܫܘܥ »ܓܒܝ ܠܢ ܓܒܪܐ. ܘܦܘܩ ܣܕܪ ܩܪܒܐ ܠܘܩܒܠ ܥܡܠܝܩ ܒܥܕܢܐ. ܘܗܐ ܐܢܐ ܩܐܡ ܐܢܐ ܥܠ
ܪܝܫܗ ܕܪܡܬܐ. ܘܫܒܛܐ ܕܐܠܗܐ ܒܐܝܕܝ ܕܝܠܝ«܀ ¹⁰ ܘܥܒܕ ܝܫܘܥ ܐܝܟ ܡܐ ܕܐܡܪ ܠܗ ܡܘܫܐ.
ܘܣܕܪ ܩܪܒܐ ܠܘܩܒܠ ܥܡܠܝܩ: ܘܡܘܫܐ ܘܐܗܪܘܢ ܘܚܘܪ ܣܠܩܘ ܠܥܠ ܠܪܝܫܗ ܕܪܡܬܐ܀ ¹¹ ܘܗܘܐ
ܕܐܡܬܝ ܕܡܪܝܡ | ܗܘܐ ܡܘܫܐ ܠܐܝܕܗ *ܠܝ ܕܝܠܗ܀ ܥܫܝܢ ܗܘܐ ܐܝܣܪܝܠ. ܐܡܬܝ ܕܝܢ ܕܡܢܝܚ ܗܘܐ 58²
ܠܐܝܕܗ *ܠܝ ܕܝܠܗ܀ ܥܫܝܢ ܗܘܐ ܥܡܠܝܩ܀ ¹² ܐܝܕܘܗܝ ܕܝܢ ܕܡܘܫܐ ܝܩܝܪ̈ܢ ܗܘܝ: ܘܢܣܒܘ
ܟܐܦܐ. ܘܣܡܘܗ ܬܚܬܘܗܝ. ܘܝܬܒ ܗܘܐ ܥܠܝܗ. ܘܐܗܪܘܢ ܘܚܘܪ ܡܣܡܟܝܢ ܗܘܘ ܐܝܕܘܗܝ. ܚܕ
ܡܢ ܗܪܟܐ ܘܚܕ ܡܢ ܗܪܟܐ. ܘܗܘܝ ܐܝܕܘܗܝ ܕܡܘܫܐ ܡܗܝܡܢܢ ܥܕܡܐ ܠܡܥܪܒܝ ܫܡܫܐ܀ ¹³ ܘܬܒܪ ܝܫܘܥ
ܠܥܡܠܝܩ ܘܠܥܡܗ *ܘܠܟܠܗ ܥܡܗ ܕܝܠܗ ܒܦܘܡܐ ܕܣܝܦܐ܀ ¹⁴ ܘܐܡܪ *ܡܪܝܐ ܠܘܬ ܡܘܫܐ »ܟܬܘܒ ܗܕܐ
ܕܘܟܪܢܐ ܒܟܬܒܐ. ܘܣܝܡ ܒܐܕܢܘܗܝ ܕܝܫܘܥ. ܡܛܠ ܕܡܥܛܐ ܐܥܛܐ ܕܘܟܪܢܗ ܕܥܡܠܝܩ ܡܢ
ܬܚܝܬ ܫܡܝܐ«܀ ¹⁵ ܘܒܢܐ ܡܘܫܐ ܡܕܒܚܐ. ܘܩܪܐ ܫܡܗ ܕܝܠܗ *ܡܪܝܐ | ܚܣܝܢܐ ܓܘܡܐ ܕܝܠܝ. 59¹
*ܠܝ ܘܐܡܪ ܀ ¹⁶ »ܡܛܠ ܕܐܝܕܐ ܥܠ ܟܘܪܣܝܗ *ܠܝ *ܕܡܪܝܐ ܀ ܩܪܒܐ *ܕܡܪܝܐ ܥܠ ܥܡܠܝܩ ܡܢ ܕܪ
ܠܕܪ«܀ ܗ ܡܢ ܗ܀

ܡܫܠܡ ܗ܀

ܩܪܝܢܐ ܕܚܕܒܫܒܐ ܕܫܒܬܐ ܘܚܡܫܐ܀

¹ ܫܡܥ ܕܝܢ *ܝܬܪܘ ܟܗܢܐ *ܕܡܕܝܢ† **ܗܘ ܚܡܘܗܝ ܕܡܘܫܐ ܟܠܗܝܢ ܗܠܝܢ ܕܥܒܕ ܡܪܝܐ *ܠܡܘܫܐ 18
*ܐܦ ܠܐܝܣܪܝܠ ܥܡܐ ܕܝܠܗ. ܐܝܟ ܕܐܦܩ ܡܪܝܐ ܠܐܝܣܪܝܠ ܡܢ ܡܨܪܝܢ: ² ܘܕܒܪ ܝܬܪܘ *ܚܡܘܗܝ
ܕܡܘܫܐ ܠܨܦܘܪܐ ܐܢܬܬܗ ܕܡܘܫܐ ܡܢ †ܒܬܪ ܫܘܠܚܢܗ̇ ³ ܘܠܬܪܝܢ ܒܢܝܐ ܕܝܠܗ. ܫܡܗ ܕܚܕ
ܓܪܫܘܡ. ܡܛܠ ܕܐܡܪ ܕ»ܬܘܬܒܐ ܐܝܬܝ ܗܘܝܬ ܒܐܪܥܐ ܢܘܟܪܝܬܐ«. ⁴ ܘܫܡܗ ܕܐܚܪܢܐ ܐܠܝܥܙܪ. »ܐܠܗܗ
ܓܝܪ ܕܐܒܝ ܡܥܕܪܢܐ ܕܝܠܝ. ܘܦܨܝܢܝ ܡܢ ܚܪܒܗ ܕܦܪܥܘܢ«. ⁵ ܘܐܬܐ ܝܬܪܘ ܚܡܘܗܝ ܕܡܘܫܐ ܘܒܢܘܗܝ
*ܠܝ ܕܝܠܗ | ܘܐܢܬܬܗ ܠܘܬ ܡܘܫܐ ܠܡܕܒܪܐ ܐܝܟܐ ܕܫܪܐ ܗܘܐ. ܒܛܘܪܗ ܕܐܠܗܐ܀ ⁶ ܘܐܬܐܡܪ ܕܝܢ 59²
ܠܡܘܫܐ ܟܕ ܐܡܪܝܢ ܕ»ܗܐ ܚܡܘܟ ܝܬܪܘ ܐܬܐ ܠܘܬܟ. ܘܐܢܬܬܟ ܘܬܪܝܗܘܢ ܒܢܝܟ ܥܡܗ«:
⁷ ܢܦܩ ܕܝܢ ܡܘܫܐ ܠܐܘܪܥܗ ܕܚܡܘܗܝ ܘܣܓܕ ܠܗ ܘܢܫܩܗ. ܘܫܐܠܘ ܫܠܡܐ ܕܚܕܕܐ *ܒܫܝܢܐ.
ܘܥܠܘ ܠܗܘܢ ܠܡܫܟܢܐ: ⁸ ܘܐܫܬܥܝ ܡܘܫܐ ܠܚܡܘܗܝ *ܠܝ ܕܝܠܗ ܟܠܡܐ ܕܥܒܕ *ܡܪܝܐ
ܠܦܪܥܘܢ ܘܠܡܨܪܝܐ ܡܛܠ ܐܝܣܪܝܠ. ܘܟܠܗ ܠܐܘܠܨܢܐ ܗܘ ܕܗܘܐ ܠܗܘܢ *ܒܐܘܪܚܐ. ܘܦܨܝ ܐܢܘܢ *ܡܪܝܐ:
⁹ ܚܕܝ ܕܝܢ ܝܬܪܘ ܥܠ ܟܠܗܝܢ ܛܒܬܐ ܕܥܒܕ ܡܪܝܐ ܠܗܘܢ. ܡܛܠ ܕܦܨܝ ܐܢܘܢ ܡܢ ܐܝܕܐ ܕܡܨܪܝܐ
ܘܡܢ ܐܝܕܗ ܕܦܪܥܘܢ: ¹⁰ ܘܐܡܪ ܝܬܪܘ »ܡܒܪܟ ܗܘ *ܡܪܝܐ | ܕܦܨܝ ܐܢܘܢ ܡܢ ܐܝܕܐ ܕܡܨܪܝܐ ܘܡܢ ܐܝܕܗ 60¹
ܕܦܪܥܘܢ *ܠ ܗܘ ܕܦܨܝܗ ܠܥܡܐ ܡܢ ܬܚܝܬ ܐܝܕܐ ܕܡܨܪܝܐ: ¹¹ ܗܫܐ ܝܕܥܬ ܕܪܒ ܗܘ ܡܪܝܐ ܡܢ ܟܠܗܘܢ
ܐܠܗܐ. ܡܛܠ ܗܕܐ *ܕܐܬܪܥܝܘ ܥܠܝܗܘܢ«܀
¹² ܘܩܪܒ ܝܬܪܘ ܚܡܘܗܝ ܕܡܘܫܐ ܥܠܘܬܐ ܘܕܒܚܐ ܠܐܠܗܐ: ܐܬܐ ܕܝܢ ܐܦ ܐܗܪܘܢ ܘܟܠܗܘܢ ܝ
ܩܫܝܫܐ ܕܐܝܣܪܝܠ ܠܡܐܟܠ ܠܚܡܐ ܥܡ ܚܡܘܗܝ ܕܡܘܫܐ ܩܕܡ ܐܠܗܐ܀ ܗ ܡܢܗ܀

ܩܪܝܢܐ ܕܚܕܒܫܒܐ ܕܫܒܬܐ ܘܫܬܐ܀

¹³ ܘܗܘܐ ܠܝܘܡܐ ܕܒܬܪܗ ܝܬܒ ܡܘܫܐ ܠܡܕܢ ܠܥܡܐ. ܩܐܡ ܗܘܐ ܕܝܢ ܥܡܗ ܕܝܠܗ ܠܥܡܐ
ܩܐܡ ܡܘܫܐ ܡܢ ܨܦܪܐ ܠܪܡܫܐ ܠܪܡܫܐ: ¹⁴ ܘܚܙܐ ܝܬܪܘ ܚܡܘܗܝ ܟܠ ܡܐ ܕܥܒܕ ܗܘܐ ܠܥܡܐ. ܘܐܡܪ
»ܡܢܐ ܗܝ | *ܡܠܬܐ ܗܕܐ ܕܥܒܕ ܐܢܬ ܠܥܡܐ܀ ܡܛܠ ܡܢܐ ܐܢܬ ܝܬܒ ܐܢܬ ܒܠܚܘܕܝܟ. ܘܟܠܗ 60²
ܕܝܢ ܥܡܐ ܩܐܡ ܩܕܡܝܟ ܡܢ ܨܦܪܐ *ܠܝ ܠܪܡܫܐ *ܠܪܡܫܐ܀«: ¹⁵ ܘܐܡܪ ܡܘܫܐ ܠܚܡܘܗܝ *ܠܝ ܕܝܠܗ
»ܡܛܠ ܕܐܬܐ ܠܘܬܝ ܥܡܐ ܠܡܒܥܐ ܕܝܢܐ ܡܢ ܐܠܗܐ: ¹⁶ ܐܡܬܝ ܓܝܪ ܕܗܘܐ ܠܗܘܢ ܕܝܢܐ. ܐܬܝܢ

1 ܥܕܡܐ ܐܝܟ ܠ ܗܘ ܀ ܫܪܐ | 1 ܘܐܬܠܝܗ ܠܝ ܕܒܝܬ | 1 ܥܕܡܐ ܐܝܟ ܠ ܀ ܫܘܠܡܗ ܗܘ ܀ ܫܪܐ | 2 ܫܪܐ ܗܘ ܐܝܟ ܗܘ ܫܪܐ
2 ܥܕܡܐ ܐܝܟ ܗܘ ܀ ܕܒܬܪ ܫܘܠܚܢܗ̇ ܠ |. index ad ܫܘܠܚܢܗ̇ adpositus 5 ܢܘܟܪܝܬܐ punctum habet et super ܫ et infra ;
8 ܠܐܘܪܚܐ 9 ܕܡܨܪܝܐ B : ܠܝ addidit C 11 ܗܘ ܕܐܬܪܥܝܘ ܥܠܝܗܘܢ | 14 ܫܒܝܐ

ܠܘܬܝ܂ ܘܕܐܢ ܐܢܐ ܠܟܠ ܚܕ܂ ܘܡܘܕܥ ܐܢܐ ܠܗܘܢ ܦܘܩܕܢܘܗܝ ܕܐܠܗܐ ܘܢܡܘܣܐ ܕܝܠܗ܀ ¹⁷ ܐܡܪ
ܕܝܢ ܚܡܘܗܝ ܕܡܘܫܐ ܠܘܬܗ܆ ܠܐ ܗܘܐ ܬܪܝܨܐܝܬ ܠܡܠܬܐ *ܗܕܐ ܐܢܬ ܥܒܕ ܐܢܬ܆ ¹⁸ ܒܫܚܠܦܐ ܡܫܬܚܠܦ
ܐܢܬ ܠܐ ܡܬܡܨܝܢܘܬܐ *ܘܐܦ †ܥܡܐ ܗܢܐ ܕܐܝܬܘܗܝ ܥܡܟ܆ ܝܩܝܪܐ ܠܟ ܡܠܬܐ ܗܕܐ܂ ܠܐ
ܡܫܟܚ ܐܢܬ ܠܡܥܒܕܗ ܐܢܬ ܒܠܚܘܕܝܟ܆ ‖ ¹⁹ ܗܫܐ ܗܟܝܠ ܫܡܥܝܢܝ܂ ܘܐܡܠܟܟ܂ ܗܐ ܡܠܟ ܠܟ 61¹
ܘܢܗܘܐ ܐܠܗܐ ܥܡܟ܆ ܗܘܝ ܐܢܬ ܠܥܡܐ ܗܠܝܢ ܕܠܘܬ ܐܠܗܐ܂ ܘܬܝܬܐ ܡܠܐ ܕܝܠܗܘܢ ܠܘܬ ܐܠܗܐ܂
²⁰ ܘܬܣܗܕ ܐܢܘܢ ܦܘܩܕܢܘܗܝ ܕܐܠܗܐ ܘܢܡܘܣܐ ܕܝܠܗ܂ ܘܬܘܕܥ ܠܗܘܢ ܐܘܪܚܬܐ ܗܝ
ܕܐܙܠܝܢ ܒܗ̇܂ ܘܥܒܕܐ ܗܢܘܢ ܕܢܥܒܕܘܢ܆ ²¹ ܘܐܢܬ ܚܙܝ ܠܟ ܡܢ ܟܠܗ ܥܡܐ ܓܒܪܐ ܚܝܠܬܢܐ܂
ܕܕܚܠܝܢ ܐܠܗܐ܂ ܓܒܪܐ ܟܐܢܐ ܕܣܢܝܢ *ܡܫܩܠܢܘܬܐ܂ ܘܐܩܝܡ ܐܢܘܢ ܥܠܝܗܘܢ ܪ̈ܫܝ ܐܠܦܐ ܘܪ̈ܫܝ ܡܐܘ̈ܬܐ
ܘܪ̈ܫܝ ܚܡܫܝܢ ܘܪ̈ܫܝ ܥܣܪ̈ܐ܂ ²² ܘܢܕܘܢܘܢ ܠܥܡܐ ܒܟܠ ܥܕܢ܂ ܠܡܠܬܐ ܕܝܢ ܗܝ ܕܝܩܝܪܐ ܬܗܘܐ
ܢܝܬܘܢ ܠܘܬܟ܂ ܗܠܝܢ ܕܝܢ ܙܥܘܪ̈ܝܬܐ ܕܕܝܢܐ ܢܕܘܢܘܢ ܗܢܘܢ܂ ܘܢܩܠܘܢ ܡܢܟ ܘܢܫܩܠܘܢ ܥܡܟ܆ ²³ ܐܢ ܡܠܬܐ
ܗܕܐ ܬܥܒܕ܂ ܐܦ ܢܦܩܕܟ ܐܠܗܐ܂ ܘܬܫܟܚ ‖ ܐܢܬ ܠܡܩܡ܂ ܘܟܠܗ ܥܡܐ ܗܢܐ ܠܕܘܟܬܗ ܢܐܬܐ 61²
ܒܫܠܡܐ܀ ²⁴ ܫܡܥ ܕܝܢ ܡܘܫܐ ܠܩܠܗ ܕܚܡܘܗܝ ※ܕܝܠܗ܂ ܘܥܒܕ ※ܟܠܗܝܢ ܗܠܝܢ ܕܐܡܪ ܠܗ܆
²⁵ ܘܓܒܐ ܡܘܫܐ ܓܒܪܐ ܚܝܠܬܢܐ ܡܢ ܟܠܗ ܐܝܣܪܝܠ܂ *ܘܥܒܕ ܐܢܘܢ ܥܠܝܗܘܢ ܪ̈ܫܝ ܐܠܦܐ ܘܪ̈ܫܝ
ܡܐܘ̈ܬܐ ܘܪ̈ܫܝ ܚܡܫܝܢ ܘܪ̈ܫܝ ܥܣܪ̈ܐ܂ ²⁶ ܘܕܝܢܝܢ ܗܘܘ ܠܥܡܐ ܒܟܠ ܥܕܢ܂ ܠܡܠܬܐ ܕܝܢ ܗܝ
ܕܝܩܝܪܐ ܗܘܬ܂ ܡܩܪܒܝܢ ܗܘܘ ܠܘܬ ܡܘܫܐ܂ ܟܠ ܕܝܢ ܡܠܬܐ ܕܙܥܘܪܐ܂ | ܕܐܢܝܢ ܗܘܘ ܗܢܘܢ܀ ²⁷ ܫܕܪ ܕܝܢ 62¹
ܡܘܫܐ ܠܚܡܘܗܝ܂ ܘܐܙܠ ܠܐܪܥܐ ܕܝܠܗ܀ ܗ ܗܘ܀

ܡܪܐܐ ܕܐܬܓܠܝܬܐ ܕܡܘܫܐ ܕܒܛܘܪܐ ܕܣܝܢܝ܀

19 ¹ ܒܝܪܚܐ ܕܝܢ ܬܠܝܬܝܐ ܕܡܦܩܢܐ ܕܒܢ̈ܝܐ ܕܐܝܣܪܝܠ ܡܢ ܐܪܥܐ ܕܡܨܪܝܢ܂ ܒܝܘܡܐ ܗܢܐ ܐܬܘ ܠܡܕܒܪܐ
ܕܣܝܢܝ܆ ² ܘܐܫܩܠܘ ܡܢ ܪܦܝܕܝܢ܂ ܘܐܬܘ ܠܡܕܒܪܐ ܕܣܝܢܝ ※ܘܫܪܘ ܒܡܕܒܪܐ܂ ܘܫܪܐ ܬܡܢ ܐܝܣܪܝܠ
ܠܩܘܒܠܗ ܕܛܘܪܐ܀ ³ ܘܡܘܫܐ ܣܠܩ ܠܛܘܪܐ ܕܐܠܗܐ܂ ܘܩܪܐ ܠܗ ܐܠܗܐ ܡܢ ܛܘܪܐ ܟܕ ܐܡܪ ܗܟܢܐ
ܬܐܡܪ ܠܒܝܬܐ ܕܝܥܩܘܒ܂ ܘܬܚܘܐ ܠܒܢ̈ܝܐ ܕܐܝܣܪܝܠ܆ ⁴ ܐܢܬܘܢ ܚܙܝܬܘܢ ܟܠܡܐ ܕܥܒܕܬ ܠܡܨܪ̈ܝܐ܂
ܘܩܒܠܬܟܘܢ ܐܝܟ ܕܥܠ ܓܦ̈ܐ ܕܢܫܪ̈ܐ܂ ܘܩܪܒܬܟܘܢ ܠܘܬܝ܆ ⁵ ܘܗܫܐ ܐܢ ܫܡܥܘ ܬܫܡܥܘܢ ܠܩܠܝ
ܕܝܠܝ܂ ܘܬܛܪܘܢ ܠܕܝܬܝܩܝ | ܕܝܠܝ܂ ܬܗܘܘܢ ܠܝ ܥܡܐ ܡܫܪܚܐ ܡܢ ܟܠܗܘܢ ܥܡܡܐ܆ ܕܝܠܝ ܓܝܪ 62²
ܐܝܬܝܗ̇ ܟܠܗ̇ ܐܪܥܐ܆ ⁶ ܐܢܬܘܢ ܕܝܢ ܬܗܘܘܢ ܠܝ *ܡܠܟܘܬܐ ܟܘܡܪ̈ܐ ܘܥܡܐ ܩܕܝܫܐ܆ ܗܠܝܢ ܡ̈ܠܐ ܬܐܡܪ
ܠܒܢ̈ܝܐ ܕܐܝܣܪܝܠ܀ ⁷ ܐܬܐ ܕܝܢ ܡܘܫܐ ܘܩܪܐ ܠܩܫܝ̈ܫܐ ܕܥܡܐ܂ ܘܣܡ ܩܕܡܝܗܘܢ ܟܠܗܘܢ ܡ̈ܠܐ ܗܠܝܢ
ܗܠܝܢ ܕܦܩܕ ܠܗ *ܐܠܗܐ܀

⁸ ܘܥܢܘ ܕܝܢ ܟܠܗ ܥܡܐ ܐܟܚܕܐ ܘܐܡܪܘ܂ ܟܠܗܝܢ ܗܠܝܢ ܕܐܡܪ ܐܠܗܐ܂ ܢܥܒܕ ܘܢܫܡܥ܀ ܐܣܩ ܗܘ
ܕܝܢ ܡܘܫܐ ܠܡ̈ܠܝܗܘܢ ܕܥܡܐ ܠܘܬ ܐܠܗܐ܀

ܡܢܝܢܐ ܕܥܡ ܡܘܫܐ ܕܐܬܐ ܕܢܘܪܐ܀

⁹ ܐܡܪ ܕܝܢ *ܡܪܝܐ ܠܘܬ ܡܘܫܐ ܗܐ ܐܢܐ ܐܬܐ ܐܢܐ ܠܘܬܟ ܒܥܡܘܕܐ ܕܥܢܢܐ܂ ܐܝܟܢܐ ܕܢܫܡܥ ܥܡܐ ܟܕ
ܡܡܠܠ ܐܢܐ ܠܘܬܟ܂ ܘܒܟ ܢܗܝܡܢܘܢ ܠܥܠܡ܆ ܐܘܕܥ ܕܝܢ ܡܘܫܐ ܠܡ̈ܠܝܗܘܢ ܕܥܡܐ ܠܘܬ *ܡܪܝܐ܆ 63¹
¹⁰ ܐܡܪ ܕܝܢ *ܡܪܝܐ ܠܘܬ ܡܘܫܐ ܟܕ ܐܙܠ ܐܢܬ ܐܣܗܕ ܠܥܡܐ܂ ܘܩܕܫ ܐܢܘܢ ܝܘܡܢܐ ܘܡܚܪ܂ ܘܢܚܠܦܘܢ

27 ܗܘ

13 ܗܘܐ ܥܡܐ ܗܢܐ ܠܟ

18 ܗܘܐ ܥܡܐ ܘ ܠ ܗܘ |

20 ܐܘܪܚܬܐ B

21 ܚܝܠܬܢܐ ܠ ܗܘ |

24 huc traho quae ad ܥܣܪ̈ܐ 25 adscripta leguntur: asteriscos 13 versuum initiis praemissos excepto primo non servo. ※ ܘܐܡܪ ܡܘܫܐ ܠܘܬ ܥܡܐ. ܠܐ ܡܫܟܚ ܐܢܐ ܐܢܐ ܒܠܚܘܕܝ ܠܡܣܝܒܪܘܬܟܘܢ. ܡܪܝܐ ܐܠܗܐ ܕܝܠܟܘܢ ܐܣܓܝ ܠܟܘܢ. ܘܗܐ ܐܝܬܝܟܘܢ ܝܘܡܢܐ ܐܝܟ ܟܘܟܒ̈ܐ ܕܫܡܝܐ ܠܣܘܓܐܐ. ܡܪܝܐ ܐܠܗܐ ܕܐܒܗ̈ܝܟܘܢ ܢܘܣܦ ܥܠܝܟܘܢ ܐܠܦ ܙܒ̈ܢܝܢ ܐܝܟ ܕܐܝܬܝܟܘܢ. ܘܢܒܪܟ ܠܟܘܢ ܐܝܟ ܕܡܠܠ ܠܟܘܢ. ܐܝܟܢܐ ܡܫܟܚ ܐܢܐ ܐܢܐ ܒܠܚܘܕܝ ܠܡܣܝܒܪܘܬܟܘܢ ܘܠܥܡܠܟܘܢ ܘܠܕܝ̈ܢܝܟܘܢ. ܗܒܘ ܠܟܘܢ ܓܒܪ̈ܐ ܚܟܝܡ̈ܐ ܘܝܕܘܥܬܢ̈ܐ ܘܡܣܬܟܠܢ̈ܐ ܠܫܒܛ̈ܝܟܘܢ. ܘܐܩܝܡ ܐܢܘܢ ܪ̈ܫܐ ܥܠܝܟܘܢ. ܘܥܢܝܬܘܢ ܘܐܡܪܬܘܢ. ܫܦܝܪܐ ܡܠܬܐ ܗܝ ܕܡܠܠܬ ܠܡܥܒܕ. ܘܢܣܒܬ ܡܢ ܫܒܛ̈ܝܟܘܢ ܓܒܪ̈ܐ ܚܟܝܡ̈ܐ ܘܝܕܘܥܬܢ̈ܐ ܘܡܣܬܟܠܢ̈ܐ. ܘܐܩܝܡܬ ܐܢܘܢ ܪ̈ܫܐ ܥܠܝܟܘܢ ܪ̈ܫܝ ܐܠܦܐ ܘܪ̈ܫܝ ܡܐܘ̈ܬܐ ܘܪ̈ܫܝ ܚܡܫܝܢ ܘܪ̈ܫܝ ܥܣܪ̈ܐ ܘܣܦܪ̈ܐ ܠܕܝܢ̈ܝܟܘܢ. ܘܦܩܕܬ ܠܕܝܢ̈ܐ ܕܝܠܟܘܢ ܒܙܒܢܐ ܗܘ ܟܕ ܐܡܪ. ܫܡܥܘ ܒܝܬ ܐܚ̈ܝܟܘܢ ܘܕܘܢܘ ܕܝܢܐ ܟܐܢܐ ܒܝܬ ܓܒܪܐ ܠܚܒܪܗ ܘܒܝܬ ܓܝܘܪܗ. ܠܐ ܬܣܒܘܢ ܒܐܦ̈ܐ ܒܕܝܢܐ. ܐܝܟ ܙܥܘܪܐ ܐܦ ܪܒܐ ܬܕܘܢܘܢ. ܠܐ ܬܫܬܚܕܘܢ ܒܐܦ̈ܐ ܕܒܪܢܫܐ. ܡܛܠ ܕܕܝܢܐ ܕܐܠܗܐ ܐܝܬܘܗܝ. ܘܡܠܬܐ ܐܝܢܐ ܕܬܬܝܩܪ ܡܢܟܘܢ ܬܩܪܒܘܢܝܗ̇ ܠܘܬܝ ܘܐܫܡܥܝܗ̇. ܘܦܩܕܬ ܠܟܘܢ ܒܙܒܢܐ ܗܘ ܟܠܗܝܢ ܡ̈ܠܐ ܕܬܥܒܕܘܢ ܕܠܟܘܢ ܠܡܥܒܕ܀

25 ܘܐܩܝܡ ܗܘ

2 ܘܫܪܘ B, mendum perspexit C

6 ܟܘܡܪ̈ܐ ܡܠܟܘܬܐ ܠ ܗܘ ÷ ܟܘܡܪ̈ܐ ܕܡܠܟܘܬܐ |

7 ܩܕܡܝܗܘܢ ܠܝ, sed ܐܠܗܐ indice caret

[illegible] [11] [illegible]
[illegible] [12] [illegible]
[illegible] [13] [illegible]
[illegible]
63² [illegible]
[14] [illegible] [15] [illegible]
[illegible] [16] [illegible]
[illegible]
[illegible]
[illegible] [17] [illegible]
[illegible] [18] [illegible]
[illegible]
64¹ [illegible] [19] [illegible]
[illegible]

[illegible]

[20] [illegible]
[illegible] [21] [illegible]
[illegible] [22] [illegible]
[illegible] [23] [illegible]
64² [illegible]
[illegible] [24] [illegible]
[illegible] [25] [illegible]
[illegible]

20 [1] [illegible] [2] [illegible]
[illegible] [3] [illegible] [4] [illegible]
[illegible]
65¹ [illegible] [5] [illegible]
[illegible]
[illegible] [6] [illegible]
[illegible]

[illegible] [7] [illegible]
[illegible] [8] [illegible] [9] [illegible]
[illegible] [10] [illegible]
65² [illegible]
[illegible] [11] [illegible]
[illegible]

11 [illegible]
12 [illegible]
13 [illegible] B: alterum deiendum esse vidit C
13 [illegible] in Θ [illegible] B¹. index in B ad [illegible] additus
13 [illegible] B
14 ineunte [illegible] B, [illegible] Bᵐ, unde C [illegible] legendum esse perspexit
17 [illegible]
22 [illegible]
23 [illegible]
24 [illegible]
2 [illegible]
3 [illegible] et [illegible]
4 [illegible]
7 [illegible]
8 [illegible]
8 [illegible] addidit C

ܒܪܟ *ܡܪܝܐ ܠܝܘܡܐ ܫܒܝܥܝܐ ܘܩܕܫܗ ܀ 12 ܗ ܝܩܪ ܠܐܒܐ ܕܝܠܟ ܘܠܐܡܟ: ܐܝܟܢܐ ܕܢܛܐܒ ܠܟ
ܢܗܘܐ ܘܕܢܣܓܘܢ ܝܘܡܝܟ ܥܠ ܐܪܥܐ ܗܝ ܕܡܪܝܐ ܐܠܗܟ ܝܗܒ ܠܟ ܀ 13 ܘ ܠܐ ܬܓܘܪ ܀
ܙ ܠܐ ܬܓܢܘܒ ܀ ܚ ܠܐ ܬܩܛܘܠ ܀ ܛ ܠܐ ܬܣܗܕ ܠܘܩܒܠ ܚܒܪܟ ܕܝܠܟ ܣܗܕܘܬܐ ܕܓܠܬܐ ܀
14 ܝ ܠܐ ܬܪܓ *ܠܒܝܬܗ ܕܩܪܝܒܟ ܕܝܠܟ. ÷ ܘܠܐ ܚܩܠܐ ܕܝܠܗ↙: ܠܐ ܬܪܓ ܠܐܢܬܬܗ ܕܩܪܝܒܟ ܕܝܠܟ | ܘܠܐ ܠܥܒܕܗ 66[1]
ܕܝܠܗ ܘܠܐ ܠܐܡܬܗ ܕܝܠܗ ܘܠܐ ܠܬܘܪܗ ܕܝܠܗ ÷ ܘܠܐ ܠܟܠ ܒܥܝܪܐ ܕܝܠܗ↙ ܘܠܐ ܟܠܡܕܡ ܗܘ ܕܐܝܬ
ܠܩܪܝܒܟ ܕܝܠܟ« ܀ 15 ܘܟܠܗ ܥܡܐ ܚܙܐ ܗܘܐ ܩܠܐ ܘܠܡܦܐܕܐ ܘܩܠܐ ܕܫܝܦܘܪܐ ܘܠܛܘܪܐ ܕܡܬܬܢܢ:
ܟܕ ܕܝܢ ܕܚܠܘ ܟܠܗ ܥܡܐ ※ ܐ ܘܙܥܘ↙. ܩܡܘ ܡܢ ܪܘܚܩܐ. 16 ܘܐܡܪܘ ܠܘܬ ܡܘܫܐ »ܡܠܠ ܐܢܬ ܥܡ
※ܘܢܫܡܥ↙. ܘܠܐ ܢܡܠܠ ܥܡܢ ܐܠܗܐ. ܕܠܡܐ ܢܡܘܬ« ܀ | 17 ܘܐܡܪ ܡܘܫܐ ܠܥܡܐ »ܐܬܠܒܒܘ: 66[2]
ܡܛܠ ܓܝܪ ܕܢܢܣܐ ܠܟܘܢ. ܐܬܐ ܐܠܗܐ ÷ ܠܘܬܟܘܢ↙: ܐܝܟܢܐ ܕܬܗܘܐ ܕܚܠܬܗ ܒܟܘܢ: ܐܝܟܢܐ ܕܠܐ
*ܬܚܛܘܢ« ܀ 18 ܘܩܐܡ ܗܘܐ ܕܝܢ ܥܡܐ ܡܢ ܪܘܚܩܐ. ܡܘܫܐ ܕܝܢ ܥܠ ܠܥܪܦܠܐ ܐܝܟܐ ܕܐܝܬܘܗܝ ܗܘܐ
ܐܠܗܐ: ܗ ܡܕ ܀

ܦܪܫܐ ܕܡܕܒܚܐ ܕܟܐܦܐ ܘܐܦܝܐ ܀

19 ܐܡܪ ܕܝܢ ܡܪܝܐ ܠܘܬ ܡܘܫܐ »ܗܟܢܐ ܬܐܡܪ ܠܒܝܬܗ ܕܝܥܩܘܒ. ܘܬܣܒܪ↙ ܠܒܢܝܐ
ܕܐܝܣܪܝܠ »ܐܢܬܘܢ | ܚܙܝܬܘܢ ܕܡܢ ܫܡܝܐ ܡܠܠܬ ܥܡܟܘܢ ܀ 20 ܠܐ ܬܥܒܕܘܢ *ܠܟܘܢ ܐܠܗܐ ܕܟܣܦܐ. 67[1]
ܘܐܠܗܐ ܕܕܗܒܐ ܠܐ ܬܥܒܕܘܢ ܠܟܘܢ ܀ 21 ܡܕܒܚܐ *ܡܢ ܐܪܥܐ ܬܥܒܕܘܢ ܠܝ. ܘܬܕܒܚܘܢ ܥܠܘܗܝ
ܝܩܕܢܐ ܫܠܡܐ ※ܕܝܠܟܘܢ↙ ܘܕܒܚܝܟܘܢ ܕܦܘܪܩܢܐ ܕܝܠܟܘܢ.. ܥܢܐ ※ܕܝܠܟܘܢ↙ ܘܬܘܪܐ ܕܝܠܟܘܢ:
ܒܟܠ ܕܘܟܐ ܕܐܢ ܐܫܡܗ ܕܫܡܐ ܕܝܠܝ ÷ ܬܡܢ↙. ܐܬܐ ܐܢܐ ܠܘܬܟ ܘܐܒܪܟܟ: | 22 ܐܢ ܕܝܢ ܡܕܒܚܐ 67[2]
ܡܢ ܟܐܦܐ ܬܥܒܕ ܠܝ. ܠܐ ܬܒܢܐ ܐܢܝܢ ܦܣܝܠܬܐ: *ܡܛܠ ܕܐܢ ܣܝܦܐ ※ܕܝܠܟ↙ ܐܪܡܝܬ ܥܠܝܗܝܢ †ܘܐܬܛܘܫ

12—14 numeros praeceptorum non posuit B hosce: ܗ ..... ܝ hoc loco ܦܘܩܕܢܐ ܗ B[m]

12 ↙ ante ܘܐܩܪ posuit B, quem post ܘ transtulit C

13 ܘ ܦܘܩܕܢܐ

13 ܙ ܦܘܩܕܢܐ

13 ܚ ܦܘܩܕܢܐ

13 ܛ ܦܘܩܕܢܐ

14 ܐ ܕܥܒܕܐ ܕܩܪܝܒܟ ܕܝܠܟ ܀ ܗܘ ܐ ܐܝܟ ܫܒܥܝܢ

14 obelum priorem addidit C

14 extr ※ܘܢܗܘܐ ܕܝܢ ܢܥܠܟ ܡܪܝܐ ܐܠܗܐ ܕܝܠܟ ܠܐܪܥܐ ܕܟܢܥܢܝܐ ܕܥܠܝܢ ܐܢܬ ܠܬܡܢ ܐܝܟ ܕܬܐܪܬܝܗ. ܘܬܩܝܡ ܐܢܬ ܠܟ ܟܐܦܐ ܪܘܪܒܬܐ ܘܬܟܠܫ ܐܢܝܢ ܒܟܠܫܐ ܘܬܟܬܘܒ ܥܠ ܟܐܦܐ ܠܟܠܗܘܢ ܡܠܐ ܕܢܡܘܣܐ ܗܢܐ. ܘܢܗܘܐ ܐܡܬܝ ܕܥܒܪܝܢ ܐܢܬܘܢ ܝܘܪܕܢܢ. ܬܩܝܡܘܢ ܟܐܦܐ ܗܠܝܢ ܐܝܟ ܕܐܢܐ ܡܦܩܕ ܐܢܐ ܠܟܘܢ ܝܘܡܢܐ ܒܛܘܪܐ ܕܓܪܙܝܡ. ܘܬܒܢܐ ܬܡܢ ܡܕܒܚܐ ܠܡܪܝܐ ܐܠܗܐ ܕܝܠܟ. ܡܕܒܚܐ ܡܢ ܟܐܦܐ. ܠܐ ܬܪܝܡ ܥܠܝܗܝܢ ܦܪܙܠܐ. ܟܐܦܐ ܡܫܡܠܝܬܐ ܬܒܢܐ ܡܕܒܚܐ ܠܡܪܝܐ ܐܠܗܐ ܕܝܠܟ. ܘܬܣܩ ܥܠܘܗܝ ܝܩܕܢܐ ܠܡܪܝܐ ܐܠܗܐ ܕܝܠܟ. ܘܬܕܒܘܚ ܕܒܚܐ ܕܫܠܡܐ. ܘܬܐܟܘܠ ܬܡܢ ܘܬܣܒܥ ܩܕܡ ܡܪܝܐ ܐܠܗܐ ܕܝܠܟ. ܛܘܪܐ ܗܘ ܒܥܒܪܐ ܕܝܘܪܕܢܢ ܡܢ ܒܬܪ ܐܘܪܚܐ ܕܡܥܪܒ ܫܡܫܐ ܒܐܪܥܐ ܕܟܢܥܢܝܐ ܗܘ ܕܝܬܒ ܒܥܪܒܐ. ܠܘܩܒܠ ܓܠܓܠܐ ܠܘܬ ܒܠܘܛܐ ܕܡܘܪܐ ܕܠܘܩܒܠ ܫܟܝܡ ܀ ܘܗܠܝܢ ܒܫܡܪܝܛܝܩܝ ܡܬܬܪܓܡܢܐ ܒܠܚܘܕ ܡܫܟܚܢ

16 extr ※ܗܐ ܚܘܝ ܠܢ ܡܪܝܐ ܐܠܗܐ ܕܝܠܢ ܠܫܘܒܚܗ ܕܝܠܗ ܘܠܪܒܘܬܗ. ܘܩܠܗ ܕܝܠܗ ܫܡܥܢܢ ܡܢ ܡܨܥܬܐ ܕܢܘܪܐ. ܝܘܡܢܐ ܗܢܐ ܚܙܝܢ ܕܢܡܠܠ ܐܠܗܐ ܥܡ ܒܪܢܫܐ ܘܢܚܐ. ܘܗܫܐ ܠܐ ܢܡܘܬ. ܡܛܠ ܕܬܐܟܘܠܢ ܠܢ ܢܘܪܐ ܗܕܐ ܪܒܬܐ. ܐܢ ܢܘܣܦ ܚܢܢ ܠܡܫܡܥ ܠܩܠܐ ܕܡܪܝܐ ܐܠܗܐ ܕܝܠܢ ܬܘܒ. ܐܦ ܡܝܬܝܢܢ. ܡܢܘ ܓܝܪ ܟܠ ܒܣܪ. ܐܘ ܡܢܘ ܫܡܥ ܠܩܠܐ ܕܐܠܗܐ ܚܝܐ ܕܡܡܠܠ ܡܢ ܡܨܥܬܐ ܕܢܘܪܐ ܐܝܟܢܐ ܕܚܢܢ ܘܚܝܐ. ܩܪܘܒ ܐܢܬ ܘܫܡܥ ܟܠܗܝܢ ܐܝܠܝܢ ܕܐܢ ܢܐܡܪ ܡܪܝܐ ܐܠܗܐ ܕܝܠܢ. ܘܐܢܬ ܬܡܠܠ ܠܘܬܢ ܟܠܗܝܢ ܐܝܠܝܢ ܕܢܡܠܠ ܡܪܝܐ ܐܠܗܐ ܕܝܠܢ ܠܘܬܟ. ܘܢܫܡܥ ܘܢܥܒܕ↙ ܀ ܘܗܠܝܢ ܒܫܡܪܝܛܝܩܝ ܡܬܬܪܓܡܢܐ ܒܠܚܘܕ ܡܫܟܚܢ. ubi ܘܠܝ ܘܢܫܡܥ ܘܢܥܒܕ pr manu in liturâ scr: index bis adpositus, bis deletus

17 ܠܘܬ ܕܢܢܣܐ ܓܝܪ

18 ܐܝܟܐ B[1]

18 ※ܘܡܠܠ ܡܪܝܐ ܠܘܬ ܡܘܫܐ ܟܕ ܐܡܪ. ܫܡܥܬ ܠܩܠܐ ܕܡܠܐ ܕܥܡܐ ܗܢܐ ܐܝܟ ܕܡܠܠܘ ܠܘܬܟ. ܫܦܝܪܐܝܬ ܟܠܗܘܢ ܐܝܟ ܕܡܠܠܘ. ܡܢܘ ܢܬܠ ܕܢܗܘܐ [ܕ vocis ܕܢܗܘܐ ܠܒܐ ܕܝܠܗܘܢ ܗܢܐ ܕܢܕܚܠܘܢ atramento librarii ipsius deleta] ܐܝܟܢܐ ܕܢܕܚܠܘܢ ܡܢܝ ܘܢܛܪܘܢ ܦܘܩܕܢܝ ܒܟܠܗܘܢ ܝܘܡܬܐ. ܐܝܟܢܐ ܕܢܛܐܒ ܠܗܘܢ ܘܠܒܢܝܗܘܢ ܠܥܠܡ. ܙܠ ܐܡܪ ܠܗܘܢ. ܗܦܘܟܘ ܠܟܘܢ ܠܡܫܟܢܝܟܘܢ. ܐܢܬ ܕܝܢ ܗܪܟܐ ܩܘܡ ܥܡܝ. ܘܐܡܠܠ ܠܘܬܟ ܦܘܩܕܢܐ ܘܢܡܘܣܐ ܘܕܝܢܐ ܕܬܠܦ ܐܢܘܢ. ܘܢܥܒܕܘܢ ܒܐܪܥܐ ܕܐܢܐ ܝܗܒ ܐܢܐ ܠܗܘܢ ܠܡܐܪܬܗ. ܢܒܝܐ ܐܩܝܡ ܠܗܘܢ ܡܢ ܒܝܬ ܐܚܝܗܘܢ ܐܝܟܘܬܟ. ܘܐܬܠ ܡܠܝ ܒܦܘܡܗ. ܘܢܡܠܠ ܠܘܬܗܘܢ ܟܠ ܕܐܦܩܕܝܘܗܝ. ܘܢܗܘܐ ܓܒܪܐ ܗܘ ܕܠܐ ܢܫܡܥ ܠܡܠܘܗܝ ܕܢܡܠܠ ܢܒܝܐ ܥܠ ܫܡܝ. ܐܢܐ ܐܬܒܥ ܡܢܗ. ܒܪܡ ܢܒܝܐ ܗܘ ܕܝܢ ܕܢܡܪܚ ܠܡܡܠܠܘ ܡܠܬܐ ܥܠ ܫܡܝ ܕܠܐ ܦܩܕܬ ܠܗ ܠܡܡܠܠܘ.

ܘܗܘ ܕܝܢ ܢܡܠܠ ܥܠ ܫܡܐ ܕܐܠܗܐ ܐܚܪܢܐ. ܢܡܘܬ ܢܒܝܐ ܗܘ: ܐܢ ܕܝܢ ܬܐܡܪ ܒܠܒܟ ܕܝܠܟ. ܐܝܟܢܐ ܢܕܥ ܡܠܬܐ ܗܝ ܕܠܐ ܡܠܠ ܡܪܝܐ. ܐܝܠܝܢ ܕܝܢ ܢܡܠܠ ܢܒܝܐ ܥܠ ܫܡܗ ܕܡܪܝܐ. ܘܠܐ ܬܗܘܐ ܡܠܬܐ ܐܦ ܠܐ ܬܬܬܡܡ. ܗܕܐ ܗܝ ܡܠܬܐ ܗܝ ܕܠܐ ܡܠܠ ܡܪܝܐ. ܒܙܘܚܐ [ܐ in liturâ] ܡܠܠܗ ܢܒܝܐ. ܠܐ ܬܬܪܚܡܘܢ ܡܢܗ. ܘܡܪܝ ܐܡܪ ܠܗܘܢ. ܕܢܦܩܘܢ ܠܡܫܟܢܐ ܕܝܠܗܘܢ. ܐܢܬ ܕܝܢ ܗܪܟܐ ܩܘܡ ܥܡܝ. ܘܐܡܠܠ ܠܘܬܟ ܠܗܘܢ ܦܘܩܕܢܐ ܘܢܡܘܣܐ ܘܕܝܢܐ ܐܝܠܝܢ ܕܬܠܦ ܐܢܘܢ ܒܐܪܥܐ ܗܝ ܕܐܢܐ ܝܗܒ ܐܢܐ ܠܗܘܢ ܠܡܐܪܬܗ↙ ܀ ܘܗܠܝܢ ܒܫܡܪܝܛܝܩܝ [ܒܫܡܪܝܛܝܩܝ B[1]] ܡܬܬܪܓܡܢܐ ܒܠܚܘܕ ܡܫܟܚܢ

20 ܐܠܗܝ ܠܟܘܢ

21 ܡܢ ܐܪܥܐ ܗܘܘ ܕܝܢ ܡܢ ܡܕܪܐ ܀ ܐ ܕܐܪܥܐ ܀ ܡܢ ܐܕܡܬܐ ܀ ܠ ܡܢ ܒܐܕܡܬܐ ܀ ܗܘ. indicem in B ad ܐܪܥܐ additum ad ܡܢ transtuli

21 ÷ ante ܠܝ addidit C

22 ܐ et ܒܪ ܐܢܫܐ ܗܘܘ ܕܝܢ ܦܪܙܠܐ ܕܢܟܝܐ ܡܛܠ ܕܣܝܦܐ ܕܝܠܟ ܐܪܡܝܬ ܥܠܘܗܝ ܀ ܗܘ ܒܣܝܦܐ ܕܝܠܟ ܐܪܡܝܬ ܥܠܘܗܝ ܀ ܠ ܡܛܠ ܕܣܝܦܐ ܕܝܠܟ ܐܪܡܝܬ ܥܠܘܗܝ. indicem in B ad ܐܢܐ additum ad ܒܪ transtuli

22 ܐ ܗܘ ܠ ܘܐܬܛܘܫܘܢ

22 extr ※ܘܟܕ ܐܦ ܡܢ ܐܬܪܐ ܕܠܘܩܒܠ ܗܝܟܠܐ ܕܣܡܝܢ ܠܗ ܒܣܡܐ ܀ ܫܡܪܝ ܘܟܠ ܕܥܠ ܒܝܬ ܦܘܩܕܢܐ ܐܠܗܐ ܗܘ ܕܩܝܡ ܒܛܘܪܐ ܕܓܪܙܝܡ ܘܐܡܪ. ܐܢ ܕܝܢ ܡܕܒܚܐ ܡܢ ܟܐܦܐ ܬܥܒܕ ܠܝ. ܠܐ ܬܒܢܐ ܐܢܝܢ ܦܣܝܠܬܐ. ܡܛܠ ܕܐܢ ܣܝܦܐ ܕܝܠܟ ܐܪܡܝܬ ܥܠܘܗܝ ܘܐܬܛܘܫܘ ܗܘ: ܠܬܚܬ ܡܢ ܦܣܝܠܬܐ

ܗܘܐ ܀ ²³ ܠܐ ܬܣܩ ܒܕܪ̈ܓܐ ܥܠ ܡܕܒܚܐ ܕܝܠܝ. ܐܝܟܢܐ ܕܠܐ ܬܬܓܠܐ ܥܪܛܠܝܘܬܟ ܕܒܗ ܡܢܗܘܢ ܀

21 ¹ ܘܗܠܝܢ ܕ̈ܝܢܐ ܕܬܣܝܡ ܩܕܡܝܗܘܢ ܀ ² ܐܢ ܬܩܢܐ ܥܒܕܐ ܥܒܪܝܐ. ܫܬ ܫܢܝܢ ܢܦܠܚ

ܒܥܒܕܘܬܐ ܠܟ. ܒܫܒܝܥܝܬܐ ܕܝܢ ܢܦܘܩ ܚܐܪܐ ܡܓܢ ܀ ³ ܐܢ ܒܗܘ ܒܠܚܘܕܘܗܝ

ܢܥܘܠ. ܐܦ ܒܠܚܘܕܘܗܝ ܢܦܘܩ. ܐܢ ܕܝܢ ܐܢܬܬܐ ܐܚܝܕܐ ܠܗ ܬܥܘܠ ܥܡܗ. ܬܦܘܩ ܐܦ ܐܢܬܬܐ ܕܝܠܗ

68[1] ܥܡܗ ܀ ⁴ ܐܢ ܕܝܢ ܡܪܗ ܕܝܠܗ ܢܬܠ ܠܗ ܐܢܬܬܐ. | ܘܬܐܠܕ ܠܗ ܒܢܝܐ ܐܘ ܒܢܬܐ. ܐܢܬܬܐ ܘܝܠܕܝܗ̇ ܢܗܘܘܢ

ܠܡܪܗ ܕܝܠܗ. ܗܘ ܕܝܢ ܢܦܘܩ ܒܠܚܘܕܘܗܝ: ⁵ ܐܢ ܕܝܢ ܡܐܡܪ ܢܐܡܪ. ܥܒܕܐ ܗܘ. ܕܪܚܡܬ ܠܡܪܝ

ܘܠܐܢܬܬܝ ܘܠܝܠܕܝ ※ܠ ܕܝܠܝ ܘܒܢ̈ܝܐ ※ܕܝܠܝ. ܠܐ ܐܦܘܩ ܐܢܐ ܒܪ ܚܐܪܐ. ⁶ ܢܩܪܒܝܘܗܝ ܡܪܗ ܕܝܠܗ

ܠܘܬ ܕܝܢܐ ܕܐܠܗܐ. ܘܢܩܪܒܝܘܗܝ ܠܘܬ ܬܪܥܐ ܠܘܬ ܣܩܦܐ. ܘܢܢܩܘܒ ܡܪܗ ܠܐܕܢܗ ※ܐ ܠ

ܕܝܠܗ ܒܡܪܨܥܐ. ܘܢܦܠܘܚ ܠܥܒܕܘܬܐ ܠܗ ܠܥܠܡ ܀

⁷ *ܐܢ ܕܝܢ ܢܙܒܢ ܐܢܫ ܒܪܬܗ ܕܝܠܗ ܠܐܡܬܐ. ܠܐ ܬܦܘܩ ܐܝܟ ܡܐ ܕܢܦܩܢ ܐܡ̈ܗܬܐ: ⁸ ܐܢ ܠܐ ܬܫܦܪ

※ܠ ܠܥܝܢ̈ܝ ܕܡܪܗ̇ ※ܕܝܠܗ̇ ܗܘ̇ ܕܠܐ ܐܡܟܪܗ̇ ܠܗ̇. ܢܦܪܩܝܗ̇. ܠܥܡܐ ܕܝܢ ܢܘܟܪܝܐ ܠܐ ܫܠܝܛ ܡܪܗ̇

68[2] ܠܡܙܒܢܘܬܗ̇. ܡܛܠ ܕܐܫܛܝ ܒܗ̇: | ⁹ ܐܢ ܕܝܢ ܠܒܪܗ ※ܕܝܠܗ ܢܡܟܪܝܘܗ̇. ܐܝܟ ܕܝܢܐ ܕܒܢ̈ܬܐ ܢܥܒܕ

ܠܗ̇: ¹⁰ ܐܢ ܕܝܢ ܐܚܪܬܐ ܢܣܒ ܠܗ. ܗܠܝܢ ܕܙ̈ܕܩܢ ※ܠܗ̇ ܘܬܟܣܝܬܐ ※ܕܝܠܗ̇ ܘܡܫܘܬܦܘܬܐ ܕܝܠܗ̇ ܠܐ

ܢܒܨܪ: ¹¹ ܐܢ ܕܝܢ ܗܠܝܢ ܬܠܬ ܠܐ ܢܥܒܕ ܠܗ̇. ܬܦܘܩ ܡܓܢ ܘܠܐ ܒܟܣܦܐ ܀ ¹² ܐܢ ܐܢܫ ܢܡܚܐ

ܠܐܢܫ. ܘܢܡܘܬ. ܒܡܘܬܐ ܢܡܘܬ: ¹³ ܗܘ̇ ܕܝܢ ܕܠܐ ܨܕܐ. ܐܠܐ ܐܠܗܐ ܐܫܠܡ ܠܐܝ̈ܕܘܗܝ. ܐܬܠ ܠܟ

ܕܘܟܬܐ ܐܝܟܐ ܕܢܥܪܘܩ ܠܬܡܢ ܗܘ̇ ܕܩܛܠ ܀ ¹⁴ ܐܢ ܕܝܢ ܐܢܫ ܢܬܚܦܛ ܥܠ ܩܪܝܒܐ ※ܠ ܕܝܠܗ

ܕܢܩܛܠܝܘܗܝ ܒܢܟܠܐ ܗܘ̇ ܘܢܥܪܘܩ. ܡܢ ܡܕܒܚܐ ܕܝܠܝ ܐܣܒܝܘܗܝ ܠܡܡܬܘܬܗ ܀ ܗ ܡܚ ܀

ܩܪܝܢܐ ܕܐܪܒܥܒܫܒܐ ܕܫܒܬܐ ܕܦܨܚܐ ܀

¹⁵ ܗܘ̇ ܕܡܚܐ ܠܐܒܐ ܕܝܠܗ ܐܘ ܠܐܡܗ. ܒܡܘܬܐ ܢܡܘܬ ܀ ¹⁶ ܗܘ̇ ܕܢܓܢܘܒ ܠܐܢܫ ܡܢ ܒܢ̈ܝܐ

69[1] ܕܐܝܣܪܝܠ ܘܢܙܒܢ ※ܠ ܠܗ. | ܘܢܫܬܟܚ ܒܗ. ܒܡܘܬܐ ܢܡܘܬ ܀ ¹⁷ ܗܘ̇ ܕܡܨܚܐ ܒܫܐܠܬܗ ܠܐܒܐ

ܕܝܠܗ ܐܘ ܠܐܡܗ. ܒܡܘܬܐ ܢܡܘܬ ܀ ¹⁸ ܐܢ ܕܝܢ ܢܬܚܪܘܢ ܬܪܝܢ ܓܒܪ̈ܐ. *ܘܢܡܚܐ ܠܩܪܝܒܐ ※ܠ

ܕܝܠܗ ܒܟܐܦܐ ܐܘ *ܒܟܘܦܐ. ܘܠܐ ܢܡܘܬ. ܢܦܠ ܕܝܢ ܥܠ ܥܪܣܐ: ¹⁹ ܐܢ ܟܕ ܢܩܘܡ ܗܘ̇ ܒܪܢܫܐ.

ܢܗܠܟ ܠܒܪ ܥܠ ܚܘܛܪܐ ※ܠ ܕܝܠܗ. ܙܟܝ ܢܗܘܐ ܗܘ̇ ܕܡܚܝܗܝ. ܒܪܡ ܕܒܛܠܢܐ ܕܝܠܗ ܢܬܠ

ܘܡܛܠ ܐܝܟ ܐܢܫ ܕܐܡܪ ܕܒܟܠ ܫܥܐ ܕܒܗ ܬܘ̈ܒܐ ܕܫܡܫܝܢ ܢܦܫܝܢ ܠܟܠܗ ܕܡܕܒܚܐ. ܢܦܠܘܢ ܕܝܢ ܗܠܝܢ ܕܒܛܘܪ̈ܐ ܐܘ ܒܪ̈ܓܠܐ ܡܢ ܬܚܘܬ ܢܬܚܙܘܢ ܡܬܡܢ. ܘܒܗܠܝܢ ܟܠܗ ܒܢ̈ܝܐ ܢܬܚܫܒ: ܒܪ ܐܢܫ ܕܝܢ ܡܫܬܡܗ ܠܐܦ̈ܝܗܘܢ ܕܡܢ ܦܪܝܫܐ ܕܡܬܟܠܝܢ ܡܢ ܗܠܝܢ ܕܫܡܫܝܢ. ܫܡܫܐ ܐܢ ܢܦܘܩ ܐܘ ܐܬܡܨܝܐ ܡܕܡ ܕܐܝܟ ܗܘܐ: ܠܡܕܒܚܐ ܓܝܪ ܕܡܬܚܙܐ ܡܢ ܬܘ̈ܒܐ ܕܫܡܫܝܢ ܡܬܚܙܝܐ ܡܫܬܒܩ. ܘܐܝܟ ܡܢ ܕܡܬܦܫܛ ܠܐ ܡܬܡܟܠ: ܐܪܐ ܕܝܢ ܦܘܩܕܢܐ ܕܥܠܬܐ ܕܡܛܠܗ ܕܒܢܝܐ ܡܬܡܠܠܝܢ ܡܢ ܐܒܐ ܡܬܡܛܝܐ ܗܠܝܢ ܠܐܠܗܐ. ܘܗܠܝܢ ܢܬܩܪܒܢ ܠܕܒܚܐ. ܘܠܗ ܗܠܝܢ ܕܡܢ ܫܦܝܘܬܐ ܘܫܦܪܐ ܕܩܪܒܐ. ܗܠܝܢ ܕܟܝܢܐ ܕܩܪܒܐ ܐܬܡܠܝܢ ܀ ܘܐܘܟ ܀ ܡܛܠ ܠܝ ܕܝܢ ܦܘܩܕܢܐ ܢܡܘܣܐ ܐܦ ܠܐܡܬܐ ܐܚܪܬܐ ܒܪܬ ܚܐܪܐ ܕܗܘܬ ܡܫܬܥܒܕܐ. ܡܕܒܚܐ ܓܝܪ ܕܡܫܬܡܫ ܡܢ ܬܘ̈ܒܐ ܕܡܢ ܟܠܗ ܢܦܫܝܢ ܘܒܐܝܕܐ ܡܬܡܠܝܢ ܡܢ ܐܪܥܐ ܗܘ ܕܗܘܐ ܠܗ ܠܐܠܗܐ ܒܪܘܚܐ ܦܫܝܛܐ ܘܡܫܬܡܫܢܬܐ ܒܥܒ̈ܕܐ ܕܫܦܝܪ ܡܬܡܠ. ܘܠܗ ܒܗܠܝܢ ܕܡܬܟܠܝܢ ܡܢ ܒܗܢܝܐ ܐܘܟܝܢ ܘܦܫܝܛܐ ܡܫܬܡܫܬܐ. ܘܐܝܟ ܗܘ ܕܡܬܦܫܛܝܢ ܡܬܢܫܟܢܬܐ ܡܬܦܠܓܢ ܒܥܒ̈ܕܐ ܘܡܫܬܡܫܢܘܬܐ ܕܡܢ ܗܘܢܐ ܀ ܘܡܛܠ ܡܫܡܫܢܘܬܐ ܀ ܦܘܩܕܢܐ ܕܝܢ ܕܦܫܝܛܐ ܢܡܘܣܐ ܦܫܝܛܐ ܢܡܘܣܐ] in liturâ

ܠܚܡܫܐ ܕܡܬܦܠܓܢ ܘܡܬܕܒܪܢܐ ܗܝ. scr] ܘܡܬܐܡܪܐ ܗܘ ܕܦܘܫܐ ܡܬܒܪܘܪ. ܘܡܠܬܐ ܦܘܫܐ ܕܡܬܡܠܠܐ ܐܠܗܘܬܐ ܡܬܡܣܟ ܠܒܢܝܐ. ܘܡܫܟܚܐ ܠܝ ܠܡܬܚܙܝܐ ܕܡܢܗ ܩܝܡ ܡܬܕܪܫܐ. ܕܗܘ ܟܕ ܗܘ ܐܬܐܡܪ ܐܫ ܬܘܪܐ ܗܘ ܦܬܐ ܘܟܠܗ. ܐܬܐܡܪ ܗܘܐ ܓܝܪ ܐܡܪܘ ܕܐܠܗܐ ܗܘ ܕܢܡܠܠ ܫܡܥܘ ܕܚܟܡܐ. ܘܡܕܒܚܐ ܐܬܐܡܪ ܗܘܐ ܡܬܡܕܒܚܐ: ܡܢ ܐܦܐ ܡܢ. ܡܛܠ ܕܟܕ [ܐܦܐ ܡܢ ܐܬܐܡܪ pr m in liturâ scr] ܡܛܠ ܕܟܕ ܡܬܠ ܡܟܪ ܕܐܠܗܐ ܘܐܦܐ ܩܝܡ ܒܟܠܗ. ܒܥܒܪ ܠܐ ܡܫܬܡܫܢܘܬܐ ܗܘܐ. ܗܘܐ ܕܝܢ ܒܪܢܫܐ. ܟܕ ܚܙܐ ܗܘ ܠܗ ܡܬܡܠܠܬܐ ܦܘܩܕܢܐ ܗܘ ܕܡܢܝ ܗܠܝܢ ܕܡܢ ܐܦܐ ܐܠܗܝ ܡܕܒܚܐ | ܒܒܢܝܐ ܕܠܝ ܘܡܛܐ ܠܘܩܕܡ ܠܝ. ܕܝܢ ܡܟܪܬܐ ܐܠܗ ܠܗ: ܡܢ ܬܘܒܐ ܕܝܢ ܡܬܡܠܠܢܬܐ. ܦܫܝܛܐ ܕܡܢ ܐܠܗܘܬܐ ܘܐܬܦܫܛܐ ܕܡܬܡܠܠܢܘܬܐ ܐܠܗ ܠܗܝ. ܡܛܠ ܕܐܝܟ ܐܬܐܡܪ ܗܘܐ ܡܢ ܬܪ̈ܬܝܢ ܘܠܐ ܡܬܦܠܓܢ ܒܪܘ ܦܫܝܛܘܬܐ ܠܐ ܡܬܡܫܠܡܢܘܬܐ. ܗܘ ܟܕ ܗܘܐ ܐܠܗܐ ܡܒܪ ܐܢܫܐ. ܘܠܗ ܒܡܣܒܪܢܘܬܐ ܠܬܪܝܢ ܡܬܦܠܓܝܢ ܘܦܫܝܛܘ. ܠܒܪܢܫܐ ܘܠܐܠܗܐ ܕܡܠܬܗ. ܘܠܐ ܡܬܦܠܓܢܐ ܘܠܐ ܡܬܡܠܠܢܐ ܠܡܬܡܠܠܢܘܬܐ ܘܗܠܝܢ ܕܡܢ ܦܫܝܛܐ. ܦܫܝܛܐ ܓܝܪ ܠܐ ܒܠܚܘܕ. ܘܠܐ ܐܬܡܠܠ ܢܚܐ ܒܡܫܡܫܢܘܬܐ ܕܝܠܗ. ܘܗܠܝܢ ܓܝܪ ܒܠܚܘܕܘܗܝ ܦܫܝܛܐ ܗܘ ܕܬܘ̈ܒܐ ܕܡܬܚܙܝܐ ܦܫܝܛܘܬܐ

ܠܐ ܡܣܬܒܪܐ ܐܝܬܘܗܝ. ubi | posui, folii 67[2] initium est. C huius scholii partem haud exiguam in catena Nicephori 1 785 784, in codicis musei britannici 12154 foliis 58[2] 59[1], et in codice vaticano syriaco 103 legi auctor est

2 ܥܒܕܐ ܠܟ — B, correxit C

6 ܩܪܒܝܘܗܝ — B, correxit C

7 ܘܐܡܗ ܕܢܙܒܢ ܒܪܬܗ ܠܐܡܬܐ ܕܝܠܗ | ܠܐ ܬܦܘܩ ܐܝܟ ܡܦܩܢܐ ܕܐܡܗܬܐ. ܐܢ ܕܝܢ ܠܐ ܫܦܪܐ ܒܥܝܢܝ ܡܪܗ̇ ܕܝܠܗ ܗܘ ܕܠܐ ܐܡܟܪܗ̇ ܀ ܗܘ ܠܐ ܫܠܝܛ ܡܙܒܢܘܬܐ ܠܐܢܫܐ ܢܘܟܪܝܐ. ܐܢ ܠܐ ܫܦܪܐ ܒܥܝܢܝ ܡܪܗ̇ ܕܝܠܗ ܗܘ ܕܠܐ ܐܡܟܪܗ̇ ܀ ܠ ܠܐ ܫܠܝܛ ܐܢܫܐ ܕܢܙܒܢ ܠܒܪܝܐ. ܐܢ ܠܥܡܐ ܐܚܪܢܐ ܠܥܝܢܝ ܡܪܗ̇ ܗܘ ܕܠܐ ܐܡܟܪܗ̇

8 signa intacta reliqui, quum quo modo emendarem, nescirem: ※ alterum cum C addidi

16 ܠ post ܒܢܝܐ positum in B post ܕܐܝܣܪܝܠ transtulit C

18 ܐܢܫ ܩܪܝܒܗ ܠ ܡܢ |

18 πυγμῇ

ܘܐܬܐܣܝܘܬܐ ܀ ‖ [20] ܐܢ ܕܝܢ ܢܡܚܐ ܐܢܫ ܠܥܒܕܗ ܕܝܠܗ ܐܘ ܠܐܡܬܗ ܕܝܠܗ ܒܫܒܛܐ. ܘܢܡܘܬ ܬܚܝܬ ܐܝܕܗ
ܐܬܒܥܐ ܢܬܒܥ: [21] ܐܢ ܕܝܢ ܝܘܡܐ ܚܕ ܐܘ ܬܪܝܢ ܢܩܘܡ. ܠܐ ܢܬܒܥ. ܟܣܦܐ ܓܝܪ
ܕܝܠܗ ܐܝܬܘܗܝ ܀ [22] ܐܢ ܕܝܢ ܢܬܟܬܫܘܢ ܬܪܝܢ ܓܒܪ̈ܐ. ܘܢܡܚܘܢ ܠܐܢܬܬܐ ܗܝ ܕܡܥܒܪܢܐ ܐܝܬ ܠܗ. ܘܢܦܘܩ
69[2] ܒܪܐ ܕܝܠܗ ܟܕ ܠܐ ܡܨܝܪ. ܦܘܪܥܢܐ ܢܬܦܪܥ. ܐܝܟܢܐ ܕܐܢ ܢܪܡܐ ※ܥܠܘܗܝ↙ ܒܥܠܗ ܕܐܢܬܬܐ.
※ܘ ܐܦ↙ ܢܬܠ ܒܦܘܚܡܐ: [23] ܐܢ ܕܝܢ ܡܨܝܪܐ ܢܗܘܐ ܐܝܬܘܗܝ. ܢܬܠ ܢܦܫܐ ܚܠܦ ܢܦܫܐ.
[24] ܥܝܢܐ ܚܠܦ ܥܝܢܐ. ܫܢܐ ܚܠܦ ܫܢܐ. ܐܝܕܐ ܚܠܦ ܐܝܕܐ. ܪܓܠܐ ܚܠܦ ܪܓܠܐ. [25] ܟܘܝܐ ܚܠܦ ܟܘܝܐ.
ܙܘܒܥܬܐ ܚܠܦ ܙܘܒܥܬܐ. ܚܒܘܪܬܐ ܚܠܦ ܚܒܘܪܬܐ ܀ [26] ܐܢ ܕܝܢ ܢܡܚܐ ܐܢܫ ܠܥܝܢܐ ܕܥܒܕܐ ܕܝܠܗ
ܐܘ ܠܥܝܢܐ ܕܐܡܬܐ ܕܝܠܗ. ܘܢܥܘܪܝܗ ※ܚܕܐ↙. ܒܢܝ ܚܐܪܐ ܢܫܪܘܢ ܐܢܘܢ ܚܠܦ ܥܝܢܐ ܕܝܠܗܘܢ ܀
[27] ܐܢ ܕܝܢ ܫܢܐ ܕܥܒܕܐ ܕܝܠܗ ܐܘ ܫܢܐ ܕܐܡܬܐ ܕܝܠܗ *ܢܫܪܐ. ܒܢܝ ܚܐܪܐ ܢܫܪܐ ܐܢܘܢ ܚܠܦ ܫܢܐ
ܕܝܠܗܘܢ ܀ ܗ ܟܠܗ ܀

ܩܪܝܢܐ ܕܝܘܡܥܐ ܕܠܚܠܡ ܀

70[1] [28] ܐܢ ܕܝܢ ܢܢܓܚ ܬܘܪܐ ܠܓܒܪܐ ܐܘ ܠܐܢܬܬܐ. ܘܢܡܘܬ. ܒܟܐܦ̈ܐ ܢܬܪܓܡ ܗܘ ܬܘܪܐ. ܘܠܐ ܢܬܐܟܠ ܡܢ
ܒܣܪܐ ܕܝܠܗ. ܡܪܗ ܕܝܢ ܕܬܘܪܐ ܙܟܝܐ ܢܗܘܐ↙ ܀ [29] ܐܢ ܕܝܢ ܗܘ ܬܘܪܐ ܢܓܚܢܐ ܐܝܬܘܗܝ ܗܘܐ ܡܢ ܩܕܡ
ܐܬܡܠܝ ܘܡܢ ܩܕܡ ܠܚܡܫܐ. ܘܡܣܗܕܝܢ ܠܡܪܗ ܕܝܠܗ. ܘܠܐ ܢܢܛܪܝܘܗܝ. ܢܩܛܘܠ ܕܝܢ ܠܓܒܪܐ ܐܘ
ܠܐܢܬܬܐ. ܗܘ ܬܘܪܐ ܢܬܪܓܡ. ܘܡܪܗ ܕܝܠܗ ܥܡܗ ܢܡܘܬ ܀ [30] ܐܢ ܕܝܢ ܦܘܪܩܢܐ ܥܠܘܗܝ ܢܬܪܡܐ.
ܢܬܠ ܦܘܪܩܢܐ ܕܢܦܫܐ ܕܝܠܗ ※ ܐ ܠ ܐܝܟ ܡܐ ܕܢܪܡܘܢ↙ ܐܝܟܢܐ ܕܐܢ ܢܪܡܘܢ ܥܠܘܗܝ ܀ [31] ܐܢ ܕܝܢ ܠܒܪܐ ܢܢܓܚ
ܐܘ ܠܒܪܬܐ. ܐܝܟ ܕܝܢܐ ܗܢܐ ܢܥܒܕܘܢ ܠܗ ܀ [32] ܐܢ ܕܝܢ ܠܥܒܕܐ ܢܢܓܚ ܗܘ ܬܘܪܐ ܐܘ ܠܐܡܬܐ. ܬܠܬܝܢ ܕܝܢܪ̈ܝܢ
70[2] ܙܘܙܐ ܕܟܣܦܐ ܢܬܠ ܠܡܪܗ ܕܝܠܗܘܢ. ܘܗܘ ܬܘܪܐ ܢܬܪܓܡ ܀ [33] ܐܢ ܕܝܢ ܢܦܬܚ ܐܢܫ ܓܘܒܐ. ܐܘ ܢܚܦܘܪ
※ ܐ ܠ ܐܢܫ↙ ܓܘܒܐ. ܘܠܐ ܢܟܣܝܘܗܝ. ܘܢܦܠ ܬܡܢ ܬܘܪܐ ܐܘ ܚܡܪܐ. [34] ܡܪܗ ܕܓܘܒܐ ܢܦܪܘܥ
(ܟܣܦܐ ܢܬܠ ܠܡܪܗ ܕܝܠܗ). ܗܘ ܕܝܢ ܕܡܝܬ. ܢܗܘܐ ܠܗ ܀ [35] ܐܢ ܕܝܢ ܢܢܓܚ ܬܘܪܐ ܕܐܢܫ ܠܬܘܪܐ
ܕܚܒܪܗ ※ܕܝܠܗ↙. ܘܢܡܘܬ. ܢܙܒܢܘܢ ܠܬܘܪܐ ܗܘ ܕܚܝ. ܘܢܦܠܓܘܢ ܟܣܦܐ ܕܝܠܗ. ܘܐܦ ܠܬܘܪܐ↙
ܗܘ ܕܡܝܬ ܢܦܠܓܘܢ: [36] ܐܢ ܕܝܢ ܡܬܝܕܥ ܗܘ ܬܘܪܐ ܕܢܓܚܢܐ ܐܝܬܘܗܝ ܡܢ ܩܕܡ ܐܬܡܠܝ ܘܡܢ ܩܕܡ
ܠܚܡܫܐ — ܘܐܣܗܕܘ ܠܡܪܗ ܕܝܠܗ↙. ܘܠܐ ܢܢܛܪܝܘܗܝ ※ܠ ܡܪܗ ܕܝܠܗ↙. ܢܦܪܘܥ ܬܘܪܐ
ܚܠܦ ܬܘܪܐ. ܗܘ ܕܝܢ ܕܡܝܬ. ܢܗܘܐ ܠܗ ܀ [37] ܐܢ ܕܝܢ ܢܓܢܘܒ ܐܢܫ ܬܘܪܐ ܐܘ ܐܡܪܐ. ܘܢܟܣܘܗܝ ܐܘ
ܢܙܒܢܝܘܗܝ. ܚܡܫܐ ܬܘܪ̈ܐ ܢܦܪܘܥ ܚܠܦ ܬܘܪܐ. ܘܐܪܒܥܐ ܐܡܪ̈ܐ ܚܠܦ ܐܡܪܐ ܀
22 71[1] [1] ܐܢ ܕܝܢ ܒܡܚܬܪܬܐ ܢܫܬܟܚ ܓܢܒܐ. ܘܡܚ ܢܬܡܚܐ. ܘܢܡܘܬ. ܠܐ ܐܝܬܘܗܝ ܠܗ ܩܛܠܐ:
[2] ܐܢ ܕܝܢ ܢܕܢܚ ܫܡܫܐ ܥܠܘܗܝ. ܡܚܝܒܐ ܐܝܬܘܗܝ. ܢܡܘܬ ܚܠܦܘܗܝ: ܐܢ ܕܝܢ ܠܐ ܢܫܬܟܚ ܠܗ.
ܢܙܕܒܢ ܚܠܦ ܓܢܒܘܬܐ ※ܘ ܕܝܠܗ↙: [3] ܐܢ ܕܝܢ ܢܬܐܚܕ. ܘܢܫܬܟܚ ܒܐܝܕܗ ܕܝܠܗ ܓܢܒܘܬܐ ܡܢ
※ ܠ ܬܘܪܐ ܘ↙ ܚܡܪܐ ܥܕܡܐ ܠܥܪܒܐ ܡܢ ܚܝܐ. ܥܦܝܦܐ ܢܦܪܘܥ ܀ [4] ܐܢ ܕܝܢ ܢܓܡܪ ܐܢܫ ܚܩܠܐ ܐܘ ܟܪܡܐ.
ܘܢܫܒܘܩ ܠܒܥܝܪܐ ܕܝܠܗ ܠܡܪܥܐ ܚܩܠܐ ܐܚܪܢܐ ※— ܢܦܪܘܥ ܡܢ ܚܩܠܐ ܕܝܠܗ ܐܝܟ ܥܠܠܬܐ ܕܝܠܗ: ܐܢ
— ܕܝܢ ܟܠܗ ܚܩܠܐ ܢܓܡܪ↙. ܗܠܝܢ ܕܫܦܝܪܢ ܒܚܩܠܐ ܕܝܠܗ ܘܗܠܝܢ ܕܫܦܝܪܢ ܒܟܪܡܐ ܕܝܠܗ ܢܦܪܘܥ ܀
[5] ܐܢ ܕܝܢ ܡܢ ܢܦܩܐ ܢܘܪܐ. ܢܫܟܚ ܟܘܒܐ. ܘܢܘܩܕ ܒܝܕܪ̈ܐ ܐܘ ܫܒܠܐ ܐܘ ܩܛܝܠܬܐ. ※ܗ ܠ ܩܫܝܢ↙
71[2] ܢܦܪܘܥ ܗܘ ܕܐܘܩܕ ܢܘܪܐ ܀ [6] ܐܢ ܕܝܢ ܢܬܠ ܐܢܫ ܠܚܒܪܗ ※ܘ ܕܝܠܗ↙ ܟܣܦܐ ܐܘ *ܡ̈ܐܢܐ
ܠܡܛܪ. ܘܢܬܓܢܒ ܡܢ ܒܝܬܗ ܕܓܒܪܐ. ܐܢ ܢܫܬܟܚ ܗܘ ܓܢܒܐ. ܢܦܪܘܥ ܥܦܝܦܐ: [7] ܐܢ ܕܝܢ ܠܐ
ܢܫܬܟܚ ܗܘ ܓܢܒܐ. ܢܬܩܪܒ ܡܪܗ ܕܒܝܬܐ ܩܕܡ ܐܠܗܐ — ܘܢܐܡܐ↙ ܕܠܐ ܗܘ ܗܘܐ ܐܫܬܠܚ *ܒܟܠ ܡܕܡ
ܕܐܬܓܥܠ ܕܚܒܪܗ ※ܘ ܕܝܠܗ↙ ܀ [8] ܒܟܠ *ܓܠܐ ܕܥܘܠܐ ܕܥܠ ܬܘܪܐ ܘܥܠ ܚܡܪܐ ܘܥܠ ܥܪܒܐ ܘܥܠ ܠܒܘܫܐ
ܘܥܠ ܟܠ ܐܒܕܬܐ ܡܫܟܚܬܐ ܕܢܐܡܪ ܕܗܘ ܗܘ ܐܢ ܢܗܘܐ. ܩܕܡ ܐܠܗܐ ܬܐܬܐ ܕܝܢܐ ܕܬܪ̈ܝܗܘܢ. †ܘܗܘ ܕܡܬܚܝܒ

27 ἐκκοψῃ
35 ↙ܘܢܦܠܓܘܢ ÷ B
÷ ܡܪܗ ܢܦܪܘܥ ܐܝܟ ܡܐ ܕܐܝܟ ܗܕܐ +
ܕܝܠܗ ܥܡ ܟܠ ܡܕܡ ܕܐܝܬ ܠܗ ܕܐܬܬܫܝܡ ܀
ܘܠܝܬ ܐܝܟ ܕܡܫܬܟܚܐ ܐܝܟ ܗܘܐ ܒܟܬܒܐ.

ܘܠܝܬ ܕܢܦܠܓܘܢ ܕܚܕܐ ܐܝܟ ܗܕܐ ܒܟܠܗܘܢ
ܠܬܘܪܐ, ubi ÷ posui quo loco B ⸓: habet
6 σκευη
7 ܓܢܒܐ in B habet punctum supernum

7 ܟܠ ܟܘܢ
8 ρηγματη [sic]
8 ܘܗܘ ܕܡܬܚܝܒ ܐܠܗܐ ÷ ܗܘ ܘܗܘ
ܐܢ ܕܡܬܚܝܒ ܐܠܗܐ ÷ ܠ ܕܡܬܚܝܒ ܐܠܗܐ et
mox ܕܡܬܚܝܒ ܕܝܢܐ ܐܠܗܐ ܕܡܬܚܝܒ

ܡܢ ܐܠܗܐ. ܢܦܪܘܥ ܥܦܝܦܐ ܠܩܪܝܒܗ ※ ܗ̇ ܕܝܠܗ ܀ 9 ܐܢ ܢܬܠ ܠܩܪܝܒܗ ܕܝܠܗ ܚܡܪܐ ܐܘ ܬܘܪܐ ܐܘ
ܥܪܒܐ ܐܘ ܟܠ ܒܥܝܪܐ ܠܡܛܪ. ܘܢܡܘܬ ܐܘ ܢܬܬܒܪ ܐܘ ܫܒܝܐ ܢܗܘܐ. ܘܠܐ ܐܢܫ ※ܢܕܥ. 10 ܡܘܡܬܐ
72^1 | ※ܕܐܠܗܐ ܬܗܘܐ ܒܡܨܥܬܐ ܕܬܪܝܗܘܢ †ܕܠܐ **ܐܫܬܪܚ ܥܠ ܟܠ ܡܕܡ ܕܝܠܗ ܕܩܪܝܒܗ ※ ܗ̇ ܕܝܠܗ.
ܘܢܩܒܠ ܡܪܗ ܗܘ ܕܝܠܗ. ܘܠܐ ܢܦܪܘܥ܀ 11 ܐܢ ※ܕܝܢ ܡܬܓܢܒ ܢܬܓܢܒ ܡܢܗ. ܢܦܪܘܥ
ܠܡܪܗ ※ ܗ̇ ܕܝܠܗ: 12 ܐܢ ܕܝܢ ܚܝܘܬܐ ܛܪܝܦܐ ܬܗܘܐ. ܢܝܬܝܘܗܝ ※ܠܣܗܕܘܬܐ ܥܠ ܛܪܝܦܬܐ. ܘܠܐ
ܢܦܪܘܥ܀ ܗ̇ ܠܐ܀

ܦܘܪܥܢܐ ܕܫܘܐܠܬܐ ܘܕܛܠܡܐ ܘܣܝܡ ܀

ܣܘ 13 ܐܢ ܕܝܢ ܢܫܐܠ ܐܢܫ ܡܢ ܩܪܝܒܗ ※ ܗ̇ ܕܝܠܗ. ܘܢܬܬܒܪ *ܐܘ ܢܡܘܬ. ܡܪܗ ܕܝܢ ※ܗܘ ܕܝܠܗ ܠܐ
ܢܗܘܐ ܥܡܗ. ※ܗ̇ ܡܫܠܡܘ ܢܦܪܘܥ: 14 ܐܢ ܕܝܢ ܡܪܗ ※ܗ̇ ܕܝܠܗ ܢܗܘܐ ܥܡܗ. ܠܐ ܢܦܪܘܥ: ܐܢ ܕܝܢ
ܐܓܝܪܐ ܐܝܬܘܗܝ. ܢܗܘܐ ܚܠܦ ܐܓܪܗ ܕܝܠܗ ܀ 15 ܐܢ ܕܝܢ ܢܛܥܐ ܐܢܫ ܒܬܘܠܬܐ ܕܠܐ ܡܟܝܪܐ.
ܘܢܕܡܟ ܥܡܗ. ܡܟܪܘ ܢܟܪܘܗ ܠܗ ܠܐܢܬܬܐ: 16 ܐܢ ܕܝܢ ܡܣܪܒ ܢܣܪܒ ܐܒܘܗ ܘܠܐ ܢܬܠܝܗ ܠܗ
72^2 | ܚܠܦ ܐܢܬܬܐ. ܟܣܦܐ ܢܦܪܘܥ.. ܐܝܟ ܡܘܗܪܐ ܕܐܝܬܘܗܝ ܦܪܢܝܬܐ ܕܒܬܘܠܬܐ܀ 17 ܚܪ̈ܫܐ ܠܐ ܬܚܝܘܢ܀
18 ܟܠ ܕܢܕܡܟ ܥܡ ܒܥܝܪܐ. ܒܡܘܬܐ ܢܬܩܛܠܘܢ܀ 19 *ܕܕܒܚ ܠܐܠܗ̈ܐ. ܣܛܪ. ܡܢ ܗܘ ܡܢ
*ܕܡܪܝܐ ܠܒܠܚܘܕܘܗܝ܀ 20 ܘܠܓܝܘܪܐ ܠܐ ܬܥܠܒܘܢ. ܐܦ ܠܐ ܬܐܠܨܘܢܝܗܝ. ܓܝܘܪ̈ܐ ܓܝܪ ܐܢܬܘܢ
ܗܘܝܬܘܢ ܒܐܪܥܐ ܕܡܨܪܝܢ܀ 21 ܟܠ ܐܪܡܠܬܐ ܘܝܬܡܐ ܠܐ ܬܥܠܒܘܢ: 22 ܐܢ ܕܝܢ ܒܥܠܘܒܐ ܬܥܠܒܘܢ
ܩܛܠܐ ܐܢܬ ܠܗܘܢ. ‖ ܘܡܢ ܩܥܝܢ. ܢܩܥܘܢ ܠܘܬܝ. ܫܡܥ ܐܫܡܥ ܩܥܬܗܘܢ ܕܝܠܗܘܢ.
23 ܘܐܬܚܡܬ ܒܚܡܬܐ. ܘܐܩܛܘܠܟܘܢ ܒܣܝܦܐ. ܘܢܗܘܝܢ ܢܫܝ̈ܟܘܢ ܐܪ̈ܡܠܬܐ *ܘܒܢ̈ܝܟܘܢ ܝܬܡ̈ܐ܀ 24 ܐܢ
ܕܝܢ ܟܣܦܐ ܬܘܙܦ ܠܥܡܐ ܕܝܠܝ ܠܡܣܟܢܐ ܕܥܡܟ. ܠܐ ܬܗܘܐ ܡܥܨܐ ܠܗ. ܘܠܐ ܬܣܝܡ ܥܠܘܗܝ ܪܒܝܬܐ܀
73^1 25 ܐܢ ܡܫܟܢܐ | ܡܫܟܢ ܬܡܫܟܢ ܠܒܘܫܐ ܕܩܪܝܒܟ. ܥܕܡܐ ܠܡܥܪܒ ܫܡܫܐ ※ܗ̇ ܬܗܦܟܝܘܗܝ ܠܗ.
26 ܐܝܬܘܗܝ ܓܝܪ ܗܢܐ ܬܟܣܝܬܗ ܕܝܠܗ ܒܠܚܘܕܘܗܝ. ܗܢܐ ܠܒܘܫܐ ※ܗ̇ ܕܝܠܗ ܕܦܘܪܣܐ ܕܝܠܗ:
ܒܡܢܐ ܢܕܡܟ. ܐܢ ܗܟܝܠ ܢܩܥܐ ܠܘܬܝ. ※ܐܦ ܐܢܐ ܐܫܡܥܝܘܗܝ. ܡܪܚܡܢܐ ܓܝܪ ܐܢܐ܀
27 ܠܐܠܗ̈ܐ *ܠܐ ܬܨܚܐ ܒܡܠܬܐ. †ܘܒܪܫܐ ܕܥܡܟ ܠܐ ܬܐܡܪ ܒܝܫܬܐ܀ 28 ܪܫܝܬܐ ܕܐܕܪܟ ܘܕܥܨܪܬܟ
ܕܝܠܟ ܠܐ ܬܘܚܪ܀ ܒܘܟܪܐ ܕܒܢܝ̈ܟ ܕܝܠܟ ܬܬܠ ܠܝ: 29 ܗܟܢܐ ܬܥܒܕ ܠܬܘܪܐ ܕܝܠܟ ܘܠܥܪܒܐ ܕܝܠܟ
ܘܠܚܡܪܐ ܕܝܠܟ: ܫܒܥܐ ܝܘܡܝ̈ܢ ܢܗܘܐ ܬܚܝܬ ܐܡܗ ※ܗ̇ ܕܝܠܗ. ܒܝܘܡܐ ܕܝܢ ܬܡܝܢܝܐ ܬܬܠܝܘܗܝ
ܠܝ܀ 30 ܘܓܒܪ̈ܐ ܩܕܝܫ̈ܐ ܬܗܘܘܢ ܠܝ: ܘܒܣܪܐ ※ܗ̇ ܕܒܚܩܠܐ ܐܬܒܙܝܙ ܡܢ ܚܝܘܬܐ ܛܪܝܦܬܐ. ܠܐ ܬܐܟܠܘܢ.
ܠܟܠܒܐ ܬܫܕܘܢܝܗܝ܀

23 73^2 | 1 ܠܐ ܬܩܒܠ ܫܡܥܐ ܣܪܝܩܐ܀ ܠܐ ܬܬܩܢ ܥܡ ܥܘܠܐ ܠܡܗܘܐ ܣܗܕܐ ܥܘܠܐ܀ 2 ܠܐ ܬܗܘܐ ܥܡ
ܣܓܝ̈ܐܐ ܥܠ ܒܝܫܬܐ܀ ܠܐ ܬܬܘܣܦ ܠܡܣܛܝܘ ܥܡ ܣܘܓܐܐ ܥܡ ܣܓܝ̈ܐܐ. ܐܝܟ ܕܬܨܠܐ ܕܝܢܐ:
3 ܘܥܠ ܡܣܟܢܐ ܠܐ ܬܪܚܡ ܒܕܝܢܐ܀ 4 ܐܢ ܕܝܢ ܬܦܓܘܥ ܒܬܘܪܐ ܕܒܥܠܕܒܒܟ ܐܘ ܒܚܡܪܐ ܕܝܠܗ. ܟܕ ܛܥܝܢ.
ܬܗܦܟ ܬܗܦܟܝܘܗܝ ܠܗ܀ 5 ܐܢ ܕܝܢ ܬܚܙܐ ܚܡܪܐ ܕܒܥܠܕܒܒܟ ܕܢܦܠ ܬܚܝܬ ܛܥܢܐ ܕܝܠܗ. ܠܐ
ܬܥܒܪܝܘܗܝ. ܐܠܐ ܬܩܝܡܝܘܗܝ ܥܡܗ܀ 6 ܠܐ ܬܨܠܐ ܕܝܢܐ ܕܡܣܟܢܐ ※ܗ̇ ܕܝܠܟ ܒܕܝܢܐ ܕܝܠܗ܀
7 ܡܢ ܟܠ ܡܠܬܐ ܕܥܘܠܐ ܬܬܪܚܩ܀ ※ܘ ܐܦ ܠܙܟܝܐ ܘܠܟܐܢܐ ܠܐ ܬܩܛܘܠ. ܘܠܐ ܬܙܟܐ ܠܪܫܝܥܐ܀
74^1 8 ܘܫܘܚܕܐ ܠܐ ܬܣܒ. ܫܘܚܕܐ ܓܝܪ ܡܥܘܪ ܥܝ̈ܢܝܗܘܢ ܕܚܟܝܡ̈ܐ | ܘܚܙܝܢ. ܘܡܥܩܡ ܡ̈ܠܐ ܙܕܝܩܬܐ܀
9 ܘܠܓܝܘܪܐ ܠܐ ܬܐܠܨܘܢ. ܐܢܬܘܢ ܓܝܪ ܝܕܥܝܬܘܢ ܢܦܫܗ ܕܓܝܘܪܐ. ܐܢܬܘܢ ܓܝܪ ܓܝܘܪ̈ܐ ܗܘܝܬܘܢ
ܒܐܪܥܐ ܕܡܨܪܝܢ܀ ܗ̇ ܠܐ܀
10 ※ܗ̇ ܐܦ ܫܬ ܫܢܝ̈ܢ ܬܙܪܘܥ ܐܪܥܐ ܕܝܠܟ. ܘܬܟܢܫ ܥܠܠܬܗ̇ ܕܝܠܗ̇. 11 ܒܫܒܝܥܝܬܐ ܕܝܢ
ܫܘܒܩܢܐ ܬܥܒܕ. ܘܬܫܒܩܝܗ̇. ܘܢܐܟܠܘܢ ܡܣ̈ܟܢܐ ܕܥܡܟ. ܫܪܟܐ ܕܝܢ ܕܢܫܬܚܪ ※ܐ ܗ̇ ܚܝܘܬܐ. ܬܐܟܘܠ

9 ܢܬܠ et mox ܕܝܠܗ ※ ܗ̇ ܡ |
10 ܫܒܝܐ ※ܗ̇ ܡ |
10 ܘܠܐ ܐܢܫ ܝܕܥ ܠܐ ܐܢ |
10 ܐܫܬܪܚ ܟܠ ※ܗ̇ ܡ
13 ܢܡܘܬ ܐܘ, quod textui inserendum esse patet
13 ܡ pr m in liturâ, super ※ vel ܗ̇
13 ܡܫܠܡܘ ※ܗ̇ ܢܦܪܘܥ B, correxit C
19 ܡ ※ܗ̇ ܡܢ ܒܡܘܬܐ ܕܕܒܚ ܠܐܠܗ̈ܐ |
21 ܘܟܠ ܐܪܡܠܬܐ ܘܝܬܡܐ
23 ܘܢܗܘܘܢ
27 ܠܐ ܬܨܚܐ ܀ ܡ ܠܐ ܬܨܚܐ ܀ ܗ̇ ܠܪܫܐ ܕܥܡܟ,
indice ad ܠܐ ܬܐܡܪ adposito, quem ad ܠܐ transtuli
27 ܘܒܪܫܐ ܀ ܡ ܗ̇ ܕܥܡܟ |
30 ܕܒܚܩܠܐ ※ܗ̇ ܡ B, correxit C
1 ܘܠܐ ܬܣܝܡ ܐܝܕܟ
2 ܬܬܘܣܦ B

ܚܝܘܬܐ ܕܒܪܐ: ܗܟܢܐ ܬܥܒܕ ܠܟܪܡܐ ܕܝܠܟ ܘܠܙܝܬܐ ܕܝܠܟ ❖ ¹² ܫܬܐ ܝܘܡܝܢ ܬܥܒܕ ܥܒܕܝܟ ܕܝܠܟ.
ܘܒܝܘܡܐ ܕܝܢ ܫܒܝܥܝܐ ܬܬܢܝܚ: ܐܝܟܢܐ ܕܢܬܢܝܚ ܬܘܪܟ ܘܚܡܪܟ ܘܥܒܕܟ. ܘܐܝܟܢܐ ܕܢܬܢܦܫ ܒܪܗ̇ ܕܐܡܬܟ
ܕܝܠܟ ❖ ¹³ ܘܒܟܠܗܝܢ ܗܠܝܢ *ܕܐܡܪܬ ܠܟܘܢ. ܐܙܕܗܪܘ ❖ ⁺ܘܫܡܐ ܕܐܠܗܐ ܐܚܪܢܐ ܠܐ | ܬܥܗܕܘܢ. ܐܦ ܠܐ 74²
ܢܫܬܡܥ ܡܢ ܦܘܡܐ ܕܝܠܟܘܢ ❖ ¹⁴ ܠܬܠܬܐ ܙܒܢܝܢ ܬܥܐܕܘܢ ܠܝ ܒܫܢܬܐ ❖ ¹⁵ ܠܥܐܕܐ ܕܦܛܝܪܐ ܬܛܪ:
ܫܒܥܐ ܝܘܡܝܢ ܬܐܟܘܠ ܦܛܝܪܐ. ܐܝܟ ܡܐ ܕܦܩܕܬܟ. ܒܙܒܢܐ ܕܝܪܚܐ ܕܢܝܣܢ: ܒܗ ܓܝܪ ܢܦܩܬ ܡܢ
ܡܨܪܝܢ: ܠܐ ܬܬܚܙܐ ܩܕܡܝ ܣܦܝܩܐ ❖ ¹⁶ ܘܥܐܕܐ ܕܚܨܕܐ ܕܪܫ ܥܠܠܬܐ ܕܥܒܕܝܟ ܕܙܪܥܬ ܕܝܠܟ. ܕܗܘܝܢ
ܕܝܢ ܠܐܪܥܟ ܒܚܩܠܐ ❖ ܘܥܐܕܐ ܕܡܟܢܫܬܐ ܒܡܦܩܢܗ̇ ܕܫܢܬܐ ܟܕ ܬܟܢܫ ܥܒܕܝܟ ܕܝܠܟ ܗܘܢ ܡܢ ܚܩܠܐ ❖
¹⁷ ܬܠܬܐ ܙܒܢܝܢ ܒܫܢܬܐ ܢܬܚܙܐ ܟܠ ܕܟܪܐ ܕܝܠܟ ܩܕܡ *ܡܪܝܐ ܐܠܗܐ ❖ ¹⁸ ܠܐ ܬܕܒܚ ܥܠ ܚܡܝܥܐ ܕܡܐ
ܕܕܒܚܬܐ ܕܝܠܝ. ܐܦ ܠܐ ܢܒܘܬ ܬܪܒܐ ܕܥܐܕܐ ܕܝܠܝ ܥܕܡܐ ܠܨܦܪܐ ❖ ¹⁹ ܪܫܝܬܐ ܕܪܫ ܥܠܠܬܐ ܕܐܪܥܐ
ܕܝܠܟ ܬܝܬܐ ܠܒܝܬܗ *ܕܡܪܝܐ ܐܠܗܐ ܕܝܠܟ ❖ | 75¹
ܠܐ ܬܒܫܠ ܓܕܝܐ ܒܚܠܒܐ ܕܐܡܗ ❖ ܗܗ

ܡܪܝܐ ܕܣܒܥܡܬܐ ܕܠܚܡܝ ܘܐܬܝܢ ❖

²⁰ ܗܐ ܐܢܐ ܡܫܕܪ ܐܢܐ ܡܠܐܟܐ ܕܝܠܝ ܩܕܡ ܦܪܨܘܦܐ ܕܝܠܟ: ܐܝܟܢܐ ܕܢܛܪܝܟ ܒܐܘܪܚܐ: ܐܝܟܢܐ ܕܢܥܠܝܟ
ܠܐܬܪܐ ܗܘ ܕܛܝܒܬ ܠܟ ܐܢܐ: ²¹ ܚܙܝ ܒܗ ܘܫܡܥܝܘܗܝ. ܘܠܐ ܬܡܪܡܪ *ܒܗ: ܠܐ ܓܝܪ ܢܫܒܘܩ
ܚܛܗܝܟ: ܡܛܠ ܓܝܪ ܕܫܡܝ ܐܝܬ ܒܓܘܗ ❖

ܡܠܐܟܝ ܘ ❖

²² ※ܐܢ ܡܫܡܥܘ ܬܫܡܥ ܒܩܠܐ ܕܝܠܝ. ܘܬܥܒܕ ܟܠܡܕܡ ܗܘܝܢ ܕܐܢܐ ܐܡܪ ܠܟ. ܘܬܛܪ ܕܝܬܩܝ
ܕܝܠܝ ※. ܬܗܘܘܢ ܠܝ ܥܡܐ ܡܓܒܝܢܐ ܡܢ ܟܠܗܘܢ ܥܡܡܐ: ܕܝܠܝ ܓܝܪ ܐܝܬܝܗ̇ ܟܠܗ̇ ܐܪܥܐ. ܐܢܬܘܢ
※ܕܝܢ ܬܗܘܘܢ ܠܝ ܡܠܟܘܬܐ ܟܗܢܐ ܘܥܡܐ ܩܕܝܫܐ ❖ ܗܠܝܢ ܡܠܐ ܬܐܡܪ ܠܒܢܝܐ | ܕܐܝܣܪܝܠ »ܐܢ ܬܫܡܥ 75²
ܒܩܠܐ ܕܝܠܝ. ܘܬܥܒܕ ܟܠܡܕܡ ܐܝܟ ܕܐܢܐ ܐܡܪ ܠܟ. ܐܗܘܐ ܒܥܠܕܒܒܐ ܠܒܥܠܕܒܒܝܟ ܕܝܠܟ. ܘܐܥܩܘܒ
ܠܡܥܩܒܢܐ ܕܝܠܟ ܕܡܥܩܒܝܢ ܠܟ: ²³ ܢܐܙܠ ܓܝܪ ܩܕܡܝܟ ܡܠܐܟܐ ܕܝܠܝ ܩܕܡܝܟ. ܘܢܥܠܝܟ ܠܘܬ
ܐܡܘܪܝܐ ܘܚܬܝܐ ܘܦܪܙܝܐ ܘܟܢܥܢܝܐ ܘܚܘܝܐ ܘܝܒܘܣܝܐ. ܘܐܘܒܕ ܐܢܘܢ: ²⁴ ܠܐ ܬܣܓܘܕ
ܠܐܠܗܐ ܕܝܠܗܘܢ. ܐܦ ܠܐ ܬܦܠܘܚ ܐܢܘܢ. ܠܐ ܬܥܒܕ ܐܝܟ ܥܒܕܐ ܕܝܠܗܘܢ. ܐܠܐ ܡܬܒܪܘ ܬܬܒܪ ※ܐܢܘܢ.
ܘܡܫܒܪܘ ܬܫܒܪ ܠܩܝܡܬܐ ܕܝܠܗܘܢ: ²⁵ ܘܬܦܠܚܘܢ ܠܡܪܝܐ ܐܠܗܐ ܕܝܠܟ. ܘܐܒܪܟ ܠܠܚܡܟ
ܘܠܡܝܐ ܕܝܠܟ. ܘܐܥܒܪ ܟܘܪܗܢܐ ܡܢܟ: ²⁶ ܠܐ ܬܗܘܐ ܕܠܐ ܝܠܕܐ ܘܠܐ ܥܩܪܬܐ *ܒܐܪܥܐ ܕܝܠܟ: ܠܡܢܝܢܐ
ܕܝܘܡܬܐ ܕܝܠܟ ܐܡܠܐ: ²⁷ ܘܕܚܠܬܐ ※ ܕ ܕܝܠܝ | ܐܫܕܪ ܩܕܡܝܟ. ܘܐܫܓܘܫ ܠܟܠܗܘܢ ܥܡܡܐ ܗܠܝܢ 76¹
ܕܐܙܠ ܐܢܬ ܠܘܬܗܘܢ. ܘܐܬܠ ܠܟܠܗܘܢ ܒܥܠܕܒܒܝܟ ܕܝܠܟ ܩܕܠܐ: ²⁸ ܘܐܫܕܪ ܕܒܘܪܐ ܩܕܡܝܟ.
ܘܬܛܪܘܕ ܠܐܡܘܪܝܐ ܘܚܘܝܐ ܘܟܢܥܢܝܐ ܘܚܬܝܐ ܡܢ ܩܕܡܝܟ: ²⁹ ܠܐ ܐܛܪܘܕ ܐܢܘܢ ※ ܡܢ ܩܕܡ ܦܪܨܘܦܐ
※ܕܝܠܟ ܒܫܢܬܐ ܚܕܐ. ܐܝܟܢܐ ܕܠܐ ܬܗܘܐ ܐܪܥܐ ܚܪܒܐ. ܘܢܣܓܘܢ ܥܠܝܟ ܚܝܘܬܐ ܕܒܪܐ:
³⁰ ܒܩܠܝܠ ܒܩܠܝܠ ܐܛܪܘܕ ܐܢܘܢ ܡܢ ܩܕܡܝܟ ܥܕܡܐ ܕܬܪܒܐ. ܘܬܐܪܬܝܗ̇ ܠܐܪܥܐ: || ³¹ ܘܐܣܝܡ ܬܚܘܡܟ ܩܕ ܠܐܠܗܐ ܠܐ
ܕܝܠܟ ܡܢ ܝܡܐ ܕܣܘܦܐ ܥܕܡܐ ܠܝܡܐ *ܕܦܠܫܬܝܐ. ܘܡܢ ܡܕܒܪܐ ܥܕܡܐ ܠܢܗܪܐ ܪܒܐ ܦܪܬ. ܘܐܫܠܡ
ܒܐܝܕܝܟܘܢ ܠܥܡܡܐ ܕܝܬܒܝܢ ܒܐܪܥܐ. ܘܬܛܪܘܕ ܐܢܘܢ ܡܢ ܩܕܡܝܟ: ³² ܠܐ ܬܩܝܡ ܥܡܗܘܢ ܘܥܡ ܐܠܗܐ ܕܝܠܗܘܢ
ܩܝܡܐ: ³³ ܘܠܐ ܢܬܒܘܢ ܒܐܪܥܐ ܕܝܠܟ. ܐܝܟܢܐ | ܕܠܐ ܢܚܛܘܢܟ ܩܕܡܝ. ܐܢ ܓܝܪ ܬܦܠܘܚ 76²
ܠܐܠܗܐ ܕܝܠܗܘܢ. ܗܢܘܢ ܢܗܘܘܢ ܠܟ ܠܬܘܩܠܬܐ ❖ ܣ ܟܒ ❖

ܡܪܝܐ ܕܣܒܥܡܬܐ ܕܩܕܡܝܢ ܙܒܢܐ ❖

24 ¹ ܘܠܡܘܫܐ ܐܡܪ »ܣܩ ܠܘܬ *ܡܪܝܐ ܐܢܬ ܘܐܗܪܘܢ ܘܢܕܒ ܘܐܒܝܗܘܐ ܘܫܒܥܝܢ ܡܢ ܣܒܐ
ܕܐܝܣܪܝܠ. ܘܬܣܓܕܘܢ ܡܢ ܪܚܘܩܐ ܠ*ܡܪܝܐ: ² ܘܢܬܩܪܒ ܡܘܫܐ ܒܠܚܘܕܘܗܝ ܠܘܬ ܐܠܗܐ.
ܗܢܘܢ ܕܝܢ ܠܐ ܢܬܩܪܒܘܢ. ܥܡܐ ܕܝܢ ܠܐ ܢܣܩ ܐܟܚܕܐ ܥܡܗܘܢ« ❖ ³ ܐܬܐ ܕܝܢ ܡܘܫܐ ܘܐܫܬܥܝ ܠܥܡܐ

13 ܕܡܠܟ
13 ܒܫܡܐ ܒܪܗ
21 ܒܪܗ ܒܫܡܐ ܒܪܗ 1 | [B etiam altero loco ܒܪܗ]
22 ܠܐ ܢܬܚܫܒܢ ܒܥܝܢܝ ܕܡܫܡܥܝܢ ܗܠܝܢ ܕܐܡܪܬ ܠܡܬܚܫܒܘܬܐ ܕܐܝܟ ܕܡܫܡܥ
26 ܒ
1 ܒܫܢܬܐ ܕܝܠܗ ܥܒܕܝܢ ❖ ܗܘ 31 ܕܝܗܘܕܝܐ, indice ad ܒܥܠ adposito
31 ܒܗܘܪܐ ܢܗܪܐ ܦܪܬ — B
31 ܕܐܝܟ B²

ܟܠܗܘܢ ܡ̈ܠܐ ܕܐܠܗܐ ܘ※ܟܠܗܘܢ↙ ܕܝ̈ܢܐ: ܥܢܐ ܕܝܢ ܟܠܗ ܥܡܐ ܒܩܠܐ ܚܕ ܟܕ ܐܡܪܝܢ ܀ܟܠܗܘܢ ܡ̈ܠܐ ܗܠܝܢ
ܕܡܠܠ *ܡܪܝܐ. ÷ܢܥܒܕ ܐܦ↙ ܢܫܡܥ«: ⁴ܘܟܬܒ ܡܘܫܐ ܟܠܗܘܢ ܡ̈ܠܘܗܝ *ܕܡܪܝܐ ܀ ܟܕ ܩܕܡ ܕܝܢ
ܡܘܫܐ ܒܨܦܪܐ. ܒܢܐ ܡܕܒܚܐ ܬܚܝܬ ܡܢ ܛܘܪܐ. | ܘܬܪ̈ܬܥܣܪܐ ܟܐܦ̈ܐ ܠܬܪ̈ܬܥܣܪܐ ܫܒ̈ܛܐ ܕܐܝܣܪܝܠ: 77[1]
⁵ܘܫܕܪ ܠܥܠܝ̈ܡܐ ܕܒܢ̈ܝ ܐܝܣܪܝܠ. ܘܐܣܩܘ ܝܩܕ̈ܐ ܒܟܠܗܝܢ. ܘܕܒܚܘ ܕܒ̈ܚܐ ܕܫܠܡ̈ܐ ܠܐܠܗܐ .. ܬܘ̈ܪܐ ܀
⁶ܟܕ ܢܣܒ ܕܝܢ ܡܘܫܐ ܦܠܓܗ ܕܕܡܐ. *ܣܡ ܒܦܝ̈ܠܐ. ܘܦܠܓܗ ܕܝܢ ܕܕܡܐ ܐܫܕ ܥܠ ܡܕܒܚܐ ܀
⁷ܘܟܕ ܢܣܒ ܟܬܒܐ ܕܕܝܬܩܐ. ܩܪܐ ܒܐܕ̈ܢܝܗܘܢ ܕܥܡܐ: ܘܐܡܪܘ ܀ܟܠܗܘܢ ܗܠܝܢ ܕܡܠܠ *ܡܪܝܐ.
ܢܥܒܕ ܘܢܫܡܥ« ܀
ܡܕ ⁸ܟܕ ܢܣܒ ܕܝܢ ܡܘܫܐ ܕܡܐ. ܐܙܠܦ ܥܠ ܥܡܐ. ܘܐܡܪ ܀ܗܐ ܕܡܐ ܕܕܝܬܩܐ ܗܝ ܕܣܡ *ܡܪܝܐ
ܠܘܬܟܘܢ ܡܛܠ ܟܠܗܘܢ ܡ̈ܠܐ ܗܠܝܢ ܀

ܡܪܝܐ ܕܡܬܚܙܐ ܕܡܬܚܬܐ ܕܢܫܬܐ ܀

⁹ܘܣܠܩ ܡܘܫܐ ܘܐܗܪܘܢ ÷ܘ↙ ܢܕܒ ܘܐܒܝܗܘܕ ܘܫܒܥܝܢ ܡܢ ܩܫܝ̈ܫܐ ܕܐܝܣܪܝܠ. ¹⁰ܘܚܙܘ
ܠܕܘܟܬܐ | ܐܝܟܐ ܕܩܐܡ ܗܘܐ ܐܠܗܐ ܕܐܝܣܪܝܠ. ܘܬܚܝܬ ܪ̈ܓܠܘܗܝ ܐܝܟ ܥܒܕܐ ܕܠܒܢܬܐ 77[2]
*ܕܣܦܝܪܐ. †ܘܐܝܟ ܡܐ ܕܚܙܬܐ ܕܪܩܝܥܐ ܕܫܡܝܐ ܒܕܟܝܘܬܐ: ¹¹ܘܡܢ ܓܒ̈ܝܐ ܕܐܝܣܪܝܠ ܠܐ ܐܬܚܪ ܘܠܐ ܚܕ.
ܘܐܬܚܙܝܘ ܒܕܘܟܬܐ ܕܐܠܗܐ. ܘܐܟܠܘ ܘܐܫܬܝܘ ܀

ܡܛܠܬܗ ܪ ܀

¹²ܘܐܡܪ *ܡܪܝܐ ܠܘܬ ܡܘܫܐ ܀ܣܩ ܠܘܬܝ ܠܛܘܪܐ ܘܗܘܝ ܬܡܢ. ܘܐܬܠ ܠܟ *ܠܘ̈ܚܐ ܟܐܦ̈ܢܝܬܐ
※ܐܦ↙ ܢܡܘܣܐ ܘܦܘܩܕ̈ܢܐ ܗܠܝܢ ܕܟܬܒܬ ܠܡܣܡ ܢܡܘܣܐ ܠܗܘܢ« ܀ ¹³ܘܟܕ ܩܡ ܡܘܫܐ ܘܝܫܘܥ
ܗܘ ܕܩܐܡ ܡܫܡܫܢܗ. ܣܠܩܘ ܠܛܘܪܗ ܕܐܠܗܐ ܀ ¹⁴ܘܠܩܫܝ̈ܫܐ ܐܡܪ ܀ܬܒܘ ܗܪܟܐ ܥܕܡܐ ܕܝ
ܢܗܦܘܟ ܠܘܬܟܘܢ: ܘܗܐ ܐܗܪܘܢ ܘܚܘܪ ܥܡܟܘܢ. ܐܢ ܠܐܢܫ ܢܗܘܐ ܕܝܢܐ. ܢܬܩܪܒܘܢ | ܠܗܘܢ« ܀ 78[1]
¹⁵ܘܣܠܩ ܡܘܫܐ ܠܛܘܪܐ. ܘܟܣܝܗ ܥܢܢܐ ܠܛܘܪܐ: ¹⁶ܘܫܪܐ ܫܘܒܚܗ ܕܐܠܗܐ ܥܠ ܛܘܪܐ
ܕܣܝܢܝ. ܘܟܣܝܗ ܥܢܢܐ ܫܬܐ ܝܘܡ̈ܝܢ ܀ ܘܩܪܐ ÷ *ܡܪܝܐ↙ ܠܡܘܫܐ ܒܝܘܡܐ ܫܒܝܥܝܐ ܡܢ ܡܨܥܬܗ
ܕܥܢܢܐ: ¹⁷ܚܙܘܐ ܕܝܢ ܕܫܘܒܚܗ *ܕܡܪܝܐ ܐܝܟ ܢܘܪܐ ܕܡܐܟܠܐ ܥܠ ܪܝܫܗ ܕܛܘܪܐ ܩܕܡ ܒܢ̈ܝܐ
ܕܐܝܣܪܝܠ ܀ ܣ ܀
¹⁸ܘܥܠ ܡܘܫܐ ܠܡܨܥܬܗ ܕܥܢܢܐ. ܘܣܠܩ ܠܛܘܪܐ. ܘܐܬܘܗܝ ܗܘܐ * ܡܘܫܐ ܒܛܘܪܐ ܐܪܒܥܝܢ
ܐܝܡܡܝܢ ܘܐܪܒܥܝܢ ܠܠܝ̈ܐ ܀ ܣ ܀

ܡܪܝܐ ܕܡܦܩܕ ܕܢܬܠܘܢ ܦܪ̈ܫܘܬܐ ܀

25 ¹ܘܡܠܠ *ܡܪܝܐ ܠܘܬ ܡܘܫܐ ܟܕ ܐܡܪ ²܀ܐܡܪ ܠܒܢ̈ܝ ܐܝܣܪܝܠ. *ܘܢܣܒܘܢ ܠܝ †ܦܪ̈ܫܘܬܐ: ܡܢ
ܟܠܗܘܢ **ܗܠܝܢ ܕܐܢ ܢܨܒܐ ܒܠܒܗܘܢ. ܬܣܒܘܢ ܦܪ̈ܫܘܬܐ ܕܝܠܝ: | ³ܘܗܕܐ ܐܝܬܝܗ ܦܪܫܘܬܐ ܗܝ ܕܬܣܒܘܢ 78[2]
ܡܢܗܘܢ. ܕܗܒܐ ܘܣܐܡܐ ※ܘ↙ ܘܢܚܫܐ ⁴※ܘ↙ ܘܬܟܠܬܐ ※ܘ↙ ܘܐܪܓܘܢܐ ܘܙܚܘܪܝܬܐ ܟܦܝܠܬܐ
ܘܒܘܨܐ ÷ܕܡܫܙܓܐ↙ ܘܡܥܪ̈ܐ ܕܥܙ̈ܐ ⁵ܘܡܫܟ̈ܐ ܕܕܟܪ̈ܐ ܕܡܣܡܩܝܢ ܘܡܫܟ̈ܐ ܕܣܡܠܝܬܐ ܘܩܝ̈ܣܐ ܠܐ
ܡܬܚܒܠܢܐ ⁶÷*ܘܡܫܚܐ ܠܢܘܗܪܐ †ܘܒܣ̈ܡܐ ܠܡܫܚܐ ܕܡܫܝܚܘܬܐ ※ܘܠܒܘܣܡܐ ܕܒܣ̈ܡܐ↙
⁷ܘܟܐܦ̈ܐ ܕܣܪܕܝܢ ܘܟܐܦ̈ܐ ÷ܠܡܓܠܦܘ↙ ܠܡܥܦܘܪܐ ܘܠܡܫܢܬܐ *ܘܠܒܪܘܪ̈ܐ ܀ ⁸ܘܬܥܒܕ ܠܝ ܡܩܕܫܐ. ܘܐܫܪܐ
ܒܟܘܢ: ⁹ܘܬܥܒܕ ܠܝ ܐܝܟ ܟܠܗܘܢ ܗܠܝܢ ܕܐܢܐ ܡܚܘܐ ܐܢܐ ܠܟ ÷ ܒܛܘܪܐ↙. ܕܡܘܬܐ ܕܡܫܟܢܐ
ܘܕܡܘܬܐ ܕܟܠܗܘܢ ܡ̈ܐܢܐ ܕܝܠܗ: ܘܗܟܢܐ ܬܥܒܕ ܀ ¹⁰ܘܬܥܒܕ ܩܒܘܬܐ ÷ܕܣܗܕܘܬܐ↙ ܡܢ ܩܝ̈ܣܐ ܠܐ
ܡܬܚܒܠܢܐ. ܕܬܪ̈ܬܝܢ ܐܡ̈ܝܢ ܘܦܠܓܐ ※ܐ ܕܐܡܬܐ↙. ܘܦܬܝܐ ܐܡܬܐ ܘܦܠܓܐ ※ܐ ܕܐܡܬܐ↙. ܘܐܡܬܐ
| ܘܦܠܓܐ ܕܐܡܬܐ ※ܐ ܕܐܡܬܐ↙: ¹¹*ܘܬܚܦܝܗ ܕܗܒܐ ܕܟܝܐ. ܡܢ ܠܓܘ ܘܡܢ ܠܒܪ ܬܚܦܝܗ: 79[1]
ܘܬܥܒܕ ܠܗ ܣܦ̈ܦܐ ÷ܡܬܦܬܠܢܝ̈ܬܐ↙ ܕܕܗܒܐ ܡܢ ܚܕܪ: ¹²ܘܬܢܣܟ ܠܗ ܐܪ̈ܒܥ ܥܙܩ̈ܬܐ

3 ※ܟܠܗܘܢ↙ B, correxit C
3 ܢܥܒܕ ÷ ܐܦ↙ B, correxit C
6 ܗܘ ܠ̄ ܒܟܣܐ ܕܗܘ ܣܓܝ
10 σαφφερος
10 ܗܘ ܠ̄ ܐܟܘܬ ܕܥܒܕܐ, ad ܕܥܒܕܐ relat
12 ܫܡܥ B, correxit C

12 τα πυξια
18 ܣ̄ܠ
2 ܠ̄ ܘܢܣܒܘܢ ܐ
2 ܦܪ̈ܫܘܬܐ ܀ ܗܘ ܠ̄ ܦܪ̈ܫܘܬܐ ܐ
2 ܗܠܝܢ [ad ܗܠܝܢ] ܐ ܗܘ ܕܝܢ ܗܘ ܀ ܕܢܨܒܐ ܒܠܒܗ
2 fin ܦܪ̈ܫܘܬܐ B

6 ↙ priorem et 10 ÷ addidit C
6 [ܣܦܠ B[1]] ܘܡܫܚܐ ܗܘ ܕܝܢ ܕܐܬܡܠܝܘ
6 ܘܒܘܣܡܐ ܗܘ ܠ̄ ܐ, ubi B ܒܘܣܡܐ
7 ποδηρα [sic] et ܠܒܪܘܪ̈ܐ ܕܟܐܦܐ ܕܬܣܡ
ܐܝܬܘܗܝ ܗܘܐ ܕܢܣܒ ܗܘܐ ܥܠ ܚܕܐ ܠܒܪ̈ܐ
11 ܬܚܦܝܗ ܕܝܢ ܐܠܐ ܕܗܒܐ ܐܝܟ

ܕܕܗܒܐ ܂ ܘܬܥܒܕ ܥܠܘܗܝ ܙܝܘܐ ܕܕܗܒܐ ※ܗ ܠ ܕܚܕܪܘܗܝ ܂ ܐܪܒܥ ܥܙܩܬܐ ܥܠ ܕܗܒܐ ※ܕܚܕܪܘܗܝ ܚܕ ܂ ܘܐܪܒܥ ܥܙܩܬܐ ܥܠ ܕܗܒܐ ※ܗ ܠ ܕܚܕܪܘܗܝ ܐܚܪܢܐ ⁜ 13 ܬܥܒܕ ܕܝܢ ܩܘܫܐ ܡܢ ܩܝܣܐ ܠܐ ܡܬܚܒܠܢܐ ܂ ܘܬܚܦܐ ܐܢܘܢ ܒܕܗܒܐ ܂ 14 ܘܬܥܠ ܩܘܫܐ ܒܥܙܩܬܐ ܗܠܝܢ ܕܒܣܛܪܝܗ ܕܩܒܘܬܐ ܂ ܠܡܫܩܠ ܩܒܘܬܐ ܒܗܘܢ ܂ 15 ܒܥܙܩܬܐ ܕܩܒܘܬܐ ܢܗܘܘܢ ܩܘܫܐ ܠܐ ܢܬܦܪܩܘܢ ※ܗ ܠ ܡܢܗ ⁜ 16 ܘܬܣܝܡ ܒܩܒܘܬܐ ܣܗܕܘܬܐ ܗܕܐ ܕܐܢܐ ܝܗܒ ܠܟ ⁜ 17 ܘܬܥܒܕ ܚܘܣܝܐ ܡܚܣܝܢܐ ܕܕܗܒܐ ܕܟܝܐ ܂ ܬܪܬܝܢ ܐܡܝܢ ܘܦܠܓܐ ܐܘܪܟܐ ※ܠ ܕܚܘܣܝܐ ܘܐܡܬܐ | ܘܦܠܓܐ ※ܕܚܘܣܝܐ ※ *ܘܐܡܬܐ ܘܦܠܓܐ ܦܬܝܐ ܕܚܘܣܝܐ ܂ 79[3]

18 ܘܬܥܒܕ ܬܪܝܢ ܟܪܘܒܐ ܕܕܗܒܐ *ܢܩܝܦܝܢ ܠܚܘܣܝܐ ܂ ܘܬܥܒܕ ܐܢܘܢ ܡܢ ܬܪܝܢ ܣܛܪܘܗܝ ܕܚܘܣܝܐ ܂ ܚܕ 19 ܠܥܒܪܗ ܂ ܟܪܘܒܐ ܚܕ ܡܢ ܣܛܪܗ ܕܗܪܟܐ ܂ ܘܟܪܘܒܐ ܚܕ ܡܢ ܣܛܪܗ ܐܚܪܢܐ ܕܚܘܣܝܐ ܂ ܘܬܥܒܕ ܬܪܝܗܘܢ ܟܪܘܒܐ ܥܠ ܬܪܝܗܘܢ ܣܛܪܘܗܝ ※ܗ ܠ ܕܚܘܣܝܐ ܂ 20 ܢܗܘܘܢ ܗܟܢܐ ܟܪܘܒܐ ܕܦܪܝܣܝܢ ܓܦܝܗܘܢ *※ܗ ܠ ܕܚܘܣܝܐ ܡܢ ܠܥܠ ܂ ‖ ܟܕ ܡܛܠܠܝܢ ܓܦܝܗܘܢ ܥܠ ܚܘܣܝܐ ܘܦܪܨܘܦܝܗܘܢ ܚܕ ܠܘܩܒܠ ܚܕ ܂ ܘܦܪܨܘܦܐ ܕܟܪܘܒܐ ܢܗܘܘܢ ܦܪܨܘܦܝܗܘܢ ܕܟܪܘܒܐ ⁜ 21 ܘܬܣܝܡ ܠܚܘܣܝܐ ܥܠ ܩܒܘܬܐ ܡܢ ܠܥܠ ܂ ܘܒܩܒܘܬܐ ܬܬܠ ܣܗܕܘܬܐ ܗܕܐ ܕܐܢܐ ܝܗܒ ܠܟ ⁜

80[1] 22 ܘܐܬܘܥܕ ܠܟ ܬܡܢ ܂ ܘܐܡܠܠ ܥܡܟ ܡܢ ܠܥܠ ܡܢ ܥܠ ܚܘܣܝܐ ܡܢ ܒܝܬ ܬܪܝܢ ܟܪܘܒܐ | ܗܠܝܢ ܕܐܝܬܝܗܘܢ ܥܠ ܩܒܘܬܐ ܕܣܗܕܘܬܐ ܂ ܐܝܟ ܟܠܗܝܢ ܗܠܝܢ ܕܐܦܩܕ ܠܘܬܟ ܠܒܢܝ ܐܝܣܪܝܠ ⁜ ܗ ܠ ⁜

23 ܘܬܥܒܕ ܦܬܘܪܐ ※ܠ *ܡܢ ܩܝܣܐ ܠܐ ܡܬܚܒܠܢܐ ܂ ܬܪܬܝܢ ܐܡܝܢ ܐܘܪܟܐ ※ܐ ܠ ܕܝܠܗ ܘܐܡܬܐ ܦܬܝܐ ※ܐ ܠ ܕܝܠܗ ܘܐܡܬܐ ܘܦܠܓܐ ܪܘܡܐ ※ܐ ܠ ܕܝܠܗ ܂ 24 ܘܬܚܦܝܘܗܝ ܕܗܒܐ ※ܕܟܝܐ ܂ ܘܬܥܒܕ ܠܗ ܙܝܘܐ ܚܕܪܢܝܬܐ ܕܕܗܒܐ ܡܢ ܚܕܪ ܂ 25 ܘܬܥܒܕ ܠܗ ܣܡܟܐ ܕܪܘܡܗ ܦܫܟܐ ܡܢ ܚܕܪ ܂ ܘܬܥܒܕ ܙܝܘܐ ܚܕܪܢܝܬܐ ※ܗ ܠ ܕܕܗܒܐ ܠܣܡܟܐ ※ܐ ܗ ܕܝܠܗ ܠܚܕܪ ܂ 26 ܘܬܥܒܕ ※ܠ ܠܗ ܐܪܒܥ ܥܙܩܬܐ ܕܕܗܒܐ ܂ ܘܬܣܝܡ ܥܙܩܬܐ ܥܠ ܐܪܒܥ ܙܘܝܬܗ ※ܠ ܗܠܝܢ ܕܐܝܬܝܗܝܢ ※ܕܐܪܒܥܬܝܗܝܢ ܪܓܠܘܗܝ ܂ 27 ܠܘܩܒܠ ܡܢ ܣܡܟܐ ܢܗܘܝܢ ܥܙܩܬܐ ܠܒܬܐ ܠܩܘܫܐ ܐܝܟ ܕܠܡܫܩܠܗ ܠܦܬܘܪܐ ܂

80[2] 28 ܘܬܥܒܕ ܠܩܘܫܐ ܡܢ | ܩܝܣܐ ܠܐ ܡܬܚܒܠܢܐ ܂ ܘܬܚܦܐ ܐܢܘܢ ܕܗܒܐ ܕܟܝܐ ܂ ܘܢܫܬܩܠ ܒܗܘܢ ܦܬܘܪܐ ܂ 29 ܘܬܥܒܕ ܩܦܘܪܐ ※ ܕܝܠܗ ܘܟܣܐ ※ ܕܝܠܗ *ܘܡܢܩܝܬܐ ※ ܕܝܠܗ ܘܩܣܘܬܐ ※ ܕܝܠܗ ܕܒܗܝܢ ܢܬܢܣܟ ܒܗܘܢ ܂ ܕܕܗܒܐ ܕܟܝܐ ܬܥܒܕ ܐܢܘܢ ⁜ 30 ܘܬܣܝܡ ܥܠ ܦܬܘܪܐ ܠܚܡܐ *ܕܐܦܐ ܩܕܡܝ ܐܡܝܢܐܝܬ ⁜ 31 ܘܬܥܒܕ ܡܢܪܬܐ ܕܕܗܒܐ ܕܟܝܐ ܂ *ܢܩܝܦܬܐ ܠܚܘܣܝܗ ܬܬܥܒܕ ܡܢܪܬܐ ܂ ܥܩܪܗ ܕܝܠܗ ܘܩܢܝܗ ※ ܕܝܠܗ ܘܟܣܝܗ ※ ܕܝܠܗ ܘܫܘܫܢܝܗ ※ ܕܝܠܗ ܘܩܘܦܣܐ ※ ܕܝܠܗ ܡܢܗ ܢܗܘܘܢ ܂ 32 ܫܬܐ ܕܝܢ ܩܢܝܐ ܢܦܩܝܢ ܡܢ ܣܛܪܝܗ ※ ܕܝܠܗ ܂ ܬܠܬܐ ܩܢܝܐ ܕܡܢܪܬܐ ܡܢ ܣܛܪܗ ܚܕ ܂ ܘܬܠܬܐ ܩܢܝܐ ܕܡܢܪܬܐ ܡܢ ܣܛܪܐ ※ ܕܝܠܗ ܐܚܪܢܐ ܂ 33 ܘܬܠܬܐ

81[1] ܟܣܐ ܕܡܫܩܠܝܢ ܫܓܕܐ ܒܩܢܝܐ | ܚܕ ܂ ܫܘܫܢܐ ܘܩܘܦܣܐ ܂ ※ܘܬܠܬܐ *ܟܣܐ ܕܡܫܩܠܝܢ ܫܓܕܐ ܒܩܢܝܐ ※ܚܕ ܂ ܫܘܫܢܐ †ܘܩܘܦܣܐ ܕܝܠܗ ܂ ܗܟܢܐ ܠܫܬܐ ܩܢܝܐ ܕܢܦܩܝܢ ܡܢܗ ܕܡܢܪܬܐ ܂ 34 ܘܒܡܢܪܬܐ ܐܪܒܥܐ ܟܣܐ ܕܡܫܩܠܝܢ ܫܓܕܐ ܂ ܘܫܘܫܢܐ ※ ܕܝܠܗ ܘܩܘܦܣܐ ܕܝܠܗ ܂ 35 ܫܘܫܢܐ ܬܚܝܬ ܬܪܝܢ ܩܢܝܐ ܡܢܗ ܂ ܘܫܘܫܢܐ ܬܚܝܬ ܬܪܝܢ ܩܢܝܐ ܡܢܗ ܂ ܘܫܘܫܢܐ ܬܚܝܬ ܬܪܝܢ ܩܢܝܐ ※ܡܢܗ ܂ ܗܟܢܐ ܠܫܬܐ ܩܢܝܐ ܗܠܝܢ ܕܢܦܩܝܢ ܡܢܗ ܕܡܢܪܬܐ ܂ 36 ܘܫܘܫܢܐ ※ܐ ܠ ܕܝܠܗܘܢ ܘܩܢܝܐ ※ܐ ܠ ܕܝܠܗܘܢ ܡܢܗ ܢܗܘܘܢ ܂ ܟܠܗ ܢܩܝܦܬܐ ܚܕܐ ܕܕܗܒܐ ܕܟܝܐ ⁜ 37 ܘܬܥܒܕ ܫܪܓܐ ܕܝܠܗ ܫܒܥܐ ܂ ܘܬܣܝܡ ܫܪܓܐ ܕܝܠܗ ܂ ܘܢܢܗܪܘܢ ܡܢ ܚܕ ܦܪܨܘܦܐ ※ ܕܝܠܗ ܂ 38 *ܘܡܠܩܛܐ ܕܝܠܗ ܘܡܚܬܝܬܐ ܕܝܠܗ ܡܢ ܕܗܒܐ

81[2] ܕܟܝܐ ⁜ 39 ܟܟܪܐ ܕܕܗܒܐ | ܕܟܝܐ ܬܥܒܕܝܗ ܂ ܠܟܠܗܘܢ ܡܐܢܐ ܗܠܝܢ ⁜ 40 ܚܙܝ ܬܥܒܕ ܐܝܟ ܕܡܘܬܐ ܗܘ ܕܐܬܚܙܝ ܠܟ ܒܛܘܪܐ ⁜

---

12 ܥܠ ܕܗܒܐ B
16 ܕܣܗܕܘܬܐ B
17 ※ ܘܐܡܬܐ ܘܦܠܓܐ ܦܬܝܐ ܕܝܠܗ ܠ ܠܐ ...
18 ܢܩܝܦܝܢ ܠܚܘܣܝܐ ; ubi ܢܩܝܦܝܢ B : correxit C

23 ܕܕܗܒܐ ܕܟܝܐ ; ܡܢ ܩܝܣܐ, ad ܩܝܣܐ relatum
29 ܘܡܢܩܝܬܐ
30 ܕܐܦܐ ܩܕܡܝ
31 ܢܩܝܦܬܐ ; ܐܝܟ ܕܒܟܠ
32 ܣܛܪܝܗ B, ܣܛܪܗ correxit C
33 ... puncta ad ... in B^m addidi, indicem in B a ... ad ... transtuli
33 ܚܕܐ ; ܐܝܟ ܕܒܟܠ
36 ܠ alterum addidit C
38 ܘܡܠܩܛܐ ܕܝܠܗ ; ܘܡܚܬܝܬܐ ܕܝܠܗ

26 ܟܘ [1]ܘܠܡܫܟܢܐ ܬܥܒܕ ܥܣܪ *ܝܪ̈ܝܥܢ ܡܢ ܒܘܨܐ ܕܡܫܙܪ ܘܬܟܠܬܐ ܘܐܪܓܘܢܐ †ܘܙܚܘܪܝܬܐ
ܕܥܙܝܠܐ. ܟܪ̈ܘܒܐ. ܥܒܕܐ ܕܐܘܡܢܐ ܬܥܒܕ ܐܢܝܢ: [2]ܐܘܪܟܗ ܕܝܪܝܥܬܐ ܚܕܐ ܕܥܣܪ̈ܝܢ ܘܬܡܢܐ ܐܡ̈ܝܢ. ܘܦܬܝܗ
ܕܐܪ̈ܒܥ ܐܡ̈ܝܢ ܕܝܪܝܥܬܐ ܚܕܐ ÷ ܬܗܘܐ↙: ܡܫܘܚܬܐ ܗܝ ܗܝ ÷ ܬܗܘܐ↙ ܠܟܠܗܝܢ ܝܪ̈ܝܥܬܐ: [3]ܚܡܫ
ܝܪ̈ܝܥܬܐ ܢܗܘܝܢ ܕܡܢ ܚܕܐ ܐܣܝ̈ܪܢ. ܐܣܝܪܬܐ ܡܢ ܐܣܝܪܬܐ. ܘܚܡܫ ܝܪ̈ܝܥܬܐ ܢܗܘܝܢ ܘܐܣܝ̈ܪܢ ܐܣܝܪܬܐ ܡܢ ܐܣܝܪܬܐ ܀
82[1] [4]ܘܬܥܒܕ ÷ ܠܗܝܢ↙ *ܐܢܫܠܐ ܕܬܟܠܬܐ ܥܠ ܣܦܬܗ ܕܝܪܝܥܬܐ ܚܕܐ ܡܢ ܚܕ ܓܒܐ | †ܠܫܘܬܦܘܬܐ. ܘܗܟܢܐ
ܬܥܒܕ ܥܠ ܣܦܬܗ ܕܝܪܝܥܬܐ ܒܪܝܬܐ ܠܘܬ ܫܘܬܦܘܬܐ ܐܚܪܝܬܐ: [5]ܚܡܫܝܢ ܐܢܫܠܐ ܬܥܒܕ ܠܝܪܝܥܬܐ ܚܕܐ.
ܘܚܡܫܝܢ ܐܢܫܠܐ ܬܥܒܕ ܡܢ ܓܒܗ ܕܝܪܝܥܬܐ ܐܝܟ ܕܠܫܘܬܦܘܬܐ ܕܐܚܪܝܬܐ. ܠܘܩܒܠ ܦܪܨܘܦܐ. *ܕܡܩܒܠܝܢ
ܢܗܘܘܢ ܗܠܝܢ ※ܐܢܫܠܐ↙ ܠܚܕܕ̈ܐ ܥܠ ܚܕܐ ܀ [6]ܘܬܥܒܕ ܚܡܫܝܢ ܩܘܪ̈ܩܣܐ ܕܕܗܒܐ. ܘܬܠܘܐ ܠܝܪ̈ܝܥܬܐ
ܐܚܪ̈ܬܐ ܠܐܚܪܬܐ ܒܩܘܪ̈ܩܣܐ. ܘܢܗܘܐ ܡܫܟܢܐ ܚܕ ܀ [7]ܘܬܥܒܕ *ܝܪ̈ܝܥܬܐ ܕܣܥܪܐ ܠܡܛܠܠܘ ܥܠ
ܡܫܟܢܐ. ܚܕܥܣܪܐ ܝܪ̈ܝܥܬܐ ܬܥܒܕ ܐܢܝܢ: [8]ܐܘܪܟܗ ܕܝܪܝܥܬܐ ܚܕܐ ÷ ܬܗܘܐ↙ ܕܬܠܬܝܢ ܐܡ̈ܝܢ. ܘܦܬܝܗ
82[2] ܕܐܪ̈ܒܥ ܐܡ̈ܝܢ ܕܝܪܝܥܬܐ ܚܕܐ: ܡܫܘܚܬܐ ܗܝ ܗܝ ÷ ܬܗܘܐ↙ ܠܗܝܢ | ܠܚܕܥܣܪܐ ܝܪ̈ܝܥܬܐ:
[9]ܘܬܠܘܐ ܠܚܡܫ ܝܪ̈ܝܥܬܐ ܐܟܚܕܐ. ܘܠܫܬ ܝܪ̈ܝܥܬܐ ܐܟܚܕܐ. ܘܬܥܦܦ ܠܝܪܝܥܬܐ ܫܬܝܬܝܬܐ ܠܘܩܒܠ
ܦܪܨܘܦܐ ܕܡܫܟܢܐ ܀ [10]ܘܬܥܒܕ ܚܡܫܝܢ ܐܢܫܠܐ ܥܠ ܣܦܬܗ ܕܝܪܝܥܬܐ ܚܕܐ ܗܝ ܕܒܡܨܥܬܐ ܐܝܟ
ܕܫܘܬܦܘܬܐ. ܘܚܡܫܝܢ ܐܢܫܠܐ ÷ ܬܥܒܕ↙ ܥܠ ܣܦܬܗ ܕܝܪܝܥܬܐ ܐܚܪܝܬܐ ܗܝ ܕܡܠܘܝܐ ܀ [11]ܘܬܥܒܕ
ܩܘܪ̈ܩܣܐ ܕܢܚܫܐ ܚܡܫܝܢ. ܘܬܠܘܐ ܠܩܘܪ̈ܩܣܐ ܡܢ ܐܢܫܠܐ. ܘܬܠܘܐ ܠܡܛܠܠܬܐ. ܘܢܗܘܐ ܚܕ ܀
[12]ܘܬܦܫܘܩ ܗܘ ܡܐ ܕܝܬܝܪ ܒܝܪ̈ܝܥܬܐ ܕܡܫܟܢܐ ܠܦܠܓܗ ܕܝܪܝܥܬܐ ܗܘ ܕܝܬܝܪ. ÷ ܬܟܣܐ ܠܗܘ ܡܐ
÷ ܕܝܬܝܪ ܡܢ ܝܪ̈ܝܥܬܐ ܕܡܫܟܢܐ↙ .. [13]ܐܡܬܐ ܡܢ ܗܪܟܐ ܘܐܡܬܐ ܡܢ ܗܪܟܐ ܡܢ ܗܘ ܡܐ ܕܝܬܝܪ ※ܒܐܘܪܟܐ↙
83[1] ܕܝܪ̈ܝܥܬܐ | ܕܡܫܟܢܐ. ※ܐ ܘ↙ܢܗܘܐ ܡܬܟܣܐ ܥܠ ܓܒܘ̈ܗܝ ܕܡܫܟܢܐ ܡܟܐ ܘܡܟܐ: ܐܝܟܢܐ
ܕܢܟܣܐ ※ܢܟܣܝܘܗܝ↙ ܀ [14]ܘܬܥܒܕ ܬܟܣܝܬܐ ܠܡܫܟܢܐ. ܡܫܟ̈ܐ ܕܕܟܪ̈ܐ ܡܣܡܩܐ. ܘܬܟܣܝܬܐ ܕܡܫܟ̈ܐ
ܕܣܘܣܝܬܐ ܡܢ ܠܥܠ ܀ [15]ܘܬܥܒܕ *ܥܡܘܕ̈ܐ ܕܡܫܟܢܐ ܡܢ ܩܝܣ̈ܐ ܠܐ ܡܬܚܒܠܢܐ ※ܐ ܠ ܕܩܝܡܝܢ↙:
[16]ܕܥܣܪ ܐܡ̈ܝܢ ※ܐܘܪܟܐ↙ ÷ ܬܥܒܕܝܘܗܝ↙ ܠܥܡܘܕܐ ÷ ܚܕ↙. ܘܐܡܬܐ ÷ ܚܕܐ↙ ܘܦܠܓܐ ※ܐܡܬܐ↙
ܦܬܝܗ ܕܥܡܘܕܐ ܚܕ: [17]ܬܪܬܝܢ ܐܝ̈ܕܝܐ ܠܥܡܘܕܐ ܚܕ ܕܡܩܒܠܝܢ ܐܚܪܬܐ ܠܐܚܪܬܐ: ܗܟܢܐ ܬܥܒܕ ܠܟܠܗܘܢ
ܥܡܘܕ̈ܐ ܕܡܫܟܢܐ ܀ [18]ܘܬܥܒܕ *ܠܥܡܘܕ̈ܐ ܕܡܫܟܢܐ ܥܣܪܝܢ ܥܡܘܕ̈ܐ ܡܢ ܣܛܪܐ ܕܬܝܡܢܐ ܓܪܒܝܐ:
ܬܪܝܢ ܒܣ̈ܝܣܐ ܠܥܡܘܕܐ ܚܕ ‖ .ܠܥܣܪܝܢ ܥܡܘܕ̈ܐ ܬܥܒܕ ܕܣܐܡܐ ܒܣ̈ܝܣܐ [19]ܘܐܪܒܥܝܢ ܩܕܡ ܠܦܚܐ ܬܝܡܢ
83[2] ܠܬܪ̈ܝܗܘܢ ܓܒ̈ܘܗܝ ܕܝܠܗ. ܘܬܪܝܢ | ܒܣ̈ܝܣܐ ܠܥܡܘܕܐ ܚܕ ܠܬܪ̈ܝܗܘܢ ܓܒ̈ܘܗܝ ܕܝܠܗ: [20]ܘܠܣܛܪܐ
ܕܝܢ ※ܕܡܫܟܢܐ↙ ܐܚܪܢܐ ܗܘ ܕܠܘܬ ܓܪܒܝܐ. ܥܣܪܝܢ ܥܡܘܕ̈ܐ: [21]ܘܐܪܒܥܝܢ ܒܣ̈ܝܣܐ *ܕܝܠܗܘܢ ܕܣܐܡܐ.
ܬܪܝܢ ܒܣ̈ܝܣܐ ܠܥܡܘܕܐ ܚܕ ÷ ܠܬܪ̈ܝܗܘܢ ܓܒ̈ܘܗܝ ܕܝܠܗ. ܘܬܪܝܢ ܒܣ̈ܝܣܐ ܠܥܡܘܕܐ ܚܕ ܠܬܪ̈ܝܗܘܢ
÷ ܓܒ̈ܘܗܝ ܕܝܠܗ↙: [22]ܘܡܢ ܒܣܬܪܗ ܕܡܫܟܢܐ ܡܢ ܣܛܪܐ ܕܠܘܬ ܝܡܐ ܬܥܒܕ ܫܬܐ ܥܡܘ̈ܕܐ: [23]ܘܬܪܝܢ
ܥܡܘ̈ܕܐ ܬܥܒܕ ܥܠ ܩܪ̈ܢܬܗ ܕܡܫܟܢܐ ܥܠ ܒܣܬܪ̈ܘܗܝ: [24]ܘܢܗܘܘܢ *ܫܘܝܢ ܡܢ ܠܬܚܬ:
ܘܐܟܚܕܐ ܢܗܘܘܢ †ܫܘܝܢ ܡܢ ܠܥܠ ※ܕܝܠܗܘܢ↙ ܠܪܫܐ ܚܕ: ܗܟܢܐ ܬܥܒܕ ܠܬܪ̈ܝܗܘܢ ܠܩܪ̈ܢܬܐ.
ܫܘܝܢ ܢܗܘܘܢ: [25]ܘܢܗܘܘܢ ܬܡܢܝܐ ܥܡܘ̈ܕܐ. ܘܒܣ̈ܝܣܐ ܕܝܠܗܘܢ ܕܣܐܡܐ ܫܬܬܥܣܪ ※ܒܣ̈ܝܣܐ↙.
84[1] ܬܪܝܢ ܒܣ̈ܝܣܐ ܠܥܡܘܕܐ ܚܕ | ÷ ܠܬܪ̈ܝܗܘܢ ܓܒ̈ܘܗܝ ܕܝܠܗ↙. ܘܬܪܝܢ ܒܣ̈ܝܣܐ ܠܥܡܘܕܐ ܚܕ:
[26]ܘܬܥܒܕ ܡܘܫܚ̈ܬܐ ܡܢ ܩܝ̈ܣܐ ܠܐ ܡܬܚܒܠܢܐ. ܚܡܫܐ ܠܥܡܘܕܐ ÷ ܚܕ↙ ܡܢ ܓܒܗ ܚܕ ܕܡܫܟܢܐ:
[27]ܘܚܡܫܐ ܡܘܫܚ̈ܬܐ ܠܥܡܘܕܐ ܠܓܒܗ ܐܚܪܢܐ ܕܡܫܟܢܐ. ܘܚܡܫܐ ܡܘܫܚ̈ܬܐ ܠܥܡܘܕܐ ܠܓܒܗ ܕܒܣܬܪܗ
ܕܡܫܟܢܐ ܠܘܬ ܝܡܐ: [28]ܘܡܘܫܚܬܐ ܡܨܥܝܬܐ ܒܡܨܥܬܐ ܕܥܡܘܕ̈ܐ ܬܥܒܪ ܡܢ ÷ ܚܕ↙ ܓܒܐ ܠܓܒܐ
÷ ܐܚܪܢܐ↙: [29]ܘܠܥܡܘܕ̈ܐ ܬܚܦܐ ܕܗܒܐ ܘܠܥܙܩܬܐ ※ ܕܝܠܗܘܢ↙ ܬܥܒܕ ܕܕܗܒܐ. ܕܒܗܝܢ ܬܥܠ
ܡܘܫܚ̈ܬܐ. ܘܬܚܦܐ ܠܡܘܫܚ̈ܬܐ ܕܗܒܐ ܀

1 ο αυλαιας α αερρις [sic = δερρις]
1 ?
1 ܕܚܘܪܐ B
4 αγκυλας. ܐܢܫܠܐ quum repetatur a librario, in ܐܢܫܠܐ mutare non audebam
4 συμβολην
5 ܕܦܠܓܗ ܠ ܡܢ [= ut B]
7 ιοδεσρισ: C ια δερρεις correxit
15 ܕܩܝܡ ܠ ܡܢ
15 ܡܘܫܚܐ et ܡܘܫܚ̈ܬܐ punctis pluralem indicantibus in B carent
18 ܓܪܒܝܐ ܠ ܡܢ
21 ܕܝܠܗܘܢ
24 [sic] ܠ ÷ ܚܕܐ ܡܢ ܡܢ ÷ ܘܐܟܚܕܐ
24 ܫܘܝܢ
25 ↙ܒܣ̈ܝܣܐ ※ punctis caret in B
28 ↙ܚܕ ÷ ܡܢ B, correxit C
28 ÷ ante ܓܒܐ addidit C

ܘܬܩܝܡܝܘܗܝ ܠܡܫܟܢܐ ܐܝܟ ܕܡܚܘܐ ܗܘ ܕܐܬܚܙܝܬ ܒܛܘܪܐ: [31]ܘܬܥܒܕ ܦܪܣܐ ܡܢ ܬܟ[30]
ܠܬܐ ܘܐܪܓܘܢܐ ܘܙܚܘܪܝܬܐ ܘܒܘܨܐ ܥܙܝܠܐ. ܥܒܕ ܐܘܡܢܐ ܬܥܒܕܝܘܗܝ. ܟܪܘܒܐ:
84² [32]ܘܬܬܠܝܘܗܝ | ܥܠ ܐܪܒܥܐ *ܥܡܘܕܐ ܕܠܐ ܡܬܚܒܠܝܢ. ܕܡܚܦܝܢ ܕܗܒܐ. ܘܩܘܠܒܝܗܘܢ ܕܕܗܒܐ.
ܘܐܪܒܥܐ ܒܣܝܣܝܗܘܢ ܕܣܐܡܐ: [33]ܘܬܬܠܝܘܗܝ ܠܦܪܣܐ ܥܠ ܥܡܘܕܐ. ܘܬܥܠ ܬܡܢ ܠܓܘ
ܡܢ ܦܪܣܐ ܠܩܒܘܬܐ ܕܣܗܕܘܬܐ. ܘܢܦܪܘܫ ܗܘ ܦܪܣܐ ܠܟܘܢ ܒܝܬ ܩܘܕܫܐ ܘܒܝܬ ܩܘܕܫ ܩܘܕܫܐ:
[34]*ܘܬܬܠ ܠܦܪܣܐ ܠܩܒܘܬܐ ܕܣܗܕܘܬܐ ܒܩܕܫ ܩܘܕܫܐ ❖ [35]ܘܬܣܝܡ ܠܦܬܘܪܐ ܠܒܪ ܡܢ ܦܪܣܐ.
ܘܡܢܪܬܐ ܠܘܩܒܠ ܦܬܘܪܐ ܥܠ ܣܛܪܐ ܕܡܫܟܢܐ ܕܠܘܬ ܬܝܡܢܐ. ܘܠܦܬܘܪܐ ܬܣܝܡ ܥܠ ܣܛܪܐ
85¹ ܕܡܫܟܢܐ ܗܘ ܕܠܘܬ ܓܪܒܝܐ ❖ [36]ܘܬܥܒܕ ܦܪܣܐ *ܠܗ ܠܬܪܥܐ ܕܡܫܟܢܐ ܡܢ ܬܟܠܬܐ | ܘܐܪܓܘܢܐ
ܘܙܚܘܪܝܬܐ ܘܒܘܨܐ ܥܙܝܠܐ. ܥܒܕ ܐܘܡܢܘܬܐ: [37]ܘܬܥܒܕ ܠܦܪܣܐ ܚܡܫܐ ܥܡܘܕܐ *ܠܗ
*ܠܐ ܡܬܚܒܠܝܢ: ܘܬܚܦܐ ܐܢܘܢ ܕܗܒܐ. ܘܩܘܠܒܝܗܘܢ ܕܕܗܒܐ. ܘܬܬܟ ܠܗܘܢ ܚܡܫܐ ܒܣܝܣܝܢ
ܕܢܚܫܐ ❖

27 [1]ܘܬܥܒܕ *ܠܗ ܠܗ ܠܡܕܒܚܐ ܡܢ ܩܝܣܐ ܠܐ ܡܬܚܒܠܐ. ܚܡܫ ܐܡܝܢ ܐܘܪܟܐ. ܘܚܡܫ ܐܡܝܢ ܦܬܝܐ.
ܡܪܒܥ ܢܗܘܐ ܗܘ ܡܕܒܚܐ. ܘܬܠܬ ܐܡܝܢ ܪܘܡܐ ܕܝܠܗ: [2]ܘܬܥܒܕ ܠܩܪܢܬܐ *ܠܗ ܕܝܠܗ
ܥܠ ܐܪܒܥ ܙܘܝܬܗ *ܠܗ ܕܝܠܗ. ܡܢܗ ܢܗܘܝܢ ܩܪܢܬܐ *ܠܗ ܕܝܠܗ. ܘܬܚܦܐ ܐܢܝܢ ܢܚܫܐ:
[3]ܘܬܥܒܕ ܡܢܠܐ ܠܡܕܒܚܐ ܘܡܚܬܝܬܐ ܕܝܠܗ ܘܡܙܪܩܝܬܐ ܕܝܠܗ ܘܡܫܘܚܬܐ ܕܝܠܗ ܘܡܚܬܝܬܗ ܢܘܪܐ
85² ܕܝܠܗ. ܟܠܗܘܢ ܡܐܢܐ ܕܝܠܗ ܬܥܒܕ ܕܢܚܫܐ ❖ [4]ܘܬܥܒܕ ܠܗ ܡܨܕܬܐ ܕܢܚܫܐ | ܐܝܟ ܥܒܕܐ
ܕܡܨܝܕܬܐ. ܘܬܥܒܕ ܠܡܨܕܬܐ ܐܪܒܥ ܥܙܩܬܐ ܕܢܚܫܐ ܥܠ ܐܪܒܥ ܦܢܝܬܗ *ܠܗ ܕܝܠܗ:
[5]ܘܬܬܠܝܘܗܝ ܬܚܝܬ ܡܨܕܬܐ ܕܡܕܒܚܐ ܡܢ ܠܬܚܬ. ܘܬܗܘܐ ܕܝܢ ܗܝ ܡܨܕܬܐ ܥܕܡܐ ܠܦܠܓܗ
ܕܡܕܒܚܐ: [6]ܘܬܥܒܕ ܢܩܘܦܐ ܠܡܕܒܚܐ. *ܢܩܘܦܐ ܡܢ ܩܝܣܐ ܠܐ ܡܬܚܒܠܐ. ܘܬܚܦܐ ܐܢܘܢ ܢܚܫܐ:
[7]ܘܬܥܠܠ ܠܢܩܘܦܐ *ܕܝܠܗ ܠܥܙܩܬܐ. ܘܢܗܘܘܢ ܢܩܘܦܐ ܥܠ ܬܪܝܢ ܣܛܪܘܗܝ ܕܡܕܒܚܐ ܟܕ ܫܩܠܝܢ
ܠܗ: [8]*ܚܠܝܠܐ ܕܕܦܐ ܬܥܒܕܝܘܗܝ. ܐܝܟ ܗܘ ܕܐܬܚܙܝ ܠܟ ܒܛܘܪܐ. ܗܟܢܐ ܬܥܒܕ ❖ [9]ܘܬܥܒܕ
ܕܪܬܐ ܠܡܫܟܢܐ ܠܣܛܪܐ ܕܠܘܬ ܬܝܡܢܐ. *ܘܐܦܝܘܬ ܕܪܬܐ ܡܢ ܒܘܨܐ ܥܙܝܠܐ. ܘܡܐܐ ܐܡܝܢ ܐܘܪܟܐ ܕܣܛܪܐ ܚܕ:
86¹ [10]ܘܥܡܘܕܐ ܕܝܠܗ ܥܣܪܝܢ ܘܒܣܝܣܝܗܘܢ ܥܣܪܝܢ ܕܢܚܫܐ. ܘܩܘܠܒܐ ܕܥܡܘܕܐ | *ܘܚܘܫܒܝܗܘܢ
ܕܝܠܗܘܢ ܕܣܐܡܐ: [11]ܗܟܢܐ ܠܣܛܪܐ ܗܘ ܕܠܘܬ ܓܪܒܝܐ. ܘܐܦܝܘܬ ܕܡܐܐ ܐܡܝܢ ܐܘܪܟܐ. ܘܥܡܘܕܐ
ܕܝܠܗ ܥܣܪܝܢ ܘܒܣܝܣܝܗܘܢ ܥܣܪܝܢ ܕܢܚܫܐ. ܘܩܘܠܒܐ ܕܥܡܘܕܐ ܘܚܘܫܒܝܗܘܢ ܘܐܦܬܝܗ
ܘܥܡܘܕܝܗ ܡܚܦܝܢ ܕܣܐܡܐ: [12]ܘܦܬܝܗ ܕܕܪܬܐ ܕܠܣܛܪܐ ܕܡܥܪܒܐ ܚܡܫܝܢ ܐܡܝܢ. ܥܡܘܕܐ
ܕܝܠܗܘܢ ܥܣܪܐ. ܘܒܣܝܣܝܗܘܢ ܕܝܠܗܘܢ ܥܣܪܐ: [13]ܘܦܬܝܗ ܕܕܪܬܐ * *ܡܕܢܚܐ ܕܠܘܬ ܡܕܢܚܐ ܚܡܫܝܢ ܐܡܝܢ
ܕܚܡܫ ܐܡܝܢ. ܥܡܘܕܐ ܕܝܠܗܘܢ ܬܠܬܐ. ܘܒܣܝܣܝܗܘܢ ܕܝܠܗܘܢ ܬܠܬܐ: [14]ܘܚܡܫܬܥܣܪܐ ܐܡܝܢ
ܦܘܬܝܐ ܘܐܦܝܬܐ *ܠܣܛܪܐ ܚܕ. ܥܡܘܕܐ ܕܝܠܗܘܢ ܬܠܬܐ. ܘܒܣܝܣܝܗܘܢ ܕܝܠܗܘܢ ܬܠܬܐ: [15]*ܘܠܣܛܪܐ ܗܘ
ܐܚܪܢܐ ܕܚܡܫܬܥܣܪܐ ܐܡܝܢ ܦܘܬܝܗ ܘܐܦܝܬܐ. ܥܡܘܕܐ ܕܝܠܗܘܢ ܬܠܬܐ. ܘܒܣܝܣܝܗܘܢ ܕܝܠܗܘܢ ܬܠܬܐ:
86² | [16]ܘܠܬܪܥܐ ܕܕܪܬܐ ܐܦܝܬܐ ܕܥܣܪܝܢ ܐܡܝܢ ܦܘܬܝܗ ܡܢ ܬܟܠܬܐ ܘܐܪܓܘܢܐ ܘܙܚܘܪܝܬܐ ܘܒܘܨܐ
ܘܡܥܙܠܐ. ܥܒܕܐ ܕܡܨܝܪܐ ܕܕܪܬܐ ܘܐܦܝܬܗ: ܥܡܘܕܐ ܕܝܠܗܘܢ ܐܪܒܥܐ. ܘܒܣܝܣܝܗܘܢ ܕܝܠܗܘܢ ܐܪܒܥܐ:
[17]ܟܠܗܘܢ ܥܡܘܕܐ ܕܕܪܬܐ ܚܕܪ ܚܕܪ ܡܚܒܪܝܢ ܒܣܐܡܐ. ܘܩܘܠܒܐ ܕܝܠܗܘܢ ܕܣܐܡܐ. ܘܒܣܝܣܝܗܘܢ ܕܝܠܗܘܢ
ܕܢܚܫܐ: [18]ܘܐܘܪܟܗ * ܕܕܪܬܐ ܡܐܐ ܒܡܐܐ. ܘܦܬܝܗ ܚܡܫܝܢ ܒܚܡܫܝܢ. ܘܪܘܡܗ ܚܡܫ ܐܡܝܢ.

32 ܐ ܡܢ ܠ ܥܠ ܥܡܘܕܐ ܕܩܝܣܐ ܐܪܒܥܐ ܕܠܐ ܡܬܚܒܠܝܢ
34 ܡܢ ܘܬܬܠ ܟܦܘܪܬܐ ܥܠ ܩܒܘܬܐ
35 extr ܘܡܢܪܬܐ ܠܘܩܒܠ ܦܬܘܪܐ. ܥܠ ܣܛܪܐ ܕܡܫܟܢܐ ܕܠܘܬ ܬܝܡܢܐ. ܘܠܦܬܘܪܐ ܬܣܝܡ ܥܠ ܣܛܪܐ ܕܡܫܟܢܐ ܗܘ ܕܠܘܬ ܓܪܒܝܐ. ܘܬܥܒܕ ܦܪܣܐ ܠܬܪܥܐ ܕܡܫܟܢܐ ܡܢ ܬܟܠܬܐ ܘܐܪܓܘܢܐ ܘܙܚܘܪܝܬܐ ܘܒܘܨܐ ܥܙܝܠܐ ܥܒܕ ܐܘܡܢܐ ܬܥܒܕ ܐܘܡܢܐ ܘܠܦܬܘܪܐ ܬܣܝܡ ܥܠ ܣܛܪܐ ܕܡܫܟܢܐ ܗܘ ܕܠܘܬ ܓܪܒܝܐ ubi ܕܓܪܒܝܐ B
36 ܦܪܣܐ B
37 ܐ ܕܝܠܗܘܢ ❖ ܡܢ ܕܢܚܫܐ, indice ad ܡܬܚܒܠܝܢ adposito
4 ܐ ܡܢ ܠ ܐܝܟ ܕܢܚܫܐ, indice ad ܡܨܕܬܐ [ita B] addito, et ܐ ܡܢ ܠ ܕܡܨܝܕܬܐ
6 ܐ ܡܢ ܠ ܢܩܘܦܐ
8 κοῖλον
9 ἱστία
10 ܘܚܘܫܒܝܗܘܢ [B ܘܚܘܫܒܐ] ܐ et καὶ ψαλίδες ܘܚܘܫܒܝܗܘܢ ܕܥܡܘܕܐ ܕܢܚܫܐ ܐܘ et ܕܣܐܡܐ ܐܘ ܕܕܗܒܐ. ܘܩܘܠܒܐ ܕܥܡܘܕܐ ܘܚܘܫܒܝܗܘܢ ܕܣܐܡܐ
13 ܐ ܠ ܠܣܛܪܐ ❖ ܡܢ ܠܡܕܢܚܐ ܦܪܣܐ
14 ܐ ܡܢ ܠ ܕܣܛܪܐ ܚܕ
15 ܡܢ ܠ ܘܠܣܛܪܐ ܐܚܪܢܐ
18 ܒ

[illegible] [19] [illegible]
[illegible] [20] [illegible]
[illegible] [21] [illegible] 87¹
[illegible]
[illegible]

[illegible]

28 [1] [illegible]
[illegible] [2] [illegible]
[illegible] [3] [illegible]
[illegible]
[illegible] [4] [illegible] 87²
[illegible]
[illegible] [5] [illegible]
[illegible] [6] [illegible]
[illegible] [7] [illegible]
[illegible] [8] [illegible]
[illegible]
[9] [illegible] [10] [illegible] 88¹
[illegible]
[illegible] [11] [illegible]
[illegible]
[12] [illegible]
[illegible]
[illegible]
[13] [illegible] [14] [illegible] 88²
[illegible]
[illegible] [15] [illegible]
[illegible] [16] [illegible]
[illegible] [17] [illegible]
[illegible] [18] [illegible]
[illegible] [19] [illegible]
[20] [illegible] 89¹
[illegible] [21] [illegible]
[illegible]
[22] [illegible] [23] [illegible]

3 [illegible]
4 [illegible] et mox [illegible] [illegible] [illegible] indicem ad [illegible] additum ad [illegible] transposui
4 [illegible] et χοσυμβωτον
5 [illegible]
6 [illegible]
7 [illegible], indice carens
11 [illegible] [[illegible] B]
12 [illegible] B, correxit C
12 [illegible]
12 ÷ addidit C
13 [illegible]
14 [illegible]
14 [illegible]
15 λογιον
15 [illegible] ubi [illegible] correxit C
19 [illegible] B¹
20 [illegible] in B post [illegible] positum post [illegible] alterum transposuit C
22 λογιον
22 [illegible]

※ ܕܕܗܒܐ ܥܠ ܬܪܬܝܢ ܥܙܩ̈ܬܐ ܕܚܘܫܢܐ . ܘܬܬܠ ܐܝܟ ܕܠܬܪ̈ܬܝܗܝܢ ܥܙܩ̈ܬܐ ܥܠ ܬܪ̈ܝܗܘܢ ܪ̈ܫܘܗܝ ܕܕܗܒܐ :
※ 24 ܘܬܬܠ ܐܝܟ ܕܠܬܪ̈ܬܝܗܝܢ ܫ̈ܫܠܬܐ ܕܕܗܒܐ ܥܠ ܬܪ̈ܬܝܗܝܢ ܥܙܩ̈ܬܐ ܠܘܬ ܪ̈ܫܘܗܝ ܕܚܘܫܢܐ .
※ 25 ܘܠܬܪ̈ܬܝܗܝܢ ܪ̈ܫܝܗ ܕܬܪ̈ܬܝܗܝܢ ܫ̈ܫܠܬܐ ܬܬܠ ܥܠ ܬܪ̈ܬܝܗܝܢ *ܣܬܪ̈ܐ .| ܘܬܬܠ ܥܠ ܟܬ̈ܦܬܗ ܕܡܥܦܪܬܐ 89²
※ ܠܩܘܒܠ ܦܐܬܗ ܕܩܕܡ̈ܝܐ ܕܦܪܨܘܦܗ : 26 ܘܬܥܒܕ ܬܪܬܝܢ ܥܙܩ̈ܬܐ ܕܕܗܒܐ . ܘܬܬܠ ܐܝܟ ܥܠ ܬܪܝܢ
※ ܪ̈ܫܘܗܝ ܕܚܘܫܢܐ ܥܠ ܫܘܦܪܐ ܕܝܠܗ . ܗܘ ܕܐܝܬܘܗܝ ܡܢ ܠܓܘܫܝܢܐ ܕܡܥܦܪܬܐ ܡܢ ܠܓܘ : 27 ܘܬܥܒܕ
※ ܬܪܬܝܢ ܥܙܩ̈ܬܐ ܕܕܗܒܐ . ܘܬܬܠ ܐܝܟ ܥܠ ܬܪܬܝܢ ܟܬ̈ܦܬܗ ܕܡܥܦܪܬܐ ܡܢ ܠܬܚܬ ܡܢ ܠܩܘܒܠ ܦܐܬܗ
※ ܕܩܕܡ̈ܝܐ . ܠܘܩܒܠ ܙܘܘܓܐ ܕܝܠܗ ܠܥܠ ܡܢ ܡܬܩܢܘܬܐ *ܕܡܥܦܪܬܐ : 28 ܘܢܚܙܩܘܢ ܠܚܘܫܢܐ ܡܢ
※ ܥܙܩܬܐ ܕܝܠܗ ܠܥܙܩܬܐ ܕܡܥܦܪܬܐ ܒܚܘܛܐ ܕܬܟܠܬܐ . ܠܡܗܘܐ ܥܠ ܡܬܩܢܘܬܐ ܕܡܥܦܪܬܐ . ܘܠܐ ܢܬܦܪܩ
※ ܚܘܫܢܐ ܕܕܝܢܐ ܡܢ ܡܥܦܪܬܐ ܀ 29 ܘܢܗܘܐ ܢܣܒ ܐܗܪܘܢ ܫܡ̈ܗܐ ܕܒܢ̈ܝ ܐܝܣܪܝܠ ܥܠ ܚܘܫܢܐ
ܕܕܝܢܐ ܥܠ ܚܕܝܐ ※ ܕܝܠܗ . ܟܕ ܕܥܐܠ ܠܩܘܕܫܐ ܕܩܘܕܫܐ . ܕܘܟܪܢܐ ܩܕܡ ܐܠܗܐ ܩܕܡ ܡܪܝܐ : ܘܬܬܠ 90¹
ܥܠ ܚܘܫܢܐ ܕܕܝܢܐ ܠܫܢ̈ܐ ܕܬܠܬ̈ܐ . ܥܠ ܬܪ̈ܝܗܘܢ ܫ̈ܫܠܬܐ ܕܕܗܒܐ ܬܬܠ : ܘܠܬܪ̈ܬܝܗܝܢ ܥܙܩ̈ܬܐ
ܬܬܠ ܥܠ ܬܪ̈ܬܝܗܝܢ ܟܬ̈ܦܬܗ ܕܡܥܦܪܬܐ ܠܩܘܒܠ ܦܐܬܗ ܡܢ ܠܓܘܫܝܢܐ ※ ܗ ܠ ܩܕܡ ܡܪܝܐ :
30 ܘܬܬܠ ܥܠ ܚܘܫܢܐ ܕܕܝܢܐ *ܠܓܠܝܢܐ ܘܠܫܪܪܐ . ܘܢܗܘܘܢ ܥܠ ܚܕܝܗ ܕܐܗܪܘܢ . ܐܡܬܝ ܕܥܐܠ ܠܩܘܕܫܐ
ܩܕܡ ܡܪܝܐ *ܡܪܝܐ . ܘܢܣܒ ܐܗܪܘܢ ܠܕܝܢܐ ܕܒܢ̈ܝ ܐܝܣܪܝܠ ܥܠ ܚܕܝܐ ※ ܐ ܗ ܕܝܠܗ ܩܕܡ *ܡܪܝܐ
ܠܥܠܡ ܩܕܡ : 31 ܘܬܥܒܕ ܠܒܘܫܐ ܦܘܕܪܐ ܟܠܗ ܡܢ ܬܟܠܬܐ : 32 ܘܢܗܘܐ ܪܝܫܗ ※ ܕܝܠܗ ܕܝܠܗ
ܡܨܥܬܐ ※ ܗ ܕܝܠܗ . ܗܘ ܕܐܝܬ ܠܗ ܣܦܬܐ ܚܕܪ ※ ܚܕܪ ܕܝܠܗ ܠܦܘܡܗ . ܥܒܕܐ ܕܡܚܛܐ ܥܒܕܐ ܕܐܝܟ
ܕܩܢܐ | ܕܝܠܗ . ܐܝܟܢܐ ܕܠܐ ܢܬܨܪܐ : 33 ܘܬܥܒܕ *ܥܠ ܫ̈ܘܦܠܘܗܝ ܕܠܒܘܫܐ ܡܢ ܠܬܚܬ ÷ ܐܝܟ 90²
÷ ܕܡ̈ܘܥܐ ܕܡܢܨܒܬܐ ܕܪ̈ܘܡ̈ܢܐ ܡܢ ܬܟܠܬܐ ܘܐܪܓܘܢܐ ܘܙܚܘܪܝܬܐ †ܘܒܘܨܐ ÷ ܘܙܘܓܐ ܘܡܬܩܠܐ ܥܠ
ܫ̈ܘܦܠܘܗܝ ܕܠܒܘܫܐ ܚܕܪ ܚܕܪ . ܗܘ ܕܐܝܟ ܗܘ ܕܡܢܨܒܬܐ ܕܪ̈ܘܡܢܐ ܘܙܓܐ ܕܕܗܒܐ ܠܡܨܥܬܐ ܕܗܠܝܢ
ܚܕܪ ܚܕܪ : 34 ܙܓܐ ܕܕܗܒܐ ÷ ܘܪ̈ܘܡܢܐ ܒܓܘ ܪ̈ܘܡܢܐ ܥܠ ܫ̈ܘܦܠܘܗܝ ܕܠܒܘܫܐ ܚܕܪ ܚܕܪ :
35 ܘܢܗܘܐ ※ ܥܠ ܐܗܪܘܢ . ܟܕ ܡܫܡܫ . ܢܫܬܡܥ ܩܠܐ ܕܝܠܗ .. ܟܕ ܕܥܐܠ ※ ܗܘ ܠܩܘܕܫܐ ܩܕܡ
ܡܪܝܐ *ܡܪܝܐ . ܘܟܕ ܢܦܩ ※ ܗܘ . ܐܝܟܢܐ ܕܠܐ ܢܡܘܬ : 36 ܘܬܥܒܕ ܛܣܐ ܕܕܗܒܐ ܕܟܝܐ . ܘܬܓܠܘܦ ܒܗ
ܓܠܝܦܐ ܕܚܬܡܐ ܕܩܘܕܫܐ *ܠܡܪܝܐ : 37 ܘܬܣܝܡܝܘܗܝ ܥܠ ܚܘܛܐ ܕܬܟܠܬܐ . ܘܢܗܘܐ ܥܠ ܡܨܢܦܬܐ .
ܥܠ ܦܐܬܐ ܕܡܨܢܦܬܐ | ܢܗܘܐ . 38 ܘܢܗܘܐ ܥܠ ܒܝܬ ܥܝܢ̈ܐ ܕܐܗܪܘܢ . ܘܢܩܒܠ ܐܗܪܘܢ ܚܛܗ̈ܐ 91¹
ܕܩܘܕܫ̈ܐ ܐܝܠܝܢ ܕܢܩܕܫܘܢ ܒܢ̈ܝ ܐܝܣܪܝܠ ܕܟܠ ܡܘܗܒܬܐ ܕܩܘܕܫܐ ܕܝܠܗܘܢ . ܘܢܗܘܐ ܥܠ ܒܝܬ
ܥܝܢ̈ܘܗܝ ܕܐܗܪܘܢ ܒܟܠ ܙܒܢ ܡܩܒܠܐ ܠܗܘܢ ܩܕܡ *ܡܪܝܐ : 39 *ܘܡܦܣܦܣܐ ܕܟܘܬܝܢܬܐ ܡܢ ܒܘܨܐ .
ܘܬܥܒܕ ܡܨܢܦܬܐ ܕܒܘܨܐ . ܘܬܥܒܕ ܥܒܕܐ ܕܡܚܛܐ ܀
40 ܘܠܒܢ̈ܝܐ ܕܐܗܪܘܢ ܬܥܒܕ ܟܘܬܝܢ̈ܬܐ . ܘܬܥܒܕ ܠܗܘܢ ܐܣܪ̈ܐ . ܘܟܘܒ̈ܥܐ ܬܥܒܕ ܠܗܘܢ ܠܐܝܩܪܐ ܘܠ
ܫܘܒܚܐ : 41 ܘܬܠܒܫ ܐܢܘܢ ܠܐܗܪܘܢ ܐܚܘܟ ܘܠܒܢ̈ܘܗܝ ܥܡܗ . ܘܬܡܫܘܚ ܐܢܘܢ . *ܘܬܡܠܐ
ܐܝܕ̈ܝܗܘܢ . ܘܬܩܕܫ ܐܢܘܢ . ܐܝܟܢܐ ܕܢܟܗܢܘܢ ܠܝ : 42 ܘܬܥܒܕ ܠܗܘܢ *ܦܪܝܣܟܠܐ ܕܒܘܨܐ ܕܢܚܦܐ
| ܒܣܪܐ ܕܥܪܛܠܝܘܬܗܘܢ ÷ ܕܬܚܬܘܗܝ ÷ ܡܢ ܚܨܐ ※ ܐ ܗ ܘܥܕܡܐ ܠܥܛܡܐ ܢܗܘܘܢ : 91²
ܢܗܘܘܢ : 43 ܘܢܗܘܘܢ ÷ ܥܠ ܐܗܪܘܢ ܘܥܠ ܒܢ̈ܘܗܝ . ܐܡܬܝ ܕܥܐܠܝܢ ܠܡܫܟܢܐ ܕܣܗܕܘܬܐ . ܐܘ ܐܡܬܝ
ܕܡܬܩܪܒܝܢ ܠܘܬ ܡܕܒܚܐ ܠܡܫܡܫܘ ܒܩܘܕܫܐ . ܘܠܐ ܢܩܒܠܘܢ ÷ ܥܠܝܗܘܢ ÷ ܚܛܝܬܐ . ܐܝܟܢܐ ܕܠܐ ܢܡܘܬܘܢ :
ܢܡܘܣܐ ܕܠܥܠܡ ܠܗ ܘܠܙܪܥܗ ܕܝܠܗ ܒܬܪܗ ܀
29 1 ܘܗܠܝܢ ܐܝܬܝܗܘܢ ܕܬܥܒܕ ܠܗܘܢ : *ܠܡܩܕܫܘ ܐܢܘܢ ܐܝܟ ܕܢܟܗܢܘܢ ܠܝ ÷ ܗܘܢ ܠܝ : ܬܣܒ
ܥܓܠܐ ܚܕ ܡܢ ܬܘܪ̈ܐ ܘܕܟܪ̈ܐ ܬܪܝܢ ܕܠܐ ܡܘܡܐ 2 ܘܠܚܡܐ ܦܛܝܪܐ ※ ܐ ܗ ܘܓܪܝ̈ܨܐ ܦܛܝܪ̈ܬܐ ܕܦܝܠܢ
ܒܡܫܚܐ . ܘܓܪܝ̈ܨܐ ܦܛܝܪ̈ܐ ܕܡܫܝܚܝܢ ܒܡܫܚܐ . ܣܡܝܕܐ ܡܢ ܚܛܐ ܬܥܒܕ ܐܢܘܢ : 3 ܘܬܬܠ ܐܢܘܢ ܥܠ

25 ܣܬܪ̈ܐ] ܣܬܪ̈ܐ ÷ ܗܘ ܣܬܪܐ [ܣܬܪܐ B] ܐܟܚܕܐ | ad ܡܥܦܪܬܐ adposito
27 ܠܘܩܒܠ ܦܐܬܗ ÷ ܗܘ ܙܘܘܓܐ |, indice non ad ܕܦܪܨܘܦܗ, sed ad ܡܬܩܢܘܬܐ adposito
28 ÷ addidit C
29 ※ ܗ ܕܝܠܗ ÷ . B
30 ܠܓܠܝܢܐ ܘܠܫܪܪܐ ܠ ܗܘ |, indice ad ܬܪ̈ܡܝܢ adposito in B ܡܡܡܡܡܡܡܡ
33 ܗܘ ܠ ܥܠ ܫ̈ܘܦܠܐ
33 ܠ ÷ ܡܕܡ ܗܘ ܡܢ ÷ ܡܢܨܒܬܐ |
ܡܢܨܒܬܐ ܕܪ̈ܘܡܢܐ, ubi ܡܢܨܒܬܐ B
36 ܘܬܓܠܘܦ B, correxit C
39 ܗܘ ÷ ܕܟܘܬܝܢܬܐ ܕܒܘܨܐ ÷ ܘܡܦܣܦܣܐ |
41 ܗܘ ܘܬܡܠܐ ÷ | ܠ ܘܬܡܠܐ
42 περισκελῆ
42 χρωτός
1 ܗܘ ܐܝܟ ܕܢܟܗܢܘܢ ÷ ܢܟܗܢܘܢ ܠ |

ܩܢܘܢܐ ܚܕ. | ܘܬܩܪܒ ܐܢܘܢ ܥܠ ܩܢܘܢܐ. ܘܠܬܘܪܐ ܘܠܬܪ̈ܝܢ ܕܟܪ̈ܐ: 4 ܘܠܐܗܪܘܢ ܘܠܒܢ̈ܝܐ ܕܝܠܗ 92¹
ܬܩܪܒ ܥܠ ܬܪ̈ܥܐ ܕܡܫܟܢܐ ܕܣܗܕܘܬܐ. ܘܬܣܚܐ ܐܢܘܢ ܒܡ̈ܝܐ ÷ 5 ܘܟܕ ܬܣܒ ܠܐܣܛܠܐ. ܬܠܒܫ
※ܗܘ ܐܚܘܟ ܠܐܗܪܘܢ ÷ ܟܘܬܝܢܐ ܕܝܠܗ *ܘܡܥܝܠܐ ܘܦܘܕܪܐ ※ܘܐܦܘܕ ܡܢ ܠܒܘܫܐ ܘܠܟܡܝܬܐ ܘܚܘܫܢܐ.
ܘܬܚܒܪ ܠܗ ܚܘܫܢܐ ܠܘܬ ܐܦܘܕܐ ÷ 6 ܘܬܣܝܡܝܗܝ ܠܡܨܢܦܬܐ ܥܠ ܪܫܗ ܕܝܠܗ. ܘܬܣܝܡܝܗܝ
ܠܟܠܝܠܐ ܕܩܘܕܫܐ ܥܠ ܡܨܢܦܬܐ ÷ 7 ܘܬܣܒ ܡܢ ܡܫܚܐ ܕܡܫܝܚܘܬܐ. ܘܬܫܘܕ ܥܠ ܪܫܗ ܕܝܠܗ.
ܘܬܡܫܚܝܘܗܝ ÷ 8 ܘܠܒܢ̈ܝܐ ܕܝܠܗ ܬܩܪܒ. ܘܬܠܒܫ ܐܢܘܢ ܟܘܬܝܢ̈ܐ. 9 ܘܬܐܣܘܪ ܐܢܘܢ ܒܩܡܪ̈ܐ
※ܠܐܗܪܘܢ ܘܠܒܢ̈ܝܐ ܕܝܠܗ. ܘܬܚܒܫ ܠܗܘܢ ܡܨܢܦ̈ܬܐ. ܘܢܗܘܐ ܠܗܘܢ ܟܘܡܪܘܬܐ ÷ ܠܝ ܠܥܠܡ ÷
ܘܬܡܠܐ ܠܐܝ̈ܕܝܐ ܕܐܗܪܘܢ | ܘܕܒܢ̈ܝܐ ܕܝܠܗ: 10 ܘܬܩܪܒ ܠܬܘܪܐ ܥܠ ܬܪ̈ܥܐ ܕܡܫܟܢܐ ܕܣܗܕܘܬܐ. 92²
ܘܢܣܡܟܘܢ ܐܗܪܘܢ ܘܒܢ̈ܝܐ ܕܝܠܗ ܠܐܝ̈ܕܝܗܘܢ ܥܠ ܪܫܗ ܕܬܘܪܐ: 11 ܘܬܟܣܘܣ ܠܬܘܪܐ ܩܕܡ *ܡܪܝܐ
ܠܘܬ ܬܪ̈ܥܐ ܕܡܫܟܢܐ ܕܣܗܕܘܬܐ. 12 ܘܬܣܒ ܡܢ ܕܡܗ ܕܬܘܪܐ. ܘܬܬܠ ܥܠ ܩܪ̈ܢܬܗ ܕܡܕܒܚܐ ܒܨܒܥܐ
ܕܝܠܟ. ܗܘ ܕܝܢ ÷ ܕܫܪܟܐ ܟܠܗ ܕܡܐ ܬܫܘܕ ܠܘܬ ܝܣܘܕܗ ܕܡܕܒܚܐ: 13 ܘܬܣܒ ܟܠܗ ܬܪܒܐ ܗܘ
ܕܥܠ ܟܪ̈ܣܐ. ܘܚܨܪܐ ܕܟܒܕܐ ܘܬܪ̈ܬܝܢ ܟܘܠܝ̈ܬܐ ܘܬܪܒܐ ܗܘ ܕܥܠܝܗܝܢ. ܘܬܣܝܡ ܥܠ ܡܕܒܚܐ:
14 ܠܒܣܪܐ ܕܝܢ ܕܬܘܪܐ ܘܠܡܫܟܐ ※ܗ ܕܝܠܗ ܘܠܦܪܬܐ ※ܗ ܕܝܠܗ ܬܘܩܕ ※ܐ ܒ ܒܢܘܪܐ ܠܒܪ ܡܢ
ܡܫܪܝܬܐ. ܕܚܛܗܐ ܓܝܪ ܐܝܬܘܗܝ ÷ 15 ܘܠܕܟܪܐ ܚܕ ܬܣܒ. ܘܢܣܡܟܘܢ ܐܗܪܘܢ ܘܒܢ̈ܝܐ ܕܝܠܗ ܠܐܝ̈ܕܝܐ
ܕܝܠܗܘܢ | ܥܠ ܪܫܗ ܕܕܟܪܐ. 16 ܘܬܟܣܘܣ ܠܕܟܪܐ. ܘܟܕ ܬܣܒ ܠܕܡܐ ※ܗ ܕܝܠܗ. 93¹
ܬܙܠܘܦ ܠܘܬ ܡܕܒܚܐ ܚܕܪܢܐܝܬ: 17 ܘܠܕܟܪܐ ܬܦܠܓܝܘܗܝ ܐܝܟ ܗܕܡ̈ܐ ※ܗ ܕܝܠܗ. ܘܬܚܠܠ
ܓܘ̈ܐ ※ܗ ܕܝܠܗ ܘܟܪ̈ܥܐ ※ܕܝܠܗ. ܘܬܣܝܡ ܥܠ ܦܘܠܓ̈ܐ ※ܗ ܕܝܠܗ ܥܡ ܪܫܐ ※ܕܝܠܗ.
18 ܘܬܣܩܘܢ ܠܟܠܗ ܕܟܪܐ ܥܠ ܡܕܒܚܐ. ܝܩܕܐ ܩܘܪܒܢܐ ܠܐܠܗܐ *ܠܡܪܝܐ .. ܪܝܚܐ ܕܢܝܚܘܬܐ
ܪܝܚܐ: ܩܘܪܒܢܐ *ܠܡܪܝܐ ܠܐܠܗܐ ÷ 19 ܘܬܣܒ ܠܕܟܪܐ ܗܘ ܬܪܝܢܐ. ܘܢܣܡܟܘܢ ܐܗܪܘܢ ܘܒܢ̈ܝܐ ܕܝܠܗ
ܠܐܝ̈ܕܝܗܘܢ ܥܠ ܪܫܗ ܕܕܟܪܐ. 20 ܘܬܟܣܘܣ ܠܕܟܪܐ. ܘܬܣܒ ܡܢ ܕܡܐ ܕܝܠܗ. ܘܬܣܝܡ ܥܠ
ܚܪܘܒܐ ܕܐܕܢܗ ܕܐܗܪܘܢ ※ܒ ܘܥܠ ܚܪܘܒܐ ܕܐܕܢܐ ܕܝܡܝܢܐ ܕܝܠܗ ܘܕܝܡܝܢܐ ܘܥܠ *ܪܫܐ ܕܐܝܕܐ ※ܗ ܕܝܠܗܘܢ
ܕܝܡܝܢܐ ܘܥܠ ܪܫܐ | ܕܪ̈ܓܠܐ ※ܕܝܠܗܘܢ ܕܝܡܝܢܐ ÷ ܘܥܠ ܚܪܘܒܐ ܕܐܕܢܐ ܕܒܢ̈ܝܐ ܕܝܠܗ ܕܝܡܝܢܐ. 93²
÷ ܘܥܠ ܪ̈ܫܐ ܕܐܝ̈ܕܝܐ ܕܝܠܗܘܢ ܕܝܡܝܢܐ. ܘܥܠ ܪ̈ܫܐ ܕܪ̈ܓܠܐ ܕܝܠܗܘܢ ܕܝܡܝܢܝܬܐ. ※ܐ ܘܬܙܠܘܦ ܠܕܡܐ
※ܥܠ ܡܕܒܚܐ ܚܕܪܢܐܝܬ ÷: 21 ܘܬܣܒ ܡܢ ܕܡܐ ܗܘ ܕܥܠ ܡܕܒܚܐ. ܘܡܢ ܡܫܚܐ ܗܘ ܕܡܫܝܚܘܬܐ.
ܘܬܙܠܘܦ ܥܠ ܐܗܪܘܢ ܘܥܠ ܐܣܛܠܐ ܕܝܠܗ ܘܥܠ ܒܢ̈ܘܗܝ ܘܥܠ ܐܣܛܠܐ ܕܒܢ̈ܝܐ ܕܝܠܗ ܥܡܗ. ܘܢܬܩܕܫ
ܗܘ ܘܐܣܛܠܐ ܕܝܠܗ ܘܒܢ̈ܘܗܝ ܘܐܣܛܠܐ ܕܒܢ̈ܝܐ ܕܝܠܗ ܥܡܗ ÷ ܘܕܡܐ ܕܕܟܪܐ ܬܙܠܘܦ ܠܘܬ ܡܕܒܚܐ
÷ ܚܕܪܢܐܝܬ: 22 ܘܬܣܒ ܡܢ ܕܟܪܐ ܬܪܒܐ ※ܗ ܘܠܐܠܝܬܐ ÷ ܕܝܠܗ ܘܬܪܒܐ ܗܘ ܕܡܟܣܐ ܠܟܪ̈ܣܐ
ܘܚܨܪܐ ܕܟܒܕܐ ܘܬܪ̈ܬܝܢ ܟܘܠܝ̈ܬܐ ܘܬܪܒܐ ܕܥܠܝܗܝܢ ܘܫܩܐ ܕܝܡܝܢܐ (ܐܝܬܘܗܝ ܓܝܪ ܫܘܡܠܝܐ
ܗܢܐ) 23 ܘܟܟܪܐ ܚܕ ※ܐ ܕܠܚܡܐ ܕܒܡܫܚܐ | ܡܢ ܡܫܚܐ ※ܗ ܚܕܐ ܘܓܪܝܨܬܐ ܚܕܐ ܡܢ ܦܛܝܪܐ 94¹
ܕܣܕܝܪܐ ÷ܕܣܝܡܝܢ ܩܕܡܝܟ ܩܕܡ ܡܪܝܐ. 24 ܘܬܣܝܡ ܠܟܠܗܘܢ ܥܠ ܐܝ̈ܕܝܐ ܕܐܗܪܘܢ ܘܥܠ ܐܝ̈ܕܝܐ
ܕܒܢ̈ܝܐ ܕܝܠܗ. ܘܬܦܪܫ *ܐܢܘܢ ܦܘܪܫܐ ܩܕܡ *ܡܪܝܐ: 25 ܘܬܫܩܘܠ ܐܢܝܢ ܡܢ ܐܝ̈ܕܝܐ ܕܝܠܗܘܢ. ܘܬܣܩ
ܥܠ ܡܕܒܚܐ ܕܝܩܕܐ ܠܡܣܩܬܐ ܠܪܝܚܐ ܕܢܝܚܘܬܐ ܩܕܡ *ܡܪܝܐ: ܩܘܪܒܢ ܗܘ ܠܐܠܗܐ *ܠܡܪܝܐ:
26 ܘܬܣܒ ܚܕܝܐ ܡܢ ܕܟܪܐ *ܕܫܘܡܠܝܐ ܗܘ ܕܐܝܠܘܗܝ ܕܐܗܪܘܢ. ܘܬܦܪܫܝܘܗܝ ܦܘܪܫܐ ܩܕܡ *ܡܪܝܐ.
ܘܢܗܘܐ ܠܟ ܒܡܢܬܐ: 27 ܘܬܩܕܫܝܘܗܝ ܠܚܕܝܐ ܦܘܪܫܐ ܘܠܥܪܩܐ ܕܦܘܪܫܐ ܗܘ ܕܐܬܦܪܫ ܘܗܘ
ܕܐܬܪܝܡ ܡܢ ܕܟܪܐ ܕܫܘܡܠܝܐ ܡܢ ܐܗܪܘܢ ܘܡܢ ܒܢ̈ܝܐ ܕܝܠܗ ÷ 28 ܘܢܗܘܐ ܠܐܗܪܘܢ ܘܠܒܢ̈ܝܐ ܕܝܠܗ ܢܡܘܣܐ
ܕܠܥܠܡ ܡܢ ܒܢ̈ܝܐ ܕܐܝܣܪܐܝܠ: | ܐܝܬܘܗܝ ÷ ܓܝܪ ܦܘܪܫܐ ܗܢܐ. ܘܦܘܪܫܐ ܢܗܘܐ ܡܢ ܒܢ̈ܝܐ ܕܐܝܣܪܐܝܠ. 94²
ܡܢ ܕܒ̈ܚܐ ܕܫܠܡ̈ܐ ※ܐ ܒ ܕܝܠܗܘܢ ܦܘܪܫܐ ※ܗ ܕܝܠܗܘܢ *ܠܡܪܝܐ: 29 ܘܐܣܛܠܐ ܕܩܘܕܫܐ ܗܝ

5 ※ prior in liturâ
5 ܡܢ ܠܒܘܫܐ ܕܗܘ ܘܠܟܘܬܝܢܐ | ܠܟܘܬܝܢܐ ÷ ܡܢ ܠܟܘܬܝܢܐ ܘܠܒܘܫܐ ܡܢ ܠܟܘܬܝܢܐ ܠܒܘܫܐ ܡܢ ܠܟܘܬܝܢܐ ÷ ܐ ܠܟܘܬܝܢܐ ܘܠܒܘܫܐ ܡܢ ܠܟܘܬܝܢܐ ܕܟܘܬܝܢܐ
11 praeter ܡܪܝܐ etiam ΠΙΠΙ Bᵐ
18 utrobique ܬܣܩܘܢ
20 ακρον
20 indice ad ܕܝܡܝܢܐ sequens adposito ܘܥܠ ܕܝܡܝܢܐ ܕܐܕܢܐ ܚܪܘܒܐ ܕܝܡܝܢܐ ܐܝܟ ܡܢ ܕܠܐ ܝܡܝܢܐ ܚܪܘܒܐ ܕܝܡܝܢܐ
20 fin ܐ addidit C
22 ܘܠܐܠܝܬܐ ܕܝܠܗ B, correxit C
23 aut bis ܗ aut bis ܐ scribe
23 ÷ܕܣܝܡܝܢ B, correxit C
24 | ܐܢܝܢ ÷ ܗܘ ܐ ܐܢܝܢ
26 | ܕܫܘܡܠܝܐ ÷ ܗܘ ܐ ܕܫܘܡܠܝܐ
27 ܫܘܡܠܝܐ B, correxit C

ܘܐܬܡܠܝܘ ܐܝܕܝܗܘܢ. ܢܗܘܐ ܠܒܢܝ̈ܐ ܕܝܠܗ ܡܢ ܒܬܪܗ. ܕܢܬܡܫܚܘܢ ܒܗܘܢ. *ܘܠܡܫܡܠܝܘ ※ ܒܗܘܢ ↙
ܠܐܝܕܝܐ ܕܝܠܗܘܢ. [30] ܫܒܥܐ ܝܘ̈ܡܝܢ ܢܠܒܫ ܐܢܘܢ ܟܗܢܐ ܗܘ ܕܡܬܩܢܐ ܡܢ ܒܢܝ̈ܐ ܕܝܠܗ. ܗܘ ܕܥܐܠ
ܠܘܬ ܡܫܟܢܐ ܕܣܗܕܘܬܐ ܠܡܫܡܫܘ ܒܩܘܕܫܐ: ‖ [31] ܘܠܕܟܪܐ ܗܘ ܕܫܘܡܠܝܐ ܬܣܒ ܘܬܒܫܠ ܒܣܪܗ ܒܐܬܪܐ ܩ ܗ
ܩܕܝܫ. ܘܢܐܟܠܘܢ ܠܒܣܪܗ ※ ܕܝܠܗ ↙ ܒܬܪܥܐ ܕܡܫܟܢܐ: [32] ܘܢܐܟܠܘܢ ܐܗܪܘܢ ܘܒܢܝ̈ܐ ܕܝܠܗ
ܠܒܣܪܗ ܕܕܟܪܐ ܘܠܠܚ̈ܡܐ ܗܢܘܢ ܕܒܣܠܐ. ܠܘܬ ܬܪܥܐ ܕܡܫܟܢܐ ܕܣܗܕܘܬܐ [33] ܢܐܟܠܘܢ ܐܢܘܢ
95¹ ܒܗܠܝܢ ܕܐܬܚܣܝ ܒܗܘܢ. ܠܡܫܡܠܝܘ ܠܐܝܕܝܐ ܕܝܠܗܘܢ. ܠܡܩܕܫܘ ܐܢܘܢ. ܘܐܚܪܢܐ | ܢܘܟܪܝܐ ܠܐ ܢܐܟܘܠ
ܡܢܗܘܢ. ܐܝܬܝܗܘܢ ܓܝܪ ܩܕܝܫܐ: [34] ܐܢ ܕܝܢ ܢܫܬܚܪ ܡܢ ܒܣܪܐ ܕܝܠܗ ܕܕܒܚܐ ܕܫܘܡܠܝܐ ܘܡܢ
ܠܚ̈ܡܐ ܥܕܡܐ ܠܨܦܪܐ. ܬܘܩܕ ܠܗܘ ܕܫܪܟܐ ܒܢܘܪܐ: ܠܐ ܢܬܐܟܠ. ܩܘܕܫܐ ܓܝܪ ܐܝܬܘܗܝ ܀
[35] ܘܬܥܒܕ ܠܐܗܪܘܢ ܘܠܒܢܝ̈ܐ ܕܝܠܗ ܗܟܢܐ ܐܝܟ ܟܠܗܝܢ ܗܠܝܢ ܕܦܩܕܬܟ: ܫܒܥܐ ܝܘ̈ܡܝܢ ܠܡܫܡܠܝܘ ܠܐܝܕܝܐ
ܕܝܠܗܘܢ ܀ [36] ܘܠܥܓܠܐ ܕܚܛܝܬܐ ܬܥܒܕ ܒܝܘܡܐ ܕܕܘܟܝܐ. ܘܬܕܟܐ ܠܡܕܒܚܐ ܟܕ ܡܩܕܫ ܐܢܬ ܥܠܘܗܝ.
ܘܬܡܫܚܝܘܗܝ ܐܝܟ ܕܬܩܕܫܝܘܗܝ ܀ [37] ܫܒܥܐ ܝܘ̈ܡܝܢ ܬܕܟܐ ܥܠ ܡܕܒܚܐ. ܘܬܩܕܫܝܘܗܝ. ܘܢܗܘܐ
ܡܕܒܚܐ ܩܘܕܫ ܩܘܕܫܐ: ܟܠ ܡܢ ܕܡܬܩܪܒ ܠܡܕܒܚܐ. ܢܬܩܕܫ ܀ [38] ܘܗܠܝܢ ܐܢܘܢ ܕܬܥܒܕ
95² ܥܠ ܡܕܒܚܐ: ܐܡܪ̈ܐ ܒܢܝ̈ ܫܢܬܐ ܕܠܐ ܡܘܡܐ ܬܪܝܢ ܒܝܘܡܐ | ܥܠ ܡܕܒܚܐ ܐܡܝܢܐܝܬ
ܩܘܪܒܢܐ ܕܐܡܝܢܘܬܐ: [39] ܠܐܡܪܐ ܚܕ ܬܥܒܕ ܒܨܦܪܐ. ܘܠܐܡܪܐ ܕܬܪܝܢ ܬܥܒܕ ܒܪܡܫܐ:
[40] ܘܥܣܪܘܬܐ ܕܣܡܝܕܐ ܕܦܝܠܐ ܒܡܫܚܐ ܕܟܬܝܫܐ ܪܒܝܥܬܐ *ܕܗܝܢ. ܘܢܣܟܐ ܪܒܝܥܬܐ ܕܗܝܢ ܕܚܡܪܐ ܠܐܡܪܐ ܚܕ ܀
[41] ܘܠܐܡܪܐ ܕܬܪܝܢ ܬܥܒܕ ܒܪܡܫܐ. ܐܝܟ ܩܘܪܒܢܐ ܗܘ ܕܨܦܪܐ ܘܐܝܟ ܢܣܟܐ *ܕܝܠܗ ܬܥܒܕ ※ ܐܦ ܠܗ ↙. ܠܪܝܚܐ
ܕܒܣܝܡܘܬܐ ܢܝܚܐ. ܩܘܪܒܢܐ *ܠܡܪܝܐ. [42] *ܩܘܪܒܢܐ ܕܐܡܝܢܘܬܐ ܠܫܪ̈ܒܬܐ ܕܝܠܟܘܢ ܥܠ
ܬܪܥܐ ܕܡܫܟܢܐ ܕܣܗܕܘܬܐ ܩܕܡ *ܡܪܝܐ. ܒܗܠܝܢ ܕܐܬܝܕܥ ܠܟ ܬܡܢ ܐܝܟ ܕܐܡܠܠ ܠܟ ※ ܬܡܢ ↙ ܀
[43] ܘܐܬܚܫܒ ܬܡܢ ܠܒܢܝ̈ܐ ܕܐܝܣܪܝܠ. ܘܐܬܩܕܫ ܒܫܘܒܚܐ ܕܝܠܝ: [44] ܘܐܩܕܫ ܠܡܫܟܢܐ ܕܣܗܕܘܬܐ
ܘܠܡܕܒܚܐ. ܘܠܐܗܪܘܢ ܘܠܒܢܝ̈ܐ ܕܝܠܗ ܐܩܕܫ ܠܡܫܡܫܘ ܠܝ: [45] ܘܐܫܪܐ ܒܒܢܝ̈ܐ ܕܐܝܣܪܝܠ. ܘܐܗܘܐ
96¹ ܕܝܠܗܘܢ ܐܠܗܐ. | [46] ܘܢܕܥܘܢ ܕܐܢܐ ܐܢܐ *ܡܪܝܐ ܐܠܗܐ ܕܝܠܗܘܢ ܕܐܦܩܬ ܐܢܘܢ ܡܢ ܐܪܥܐ ܕܡܨܪܝܢ.
ܠܡܫܪܝܘ ܒܗܘܢ ܘܠܡܗܘܐ ※ ܡܪܝܐ ↙ ܐܠܗܐ ܕܝܠܗܘܢ ܀

30 [1] ܘܬܥܒܕ ܡܕܒܚܐ ※ *ܗ ܠ ܩܘܪܒܢܐ ↙ ܕܒܣ̈ܡܐ ܡܢ ܩܝ̈ܣܐ ܠܐ ܡܬܚܒܠܢܐ. [2] ܘܬܥܒܕܝܘܗܝ
ܕܐܡܬܐ ܐܘܪܟܐ ※ ܠ ܕܝܠܗ ↙ ܘܕܐܡܬܐ ܦܬܝܐ ※ ܠ ܕܝܠܗ ↙: ܡܪܒܥܐ ܢܗܘܐ. ܘܕܬܪܬܝܢ ܐܡ̈ܝܢ ܪܘܡܐ
ܕܝܠܗ: ܡܢܗ ܢܗܘܝܢ ܩܪ̈ܢܬܐ ܕܝܠܗ ܀ [3] ܘܬܚܦܝܘܗܝ ܒܕܗܒܐ ܕܟܝܐ. ܠܐܓܪܐ ܕܝܠܗ ܘܠܣܛܪ̈ܐ ܕܝܠܗ
ܚܕܪ ܚܕܪ. ܘܠܩܪ̈ܢܬܐ ܕܝܠܗ. ܘܬܥܒܕ ܠܗ ܟܠܝܠܐ ÷ ܡܬܥܛܦܢܐ ↙ ܕܕܗܒܐ ܚܕܪ ܚܕܪ: [4] ܘܬܪܬܝܢ ܥܙܩ̈ܬܐ
ܕܕܗܒܐ ÷ ܩܘܝ̈ܡܬܐ ↙ ܬܥܒܕ ܠܗ ܠܬܚܬ ܡܢ ܟܠܝܠ ÷ ܡܬܥܛܦܢܐ ↙ ܕܝܠܗ. ܠܬܪܬܝܗܘܢ ܣܛܪ̈ܐ ※ ܕܝܠܗ ↙
96² ܬܥܒܕ ܠܬܪܬܝܗܝܢ ܥܙܩ̈ܬܐ ※ ܕܝܠܗ ↙ : ܘܢܗܘܝܢ ܩܘܠܒܝܬܐ *ܠܡܘܫܚ̈ܬܐ ܐܝܟ ܕܢܫܩܠܘܢ ܒܗܝܢ ܀
[5] ܘܬܥܒܕ *ܠܡܘܫܚ̈ܬܐ ܡܢ ܩܝ̈ܣܐ ܠܐ ܡܬܚܒܠܢܐ. ܘܬܚܦܐ ܐܢܝܢ ܒܕܗܒܐ. [6] ܘܬܣܝܡܝܘܗܝ ܠܘܩܒܠ
ܦܪܣܐ ܗܘ ܕ÷ ܐܝܬܘܗܝ ↙ ܩܕܡ ܩܒܘܬܐ ܕܣܗܕܘܬܐ ※ ܠܘܩܒܠ ܟܦܘܪܐ ܕܥܠ ܣܗܕܘܬܐ ܗܘ ܕܐܝܬܘܗܝ
※ ܥܠ ܣܗܕ̈ܘܬܐ ↙ ܒܗܠܝܢ ܕܐܬܝܕܥ ܠܟ ܬܡܢ ܀ [7] ܘܢܒܣܡ ܒܗ ܐܗܪܘܢ ܒܣ̈ܡܐ *ܡܪܩܚܐ ܕܩܛܪܐ
ܒܨܦܪ ܨܦܪ: ܐܡܬܝ ܕܡܬܩܢ ܫܪ̈ܓܐ. ܢܒܣܡ ܒܗ: [8] ܘܡܐ ܕܡܕܠܩ ܐܗܪܘܢ ܫܪ̈ܓܐ
ܒܪܡܫܐ. ܢܒܣܡ ܒܗ ܒܣ̈ܡܐ *ܕܐܡܝܢܘܬܐ ܩܕܡ *ܡܪܝܐ ܠܫܪ̈ܒܬܐ ܕܝܠܗܘܢ ܀ [9] ܘܠܐ ܬܣܩܘܢ ܥܠܘܗܝ
ܒܣ̈ܡܐ *ܐܚܪ̈ܢܐ: ܩܘܪܒܢܐ ܕܐܘܠܕ ܕܒܚܐ ܘܢܣܟܐ ܠܐ ܬܢܣܟ ܥܠܘܗܝ ܀ [10] ܘܢܚܣܐ ܐܗܪܘܢ ܥܠ ܩܪ̈ܢܬܐ
97¹ ܕܝܠܗ ܚܕܐ ܙܒܢ ܒܫܢܬܐ ܡܢ ܕܡܐ ܕܬܕܟܝܬܐ ÷ ܕܚܛܗ̈ܐ ↙ ܕܚܘܣܝܐ: ܚܕܐ ܙܒܢ ܒܫܢܬܐ ܢܚܣܐ ܥܠܘܗܝ ܠܫܪ̈ܒܬܐ
ܕܝܠܗܘܢ. ܩܘܕܫܐ ܕܩܘܕ̈ܫܐ ܐܝܬܘܗܝ *ܠܡܪܝܐ ܀

ܡܪܝܐ ܕܐܚܝܕ ܟܠ ܘܐܠܗܐ ܘܡܣܟܐ ܀

[11] ܘܡܠܠ *ܡܪܝܐ ܥܡ ܡܘܫܐ ܟܕ ܐܡܪ: [12] ܐܢ ܬܣܒ ܚܘܫܒܢܐ ܕܒܢܝ̈ܐ ܕܐܝܣܪܝܠ ܒܡܢܝܢܐ

29 ܠܡܫܡܠܝܘ ✦ ܡܢ ܒܡܫܡܠܝܘ ||
31m ܒܐܬܪܐ ܩܕܝܫܐ B
40 το εἰν
41 ܕܝܠܗ ✦ ܐܦ ܠܗ ܗܟܢܐ L, indicem in textu addidit C
42 ܩܘܪܒܢܐ ܕܐܡܝܢܘܬܐ ✦ ܡܢ ܡܘܬܒܐ ܕܐܡܝܢܐ L ||
1 ܕܩܛܪܐ ||
4 ܘܩܘܝ̈ܡܬܐ punctis caret in B
4 ܡܢ ܠܬܚܬ
5 ܡܢ ܠ ܠܡܘܫܚ̈ܬܐ ||
6 ↙ ܕܐܝܬܘܗܝ ÷ B, correxit C
7 συνθετον et mox λεπτον
8 ܒܪܡܫܐ
9 ܐܚܪ̈ܢܐ ܢܘܟܪ̈ܝܐ
9 ܗܕܐ B, correxit C

6³

ܕܥܡܗ. ܐܦ ܢܬܠܘܢ ܟܠ ܚܕ ܦܘܪܩܢܐ ܕܢܦܫܗ ܠܡܪܝܐ *ܒܡܢܝܢܐ ※ ܗ̇ ܐ ܒܡܢܝܢܐ ܕܥܡܗ:. ܘܠܐ ܢܗܘܐ
ܒܗܘܢ ܡܘܬܢܐ ܒܡܢܝܢܐ ܕܥܡܗ ܀ [13] ܘܗܢܐ — ܐܢܘܢ:. ܗܘ ܟܠ ܕܢܥܒܪ ܥܠ ܡܢܝܢܐ
ܦܠܓܘܬ ܕܝܕܪܟܡܘܢ ܗܘ ܕܐܝܬܘܗܝ ܐܝܟ ܕܝܕܪܟܡܘܢ ܩܘܕܫܐ (ܥܣܪܝܢ *ܡܥܐ ܐܝܬܘܗܝ ܕܝܕܪܟܡܘܢ).
ܦܠܓܗ ܕܝܢ ܕܕܝܕܪܟܡܘܢ †ܐܦܪܫܘܬܐ *ܠܡܪܝܐ ܀ [14] ܟܠ ܐܢܫ ܕܥܒܪ ܡܢܝܢܐ ܡܢ ܒܪ ܥܣܪܝܢ ܫܢܝܢ
ܘܠܥܠ. ܢܬܠܘܢ | ܐܦܪܫܘܬܐ *ܠܡܪܝܐ: [15] ܗ̇ܘ ܕܥܬܝܪ. ܠܐ ܢܘܣܦ. ܘܗܘ ܕܡܣܟܝܢ. ܠܐ ܢܒܨܪ ܡܢ 97²
ܦܠܓܗ ܕܕܝܕܪܟܡܘܢ. ܟܕ ܝܗܒܝܢ ܐܦܪܫܘܬܐ *ܠܡܪܝܐ. ܠܡܚܣܝܘ ܥܠ ܢܦܫܬܐ ܕܥܡܗ ܀
[16] ܘܬܣܒ ܟܣܦܐ ܕܐܦܪܫܘܬܐ ܡܢ ܒܢܝ ܐܝܣܪܝܠ. ܘܬܬܠܝܘܗܝ *ܠܬܫܡܫܬܐ ܕܡܫܟܢ ܙܒܢܐ
ܘܢܗܘܐ ܠܕܘܟܪܢܐ. ܠܒܢܝ ܐܝܣܪܝܠ ܩܕܡ ܡܪܝܐ. ܠܡܚܣܝܘ ܥܠ ܢܦܫܬܐ ܕܥܡܗ ܀
[17] ܘܡܠܠ ܡܪܝܐ ܥܡ ܡܘܫܐ ܟܕ ܐܡܪ » [18] *ܥܒܕ ܟܝܘܪܐ ܢܚܫܐ. ܘܒܣܝܣܗ ܕܝܠܗ ܢܚܫܐ. ܐܝܟ
ܕܠܡܣܚܝܘ. ܘܬܣܝܡܝܘܗܝ ܒܝܬ ܡܫܟܢܐ ܕܙܒܢܐ ܘܒܝܬ ܡܕܒܚܐ. ܘܬܪܡܐ ܒܗ ܡܝܐ. [19] ܘܢܣܚܘܢ
ܐܗܪܘܢ ܘܒܢܘܗܝ ܕܝܠܗ ܡܢܗ ܐܝܕܝܗܘܢ ܘܪܓܠܝܗܘܢ ※ ܒܡܝܐ ܕܥܡܗ:. [20] ܐܡܬܝ ܕܥܐܠܝܢ ܠܡܫܟܢܐ
ܕܙܒܢܐ. ܢܣܚܘܢ | ܒܡܝܐ. ܘܠܐ ܢܡܘܬܘܢ. ܐܘ ܐܡܬܝ ܕܡܬܩܪܒܝܢ ܠܘܬ ܡܕܒܚܐ ܠܡܫܡܫܘ 98¹
ܘܠܡܣܩܘ ܡܣܩܬܐ ܠܡܪܝܐ *ܠܡܪܝܐ ܀ [21] ܢܣܚܘܢ ܐܝܕܝܗܘܢ ※ ܘܪܓܠܝܗܘܢ:. ܒܡܝܐ ※
ܕܥܡܗ:. ܐܝܟܢܐ ܕܠܐ ܢܡܘܬܘܢ: ܘܬܗܘܐ ܠܗܘܢ ܢܡܘܣܐ ܠܥܠܡ. ܠܗ ܘܠܙܪܥܗ ܒܬܪܗ» ܀
ܠܫܪܒܬܗ ܀

ܡܫܚܐ ܕܒܣܡܐ ܘܠܡܥܒܕ ܩܛܪܐ ܀ ܬܘܒ ܡܫܚܐ ܕܒܣܡܐ ܕܙܝܬܐ ܒܣܡܐ ܀

[22] ܘܡܠܠ *ܡܪܝܐ ܥܡ ܡܘܫܐ ܟܕ ܐܡܪ « [23] ܘܐܢܬ ܣܒ ※ ܗ̇ ܐ ܠܟ:. ܒܣܡܐ ܕܪܫܐ ܠ ܘ ܠܗ
ܓܒܝܐ .. ܡܘܪܐ ܕܡܪܝܐ ܡܬܩܠܐ ܚܡܫܡܐܐ — *ܡܬܩܠܐ:. ܘܩܘܢܡܘܢ ܒܣܡܐ ܦܠܓܗ ܕܗܢܐ
(ܡܐܬܝܢ ܘܚܡܫܝܢ). ܘܩܢܝܐ ܕܒܣܡܐ ܡܐܬܝܢ ܘܚܡܫܝܢ. [24] *ܘܩܣܝܐ ܡܬܩܠܐ †ܚܡܫܡܐܐ ܘܡܬܩܠܐ
ܕܩܘܕܫܐ. ܘܙܝܬܐ ܡܢ ܙܝܬܐ ܗܝܢ: [25] ܘܬܥܒܕܝܘܗܝ ܡܫܚܐ ܕܡܫܝܚܘܬܐ ܩܕܝܫܐ .. ܒܣܡܐ ܕܒܣܡܐ | ܥܒܕܐ 98²
ܕܒܣܡܐ: ܡܫܚܐ ܕܡܫܝܚܘܬܐ ܩܕܝܫܐ ܢܗܘܐ ܀ [26] ܘܬܡܫܘܚ ܡܢܗ ܠܡܫܟܢܐ ܕܙܒܢܐ ܘܠܩܒܘܬܐ
ܕܣܗܕܘܬܐ ※ ܘܠܟܠܗܘܢ ܡܐܢܝܗ:. [27] ܘܠܦܬܘܪܐ ܘܠܟܠܗܘܢ ܡܐܢܘܗܝ ܘܠܡܢܪܬܐ ܘܠܡܐܢܝܗ ܘܠܡܕܒܚܐ ܕܒܣܡܐ
[28] ܘܠܡܕܒܚܐ ܕܝܩܕܐ ܘܠܟܠܗܘܢ ܡܐܢܘܗܝ ܘܠܟܝܘܪܐ ܘܠܒܣܝܣܗ ܕܝܠܗ: [29] ܘܬܩܕܫ
ܐܢܘܢ. ܘܢܗܘܘܢ ܩܕܝܫ ܩܘܕܫܐ: ܟܠ ܕܢܩܪܘܒ ܒܗܘܢ. ܢܬܩܕܫ ܀ [30] ܘܠܐܗܪܘܢ ܘܠܒܢܘܗܝ ܕܝܠܗ
ܬܡܫܘܚ . ܘܬܩܕܫ ܐܢܘܢ ܠܡܫܡܫܘ ܠܝ ܀ [31] ܘܠܒܢܝ ܐܝܣܪܝܠ ܬܡܠܠ ܟܕ ܐܡܪ ܐܢܬ «ܡܫܚܐ
*ܡܫܚܐ ܩܕܝܫܐ ܢܗܘܐ ܗܢܐ ܠܝ ܠܕܪܝܟܘܢ: [32] ܥܠ ܒܣܪܐ ܕܒܪܢܫܐ ܠܐ ܢܬܡܫܚ . ܘܐܝܟ
*ܡܪܟܒܘܬܗ ܗܕܐ ܠܐ ܬܥܒܕܘܢ ܐܚܪܢ ܠܟܘܢ ܗܘ | ܡܛܠ: ܩܕܝܫܐ ܐܝܬܘܗܝ. ܘܩܘܕܫܐ ܢܗܘܐ ܠܟܘܢ: 99¹
[33] ܐܢܫ ܕܐܝܟ ܢܥܒܕ ܗܘ ܡܛܠ. ܘܟܠ ܐܢܫ ܕܝܗܒ ܡܢܗ ܠܐܚܪܝܢܐ ܢܬܚܪܡ. ܢܐܒܕ ܡܢ *ܥܡܗ
ܕܥܡܗ» ܀ [34] ܘܐܡܪ *ܡܪܝܐ ܠܘܬ ܡܘܫܐ «ܣܒ ܠܟ ܒܣܡܐ .. ܢܛܘܦܐ ※ ܘܫܚܠܐ:. ܘܚܠܒܢܐ
ܕܒܣܡܐ ܘܠܒܘܢܬܐ *ܕܟܝܬܐ: ܡܫܩܠܐ ܒܡܫܩܠܐ ܢܗܘܐ: [35] ܘܬܥܒܕܝܘܗܝ ܒܣܡܐ ܕܒܣܡܐ . ܥܒܕܐ
ܕܒܣܡܐ ܕܡܪܟܒܐ ܕܒܣܡܐ — ܡܚܠܛܐ ܡܠܝܚܐ: [36] ܘܬܫܚܩ ܡܢ ܗܠܝܢ ܕܩܝܩܐ. ܘܬܬܠ ※ ܡܢܗ:. ܩܕܡ
ܣܗܕܘܬܐ ܕܡܫܟܢܐ ܕܙܒܢܐ. ܡܢ ܐܝܟܐ ܕܐܬܚܙܐ ܠܟ ܡܢ ܬܡܢ: ܩܘܕܫܐ ܕܩܘܕܫܐ ܢܗܘܐ ܠܟܘܢ ܀ [37] ※
ܠ ܘ:. ܒܣܡܐ ※ ܗ̇ ܐ ܠ ܗܘ ܕܬܥܒܕ:. ܐܝܟ ܡܪܟܒܬܐ ܗܕܐ. ܠܐ ܬܥܒܕܘܢ ܠܟܘܢ ܠܢܦܫܟܘܢ: ܩܘܕܫܐ ܢܗܘܐ
ܠܟܘܢ ܠܡܪܝܐ: [38] ※ ܠ ܓܒܪܐ ܗܘ ܕܝܥܒܕ ܐܝܟ ܗܕܐ. ܐܝܟ ܕܢܬܒܣܡ ܒܗ . ܢܐܒܕ ܡܢ ܥܡܗ 99²
ܕܥܡܗ ܀ ܗ̇ ܀

31 [1] ܘܡܠܠ *ܡܪܝܐ ܥܡ ܡܘܫܐ ܟܕ ܐܡܪ « [2] ܗܐ ܩܪܝܬ ܡܢ ܫܡܐ ܠܒܨܠܐܝܠ ܗܘ ܕܐܘܪܝ ܒܪܗ
ܕܚܘܪ ܡܢ ܫܒܛܐ ܕܝܗܘܕܐ. [3] ܘܡܠܝܬܗ ܪܘܚܐ ܐܠܗܝܬܐ ܕܚܟܡܬܐ ܘܕܣܘܟܠܐ ܘܕܝܕܥܬܐ ※ ܒ̇ ܐܦ:.
ܥܠ ܟܠ ܥܒܕܐ [4] ܠܡܬܪܥܝܘ. ܘܠܡܥܒܕ ܐܪܟܝܛܩܛܘܢܘܬܐ .. ܠܡܥܒܕ ܕܗܒܐ ܘܣܐܡܐ ܘܢܚܫܐ

13 ὀβολοὶ et mox εισφερα : scr εἰσφορά C
15 ܢܒܨܪ B¹
16 ܠܬܫܡܫܬܐ ܕܡܫܟܢ ÷ ܗܘ ܠܟܠ ܠ ܐ, indice ad ܙܒܢܐ adposito
18 ܘܬܣܝܡܝܘܗܝ ܠ ܗܘ ܐ
18 ܘܬܣܝܡܝܘܗܝ B
23 ÷ addidit C
23 24 στιχοι
23 ܩܢܝܐ B
24 και ἴρεως, vix pr m scriptum
31 ܡܫܚܐ et αλειμμα, indice et ante et post vocabulum adposito
32 συνθεσιν
33 ܗ̇ ܐ ܠܗ ܒܡܫܚܐ ܕܡܫܝܚܘܬܐ
34 διαφανη

ـܒ ܘܬܟܠܬܐ ܘܐܪܓܘܢܐ ܘܙܚܘܪܝܬܐ ܕܙܒܠܐ ܘܒܘܨܐ ܡܫܙܪܐ ⁵ܘܠܥܒܕܘܬܐ ܕܟܐܦܐ ※ܐ ܘܠܢܓܪܘܬܐ ـܒ ܩܝܣܐ
ܘܠܡܓܠܦܘܬܐ ܕܩܝܣܐ ܠܡܥܒܕ ܐܝܟ ܕܢܥܒܕ ܒܟܠ ܥܒܕܐ ܀ ⁶ܘܐܢܐ ※ ܐ ܐ ܗܐ ܝܗܒܬܗ ܠܐܗܠܝܐܒ ܗܘ
ܕܐܚܝܣܡܟ ܡܢ ܫܪܒܬܐ ܕܕܢ. ܘܠܟܠ ܚܟܝܡ ܠܒܐ ܝܗܒܬ ܚܟܡܬܐ | ܘܢܥܒܕܘܢ ܟܠܗܘܢ ܗܠܝܢ 100[1]
ܕܦܩܕܬܟ.. ⁷ܠܡܫܟܢܐ ܕܣܗܕܘܬܐ ܘܠܩܒܘܬܐ ܕܣܗܕܘܬܐ ܘܠܚܘܣܝܐ ܗܘ ܕܥܠܝܗ ※ܘܐ ܠܟܠܗܘܢ
ܡ̈ܐܢܐ ܕܡܫܟܢܐ ⁸ـܒ ܘܠܦܬܘܪܐ ܘܠܡ̈ܐܢܘܗܝ ܘܠܡܢܪܬܐ ܕܕܟܝܬܐ ܘܠܟܠܗܘܢ
ܡ̈ܐܢܐ ܕܝܠܗ ※ܐ ܘܠܡܕܒܚܐ ܕܒܣ̈ܡܐ ⁹ܘܠܡܕܒܚܐ ܕܝܩܕ ܥܠܬܐ ܘܠܟܠܗܘܢ ܡ̈ܐܢܐ ܕܝܠܗ ܘ
ܠܟܝܘܪܐ ܘܠܒܣܝܣܗ ܕܝܠܗ ¹⁰ܘܠܐܣܛܠܐ ܕܬܫܡܫܬܐ ※ܐ ܘܠܐܣܛܠܐ ܕܩܘܕܫܐ ܠܐܗܪܘܢ ※ܢ
ܟܗܢܐ ܘܠܐܣܛܠܐ ܕܒܢܘ̈ܗܝ ܕܝܠܗ ܠܡܟܗܢܘ ܠܗ ¹¹ܘܠܡܫܚܐ ܕܡܫܝܚܘܬܐ ܘܠܒܣܡܐ ܕܪܘܟܒܐ
ܕܩܘܕܫܐ: ܐܝܟ ܟܠܗܘܢ ܗܠܝܢ ܕܦܩܕܬܟ. ܢܥܒܕܘܢ» ܀ ܥ ܠܗ ܀

ܩܪܝܢܐ ܕܫܒܬܐ ܕܐܠܗܐ ܘܫܒܬܐ ܀

¹²ܘܡܠܠ ܡܪܝܐ ܠܘܬ | ܡܘܫܐ ܟܕ ܐܡܪ ¹³»ܘܐܢܬ ܡܠܠ ܠܒܢ̈ܝܐ ܕܐܝܣܪܝܠ ܟܕ ܐܡܪ ܐܢܬ [ܠܗܘܢ] 100[2]
»ܚܙܘ. ܫܒ̈ܬܐ ܕܝܠܝ ܛܪܘ. ܡܛܠ ܕܐܬܐ ܐܝܬܝܗ ܠܘܬܝ ܘܠܘܬܟܘܢ ܠܕܪ̈ܐ ܕܝܠܟܘܢ: ܐܝܟܢܐ ܕܬܕܥܘܢ ܕܐܢܐ ܗܘ
ܡܪܝܐ ܗܘ ܕܡܩܕܫ ܠܟܘܢ: ¹⁴ܘܬܛܪܘܢ ܠܫܒܬܐ. ܡܛܠ ܕܩܕܝܫܬܐ ܐܝܬܝܗ ܠܟܘܢ: ܗܘ ܕܡܣܝܒ
ܠܗ. ܡܘܬܐ ܢܡܘܬ: ܟܠ ܡܢ ܕܢܥܒܕ ܒܗ ܥܒܕܐ. ܬܬܚܒܠ ܢܦܫܐ ܗܝ ܡܢ ܡܨܥܬ ܥܡܐ ܕܝܠܗ ܀
¹⁵ܫܬܐ ܝܘܡܝܢ ܬܥܒܕ ܥܒܕܐ. ܒܝܘܡܐ ܕܝܢ ܫܒܝܥܝܐ ܫܒܬܐ.. ܢܝܚܬܐ ܩܕܝܫܬܐ *ܠܡܪܝܐ: ܟܠ ܡܢ ܕܢܥܒܕ
ܥܒܕܐ ܒܝܘܡܐ ܕܫܒܬܐ. ܡܘܬܐ ܢܡܘܬ: ¹⁶ܘܢܛܪܘܢ ܒܢ̈ܝܐ ܕܐܝܣܪܝܠ ܫܒܬܐ ܠܡܥܒܕܗ ܠܕܪ̈ܐ
ܕܝܠܗܘܢ.. ܕܝܬܩܐ ܕܠܥܠܡ ¹⁷*ܒܝ ܘܒܝܢ̈ܝ ܒܢ̈ܝܐ ܕܐܝܣܪܝܠ. ܐܬܐ | ܐܝܬܝܗ ܕܠܥܠܡ. ܡܛܠ ܕܒܫܬܐ 101[1]
ܝܘܡܝܢ ܥܒܕ *ܡܪܝܐ ܫܡܝܐ ܘܐܪܥܐ. ܘܒܝܘܡܐ ܫܒܝܥܝܐ ܢܚ ܘܐܬܬܢܝܚ» ܀

ܡܠܘܐܫ ܣ ܀

¹⁸ܘܝܗܒ ܠܡܘܫܐ ܟܕ ܫܠܡ ※ܐ ܗܘܐ ܡܢ ܕܡܡܠܠ ܠܗ ܒܛܘܪܐ ܕܣܝܢܝ. ܬܪ̈ܬܝܢ ܦܠܟ̈ܣ
ܕܣܗܕܘܬܐ .. ܦܠܟ̈ܣ ܟܐܦ̈ܢܝܬܐ ܕܟܬܝܒܢ ܒܨܒܥܗ ܕܐܠܗܐ ܀
¹ܘܟܕ ܚܙܐ ܥܡܐ ܕܐܘܚܪ ܡܘܫܐ ܠܡܚܬ ܡܢ ܛܘܪܐ. *ܘܩܡ ܥܡܐ ܥܠ ܐܗܪܘܢ. ܘܐܡܪܝܢ ܠܗ »ܩܘܡ 32
ܥܒܕ ܠܢ ܐܠܗ̈ܐ. ܗܠܝܢ ܕܢܐܙܠܘܢ ܩܕܡܝܢ. ܡܘܫܐ ܓܝܪ ܗܢܐ ܓܒܪܐ ܗܘ ܕܐܦܩܢ ܠܢ ܡܢ ܡܨܪܝܢ. ܠܐ
ܝܕܥܝܢ ܚܢܢ ܡܢܐ ܗܘܐ ܠܗ» ܀ ²ܘܐܡܪ ܠܗܘܢ ܐܗܪܘܢ »ܦܪܘܩܘ ܩܕ̈ܫܐ ܕܕܗܒܐ. ܗܠܝܢ ܕܒܐܕܢ̈ܝ ܕܢܫ̈ܐ
ܕܝܠܟܘܢ ※ܐ ܘܒܢ̈ܝܐ ܕܝܠܟܘܢ ܘܒܢ̈ܬܐ ※ ܢ ܕܝܠܟܘܢ. ܘܐܝܬܘ ܠܘܬܝ» ܀ ³ܘܦܪܩܘ ܟܠܗ ܥܡܐ 101[2]
ܩܕ̈ܫܐ ܕܕܗܒܐ ܗܠܝܢ ܕܒܐܕܢ̈ܝܗܘܢ. ܘܐܝܬܝܘ ܠܘܬ ܐܗܪܘܢ: ⁴ܘܢܣܒ ܡܢ ܐܝܕܝܐ ܕܝܠܗܘܢ.
ܘܨܪ ܠܗ *ܒܙܘܡܝܐ. ܘܥܒܕܗ ܥܓܠܐ ܢܣܝܟܐ: ⁺ܘܐܡܪܘ »ܗܠܝܢ ܐܠܗ̈ܝܟ ܝܣܪܐܝܠ.. ܐܝܠܝܢ
ܐܝܠܝܢ ܕܐܣܩܘܟ ܡܢ ܐܪܥܐ ܕܡܨܪܝܢ» ܀ ⁵ܘܟܕ ܚܙܐ ܐܗܪܘܢ. ܒܢܐ ܡܕܒܚܐ ܠܩܘܕܡܝܗ. ܘܐܟܪܙ ܐܗܪܘܢ
ܟܕ ܐܡܪ »ܥܐܕܐ ܠܡܪܝܐ ܠܡܚܪ»: ⁶*ܘܩܕܡ ܩܡ ܒܨܦܪܗ ܕܝܘܡܐ. ⁺ܐܣܩ ܥܠ̈ܘܬܐ ܘܩܪܒ. ܘܩܪܒܘ
ـܒ ܕܒ̈ܚܐ ܕܫܠܡܐ. ܘܝܬܒ ܥܡܐ ܠܡܐܟܠ ܘܠܡܫܬܐ. ܘܩܡܘ ܠܡܫܥܝܘ ܀ ܥܠܡ ܠܗ ܀

ܩܪܝܢܐ ܕܫܒܬܐ ܕܐܠܗܐ ܘܐܪܒܥܐ ܀

‖ ⁷ܘܡܠܠ ܡܪܝܐ ܠܘܬ ܡܘܫܐ ـܒ ܟܕ ܐܡܪ ܠ ܗܠܟ ܚܘܬ ـܒ ܡܢ ܠܘܬܝ. ܚܒܠ ܥܡܐ ܠ ܐ ܘ
ـܒ ܗܘܢ ܠ. ܕܥܡܟ ܓܝܪ ܥܡܐ ܗܢܐ ܗܢܘܢ ܕܐܣܩܬ. ܡܢ ܐܪܥܐ ܕܡܨܪܝܢ. ⁸ܥܒܪܘ ܥܓܠܐ ܡܢ ܐܘܪܚܐ 102[1]
ܗܝ ܕܦܩܕܬ ܐܢܘܢ: ܥܒܕܘ ܠܗܘܢ ܥܓܠܐ ※ ܢ ܢܣܝܟܐ ܘܣܓܕܘ ܠܗ ܘܕܒܚܘ ܠܗ ܘܐܡܪܘ »ܗܠܝܢ
ܐܠܗ̈ܝܟ ܝܣܪܐܝܠ.. ܐܝܠܝܢ ܕܐܣܩܘܟ ܡܢ ܐܪܥܐ ܕܡܨܪܝܢ» ܀ ⁹※ܘܐܡܪ *ܡܪܝܐ ܠܘܬ
※ܡܘܫܐ »ܚܙܝܬܗ ܠܥܡܐ ܗܢܐ. ܘܗܐ ܥܡܐ ܩܫܐ ܩܕܠܐ ܐܝܬܘܗܝ. ¹⁰ܘܗܫܐ ܫܒܘܩܝܢܝ. ܘܡܢ

4 ܐ addidit C
5 ܘܠܥܒܕܘܬܐ propter ܢܓܪܘܬܐ [ita B] nolebam mutare, sed ܢܓܪܘܬܐ scribendum esse censebam: 30_{20} 40_{6} 40_{3} 40_{26} Iosue 22_{28} seqq laudavit C
7 ܘܠܟܠܗܘܢ ※ B, correxit C
17 ܒܝ ܘܒܝܢܝ̈ ܒܢ̈ܝܐ ܕܐܝܣܪܝܠ ܀ |

ܡܢ ܒܝܢܝ ܠܒ ܡܠܟ̈ܝܐ ܕܐܝܣܪܝܠ ܀ ܐ ܠܡܒܕܩ B quae ex Aquila profert, ad ܒܝ, contra quae ex ΣΘ, ad ܘܒܝܢ̈ܝ adscripsit
1 ܐ ܘܐܬܟܢܫܘ ܀ ܡܢ ܐܝܟ ܥܡܐ |
3 ܩܕ̈ܫܐ B[1]
4 ἐν τῇ ῥαφίδι [scr γραφίδι C]

4 ܐ ܘܐܡܪܘ ܀ ܡܢ ܗܠܝܢ ܐܝܟ ܐܡܪܘ |
6 ܐ ܘܩܕܡ ܀ ܡܢ ܒ ܩܕܡܘ ܐܝܟ |
6 ܘܐܣܩ ܐ ܀ ܘܐܣܩܘ ܡܢ |, indice in textu non addito
6 ـܒ ܕܒ̈ܚܐ ܐ ܕܫܠܡܐ B
9 ܡܢ ܐ ܫܡܥ

ܡܛܠܬܟ ܐܬܐ ܪܘܓܙܐ *ܐ ܗܘ ܕܚܡܬܝ ܒܗܘܢ. ܐܫܝܨ ܐܢܘܢ. ܘܐܥܒܕܟ ܠܥܡܐ ܪܒܐ ܀ 11 ܘܐܬܟܫܦ
ܡܘܫܐ ܩܕܡ *ܡܪܝܐ ܐܠܗܐ ܕܝܠܗ ܘܐܡܪ ܡܛܠ ܡܢܐ .. *ܡܪܝܐ .. ܡܛܠܬܟ ܪܘܓܙܐ *ܗ ܕܝܠܟ
ܒܥܡܐ ܕܝܠܟ ܗܘ ܕܐܦܩܬ ܡܢ ܐܪܥܐ ܕܡܨܪܝܢ ܒܚܝܠܐ ܪܒܐ ܘܒܕܪܥܐ ܪܡܐ ܀ 12 ܕܠܡܐ ܢܐܡܪܘܢ ܡܨܪܝܐ ܟܕ
102² ܐܡܪܝܢ ܕܒܒܝܫܬܐ ܐܦܩ ܐܢܘܢ. ܠܡܩܛܠ | *ܐܢܘܢ ܒܛܘܪܐ. ܘܠܡܫܝܨܘ ܐܢܘܢ ܡܢ ܐܪܥܐ: ܐܬܦܢܝ
ܡܢ ܪܘܓܙܐ ܕܚܡܬܐ ܕܝܠܟ. ܘܐܬܚܢܢ ܥܠ ܒܝܫܬܗ ܕܥܡܐ ܕܝܠܟ. 13 ܗܘܝ ܡܥܗܕ ܐܢܬ
ܠܐܒܪܗܡ ܘܠܐܝܣܚܩ ܘܠܝܥܩܘܒ ܥܒܕܝܟ ܕܝܠܟ. ܗܢܘܢ ܕܝܡܝܬ ܠܗܘܢ ܐܢܬ ܒܟ ܘܡܠܠܬ ܥܡܗܘܢ
ܟܕ ܐܡܪܬ ܠܗ ܕܡܣܓܐ ܐܣܓܐ ܙܪܥܟܘܢ ܐܝܟ ܟܘܟܒܐ ܕܫܡܝܐ ܟܕ ܡܣܬܒܪܝܢ. ܘܟܠܗ
ܐܪܥܐ ܗܕܐ ܕܐܡܪܬ ܐܬܠ ܠܙܪܥܟܘܢ. ܘܢܐܪܬܘܢܗ ܠܥܠܡ: 14 ܘܐܬܬܘܝ *ܡܪܝܐ
ܡܛܠ ܒܝܫܬܐ ܗܝ ܕܐܡܪ ܠܡܥܒܕ ܠܥܡܐ ܕܝܠܗ ܀ 15 ܘܟܕ ܗܦܟ. ܢܚܬ ܡܘܫܐ ܡܢ ܛܘܪܐ.
ܘܬܪܬܝܢ ܠܘܚܝܢ ܕܣܗܕܘܬܐ ܒܐܝܕܘܗܝ ܕܝܠܗ. ܠܘܚܐ ܕܟܬܝܒܝܢ ܡܢ ܬܪܝܗܘܢ ܓܒܝܗܘܢ.
103¹ ܡܟܐ ܘܡܟܐ | ܐܝܬܝܗܘܢ ܗܘܘ ܟܬܝܒܝܢ: 16 ܘܗܢܘܢ ܠܘܚܐ ܥܒܕܐ ܕܐܠܗܐ ܐܝܬܝܗܘܢ ܗܘܘ.
ܘܟܬܝܒܬܐ ܟܬܝܒܬܐ ܕܐܠܗܐ ܐܝܬܝܗ. ܕܓܠܝܦܐ ܒܠܘܚܐ ܀ ܥ ܟܠ ܀

ܡܪܢܐ ܕܐܚܪܢܐ ܕܐܠܗܐ ܘܥܓܠܐ ܀

17 ܘܟܕ ܫܡܥ ܝܫܘܥ ܩܠܐ ܕܥܡܐ ܕܩܥܝܢ. ܐܡܪ ܠܘܬ ܡܘܫܐ ܩܠܐ ܕܩܪܒܐ ܒܡܫܪܝܬܐ:
18 ܘܐܡܪ ܠܐ ܐܝܬܘܗܝ ܩܠܐ ܕܓܢܒܪܐ ܘܩܥܝܢ ܒܚܝܠܐ. ܐܦ ܠܐ ܩܠܐ ܕܚܠܫܐ ܘܩܥܝܢ ܒܬܒܪܐ. ܐܠܐ ܩܠܐ ܕܓܢܒܪܐ
ܡܙܡܪܢܐ ܕܫܒܝܢ ܐܢܐ ܫܡܥ ܐܢܐ ܀ 19 ܘܟܕ ܕܝܢ ܐܬܩܪܒ ܠܡܫܪܝܬܐ. ܚܙܐ ܠܥܓܠܐ ܘܠܙܡܪܐ. ܘܐܬ
ܪܘܓܙܗ ܕܡܘܫܐ. ܘܫܕܐ ܡܢ ܐܝܕܘܗܝ ܠܬܪܬܝܢ ܠܘܚܐ. ܘܬܒܪ ܐܢܘܢ ܬܚܝܬ ܛܘܪܐ:
103² 20 ܘܢܣܒܗ ܠܥܓܠܐ ܗܘ ܕܥܒܕܘ. ܘܐܘܩܕܗ | ܒܢܘܪܐ ܘܫܚܩܗ ܘܕܩܗ. ܘܙܪܩܗ ܥܠ ܡܝܐ.
ܘܐܫܩܝ ܐܢܘܢ ܠܒܢܝ ܐܝܣܪܝܠ ܀
21 ܘܐܡܪ ܡܘܫܐ ܠܐܗܪܘܢ ܡܢܐ ܥܒܕ ܠܟ ܥܡܐ ܗܢܐ. ܕܐܝܬܝܬ ܥܠܘܗܝ ܚܛܝܬܐ ܪܒܬܐ ܀ ܟܠ
22 ܘܐܡܪ ܐܗܪܘܢ ܠܘܬ ܡܘܫܐ ܠܐ ܢܬܩܦ *ܪܘܓܙܟ .. ܡܪܝ *ܕܝܠܟ .. ܐܢܬ ܝܕܥ ܐܢܬ
ܠܥܡܐ ܕܒܝܫܐ ܗܘ. 23 ܐܡܪܘ ܠܝ ܥܒܕ ܠܢ ܐܠܗܐ ܕܢܐܙܠܘܢ ܩܕܡܝܢ. ܡܘܫܐ ܓܝܪ
ܗܢܐ ܓܒܪܐ ܗܘ ܕܐܣܩܢ ܡܢ ܐܪܥܐ ܕܡܨܪܝܢ. ܠܐ ܝܕܥܝܢ ܡܢܐ ܗܘܐ ܠܗ: 24 ܘܐܡܪܬ ܠܗܘܢ ܠܡܢ ܐܝܬ
ܕܕܗܒܐ. ܐܦܪܩܘ. ܘܝܗܒܘ ܠܝ. ܘܫܕܝܬ *ܐܢܘܢ ܒܢܘܪܐ. ܘܢܦܩ ܥܓܠܐ ܗܢܐ ܀ 25 ܘܚܙܐ ܡܘܫܐ
104¹ ܠܥܡܐ ܕܐܬܦܪܥܘ. ܦܪܥܘ ܐܢܘܢ ܓܝܪ ܐܗܪܘܢ ܠܫܘܡܗܐ ܒܝܫܐ ܒܩܘܡܝܗܘܢ | ܕܒܥܠܕܒܒܝܗܘܢ: 26 ܘܩܡ
ܡܘܫܐ ܥܠ ܬܪܥܐ ܕܡܫܪܝܬܐ ܘܐܡܪ ܡܢ ܕܠܘܬ *ܡܪܝܐ. ܢܐܬܐ ܠܘܬܝ: ܘܐܬܟܢܫܘ *ܠܘܬܗ ܟܠܗܘܢ
ܒܢܝ ܠܘܝ: 27 ܘܐܡܪ ܠܗܘܢ ܗܟܢܐ ܐܡܪ *ܡܪܝܐ ܐܠܗܐ ܕܐܝܣܪܝܠ ܣܝܡܘ ܟܠ ܚܕ
ܣܝܦܗ ܥܠ ܚܨܗ *ܗ ܕܝܠܗ. ܘܥܒܪܘ ܘܗܦܟܘ ܡܢ ܬܪܥܐ ܠܬܪܥܐ ܒܡܫܪܝܬܐ. ܘܩܛܘܠܘ
ܟܠ ܚܕ ܠܐܚܘܗܝ ܕܝܠܗ. ܘܟܠ ܚܕ ܠܩܪܝܒܗ. ܘܟܠ ܚܕ ܠܒܪܗ ܕܩܪܝܒ ܠܗ ܀ 28 ܘܥܒܕܘ ܒܢܝ
ܠܘܝ ܐܝܟ ܕܐܡܪ ܡܘܫܐ: ܘܢܦܠܘ ܡܢ ܥܡܐ ܒܝܘܡܐ ܗܘ ܐܝܟ ܬܠܬܐ ܐܠܦܝܢ ܓܒܪܝܢ: 29 ܘܐܡܪ
ܠܗܘܢ ܡܘܫܐ ܡܠܝܬܘܢ ܐܝܕܝܟܘܢ ܝܘܡܢܐ ܠܡܪܝܐ. ܟܠ ܚܕ ܒܒܪܗ *ܐ ܠ ܕܝܠܗ *ܐ ܠ ܘ ܕ
ܒܐܚܘܗܝ *ܗ ܕܝܠܗ. ܘܢܬܝܗܒ ܥܠܝܟܘܢ *ܝ ܝܘܡܢܐ ܒܘܪܟܬܐ ܀ ܥ ܟܠ ܀

ܩܪܝܢܐ ܕܐܚܪܢܐ ܕܟܠܗ ܝܘܡܐ ܀

104² 30 ܘܗܘܐ ܒܝܘܡܐ | ܕܒܬܪܗ. ܘܐܡܪ ܡܘܫܐ ܠܘܬ ܥܡܐ ܐܢܬܘܢ ܚܛܝܬܘܢ ܚܛܝܬܐ ܪܒܬܐ. ܘܗܫܐ
ܐܣܩ ܐܢܐ ܠܘܬ ܡܪܝܐ. ܐܢ ܐܫܟܚ ܐܚܣܐ ܥܠ ܚܛܝܬܐ ܕܝܠܟܘܢ ܀ 31 ܘܗܦܟ ܕܝܢ ܡܘܫܐ ܠܘܬ *ܡܪܝܐ
ܘܐܡܪ ܒܒܥܘ ܐܢܐ ~ ܡܪܝ. ܚܛܐ ܥܡܐ ܗܢܐ ܚܛܝܬܐ ܪܒܬܐ. ܘܥܒܕܘ ܠܗܘܢ ܐܠܗܐ ܕܕܗܒܐ:
32 ܘܗܫܐ. ܐܢ ܫܒܩ ܐܢܬ ܠܗܘܢ ܚܛܝܬܗܘܢ *ܕܝܠܗܘܢ. ܫܒܘܩ. ܘܐܢ ܠܐ. ܥܛܝܢܝ ܡܢ ܟܬܒܐ

17 ܐܡܪ, 18 ܘܐܡܪ perfecta in B
18 indice ad ܐܝܬܘܗܝ adposito ܠܐ | ܐܝܬܘܗܝ ܩܠܐ ܕܓܢܒܪܐ ܘܩܥܝܢ ܒܚܝܠܐ ܘܠܐ ܐܝܬܘܗܝ ܩܠܐ ܕܚܠܫܐ ܘܩܥܝܢ ܡܢ ܬܒܪܐ. ܐܠܐ ܩܠܐ ܕܡܙܡܪܢܐ ܐܢܐ ܫܡܥ ܐܢܐ ܀ ܗܘ ܠܐ ܐܝܬܘܗܝ ܩܠܐ ܕܓܢܒܪܐ ܘܩܥܝܢ ܒܚܝܠܐ ܘܠܐ ܩܠܐ ܕܩܥܝܢ ܒܬܒܪܐ.
ܐܠܐ ܩܠܐ ܕܡܙܡܪܢܘܬܐ ܐܢܐ ܫܡܥ ܐܢܐ ܀ ܠ ܠܐ ܐܝܬܘܗܝ ܩܠܐ ܕܓܢܒܪܐ ܘܩܥܝܢ ܒܚܝܠܐ. ܘܠܐ ܐܝܬܘܗܝ ܩܠܐ ܕܡܙܡܪܢܐ ܕܬܒܪܐ. ܘܠܐ ܕܚܠܫܐ ܘܩܥܝܢ ܐܢܐ ܐܝܬ ܕܫܡܥ ܐܢܐ ܀ ubi bis ܒܚܝܠܐ edidi, quibus locis C ܒܚܝܠܐ videre in B sibi visus erat. in Θ ܘܩܥܝܢ B

18 ܒܚܝܠܐ B teste C
19 ܠܬܪܬܝܢ ܠܘܚܐ B
24 ܠ ܗܘ ܐܢܘܢ |
25 ܗܘ ܚܙܐ ܕܝܢ ܡܘܫܐ ܠܥܡܐ ܕܐܬܦܪܥ
26 ܕܝܢ
27 l vocis ܚܨܗ pr m in liturâ

ܕܚܛܐ ܗܘ ܩܕܡܝ܀ [33] ܘܐܡܪ *ܡܪܝܐ ܠܘܬ ܡܘܫܐ »ܠܐܢܫ ܐܢܫܐ ܕܚܛܐ ܩܕܡܝ. ܐܥܛܝܘܗܝ ܡܢ ܟܬܒܐ ܕܝܠܝ:
[34] ܗܫܐ ܕܝܢ ܗܠܟ ܘܕܒܪܝܘܗܝ ܠܥܡܐ ܗܢܐ ܠܐܬܪܐ ܗܘ ܕܐܡܪܬ ܠܟ. ܗܐ ܡܠܐܟܐ ܕܝܠܝ ܢܐܙܠ ܩܕܡ ܐܦܝܟ
ܩܕܡ ܦܪܨܘܦܐ ܕܝܠܟ. ܒܝܘܡܐ ܕܝܢ ܗܘ ܕܡܣܥܪ ܐܢܐ. ܐܣܥܘܪ ܥܠܝܗܘܢ ܚܛܝܬܗܘܢ | ܕܝܠܗܘܢ«܀ 105[1]
[35] ܘܡܚܐ *ܡܪܝܐ ܠܥܡܐ ܡܛܠ ܥܒܕܗ ܕܥܓܠܐ ܗܘ ܕܥܒܕ ܐܗܪܘܢ܀

33 [1] ܘܐܡܪ ܡܪܝܐ ܠܘܬ ܡܘܫܐ »ܐܙܠ ܣܩ ܡܢ ܗܪܟܐ ܐܢܬ ܘܥܡܐ ܕܝܠܟ. ܗܢܘܢ ܕܐܣܩܬ ܡܢ ܐܪܥܐ ܕܡܨܪܝܢ
ܠܐܪܥܐ ܗܝ ܕܝܡܝܬ ܠܐܒܪܗܡ ܘܠܐܝܣܚܩ ܘܠܝܥܩܘܒ. ܟܕ ܐܡܪ ܐܢܐ »ܠܙܪܥܐ ܕܝܠܟܘܢ ܐܬܠܝܗ«. [2] ܘܐܫܕܪ
ܐܫܕܪ ܩܕܡ ܦܪܨܘܦܐ ܕܝܠܟ ܠܡܠܐܟܐ ܕܝܠܝ. ܘܢܛܪܘܕ ܠܟܢܥܢܝܐ ܘܠܐܡܘܪܝܐ ܘܠܚܬܝܐ
ܘܠܦܪܙܝܐ ܘܠܓܪܓܫܝܐ ܘܠܚܘܝܐ ܘܠܝܒܘܣܝܐ. [3] ܘܐܥܠܟ ܠܐܪܥܐ ܕܪܕܝܐ ܚܠܒܐ ܘܕܒܫܐ.
ܠܐ ܓܝܪ ܐܣܩ ܥܡܟܘܢ. ܡܛܠ ܕܥܡܐ ܩܫܐ ܩܕܠܐ ܐܢܬܘܢ. ܕܠܡܐ ܐܫܠܡܟܘܢ ܒܐܘܪܚܐ«܀
[4] ܘܟܕ ܫܡܥ ܥܡܐ ܠܡܠܬܐ ܒܝܫܬܐ ܗܕܐ. ܐܬܐܒܠܘ ܒܐܒܠܐ ※ܘܠܐ ܣܡܘ ܓܒܪ ܨܒܬܐ ܕܝܠܗ ܥܠܘܗܝ܀
[5] ܘܐܡܪ ܡܪܝܐ ※ܠܡܘܫܐ »ܐܡܪ ܠܒܢܝ ܕܐܝܣܪܝܠ »ܐܢܬܘܢ ܥܡܐ ܩܫܐ ܩܕܠܐ: ܚܙܘ ܠܐ ܡܚܘܬܐ 105[2]
ܐܚܪܬܐ ܐܝܬܐ ܥܠܝܟܘܢ. ܘܐܫܠܡܟܘܢ: ܗܫܐ ܗܟܝܠ ܐܪܝܡܘ ܠܬܫܒܚܬܐ ܕܝܠܟܘܢ ܘܠܬܨܒܝܬܐ ※
ܕܝܠܟܘܢ. ܘܐܘܕܥ ܠܟ ܗܘ ܕܥܒܕ ܐܢܐ ܠܟ«« ܀ [6] ܘܐܪܝܡܘ ܬܫܒܚܬܗܘܢ ܒܢܝ ܕܐܝܣܪܝܠ ܘܬܨܒܝܬܐ
ܕܝܠܗܘܢ ܘܠܬܫܒܚܬܐ ܕܝܠܗܘܢ ܡܢ ܛܘܪܐ ܕܚܘܪܝܒ܀ ܗ܀

ܩܪܝܢܐ ܕܫܪܝܬܐ ܕܐܒܐ ܕܡܫܟܢ ܙܒܢܐ܀

[7] ܘܡܘܫܐ ܟܕ ܢܣܒ ܠܡܫܟܢܐ ܕܝܠܗ. ܩܒܥܗ ܠܒܪ ܡܢ ܡܫܪܝܬܐ. ܒܪܘܚܩܐ ܡܢ ܡܫܪܝܬܐ.
ܘܐܬܩܪܝ ※ܗ ܗܘܐ ܡܫܟܢܐ ܕܣܗܕܘܬܐ܀
ܘܗܘܐ ܕܟܠ ܕܒܥܐ ܗܘܐ *ܠܡܪܝܐ. ܢܦܩ ܗܘܐ ܠܡܫܟܢܐ ※ܗ ܕܣܗܕܘܬܐ ܗܘ ܕܐܝܬܘܗܝ ܡܢ ܠܒܪ
ܡܫܪܝܬܐ: [8] ܐܝܟܢ ܕܝܢ *ܕܢܦܩ ܗܘܐ ܠܡܫܟܢܐ. ܩܐܡ ܗܘܐ ܟܠܗ ܥܡܐ ܡܢ ܡܕܝܢܚܐ ܗܘܐ ܟܠ ܚܕ 105[3]
ܥܠ ܬܪܥܐ ܕܡܫܟܢܐ ܕܝܠܗ. ܘܡܬܚܙܝܢ ܗܘܘ ܥܠ ܒܬܪܗ ܕܡܘܫܐ ܥܕܡܐ ܕܥܐܠ ܗܘܐ ܠܡܫܟܢܐ:
[9] ܟܕ ܕܝܢ ܕܥܐܠ ܗܘܐ ܡܘܫܐ ܠܡܫܟܢܐ. ܢܚܬ ܗܘܐ ܥܡܘܕܐ ܕܥܢܢܐ. ܘܩܐܡ ܗܘܐ ܥܠ ܬܪܥܐ ܕܡܫܟܢܐ.
ܘܡܡܠܠ ܗܘܐ ※ܥܡ ܡܘܫܐ: [10] ܘܚܙܐ ܗܘܐ ܟܠܗ ܥܡܐ ܠܥܡܘܕܐ ܕܥܢܢܐ ܕܩܐܡ ܥܠ ܬܪܥܐ
ܕܡܫܟܢܐ. ܘܩܡ ܟܠܗ ܥܡܐ. ܘܣܓܕܘ ܟܠ ܚܕ ܡܢ ܬܪܥܐ ܕܡܫܟܢܐ ܕܝܠܗ܀

ܩܠܐܦ ܠܓ܀

[11] ܘܡܠܠ *ܡܪܝܐ ܥܡ ܡܘܫܐ ܐܦܐ ܠܘܩܒܠ ܐܦܐ. ܐܝܟ ܡܐ ܕܡܡܠܠ ܐܢܫ ܥܡ ܚܒܪܐ ܕܝܠܗ.
ܘܡܬܗܦܟ ܗܘܐ ܠܡܫܪܝܬܐ. ܡܫܡܫܢܐ ܕܝܢ ※ܗ ܕܝܠܗ ܝܫܘܥ ܒܪ ܢܘܢ ܛܠܝܐ ܠܐ | ܢܦܩ ܗܘܐ ܡܢ 106[2]
ܡܫܟܢܐ܀ [12] ܘܐܡܪ ܡܘܫܐ ܠܘܬ *ܡܪܝܐ »ܗܐ ܐܢܬ ܐܡܪ ܐܢܬ ܠܝ »ܐܣܩ ܠܥܡܐ ܗܢܐ«. ܐܢܬ ܕܝܢ
ܠܐ ܐܘܕܥܬܢܝ ܠܡܢ ܕܡܫܕܪ ܐܢܬ ܥܡܝ: ܐܢܬ ܕܝܢ ܐܡܪܬ ܠܝ: ܐܡܪܬ »ܝܕܥ ܐܢܐ ܠܟ *ܝܬܝܪ ܡܢ ܟܠ
ܐܢܫ. ܘܐܦ ܐܫܟܚܬ ܛܝܒܘܬܐ ܩܕܡܝ«: [13] ܐܢ ܗܟܝܠ ܐܫܟܚܬ ܛܝܒܘܬܐ ܩܕܡܝܟ. ܚܘܝܢܝ ܠܟ ܐܢܬ ܠܟ.
ܕܐܕܥܟ ܐܝܟ ܕܐܫܟܚ ܛܝܒܘܬܐ ܩܕܡܝܟ. ܘܐܦ ܕܐܕܥ ܕܥܡܐ ܕܝܠܟ ܗܘ ܥܡܐ
ܗܢܐ«܀ [14] ܘܐܡܪ »ܐܢܐ ܐܙܠ ܩܕܡܝܟ. ܘܐܢܝܚܟ«܀ [15] ܘܐܡܪ ܠܘܬܗ »ܐܢ ܠܐ ܐܢܬ ܐܙܠ ܐܢܬ ܥܡܢ. ܠܐ
ܬܐܣܩܢܢ ܡܢ ܗܪܟܐ. [16] ܘܐܝܟܢܐ ܡܬܝܕܥܐ ܐܟܝܠ ܕܐܫܟܚܬ ܛܝܒܘܬܐ ܩܕܡܝܟ ܐܢܐ ܘܥܡܐ ܕܝܠܟ. ܐܠܐ ܐܢ | ܡܢ 107[1]
ܐܢ ܕܐܙܠ ܐܢܬ ܥܡܢ. ܘܡܫܬܒܚܝܢ ܐܢܐ ܘܥܡܐ ܕܝܠܟ ܝܬܝܪ ܡܢ ܟܠܗܘܢ ܥܡܡܐ ܗܠܝܢ
ܕܥܠ ܐܪܥܐ ܐܝܬܝܗܘܢ܀ ܗ܀

ܩܪܝܢܐ ܕܫܪܝܬܐ ܕܐܒܐ ܕܡܫܟܢ ܙܒܢܐ܀

[17] ܘܐܡܪ *ܡܪܝܐ ܠܘܬ ܡܘܫܐ »ܐܦ ܡܠܬܐ ܗܕܐ ܕܐܡܪܬ ܐܥܒܕ. ܐܫܟܚܬ ܓܝܪ
ܛܝܒܘܬܐ ܩܕܡܝ. ܘܝܕܥ ܐܢܐ ܠܟ ܝܬܝܪ ܡܢ ܟܠ ܐܢܫ«: [18] ܘܐܡܪ »ܚܘܢܝ ܠܟ ܫܘܒܚܐ ܕܝܠܟ«:

3 deest ܗ in B, ܒ non intellego
4 ※ addidi
5 displicet ܠܐ
5 ܗ ante ܠܐܪܥܐ addidi: B ܗ post ܠܐܬܩܪܐ posuit.

5 ܐ ܡܢܐ ܠܐܒܪܗܡ ܠܗ܀ ܐ ܕܝܡܝܬ ܠܐܒܪܗܡ ܠܗ܀
ܐܒܪܗܡ. ܗܘ ܐܝܟ ܕܒܝܬ. index etiam ad ܐܒܪܗܡ adpositus, quem delevi
7 ܠܡܫܟܢ
7 in fragmento ΣΘ ※ ܕܣܗܕܘܬܐ B

8 ܘܐܬܐ
12 indice ad ܗ sequens adposito
ܐ ܠܥܡܐ܀ ܗ ܠܡܫܟܢܐ
15 ܐ ܠܐ ܬܐܣܩܢܢ ܐܠܐ ܐܢ ܠܐ܀ ܗ ܐ ܠ
ܬܐܣܩܢܢ ܐܢ ܠܐ ܐܙܠ

¹⁹ ܘܐܡܪ »ܐܢܐ ܐܥܒܪ ܩܕܡܝܟ ܒܫܘܒܚܐ ܕܝܠܝ. ܘܐܩܪܐ *ܒܫܡܗ *ܕܡܪܝܐ ܩܕܡܝܟ. ܘܐܪܚܡ ܥܠ ܗܘ ܕ
ܐܪܚܡ. ܘܐܚܘܣ ܥܠ ܗܘ ܕܐܚܘܣ«: ²⁰ ܘܐܡܪ »ܠܐ ܡܫܟܚ ܐܢܬ ܠܡܚܙܐ ܠܦܪܨܘܦܐ ܕܝܠܝ. ܠܐ ܓܝܪ ܢܚܙܐ
107² ܠܦܪܨܘܦܐ ܕܝܠܝ | ܒܪܢܫܐ ܘܢܚܐ«: ²¹ ܘܐܡܪ *ܡܪܝܐ »ܗܐ ܕܘܟܬܐ ܠܘܬܝ. ܘܬܩܘܡ ܥܠ ܫܘܥܐ.
²² ܐܡܬܝ ܕܝܢ ܕܥܒܪ ܫܘܒܚܐ ܕܝܠܝ. ܐܦ ܐܣܝܡܝܟ *ܒܢܩܥܬܐ ܕܫܘܥܐ. ܘܐܛܠܠ ܥܠ ܐܝܕܐ ܕܝܠܝ ܥܠܝܟ
ܥܕܡܐ ܕܐܥܒܪ. ²³ ܘܐܥܒܪ ܠܐܝܕܐ ※L ܕܝܠܝ↙. ܘܬܚܙܐ ܠܒܣܬܪܝ ܕܝܠܝ. ܦܪܨܘܦܐ ܕܝܢ ܕܝܠܝ ܠܐ
ܢܬܚܙܐ ܠܟ↙ ܀

34 ¹ ܘܐܡܪ ܡܪܝܐ ܠܡܘܫܐ »ܦܣܘܠ ܠܟ ܬܪܬܝܢ ܠܘ̈ܚܝܢ ܕܟܐܦܐ. ܐܝܟ ܕܐܦ ܩܕܡܝܬܐ.
ܘܣܩ ܠܘܬܝ ܠܛܘܪܐ. ܘܐܟܬܘܒ ܥܠ ܠܘ̈ܚܐ ܡܠ̈ܐ ܗܠܝܢ ܕܐܝܬ ܗܘܐ ܥܠ ܠܘ̈ܚܐ ܩܕܡܝܐ ܗܠܝܢ
ܕܬܒܪܬ: ² ܘܗܘܝ ܡܛܝܒ ܠܨܦܪܐ. ܘܬܣܩ ܒܨܦܪܐ ܠܛܘܪܐ ܕܣܝܢܝ. ܘܬܩܘܡ ܠܝ ܬܡܢ ܥܠ
108¹ ܪܝܫܗ ܕܛܘܪܐ. ³ ܘܠܐ ܐܢܫ ܢܣܩ ܥܡܟ. ܐܦ ܠܐ | ܐܢܫ ܢܬܚܙܐ ܒܟܠܗ ܛܘܪܐ. ܘܒܥܝܪܐ ܘܬܘܪܐ ܠܐ ܢܪܥܘܢ
ܒܣܘܦܗ ܕܛܘܪܐ ܗܘ« ܀ ⁴ ܘܦܣܠ ܬܪܬܝܢ ܠܘ̈ܚܝܢ ܕܟܐܦܐ ܐܝܟ ܡܐ ܕܗܘܝ ܩܕܡܝܬܐ ܀ ܦ ܀

ܩܪܝܢܐ ܕܚܕܒܫܒܐ ܕܐܘܪܚܐ ܕܒܬܪ ܕܢܚܐ ܀

ܘܟܕ ܩܕܡ ܡܘܫܐ ܒܨܦܪܐ. ܣܠܩ ܠܛܘܪܐ ܕܣܝܢܝ. ܐܝܟܢܐ ܕܦܩܕ *ܡܪܝܐ ܠܗ: ܘܫܩܠ ܡܘܫܐ
ܥܡܗ ܠܬܪܬܝܢ ܠܘ̈ܚܝܢ ܕܟܐܦܐ ܀ ⁵ ܘܢܚܬ *ܡܪܝܐ ܒܥܢܢܐ. ܘܩܡ ܩܕܡܘܗܝ ܬܡܢ. ܘܩܪܐ ܒܫܡܗ
ܕܡܪܝܐ ܀ ⁶ ܘܥܒܪ *ܡܪܝܐ ܩܕܡ ܦܪܨܘܦܐ ܕܝܠܗ. ܘܩܪܐ »*ܡܪܝܐ *ܡܪܝܐ ܐܠܗܐ. ܚܢܢܐ ܘܡܪܚܡܢܐ.
ܢܓܝܪ ܪܘܚܐ ܘܣܓܝ ܚܣܕܐ ܘܫܪܝܪܐ. ⁷ ܢܛܪ ܘܥܒܕ ܚܣܕܐ ܠܐܠܦܐ. ܫܩܠ ܠܥܘܠܘܬܐ
108² ܘܥܘܠܐ ܘܚܛܗ̈ܐ. ܘܠܡܙܟܝܘ *ܠܐ ܡܙܟܐ. ܡܝܬܐ | ܠܐ ܢܟܘܠܘܬܐ ܕܐܒܗ̈ܐ ܥܠ ܒܢ̈ܝܐ. ܘܥܠ ܒܢ̈ܝܐ
ܕܒܢ̈ܝܐ. ܥܠ ܬܠܬܐ ※L ܘܥܠ ܐܪܒܥܐ ÷ ܫܪܒܬܐ↙« ܀
⁸ ܘܟܕ ܐܣܬܪܗܒ ܡܘܫܐ. ܐܬܟܦܦ ܥܠ ܐܪܥܐ. ܣܓܕ ÷ ܠܡܪܝܐ↙ ⁹ ܘܐܡܪ »ܐܢ ܐܫܟܚܬ ܡ
ܛܝܒܘܬܐ ܩܕܡܝܟ ※ܡܪܝܐ↙. ܢܐܙܠ ܐܡܝܢ ※ܗܟܝܠ↙ ܡܪܝܐ *ܥܡܢ. ܥܡܐ ܓܝܪ ܩܫܐ ܩܕܠܐ ܐܝܬܘܗܝ.
ܘܬܫܒܘܩ ܐܢܬ ܟܠ ܢܟܘܠܘܬܐ ܕܝܠܢ ܘܚܛܗ̈ܝܢ ܕܝܠܢ. ܘܢܗܘܐ ܠܟ« ܀ ¹⁰ ܘܐܡܪ ÷ ܡܪܝܐ ܠܡܘܫܐ
÷ ܡܘܫܐ↙ »ܗܐ ܐܢܐ ܣܐܡ ܐܢܐ ÷ ܠܟ↙ ܕܝܬܩܐ: ܩܕܡ ܟܠܗ ܥܡܐ ܕܝܠܟ ܐܥܒܕ ܬܕܡܪ̈ܬܐ. ܗܠܝܢ ܕܠܐ
ܗܘܝ ܒܟܠܗ ܐܪܥܐ ܘܒܟܠ ܥܡܐ. ܘܢܚܙܐ ܟܠܗ ܥܡܐ ܗܢܘܢ ܕܐܝܬ ܐܢܬ ※ܒܡܨܥܬܐ ܕܝܠܗ↙..
109¹ ܠܥܒܕ̈ܐ ܕܡܪܝܐ. ܡܛܠ ܕܕܚܝܠܬܐ | ܐܢܘܢ ܗܠܝܢ ܕܐܢܐ ܥܒܕ ܐܢܐ ܠܟ: ¹¹ ܚܙܝ ܐܢܬ ܠ ÷ ܟܠܗܝܢ↙
ܗܠܝܢ ܕܐܢܐ ܡܦܩܕ ܐܢܐ ܠܟ ※ ܝܘܡܢܐ↙: ܗܐ ܐܢܐ ܡܦܩ ܐܢܐ ܡܢ ܩܕܡ ܦܪܨܘܦܐ ܕܝܠܟܘܢ ܠܐܡܘܪܝܐ
ܘܟܢܥܢܝܐ ܘܚܬܝܐ ܘܦܪܙܝܐ ÷ ܘܚܘܝܐ ܘܓܪܓܫܝܐ↙ ܘܝܒܘܣܝܐ ܀ ܦ ܀

ܩܪܝܢܐ ܕܥܪܘܒܬܐ ܕܫܒܬܐ ܕܒܬܪ ܕܢܚܐ ܀

¹² ܚܙܝ ܠܟ. ܕܠܡܐ ܬܩܝܡ ܕܝܬܩܐ ܠܥܡܘܪ̈ܝܗ̇ ܕܐܪܥܐ ܕܥܠܝܗ̇ ܕ※ | L ܐܢܬ↙
ܥܐܠ ܠܗ̇. ※ ܕܠܡܐ↙ ܢܗܘܐ ܠܬܘܩܠܬܐ ܠܟܘܢ: ¹³ ܠܡܕܒܚ̈ܝܗܘܢ ܕܝܠܗܘܢ ܐܣܬܘܪܘ. ܘܠܩܝܡ̈ܬܐ
ܕܝܠܗܘܢ ܬܬܒܪܘܢ. ܘܠܚܘܫܒܐ ܦܠܚܐ ܕܝܠܗܘܢ ܬܦܣܩܘܢ. ܘܠܦܬܟܪ̈ܐ ܕܐܠܗ̈ܐ ܕܝܠܗܘܢ ܬܘܩܕܘܢ ܒܢܘܪܐ:
109² ¹⁴ ܠܐ ܓܝܪ ܬܣܓܕܘܢ ܠܐܠܗܐ ܐܚܪܢܐ. *ܡܪܝܐ ܓܝܪ | ÷ ܐܠܗܐ↙. ܛܢܢܐ ܗܘ ܫܡܗ ※L ܕܝܠܗ↙. ܐܠܗܐ
ܛܢܢܐ ܐܝܬܘܗܝ: ¹⁵ ܕܠܡܐ ܬܩܝܡ ܕܝܬܩܐ ܠܥܡܘܪ̈ܝܗ̇ ܕܐܪܥܐ ܕܥܠܝܗ̇ ܘܐܙܠ. ܘܢܙܢܘܢ ܒܬܪ ܐܠܗ̈ܐ
ܕܝܠܗܘܢ ܘܢܕܒܚܘܢ ܠܦܬܟܪ̈ܝܗܘܢ. ܘܢܩܪܘܢ ܠܟ. ܘܬܐܟܘܠ ܡܢ ܕܒܚ̈ܐ ܕܝܠܗܘܢ. ¹⁶ ܘܬܣܒ ܡܢ ܒ̈ܢܬܗܘܢ
ܠܒ̈ܢܝܟ ÷ ܘܡܢ ܒ̈ܢܬܟ ܬܬܠ ܠܒ̈ܢܝܗܘܢ↙. ܘܢܙܢܝܢ ܒ̈ܢܬܐ ܕܝܠܟ ܒܬܪ ܐܠܗ̈ܐ ܕܝܠܗܘܢ. ܘܢܙܢܘܢ ܒ̈ܢܝܐ
ܕܝܠܟ ܒܬܪ ܐܠܗ̈ܐ ܕܝܠܗܘܢ ܀ ¹⁷ ܘܐܠܗ̈ܐ ܢܣܝܟܐ ܠܐ ܬܥܒܕ ܐܢܬ ܠܟ ܀ ¹⁸ ܠܥܐܕܐ ܕܦܛܝܪ̈ܐ ܬܛܪ: ܫܒܥܐ
ܝܘܡܝܢ ܬܐܟܘܠ ܦܛܝܪ̈ܐ. ܐܝܟܢܐ ܕܦܩܕܬܟ. ܒܙܒܢܐ ܒܝܪܚܐ ܕܢܝܣܢ. ܒܝܪܚܐ ܓܝܪ ܕܢܝܣܢ ܢܦܩܬ ܡܢ
110¹ ܡܨܪܝܢ ܀ ¹⁹ ܟܠ ܦܬܚ ܡܪܒܥܐ ܠܝ ※L ܘܟܠܗܘܢ ܒܘܟܪ̈ܐ ܕܝܠܟ ܕܟܪ̈ܐ. ܒܘܟܪܐ ܕܬܘܪܐ | ܘܒܥܝܪܐ.

19 ܠܫܡܗ
22 ܒܡܥܪܬܐ L ܗܘ]. Field ex ܐܘܪܐ ܕܝܪ correxit ܒܢܩܥܬܐ
1 ܠܘܚܐ B
1 fin ܩܕܡܝ B
6 ÷ ܘܡܪܚܦܢܐ↙ B
7 indice ad ܡܙܟܐ adposito οὐ καθαριεῖ
7 fin B ut edidi
9 ܠܡܪܝܐ L ܗܘ ÷ ܣܓܕ]
11 ÷ ܠܟܠܗܝܢ↙ B
12 ※ | L ܐܢܬ↙ B
13 ante ܠܡܕܒܚ̈ܝܗܘܢ utrum ܝ an ܝ sit, non expedio. scribendumne ※ L ܕܠܡܐ↙ ?
15 ܕܢܚܐ transcripsi

20ܘܒܘܟܪܐ ܕܚܡܪܐ ܬܦܪܘܩ ܒܐܡܪܐ: ܐܢ ܕܝܢ ܠܐ ܬܦܪܘܩ. *ܬܦܣܘܩ ܩܕܠܗ ܕܝܠܗ ✣ ܟܠ ܒܘܟܪܐ ܕܒܢܝܟ
ܕܝܠܟ ܬܦܪܘܩ ✣ *ܘܠܐ ܬܬܚܙܐ ܩܕܡܝ ܣܦܝܩܐܝܬ ✣ 21 ܫܬܐ ܝܘܡܝܢ ܬܦܠܘܚ. ܒܝܘܡܐ ܕܝܢ ܫܒܝܥܝܐ
*ܬܬܢܝܚ: ܒܙܪܥܐ ܘܒܚܨܕܐ ܬܬܢܝܚ ✣ 22 ܘܥܐܕܐ ܕܫܒ̈ܘܥܐ ܬܥܒܕ ܠܝ.. ܪܫܐ ܕܚܨܕܐ ܕܚܛ̈ܐ *ܘܥܐܕܐ
ܕܟܢܫܐ ܡܢ ܡܨܥܬܐ ܕܫܢܬܐ ✣ 23 ܬܠܬ ܙܒ̈ܢܝܢ ܒܫܢܬܐ ܢܬܚܙܐ ܟܠ ܕܟܪܐ ܕܝܠܟ ܩܕܡ ܡܪܝܐ ܐܠܗܐ
ܕܐܝܣܪܝܠ: 24 ܐܡܬܝ ܓܝܪ ܕܐܦܩ ܥܡ̈ܡܐ ܡܢ ܩܕܡ ܦܪܨܘܦܐ ܕܝܠܟ. ܘܐܦܬܐ ܠܬܚܘܡ̈ܝܟ ܕܝܠܟ.
110² *ܢ̈ ܐܘܟܝܬ ܠܐ ܢܪܓ ܘܠܐ ܐܢܫ ܠܐܪܥܐ ܕܝܠܟ. ܐܡܬܝ ܕܝܢ ܕܣܠܩ ܐܢܬ ܠܡܬܚܙܝܘ ܩܕܡ *ܡܪܝܐ ܐܠܗܐ | ܕܝܠܟ
ܬܠܬ ܙܒ̈ܢܝܢ ܒܫܢܬܐ ✣ 25 ܠܐ ܬܕܒܘܚ ܥܠ ܚܡܝܥܐ ܕܡܐ ܕܕܒܚܐ ܕܝܠܝ. ܘܠܐ ܢܒܘܬ ܠܨܦܪܐ ܕܒܚܐ
ܕܥܐܕܐ ܕܦܨܚܐ ✣ 26 ܪܫܐ ܕܒܘܟܪ̈ܝܗ ܕܐܪܥܐ ܕܝܠܟ ܬܝܬܐ ܠܒܝܬܗ *ܕܡܪܝܐ ܐܠܗܐ ܕܝܠܟ ✣ ܠܐ ܬܒܫܠ
ܐܡܪܐ ܒܚܠܒܐ ܕܐܡܗ ܕܝܠܗ» ✣ ܗ ✣

ܡܛܠܐ ܕܡܫܒܚܬܐ ܐܦ̈ܐ ܕܡܘܫܐ ܢܗܝܪܐ ✣

27ܘܐܡܪ *ܡܪܝܐ ܠܘܬ ܡܘܫܐ »ܟܬܘܒ ܠܟ ܡ̈ܠܐ ܗܠܝܢ: ܥܠ ܓܝܪ ܡ̈ܠܐ ܗܠܝܢ ܣܡܬ ܠܟ
ܕܝܬܩܐ ܘܠܐܝܣܪܝܠ» ✣ 28ܘܐܬܬܘܝ ܗܘܐ ܬܡܢ ܡܘܫܐ ܩܕܡ *ܡܪܝܐ ܐܪܒܥܝܢ ܝܘܡܝܢ ܘܐܪܒܥܝܢ
ܠܠܝ̈ܐ. ܠܚܡܐ ܠܐ ܐܟܠ. ܘܡ̈ܝܐ ܠܐ ܐܫܬܝ. ܘܟܬܒ ܥܠ ܠܘ̈ܚܐ ܡ̈ܠܐ ܕܕܝܬܩܐ.. ܥܣܪ ܡ̈ܠܝܢ:
111¹ 29ܟܕ ܕܝܢ ܢܚܬ ܗܘܐ ܡܘܫܐ ܡܢ ܛܘܪܐ ܕܣܝܢܝ. ܐܦ ܬܪܬܝܗܝܢ | ܠܘ̈ܚܐ *ܕܣܗܕܘܬܐ ܒܐܝܕܘܗܝ
ܕܡܘܫܐ ✣
ܟܕ ܢܚܬ ܗܘܐ ܕܝܢ ܡܢ ܛܘܪܐ. ܘܡܘܫܐ ܠܐ ܝܕܥ ܗܘܐ ܕܐܫܬܒܚܬ ܚܙܘܐ ܕܓܠܕܐ ܕܦܪܨܘܦܐ ܕܝܠܗ. ܟܕ ܡܡܠܠ
ܗܘܐ ܠܗ: 30 ܘܚܙܐ ܐܗܪܘܢ ܘܟܠܗܘܢ ܒܢܝ̈ ܐܝܣܪܝܠ ܠܡܘܫܐ. ܘܐܝܬܝܗ ܗܘܐ ܡܫܒܚܬܐ
ܚܙܘܐ *ܕܓܠܕܐ ܕܦܪܨܘܦܐ ܕܝܠܗ. ܘܕܚܠܘ ܠܡܬܩܪܒܘ ܠܗ ✣ 31 ܘܩܪܐ ܠܗܘܢ ܡܘܫܐ. ܘܐܬܦܢܝܘ ܠܘܬܗ
ܐܗܪܘܢ ܘܟܠܗܘܢ ܪ̈ܫܐ ܕܟܢܘܫܬܐ. ܘܡܠܠ ܡܘܫܐ ܠܘܬܗܘܢ ✣ 32ܘܒܬܪ ܗܠܝܢ ܩܪܒܘ ܠܘܬܗ
ܟܠܗܘܢ ܒܢܝ̈ ܐܝܣܪܝܠ. ܘܦܩܕ ܐܢܘܢ ܟܠܗܝܢ ܕܡܠܠ ܡܪܝܐ ܠܘܬܗ ܒܛܘܪܐ ܕܣܝܢܝ ✣ 33 ܘܟܕ
111² ܫܠܡ ܡܢ ܕܡܡܠܠ ܠܘܬܗܘܢ. ܣܡ ܥܠ ܦܪܨܘܦܐ ܕܝܠܗ ܐܣܛܘܠܐ: | 34 ܐܡܬܝ ܕܝܢ ܕܥܐܠ ܗܘܐ
ܡܘܫܐ ܩܕܡ ܡܪܝܐ ܠܡܡܠܠܘ ܠܗ. ܡܥܢܐ ܗܘܐ ܠܐܣܛܘܠܐ ܥܕܡܐ ܕܢܦܩ ܗܘܐ. ܘܟܕ ܢܦܩ.
ܡܡܠܠ ܗܘܐ ܠܟܠܗܘܢ ܒܢܝ̈ ܐܝܣܪܝܠ ܗܠܝܢ ܕܦܩܕܗ ܡܪܝܐ ✣

ܡܠܬܐ ܕ ✣

ܘܚܙܘ ܒܢܝ̈ ܐܝܣܪܝܠ ܠܦܪܨܘܦܗ ܕܡܘܫܐ. ܕܡܫܒܚ ※ ܚܙܘܐ ܕܓܠܕܐ ܕܦܪܨܘܦܐ ܕܝܠܗ. ܘܣܡ35
ܡܘܫܐ ※ ܗܘ ܐܣܛܘܠܐ ܥܠ ܦܪܨܘܦܐ ܕܝܠܗ. ܥܕܡܐ ܕܥܐܠ ※ ܗܘܐ ܠܡܡܠܠܘ ܥܡܗ ✣

35 1ܘܟܢܫ ܡܘܫܐ ܠܟܠܗ ܟܢܘܫܬܐ ܕܒܢܝ̈ ܐܝܣܪܝܠ. ܘܐܡܪ ܠܘܬܗܘܢ »ܗܠܝܢ ܡ̈ܠܐ ܕܐܡܪ
*ܡܪܝܐ ܠܡܥܒܕ ܐܢܝܢ ✣ 2 ܫܬܐ ܝܘܡܝܢ ܬܬܥܒܕ ܥܒܝܕܬܐ. ܒܝܘܡܐ ܕܝܢ ܫܒܝܥܝܐ ܫܘܒܬܐ..
112¹ ܫܒܬܐ ܕܢܝܚܬܐ ܠܡܪܝܐ: ܟܠ ܕܥܒܕ ܒܗ | ܥܒܕܐ. ܢܬܩܛܠ ✣ 3 ܠܐ ܬܝܩܕܘܢ ܢܘܪܐ ܒܟܠܗ ܕܝܪܐ
ܕܝܠܟܘܢ ܒܝܘܡܐ ܕܫܒܬܐ *ܐܢܐ ܡܪܝܐ ✣ 4ܘܐܡܪ ܡܘܫܐ ܠܘܬ ܟܠܗ ܟܢܘܫܬܐ ܕܒܢܝ̈ ܐܝܣܪܝܠ ܟܕ
ܐܡܪ »ܗܢܐ ܗܘ ܡܠܬܐ ܕܦܩܕ *ܡܪܝܐ ܟܕ ܐܡܪ 5 »ܣܒܘ ܡܢܟܘܢ ܦܪܝܫܘܬܐ *ܠܡܪܝܐ.
ܟܠ ܕܡܬܒܥܐ ܠܠܒܗ ※ ܐ ܕܝܠܗ. ܢܝܬܘܢ ܦܪ̈ܝܫܘܬܐ *ܠܡܪܝܐ.. ܕܗܒܐ ܐܘ ܣܐܡܐ ܢܚܫܐ 6*ܢ̈ ܐܘ
ܬܟܠܬܐ *ܢ̈ ܐܘ ܐܪܓܘܢܐ ܘܙܚܘܪܝܬܐ ܕܥܦܝܦܐ ܘܒܘܨܐ ܕܥܦܝܦܐ. ܘܣܥܪܐ ܕܥܙ̈ܐ 7 ܘܡܫ̈ܟܐ ܕܕܟܪ̈ܐ
ܕܣܡܩܝܢ ܘܡܫ̈ܟܐ *ܕܬܟܠܬܐ. ܘܩܝ̈ܣܐ ܠܐ ܡܬܚܒܠܝܢ 8 ※ ܐ ܘܡܫܚܐ ܠܢܘܗܪܐ ܘܒܣ̈ܡܐ ܠܡܫܚܐ
112² ※ ܕܡܫܚܬܐ ܘܠܒܣ̈ܡܐ ܕܒܣܡܐ ܘܩܛܪ̈ܬܐ 9 ܘܟܐܦ̈ܐ ܕܒܘܪܠܐ. ܘܟܐܦ̈ܐ ܠܫܘܩܠܐ | ܠܐܦܘܕܐ ܘܠܚܘܫܢܐ:
10ܘܟܠ ܕܚܟܝܡ ܒܠܒܗ ܒܟܘܢ ܢܐܬܐ ܘܢܥܒܕ ܟܠ ܡܕܡ ܕܦܩܕ ܡܪܝܐ. 11 ܠܡܫܟܢܐ *ܘܠܦܪܣܘܗܝ

20 ܐ ܡܢ ܕܥܘܒܕܐ ܕܝܠܗ ✣ ܡܢ ܦܘܪܩܢܐ | non expedio | 3 ܐ ܡܢ ܕܝܪܐ ✣ ܠ ܕܝܪܐ ܐܝܟ [ܕ]ܡܪܝܐ
ܟܠܗ ܕܝܠܗ ✣ ܠ ܦܘܪܩܢܐ ܣܦܝܩܐ ܕܝܠܗ
20 ܢ̈ addidi
21 ܐ ܡܢ ܠܚܨܕܐ
22 ܠ ܕܥܐܕܐ ✣ ܡܢ ܡܨܥܬܐ
23 24 ܠܬܠܬ ܙܒ̈ܢܝܢ apographum meum
24 ante ܐܘ utrum ܢ̈ an ܢ sit, non expedio
29 ad ܕܡܘܫܐ indice non distinctum pertinet ܕܣܗܕܘܬܐ ܠ ✣ ܕܣܗܕܘܬܐ ܐ ܡܢ [sic]
30 χρωτος
32 ܫܠܡ puncto caret in B
34 ܠܐܣܛܘܠܐ — B
35 ܕܦܪܨܘܦܗ ܚܙܘܐ ※ ܠ B
7 ὑακίνθινα et ܩܝ̈ܣܐ ܕܠܐ ܡܬܚܒܠܝܢ ܕܬܟܠܬܐ [ܕܬܟܠܬܐ B]
8 ܘܩܛܪ̈ܬܐ B
10 ܕܚܟܝܡ
11 indice ad ܠܡܫܟܢܐ adposito ܠ ܡܢ ܐ ܠܡܫܟܢܐ ܕܝܠܗ

ܙ̈ܩܦܐ ※ ܗ̇ ܕܝܠܗ ܘܥ̈ܒܪܝܬܗ ※ ܗ̇ ܕܝܠܗ †ܘܡܫܟܢܐ ※ ܐ̱ ܕܝܠܗ ܘܥ̈ܡܘܕܐ ※ ܗ̇ ܠ ܕܝܠܗ
*ܘܡܩܦܢܐ ※ ܕܝܠܗ ܼ ܘܡܫܟܢܘܬܐ ※ ܐ̱ ܕܝܠܗ ܘܡܫܟܢܗ ※ ܕܝܠܗ [12] ܘܩܒܘܬܐ
ܼ ܕܣܗܕܘܬܐ ܘܫܩܘܦܐ ܕܝܠܗ ܘܦܬܘܪܐ ܘܡ̈ܐܢܐ ܕܝܠܗ ܘܡܦܪܣܐ ܘܡ̈ܢܪܬܐ ܕܐܣܛܘܠܐ ܘܬܚܪܬܐ
ܼ ܘܡܩܒܪܬܐ ܘܡܥܠܝܗܝ ܘܐܢ̈ܫܐ ܕܝܠܗ ܗ̇ܘ ܕܐܦܝ̈ܐ [13] ܠܡܬܪܘܬܐ ※ ܘܡ̈ܐܢܐ ܕܝܠܗ ܘܡܢܪܬܗܘܢ
※ ܘܢ̈ܘܪܐ ܕܝܠܗ ܘܠܡܫܚܐ ܕܢܗܝܪܘܬܐ ܘܡܢ ܡܢܗܘܢ ܘܢ̈ܘܪܐ ܕܝܠܗ [14] ܘܡܕܒܚܐ ܕܒܣ̈ܡܐ
※ ܠ ܘܡܢ̈ܚܐ ܕܝܠܗ ܘܡܫܚܐ ܕܡܫܝܚܘܬܐ [15] ܘܡܕܒܚܐ ܕܒܣ̈ܡܐ ܘܡܫܟܢܐ ܕܝܠܗ ܘܡܫܚܐ
113[1] ܕܡܫܝܚܘܬܐ | ܘܡܫܟܢܐ ܕܬܪܥܐ ܘܡܕܒܚܐ ܕܐܦܝܐ ܕܡܫܟܢܐ [16] ܘܡܕܒܚܐ ※ ܗ̇ ܠ ܕܝܩܕ ܡܟܡܠܐ
※ ܘܡܬܪܬܐ ܕܢܚܫܐ ܕܝܠܗ . ܠܡܐܢ̈ܐ ܕܝܠܗ ܘܡܘܟܠܗܘܢ ܘ̈ܢܘܪܐ ܕܝܠܗ ※ ܗ̇ ܘܐܣܛܘܢܐ
ܘܡܫܟܢܗ ܕܝܠܗ [17] ※ ܘܡܬܪܬܗ ܕܕܪܬܐ ܘܥܡܘܕ̈ܝܗ ܕܝܠܗ ܘܡܫܟܢܗ ܘܡܕܒܚܐ ܕܐܦܝܐ ܕܕܪܬܐ
※ [18] ܘܩܝܣ̈ܐ ܕܡܫܟܢܐ ܘܩܝܣ̈ܐ ܕܕܪܬܐ *ܘܡܬܚ̈ܝܬܐ ܕܝܠܗܘܢ [19] ܘܠܐܣܛܠܐ ܗܠܝܢ ܕܡܫܡܫܝܢ ܒܗܘܢ ܒܒܝܬ
ܩܘܕܫܐ . ܘܠܐܣܛܠܐ ܩܕܝܫܬܐ ܕܐܗܪܘܢ ܟܗܢܐ . ܘܡܬܦܫܩܬܐ ܠܒܢܘܗܝ ܕܐܗܪܘܢ ܕܟܗܢܘܬܐ ÷«
ܘܦܩܥܬܐ ܐܠܦܐ ܒ ܠܠ ‖ [20] ܘܢܦܩܬ ܟܠܗ̇ ܟܢܘܫܬܐ ܕܒܢ̈ܝ ܕܐܝܣܪܐܝܠ ܡܢ ܩܕܡ ܡܘܫܐ : [21] ܘܐܝܬܝܘ ܟܠ
ܚܕ ܡܢ ܗܠܝܢ ܕܐܣܩ ܗܘܐ ܠܒܗ ܕܝܠܗܘܢ . ܘܟܠܗܘܢ ܐܝܟ ܡܐ ܕܨܒܐ ܕܝܠܗܘܢ . ܐܝܬܝܘ ܦܘܪܫܢܐ *ܠܡܪܝܐ
113[2] ܠܟ̣ܠ ܥܒܕܗܘܢ ܕܡܫܟܢܐ ܕܣܗܕܘܬܐ ܘܠܟܠܗܘܢ ܥܒ̈ܕܐ | ܕܝܠܗܘܢ ܘܠܟ̣ܠ ܥܒܕܗܘܢ ܐܣܛܠܐ
ܕܩܘܕܫܐ ÷ [22] ܘܐܝܬܝܘ ܓܒܪ̈ܐ ܡܢ ܢܫ̈ܐ . ܟܠ ܚܕ ܗܘ ܡܐ ܕܨܒܐ ܒܬܪܥܝܬܗ . ܐܝܬܝܘ .. ܩܕ̈ܫܐ ܘܩܕ̈ܫܐ
ܘܩܕܫܐ ܼ ܘܥܙ̈ܩܬܐ ܘܡܘܟ̈ܠܐ .. ܟܠ ܡܐܢ̈ܐ ܕܕܗܒܐ ÷ ܘܟܠܗܘܢ ※ ܐ ܠ ܓܒܪ̈ܐ ܗܠܝܢ ܕܐܝܬܝܘ .
ܦܘܪܫܢܐ ܕܕܗܒܐ ※ ܐ̱ *ܠܡܪܝܐ : [23] ܘܟܠ ※ ܐ ܠ ܓܒܪܐ ܗܘ ܕܐܫܟܚ ܠܘܬܗ ※ ܗ̇ ܬܟܠܬܐ
※ ܘܐܪܓܘܢܐ *ܘܙܚܘܪܝܬܐ †ܘܫܝܫܬܐ ܘܒܘܨܐ ※ ܗ̇ ܘܡܥܙܐ ܕܟܪ̈ܐ . ܘܡܫܟ̈ܐ ܕܕܟܪ̈ܐ ܕܣܡܩܝܢ ܘܡܫܟ̈ܐ
ܣܦܝܠܝܬܐ ܐܝܬܝܘ ÷ [24] ܘܟܠ ܡܢ ܕܦܪܫ ܦܘܪܫܢܐ . ܟܣܦܐ ܘܢܚܫܐ ܐܝܬܝܘ . ܦܘܪܫܢܐ *ܠܡܪܝܐ .
ܘܟܠܗܘܢ ܐܝܟ ܕܐܫܟܚܘ ܠܘܬܗܘܢ ܩܝܣ̈ܐ ܠܐ ܡܬܒܠܝܢܐ ܕܠܟܠܗܘܢ ܥܒ̈ܕܐ ܕܦܘܪܫܢܐ ܐܝܬܝܘ :
ܦܪܘܫܐ ܕܡܬܚܫܒܐ ܕܥܒܕܐ ܕܐܘܚܕܢܐ ÷
[25] ܘܟܠ ܐܢܬܬܐ ܚܟܝܡܬܐ ܒܬܪܥܝܬܗ ܠܡܥܒܕ ※ ܕܝܠܗ ܠܡܥܙܠܘ . ܐܝܬܝ ܡܢ ܥܙܠܐ . ܬܟܠܬܐ
114[1] ܘܐܪܓܘܢܐ | ܘܙܚܘܪܝܬܐ *ܘܫܝܫܬܐ ܘܒܘܨܐ ÷ [26] ܘܟܠܗܝܢ ܢܫ̈ܐ ܗܠܝܢ ܕܨܒܐ ܠܒܗܝܢ ܕܝܠܗܝܢ
ܒܚܟܡܬܐ . ܥܙܠܝܢ ܣܥܪܐ ܕܥܙ̈ܐ ÷
ܡܢ [27] ܘܦܘܪܫܢܐ ܐܝܬܝܘ ܩܘܫ̈ܐ ܕܐܫܟܚܘ ܘܡܬܩܢܘܬܐ ܒܟܘܣܝܬܐ ܘܒܟܪܘܒܐ [28] ܘܒܣ̈ܡܐ ※ ܠ
ܘܡܫܚܐ ܠܢܗܝܪܘܬܐ ܘܡܫܚܐ ܕܡܫܝܚܘܬܐ ܘܠܒܣ̈ܡܐ ܕܒܣܡܐ ÷ [29] ܘܟܠ ܓܒܪܐ ܘܐܢܬܬܐ ܗܠܝܢ
ܕܫܠܡܐ ܗܘܐ ※ ܠܗܘܢ ܠܡܬܠ ܕܢܥܠܘܢ ܠܥܒܕܐ ܘܠܥܒܕܝܢ ܟܠܗܘܢ ܥܒ̈ܕܐ ܗܠܝܢ ܕܦܩܕ *ܡܪܝܐ
ܠܡܥܒܕ ܐܝܟ ܕܒܝܕ ܡܘܫܐ . ܐܝܬܝܘ ܒܢ̈ܝ ܕܐܝܣܪܐܝܠ *ܦܘܪܫܢܐ *ܠܡܪܝܐ ÷ [30] ܘܐܡܪ ܡܘܫܐ ܠܒܢ̈ܝ
ܕܐܝܣܪܐܝܠ «ܗܐ ܩܪܐ ܐܠܗܐ ܒܫܡܐ ܠܒܨܠܐܝܠ ܗܘ ܕܐܘܪܝ ܒܪܗ ܕܚܘܪ ܡܢ ܫܪܒܬܐ ܕܝܗܘܕܐ .
[31] ܘܡܠܝܗ ܪܘܚܐ ܐܠܗܝܐ ܕܚܟܡܬܐ ܘܕܣܘܟܠܐ ܘܕܝܕܥܬܐ ܼ ܕܟܠ ܥܒܕ ܐܝܟ ܟܠܗܘܢ ܥܒ̈ܕܐ .
114[2] [32] ܠܡܬܚܫܒܘ ܒܟܠ ܚܫ̈ܒܢܐ ܕܐܘܡܢܘܬܐ . ܠܡܥܒܕ | ܕܕܗܒܐ ܘܕܟܣܦܐ ܘܕܢܚܫܐ . [33] ܘܠܡܥܒܕ ܠܟܐܦܐ

ܡܢ ܠ] | ܘܡܬܦܫܩܬܐ ܕܝܠܗ ÷ ܡܢ ܠ ܒܗܢܐ 11
post | additum delevit Field]

11 B^m in parte folii 112² superiori quae ad ܘܡ̈ܛܠܐ 11 pertinere videantur ܘܡܥܒܕܢ . ܘܥܠ ܥܠܬܐ ܕܫܡܫܐ ܟܕ ܠܐ ܗܘܝܢ ܕܟܣܝܐ ܘܡܫܟܢܐ ܥܒܝܕ . ܟܕ ܐܝܟ ܕܐܟܝܠ ܕܙܢܐ ܐܘ ܕܦܪܘܫܐ . ܐܝܟ ܗܘܐ ܓܢ ܐܬܥܒܕ ܐܝܟܢܐ ܗܘܐ . ܘܡܫܟܢܐ ܕܝܠܗܘܢ ܕܟܠ ܡܢܗܘܢ . ܘܠܐ ܕܡܥܒܕܢܐ ܗܘ ܕܐܦ ܕܝܠܗ ܗܘ ܣܓܝ ܗܘ ܕܡܫܟܢ ܕܝܠܗ ܐܘܪܚܐ . ܚܕܐ ܕܝܢ ܕܡܫܟܢܐ ܕܝܠܗ

12 ܕܣܗܕܘܬܐ ܼ – B ܀

14 ܘܡܢܗܘܢ ܼ – B

15 ܘܡܫܚܐ B

16 ad ܕܡܫܟܢܐ pertineat quod in B^m est καὶ [sigla scr] τὸ κοσκήνωμα

16 ܼ alterum addidi

17 καταιοστιατοπαραταννσμα B^m, loco ad quem referendum sit non indicato

18 | ܡܢ ܘܩܝܣ̈ܐ

20 ܦܘܩܕܢܐ ܐܠܦܐ B

21 ܠܟܠܗܘܢ ܼ – B

21 ܘܠܟܠܗܘܢ ܼ – B

23 ܠܘܬܗ ܐܘܪܓܘܢܐ B

23 ܘܕܡܥܙܐ |

23 ܡܢ ܐܢܫ ܘܡܢܐ ÷ ܠ ܘܡܢܐ

23 ※ ܡܢ ܘܡܫܟܐ ܕܕܟܪ̈ܐ B

24 loco ad quem referenda sint, non indicato ܡܢ ܠ ܦܘܪܫܢܐ ÷ | ܒܬܪܥܝܬܗ ܕܦܘܪܫܢܐ ܗܘ

24 ܕܒܣܡܐ B

25° titulus in B non hoc loco, sed initio folii 114¹ positus

25 | ܘܡܬܚܫܒܢܐ ÷ ܡܢ ܐܢܫ ܘܡܢܐ

26 post ܒܚܟܡܬܐ distinxit ipse B

28 ܼ addidi

28 ܕܒܣ̈ܡܐ B

29 | ܠ ,ܟܢܫܐ ÷ ܡܢ ,ܟܢܫܐ

30 praemittitur in margine ܡܢ

ܩܛܥܐ ܠܩܛܥܐ. ܘܠܡܥܒܕ ܩܝܣܐ. ܘܠܡܥܒܕ ܒܟܠ ܥܒܕܐ ܕܚܟܡܬܐ: 34ܘܠܡܦܩܕܘ ܝܗܒ ܠܗ
ܗܘܐ ܒܪܥܝܢܐ ※ ܠܗ ܕܝܠܗ ܠܗ ܘܠܐܠܝܐܒ ܗܘ ܕܐܚܝܣܡܟ ܡܢ ܫܪܒܬܐ ܕܕܢ: 35ܡܠܐ
ܐܢܘܢ ܚܟܡܬܐ ܕܪܥܝܢܐ ܘ ܠܡܣܬܟܠܘ. ܠܡܥܒܕ ܟܠܗܘܢ ܥܒܕܐ ܕܩܘܕܫܐ. ܓܪܕܝܐ ܘܡܨܒܬܐ
※ܠ ܒܡܠܬܐ ܘܒܙܘܗܪܐ ܘܒܙܚܘܪܬܐ ※ܕܚܡܝܬܐ ܘܒܒܘܨܐ ܠܡܙܩܪ. ܠܡܥܒܕ ܟܠ ܥܒܕܐ
ܕܐܪܕܝܟܠܘܬܐ ܘܕܡܨܝܪܢܘܬܐ ܀
36 1ܘܥܒܕ ܒܨܠܐܝܠ ܘܐܠܝܐܒ ܘܟܠ ※ܓܒܪܐ ܚܟܝܡ ܒܪܥܝܢܐ. ܗܘ ܕܐܬܝܗܒ ܠܗ ※ܡܢ
※ܡܪܝܐ ܚܟܡܬܐ ܘܝܕܥܬܐ ܒܗܘܢ *ܠܡܣܬܟܠܘ ※ܐܝܟ ܕܠܡܥܒܕ. ܟܠܗܘܢ ܥܒܕܐ ܗܠܝܢ ܕܐܝܟ
ܠܩܘܕܫܐ ܐܝܟ ܟܠܗܝܢ ܗܠܝܢ ܕܦܩܕ *ܡܪܝܐ ܀ 2ܘܩܪܐ ܡܘܫܐ ܠܒܨܠܐܝܠ | ܘܠܐܠܝܐܒ ܘܠܟܠܗܘܢ 115[1]
ܗܠܝܢ ܕܐܝܬ ܒܗܘܢ ܚܟܡܬܐ ※ܐ ܠ ܒܠܒܐ .. ܠܟܠܗܘܢ ܕܝܗܒ *ܡܪܝܐ ܝܕܥܬܐ ܒܠܒܐ ※ ܐ ܠ ܕܟܠܗܘܢ ..
ܘܟܠܗܘܢ ܗܠܝܢ ܕܨܒܝܢ ܗܘܘ ܠܡܬܩܪܒܘ ܠܘܬ ܥܒܕܐ ܐܝܟ ܕܢܫܠܡܘܢ ܐܢܘܢ ܀ 3ܘܢܣܒܘ ܡܢ
ܡܘܫܐ ܟܠܗܘܢ ܩܘܪܒܢܐ ܗܠܝܢ ܕܐܝܬܝܘ ܒܢܝ ܐܝܣܪܐܝܠ ܠܡܥܒܕ ܗܢܘܢ ܥܒܕܐ ※ܠ *ܕܬܫܡܫܬܐ
※ܕܩܘܕܫܐ ܕܩܘܕܫܐ ܠܡܥܒܕ ܐܢܘܢ. ܘܗܢܘܢ ܡܩܒܠܝܢ ܗܘܘ ܬܘܒ ܠܐܝܠܝܢ ܕܡܝܬܝܢ ܗܘܘ. ܡܢ ܗܠܝܢ
ܕܩܕܡ ܗܘܘ. ܒܨܦܪܐ ܒܨܦܪܐ ܀ 4*ܘܐܬܘ ܟܠܗܘܢ ܚܟܝܡܐ ܗܠܝܢ ܕܥܒܕܝܢ ※ܗ ܠ ܟܠܗܘܢ ܥܒܕܐ
ܕܩܘܕܫܐ. ܟܠ ܚܕ ܐܝܟ ܥܒܕܐ ܕܝܠܗ ܗܘ ܕܗܢܘܢ ܥܒܕܝܢ ܗܘܘ ܀ 5ܘܐܡܪܘ ܠܘܬ ܡܘܫܐ ※ܗ ܠ ܕܡ
※ܐܡܪܝܢ ܕ«ܣܓܝܐܐ ܥܡܐ ܡܝܬܐ ܡܛܠ ܕܣܦܩܝܢ ※ܠܬܫܡܫܬܐ ܕܥܒܕܐ ܕܦܩܕ ܡܢ ܥܒܕܐ ܗܠܝܢ
ܕܦܩܕ ܡܪܝܐ | ܠܡܥܒܕ ※ܐܢܘܢ» ܀ 6ܘܦܩܕ ܡܘܫܐ ܘܐܥܒܪ ܒܡܫܪܝܬܐ ܟܕ ܐܡܪ «ܓܒܪܐ ܘܐܢܬܬܐ ܠܐ 115[2]
ܢܥܒܕܘܢ ܬܘܒ ܠܦܪܝܫܘܬܐ ܕܩܘܕܫܐ»: ܘܐܬܟܠܝ ܥܡܐ ܡܢ ܠܡܝܬܝܘ ܥܘܕ ܀ 7ܘܥܒܕܐ ܐܝܬܝܗܘܢ
ܗܘܐ ܕܣܦܩܝܢ ܠܗܘܢ *ܠܡܥܒܕܗ ܠܬܩܢܐ ܠܡܥܒܕ ※ܐܢܘܢ. ܘܐܘܬܪܘ ܀ 8ܘܥܒܕ ܟܠ ܚܟܝܡ ※ܠ
ܒܥܒܕܐ ܒܗܘܢ ※ܕܥܒܕܝܢ ܥܒܕܐ ܕܩܘܕܫܐ ܠܡܫܟܢܐ ܥܣܪ ܝܪܝܥܬܐ ܡܢ ܒܘܨܐ ܡܫܙܪܐ ܘܬܟܠܬܐ ܘܐܪܓܘܢܐ
※ܘܙܚܘܪܬܐ ܡܥܙܙܬܐ. ܟܪܘܒܐ. ܥܒܕ ܐܢܘܢ ܘܡܨܝܪܢ ܠܗܝܢ: 9ܐܘܪܟܐ ܕܝܪܝܥܬܐ ܚܕܐ ܬܡܢܝܐ
※ܘܥܣܪܝܢ ܐܡܝܢ. ܘܦܬܝܐ ܕܐܪܒܥ ܐܡܝܢ ܕܝܪܝܥܬܐ ܚܕܐ. ܡܫܘܚܬܐ ܗܝ ܗܝ ܗܘܬ ܠܟܠܗܝܢ ܝܪܝܥܬܐ:
※ 10ܘܚܡܫ ܚܡܫ ܝܪܝܥܬܐ. ܚܕܐ ܥܡ ܚܕܐ. ܘܚܡܫ ܝܪܝܥܬܐ ܐܚܪܢܝܬܐ. ܚܕܐ ܥܡ ܚܕܐ ܀
※ 11ܘܥܒܕ ܥܩܠܐ ܕܬܟܠܬܐ ܥܠ ܣܦܬܗ ܕܝܪܝܥܬܐ ܚܕܐ ܡܢ ܓܒܐ ܠܚܘܝܪܐ ܕܐܚܝܕܐ . ܘܗܟܢܐ ܥܒܕ 116[1]
※ ܥܠ ܣܦܬܐ ܕܝܪܝܥܬܐ ܓܘܝܬܐ ܠܘܬ ܚܘܝܪܐ ܕܐܚܝܕܐ ܬܪܝܢܐ ܀ 12ܚܡܫܝܢ ܕܝܢ ܥܩܠܐ ܥܒܕ ܠܝܪܝܥܬܐ
※ ܚܕܐ . ܘܚܡܫܝܢ ܥܩܠܐ ܥܒܕ ܡܢ ܓܒܗ ܕܝܪܝܥܬܐ ܐܝܟ ܕܠܚܘܝܪܐ ܕܐܚܝܕܐ ܕܬܪܝܢܝܬܐ . ܕܡܩܒܠܝܢ
※ ܓܒܝܢ ܗܠܝܢ ܥܩܠܐ ܠܘܬ ܚܕܐ ܀ 13ܘܥܒܕ ܚܡܫܝܢ ܦܘܪܦܐ ܕܕܗܒܐ. ܘܠܦܦ ܠܝܪܝܥܬܐ. ܚܕܐ
※ ܠܐܚܪܢܝܬܐ. ܒܦܘܪܦܐ. ܘܗܘܐ ܡܫܟܢܐ ܚܕ ܀ 14ܘܥܒܕ ܝܪܝܥܬܐ ܕܣܥܪܐ ܠܡܛܠܠܘ ܥܠ ܡܫܟܢܐ.
※ ܚܕܥܣܪܐ ܝܪܝܥܬܐ ܥܒܕ ܐܢܘܢ: 15ܐܘܪܟܐ ܕܝܪܝܥܬܐ ܚܕܐ ܬܠܬܝܢ ܐܡܝܢ. ܘܐܪܒܥ ܐܡܝܢ ܦܬܝܗ ܕܝܪܝܥܬܐ
※ ܚܕܐ. ܡܫܘܚܬܐ ܗܝ ܗܝ ܗܘܬ ܠܚܕܥܣܪܐ ܝܪܝܥܬܐ: 16ܘܠܦܦ ܠܚܡܫ ܝܪܝܥܬܐ ܐܝܟ ܚܕܐ. | ܘܠܫܬ 116[2]
※ ܝܪܝܥܬܐ ܐܚܪܢܝܬܐ ܀ 17ܘܥܒܕ ܥܩܠܐ ܚܡܫܝܢ ܥܠ ܣܦܬܗ ܕܝܪܝܥܬܐ ܡܨܥܝܬܐ ܐܝܟ ܕܠܚܘܝܪܐ
※ ܕܐܚܝܕܐ . ܘܚܡܫܝܢ ܥܩܠܐ ܥܒܕ ܥܠ ܣܦܬܗ ܕܝܪܝܥܬܐ ܕܡܠܦܦܐ ܠܘܬ ܬܪܝܢܝܬܐ: 18ܘܥܒܕ
※ ܦܘܪܦܐ ܕܢܚܫܐ ܚܡܫܝܢ. ܘܠܦܦ ܠܡܛܠܠܐ. ܠܡܗܘܐ ܚܕ ܀ 19ܘܥܒܕ ܚܦܝܬܐ ܠܡܛܠܠܐ.
※ ܡܫܟܐ ܕܕܟܪܐ ܕܣܡܩܝܢ. ܘܚܦܝܬܐ ܕܡܫܟܐ ܕܣܓܘܠܝܢܐ ܠܥܠ ܡܢ ܗܠܝܢ: 20ܘܥܒܕ ܩܝܣܐ ܠܠܘܚܐ ܒ ܠܐܠܗ
※ ܕܩܝܣܐ ܕܫܛܐ ܡܢ ܩܝܣܐ ܕܠܐ ܡܬܚܒܠܝܢ ܘܡܫܘܚܬܗ . 21ܕܬܪܬܝܢ ܐܡܝܢ ܐܘܪܟܐ *ܕܩܝܣܐ ܚܕ . ܘܐܡܬܐ
※ ܘܦܠܓܗ ܕܐܡܬܐ ܦܬܝܐ ܕܩܝܣܐ ܚܕ: 22ܬܪܝܢ ܐܩܘܪܐ *ܠܩܝܣܐ ܚܕ. ܕܡܩܒܠܝܢ ܚܕ ܠܚܕ:
※ ܗܟܢܐ ܥܒܕ ܠܟܠܗܘܢ ܩܝܣܐ ܕܡܫܟܢܐ: 23ܘܥܒܕ ܩܝܣܐ | ܠܡܫܟܢܐ. ܥܣܪܝܢ ܩܝܣܐ ܡܢ 117[1]

33 ܠܚܪܫܐ B
35 ܠܚܪܫܘܬܐ ܘ※ B
1 ܐ ܡܢ ܠ ܠܡܥܒܕ ܥܒܕܐ
1 ※ ultimum addidi
1 ܐ tertium ab ܐܝܟ ad ܕ transtuli
2 ܕܝܗܒ loco quo pertineat non indicato
3 ܡܢ ܕܩܘܕܫܐ
4 ܘܐܬܘ ܠ ܡܢ ܐ, ubi sub ܠ vocis ܘܐܬܘ, in textu puncto carenti, punctum adest
4 ܕܩܘܕܫܐ B[1]
4 ܕܗܢܘܢ puncto caret in B
5 ܐ priorem addidi
7 ܐ ܡܢ ܠ ܠܡܥܒܕ ܥܒܕܐ
8 ܕܚܟܝܡ ※ mendosum est
17 ante ܕܝܪܝܥܬܐ alterum, versum in codice incipiens, B ※ ponere oblitus est. erunt tamen qui ※ adfuisse et deletum esse credant
21 ܐ ܠ ܕܩܝܣܐ
22 ܠ ܠܩܝܣܐ

※ ܣܛܪܐ *ܕܗܘܐ ܠܓܪܒܝܐ ܠܡܫܟܢܐ †ܠܓܪܒܝܐ: [24]ܘܐܪܒܥܝܢ ܒܣܝ̈ܣܝܢ ܕܣܐܡܐ ܥܒܕ ܠܥܣܪܝܢ ܕܦܘܬܐ ..
※ ܬܪܝܢ ܒܣܝ̈ܣܝܢ ܠܕܦܬܐ ܚܕܐ ܠܬܪ̈ܬܝܗܘܢ ܓܒ̈ܐ ܕܝܠܗ. ܘܬܪܝܢ ܒܣܝ̈ܣܝܢ ܠܕܦܬܐ ܚܕܐ ܠܬܪ̈ܬܝܗܘܢ ܓܒ̈ܐ
※ ܕܝܠܗ ÷ [25]ܠܣܛܪܐ ܕܝܢ ܬܢܝܢܐ ܕܡܫܟܢܐ ܗܘ ܕܗܘܐ *ܠܓܪܒܝܐ ܥܒܕ ܥܣܪܝܢ ܕܦܘܬܐ. [26]ܘܐܪܒܥܝܢ
※ ܒܣܝ̈ܣܝܗ ܕܝܠܗܘܢ ܕܣܐܡܐ. ܬܪܝܢ ܒܣܝ̈ܣܝܢ ܠܕܦܬܐ ܚܕܐ. ܘܬܪܝܢ ܒܣܝ̈ܣܝܢ ܠܕܦܬܐ ܚܕܐ: [27]ܘܡܢ
※ ܒܣܛܪ̈ܘܗܝ ܕܡܫܟܢܐ ܝܡܐ ܥܒܕ ܫܬ ܕܦܘܬܐ: [28]ܘܬܪܬܝܢ ܕܦܘܬܐ ܥܒܕ ܥܠ ܙܘ̈ܝܬܐ
※ ܕܡܫܟܢܐ ܡܢ ܒܣܛܪ̈ܘܗܝ. [29]ܘܐܝܬܝܗܘܢ ܗܘܘ ܫܘܝܢ ܡܢ ܠܬܚܬ. ܘܗܘܘ ܐܟܚܕܐ ܐܝܬܝܗܘܢ ܗܘܘ
117² ※ ܫܘܝܢ ܡܢ ܪܫܐ ܕܝܠܗܘܢ ܠܥܙܩܬܐ ܚܕ ܕܐܝܟܢܐ. ܗܟܢܐ ܥܒܕ ܠܬܪ̈ܬܝܗܝܢ ܙܘ̈ܝܬܐ: [30]ܘܐܝܬܝܗܘܢ
※ ܗܘܘ ܬܡܢܐ ܕܦܘܬܐ. ܘܒܣܝ̈ܣܝܗ ܕܝܠܗܘܢ ܕܣܐܡܐ. ܫܬܬܥܣܪ ܒܣܝ̈ܣܝܢ. ܬܪܝܢ ܒܣܝ̈ܣܝܢ ܠܕܦܬܐ
※ ܚܕܐ. ܘܬܪܝܢ ܒܣܝ̈ܣܝܢ ܠܕܦܬܐ ܚܕܐ ÷ [31]ܘܥܒܕ ܡܥܒܪ̈ܢܐ ܡܢ ܩܝܣܐ ܠܐ ܡܬܚܒܠܢܐ. ܚܡܫܐ ܠܐܣܛܘܢܐ
※ ܡܢ ܓܒܗ ܚܕ ܕܡܫܟܢܐ. [32]ܘܚܡܫܐ ܡܥܒܪ̈ܢܐ ܠܐܣܛܘܢܐ ܕܣܛܪܗ ܬܢܝܢܐ ܕܡܫܟܢܐ. ܘܚܡܫܐ ܡܥܒܪ̈ܢܐ
※ ܠܐܣܛܘܢܐ ܕܡܫܟܢܐ ܗܘ ܕܒܣܛܪ̈ܘܗܝ ܕܗܘܐ ܝܡܐ: [33]ܘܥܒܕܗ ܠܡܥܒܪܢܐ ܡܨܥܝܐ ܕܢܥܒܪ ܒܡܨܥܬܐ
※ ܕܕܦܘܬܐ ܡܢ ܣܛܪܐ ܠܣܛܪܐ ÷ [34]ܘܠܕܦܘܬܐ ܚܦܐ ܕܗܒܐ. ܘܠܥܙܩ̈ܬܐ ܕܝܠܗܘܢ ܥܒܕ ܕܕܗܒܐ.
118¹ ※ ܐܬܪܐ ܕܢܥܠܘܢ ܒܗ ܡܥܒܪ̈ܢܐ. ܘܚܦܐ ܐܢܘܢ ܠܡܥܒܪ̈ܢܐ ܕܕܗܒܐ ÷ [35]ܘܥܒܕ ܦܪܣܐ ܡܢ ܬܟܠܬܐ
ܘܐܪܓܘܢܐ ܘܙܚܘܪܝܬܐ ܕܨܒܥܐ ܘܒܘܨܐ ܡܫܙܓܐ. ܥܒܕܐ ܕܐܡܢܐ ܟܪܘ̈ܒܐ ܥܒܕ: [36]ܘܣܡܗ ܥܠ
ܐܪܒܥܐ ܐܣܛܘܢܐ ܠܐ ܡܬܚܒܠܢܐ ܕܡܚܦܝܢ ܕܗܒܐ. ܘܩܘ̈ܦܠܝܗܘܢ ܕܝܠܗܘܢ ܕܕܗܒܐ. ܘܐܪܒܥܐ ܒܣܝ̈ܣܝܗ ܕܝܠܗܘܢ
ܕܣܐܡܐ ÷ [37]ܘܥܒܕ ܦܪܣܐ ܠܬܪܥܐ ܕܡܫܟܢܐ ÷ ܕܡܫܟܢ ܙܒܢܐ ÷ ܡܢ ܬܟܠܬܐ ܘܐܪܓܘܢܐ ܘܙܚܘܪܝܬܐ ܕܨܒܥܐ
ܘܒܘܨܐ ܡܫܙܓܐ. ܥܒܕܐ ܕܐܡܢܐ ÷ ܕܪܩܡܐ ÷: [38]ܘܠܐܣܛܘܢܐ ܕܝܠܗ ܚܡܫܐ ܘܠܡܣܘܪ̈ܩܐ ܕܝܠܗܘܢ.
ܘܚܦܐ ܪ̈ܫܝܗܘܢ ܕܝܠܗܘܢ ܘܠܥܙܩ̈ܬܗܘܢ ܕܝܠܗܘܢ ܕܕܗܒܐ. ܘܒܣܝ̈ܣܝܗ ܕܝܠܗܘܢ ܚܡܫܐ ܕܢܚܫܐ ÷
37 118² [1]ܘܥܒܕ ܒܨܠܐܝܠ ܠܩܒܘܬܐ ※ܠ ܡܢ ܩܝܣܐ ܠܐ ܡܬܚܒܠܢܐ. ܕܬܪܬܝܢ ܐܡܝܢ ܘܦܠܓܐ ܐܘܪܟܐ ܕܝܠܗ.
※ ܘܐܡܬܐ ܘܦܠܓܐ ܦܬܝܐ ܕܝܠܗ. ܘܐܡܬܐ ܘܦܠܓܐ ܪܘܡܐ ܕܝܠܗ ܠ: [2]ܘܚܦܝܗ ܕܗܒܐ ܕܟܝܐ ܡܢ ܠܓܘ
ܘܡܢ ܠܒܪ: ܘܥܒܕ ܠܗ ܟܠܝܠܐ ܕܕܗܒܐ ܚܕܪ ܚܕܪ: [3]ܘܢܣܟ ܠܗ ܐܪܒܥ ܥܙܩ̈ܬܐ ܕܕܗܒܐ ܥܠ ܐܪܒܥ
ܓܒ̈ܐ ܕܝܠܗ. ܬܪܬܝܢ ܥܙܩ̈ܬܐ ܥܠ ܣܛܪܐ ܕܝܠܗ ܚܕ. ܘܬܪܬܝܢ ܥܙܩ̈ܬܐ ܥܠ ܣܛܪܐ ܕܝܠܗ ܬܢܝܢܐ
÷ ܦܠܓܘܬܐ ܒܬܪܬܝܢ ÷: [4]ܠ※ ܘܥܒܕ ܩܘܦܐ ܡܢ ܩܝܣܐ ܠܐ ܡܬܚܒܠܢܐ. ܘܚܦܐ ܐܢܘܢ ܕܗܒܐ. [5]ܘܐܥܠ
※ ܠܡܥܒܪ̈ܢܐ ܒܥܙܩ̈ܬܐ ܥܠ ܓܒ̈ܐ ܕܩܒܘܬܐ ܐܝܟ ܕܠܡܫܩܠܗ ÷ ܒܗܘܢ ÷: [6]ܘܥܒܕ ܚܘܣܝܐ ÷ ܒܥܠܐ ܡܢ
119¹ ÷ ܩܒܘܬܐ ÷ ܡܢ ܕܗܒܐ ܕܟܝܐ ※ ܬܪܬܝܢ ܐܡܝܢ ܘܦܠܓܐ ܐܘܪܟܐ ܕܝܠܗ. ܘܐܡܬܐ ܘܦܠܓܐ ܦܬܝܐ ܕܝܠܗ ܠ:
[7]ܘܥܒܕ ܬܪܝܢ ܟܪܘ̈ܒܐ ܕܕܗܒܐ. ※ ܢܩܝܫܐ ܠܡܦܠܛ ܥܒܕ ܐܢܘܢ. ܡܢ ܬܪ̈ܝܗܘܢ ܣܛܪ̈ܘܗܝ ܕܚܘܣܝܐ ܠ:
[8]ܟܪܘܒܐ ܚܕ ܥܠ ܪܫܐ ܚܕ ܕܚܘܣܝܐ. ܘܟܪܘܒܐ ܚܕ ܥܠ ܪܫܐ ܬܢܝܢܐ ܕܚܘܣܝܐ. ※ ܡܢ ܚܘܣܝܐ ܥܒܕ
※ ܐܢܘܢ ܟܪܘ̈ܒܐ. ܡܢ ܬܪ̈ܝܗܘܢ *ܣܛܪ̈ܐ ܕܝܠܗ: [9]ܘܗܘܘ ܗܢܘܢ ܟܪܘ̈ܒܐ ܦܪܝܣܝܢ ܟܢܦ̈ܝܗܘܢ ܡܢ
※ ܠܥܠ ܘܡܛܠܠܝܢ ܒܟܢܦ̈ܝܗܘܢ ܥܠ ܚܘܣܝܐ ※ ܘܦܪ̈ܨܘܦܐ ܕܝܠܗܘܢ. ܓܒܪܐ ܠܘܬ ܐܚܐ
※ ܕܝܠܗ. ܥܠ ܚܘܣܝܐ ܐܝܬܝܗܘܢ ܗܘܘ ܦܪ̈ܨܘܦܐ ܕܟܪܘ̈ܒܐ ܠ: [10]ܘܥܒܕ ܦܬܘܪܐ ܗܘ ܕܩܝܡ ÷ ܡܢ
119² ÷ ܕܗܒܐ ܕܟܝܐ. ܘܢܣܟ ܠܗ ܐܪܒܥ ܥܙܩ̈ܬܐ ܕܕܗܒܐ. ܬܪܬܝܢ ܥܠ ܣܛܪܐ ܚܕ. ܘܬܪܬܝܢ ܥܠ ܣܛܪܐ
÷ ܐܚܪܢܐ. ܦܬܝܠܬܐ ܐܝܟ ܕܠܡܫܩܠܗ ܒܗܘܢ ܒܩܘܪܝܬܐ. ܘܠܩܒܘܬܐ ܕܚܘܣܝܐ ܕܦܬܘܪܐ ܥܒܕ. ܘܚܦܐ ܐܢܘܢ
÷ ܕܗܒܐ ÷ ※ܠ ܡܢ ܩܝܣܐ ܠܐ ܡܬܚܒܠܢܐ. ܕܬܪܬܝܢ ܐܡܝܢ ܐܘܪܟܐ ܕܝܠܗ. ܘܐܡܬܐ ܦܬܝܐ ܕܝܠܗ. ܘܐܡܬܐ ܘܦܠܓܐ
※ ܪܘܡܐ ܕܝܠܗ: [11]ܘܚܦܝܗ ܕܗܒܐ ܕܟܝܐ. ܘܥܒܕ ܠܗ ܦܪܓܘܕܐ ܕܕܗܒܐ ܚܕܪ ܚܕܪ: [12]ܘܥܒܕ ܠܗ
※ ܟܠܝܠܐ ܕܙܪܬܐ ܚܕܪ ܚܕܪ. ܘܥܒܕ ܦܪܓܘܕܐ ܕܕܗܒܐ ܠܟܠܝܠܐ ܕܝܠܗ ܚܕܪ ܚܕܪ ÷ [13]ܘܥܒܕ ܠܗ ܐܪܒܥ
※ ܥܙܩ̈ܬܐ ܕܕܗܒܐ. ܘܣܡ ܐܢܝܢ ܒܐܪܒܥܬܐ ܓܒ̈ܐ ܐܪܒܥܐ. ܗܢܘܢ ܕܐܝܬܝܗܘܢ ܠܐܪܒܥܬܗܘܢ ܪ̈ܓܠܐ
120¹ ※ ܕܝܠܗ [14]ܠܘܩܒܠ ܡܢ ܟܠܝܠܐ. ܘܗܘܝ ܗܠܝܢ ܥܙܩ̈ܬܐ ܠܕܘܟܝܬܐ ܠܡܥܒܪ̈ܢܐ. ܐܝܟ ܕܠܡܫܩܠܗ ܒܗܘܢ ܠܦܬܘܪܐ:

23 ܠܓܪܒܝܐ ܗܘ ÷ ܠ ܠܓܪܒܝܐ ÷ | ܕܬܝܡܢܐ, indicem a ܠܓܪܒܝܐ priori ad ܕܗܘܐ transtuli
23 | ܕܠܓܪܒ
25 | ܗܘ ܠ ܬܝܡܢܐ
26 med ܕܣܛܪ̈ܘܗܝ B
30 quarto loco ܒܣܝ̈ܣܝܗ B

38 indice non adposito ܩܘ̈ܦܠܝܗܘܢ ܕܝܠܗܘܢ ܐܝܬܝܗܘܢ ܕܗܒܐ ܐܘ ܕܗܘܝܘ ܐܣܛܘܢܐ
4 ܘ vocis ܘܥܒܕ pr m in liturâ
6 ܠ priorem addidi
6 priori loco ܕܝܠܗ B
8 ܪ̈ܫܐ

9 ܚܘܣܝܐ ※ Field contra B, qui ※ habet ante ܕܝܠܗ versu meo 30
9 post ܚܘܣܝܐ alterum lillây B
10 folii 119² versus tres priores signo ÷ carent: praebet in medio versu ܕܗܒܐ ÷ B

※ [15] ܘܥܒܕ ܠܡܘܛ̈ܐ ܡܢ ܩܝܣܐ ܠܐ ܡܬܚܒܠܐ. ܘܚܦܐ ܐܢܘܢ ܒܕܗܒܐ. ܐܝܟ ܕܢܫܩܠܘܢܗ ܠܦܬܘܪܐ↙:
[16] ܘܥܒܕ ܠܡܐܢ̈ܐ ܕܦܬܘܪܐ.. ܠܦܝ̈ܢܟܐ ܕܝܠܗ ܘܠܡܒܣܡܢܘ̈ܬܐ ܕܝܠܗ ܘܠܡܢܩܝ̈ܬܐ ܕܝܠܗ. ܗܠܝܢ
ܕܢܬܢܩܐ ܒܗܘܢ. ܕܕܗܒܐ ܕܟܝܐ: [17] ܘܥܒܕ ܠܡܢܪܬܐ ܗ̇ܝ ܕܡܢܗܪܐ. ܕܕܗܒܐ. ܡܩܫܝܬܐ. ܠܩܢܝܐ
÷ ܘܩܢ̈ܝܐ ܡܢ ܠܘܬܗܘܢ ܥܒ̈ܕܐ ܕܝܠܗ. ܡܢ ܩܢܝܐ ܕܝܠܗ ܩܠܝ̈ܕܘܬܐ ܕܢܦܩܢ. ܬܠܬܐ ܩܦ̈ܐ ܘܬܠܬܐ ܩܦ̈ܐ.
÷ ܕܡܬܕܡܝܢ ܠܫܘܫܢܐ. ܘܠܫܘܦܢܝ̈ܬܐ ܕܝܠܗܘܢ. ܗܠܝܢ ܕܐܝܬܝܗܘܢ ܥܠ ܩܢܝܐ. ܣܦܝ̈ܪܐ ܡܢܗܘܢ.
÷ ܘܩܪ̈ܝܬܐ ܡܢܗܘܢ: ܐܝܟܢܐ ܕܢܗܘܘܢ ܟܠܗܘܢ ܡܢܗ̇. ܘܡܢܪܬܐ ܡܩܫܝܬܐ ܗ̇ܝ ܕܟܠܗ̇ ܩܢܐ
÷ ܕܡܢܪ̈ܬܐ. ܥܠ ܡܢܪܬܐ ܡܢ ܠܥܠ. | ܡܢܗܪ̈ܐ. ܫܒܥܐ ܕܕܗܒܐ. ܘܡܫܘܬܦ ܡܢܗ̇ ܕܝܠܗ ܠܟܠܗ 120²
÷ ܕܕܗܒܐ. ܘܡܚܛ̈ܦܢܐ ܕܝܠܗ ܕܕܗܒܐ. ܘܫܘܦܢܝ̈ܬܐ ܕܝܠܗ ܕܕܗܒܐ↙: ※ ܡܢ ܕܗܒܐ ܕܟܝܐ *ܚܕܐ ܠܡܢܪܬܐ
※ ܚܕܝܗ ܡܢܪܬܐ. †ܟܘܠܐ ܕܝܠܗ ܘܩܢܝܗ ܘܟܠܝ̈ܠܐ ܕܝܠܗ ܘܫܘܫ̈ܢܐ ܕܝܠܗ ܘܡܩܫܝܬܐ ܕܝܠܗ. ܡܢܗ̇
※ ܐܝܬܝܗܘܢ ܗܘܘ: [18] ܫܬܐ ܕܝܢ ܩܢ̈ܝܐ ܕܢܦܩܝܢ ܡܢ ܓܒ̈ܝܐ ܕܝܠܗ. ܬܠܬܐ ܩܢ̈ܝܐ ܕܡܢܪܬܐ ܡܢ ܣܛܪܐ ܕܝܠܗ
※ ܚܕ. ܘܬܠܬܐ ܩܢ̈ܝܐ ܕܡܢܪܬܐ ܡܢ ܣܛܪܐ ܕܝܠܗ ܐܚܪܢܐ: [19] ܬܠܬܐ ܟܠܝ̈ܠܐ ܕܡܬܕܡܝܢ ܗܘܘ ܠܫܩ̈ܕܐ
※ ܒܩܢܝܐ ܚܕ. ܩܘܦܣܐ ܘܫܘܫܢܬܐ. ܘܬܠܬܐ ܟܠܝ̈ܠܐ ܕܡܬܕܡܝܢ ܠܫܩ̈ܕܐ ܒܩܢܝܐ ܚܕ. ܩܘܦܣܐ ܘܫܘܫܢܬܐ:
※ ‖ ܗܟܢܐ ܠܫܬܐ ܩܢ̈ܝܐ. ܗܠܝܢ ܕܢܦܩܝܢ ܡܢ ܡܢܪܬܐ܀ [20] ܘܒܡܢܪܬܐ ܐܪܒܥܐ ܟܠܝ̈ܠܐ
※ ܕܡܬܕܡܝܢ ܠܫܩ̈ܕܐ. ܩܘܦܣ̈ܐ | ܕܝܠܗ ܘܫܘܫܢ̈ܝܬܗ: [21] ܩܘܦܣܐ ܬܚܝܬ ܬܪܝܢ ܩܢ̈ܝܐ ܕܡܢܗ̇. 121¹
※ ܠܫܬܐ ܩܢ̈ܝܐ ܗܠܝܢ ܕܢܦܩܝܢ ܡܢܗ̇: [22] ܩܘܦܣ̈ܐ ܕܝܠܗܘܢ ܘܩܢ̈ܝܐ ܕܝܠܗܘܢ ܡܢܗ̇ ܐܝܬܝܗܘܢ ܗܘܘ.
※ ܟܠܗ̇ ܡܩܫܝܬܐ ܚܕܐ. ܡܢ ܚܕ ܕܕܗܒܐ ܕܟܝܐ܀ [23] ܘܥܒܕ ܫܪ̈ܓܐ ܕܝܠܗ ܫܒܥܐ ܘܡܚܛ̈ܦܢܐ
※ ܕܝܠܗ ܘܡܚܬܝ̈ܬܐ ܕܝܠܗ. ܕܕܗܒܐ ܕܟܝܐ. [24] ܟܟܪܐ: ܕܕܗܒܐ ܕܟܝܐ ܥܒܕܗ ܘܠܟܠܗܘܢ ܡܐܢ̈ܐ ܕܝܠܗ↙܀
[25] ܗܘ ܥܒܕ ܠܡܕܒܚܐ ܕܕܗܒܐ ※ܡܢ ܩܝܣܐ ܠܐ ܡܬܚܒܠܐ *ܕܐܡܬܐ ܐܘܪܟܐ ܕܝܠܗ †ܘܐܡܬܐ
※ ܦܬܝܗ ܕܝܠܗ. ܡܪܒܥܐ ܕܝܠܗ. ܘܬܪܬܝܢ **ܐܡ̈ܝܢ ܪܘܡܐ ܕܝܠܗ ܡܢܗ̇ ܗܘܝ ܩܪ̈ܢܬܐ ܕܝܠܗ܀ [26] ܘܚܦܐ
※ ܐܢܘܢ ܒܕܗܒܐ ܕܟܝܐ. *ܠܐܓܪܐ ܕܝܠܗ ܘܠܣܛܪ̈ܐ ܕܝܠܗ ܚܕܪ ܚܕܪ ܘܠܩܪ̈ܢܬܐ ܕܝܠܗ. ܘܥܒܕ ܠܗ †ܟܠܝܠܐ
※ ܕܕܗܒܐ ܚܕܪ ܚܕܪ: [27] ܘܬܪܬܝܢ ܥܙܩ̈ܬܐ | ܕܕܗܒܐ ܥܒܕ ܠܗ. ܠܬܚܬ ܡܢ ܟܠܝܠܐ ܕܝܠܗ. ܥܠ ܬܪܬܝܗܝܢ 121²
※ ܩܪ̈ܢܬܐ ܕܝܠܗ. ܠܬܚܬ ܡܢ ܬܪܝܗܘܢ ܣܛܪ̈ܐ ܕܝܠܗ.. ܒܝܬ ܠܡܘܛ̈ܐ ܐܝܟ *ܕܢܫܩܠܘܢܗ ܒܗܘܢ܀
※ [28] ܘܥܒܕ ܐܢܘܢ ܠܡܘܛ̈ܐ ܕܩܝܣܐ ܠܐ ܡܬܚܒܠܐ. ܘܚܦܐ ܐܢܘܢ ܒܕܗܒܐ↙܀ [29] ܗܘ ܥܒܕ ܠܡܫܚܐ
ܕܡܫܝܚܘܬܐ ܩܕܝܫܬܐ ܘܠܩܛܪܬܐ ܕܒܣܡ̈ܐ. ܥܒܕܐ ܕܒܣܡܐ܀
[1] ܘܥܒܕ ܠܡܕܒܚܐ ܕܢܚܫܐ ÷ ܡܢ ܦܬܘܪܐ ܕܢܚܫܐ. ܗܠܝܢ ܕܐܝܬ ܗܘܘ ܥܠ ܬܪܥܐ ܗܘܢ ܕܡܫܟܢܐ 38
÷ ܕܡܫܟܢ ܙܒܢܐ↙ ※ܠ ܡܢ ܩܝܣܐ ܠܐ ܡܬܚܒܠܐ. ܚܡܫ ܐܡ̈ܝܢ ܐܘܪܟܐ ܕܝܠܗ. ܘܚܡܫ ܐܡ̈ܝܢ ܦܬܝܐ
※ ܕܝܠܗ. ܡܪܒܥܐ ܕܝܠܗ. ܘܬܠܬ ܐܡ̈ܝܢ ܪܘܡܐ ܕܝܠܗ܀ [2] ܘܥܒܕ ܩܪ̈ܢܬܐ ܕܝܠܗ ܥܠ ܐܪܒܥ ܙܘ̈ܝܬܐ
※ ܕܝܠܗ. ܡܢܗ | ܐܝܬܝܗܝܢ ܗܘܝ ܩܪ̈ܢܬܐ ܕܝܠܗ. ܘܚܦܝܗ ܒܢܚܫܐ↙܀ [3] ܗܘ ܥܒܕ ܠܟܠܗܘܢ 122¹
ܡܐܢ̈ܐ ܕܡܕܒܚܐ.. ܠܡܚܬܝܬܐ *ܘܠܦܣܬܐ ܘܠܡܢܩܝ̈ܬܐ ܘܠܡܫܠ̈ܝܬܐ ܘܠܡܚܬܝ̈ܬܐ ※ܠ ܟܠܗܘܢ ܡܐܢ̈ܐ
※ ܕܝܠܗ ܥܒܕ ܢܚܫܐ↙܀ [4] ܗܘ ܥܒܕ ܠܡܕܒܚܐ *ܠܩܢܩܠܐ. ܥܒܕܐ ܕܡܨܝܕܬܐ. ܕܢܚܫܐ. †ܠܬܚܬܘܗܝ
ܕܦܬܘܪܐ ܡܢ ܠܬܚܬ ܥܕܡܐ ܠܦܠܓܗ ܕܝܠܗ܀ [5] ܘܫܦܟ ÷ ܠܗ↙ ܐܪܒܥ ܥܙܩ̈ܬܐ ܡܢ ܐܪܒܥܐ ܦܢ̈ܝܬܗ
ܕܩܢܩܠܐ ÷ ܕܢܚܫܐ↙ ܦܬܘܟܐ ܠܡܘܛ̈ܐ܀ [6] ※ܠ ܘܥܒܕ ܡܘܛ̈ܐ ܩܝܣܐ ܠܐ ܡܬܚܒܠܐ. ܘܚܦܐ
※ ܐܢܘܢ ܒܢܚܫܐ↙: [7] ܘܐܥܠ ܐܢܘܢ ܠܡܘܛ̈ܐ ܒܥܙܩ̈ܬܐ ܥܠ ܣܛܪ̈ܘܗܝ ܕܡܕܒܚܐ. ܐܝܟ ܕܢܫܩܠܘܢܗ
ܠܡܕܒܚܐ ܒܗܘܢ. *ܡܩܒܠܐ ܕܠܘܚ̈ܐ ܥܒܕܗ↙: [8] ܘܥܒܕ ܠܟܝܘܪܐ ܕܢܚܫܐ | ܘܠܒܣܝܣܗ ܕܝܠܗ 122²
÷ ܕܢܚܫܐ ܡܢ ܡܚܙܝ̈ܬܐ ܕܢܫ̈ܐ ܕܨܡܝܢ ܗܘܝ. ܗܠܝܢ ܕܨܡ ܥܠ ܬܪܥܐ ܕܡܫܟܢ ܙܒܢܐ ܒܝܘܡܐ
ܕܒܗ ܩܝܡܗ܀ [9] ܘܥܒܕ ܠܕܪܬܐ ܗ̇ܝ ܕܠܘܬ ܬܝܡܢܐ. ܘܐܦܪ̈ܣܐ ܡܢ ܒܘܨܐ ܫܙܝܪܐ. ܡܐܐ ܒܐܡܐ ܡܐܐ.
[10] ܘܥܡܘܕ̈ܝܗܘܢ ܕܝܠܗܘܢ ܥܣܪܝܢ ܘܒܣܝ̈ܣܝܗܘܢ ܥܣܪܝܢ ܕܢܚܫܐ ※ܠ *ܘܦܘܪ̈ܩܝܗܘܢ ܕܥܡܘܕ̈ܐ ܘܩܛܘ̈ܪܝܗܘܢ

16 ܠܡܐܢ̈ܐ, 18 ܕܝܢ, 8 ܘܡܫܟܢܝܘܬܐ descripsi
17 post ܕܝܠܗ et post ܕܝܠܗ ܡܫܘܬܦ B ܕܡܢܗܪܐ
17 ܡܢܗܪ̈ܬܐ J
17 ܡܢ ܠ ܡܢܗܪܬܐ ܕܝܠܗ J
25 ܕܐܡܬܐ ܠ ܡܢ J utroque loco

25 ܢܦܘܩ ܠ ܡܢ ÷ ܐܡܬܐ J
26 ܡܢ ܠ ܟܠܝܠܐ ܕܝܠܗ J.
Bm ܟܠܝܠܐ habet singulare, B plurale
26 ܟܠܝܠܐ J. Field ܟܠܝܠܐ emendabat
27 ܟܕ ܥܒܕ J
1 ÷ ܡܢ F, ante ܡܢ praebet ÷ B

3 ܡܫܠ̈ܝܬܐ ܠ ܡܢ ÷ ܡܚܬܝ̈ܬܐ J
4 ܠܩܢܩܠܐ
4 ܕܠܡܕܒܚܐ] ad ܕܝܠܗ ܠܬܚܬܘܗܝ ܠ ܡܢ J
7 ܡܩܒܠܐ J
8 altero loco ܕܨܡܝܢ transcripsi
10 ܕܥܡܘܕ̈ܐ ܘܩܛܘ̈ܪܝܗܘܢ ܘܦܘܪ̈ܩܝܗܘܢ J

[illegible]
[illegible]
[illegible] 123[1]
[illegible]
[illegible]
[illegible]
[illegible]
[illegible]
[illegible]
[illegible] 123[2]
[illegible]
[illegible]
[illegible]
[illegible] 124[1]
[illegible]
[illegible]
[illegible]
[illegible]
[illegible]
[illegible] 124[2]
[illegible]
[illegible]
[illegible]
[illegible]
[illegible]
[illegible]
[illegible] 125[1]
[illegible]
[illegible]
[illegible]

39

[illegible]
[illegible]
[illegible]
[illegible] 125[2]
[illegible]
[illegible]
[illegible]

12 ad [illegible] pertinere videatur [illegible]
[illegible]
17 [illegible]
18 [illegible]
[illegible]
[illegible]
19 [illegible] quo modo explicem nescio
21 [illegible] B, correxit Field
23 [illegible]
23 [illegible] B
24 [illegible]
24 [illegible] [sic]
25 [illegible]
28 [illegible]
30 [illegible]
1 ad vocabulum commatis ultimum B^m [illegible] cui [illegible] subscriptum est

ܬ̈ܟܠܬܐ ܘܐܪ̈ܓܘܢܐ ܘܙܚܘܪܝܬܐ ܥܒܕܬܐ ܘܥܒܕܘ ܡܫܡܠܐ. ܐܝܟܢܐ ܕܦܩܕ *ܡܪܝܐ ܠܡܘܫܐ ܀
6 ܘܥܒܕܘ ÷ ܟܐܦܐ ܕܒܘܪܠܐ ܡܐܩܠ ܕܐܪܡܢܝܐ ܕܡܚܒܟܢ ܕܚܒܐ ܘܚܬܝܡܢ ܒܕܗܒܐ. ܦܬܚܝܢ ܦܬܚܐ
126[1] ܕܚܬܡܐ ܡܢ ܫܡ̈ܗܐ ܕܒ̈ܢܝܐ ܕܐܝܣܪܝܠ ܀ 7 ܘܣܡܘ ܐܢܝܢ ܥܠ ܟܬܦ̈ܬܐ ܕܐܦܘܕܐ. ܡܐܩܠ | ܕܕܘܟܪܢܐ
ܕܒ̈ܢܝܐ ܕܐܝܣܪܝܠ. ܐܝܟܢܐ ܕܦܩܕ ܡܪܝܐ ܠܡܘܫܐ ܀ 8 ܘܥܒܕܘ ܠܚܘܫܢܐ ܥܒܕܐ ܕܐܘܡܢܘܬܐ ܒܥܒܕܐ
ܐܝܟ ܥܒܕܐ ܕܐܦܘܕܐ ܡܢ ܕܗܒܐ ܘܬܟܠܬܐ ܘܐܪ̈ܓܘܢܐ ܘܙܚܘܪܝܬܐ ܘܒܘܨܐ ܡܫܙܪܐ: 9 ܡܪܒܥܐ ܥܒܕܘܗ
※ ܐ ܠ ܐܝܬܘܗܝ ܗܘܐ ÷ .. ܟܦܝܠܐ. ܥܒܕܘܗܝ ܠܚܘܫܢܐ. ܙܪܬܐ ܐܘܪܟܗ ܘܙܪܬܐ ܦܬܝܗ .. ܟܦܝܠܐ:
10 ܘܐܪܟܒܘ ܒܗ ܣܕܪ̈ܐ ܕܟܐ̈ܦܐ ܕܐܪ̈ܒܥܐ ܣܕܪ̈ܐ ܀ ܣܕܪܐ ܕܡܐܩܠ: ܣܪܕܝܢ ܘܛܘܦܕܝܢ
ܘܐܙܡܪܓܕܐ. ܣܕܪܐ ܚܕ: 11 ܘܣܕܪܐ ܬܪܝܢܐ. ܐܢܬܪܟܣ ܘܣܦܝܪܐ ܘܝܫܦܝܣ: 12 ܘܣܕܪܐ ܬܠܝܬܝܐ.
126[2] ܠܝܓܘܪܝܢ ܘܐܟܛܝܣ ܘܐܡܘܬܘܣܛܘܣ: 13 ܘܣܕܪܐ ܪܒܝܥܝܐ. ܟܪܘ | ܩܘܦܐ ܘܒܘܪܝܠܠܘܢ ܘܡܪܓܠܐ:
ܚܒ̈ܝܟܢ ܒܕܗܒܐ ܘܡܚܒܟܢ ܒܕܗܒܐ. ܒܕܗܒܐ ܕܝܠܗܘܢ ܀ 14 ܘܟܐ̈ܦܐ ܡܐܩܠ ܡܢ ܫܡ̈ܗܐ ܕܒ̈ܢܝܐ ܕܐܝܣܪܝܠ
ܐܝܬܝܗܝܢ ܗܘܝ. ܬܪܬܥܣܪܐ ܡܢ ܫܡ̈ܗܐ ܕܝܠܗܘܢ. ܦܬܚܝܢ ܦܬܚܐ. ܟܠ ܚܕ ܡܢ ܫܡܗ ܕܝܠܗ
ܠܬܪܬܥܣܪܐ ܫܒ̈ܛܐ ܀ 15 ܘܥܒܕܘ ܥܠ ܚܘܫܢܐ ܫܫܠܬܐ ܡܚܒܟܬܐ. ܥܒܕܐ *ܕܓܕܝܠܐ. ܡܢ ܕܗܒܐ ܕܟܝܐ ܀
16 ܘܥܒܕܘ ܬܪܬܝܢ *ܣܡܟ̈ܐ ܕܕܗܒܐ ܘܬܪ̈ܬܝܢ ܥܙܩ̈ܬܐ ܕܕܗܒܐ. ܘܣܡܘ ܠܬܪܬܝܗܝܢ ܥܙܩ̈ܬܐ ÷ ܕܕܗܒܐ
ܥܠ ܬܪܝܗܘܢ ܪ̈ܫܝܗ ܕܚܘܫܢܐ: 17 ܘܣܡܘ ܐܝܟ ܫܫܠ̈ܬܐ ܕܡܢ ܕܗܒܐ ܥܠ ܬܪ̈ܬܝܗܝܢ ܥܙܩ̈ܬܐ. ܥܠ
127[1] ܬܪܝܢ ܣܛ̈ܪܘܗܝ ܕܚܘܫܢܐ. 18 ܘܠܬܪ̈ܬܝܗܝܢ ܕܪ̈ܫܐ ܠܬܪ̈ܬܝܗܝܢ ܫܫܠ̈ܬܐ. ܘܣܡܘ | ܥܠ ܬܪ̈ܬܝܗܝܢ
ܣܡ̈ܟܐ. ܘܣܡܘ ܐܝܟ ܥܠ ܟܬܦ̈ܬܗ ܕܐܦܘܕܐ ܡܢ ܠܘܩܒܠ ܦܪܨܘܦܐ ܕܝܠܗ: 19 ܘܥܒܕܘ ܬܪܬܝܢ
ܥܙܩ̈ܬܐ ܕܕܗܒܐ. ܘܣܡܘ ܥܠ ܬܪܝܢ ܩܪ̈ܢܬܐ. ܥܠ ܪܫܐ ܕܚܘܫܢܐ.. ܥܠ ܪܫܐ ܗܘ ܕܒܣܛܪܗ
ܕܐܦܘܕܐ ܡܢ ܠܓܘ: 20 ܘܥܒܕܘ ܬܪܬܝܢ ܥܙܩ̈ܬܐ ܕܕܗܒܐ. ܘܣܡܘ ܐܝܟ ܥܠ ܬܪ̈ܬܝܗܝܢ ܟܬܦ̈ܬܗ
ܕܐܦܘܕܐ ܡܢ *ܠܬܚܬ. ܠܘܩܒܠ ܦܪܨܘܦܐ ܕܝܠܗ. ܠܘܩܒܠ ܕܒܩܐ ܕܝܠܗ. ܠܥܠ ܡܢ ܐܣܘܪܐ
ܕܐܦܘܕܐ: 21 ܘܐܚܕܘ ܠܚܘܫܢܐ ܡܢ ܥܙܩ̈ܬܐ ܕܝܠܗ ܠܥܙܩ̈ܬܐ ܕܐܦܘܕܐ ܕܐܣܝܪܢ ܡܢ ܬܟܠܬܐ. ܕܢܗܘܐ
ܡܚܒܟ ܒܐܣܘܪܗ ܕܐܦܘܕܐ. ܐܝܟܢܐ ܕܠܐ ܢܫܬܪܐ ܚܘܫܢܐ ܡܢ ܐܦܘܕܐ. ܐܝܟܢܐ ܕܦܩܕ *ܡܪܝܐ ܠܡܘܫܐ ܀
127[2] 22 ܘܥܒܕܘ *ܠܡܥܝܠܐ ܥܠ ܐܦܘܕܐ. ܥܒܕܐ ܕܡܙܪܐ. ܟܠܗ ܬܟܠܬܐ. 23 ܠܒܪ ܕܝܢ ܕܡܥܝܠܐ ܦܘܡܐ
ܒܡܨܥܬܐ ܘܟܠܗ ܡܙܪܐ ܕܫܘܠܐ. ܣܦܬܐ ܐܝܬ ܠܗ ܠܦܘܡܐ ܕܝܠܗ ܡܢ ܚܕܪ. ܠܐ ܡܬܦܣܩܢܘܬܐ ܀
24 ܘܥܒܕܘ ܥܠ ܫܘܠܝܗ ܕܡܥܝܠܐ ܡܢ ܠܬܚܬ ܐܝܟ ܢܦܪ̈ܚܐ ܕܪ̈ܘܡܢܐ. ܡܢ ܬܟܠܬܐ ܘܐܪ̈ܓܘܢܐ
ܘܙܚܘܪܝܬܐ ܘܒܘܨܐ ܡܫܙܪܐ ܀ 25 ܘܥܒܕܘ ܙܓ̈ܐ ܕܕܗܒܐ ܕܟܝܐ. ܘܣܡܘ ܐܢܘܢ ܠܙܓ̈ܐ
※ *ܒܡܨܥܬܐ ܕܪ̈ܘܡܢܐ ÷ ܥܠ ܫܘܠܝܗ ܕܡܥܝܠܐ ܡܢ ܚܕܪ. ܒܡܨܥܬܐ ܕܪ̈ܘܡܢܐ 26 ܙܓܐ ÷ ܕܕܗܒܐ ÷
ܘܪܘܡܢܐ ※ ܙܓܐ ܘܪܘܡܢܐ ÷ ܥܠ ܫܘܠܝܗ ܕܡܥܝܠܐ ܡܢ ܚܕܪ. ܠܡܫܡܫܘ. ܐܝܟܢܐ ܕܦܩܕ *ܡܪܝܐ ܠܡܘܫܐ ܀
128[1] 27 ܘܥܒܕܘ ※ ܗܘ ÷ ܟܘܬܝܢ̈ܐ ܕܒܘܨܐ. ܥܒܕܐ ܕܡܙܪܐ. ܠܐܗܪܘܢ ܘܠܒ̈ܢܘܗܝ ܕܝܠܗ. 28 ܘܠܡܨܢܦܬܐ ܡܢ
ܒܘܨܐ *ܘܠܟܘܒܥܐ ܡܢ ܒܘܨܐ ܘܠܡܟܢ̈ܫܐ ※ ܐ ܕܟܬܢܐ ÷ ܡܢ ܒܘܨܐ ܡܫܙܪܐ 29 ܘܠܙܢܪܐ ÷ ܕܝܠܗܘܢ ÷ ܡܢ
ܒܘܨܐ ※ ܘ ܡܫܙܪܐ ÷ ܘܬܟܠܬܐ ܘܐܪ̈ܓܘܢܐ ܘܙܚܘܪܝܬܐ. ܥܒܕܐ ܕܡܨܝܪܢܐ. ܗܘ ܕܐܝܟ ܕܦܩܕ ܡܪܝܐ
ܠܡܘܫܐ: 30 ܘܥܒܕܘ ܠܛܣܐ ܕܕܗܒܐ ܦܬܚܐ ܕܩܘܕܫܐ ܡܢ ܕܗܒܐ ܕܟܝܐ. ܘܟܬܒܘ ܥܠܘܗܝ ܟܬܒܬܐ
ܕܡܛܒܥܝܢ ܠܡܛܒܥ »ܩܘܕܫܐ ܠܡܪܝܐ«: 31 ܘܣܡܘ ܥܠܘܗܝ ܣܪܝܐ ܕܬܟܠܬܐ. ܐܝܟܢܐ ܕܢܗܘܐ ܣܝܡ
ܥܠ ܡܨܢܦܬܐ ܡܢ ܠܥܠ. ܐܝܟ ܗܘ ܕܦܩܕ *ܡܪܝܐ ܠܡܘܫܐ ܀ ‖ 32 ܘܐܫܬܠܡܘ ܟܠܗ ܥܒܕܐ ܕܡܫܟܢܐ ܕ
128[2] ܣܗܕܘܬܐ ܕܙܒܢܐ. ܘܥܒܕܘ ܒ̈ܢܝܐ ܕܐܝܣܪܝܠ ܐܝܟ ܟܠ ܡܕܡ ※ ܐ ܗܘ ܕܦܩܕ ÷ ܡܪܝܐ ܠܡܘܫܐ: | ܘܥܒܕܘ ܒ̈ܢܝܐ ܕܐܝܣܪܝܠ ܐܝܟ ܟܠܗܘܢ
ܗܠܝܢ ܕܦܩܕ *ܡܪܝܐ ܠܡܘܫܐ. ܗܟܢܐ ܥܒܕܘ: ÷ ܕܗܒܐ ܕܝܢ ܕܐܬܬܣܝܡ ܒܥܒܕܐ ܟܠܗ. ܠܡܫܡܫܘ

6 ܘܥܒܕܘ ܟܐܦܐ ܠ ܗܘ, loco quo pertineat, non indicato

10 ܩܘܦܝܢ, 11 ܐܢܬܪܟܣ B

15 ܕܥܒܕܐ ܠ ÷ ܓܕܝܠܐ ܗܘ ܐ

16 ܕܬܪܬܝܢ ܠ ÷ ܚܕ ܐܝܟ ÷ ܗܘ ܕܬܪܬܝܢ ܐ

20 ܠܓܘ

22 ποδυτην [sic] et ܠܥܡܠܐ ܕܡܥܝܠܐ ܐ ܘ ܠܐܦܘܕܐ ÷ ܗܘ ܠܡܥܝܠܐ ܕܒܠܐ ܐܦܘܕܐ ܗܘ

ܠܐܦܘܕܐ ÷ ܠ ܕܒܠܐ ܐܦܘܕܐ ܕܝܠܗ

23 ad ܦܘܡܐ ܕܡܥܝܠ alterum pertinuerit ωαν in B[m]

23 nonne ܕܫܪܝܢܐ et ܠܡܩܢܝܘܬܐ?

25 ܕܪܘܡܢܐ ܒܡܨܥܬܐ ܝ. etiam in B, qui ܕܪܘܡܢܐ exhibet, pluralem restitui priori loco, et ibidem ÷ a ܒܡܨܥܬܐ ad ܕܪܘܡܢܐ transtuli

27 ܟܘܬܝܢ B[1]

28 ܟܬܢܐ. ܗܘܐ ܕܝܢ ܡܫܙܪ ܕܒܘܨܐ

28 ad ܕܟܬܢܐ pertinuerit in B[m] ܗܘ ܐ ܕܟܬܢܐ

32[m] ܫܡܫܐ B

32 asteriscum addidi

32 ܕܗܒܐ ÷ Field, B ÷ ante ܕܟܘܪܢܐ posuit

7[1]

ܘܟܠܗܘܢ ܡܐܢܝܗܘܢ ܠܡܫܟܢܐ ܟܠ ܕܦܩܕ ܡܪܝܐ ܠܡܘܫܐ ܗܟܢ ܥܒܕܘ ܒܢܝ ܐܝܣܪܝܠ. [33] ܘܐܝܬܝܘ ܠܡܫܟܢܐ ܠܘܬ *ܡܘܫܐ ܗܟܢ

ܡܐܢܝܗܘܢ ܕܝܠܗ ܘܥܒܕܘ ܕܝܠܗ ܘܥܡܘܕܘܗܝ ܘܩܘܠܒܐ ܕܝܠܗ ܘܣܡܟܝܗ ܕܝܠܗ ܟܠ

[34] *ܘܡܟܣܝܬܗ ܕܡܫܟܐ ܕܕܟܪܐ ܡܣܡܩܐ ܘܡܟܣܝܬܐ ܕܡܫܟܐ ܣܓܠܐ. ܟܠ ܘܦܪܣܐ ܗܘ ܕܡܛܠܠ

[35] ܠܩܘܒܬܐ ܕܣܗܕܘܬܐ ܘܡܘܫܐ ܕܝܠܗ ܘܣܝܡܐ ܘܡܕܒܚܐ. [36] ܘܦܬܘܪܐ ܘܡܐܢܝܗܘܢ

ܕܝܠܗ ܘܠܚܡܐ ܕܐܦܐ ܕܩܕܡܐ. [37] ܘܡܢܪܬܐ ܕܕܟܝܬܐ ܘܫܪܓܐ ܕܝܠܗ ܫܪܓܐ ܕܣܝܡܝܢ

ܘܟܠܗܘܢ ܡܐܢܝܗܘܢ ܟܠ ܘܡܫܚܐ ܕܢܗܘܪܐ. [38] *ܘܡܕܒܚܐ ܕܕܗܒܐ ܘܡܫܚܐ ܕܪܒܘܬܐ | ܘܩܛܪܬܐ 129[1]

ܕܒܣܡܐ ܘܦܪܣܐ ܕܬܪܥ ܡܫܟܢܐ. [39] *ܘܡܕܒܚܐ ܕܢܚܫܐ *ܘܡܟܒܪܐ ܕܢܚܫܐ ܕܝܠܗ ܘܩܘܠܒܐ

*ܕܢܚܫܐ ܕܝܠܗ. ܘܟܠܗܘܢ ܡܐܢܝܗܘܢ ܕܝܠܗ ܘܟܢܘܢܗ ܘܒܣܝܣܗ ܟܠ ܘܡܚܝܠܬܐ ܕܝܠܗ

[40] ܘܡܫܟܢܐ ܕܕܪܬܐ ܘܥܡܘܕܘܗܝ ܘܣܡܟܝܗ ܘܦܪܣܐ ܕܬܪܥ ܕܪܬܐ ܘܐܛܢܒܐ ܘܣܝܟܝܗ ܕܕܪܬܐ

ܘܚܒܠܝܗ ܘܡܐܢܝܗܘܢ ܕܬܫܡܫܬܐ ܕܡܫܟܢܐ ܕܡܫܟܢ ܙܒܢܐ. [41] *ܘܠܒܘܫܐ ܕܬܫܡܫܬܐ

ܕܩܘܕܫܐ. ܘܠܒܘܫܐ ܕܐܗܪܘܢ ܟܗܢܐ ܘܠܒܘܫܐ ܕܒܢܘܗܝ ܠܟܗܢܘܬܐ. [42] ܐܝܟ ܟܠ ܕܦܩܕ *ܡܪܝܐ | ܠܡܘܫܐ. ܗܟܢ ܥܒܕܘ 129[2]

ܒܢܝ ܐܝܣܪܝܠ ܟܠܗ ܦܘܠܚܢܐ. [43] ܘܚܙܐ ܡܘܫܐ ܟܠܗܘܢ ܥܒܕܐ. ܘܗܐ ܥܒܕܘ ܐܢܘܢ ܐܝܟ.

ܕܦܩܕ ܡܪܝܐ *ܠܡܘܫܐ ܗܟܢܐ ܥܒܕܘ: ܘܒܪܟ ܐܢܘܢ ܡܘܫܐ.

40 [1] ܘܡܠܠ *ܡܪܝܐ ܥܡ ܡܘܫܐ ܘܐܡܪ [2] ܒܝܘܡܐ ܩܕܡܝܐ ܕܝܪܚܐ ܩܕܡܝܐ ܬܩܝܡ

ܡܫܟܢܐ ܕܡܫܟܢ ܙܒܢܐ. [3] ܘܬܣܝܡ ܬܡܢ ܩܒܘܬܐ ܕܣܗܕܘܬܐ. ܘܬܛܠܠ

ܥܠ ܩܒܘܬܐ ܒܦܪܣܐ. [4] ܘܬܥܠ ܦܬܘܪܐ ܘܬܣܕܪ ܣܕܪܗ. ܘܬܥܠ ܡܢܪܬܐ.

ܘܬܣܝܡ ܫܪܓܝܗ. [5] ܘܬܬܠ ܡܕܒܚܐ ܕܕܗܒܐ ܠܒܣܡܐ ܩܕܡ ܩܒܘܬܐ

ܕܣܗܕܘܬܐ. ܘܬܣܝܡ ܦܪܣܐ ܕܬܪܥ ܡܫܟܢܐ | ܕܡܫܟܢ ܙܒܢܐ. [6] ܘܬܣܝܡ ܡܕܒܚܐ 130[1]

ܕܡܩܪܒܬܐ ܩܕܡ ܬܪܥ ܡܫܟܢܐ ܕܡܫܟܢ ܙܒܢܐ. [7] ܘܬܣܝܡ ܟܝܘܪܐ. ܘܬܬܠ

ܒܝܬ ܡܫܟܢܐ ܘܒܝܬ ܡܕܒܚܐ ܘܬܬܠ ܒܗ ܡܝܐ. [8] *ܘܬܣܝܡ ܕܪܬܐ ܚܕܪ ܡܫܟܢܐ

*ܘܬܬܠ ܦܪܣܐ. ܕܬܪܥ ܕܪܬܐ. [9] ܘܬܣܒ ܡܫܚܐ ܕܪܒܘܬܐ ܘܬܡܫܘܚ ܡܫܟܢܐ

ܘܟܠܗܘܢ ܡܐܢܝܗܘܢ ܘܬܩܕܫ ܐܢܘܢ ܘܢܗܘܘܢ ܩܕܝܫܝܢ. [10] ܘܬܡܫܘܚ ܡܕܒܚܐ ܕܡܩܪܒܬܐ ܘܟܠܗܘܢ

ܡܐܢܝܗܘܢ. ܘܬܩܕܫ ܡܕܒܚܐ *ܘܢܗܘܐ ܗܘ ܡܕܒܚܐ | ܩܘܕܫܐ ܕܩܘܕܫܐ. 130[2]

[11] ... ܘܬܡܫܘܚ ܟܝܘܪܐ ܘܒܣܝܣܗ ܘܬܩܕܫܝܘܗܝ: [12] ܘܬܩܪܒ ... ܠܐܗܪܘܢ

ܘܠܒܢܘܗܝ ܠܬܪܥ ܡܫܟܢ ܙܒܢܐ. ܘܬܣܚܐ ܐܢܘܢ ܒܡܝܐ: [13] ܘܬܠܒܫ ... ܠܐܗܪܘܢ

ܠܒܘܫܐ ܕܩܘܕܫܐ ܘܬܡܫܘܚܝܘܗܝ ܘܬܩܕܫܝܘܗܝ. ܘܢܟܗܢ ܠܝ. [14] ܘܠܒܢܘܗܝ ܬܩܪܒ. ܘܬܠܒܫ

ܐܢܘܢ ܟܘܬܝܢܐ. [15] ܘܬܡܫܘܚ ܐܢܘܢ ܐܝܟ ܕܡܫܚܬ ܠܐܒܘܗܘܢ. ܘܢܟܗܢܘܢ ܠܝ: ܘܬܗܘܐ

ܐܝܟܢܐ ܕܬܗܘܐ ܠܗܘܢ ܡܫܝܚܘܬܐ ܕܠܗܘܢ ܠܟܗܢܘܬܐ ܠܥܠܡ ܠܕܪܝܗܘܢ. [16] ܘܥܒܕ ܡܘܫܐ ܐܝܟ

ܟܠ ܕܦܩܕ *ܡܪܝܐ ܠܗ. ܗܟܢܐ ܥܒܕ.

ܡܪܝܐ ܕܡܫܟܢܐ ܕܩܝܡܘ ܗܘܐ | ܕܡܘܫܐ ܕܡܬܟܪܙ 131[1]

[17] ܘܗܘܐ ܒܝܪܚܐ ܩܕܡܝܐ. ܒܫܢܬܐ ܕܬܪܬܝܢ ܕܡܦܩܢܗܘܢ ܡܢ ܡܨܪܝܢ. ܒܚܕ ܒܝܪܚܐ. ܐܬܩܡ ܡܫܟܢܐ:

[18] ܘܐܩܝܡ ܡܘܫܐ ܠܡܫܟܢܐ *ܘܣܡ ܒܣܝܣܘܗܝ ܕܝܠܗ. ܘܣܡ ܥܡܘܕܘܗܝ ܕܝܠܗ. ܘܐܪܡܝ ܥܒܪܐ ܕܝܠܗ.

ܘܐܩܝܡ ܣܡܟܝܗ ܕܝܠܗ. [19] ܘܦܪܣ ܦܪܣܐ ܥܠ ܡܫܟܢܐ. ܘܣܡ ܡܟܣܝܬܐ ܕܡܫܟܢܐ ܠܥܠ

ܡܢ ܠܥܠ. ܐܝܟ ܕܦܩܕ ܡܪܝܐ ܠܡܘܫܐ: [20] ܘܢܣܒ ܐܪܡܝ ܣܗܕܘܬܐ ܒܩܒܘܬܐ. ܘܣܡ *ܢܓܪܐ

ܠܩܒܘܬܐ ܩܘܕܫܐ. *ܘܣܡ ܚܘܣܝܐ ܥܠ ܩܒܘܬܐ ܡܢ ܠܥܠ: [21] ܘܐܥܠܗ ܠܩܒܘܬܐ

ܠܡܫܟܢܐ. ܘܣܡ ܦܪܣܐ ܕܦܪܣܐ. ܘܛܠܠ ܥܠ ܩܒܘܬܐ ܕܣܗܕܘܬܐ ܐܝܟ ܕܦܩܕ ܡܪܝܐ ܠܡܘܫܐ.

34 ܕܡܣܡܩܐ [sic] ܝܘܬܪ ܡܢ ܐܘܟܡܐ
37 ܕܕܟܝܬܐ mutandum videatur
38 ܟܠܗܘܢ ܡܢ ܠ, ubi punctum superum inter ܘ et ܠ medium
39 ܡܟܒܪܐ ܠ ܡܢ ܠ
40 ܘܐܛܢܒܐ ܕܕܪܬܐ ... B
41 ܠܒܘܫܐ ܠ ܡܢ ܠ
5 ܕܩܘܕܫܐ B[1]
8 ܕܪܬܐ ܡܢ ܠ
10 ܩܘܕܫܐ ※ B, correxit F
11 ܘܡܐܢܝܗܘܢ descripsi
12 13 ... non certus lego: ...?
20 ܩܒܘܬܐ ܠ ܡܢ ܠ
20 ... ܡܢ ...
21 ܡܪܝܐ indice caret, ... B[m]

131² ²²ܘܣܡ ܠܦܬܘܪܐ | ܒܡܫܟܢܐ ܕܣܗܕܘܬܐ ܥܠ ܣܛܪܗ ܕܡܫܟܢܐ ÷ ܕܣܗܕܘܬܐ↙ ܗܘ ܕܠܘܬ ܓܪ̈ܒܝܐ ܠܒܪ
ܡܢ ܐܦ̈ܝ ܦܪܣܐ ÷ ܕܡܫܟܢܐ↙: ²³ܘܣܡ ܥܠܘܗܝ ܠܚ̈ܡܐ ܕܐܘܦܝ ܩܕܡ *ܡܪܝܐ ܐܝܟ ܡܐ ܕܦܩܕ ܗܘ
*ܡܪܝܐ ܠܡܘܫܐ: ²⁴ܘܣܡ ܠܡܢܪܬܐ ܒܡܫܟܢܐ ܕܣܗܕܘܬܐ ※ܣ ܬ ܠܘܩܒܠ ܦܬܘܪܐ↙ ܒܣܛܪܗ
ܕܡܫܟܢܐ ܗܘ ܕܠܘܬ ܬܝܡܢܐ: ²⁵ܘܣܡ ܫܪ̈ܓܝܗ ÷ ܕܥܠܘܗܝ↙ ܐܝܟ ܡܐ ܕܦܩܕ ܗܘ *ܡܪܝܐ
ܠܡܘܫܐ: ²⁶ܘܣܡ ܠܡܕܒܚܐ ܕܕܗܒܐ ܒܡܫܟܢܐ ܕܣܗܕܘܬܐ ܠܘܩܒܠ ܐܦ̈ܝ ܦܪܣܐ: ²⁷ܘܐܣܩ
ܥܠܘܗܝ ܒܣ̈ܡܐ ܕܪܘܟܒܐ. ܐܝܟ ܡܐ ܕܦܩܕ ܡܪܝܐ ܠܡܘܫܐ: ²⁸※ܬ ܘܣܡ ܠܦܪܣܐ ܕܬܪܥܐ ܕܡܫܟܢܐ↙:
132¹ ²⁹ܘܠܡܕܒܚܐ ܕܡܣܩܬ ܥܠܬܐ ܣܡ ܠܘܬ ܬܪܥܐ ܕܡܫܟܢܐ ※ܬ ܕܡܫܟܢܐ↙ ܕܣܗܕܘܬܐ. ※ܬ ܘܐܣܩ | ܥܠܘܗܝ
※ܥܠܬܐ ܘܩܘܪܒܢܐ↙. ܐܝܟ ܕܦܩܕ *ܡܪܝܐ ܠܡܘܫܐ ÷ ³⁰*ܘܥܒܕ ܟܝܘܪܐ ※ܬ ܒܝܬ
※ܡܫܟܢܐ ܕܣܗܕܘܬܐ ܠܒܝܬ ܡܕܒܚܐ. ܘܣܡ ܬܡܢ ܡ̈ܝܐ↙: ³¹ܐܝܟ ܕܢܫܝܓܘܢ ܡܢܗܘܢ ܡܘܫܐ ܘܐܗܪܘܢ
ܘܒ̈ܢܘܗܝ ܕܝܠܗ ܠܐܝ̈ܕܝܗܘܢ ܘܠܪ̈ܓܠܝܗܘܢ: ³²ܡܐ ܕܥܐܠܝܢ ܠܡܫܟܢܐ ܕܣܗܕܘܬܐ. ‖ ܐܘ ܡܐ ܕܩܪܒܝܢ ܠܡܕܒܚܐ ܗ
ܐܝܟ ܕܩܪܒܝܢ ܠܘܬ ܡܕܒܚܐ ÷ ܒܡܫܡܫܘܬܐ↙. ܡܫܝܓܝܢ ܗܘܘ ÷ ܡܢܗܘܢ↙. ܐܝܟ ܕܦܩܕ ܡܪܝܐ
ܠܡܘܫܐ ÷ ³³ܘܐܩܝܡ ܕܪܬܐ ܚܕܪܘܗܝ ܕܡܫܟܢܐ ܘܕܡܕܒܚܐ. ※ *ܘܣܡ †ܠܦܪܣܐ ܕܬܪܥܐ ܕܕܪܬܐ↙ ÷ ܘܫܠܡ
ܡܘܫܐ ÷ ܟܠܗܘܢ↙ ܥܒ̈ܕܐ. ³⁴ܘܟܣܝܗ ܥܢܢܐ ܠܡܫܟܢܐ ܕܣܗܕܘܬܐ. ܘܫܘܒܚܗ *ܕܡܪܝܐ ܐܬܡܠܝ
ܡܫܟܢܐ. ³⁵ܘܠܐ ܐܫܟܚ ܡܘܫܐ ܠܡܥܠ ܠܡܫܟܢܐ ܕܣܗܕܘܬܐ: ܡܛܠ | ܕܡܛܠܠ ܗܘܐ ܥܠܘܗܝ 132²
ܥܢܢܐ. ܘܫܘܒܚܗ ܕܡܪܝܐ ܐܬܡܠܝ ܡܫܟܢܐ ÷ ³⁶ܐܡܬܝ ܕܝܢ ܕܡܣܬܠܩ ܗܘܐ ܥܢܢܐ ܡܢ ܡܫܟܢܐ.
ܫܩܠܝܢ ܗܘܘ ܒ̈ܢܝܐ ܕܐܝܣܪܝܠ ܥܡ ܐܦܪܬܐ ܕܝܠܗܘܢ: ³⁷ܐܢ ܕܝܢ ܠܐ ܡܣܬܠܩ ܥܢܢܐ. ܠܐ ܫܩܠܝܢ ܗܘܘ
ܥܕܡܐ ܠܝܘܡܐ ܗܘ ܕܒܗ ܡܣܬܠܩ ÷ ³⁸ܥܢܢܐ ܓܝܪ *ܕܡܪܝܐ ܐܝܬܘܗܝ ܗܘܐ ܥܠ ܡܫܟܢܐ ܒܐܝܡܡܐ.
ܘܢܘܪܐ ܒܠܠܝܐ ܥܠܘܗܝ. ܩܕܡ ܟܠܗ ܒܝܬ ܐܝܣܪܝܠ ܒܟܠܗܘܢ ܡܫܩܠ̈ܢܐ ܕܝܠܗܘܢ ÷

ܡܢܝܢܐ ÷ ܕ ÷

1

1¹ | ܐܠܦܝܢ ܘܚܡܫܡܐܐ ÷
ܣ ³⁴ܠܒ̈ܢܘܗܝ ܕܡܢܫܐ ܐܝܟ ܐܢ̈ܫܘܬܐ ܫܪ̈ܒܬܐ ܕܝܠܗܘܢ. ܐܝܟ ܬܘܠܕܬܐ ܕܝܠܗܘܢ. ܐܝܟ ܒ̈ܬܐ
ܕܐܒܗ̈ܬܗܘܢ. ܐܝܟ ܡܢܝܢܐ ܕܫܡ̈ܗܐ ܕܝܠܗܘܢ ÷ ܐܝܟ ܩܪܩܦܬܐ ܕܝܠܗܘܢ. ܟܠܗܘܢ ܕܟܪ̈ܐ↙ ܡܢ ܒܪ ܥܣܪܝܢ ܫܢ̈ܝܢ
ܘܠܥܠ .. ܟܠ ܐܝܠܐ ܕܢܦܩ ܒܚܝܠܐ: ³⁵ܣܘܥܪܢܐ ܕܝܠܗܘܢ ܡܢ ܫܪܒܬܐ ܕܡܢܫܐ. ܬܪܝܢ ܘܬܠܬܝܢ ܐܠܦܝܢ
ܘܡܐܬܝܢ ÷
ܠ ³⁶ܠܒ̈ܢܘܗܝ ܕܒܢܝܡܝܢ ܐܝܟ ܐܢ̈ܫܘܬܐ ܫܪ̈ܒܬܐ ܕܝܠܗܘܢ. ܐܝܟ ܬܘܠܕܬܐ ܕܝܠܗܘܢ. ܐܝܟ ܒ̈ܬܐ
ܕܐܒܗ̈ܬܗܘܢ. ܐܝܟ ܡܢܝܢܐ ܕܫܡ̈ܗܐ ܕܝܠܗܘܢ. ܐܝܟ ܩܪܩܦܬܐ ܕܝܠܗܘܢ. ܟܠܗܘܢ ÷ ܕܟܪ̈ܐ↙ ܡܢ ܒܪ ܥܣܪܝܢ ܫܢ̈ܝܢ
ܘܠܥܠ.. ܟܠ ܐܝܠܐ ܕܢܦܩ ܒܚܝܠܐ: ³⁷ܣܘܥܪܢܐ ܕܝܠܗܘܢ ܡܢ ܫܪܒܬܐ ܕܒܢܝܡܝܢ. ܚܡܫܐ ܘܬܠܬܝܢ
ܐܠܦܝܢ ܘܐܪܒܥܡܐܐ ÷
1² ܒ ³⁸ܠܒ̈ܢܘܗܝ ܕܕܢ ܐܝܟ ܐܢ̈ܫܘܬܐ ܫܪ̈ܒܬܐ ܕܝܠܗܘܢ. ܐܝܟ ܬܘܠܕܬܐ ܕܝܠܗܘܢ. ܐܝܟ ܒ̈ܬܐ | ܕܐܒܗ̈ܬܗܘܢ.
ܐܝܟ ܡܢܝܢܐ ܕܫܡ̈ܗܐ ܕܝܠܗܘܢ. ܐܝܟ ܩܪܩܦܬܐ ܕܝܠܗܘܢ. ‖ ܟܠܗܘܢ ܕܟܪ̈ܐ ܡܢ ܒܪ ܥܣܪܝܢ ܫܢ̈ܝܢ ܘܠܥܠ.. ܟܠ ܐ

30 ܐ ܡܢ ܬ ܘܣܡ
33 ܐ ܬ ܘܣܡ
33 ܐܦ̈ܝ ܬܪܥܐ. ܦܪܣܐ
38 extrem ܫܠܡ ܟܬܒܐ ܕܡܦܩܢܐ ܐܝܟ ܡܫܠܡܢܘܬܐ ܕܫܒܥܝܢ ÷ ܐܬܦܫܩ ܕܝܢ ܗܢܐ ܕܡܦܩܢܐ ܐܬܦܫܩ ܠܠܫܢܐ ܣܘܪܝܝܐ. ܐܠܟܣܢܕܪܝܐ ܒܝܪܚ ܟܢܘܢ ܗܘܐ. ܐܬܦܫܩ ܡܢ ܟܬܒܐ ܕܐܝܬ ܡܫܠܡܢܘܬܐ. ܘܐܬܦܫܩ ܡܢ ܗܘ ܕܐܦ ܡܫܠܡܢܘܬܐ ܕܐܬܦܫܩܘ ÷ ܐܬܦܫܩ ܕܝܢ ܫܢܬ ܗܘ ܡܫܠܡܢܐ ܟܠܗ ܕܝܢ ܫܢܬܐ ܕܝܠܗ ܬܪܥܐ ܐܝܟ ܗܘ. ܐܬܟܬܒ ܡܫܠܡܢܘܬܐ ܕܫܒܥܝܢ ܡܢ ܐܟܣܦܠܐ ܐܝܟ ܕܐܦ ܒܟܪܟܐ ܡܦܩܢܐ ܗܘܐ ܐܝܟ ܗܢܐ ܒܟܬܒܐ ܕܥܒܪܝܐ. ܡܦܩܢܐ ܗܘܐ ܥܠ ܕܐܦ ܐܘܪܓܢܘܣ ܗܘ ܕܡܦܩܢܘܬܐ. ܐܝܟ ܕܐܝܬ ܐܟܣܦܠܐ ܡܦܩܢܐ ܗܘܐ. ܡܢ ܗܘ ܕܐܦ ܐܘܣܒܝ ܘܦܡܦܝܠܘ ܕܡܦܩܢܐ ܗܢܘܢ ܕܐܬܦܫܩܘ ܒܟܠܗܘܢ ܡܫܠܡܢܘܬܐ ܕܡܫܠܡܢܘܬܐ ܕܝܢ ܗܘ ܟܠܐ. ubi ad ܕܦܡܦܝܠܘܣ adscribitur πάμφυλος. sequitur doxologia, quam excipiunt haec ܐܬܟܬܒ ܟܬܒܐ ܗܢܐ ܒܝܪܚܐ ܕܟܢܘܢ ܫܢܬ ܐܠܦ ܘܐܬܐ[÷] ܡܛܠ ܡܢ ܟܬܒܝ ܡܩܒܠܢܐ ܕܐܝܬ ܕܐܬܟܬܒܘ ܟܬܒܐ ܗܢܐ [.] ܠܗ ܟܠ ܕܝܠ ܡܣܟܢܐ ܘܚܛܝܐ ܟܕ ܡܩܒܠ ܕܟܬܒ

7²

33 titulum adscripsi ex Exodi exordio coniecturâ derivatum

34 ÷ non muto hoc loco, neque 36 40 42 mutabo

34 ܬܪܝܢ B

36 38 ܐܢܫܘܬܐ B

38 ܓܕܘܕ B

ܟܠ ܐܝܠܝܢ ܕܢܦܩܝܢ ܒܚܝܠܐ܂ [39]ܡܢܝܢܘܬܐ ܕܝܠܗܘܢ ܡܢ ܫܒܛܐ ܕܕܢ. ܫܬܝܢ ܘܬܪܝܢ ܐܠܦܝܢ ܘܫܒܥܡܐܐ܀
ܠܗ̇ [40]ܠܒܢܘܗܝ ܕܐܫܝܪ ܐܝܟ ܐܬܘܠܕܬܐ ܕܫܪܒܬܗܘܢ. ܐܝܟ ܠܒܝܬ ܐܒܗܘܢ. ܐܝܟ ܡܢܝܢܐ ܕܫܡܗܘܢ.
ܐܝܟ ܩܪܩܦܬܗܘܢ ܟܠ ܕܟܪ̈ܝܗܘܢ. ܐܝܟ ܫܡܗܐ ܟܠ ܕܟܪ̈ܝܗܘܢ. ܡܢܗܘܢ ܕܗܘܐ ܡܢ ܒܪ ܥܣܪܝܢ ܫܢܝܢ ܘܠܥܠ..
ܟܠ ܐܝܠܝܢ ܕܢܦܩܝܢ ܒܚܝܠܐ܂ [41]ܡܢܝܢܘܬܐ ܕܝܠܗܘܢ ܡܢ ܫܒܛܐ ܕܐܫܝܪ. ܚܕ ܘܐܪܒܥܝܢ ܐܠܦܝܢ ܘܚܡܫܡܐܐ܀
ܠܗ̇ [42]ܠܒܢܘܗܝ ܕܢܦܬܠܝ ܐܝܟ ܐܬܘܠܕܬܐ ܕܫܪܒܬܗܘܢ. ܐܝܟ ܠܒܝܬ ܐܒܗܘܢ. ܐܝܟ ܡܢܝܢܐ
ܕܫܡܗܬܗܘܢ. ܐܝܟ ܩܪܩܦܬܐ ܕܟܠܗܘܢ ܕܟܪ̈ܝܗܘܢ. ܐܝܟ ܫܡܗܐ ܕܟܪ̈ܝܗܘܢ. ܡܢܗܘܢ ܕܗܘܐ ܡܢ ܒܪ
ܥܣܪܝܢ ܫܢܝܢ ܘܠܥܠ.. ܟܠ ܐܝܠܝܢ ܕܢܦܩܝܢ ܒܚܝܠܐ܂ [43]ܡܢܝܢܘܬܐ ܕܝܠܗܘܢ ܡܢ | ܫܒܛܐ ܕܢܦܬܠܝ. 2¹
ܬܠܬܐ ܘܚܡܫܝܢ ܐܠܦܝܢ ܘܐܪܒܥܡܐܐ܀
[44]ܗܠܝܢ ܗܘܝ *ܡܢܝܢܘܬܐ ܗܠܝܢ ܕܡܢܐ ܡܘܫܐ ܘܐܗܪܘܢ ܘܪܘܪ̈ܒܢܐ ܕܐܝܣܪܝܠ.. ܬܪܥܣܪ ܓܒܪܝܢ. ܓܒܪܐ
ܚܕ ܚܕ ܐܝܟ ܫܒܛܐ ܚܕܐ. ܐܝܟ ܫܒܛܐ ܠܒܝܬ ܐܒܗܘܢ ܕܫܒܛܗܘܢ ܐܝܬܝܗܘܢ ܗܘܘ܀ [45]ܘܗܘܘ *ܟܠܗܘܢ
ܡܢܝܢܘܬܐ ܕܒܢ̈ܝ ܐܝܣܪܝܠ ܠܒܝܬ ܐܒܗܘܢ ܡܢ ܒܪ ܥܣܪܝܢ ܫܢܝܢ ܘܠܥܠ.. ܟܠ ܐܝܠܝܢ ܕܢܦܩܝܢ
ܠܩܪܒܐ ܒܚܝܠܐ ܠܐܝܣܪܝܠ܂ [46]*ܘܗܘܘ ܡܢܝܢܗܘܢ ܟܠܗܘܢ ܫܬܡܐܐ ܘܬܠܬܐ ܐܠܦܝܢ ܘܚܡܫܡܐܐ
ܘܚܡܫܝܢ܂ [47]ܠܘܝ̈ܐ ܕܝܢ ܡܢ ܫܒܛܐ ܕܐܒܗܘܢ ܠܐ ܐܬܡܢܝܘ ܥܡܗܘܢ ܒܒܢ̈ܝ ܐܝܣܪܝܠ܀
[48]ܘܡܠܠ *ܡܪܝܐ ܥܡ ܡܘܫܐ ܘܐܡܪ [49]«ܒܪܡ. ܫܒܛܐ ܕܠܘܝ ܠܐ ܬܡܢܐ ܥܡܗܘܢ.
ܘܚܘܫܒܢܐ ܕܝܠܗܘܢ ܠܐ ܬܣܒ ܒܡܨܥܬ | ܒܢ̈ܝ ܐܝܣܪܝܠ܂ [50]ܘܐܢܬ ܐܦܩܕ ܠܠܘܝ̈ܐ ܥܠ ܡܫܟܢܐ 2²
ܕܣܗܕܘܬܐ. ܘܥܠ ܟܠܗܘܢ ܡܐܢ̈ܘܗܝ ܕܝܠܗ. ܘܥܠ ܟܠܡܕܡ ܕܐܝܬ ܠܗ: ܗܢܘܢ ܢܫܩܠܘܢܝܗܝ
ܠܡܫܟܢܐ ܘܠܟܠܗܘܢ ܡܐܢ̈ܘܗܝ. ܘܗܢܘܢ ܢܫܡܫܘܢܝܗܝ. ܘܚܕܪ̈ܘܗܝ ܕܡܫܟܢܐ ܢܫܪܘܢ܀ [51]ܘܡܐ
ܕܫܩܠܝܢ ܡܫܟܢܐ. ܢܦܪܩܘܢܝܗܝ ܠܘܝ̈ܐ. ܘܡܐ ܕܫܪܝܢ ܡܫܟܢܐ. ܢܩܝܡܘܢܝܗܝ *ܠܘܝ̈ܐ. ܘܐܢܫ
ܢܘܟܪܝܐ ܕܢܬܩܪܒ. ܢܡܘܬ. [52]ܘܢܫܪܘܢ ܒܢ̈ܝ ܐܝܣܪܝܠ. ܓܒܪܐ ܥܠ ܡܫܪܝܬܗ. ܘܓܒܪܐ
ܐܝܟ ܐܬܘܬܐ ܕܝܠܗ. ܥܡ ܚܝܠܐ ܕܝܠܗܘܢ. [53]ܠܘܝ̈ܐ ܕܝܢ ܢܫܪܘܢ ܠܡܫܟܢܐ ܚܕܪ̈ܘܗܝ ܕܡܫܟܢܐ
ܕܣܗܕܘܬܐ. ܘܠܐ ܢܗܘܐ *ܪܘܓܙܐ ܥܠ ܟܢܘܫܬܐ ܕܒܢ̈ܝ ܐܝܣܪܝܠ. ܘܢܛܪܘܢ ܠܘܝ̈ܐ ܗܢܘܢ ܠܡܛܪܬܐ
ܕܡܫܟܢܐ ܕܣܗܕܘܬܐ«܀ [54]ܘܥܒܕܘ ܒܢ̈ܝ ܐܝܣܪܝܠ ܐܝܟ ܟܠܡܕܡ ܕܦܩܕ ܡܪܝܐ ܠܡܘܫܐ
ܘܠܐܗܪܘܢ. ܗܟܢܐ ܥܒܕܘ܀

2 [1]ܘܡܠܠ *ܡܪܝܐ ܥܡ ܡܘܫܐ ܘܥܡ ܐܗܪܘܢ ܘܐܡܪ [2]«ܓܒܪ ܐܢܫ |
3¹ | ܡܫܪܝܬܐ ܕܬܝܡܢܐ: [16]ܟܠܗܘܢ ܗܠܝܢ ܕܐܬܡܢܝܘ ܠܡܫܪܝܬܐ ܕܪܐܘܒܝܠ. ܡܐܐ ܘܚܡܫܝܢ ܘܚܕ ܐܠܦܝܢ
ܘܐܪܒܥܡܐܐ ܘܚܡܫܝܢ ܥܡ ܚܝܠܐ ܕܝܠܗܘܢ: ܘܕܬܪ̈ܝܢܐ ܢܫܩܠܘܢ܀ [17]ܘܢܫܩܠܘܢ ܡܫܟܢܐ ܕܣܗܕܘܬܐ ܘܡܫܪܝܬܐ
ܕܠܘܝ̈ܐ ܒܡܨܥܬ ܡܫܪܝܬܐ: ܐܝܟܢܐ ܕܫܪܝܢ. ܗܟܢܐ ܐܦ ܢܫܩܠܘܢ. ܟܠ ܚܕ ܐܝܟ ܬܚܘܡܗ. ܐܝܟ ܐܬܘܬܐ
ܕܝܠܗܘܢ: [18]ܠܓܒܐ ܕܡܥܪܒܐ ܕܐܦܪܝܡ ܥܡ ܚܝܠܐ ܕܝܠܗܘܢ ܠܡܫܪܝܬܐ ܝܡܐ: ܘܪܫܐ ܕܒܢ̈ܝ ܐܦܪܝܡ
ܐܠܝܫܡܥ ܒܪܗ ܕܥܡܝܗܘܕ: [19]ܚܝܠܐ ܕܝܠܗ.. ܗܠܝܢ ܕܐܬܡܢܝܘ ܕܝܠܗ. ܐܪܒܥܝܢ ܐܠܦܝܢ ܘܚܡܫܡܐܐ܀
[20]ܘܗܘܘ ܩܪ̈ܝܒܝܢ ܥܠ ܓܒܗ. ܫܒܛܐ ܕܡܢܫܐ. ܘܪܫܐ ܕܒܢ̈ܝ ܡܢܫܐ ܓܡܠܝܐܝܠ ܒܪܗ
ܕܦܕܗܨܘܪ: [21]ܚܝܠܐ ܕܝܠܗ.. ܗܠܝܢ ܕܐܬܡܢܝܘ ܕܝܠܗܘܢ. ܬܠܬܝܢ ܘܬܪܝܢ ܐܠܦܝܢ ܘܡܐܬܝܢ܀ [22]ܘܗܘܘ
ܩܪ̈ܝܒܝܢ ܥܠ ܓܒܗ. ܫܒܛܐ ܕܒܢܝܡܝܢ. | ܘܪܫܐ ܕܒܢ̈ܝ ܒܢܝܡܝܢ ܐܒܝܕܢ ܒܪܗ ܕܓܕܥܘܢܝ܀ 3²
[23]ܚܝܠܐ ܕܝܠܗ.. ܗܠܝܢ ܕܐܬܡܢܝܘ ܕܝܠܗܘܢ. ܬܠܬܝܢ ܘܚܡܫܐ ܐܠܦܝܢ ܘܐܪܒܥܡܐܐ. [24]ܟܠܗܘܢ ܗܠܝܢ
ܕܐܬܡܢܝܘ ܠܡܫܪܝܬܐ ܕܐܦܪܝܡ. ܡܐܐ ܐܠܦܝܢ ܘܬܡܢܝܐ ܐܠܦܝܢ ܘܡܐܐ. ܥܡ ܚܝܠܐ ܕܝܠܗܘܢ: ܘܬܠܝܬܝܐ
ܢܫܩܠܘܢ܀ [25]ܠܓܒܐ ܕܓܪܒܝܐ ܕܝܠܗ ܕܕܢ. ܥܡ ܚܝܠܐ ܕܝܠܗܘܢ. ܘܪܫܐ ܕܒܢ̈ܝ ܕܢ ܐܚܝܥܙܪ
ܒܪܗ ܕܥܡܝܫܕܝ: [26]ܚܝܠܐ ܕܝܠܗ.. ܗܠܝܢ ܕܐܬܡܢܝܘ ܕܝܠܗܘܢ. ܫܬܝܢ ܘܬܪܝܢ ܐܠܦܝܢ ܘܫܒܥܡܐܐ܀
[27]ܘܗܘܘ ܩܪ̈ܝܒܝܢ ܥܠ ܓܒܗ. ܫܒܛܐ ܕܐܫܝܪ. ܘܪܫܐ ܕܒܢ̈ܝ ܐܫܝܪ ܦܓܥܐܝܠ ܒܪܗ ܕܥܟܪܢ܀
[28]ܚܝܠܐ ܕܝܠܗ.. ܗܠܝܢ ܕܐܬܡܢܝܘ ܕܝܠܗܘܢ. ܚܕ ܘܐܪܒܥܝܢ ܐܠܦܝܢ ܘܚܡܫܡܐܐ܀ [29]ܘܗܘܘ ܩܪ̈ܝܒܝܢ | ܩܗ ܀

41 ܘܐܡܪ ego, ܕܢܦܬܠܝ B
44 ܡܢܝܢܘܬܐ ܕܟܠܗ ܥܡܐ ܐܝܟ ܕܡܢܐ
45 ܘܗܘܘ ܟܠ ܡܢܝܢܘܬܐ ܕܒܢ̈ܝ ܐܝܣܪܝܠ
53 ܡܢ ܢܘܗܪܐ ܀ ܠ ܣܗܕܘܬܐ
20 ܕܦܕܗܨܘܪ
22 B ܒ post ܥܠ habet
22 ܓܒܗ
23 ܐܒܝܕܢ B
27 29 B his locis (et 1_{51} in ܢܘܟܪܝܐ) super ܩ vocis ܩܪ̈ܝܒܝܢ punctum ponit
27 28 numerus stichorum versui a ܘܪܫܐ ܕܒܢ̈ܝ ܐܫܝܪ incipienti adscriptus

[illegible] [30] [illegible]

[illegible] [31] [illegible] 4[1]

[illegible]

[illegible] [32] [illegible]

[illegible] [33] [illegible]

[illegible] [34] [illegible]

[illegible]

[illegible]

[1] [illegible] 3

[2] [illegible] [3] [illegible] 4[2]

[illegible] [4] [illegible]

[illegible]

[illegible] [5] [illegible]

[illegible] [6] [illegible] [7] [illegible]

[illegible]

[illegible] [8] [illegible]

[illegible] [9] [illegible]

[illegible] [23] [illegible] 5[1]

[illegible] [24] [illegible]

[illegible] [25] [illegible]

[illegible] [26] [illegible]

[illegible] [27] [illegible]

[illegible]

[illegible] [28] [illegible]

[illegible] [29] [illegible] 5[2]

[illegible] [30] [illegible]

[illegible] [31] [illegible]

[illegible] [32] [illegible]

[illegible] [33] [illegible]

[illegible] [34] [illegible]

[illegible] [35] [illegible]

[illegible] [36] [illegible] 6[1]

[illegible]

[illegible] [37] [illegible]

[illegible] [38] [illegible]

34 [illegible] B

2 ultima nominum [illegible] et [illegible] littera in B punctum habet et infernum et supernum

4 [illegible] B

9 [illegible] B

24 [illegible] B, sed [illegible] puncto caret

26 [illegible] B

27 [illegible] habet [illegible] puncto suo carentem in B

28 [illegible] B

32 ineunte [illegible] B

33 stichorum numerus versui ab [illegible] incipiente adscriptus. [illegible] B

35 punctum nominis [illegible] deletum in B

36 [illegible]

36 [illegible] B

36 loco ad quem referenda sint, non indicato [illegible], ubi [illegible] puncto in B caret

38 B^m quatuor versus [illegible], quae ad

[illegible] [39] [illegible]
[illegible] [40] [illegible]
6² [illegible]
[illegible] [41] [illegible]
[illegible] [42] [illegible]
[illegible] [43] [illegible]
[illegible]
[illegible] [44] [illegible] [45] [illegible]
[illegible]
[illegible] [46] [illegible]
[illegible] [47] [illegible]

7

7¹ [illegible] [20] [illegible] [21] [illegible]
[illegible] [22] [illegible]
[23] [illegible]
[illegible]
[24] [illegible] [25] [illegible]
[illegible]
[illegible] [26] [illegible]
[illegible] [27] [illegible]
7² [28] [illegible] [29] [illegible]
[illegible]
[30] [illegible] [31] [illegible]
[illegible]
[illegible] [32] [illegible]
[illegible] [33] [illegible]
[34] [illegible] [35] [illegible]
[illegible]
[36] [illegible]

10 8¹

[illegible]
[illegible] [7] [illegible] [8] [illegible]
[illegible] [9] [illegible]
[illegible]

[illegible] 39 adscribuntur, sed a Fieldio huc relati sunt
38 [illegible] B
42 [illegible]
47 [illegible]
19 folium codicis 7 mutilum: in dextera parte 7¹, in sinistra 7² inter uncos supplevi quae suppleri posse videbantur
24 ubi [illegible] posui, B mihi (ante lacunam) [illegible] praebere videbatur punctis supernis duobus insignitam
25 [illegible]
28 [illegible] transscripsi
29 [illegible]
30 ultima nominis [illegible] littera punctum et supernum et infernum habet
35 ut 30: vide 10 18
6 folii 8 pars superior (versuum ni fallor decem) periit
6ᵐ [illegible] B
6 [illegible] vocis [illegible] in B punctum habet supernum

ܘܬܬܕܟܪܘܢ ܩܕܡ ܡܪܝܐ *ܐܠܗܐ ܕܝܠܟܘܢ. ܘܬܬܦܪܩܘܢ ܡܢ ܒܥܠܕܒܒܝܟܘܢ. [10] ܘܒܝܘܡܬܐ ܕܚܕܘܬܐ |

8²

ܕܝܠܟܘܢ [ܘܒܥܐܕܝܟܘܢ] [ܘܒܪܝܫ ܝܪܚܝܟܘܢ] ܬܬܩܥܘܢ ܒܩܪܢܬܐ ܥܠ [ܝܩ̈ܪܐ ܕܝܠܟܘܢ] ܘܥܠ [ܕܒܚ̈ܐ] ܕܫܠܡܐ ܕܝܠܟܘܢ. ܘܢܗܘܝܢ ܠܟܘܢ ܠܥܘܗܕܢܐ ܩܕܡ ܐܠܗܐ ܕܝܠܟܘܢ. ܐܢܐ [ܐܢܐ] ܡܪܝܐ ܐܠܗܟܘܢ: [14] ܘܗܘܐ ܒܫܢܬܐ ܕܬܪܬܝܢ ܒܝܪܚܐ ܕܬܪܝܢ ܒܥܣܪܝܢ ܒܝܪܚܐ ܐܣܬܠܩ ܥܢܢܐ ܡܢ ܡܫܟܢܐ ܕܣܗܕܘܬܐ: [15] ܘܫܩܠܘ ܒܢܝ̈ ܐܝܣܪܐܝܠ ܒܡܫܩܠܝܗܘܢ ܡܢ ܡܕܒܪܐ ܕܣܝܢܝ. ܘܫܪܐ ܥܢܢܐ ܒܡܕܒܪܐ ܕܦܐܪܢ: [16] ܘܫܩܠܘ ܩܕܡܝܐ ܒܝܕ ܡܠܬܗ ܕܡܪܝܐ ܒܐܝܕܐ ܕܡܘܫܐ: [17] ܘܫܩܠ ܛܟܣܐ ܕܡܫܪܝܬܐ ܕܒܢܝ̈ ܝܗܘܕܐ ܠܘܩܕܡܝܢ ܥܡ ܚܝܠܗܘܢ. ܘܥܠ ܚܝܠܗܘܢ ܢܚܫܘܢ ܒܪܗ ܕܥܡܝܢܕܒ:

9¹

ܒܪܗ | ܕܨܘܥܪ: [18] ܘܥܠ ܚܝܠܐ ܕܫܒܛܐ ܕܒܢܝ̈ ܙܒܘܠܘܢ ܐܠܝܐܒ ܒܪܗ ܕܚܝܠܘܢ. [19] ܘܐܬܦܪܩ ܡܫܟܢܐ. ܘܫܩܠܘ ܒܢܝ̈ ܓܪܫܘܢ ܘܒܢܝ̈ ܡܪܪܝ ܛܥܢܝ ܡܫܟܢܐ: [20] ܘܫܩܠ ܛܟܣܐ ܕܡܫܪܝܬܐ ܕܪܐܘܒܝܢ ܥܡ ܚܝܠܗܘܢ. ܘܥܠ ܚܝܠܗܘܢ ܐܠܝܨܘܪ ܒܪܗ ܕܫܕܝܐܘܪ: [21] ܘܥܠ ܚܝܠܐ ܕܫܒܛܐ ܕܒܢܝ̈ ܫܡܥܘܢ ܫܠܡܝܐܝܠ ܒܪܗ ܕܨܘܪܝܫܕܝ: [22] ܘܥܠ ܚܝܠܐ ܕܫܒܛܐ ܕܒܢܝ̈ ܓܕ ܐܠܝܣܦ ܒܪܗ ܕܪܥܘܐܝܠ: [23] ܘܫܩܠܘ ܩܗܬ̈ܝܐ ܕܫܩܝܠܝܢ ܩܘܕܫܐ *ܒܡܫܪܝܬܐ. ܘܢܩܝܡܘܢ ܡܫܟܢܐ ܥܕܡܐ ܕܐܬܝܢ ܗܢܘܢ: [24] ܘܫܩܠ ܛܟܣܐ ܕܡܫܪܝܬܐ ܕܒܢܝ̈ ܐܦܪܝܡ ܥܡ ܚܝܠܗܘܢ. ܘܥܠ ܚܝܠܗܘܢ ܐܠܝܫܡܥ ܒܪܗ ܕܥܡܝܗܘܕ: [25] ܘܥܠ ܚܝܠܐ ܕܫܒܛܐ ܕܒܢܝ̈ ܡܢܫܐ ܓܡܠܝܐܝܠ ܒܪܗ ܕܦܕܗܨܘܪ: [26] ܘܥܠ ܚܝܠܐ ܕܫܒܛܐ ܕܒܢܝ̈ ܒܢܝܡܝܢ ܐܒܝܕܢ ܒܪܗ ܕܓܕܥܘܢܝ: [27] ܘܫܩܠ

9³

ܛܟܣܐ ܕܡܫܪܝܬܐ ܕܒܢܝ̈ ܕܢ ܕܗܘܐ | ܚܪܬܐ ܠܟܠܗܘܢ ܡܫܪܝܬܐ ܥܡ ܚܝܠܗܘܢ. ܘܥܠ ܚܝܠܗܘܢ ܐܚܝܥܙܪ ܒܪܗ ܕܥܡܝܫܕܝ: [26] ܘܥܠ ܚܝܠܐ ܕܫܒܛܐ ܕܒܢܝ̈ ܐܫܝܪ ܦܓܥܐܝܠ ܒܪܗ ܕܥܟܪܢ: [27] ܘܥܠ ܚܝܠܐ ܕܫܒܛܐ ܕܒܢܝ̈ ܢܦܬܠܝ ܐܚܝܪܥ ܒܪܗ ܕܥܝܢܢ: [28] ܗܠܝܢ ܡܫܩܠܢܘܬܐ ܕܒܢܝ̈ ܐܝܣܪܐܝܠ ܥܡ ܚܝܠܗܘܢ: ܘܫܩܠܘ: [29] ܘܐܡܪ ܡܘܫܐ ܠܚܘܒܒ ܒܪܗ ܕܪܥܘܐܝܠ ܗܘ ܡܕܝܢܝܐ *ܚܡܘܗܝ ܕܡܘܫܐ «ܫܩܠܝܢ ܚܢܢ ܠܐܬܪܐ ܗܘ ܕܐܡܪ ܡܪܝܐ «ܠܗ ܐܬܠ ܠܟܘܢ». ܬܐ ܥܡܢ. ܘܢܛܐܒ ܠܟ ܡܛܠ ܕܡܪܝܐ ܡܠܠ ܛܒܬܐ ܥܠ ܐܝܣܪܐܝܠ»: [30] ܘܐܡܪ ܠܗ «ܠܐ ܐܙܠ ܐܢܐ. ܐܠܐ ܠܐܪܥܐ ܕܝܠܝ ܘܠܫܪܒܬܐ ܕܝܠܝ *ܐܙܠ ܐܢܐ»: [31] ܘܐܡܪ «ܠܐ ܬܫܒܘܩ ܠܢ. ܡܛܠ ܗܝ ܕܐܢܬ ܗܘܝܬ ܥܡܢ ܒܡܕܒܪܐ. ܘܬܗܘܐ ܒܢ ܩܫܝܫܐ: [32] ܘܢܗܘܐ ܐܢ ܬܐܙܠ ܥܡܢ. ܘܢܗܘܐ ܛܒܐ ܗܘ ܕܢܛܐܒ ܡܪܝܐ ܥܡܢ. ܐܦ ܠܟ ܢܛܐܒ»: [33] ܘܫܩܠܘ ܡܢ ܛܘܪܗ ܕܡܪܝܐ

10¹

ܐܘܪܚܐ ܕܬܠܬܐ ܝܘܡܝܢ. ܘܩܒܘܬܐ ܕܕܝܬܩܐ *ܕܡܪܝܐ ܫܩܝܠܐ ܗܘܬ ܩܕܡܝܗܘܢ ܐܘܪܚܐ ܕܬܠܬܐ ܝܘܡܝܢ. ܠܡܚܙܐ ܠܗܘܢ ܢܝܚܬܐ: [34] ܘܥܢܢܗ ܕܡܪܝܐ ܗܘܐ ܡܛܠܠ ܥܠܝܗܘܢ ܒܐܝܡܡܐ ܟܕ ܫܩܠܝܢ ܗܘܘ ܡܢ ܡܫܪܝܬܐ: [35] ܘܗܘܐ ܟܕ ܫܩܠܐ ܩܒܘܬܐ. ܐܡܪ ܡܘܫܐ «ܐܬܩܝܡ .. ܡܪܝܐ .. ܢܬܒܕܪܘܢ ܒܥܠܕܒܒܝܟ. ܘܢܥܪܩܘܢ ܟܠܗܘܢ ܣܢܐܝܟ *ܡܢ ܩܕܡ ܦܪܨܘܦܟ»: [36] ܘܟܕ ܡܬܬܢܝܚܐ. ܐܡܪ «ܗܦܘܟ .. ܡܪܝܐ .. ܪ̈ܒܘܬܐ ܕܐܠܦܐ ܒܐܝܣܪܐܝܠ»:

11 [1] ܘܐܬܪܥܡ ܗܘܐ ܥܡܐ *ܐܝܟ ܡܪܝܪܐ ܗܘܐ ܒܝܫܬܐ ܩܕܡ ܡܪܝܐ. ܘܫܡܥ *ܡܪܝܐ. ܘܐܬܚܡܬ

ܪܘܓܙܐ *ܕܝܠܗ. ܘܝܩܕܬ ܒܗܘܢ ܢܘܪܐ ܡܢ ܡܪܝܐ. ܘܐܟܠܬ ܡܢܬܐ ܕܡܫܪܝܬܐ: [2] ܘܩܥܐ ܥܡܐ ܠܘܬ ܡܘܫܐ. ܘܨܠܝ ܡܘܫܐ ܠܘܬ ܡܪܝܐ. ܘܫܬܩܬ ܢܘܪܐ: [3] ܘܐܬܩܪܝ ܫܡܗ ܕܐܬܪܐ ܗܘ ܝܩܕܬܐ. ܡܛܠ

10²

ܕܝܩܕܬ ܒܗܘܢ ܢܘܪܐ ܡܢ ܡܪܝܐ: [4] ܘܡܚܠܛܐ ܗܘ ܕܒܗܘܢ. | ܪܓܘ ܪܓܬܐ. ܘܟܕ ܝܬܒܘ. ܒܟܝܢ ܗܘܘ *ܐܦ ܒܢܝ̈ ܐܝܣܪܐܝܠ ܘܐܡܪܘ «ܡܢܘ ܢܘܟܠܢ ܒܣܪܐ: [5] ܐܬܕܟܪܢ ܠܢܘܢܐ ܗܘ ܕܐܟܠܝܢ ܗܘܝܢ ܒܡܨܪܝܢ ܡܓܢ. ܘܠܩܬܘ̈ܐ ܘܠܐܒܛܝܚ̈ܐ ܘܠܟܪ̈ܬܐ ܘܠܒܨܠ̈ܐ ܘܠܬܘܡ̈ܐ: [6] ܘܗܫܐ ܢܦܫܢ ܝܒܝܫܐ.

13 ܘܥܠ ܚܝܠܐ ܕܒܢܝ̈ contra B addidi

15 in margine folii 8² inferiori versus novem signo ÷ notati: ÷ܘܥܠ ܚܝܠܐ ܕܫܒܛܐ ܕܒܢܝ̈ ܓܕ ܐܠܝܣܦ ܒܪܗ ܕܪܥܘܐܝܠ. ܘܫܩܠܘ ܩܗܬ̈ܝܐ ܕܫܩܝܠܝܢ ܩܘܕܫܐ. ܘܢܩܝܡܘܢ ܡܫܟܢܐ ܥܕܡܐ ܕܐܬܝܢ. ܘܫܩܠ ܛܟܣܐ ܕܡܫܪܝܬܐ ܕܒܢܝ̈ ܐܦܪܝܡ ܥܡ ܚܝܠܗܘܢ. ܘܥܠ ܚܝܠܗܘܢ ܐܠܝܫܡܥ ܒܪܗ ܕܥܡܝܗܘܕ. ܘܥܠ ܚܝܠܐ ܕܫܒܛܐ ܕܒܢܝ̈ ܡܢܫܐ ܓܡܠܝܐܝܠ ܒܪܗ ܕܦܕܗܨܘܪ. ܘܥܠ ܚܝܠܐ ܕܫܒܛܐ ܕܒܢܝ̈ ܒܢܝܡܝܢ ܐܒܝܕܢ ܒܪܗ ܕܓܕܥܘܢܝ. ܘܫܩܠ ܛܟܣܐ ܕܡܫܪܝܬܐ ܕܒܢܝ̈ ܕܢ ܕܗܘܐ ܚܪܬܐ ܠܟܠܗܘܢ ܡܫܪܝܬܐ. ܘܥܠ ܚܝܠܗܘܢ ܐܚܝܥܙܪ ܒܪܗ ܕܥܡܝܫܕܝ ÷ ܘܥܠ ܚܝܠܐ ܕܫܒܛܐ ܕܒܢܝ̈ ܐܫܝܪ ܦܓܥܐܝܠ ܒܪܗ ܕܥܟܪܢ. ܘܥܠ ܚܝܠܐ ܕܒܢܝ̈ ܢܦܬܠܝ ܐܚܝܪܥ ܒܪܗ ܕܥܝܢܢ 7⁴

15 littera nominis ܨܘܪܝܫܕܝ ultima punctum habet et infernum et supernum

18 ut 7_{30} 7_{35}

21 ܩܗܬ̈ܝܐ ܕܫܩܝܠܝܢ ܩܘܕܫܐ, nisi quod ܩܘܕܫܐ in B puncto caret

22 ultima nominis ܕܦܕܗܨܘܪ littera punctum in B habet et supernum et infernum

23 ܕܓܕܥܘܢܝ B

29 ܚܡܘܗܝ ܕܡܘܫܐ ܚܬܢܗ ܕܡܘܫܐ

29 ܫܩܠܝܢ ܚܢܢ transscripsi

35 ܡܪܝܐ indice caret, ܩܕܡ B^m

1 indicem a B ad ܥܡܐ adpositum ad ܡܪܝܐ sequens transtuli

2 ܥܡܐ prius ex ܡܘܫܐ effictum in B

4 ܐ ܐ ܐܦ ܒܢܝ̈

ܡܢ ܘܠܐ ܡܕܡ ܐܠܐ ܐܢ ܠܡܢܢܐ ܚܙܝܢ ܥܝܢܝܢ: [7] ܗܘ ܕܝܢ ܡܢܢܐ ܐܝܟ ܙܪܥܐ ܕܓܘܕܪܐ ܐܝܬܘܗܝ. ܘܚܙܘܗ
ܕܝܠܗ ※ ܐܝܟ ܚܙܘܐ ܕܒܕܘܠܚܐ: [8] ܘܪܗܛ ܗܘܐ ܥܡܐ ܘܡܠܩܛܝܢ ܗܘܘ. ܘܛܚܢܝܢ ܗܘܘ ܒܗ ܒܪܚܝܐ.
ܘܫܚܩܝܢ ܗܘܘ ܠܗ ܒܡܕܘܟܬܐ. ܘܡܒܫܠܝܢ ܗܘܘ ܒܗ ܒܩܕܪܐ. ܘܥܒܕܝܢ ܗܘܘ ܠܗ ܓܪܝܨܬܐ: *ܘܐܝܬܘܗܝ
ܗܘܐ ܛܥܡܗ ܕܝܠܗ ܐܝܟ ܛܥܡܐ ‡ܕܐܣܦܘܓܐ ܕܡܢ ܡܫܚܐ: [9] ܘܡܐ ܕܢܚܬ ܗܘܐ ܛܠܐ ܥܠ ܡܫܪܝܬܐ
ܒܠܠܝܐ ܐ ܡ ܒܠܠܝܐ. ܢܚܬ ܗܘܐ ܡܢܢܐ ܥܠܘܗܝ: ‖ [10] ܘܫܡܥ ܐܦ ܡܘܫܐ ܕܒܟܝܢ ܗܘܘ ܐܝܟ ܫܪܒܬܗܘܢ
ܘܒܢܝܗܘܢ. ܟܠ ܚܕ ܥܠ ܬܪܥܐ *ܕܡܫܟܢܗ ܘܟܠܗ: ܘܐܬܚܡܬ ܪܘܓܙܐ ܕܡܪܝܐ ܛܒ. ܐܦ ܒܥܝܢ
11^1 | ܡܘܫܐ ܐܬܒܐܫ ܗܘܐ ܕܝܢܐ: [11] ܘܐܡܪ ܡܘܫܐ ܠܘܬ ܡܪܝܐ «ܡܛܠ ܡܢܐ ܐܒܐܫܬ ܠܥܒܕܟ ܘܡܢ·.
ܘܡܛܠ ܡܢܐ ܠܐ ܐܫܟܚܬ ܪܚܡܐ ܩܕܡܝܟ. ܠܡܣܡ ܡܘܒܠܐ *ܕܥܡܐ ܗܢܐ ܥܠܝ·. [12] ܠܡܐ
ܐܢܐ ܒܛܢܬ ܠܟܠܗ ܥܡܐ ܗܢܐ·. ܐܘ ܐܢܐ ܝܠܕܬܗ·. ܕܐܡܪܬ ܠܝ «ܛܥܘܢܝܗܝ ܒܥܘܒܟ
ܐܝܟ ܕܛܥܝܢ ܡܪܒܝܢܐ ܠܝܠܘܕܐ. ܠܐܪܥܐ ܕܝܡܝܬ ܠܐܒܗܝܗܘܢ: [13] ܡܢ ܐܝܟܐ ܠܝ
ܒܣܪܐ ܠܡܬܠ ܠܟܠܗ ܥܡܐ ܗܢܐ. ܕܒܟܝܢ ܥܠܝ ܘܐܡܪܝܢ «ܗܒ ܠܢ ܒܣܪܐ. ܘܢܐܟܘܠ ܘܢܣܒܥ» ܀
[14] ܠܐ ܡܫܟܚ ܐܢܐ ܐܢܐ ܒܠܚܘܕܝ ܠܡܫܩܠ ܠ*ܟܠܗ ܥܡܐ ܗܢܐ. ܡܛܠ ܕܝܩܝܪ ܗܘ ܡܢܝ ܠܝ ܡܫܩܠܗ
ܗܢܐ: [15] ܘܐܢ ܗܟܢܐ ܐܢܬ ܥܒܕ ܠܝ. ܩܛܘܠܝܢܝ ܩܛܠܐ. ܐܢ ܐܫܟܚܬ ܪܚܡܐ ܩܕܡܝܟ: ܘܠܐ
ܐܚܙܐ ܒܝܫܬܝ» ܀ [16] ܘܐܡܪ ܡܪܝܐ ܠܘܬ ܡܘܫܐ «ܟܢܘܫ ܠܝ ܫܒܥܝܢ ܓܒܪܐ ܡܢ ܣܒܐ
11^2 ܕܐܝܣܪܝܠ.. ܗܢܘܢ ܕܝܕܥ | ܐܢܬ ܕܐܝܬܝܗܘܢ ܣܒܐ ܕܥܡܐ ܘܣܦܪܘܗܝ. ܘܕܒܪ ܐܢܘܢ ܠܡܫܟܢ ܙܒܢܐ ܘܢܩܘܡܘܢ ܬܡܢ ܥܡܟ:
ܘܒܢܝܗܘܢ. ܘܐܚܬ ܐܢܐ ܒܥܡܢܐ ܕܡܬܢܝܚܐ. ܘܐܡܠܠ ܥܡܟ ܬܡܢ: [17] ܘܐܦܪܫ ܡܢ ܪܘܚܐ ܕܥܠܝܟ ܘܐܣܝܡ ܥܠܝܗܘܢ. ܘܢܫܩܠܘܢ ܥܡܟ ܒܡܘܒܠܗ ܕܥܡܐ. ܘܠܐ ܬܫܩܘܠ ܐܢܬ
ܒܠܚܘܕܝܟ: [18] ܘܠܥܡܐ ܬܐܡܪ «ܐܬܩܕܫܘ ܠܡܚܪ. ܘܬܐܟܠܘܢ ܒܣܪܐ. ܡܛܠ ܕܒܟܝܬܘܢ ܩܕܡ ܡܪܝܐ
ܘܐܡܪܬܘܢ «ܡܢܘ ܢܘܟܠܢ ܒܣܪܐ·. ܡܛܠ ܕܛܒ ܗܘܐ ܠܢ ܒܡܨܪܝܢ». ܘܢܬܠ ܡܪܝܐ ܠܟܘܢ
ܒܣܪܐ ܠܡܐܟܠ ܘܬܐܟܠܘܢ: [19] ܠܐ ܝܘܡܐ ܚܕ ܬܐܟܠܘܢ. ܘܠܐ ܬܪܝܢ *ܝܘܡܝܢ. ܘܠܐ ܚܡܫܐ
ܝܘܡܝܢ. ܘܠܐ ܥܣܪܐ ܝܘܡܝܢ. ܘܠܐ ܥܣܪܝܢ ܝܘܡܝܢ: [20] ܥܕܡܐ ܠܝܪܚܐ ܕܝܘܡܬܐ ܬܐܟܠܘܢ.. ܥܕܡܐ
ܕܢܦܘܩ ܡܢ ܢܚܝܪܝܟܘܢ. ܘܢܗܘܐ ܠܟܘܢ *ܠܣܢܝܐܘܬܐ. ܡܛܠ ܕܒܣܠܬܘܢ ܠܡܪܝܐ ܗܘ ܕܐܝܬܘܗܝ ܒܝܢܬܟܘܢ.
ܘܒܟܝܬܘܢ ܩܕܡܘܗܝ ܘܐܡܪܬܘܢ «ܠܡܢܐ ܢܦܩܢ ܡܢ ܡܨܪܝܢ·.» ܀ [21] ܘܐܡܪ ܡܘܫܐ
12^1 «ܫܬܡܐܐ | ܐܠܦܝܢ ܓܒܪܝܢ ܥܡܐ.. ܗܢܘܢ ܕܐܢܐ ܒܝܢܬܗܘܢ. ܘܐܢܬ ܐܡܪܬ ܕܒܣܪܐ ܐܬܠ ܠܗܘܢ. ܘܢܐܟܠܘܢ
ܝܪܚܐ ܕܝܘܡܬܐ»: [22] ܠܡܐ ܥܢܐ ܘܬܘܪܐ ܢܬܢܟܣܘܢ ܠܗܘܢ. ܘܢܣܦܩܘܢ ܠܗܘܢ·. ܐܘ ܟܠܗܘܢ ܢܘܢܐ
ܕܝܡܐ ܢܬܟܢܫܘܢ ܠܗܘܢ. ܘܢܣܦܩܘܢ ܠܗܘܢ·.» ܀ [23] ܘܐܡܪ ܡܪܝܐ ܠܘܬ ܡܘܫܐ «ܠܡܐ ܐܝܕܗ ܕܡܪܝܐ ܠܐ
ܡܣܦܩܐ·. ܗܫܐ ܬܚܙܐ ܐܢ ܡܓܕܐ ܠܟ ܡܠܬܝ ܘܐܢ ܠܐ» ܀ [24] ܘܢܦܩ ܡܘܫܐ. ܘܡܠܠ ܥܡ ܥܡܐ
ܡܠܘܗܝ ܕܡܪܝܐ. ܘܟܢܫ ܫܒܥܝܢ ܓܒܪܐ ܡܢ ܣܒܐ ܕܥܡܐ. ܘܐܩܝܡ ܐܢܘܢ ܚܕܪܘܗܝ ܕܡܫܟܢܐ ܀
[25] ܘܢܚܬ ܡܪܝܐ ܒܥܢܢܐ. ܘܡܠܠ ܥܡܗ. ܘܐܪܝܡ ܡܢ ܪܘܚܐ ܗܘ ܕܥܠܘܗܝ. ܘܣܡ ܥܠ ܫܒܥܝܢ ܓܒܪܐ
ܗܢܘܢ ܣܒܐ: ܘܟܕ ܐܬܢܝܚ ܥܠܝܗܘܢ ܪܘܚܐ. ܐܦ ܐܬܢܒܝܘ. ܘܠܐ ܐܘܣܦܘ ܀ [26] ܘܐܫܬܒܩܘ
ܬܪܝܢ ܓܒܪܐ ܒܡܫܪܝܬܐ. ܫܡܗ ܕܚܕ ܐܠܕܕ. ܘܫܡܗ ܕܗܘ ܐܚܪܢܐ ܡܝܕܕ: ܘܐܬܢܝܚ ܥܠܝܗܘܢ ܪܘܚܐ.
12^2 ܘܗܢܘܢ ܐܝܬܝܗܘܢ ܗܘܘ ܡܢ ܗܢܘܢ ܕܐܬܟܬܒܘ ܗܘܘ. ܘܠܐ ܢܦܩܘ | ܠܡܫܟܢܐ. ܘܐܬܢܒܝܘ ܒܡܫܪܝܬܐ ܀
[27] ܘܪܗܛ ܛܠܝܐ ܚܕ. ܘܚܘܝ ܠܡܘܫܐ ܘܐܡܪ ܠܗ ܕܐܠܕܕ ܘܡܝܕܕ ܡܬܢܒܝܢ ܒܡܫܪܝܬܐ» ܀
[28] ܘܥܢܐ ܝܫܘܥ ܗܘ ܒܪ ܢܘܢ.. ܗܘ ܕܩܐܡ ܗܘܐ ܩܕܡ ܡܘܫܐ.. ܗܘ ܓܒܪܐ ܕܓܒܐ.. ܘܐܡܪ «ܡܪܝ ܡܘܫܐ
ܡܘܫܐ.. ܟܠܝ ܐܢܘܢ» ܀ [29] ܘܐܡܪ ܠܗ ܡܘܫܐ «ܠܡܐ ܛܢܢ ܐܢܬ ܠܝ·. ܘܡܢܘ ܢܬܠ ܕܟܠܗ ܥܡܗ
ܕܡܪܝܐ ܢܒܝܐ. ܘܢܬܠ ܡܪܝܐ ܪܘܚܗ ܥܠܝܗܘܢ» ܀ ܀
[30] ܘܐܙܠ ܡܘܫܐ ܠܡܫܪܝܬܐ.. ܗܘ ܘܣܒܐ ܕܐܝܣܪܝܠ: [31] ܘܪܘܚܐ ܢܦܩܬ ܡܢ ܡܪܝܐ ܘܐܥܒܪܬ
ܣܠܘܝ ܡܢ ܝܡܐ. ܘܐܪܡܝܬ ܥܠ ܡܫܪܝܬܐ. ܐܝܟ ܡܪܕܐ ܕܝܘܡܐ ܗܪܟܐ. ܘܐܝܟ ܡܪܕܐ ܕܝܘܡܐ ܗܪܟܐ. ܚܕܪܝܗ

8 ܐܝܬܘܗܝ ܗܘܐ ܛܥܡܗ ܐܝܟ ܛܥܡܐ | ܐܝܟ ܛܥܡܐ ܕܐܣܦܘܓܐ ܕܡܢ ܡܫܚܐ ܗܘܐ : ܗܘ ܛܥܡܗ ܕܡܢܢܐ ܐܝܟ ܛܥܡܐ ܕܐܣܦܘܓܐ ܕܡܢ ܡܫܚܐ ܀ 8 indice non addito ܕܐܣܦܘܓܐ ܕܡܢ ܡܫܚܐ | ܐܬܪܗܛ ܚܕ ܡܢ ܗܢܘܢ. ܕܡܢܗ ܡܢܝܢܐ. ܕܟܠܗ ܘܐܦ ܗܘ ܕܡܢ ܫܡܝܐ ܕܡܫܬܟܚܐ
10 ܢ addidi
11 ܕܟܠܗ ※ B
14 ܟܠܗ ※ B
16 ܗܢܘ
18 ܠܡܚܪ > B: vide 20
20 ܠܣܢܝܐܘܬܐ | ܡܢ

ܕܡܪܕܝܬܐ܂ ܐܝܟ ܕܬܪܬܝܢ ܐܡ̈ܝܢ ܡܢ ܐܪܥܐ ܀ 32 ܘܩܡ ܥܡܐ ܟܠܗ ܝܘܡܐ *ܗܘ܆ ܘܟܠܗ ܠܠܝܐ
ܘܟܠܗ ܝܘܡܐ ܕܒܬܪܗ܆ ܘܟܢܫܘ ܣܠܘܝ̈ܐ܆ ܗܘ ܕܒܨܝܪ ܟܢܫ܂ ܟܘܪ̈ܐ ܥܣܪܐ܆ ܘܫܛܚܘ ܠܗܘܢ
ܫܛܝܚܐ ܚܕܪ̈ܝܗ ܕܡܫܪܝܬܐ ܀ 33 ܒܣܪܐ ܥܕܟܝܠ ܐܝܬܘܗܝ ܗܘܐ ܒܝܬ ܫܢ̈ܐ ܕܝܠܗܘܢ ܥܕܡ ܕܢܦܣܩ܂
ܘܐܬܚܡܬ ܡܪܝܐ *ܒܪܘܓܙܐ܆ ܥܠ ܥܡܐ܂ ܘܡܚܝܗܝ ܡܪܝܐ ܡܚܘܬܐ | ܠܥܡܐ܂ ܡܚܘܬܐ ܪܒܬܐ ܛܒ ܀ 13^1
34 ܘܐܬܩܪܝ ܫܡܗ ܕܕܘܟܬܐ ܗܝ ܩܒܪ̈ܐ ܕܪܓܬܐ܂ ܡܛܠ ܕܬܡܢ ܩܒܪܘ ܠܥܡܐ ܪܓܝܓܐ ܀ 35 ܡܢ ܩܒܪ̈ܐ
ܕܪܓܬܐ ܐܫܩܠܘ ܥܡܐ ܠܚܨܪܘܬ ܀

12 1 ܘܡܠܠܬ ܡܪܝܡ ܘܐܗܪܘܢ ܠܘܩܒܠ ܡܘܫܐ ܡܛܠ ܐܢܬܬܐ ܟܘܫܝܬܐ ܗܝ ܕܢܣܒ ܗ̄ ܡܘܫܐ܆
ܡܛܠ ܕܐܢܬܬܐ ܟܘܫܝܬܐ ܢܣܒ܆ 2 ܘܐܡܪܘ »ܗ̄ ܠܡܐ ܠܡܘܫܐ ܗ̄ ܠܚܘܕܘܗܝ ܡܠܠ *ܡܪܝܐ܆
ܠܐ ܗܘܐ ܐܦ ܠܢ ܡܠܠ܆«܆ ܘܫܡܥ *ܡܪܝܐ ܀ 3 ܘܓܒܪܐ ܡܘܫܐ ܢܝܚܐ ܗܘܐ ܛܒ܂ ܝܬܝܪ ܡܢ ܟܠܗܘܢ
ܒܢܝ̈ܢܫܐ ܕܐܝܬ ܥܠ ܐܪܥܐ܆ 4 ܘܐܡܪ ܡܪܝܐ ܡܚܕܐ ܠܘܬ ܡܘܫܐ ܘܐܗܪܘܢ ܘܡܪܝܡ »ܦܘܩܘ ܐܢܬܘܢ
ܬܠܬܝܟܘܢ ܠܡܫܟܢܐ ܕܙܒܢܐ«܆ ܘܢܦܩܘ ܬܠܬܝܗܘܢ ܠܡܫܟܢܐ ܕܙܒܢܐ ܀ 5 ܘܢܚܬ *ܡܪܝܐ
ܒܥܡܘܕܐ ܕܥܢܢܐ܂ ܘܩܡ ܥܠ ܬܪܥܐ ܕܡܫܟܢܐ ܗ̄ ܕܙܒܢܐ܆ ܘܐܬܩܪܝܘ ܐܗܪܘܢ ܘܡܪܝܡ܂ ܘܢܦܩܘ
ܬܪܝܗܘܢ ܀ 6 ܘܐܡܪ ܠܗܘܢ »ܫܡܥܘ *ܡܠܝ̈ ܠܡܠܝ̈ ܕܝܠܝ܆ ܐܢ ܢܗܘܐ ܢܒܝܐ ܕܝܠܟܘܢ ܠܡܪܝܐ܆
ܒܚܙܘܐ ܠܗ | ܐܬܝܕܥ܂ ܘܒܚܠܡܐ ܐܡܠܠ ܠܗ܆ 7 ܠܐ ܗܘܐ ܗܟܢܐ ܗܘ ܡܫܡܫܢܐ ܕܝܠܝ ܡܘܫܐ܂ ܒܟܠܗ 13^2
ܒܝܬܐ ܕܝܠܝ ܡܗܝܡܢܐ ܐܝܬܘܗܝ܆ ‖ 8 ܦܘܡܐ ܠܘܩܒܠ ܦܘܡܐ ܐܡܠܠ ܥܡܗ܂ ܒܚܙܘܐ܂ ܩܠ ܐܠܐ ܐ ܘ
ܘܠܐ ܗܘܐ ܒܝܕ ܪ̈ܡܙܐ܂ ܘܠܫܘܒܚܗ ܕܡܪܝܐ ܚܙܐ܆ ܘܡܛܠ ܡܢܐ ܠܐ ܕܚܠܬܘܢ ܠܡܡܠܠܘ ܠܘܩܒܠ
ܡܫܡܫܢܐ ܕܝܠܝ ܡܘܫܐ܆«܆ 9 ܘܪܘܓܙܐ ܕܚܡܬܗ ܕܡܪܝܐ ܒܗܘܢ܂ ܘܐܙܠ ܀ 10 ܘܥܢܢܐ ܐܬܦܪܩ ܡܢ
ܡܫܟܢܐ܂ ܘܗܐ ܡܪܝܡ ܡܣܓܪܐ ܐܝܟ ܬܠܓܐ܆ ܘܐܬܦܢܝ ܐܗܪܘܢ ܠܘܬ ܡܪܝܡ܂ ܘܗܐ ܡܣܓܪܐ ܀
11 ܘܐܡܪ ܐܗܪܘܢ ܠܘܬ ܡܘܫܐ »ܒܥܐ ܐܢܐ .. ܡܪܝ ܕܝܠܝ .. ܠܐ ܬܣܝܡ ܠܢ ܚܛܗܐ܆ ܡܛܠ ܕܐܣܟܠܢ ܕܚܛܝܢ
ܚܛܝܢ ܕܐܣܟܠܢ܆ 12 ܠܐ ܐܦ ܬܗܘܐ ܐܝܟ ܡܐ ܕܡܝܬܐ ܠܡܘܬܐ .. ܗ̄ ܐܝܟ ܝܚܛܐ ܕܢܦܩ ܡܢ ܡܪܒܥܐ ܕܐܡܐ
*ܕܝܠܗ܆ ܘܐܟܠܐ ܦܠܓܗ ܕܒܣܪܗ *ܕܝܠܗ«܆ ܀ 13 ܘܩܥܐ ܡܘܫܐ ܠܘܬ ܡܪܝܐ ܟܕ ܐܡܪ »ܐܠܗܐ ..
ܒܥܐ ܐܢܐ ܡܢܟ܂ ܐܣܝܗ«܆ ܀ 14 ܘܐܡܪ ܡܪܝܐ ܠܘܬ ܡܘܫܐ »ܐܠܘ ܐܒܐ ܕܝܠܗ ܪܩܩ ܪܩ ܒܦܪܨܘܦܗ | ܕܝܠܗ܆ 14^1
ܠܐ ܟܡܐ ܕܟܠܝܐ ܬܗܘܐ܆ ܬܬܦܪܫ ܫܒܥܐ ܝܘܡܝ̈ܢ ܠܒܪ ܡܢ ܡܫܪܝܬܐ܂ ܘܒܬܪ ܗܠܝܢ ܬܬܥܠ«܆ ܀
15 ܘܐܬܦܪܫܬ ܡܪܝܡ ܠܒܪ ܡܢ ܡܫܪܝܬܐ ܫܒܥܐ ܝܘܡܝ̈ܢ܂ ܘܥܡܐ ܠܐ ܐܫܩܠ ܥܕܡܐ ܕܐܬܕܟܝܬ ܡܪܝܡ ܀
16 ܘܡܢ ܒܬܪ ܗܠܝܢ ܐܫܩܠ ܥܡܐ ܡܢ ܚܨܪܘܬ܂ ܘܫܪܘ ܒܡܕܒܪܐ ܕܦܐܪܢ ܀

13 1 ܘܡܠܠ ܡܪܝܐ ܠܘܬ ܡܘܫܐ ܟܕ ܐܡܪ 2 »ܫܕܪ ܠܟ ܓܒܪ̈ܐ܂ ܘܢܬܒܩܘܢ ܠܐܪܥܐ ܕܟܢܥܢܝ̈ܐ܂ ܗܝ
ܕܐܢܐ ܝܗܒ ܐܢܐ ܠܒܢܝ̈ܐ ܕܐܝܣܪܝܠ ܗ̄ ܠܐܘܚܕܢܐ܆ ܓܒܪܐ ܚܕ ܡܢ ܫܒܛܐ ܟܠ ܫܒܛܐ܂ ܐܝܟ ܫܒܛܐ ܕܐܒܗ̈ܬܐ
ܕܝܠܗܘܢ܂ ܬܫܕܪ ܗ̄ ܐܢܘܢ܂ ܟܠ ܪܫܢܐ ܕܝܠܗܘܢ«܆ ܀ 3 ܘܫܕܪ ܐܢܘܢ ܡܘܫܐ ܡܢ ܡܕܒܪܐ ܕܦܐܪܢ ܒܝܕ ܡܠܬܗ
ܕܡܪܝܐ܂ ܟܠܗܘܢ ܓܒܪ̈ܐ ܪ̈ܫܢܐ ܕܒܢܝ̈ܐ ܕܐܝܣܪܝܠ ܗܢܘܢ܆ 4 ܘܗܠܝܢ ܫܡܗ̈ܐ ܕܝܠܗܘܢ܂ | ܡܢ ܫܒܛܐ 14^2
ܕܪܘܒܝܠ܂ ܫܡܘܐܝܠ ܒܪܗ ܕܙܟܘܪ܂ 5 ܡܢ ܫܒܛܐ ܕܫܡܥܘܢ܂ ܫܦܛ ܒܪܗ *ܕܚܘܪܝ܂ 6 ܡܢ ܫܒܛܐ
ܕܝܗܘܕܐ܂ ܟܠܒ ܒܪܗ ܕܝܘܦܢܐ܂ 7 ܡܢ ܫܒܛܐ ܕܐܝܣܟܪ܂ ܝܓܐܠ ܒܪܗ ܕܝܘܣܦ܂ 8 ܡܢ ܫܒܛܐ
ܕܐܦܪܝܡ܂ ܐܘܫܥ ܒܪܗ ܕܢܘܢ܂ 9 ܡܢ ܫܒܛܐ ܕܒܢܝܡܝܢ܂ ܦܠܛܝ ܒܪܗ ܕܪܦܘ܂ 10 ܡܢ ܫܒܛܐ ܕܙܒܘܠܘܢ܂
ܓܕܝܐܠ ܒܪܗ ܕܣܘܕܝ܂ 11 ܡܢ ܫܒܛܐ ܕܝܘܣܦ ܡܢ ܒܢܘܗܝ ܕܡܢܫܐ܂ ܓܕܝ ܒܪܗ ܕܣܘܣܝ܂
13 ܡܢ ܫܒܛܐ ܕܕܢ܂ ܥܡܝܐܠ ܒܪܗ ܕܓܡܠܝ܂ 13 ܡܢ ܫܒܛܐ ܕܐܫܪ ܣܬܘܪ ܒܪܗ ܕܡܝܟܐܝܠ܂ 14 ܡܢ

32 ܡܫܪܝܬܐ B
33 ܘܐܬܚܡܬ ܀ B, signa ad ܒܪܘܓܙܐ transtulit F
1 ܗܝ
2 nihil muto: ܀ alter recentior
2 ܗܟܢܐ non suis locis posuit B^m
12 ܕܝܠܗ in B punctum habet supernum
12 ܐܝܟ ܝܚܛܐ B, correxit F
12 ܕܒܣܪܗ B

12 ܕܠܗ ܕܡܪܝܡ
1 in margine folii 14^1 inferiori versus novem ab ÷ incipientes hi:
÷ ܘܐܡܪ ܡܘܫܐ ܠܒܢܝ̈ ܕܐܝܣܪܝܠ܂ ܐܝܟܢܐ
ܒܨܒܐ ܠܡܥܒܪ ܕܐܝܟܢܐ ܗܘ ܕܡܪܝܐ ܐܠܗܐ ܕܝܠܢ
ܝܗܒ ܠܢ܆ ܣܩܘ ܐܚܘܕܘ ܡܪܝܐ ܐܠܗܐ ܕܝܠܟܘܢ
ܐܝܟ ܕܐܡܪ ܡܪܝܐ ܐܠܗܐ ܕܐܒܗ̈ܬܢ ܠܟ܂ ܠܐ
ܬܕܚܠ ܘܐܡܪ ܡܪܝܐ ܐܠܗܐ ܕܝܠܢ ܠܟܘܢ܂ ܠܐ
ܬܕܚܠܘܢ܂ ܐܦ ܠܐ ܬܬܘܗܘܢ ܀ ܘܐܬܩܪܒܘ ܠܘܬܗ
ܟܠܗܘܢ ܘܐܡܪܘ܂ ܢܫܕܪ ܓܒܪ̈ܐ ܩܕܡ ܐܦܝܢ
ܕܝ܂ ܘܢܒܩܘܢ ܠܢ ܠܐܪܥܐ܂ ܘܢܗܦܟܘܢ ܠܢ
ܡܠܬܐ ܠܐܘܪܚܐ ܗܝ ܕܢܣܩ ܒܗ ܘܠܡܕܝܢ̈ܬܐ
ܕܠܘܬܗܝܢ ܢܥܘܠ ܀ ܘܫܦܪܬ ܡܠܬܐ ܩܕܡ
ܥܡܐ܀ ܘܓܒܝܬ ܡܢܟܘܢ ܬܪܥܣܪ ܓܒܪ̈ܝܢ
ܓܒܪܐ ܚܕ ܠܫܒܛܐ܂ ܘܢܩܦܘ ܥܕܡܐ ܠܘܬ
ܢܚܠܐ ܐܝܟ ܕܗܘܐ ܠܗ ܡܢ ܩܕܡ ܐܦܝ
ubi ܀ addidi
4 seqq in margine B nomina numerantur
5 ܕܚܘܪܝ

ܫܪܒܬܐ ܕܢܦܬܠܝ. ܢܚܒܝ ܒܪܗ *ܕܝܘܦܣܝ. [15]ܡܢ ܫܪܒܬܐ ܕܓܕ. *ܓܘܕܐܝܠ ܒܪܗ ܕܡܟܝ:
[16]ܗܠܝܢ ܫܡܗܝܗܘܢ ܕܓܒܪܐ ܗܠܝܢ ܕܫܕܪ ܡܘܫܐ ܠܡܬܓܫܫܘ ܠܐܪܥܐ: ܘܩܪܐ ܡܘܫܐ ܠܗܘܫܥ ܒܪܗ ܕܢܘܢ
ܝܫܘܥ܀ [17]ܘܫܕܪ ܐܢܘܢ | ܡܘܫܐ ܠܡܬܓܫܫܘ ܠܐܪܥܐ ܕܟܢܥܢ. ܘܐܡܪ ܠܗܘܢ »ܣܩܘ ܒܗܕܐ ܡܕܒܪܐ. 15¹
ܘܬܣܩܘܢ ܠܛܘܪܐ. [18]ܘܬܚܙܘܢܗ̇ ܠܐܪܥܐ ܡܢܐ ܐܝܬܝܗ̇. ܘܠܥܡܐ ܗܘ ܕܝܬܒ ܒܗ̇. ܐܢ ܚܝܠܬܢ
ܐܝܬܘܗܝ ܐܘ ܡܚܝܠܐ. ܐܢ ܙܥܘܪܐ ܐܝܬܘܗܝ ܐܘ ܣܓܝܐܐ. [19]ܘܡܢܐ ܗܝ ܐܪܥܐ ܗܝ ܕܗܢܘܢ ܝܬܒܝܢ ܒܗ̇.
ܐܢ ܛܒܬܐ ܐܝܬܝܗ̇ ܐܘ ܒܝܫܬܐ. ܘܡܢܐ ܐܝܟ ܩܘܪܝܐ ܗܠܝܢ ܕܗܢܘܢ ܥܡܪܝܢ ܒܗܝܢ. ܒܕܝܪܐ ܐܢܘܢ ܫܘܪܐ
ܐܘ ܒܠܐ ܐܝܬ ܠܗܘܢ ܫܘܪܐ. [20]ܘܡܢܐ ܗܝ ܐܪܥܐ. ܐܢ ܡܫܡܢܬܐ ܐܘ ܡܚܝܠܬܐ. ܐܢ ܐܝܬ ܒܗ̇ ܐܝܠܢܐ ܐܘ ܠܐ:
ܘܬܬܥܫܢܘܢ ܘܬܣܒܘܢ ܡܢ ܦܐܪܐ ܕܐܪܥܐ« ܀ ܘܝܘܡܬܐ ÷ܝܘܡܬܐ↙ ܕܐܒܒܐ. ܙܒܢܐ ܩܕܡܝܐ ܕܥܢܒܐ: [21]ܘܣܠܩܘ
ܘܐܬܓܫܫܘܗ̇ ܠܐܪܥܐ ܡܢ ܡܕܒܪܐ ܕܨܝܢ ܥܕܡܐ ܠܪܚܘܒ ܕܡܥܠܢܐ ܕܚܡܬ. [22]ܘܣܠܩܘ
ܠܬܝܡܢܐ ܡܕܒܪܐ. ܘܐܬܘ ܥܕܡܐ ܠܚܒܪܘܢ. ܘܬܡܢ ܐܚܝܡܢ ܘܫܝܫܝ ܘܬܠܡܝ. ܫܪܒܬܐ ܕܥܢܩ: ܘܚܒܪܘܢ
ܫܒܥ ܫܢܝܢ ܐܬܒܢܝܬ ܩܕܡ ܛܐܢܝܣ ܕܡܨܪܝܢ: | [23]ܘܐܬܘ ܥܕܡܐ ܠܢܚܠܐ ܕܐܣܟܘܠ ÷ܘܓܫܫܘܗ↙. 15²
ܘܦܣܩܘ ܡܢ ܬܡܢ ܣܘܟܐ ܕܩܛܘܦܐ ܕܥܢܒܐ ܚܕ ÷°ܥܡܗ↙. ܘܫܩܠܘܗܝ ܒܩܘܦܐ *ܠܬܪܝܢ↙. ܘܡܢ ܪܘܡܢܐ
ܘܡܢ ܬܐܢܐ: [24]ܘܠܕܘܟܬܐ ܗܝ ܩܪܘܗ̇ ܢܚܠܐ ܕܐܣܟܘܠ. ܡܛܠ ܐܣܟܘܠܐ ܗܘ ܕܦܣܩܘ ܡܢ ܬܡܢ ܒܢܝܐ
ܕܐܝܣܪܝܠ: [25]ܘܗܦܟܘ ܡܢ ܬܡܢ ܟܕ ܓܫܫܘܗ̇ ܠܐܪܥܐ. ܒܬܪ ܐܪܒܥܝܢ ܝܘܡܝܢ: [26]ܘܐܙܠܘ. ܐܬܘ ܠܘܬ
ܡܘܫܐ ܘܐܗܪܘܢ ܘܠܟܠܗ̇ ܟܢܘܫܬܐ ܕܒܢܝܐ ܕܐܝܣܪܝܠ ܠܡܕܒܪܐ ܕܦܐܪܢ ܕܩܕܫ. ܘܐܦܢܝܘ ܠܗܘܢ ܡܠܬܐ
ܘܠܟܠܗ̇ ܟܢܘܫܬܐ. ܘܚܘܝܘ *ܠܗܘܢ↙ ܦܐܪܐ ܕܐܪܥܐ [27]ܘܐܫܬܥܝܘ ܠܗ ܘܐܡܪܘ »ܐܬܝܢ ܠܐܪܥܐ ܗܝ
ܕܫܕܪܬ ܠܢ. ܐܪܥܐ ܕܪܕܝܐ ܚܠܒܐ ܘܕܒܫܐ. ܘܗܢܐ ܦܐܪܐ ܕܝܠܗ̇: [28]ܐܠܐ ܐܢ ܕܥܫܝܢܐ ܗܘ ܥܡܐ ܗܘ
ܕܥܡܪ ܒܐܪܥܐ. ܘܩܘܪܝܐ ܡܫܪܪܬܐ ܕܫܘܪܐ. ܪܘܪܒܬܐ ܛܒ: ܘܠܝܠܕܐ ܕܥܢܩ ܚܙܝܢ ܬܡܢ ܀
[29]ܘܥܡܠܩ ܝܬܒ ܒܐܪܥܐ ܗܝ ܕܠܘܬ ܬܝܡܢܐ. ܘܚܬܝܐ ÷ܘܚܘܝܐ↙ ܘܝܒܘܣܝܐ ܘܐܡܘܪܝܐ | ܝܬܒܝܢ 16¹
ܒܛܘܪܐ. ܘܟܢܥܢܝܐ ܝܬܒܝܢ ܠܘܬ ܝܡܐ ܘܠܘܬ ܝܘܪܕܢ« [30]ܘܫܬܩܘ ܟܠܗ ܥܡܐ ܠܘܬ ܡܘܫܐ.
ܘܐܡܪ ÷ܠܗ↙ »ܠܐ. ܐܠܐ ܣܠܩܝܢ ܢܣܩ ܘܢܐܪܬܝܗ̇. ܡܛܠ ܕܡܫܟܚܘ ܢܫܟܚ ܚܝܠܐ ܠܘܬܗܘܢ« ܀
[31]ܘܐܢܫܐ ܗܠܝܢ ܕܣܠܩܘ ܥܡܗ ܐܡܪܘ. »÷ܠܐ ܣܠܩܝܢܢ. ܡܛܠ↙ ܕܠܐ ܡܫܟܚܝܢܢ ܠܡܣܩ
ܠܘܬ ܥܡܐ. ܡܛܠ ܕܚܝܠܬܢ ܗܘ ܝܬܝܪ ܡܢ ܐܢܚܢܢ ÷ܡܢܢ↙« ܀ [32]ܘܐܦܩܘ *ܬܘܩܠܬܐ ܕܐܪܥܐ ܗܝ
ܕܓܫܘܗ̇. ܠܘܬ ܒܢܝܐ ܕܐܝܣܪܝܠ ܟܕ ܐܡܪܝܢ »ܐܪܥܐ ܗܝ ܕܥܒܪܢ ※ܠܡܬܓܫܫܘܬܗ̇↙. ܐܪܥܐ ܐܟܠܐ
ܠܗܢܘܢ ܕܥܡܪܝܢ ܒܗ̇. ܐܝܬܝܗ̇. ܘܟܠܗ ܥܡܐ ܗܘ ܕܚܙܝܢ ܒܗ̇. ܓܒܪܐ ܕܝܠܡܝܢ ܪ̈ܘܪܒܐ:
[33]ܘܬܡܢ ܚܙܝܢ *ܠܓܝܓܢܛܘܣ ܒܢܝܐ ܕܥܢܩ ܡܢ ܓܝܓܢܛܘܣ. ܘܐܝܟ ܗܘܝܢ ܩܕܡܝܗܘܢ ܐܝܟ
ܩܡܨܐ. ܐܠܐ ܐܦ ܗܟܢܐ ܐܝܟ ܗܘܝܢ ܩܕܡܝܗܘܢ« ܀
14 ܩܠܐ ܠܟ ܐ ܗ ‖ [1]ܘܫܩܠܬ ܟܠܗ̇ ܟܢܘܫܬܐ. ܘܝܗܒܬ ※ ܒܩܠܐ ※ܕܝܠܗܘܢ↙. ܘܒܟܐ ܗܘܐ ܥܡܐ
ܟܠܗ ܠܠܝܐ ܗܘ. [2]ܘܪܛܢܘ ܗܘܘ ܥܠ ܡܘܫܐ ܘܐܗܪܘܢ ܟܠܗܘܢ ܒܢܝܐ ܕܐܝܣܪܝܠ. | ܘܐܡܪܘ ܠܘܬܗܘܢ 16²
ܟܠܗ̇ ܟܢܘܫܬܐ »ܠܘ ܡܝܬܢܢ ܒܐܪܥܐ ܕܡܨܪܝܢ. ܐܘ ܒܡܕܒܪܐ ܗܢܐ ܠܘ ܡܝܬܢܢ: [3]ܘܡܛܠ ܡܢܐ ܡܪܝܐ
ܡܥܠ ܠܢ ܠܐܪܥܐ ܗܕܐ ܠܡܦܠ ܒܚܪܒܐ. ܢܫܐ ܕܝܠܢ ܘܛܠܝܐ ܕܝܠܢ ܢܗܘܘܢ ܠܒܙܬܐ. ܗܫܐ

14 ܕܡܟܝ
15 ܓܘܕܐܝܠ
20 ܡܚܝܠܬܐ punctis caret in B
21 ܠܪܚܘܒ in B ; habet puncto suo carentem
22 ܝ nominis ܬܠܡܝ non certus legi. numeri arabici ٢ similis est
31 ↙ alterum addidi
32 ܐ ܗܘ ܕܓܫܘܗ̇
33 ܓܝܓܢܛܘܣ et ܠܓܝܓܢܛܘܣ punctis carent in B
33 ܓܝܓܢܛܘܣ ܓܢܒܪܐ ܬܠܝܒ ܐܪܥܐ
1ᵐ ܗܘ B

1 ↙ priorem addidit F

2 folio 16² extremo versus duodeviginti habentur hice ÷ ܘܐܬܘ ܒܢܝܐ ܕܐܝܣܪܝܠ ܠܡܕܒܪܐ ܕܦܐܪܢ ܘܐܡܪܘ. ܠܐ ܕܐܬܐ ܠܢ ܡܢܐ. ܐܘܫ ܠܢ ܡܢ ܐܪܥܐ ܕܡܨܪܝܢ. ܕܝܗܒ ܠܢ ܟܐܒܐ ܕܐܟܘܬܗ ܕܡܕܒܪܐ ܠܢ ܠܐܢܫܐ ܚܕ ܡܢܢ. ܐܝܬ ܐܢܫܐ ܕܐܡܪ ܠܢ ܐܦܢܝ. ܠܥܡܐ ܗܘ ܐܪܥܐ ܘܢܐܡܪ ܡܢܐ ܗܘ ܕܢܦܩ. ܘܡܕܒܪܬܐ ܕܡܨܪܝܢ ܕܫܡܥܢ ܒܡܕܒܪܐ. ܐܠܐ ܡܢܐ ܕܓܒܪܐ ܐܝܟ ܠܗ ܀ ܘܐܡܪ ܡܘܫܐ ܠܒܢܝܐ ܕܐܝܣܪܝܠ. ܠܐ ܬܕܚܠܘܢ ܘܠܐ ܬܐܚܕܘܢ ܡܢܗܘܢ. ܡܛܠ ܕܡܪܝܐ ܐܠܗܟܘܢ ܗܘ ܕܐܙܠ ܩܕܡܝܟܘܢ. ܗܘ ܢܩܪܘܒ ܠܟܘܢ ܥܡܗܘܢ ܐܝܟ ܡܐ ܕܥܒܕ ܥܡܟܘܢ ܒܡܨܪܝܢ ܠܥܝܢܝܟܘܢ ܘܒܡܕܒܪܐ ܗܢܐ ܕܚܙܝܬܘܢ ܐܝܟ ܕܫܩܠܟ ܡܪܝܐ ܐܠܗܟ. ܐܝܟ ܕܫܩܠ ܓܒܪܐ ܠܒܪܗ ܒܟܠܗ̇ ܐܘܪܚܐ ܕܐܙܠܬܘܢ ܥܕܡܐ ܕܐܬܝܬܘܢ ܠܐܬܪܐ ܗܢܐ. ܘܒܡܠܬܐ ܗܕܐ ܠܐ ܗܝܡܢܬܘܢ ܠܡܪܝܐ ܐܠܗܟܘܢ ܕܐܙܠ ܩܕܡܝܟܘܢ ܒܐܘܪܚܐ ܠܡܛܝܒܘ ܠܟܘܢ ܐܬܪܐ. ܒܢܘܪܐ ܒܠܠܝܐ ܠܡܚܘܝܘ ܠܟܘܢ ܐܘܪܚܐ ܕܬܐܙܠܘܢ ܒܗ̇ ܘܒܥܢܢܐ ܒܐܝܡܡܐ↙ ܀ ܘܫܡܥ ܡܪܝܐ ܩܠܐ ܕܡܠܝܟܘܢ. ܘܪܓܙ ܘܝܡܐ ܘܐܡܪ. ܐܢ ܢܚܙܘܢ ܓܒܪܐ ܗܠܝܢ ܒܝܫܐ ܐܪܥܐ ܛܒܬܐ ܗܝ ܕܝܡܝܬ ܠܡܬܠ ܠܐܒܗܝܟܘܢ. ܣܘܦ ܟܠܒ. ubi ↙ addidi

ܗܘܦܠܐ ܛܒܝܘܬܐ ܐܝܬܝܗ ܠܢ ܠܡܗܦܘܟ ܠܡܨܪܝܢ« ✣ 4 ܘܐܡܪܘ ܐܢܫܐ ܠܚܒܪܗ ܕܠܗ »ܢܬܠ ܪܫܐ.
ܘܢܗܦܘܟ ܠܡܨܪܝܢ« ✣ 5 ܘܢܦܠ ܡܘܫܐ ܘܐܗܪܘܢ ܥܠ ܦܪ̈ܨܘܦܝܗܘܢ ܩܕܡ ܟܠܗ *ܟܢܫܐ ܕܟܢܘܫܬܐ
ܕܒܢܝ̈ ܐܝܣܪܝܠ: 6 ܝܫܘܥ ܕܝܢ ܒܪ ܢܘܢ ܘܟܠܒ ܒܪ ܝܘܦܢܐ ܡܢ ܗܠܝܢ ܕܐܠܘܗ̇ | ܠܐܪܥܐ. ܨܪܘ 17¹
ܠܡ̈ܐܢܐ ܕܝܠܗܘܢ: 7 ܘܐܡܪܘ ܠܟܠܗ̇ ܟܢܘܫܬܐ ܕܒܢܝ̈ ܐܝܣܪܝܠ ܟܕ ܐܡܪܝܢ »ܐܪܥܐ ܗܝ ܕܥܒܪܢ
ܒܗ̇ *ܘܐܠܠܢܗ̇. ܛܒܬܐ ܐܝܬܝܗ̇ ܛܒ ܛܒ: 8 ܐܢ ܪܚܡ ܠܢ ܡܪܝܐ ܐܠܗܢ. ܢܥܠܝܢܢ ܠܢ ܠܐܪܥܐ
ܗܕܐ. ܘܢܬܠܝܗ̇ ܠܢ ܐܪܥܐ ܗܝ ܕܪܕܝܐ ܚܠܒܐ ܘܕܒܫܐ: 9 ܐܠܐ ܡܢ ܡܪܝܐ ܠܐ ܬܡܪܕܘܢ
ܬܗܘܘܢ. ܐܢܬܘܢ ܕܝܢ ܠܐ ܬܕܚܠܘܢ ܡܢ ܥܡܐ ܕܐܪܥܐ. ܡܛܠ ܕܠܡܐܟܘܠܬܐ ܠܢ ܐܢܘܢ: ܥܒܪ
ܓܝܪ *ܙܒܢܐ ܕܝܠܗܘܢ ܡܢܗܘܢ. ܡܪܝܐ ܕܝܢ ܥܡܢ ܗܘ. ܠܐ ܬܕܚܠܘܢ ܡܢܗܘܢ« : 10 ܘܐܡܪܘ ܟܠܗ̇ ܟܢܘܫܬܐ
ܠܡܪܓܡ ܐܢܘܢ ܒܟܐܦܐ: ܘܐܬܚܙܝܬ *ܕܡܪܝܐ ܒ‑ܐܬܓܠܝܬܐ ܒܥܢܢܐ ܥܠ ܡܫܟܢܐ ܕܙܒܢܐ ܠܟܠܗܘܢ
ܒܢܝ̈ ܐܝܣܪܝܠ. 11 ܘܐܡܪ ܡܪܝܐ ܠܘܬ ܡܘܫܐ »ܥܕܡܐ ܠܐܡܬܝ ܡܪܓܙܝܢ ܠܝ ܥܡܐ ܗܢܐ. ܘܥܕܡܐ
ܠܐܡܬܝ ܠܐ ܡܗܝܡܢܝܢ ܒܝ ܒܟܠܗܝܢ ܐܬܘܬܐ ܗܠܝܢ ܕܥܒܕܬ ܒܗܘܢ. 12 ܐܡܚܝܘܗܝ ܒܡܘܬܐ. ܘܐܘܒܕ
ܐܢܘܢ. ܘܐܥܒܕ ܠܟ ܒ‑ܠܥܡܐ ܪܒܐ ܘܥܫܝܢܐ ܝܬܝܪ *ܡܢܗ ܐܘ ܗܢܐ« : 13 ܘܐܡܪ ܡܘܫܐ
| ܠܘܬ ܡܪܝܐ »ܘܢܫܡܥܘܢ ܡܨܪ̈ܝܐ ܕܐܣܩܬ ܒܚܝܠܟ ܠܥܡܐ ܗܢܐ ܡܢܗܘܢ. 14 ܐܠܐ ܐܦ ܠܟܠܗܘܢ ܗܠܝܢ 17²
ܕܥܡܪܝܢ ܥܠ ܐܪܥܐ ܗܕܐ. ܫܡܥܘ ܕܐܢܬ ܐܝܬܝܟ ܡܪܝܐ ܒܥܡܐ ܗܢܐ ܗܘ ܕܥܝܢܐ ܒܥܝܢܐ ܐܬܚܙܝܬ
ܐܢܬ .. ܡܪܝܐ. ܘܥܢܢܐ ܕܝܠܟ ܩܐܡ ܥܠܝܗܘܢ. ܘܒܥܡܘܕܐ ܕܥܢܢܐ ܐܢܬ ܐܙܠ ܐܢܬ ܩܕܡܝܗܘܢ
ܒܐܝܡܡܐ. ܘܒܥܡܘܕܐ ܕܢܘܪܐ ܒܠܠܝܐ: 15 ܘܐܢ ܬܡܝܬܝܘܗܝ ܠܥܡܐ ܗܢܐ ܐܝܟ ܓܒܪܐ ܚܕ. ܘܢܐܡܪܘܢ
ܥܡܡܐ ܗܠܝܢ ܕܫܡܥܘ ܫܡܥܟ ܕܝܠܟ. ܟܕ ܐܡܪܝܢ 16 »ܡܛܠ ܕܠܐ ܐܫܟܚ ܡܪܝܐ ܕܢܥܠܝܘܗܝ ܠܥܡܐ
ܗܢܐ ܠܐܪܥܐ ܗܝ ܕܝܡܐ ܠܗܘܢ. ܐܦ ܩܛܠ *ܢܟܣ ܐܢܘܢ ܒܡܕܒܪܐ«: 17 ܘܗܫܐ ܬܬܪܘܪܒ ܚܝܠܐ ܕܝܠܟ ..
ܡܪܝܐ .. ܐܝܟ ܗܘ ܕܡܠܠܬ ܟܕ ܐܡܪܬ ܐܢܬ 18 »ܡܪܝܐ ܢܓܝܪ ܪܘܚܐ ܘܣܓܝ ܛܝܒܘܬܐ ܒ‑°ܘܫܪܝܪܐ. ܘܫܒܩ ܠܐ
ܥܘܠܐ ܘܚܛܗܐ ܒ‑ܘܣܟܠܘܬܐ. ܘܡܙܕܩܘ ܠܐ ܡܙܕܩ ܒ‑ܠܚܝܒܐ. ܘܦܩܕ ܚܛܗܐ ܕܐܒܗܬܐ ܥܠ ܒܢܝܐ
ܥܕܡܐ ܠܬܠܬܐ ܘܠܐܪܒܥܐ °ܕܪ̈ܐ. 19 ܫܒܘܩ | ܚܛܗܐ ܠܥܡܐ ܗܢܐ ܐܝܟ ܪܒܘܬܐ ܕܛܝܒܘܬܟ. ܐܝܟ ܡܐ 18¹
ܕܫܒܩܬ ܠܗܘܢ ܗܘܝܬ ܡܢ ܡܨܪܝܢ ܥܕܡܐ ܠܗܪܟܐ« : 20 ܘܐܡܪ ܡܪܝܐ ܒ‑ܠܘܬ ܡܘܫܐ ↙ »ܫܒܩܬ
ܠܗܘܢ ܐܝܟ ܡܠܬܟ ܕܝܠܟ. 21 ܐܠܐ ܚܝ ܐܢܐ ܘܚܝ ܫܡܝ ܕܝܠܝ. *ܘܡܠܝܐ ܬܫܒܘܚܬܗ ܕܡܪܝܐ
ܟܠܗ̇ ܐܪܥܐ: 22 ܡܛܠ ܕܟܠܗܘܢ ܓܒܪ̈ܐ ܗܠܝܢ ܕܚܙܘ ܠܬܫܒܘܚܬܐ ܕܝܠܝ ܘܠܐܬܘܬܐ ※ܕܝܠܝ ↙
ܗܠܝܢ ܕܥܒܕܬ ܒܡܨܪܝܢ ܘܒܡܕܒܪܐ ܒ‑ܗܢܐ. ܘܢܣܝܘܢܝ ܗܕܐ ܥܣܪ ܙܒܢܝܢ. ܘܠܐ ܫܡܥܘ ܒܩܠܐ ܕܝܠܝ:
23 ܐܢ ܢܚܙܘܢ ܠܐܪܥܐ ܗܝ ܕܝܡܝܬ ܠܐܒܗܬܐ ܕܝܠܗܘܢ. ܒ‑ܐܠܐ ܒܢܝ̈ܐ ܕܝܠܗܘܢ. ܗܠܝܢ ܕܐܝܬܝܗܘܢ ܥܡܝ
ܒ‑ܗܪܟܐ. ܗܢܘܢ ܕܠܐ ܝܕܥܝܢ ܛܒܬܐ ܐܘ ܒܝܫܬܐ. ܟܠ ܛܠܝܐ ܠܐ ܡܪܓܫܢܐ. ܠܗܘܢ ܐܬܠܝܗ̇ ܠܐܪܥܐ ↙.
ܘܟܠܗܘܢ ܕܝܢ ܗܠܝܢ ܕܡܪܓܙܝܢ ܠܝ. ܠܐ ܢܚܙܘܢܗ̇: 24 ܥܒܕܐ ܕܝܢ ܕܝܠܝ ܟܠܒ. ܡܛܠ ܕܗܘܬ ܪܘܚܐ
ܐܚܪܬܐ ܒܗ. ܘܐܬܡܠܝ ܒܬܪܝ. ܐܦ ܐܥܠܝܘܗܝ ܠܐܪܥܐ ܗܝ ܕܥܠ ܠܗ̇. ܘܙܪܥܐ ܕܝܠܗ ܢܐܪܬܝܗ̇:
| 25 ܥܡܠܩܝܐ ܕܝܢ ܘܟܢܥܢܝܐ ܥܡܪܝܢ ܒܥܘܡܩܐ: ܡܚܪ ܗܦܘܟܘ ܘܫܩܘܠܘ ※ܠܟܘܢ ܐܢܬܘܢ ↙ ܠܡܕܒܪܐ 18²
ܠܐܘܪܚܐ ܕܝܡܐ ܕܣܘܦ« ✣ 26 ܘܐܡܪ ܡܪܝܐ ܠܘܬ ܡܘܫܐ ܘܐܗܪܘܢ ܟܕ ܐܡܪ 27 »ܥܕܡܐ ܠܐܡܬܝ
ܠܟܢܘܫܬܐ ܒܝܫܬܐ ܗܕܐ.· ܗܠܝܢ ܕܗܢܘܢ ܡܪܛܢܝܢ ܥܠܝ. ܪܛܢܐ ܕܒܢܝ̈ ܐܝܣܪܝܠ ܗܘ ܕ※ܗܢܘܢ ↙
ܪܛܢܝܢ ܡܪܛܢܝܢ ܥܠܝ. ܫܡܥܬ: 28 ܐܡܪ ܠܗܘܢ »ܚܝ ܐܢܐ .. ܐܡܪ ܡܪܝܐ .. ܐܠܐ ܐܢ ܐܝܟ ܗܘ ܕܡܠܠܬܘܢ
ܒܐܕܢܝ ܕܝܠܝ. ܗܟܢܐ ܐܥܒܕ ܠܟܘܢ: 29 ܒܡܕܒܪܐ ܗܢܐ ܢܦܠܘܢ ܫܠܕܝܟܘܢ ܘܟܠܟܘܢ ܘܡܢܝܢܟܘܢ ܕܡܢܝܢܘܬܐ
ܒ‑ܕܝܠܟܘܢ ↙ ܘܟܠܗܘܢ ܗܠܝܢ ܕܐܬܡܢܝܘ ܕܝܠܟܘܢ ܡܢ ܒܪ ܥܣܪܝܢ ܫܢܝܢ ܘܠܥܠ. ܗܠܝܢ ܕܪܛܢܘ ܥܠܝ:
30 ܐܢ ܐܢܬܘܢ ܬܥܠܘܢ ܠܐܪܥܐ ܗܝ ܕܐܪܝܡܬ ܐܝܕܝ ܕܐܫܪܝܟܘܢ ܒܗ̇. ܐܠܐ ܟܠܒ ܒܪܗ ܕܝܘܦܢܐ
ܘܝܫܘܥ ܒܪ ܢܘܢ: 31 ܘܒܢܝ̈ܐ ܕܝܠܟܘܢ ܗܠܝܢ ܕܐܡܪܬܘܢ ܕܠܒܙܬܐ ܢܗܘܘܢ. ܐܥܠ ܐܢܘܢ ܒ‑ܠܐܪܥܐ ↙.

5 ܕܟܢܘܫܬܐ ↙ ܟܢܫܐ ܟܠܗ ܩܕܡ ܕܟܠܗܘܢ ※ B
9 ܕܟܠܗܘܢ ܡܛܠܬܐ ܡܢ ✣ ܕܟܠܗܘܢ ܛܠܠܐ ܒ
10 indicem addidi, ܗܘܐ B^m
12 ↙ in B post ܘܥܫܝܢܐ ponitur
12 ܗܢܐ ܐܘ, indice ad ܐܘ adposito
16 ܠܥܡܐ ܗܢܐ ܠܡܥܠܘ ܐܝܟ ܐܢܘܢ ܢܟܣ
20 ↙ post ܠܘܬ positum in B post ܡܘܫܐ transtuli
21 ܘܡܠܝܐ ܡܢ ܬܫܒܘܚܬܗ ܕܡܪܝܐ ܡܢ ܟܠܗ̇ ܐܪܥܐ
22 ※ addidi
23 ܠܐܒܗܝܗܘܢ ÷ B
25 31 ↙ addidi
27 ܕܗܢܘܢ ※ B, ↙ addidi
31 ÷ ante ܐܥܠ habet B

19¹ ܘܢܐܪܬܘܢܗ ܠܐܪܥܐ ܗܝ ܕܐܢܬܘܢ ܐܪܫܥܬܘܢ ܒܗ ÷ܡܢܗ܏ : [32] ܘܦܓܪ̈ܝܟܘܢ ܕܝܠܟܘܢ ܢܦܠܘܢ | ܒܡܕܒܪܐ ܗܢܐ :
[33] ܒܢ̈ܝܐ ܕܝܢ ܕܝܠܟܘܢ ܢܗܘܘܢ ܪ̈ܥܝܢ ܒܡܕܒܪܐ ܐܪ̈ܒܥܝܢ ܫ̈ܢܝܢ. °ܘܢܣܒܘܢ ܙܢܝܘܬܐ° ܕܝܠܟܘܢ ܥܕܡܐ ܕܢܫܠܡܘܢ
ܦܓܪ̈ܝܟܘܢ ܕܝܠܟܘܢ ܒܡܕܒܪܐ: [34] ܐܝܟ ܡܢܝܢܐ ܕܝܘܡ̈ܬܐ ܗܠܝܢ ܕܐܬܬܓܫܫܬܘܢ ܠܐܪܥܐ ܐܪ̈ܒܥܝܢ ܝܘ̈ܡܝܢ.
ܝܘܡܐ ܕܫܢܬܐ ※ܗܘܐ ܕܫܢܬܐ܏ ܬܣܒܘܢ ܚܛܗ̈ܝܟܘܢ ܕܝܠܟܘܢ. ܐܪ̈ܒܥܝܢ ܫ̈ܢܝܢ. ܘܬܕܥܘܢ ܚܡܬܐ
÷ܕܪܘܓܙܐ܏ ܕܝܠܝ: [35] ܐܢܐ ܡܪܝܐ ܡܠܠܬ. ܐܠܐ ܐܢ ܗܟܢܐ ܐܥܒܕ ܠ※ܟܠܗ܏ ܟܢܘܫܬܐ ܒܝܫܬܐ ܗܕܐ
ܩܠ ܐ ܐ ܠ ܗܝ ܕܐܬܟܢܫܬ ܥܠܝ: ܒܡܕܒܪܐ ܗܢܐ ܢܫܠܡܘܢ. ܘܬܡܢ ܢܡܘܬܘܢ܀ ÷ ‖ [36] ܘܓܒܪ̈ܐ ܗܢܘܢ
ܕܫܕܪ ܡܘܫܐ ܠܡܐܠܦ ܠܐܪܥܐ. ܘܟܕ ܐܬܘ. ܪܛܢܘ ܥܠܘܗܝ ܥܠ ※ܟܠܗ܏ ܟܢܘܫܬܐ. ܠܡܦܩܘ ܡ̈ܠܐ
ܒܝܫܬܐ ܥܠܝܗ̇ ܐܪܥܐ: [37] ܘܡܝܬܘ ܓܒܪ̈ܐ ܗܢܘܢ ܐܝܠܝܢ ܕܐܦܩܘ ܒܝܫܬܐ ܥܠ ܐܪܥܐ. ܒܡܚܘܬܐ ܩܕܡ
ܡܪܝܐ: [38] ܘܝܫܘܥ ܒܪܗ ܕܢܘܢ ܘܟܠܒ ܒܪܗ ܕܝܘܦܢܐ ܚܝܘ ܡܢ ܓܒܪ̈ܐ ܐܢܫܐ ܗܢܘܢ ܗܠܝܢ ܕܐܙܠܘ
ܠܡܐܠܦܗ ܠܐܪܥܐ ÷

ܩܦܠܐܘܢ ܠ ÷

19² [39] ܘܡܠܠ ܡܘܫܐ ※ܡܠ̈ܝܗ܏ ܡ̈ܠܐ | ܗܠܝܢ ܠܘܬ ܟܠܗܘܢ ܒܢ̈ܝܐ ܕܐܝܣܪܝܠ. ܘܐܬܐܒܠ ܥܡܐ
ܛܒ: [40] ܘܟܕ ܩܕܡܘ ܒܨܦܪܐ. ܣܠܩܘ ܥܠ ܪܝܫܗ ܕܛܘܪܐ ܟܕ ܐܡܪܝܢ »ܗܐ ܗܢܘܢ ܚܢܢ
ܣܠܩܝܢ ܠܕܘܟܬܐ ܗܝ ܕܐܡܪ ܡܪܝܐ. ܡܛܠ ܕܣܟܠܢ« : [41] ܘܐܡܪ ܡܘܫܐ »※ܡܛܠ ܡܢܐ ܗܕܐ܏
ܐܢܬܘܢ ܥܒܪܝܢ ܐܢܬܘܢ ܠܡܠܬܗ ܕܡܪܝܐ܀ ܠܗ ܡܨܠܚܐ ܠܗܘܐ ※ܠܟܘܢ܏: [42] ܠܐ ܬܣܩܘܢ: ܠܐ ܓܝܪ
ܐܝܬܘܗܝ ܡܪܝܐ ܒܝܢܬܟܘܢ. ܘܬܬܒܪܘܢ ܩܕܡ ܦܪ̈ܨܘܦܐ ܕܒܥܠܕܒܒ̈ܝܟܘܢ: [43] ܡܛܠ ܕܥܡܠܩ
ܘܟܢܥܢܝܐ ܬܡܢ ܩܕܡܝܟܘܢ. ܘܬܦܠܘܢ ܒܣܝܦܐ ܡܛܠ ܗܝ ܕܗܦܟܬܘܢ ܡܢ ܒܬܪ ܡܪܝܐ. ܘܠܐ ܢܗܘܐ
ܡܪܝܐ ܥܡܟܘܢ« : [44] ܘܟܕ ܕܒܪܘ ܒܡܛܒܪܐ. ܣܠܩܘ ܥܠ ܪܝܫܗ ܕܛܘܪܐ. ܩܝܡܬܐ ܕܝܢ ܕܕܝܬܩܐ
ܕܡܪܝܐ ܘܡܘܫܐ ܠܐ ܐܬܬܙܝܥܘ ܡܢ ܦܢܝܬ ܡܫܪܝܬܐ: [45] ܘܢܚܬܘ ܥܡܠܩܝܐ ܘܟܢܥܢܝܐ ܗܘ ܕܝܬܒ ܒܛܘܪܐ
20¹ ܗܘ. *ܘܪܕܦܘ ܐܢܘܢ ܘܩܛܠܘ ܐܢܘܢ ܥܕܡܐ ܠܚܪܡܐ: | ܘܗܦܟܘ ܠܡܫܪܝܬܐ ÷

ܩܦܠܐܘܢ ܟ ÷

15 [1] ܘܡܠܠ ܡܪܝܐ ܠܘܬ ܡܘܫܐ ܟܕ ܐܡܪ [2] »ܡܠܠ ܠܒܢ̈ܝܐ ܕܐܝܣܪܝܠ. ܘܐܡܪ ܠܘܬܗܘܢ »ܡܐ
ܕܥܠܬܘܢ ܠܐܪܥܐ ܕܡܥܡܪܐ ܕܝܠܟܘܢ ܗܝ ܕܐܢܐ ܝܗܒ ܐܢܐ ܠܟܘܢ. [3] ܘܬܥܒܕܘܢ ܡܘܩܕ ܩܘܪܒܢܐ
÷ܥܠܬܐ܏ *ܠܡܪܝܐ .. ܝܩܝܪܐ ܥܠܬܐ ܐܘ ܕܒܚܐ .. ܠܡܫܡܠܝܘ ܢܕܪܐ ܐܘ ܨܒܝܢܐ .. ܐܘ ܒܥܐܕܐ ܕܝܠܟܘܢ ܠܡܥܒܕ
ܪܝܚܐ ܕܒܣܝܡܘܬܐ ܢܝܚܐ *ܠܡܪܝܐ: ܐܢ ܡܢ ܬܘܪܐ ܐܘ ܡܢ ܥܢܐ. [4] ܢܩܪܒ ܗܘ ܕܡܩܪܒ ܩܘܪܒܢܗ
ܕܝܠܗ ܠܡܪܝܐ .. ܣܡܝܕܐ ܥܣܝܪܝܬܐ ܕܣܐܬܐ ܦܠܝܠܐ ܒܡܫܚܐ ܒܪܒܝܥܝܬܐ ܕܗܝܢ ܕܡܫܚܐ. [5] ܘܚܡܪܐ
ܠܢܘܣܟܐ .. ܪܒܝܥܝܬܐ ܕܗܝܢ .. ܬܥܒܕܘܢ ܥܠ ܝܩܝܪܐ ܥܠܬܐ ܐܘ ܥܠ ܕܒܚܐ: ܠܐܡܪܐ ܚܕ ÷ ܬܥܒܕܘܢ ܗܕܐ.
÷ ܡܘܩܕ ܪܝܚܐ ܕܒܣܝܡܘܬܐ ܢܝܚܐ ܠܡܪܝܐ: [6] ܘܠܕܟܪܐ ܐܝܟ ܕܥܒܕܝܢ ܐܢܬܘܢ ܠܗ. ܐܘ ܠܟܒܫܐ
÷ ܡܘܩܕ ܐܘ ܠܕܒܚܐ܏ ※ܐܘ ܠܢܕܪܐ܏ ܬܥܒܕ ܩܘܪܒܢܐ ܕܣܡܝܕܐ. ܬܪ̈ܝܢ ܥܣܝܪ̈ܝܢ ܦܠܝܠܢ ܒܡܫܚܐ
20² | ܕܬܠܬܗ ܕܗܝܢ. [7] ܘܚܡܪܐ ܠܢܘܣܟܐ .. ܬܠܬܗ ܕܗܝܢ .. ܬܩܪܒܘܢ ܠܪܝܚܐ ܕܒܣܝܡܘܬܐ ܢܝܚܐ *ܠܡܪܝܐ:
[8] ܐܢ ܕܝܢ ܬܥܒܕܘܢ ܡܢ ܬܘܪܐ ܥܠܬܐ ܝܩܝܪܐ ܐܘ ܠܕܒܚܐ. ܠܡܫܡܠܝܘ ܢܕܪܐ ܐܘ ܕܫܠܡܘܬܐ ܠܡܪܝܐ. [9] ܐܦ
ܢܩܪܒ ܥܠ ܥܓܠܐ ܩܘܪܒܢܐ ܕܣܡܝܕܐ .. ܬܠܬܐ ܥܣܝܪ̈ܝܢ ܦܠܝܠܐ ܒܡܫܚܐ ܦܠܓܗ ܕܗܝܢ. [10] ܘܚܡܪܐ
ܢܩܪܒ ※ܠܢܘܣܟܐ܏ .. ܦܠܓܗ ܕܗܝܢ .. ܡܘܩܕ ܥܠܬܐ ܪܝܚܐ ܕܒܣܝܡܘܬܐ ܢܝܚܐ ܠܡܪܝܐ: [11] ܗܟܢܐ ܬܥܒܕ
ܠܥܓܠܐ ܚܕ ܐܘ ܠܕܟܪܐ ܚܕ ܐܘ ܠܐܡܪܐ ܚܕ ܡܢ ܥܢܐ ܐܘ ܡܢ ܥܙ̈ܐ. [12] ܐܝܟ ܡܢܝܢܐ ܕܗܠܝܢ ܕܐܢ ܬܥܒܕܘܢ
ܐܢܘܢ. ܗܟܢܐ ܬܥܒܕܘܢ ܠܚܕ ܐܝܟ ܡܢܝܢܐ ܕܝܠܗܘܢ ÷ [13] ܟܠ ܒܪ ܐܪܥܐ ܢܥܒܕ ܗܟܢܐ ܕܐܝܟ ܗܠܝܢ
ܠܡܩܪܒܘ ܡܩܪܒܢܘܬܐ ܪܝܚܐ. ܕܒܣܝܡܘܬܐ ܢܝܚܐ *ܠܡܪܝܐ: [14] ܐܢ ܕܝܢ ܢܬܬܘܬܒ ܥܡܟܘܢ

31 ÷ܡܢܗ܏ transscripsi.
34 ܏ addidi
35 ※ ܠܟܠܗ܏ B
36 ※ ܥܠ ܟܠܗ܏ B
41 ※ ܡܛܠ ܡܢܐ ܗܕܐ܏ B
41 in margine folii 19² inferiori
ܘܐܡܪ ܡܪܝܐ ܠܘܬ ܡܘܫܐ. ܐܡܪ ܠܗܘܢ. ܠܐ
ܬܣܩܘܢ ܘܠܐ ܬܬܟܬܫܘܢ. ܠܐ ܓܝܪ ܐܝܬܝ ܥܡܟܘܢ.
ܘܠܐ ܬܬܒܪܘܢ ܩܕܡ ܒܥܠܕܒܒ̈ܝܟܘܢ ÷ ܐܦ
ܗܟܢ ܟܕ ܐܡܪ ܡܢ ܕܡܫܠܐ ܡܠܠܝܢ. ܒܪܡ
ܗܘ ܕܝܢ ܡܘܫܐ ܠܟܠܗܘܢ ܢܣܬܟܠ
43 ܗܘ puncto caret in B
45 ܠܐܡܘܪܝܐ ܘܪܕܦܘ ܐܢܘܢ ܐܝܟ ܕܥܒܕܝܢ
ܕܒܘܪ̈ܝܬܐ ÷ ܒܠܚܘܕ ܗܢܘܢ ܕܐܬܐܡܪ. ܒܪܡ
ܐܦ ܗܟܢ ܡܘܫܐ ܠܟܠܗܘܢ ܢܣܬܟܠ. ubi
ܒܪܡ] B. in margine exteriori scripta
3 ܥܠܬܐ܏ ÷ ܡܘܩܕ܏ ÷ B, corr F
6 ÷ ante ܠܟܒܫܐ [B ante ܡܘܩܕ habet]
et ܏ priorem addidi
10 ܦܠܓܗ transscripsi
14 ÷ ܥܡܟܘܢ B, ÷ ܒܐܪܥܐ ego

ܘܐܢܫ ܬܘܬܒܐ ܡܘܬܒ ܥܡܟܘܢ ܒܐܪܥܐ ܕܝܠܟܘܢ. ܐܘ ܗܘ ܕܝܠܗ ÷ ܢܗܘܐ ܥܡܟܘܢ ܒܫܪܒܬܟܘܢ ÷ ܢܬܩܪܒܘܢ
ܘܢܥܒܕ ܩܘܪܒܢܐ ܕܪܝܚܐ *ܠܡܪܝܐ ܐܝܟܢܐ ܕܥܒܕܝܢ ÷ ܐܢܬܘܢ: ܗܟܢܐ ܢܥܒܕ 15 ܟܢܘܫܬܐ
21[1] | ÷ ܠܡܪܝܐ: ܢܡܘܣܐ ܚܕ ܢܗܘܐ ܠܟܘܢ ܘܠܬܘܬܒܐ ܗܢܘܢ ܕܡܬܩܪܒܝܢ ÷ ܠܟܘܢ. ܢܡܘܣܐ ܕܠܥܠܡ
ܠܫܪܒܬܟܘܢ: ܐܝܟ ܕܐܢܬܘܢ. ܐܦ ܬܘܬܒܐ ܢܗܘܐ ܩܕܡ ܡܪܝܐ: 16 ܢܡܘܣܐ ܚܕ ܘܕܝܢܐ ܚܕ ܢܗܘܐ ܠܟܘܢ
ܘܠܬܘܬܒܐ ܗܘ ܕܡܬܩܪܒ ܠܟܘܢ ÷ 17 ܘܡܠܠ ܡܪܝܐ ܥܡ ܡܘܫܐ ܟܕ ܐܡܪ 18 ܡܠܠ ܠܒܢܝܐ
ܕܐܝܣܪܝܠ. ܘܐܡܪ ܠܗܘܢ ܟܕ ܕܥܐܠܝܢ ܐܢܬܘܢ ܠܐܪܥܐ. ܠܗܝ ܕܐܢܐ ܡܥܠ ܐܢܐ ܠܟܘܢ ܠܬܡܢ. 19 ܘܢܗܘܐ
ܟܕ ܕܐܟܠܝܢ ܐܢܬܘܢ ܡܢ ܠܚܡܐ ܕܐܪܥܐ. ܬܦܪܫܘܢ ܐܦܪܫܘܬܐ ܦܘܪܫܢܐ ܠܡܪܝܐ. 20 ÷ ܦܘܪܫܢܐ ܪܫܝܬܐ
ܕܠܝܫܬܟܘܢ ܕܝܠܟܘܢ: ܚܠܬܐ ܐܦܪܫܘܢ ܦܘܪܫܢܐ ÷ ܠܗ: ܐܝܟ ܦܘܪܫܢܐ ܕܐܕܪܐ. ܗܟܢܐ ܐܦܪܫܘܢܝܗ
21 ܪܫܝܬܐ ܕܠܝܫܬܟܘܢ ܕܝܠܟܘܢ. ܘܬܬܠܘܢ ܠܡܪܝܐ ܦܘܪܫܢܐ ܠܫܪܒܬܟܘܢ: 22 ܐܢ ܕܝܢ ܬܣܟܠܘܢ. ܘܠܐ
ܬܥܒܕܘܢ ܟܠܗܘܢ ܦܘܩܕܢܐ ܗܠܝܢ .. ܗܠܝܢ ܕܡܠܠ *ܡܪܝܐ ܥܡ ܡܘܫܐ .. 23 ܐܝܟ ܟܠܗܝܢ ܗܠܝܢ ܕܦܩܕ
ܡܪܝܐ ܠܘܬܟܘܢ ܒܐܝܕܐ ܕܡܘܫܐ ܡܢ ܝܘܡܐ ܗܘ ܕܦܩܕ ܡܪܝܐ ÷ ܠܘܬܟܘܢ ÷ ܘܠܥܠ ܠܫܪܒܬܟܘܢ.
21[2] | 24 ܘܢܗܘܐ ܕܐܢ ܡܢ ܥܝܢܐ ܕܟܢܘܫܬܐ ܢܗܘܐ ܠܐ ܒܝܕܥܬܐ. ܐܦ ܢܥܒܕܘܢ ܟܠܗ ܟܢܘܫܬܐ ܥܓܠܐ ܡܢ ܬܘܪܐ
÷ ܕܠܐ ܡܘܡܐ ÷ ܚܕ ܠܝܩܪܐ ܥܠܬܐ .. ܠܪܝܚܐ ܕܒܣܝܡܘܬܐ ܢܝܚܐ ܠܡܪܝܐ. ܘܩܘܪܒܢܗ ܘܢܣܟܐ ܕܝܠܗ
ܐܝܟ ܦܘܩܕܢܐ ܕܝܠܗ. ܘܨܦܝܪܐ ܡܢ ܥܙܐ ܚܕ ܡܛܠ ܚܛܗܐ. 25 ܘܢܚܣܐ ܟܗܢܐ ܡܛܠ ܟܠܗ ܟܢܘܫܬܐ
ܕܒܢܝܐ ܕܐܝܣܪܝܠ. ܘܢܫܬܒܩ ܠܗܘܢ: ܡܛܠ ܕܠܐ ܒܝܕܥܬܐ ܐܝܬܝܗ. ܘܗܢܘܢ ܐܝܬܝܘ ܩܘܪܒܢܐ ܕܝܠܗܘܢ
ܩܘܪܒܢܐ ܠܡܪܝܐ ܡܛܠ ܚܛܗܝܗܘܢ ܘܕܠܗܘܢ ܩܕܡ ܡܪܝܐ .. ܡܛܠ ܕܠܐ ܒܝܕܥܬܐ ܕܝܠܗܘܢ: 26 ܘܢܫܬܒܩ
ܠܟܠܗ ܟܢܘܫܬܐ ܕܒܢܝܐ ܕܐܝܣܪܝܠ ܘܠܬܘܬܒܐ ܗܘ ܕܡܬܩܪܒ ܠܘܬܟܘܢ: ܡܛܠ ܕܠܟܠܗ ܥܡܐ ܠܐ
ܒܝܕܥܬܐ ÷ 27 ܐܢ ܕܝܢ ܢܦܫܐ ܚܕܐ ܬܚܛܐ ܠܐ ܒܝܕܥܬܐ. ܬܩܪܒ ܥܙܐ ÷ ܚܕܬܐ ܒܪܬ ܫܢܬܐ ܡܛܠ ܚܛܗܐ.
28 ܘܢܚܣܐ ܟܗܢܐ ܡܛܠ ܢܦܫܐ ܗܝ ܕܐܬܛܥܝܬ ܘܚܛܬ ܠܐ ܒܝܕܥܬܐ ܩܕܡ ܡܪܝܐ. ܠܡܚܣܝܘ ܡܛܠܬܗ
20 ※ ܘܢܫܬܒܩ ܠܗ ÷ 29 ܠܝܠܝܕܐ |

16

22[1] | ܡܢ ܒܢܝܐ ܕܐܝܣܪܝܠ ܢܫܝܐ ܘܩܡܘ ܩܕܡ ܡܘܫܐ ܘܟܢܘܫܬܐ. ܡܬܩܪܒܝܢ ܐܚܝܕܐ ܠܟܢܘܫܬܐ ܘܩܪܝܐ ܕܡܘܥܕܐ:
3 ܐܬܟܢܫܘ ܥܠ ܡܘܫܐ ܘܐܗܪܘܢ. ܘܐܡܪܘ ܠܘܬܗܘܢ «*ܣܓܝ ܠܟܘܢ: ܡܛܠ ܕܟܠܗ ܟܢܘܫܬܐ ܟܠܗܘܢ
ܩܕܝܫܐ . ܘܒܗܘܢ ܡܪܝܐ: ܘܡܛܠ ܡܢܐ ܡܬܥܠܝܢ ܐܢܬܘܢ ܥܠ ܟܢܘܫܬܗ ܕܡܪܝܐ .·. ÷ 4 ܘܟܕ ܫܡܥ
25 ܡܘܫܐ. ܢܦܠ ܥܠ ܦܪܨܘܦܐ ܕܝܠܗ. 5 ܘܡܠܠ ܥܡ ܩܘܪܚ ܘܥܡ ܟܠܗ ܟܢܘܫܬܐ ܕܝܠܗ ܟܕ
ܐܡܪ «ܣܥܪ ܘܝܕܥ *ܐܠܗܐ ܠܗܠܝܢ ܕܐܝܬܝܗܘܢ ܕܝܠܗ. ܘܠܩܕܝܫܐ ܩܪܒ ܠܘܬܗ. †ܘܠܗܠܝܢ ܕܓܒܐ ܗܘ
ܠܗ. ܩܪܒ ܠܘܬܗ ÷ 6 ܗܕܐ ܥܒܕܘ: ܣܒܘ ܐܢܬܘܢ ܠܟܘܢ ܡܚܬܝܬܐ .. ܩܘܪܚ ܘܟܠܗ ܟܢܘܫܬܐ ܕܝܠܗ:
7 ܘܣܝܡܘ ܒܗܝܢ ܢܘܪܐ. ܘܣܝܡܘ ܒܗܝܢ ܒܣܡܐ. ܩܕܡ ܡܪܝܐ ܡܚܪ. ܘܢܗܘܐ ܓܒܪܐ ܗܘ ܕܐܢ
ܢܓܒܐ ܡܪܝܐ. ܗܢܘ ܩܕܝܫܐ: ܢܣܦܩ ܠܟܘܢ .. ܒܢܝܐ ܕܠܘܝ» ÷ 8 ܘܐܡܪ ܡܘܫܐ ܠܘܬ ܩܘܪܚ
30 «ܫܡܥܘܢܝ .. ܒܢܝܐ ܕܠܘܝ .. 9 ܩܠܝܠܐ ܕܩܠܝܠܐ ÷ ܐܝܬܝܗ ܗܕܐ ܠܟܘܢ ܕܦܪܫ ܐܠܗܐ ܕܐܝܣܪܝܠ
22[2] | ܠܟܘܢ ܡܢ ܟܢܘܫܬܐ ܕܐܝܣܪܝܠ. ܘܩܪܒܟܘܢ ܠܘܬܗ ※ ܠܡܬܦܠܚܘ ÷ ܬܫܡܫܬܐ ܕܡܫܟܢܗ ܕܡܪܝܐ
ܘܠܡܩܡ ܩܕܡ ܟܢܘܫܬܐ ܠܡܬܦܠܚܘ ܐܢܘܢ .·. 10 ܘܩܪܒܟ ܠܟ ܘܠܟܠܗܘܢ ܐܚܝܟ ܒܢܝܐ ܕܠܘܝ
ܥܡܟ: ܘܒܥܝܢ ܐܢܬܘܢ ※ ܐܦ ܟܗܢܘܬܐ ÷ ܠܡܟܗܢܘ 11 ܗܟܢܐ .. ܐܢܬ ܘܟܠܗ ܟܢܘܫܬܐ ܕܝܠܟ ܗܝ ܕܟܢܝܫܐ
ܥܠ ܐܠܗܐ .·. ܘܐܗܪܘܢ *ܡܢܘ ܐܝܬܘܗܝ ܕܪܛܢܝܢ ܐܢܬܘܢ ܥܠܘܗܝ .·. ÷ 12 ܘܫܕܪ ܡܘܫܐ ܠܡܩܪܐ ܠܕܬܢ
35 ܘܠܐܒܝܪܡ ܒܢܘܗܝ ܕܐܠܝܐܒ: ܘܐܡܪܘ «ܠܐ ܣܠܩܝܢܢ: 13 ܕܩܠܝܠ ܕܩܠܝܠܐ ÷ ܗܕܐ ÷ ܕܐܣܩܬܢ ܡܢ *ܐܪܥܐ

14 ܐܘ et ܕܝܠܗ et ܕܐܢܫ in versuum initiis posita B signo ÷ notat: ÷ male scriptus adest post ܠܡܪܝܐ. etiam ÷ ܢܗܘܐ ÷ scripsi contra B

15 ܘܠܬܘܬܒܐ ÷ B in versu incipiente

17 19 23 signo ad ܡܪܝܐ non adposito, ܡܫܐ B[m]

19 ܠܚܡܐ bis scriptum in B

20 ÷ priorem ego posui

20 in B ante ܚܠܬܐ signum ε graecae simile

27 ܥܙܐ ÷ [sine ÷] B

3 ܐ̄ ܘ ܣܓܝ ܠܟܘܢ |

5 ܟܕ ܐܡܪ ܣܥܪ ܘܝܕܥ ܥܡܗ

5 ܠܗܠܝܢ ܕܠܐ ܓܒܐ ܗܘ ܠܐ ܩܪܒ ܠܘܬܗ

7 ܩܕܡ ܡܪܝܐ transscripsi

8 ܫܡܥܘܢܝ ܒܢܝ ܠܘܝ ܡܛܠ ܗܕܐ

9 versus qui sunt a ܩܠܝܠܐ ad ܠܡܫܡܫܘ bis scripti in B. ÷ semel additur, post ܠܡܫܡܫܘ mihi alterum. ܠܡܫܡܫܘ÷ ※ F, ※ est in B

10 13 ÷ addidi

11 ܡܢܘ

13 ܐ̄ ܘ ܡܢ ܐܪܥܐ |

ܘܩܪ̈ܝܬܐ ܢܟ̈ܣܐ ܘܟܪ̈ܡܐ. ܠܥܡܠܘܬܐ ܐܢܬ ܠܢ ܥܡܪܬܐ. *ܝܗܒܬ ܐܢܬ ܠܢ ܐܪܥܐ.· [14]ܘܐܦ ܐܢܬ ܠܐܪܥܐ
ܕܡܪܕܝܐ ܚܠܒܐ ܘܕܒܫܐ ܐܥܠܬ ܠܢ. ܘܝܗܒܬ ܠܢ ܝܪܬܘܬܐ ܕܚܩܠܐ ܘܟܪ̈ܡܐ.· ܠܥܝ̈ܢܝܗܘܢ ܕܐܢܫܐ ܗܠܝܢ | 23¹
ܡܫܬܪܐ ܗܘܝܬ: ܠܐ ܢܣܩܝܢܢ« ❖ [15]ܘܬܩܦ ܠܗ ܠܡܘܫܐ ܛܒ. ܘܐܡܪ ܠܘܬ ܡܪܝܐ »ܠܐ ܬܚܘܪ ܠܘܬ
ܩܘܪܒܢܗܘܢ: ܠܐ ܪܓܬܐ ܘܠܐ ܕܚܕ ܡܢܗܘܢ ܢܣܒܬ. ܘܠܐ ܐܒܐܫܬ ܐܦ ܠܐ ܠܚܕ ܡܢܗܘܢ« ❖ [16]ܘܐܡܪ
ܡܘܫܐ ܠܘܬ ܩܘܪܚ »ܩܕܫ ܠܟܢܘܫܬܐ ܕܝܠܟ. ܘܗܘܘ ܛܝܒܝܢ ܩܕܡ ܡܪܝܐ ܐܢܬ ܘܗܢܘܢ ܘܐܗܪܘܢ
ܠܡܚܪ: [17]ܘܣܒܘ ܟܠ ܚܕ ܡܚܬܝܬܐ ܕܝܠܗ. ܘܣܝܡܘ ܒܗܝܢ ܒܣ̈ܡܐ. ܘܩܪܒܘ ܩܕܡ ܡܪܝܐ
ܟܠ ܚܕ ܡܚܬܝܬܐ ܕܝܠܗ [. . . . .][18]ܘܢܣܒܘ ܒܗܝܢ ܢܘܪܐ. ܘܣܡܘ ܒܗܝܢ ܒܣ̈ܡܐ: ܘܩܡܘ
ܠܘܬ ܬܪܥܐ ܕܡܫܟܢܐ ܕܣܗܕܘܬܐ ܡܘܫܐ ܘܐܗܪܘܢ ❖ [19]ܘܟܢܫ ܠܗܘܢ ܩܘܪܚ ܠܟܠܗ ܟܢܘܫܬܐ
ܕܠܩܘܒܠܗܘܢ ܠܘܬ ܬܪܥܐ ܕܡܫܟܢܐ ܕܣܗܕܘܬܐ. ܘܐܬܚܙܝܬ ܫܘܒܚܗ ܕܡܪܝܐ ܠܟܠܗ ܟܢܘܫܬܐ ❖
[20]ܘܡܠܠ ܡܪܝܐ ܠܘܬ ܡܘܫܐ ܘܐܗܪܘܢ ܟܕ ܐܡܪ [21]»ܐܬܦܪܫܘ ܡܢ ܡܨܥܬ ܟܢܘܫܬܐ ܗܕܐ. ܘܐܫܬܘܐ ܐܢܘܢ
ܐܝܟ ܚܕܐ ܫܥܐ« ❖ [22]ܘܢܦܠܘ ܥܠ ܦܪ̈ܨܘܦܝܗܘܢ | ܘܐܡܪܘ »*ܐܠܗܐ. ܐܠܗܐ ܕܪ̈ܘܚܐ ܘܕܟܠ ܒܣܪ.. 23²
ܐܢ ܒܪܢܫܐ ܚܕ ܚܛܐ. ܥܠ ܟܠܗ ܟܢܘܫܬܐ ܪܘܓܙܐ ܕܡܪܝܐ.·« ❖ [23]ܘܡܠܠ ܡܪܝܐ ܠܘܬ ܡܘܫܐ ܟܕ
ܐܡܪ [24]»ܡܠܠ ܠܟܢܘܫܬܐ ܟܕ ܐܡܪ ܐܢܬ »ܐܬܦܪܫܘ ܡܢ ܡܫܟܢܗ ܕܟܢܘܫܬܐ ܕܩܘܪܚ ※ܘܕܬܢ ܘܕܐܒܝܪܡ↙«« ❖
[25]ܘܩܡ ܡܘܫܐ ܘܐܙܠ ܠܘܬ ܕܬܢ ܘܐܒܝܪܡ. ܘܐܙܠܘ ܥܡܗ ܟܠܗܘܢ ܣܒ̈ܐ ܕܐܝܣܪܝܠ ❖
[26]ܘܡܠܠ ܠܘܬ ܟܢܘܫܬܐ ܟܕ ܐܡܪ »ܐܬܦܪܫܘ ※ܗܫܐ↙ ܡܢ ܡܫܟ̈ܢܝܗܘܢ ܕܒ̈ܢܝܢܫܐ ܩܫ̈ܝܐ ܗܠܝܢ. ܘܠܐ
ܬܬܩܪܒܘܢ ܡܢ ܟܠ ܡܐ ܕܐܝܬ ܠܗܘܢ. ܕܠܡܐ ※ܐܟܚܕܐ↙ ܬܐܒܕܘܢ ܥܡܗܘܢ ܒܟܠܗ ܚܛܝܬܐ ܕܝܠܗܘܢ« ❖
[27]ܘܐܬܦܪܫܘ ܡܢ ܡܫܟܢܗ ܕܩܘܪܚ ※ܘܕܬܢ ܘܕܐܒܝܪܡ↙ ※ܡܢ ܚܕܪܝܗ↙: ܘܕܬܢ ܘܐܒܝܪܡ ܢܦܩܘ. ܘܩܡܝܢ ܗܘܘ
ܠܘܬ ܬܪܥܐ ܕܡܫܟ̈ܢܝܗܘܢ. ܘܢܫ̈ܝܗܘܢ ܘܒ̈ܢܝܗܘܢ ܘܡܦܪܢܝܗܘܢ ❖ [28]ܘܐܡܪ ܡܘܫܐ »ܒܗܕܐ
ܬܕܥܘܢ ܕܡܪܝܐ ܫܕܪܢܝ ܠܡܥܒܕ ܟܠܗܘܢ ܥܒ̈ܕܐ ܗܠܝܢ. ܕܠܐ ܡܢ ܪܥܝܢܝ ܢܦܫܝ ❖ [29]ܐܢ ܐܝܟ ܡܘܬܐ |

17

| 24¹ [6]ܘܐܬܪܛܢܘ ※ܟܠܗ ܟܢܘܫܬܐ↙ *ܕܒ̈ܢܝ ܐܝܣܪܝܠ ܒܝܘܡܐ ܕܒܬܪܗ ܥܠ ܡܘܫܐ ܘܐܗܪܘܢ ܟܕ ܐܡܪܝܢ »ܐܢܬܘܢ
ܩܛܠܬܘܢ ܠܥܡܐ ܕܡܪܝܐ« ❖ [7]ܘܗܘܐ ܟܕ ܐܬܟܢܫܬ ܟܢܘܫܬܐ ܥܠ ܡܘܫܐ ܘܐܗܪܘܢ. ܘܪܗܛܘ
ܠܘܬ ܡܫܟܢܐ ܕܣܗܕܘܬܐ. ܘܚܦܝܗ ܗܘܬ ܥܢܢܐ. ܘܐܬܚܙܝܬ ܫܘܒܚܗ ܕܡܪܝܐ:
[8]ܘܥܠܘ ܡܘܫܐ ܘܐܗܪܘܢ ܩܕܡ ܬܪܥܐ ܕܡܫܟܢܐ ܕܣܗܕܘܬܐ: [9]ܘܡܠܠ ܡܪܝܐ ܠܘܬ ܡܘܫܐ ܘܐܗܪܘܢ ܟܕ
ܐܡܪ [10]»ܐܬܦܪܫܘ ܡܢ ܡܨܥܬܐ ܕܟܢܘܫܬܐ ܗܕܐ. ܘܐܫܬܘܐ ܐܢܘܢ ܐܝܟ ܚܕܐ ܫܥܐ«: ܘܢܦܠܘ ܥܠ ܦܪ̈ܨܘܦܝܗܘܢ
ܕܝܠܗܘܢ: [11]ܘܐܡܪ ܡܘܫܐ ܠܘܬ ܐܗܪܘܢ »ܣܒ ܡܚܬܝܬܐ. ܘܣܝܡ ܒܗ ܢܘܪܐ ܡܢ ܡܕܒܚܐ. ܘܐܪܡܐ
ܥܠܝܗ↙ ܒܣ̈ܡܐ. ܘܐܙܠ ܒܥܓܠ ܠܟܢܘܫܬܐ. ܘܚܣܝ ܥܠܝܗܘܢ. ܢܦܩ ܓܝܪ ܪܘܓܙܐ ܡܢ
ܩܕܡ ܦܪ̈ܨܘܦܐ ܕܡܪܝܐ. ܘܫܪܝ ܠܡܚܒܠܘ ܠܥܡܐ« ❖ [12]ܘܢܣܒ ܐܗܪܘܢ ܐܝܟܢܐ ܕܡܠܠ ܠܗ ܡܘܫܐ↙.
ܘܪܗܛ ܠܡܨܥܬܐ | ܕܟܢܘܫܬܐ. ܘܗܐ ܫܪܝܬ ܗܘܬ ܡܘܬܢܐ ܒܥܡܐ: ܘܐܪܡܝ ܒܣ̈ܡܐ. ܘܚܣܝ ܥܠ 24²
ܥܡܐ ❖ [13]ܘܩܡ ܒܝܢܬ ܡܝܬ̈ܐ ܘܒܝܢܬ ܚܝ̈ܐ. ܘܐܬܟܠܝܬ ܡܘܬܢܐ ❖ [14]ܘܗܘܘ
ܗܠܝܢ ܕܡܝܬܘ ܒܡܘܬܢܐ. ܐܪܒܥܣܪ ܐܠܦܝܢ ܘܫܒܥܡܐܐ. ܣܛܪ ܡܢ ܗܠܝܢ ܕܡܝܬܘ ܡܛܠ ܩܘܪܚ:
[15]ܘܗܦܟ ܐܗܪܘܢ ܠܘܬ ܡܘܫܐ ܠܘܬ ܬܪܥܐ ܕܡܫܟܢܐ ܕܣܗܕܘܬܐ. ܘܟܕ ܡܘܬܢܐ ܐܬܟܠܝܬ ❖
ܡܪܝܐ ܕܟܠܗ ܥܠܡܐ ❖
[16]ܘܡܠܠ ܡܪܝܐ ܠܘܬ ܡܘܫܐ ܟܕ ܐܡܪ [17]»ܡܠܠ ܠܒ̈ܢܝ ܐܝܣܪܝܠ. ܘܣܒ ܡܢܗܘܢ ܫܒܛܐ

13 ܐܦ ܡܢ .ܐܝܟ ܢܫܐ. ܐܢܬ ܠܢ ܕܥܒܕܬ ܠܡܕܒܪܐ ܐܬܚܪܝ ܢܫܐ ܐܦ ܐܢܬ. ܠܘܬ ܐܪܥܐ ܕܡܪܕܝܐ ܚܠܒܐ ܘܕܒܫܐ ܐܥܠܬ ܠܢ. ܘܝܗܒܬ ܠܢ ܝܪܬܘܬܐ ܕܚܩܠܐ ܘܟܪ̈ܡܐ. ܘܥܝ̈ܢܐ ܐܦ ܠܚܕ ܡܢܗܘܢ. ܠܐ ܣܠܩܝܢܢ. post versum unum vacuum ܗܘ ܡܕܝܢ ܐܢܬ ܠܟܠܢ ܡܫܬܪܐ ܠܟ ܗܘܝܬ ܐܦ ܠܐ ܠܐܪܥܐ ܕܡܪܕܝܐ ܚܠܒܐ ܘܕܒܫܐ ܐܥܠܬ ܠܢ. ܐܦ ܠܐ ܝܗܒܬ ܠܢ ܩܘܪܝܐ ܕܚܩܠܐ ܘܟܪ̈ܡܐ. ܘܥܝ̈ܢܐ ܐܦ ܠܚܕ ܡܢܗܘܢ. ܐܢܬ ܠܐ ܣܠܩܝܢܢ. index non adest
15 ܘܬܩܦ B
16 ܡܪܝܐ↙ B
17/18 signum lacunae posui
19 ÷ ante ܟܢܘܫܬܐ exhibet B
19 ܕܠܩܘܒ exscripsi
22 ܐܠܗܐ ܐܠܗܐ ܕܪ̈ܘܚܐ ÷ L ܐܠܗܐ ܕܪ̈ܘܚܐ ܗܘ |
23 ad ܡܪܝܐ indice non instructum pertinet quod B^m m sec habet, ܩܘܪܚ
24 B ※ ante ܕܩܘܪܚ habet
26 ※ ܐܬܦܪܫܘ ↙ ܗܫܐ B
26 post ܩܘܪܚ non habet ↙ B, habet post ܡܫܟ̈ܢܝܗܘܢ
27 ※ ܡܢ ܚܕܪܝܗ↙ B
6 ܕܒ̈ܢܝ ܢܫܐ, ubi ܢ puncto caret
6 ܟܠܗ↙ B
13 ※ ܘܐܬܟܠܝܬ↙ B
15 ܡܘܫܐ ego, ܡܘܬܢܐ B
16⁰ ܡܠܠ ܥܡܗܘܢ ܕܐܗܪܘܢ ܟܕ ܐܡܪ

ܫܒܛܐ ܐܝܟ ܒܝܬܐ ܕܐܒܗܬܐ ܡܢ ܟܠܗܘܢ ܪ̈ܫܢܐ ܕܫܒܛܝܗܘܢ ܐܝܟ ܒܝܬܐ ܕܐܒܗܬܗܘܢ. ܬܪܥܣܪ ܫܒܛܝܢ.
ܘܕܟܠ ܚܕ ܫܡܐ ܕܝܠܗ ܟܬܘܒ ܥܠ ܫܒܛܗ: [18] ܘܫܡܗ ܕܐܗܪܘܢ ܟܬܘܒ ܥܠ ܫܒܛܐ ܕܠܘܝ.
ܢܗܘܘܢ ܡܛܠ ܫܒܛܐ ܚܕ: ܐܝܟ ܫܒܛܐ ܕܒܝܬܐ ܕܐܒܗܬܐ ܕܟܠܗܘܢ ܢܗܘܐ ܠܗܘܢ: [19] ܘܐܣܝܡ ܐܢܘܢ
ܒܡܫܟܢܐ ܕܣܗܕܘܬܐ ܠܘܩܒܠ ܣܗܕܘܬܐ. ܒܗܘ ܕܡܬܚܙܐ | ܐܢܐ ܠܟ ܬܡܢ: [20] ܘܢܗܘܐ. ܓܒܪ 25¹
ܐܝܢܐ ܗܘ ܕܐܢܐ ܐܓܒܝܘܗܝ. ܫܒܛܗ ܕܝܠܗ ܢܦܪܥ. ܘܐܫܬܩ ܡܢܝ ܪ̈ܛܢܐ ܕܒܢ̈ܝ ܐܝܣܪܝܠ.. ܗܢܘܢ
ܕܗܢܘܢ ܡܪܛܢܝܢ ܥܠܝܟܘܢ: [21] ܘܡܠܠ ܡܘܫܐ ܠܒܢ̈ܝ ܐܝܣܪܝܠ. ܘܝܗܒܘ ܠܗ ܟܠܗܘܢ ܪ̈ܫܢܐ
ܕܝܠܗܘܢ ܫܒܛܐ ܠܪܫܐ ܚܕ. ܫܒܛܐ ܡܢ ܟܠ ܪܫܐ ※ܚܕ↙. ܐܝܟ ܒܝܬܐ ܕܐܒܗܬܐ ܕܝܠܗܘܢ.. ܬܪܥܣܪ
ܫܒܛܝܢ: ܘܫܒܛܐ ܗܘ ܕܐܗܪܘܢ ܒܝܢܬ ܫܒܛܐ ܕܝܠܗܘܢ: [22] ܘܣܡ ܐܢܘܢ ܡܘܫܐ ܠܫܒܛܐ ܩܕܡ ܡܪܝܐ
ܒܡܫܟܢܐ ܕܣܗܕܘܬܐ: [23] ܘܗܘܐ ܒܝܘܡܐ ܕܒܬܪܗ. ܘܥܠ ܡܘܫܐ ܘܐܗܪܘܢ ܠܡܫܟܢܐ ܕܣܗܕܘܬܐ. ܘܗܐ
ܐܦܪܥ ܫܒܛܗ ܕܐܗܪܘܢ ܠܒܝܬܐ ܕܠܘܝ. ܘܐܦܩ ܦܘܪ̈ܥܝܐ ܘܝܗܒ ܗܒܒܐ ܘܐܦܪܥ ※ܠܘܙܐ܀ [24] ܘܐܦܩ
ܡܘܫܐ ܠܟܠܗܘܢ ܫܒܛܐ ܡܢ ܩܕܡ ܦܪܨܘܦܗ ܕܡܪܝܐ ܠܘܬ ܟܠܗܘܢ ܒܢ̈ܝ ܐܝܣܪܝܠ. ܘܚܙܘ. ܘܢܣܒܘ
ܟܠ ܚܕ ܠܫܒܛܐ ܕܝܠܗ܀ [25] ܘܐܡܪ ܡܪܝܐ ܠܘܬ ܡܘܫܐ ܐܗܦܟ ܠܫܒܛܐ ܕܐܗܪܘܢ ܩܕܡ
ܣܗܕܘܬܐ. ܕܢܬܢܛܪ ܠܐܬܐ ܠܒܢ̈ܝܐ ܕܠܐ ܡܬܛܦܝܣܝܢ. | ܘܬܫܠܐ ܪ̈ܛܢܝܗܘܢ ܡܢܝ. ܘܠܐ ܢܡܘܬܘܢ܀ 25²
[26] ܘܥܒܕ ܡܘܫܐ ܘܐܗܪܘܢ ܐܝܟ ܕܦܩܕ ܡܪܝܐ ܠܗ. ܗܟܢܐ ܥܒܕܘ܀ ܗ܀
[27] ܘܐܡܪܘ ܒܢ̈ܝ ܐܝܣܪܝܠ ܠܘܬ ܡܘܫܐ ܟܕ ܐܡܪܝܢ ܗܐ ܐܬܚܪܒܢ. ܐܒܕܢ ※ܚܕ↙ ܟܠܢ.
ܣܦܢ: [28] ܟܠ ܡܢ ܕܩܪܒ ܠܡܫܟܢܗ ܕܡܪܝܐ. ܡܐܬ: ܕܠܡܐ ܠܡܓܡܪ ܢܡܘܬ܀
[1] ܘܐܡܪ ܡܪܝܐ ܠܘܬ ܐܗܪܘܢ ÷ ܟܕ ܐܡܪ↙ ܐܢܬ ܘܒܢ̈ܝܟ ܕܥܡܟ ܘܒܝܬܐ ܕܐܒܘܟ ※ܥܡܟ↙ 18
ܬܩܒܠܘܢ ※ܚܛܗܐ ܕܡܩܕܫܐ. ‖ ܘܐܢܬ ܘܒܢ̈ܝܟ ܕܥܡܟ ※ܥܡܟ↙ ܬܩܒܠܘܢ †ܚܛܗܝܟܘܢ ܩܒܠܠ ܐ ܠ ܗ
ܕܟܘܡܪܘܬܐ ܕܝܠܟܘܢ: [2] ܘܐܦ ܐܚ̈ܝܟ.. ܠܫܒܛܐ ܕܠܘܝ.. ܠܫܪܒܬܐ ܕܐܒܘܟ. ܩܪܒ ܠܘܬܟ.
ܘܢܬܠܘܘܢ ܠܟ ܘܢܫܡܫܘܢܟ ܠܟ. ܘܐܢܬ ܘܒܢ̈ܝܟ ܕܥܡܟ ÷ ܥܡܟ↙ ܩܕܡ ܡܫܟܢܐ ܕܣܗܕܘܬܐ: [3] ܘܢܛܪܘܢ
ܡܛܪܬܟ ܘܡܛܪܬܐ ܕܡܫܟܢܐ ܟܠܗ: ܒܪܡ ܠܘܬ ܡܐܢ̈ܐ ܩܕܝ̈ܫܐ ܘܠܘܬ ܡܕܒܚܐ ܠܐ ܢܬܩܪܒܘܢ.
ܘܠܐ ܢܡܘܬܘܢ ܐܦ ܗܢܘܢ. ܐܦ ܐܢܬܘܢ: [4] ܘܢܬܠܘܘܢ ܠܘܬܟ ܘܢܛܪܘܢ ܡܛܪܬܐ ܕܡܫܟܢܐ ܕܣܗܕܘܬܐ
| ܐܝܟ ܟܠܗܘܢ ܦܘܠܚܢ̈ܐ ܕܡܫܟܢܐ. ܘܐܢܫ ܢܘܟܪܝܐ ܠܐ ܢܬܩܪܒ ܠܘܬܟ: [5] ܘܛܪܘܢ ܡܛܪܬܐ 26¹
ܕܩܘܕܫܐ ܘܡܛܪܬܐ ܕܡܕܒܚܐ. ܘܠܐ ܢܗܘܐ ܬܘܒ ܪܘܓܙܐ ܥܠ ܒܢ̈ܝ ܐܝܣܪܝܠ: [6] ܘܐܢܐ ܗܐ ܢܣܒܬ ܠܐܚ̈ܝܟ
ܕܥܡܟ.. ܠܠܘܝ̈ܐ.. ܡܢ ܡܨܥܬ ܒܢ̈ܝ ܐܝܣܪܝܠ ※ܠܟܘܢ↙ ܡܘܗܒܬܐ ܝܗܝܒܝܢ ܠܡܪܝܐ ܠܡܦܠܚܘ
ܦܘܠܚܢܐ ܕܡܫܟܢܐ ܕܣܗܕܘܬܐ: [7] ܘܐܢܬ ܘܒܢ̈ܝܟ ܕܥܡܟ ܛܪܘ ܟܗܢܘܬܟܘܢ ܠܟܠ ܨܒܘ
ܕܡܕܒܚܐ ܘܠܓܘ ܡܢ ܦܪܣܐ. ܘܬܦܠܚܘܢ ܦܘܠܚܢܐ: ܡܘܗܒܬܐ ※ܝܗܒܬ↙ ܟܗܢܘܬܐ ܕܝܠܟܘܢ.
ܘܐܢܫ ܢܘܟܪܝܐ ܗܘ ܕܡܬܩܪܒ. ܢܡܘܬ܀ [8] ܘܡܠܠ ܡܪܝܐ ܠܘܬ ܐܗܪܘܢ ܐܦ ܐܢܐ ܗܐ ܝܗܒܬ ܠܟܘܢ
ܠܡܛܪܬܐ ܕܦܪ̈ܫܘܬܐ ܕܝܠܝ ܡܢ ܟܠܗܘܢ ܕܐܬܩܕܫܘ ܠܝ ܡܢ ※ܒܢ̈ܝ ܕ↙ܐܝܣܪܝܠ. ܠܟ ܝܗܒܬ ܐܢܘܢ ܠܡܫܝܚܘܬܐ
ܘܠܒܢ̈ܝܟ ÷ ܕܥܡܟ↙. ܢܡܘܣܐ ܠܥܠܡ: [9] ܘܗܢܐ ܢܗܘܐ ܠܟ ܡܢ ܗܠܝܢ ܕܐܬܩܕܫܘ ܩܘܕܫܐ
ܕܩܘܕܫܐ ܕܦܪ̈ܫܐ. ܡܢ ܟܠܗܘܢ ܩܘܪ̈ܒܢܝܗܘܢ ܘܡܢ ܟܠܗܘܢ ܡܢܚ̈ܬܗܘܢ ܘܡܢ ܟܠܗܘܢ ܚܛ̈ܗܝܗܘܢ 26²
ܕܝܠܗܘܢ ܘܡܢ ܟܠܗܘܢ ܣܘ̈ܪܚܢܐ ※ܕܝܠܗܘܢ↙: ܗܠܝܢ ܕܡܩܪܒܝܢ ܠܝ ܡܢ ܟܠܗܘܢ ܩܘܕܫܐ. ܠܟ ܢܗܘܘܢ
ܘܠܒܢ̈ܝܟ ܕܥܡܟ: [10] ܒܩܘܕܫܐ ܕܩܘܕܫܐ ܬܐܟܠܘܢ ܐܢܘܢ: ܟܠ ܕܟܪܐ ܢܐܟܘܠ ܐܢܘܢ. ܩܘܕܫܐ ܢܗܘܘܢ
ܠܟ ܘܠܒܢ̈ܝܟ܀ [11] ܘܗܢܐ ܢܗܘܐ ܠܟ ܡܢ ܦܪ̈ܫܘܬܐ ܕܡܘܗܒ̈ܬܐ ܕܝܠܗܘܢ. ܡܢ ܟܠܗܘܢ ܐܪ̈ܡܘܬܐ
ܕܒܢ̈ܝ ܐܝܣܪܝܠ. ܠܟ ܝܗܒܬ ܐܢܘܢ ܘܠܒܢ̈ܝܟ ܘܠܒ̈ܢܬܟ ܕܥܡܟ. ܢܡܘܣܐ ܠܥܠܡ: ܟܠ ܕܕܟܐ
ܒܒܝܬܐ ܕܝܠܟ ܢܐܟܘܠ ܐܢܘܢ: [12] ܟܠ ܬܪܒܐ ܕܡܫܚܐ ܘܟܠ ܬܪܒܐ ܕܚܡܪܐ ܘܕܥܒܘܪܐ.. ܪ̈ܫܝܬܐ
ܕܝܠܗܘܢ. ܗܠܝܢ ܕܐܦ ܢܬܠܘܢ ܠܡܪܝܐ.. ܠܟ ܝܗܒܬ ܐܢܝܢ: [13] ܒܘܟܪ̈ܐ ܕܟܠܗܘܢ. ܗܠܝܢ ܕܒܐܪܥܐ
ܕܝܠܗܘܢ. ܗܠܝܢ ܕܐܦ ܢܝܬܘܢ ܠܡܪܝܐ.. ܠܟ ܢܗܘܘܢ: ܟܠ ܕܕܟܐ ܒܒܝܬܐ ܕܝܠܟ. ܢܐܟܘܠ ܐܢܘܢ܀

19 ܘܐܣܝܡ B
23 ܘܦܪܥ ܕܒܝܬ ܠܘܝ
24 ܦܪ̈ܘܦܝܗ B¹
26 ܠܗ B
1 ܗܘܝܬܘܢ ܥܠ ܡܫܟܢܐ ܕܙܒܢܐ
1ᵐ ܗܘ B
2 ÷ addidi
7 ※ܡܘܗܒܬܐ ܕܟܗܢܘܬܐ B, correxit F
8 ※ ܒܢ̈ܝ ܕ↙ܐܝܣܪܝܠ et ܠܡܫܝܚܘܬܐ B
9 ܡܢ ܟܠ ܩܘܪܒܢܝܗܘܢ ܕܡܢܚܬܐ
10 ܕܟܪܐ B
13 ܒܘܟܪܐ B

¹⁴ܟܠ ܕܚܪܝܡ ܒܒܢܝ̈ܐ ܕܐܝܣܪܝܠ. ܠܟ ܢܗܘܐ ܀ ¹⁵ܘܟܠ ܦܬܚ ܡܪܒܥܐ ܡܢ ܟܠ ܒܣܪܐ. ܗܠܝܢ
ܕܡܩܪܒܝܢ ܠܡܪܝܐ. ܡܢ ܒܪ ܐܢܫܐ ܥܕܡܐ ܠܒܥܝܪܐ. ܢܗܘܐ ܠܟ. ܐܠܐ ܡܬܦܪܩܘ | ܬܬܦܪܩܘܢ ܒܘܟܪܐ 27¹
ܕܒܢܝ̈ ܐܢܫܐ: ܘܒܘܟܪܐ ܕܒܥܝܪܐ ܕܗܠܝܢ ܕܠܐ ܕܟܝܢ. ܬܦܪܘܩ ܀ ¹⁶ܘܦܘܪܩܢܐ ܕܝܠܗ ܡܢ ܒܪ ܝܪܚܐ
※ܬܦܪܘܩ↙: ܡܫܘܡܬܗ ܚܡܫܐ ܣܐܬܐ ܢܣܒܬ ܡܢܗ. ܐܝܟ ܡܣܒܥܬܗ ܕܩܘܕܫܐ (ܥܣܪܝܢ ܡܥ̈ܝܢ ܐܝܬܝܗܝܢ):
¹⁷ܒܪܡ ܒܘܟܪܐ ܕܬܘܪܐ ܘܒܘܟܪܐ ܕܥܢܐ ܘܒܘܟܪܐ ܕܥܙܐ ܠܐ ܬܦܪܘܩ. ܩܘܕܫܐ ܐܢܘܢ. ܘܕܡܐ ܕܝܠܗܘܢ
ܬܙܠܘܦ ܥܠ ܡܕܒܚܐ. ܘܬܪܒܐ ※ܕܝܠܗܘܢ↙ ܬܣܩ ܩܘܪܒܢ ܦܐܪܐ ܠܪܝܚܐ ܕܒܣܝܡܘܬܐ ܩܕܡ ܡܪܝܐ:
¹⁸ܘܒܣܪܐ ※ܕܝܠܗܘܢ↙ ܢܗܘܐ ܠܟ: ܐܝܟ ܕܐܦ ܚܕܝܐ ܕܐܢܦܘܠܐ ܘܐܝܟ ܕܪܥܐ ܕܝܡܝܢܐ ܠܟ ܢܗܘܐ ܀
¹⁹ܟܠ ܦܪܝܫܘܬܐ ܕܩܘܕܫܐ. ܟܡܐ ܕܐܢ ܢܦܪܫܘܢ ܒܢܝ̈ ܐܝܣܪܝܠ ܠܡܪܝܐ. ܝܗܒܬ ܠܟ ܘܠܒܢܝ̈ܟ ܘܠܒܢܬ̈ܟ
ܕܥܡܟ ܒܥܠܡ. ܢܡܘܣܐ ܠܥܠܡ. ܕܝܬܩܐ ܕܡܠܚܐ ܕܠܥܠܡ ܐܝܬܝܗ ܩܕܡ ܡܪܝܐ. ܠܟ ܘܠܙܪܥܟ
ܕܥܡܟ ܒܬܪܟ ܀ ²⁰ܘܐܡܪ ܡܪܝܐ ܠܘܬ ܐܗܪܘܢ »ܒܐܪܥܐ ܕܝܠܗܘܢ ܠܐ ܬܐܪܬ. ܘܡܢܬܐ ܠܐ ܬܗܘܐ ܠܟ
| ܒܗܘܢ. ܡܛܠ ܕܐܢܐ ܗܘ ܡܢܬܟ ܕܝܠܟ ܘܝܪܬܘܬܟ ܒܡܨܥܬ ܒܢܝ̈ ܕܐܝܣܪܝܠ: ²¹ܘܠܒܢܝ̈ ܕܠܘܝ 27²
ܗܐ ܝܗܒܬ ܟܠ ܡܥܣܪܐ ܕܒܐܝܣܪܝܠ ܒܝܪܬܘܬܐ ܚܠܦ ܬܫܡܫܬܐ ܕܝܠܗܘܢ.. ܗܠܝܢ ܕܗܢܘܢ ܦܠܚܝܢ
ܬܫܡܫܬܐ ܒܡܫܟܢܐ ܕܣܗܕܘܬܐ: ²²ܘܠܐ ܢܬܩܪܒܘܢ ܬܘܒ ܒܢܝ̈ ܕܐܝܣܪܝܠ ܠܡܫܟܢܐ ܕܣܗܕܘܬܐ.
ܠܡܩܒܠ ܚܛܝܬܐ ܠܡܡܬ ܡܘܬܐ: ²³ܘܢܦܠܚܘܢ ܠܘܝ̈ܐ ܗܘ ܠܬܫܡܫܬܐ ܕܡܫܟܢܐ ܕܣܗܕܘܬܐ. ܘܗܢܘܢ
ܢܣܒܘܢ ܚܛܗ̈ܝܗܘܢ ܕܝܠܗܘܢ. ܢܡܘܣܐ ܕܠܥܠܡ ܠܕܪ̈ܝܗܘܢ ܕܝܠܟܘܢ. ܘܒܡܨܥܬ ܒܢܝ̈ ܐܝܣܪܝܠ ܠܐ ܢܐܪܬܘܢ
ܝܪܬܘܬܐ: ²⁴ܡܛܠ ܕܡܥܣܪܐ ܕܒܢܝ̈ ܐܝܣܪܝܠ. ܟܡܐ ܕܐܢ ܢܦܪܫܘܢ ܠܡܪܝܐ ܦܘܪܫܢܐ. ܝܗܒܬ
ܠܠܘܝ̈ܐ ܒܝܪܬܘܬܐ: ܡܛܠ ܗܢܐ ܐܡܪܬ ܠܗܘܢ »ܕܒܡܨܥܬ ܒܢܝ̈ ܐܝܣܪܝܠ ܠܐ ܢܐܪܬܘܢ ܝܪܬܘܬܐ« ܀
²⁵ܘܡܠܠ ܡܪܝܐ ܥܡ ܡܘܫܐ ܟܕ ܐܡܪ ²⁶»ܐܦ ܠܠܘܝ̈ܐ ܬܡܠܠ. ܘܬܐܡܪ ܠܘܬܗܘܢ »ܕܐܢ ܬܣܒܘܢ
ܡܢ ܒܢܝ̈ ܐܝܣܪܝܠ ܠܡܥܣܪܐ ܗܘ ܕܝܗܒܬ ܠܟܘܢ ܡܢܗܘܢ ܒܝܪܬܘܬܐ ※ܕܝܠܟܘܢ↙. ܘܬܦܪܫܘܢ | ܐܦ ܐܢܬܘܢ↙ 28¹
ܡܢܗ ܦܘܪܫܢܐ ܠܡܪܝܐ.. ܡܥܣܪܐ ܡܢ ܡܥܣܪܐ: ²⁷ܘܢܬܚܫܒ ܠܟܘܢ ܦܘܪܫܢܐ ܕܝܠܟܘܢ ܐܝܟ ܥܒܘܪܐ
ܡܢ ܐܕܪܐ. ܘܐܝܟ ܦܘܪܫܢܐ ܡܢ ܡܥܨܪܬܐ. ²⁸ܗܟܢܐ ܬܦܪܫܘܢ ܐܦ ܐܢܬܘܢ ܡܢ ܦܘܪܫܢܐ ܠܡܪܝܐ.. ܡܢ ܟܠܗܘܢ
ܡܥܣܪ̈ܐ ܕܝܠܟܘܢ. ܟܡܐ ܕܐܢ ܬܣܒܘܢ ܡܢ ܒܢܝ̈ ܐܝܣܪܝܠ. ܘܬܬܠܘܢ ܡܢܗܘܢ ܦܘܪܫܢܐ ܠܡܪܝܐ ܠܐܗܪܘܢ
ܟܗܢܐ ܀ ²⁹ܡܢ ܟܠܗܘܢ ܡܘܗܒ̈ܬܟܘܢ ܕܝܠܟܘܢ ܬܦܪܫܘܢ ※ܟܠܗ↙ ܦܘܪܫܢܐ ܠܡܪܝܐ.. ܡܢ ܟܠܗܘܢ ܫܘܦܪ̈ܐ
※ܕܝܠܗ↙ ܡܕܡ ܕܡܩܕܫ ※ܕܝܠܗ↙ ܡܢܗ ܀ ³⁰ܘܬܐܡܪ ܠܘܬܗܘܢ »ܡܐ ܕܡܪܝܡܝܬܘܢ ܫܘܦܪܐ ※ܕܝܠܗ↙
ܡܢܗ. ܐܦ ܢܬܚܫܒ ܠܠܘܝ̈ܐ ܐܝܟ ܥܠܠܬܐ ܡܢ ܐܕܪܐ ܘܐܝܟ ܥܠܠܬܐ ܡܢ ܡܥܨܪܬܐ: ³¹ܘܬܐܟܠܘܢܝܗܝ
ܒܟܠ ܕܘܟܐ. ܐܢܬܘܢ ܘܒܬ̈ܝܐ ܕܝܠܟܘܢ. ܡܛܠ ܕܐܓܪܐ ܗܘ ܠܟܘܢ ܐܠܗܘܢ ܚܠܦ ܬܫܡܫܬܐ ܕܝܠܟܘܢ.
ܗܠܝܢ ܕܒܡܫܟܢܐ ܕܣܗܕܘܬܐ: ³²ܘܠܐ ܬܩܒܠܘܢ ܡܛܠܬܗ ܚܛܝܬܐ. ܡܛܠ ܕܬܦܪܫܘܢ ܐܢܬܘܢ ܫܘܦܪܐ
※ܕܝܠܗ↙ ܡܢܗ: ܘܩܘܕܫܐ ܕܒܢܝ̈ ܐܝܣܪܝܠ ܠܐ ܬܛܢܦܘܢ. ܕܠܐ | ܬܡܘܬܘܢ ܀ 28²
19 ܩܛ ܥܠ ܐ ܐ ‖ ¹ܘܡܠܠ ܡܪܝܐ ܥܡ ܡܘܫܐ ܘܥܡ ܐܗܪܘܢ ܟܕ ܐܡܪ ²»ܗܕܐ ܦܘܪܫܢܐ ܕܢܡܘܣܐ ܕܗܠܝܢ
ܕܦܩܕ ܡܪܝܐ ܟܕ ܐܡܪ »ܡܠܠ ܥܡ ܒܢܝ̈ ܐܝܣܪܝܠ. ܘܢܣܒܘܢ ܠܘܬܟ ܥܓܠܬܐ ܣܘܡܩܬܐ ܕܠܐ ܡܘܡܐ
ܘܗܝ ܕܠܝܬ ܒܗ ܡܘܡܐ. ܘܗܝ ܕܠܐ ܣܠܩ ܥܠܝܗ ܢܝܪܐ: ³ܘܬܬܠܘܢܗ ܠܘܬ ܐܠܥܙܪ
ܟܗܢܐ. ܘܢܦܩܘܢܗ ܠܒܪ ܡܢ ܡܫܪܝܬܐ ܠ ܕܘܟܬܐ ܕܕܟܝܐ↙ ܘܢܟܣܘܢܗ ܩܕܡܘܗܝ: ⁴ܘܢܣܒ
ܐܠܥܙܪ ※ܟܗܢܐ↙ ܡܢ ܕܡܐ ܕܝܠܗ ※ܒܨܒܥܐ ܕܝܠܗ↙. ܘܢܕܘܫ ܠܘܩܒܠ ܦܪܨܘܦܐ ܕܡܫܟܢܐ ܕܣܗܕܘܬܐ
ܡܢ ܕܡܐ ܕܝܠܗ ܫܒܥ ܙܒܢ̈ܝܢ. ⁵ܘܢܘܩܕܘܢܗ ܩܕܡܘܗܝ. ܘܡܫܟܗ ※ܕܝܠܗ↙ ܘܒܣܪܗ ܘܕܡܐ ܕܝܠܗ ܥܡ
ܦܪܬܗ ܢܐܩܕ: ⁶ܘܢܣܒ ܟܗܢܐ ܩܝܣܐ ܕܐܪܙܐ ܘܙܘܦܐ ܘܙܚܘܪܝܬܐ. ܘܢܪܡܐ ܒܡܨܥܬܗ ܕܝܩܕܬܐ
ܕܥܓܠܬܐ: ⁷ܘܢܚܠܠ ܢܚܬܘܗܝ ܟܗܢܐ. ܘܢܣܚܐ ܦܓܪܗ ܕܝܠܗ ܒܡ̈ܝܐ. ܘܡܢ ܒܬܪ ܗܠܝܢ ܢܥܘܠ
ܠܡܫܪܝܬܐ. ܘܠܐ ܕܟܝܐ ܢܗܘܐ ܗܘ ܟܗܢܐ ܥܕܡܐ ܠܪܡܫܐ: | ⁸ܘܗܘ ܕܝܩܕ ܠܗ. ܢܚܠܠ ܢܚܬܘܗܝ 29¹
ܕܝܠܗ ※ܒܡ̈ܝܐ↙. ܘܢܣܚܐ ܦܓܪܗ ܕܝܠܗ ※ܒܡ̈ܝܐ↙. ܘܠܐ ܕܟܝܐ ܢܗܘܐ ܥܕܡܐ ܠܪܡܫܐ. ⁹ܘܢܟܢܘܫ ܓܒܪܐ

14 ܡܛܠ ܚܪܡܐ ܡܘܡܪܐ
18 26 ↙ addidi
21 ܒܝܪܬܘܬܐ transscripsi
25 ܡܛܠ ܕܦܠܚܝܢ ܚܝܠܐ ܡܥܣܪܐ ܡܢ ܡܥܣܪܐ
29 ܫܘܦܪܐ B
29 fin ↙ ܡܢܗ ※ܕܝܠܗ B.
30 ܕܝܠܗ transscripsi
1^{m} ܐܐ B
2 ܡܛܠ ܥܓܠܬܐ ܣܘܡܩܬܐ
7 ܘܣܚܐ apographum meum
8 ↙ priorem addidi
8 ↙ ܒܡ̈ܝܐ ※ܕܝܠܗ ܦܓܪܐ B

ܐܬܪܐ ܠܡܛܪܬܗ ܕܟܝܘܬܐ . ܘܢܣܝܡ ܠܒܪ ܡܢ ܡܫܪܝܬܐ ܒܐܬܪܐ ܕܟܝܐ . ܘܬܗܘܐ ܠܟܢܘܫܬܐ ܕܒܢܝ̈ܐ
ܕܐܝܣܪܝܠ ܠܡܛܪܬܐ . ܡܝ̈ܐ ܕܪܣܣܐ ܕܘܟܝܐ ܐܝܬܝܗܘܢ ÷ [10]ܘܢܚܠܠ ܗܘ ܕܟܢܫ ܠܩܛܡܗ
ܕܥܓܠܬܐ. ܡܐܢ̈ܘܗܝ ܕܝܠܗ . ܘܠܐ ܕܟܐ ܢܗܘܐ ܥܕܡܐ ܠܪܡܫܐ . ܘܢܗܘܐ ܠܒܢܝ̈ܐ ܕܐܝܣܪܝܠ ܘܠܬܘܬܒܐ ܗܘ ܕܥܡ
ܕܡܬܬܘܬܒܝܢ ܒܡܨܥܬܐ ܕܝܠܗܘܢ. ܢܡܘܣܐ ܕܠܥܠܡ ÷ [11]ܘܡܢ ܕܢܩܪܘܒ ܒܗܘ ܕܡܝܬ ܕܟܠ ܢܦܫܐ
ܕܒܪ ܐܢܫܐ. ܠܐ ܕܟܐ ܢܗܘܐ ܫܒܥܐ ܝܘܡܝܢ : [12]ܗܢܐ ܢܬܕܟܐ ܒܗܘܢ ܒܝܘܡܐ ܬܠܝܬܝܐ ܘܒܝܘܡܐ ܫܒܝܥܝܐ .
ܘܕܟܐ ܢܗܘܐ : ܐܢ ܕܝܢ ܠܐ ܢܬܕܟܐ ܒܝܘܡܐ ܬܠܝܬܝܐ ܘܒܝܘܡܐ ܫܒܝܥܝܐ. ܠܐ ܕܟܐ ܢܗܘܐ ÷ [13]ܟܠ ܕܢܩܪܘܒ
29² ܒܗܘ ܕܡܝܬ ܡܢ ܢܦܫܐ ܕܒܪ ܐܢܫܐ. ܐܢ ܗܘ ܕܢܡܘܬ. ܘܠܐ ܢܬܕܟܐ. ܠܡܫܟܢܗ | ܕܡܪܝܐ ܛܡܐ: ܬܬܚܒܠ
ܢܦܫܐ ܗܝ ܡܢ ܐܝܣܪܝܠ: ܡܛܠ ܕܡܝ̈ܐ ܕܪܣܣܐ ܠܐ ܐܬܪܣܣܘ ܥܠܘܗܝ: ܠܐ ܕܟܐ ܐܝܬܘܗܝ . ܥܕܟܝܠ
ܛܡܐܘܬܗ ܕܝܠܗ ܒܗ ܐܝܬܝܗ ÷ [14]ܗܢܐ ܢܡܘܣܐ: ܒܪ ܐܢܫܐ ܐܢ ܗܘ ܕܢܡܘܬ ܒܡܫܟܢܐ. ܟܠ ܡܢ
ܕܥܐܠ ܠܡܫܟܢܐ. *ܘܗܠܝܢ ܕܐܝܬ ܒܡܫܟܢܐ. ܠܐ ܕܟܝܢ ܢܗܘܘܢ ܫܒܥܐ ܝܘܡܝܢ ÷ [15]*ܘܟܠ ܡܐܢܐ ܕܦܬܝܚ.
ܗܘ ܕܠܐ ܗܘܐ ܡܐܣܪܐ ܡܩܛܪ ܒܗܘܢ. ܠܐ ܕܟܝܐ ܢܗܘܘܢ ÷ [16]ܘܟܠ ܡܢ ܕܢܩܪܘܒ ܥܠ ܐܦ̈ܝ
ܕܚܩܠܐ ܒܫܠܕܐ *ܕܩܛܝܠ ܐܘ ܒܡܝܬܐ ܐܘ ܒܓܪܡܐ ܕܒܪܢܫܐ ܐܘ ܒܩܒܪܐ. ܠܐ ܕܟܐ ܢܗܘܐ ܫܒܥܐ
ܝܘܡܝܢ: [17]ܘܢܣܒܘܢ ܠܗ ܕܠܐ ܕܟܐ. ܡܢ ܩܛܡܐ ܗܘ ܕܝܩܝܕ ܕܕܘܟܝܐ. ܘܢܣܒܘܢ ܥܠܘܗܝ ܡܝ̈ܐ ܚܝ̈ܐ
ܒܡܐܢܐ: [18]ܘܢܣܒ ܙܘܦܐ ܘܢܨܒܘܥ ܒܡܝ̈ܐ ܓܒܪܐ ܕܟܝܐ. ܘܢܙܠܦ ܥܠ ܒܝܬܐ ܘܥܠ *ܟܠܗܘܢ↙
ܡܐܢ̈ܐ ܘܥܠ ܢܦ̈ܫܬܐ ܗܠܝܢ ܕܐܝܬ ܐܢܘܢ ܬܡܢ. ܘܥܠ ܗܘ ܕܩܪܒ ܒܓܪܡܐ ÷ ܕܒܪܢܫܐ↙ ܐܘ ܒܩܛܝܠܐ
30¹ ܐܘ ܒܡܝܬܐ | ܐܘ ܒܩܒܪܐ: [19]ܘܢܙܠܦ ܗܘ ܕܕܟܐ ܥܠ ܗܘ ܕܠܐ ܕܟܐ ܒܝܘܡܐ ܬܠܝܬܝܐ ܘܒܝܘܡܐ
ܕܫܒܥܐ . ܘܢܬܕܟܐ ܒܝܘܡܐ ܕܫܒܥܐ . ܘܢܚܠܠ ܡܐܢ̈ܘܗܝ ܕܝܠܗ. ܘܢܣܚܐ ܒܡܝ̈ܐ. ܘܠܐ ܕܟܐ ܢܗܘܐ ܥܕܡܐ
ܠܪܡܫܐ: [20]ܘܒܪܢܫܐ ܗܘ ܕܐܢ ܢܛܢܦ ܘܠܐ ܢܬܕܟܐ. ܬܬܚܒܠ ܢܦܫܐ ܗܝ ܡܢ ܡܨܥܬ ܟܢܘܫܬܐ:
ܡܛܠ ܕܠܡܩܕܫܐ ܕܡܪܝܐ ܛܡܝܗ: ܒܡܛܠ↙ ܕܡܝ̈ܐ ܕܪܣܣܐ ܠܐ ܐܬܪܣܣܘ ܥܠܘܗܝ . ܠܐ ܕܟܐ
ܐܝܬܘܗܝ: [21]ܘܢܗܘܐ ܠܟܘܢ ܢܡܘܣܐ ܕܠܥܠܡ . ܘܗܘ ܕܡܙܠܦ ܡܝ̈ܐ ܕܕܘܟܝܐ. ܢܚܠܠ ܡܐܢ̈ܘܗܝ ܕܝܠܗ.
ܘܡܢ ܕܢܩܪܘܒ ܠܡܝ̈ܐ ܕܕܘܟܝܐ. ܠܐ ܕܟܐ ܢܗܘܐ ܥܕܡܐ ܠܪܡܫܐ: [22]ܘܟܠ ܡܕܡ ܗܘ ܕܐܢ ܢܩܪܘܒ
ܒܗ ܗܘ ܕܠܐ ܕܟܐ. ܠܐ ܕܟܐ ܢܗܘܐ . ܘܢܦܫܐ ܐܝܕܐ ܕܢܩܪܘܒ. ܠܐ ܕܟܝܐ ܬܗܘܐ ܥܕܡܐ ܠܪܡܫܐ ÷

ܫܪܒܐ ܕܥܠ ܕܘܟܝܐ ÷

20 [1]ܘܐܬܘ ܒܢ̈ܝܐ ܕܐܝܣܪܝܠ .. ܟܠܗ ܟܢܘܫܬܐ .. ܠܡܕܒܪܐ ܕܨܝܢ. ܒܝܪܚܐ ܩܕܡܝܐ . ܘܝܬܒ ܥܡܐ
ܒܩܕܫ . ܘܡܝܬܬ ܬܡܢ ܡܪܝܡ ܘܐܬܩܒܪܬ ܬܡܢ ÷

30² | ܡܛܠܬܗ ܒ ÷

[2]ܘܠܐ ܐܝܬ ܗܘܐ ܡܝ̈ܐ ܠܟܢܘܫܬܐ . ܘܐܬܟܢܫܘ ܥܠ ܡܘܫܐ ܘܐܗܪܘܢ: [3]ܘܡܬܚܪܝܢ ܗܘܐ ܥܡܐ ܠܘܬ
ܡܘܫܐ *ܘܐܡܪܝܢ↙ ܟܕ ܐܡܪܝܢ «ܐܠܘ ܡܝܬܢܢ ܒܡܚܘܬܐ ܕܐܚ̈ܝܢ ܩܕܡ ܡܪܝܐ: [4]ܘܡܛܠ ܡܢܐ ܐܝܬܝܬܘܢ
ܠܟܢܘܫܬܗ ܕܡܪܝܐ ܠܡܕܒܪܐ ܗܢܐ. ܠܡܩܛܠܘ *ܐܢܚܢܢ↙ ܠܢ ܘܠܒܥܝܪ̈ܢ ܕܝܠܢ .· [5]ܘܡܛܠ ܡܢܐ ܗܕܐ
ܐܣܩܬܘܢ ܠܢ ܡܢ ܡܨܪܝܢ: ܕܬܐܬܘܢ *ܠܢ↙ ܠܐܬܪܐ ܒܝܫܐ ܗܢܐ .. ܕܐܬܪܐ ܐܝܬܘܗܝ ܕܠܐ ܙܪܥܐ. ܘܠܐ ܬܐܢ̈ܐ ܘܠܐ
ܓܦ̈ܢܐ ܘܠܐ ܪ̈ܡܘܢܐ. ܐܦ ܠܐ ܡܝ̈ܐ ܐܝܬ ܠܡܫܬܝܐ.·« ÷ [6]ܘܐܬܐ ܡܘܫܐ ܘܐܗܪܘܢ ܡܢ ܩܕܡ ܦܪܨܘܦܐ ܕܟܢܘܫܬܐ
ܠܘܬ ܬܪܥܐ ܕܡܫܟܢܐ ܕܣܗܕܘܬܐ. ܘܢܦܠܘ ܥܠ ܦܪܨܘܦܐ *ܕܝܠܗܘܢ↙ . ‖ ܘܐܬܚܙܝܬ ܗܒ ܠܟܠܢ | ܐܬܢܐ
ܬܫܒܘܚܬܗ ܕܡܪܝܐ ܥܠܝܗܘܢ: [7]ܘܡܠܠ ܡܪܝܐ ܥܡ ܡܘܫܐ ܟܕ ܐܡܪ [8]«ܣܒ ܠܚܘܛܪܐ ܘܟܢܘܫ
ܠܟܢܘܫܬܐ . ܐܢܬ ܘܐܗܪܘܢ ܐܚܘܟ . ܘܡܠܠܘ ܠܘܬ ܟܐܦܐ ܠܥܝܢ̈ܝܗܘܢ. ܘܢܬܠ ܡܝ̈ܐ ܕܝܠܗ . ܘܬܦܩܘܢ
31¹ ܠܗܘܢ ܡܝ̈ܐ ܡܢ ܟܐܦܐ. ܘܬܫܩܘܢ ܠܟܢܘܫܬܐ ܘܠܒܥܝܪ̈ܐ | ܕܝܠܗܘܢ«: [9]ܘܢܣܒ ܡܘܫܐ ܠܚܘܛܪܐ
ܗܘ ܕܩܕܡ ܡܪܝܐ . ܐܝܟܢܐ ܕܦܩܕ ܡܪܝܐ. [10]ܘܟܢܫ ܡܘܫܐ ܘܐܗܪܘܢ ܠܟܢܘܫܬܐ ܠܩܘܒܠ ܟܐܦܐ.
ܘܐܡܪ ܠܗܘܢ «ܫܡܥܘܢܝ .. ܠܐ ܡܬܛܦܝܣܢܐ .. ܠܡܐ ܡܢ ܟܐܦܐ ܗܢܐ ܢܦܩ ܠܟܘܢ ܡܝ̈ܐ·«:
[11]ܘܐܪܝܡ ܡܘܫܐ ܠܐܝܕܗ ܕܝܠܗ. ܘܡܚܝܗ ܠܟܐܦܐ ܒܚܘܛܪܐ *ܕܝܠܗ↙ ܬܪܬܝܢ ܙܒ̈ܢܝܢ . ܘܢܦܩܘ ܡܝ̈ܐ

1 ܡܛܠ ܕܐܬܐ ܗܘ ܕܒܥܠ ܡܢܐ
5 ܚܝ ※ ܒܝܘܡܐ↙ B, corr F
9 fin ↙ ܡܢܐ ÷
11 ܕܝܠܗ↙ ܒܚܘܛܪܐ ※ B, corr F
14 ܗܘ ܕܐܝܬ ܒܡܫܟܢܐ ܠܐ ܕܟܐ ܢܗܘܐ ܫܒܥܐ ܝܘܡܝܢ
15 ܐ̈ ܗܘ ܕܠܐ ܗܘܐ ܡܐܣܪܐ ܡܩܛܪ ܒܗܘܢ ܠܐ ܕܟܝܐ ܢܗܘܘܢ ÷ ܗܘ ܕܠܐ ܗܘܐ ܡܐܣܪܐ ܡܩܛܪ ܒܗܘܢ ÷ L ܗܘ ܕܐܝܬ ܒܗ ܡܐܣܪܐ ܡܩܛܪ ܒܗܘܢ
18 ↙ priorem, 4 ↙ addidi
18 ܕܩܪܒ ÷ ܒܓܪܡܐ↙ ܕܒܪܢܫܐ B

ܣܓܝܐܐ. ܘܐܫܬܝܬ ܟܢܘܫܬܐ ܘܒܥܝܪܗܘܢ ܀ 12 ܘܐܡܪ ܡܪܝܐ ܠܡܘܫܐ ܘܠܐܗܪܘܢ. ܡܛܠ ܕܠܐ
ܗܝܡܢܬܘܢ *ܒܝ ܠܡܩܕܫܘܬܢܝ ܩܕܡ ܒܢܝ ܐܝܣܪܝܠ. ܡܛܠ ܗܢܐ ܠܐ ܬܥܠܘܢ ܐܢܬܘܢ
31² ܠܟܢܘܫܬܐ ܗܕܐ ܠܐܪܥܐ ܗܝ ܕܝܗܒܬ ܠܗܘܢ ܀ | 13 ܗܠܝܢ ܡܝܐ ܕܚܪܝܢܐ: ܡܛܠ ܕܢܨܘ ܒܢܝ
ܐܝܣܪܝܠ ܥܡ ܡܪܝܐ. ܘܐܬܩܕܫ ܒܗܘܢ ܀

ܫܠܡܬ ܣܓ ܀

14 ܘܫܕܪ ܡܘܫܐ ܐܝܙܓܕܐ ܡܢ ܪܩܡ ܠܘܬ ܡܠܟܐ ܕܐܕܘܡ ܘܐܡܪ ܗܟܢܐ ܐܡܪ ܐܚܘܟ ܐܝܣܪܝܠ
ܐܢܬ ܝܕܥ ܐܢܬ ܟܠܗ ܠܐܠܨܢܐ ܕܐܫܟܚܢ: 15 ܘܢܚܬܘ ܐܒܗܝܢ ܠܡܨܪܝܢ ܘܝܬܒܢ ܒܡܨܪܝܢ
ܝܘܡܬܐ ܣܓܝܐܐ. ܘܐܒܐܫܘ ܠܢ ܡܨܪܝܐ ܘܠܐܒܗܝܢ: 16 ܘܩܥܝܢ ܠܘܬ *ܡܪܝܐ. ܘܫܡܥ ܩܠܢ
ܘܫܕܪ *ܡܠܐܟܐ. ܘܐܦܩܢ ܡܢ ܡܨܪܝܢ: ܘܗܐ ܚܢܢ ܒܪܩܡ ܡܕܝܢܬܐ ܕܥܠ ܣܘܦܐ ܕܬܚܘܡܟ
ܕܝܠܟ: 17 ܢܥܒܪ ܒܐܪܥܟ. ܠܐ ܢܥܒܪ ܒܚܩܠܬܐ ܘܠܐ ܒܟܪܡܐ. ܘܠܐ ܢܫܬܐ ܡܝܐ ܡܢ ܓܘܒܐ
ܕܝܠܟ: ܒܐܘܪܚܐ ܕܡܠܟܐ ܢܐܙܠ. ܠܐ ܢܣܛܐ ܠܝܡܝܢܐ ܘܠܐ ܠܣܡܠܐ. ܥܕܡܐ ܕܢܥܒܪ ܬܚܘܡܟ
ܕܝܠܟ ܀ 18 ܘܐܡܪ ܠܗ ܐܕܘܡ ܠܐ ܬܥܒܪ ܒܝ. ܘܐܢ ܠܐ ܒܚܪܒܐ ܢܦܘܩ ܠܐܘܪܥܟ ܀
32¹ 19 ܘܐܡܪܘ ܠܗ ܒܢܝ ܐܝܣܪܝܠ ܒܫܒܝܠܐ ܣܠܩܝܢ ܚܢܢ: ܘܐܢ ܡܝܐ ܕܝܠܟ ܢܫܬܐ. | ܘܐܢܐ
ܘܒܥܝܪܢ ܕܝܠܢ. ܐܬܠ ܛܝܡܝܗܘܢ: ܐܠܐ ܡܕܡ ܠܐ ܢܗܘܐ. ܒܪܓܠܝܢ ܢܥܒܪ ܀
20 ܗܘ ܕܝܢ ܐܡܪ ܠܐ ܬܥܒܪ ܒܝ ܀ ܘܢܦܩ ܐܕܘܡ ܠܐܘܪܥܗܘܢ ܒܥܡܐ ܣܓܝܐܐ ܘܒܐܝܕܐ
ܚܣܝܢܬܐ: 21 ܘܠܐ ܨܒܐ ܐܕܘܡ ܠܡܫܒܩ ܠܐܝܣܪܝܠ ܠܡܥܒܪ ܒܬܚܘܡܐ ܕܝܠܗ. ܘܐܬܦܢܝ
ܐܝܣܪܝܠ ܡܢܗ: 22 ܘܫܩܠܘ ܡܢ ܪܩܡ. ܘܐܬܘ ܒܢܝ ܐܝܣܪܝܠ .. ܟܠܗ ܟܢܘܫܬܐ .. ܠܗܘܪ
ܛܘܪܐ ܀ 23 ܘܐܡܪ ܡܪܝܐ ܠܡܘܫܐ ܘ*ܠܐܗܪܘܢ ܒܗܘܪ ܛܘܪܐ ܥܠ ܬܚܘܡܐ ܕܐܪܥܐ ܕܐܕܘܡ ܟܕ ܐܡܪ
24 ܢܬܟܢܫ ܐܗܪܘܢ ܠܘܬ ܥܡܗ. ܡܛܠ ܕܠܐ ܢܥܘܠ ܠܐܪܥܐ ܗܝ ܕܝܗܒܬ ܠܒܢܝ ܐܝܣܪܝܠ:
ܡܛܠ ܕܐܡܪܬܘܢ ܥܠ ܡܠܝ ܕܡܝܐ ܕܚܪܝܢܐ: 25 ܕܒܪ ܠܐܗܪܘܢ ܘܠܐܠܥܙܪ ܒܪܗ. ܘܐܣܩ ܐܢܘܢ
ܠܗܘܪ ܛܘܪܐ ܩܕܡ ܟܠܗ ܟܢܘܫܬܐ: 26 ܘܐܫܠܚ ܠܐܗܪܘܢ ܢܚܬܘܗܝ ܘܐܠܒܫ *ܐܢܘܢ
32² ܠܐܠܥܙܪ ܒܪܗ. | ܘܐܗܪܘܢ ܢܬܟܢܫ ܘܢܡܘܬ ܬܡܢ ܀ 27 ܘܥܒܕ ܡܘܫܐ ܐܝܟ ܕܦܩܕܗ ܡܪܝܐ ܠܗ.
ܘܣܠܩܘ ܠܗܘܪ ܛܘܪܐ ܩܕܡ ܟܠܗ ܟܢܘܫܬܐ: 28 ܘܐܫܠܚ *ܡܘܫܐ ܠܐܗܪܘܢ ܢܚܬܘܗܝ.
ܘܐܠܒܫ ܐܢܘܢ ܠܐܠܥܙܪ ܒܪܗ. ܘܡܝܬ ܐܗܪܘܢ *ܬܡܢ ܥܠ ܪܝܫܗ ܕܛܘܪܐ ܀ ܗ ܀
ܘܢܚܬ ܡܘܫܐ ܘܐܠܥܙܪ ܡܢ ܛܘܪܐ. 29 ܘܚܙܬ ܟܠܗ ܟܢܘܫܬܐ *ܕܐܬܢܝܚ ܐܗܪܘܢ. ܘܒܟܝܘܗܝ
ܠܐܗܪܘܢ ܬܠܬܝܢ ܝܘܡܝܢ ܟܠܗ ܒܝܬܐ ܕܐܝܣܪܝܠ ܀

ܫܠܡܬ ܣܗ ܀

21 1 ܘܫܡܥ *ܟܢܥܢܝܐ ܡܠܟܐ ܕܥܪܕ ܗܘ ܕܝܬܒ ܒܬܝܡܢܐ. ܕܐܬܐ ܐܝܣܪܝܠ ܒܐܘܪܚܐ †ܕܐܬܪܝܡ.
ܘܐܩܪܒ ܥܡ ܐܝܣܪܝܠ. ܘܫܒܐ ܡܢܗܘܢ ܫܒܝܬܐ. 2 ܘܢܕܪ ܐܝܣܪܝܠ ܢܕܪܐ ܠܡܪܝܐ ܘܐܡܪ. ܐܢ
ܡܫܠܡܘ ܬܫܠܡܝܘܗܝ ܠܥܡܐ ܗܢܐ ܒܐܝܕܝ. ܐܚܪܡܝܘܗܝ ܘܠܩܘܪܝܬܗ ܕܝܠܗ ܀
3 ܘܫܡܥ *ܡܪܝܐ ܒܩܠܗ ܕܐܝܣܪܝܠ. ܘܐܫܠܡ ܠܟܢܥܢܝܐ ܒܐܝܕܗ. ܘܐܚܪܡܘ ܐܢܘܢ ܘܠܩܘܪܝܬܐ
ܕܝܠܗ: ܘܩܪܐ ܫܡܗ ܕܐܬܪܐ ܗܘ ܚܘܪܡܐ ܀

12 [illegible] — [illegible] B, corr F
12 [illegible]
[sic]
14 [illegible] transscripsi
19 [illegible] B
22 ad [illegible] B^m [illegible]
23 [illegible]
23 [illegible] ※ (sine [illegible]) B, corr F
29 [illegible]
1 [illegible] [B]
1 [illegible]
2 [illegible] ante [illegible] posuit B

[illegible]

33¹ | ܦܢܝܬܐ ܕܒܪܘܟܬܐ ܕܚܘܝܐ ܕܢܚܫܐ ܀
[4] ܘܟܕ ܐܫܬܩܠܘ ܡܢ ܗܘܪ ܛܘܪܐ ܒܐܘܪܚܐ ܕܝܡܐ ܕܣܘܦ. ܠܡܟܪܟܘ ܠܐܪܥܐ ܕܐܕܘܡ. ܘܐܬܟܪܝܬ
ܢܦܫܐ ܒܐܘܪܚܐ: [5] ܘܪܛܢ ܗܘܐ ܥܡܐ ܥܠ ܐܠܗܐ ܘܥܠ ܡܘܫܐ ܟܕ ܐܡܪܝܢ ܗ̈ܘܘ »ܠܡܢܐ ܡܢܐ
ܐܣܩܬܢ ܠܢ ܡܢ ܡܨܪܝܢ ܠܡܡܬ ܒܡܕܒܪܐ. ܡܛܠ ܕܠܐ ܐܝܬ ܠܚܡܐ ܐܦ ܠܐ ܡ̈ܝܐ. ܢܦܫܢ ܕܝܢ ܩܨܬ
*ܒܠܚܡܐ ܗܢܐ ~ ܩܠܝܠܐ« ܀ [6] ܘܫܕܪ ܡܪܝܐ ܒܥܡܐ ܚܘ̈ܘܬܐ ܚܘ̈ܝܐ ܩܛܘ̈ܠܐ. ܘܢܟܬܘ
ܗ̈ܘܘ ܠܥܡܐ: ܘܡܝܬ ܥܡܐ ܣܓܝܐܐ ܡܢ ܒܢ̈ܝ ܐܝܣܪܝܠ ܀ [7] ܘܟܕ ܐܬܐ ܥܡܐ ܠܘܬ ܡܘܫܐ. ܐܡܪܝܢ
ܗ̈ܘܘ »ܚܛܝܢ ܡܛܠ ܕܪܛܢ ܥܠ *ܡܪܝܐ ܘܥܠܝܟ: ܨܠܝ ܗܟܝܠ ܩܕܡ *ܡܪܝܐ. ܘܢܥܒܪ ܡܢܢ
ܚܘ̈ܘܬܐ« ܀ ܘܨܠܝ ܡܘܫܐ ܩܕܡ *ܡܪܝܐ ܡܛܠ ܥܡܐ: [8] ܘܐܡܪ *ܡܪܝܐ ܠܡܘܫܐ »ܥܒܕ ܠܟ
ܚܘܝܐ ~ ܕܢܚܫܐ ܘܐܩܝܡܝܗܝ ܥܠ *ܐܬܐ. ܘܢܗܘܐ ܕܐܢ ܢܟܬ ܚܘܝܐ ܠܒܪܢܫܐ. ܟܠ ܕܢܚܘܪ ܡܢ
33² ܚܙܐ ܠܗ. ܢܚܐ« ܀ [9] ܘܥܒܕ ܡܘܫܐ ܚܘܝܐ | ܕܢܚܫܐ. ܘܐܩܝܡܗ ܥܠ ܐܬܐ. ܘܗܘܐ ܟܕ ܢܟܬ ܗܘܐ
ܚܘܝܐ ܠܒܪܢܫܐ. ܘܚܐܪ ܗܘܐ ܒܚܘܝܐ ܕܢܚܫܐ. ܘܚܝܐ ܗܘܐ ܀ ܗ ܀

[10] ܘܐܫܬܩܠܘ ܒܢ̈ܝ ܐܝܣܪܝܠ. ܘܫܪܘ ܒܐܘܒܬ ܀ [11] ܘܡܢ ܐܫܬܩܠܘ ܡܢ ܐܘܒܬ. ܫܪܘ ܒܥܝܐ ܥܒܪܐ
ܡܢ ܥܒܪܐ ܒܡܕܒܪܐ. ܗܘ ܕܠܘܩܒܠ ܡܘܐܒ ܡܢ ܡܕܢܚ ܫܡܫܐ ܀ [12] ܡܢ
ܬܡܢ ܐܫܬܩܠܘ. ܘܫܪܘ ܒܢܚܠܐ ܕܙܪܕ: [13] ~ ܘܡܢ ܬܡܢ ܐܫܬܩܠܘ. ܫܪܘ ܒܥܒܪܐ ܕܐܪܢܘܢ ܗܘ ܕ ~ ܒܬܚܘܡܐ
ܒܡܕܒܪܐ. ܗܘ ܕܢܦܩ ܡܢ ܬܚܘܡܐ ܕܐܡܘܪܝܐ. ܐܬܚܘܡ ܓܝܪ ܐܪܢܘܢ ܬܚܘܡܐ ܕܡܘܐܒ ܒܡܨܥܬ ܡܘܐܒ
34¹ ܘܒܡܨܥܬ ܐܡܘܪܝܐ ܀ [14] *ܡܛܠ ܗܢܐ ܡܬܐܡܪ | ܒܟܬܒܐ ܕܩܪ̈ܒܘܗܝ ܕܡܪܝܐ »ܠܙܪܘܬ ܒܣܘܦܐ
ܘܒܢܚܠܐ ܕܐܪܢܘܢ: ‖ [15] ܘܒܫܦܟܐ ܕܢܚ̈ܠܐ ܕܢܚܬ ܠܡܬܒ ܥܪ. ܘܣܡܝܟ ܥܠ ܬܚܘܡܐ ܩܛ ܠܟܠܗ ܘ
ܕܡܘܐܒ« ܀ [16] ܘܡܢ ܬܡܢ ܠܒܐܪܐ: ܗܝ ܒܐܪܐ ܗܝ ܕܐܡܪ ܡܪܝܐ ܠܡܘܫܐ »ܟܢܘܫ ܠܥܡܐ. ܘܐܬܠ ܠܗܘܢ
ܡ̈ܝܐ ~ ܠܡܫܬܐ« ܀ [17] ܗܝܕܝܢ ܫܒܚ ܐܝܣܪܝܠ ܬܫܒܘܚܬܐ ܗܕܐ ܥܠ ܒܐܪܐ »ܐܣܩܘ ܠܗ.
[18] ܒܐܪܐ ܚܦܪܘܗ ܪ̈ܫܢܐ. ܟܪܘܗ ܡ̈ܠܟܐ ܕܥܡ̈ܡܐ *ܒܡܫܒܚܘܬܐ ~ ܕܝܗܒ ܠܗܘܢ. ܡܢ ܗܘܘ ܡܬܝܗܒܘܗܝ« ܀
ܘܡܢ ܒܐܪܐ ܠܡܬܢܝܢ. [19] ܘܡܢ ܡܬܢܝܢ *ܠܢܚܠܐܝܠ. ܘܡܢ ܢܚܠܐܝܠ †ܠܒܐܡܘܬ. [20] ܘܡܢ ܒܐܡܘܬ
*ܠܚܩܠܐ ܗܘ ܕܐܬܚܘܡ ܒܡܘܐܒ ܕܡܘܐܒ ܡܢ ܪܝܫܗ ܕܦܣܓܐ ܗܘ ܕܚܙܐ ܠܩܘܒܠ ܦܢܝܬܐ
ܕܡܕܒܪܐ ܀ [21] ܘܫܕܪ ܐܝܣܪܝܠ ܐܝܙܓܕ̈ܐ ܠܘܬ ܣܝܚܘܢ ܡܠܟܐ ܕܐܡܘܪܝܐ ~ ܒܡ̈ܠܐ ܡܫܝܢܝܬܐ ܟܕ ܐܡܪ
34³ [22] »ܐܥܒܪ ܒܐܪܥܟ ܐܢܐ ܕܝܠܟ. ~ *ܒܐܘܪܚܐ ܕܡܠܟܐ |. ܠܐ ܢܣܛܐ ܠܐ ܠܚܩܠܐ ܘܠܐ ܠܟܪܡܐ. †ܠܐ ܢܫܬܐ ܡ̈ܝܐ ܡܢ
ܒܐܪܐ ~ ܕܝܠܟ. ܒܐܘܪܚܐ ܡܠܟܝܬܐ ܢܐܙܠ ܥܕܡܐ ܕܢܥܒܪ ܠܬܚܘܡܐ ܕܝܠܟ« ܀ [23] ܘܠܐ ܫܒܩ

5 ܐܬܟܪܝܬ ܘ indice non adposito
8 ܡܛܠ ܚܘܝܐ ܕܢܚܫܐ
8 ܘ ܢܚܘܪ
10 ܚܙܐ B
13 B^m ÷ ܘܐܡܪ ܡܪܝܐ ܠܡܘܫܐ . ܠܐ ܬܗܘܘܢ ܥܒܕܝܢ ܒܡܘܐܒܝܐ . ܘܠܐ ܬܬܟܬܫܘܢ ܥܡܗܘܢ . ܠܐ ܓܝܪ ܐܬܠ ܠܟܘܢ ܡܢ ܐܪܥܐ ܕܝܠܗܘܢ ܝܘܪܬܢܐ . ܠܒܢܝ̈ ܓܝܪ ܕܠܘܛ ܝܗܒܬܗ ܝܘܪܬܢܐ ܀ ܘܗܠܝܢ ܒܟܬܒܐ ܕܩܪܒܘܗܝ ܕܡܪܝܐ ܡܬܟܬܒܢ ܗ̈ܘܝ . ܐܝܟ ܕܐܡܪ ܐܝܟ ܕܡܘܫܐ ܟܬܒ ܒܣܦܪܐ ÷ ܘܐܡܪ ܡܪܝܐ ܠܡܘܫܐ ܟܕ ܐܡܪ . ܐܢܬ ܥܒܪ ܐܢܬ ܝܘܡܢܐ ܠܬܚܘܡܐ ܕܡܘܐܒ ܕܥܪ [sic] . ܘܬܬܩܪܒܘܢ ܠܘܬ ܒܢܝ̈ ܥܡܘܢ . ܠܐ ܬܗܘܘܢ ܥܒܕܝܢ ܒܡܘܐܒܝܐ . ܘܠܐ ܬܬܟܬܫܘܢ ܥܡܗܘܢ . ܠܐ ܓܝܪ ܐܬܠ ܡܢ ܐܪܥܐ ܕܒܢܝ̈ ܥܡܘܢ ܠܟ ܝܘܪܬܢܐ . ܡܛܠ ܕܠܒܢܝ̈ ܕܠܘܛ ܝܗܒܬܗ ܝܘܪܬܢܐ . ܘܐܫܬܩܠܘ ܡܢ ܢܚܠܐ ܕܙܪܕ . ܘܫܪܘ ܀ ܘܗܠܝܢ ܒܟܬܒܐ ܕܩܪܒܘܗܝ ܕܡܪܝܐ ܡܬܟܬܒܢ ܗ̈ܘܝ . ܐܝܟ ܕܐܡܪ ܕܝܢ ܡܘܫܐ ܒܟܬܒܐ ܕܡܘܫܐ ܀ ܗܠܝܢ ܒܟܬܒܐ ܕܩܪ̈ܒܘܗܝ ܕܡܪܝܐ ܡܬܟܬܒܢ et mox (ad comma 14 pertinentia) ÷ ܘܡܬܚܙܝܐ ܐܝܟ ܕܒܟܬܒܐ ܕܗܘܝܢ ܡܬܟܬܒܢ . ܫܪܝ ܥܠ ܡܢ ܐܘܒܬ . ܒܟܠܗ ܕܢܚܠܐ ܕܝܢ ܥܠ ܐܪܢܘܢ . ܐܫܬܘܕܥ ܓܝܪ ܕܢܚܠܐ ܠܐܪܢܘܢ ܕܝܡܐ ܒܫܡܗ ܡܫܡܗܐ ܕܐܪܐ . ܘܫܡܝܢܐ ܥܠ ܬܚܘܡܐ ܕܡܘܐܒ
13 B ÷ ܘܡܢ ܬܡܢ ܒܬ ܐܫܬܩܠܘ ÷ ܫܪܘ ↓
13 B ※ ܗܘ ܕܐܬܚܘܡ ↓ ܒܡܕܒܪܐ ↓
14 vide ad 13
15[m] ܗܫ B
16 B ÷ ܡܢܐ ܠܡܫܬܐ ↓
17 ܬܫܒܘܚܬܐ ܕܥܠ ܒܐܪܐ
18 ܒܡܫܒܚܬܐ ܕܝܗܒ ܀ ܠ ܒܡܫܒܚܘܬܐ | ܕܝܗܒ indice non adposito
18 B ~ ܡܢ ܗܘܘ ܡܬܝܗܒܘܗܝ
19 indice non addito ܠܢܚܠܐܝܠ ܠܢܚܠܐܝܠ |
19 ܢܚܠܐܝܠ nolebam mutare
19 ܠܒܐܡܘܬ ܘ ܀ ܠܒܐܡܘܬ |
20 ܘ ܠܢܚܠܐ, sed ante adnotationem proxime praecedentem positum
20 extrem ܘܐܡܪ ܦܣܓܐ ܠܘܬ ܡܘܫܐ . ܘܗܘܐ ܘܐܫܬܩܠܘ ܘܐܬܘ ܠܢܚܠܐ ܕܐܪܢܘܢ . ܘܗܘܐ ܐܫܬܩܠܘ ܠܡܕܒܪܐ ܕܝܠܗܘܢ ܡܢ ܩܕܡ ܕܫܡܥܘܢ ܕܐܡܘܪܝܐ ܘܠܐܘܪܚܐ ܕܝܠܗ ܗܘܐ ܫܪܝܐ ܠܒܪܝܬܐ . ܠܗܠ ܠܗܘܢ ܡܪܝܐ . ܒܢܚܠܐ ܗܘܐ ܫܪܝܐ ܠܒܪܝܬܐ . ܠܗܠ ܠܗܘܢ ܡܪܝܐ . ܒܢܚܠܐ ܗܘܐ ܫܪܝܐ ܠܡܘܐܒ ܠܒܪܝܬܐ ܕܝܠܗ ܘܒܪܝܬܗ ܥܠ ܦܪܘܩܐ ܕܝܠܗܘܢ ܒܡܫܪܝܬܐ ܗܢܘܢ ܕܐܬܡܠܟ ܥܡܐ ܠܗܘܢ . ܗܢܘܢ ܐܝܟ ܕܢܫܡܥܘܢ ܠܥܡܐ ܕܝܠܗ ܢܫܬܡܥܘܢ ܘܢܬܦܠܛܘܢ ܡܢ ܦܪܘܩܐ ܕܝܠܗ ܀ ܘܗܠܝܢ ܒܟܬܒܐ ܕܩܪ̈ܒܐ
21 ܡܫܝܢܝܬܐ ÷ ܒܡ̈ܠܐ B [↓ deest]
22 ÷ ܒܐܘܪܚܐ ܡܠܟܝܬܐ ܢܐܙܠ . ܠܐ ܢܣܛܐ ܠܚܩܠܐ ܘܠܐ ܠܟܪܡܐ ܠܐ ܢܫܬܐ ܀ ܒܟܬܒܐ ܕܩܪ̈ܒܐ ܗܠܝܢ
22 scripta in margine folii 34^2 inferiori ÷ ܡܠܟܘܬܐ ܒܟܬܒܐ ܕܩܪ̈ܒܐ ܠܗ . ܘܐܡܪ ܠܗ . ܘܡܢܐ ܒܟܬܒܐ ܕܩܪ̈ܒܐ ܠܗ . ܘܐܡܪ . ܒܗܘ ܐܡܪ ܒܢ̈ܝܐ ܕܝܠܗ ܐܡܪܐ ܕܒܟܬܒܐ ܠܗ ܒܢ̈ܝܐ ܕܒܗܘ ܗܢܘܢ ܕܡܬܝܢ ܒܡܫܪ ܘܡܬܐܡܪܐ ܗܢܘܢ ܕܡܬܝܢ ܒܡܘܐܒ [sic] ܀ ܘܗܠܝܢ ܒܟܬܒܐ ܕܩܪ̈ܒܐ ܀

[illegible]
[illegible]
[illegible]
[illegible]
[illegible]
35[1] [illegible]
[illegible]
[illegible]
[illegible]
[illegible]
[illegible]
[illegible]
[illegible]
35[2] [illegible]
[illegible]
[illegible]
[illegible]
[illegible]

[illegible]

22 [illegible]
[illegible]
[illegible]
[illegible]
36[1] [illegible]
[illegible]
[illegible]
[illegible]
[illegible]
[illegible]
[illegible]
[illegible]
36[2] [illegible]
[illegible]
[illegible]
[illegible]
[illegible]
[illegible]

23 indicem addidi. adnotatio in margine folii 34[2] inferiori. [illegible]
24 [illegible] addidi

25 [illegible]
26 [illegible]
26 [illegible] B
27 [illegible]
33 [illegible] B, ubi ; puncto caret
35 de ; vocis [illegible] librario non constitit: nam vagantur puncta

5 [illegible] vocis [illegible] puncto caret
5 [illegible] B
6 priori loco [illegible] B, signo [illegible] omisso: posteriori B ut edidi
7 [illegible] B

ܠܡܐܬܐ ܥܡܟܘܢ܀: [14]ܘܩܡܘ ܪ̈ܫܢܐ ܕܡܘܐܒ. ܐܬܘ ܠܘܬ ܒܠܩ ܘܐܡܪܘ. ܠܐ ܨܒܐ ܒܠܥܡ
ܠܡܐܬܐ ܥܡܢ܀ ❖ [15]ܘܐܘܣܦ ܬܘܒ ܒܠܩ ܠܡܫܕܪܘ ܪ̈ܫܢܐ ܝܬܝܪ̈ܐ ܘܡܝܩܪ̈ܐ ܡܢ ܗܠܝܢ: ܩܿ ܐܠܦ ܘ ܘ
37¹ [16]ܘܐܬܘ ܠܘܬ ܒܠܥܡ ܘܐܡܪܘ ܠܗ | ܗܟܢܐ ܐܡܪ ܒܠܩ ܗܘ ܕܨܦܘܪ. ÷ܡܬܒܥܐ ܐܢܐ ܡܢܟ↙ ܠܐ ܬܬܟܠܐ
ܠܡܐܬܐ ܠܘܬܝ: [17]ܡܝܩܪܘ ܓܝܪ ܐܝܩܪܟ ※ܛܒ↙. ܘܟܠܡܕܡ ܐܝܟ ܕܐܢ ܬܐܡܪ ܠܝ. ܐܥܒܕ
÷ܠܟ↙. ܘܬܐ ܠܛܘܪ ܠܝ ܠܥܡܐ ܗܢܐ܀: [18]ܘܥܢܐ ܒܠܥܡ ܘܐܡܪ ܠܥܒ̈ܕܘܗܝ ܕܒܠܩ. ܐܢ ܢܬܠ ܠܝ
ܒܠܩ ܡܠܐ ܒܝܬܗ ܕܣܐܡܐ ܘܕܗܒܐ. ܠܐ ܡܫܟܚ ܐܢܐ ܠܡܥܒܪ ܠܡܠܬܗ ܕܡܪܝܐ ܐܠܗܐ ܕܝܠܝ
ܠܡܥܒܕܗ ܙܥܘܪܬܐ ܐܘ ܪܒܬܐ ܒܪܥܝܢܝ ÷ܕܝܠܝ↙: [19]ܘܗܫܐ ܩܘܘ ※ܐܦ ܐܢܬܘܢ↙ ܗܪܟܐ ܐܦ ܐܢܬܘܢ
ܠܠܠܝܐ ÷ܗܢܐ↙. ܘܐܕܥ ܡܢܐ ܢܘܣܦ ܡܪܝܐ ܠܡܡܠܠܘ ܥܡܝ܀: [20]ܘܐܬܐ ܐܠܗܐ ܠܘܬ ܒܠܥܡ ܒܠܠܝܐ
ܘܐܡܪ ܠܗ ܐܢ ܠܡܩܪܐ ܠܟ ܐܬܘ ܓܒܪ̈ܐ ÷ܗܠܝܢ↙. ܩܘܡ ܙܠ ܥܡܗܘܢ. ܐܠܐ ܠܡܠܬܐ ܗܝ ܕܐܢܐ ܐܡܠܠ
ܥܡܟ. ܗܕܐ ܬܥܒܕ܀ ❖

ܩܪܝܢܐ ܕܚܕܒܫܒܐ ܕܐܘܫܥܢܐ ❖

[21]ܘܩܡ ܒܠܥܡ ܒܨܦܪܐ. ܚܒܫ ܠܡܚܡܪܬܗ. ܘܐܙܠ ܥܡ ܪ̈ܫܢܐ ܕܡܘܐܒ: [22]ܘܪܓܙ
37² ܚܡܬܗ ܕܐܠܗܐ ܡܛܠ ܕܐܙܠ ܗܘ. ܘܩܡ ܡܠܐܟܐ *ܕܐܠܗܐ | ÷ܒܐܘܪܚܐ↙. ܕܢܗܘܐ ܠܗ ܣܛܢܐ. ܘܗܘ
ܪܟܝܒ ܗܘܐ ܥܠ ܚܡܪܬܐ ܕܝܠܗ. ܘܬܪܝܢ ܥܠܝܡ̈ܐ ܕܝܠܗ ܥܡܗ ❖ [23]ܘܟܕ ܚܙܬ ܚܡܪܬܐ ܠܡܠܐܟܐ ܕܐܠܗܐ
ܕܩܐܡ ܒܡܨܥܬܗ ܕܐܘܪܚܐ. ܘܣܝܦܐ ※ܕܝܠܗ↙ ܫܠܝܦܐ ܒܐܝܕܗ. ܐܦ ܐܣܛܝܬ ܚܡܪܬܐ ܡܢ ܐܘܪܚܐ.
ܘܐܙܠܐ ܗܘܬ ܒܚܩܠܐ: ܘܡܚܝܗ ※ܒܠܥܡ↙ ܠܚܡܪܬܐ ÷ܒܫܒܛܐ↙ ܠܡܬܪܨܘ ܒܐܘܪܚܐ ❖ [24]ܘܩܡ
ܡܠܐܟܐ *ܕܐܠܗܐ ܒܫܒܝ̈ܠܐ ܕܟܪ̈ܡܐ. ܣܝܓܐ ܡܟܐ ܘܣܝܓܐ ܡܟܐ: [25]ܘܟܕ ܚܙܬܗ ܚܡܪܬܐ ܠܡܠܐܟܗ
ܕܐܠܗܐ. ܐܬܕܚܩܬ ܗܝ ܠܗ ܠܘܬ ܫܘܪܐ. ܘܐܕܚܩܬܗ ܠܪܓܠܗ ܕܒܠܥܡ ※ܠܘܬ ܫܘܪܐ↙. ܘܐܘܣܦ ܬܘܒ
ܠܡܡܚܝܗ ❖ [26]ܘܐܘܣܦ ܡܠܐܟܗ ܕܐܠܗܐ. ܘܟܕ ܥܒܪ. ܩܡ ܒܕܘܟܬܐ ܐܠܝܨܬܐ. ܗܝ ܕܠܐ ܐܝܬ ܗܘܐ
ܠܡܣܛܝܘ ܠܝܡܝܢܐ ܘܠܐ ܠܣܡܠܐ: [27]ܘܟܕ ܚܙܬܗ ܚܡܪܬܐ ܠܡܠܐܟܗ ܕܐܠܗܐ. ܪܒܥܬ ܬܚܝܬ ܒܠܥܡ.
38² ܘܐܬܚܡܬ ※ܪܘܓܙܐ↙ ܒܠܥܡ. ܘܡܚܝܐ ܗܘܐ ܠܗ ܠܚܡܪܬܐ |[ܒܫܒܛܐ]: [28]ܘܦܬܚ [ܐ]ܠܗܐ ܠܦܘܡܗ
[ܕܚܡܪܬܐ]. ܘܐܡܪ[ܐ] ܠܒܠܥܡ. ܡܢܐ [ܥܒܕܬ ܠ]ܟ ܕܡܚܝܬܢܝ ܗܘܝܬ [ܬܠܬ]ܐ ܙܒ̈ܢܝܢ··: [29]ܘܐܡܪ
ܒܠܥܡ [ܠܚܡ]ܪܬܐ. ܡܛܠ ܕܒܙܚܬܝ ܒܝ. [ܘ]ܐܠܘ ܐܝܬ ܗܘܐ ܠܝ ܣܝܦܐ [ܒ]ܐܝܕܝ··. ܗܫܐ ܡܢ ܟܒܪ ܩܛܠ
ܗܘܝܬ ܠܟ܀: [30]ܘܐܡܪܐ ܚܡܪܬܐ ܠܒܠܥܡ. ܠܐ ܗܘܐ ܐܢܐ ܗܝ ܚܡܪܬܐ ܕܝܠܟ. ܕܥܠܝ ܗܝ ܪܟܒ ܗܘܝܬ ܡܢ
ܛܠܝܘܬܟ ܥܕܡܐ ܠܝܘܡܢܐ··. ܠܡܐ ܡܢ ܡܣܟܠܘ ܡܣܟܠܐ ܐܢܐ. ܕܐܥܒܕ ܠܟ ܗܟܢܐ··܀: ܗܘ ܕܝܢ ܐܡܪ
ܠܐ܀: [31]ܓܠܐ ܕܝܢ ܐܠܗܐ ܠܥܝ̈ܢܘܗܝ ܕܒܠܥܡ. ܘܚܙܐ ܠܡܠܐܟܗ ܕܡܪܝܐ ܕܩܐܡ ܒܡܨܥܬܗ ܕܐܘܪܚܐ.
ܘܣܝܦܐ ܫܠܝܦܐ ܒܐܝܕܗ. ܘܐܬܟܦܦ ܘܣܓ[ܕ] ܥܠ ܦܪܨܘܦܗ ܕܝܠܗ: [32]ܘܐܡܪ ܠܗ ܡܠܐܟܗ
ܕ[ܐܠܗܐ] ܡܛܠ ܡܢܐ ܡܚܝܬܗ ܠ[ܚܡܪܬܐ] ܕܝܠܟ ܗܠܝܢ ܬܠܬ ܙܒ̈ܢܝܢ··. [ܗܐ] ܐܢܐ ܢܦܩܬ
38³ *ܠܡܣܛܢܘܬ[ܟ]: ܡܛܠ ܕܠܐ ܫܦܝܪܐ ܐܘܪܚܐ [ܕܝܠܟ] ܩܕܡܝ: [33]ܘܟܕ ܚܙܬܢܝ ܚܡܪ[ܬܐ]··. | ܐܣܛܝܬ
ܩܕܡܝ [ܬܠܬ ܙܒ̈ܢܝܢ]. ܘܐܠܘ ܠܐ ܐܣܛܝ[ܬ ܡܢܝ]··. ܟܒܪ ܡܢ ܩܛܠ ܗܘܝܬ. [ܠܗ ܕܝܢ] ܡܚܝܐ ܗܘܝܬ܀ ❖
[34]ܘ[ܐܡܪ] ܒܠܥܡ ܠܡܠܐܟܐ ܕܡܪܝܐ.. [ܚܛܝܬ] .. ܡܪܝܐ. ܠܐ ܓܝܪ ܝܕܥܬ ܗܘܝܬ ܕܐ[ܢܬ] ܩܐܡ ܗܘܝܬ
ܠܐܘܪܥܝ ܕܝܠܝ ܒܐܘܪܚܐ ❖ ܣ ❖

ܘܗܫܐ ܐܢ ܠܐ ܫܦܪ ܠܟ. ܗܦܟ ܐܢܐ܀ ❖ [35]ܘܐܡܪ ܡܠܐܟܗ ܕܐܠܗܐ ܠܘܬ ܒܠܥܡ ܙܠ ܥܡ ܓܒܪ̈ܐ.
ܒܪܡ ܠܡܠܬܐ ܗܝ ܕܐܢܐ ܐܡܪ ܠܟ. ܗܕܐ ܬܛܪ ܠܡܡܠܠܘ܀: ܘܐܙܠ ܒܠܥܡ ܥܡ ܪ̈ܫܢܐ ܕܒܠܩ: [36]ܘܟܕ
ܫܡܥ ܒܠܩ ܕܐܬܐ ܒܠܥܡ. ܢܦܩ ܠܐܘܪܥܗ ܕܝܠܗ ܠܡܕܝܢܬܐ ܕܡܘܐܒ. ܗܝ ܕܐܝܬܝܗ ܥܠ ܬܚܘܡܐ
ܕܐܪܢܘܢ. ܗܝ ܕܐܝܬܝܗ [ܡܢ] ܡܢܬܐ ܕܬܚܘܡܐ: [37][ܘ]ܐܡܪ ܒܠܩ ܠܘܬ ܒܠܥܡ ܠܐ [ܗܐ] ※[ܡ]ܫܕܪܘ↙ ܫܕܪܬ

14 ante ܠܐ B ܥ vel simile quid
15 ܘܐܘܣܦ transscripsi
15 stichorum numeratio adposita versui a ܘܐܬܘ incipienti. ܩܿܕ B
16 ܐܢܐ ÷ ܡܢܟ B, signo ↙ omisso
19 ※ ante ܐܢܬܘܢ habet B
20 ↙ addidi
22 ܦܘܩ ܕܣܦܪܐ ܘܡܟܬܒܢܐ ܥܣ signo ad ܕܢܗܘܐ sequens adposito
24 ܦܘܩ ܕܣܦܪܐ ܘܡܟܬܒܢܐ ܕܥܣ
25 ܠܗ B
25 ※ B ante ܕܒܠܥܡ habet
26 ante ܠܡܡܚܝܗ B addidit ܥ
27 seqq folia codicis 38 39 mutila
32 deest cum margine adnotatio
34 indice non addito ܦܘܩ ܕܣܦܪܐ ܥܣ

ܠܘܬܟ [ܠܡܩܪܝܟ] ܠܟ܀ ܡܛܠ ܡܢܐ ܠܐ [ܐܬܝܬ] ܠܘܬܝ܀ ܐܘ ܒܩܘܫܛܐ [ܠܐ] ܡܫܟܚ ܐܢܐ ܠܡܝܩܪܟ܀:
39¹ ³⁸ ܘ[ܐ]ܡܪ ܒܠܥܡ ܠܒܠܩ ܗܐ [ܐ]ܬܝܬ ܠܘܬܟ ܗܫܐ. ܕܠܡܐ ܡܫܟܚ [ܐ]ܢܐ ܠܡܡܠܠܐ ܡܕܡ܀ ܡܠܬܐ|
23
ܒܠܩ ܘܒܠ[ܥܡ] ܬܘܪܐ ܘܕܟܪܐ [ܥܠ] ܡܕܒܚܐ: ³ ܘ[ܐ]ܡܪ ܒܠܥܡ ܠܒܠ[ܩ] ܩܘܡ *ܩܘܡ ܥܠ [ܩܘܪܒܢܐ
ܕܝܠܟ. ܘܐܙ[ܠ] ܐܢܐ. ܕܠܡܐ ܢܬ[ܓܠܐ ܐܠܗܐ] ܠܝ ܒܡܪܥܐ. ܘܡܠܬܐ [ܕܐ]ܢ ܢܚܘܐ ܠܝ. ܐܚܘܝ
ܠܟ: ܘܩܡ ܒܠܩ ܥܠ ܩܘܪܒܢܐ ܕܝܠܗ. ⁴ ܘܒܠܥܡ ܐܙܠ ܠܡܫܐܠܗ ܠܐܠܗܐ ܘܐܙܠ ܠܐܘܪܚܐ:
ܘܐܫܟܚ ܐܠܗܐ ܠܒܠܥܡ. ܘܐܡܪ ܠܗ ܒܠܥܡ ܫܒܥܐ ܡܕܒܚܐ ܥܒܕܬ. ܘܐܣܩܬ ܬܘܪܐ ܘܕܟܪܐ ܥܠ
39² ܡܕܒܚܐ: ⁵ ܘܐܘܕܥ ܐܠܗܐ ܡܠܬܐ ܒܦܘܡܗ |
ܠܐ ܬܬܚܫܒ: ¹⁰ [ܡ]ܢ ܡ[ܢܐ] ܢܬܚܫܒ ܠܙܪܥܗ ܕܝܥܩܘܒ. *ܘܡܢ †ܢܡܢܐ ܠܪܒܘܬܐ ܕܐܝܣܪܐܝܠ∴
ܬܡܘܬ ܢܦܫܝ ܕܝܠܝ ܒܡܘܬܐ ܕܙܕܝܩܐ. ܘܬܗܘܐ ܙܪܥܝ ܕܝܠܝ ܐܝܟ ܙܪܥܐ ܕܝܠܗܘܢ܀ ❖ ¹¹ ܘܐܡܪ ܒܠܩ ܠܘܬ
ܒܠܥܡ ܡܢܐ ܥܒܕܬ ܠܝ∴ ܠܡܠܛܐ ܕܒܥܠܕܒܒܝ ܕܝܠܝ ܕܒܪܬܟ ܠܝ. ܘܗܐ ܒܪܟܬ ܒܘܪܟܬܐ܀:
40¹ ¹² ܘܐܡܪ ܒܠܥܡ ܠܘܬ | ܒܠܩ ܠܐ ܗܘܐ ܗܟܢ ܕܐܢ ܢܫܘܐ ܐܠܗܐ ܒܦܘܡܐ ܕܝܠܝ. ܗܟܢ ܐܡܠܠ
ܒܡܡܠܠܘ∴܀: ¹³ ܘܐܡܪ ܠܘܬܗ ܒܠܩ ܐܬܐ ܠܘܬܝ ܠܡܢ ܐܬܪܐ ܐܚܪܢܐ. *ܡܢ ܗܟܢ ܕܠܐ ܬܚܙܝܢܘܢ
ܡܢ ܬܡܢ. ܐܠܐ ܐܢ ܡܢܬܐ ܡܢܗ ܕܝܠܗ ܬܚܙܐ. ܟܠܗ ܕܝܢ ܠܐ ܬܚܙܐ. ܘܠܒܘܛܝܢܘܢ ܠܝ ܡܢ ܬܡܢ܀: ¹⁴ ܘܕܒܪܗ
ܠܚܩܠܐ ܕܢܛܘܪܐ ܥܠ ܪܝܫܐ ܕܦܣܓܐ. ܘܒܢܐ ܬܡܢ ܫܒܥܐ ܡܕܒܚܐ. ܘܐܣܩ ܬܘܪܐ ܘܕܟܪܐ ܥܠ ܡܕܒܚܐ:
¹⁵ ܘܐܡܪ ܒܠܥܡ ܠܘܬ ܒܠܩ ܩܘܡ ※ܗܪܟܐ ܥܠ ܩܘܪܒܢܐ ܕܝܠܟ. ܐܢܐ ܕܝܢ ܐܙܠ ܠܡܫܐܠܗ ܠܐܠܗܐ܀:
¹⁶ ܘܐܪܥܗ ܐܠܗܐ ܠܒܠܥܡ. ܘܐܘܕܥ ܡܠܬܐ ܒܦܘܡܐ ܕܝܠܗ. ܘܐܡܪ ܗܦܘܟ ܠܘܬ ܒܠܩ. ܘܗܟܢ
ܬܡܠܠ܀: ¹⁷ ܘܗܦܟ ܠܘܬܗ. ܘܗܘܐ ܩܐܡ ܗܘܐ ܥܠ ܝܩܕܐ ܕܩܘܪܒܢܐ ܕܝܠܗ. ܘܪܒܪܒܢܘܗܝ ܕܡܘܐܒ
ܕܥܡܗ. ܘܐܡܪ ܠܗ ܒܠܩ ܡܢܐ ܡܠܠ ܡܪܝܐ∴܀: ¹⁸ ܘܢܣܒ ܡܬܠܐ ܕܝܠܗ. ܘܐܡܪ
40² ܩܘܡ .. ܒܠܩ .. ܘܫܡܥ. ܨܘܬ .. ܠܣܗܕܘܬܐ ܒܪܗ ܕܨܦܘܪ: ¹⁹ ܠܐ ܗܘܐ ܐܝܟ ܒܪܢܫܐ ܗܘ ܐܠܗܐ.| ܕܢܬܟܕܒ.
ܘܠܐ ܐܝܟ ܒܪܗ ܕܐܢܫܐ ܕܢܬܬܘܐ: ܗܘ ܐܡܪ ܘܠܐ ܢܥܒܕ. ܡܡܠܠ ܘܠܐ ܡܩܝܡ܀: ²⁰ ܗܐ ܠܡܒܪܟܘ
ܐܬܕܒܪܬ. ܐܒܪܟ. ܘܠܐ ܐܗܦܟ*ܝܗ ❖ ²¹ ܠܐ ܬܗܘܐ ܥܡܠܐ ܒܝܥܩܘܒ. ܘܠܐ ܬܬܚܙܐ ܥܘܠܐ ܒܐܝܣܪܐܝܠ:
ܡܪܝܐ ܐܠܗܐ ܕܝܠܗ ܥܡܗ. *ܘܫܒܚܬܐ ܕܡܠܟܐ ܒܗ ❖ ²² ܐܠܗܐ ܗܘ ܐܦܩ ܐܢܘܢ ܡܢ ܡܨܪܝܢ. ܐܝܟ
ܬܘܩܦܬܐ ܕܪܝܡܐ ܒܗ ❖ ²³ ܠܐ ܓܝܪ ܐܝܬ ܢܚܫܐ ܒܝܥܩܘܒ. ܐܦ ܠܐ ܩܨܡܐ ܒܐܝܣܪܐܝܠ: ܒܥܕܢܐ ܢܬܐܡܪ
ܠܝܥܩܘܒ. ܘܠܐܝܣܪܐܝܠ. ܡܢܐ ܢܥܒܕ ܐܠܗܐ∴ ²⁴ ܗܐ ܥܡܐ ܐܝܟ ܓܘܪܝܐ ܢܩܘܡ. ܘܐܝܟ ܐܪܝܐ
ܢܬܪܝܡ. ܠܐ ܢܕܡܟ ܥܕܡܐ ܕܢܐܟܘܠ ܨܝܕܐ. ܘܕܡܐ ܕܩܛܝܠܐ ܢܫܬܐ܀ ❖ ²⁵ ܘܐܡܪ ܒܠܩ ܠܘܬ ܒܠܥܡ ܘܠܐ
ܒܠܘܛܐ ܠܐ ܬܠܘܛܝܢܘܢ ܠܝ. ܐܦ ܠܐ ܡܒܪܟܘ ܐܢܬ. ܠܐ ܬܒܪܟܝܢܘܢ܀: ²⁶ ܘܥܢܐ ܒܠܥܡ. ܘܐܡܪ
ܠܒܠܩ ܠܐ ܡܠܠܬ ܠܟ ܟܕ ܐܡܪܬ ܕܡܠܬܐ ܕܐܢ ܢܡܠܠ ܐܠܗܐ. ܗܕܐ ܐܥܒܕ∴܀: ²⁷ ܘܐܡܪ ܒܠܩ
41¹ ܠܘܬ ܒܠܥܡ ܐܬܐ ܐܕܒܪܟ ܠܐܬܪܐ ܐܚܪܢܐ. ܐܢ | ܬܫܦܪ ܠܐܠܗܐ. ܘܠܘܛܝܢܘܢ ܠܝ ܡܢ ܬܡܢ܀:
²⁸ ܘܕܒܪܗ ܒܠܩ ܠܒܠܥܡ ܥܠ ܪܝܫܐ ܕܦܥܘܪ. ܗܘ ܕܡܕܝܩ ܠܡܕܒܪܐ: ²⁹ ܘܐܡܪ ܒܠܥܡ ܠܘܬ
ܒܠܩ ܒܢܝ ܠܝ ܗܪܟܐ ܫܒܥܐ ܡܕܒܚܐ. ܘܛܝܒ ܠܝ ܗܪܟܐ ܫܒܥܐ ܬܘܪܐ ܘܫܒܥܐ ܕܟܪܐ܀: ³⁰ ܘܥܒܕ
ܒܠܩ ܐܝܟܢܐ ܕܐܡܪ ܠܗ ܒܠܥܡ. ܘܐܣܩ ܬܘܪܐ ܘܕܟܪܐ ܥܠ ܡܕܒܚܐ ❖

38 octo folii 39¹ versus desunt, nisi quod versus octavi initium ܒ superest: e versuum 9—14 initiis servata sunt haec: 9 ܒ̄ܝ: 10 ܡܢ: 11 ܠܒ: 12 ܘܐܩܝ, ubi ܝ incerta, punctum ei impositum certum: ܡܫܟܚ: 14 ܐܢܐ

3 adnotatio cum margine periit

3 ܝ̄ ܐܚܘܝ B

4 ܐܙܠ et ܘܐܙܠ librario participium

5 primi folii 39² versus perierunt. quae servata sunt, in sinistra folii parte supersunt. puncto finiebatur versus septimus, sequentium versuum extremae vel litterae vel voces hae sunt: ܡܢ 9, ܝ ܪ 10, ܐ 11, ܗܝ 12, ܥܡܐ 13, ܐܝܬܘܗܝ 14, ܢܬܪܗ 15, ܐܠܗܐ 16, ܠܡܠܬܗܘܢ 17

10 ܥܡܐ ܗܝ ܘܠܐ. quae in B ante adnotationem sequentem ita scripta sunt, ut ad unum idemque textus vocabulum, indice ad ܢܡܢܐ adposito, pertinere videantur. nam indicem ad ܘܡܢܘ praeter codicem addidi

10 ܐ ܘܡܢܝܢܐ ܕܐܝܣܪܐܝܠ ܡܢ ܕܪܒܘܬܐ ❖

ܐ ܘܡܢܝܢܐ ܕܐܝܣܪܐܝܠ ܡܢ ܕܪܒܘܬܐ ܕܝܠܗܘܢ ❖ ܘܡܢܝܢܐ ܡܢܘ ܡܢ ܕܝܠܗ 13

ܡܢ ܗܟܢ ܐܢܬ

17 ܘܪܒܪܒܢܘܗܝ signis caret in B

17 ܝ̄ ܕܡܘܐܒ ܕܥܡܗ B

18 ܨܦܘܪ transscripsi

20 ܐܗܦܟܝܗ in B ※ habet super ܗ positum

21 ܐ ܘܫܒܚܬܐ ܕܡܠܟܐ ܒܗ ❖ ܡܢ ܘܫܒܚܬܗ ܕܡܠܟܐ ܒܗ ❖ ܐ ܘܫܒܚܬܐ ܕܡܠܟܐ ܒܗ

23 ܘܠܐܝܣܪܐܝܠ B

24 ¹ܘܟܕ ܚܙܐ ܒܠܥܡ ܕܕܫܦܝܪ ÷ ܐܠܡܘܬܐ ܩܕܡ ܡܪܝܐ ܠܡܒܪܟܘ ܠܐܝܣܪܝܠ. ܠܐ ܐܙܠ ܐܝܟ ܥܝܕܐ
ܠܐܘܪܥܐ ܕܢܚ̈ܫܐ. ܘܐܗܦܟ ܠܡܕܒܪܐ ܠܦܪ̈ܨܘܦܐ ܕܝܠܗ: ²ܘܟܕ ܐܪܝܡ ܒܠܥܡ ܠܥܝ̈ܢܐ ܕܝܠܗ. ܚܙܐ
ܠܐܝܣܪܝܠ ܕܫܪܐ ܐܝܟ ܫܒ̈ܛܘܗܝ ※ ܕܝܠܗ ↙. ܘܗܘܬ ܥܠܘܗܝ ܪܘܚܐ ܕܐܠܗܐ. ³ܘܟܕ ܫܩܠ ܡܬܠܐ ܕܝܠܗ.
ܐܡܪ »ܐܡܪ ܒܠܥܡ ܒܪܗ ܕܒܥܘܪ. ܐܡܪ ܓܒܪܐ ܗܘ ܕܫܪܝܪܐܝܬ ܚܙܐ. ⁴※ܐܡܪ ܕܫܡܥ ܡ̈ܠܐ ܕܐܠܗܐ ↙.
ܗܘ ܐܝܠܐ ܕܚܙܘܐ ܕܐܠܗܐ ܚܙܐ ܒܫܢܬܐ. ܟܕ ܓܠܝܢ ܥܝ̈ܢܐ ܕܝܠܗ: ⁵ܡܐ ܫܦܝܪܝܢ ܟܘ̈ܟܐ ܕܝܠܟ..
ܝܥܩܘܒ.. ܘܡܫܟ̈ܢܐ ܕܝܠܟ.. ܐܝܣܪܝܠ: ⁶ܐܝܟ ܡܛܠܠܐ | ܕܡܛܠܠܝܢ. ܘܐܝܟ ܦܪ̈ܕܝܣܐ ܕܥܠ ܢܗܪ̈ܘܬܐ. 41³
ܘܐܝܟ ܡܫܟ̈ܢܐ ܕܩܒܥ ܡܪܝܐ. ܐܝܟ ܐܪ̈ܙܐ ܕܥܠ ܡ̈ܝܐ ÷ ⁷*ܢܦܘܩ ܓܒܪܐ ܡܢ ܙܪܥܐ ܕܝܠܗ. ܘܢܫܠܛ
ܒܥܡ̈ܡܐ ܣܓ̈ܝܐܐ. ܘܬܬܪܝܡ †ܐܘ ܕܓܘܓ ܡܠܟܘܬܐ ܕܝܠܗ. ܘܬܪܒܐ ܡܠܟܘܬܐ ܕܝܠܗ ÷ ܗ ÷
⁸ܐܠܗܐ ܐܦܩܗ ܡܢ ܡܨܪܝܢ. ܐܝܟ ܫܘܒܚܐ ܕܪܡܐ ܠܗ. ܢܐܟܘܠ ܥܡ̈ܡܐ ※ܗܢܘܢ ↙ ܒܥܠܕܒܒ̈ܐ ܕܝܠܗ.
*ܘܠܓܪ̈ܡܐ ܕܝܠܗܘܢ ܢܫܪܘܦ. ܘܒܓܐܪ̈ܐ ܕܝܠܗ ܢܫܚܩ ܠܒܥܠܕܒܒ̈ܘܗܝ ↙ ÷ ⁹ܟܕ ܪܒܥ.
ܐܬܒܣܝ ܐܝܟ ܐܪܝܐ ܘܐܝܟ ܓܘܪܝܐ. ܡܢܘ ܢܩܝܡܝܘܗܝ.. ܗܠܝܢ ܕܡܒܪ̈ܟܝܢ ܠܟ. ܒܪ̈ܝܟܝܢ. ܘܗܠܝܢ
ܕܠܝܛܝܢ ܠܟ. ܠܝ̈ܛܝܢ« ÷ ¹⁰ܘܐܬܚܡܬ ※ ܒܚܡܬܐ ↙ ܒܠܩ ܥܠ ܒܠܥܡ. ܘܢܩܫ ܒܐܝܕ̈ܐ ܕܝܠܗ.
2² ܘܐܡܪ ܒܠܩ ܠܘܬ ܒܠܥܡ | »ܠܡܠܛ ܠܒܥܠܕܒܒ̈ܐ ܕܝܠܝ ܩܪܝܬܟ ܠܟ. ܘܗܐ ܒܘܪܟܘ ܒܪܟܬ ܗܘܐ
ܬܠܬ ܙܒ̈ܢܝܢ: ¹¹ܗܫܐ ܗܟܝܠ ܥܪܘܩ ܠܐܬܪܐ ܕܝܠܟ: ܐܡܪܬ ܕ※ܡܝܩܪܘ ↙ ܐܝܩܪܟ. ܘܗܫܐ ܟܠܝܟ
ܡܪܝܐ ܡܢ ܐܝܩܪܐ« ÷ ¹²ܘܐܡܪ ܒܠܥܡ ܠܘܬ ܒܠܩ »ܠܐ ܗܘܐ ܐܦ ܠܡܠܐܟ̈ܐ ܕܝܠܟ. ܗܠܝܢ ܕܫܕܪܬ
ܠܘܬܝ. ܡܠܠܬ ܟܕ ܐܡܪ ܐܢܐ ¹³ܕܐܢ ܢܬܠ ܠܝ ܒܠܩ ܡܠܐ ܒܝܬܐ ܕܝܠܗ ܟܣܦܐ ܘܕܗܒܐ. ܠܐ ܡܫܟܚ ܐܢܐ
ܠܡܥܒܪ ܡܠܬܗ ܕܡܪܝܐ ܠܡܥܒܕܗ̇ ܛܒܬܐ ܐܘ ܒܝܫܬܐ ↙ ܐܢܐ ܡܢܝ: ܗܠܝܢ ܕܐܢ ܐܡܪ ܐܠܗܐ. ܗܠܝܢ
ܐܡܪ ܐܢܐ: ¹⁴ܘܗܫܐ ܗܐ ܪܗܛ ܐܢܐ ܠܐܬܪܐ ܕܝܠܝ. ܬܐ ܐܡܠܟܟ ܡܢܐ ܥܒܕ ܥܡܐ ܗܢܐ ܠܥܡܐ ܕܝܠܟ
ܒܚܪܬܐ ܕܝܘ̈ܡܬܐ« ÷ ¹⁵ܘܟܕ ܫܩܠ ܡܬܠܐ ܕܝܠܗ. ܐܡܪ »ܐܡܪ ܒܠܥܡ ܒܪܗ ܕܒܥܘܪ. ܐܡܪ ܓܒܪܐ
ܗܘ ܕܫܪܝܪܐܝܬ ܚܙܐ: ¹⁶※ܐܡܪ ܕܫܡܥ ܡ̈ܠܐ ܕܐܠܗܐ ↙. ܘܝܕܥ ܝܕܥܬܐ ܡܢ ܥܠܝܐ. ܚܙܘܐ ܕܐܠܗܐ ܚܙܐ
ܒܫܢܬܐ. ܟܕ *ܓܠܝܢ ܥܝ̈ܢܐ ܕܝܠܗ: ¹⁷*ܐܚܘܐ ܠܗ. ܘܠܐ ܗܫܐ: ܛܘܒܐ ܐܝܠܐ. ܘܠܐ | ܩܪܝܒ ÷ 2³
ܢܕܢܚ ܟܘܟܒܐ ܡܢ ܝܥܩܘܒ. ܘܢܩܘܡ ܓܒܪܐ ܡܢ ܐܝܣܪܝܠ. ܘܢܚܒܠ ܠܪ̈ܫܢܐ ܕܡܘܐܒ. ܘܢܒܙܘܙ
ܠܟܠܗܘܢ ܒܢ̈ܝ ܕܫܝܬ: ¹⁸ܘܬܗܘܐ ܐܕܘܡ ܝܪܬܘܬܐ. ܘܬܗܘܐ ܝܪܬܘܬܐ ܥܣܘ ܒܥܠܕܒܒܐ ܕܝܠܗ.
ܘܐܝܣܪܝܠ ܥܒܕ ܚܝܠܐ: ¹⁹ܘܢܩܘܡ ܡܢ ܝܥܩܘܒ. ܘܢܘܒܕ ܠܡܫܬܘܙܒܢܐ ܡܢ ܡܕܝܢܬܐ« ÷
‖ ²⁰ܘܟܕ ܚܙܐ ܠܥܡܠܝܩ. ܘܫܩܠ ܡܬܠܐ ܕܝܠܗ. ܐܡܪ »ܪܫܐ ܕܥܡ̈ܡܐ ܥܡܠܝܩ. ܩܛ ܐܠܦ ܒ ܗ
ܘܐܚܪܝܬܐ ܕܝܠܗܘܢ ܬܐܒܕ« ÷ ²¹ܘܟܕ ܚܙܐ ܠܩܝܢܝܐ. ܘܫܩܠ ܡܬܠܐ ܕܝܠܗ. ܐܡܪ »ܚܣܝܢ ܒܝܬ ܡܥܡܪܐ
ܕܝܠܟ. ܘܐܢ ܬܣܝܡ ܒܫܘܥܐ ܩܢܐ ܕܝܠܟ. ²²*ܘܐܢ ܢܗܘܐ ܠܒܥܘܪ ܩܢܐ ܕܚܪܝܥܘܬܐ ↙. ܐܬܘܪ̈ܝܐ ܢܫܒܘܢܟ« ÷
²³ܘܟܕ ܫܩܠ ܡܬܠܐ ܕܝܠܗ. ܐܡܪ »ܐܘ ܐܘ ܡܢܘ ܢܚܐ. ܐܡܬܝ ܕܢܣܝܡ ܗܠܝܢ ܐܠܗܐ ↙. ²⁴ܘܢܦܩܘܢ
ܡܢ ܐܝ̈ܕܝܐ ܕܟܬ̈ܝܐ. ܘܢܥܢܘܢ ܠܐܬܘܪ. ܘܢܥܢܘܢ ܠܥܒܪ̈ܝܐ. ܘܐܦ ܗܢܘܢ ܐܟܚܕܐ ܢܐܒܕܘܢ« ÷ ²⁵ܘܩܡ ܒܠܥܡ

1 ܚܙܐ praeteritum in B

3 ܕܝܠܗ B

3/4 ܚܙܐ ܐܡܪ ※ B

6 ܕܩܒܥ participium in B

7 ܐ ܢܦܘܩ ܓܒܪܐ ܡܢ ܙܪܥܐ ܕܝܠܗ. ܘܢܫܠܛ ܕܝܠܗ ܒܥܡ̈ܡܐ ܣܓ̈ܝܐܐ. ܘܣܘܡܟܐ ܡܢ ... ܕܝܠܗ ÷ ܗܘ ܡܬܚܫܒ ܥܠ ܢܛܝܪ ... ܡܢ ܓܘܓ ... ܕܝܠܗ ÷ ܐ ... ܡܢ ܙܪܥܐ ܕܝܠܗ. ... ܕܝܠܗ ... ܡܢ ܓܘܓ ... ܕܝܠܗ

7 ܕܓܘܓ ܡܢ ... ܗܘ ܐ signo ad ܕܓܘܓ adposito, quod ad ܐܘ transtuli

8 ※ in B ante ܒܥܠܕܒܒ̈ܐ positum ante ܗܢܘܢ collocavi, ↙ addidi utrumque

8 ܡܢ ܡܨܪܝܢ ... ÷ ܡܢ ܡܨܪܝܢ ... ÷ ... et nox ... [sic] ... scribe ...

11 ܘܡܝܩܪܘ ↙ ※ B

13 ܐܢܐ ego, ܐܢܐ B

15 ܐܡܪ secundum praeteritum in B

16 ↙ B post ܐܡܪ habet

16 (media inter adnotationem sequentem posita) ...

17 ...

19 ܡܕܝܢܬܐ apographum meum

22 ... ubi ܐ addidi contra B

22 ܠܒܥܘܪ B

24 ܘ vocabuli ܘܢܥܢܘܢ in B punctum et infernum et supernum habet

8⁴

ܠܥܠܡ. ܐܙܠ. ܗܘ ܗܦܟ ܠܕܘܟܬܗ ܕܝܠܗ: ܐܦ ܒܠܩ ܐܙܠ ܗܘܐ ܠܐܬܪܗ ܀
25 43¹ [1] ܘܝܬܒ ܐܝܣܪܝܠ | ܒܫܛܝܡ. ܘܐܬܚܠܠ ܥܡܐ ܠܡܙܢܝܘ ܒܒܢܬܐ ܕܡܘܐܒ. [2] ܘܩܪܝ ܠܗܘܢ
ܥܠ ܕܒܚܐ ܕܦܬܟܪܐ ܕܝܠܗܘܢ. ܘܐܟܠ ܥܡܐ ܡܢ ܕܒܚܐ ܕܝܠܗܘܢ. ܘܣܓܕܘ ܠܦܬܟܪܐ ܕܝܠܗܘܢ:
[3] ܘܐܬܐܣܪ ܐܝܣܪܝܠ ܠܒܥܠ ܦܥܘܪ. ܘܐܬܚܡܬ ܒܚܡܬܐ ܡܪܝܐ ܥܠ ܐܝܣܪܝܠ: [4] ܘܐܡܪ ܡܪܝܐ ܠܡܘܫܐ
»ܕܒܪ ܠܟܠܗܘܢ ܪ̈ܫܝ ܕܥܡܐ. ܘܦܪܘܣ ܐܢܘܢ ܠܡܪܝܐ ܠܘܩܒܠ ܫܡܫܐ. ܘܢܗܦܘܟ ܚܡܬܐ ܕܪܘܓܙܗ
ܕܡܪܝܐ ܡܢ ܐܝܣܪܝܠ«: [5] ܘܐܡܪ ܡܘܫܐ ܠܫ̈ܒܛܐ ܕܐܝܣܪܝܠ »ܩܛܘܠܘ ܟܠ ܚܕ ܠܓܒܪܐ ܕܝܠܗ.
ܠܗܘ ܕܐܬܐܣܪ ܠܒܥܠ ܦܥܘܪ« ܀ [6] ܘܗܐ ܓܒܪܐ ܡܢ ܒ̈ܢܝܐ ܕܐܝܣܪܝܠ ܟܕ ܐܬܐ. ܩܪܒ ܠܐܚܐ ܕܝܠܗ ܠܘܬ
ܡܕܝܢܝܬܐ ܩܕܡ ܡܘܫܐ ܘܩܕܡ ܟܠܗ ܟܢܘܫܬܐ ܕܒ̈ܢܝܐ ܕܐܝܣܪܝܠ. ܗܢܘܢ ܕܝܢ ܒܟܝܢ ܗܘܘ ܠܘܬ ܬܪܥܐ
ܕܡܫܟܢܐ ܕܙܒܢܐ: [7] ܘܟܕ ܚܙܐ ܦܝܢܚܣ ܒܪܗ ܕܐܠܥܙܪ ܒܪܗ ܕܐܗܪܘܢ ܟܗܢܐ. ܩܡ ܡܢ ܡܨܥܬ
43² ܟܢܘܫܬܐ. ܘܟܕ ܢܣܒ ܪܘܡܚܐ ܒܐܝܕܗ ܕܝܠܗ. [8] ܥܠ | ܒܬܪܗ ܕܓܒܪܐ ܐܝܣܪܝܠܝܐ ܠܩܘܒܬܐ. ܘܕܩܪ
ܠܬܪ̈ܝܗܘܢ.. ܘܠܓܒܪܐ ܐܝܣܪܝܠܝܐ ܘܠܐܢܬܬܐ. ܒܝܬ ܡܘܠܕܐ ܕܝܠܗ. ܘܐܬܟܠܝ ܡܘܬܢܐ ܡܢ ܒ̈ܢܝܐ ܕܐܝܣܪܝܠ ܀
[9] ܘܗܘܘ ܗܢܘܢ ܕܡܝܬܘ ܒܡܘܬܢܐ. ܐܪܒܥܐ ܘܥܣܪܝܢ ܐܠܦܝܢ ܀ [10] ܘܡܠܠ ܡܪܝܐ ܥܡ ܡܘܫܐ ܟܕ ܐܡܪ
[11] »ܦܝܢܚܣ ܒܪܗ ܕܐܠܥܙܪ ܒܪܗ ܕܐܗܪܘܢ ܟܗܢܐ ܐܗܦܟ ܚܡܬܐ ܕܝܠܝ ܡܢ ܒ̈ܢܝܐ ܕܐܝܣܪܝܠ. ܟܕ ܛܢ
ܛܢܢܐ ܕܝܠܝ ܒܗܘܢ. ܘܠܐ ܫܩܠܬ ܠܒ̈ܢܝܐ ܕܐܝܣܪܝܠ ܒܛܢܢܐ ܕܝܠܝ. [12] ܗܟܢܐ ܐܡܪ »ܗܐ ܐܢܐ ܝܗܒ
ܐܢܐ ܠܗ *ܠܕܝܬܩܐ ܕܝܠܝ ܕܫܠܡܐ. [13] ܘܬܗܘܐ ܠܗ ܘܠܙܪܥܗ ܕܝܠܗ ܡܢ ܒܬܪܗ ܕܝܬܩܐ ܕܟܘܡܪܘܬܐ
ܕܠܥܠܡ. ܚܠܦ ܕܛܢ ܠܐܠܗܐ ܕܝܠܗ. ܘܚܣܝ ܡܛܠ ܒ̈ܢܝܐ ܕܐܝܣܪܝܠ« ܀ [14] ܫܡܗ ܕܝܢ ܕܓܒܪܐ
ܗܘ ܐܝܣܪܝܠܝܐ ܗܘ ܕܐܬܩܛܠ ܥܡ ܡܕܝܢܝܬܐ. ܙܡܪܝ ܒܪܗ ܕܣܠܘ. ܪܫܐ ܕܒܝܬܐ ܕܐܒܗܬܐ ܕܫܡܥܘܢ:
44¹ [15] ܘܫܡܗ ܕܐܢܬܬܐ ܡܕܝܢܝܬܐ ܗܝ ܕܐܬܩܛܠܬ. ܟܘܙܒܝ | ܒܪܬܐ ܕܨܘܪ. ܪܫܐ ܕܥܡܐ ÷ ܕܐܘܡܘܬܐ↙. ܕܒܝܬܐ
ܕܐܒܗܬܐ ܕܡܢ ܡܕܝܢ ܀ [16] ܘܡܠܠ ܡܪܝܐ ܥܡ ܡܘܫܐ ܟܕ ܐܡܪ »ܡܠܠ ܠܒ̈ܢܝܐ ܕܐܝܣܪܝܠ ܟܕ
ܐܡܪ ÷ ܐܝܟ↙ [17] »ܗܘܘ ܒܥܠܕܒܒܐ ܠܡܕܝܢܝܐ. ܘܡܚܘ ܐܢܘܢ. [18] ܡܛܠ ܕܐܢܘܢ ܗܘܝܢ ܠܟܘܢ
ܒܥܠܕܒܒܐ ܒܢܟܠܐ *ܕܝܠܗܘܢ↙. ܗܢܐ ܢܟܠܘ ܠܟܘܢ ܡܛܠ ܦܥܘܪ ܘܡܛܠ ܟܘܙܒܝ ܒܪܬܐ
ܕܪܫܐ ܕܡܕܝܢ ܚܬܗܘܢ ܕܝܠܗܘܢ. ܗܝ ܕܐܬܩܛܠܬ ܒܝܘܡܐ ܕܡܘܬܢܐ ܡܛܠ ܦܥܘܪ« ܀
26 [1] ܘܗܘܐ ܡܢ ܒܬܪ ܡܘܬܢܐ. ܘܡܠܠ ܡܪܝܐ ܠܘܬ ܡܘܫܐ ܘܠܘܬ ܐܠܥܙܪ ܒܪܗ ܕܐܗܪܘܢ ܟܗܢܐ. ܟܕ
ܐܡܪ [2] »ܣܒ ܚܘܫܒܢܐ ܕܟܠܗ ܟܢܘܫܬܐ ܕܒ̈ܢܝܐ ܕܐܝܣܪܝܠ ܡܢ ܒܪ ܥܣܪܝܢ ܫ̈ܢܝܢ ܘܠܥܠ ܐܝܟ ܒ̈ܬܐ
ܕܐܒܗܬܐ ܕܝܠܗܘܢ. ܟܠ ܕܢܦܩ ܠܡܩܪܒܘ ܒܐܝܣܪܝܠ«: [3] ܘܡܠܠ ܡܘܫܐ ܘܐܠܥܙܪ ܟܗܢܐ ܥܡܗܘܢ
*ܒܥܪܒܘܬܐ ܕܡܘܐܒ ܥܠ ܝܘܪܕܢ ܠܘܩܒܠ ܐܝܪܝܚܘ. ܟܕ ܐܡܪ [4] »ܡܢܝܘ ܐܢܘܢ ܡܢ ܒܪ ܥܣܪܝܢ
44² ܫ̈ܢܝܢ ܘܠܥܠ ܐܝܟ ܕܦܩܕ ܡܪܝܐ ܠܡܘܫܐ. ܐܝܟ ܘܒ̈ܢܝܐ | ܕܐܝܣܪܝܠ ܗܢܘܢ ܕܢܦܩܘ ܡܢ ܡܨܪܝܢ:
[5] ܪܘܒܝܠ ܒܘܟܪܗ ܕܐܝܣܪܝܠ: ܒ̈ܢܘܗܝ ܕܝܢ ܕܪܘܒܝܠ: ܕܚܢܘܟ. ܫܪܒܬܐ ܕܚܢܘܟ: ܕܦܠܘ. ܫܪܒܬܐ
ܕܦܠܘ: [6] ܕܚܨܪܘܢ. ܫܪܒܬܐ ܕܚܨܪܘܢ: ܕܟܪܡܝ. ܫܪܒܬܐ ܕܟܪܡܝ: [7] ܗܠܝܢ ܫܪ̈ܒܬܐ ܕܪܘܒܝܠ ܀
ܘܗܘܘ ܡܬܦܩܕܢܐ ܕܝܠܗܘܢ ܐܪܒܥܐ ܘܐܪܒܥܝܢ ܐܠܦܝܢ ܘܫܒܥܡܐܐ ܘܬܠܬܝܢ ܀ [8] ܘܒ̈ܢܘܗܝ ܕܦܠܘ ܐܠܝܐܒ:
[9] ܘܒ̈ܢܘܗܝ ܕܐܠܝܐܒ ܢܡܘܐܝܠ ܘܕܬܢ ܘܐܒܝܪܡ: ܗܠܝܢ ܕܬܢ ܘܐܒܝܪܡ ܩܪ̈ܝܐ ܕܟܢܘܫܬܐ. ܗܠܝܢ
÷ ܐܢܘܢ↙ ܗܢܘܢ ܕܩܡܘ ܥܠ ܡܘܫܐ ܘܐܗܪܘܢ ܒܟܢܘܫܬܐ ܕܩܘܪܚ ܒܝܘܡܐ ܕܩܘܒܠܐ
ܕܝܠܗܘܢ ܠܘܩܒܠ ܡܪܝܐ: [10] ܘܟܕ ܦܬܚܬ ܐܪܥܐ ܦܘܡܗ. ܒܠܥܬ ܐܢܘܢ ܘܠܩܘܪܚ ܒܡܘܬܐ
ܕܟܢܘܫܬܐ ÷ ܕܝܠܗ↙. ܟܕ ܐܟܠܬ ܢܘܪܐ ܠܡܐܬܝܢ *ܘܚܡܫܝܢ↙ ܓܒ̈ܪܐ. ܘܗܘܘ ܠܐܬܐ: [11] ܒ̈ܢܝܐ ܕܝܢ
ܕܩܘܪܚ ܠܐ ܡܝܬܘ ܀ [12] ܘܒ̈ܢܘܗܝ ܕܫܡܥܘܢ. ܫܪܒܬܐ ܕܒ̈ܢܝܐ ܕܫܡܥܘܢ: ܕܢܡܘܐܝܠ. ܫܪܒܬܐ
45¹ ܕܢܡܘܐܝܠ: ܕܝܡܝܢ. ܫܪܒܬܐ ܕܝܡܝܢ: | . . . . ܕܫܐܘܠ. ܫܪܒܬܐ ܕܫܐܘܠ: [16] [ܠܐܙܢܝ].
ܫܪܒܬܐ ܕܐܙܢܝ: ܠܥܪܝ. ܫܪܒܬܐ ܕܥܪܝ: [17] ܠܐܪܘܕܝ. ܫܪܒܬܐ ܕܐܪܘܕܝ: ܠܐܪܐܠܝ. ܫܪܒܬܐ ܕܐܪܐܠܝ ܀
[18] ܗܠܝܢ ܫܪ̈ܒܬܐ ܕܒ̈ܢܝܐ ܕܓܕ ܡܢ ܡܬܦܩܕܢܘܬܐ ܕܝܠܗܘܢ. ܐܪܒܥܝܢ ܐܠܦܝܢ ܘܚܡܫܡܐܐ ܀ [19] ܒ̈ܢܝܐ ܕܝܢ

2 ܡܢ ÷ ܕܒܚܐ↙ B
3 ܘܐܬܐܣܪ transscripsi. ܠܒܥܠ B
6 ܡܕܝܢܝܬܐ B
12 ܠܗ B
14 ܗܘ ܐܝܣܪܝܠܝܐ bis scriptum in B
3 ܠܥܪܒܘܬܐ ÷ ܡܢ ܠܥܪܒܬܐ J
4 ܗܢܘܢ↙ ~ B
4 ÷ܐܝܣܪܝܠ↙ et ÷ܡܨܪܝܢ↙ B
10 ܕܦܘܡܗ B
14 folii 45¹ versus octo primi fere integri perierunt: quintus in ܐ finiebatur, in ܝ septimus, in ܕܫܐܘܠ octavus

ܕܝܗܘܕܐ ܥܝܪ ܘܐܘܢܢ ܘܡܝܬܘ܂ ܥܝܪ ܘܐܘܢܢ: ܘܡܝܬ ܥܝܪ ܘܐܘܢܢ ܒܐܪܥܐ ܕܟܢܥܢ: 20 ܘܗܘܘ ܒ̈ܢܝ ܝܗܘܕܐ
ܕܝܗܘܕܐ ܐܝܟ ܫܪ̈ܒܬܐ ܕܒܢܘܗܝ: ܠܫܠܐ. ܫܪܒܬܐ ܕܫܠܐ: ܠܦܪܨ. ܫܪܒܬܐ ܕܦܪܨ: ܠܙܪܚ. ܫܪܒܬܐ
ܕܙܪܚ: 21 ܘܗܘܘ ܒ̈ܢܝ ܦܪܨ. ܠܚܨܪܘܢ. ܫܪܒܬܐ ܕܚܨܪܘܢ: ܠܚܡܘܐܝܠ. ܫܪܒܬܐ ܕܚܡܘܐܝܠ:
22 ܗܠܝܢ ܫܪ̈ܒܬܐ ܕܝܗܘܕܐ ܐܝܟ ܣܘܥܪܢܐ ܕܒܢܘܗܝ ܗܘ | ...... | 32 ܠܫܡܝܪܥ. ܫܪܒܬܐ ܕܫܡܝܪܥ: 46^1 45^2
ܘܠܚܦܪ. ܫܪܒܬܐ ܕܚܦܪ: 33 ܘܠܨܠܦܚܕ ܒܪܗ ܕܚܦܪ. ܠܐ ܗܘܘ ܠܗ ܒ̈ܢܝܐ. ܐܠܐ ܒ̈ܢܬܐ. ܘܫܡ̈ܗܝܢ
ܕܒ̈ܢܬܗ ܕܨܠܦܚܕ ܡܚܠܐ ܘܢܘܥܐ ܘܚܓܠܐ ܘܡܠܟܐ ܘܬܪܨܐ܀ 34 ܗܠܝܢ ܫܪ̈ܒܬܐ ܕܡܢܫܐ ܡܢ ܣܘܥܪܢܐ
ܕܒܢܘܗܝ. ܬܪܝܢ ܘܚܡܫܝܢ ܐܠܦܝܢ ܘܫܒܥܡܐܐ܀ 35 ܘܗܠܝܢ ܒ̈ܢܝܐ ܕܐܦܪܝܡ ※ܐܝܟ ܫܪ̈ܒܬܐ ܕܒܢܘܗܝ↙.
ܠܫܘܬܠܚ. ܫܪܒܬܐ ܕܫܘܬܠܚ. ※ܠܒܟܪ. ܫܪܒܬܐ ܕܒܟܪ↙. ܠܬܚܢ. ܫܪܒܬܐ ܕܬܚܢ:
36 ܘܗܠܝܢ ܒ̈ܢܝ ܫܘܬܠܚ. ܠܥܕܢ. ܫܪܒܬܐ ܕܥܕܢ: 37 ܗܠܝܢ ܫܪ̈ܒܬܐ ܕܒ̈ܢܝ ܐܦܪܝܡ ܡܢ
ܣܘܥܪܢܐ ܕܒܢܘܗܝ. ܬܪܝܢ ܘܬܠܬܝܢ ܐܠܦܝܢ ܘܚܡܫܡܐܐ: ܗܠܝܢ ܒ̈ܢܝܐ ܕܝܘܣܦ ܐܝܟ ܫܪ̈ܒܬܐ ܕܒܢܘܗܝ܀
38 ܒ̈ܢܝܐ ܕܒܢܝܡܝܢ ܐܝܟ ܫܪ̈ܒܬܐ ܕܒܢܘܗܝ: ܠܒܠܥ. ܫܪܒܬܐ ܕܒܠܥ: ܠܐܫܒܝܠ. ܫܪܒܬܐ ܕܐܫܒܝܠ:
ܠܐܚܝܪܡ. ܫܪܒܬܐ ܕܐܚܝܪܡ: 39 [ܠܫܦܘܦܡ]. ܫܪܒܬܐ ܕܫܦܘܦܡ: [ܠܚܘܦܡ]. ܫܪܒܬܐ ܕܚܘܦܡ | 46^2

| ܟܬܒܐ ܕܝܫܘܥ ܒܪܗ ܕܢܘܢ ܀ 112^1

ܩܦܠܐܘܢ ܐ ܀

ܐ 1 *ܘܗܘܐ ܡܢ ܒܬܪ ܡܫܠܡܢܘܬܗ ܕܡܘܫܐ ※⁒ ܥܒܕܗ ܕܡܪܝܐ↙. ܐܡܪ *ܡܪܝܐ †ܠܝܫܘܥ ܒܪܗ ܕܢܘܢ
ܡܫܡܫܢܗ ܕܡܘܫܐ ܟܕ ܐܡܪ: 2 «ܡܘܫܐ ܡܫܡܫܢܐ ܕܝܠܝ ܡܝܬ: ܗܫܐ ܗܟܝܠ ܩܘܡ ܥܒܪ ܠܝܘܪܕܢܢ ※⁒ ܗܢܐ↙
ܐܢܬ ܘܟܠܗ ܥܡܐ ܗܢܐ. ܠܐܪܥܐ ܗܝ ܕܐܢܐ ܝܗܒ ܐܢܐ ܠܗܘܢ ※ܠܒ̈ܢܝܐ ܕܐܝܣܪܝܠ↙: 3 ܟܠܗ ܕܘܟܬܐ
ܐܝܕܐ ܕܬܕܪܟܘܢ ܒܦܣܬܐ ܕܪ̈ܓܠܝܟܘܢ ※ܠܟܘܢ↙. ܠܟܘܢ ܐܬܠܝܘܗܝ ܐܝܟܢܐ ܕܐܡܪܬ ܠܡܘܫܐ.
4 ܠܡܕܒܪܐ ܘܠܐܢܛܝܠܝܒܢܘܣ ※ܗܢܐ↙ ܥܕܡܐ ܠܢܗܪܐ ܪܒܐ. ܢܗܪܐ ܦܪܬ. ※ܟܠܗ ܐܪܥܐ ܕܚ̈ܬܝܐ↙ ܥܕܡܐ
ܠܝܡܐ *ܐܚܪܝܐ ܡܢ ܡܥܪ̈ܒܝ ܫܡܫܐ ܢܗܘܘܢ ܬܚܘܡܐ ܕܝܠܟܘܢ: 5 ܠܐ ܢܩܘܡ ܒܪ ܐܢܫܐ ܠܘܩܒܠܟܘܢ
ܟܠܗܘܢ ܝܘܡ̈ܬܐ ܕܚ̈ܝܝܟ. ÷ܘ↙ ܐܝܟܢܐ ܕܐܝܬܝ ܗܘܝܬ ܥܡ ܡܘܫܐ. ÷ܗܟܢܐ↙ ܐܗܘܐ ÷ܐܦ↙ ܥܡܟ.
※ܘ↙ ܠܐ ܐܫܒܩܟ ܘܠܐ ܐܬܛܠܡܟ ܡܢܟ: 6 ܐܬܚܝܠ ܘܐܬܥܫܢ. ܐܢܬ ܓܝܪ ܬܦܠܓ ܠܥܡܐ ܗܢܐ ܠܐܪܥܐ ܗܝ 112^2 |
ܕܝܡܝܬ ܠܐܒܗ̈ܬܟܘܢ *ܕܐܬܠ ܠܗܘܢ: 7 ܐܬܚܝܠ ܗܟܝܠ ܘܐܬܥܫܢ ܐܝܟ ※ܕܣܓܝ↙ ܠܡܛܪ
ܘܠܡܥܒܕ ※ܐܝܟ ܟܠ ܢܡܘܣܐ↙. ܐܝܟ ܡܐ ܕܦܩܕܟ ܡܘܫܐ ܥܒܕܐ ܕܝܠܝ. ÷ܘ↙ ܠܐ ܬܣܛܐ ܡܢܗܘܢ
ܠܝܡܝܢܐ ܐܘ ܠܣܡܠܐ: ܐܝܟܢܐ ܕܬܣܬܟܠ ܒܟܠܗܝܢ ܗܠܝܢ ܕܐܢ ܬܥܒܕ. 8 ÷ܘ↙ ܠܐ ܬܥܢܕ ܟܬܒܐ ܕܢܡܘܣܐ

22 39 folia 45^2 46^2 legi nequeunt

35 ※ ܫܪܒܬܐ ܕܫܘܬܠܚ ※ ܠܒܟܪ: ※ ܫܪܒܬܐ↙ ܕܒܟܪ: B, qui ※ܠܒܟܪ: in medio versu positum habet

36 ܕܫܘܬܠܚ B

1 ܡܢ ܒܬܪ ܕܝܢ ܡܫܠܡܢܘܬܗ ܕܡܘܫܐ, indice ad ܡܢ addito

1 ※⁒ ܥܒܕܗ ܕܡܪܝܐ↙ M[asius]. ⁒ et ↙ in B desiderantur

1 ܐ ܡܢ ܟܬܒܐ ܕܝܫܘܥ ܒܪܗ ܕܢܘܢ

2 ⁒ M, > B

2 ex M concluserit aliquis ※ܠܒ̈ܢܝܐ ܕܐܝܣܪܝܠ↙ ex Θ sumpta esse

3 Syrus Masii contra c ἐπιβῇ τὰ ἴχνη praebentem »id expressit, quod est in vulgatis libris [Aldinâ]«

4 ܪܒܐ B^m. »limniscus ostendit, in quibusdam libris esse ÷ μεγάλης, pro ÷ ἐσχάτης« M

5 ÷ܘܐܝܟܢܐ B, quem correxi. »Coniunctio [in his verbis] ÷ καὶ ↙ ὥσπερ ἤμην .... debet iugulari obelo« M

5 ÷ ante ܗܟܢܐ editus aderat olim in B: M οὕτως »debere iugulari obelo« auctor est

5 ※ܘ↙ܠܐ M, ܘܠܐ B

6 ܡܢ ܕܝܠܗܘܢ

7 ܕܣܓܝ oblique in margine scr B

7 »※ σφόδρα ↙ asterisco signandum est« M

7 »Coniunctio, quae est posita ante verbum ποιεῖν, debet iugulari obelisco« M

7 »post verbum ἐνετείλατο, deest in nostris libris Pronomen, σοι. scribendum est ergo, ἐνετείλατό σοι« M

7 »iugulanda obelisco est Coniunctio, cùm dicitur, ÷ καὶ ↙ οὐκ ἐκκλινεῖς« M. hinc ÷ܘ↙ܠܐ edidi, ܘܠܐ B

7 »pro ἢ ἀριστερὰ, habet Vaticanus codex, οὐδὲ εἰς ἀριστερά. Sed Syrus est nostrorum codicum scripturam secutus« M

8 »Coniunctio initio scripta, est iugulanda obelisco« M. ܘܠܐ B

ܗܘܐ ܡܢ ܦܘܡܟ ܕܝܠܟ. ܘܬܬܗܓܐ ܒܗ ܐܝܡܡܐ ܘܠܠܝܐ: ܐܝܟܢܐ *ܕܬܣܬܟܠ ܠܡܥܒܕ ܟܠܗܘܢ ܕܟܬܝܒܢ ܗܘܝܢ
ܒܗ *ܒܗ̇. ܡܛܠ ܕܗܝܕܝܢ ܐܛܝܒ ܐܘܪܚܬܐ ܕܝܠܟ. ܘܗܝܕܝܢ ܬܣܬܟܠ: ⁹ܗܐ ܡܦܩܕ ܐܢܐ ܠܟ.
ܐܬܚܝܠ ܘܐܬܓܒܪ. ܠܐ ܬܬܪܗܒ ܘܠܐ ܬܙܘܥ. ܡܛܠ ܕܥܡܟ ܗܘ ܡܪܝܐ ܐܠܗܟ ܒܟܠ ܐܝܟܐ ܕܐܢ ܬܐܙܠ« ܀
¹⁰ܘܦܩܕ ܝܫܘܥ *ܠܣܦܪ̈ܐ ܕܥܡܐ ܟܕ ܐܡܪ: ¹¹«ܥܒܪܘ ܒܡܨܥܬܐ ܕܡܫܪܝܬܐ | ܒ

2

ܘܫܕܪ ܝܫܘܥ ܒܪ ܢܘܢ ⸓ܬܪܝܗܘܢ ܥܠܝܡ̈ܐ ܐܝܠܝܢ ܠܐܝܪܝܚܘ ܘܥܠܘ ܠܒܝܬܐ ܕܐܢܬܬܐ ܙܢܝܬܐ ܕܫܡܗ̇ ܪܚܒ. | 113[1]
ܘܫܪܘ ܬܡܢ: ²ܘܐܬܐܡܪ ܠܡܠܟܐ ܕܐܝܪܝܚܘ ܟܕ ܐܡܪܝܢ «*ܗܐ↙ ܓܒܪ̈ܐ ܥܠܘ ܠܗܪܟܐ *ܒܠܠܝܐ↙ ܡܢ
ܒܢ̈ܝ ܐܝܣܪܝܠ. ܠܡܒܨܝܘ ܠܐܪܥܐ«: ³ܘܫܕܪ ܡܠܟܐ ܕܐܝܪܝܚܘ ⸓ܘܐܡܪ↙ ܠܪܚܒ ܟܕ ܐܡܪ: «ܐܦܩ
ܠܓܒܪ̈ܐ ܗܢܘܢ ܕܥܠܘ *ܠܘܬܟܝ. ܗܢܘܢ ܕܥܠܘ↙ ܠܒܝܬܟܝ ⸓ܒܠܠܝܐ↙. ܠܡܒܨܝܘ ܓܝܪ
*ܠܟܠܗ̇↙ ܐܪܥܐ ܐܬܘ«: ⁴ܘܟܕ ܢܣܒܬ ܐܢܬܬܐ ܠܬܪܝܗܘܢ ܓܒܪ̈ܐ. ܛܫܬ ܐܢܘܢ. ܘܐܡܪܐ ⸓ܠܗܘܢ
↙ܟܕ ܐܡܪܐ: «ܥܠܘ ܠܘܬܝ ܓܒܪ̈ܐ *ܘܠܐ ܝܕܥܬ ܡܢ ܐܝܟܐ ܐܝܬܝܗܘܢ↙: ⁵ܟܕ ܕܝܢ ܬܪܥܐ ܡܬܐܚܕ ܗܘܐ
ܒܚܫܘܟܐ. ܐܦ *ܗܠܝܢ ܓܒܪ̈ܐ↙ ܢܦܩܘ. ܠܐ ܝܕܥܐ ܐܢܐ ܠܐܝܟܐ ܐܙܠܘ ܗܠܝܢ ܓܒܪ̈ܐ: ܪܕܘܦܘ *ܒܥܓܠ↙
ܒܬܪܝܗܘܢ. *ܐܢ ܬܕܪܟܘܢ ܐܢܘܢ ܬܕܪܟܘܢ«: ⁶ܗܝ ܕܝܢ ܐܣܩܬ ܐܢܘܢ ܥܠ | ܐܓܪܐ. ܘܛܫܬ ܐܢܘܢ ܒܩܝܣ̈ܐ 113[2]
ܕܟܬܢܐ ܗܠܝܢ ܕܣܕܝܪܝܢ ܗܘܘ ܠܗ̇ ܥܠ ܐܓܪܐ: ⁷ܘܓܒܪ̈ܐ ܪܕܦܘ ܒܬܪܝܗܘܢ ܒܐܘܪܚܐ ܗܝ ܕܥܠ ܝܘܪܕܢܢ
ܥܠ ܡܥܒܪ̈ܬܐ. *ܘܬܪܥܐ ܐܬܐܚܕ ܀ ⁸ܘܗܘܐ ܕܟܕ ܢܦܩܘ ܗܢܘܢ ܕܪܕܦܝܢ ܒܬܪܝܗܘܢ. ܘܗܢܘܢ
ܥܕܠܐ ܢܕܡܟܘܢ. ܗܝ ܣܠܩܬ ܠܘܬܗܘܢ ܥܠ ܐܓܪܐ: ⁹ܘܐܡܪܐ ܠܘܬܗܘܢ «ܝܕܥܐ ܐܢܐ ܕܝܗܒܗ̇
ܡܪܝܐ ܠܟܘܢ ܠܐܪܥܐ. ܢܦܠܬ ܓܝܪ ܕܚܠܬܟܘܢ ܥܠܝܢ *ܘܡܛܠ ܐܦܢܝܘ ܡܢܟܘܢ ܗܠܝܢ ܕܥܡܪܝܢ
*ܒܐܪܥܐ. ܡܢ ܦܪܨܘܦܐ ܕܝܠܟܘܢ↙: ¹⁰ܫܡܥܢ ܓܝܪ ܕܐܘܒܫ ܡܪܝܐ ܐܠܗܐ ܝܡܐ ܣܘܦܐ ܡܢ ܩܕܡ
ܦܪܨܘܦܐ ܕܝܠܟܘܢ. ܟܕ ܢܦܩܬܘܢ ܗܘܝܬܘܢ ܡܢ ܡܨܪܝܢ. ܘܡܕܡ ܕܥܒܕܬܘܢ ܠܬܪܝܗܘܢ ܡܠܟ̈ܐ ܕܐܡܘܪܝ̈ܐ.
ܗܠܝܢ ܕܐܝܬܝܗܘܢ ܗܘܘ ܒܥܒܪܐ ܕܝܘܪܕܢܢ.. ܠܣܝܚܘܢ ܘܠܥܘܓ. ܗܠܝܢ ܕܚܪܡܬܘܢ ܐܢܘܢ:

8 ܗܝܕܝܢ ܐܛܝܒ ܐܘܪܚܬܟ, ubi ܗܝܕܝܢ B

8 »post illa verba, πάντα τὰ γεγραμμένα, additur in mixta ※ἐν αὐτῷ↙« M

8 »expungendum est illud, εὐοδοτήσῃ [ita scribit] καὶ, quod mendosè habetur in vulgatis libris« M

8 »pro, εὐοδώσεις, reddidit Syrus primam personam, εὐοδώσω. sed id ei non assentiuntur alia exemplaria« M

9 »εἰς πάντα τόπον οὗ ἐὰν πορεύῃ Complutenses. Sed quando verbum, τόπον, neque Hebraeum habet, neque alii boni libri, nihil muto. Si quis tamen adscribendum putet, is notet obelisco« M

10 ܠܣܦܪ̈ܐ j

11 »in extremo huius capitis, Versu 11. post, παρεμβολῆς, expungendum est illud, τοῦ λαοῦ« M. errabat quum haec scriberet, nam ܒ a commate 10 incipit, sed errabat, quia ܒ (margini codicis inscriptum?) ad locum quo referre debebat, non rettulit

1 ↙ addidi. M »⸓οἱ δύο νεανίσκοι ἦλθον εἰς ἱεριχὼ↙, ea sunt omnia iugulanda veru«

1 ܪܚܒ B, quem correxi

1 »pro, κατέπαυσαν, rectius scribas, κατέλυσαν, vt . . . expressit Syrus« M

2 ↙ post ܗܐ a me positum non habet B. »Aduerbium, ἰδοὺ, habeat asteriscum . . . . mutuatus est Origenes ab Theodotione« M

2 »post Aduerbium, ὧδε, est in editione mista ※τὴν νύκτα↙« M

3 ↙ post ܘܐܡܪ addidi. »⸓καὶ εἶπε↙ debet confodi obelo« M

3 ܐܦܩܝ B, ubi ܐܦܩ edidi

3 »in mista editione ad hunc modum scriptum, τοὺς εἰσπορευομένους ※πρὸς σε, τοὺς εἰσπορευομένους↙ εἰς τὴν οἰκίαν σου« M. ܠܘܬܟܝ ܗܢܘܢ ܕܥܠܘ↙※ ܠܒܝܬܟܝ B

3 »τὴν νύκτα, debet obelo iugulari« M. quo iugulat B

3 ↙ post ܠܟܠܗ̇ addidi. »in mixta editione . . . . ※πᾶσαν↙« M

4 »in mixta, τοὺς ※δύο↙ ἄνδρας« M

4 ↙ post ܐܡܪܐ addidi. Sed M »signandum est Pronomen obelo . . . . ⸓αὐτοῖς↙«

4 »habet mixta cum asterisco. . . . ※καὶ οὐκ οἶδα πόθεν ἦσαν↙« M

4 ܐܝܬܝ B[1]

5 »post verbum, πεπόρευνται, est in mixta, per asteriscum ※οἱ ἄνδρες↙, et mox eodem signo apposito additum est post Verbum, καταδιώξατε, Aduerbium, ※ἐν τάχει↙« M

5 ܒܬܪܝܗܘܢ ✧ B ut videtur

5 ܗܢܘܢ ܕܐܢ ܬܕܪܟܘܢ ܐܢܘܢ ܐܢܘܢ indice ad ܬܕܪܟܘܢ adposito

6 »pro ἑτοιμασμένῃ [ita scribit], scribendum est ἐστοιβασμένῃ. sic enim habent optimi libri, et hoc traduxit Syrus« M

7 ܐܬܐܚܕ ܐܝܟ ܒܬܪܝܗܘܢ, ܟܕ ܢܦܩܘ ܗܢܘܢ ܕܪܕܦܝܢ

8 ܗܢܘܢ etiam M, nam »neque in Complutensium editione, neque in Vaticana est pronomen αὐτοί. A Syro tamen lectum est«

9 »scribendum est, δέδωκε κύριος ὑμῖν τὴν γῆν« M

9 »magna huius versus pars à LXXII . . . omissa, in mixta editione apposita legitur, cum asterisco, post illud, ἐφ' ἡμᾶς, his verbis ※καὶ ὅτι κατέπτησσον πάντες οἱ κατοικοῦντες ἐν τῇ γῇ ἀπὸ προσώπου ὑμῶν↙« M

10 »primum illud ⸓ὁ θεὸς↙ debet iugulari veru« M

10 »pro ὅσα ἐποίησε, scribendum est, ὅσα ἐποιήσατε, consentientibus emendatis libris« M

[illegible]

3

114[1] [illegible]

[illegible]

[illegible]

[illegible]

4 [illegible]

[illegible]

[illegible]

114[2] [illegible]

[illegible]

[illegible]

[illegible]

[illegible]

[illegible]

[illegible]

[illegible]

[illegible]

115[1] [illegible]

16 »post Nomen, Αδαμὶ, additum est in mixta editione ※τῆς πόλεως, ἥ ἐστιν↙ ἕως μέρους« M

16 adnotatio ad [Syriac] prius addita ad [Syriac] pertinet, quod ipsum adnotatione in B caret, indice non caret

16 »pro, χαριαθιαρὶμ, scribendum est, Σαρθὰν ... hoc est in probis antigraphis« M

16 ↙ post [Syriac] addidi. »÷κατέβη↙ signetur obelisco. et similiter dictio ÷ἕως↙ quae sequitur. Debet etiam ... pro ἀλῶν, scribi ἁλὸς« M

16 [Syriac] B ut unum vocabulum sit. huc traho adnotationem, de quâ modo dixi, [Syriac]

17 [Syriac] |. »apponit mixta editio Aduerbium ※ἑτοίμως↙« M. ↙ post [Syriac] addidi

17 »÷υἱοὶ↙ [in textu ÷οἱ υἱοὶ↙] iugulandum est veru« M

1 »scribe συνετέλεσαν .... διαβαίνειν« M

2 »scribe ..... παράλαβε ἀπὸ τοῦ λαοῦ δώδεκα ἄνδρας .. Et .. ἄνδρα ... habeat adscriptam stellulam« M

3 »÷αὐτοῖς↙ notetur asterisco. Est enim etiam ipsum ex aliis interpretibus acceptum« M

3 »scribatur .... ἐκ μέσου τοῦ ἰορδάνου. atque hîc iam apponit mixta per asteriscum .... ※ἀπὸ στάσεως ποδῶν τῶν ἱερέων↙, deinde sequitur, ἑτοίμους« M

3 ↙ post [Syriac] addidi

3 »pro θήσετε legit Syrus modo mandatiuo, τίθετε« M

3 »ἐν τῇ στρατοπαιδείᾳ ÷ὑμῶν↙, debet Pronomen habere obeliscum« M

3 [Syriac] puncto superno ornat B

4 [Syriac] B

4 »addit mixta articulum, per asteriscum .... ※τοὺς↙ δώδεκα ἄνδρας« M: ↙ male positus in B

4 [Syriac] | indice omisso

4 quo loco post ※ alterum ↙ adderem, in B omissum, nescivissem, nisi M ※ἄνδρα↙ ἕνα testatus esset

5 »post .... εἶπεν αὐτοῖς, adscribito nomen ἰησοῦς« M

5 [Syriac] | et mox [Syriac]

5 »scribito ἕκαστος λίθον ἕνα« M

5 »Vaticanus ... τῶν δώδεκα φυλῶν: sed nomen δώδεκα non est in aliis exemplaribus, quae vidi« M

6 »scribe, ἵνα ὑπάρχωσιν οὗτοι ÷κείμενοι↙ ἐν ὑμῖν εἰς σημεῖον ÷διαπαντὸς↙« M, quem in edendo sequutus sum: nam B [Syriac] notis non distinguit, et [Syriac] praebet

6 »veru ... insigniatur ... εἰσιν« M. hunc sequutus signa addidi

7 [Syriac] B: edidi ex M

7 ÷λέγων↙ M: [Syriac] B

7 [Syriac] !

7 »÷ποταμὸς↙, quod nomen tamen à Syro non est lectum« M

7 post [Syriac] non posuit ↙ B, sed ÷πάσης τῆς γῆς↙ M

7 »vbi est in vulgatis libris, ὡς διέβαινεν αὐτὸν, habet mixta editio, loco Pronominis αὐτὸν, ipsum Iordanis nomen, cum asterisco; quo etiam ... signari debent quae sequuntur. est enim hic locus in mixta editione sic scriptus, ὡς διέβαινεν ※τὸν ἰορδάνην, καὶ ἐξέλιπε τὸ ὕδωρ τοῦ ἰορδάνου↙« M

7 ÷ὑμῖν↙ etiam M

7 ↙ in [Syriac] omisit B. »Complutenses omittunt Praepositionem ἐν .. Syrus assentitur nostris vulgatis libris« M

8 [Syriac] librario formae primae est

8 »debet ÷κύριος τῷ↙ iugulari veru apposito« M. quod, teste editione sua, M ad [Syriac] prius valere voluit

ܕܝܘܪܕܢܢ. ܐܝܟ ܕܦܩܕ ܡܪܝܐ ܠܝܫܘܥ ܒܡܫܠܡܢܘܬܐ ܕܩܕܡܝܐ ܕܒܢܝ ܐܝܣܪܝܠ. ܘܐܥܒܪܘ ܐܢܝܢ ܥܡܗܘܢ
ܠܒܝܬ ܡܫܪܝܬܐ. ܘܐܣܝܡܘ ܐܢܝܢ ܬܡܢ: [9] ܘ÷ ܐܚܪܢܝܬܐ ÷ ܬܪܬܥܣܪܐ ܟܐܦܐ ܐܩܝܡ ܝܫܘܥ ܒܗ ܒܝܘܪܕܢܢ
÷ ܒܡܨܥܬܐ ܗܘ ܕܗܘܐ ܬܚܘܬ ܪܓܠܝܗܘܢ ܕܟܗܢܐ ܕܛܥܝܢܝܢ ܗܘܘ ܩܒܘܬܐ ÷ ܕܕܝܬܩܐ ÷ ܕܡܪܝܐ.
ܘܐܝܬܝܗܘܢ ܬܡܢ ܥܕܡܐ ܠܝܘܡܐ ܕܝܘܡܢܐ ܀
[10] ܟܗܢܐ ܕܝܢ ܗܢܘܢ ܕܛܥܝܢܝܢ ܩܒܘܬܐ ÷ ܕܕܝܬܩܐ ÷ ܩܝܡܝܢ ܗܘܘ ܒ※ܡܨܥܬܗ ܕ÷ ܝܘܪܕܢܢ ܥܕܡܐ
ܕܫܠܡ ܟܠܗ ܦܬܓܡܐ ܕܦܩܕ ܡܪܝܐ ܠܝܫܘܥ ܠܡܡܠܠܘ ܠܥܡܐ ※ ܐܝܟ ܟܠܗܝܢ ܐܝܠܝܢ ܕܦܩܕ ܡܘܫܐ ܠܝܫܘܥ ÷:
ܘܐܣܬܪܗܒ ܥܡܐ ܘܥܒܪܘ ܀ [11] ܘܗܘܐ ܕܟܕ ܫܠܡ ܟܠܗ ܥܡܐ ܠܡܥܒܪ. ܘܥܒܪܬ ܩܒܘܬܐ
÷ ܕܕܝܬܩܐ ÷ ܕܡܪܝܐ *ܘܟܗܢܐ ܠܩܕܡܝܗܘܢ. [12] ܘܥܒܪܘ ܒܢܝ ܪܘܒܝܠ ܘܒܢܝ ܓܕ ܘܦܠܓܗ ܕܫܒܛܐ
ܕܡܢܫܐ | ܡܢ ܡܙܪܙܝܢ ܩܕܡ ܒܢܝ ܐܝܣܪܝܠ. ܐܝܟ ܕܦܩܕ ܠܗܘܢ ܡܘܫܐ: [13] ܡܢ ܐܪܒܥܝܢ ܐܠܦܝܢ 115²
ܙܪܝܙܝ ܕܩܪܒܐ ܡܙܪܙܝܢ ܠܩܪܒܐ. ܥܒܪܘ ܩܕܡ ܡܪܝܐ ܠܩܪܒܐ *ܠܘܬ ܡܕܝܢܬܐ ܐܝܪܝܚܘ ܀
[14] ܒܗܘ ܝܘܡܐ ܪܘܪܒܗ ܡܪܝܐ ܠܝܫܘܥ ܩܕܡ ܟܠܗ ÷ ܓܢܣܐ ÷ ܕܐܝܣܪܝܠ. ܘܕܚܠܝܢ ܗܘܘ ܡܢܗ o
ܐܝܟ ※ ܕܕܚܠܝܢ ܗܘܘ ÷ ܡܢ ܡܘܫܐ ܟܠܗ ܙܒܢܐ ܕܚܝܐ ܗܘܐ: [15] ܘܐܡܪ ܡܪܝܐ ※ ܠܘܬ ܝܫܘܥ ÷ ܟܕ ܐܡܪ:
[16] ܦܩܘܕ ܠܟܗܢܐ ܗܢܘܢ ܕܛܥܝܢܝܢ ܩܒܘܬܐ ÷ ܕܕܝܬܩܐ ÷ ܕܣܗܕܘܬܐ ܕܢܣܩܘܢ ܡܢ ܝܘܪܕܢܢ: [17] ܘܦܩܕ
ܝܫܘܥ ܠܟܗܢܐ ܟܕ ܐܡܪ ܣܩܘ ܡܢ ܝܘܪܕܢܢ: [18] ܘܗܘܐ ܟܕ ܣܠܩܘ ܟܗܢܐ ܕܛܥܝܢܝܢ ܠܩܒܘܬܐ
÷ ܕܕܝܬܩܐ ÷ ܕܡܪܝܐ ܡܢ ܡܨܥܬܗ ܕܝܘܪܕܢܢ. ܘܐܣܝܡܘ ܪܓܠܝܗܘܢ ※ ܟܗܢܐ ÷ ܥܠ ܝܒܝܫܬܐ. ܘܗܦܟܘ ܡܝܐ
ܕܝܘܪܕܢܢ ܥܠ ܐܬܪܗܘܢ. ܘܐܙܠܘ ܐܝܟ ܕܡܢ ܐܬܡܠܝ ܘܡܢ ܩܕܡܗ ܥܠ ܟܠܗ ܟܐܦܘܗܝ ※ ܕܝܠܗ ÷:
[19] ܘܥܡܐ ܣܠܩܘ ܡܢ ܝܘܪܕܢܢ | ܒܥܣܪܐ ܒܝܪܚܐ ܩܕܡܝܐ. ܘܫܪܘ ܒܢܝ ܐܝܣܪܝܠ ܒܓܠܓܠܐ ܠܘܬ 116¹
ܡܕܢܚܐ ܕܐܝܪܝܚܘ: [20] ܘܬܪܬܥܣܪܐ ܟܐܦܐ ܗܠܝܢ ܕܢܣܒܘ ܡܢ
ܝܘܪܕܢܢ. ܐܩܝܡ ܝܫܘܥ ܒܓܠܓܠܐ. [21] ※ ܘܐܡܪ ܠܘܬ ܒܢܝ ܐܝܣܪܝܠ ÷ ܟܕ ܐܡܪ ※ ܟܕ ܢܫܐܠܘܢ
ܒܢܝܟܘܢ ※ ܠܐܒܗܝܟܘܢ ÷ *ܡܚܪ ܟܕ ܐܡܪܝܢ ܡܢܘ ÷ ܐܝܬܝܗܝܢ ÷ ܟܐܦܐ ܗܠܝܢ: [22] ܬܘܕܥܘܢ ܠܒܢܝܟܘܢ

8 »lege, καὶ διεκόμισαν αὐτοὺς ἅμα ἑαυτοῖς« M

9 »scribe . . . καὶ ἄλλους δώδεκα λίθους ἔστησε [sic] ἰησοῦς ἐν αὐτῷ, ex Syro. Debet autem illud ἄλλους notari obelisco. et similiter Nomen ÷ κυρίου ↙« M. Masium sequutus ↙ ܐܚܪܢܝܬܐ ÷ o et ↙ ܕܡܪܝܐ ÷ edidi, quum B, qui ܘܐܚܪܢܝܬܐ praebet, ↙ ܕܡܪܝܐ habeat, addito signo ad marginem relegante, in quo adnotatio scripta non est

10 »Decimum versum lege ad hunc modum, οἱ ἱερεῖς δὲ οἱ αἴροντες τὴν κιβωτὸν ÷ τῆς διαθήκης ↙ εἱστήκεισαν ἐν ※ μέσῳ ↙ τῷ ἰορδάνῃ« M. ܒ※ܡܨܥܬܗ ↙ ܕܝܘܪܕܢܢ B, ܕ↙ ܝܘܪܕܢܢ ܒ※ܡܨܥܬܗ ego

10 »scribe ἕως οὗ συνετέλεσεν. et Nomen ἰησοῦς expungatur« M

10 »adscripta est in mixta editione per asteriscos longior verborum continuatio . . . . ※ πᾶν τὸ ῥῆμα, siue, ὅσα ἐνετείλατο κύριος τῷ ἰησοῦ ἀναγγεῖλαι τῷ λαῷ κατὰ πάντα ὅσα ἐνετείλατο μωυσῆς τῷ ἰησοῦ ↙ . . . . Indicatur autem a Syro, per limniscum, in nonnullis libris, post ÷ τῷ λαῷ, adscriptum esse ÷ καὶ διέβησαν οἱ υἱοὶ ἰσραὴλ ↙« M. vides quae fuerit adnotatio in B ad ܠܥܡܐ non adscripta

11 ÷ τῆς διαθήκης ↙ M

11 signum ad ܘܟܗܢܐ addidi. ܗܢܘܢ ܕܐܡܪ ܟܐܦܐ. »in margine Syrici codicis annotatum est, ʟxxɪɪ. dixisse, οἱ λίθοι, ceteros verò omnes Graecos interpretes, οἱ ἱερεῖς« M

12 ܕܐܝܣܪܝܠ ※ B

13 ܠܘܬ ܐܝܪܝܚܘ ܀ ܡܢ ܩܕܡ ܠ ܗܘܐ ܡܕܝܢܬܐ ܕܐܝܪܝܚܘ. »habet mixta editio [non B] πρὸς ※ πόλιν ↙ ἱεριχώ. . . . Aquila hic ipsam vocem Hebraicam Araboth seruauit. Symmachus verò conuertit, ἀοίκητον« M

14 »γένους est obelisco signandum« M. ܕܐܝܣܪܝܠ ↙ ܓܢܣܐ ÷ B, quem correxi

14 »verbum ἐφοβοῦντο debet habere appositam stellulam« M. ܕܕܚܠܝܢ ܗܘܘ ※ ↙ ܡܢ B, quem correxi

15 huc pertineat quod est in B^{m}, ܠܘܬ

15 »additum est in mixta editione, ※ πρὸς τὸν ἰησοῦν ↙ M. ↙ a B post ܟܕ positum post ܝܫܘܥ transtuli

16 ÷ τῆς διαθήκης ↙ M

16 »post . . . μαρτυρίου, habet codex Vaticanus, κυρίου . . . sed id ei non assentiuntur alia exemplaria« M

18 »post . . . τοὺς πόδας αὐτῶν, est in mixta editione ※ οἱ ἱερεῖς ↙« M

18 ÷ καὶ ↙ ὥρμησε M, »est enim [copula] ex aliis interpretibus accepta«

18 »post, κατὰ χώραν, adscribendum est Pronomen αὐτοῦ« M

18 »verbum, ἡμέραν, iugulandum obelisco est« M

18 »verbo κρηπῖδος additum in mixta est Pronomen ※ αὐτοῦ ↙« M

19 ÷ οἱ υἱοὶ ἰσραὴλ ↙« M

20 »lege, οὓς [sic] ἔλαβον ἐκ τοῦ ἰορδάνου« M

21 »in mixta additum est . . . per asteriscum, ※ καὶ εἶπε πρὸς τοὺς υἱοὺς ἰσραὴλ ↙« M

21 »additum in mixta est . . . ※ αὔριον ↙« M. ↙ post [illegible] contra B addidi

21 ܠܐܒܗܝܟܘܢ ܒܢܝܟܘܢ |

21 ÷ εἰσίν ↙ M. ↙ post ܐܝܬܝܗܝܢ contra B addidi

ܘܒܥܘܢ ܡܢ ܐܒܗܝܗܘܢ ܐܝܟܢܐ: ܕ»ܥܠ ܝܒܫܐ ܥܒܪ ܐܝܣܪܝܠ ܠܝܘܪܕܢܢ ※ܗܢܐ↙. ²³ ܟܕ ܐܘܒܫ *ܡܪܝܐ ܐܠܗܢ
ܠܡܝܐ ܕܝܘܪܕܢܢ ܡܢ ܩܕܡܝܗܘܢ ܥܕܡܐ ܕܥܒܪܘ. ܐܝܟ ܡܐ ܕܥܒܕ ⁰ܡܪܝܐ ܐܠܗܐ ܕܝܠܢ ܠܝܡܐ ܕܣܘܦܐ ܗܘ
ܕܐܘܒܫܗ ܡܪܝܐ ܐܠܗܢ ܡܢ ܩܕܡܝܢ ܥܕܡܐ ܕܥܒܪܢ: ²⁴ ܐܝܟܢܐ ܕܢܕܥܘܢ ܟܠܗܘܢ ܥܡܡܐ ܕܐܪܥܐ ܚܝܠܗ
ܕܡܪܝܐ. ܕܚܣܝܢܐ ܐܝܬܘܗܝ. ܘܐܝܟܢܐ ܕܐܢܬܘܢ ܬܕܚܠܘܢ ܠܡܪܝܐ ܐܠܗܐ ܕܝܠܢ ܒܟܠ ܙܒܢ«܀
ܫܠܡ ܕ ܀

5 116a ¹ ܘܗܘܐ ܕܟܕ ܫܡܥܘ ※ܟܠܗܘܢ↙ ܡܠܟܐ ܕܐܡܘܪܝܐ ܗܠܝܢ | ܕܐܝܬܝܗܘܢ ܗܘܘ ܒܥܒܪܐ ܕܝܘܪܕܢܢ
※ܕܠܘܬ ܝܡܐ↙. ܘ※ܟܠܗܘܢ↙ ܡܠܟܐ *ܕܦܘܢܝܩܐ ܗܠܝܢ ܕܠܘܬ ܝܡܐ. ܕܐܘܒܫ ܡܪܝܐ ܐܠܗܐ ܠܝܘܪܕܢܢ ܢܗܪܐ
ܡܢ ܩܕܡ ܒܢܝܐ ܕܐܝܣܪܝܠ ܟܕ ܥܒܪܝܢ ܗܘܘ. ܘܐܬܬܪܝܘ ܒܠܒܘܬܗܘܢ ÷ܘܐܬܒܣܝܘ↙. ܘܠܐ ܗܘܐ ܒܗܘܢ
ܘܠܐ ܚܕ ܒܘܢܐ ܡܢ ܩܕܡ ܦܪܨܘܦܐ ܕܒܢܝܐ ܕܐܝܣܪܝܠ܀
² ܒܗܘ ܕܝܢ ܙܒܢܐ ܗܘ ܐܡܪ ܡܪܝܐ ܠܝܫܘܥ «ܥܒܕ ܠܟ ܣܟܝܢܐ ÷ܡܢ ܟܐܦܐ ܕܫܪܥܐ↙. *ܘܬܒ ܓܙܘܪ
ܐܢܘܢ ܠܒܢܝܐ ܕܐܝܣܪܝܠ ܡܢ ܕܬܢܝܢܘܬ«: ³ ܘܥܒܕ ܠܗ ܝܫܘܥ ܣܟܝܢܐ ÷ܕܟܐܦܐ ܚܪܝܦܬܐ↙. ܘܓܙܪ ܐܢܘܢ
ܠܒܢܝܐ ܕܐܝܣܪܝܠ ܥܠ ܬܠܐ ܕܡܬܩܪܐ ܕܥܘܪܠܘܬܐ: ÷ܒܗܢܐ ܕܝܢ ܗܘ ܕܓܙܪ ܝܫܘܥ ܠܒܢܝܐ ܕܐܝܣܪܝܠ
÷ܗܠܝܢ ܕܒܬܪܟܢ ܗܘܘ *ܒܐܘܪܚܐ. ܘܗܠܝܢ ܕܒܬܪܟܢ ܠܐ ܓܙܝܪܝܢ ܐܝܬܝܗܘܢ ܗܘܘ ܡܢ ܗܠܝܢ ܕܢܦܩܘ ܡܢ
÷ܡܨܪܝܢ. ܟܠܗܘܢ ܗܠܝܢ ܓܙܪ ܝܫܘܥ↙܀ ⁴ ※ܗܢܐ ܕܝܢ ܗܘ ܡܠܬܐ ܕܗܝ ܕܓܙܪ ܝܫܘܥ ܟܠܗ
117a ※ܥܡܐ. ܗܢܘܢ ܕܢܦܩܘ ܡܢ ܡܨܪܝܢ ܕܟܪܐ. ܟܠܗܘܢ ܓܒܪܐ ܩܪܒܬܢܐ. ܗܢܘܢ | ܕܡܝܬܘ ܒܡܕܒܪܐ ܒܐܘܪܚܐ.
※ܟܕ ܢܦܩܘ ܗܘܘ ܡܢ ܐܪܥܐ ܕܡܨܪܝܢ: ⁵ ܡܛܠ ܕܓܙܝܪܐ ܐܝܬܝܗܘܢ ܗܘܘ ܟܠܗ ܥܡܐ ܕܢܦܩܘ.
※ܘܟܠܗ ܥܡܐ ܗܢܘܢ ܕܐܬܝܠܕܘ ܒܐܘܪܚܐ ܒܡܕܒܪܐ ܒܐܘܪܚܐ ܡܢ ܟܕ ܢܦܩܘ ܡܢ ܐܪܥܐ ܕܡܨܪܝܢ. ܠܐ ܐܬܓܙܪܘ
※ܗܘܘ↙܀ ⁶ ܐܪܒܥܝܢ ܓܝܪ ܘܬܪܬܝܢ ܫܢܝܢ ܐܬܗܦܟܘ ܐܝܣܪܝܠ ܒܡܕܒܪܐ ÷ܕܡܕܒܪܝܬܐ↙: *ܡܛܠ ܕܗܘܘ
ܠܐ ܓܙܝܪܐ ܐܝܬܝܗܘܢ ܗܘܘ ܣܓܝܐܐ ܕܡܢܗܘܢ ܡܢ ܡܩܬܠܢܘܬܐ ܗܢܘܢ ܕܢܦܩܘ ܡܢ ܐܪܥܐ ܕܡܨܪܝܢ.. ܗܢܘܢ ܕܠܐ
ܐܫܬܡܥܘ ܠܦܘܩܕܢܘܗܝ ܕܡܪܝܐ. ܠܗܠܝܢ ܕܐܦ †ܐܘܡܝ ܡܪܝܐ ܠܗܘܢ ܕܠܐ ܢܚܙܘܢ ܐܪܥܐ ܗܝ ܕܝܡܐ ܡܪܝܐ
ܠܐܒܗܝܗܘܢ. ܠܡܬܠ ܠܢ ܐܪܥܐ ܕܪܕܝܐ ܚܠܒܐ ܘܕܒܫܐ: ⁷ ܒܢܝܗܘܢ ܐܩܝܡ ܚܠܦ ܗܠܝܢ. ܠܗܠܝܢ

22 »adscribe Participium λέγοντες« M

22 »particulam ÷ὅτι↙ quae proximè [post λέγοντες] sequitur, signa obelo« M. ↙ addidi contra B

22 »in huius versiculi extremo additum in mixta est . . . . ※τοῦτον↙ . . . . quod tamen in Vaticano habetur« M

23 »Scribe, τοῦ θεοῦ ἡμῶν, ... et rursus vlterius, ὁ θεὸς ἡμῶν, . . . et tertio quoque, cùm dicitur, ἀπεξήρανε κύριος ὁ θεὸς ἡμῶν ἔμπροσθεν, etc. Sed hoc loco debet illud κύριος ὁ θεὸς ἡμῶν, iugulari obelisco« M

23 ܕܝܠܢ ܡܪܝܐ B. in B ܡܪܝܐ indice caret, sed B^m ܦܦ praebet

24 »scribe ex Syro, τῆς γῆς τὴν δύναμιν κυρίου ὅτι ἰσχυρά ἐστι. Mox cùm dicitur, ÷καὶ↙ ἵνα ÷ὑμεῖς↙ σέβησθε, iugulanda sunt Coniunctio, et Pronomen, obeliscis« M. ÷ܐܢܬܘܢ B

24 »scribendum est, τὸν θεὸν ἡμῶν . . . . pro χρόνῳ, est in Vaticano codice, ἔργῳ. Sed alij libri, et Syrus, illud probant« M

1 ※ܟܠܗܘܢ↙ ego, quum B ※ܫܡܥܘ↙ praebeat: ※πάντες↙ M

1 »additum est in mixta, ※παρὰ τὴν θάλασσαν↙« M

1 καὶ ※πάντες↙ = ܘ※ܟܠܗܘܢ↙ M, ※ܘܟܠܗܘܢ↙ B

1 ܗܢܘܢ ܕܥܒܪܐ ܕܝܘܪܕܢܢ, ubi ܗܢܘܢ puncto. ܕܝܘܪܕܢܢ punctis caret in B

1 »expungendum est. . . ἦσαν« [Aldinae] M

1 »÷ὁ θεὸς↙, iugulandum obelo est« M

1 ÷ܘܐܬܒܣܝܘ↙ B

1 »÷καὶ κατεπλάγησαν↙, id confodiendum est obelisco« M

2 »scribe, μαχαίρας ἐκ πέτρας ἀκροτόμου. καὶ καθίσας. Sic enim legit Syrus« M

2 ܘܬܘܒ ܓܙܘܪ

3 »τοῦ καλουμένου, debet iugulari veru: et nomen, τόπου, ibidem prorsus expungi« M

3 fin »Sunt . . . . versiculi isti . . . iugulandi obeliscis« M

3 »lege ordine conuerso, περιεκάθηρε [sic] ἰησοῦς τοὺς υἱούς« M

4 ܒܡܕܒܪܐ

4 ܟܠܗܘܢ quantumvis in versu ineunte positum, in B asterisco caret

4 »ante ἐν τῇ ὁδῷ, habent quaedam exemplaria, ἐν τῇ ἐρήμῳ. vt notauit Syrus per limniscum« M

6 »÷καὶ δύο↙, notandum est obelo« M

6 »scribe, τῇ ἐρήμῳ ÷τῇ μαδβαρίτιδι↙« M

6 indice ad ܗܘܘ adposito, quem ad ܡܛܠ transtuli, ܟܠܗ ܥܡܐ ܕܢܦܩܘ ⁞ ܓܒܪܐ ܕܩܪܒܐ ܕܗܘܘ ܢܦܩܘ ܡܢ ܡܨܪܝܢ܀ ܥܕ ܕܫܠܡܘ ܟܠܗ ܥܡܐ ܓܒܪܐ ܩܪܒܬܢܐ ܗܢܘܢ ܕܢܦܩܘ ܡܢ ܡܨܪܝܢ

5 ܗܢܘܢ ܕܢܦܩܘ ܡܢ

6 »post Nomen, κυρίου, habent quidam libri, τοῦ θεοῦ. Sed si id adscribatur, debet iugulari obelo« M

6 »scribe, δοῦναι ἡμῖν γῆν« M

7 Versus septimi initio in libris emendatis habetur haec verborum collocatio: τοὺς υἱοὺς αὐτῶν ἀντικατέστησε ἀντὶ τούτων, οὓς περιέτεμεν ἰησοῦς ※ὅτι ἀκρόβυστοι ἦσαν↙« M, qui ※ apud Syrum exstare disertis verbis testatur. signa in B desiderantur

117[2] ܕܓܙܪ ܝܫܘܥ: ※ܟܠܗ ܥܡܐ ܕܐܬܓܙܪܘ ܐܫܬܠܡܘ ܗܘܘ | : ܟܠܗ ܗܘ ܕܠܐ ܓܙܝܪܐ ܗܘܘ ܒܐܘܪܚܐ: [8]※ܟܕ
ܐܬܓܙܪܘ ܕܝܢ ※ܟܠܗ ܥܡܐ. ܝܬܒܝܢ ܐܬܡܢ ܗܘܘ ܠܗܘܢ. ܥܕ ܕܐܬܐܣܝܘ ܐܝܟ ܒܡܫܪܝܬܐ ܒܓܠܓܠܐ ܕܐܬܚܠܡܘ:
[9]ܘܐܡܪ ܡܪܝܐ ܠܝܫܘܥ »ܝܘܡܢܐ ܕܝܘܡܢܐ ܐܥܒܪܬ ܚܣܕܐ ܕܡܨܪܝܢ ܡܢܟܘܢ«. ܘܩܪܐ ܫܡܗ ܕܕܘܟܬܐ ܗܝ
ܓܠܓܠܐ ※ܥܕܡܐ ܠܝܘܡܢܐ ܗܢܐ: [10]※ܘܥܒܕܘ ܒܢܝܐ ܕܐܝܣܪܝܠ ܦܨܚܐ ܒܓܠܓܠܐ. ܘܥܒܕܘ ÷ ܒܢܝܐ
÷ܕܐܝܣܪܝܠ ܒܐܪܒܥܣܪ ܒܝܘܡܐ ܕܝܪܚܐ ܒܪܡܫܐ ܡܢ ܡܥܪܒܐ ܕܝܘܪܕܢܢ ܒܦܩܥܬܐ ܕܐܝܪܝܚܘ ÷ ܒܡܥܪܒܐ:
ܩܕܡ ܗ ‖ [11]ܘܐܟܠܘ ܡܢ ܥܒܘܪܐ ܕܐܪܥܐ ※ܒܝܘܡܐ ܕܒܬܪ ܦܨܚܐ ܦܛܝܪܐ ܘܩܠܝܬܐ ܒܝܘܡܐ ܗܢܐ: [12]ܦܣܩ
ܡܢܢܐ ※ܒܝܘܡܐ ܕܒܬܪܗ ܡܢ ܒܬܪ ܕܐܟܠܘ ܗܘܘ ܡܢ ܥܒܘܪܐ ܕܐܪܥܐ. ܘܠܐ ܐܝܬ ܗܘܐ ܬܘܒ ܠܒܢܝܐ ܕܐܝܣܪܝܠ
ܡܢܢܐ. ܘܐܟܠܘ ܕܝܢ ܦܐܪܐ ܕܐܪܥܐ ܕܦܘܢܝܩܐ ܒܫܢܬܐ ܗܝ ÷ [13]ܘܗܘܐ ܟܕ ܐܝܬܘܗܝ ܗܘܐ ܝܫܘܥ
118[1] ܒܐܝܪܝܚܘ. ܘܐܪܝܡ | ܒܥܝܢܘܗܝ. ܚܙܐ ܓܒܪܐ ܕܩܐܡ ܠܘܩܒܠܗ. ܘܣܝܦܐ ※ܕܝܠܗ ܫܠܝܦܐ ܒܐܝܕܗ:
ܘܩܪܒ ܝܫܘܥ ※ܠܘܬܗ. ܐܡܪ ܠܗ »ܕܝܠܢ ܐܝܬ. ܐܘ ܕܒܥܠܕܒܒܢ ※ܕܝܠܢ ÷«: [14]ܗܘ
ܕܝܢ ܐܡܪ ܠܗ ܕ»ܐܢܐ ܪܒܐ ܚܝܠܐ ܕܡܪܝܐ. ܗܫܐ ܐܬܝܬ«: ܘܢܦܠ ܝܫܘܥ ܥܠ
ܦܪܨܘܦܗ ※ܕܝܠܗ ܥܠ ܐܪܥܐ. ※ܘܣܓܕ ܘܐܡܪ ܠܗ »※ܡܪܝ ※ܡܢܐ ※ܕܝܠܟ .. ܡܦܩܕ ܐܢܬ
ܠܥܒܕܟ ÷«: [15]ܘܐܡܪ ܪܒܐ ܕܚܝܠܐ ܕܡܪܝܐ ܠܘܬ ܝܫܘܥ »ܫܪܝ ܡܣܐܢܐ ※ܕܝܠܟ ܡܢ
ܪܓܠܝܟ: ܕܐܬܪܐ ܓܝܪ ܗܘ ܕܐܢܬ ܩܐܡ ܐܢܬ ܒܗ. ܩܕܝܫܐ ܐܝܬܘܗܝ«: ※ܘܥܒܕ ܝܫܘܥ ܗܟܢܐ ÷
6 [1]ܘܐܝܪܝܚܘ ܐܚܝܕܐ ܗܘܬ ܘܡܚܣܢܐ ※ܡܢ ܦܪܨܘܦܐ ܕܒܢܝܐ ܕܐܝܣܪܝܠ. ܘܠܐ ܐܢܫ ܢܦܩ ܗܘܐ
÷ܡܢܗ. ܐܦ ܠܐ ܥܐܠ ܗܘܐ: [2]ܘܐܡܪ ܡܪܝܐ ܠܘܬ ܝܫܘܥ »ܗܐ ܡܫܠܡ ܐܢܐ ※ܠܟ ܐܝܪܝܚܘ ܒܐܝܕܝܟ
118[2] ܘܠܡܠܟܗ | ܕܒܗ. ܘܠܚܝܠܬܢܐ ÷ ܕܒܗ ܘܠܡܠܟܗ: [3]÷ܐܢܬ ܕܝܢ ܐܩܝܡ ܚܕܪܝܗ ܠܡܩܒܠܢܘܬܐ
ܕܥܡܡܐ ܡܢ ܚܕܪܐ. ※[*]ܘܬܬܟܪܟܘܢ ܠܡܕܝܢܬܐ ܟܠܟܘܢ ܓܒܪܐ ܕܩܪܒܐ ܠܚܕܪܗ ܕܡܕܝܢܬܐ [†]ܚܕܐ ܙܒܢ:
※ܗܟܢܐ ܬܥܒܕܘܢ ܫܬܐ ܝܘܡܝܢ: [4]ܘܫܒܥܐ ܟܗܢܐ ܢܫܩܠܘܢ ܫܒܥ ܫܝܦܘܪܐ [°]ܕܝܘܒܠܐ ܩܕܡ ܩܒܘܬܐ.
※ܘܒܝܘܡܐ ܕܫܒܥܐ ܬܬܟܪܟܘܢ ܠܡܕܝܢܬܐ ܫܒܥ ܙܒܢܝܢ. ܘܟܗܢܐ ܢܩܥܘܢ ܒܫܝܦܘܪܐ ※: [5]ܘܢܗܘܐ※

8 ܘܗܘܐ ܕܝܢ ܟܕ ܐܬܓܙܪ ܟܠܗ ܥܡܐ ܗܘ | ܘܟܠܗ ܥܡܐ ܥܡܐ

8 »in mixta ※πᾶν τὸ ἔθνος↙ M. signa non sunt in B

8 »debet . . . . ἡσυχίαν εἶχον iugulari obelo« M

9 ܗܝ B^m

9 ܒܓܠܓܠܐ ÷ ܕܓܠܓܠܐ B

9 »post . . . τόπου, additum est in mixta, ※ἐκείνου↙« M

9 ܗܝ in B habet punctum tam supernum quam infernum

9 »verba, ※ἕως τῆς ἡμέρας ταύτης↙, sunt apposito asterisco signanda« M. haec signa non adsunt in B

10 ※ B habet ante ܒܓܠܓܠܐ, sed M ut edidi

10 ÷ܕܐܝܣܪܝܠ ܒܢܝܐ ÷ M. signa non adsunt in B

11^m ܩܕܡ ܗ B

11 ܗܢܐ ܒܝܘܡܐ a praecedentibus apta habet B, quocum consensisse videatur M, quem lege paginâ 27

12 »additum est in mixta, ※ τῇ ἐπαύριον↙« M. ※ in B adhibitus librario debetur ea quae describebat non intellegenti

13 »cùm dicitur, καὶ ἀναβλέψας τοῖς ὀφθαλμοῖς ἀυτοῦ, non habet Vaticanus, neque copulam, καὶ, neque Pronomen ἀυτοῦ. eíque assentiri videntur tum Origenes, tum Cyprianus: quapropter arbitror, vtrumque esse apposito asterisco notandum: quamquam id à Syro factum non apparet: quod fortasse librarii negligentia accidit« M

13 ※ܕܝܠܗ ÷ vel scriptum vidit vel scribere suasit M: in B signa non adsunt

13 ※ܠܘܬܗ ÷ etiam M

13 ※ἡμῶν↙ »in mixta« legi testatur M

14 ܐܬܝܬ legisse videatur M ut B: »scribendum, ὅτι ἐγώ«

14 »post . . . πρόσωπον, additur in mixta Pronomen ※ἀυτοῦ↙« M

14 ※ܘܣܓܕ ܘܐܡܪ ex Masio: in B non adest nisi asteriscus

14 »lectum est a Syro ad hunc modum ※τί↙ δέσποτά ※μου↙« M

15 »additum est in mixta . . . ※σου↙« M. B asteriscum non ante ܕܝܠܟ, sed ante ܡܣܐܢܐ posuit

16 ※ܡܢ ܕܝܠܗ ※ܡܢ ܩܕܡ ܗܘ ※B, quem ex M correxi

1 ad ܗܘܬ pertinet ex M »post . . . . συγκεκλεισμένη, addendum est verbum, ἦν, ex Syro, et Vaticano«

1 ※ ex M: B ※ ante ܕܐܝܣܪܝܠ in versu ineunte positum collocavit

1 ÷ ἐξ ἀυτῆς↙ M: B signis caret

2 »omittatur Pronomen, ἐγώ [b: ἐγὼ παραδίδωμι], atque Datiuus, σοι, locetur post verbum, ὑποχείριον« M

2 ÷ ܗܘ ܕܒܗ ÷ M: signis caret B

2 »Est quidem hîc in Vaticano codice scriptum, δυνατοὺς ὄντας ἐν ἰσχύι, apud Complutenses verò, καὶ δυνατοὺς ἐν ἰσχύι. verùm Syrus planè secutus est vulgatorum librorum scripturam; nisi quod videtur legisse articulum, τοὺς δυνατοὺς« M

3 ÷ ܐܢܬ ܕܝܢ etiam M

3 seqq ※ in M = B

3 ܚܕܐ ܙܒܢ †, loco ad quem referri, debeat, non indicato. Fieldium secutus sum

3 Masius comment 103 »quod Hebraicè est פעם אחת, . . . id Aquilas reddidit μίᾳ ὁδῷ . . . Symmachus μίᾳ περιόδῳ«

4 M adnotationis ad ܕܝܘܒܠܐ adscriptae mentionem non inicit

5 ܘܗܘܐ ܟܕ ܢܢܩܫܘܢ ܒܩܪܢܐ ܕܝܘܒܠܐ ÷ . ܐܡܝܢ ܕܝܢ ܟܕ ܢܫܡܥܘܢ ÷ Aquilae nomen non laudatur, quod supplendum esse ante ܘܢܗܘܐ iam F intellexerat

ܕܡܐ ܕܬܩܥܘܢ ܒܫܝܦܘܪܐ ※ܕܝܘܒܠܐ. ܡܐ ܕܫܡܥܝܢ ܐܢܬܘܢ ܩܠܐ ܕܩܪܢܬܐ↙. ⁺ܢܩܥܘܢ ܟܠܗ ܥܡܐ.
ܘܥܡ ܩܥܬܗ. ܢܦܠܘܢ ÷ܩܠܗܘܢ ܡܢܗܘܢ↙ ܫܘܪܐ ܕܡܕܝܢܬܐ ※ܐܫܬܐܣܘܗܝ↙. ܘܢܥܘܠܘܢ ÷ܟܠܗܘܢ↙ ܟܠܗ
÷ܡܢ ܢܦܫܗ ܣܓܝܐ↙. ܟܠ ܚܕ ܠܘܩܒܠ ܦܪܨܘܦܗ ܕܝܠܗ ÷ܠܡܕܝܢܬܐ↙» ܀ [6]ܘܥܠ ܝܫܘܥ ܒܪܗ ܕܢܘܢ
ܠܘܬ ܟܗܢܐ ※ܘܐܡܪ ܠܗܘܢ »ܫܩܘܠܘ ܩܒܘܬܐ ܕܕܝܬܩܐ. ܘܫܒܥܐ ܟܗܢܐ ܢܫܩܠܘܢ ܫܒܥ | ܩܪܢܬܐ 119[1]
※ܕܝܘܒܠܐ ܩܕܡ ܦܪܨܘܦܐ ܕܩܒܘܬܐ ܕܡܪܝܐ↙»: [7]ܘܐܡܪ ÷ܠܗܘܢ ܟܕ ܐܡܪ »ܦܩܘܕܘ↙ ܠܥܡܐ
ܕܢܥܒܪܘܢ ܘܢܚܕܪܘܢܗ ܠܡܕܝܢܬܐ. ܘܡܙܝܢܐ ܢܥܒܪܘܢ ÷ܟܕ ܡܙܝܢܝܢ↙ ܩܕܡ ※ܩܒܘܬܐ ܕ↙ܡܪܝܐ» ܀
[8]※ܘܗܘܐ ܐܝܟ ܕܐܡܪ ܝܫܘܥ ܠܘܬ ܥܡܐ↙ ܘܫܒܥܐ ܟܗܢܐ. ܟܕ ܐܚܝܕܝܢ ܫܒܥܐ ܫܝܦܘܪܐ ܩܕܝܫܐ.
÷ܢܥܒܪܘܢ ܗܟܢܐ ܗܘܝܘ↙ ܩܕܡ ܡܪܝܐ ܢܥܒܪܘܢ ܘܢܫܝܦܪܘܢ ܒܫܘܠܛܢܐ. ܘܩܒܘܬܐ ܕܕܝܬܩܐ ܕܡܪܝܐ ܐܙܠܐ
※ܒܬܪܗܘܢ↙: [9]ܘܡܙܝܢܐ ܕܝܢ ܢܥܒܪܘܢ ܩܕܡܘܗܝ. ÷ܘ↙ܟܗܢܐ ※ܕܡܫܝܦܪܝܢ ܒܩܪܢܬܐ↙ ܘܐܚܪܝܐ
ܕܐܙܠܝܢ ܒܬܪ ܩܒܘܬܐ ÷ܕܕܝܬܩܐ ܕܡܪܝܐ↙ ܟܕ ܐܙܠܝܢ ܘܡܫܝܦܪܝܢ ܒܩܪܢܬܐ»: [10]ܠܥܡܐ ܕܝܢ ܦܩܕ
ܝܫܘܥ ܟܕ ܐܡܪ »ܠܐ ܬܩܥܘܢ. ܐܦ ܠܐ ܢܫܬܡܥ ܐܢܫ ܩܠܐ ܕܝܠܟܘܢ ※ܘܠܐ ܢܦܘܩ ܡܢ ܦܘܡܐ ܕܝܠܟܘܢ
※ܡܠܬܐ↙ ܥܕܡܐ ܠܝܘܡܐ ܕܐܡܪ ܠܟܘܢ ܠܡܩܥܐ. | ܘܬܩܥܘܢ ÷ܗܝܕܝܢ↙» ܀ [11]ܘܟܕ ܐܬܚܕܪܬ ܩܒܘܬܐ 119[2]
÷ܕܕܝܬܩܐ ܕܐܠܗܐ↙ ܠܡܕܝܢܬܐ ※ܡܢ *ܚܕܪܐ↙. ܥܠܬ ܐܝܟ ܠܡܫܪܝܬܐ ܘܒܬܬ ܬܡܢ: [12]ܘ÷ܒܝܘܡܐ
÷ܕܬܪܝܢ↙ ܩܡ ܝܫܘܥ ܒܨܦܪܐ. ܘܫܩܠܘ ܟܗܢܐ ܠܩܒܘܬܐ ܕܡܪܝܐ. [13]ܘܫܒܥܐ ܟܗܢܐ ܗܠܝܢ ܕܡܩܪܒܝܢ
ܫܒܥܐ ܫܝܦܘܪܐ ※ܕܝܘܒܠܐ↙ ܩܕܡ ※ܩܒܘܬܐ ܕ↙ܡܪܝܐ. ܐܙܠܝܢ ܗܘܘ. ܘ÷ܟܗܢܐ↙ ܫܝܦܪܘ ܒܫܝܦܘܪܐ.
*ܘܡܙܝܢܐ ܕܫܪܟܐ ܐܚܪܝܐ ܘܡܙܝܢܐ ܥܠܝܢ ܗܘܘ ܒܬܪܗܘܢ. ܘܐܙܠܐ ܕܝܠܗ ܩܒܘܬܐ ÷ܕܕܝܬܩܐ↙
*ܕܡܪܝܐ ※ܟܕ ܡܫܝܦܪܝܢ ܒܩܪܢܬܐ ÷ܘܫܪܟܐ *ܕܥܡܐ ܟܠܗ↙ ܡܢ
※ܩܕܡܘܗܝ↙. ܘܐܚܕܪܘ ܠܗ ܠܡܕܝܢܬܐ. ܗܘܐ ܩܪܝܒܐ ܗܘܐ ܠܗ ܢܦܫܗ ܀ [14]※ܘܗܘܐ ܒܝܘܡܐ ܕܬܪܝܢ
ܠܘܬܗ ※ܒܠܚܘܕܝܗ↙ ܚܕܐ. ܘܐܬܚܕܪܘܗ ܠܡܕܝܢܬܐ ※ܐܝܟ ܕܡܠܐ ܗܘܐ↙ ܚܕܐ ܙܒܢ. ※ܗܟܢ ܥܒܕܘ ܗܘܘ
※ܐܬܚܕܪܘܗ ܠܡܕܝܢܬܐ ܫܬ ܙܒܢܝܢ↙: [16]※ܘܗܘܐ ܒܙܒܢܐ ܫܒܝܥܝܐ |

120¹ | ܘܥܡܪܬ ܒܐܝܣܪܝܠ ܥܕܡܐ ܠܝܘܡܐ ܕܝܘܡܢܐ. ܡܛܠ ܕܛܫܝܬ ܠܓܫܘܫܐ ܗܢܘܢ ܕܫܕܪ ܝܫܘܥ
ܠܡܓܫܘ ܠܐܝܪܝܚܘ: ²⁶ܘܐܘܡܝ ܝܫܘܥ ܒܝܘܡܐ ܗܘ ܡܢ ܩܕܡ «ܠܝܛ ܗܘ ܓܒܪܐ ܐܝܢܐ ܕܐܢܫ ܗܘ
ܕ※ܢܩܝܡ ܐܘ ܢܒܢܐ ܠܡܕܝܢܬܐ ܗܕܐ ※ܠܐܝܪܝܚܘ↙: ܒܒܘܟܪܐ ܕܝܠܗ ܢܫܬܐܣܝܗ. ܘܒܙܥܘܪܐ ܕܝܠܗ
ܢܩܝܡ ܠܬܪܥܐ ܕܝܠܗ« ÷ ܘܗܟܢܐ ܥܒܕ ܐܘܙܢ ܗܘ ܕܡܢ ܒܝܬ ܐܝܠ: ܒܐܒܝܪܘܡ ܒܘܟܪܗ ܫܬܐܣܗ.
÷ ܘܒܗܿܘ ܕܐܫܬܘܙܒ ܙܥܘܪܐ ܐܩܝܡ ܠܬܪܥܐ ܕܝܠܗ ↙÷

ܫܠܡ ܘ ÷

ܩܦ 1 || ²⁷ܘܐܝܬܘܗܝ ܗܘܐ ܡܪܝܐ ܥܡ ܝܫܘܥ. ܘܐܝܬܘܗܝ ܗܘܐ *ܫܡܗ ܕܝܠܗ ܒܟܠܗ ܐܪܥܐ ÷

7 ¹*ܘܐܫܬܘܕܘ ܒܢܝ̈ܐ ܕܐܝܣܪܝܠ ܫܘܕܝܐ. ܘܓܢܒܘ ܡܢ ܚܪܡܐ. ܘܢܣܒ ܥܟܪ ܒܪܗ ܕܙܡܒܪܝ ܒܪܗ
ܕܙܒܕܝ ܒܪܗ ܕܙܪܚ ܡܢ ܫܒܛܐ ܕܝܗܘܕܐ ܡܢ ܚܪܡܐ: ܘܐܬܚܡܬ ܒܪܘܓܙܐ ܡܪܝܐ ܥܠ ܒܢܝ̈ܐ ܕܐܝܣܪܝܠ:
120² ܠ ³ܘܫܕܪ ܝܫܘܥ ܓܒܪ̈ܐ ܡܢ | ܐܝܪܝܚܘ ܠܥܝ ܗܝ ܕܐܝܬܝܗ ܠܘܩܒܠ ܒܝܬ ܐܘܢ ※ܠܘܩܒܠ
※ܡܕܢܚܗ ܕܒܝܬ ܐܝܠ. ܘܐܡܪ ܠܗܘܢ↙ ܟܕ ܐܡܪ «ܣܩܘ ܐܬܒܩܘ ܠܐܪܥܐ«: ܘܣܠܩܘ ܗܢܘܢ ܓܒܪ̈ܐ.
ܘܐܬܒܩܘ ܠܥܝ: ³ܘܗܦܟܘ ܠܘܬ ܝܫܘܥ ܘܐܡܪܘ ܠܗ «ܠܐ ܢܣܩ ܟܠܗ ܥܡܐ. ܐܠܐ ܐܝܟ ܬܪܝܢ
ܐܠܦܝܢ *ܓܒܪ̈ܐ↙ ܐܘ ܬܠܬܐ ܐܠܦܝܢ ܓܒܪ̈ܐ ܢܣܩܘܢ. ܘܢܟܒܫܘܢܗ ܠܡܕܝܢܬܐ: *ܠܐ ܬܐܣܩ ܠܬܡܢ
ܟܠܗ ܥܡܐ. ܙܥܘܪܐ ܓܝܪ ܐܢܘܢ«: ⁴ܘܣܠܩܘ ※ܡܢ ܥܡܐ ܠܬܡܢ↙ ܐܝܟ ܬܠܬܐ ܐܠܦܝܢ ܓܒܪ̈ܐ.
ܘܥܪܩܘ ܡܢ ܩܕܡ ܦܪܨܘܦܐ ܕܓܒܪ̈ܐ ܕܥܝ. ⁵ܘܩܛܠܘ ܡܢܗܘܢ ܓܒܪ̈ܐ ܕܥܝ ܐܝܟ ܬܠܬܝܢ ܘܫܬܐ
ܓܒܪ̈ܐ. ܘܪܕܦܘ ܐܢܘܢ ܡܢ ܬܪܥܐ ܥܕܡܐ ܠܫܒܪܝܡ ܐܢܘܢ ※ܘܡܚܘ ܐܢܘܢ↙ ܒܡܚܕܪܐ: ܘܙܥ ܠܒܗ ܕܥܡܐ.
ܘܗܘܐ ܐܝܟ ܡܝ̈ܐ: ⁶ܘܨܪܝ ÷ܝܫܘܥ↙ ܢܚܬܘܗܝ. ܘܢܦܠ ܝܫܘܥ ܥܠ ܦܪܨܘܦܗ ܕܝܠܗ ܥܠ ܐܪܥܐ
ܩܕܡ ※ܐܪܘܢܐ ܕ↙ܡܪܝܐ |

121¹ | ܓܒܪ̈ܐ: ¹⁵ܘܗܘ ܕܐܬܐܚܕ ※ܒܚܪܡܐ↙. ܢܐܩܕ ܒܢܘܪܐ ※ܗܘ↙ ܘܟܠܗ ܡܐ ܕܐܝܬ ܠܗ: ܡܛܠ
ܕܥܒܪ ܥܠ ܕܝܬܩܐ ܕܡܪܝܐ ܘ※ܡܛܠ ܕ↙ܥܒܕ ⁰ܠܐ ܢܡܘܣܐܝܬ ܒܐܝܣܪܝܠ: ¹⁶ܘܩܕܡ ܝܫܘܥ
※ܒܨܦܪܐ↙. ܘܩܪܒܗ ܠܥܡܐ ܐܝܟ ܫܒܛ̈ܐ ※ܕܝܠܗ↙. ܘܐܬܚܙܝ ܫܒܛܐ ܕܝܗܘܕܐ: ¹⁷ܘܐܬܩܪܒ ܐܝܟ
ܫܪ̈ܒܬܐ ※ܕܝܗܘܕܐ↙. ܘܐܬܚܙܝܬ ܫܪܒܬܐ ܕܙܪܚ ܓܒܪ̈ܐ ܓܒܪ̈ܐ※ ܘܐܬܚܙܝ ܙܒܕܝ: ¹⁸ܘܐܬܩܪܒ ܒܝܬܗ

26 »scribe, ὁ ἄνθρωπος, cum articulo« M

26 ↙ܐܘ ܢܩܝܡ※ B: »vt Syrus legit, ἀναστήσει ἤ, habeat appositam asterisci notam« M

26 ※ τὴν Ἱεριχὼ ↙ M

26 »vniuersa illa narratio.... ÷ καὶ ἐποίησε οὕτως Ἀζωζάν, siue, vt melius habent alij libri, Ὀζάν, ὁ ἐκ βαιθήλ, ἐν τῷ Ἀβειρὼμ τῷ πρωτοτόκῳ αὐτοῦ ἐθεμελίωσεν αὐτήν. καὶ ἐν τῷ διασωθέντι ἐλαχίστῳ ἐπέστησε τὰς πύλας αὐτῆς↙. (sic enim a Syro lecta ista sunt.) Haec, inquam, narratio, debet tota obeliscis iugulari« M. B non habet ↙, et uni tantum versui ab ܐܠ÷ incipienti signum in ÷ܘܗܟܢܐ occurrens praemittit

27ᵐ ܩܦ B

27 ad caput septimum trahit M

27 ܡܪܝܐ indicem non habet, sed ܩܦ Bᵐ

27 »auferendum è medio est illud, μεγάλην« M

27 ܫܡܗ ܕܝܠܗ ܗܘ ܪܒ

1 ܗܘ ܫܘܕܝܐ ܒܢܝ̈ܐ ܕܐܝܣܪܝܠ

1 ↙ܫܘܕܝܐ÷ B, ÷καὶ ἐνοσφίσαντο↙ M

1 »pro, ζαμβρί, legit Syrus ζαβδί« M

2 ※ et ↙ eadem in BM

3 »scribatur, μὴ ἀναβήτω πᾶς« M

3 »÷ἀλλ' ἤ↙, notetur obelo« M

3 ※ἄνδρες↙ M

3 ܐܠܦ̈ܐ ※ B

3 ܐܠܐ ܐܝܟ ܬܪܝܢ, indice ad ܐܠܦܝܢ apposito, quem ad ܐܠܐ transtuli

3 »scribe mutato verborum ordine, ἅπαντα τὸν λαόν« M

4 signa habet M, omittit B

5 ↙ BM, ※ solus M

5 ܘܡܚܘ B

6 ↙ܢܚܬܘܗܝ÷ M, ܢܚܬܘܗܝ B

6 »debet mutato ordine scribi, ἐπὶ πρόσωπον αὐτοῦ ἐπὶ τὴν γῆν« M

6 ↙ ※ ex M contra B

15 ↙ܒܚܪܡܐ※ B [sic] = ※ἐν τῷ ἀναθέματι↙ M

15 ↙ܗܘ※ M: ↙ non habet B

15 ܕܥܒܕ ↙ܡܛܠ※ B, quem correxi: καὶ ※ὅτι↙ M

15 indicem ad ܠܐ adscripsi, quem ad ܢܡܘܣܐܝܬ appositum habet B: glossam non habet M

16 ↙ܒܨܦܪܐ※ B = ※τὸ πρωΐ↙ M

16 ↙ܕܝܠܗ※ B = ※αὐτοῦ↙ M

17 ↙ܕܝܗܘܕܐ※ B = ※Ἰούδα↙ M

17 »pro ἐνεδείχθη [Ald], scribe ἀνεδείχθη« M. ↙ܐܬܚܙܝ B [sic]. »similiter paullo vlterius [18]« M

17 »pro κατ' οἴκους, scribe, κατ' ἄνδρα [corrige ἄνδρας]« M = ܓܒܪ̈ܐ ܓܒܪ̈ܐ B

17 ܘܐܬܚܙܝ ܙܒܕܝ※ edidi: in B asteriscus non habetur. »καὶ ἀνεδείχθη οἶκος ὁ ζαμβρί, debet habere appositam stellam .... sed verbum, οἶκος, est expungendum et pro ζαμβρί habent multi libri ζαβδί« M. vide ad 1

18 ※καὶ προσήχθη ὁ οἶκος αὐτοῦ κατ' ἄνδρα↙ M. apud me asteriscus alter commatis 17 valet etiam in commate 18. ↙ܒܝܬܐ ܕܝܠܗ※ B, qui ↙ post ܓܒܪ̈ܐ alterum a me editum non agnoscit

ܕܝܠܗ ܠܓܒܪܐ ܠܓܒܪܐ. ܘܐܬܚܕ ܥܟܪ ܒܪܗ ܕܟܪܡܝ ܒܪܗ ܕܙܒܕܝ ܒܪܗ ܕܙܪܚ ※ܡܢ ܫܪܒܬܐ
※ܕܝܗܘܕܐ✓: [19] ܘܐܡܪ ܝܫܘܥ ܠܥܟܪ ›※ܒܪܝ ܕܝܠܝ✓ ܝܘܡܢܐ ܗܒ ※ܗܟܝܠ✓ ܬܫܒܘܚܬܐ
ܠܡܪܝܐ ܐܠܗܐ ܕܐܝܣܪܝܠ. ܘܗܒ ※ܠܗ✓ ܬܘܕܝܬܐ. ܘܐܘܕܥܝܢܝ ܡܢܐ ܥܒܕܬ. ܘܠܐ ܬܛܫܐ ܡܢܝ«:
[20] ܘܥܢܐ ܥܟܪ ܠܝܫܘܥ ܘܐܡܪ ›ܫܪܝܪܐܝܬ ※ܐܢܐ✓ ܚܛܝܬ ܩܕܡ ܡܪܝܐ ܐܠܗܐ ܕܐܝܣܪܝܠ. ܗܟܢܐ ܘܗܟܢܐ
| ܥܒܕܬ: [21] ܚܙܝܬ ܒܒܙܬܐ ›ܐܣܛܠܐ ܡܨܒܥܬܐ ※ܚܕܐ✓ ܫܦܝܪܬܐ ܘܡܬܩܠܐ ܕܡܐܬܝܢ ܕܟܣܦܐ ܘܠܫܢܐ ܚܕ 121 a
ܕܕܗܒܐ. ܕܚܡܫܝܢ ÷ܕܡܐܬܝܢ ※ܡܬܩܠܐ ܕܝܠܗ✓. **ܘܪܓܬ ܐܢܘܢ. ܢܣܒܬ ※ܐܢܘܢ✓. ܘܗܐ
÷ܗܠܝܢ ܛܡܝܪܝܢ ܒܐܪܥܐ ܒܡܫܟܢܐ ܕܝܠܝ. ܘܟܣܦܐ ÷ܛܡܝܪ ܬܚܝܬܝܗܘܢ« ÷ [22] ܘܫܕܪ
ܝܫܘܥ ܐܝܙܓܕܐ. ܘܪܗܛܘ ܠܡܫܟܢܗ ÷ܠܡܫܪܝܬܐ✓. ܘܗܠܝܢ ܐܝܬܝܗܘܢ ܛܡܝܪܝܢ ܒܡܫܟܢܐ ※ܕܝܠܗ✓.
ܘܟܣܦܐ ܬܚܝܬܝܗܘܢ: [23] ܘܐܦܩܘ ܐܢܘܢ ܡܢ ܡܫܟܢܐ. ܘܐܝܬܝܘ ※ܐܢܘܢ✓ ܠܘܬ ܝܫܘܥ ܘܠܘܬ
※ܟܠܗܘܢ✓ ܩܫܝܫܐ ܕܐܝܣܪܝܠ. ܘܣܡܘ ܐܢܘܢ ܩܕܡ ܡܪܝܐ: [24] ܘܕܒܪܗ ܝܫܘܥ ܠܥܟܪ ܒܪܗ ܕܙܪܚ
÷ ܘܐܣܩܘܗܝ ܠܢܚܠܐ ܕܥܟܘܪ✓. ܘܠܟܣܦܐ ܘܠܐܣܛܠܐ ܘܠܠܫܢܐ ܕܕܗܒܐ ܘܠܒܢܘܗܝ ܕܝܠܗ ܘܠܒܢܬܗ
ܘܠܬܘܪܘܗܝ ܘܠܚܡܪܘܗܝ ܕܝܠܗ ܘܠܥܢܗ ܘܡܫܟܢܗ ܕܝܠܗ ܘܟܠܗ ܡܕܡ ܕܐܝܬ ܠܗ. ܘܟܠܗ
ܐܝܣܪܝܠ | ܥܡܗ. ܘܐܣܩܘ ܐܢܘܢ ܠܥܘܡܩܐ ܕܥܟܘܪ: [25] ܘܐܡܪ ܝܫܘܥ ›*ܠܡܢܐ ܥܟܪܬܢ ܠܢ ÷ 122 a
ܢܥܟܪܟ ܡܪܝܐ ܐܝܟ ܗܕܐ ܝܘܡܢܐ«: ܘܪܓܡܘܗܝ ܟܠܗ ܐܝܣܪܝܠ ܒܟܐܦܐ ※ܘܐܘܩܕܘ ܐܢܘܢ ܒܢܘܪܐ.
※ܘܪܓܡܘ ܐܢܘܢ ܒܟܐܦܐ✓. [26] ܘܐܩܝܡܘ ܥܠܘܗܝ ܓܠܐ ܕܟܐܦܐ ܪܘܪܒܐ ※ܥܕܡܐ ܠܝܘܡܐ ܗܢܐ✓ ÷
ܘܐܬܗܦܟ ܡܪܝܐ ܡܢ ܚܡܬܐ ܕܪܘܓܙܗ ※ܕܝܠܗ✓. ܡܛܠ ܗܢܐ ܐܬܩܪܝ ܫܡܗ ܥܘܡܩܐ ܕܥܟܘܪ ܥܕܡܐ
ܠܝܘܡܐ ܗܢܐ ÷

8 [1] ܘܐܡܪ ܡܪܝܐ ܠܘܬ ܝܫܘܥ ›ܠܐ ܬܕܚܠ ܘܠܐ ܬܬܒܪ. ܣܒ ܥܡܟ ܠ※ܟܠܗܘܢ✓ ܓܒܪܐ
ܡܩܪܒܢܐ. ܘܩܘܡ ܣܩ ܠܥܝ. ܗܐ ܝܗܒܬ ܒܐܝܕܝܟ ܠܡܠܟܐ ܕܥܝ ※ܘܠܥܡܐ ܕܝܠܗ ܘܠܡܕܝܢܬܗ✓
ܘܠܐܪܥܗ: [2] ܘܬܥܒܕ ܠܥܝ ※ܘܠܡܠܟܐ ܕܝܠܗ✓ ܐܝܟ ܡܐ ܕܥܒܕܬ ܠܐܪܝܚܘ ܘܠܡܠܟܐ ܕܝܠܗ.
*ܘܒܙܬܐ ※ܕܝܠܗ̇ ܘܒܥܝܪܐ✓ ※ܕܝܠܗ̇✓ ܐܦ ܬܒܘܙ ܠܟ: ܐܩܝܡ | ܕܝܢ ܐܝܬ ܠܟ ܟܡܐܢܐ ܠܡܕܝܢܬܐ ܡܢ 322
ܒܣܬܪܗ«: ‖ [3] ܘܩܡ ܝܫܘܥ ܘܟܠܗ ܥܡܐ ܡܩܪܒܢܐ ܐܝܟ ܕܢܣܩܘܢ ܠܥܝ: ܓܒܐ ܕܝܢ ܝܫܘܥ ܬܠܬܝܢ
ܐܠܦܝܢ ܓܒܪܐ ܓܢܒܪܐ ܒܚܝܠܐ. ܘܫܕܪ ܐܢܘܢ ܒܠܠܝܐ: [4] ܘܦܩܕ ܐܢܘܢ ܟܕ ܐܡܪ ›ܚܙܘ ※ܐܢܬܘܢ✓
ܐܬܟܡܢܘ ܐܢܬܘܢ ※ܠܡܕܝܢܬܐ✓ ܡܢ ܒܣܬܪ ܡܕܝܢܬܐ. ܠܐ ܬܪܚܩܘܢ ※ܡܢ✓ ܡܕܝܢܬܐ ※ܘܗܘܘ✓.

18 »pro ζαμβί, scribe ζαβδί« M

18 ※ ἀπὸ φυλῆς Ἰούδα ✓ M = B, nisi quod ܫܪܒܬܐ B

19 ※ υἱέ μου ✓ M, ex quo correxi B signa omittentem

19 »σήμερον, locandum est ante ipsum verbum δός, et signandum obelo« M. signa nulla habet B

19 ※ δή ✓ M, ܗܟܝܠ in B signis caret

20 ※ ἐγώ ✓ M: hunc sequutus ad ܐܢܐ contra B signa adposui quae vides

21 ܐܣܛܠܐ ܚܕܐ ܨܒܥܢܝܬܐ ܫܦܝܪܬܐ ... ܡܢ ܕܗܒܐ ÷

21 »scribendum est mutato verborum ordine, καὶ γλῶσσαν χρυσῆν μίαν« M

21 ܡܢ ܕܗܒܐ

21 indice non adposito ...

21 ※ ante ܐܢܘܢ editum contra B (qui ✓ habet) ex M sumpsi

21 ✓ ... scripsi, contra B signa omittentem, ex M

22 »εἰς τὴν σκηνήν, adscribe [contra Aldinam] Pronomen, αὐτοῦ. . . . atque tum hoc Pronomen, tum illud quod continuò sequitur, videlicet, εἰς τὴν παρεμβολήν, iugulentur obeliscis« M

23 »scribe, καὶ ἐξήνεγκαν, numero plurium« M

23 ✓ priorem ex M contra B edidi

24 signa ex M: > B

24 ܘܐܣܩܘ B

24 ultima vocabuli ܘܠܒܢܬܗ littera et ; et ؛ legi potest in B

24 καὶ πάντα τὰ πρόβατα bc: »debet . . . . πάντα expungi« M

24 »scribendum καὶ ἀνήγαγεν« M

24 ultima vocabuli ܘܠܬܘܪܘܗܝ littera et ? et ? legi potest in B

25 »Deleri debet . . . τῷ Ἀχάρ [post Ἰησοῦς positum]« M

25 ܠܡܢܐ ܥܟܪܬܢ ܠܢ ... nisi quod ... in B puncto caret

25 »scribe mutato verborum ordine, πᾶς Ἰσραὴλ ἐν λίθοις« M

25 ✓ ex M, quem post ܐܢܘܢ prius habet B

26 »μέγαν, aut vt habent quidam libri, μεγάλων« M, qui μέγαν edidit, μεγάλων [= ܪܘܪܒܐ B] in marginem suum reiecit

1 ※ πάντας ✓ M: ※ܠܟܠܗܘܢ✓ B

1 ✓ alterum supplevi ex M

2 ...

2 ✓ ... B, ※ αὐτῆς ✓ καὶ τῶν κτηνῶν ※ αὐτῆς ✓ M

2 »post . . . κατάστησον, expungenda est particula δέ. nam à Syro non est lecta« M. contra B

2 fin »cùm dicitur, εἰς τὰ ὀπίσω, adde Pronomen, αὐτῆς« M

3ᵐ ... B. notatio stichorum in B ad 2 fin ... adscripta

3 »scribe, ἐπέλεξεν δὲ« M

4 ... et ... ex M: non habet haec signa B, cui in sequentibus cum M convenit

ܘܬܗܘܘܢ ܟܠܟܘܢ ܡܛܝܒܝܢ: ⁵ܘܐܢܐ ܘܟܠܗܘܢ ܗܠܝܢ ܕܥܡܝ ܢܬܩܪܒ ܠܘܬ ܡܕܝܢܬܐ. ܘܢܗܘܐ ܕܡܐ
ܕܢܦܩܘ ÷ ܗܠܝܢ ܕܝܬܒܝܢ ܒܓܘܢ ܠܐܘܪܥܐ ܕܝܠܢ ※ ܐܝܟ ܕܐܦ ܒܩܕܡܝܬܐ↙. ܘܢܥܪܘܩ ܡܢ ܩܕܡ ܦܪܨܘܦܗܘܢ
ܕܝܠܗܘܢ: [6] ܘܡܐ ܕܢܦܩܘ ܒܬܪܢ. ܢܓܕܘܢ ܐܢܘܢ ܡܢ ܡܕܝܢܬܐ. ܘܢܐܡܪܘܢ »ܥܪܩܝܢ ※ܗܠܝܢ↙ ܡܢ ܩܕܡ
ܦܪܨܘܦܢ ܕܝܠܢ ܐܝܟ ܕܗܘ ܐܦ ܡܢ ܩܕܡ«. ※ܘܢܥܪܘܩ ܡܢ ܩܕܡ ܦܪܨܘܦܗܘܢ ܕܝܠܗܘܢ↙: [7] ܐܢܬܘܢ ܕܝܢ ܬܩܘܡܘܢ
ܡܢ ܟܡܐܢܐ. ÷ ܘܬܐܬܘܢ | ܠܡܕܝܢܬܐ↙. ※ܘܬܬܚܕܘܢ ܠܡܕܝܢܬܐ. ܘܢܫܠܡܝܗ̇ ܡܪܝܐ ܐܠܗܐ ܕܝܠܟܘܢ 123[1]
※ܒܐܝܕܝܟܘܢ: [8] ܘܢܗܘܐ ܕܡܐ ܕܐܚܕܬܘܢ ܠܡܕܝܢܬܐ. ܐܘܩܕܘܗ̇ ܒܢܘܪܐ↙: ܐܝܟ ܡܠܬܐ ܗܕܐ ܬܥܒܕܘܢ.
ܗܐ ܦܩܕܬܟܘܢ« ⁘ [9] ܘܫܕܪ ܐܢܘܢ ܝܫܘܥ. ܘܐܙܠܘ ܠܟܡܐܢܐ. ܘܝܬܒܘ ܒܝܢܬ ܒܝܬ ܐܝܠ ܘܒܝܢܬ ܥܝ
※ܡܢ ܓܒܐ ܕܥܝ↙. ܘܒܬ ܝܫܘܥ ܠܠܝܐ ※ܗܘ↙ ܒܡܨܥܬܗ ܕܥܡܐ: [10] ܘܩܕܡ ܩܕܡ ܝܫܘܥ ܒܨܦܪܐ.
ܘܣܥܪܗ ܠܥܡܐ. ܘܣܠܩܘ ܗܘ ܘܩܫܝܫܐ ܕܐܝܣܪܝܠ ܩܕܡ ܦܪܨܘܦܐ ܕܥܡܐ ܠܥܝ. [11] ܘܟܠܗ
ܥܡܐ ܡܩܛܪܐ ܕܥܡܗ ܣܠܩܘ. ܘܐܙܠܘ. ܐܬܘ ܠܘܩܒܠ ܡܕܝܢܬܐ ÷ ܡܢ ܡܕܢܚܐ. ܘܟܡܐܢܐ
÷ ܕܡܕܝܢܬܐ ܡܢ ܓܒܐ↙. ※ܘܫܪܘ ܡܢ ܓܪܒܝܐ ܕܥܝ. ܘܢܚܠܐ ܒܝܬ ܠܗܘܢ ܘܠܥܝ: [12] ܘܢܣܒ ܐܝܟ ܚܡܫܐ
※ܐܠܦܝܢ ܓܒܪܝܢ. ܘܣܡ ܐܢܘܢ ܟܡܐܢܐ ܒܝܢܬ ܒܝܬ ܐܝܠ ܘܒܝܢܬ *ܥܝ ܡܢ ܓܒܐ ܕܥܝ: [13] ܘܣܡܘ | ܠܥܡܐ.. 123[2]
※ܠܟܠܗ ܡܫܪܝܬܐ ܗܝ ܕܐܝܬܝܗ̇ ܗܘܬ ܡܢ ܓܪܒܝܐ ܕܡܕܝܢܬܐ. ܘܣܘܦܐ ܕܝܠܗܘܢ ܡܢ ܓܒܐ ܕܡܥܪܒܐ:
※ܘܐܙܠ ܝܫܘܥ ܒܠܠܝܐ ܗܘ ܒܡܨܥܬܗ ܕܢܚܠܐ↙: [14] ܘܗܘܐ ܕܟܕ ܚܙܐ ܡܠܟܐ ܕܥܝ. ܘܐܣܬܪܗܒܘ
※ܘܩܕܡܘ↙. *ܘܢܦܩܘ ⁺ ܠܐܘܪܥܐ ܕܝܠܗܘܢ ÷ ܠܩܪܒܐ↙ ܒܦܢܝܐ. ܗܘ ܘܟܠܗ ܥܡܐ ܕܥܡܗ ※ܠܐܘܪܥܐ ܠܡܥܠܬܐ
※ܦܪܨܘܦܐ ܕܥܪܒܐ↙. ܘܗܘ ܠܐ ܝܕܥ ܗܘܐ ܕܟܡܐܢܐ ܕܝܠܗܘܢ ܐܝܬ ܗܘܐ ܒܣܬܪܗ̇ ܕܡܕܝܢܬܐ: [15] ÷ ܘܚܙܘ↙ ܘܥܪܩ
ܝܫܘܥ ܘܟܠܗ ܐܝܣܪܝܠ ܡܢ ܩܕܡ ܦܪܨܘܦܗܘܢ ※ܘܥܪܩܘ ܠܐܘܪܚܐ ܕܡܕܒܪܐ: [16] ܘܐܬܚܝܠܘ
※ܟܠܗ ܥܡܐ ܕܒܥܝ ܠܡܪܕܦ ܒܬܪܗܘܢ↙. ܘܪܕܦܘ ܒܬܪ *ܝܫܘܥ. ܘ ÷ ܗܢܘܢ↙ ܐܬܦܢܝܘ ܡܢ ܡܕܝܢܬܐ.
[17] ܠܐ ܐܫܬܚܪ ܘܠܐ ܐܢܫ ܒܥܝ ※ܘܒܒܝܬ ܐܝܠ↙ ܗܘ ܕܠܐ ܪܕܦ ܒܬܪ ܐܝܣܪܝܠ. ܘܫܒܩܘܗ̇ ܠܡܕܝܢܬܐ ܟܕ
ܦܬܝܚܐ. ܘܪܕܦܘ ܒܬܪ ܐܝܣܪܝܠ: [18] ܘܐܡܪ ܡܪܝܐ ܠܘܬ ܝܫܘܥ »ܦܫܘܛ ܠܐܝܕܟ ܕܒܗ *ܒܩܘܢܛܐ ܗܘ
| ܕܒܐܝܕܟ ※ܘܐܝܕܟ ܕܒܗ↙ ܥܠ ܡܕܝܢܬܐ. ܒܐܝܕܝܟ ܓܝܪ ܕܝܠܝ ܐܫܠܡܬܗ̇ ÷ ܘܟܡܐܢܐ ܢܬܩܘܡܘܢ 124[1]
÷ ܒܥܓܠ ܡܢ ܕܘܟܬܐ ܕܝܠܗܘܢ↙«: ܘܦܫܛ ܝܫܘܥ ܒܩܘܢܛܐ ܘܐܝܕܗ ܥܠ ܡܕܝܢܬܐ: [19] ܘܟܡܐܢܐ

5 »pro, πᾶς ὁ λαὸς, scribe, πάντες οἱ μετ' ἐμοῦ, sic enim habent omnia exemplaria quae vidi« M

6 ↙ܗܠܝܢ ※ M: signa non habet B

6 ↙ alterum edidi ex M: > B

7 ↙ܠܡܕܝܢܬܐ ܘܬܐܬܘܢ ÷ M, ܘܬܐܬܘܢ ↙ ※ ܠܗ ܡܕܝܢܬܐ ÷ B [sic]

7/8 ※καὶ ἐκτρέψετε τὴν πόλιν, καὶ δώσει αὐτὴν κύριος ὁ θεὸς ὑμῶν ἐν χερσὶν ※ὑμῶν↙. ※καὶ ἔσται ὡς ἂν συλλάβητε τὴν πόλιν, ἐμπρήσατε αὐτὴν ἐν πυρί↙ M. »Mendosè ergo in libris vulgatis est, ἐμπρήσετε« M. B ܘܬܬܚܕܘܢ ܠܡܕܝܢܬܐ ante asteriscum scripta exhibet

8 »pro ἐντέλλομαι, scribe ἐντέταλμαι« M

9 ܠܟܡܐܢܐ punctis caret in B

9 ↙ priorem edidi ex M, quem post ܥܝ posuit B

9 ↙ܗܘ ※ M, ܗܘ ※ B ↙ omisso

9 ↙ܕܥܡܐ B, ↙ܕܥܡܐ ※ M

11 ὁ πολεμιστὴς ※ ὁ↙ μετ' αὐτοῦ M ex editione mixtâ

11 ܘܟܡܐܢܐ et 12 ܟܡܐܢܐ punctis carent in B

11 inde ab ܘܫܪܘ usque ad 13 exeuntem in signis ponendis convenit Masio cum B: 12 13 Theodotioni adscribit M, qui 39 134 καὶ παρενέβαλον

12 »Legit ... Syrus ad hunc modum .... ※ καὶ ἔλαβεν ὡς πέντε χιλιάδας ἀνδρῶν, καὶ ἔθετο αὐτοὺς ἔνεδρον ἀνὰ μέσον βηθαῦν καὶ τῆς Γαΐ, θάλασσαν τῆς Γαΐ↙« M, qui ܟܡܐܢܐ = B

12 ܗܘ ܡܢ ܡܥܪܒܐ ܕܡܕܝܢܬܐ ÷ ܥܝ ܕܥܝ ܡܢ ܡܥܪܒܐ ܕܥܝ indice ad ܕܥܝ adposito

13 »[Syrus] sic, ※ καὶ ἔθηκαν τὸν λαὸν, πᾶσαν τὴν παρεμβολὴν, ἣ ἦν ἀπὸ βορρᾶ τῆς πόλεως, καὶ τὰ ἔσχατα αὐτῶν, θάλασσαν τῆς πόλεως, καὶ ἐπορεύθη ἰησοῦς τὴν νύκτα ἐκείνην ἐν μέσῳ τῆς κοιλάδος↙ « M

14 »καὶ ὤρθρισε, ascititium est, et proinde asterisco signandum« M = B

14 ܢܦܩܘ ܓܒܪܐ ܕܡܕܝܢܬܐ Bᵐ. »scribendum est numero singulari, ἐξῆλθεν« M

14 ܓܒܪܐ ܕܡܕܝܢܬܐ Bᵐ. »οἱ ἄνδρες τῆς πόλεως, in plerisque antigraphis non habetur; vt annotauit Syrus ... Si tamen adscriberetur per asteriscum, deberet etiam Verbum poni numero plurium; vt est in vulgatis libris« M

14 ↙ܠܩܪܒܐ ÷ ex M edidi: ↙ male scriptum habet etiam B, sed ÷ in B non adest

14 ܠܐܘܪܥܐ ※ ex M edidi, quum B ※ ante ܦܪܨܘܦܐ adponat: in ↙ ponendo Masiano cum B convenit

14 ܕܟܡܐܢܐ ܐܝܬ ܗܘܐ testatur etiam M

15 ineunte ÷ M, ※ B: mox ↙ BM

15 ܐܝܣܪܝܠ etiam M

16 ܝܫܘܥ etiam M. Bᵐ ܒܢܝ ܐܝܣܪܝܠ: υἱῶν ἰσραὴλ Masius »in multis libris« reperiri auctor est

16 ↙ܗܢܘܢ ÷ ܘ M, ↙ܘܗܢܘܢ ÷ B

17 »scribe .... καὶ κατεδίωξαν« M. ܪܕܦ B pro ܪܕܦܘ scriptum esse potest

18 ܦܫܘܛ ܠܐܝܕܟ ܕܒܗ ܒܩܘܢܛܐ ÷ ܒܩܘܢܛܐ ܕܒܐܝܕܟ ܥܠ ܗܝ ܡܢ

18 ÷ τὴν χεῖρά σου↙ M

18 ↙ܕܒܗ ܘܐܝܕܟ ※ B: signa non habet M, errore, ni fallor

18 ÷ καὶ τὰ ἔνεδρα ἐξαναστήσονται ἐν τάχει ἀπὸ τοῦ τόπου αὐτῶν↙ M = B

18 »scribito, καὶ ἐξέτεινεν ἰησοῦς τὸν γαισὸν, καὶ τὴν χεῖρα αὐτοῦ. quod verò deinceps est, ἐν τῷ γαισῷ, expungito« M

ܩܡܘ ܒܥܓܠ ܡܢ ܕܘܟܬܐ ܕܝܠܗܘܢ. ܘܢܦܩܘ: ܡܛܠ ܕܦܫܛ ܐܝܕܗ. ܘܥܠܘ ܠܡܕܝܢܬܐ. ܘܟܒܫܘܗ̇.
ܘܐܣܬܪܗܒܘ ܘܐܘܩܕܘܗ̇ ܠܡܕܝܢܬܐ ܒܢܘܪܐ: [20] ܘܟܕ ܚܪܘ ܒܣܘܦܪܐ ܕܒܢܝ ܠܒܣܬܪܗܘܢ. ܚܙܝܢ ܗܘܘ
ܕܣܠܩ ܬܢܢܗ̇ ܕܡܕܝܢܬܐ ܠܫܡܝܐ. ܘܠܐ ܗܘܐ ܐܝܬ ܗܘܐ ܠܗܘܢ ܐܬܪܐ ܕܢܥܪܩܘܢ. ܠܟܐ ܐܘ ܠܟܐ. ※ܘܥܡܐ
※ܗ̇ܘ ܕܥܪܩ ܗܘܐ ܠܡܕܒܪܐ. ܐܬܗܦܟ ܥܠ ܪ̈ܕܘܦܐ ↙: [21] ܘܝܫܘܥ ܘܟܠܗ ܐܝܣܪܝܠ ※ܥܡܗ ↙ ܚܙܘ
ܕܐܚܕܘܗ̇ ܟܡ̈ܝܢܐ ܠܡܕܝܢܬܐ. ܘܕܣܠܩ ܬܢܢܗ̇ ܕܡܕܝܢܬܐ ÷ܠܫܡܝܐ ↙. ܘܐܬܗܦܟܘ ܘܡܚܘ ܠܓܒܪ̈ܐ
ܕܥܝ: [22] ܘܗܠܝܢ ܕܢܦܩܘ ܡܢ ܡܕܝܢܬܐ ܠܐܘܪܥܐ ※ܕܝܠܗܘܢ ↙. | ܘܗܘܘ ܒܡܨܥܬܐ ܕܡܫܪܝܬܐ. ܗܠܝܢ ܡܟܐ 124²
ܘܗܠܝܢ ܡܟܐ. ܘܡܚܘ ܐܢܘܢ ܥܕܡܐ ܕܠܐ ܐܫܬܒܩ ܡܢܗܘܢ ܡܫܘܙܒܐ ܘܥܪܘܩܐ: [23] ܘܠܡܠܟܐ ܕܥܝ
ܐܚܕܘܗܝ ܟܕ ܚܝ. ܘܩܪܒܘܗܝ ܠܘܬ ܝܫܘܥ: [24] ܘܗܘܐ ܕܟܕ ܫܠܡܘ ܒ̈ܢܝ ܐܝܣܪܝܠ ܕܢܩܛܠܘܢ
ܠܟܠܗܘܢ ܗܠܝܢ ܕܒܥܝ ܘܕܒܦܩܥܬܐ ܘܒܛܘܪܐ ܕܡܫܬܐܠܝܢ. ܐܝܟܐ ܕܪܕܦܘ ܐܢܘܢ. ※ܘܢܦܠܘ ܟܠܗܘܢ ܒܦܘܡܐ
※ܕܣܝܦܐ ܥܕܡܐ ÷ܠܓܡܪܗ̇ ↙. ܘܗܦܟ ܝܫܘܥ ܠܥܝ. ܘܡܚܝܘܗ̇ ܒܦܘܡܐ ܕܣܝܦܐ: [25] ܘܗܘܘ ※ܟܠܗܘܢ ↙
ܗܠܝܢ ܕܢܦܠܘ ܒܝܘܡܐ ܗܘ. ܡܢ ܓܒܪܐ ܘܥܕܡܐ ܠܐܢܬܬܐ. ܬܪܥܣܪ ܐܠܦܝܢ.. ܟܠܗܘܢ ܗܠܝܢ ܕܥܡܪܝܢ ܒܥܝ:
[26] ※ܘܝܫܘܥ ܠܐ ܐܗܦܟ ܠܐܝܕܗ ܕܒܗ̇ ܗܘ̇ ܦܫܛ ܗܘܐ *ܒܓܝܣܐ. ܥܕܡܐ ܕܐܚܪܡܘ ܠܟܠܗܘܢ ܗܠܝܢ ܕܥܡܪܝܢ
※ܒܥܝ ↙. [27] ܣܛܪ ܡܢ ܒܥܝܪܐ ܘܒܙܬܐ ܕܡܕܝܢܬܐ ※ܗ̇ܝ ↙. ܕܒܙܘ ※ܠܗܘܢ ↙ ܒ̈ܢܝ ܐܝܣܪܝܠ ܒܦܘܩܕܢܗ
ܕܡܪܝܐ ܠܘܬ ܝܫܘܥ ÷ܕܢܒܙܘܢ ↙: [28] ܘܐܘܩܕܗ̇ ܝܫܘܥ ܠܡܕܝܢܬܐ | ÷ܒܢܘܪܐ ↙. ܘܣܡܗ̇ 125¹
ܬܠܐ ܠܥܠܡ.. ܕܠܐ ܡܬܝܬܒܐ ܥܕܡܐ ܠܝܘܡܐ ܗܢܐ: [29] ܘܠܡܠܟܐ ܕܥܝ. ܙܩܦܘܗܝ ܥܠ ܩܝܣܐ
÷ܙܩܝܦܐ ↙. ܘܗܘܐ ܥܠ ܩܝܣܐ ܥܕܡܐ ܠ※ܥܕܢܐ ܕ÷ܪܡܫܐ. ܘܟܕ ܥܪܒܬ ܫܡܫܐ ܦܩܕ
ܝܫܘܥ. ܘܐܚܬܘܗܝ °ܠܦܓܪܗ ܡܢ ܩܝܣܐ. ܘܫܕܝܘܗܝ ܒܓܘܡܨܐ ※ܒܬܪܥܐ ܕܡܕܝܢܬܐ ↙. ܘܐܩܝܡܘ
ܥܠܘܗܝ ܓܠܐ ܕܟܐܦܐ ※ܪܒܐ ↙ ܥܕܡܐ ܠܝܘܡܐ ܗܢܐ ܀ || [30] ܗܝܕܝܢ ܒܢܐ ܝܫܘܥ ܡܕܒܚܐ ܠܡܪܝܐ ܐܠܗܗ
ܕܐܝܣܪܝܠ ܒܛܘܪܐ ܕܥܝܒܠ. [31] ܐܝܟ ܕܦܩܕ ܡܘܫܐ ܥܒܕܗ ܕܡܪܝܐ ܠܒ̈ܢܝ ܐܝܣܪܝܠ..
ܐܝܟ ܡܐ ܕܟܬܝܒ ܒܢܡܘܣܐ ܕܡܘܫܐ.. ܡܕܒܚܐ ܕܟܐܦ̈ܐ ܫܠܡ̈ܬܐ. ܕܠܐ ܐܪܝܡ ܥܠܝܗܝܢ ※ܥܠܝܗܘܢ ↙
ܦܪܙܠܐ. ܘܐܣܩ ܬܡܢ ܝܫܘܥ ܥܠܬ̈ܐ ܠܡܪܝܐ. °ܘܕܒܚ ※ܕܒܚ̈ܐ ÷ܕܫܠܡܐ ↙ ܥܠܝܗ̇: [32] ܘܟܬܒ ÷ܝܫܘܥ ↙
ܥܠ ܟܐܦ̈ܐ ܬܢܝܢܘܬ ܢܡܘܣܐ.. ܢܡܘܣܐ ܕܡܘܫܐ ܗ̇ܘ ܕܟܬܒ ܩܕܡ | ܒ̈ܢܝ ܐܝܣܪܝܠ: [33] ܘܟܠܗ 125²
ܐܝܣܪܝܠ ܘܩܫܝܫ̈ܐ ܕܝܠܗܘܢ ܘܕܝ̈ܢܐ ܕܝܠܗܘܢ ܘܣܦܪ̈ܐ ܕܝܠܗܘܢ. ܩܝܡܝܢ ܗܘܘ ܗܪܟܐ ܘܗܪܟܐ *ܠܩܘܒܠ

19 ὅτε, non ὅτι [=ܡܛܠ] recte se habere auctor est Masius

19 »nomini χεῖρα, adscribendum Pronomen, ἀυτοῦ« M

19 ܠܡܕܝܢܬܐ alterum etiam M

20 »scribe, ἐθεώρουν ἀναβαίνοντα τὸν καπνὸν τῆς πόλεως εἰς« M

21 ※ܥܡܗ ↙ non habet M 41

21 ܕܡܕܝܢܬܐ etiam M

21 ÷ܠܫܡܝܐ ↙ M: signa non habet B

21 »pro τοὺς Γαΐ, scribito, τῆς Γαΐ« M

22 ※ BM, ↙ solus M

22 »expungatur . . . τοῦ ἰσραὴλ« M

24 »cùm dicitur, καὶ τοὺς ἐν τοῖς πεδίοις, καὶ. debent illa, ÷καὶ τοὺς↙, et rursus alterum, ÷καὶ↙, iugulari obelo« M

24 »scribito, οὗ κατεδίωξαν« M

24 25 signa ex M, > B

26 »totum signato stellulis« M, quae a B, ↙ addente, absunt. »debet autem sic emendari, ※καὶ Ἰησοῦς οὐκ ἐπέστρεψε τὴν χεῖρα ἀυτοῦ ἣν ἐξέτεινεν ἐν τῷ γαισῷ, ἕως ἀνεθεμάτισαν πάντας τοὺς κατοικοῦντας ἐν Γαΐ↙« M

26 ܒܓܝܣܐ ܘ

27 »κτηνῶν ἀυτῶν, expungendum est Pronomen« M

27 ※ἐκείνη↙ M, B ↙ omisit

27 »πάντα, quod sequitur [post ܗ̇ܝ], auferatur è medio, scribaturque eius loco [sic] relationis Pronomen ἃ« M

27 »scribatur numero singulari, κατὰ τὸ πρόσταγμα« M

27 ÷ܕܢܒܙܘܢ ↙ M: signa non habet B

28 ex B ܘܐܘܩܕܗ̇ transscripsi

28 ÷ἐν πυρί↙ M: B ↙ non habet

28 »hac verborum collocatione scribantur, καὶ ἔθηκεν ἀυτὴν χῶμα εἰς τὸν αἰῶνα ἀοίκητον, ἕως τῆς ἡμέρας ταύτης« M

29 ÷ܙܩܝܦܐ ↙ M, ÷ܙܩܝܦܐ ↙ B [sic]

29 »καὶ ἦν ἐπὶ τοῦ ξύλου iugulandum est« M: quod non iugulat B

29 ἕως ※καιροῦ τῆς↙ ἑσπέρας M, ※ܥܕܢܐ ↙ ܕܪܡܫܐ B

29 »πρὸς τὴν πύλην τῆς πόλεως, sunt editionis mixtae, et signanda asterisco« M. ita B

29 ※ܪܒܐ ↙ M, ↙ deest in B

30[m] ܥܝܒܠ B

30 »ἐκ λίθων, deleatur Praepositio« M

30 ※ܕܒܚ̈ܐ ↙ ܕ ↙ ܫܠܡܐ edidi: ↙ post ܕܒܚ̈ܐ habet B. ※εἰρηναῖα↙ σωτηρίου Masius, qui »In nonnullis antigraphis est, vt notauit Syrus, καὶ θυσίαν σωτηρίου«.

32 ÷ܝܫܘܥ ↙ M: signa non habet B

32 »scribe alia verborum collocatione, ἐπὶ τῶν λίθων τὸ δευτερονόμιον« M

33 »scribe, traiectis colis, καὶ οἱ γραμματεῖς ἀυτῶν, καὶ οἱ δικασταὶ ἀυτῶν« M

33 ἀπέναντι τῆς κιβωτοῦ M

33 ܠܩܘܒܠ ܩܝܒܘܬܐ ܘ ܘܠܩܘܒܠ ܩܕܡ ܐܪܘܢܐ ܕܩܝܡܐ

ܩܒܘܬܐ . ܘܟܗ̈ܢܐ ܠܘ̈ܝܐ ܫܩܠܝܢ ܠܩܒܘܬܐ ܕܕܝܬܩܐ ܕܡܪܝܐ . *ܘܓܝܘܪܐ ܘܡܢ ܐܪܥܐ ÷ܦܠܓܗܘܢ ܗܘܘ↙
ܦܠܓܗܘܢ ܠܘܬ *ܩܪܝܒ↙ ܛܘܪܐ ܕܓܪܙܝܡ. ܘܦܠܓܗܘܢ ܠܘܬ *ܩܪܝܒ↙ ܛܘܪܐ ܕܓܝܒܠ . ܐܝܟܢܐ ܕܦܩܕ
ܡܘܫܐ ܗܘ ܥܒܕܐ ܕܡܪܝܐ ܠܡܒܪܟܘ ܠܥܡܐ ܕܐܝܣܪܝܠ ܒܩܕܡܝܐ ÷ [34]ܘܡܢ ܒܬܪܟܢ ܩܪܐ ܝܫܘܥ
ܩܠܐ ܕܢܡܘܣܐ ÷ܗܢܐ↙ .. ܒܘܪ̈ܟܬܐ ܘܠܘ̈ܛܬܐ .. ܐܝܟ ܟܠܗܝܢ ܗܠܝܢ ܕܟܬܝܒܢ ܒܢܡܘܣܐ ÷ܕܡܘܫܐ↙ .
[35]ܠܝܬ ܗܘܐ ܡܠܬܐ ܡܢ ܟܠܗܝܢ ܗܠܝܢ ܕܦܩܕ ܡܘܫܐ ÷ܠܝܫܘܥ↙ . ܗܝ ܕܠܐ ܩܪܐ ܝܫܘܥ ܒܐܕܢܝܗ ܕܟܠܗ
ܟܢܘܫܬܐ ܕܐܝܣܪܝܠ ÷ܠܒܢܝ̈ܐ↙ ܘܓܒܪ̈ܐ ܘܢܫ̈ܐ ܘܛܠܝ̈ܐ ܘܓܝܘܪ̈ܐ ܗܢܘܢ ܕܐܙܠܝܢ ܗܘܘ ܥܡ ܐܝܣܪܝܠ ÷
[1]ܟܕ ܕܝܢ ܫܡܥܘ ܟܠܗܘܢ ܡܠܟ̈ܐ ܕܐܡܘܪ̈ܝܐ ܗܢܘܢ ܕܒܥܒܪܐ ܕܝܘܪܕܢܢ. ܗܢܘܢ ܕܒܛܘܪܢܝܬܐ. | ܠ 126[1] 9
ܘܗܢܘܢ ܕܒܫܦܝܠܬܐ. ܘܗܢܘܢ ܕܒܟܠܗ ܣܦܪܐ ܕܝܡܐ ܪܒܐ. ܘܗܢܘܢ ܕܠܘܩܒܠ ܠܒܢܢ. ܘܚܬ̈ܝܐ
ܘܐܡܘܪ̈ܝܐ ܘܟܢܥܢ̈ܝܐ ܘܦܪܙ̈ܝܐ ܘܚܘ̈ܝܐ ܘܝܒܘܣ̈ܝܐ. [2]ܘܐܬܟܢܫܘ ܐܟܚܕܐ ܠܡܩܪܒܘ ܠܘܩܒܠ ܝܫܘܥ
ܘܐܝܣܪܝܠ ܐܟܚܕܐ ܟܠܗܘܢ ÷
[3]ܘܗܢܘܢ ܕܥܡܪܝܢ ܒܓܒܥܘܢ. ܫܡܥܘ ܟܠܗܘܢ ܗܠܝܢ ܕܥܒܕ ܝܫܘܥ ܠܐܝܪܝܚܘ ܘܠܥܝ. [4]ܘܥܒܕܘ ܣܕ
ܐܦ ܗܢܘܢ ܗܟܢ ܥܡ ܢܟܝܠܘܬܐ . ܘܡܢ ܐܬܘ. ܐܙܕܘܕܘ ܘܐܬܛܝܒܘ . ܘܢܣܒܘ ܣܩ̈ܐ ܒܠ̈ܝܐ ܥܠ ܚܡ̈ܪܐ
ܕܝܠܗܘܢ ܘܙܩ̈ܐ ܕܚܡܪܐ ܒܠ̈ܝܐ ܘܡܨܕܩܬܐ ܘܡܚܪ̈ܙܐ. [5]ܘܡܣܐܢܐ ܕܡܣܐܢܝܗܘܢ ܥܬܝ̈ܩܐ ܕܝܠܗܘܢ ܡܢ ܠܥܠ
*ܡܚܝ̈ܛܢ ܒܪ̈ܓܠܝܗܘܢ. ܘܢܚܬ̈ܝܗܘܢ ܥܬܝ̈ܩܐ ܥܠܝܗܘܢ. ܘܠܚܡܐ ܕܙܘܕܝܗܘܢ ܝܒܝܫܐ
126[2] ※ܗܘܐ↙ **ܘܡܟܪܟܐ: [6]ܘܐܬܘ ܠܘܬ | ܝܫܘܥ ܠܡܫܪܝܬܐ ÷ܕܐܝܣܪܝܠ↙ ܠܓܠܓܠܐ. ܘܐܡܪܘ ܠܘܬ
ܝܫܘܥ ܘܠܘܬ ܟܠܗ ܐܝܣܪܝܠ »ܡܢ ܐܪܥܐ ܕܪܚܝܩܐ ܐܬܝܢ ܚܢܢ. ܘܗܫܐ ܩܝܡܘ ܠܢ ܕܝܬܩܐ«: [7]ܘܐܡܪܘ
ܓܒܪܐ ܕܐܝܣܪܝܠ ܠܘܬ *ܚܘܝܐ »ܚܙܝ ܕܠܡܐ ܥܡܢ ※ܐܢܬ↙ ܥܡܪ ܐܢܬ. ܘܐܝܟܢܐ ܐܩܝܡ ܥܡܟ ܕܝܬܩܐ.·«:
[8]ܘܐܡܪܘ ܠܘܬ ܝܫܘܥ »ܥܒ̈ܕܐ ܕܝܠܟ ܚܢܢ«: ܘܐܡܪ ܠܗܘܢ ܝܫܘܥ »ܡܢ ܐܝܟܐ ܐܢܬܘܢ.· ܘܡܢ ܐܝܟܐ
ܐܬܝܬܘܢ.·«: [9]ܘܐܡܪܘ ܠܗ »ܡܢ ܐܪܥܐ ܕܪܚܝܩܐ ܛܒ. ܐܬܝܢ ܥܒ̈ܕܝܟ ܥܠ ܫܡܗ ܕܡܪܝܐ ܐܠܗܟ ܕܫܡܥܢ:
ܫܡܥܗ ܓܝܪ *ܫܡܥܢ ܘ※ܟܠܗܝܢ↙ ܐܝܟ ܕܥܒܕ ܒܡܨܪܝܢ. [10]ܘ※ܟܠܗܝܢ↙ ܐܝܟ ܕܥܒܕ ܠܬܪ̈ܝܗܘܢ

33 »scribe, καὶ οἱ ἱερεῖς οἱ λευῖται, sublata Coniunctione, vt legit Syrus« M

33 B, indice ad ܡܢ adposito, ܐܝܟ ܝܨܝܒܐ ܐܝܟ ܡܢ ܐܪܥܐ

33 καὶ ὁ αὐτόχθων ÷ ἦσαν↙ ἥμισυ αὐτῶν ※ἐπὶ↙ πλησίον ὄρους Γαριζίν, καὶ ἥμισυ αὐτῶν ※ἐπὶ↙ πλησίον ὄρους Γαιβάλ M

33 ÷ܦܠܓܗܘܢ ܗܘܘ↙ M: signa non habet B

33 ※ܠܘܬ ܩܪܝܒ↙ B (nisi quod ↙ alterum omisit), ※ἐπὶ↙ M. ܠܘܬ ※ܩܪܝܒ↙ edendum esse mihi videbatur

33 ܕܦܩܕ puncto diacritico caret in B

34 »deleatur nomen, ἰησοῦς [post ܩܪܐ]« M

34 ܒܘܪ̈ܟܬܐ B

34 ÷ܕܡܘܫܐ↙ M: signa non habet B

35 »υἱῶν, expungi debet« M

1 non simplex ܠ, sed ܠ ܡܢ B

1 ÷ܕܐܡܘܪ̈ܝܐ B

1 »cùm dicitur, ÷ καὶ οἱ↙ πρὸς τῷ Αντιλιβάνῳ, debet copula cum articulo iugulari obelisco. Similiter omnes illae Coniunctiones, quae deinceps sequuntur, praeter eam quae ante Amorrhaeos, et eam quae ante Iebusaeos posita est. In ipso autem initio, debet etiam illud, ÷ τῶν Αμορραίων↙, confodi obelo. Ceterùm colon illud, καὶ οἱ Γεργεσαῖοι, in multis exemplaribus non habetur, vt ostendit Syrus per limniscum« M. edidi ex B

1 ܟܢܥܢܝܐ B

2 »scribe, καὶ συνήλθοσαν, {addita copula« M

3 »delendum est illud βουνόν. et mox, πάντα, confodiendum obelo. Paullo vlterius, pro κύριος, rectius scribas, ἰησοῦς. Esse tamen in quibusdam antigraphis, κύριος, ostendit per limniscum Syrus« M

4 »pro ἐπεστήσαντο, scribe, ἐπεσιτίσαντο« M

4 »ἡτοιμάσαντο, debet iugulari obelo. quamquam ego suspicor, olim mendosè in ordinem sacrorum verborum esse relatum, cùm fuisset ab aliquo adscriptum in margine, tamquam altera interpretatio Hebraici vocabuli ..... pro ἐπὶ τῶν ὄνων, legit Syrus, et habent Complutenses, ἐπὶ τῶν ὤμων .... legendum est, καὶ κατερρωγότας; adiecta copula« M

5 »καὶ τὰ κοιλὰ τῶν ὑποδημάτων αὐτῶν debent obelo apposito iugulari. Equidem etiam de istis idem euenisse iudico, quod nuper de verbo ἡτοιμάσαντο, dicebam .... σανδάλια ÷ αὐτῶν↙ et .... ἱμάτια ÷ αὐτῶν↙ .... καὶ οἱ ἄρτοι τοῦ ἐπισιτισμοῦ αὐτῶν ξηροὶ ※ἐγένοντο↙, ÷ καὶ↙ βεβρωμένοι« M

5 ܡܢ ܕܝܠ ܠܗܘܢ ܚܡܪܐ

5 indice non adposito ܡܢ ܚܡܪܐ |

5 ad ܡܟܪܟܐ (in B ܡܟܪܟܐ scriptum) refero, quod indice ad ܘܐܬܘ 6 adposito librarius ad comma sequens pertinere auctor est, ܡܢ ܕܡܟܪܟ ܒܚܡܪܐ |

6 ↙ ex M sumpsi

6 »pro ἕως, scribe εἰς« M [ante Γάλγαλα]

7 ܚܘܝܐ B, ܚܘܪܝܐ Bᵐ. »pro χορραῖον, reponendum est, εὐαῖον. Habere tamen quaedam exemplaria, χορραῖον, ostendit limniscus apud Syrum« M

7 »scribito, καὶ πῶς διαθῶμαί σοι διαθήκην« M

8 med ex B ܘܐܡܪܘ transscripsi

8 ܡܢ ܡܢܘ ܐܢܬܘܢ |

9 ܡܢ ܠ ܫܡܥܘܗܝ |

9 καὶ ※ἅπαντα↙ M, ※ܘܟܠܗܝܢ↙ B

10 ܘ※ܟܠܗܝܢ↙ M, ܘܟܠܗܝܢ B

ܡܠܟܐ ܕܐܡܘܪܝܐ. ܗܠܝܢ ܕܐܝܬܝܗܘܢ ܗܘܘ ܒܥܒܪܐ ܕܝܘܪܕܢ.. ܠܣܝܚܘܢ ܡܠܟܐ ܕܚܫܒܘܢ. ܘܠܥܘܓ
ܡܠܟܐ ܕܡܬܢ ܗܘ ܕ÷ ܥܡܪ ܗܘܐ↙ ܒܥܫܬܪܘܬ ÷ ܘܒܐܕܪܥܝ↙: [11] ܘܐܡܪܘ ܠܢ ܩܫܝܫܐ ܕܝܠܢ
127^1 ܘܟܠܗܘܢ ܗܠܝܢ ܕܥܡܪܝܢ ܒܐܪܥܢ. ܟܕ | ܐܡܪܝܢ «ܣܒܘ ܠܟܘܢ ܙܘܕܐ ܠܐܘܪܚܐ. ܘܐܙܠܘ ܠܐܘܪܥܐ ܕܝܠܗܘܢ.
ܘܐܡܪܘ ܠܗܘܢ „ܥܒܕܐ ܕܝܠܟܘܢ ܚܢܢ. ܘܗܫܐ ܩܝܡܘ ܠܢ ܩܝܡܐ: [12] ܗܠܝܢ ܠܚܡܐ ※ܕܝܠܢ↙
ܫܚܝܢܐ ܐܨܛܒܝܢܢ ܐܢܘܢ ※ܡܢ ܒܬܝܢ ܕܝܠܢ↙ ܒܝܘܡܐ ܗܘ ܕܢܦܩܢ ܠܡܐܬܐ ܠܘܬܟܘܢ. ܗܫܐ ܕܝܢ ※ܗܐ↙
ܝܒܫܘ ܘܗܘܘ ܟܪܝܟܐ. [13] ܘܗܠܝܢ ܙܩܐ ܕܚܡܪܐ ܗܠܝܢ ܕܡܠܝܢ ܚܕܬܝܢ ܗܘܝ. ܐܦ ܗܠܝܢ ܐܬܒܙܥܘ.
ܘ※ܗܠܝܢ↙ ܡܐܢܝܢ ܕܝܠܢ ܘܡܣܐܢܐ ܕܝܠܢ ܐܬܒܠܝܘ ܡܢ ܐܘܪܚܐ ܕܣܓܝܐܐ ܛܒ„«: [14] ܘܢܣܒܘ ܪ̈ܘܪܒܢܐ
ܡܢ ܨܝܕܝܗܘܢ. *ܘܠܦܘܡܗ ܕܡܪܝܐ ܠܐ ܫܐܠܘ: [15] ܘܥܒܕ ܝܫܘܥ ܠܗܘܢ ܫܝܢܐ. ܘܣܡ ܠܗܘܢ ܩܝܡܐ
ܠܡܚܝܘܬܗܘܢ ܐܢܘܢ. ܘܝܡܘ ܠܗܘܢ ܪ̈ܫܐ ܕܟܢܘܫܬܐ: [16] ܘܗܘܐ *ܡܢ ܒܬܪ ܬܠܬܐ ܝܘܡܝܢ ܡܢ ܒܬܪ
ܕܩܝܡܘ ܠܗܘܢ ܩܝܡܐ. ܫܡܥܘ ܕܡܢ ܩܘܪܒܐ ܕܝܠܗܘܢ ܐܝܬܝܗܘܢ *ܘܒܝܢܬܗܘܢ ܥܡܪܝܢ: [17] ܘܐܫܬܩܠܘ
127^2 ܒ̈ܢܝ ܐܝܣܪܝܠ. | ܘܐܬܘ ܠܩ̈ܘܪܝܗܘܢ ※ܒܝܘܡܐ ܬܠܝܬܝܐ↙. ܩ̈ܘܪܝܐ ܕܝܢ ܕܝܠܗܘܢ ܓܒܥܘܢ
ܘܟܦܝܪܐ ܘܒܐܪܘܬ *ܘܩܪܝܬ ܝܥܪܝܡ: [18] *ܘܠܐ ܐܡܚܘ ܐܢܘܢ ܒ̈ܢܝ ܐܝܣܪܝܠ: ܡܛܠ ܕܐܝܡܝܘ
ܠܗܘܢ ÷ ܟܠܗܘܢ↙ ܪ̈ܫܐ ܕܟܢܘܫܬܐ ܒܡܪܝܐ ܐܠܗܐ ܕܐܝܣܪܝܠ. ܘܪܛܢܘ ܟܠܗ ܟܢܘܫܬܐ ܥܠ ܪ̈ܫܐ:
[19] ܘܐܡܪܘ ܟܠܗܘܢ ܪ̈ܫܐ ܠܟܠܗ ܟܢܘܫܬܐ «ܚܢܢ ܝܡܝܢ ܠܗܘܢ ܒܡܪܝܐ ܐܠܗܐ ܕܐܝܣܪܝܠ. ܘܗܫܐ ܠܐ
ܢܫܟܚ ܠܡܬܩܪܒܘ ܠܗܘܢ: [20] ܗܕܐ ܢܥܒܕ ※ܠܗܘܢ↙. ܢܚܐ ܐܢܘܢ ܘܢܫܘܙܒ ܐܢܘܢ. ܘܠܐ ܢܗܘܐ ܥܠܝܢ
ܪܘܓܙܐ ܡܛܠ ܡܘܡܬܐ ܗܝ ܕܝܡܝܢ ܠܗܘܢ«: [21] ※ܠ ܘܐܡܪܘ ܠܗܘܢ ܪ̈ܫܐ↙ «ܢܚܘܢ. ܘܢܗܘܘܢ
ܦܣܩܝ ܩܝܣܐ ܘܫܐܒܝ ܡܝܐ ܠܟܠܗ ܟܢܘܫܬܐ«. ܘܗܘܘ ܦܣܩܝ ܩܝܣܐ ܘܫܐܒܝ ܡܝܐ ܠܟܠܗ
ܟܢܘܫܬܐ. ܐܝܟ ܕܐܡܪܘ ܠܗܘܢ ܪ̈ܫܐ: [22] ܘܩܪܐ ܐܢܘܢ ܝܫܘܥ ܘܐܡܪ ܠܗܘܢ ※ܟܕ ܐܡܪ↙ «ܡܛܠ ܡܢܐ
128^1 ܐܛܥܝܬܘܢ ܠܢ. ܟܕ ܐܡܪܝܢ ܐܢܬܘܢ «ܪܚܝܩܝܢ ܚܢܢ ܡܢܟ ܛܒ«. ܐܢܬܘܢ ܕܝܢ ܩܪܝܒܝܢ ܐܝܬܝܟܘܢ.. ܡܢ
ܗܠܝܢ ܕܥܡܪܝܢ ܥܡܢ.: [23] ܘܗܫܐ ܠܝܛܝܢ ܐܢܬܘܢ. ܠܐ ܢܦܘܩ ܡܢܟܘܢ ܥܒܕܐ ܦܣܘܩ ܩܝܣܐ ※ܐܦ ܠܐ
※ܘܫܐܒ ܡܝܐ↙ ܠܝ ܘܠܐܠܗܝ ܕܝܠܝ«: [24] ܘܥܢܘ ܠܝܫܘܥ ܟܕ ܐܡܪܝܢ «ܡܛܠ ܕ※ ܡܬܐܡܪܘ↙ ܐܬܐܡܪ ܠܢ
ܥܒ̈ܕܝܟ ܕܦܩܕ ܡܪܝܐ ܐܠܗܐ ܕܝܠܟ ܠܡܘܫܐ ܥܒܕܐ ܕܝܠܗ. ܠܡܬܠ ܠܟܘܢ ÷ ܗܕܐ↙ ܐܪܥܐ. ܠܡܘܒܕܘ
÷ ܟܠ ܘ↙ܠܡܘܒܕܘܬܗܘܢ ܗܠܝܢ ܕܥܡܪܝܢ ܒܗ ܡܢ ܩܕܡ ܦܪܨܘܦܐ ܕܝܠܟܘܢ. ܘܕܚܠܢ ܣܓܝ ܛܒ ܡܛܠ
ܢܦܫܬܐ ܕܝܠܢ ܡܢ ܩܕܡ ܦܪܨܘܦܐ ܕܝܠܟܘܢ ※ܟܕ ܐܡܪܝܢ ܕܠܐ ܢܬܚܒܠ ܠܢ ܢܦܫܐ↙. ܘܥܒܕܢ ܠܡܠܬܐ

10 ܗܘܐ↙ ܥܡܪ ÷ ܕ M: signa non habet B

10 fin ÷ καὶ ἐν Ἐδραεὶ ✓. sic enim scribendum est, non autem Ἀδραεὶν« M. hinc correxi B ↙ܘܒܐܕܪܥܝ [sic] ÷ praebentem

11 »expungatur ... ἀκούσαντες, atque etiam articulus τὴν, cùm dicitur, τὴν διαθήκην« M

12 ܠܚܡܐ B, qui mox plurali numero utitur

12 init ↙ܕܝܠܢ ※ etiam M, qui semel ἡμῶν, semel (errans) ὑμῶν scribit

12 ↙ܕܝܠܢ ܡܢ ܒܬܝܢ※ M, ܕܝܠܢ ܡܢ ܒܬܝܢ B

12 ↙ post ܗܐ※ ex M addidi

13 ↙ܘܗܠܝܢ ※ ܘ M, ↙ܗܠܝܢ ※ B

14 ܘܠܦܘܡܗ ܕܡܪܝܐ B^m. »pro, καὶ κύριον, monet Syrus, per limniscum esse in quibusdam libris, καὶ τὸ στόμα κυρίου« M

16 ܕܩܝܡܘ ܠܗܘܢ ܩܝܡܐ ܫܡܥܘ]

16 ܠܘܬܗܘܢ etiam M = πρὸς αὐτούς, quum Aldina πρὸς omittat

16 ܒܝܢܬܗܘܢ]

17 »pro ἦλθον, scribe ἐξῆλθον« M

17 ※ non adest in B, qui habet ↙: edidi ex M

17 [sic] ܩ̈ܘܪܝܐ ܕܝܢ ܕܝܠܗܘܢ]. »scribe, πόλις ἰαρείμ, numero singulari« M

18 indice non adposito ܘܠܐ ܐܡܚܘ

18 »scribe διεγόγγυσαν, numero plurium« M

19 »adde, πάντες, post Verbum, ἦσαν« M, quod errori deberi videatur: dicere debebat, non ἦσαν, sed εἶπον, vel (quod in Aldinâ est) εἶπαν

20 »pro . . . ζωγρῆσαι, legit Syrus . . . ζωγρήσομεν« M

21 signa in B eadem quae in M: sed ⸓ Masiano soli debetur

21 »est à Syro lectum ad hunc modum, καὶ ἔσονται ξυλοκόποι καὶ ὑδροφόροι πάσῃ τῇ συναγωγῇ. καὶ ἐγένοντο ξυλοκόποι καὶ ὑδροφόροι πάσῃ τῇ συναγωγῇ, καθάπερ εἶπαν αὐτοῖς οἱ ἄρχοντες . . . . Quod si ita sunt interpretati LXXII. vt Syrus legit, debet prior illa verborum complexio notari obelisco . . . . Sed mihi fit verisimile, repetitionem istam errore factam esse . . . .« M. B = M

22 »Participium, λέγων, signandum est asterisco« M. signa non habet B

22 »lege, traiectis verbis, μακρὰν ἐσμὲν ἀπὸ σοῦ« M

23 ↙ ex M solo

24 »ἀπαγγελίᾳ, siue, vt habent Complutenses, ἀγγελίᾳ, eadem nota [asterisco] est insigniendum . . . . debetque ante ipsum scribi . . . . . ὅτι« M. ↙ܘܐܬܐܡܪ※ B

24 »ante τὴν γῆν, suggerit editio mixta ※πᾶσαν✓« M. quod non agnoscit B. ܗܕܐ signis caret in B

24 ↙ܘ ܟܠ ÷ M: signa non habet B

24 quae inter ※ et ↙ media, > M

ܗܫܐ: ²⁵ܘܗܫܐ ܗܐ ܚܢܢ ܒܐܝܕܝܟ. ܐܝܟ ܕܫܦܝܪ ܩܕܡܝܟ. ܘܐܝܟ ܕܬܪܝܨ ܐܠܝܟ ※ ܠܡܥܒܕ
※ ܠܢ ↙. ܥܒܕ: ²⁶ܘܥܒܕܘ ܠܗܘܢ ܗܟܢܐ. ܘܦܪܩ ܐܢܘܢ ÷ ܝܫܘܥ ܒܝܘܡܐ ܗܘ ↙ ܡܢ ܐܝܕܝܐ ܕܒܢܝܐ
128² ܕܐܝܣܪܝܠ. | ܘܠܐ ܩܛܠܘ ܐܢܘܢ: ²⁷ܘܝܗܒ ܐܢܘܢ ܝܫܘܥ ܒܝܘܡܐ ܗܘ ܚܛܘܒܝ ܩܝܣܐ ܘܡܠܝܝ ܡܝܐ
ܠܟ ÷ ܟܢܘܫܬܐ ↙ ܘܠܡܕܒܚܗ ܕܐܠܗܐ ÷ ܡܛܠ ܗܢܐ ܗܘܘ ܒܥܡܘܪܐ ܕܓܒܥܘܢ ܚܛܘܒܝ ܩܝܣܐ ܘܡܠܝܝ ܡܝܐ
÷ ܘܠܡܕܒܚܗ ܕܐܠܗܐ ܘܥܕܡܐ ܠܝܘܡܐ ܗܢܐ. ÷ ܘܠܐܬܪܐ ܕܢܓܒܐ ÷ ܡܪܝܐ ↙ ÷

ܫܠܡ ܛ

‖ ܫܠܡ ܣ ÷

10 ܟ ¹ܟܕ ܫܡܥ ܕܝܢ ܐܕܘܢܝܨܕܩ ܡܠܟܐ ܕܐܘܪܫܠܡ ܕܫܩܠܗ ܝܫܘܥ ܠܥܝ ܘܚܪܡܗ (ܐܝܟ ܕܥܒܕ
ܠܐܝܪܝܚܘ ܘܠܡܠܟܗ ܕܝܠܗ. ܗܟܢܐ ܥܒܕܘ ܠܥܝ ܘܠܡܠܟܗ ܕܝܠܗ). ܘܕܫܠܡܘ ܥܡܘܪܝ ܓܒܥܘܢ
÷ ܥܡ ܝܫܘܥ ܘܥܡ ܐܝܣܪܝܠ ※ ܘܗܘܘ ܒܡܨܥܬܐ ܕܝܠܗܘܢ ↙. ²ܘܕܚܠܘ ÷ ܒܗܘܢ ↙ ܛܒ:
÷ ܡܛܠ ܗܘܐ ܕܝܕܥܝܢ ↙ ܕܡܕܝܢܬܐ ܗܝ ܪܒܬܐ ܓܒܥܘܢ ܐܝܟ ܚܕܐ ܡܢ ܐܝܟ *ܡܕܝܢܬܐ ※ ܕܡܠܟܘܬܐ.
※ ܘܛܒ ܪܒܐ ܗܘܬ ܡܢ ܥܝ ↙. ܘܟܠܗܘܢ ܓܒܪܐ
129¹ | ÷ ܘܗܘܘ ↙ ܓܢܒܪܐ ܘܫܕܪ ܐܕܘܢܝܨܕܩ ܡܠܟܐ ܕܐܘܪܫܠܡ ...
÷ ܥܡ ... ↙: ¹²ܗܝܕܝܢ ܡܠܠ ܝܫܘܥ ܥܡ ܡܪܝܐ ܒܝܘܡܐ ܕܐܫܠܡ ܐܠܗܐ ܠܐܡܘܪܝܐ ܒܐܝܕܝ
※ ܒܢܝܐ ܕܐܝܣܪܝܠ ÷ ܟܕ ܩܛܠ ܐܢܘܢ ܒܓܒܥܘܢ. ܘܐܬܒܪܘ ܡܢ ܩܕܡ ܒܢܝܐ ܕܐܝܣܪܝܠ ↙: *ܘܐܡܪ
ܫܡܫܐ «ܒܓܒܥܘܢ ܩܘܡ. ܘܣܗܪܐ ܒܥܘܡܩܐ ܕܐܝܠܘܢ» : ¹³ܘܩܡ ܫܡܫܐ
ܘܣܗܪܐ ܩܡ ... *ܥܕܡܐ ܕܬܒܥ ܐܠܗܐ ... : ※ L ܠܐ ܗܐ ... ↙
ܘܩܡ ܫܡܫܐ ... ܕܫܡܝܐ. †ܘܠܐ ... ܕܝܘܡܐ ܚܕ: ¹⁴ܘܠܐ ܗܘܐ
ܝܘܡܐ ܕܐܝܟ ܗܢܐ ܘܠܐ ܡܢ ܩܕܡܘܗܝ ܘܠܐ ܡܢ ܒܬܪܗ. ... ※ ܒܩܠܐ ܕܒܪܢܫܐ: ܡܛܠ ܕܡܪܝܐ
129² ܐܬܟܬܫ ܗܘܐ ܥܡ ܐܝܣܪܝܠ ÷ | ¹⁵÷ ܘܗܦܟ ܝܫܘܥ ܘܟܠܗ ܐܝܣܪܝܠ ܥܡܗ ܠܡܫܪܝܬܐ ܠܓܠܓܠܐ ↙:
ܝܗ ¹⁶ܘܥܪܩܘ ܚܡܫܬܗܘܢ ܡܠܟܐ ܗܠܝܢ ܘܐܬܛܫܝܘ ܒܡܥܪܬܐ ܗܝ ܕܒܡܩܕ: ¹⁷ܘܐܬܐܡܪ ܠܝܫܘܥ
ܟܕ ܐܡܪܝܢ «ܐܫܬܟܚܘ ܚܡܫܬܗܘܢ ܡܠܟܐ ܕܡܛܫܝܢ ܒܡܥܪܬܐ ܗܝ ܕܒܡܩܕ» : ¹⁸ܘܐܡܪ ܝܫܘܥ
«ܓܢܕܪܘ ܟܐܦܐ ※ ܪܘܪܒܬܐ ↙ ܥܠ ܦܘܡܗ ܕܡܥܪܬܐ. ܘܐܩܝܡܘ ܥܠܝܗ ܓܒܪܐ ܠܡܛܪܘ ܐܢܘܢ.
¹⁹ܐܢܬܘܢ ܕܝܢ ܠܐ ܬܩܘܡܘܢ ܘܪܕܘ ܒܬܪ ܒܥܠܕܒܒܝܟܘܢ. ܘܐܚܪܘ ܠܐܚܪܝܐ ܕܝܠܗܘܢ ÷ ܘ ↙ ܠܐ ܬܫܒܩܘܢ
※ ܐܢܘܢ ↙ ܕܢܥܠܘܢ ܠܡܕܝܢܬܗܘܢ. ܡܛܠ ܕܐܫܠܡ ܐܢܘܢ ܡܪܝܐ ܐܠܗܐ ܕܝܠܟܘܢ ܒܐܝܕܝܟܘܢ» ÷ ܗ ÷

25 ↙ ܠܡܥܒܕ ܠܢ ※ B, ※ ποιῆσαι ↙ ὑμῖν [sic] M 47 136

26 ÷ ex M: ↙ adest etiam in B

26 »numero plur. ἐκ χειρῶν« M

27 ↙ ܗܢܐ B

27 ↙ ܟܢܘܫܬܐ ÷ M: signa non habet B

27 ÷ secundus cum sequentibus ex Masiano, ∼ B: quod idem est

27 ܘܠܡܕܒܚܐ B: edidi ex M

27 ↙ ܡܪܝܐ ÷ M: ÷ non habet B

1m ܫܠܡ B

1 ante ܟ repetitur in B numerus ܛ

1 ÷ πρὸς Ἰησοῦν καὶ ↙ M: signa non habet B

1 ※ ܒܡܨܥܬܐ B (ܒܡܨܥܬܐ init versus)

2 ÷ ἐν αὐτοῖς ↙ Syrus Masii: signa non habet B

2 ↙ ܛܒ ܗܘܐ ÷ ܡܛܠ M, ܗܘܐ ܡܛܠ ÷ B: in B ܛܒ novi versus initium, ↙ abest

2 ܕܡܕܝܢܬܐ ܪܒܬܐ ܗܝ, ubi ܗܝ punto caret. index ad ܗܘܐ adpositus, quem ad ܕܝܕܥܝܢ transtuli

11 ÷ καὶ ἐγένοντο ↙ M: signa non habet B

12 ܗܝ ܕܝܢ B

12 »παρέδωκε κύριος, expunge nomen κύριος« M

12 ܐܡܪ ÷ ܟܕ B. signa ex M, qui 137 καὶ εἶπεν ante ↙ praecedens ponere videretur, nisi 49 rem clarius exposuisset: B male ↙ ܒܓܒܥܘܢ et ※ ܫܡܫܐ

12 indice ad ܫܡܫܐ sequens adposito ܘܐܡܪ ܝܫܘܥ ܕܒܢܝ̈ܐ ܕܐܝܣܪܝܠ ܒܓܒܥܘܢ ܗܘܐ ÷ ܩܘܡ ܫܡܫܐ ܒܓܒܥܘܢ ܠܐ ܬܙܘܥ. confer M 185

12 »traiectis verbis legendum est, ὁ ἥλιος κατὰ γαβαὼν στήτω« M

12 »scribendum Αιλών, ex Syro« M

13 ܥܕܡܐ ܕܬܒܥ ܥܡܐ ܡܢ ܒܥܠܕܒܒܘܗܝ ÷ ܐܝܟ ܥܡܐ ܕܬܒܥ ܡܢ ܒܥܠܕܒܒܘܗܝ

13 ܬܒܥ punto primae B

13 L ※ et ↙ sequens ex M: non habet B

13 ܠܐ ܐܬܩܪܒ ܠܡܥܪܒ ܥܕܡܐ ܠܫܘܠܡܐ ܕܝܘܡܐ ܚܕ

13 »Syrus legit cum copula, καὶ οὐ προσεπορεύετο« M

14 ܒܩܠܐ ܕܒܪܢܫܐ ※ ego, ↙ non habet B. »φωνῆς, est notandum stellula« M

14 »scribendum est συνεπολέμησε« M

15 »Versum xv. totum legit Syrus notatum obeliscis [B ※ praebet]. Est ille quidem etiam in Hebraicis libris nunc. verùm, non suo, vt videtur loco positus« M. vide infra 43

15 ante ܠܡܫܪܝܬܐ vocabulum quatuor (ut videatur) elementorum in B radendo deletum, ante rasuram ※ B

19 »debent illa deleri, ὧδε ἀλλά. Et . . scribi, καταδιώκοντες . . . illa etiam expungenda sunt, καὶ μὴ φείσησθε αὐτῶν« M

19 ܠܐ ↙ ܘ ÷ M: signa non habet B

20 ܘܗܘܐ ܕܟܕ ܫܠܡ ܝܫܘܥ ܘܒܢܝ̈ܐ ܕܐܝܣܪܐܝܠ ܕܢܚܪܒܘܢ ܠܗܘܢ ܡܚܘܬܐ ܪܒܬܐ ܛܒ ܥܕܡܐ
ܠܫܘܠܡܐ. ܘܗܠܝܢ ܕܐܫܬܘܙܒܘ. ܐܬܦܠܛܘ ※ܡܢܗܘܢ ܘܥܠܘ↙ ܠܡܕܝ̈ܢܬܐ ܡܚܣܢܬܐ: 21 ܘܗܦܟܘ
130¹ ܟܠܗ ܥܡܐ ※ ܠܡܫܪܝܬܐ↙ ܠܘܬ | ܝܫܘܥ ܠܡܩܕ ܒܫܠܡܐ. ÷ܘ↙ܠܐ ܓܪܓܡ ܡܢ ܒܢܝ̈ܐ ܕܐܝܣܪܐܝܠ ܐܦ
ܠܐ ܐܢܫ ܒܠܫܢܗ: 22 ܘܐܡܪ ܝܫܘܥ »ܦܬܚܘ ܠܡܥܪܬܐ. ܘܐܦܩܘ ※ܠܘܬܝ↙ ܠܚܡܫܬܗܘܢ ܡܠܟܐ
ܗܠܝܢ ܡܢ ܡܥܪܬܐ«: 23 ※ܘܥܒܕܘ ܗܟܢܐ↙ ܘܐܦܩܘ ܐܢܘܢ ※ܠܘܬܗ↙ ܠܚܡܫܬܗܘܢ ܡܠܟܐ ܗܠܝܢ ܡܢ
ܡܥܪܬܐ.. ܠܡܠܟܐ ܕܐܘܪܫܠܡ ܘܠܡܠܟܐ ܕܚܒܪܘܢ ܘܠܡܠܟܐ ܕܝܪܡܘܬ ܘܠܡܠܟܐ ܕܠܟܝܫ ܘܠܡܠܟܐ
*ܕܐܘܕܠܡ: 24 ܘܟܕ ܐܦܩܘ ܐܢܘܢ ܠܘܬ ܝܫܘܥ. ܘܩܪܐ ܐܢܘܢ ܝܫܘܥ ※ܠܟܠܗ ܓܒܪܐ ܕܐܝܣܪܐܝܠ↙ ܘܐܡܪ
÷ܠܗܘܢ ܘ↙ܠܪ̈ܫܝ ܚܝܠܐ ܕܐܙܠܘ ܥܡܗ »ܩܪܘܒܘ ܘܣܝܡܘ ܪ̈ܓܠܝܟܘܢ ܥܠ ܨܘܪ̈ܝ ܕܗܠܝܢ«:
ܘܩܪܒܘ. ܘܣܡܘ ܪ̈ܓܠܝܗܘܢ ܥܠ ܨܘܪ̈ܝ ܕܗܠܝܢ: 25 ܘܐܡܪ ܝܫܘܥ ܠܘܬܗܘܢ »ܠܐ ܬܕܚܠܘܢ ÷ܡܢܗܘܢ↙
ܐܦ ܠܐ ܬܬܒܪܘܢ. ܐܬܚܝܠܘ ܘܐܬܠܒܒܘ. ܡܛܠ ܕܗܟܢܐ ܢܥܒܕ ܡܪܝܐ ܠܟܠܗܘܢ ܠܒܥܠܕ̈ܒܒܝܟܘܢ.
130² ܗܠܝܢ ܕܐܢܬܘܢ | ܡܬܟܬܫܝܢ ܐܢܬܘܢ ܠܘܬܗܘܢ«: 26 ܘܩܛܠ ܐܢܘܢ ܝܫܘܥ. ܘܨܠܒ ܐܢܘܢ. ܐܦ
ܬܠܐ ܐܢܘܢ ܥܠ ܚܡܫܐ ܩܝ̈ܣܐ. ܘܐܝܬܝܗܘܢ ܗܘܘ ܬܠܝܢ ܥܠ ܩܝ̈ܣܐ ܥܕܡܐ ܠܪܡܫܐ: 27 ܘܗܘܐ
ܠܡܥܪܒ ܫܡܫܐ. ܘܦܩܕ ܝܫܘܥ. ܘܐܚܬܘ ܐܢܘܢ ܡܢ ܩܝ̈ܣܐ. ܘܫܕܘ ܐܢܘܢ ܒܡܥܪܬܐ ܐܝܟܐ ܕܐܬܛܫܝܘ ܬܡܢ.
ܘܓܠܓܠܘ ܟܐܦܐ ※ܪ̈ܘܪܒܬܐ↙ ܥܠ ܡܥܪܬܐ ܥܕܡܐ ܠܝܘܡܐ ܕܝܘܡܢܐ: 28 ܘܠܡܩܕ ܟܒܫܘ ܒܝܘܡܐ
ܗܘ. ܘܡܚܝܘܗ ܒܦܘܡܐ ܕܣܝܦܐ ※ܘܠܡܠܟܐ ܕܝܠܗ↙. ܘܚܪܡܘܗ ※ܐܢܘܢ ܐܘ↙ ܟܠ ܕܐܝܬ ܒܗ
ܢܦܫܐ. ܗܘ ܕܐܝܬ ܗܘܐ ܒܗ. ※ܘ↙ܠܐ ܐܫܬܒܩ ÷ܒܗ ܘܠܐ ܚܕ↙ ܡܫܘܙܒܐ ÷ܘܦܠܝܛܐ↙. ܘܥܒܕ
ܠܡܠܟܐ ܕܡܩܕ ܐܝܟܢܐ ܕܥܒܕ ܠܡܠܟܐ ܕܐܝܪܝܚܘ: || 29 ܘܐܙܠ ܝܫܘܥ ܘܟܠܗ ܐܝܣܪܐܝܠ ܥܡܗ ܡ
131¹ ܥܡܗ ܡܢ ܡܩܕ ܠܠܒܢܐ. ܘܐܬܟܬܫ ܗܘܐ ܒܩܪܒܐ ※ܥܠܝܗ↙ | ܠܒܢܐ: 30 ܘܐܫܠܡܗ ܡܪܝܐ ※ܐܦ↙ ܠܗ
ܒܐܝܕܐ ܕܐܝܣܪܐܝܠ. ÷ܘܟܒܫܘܗ↙ ܘܠܡܠܟܐ ܕܝܠܗ. ܘܡܚܝܘܗ ܒܦܘܡܐ ܕܣܝܦܐ. ܘܠܟܠ ܕܐܝܬ ܒܗ
ܢܦܫܐ ܒܗ: ܠܐ ܐܫܬܒܩ ܒܗ ÷ܘܠܐ ܚܕ↙ ܡܫܘܙܒܐ ÷ܘܦܠܝܛܐ↙. ܘܥܒܕ ܠܡܠܟܐ ܕܝܠܗ ܐܝܟܢܐ
ܕܥܒܕ ܠܡܠܟܐ ܕܐܝܪܝܚܘ ÷ 31 ܘܐܙܠ ܝܫܘܥ ܘܟܠܗ ܐܝܣܪܐܝܠ ܥܡܗ ܡܢ ܠܒܢܐ ܠܠܟܝܫ.
ܘܫܪܐ ܥܠܝܗ. ܘܐܬܟܬܫ ܗܘܐ ܥܡܗ ܒܩܪܒܐ. 32 ܘܐܫܠܡܗ ܡܪܝܐ ܠܠܟܝܫ ܒܐܝܕܝ̈ܗܘܢ ܕܐܝܣܪܐܝܠ.
ܘܟܒܫܘܗ ܒܝܘܡܐ ܬܪܝܢܐ. ܘܡܚܝܘܗ ܒܦܘܡܐ ܕܣܝܦܐ. ܘܚܪܡܘܗ ܐܝܟܢܐ ܕܥܒܕ ܠܠܒܢܐ: 33 ܗܝܕܝܢ
*ܣܠܩ ܗܘܠܡ ܡܠܟܐ ܕܓܙܪ ܠܡܥܕܪܘ ܠܠܟܝܫ. ܘܡܚܝܗܝ ܝܫܘܥ ÷ܒܦܘܡܐ ܕܣܝܦܐ↙ ܘܠܥܡܐ
ܕܝܠܗ ܥܕܡܐ ܕܠܐ ܢܫܬܒܩ ܡܢܗܘܢ ܡܫܘܙܒܐ ÷ܘܦܠܝܛܐ↙: 34 ܘܐܙܠ ܝܫܘܥ ܘܟܠܗ ܐܝܣܪܐܝܠ

20 »pro, καὶ πᾶς, scribe, καὶ οἱ υἱοὶ« M

20 signa ex M, contra B

21 ÷ܘ↙ܠܐ M, contra B

23 ↙ prior ex M, contra B

23 ※ܘܐܦܩܘ B

23 ܐܢܘܢ ※ܠܘܬܗ↙ M, ※ܐܢܘܢ↙ ܠܘܬܗ B

23 »Debent . . . . Coniunctiones, quae inter regum nomina sunt positae, praeter vltimam, omnes notari obeliscis« M

23 ܡܢ ܕܐܘܕܠܡ]. ego ܕܐܘܕܠܡ scripsi, ܕܐܘܠܡ B. »scribendum est Οδολλάμ, pro Αιγλών, ex Syro« M

24 »scribe . . . καὶ ἐπεὶ ἐξήγαγον αὐτοὺς« M

24 »habet mixta editio . . . . πάντα ※ἄνδρα↙ ἰσραήλ« M. B ut edidi

24 ÷ܠܗܘܢ ܘ↙ ex M, contra B

24 post ܥܡܗ Complutenses »λέγων πρὸς αὐτοὺς« : »est expungendum. Sic enim Syrus hunc locum legit« M

25 signa ex M, contra B

26 ܘܩܛܠ B, super ܩ punctum

26 »÷καὶ↙ ἐπειδὴ ἐθανάτωσεν [sic] αὐτοὺς, καὶ ἐκρέμασεν αὐτοὺς ἐπὶ πέντε« M

26 ante ܐܦ B — sub quâ ·˙

28 »Quaedam exemplaria habent, vt ostendit Syrus per limniscum, καὶ τὴν μακηδὰν ἔλαβεν ἰησοῦς, ἐν τῇ &c.« M

28 ܘܠܡܩܕ B

28 »pro, αὐτὴν, est scribendum, αὐτοὺς[.] sed hoc αὐτοὺς, et insequens copula, καὶ, ascititia sunt, et asterisco signanda« M. ※ܐܢܘܢ ܐܘ ܟܠܗ↙ B

28 ÷ܘܠܐ ܐܫܬܒܩ↙ ※ܒܗ ܘܠܐ ܚܕ↙ B: edidi ex M

28 ÷ܘܦܠܝܛܐ↙ B = ÷καὶ διαπεφευγὼς↙ M 53. sed ÷διαπεφευγὼς↙ M 138

28 ܕܝܪܝܚܘ B

29ᵐ ܠܗ B

29 »scribendum est λεβνά. Et ἐπολιόρκουν numero plurium« M

30 ܡܪܝܐ licet indice careat, adest tamen ܦܫܛ in margine

30 ÷ܘܟܒܫܘܗ↙ M: B non habet ↙

30 ܢܦܫܐ ܒܗ. B

30 ÷ܘܦܠܝܛܐ↙ B, si recte intellego librarium: edidi ex M 53, qui 138 ÷διαπεφευγὼς↙

31 »scribe περιεκάθισεν, numero singulari« M

32 ܡܪܝܐ licet indice careat, adest tamen ܦܫܛ in margine

33 ܐܬܐ Bᵐ. »pro, ἀνέβη, habent quidam libri, ἔβη« M

33 »Pro ὠράμ habent Complutenses ἐλάμ. Syrus legit, ἀρμών« M

33 »pro casu dandi, αὐτῷ, scribendum est ἐξ αὐτῶν« M

131² ܠܟܝܫ ܡܢ ܠܟܝܫ *ܠܥܘܠܠܡ. ܘܫܪܘ ܥܠܝܗ | ܘܩܪܒܘܗ ܒܩܪܒܐ ⸓ ܘܐܬܟܒܫܘܗ ܡܢܝܢ ܠܐܚܪܝܐ
⸓ ܕܐܝܣܪܝܠ ↙: [35] ܘܐܚܕܘܗ ܒܝܘܡܐ ܗܘ. ܘܡܚܘܗ ܠܦܘܡܐ ܕܣܝܦܐ ܘܠܟܠ ܕܐܝܬ ܒܗ ܢܦܫܬܐ
※ ܒܗ ܒܝܘܡܐ ܗܘ ↙ ܩܛܠܘ ܐܝܟ ܡܐ ܕܥܒܕܘ ܠܠܟܝܫ:
ܣ [36] ܘܐܙܠ ܝܫܘܥ ܘܟܠܗ ܐܝܣܪܝܠ ܥܡܗ ※ ܡܢ ܥܘܠܠܡ ↙ ܠܚܒܪܘܢ. ܘܫܪܘ ܥܠܝܗ.
[37] ※ ܘܩܪܒܘܗ ↙ ܘܐܚܕܘܗ ܘܡܚܘܗ ܠܦܘܡܐ ܕܣܝܦܐ ※ ܘܠܡܠܟܐ ܕܝܠܗ ܘܠܟܠܗܝܢ ܩܘܪܝܐ ܕܝܠܗ ↙ ܘܠܟܠ
ܕܐܝܬ ܒܗܘܢ ܢܦܫܬܐ. ܗܠܝܢ ܕܐܝܬ ܗܘܐ ܒܗ. ܠܐ ܐܝܬ ܗܘܐ ܕܐܫܬܘܙܒ: ܐܝܟ ܡܐ ܕܥܒܕܘ *ܠܥܘܠܠܡ.
ܚܪܒܘܗ. ܘ※ܠܟܠ ܕܐܝܬ ܒܗ ܢܦܫܬܐ ↙ ܗܠܝܢ ܕܐܝܬ ܗܘܐ ܒܗ:
ܠ [38] ܘܗܦܟ ܝܫܘܥ ܘܟܠܗ ܐܝܣܪܝܠ ܥܡܗ ܠܕܒܝܪ. ܘܫܪܘ ܥܠܝܗ. [39] ܘܐܚܕܘܗ ܘܠܡܠܟܗ
ܘܠܟܠܗܝܢ ܩܘܪܝܐ ܕܝܠܗ. ܘܡܚܘܗ ܠܦܘܡܐ ܕܣܝܦܐ ܘܚܪܒܘܗ ⸓ ܒܗ ܘ↙ܠܟܠ ܕܐܝܬ ܒܗ ܢܦܫܬܐ
132¹ ܒܗ. ܘܠܐ ܫܒܩܘ ⸓ ܘܠܐ ܚܕ ↙ ܕܐܫܬܘܙܒ: ܐܝܟ ܡܐ | ܕܥܒܕܘ ܠܚܒܪܘܢ. ܗܟܢܐ ܥܒܕܘ ܠܕܒܝܪ
ܘܠܡܠܟܐ ܕܝܠܗ. ܐܝܟ ܡܐ ܕܥܒܕܘ ܠܠܒܢܐ ܘܠܡܠܟܐ ܕܝܠܗ: [40] ܘܡܚܐ ܝܫܘܥ ܠܟܠܗ ܐܪܥܐ
ܕܛܘܪܐ *ܘܠܢܓܒ ܘܠܫܦܝܠܬܐ ܘܠܐܫܕܘܬܐ ܐܦ ܠ※ܡܠܟܝܗܘܢ ↙ ܡܠܟܐ †ܕܝܠܗ. ܠܐ ܫܒܩ ⸓ ܒܗ ↙
ܡܫܘܙܒܐ. ܘܠܟܠ ܕܐܝܬ ܒܗ ܢܦܫܬܐ ⸓ ܕܚܝܐ ↙. ܚܪܡ ܐܝܟ ܡܐ ܕܦܩܕ *ܡܪܝܐ ܐܠܗܐ ܕܐܝܣܪܝܠ:
[41] ܘܡܚܐ ܐܢܘܢ ܝܫܘܥ ܡܢ ܩܕܫ ܕܒܪܢܥ ܥܕܡܐ ܠܥܙܐ ※ ܘ↙ܠܟܠܗ ܐܪܥܐ ܕܓܘܫܢ ܥܕܡܐ ܠܓܒܥܘܢ:
[42] ܘܠܟܠܗܘܢ ܡܠܟܐ ܗܠܝܢ ܘܠܐܪܥܐ ܕܝܠܗܘܢ *ܢܣܒ ܝܫܘܥ ܒܚܕܐ ܙܒܢ: ܡܛܠ ܕܡܪܝܐ ܐܠܗܐ
ܕܐܝܣܪܝܠ ܩܪܒ ܗܘܐ ܥܡ ܐܝܣܪܝܠ: [43] ※ ܘܗܦܟ ܝܫܘܥ ܘܟܠܗ ܐܝܣܪܝܠ ܥܡܗ ܠܡܫܪܝܬܐ
※ ܠܓܠܓܠܐ ↙ ܀

ܩܦܠܐܘܢ ܝ ܀

11 ܝ [1] ܟܕ ܕܝܢ ܫܡܥ ܝܒܝܢ ܡܠܟܐ ܕܚܨܘܪ. ܫܕܪ ܠܘܬ ܝܘܒܒ ܡܠܟܐ ܕܡܕܘܢ. ܘܠܘܬ ܡܠܟܐ ܕܫܡܪܘܢ
132² ܘܠܘܬ ܡܠܟܐ ܕܐܟܫܦ | [2] ܘܠܘܬ ܡܠܟܐ ܗܠܝܢ ܕܠܘܬ ܨܝܕܘܢ ܪܒܬܐ. ܠܛܘܪܢܝܬܐ *ܘܠܐܪܥܐ ܠܥܪܒܐ
ܕܟܢܪܘܬ †ܘܠܫܦܝܠܬܐ **ܘܠܢܦܬܕܘܪ [3] ܘܠܟܢܥܢܝܐ ܕܠܘܬ ܡܕܢܚܐ ܘܡܢ ܡܥܪܒܐ. ܘܠܘܬ ܐܡܘܪܝܐ ܘܠܐܚܘܝܐ
ܘܠܘܬ ܦܪܙܝܐ ܘܠܝܒܘܣܝܐ ܗܢܘܢ ܕܒܛܘܪܐ. ܘܠܚܘܝܐ ܬܚܝܬ ܚܪܡܘܢ ܠܐܪܥܐ ܕܡܨܦܐ.
[4] ܘܢܦܩܘ ܗܢܘܢ ܘܡܠܟܐ ܕܝܠܗܘܢ ܥܡܗܘܢ ※ ܐܝܟ ܚܠܐ ↙ ܕܝܡܐ ܐܝܟ ܡܐ ܕܢܛܪ ܗܘ ܕܠܘܬ ܣܦܬܗ ܕܝܡܐ
ܒܣܘܓܐܐ. ܘܪܟܫܐ ܘܡܪܟܒܬܐ ܣܓܝܐܐ ܛܒ: [5] ܘܐܬܟܢܫܘ ܐܟܚܕܐ ܟܠܗܘܢ ܡܠܟܐ ܗܠܝܢ. ܘܐܬܘ

34 ܠܥܘܠܠܡ ܦܘ. »pro Αγλὼν, rursus scribendum est Οδολλὰμ, ex Syro« M

34 ܘܟܒܫܘܗ ※ B

34 ultima signa eadem in BM, nisi quod semel ÷ scribit B

35 »post Nomen, ἐμπνέον, suggeritur in mixta, per asteriscum, ※ τὸ ἐν ἀυτῇ ἐν τῇ ἡμέρᾳ ἐκείνῃ ↙ ἐφόνευσαν« M

36 ※ ἀπὸ ἐγλὼν[sic] ↙ M 53 138

37 ܠܥܘܠܠܡ ܦܘ. »pro τῇ ἐγλὼν, legit rursus Syrus, τῇ ὀδολὰμ« M

37 ܚܪܒܘܗ B nolebam mutare, quamvis ܟܒܫܘܗ 37 39 et ܚܪܒܘܗ 39 corrigere suaderent

37 »post Pronomen, ἀυτὴν, legit Syrus .... καὶ ※ πᾶν ἐμπνέον ↙ ὅσα ἦν ἐν ἀυτῇ« M. ܘܟܠܗ alterum sine signo scribit B, quem ex M correxi

38 »pro, περικαθίσαντες scribendum est, περιεκάθισαν« M

39 »addenda initio est copula, καὶ ἔλαβον« M

39 ܢܦܫܬܐ ܒܗ ·:· B

39 »illud, καὶ τῷ βασιλεῖ ἀυτῆς, positum post nomen χεβρὼν, debet expungi« M

40 ܘܫܦܝܠܬܐ ܦܘ ܐ

40 ※ πάντας ↙ M, ܠܡܠܟܝܗܘܢ ※ (omisso ↙) B

40 ܕܡܠܟܝܗܘܢ ܦܘ ܐ

40 ↙ ܕܚܝܐ ÷ ܕܢܦܫܬܐ ※ B: edidi ex Masio. »quod . . ei [ζωῆς] adiunctum est, nempe ἐξ ἀυτῆς, . . . auferendum est« M

40 ܕܦܩܕ formae primae in B

40 »In extremo huius versiculi, non legit Syrus articulum, τῷ. sed accepit nomen ἰσραὴλ, tamquam gignendi casu positum« M

40 ܕܐܝܣܪܝܠ B

41 ܘ↙ܠܟܠܗ ※ B

41 »γοσὸν .... per literam Ni« M

42 »γῆν, adde Pronomen, ἀυτῶν« M

42 ܦܘ ܡܛܠ ܝܫܘܥ ܒܚܕܐ ܙܒܢ. B ܢܣܒܗ

43 »in mixta editione adscriptus habetur versiculus .... his verbis ※ καὶ ἐπέστρεψεν ἰησοῦς, καὶ πᾶς ἰσραὴλ μετ' ἀυτοῦ, εἰς τὴν παρεμβολὴν, εἰς γάλγαλα ↙. Est autem is idem ille, qui suprà, decimo quinto positus loco est« M

1 ex B ܚܨܘܪ transscripsi

1 ܕܡܕܘܢ B, puncto superno inter ܕ alteram et ܘ addito

1 »scribe, Αχσὰφ. ex Syro« M

2 ܠܥܪܒܐ ܠܟܢܪܘܬ ܦܘ ܐ

2 indice non adposito ܘܠܫܦܝܠܬܐ ܦܘ

2/3 indice non adposito ܘܠܢܦܬܕܘܪ ܦܘ ܠܘܬ ܡܕܢܚܐ. ܘܠܐ ܦܩܕܐ ܕܕܝܢ. ܕܒܪܝܬܐ ܦܘ ܡܥܪܒܐ ܘܠܐܡܘܪܝܐ. »pro, εἰς ῥαβὰθ, scribendum est, καὶ εἰς τὴν Αραβὰ. sic enim habent optimi quique libri« M

2 »Pro χενερὲθ, non male scribas χενερὸθ« M

3 ܕܠܚܬܝܐ etiam M, non καὶ τοὺς ὑπὸ

3 »cùm dicitur, εἰς γῆν μασσηφά, Syrus legit εἰς τὴν μασσηφά. verùm alterum illud de Hebraeo est expressum« M

ܘܢܦܩܘ ܐܝܟ ܚܠܐ ܕܥܠ ܣܦܪ ܝܡܐ. ܒܣܘܓܐܗ ܒܥܡܐ ܣܓܝܐܐ. 6 ܘܐܡܪ ܡܪܝܐ ܠܘܬ ܝܫܘܥ. «ܠܐ
ܬܕܚܠ ܡܢ ܦܪܨܘܦܐ ܕܝܠܗܘܢ. ܡܛܠ ܕܡܚܪ ܒܥܕܢܐ ܗܕܐ ܐܢܐ ܡܫܠܡ ܠܗܘܢ ※ܠܟܠܗܘܢ↙ *ܡܢ
ܢܟܝܠܝܢ ܩܕܡ ܐܝܣܪܐܝܠ: ܠܪܟܫܐ ܕܝܠܗܘܢ | ܬܥܩܪ. ܘܡܪܟܒܬܗܘܢ ܬܘܩܕ ܒܢܘܪܐ» ⁖ 7 ܘܐܬܐ ܝܫܘܥ 133¹
ܘܥܡܗ ܟܠܗ ܥܡܐ ܩܪܒܬܢܐ ※ܥܠܝܗܘܢ↙ ܠܘܬܗܘܢ ܥܠ ܡܝܐ ܕܡܪܘܡ ܡܢ ܫܠܝ. ܘܢܦܠܘ ܥܠܝܗܘܢ ÷ܒܛܘܪܐ↙:
8 ܘܐܫܠܡ ܐܢܘܢ ܡܪܝܐ ܒܐܝܕܝܗ ܕܐܝܣܪܐܝܠ. ܘܡܚܘ ܡܚܝܢܘܬܐ ܠܗܘܢ. ܘܪܕܦܘ ܗܘܘ ܠܗܘܢ ܥܕܡܐ ܠܨܝܕܘܢ
ܪܒܬܐ *ܘܥܕܡܐ ܠܡܣܪܦܘܬ †ܡܝܡ ܘܥܕܡܐ ܠܦܩܥܬܐ ܕܡܨܦܐ ܠܡܕܢܚܐ ܡܕܢܚܐ. ܘܩܛܠܘ ܐܢܘܢ
ܥܕܡܐ ܕܠܐ ܢܫܬܒܩ ܡܢܗܘܢ ܡܫܘܙܒܐ: 9 ܘܥܒܕ ܠܗܘܢ ܝܫܘܥ ܐܝܟ ܡܐ ܕܦܩܕ ܠܗ ܡܪܝܐ. ܠܪܟܫܐ
ܕܝܠܗܘܢ ܥܩܪ. ܘܠܡܪܟܒܬܐ ܕܝܠܗܘܢ ܐܘܩܕ ܒܢܘܪܐ ⁖
10 ܘܗܦܟ ܝܫܘܥ ܒܙܒܢܐ ܗܘ ܘܟܒܫ ※ܠܗ↙ ܠܚܨܘܪ. ܘܠܡܠܟܐ ܕܝܠܗ ※ܩܛܠ ܒܣܝܦܐ↙: ܡܛܠ ܕܗܝ
ܕܚܨܘܪ ܐܠܘܗܝ ܗܘܬ ܡܢ ܩܕܝܡ ܪܫܐ ܕܟܠܗܘܢ ܡܠܟܘܬܐ ܗܠܝܢ. 11 ܘܩܛܠܘ ܒܣܝܦܐ ܟܠ ܢܦܫܐ
ܕܒܗ. ܒܚܪܡܐ | ܕܣܝܦܐ. ܘܚܪܡܘ ÷ܠܟܠܗܘܢ↙. ܘܠܐ ܐܫܬܒܩ ÷ܒܗ↙ ܟܠ ܕܐܝܬ ܒܗ ܢܦܫܐ. 133²
ܘܠܚܨܘܪ ܐܘܩܕܘ ܒܢܘܪܐ. 12 ܘܠܟܠܗܝܢ ܩܘܪܝܐ ܕܡܠܟܐ ※ܗܠܝܢ↙ ܘܠ※ܟܠܗܘܢ↙ ܡܠܟܝܗܝܢ ܕܝܠܗܝܢ
ܢܣܒ ܝܫܘܥ ܘܩܛܠ ܐܢܘܢ ܒܚܪܡܐ ܕܣܝܦܐ. ܘܚܪܡ ܐܢܘܢ ܐܝܟ ܕܦܩܕ ܡܘܫܐ ܥܒܕܗ ⁰ܕܡܪܝܐ.
13 ܐܠܐ ܠܟܠܗܝܢ ܩܘܪܝܐ *ܕܩܝܡܢ ܥܠ ܬܠܝܗܝܢ. ܠܐ ܐܘܩܕ ܝܫܘܥ. ܒܪܡ ※ܠܚܨܘܪ ܠܒܠܚܘܕܝܗ ※ܐܘܩܕ↙
ܐܘܩܕ ܝܫܘܥ: 14 ܘܟܠܗ ܒܙܬܐ ܕܝܠܗ ※ܘܠܒܥܝܪܐ↙ ܒܙܘ ܠܗܘܢ ܒܢܝܐ ܕܐܝܣܪܐܝܠ ※ܐܝܟ ܡܠܬܐ ܕܡܪܝܐ
※ܕܦܩܕ ܠܝܫܘܥ↙. ܠܗܘܢ ܕܝܢ ܠܟܠܗܘܢ ܩܛܠܘ ܒܚܪܡܐ ܕܣܝܦܐ ܥܕܡܐ ܕܐܘܒܕܘ ܐܢܘܢ. ܠܐ ܫܒܩܘ
÷ܡܢܗܘܢ↙ ܘܠܐ ܚܕ ܕܐܝܬ ܒܗ ܢܦܫܐ. 15 ܐܝܟ ܡܐ ܕܦܩܕ ܡܪܝܐ ܠܡܘܫܐ ܥܒܕܗ ܕܝܠܗ. ܗܘ ܗܟܢܐ
ܦܩܕ ܡܘܫܐ ܠܝܫܘܥ. ܘܗܟܢܐ ܥܒܕ ܝܫܘܥ. ܠܐ ܥܒܪ ܘܠܐ ܚܕܐ ܡܢ ܟܠܗܝܢ ܗܠܝܢ | ܕܦܩܕܗ ܡܪܝܐ 134¹
ܠܡܘܫܐ ⁖
16 ܘܢܣܒ ܝܫܘܥ ※ܠܟܠܗ ܐܪܥܐ ※ܗܕܐ↙.. ܠܛܘܪܢܝܬܐ *ܘܠܟܠܗ ܢܓܒܐ ܘܠܟܠܗ ܐܪܥܐ ܕܓܘ
ܣܘܢ ⁰ܘܠܫܦܝܠܬܐ ܘܠܥܪܒܐ ܕܐܪܥܐ ܕܛܘܪܐ ܕܐܝܣܪܐܝܠ ܘܠܫܦܝܠܬܐ. 17 ܡܢ ܛܘܪܐ

5 »post ... ἐπὶ τὸ αὐτὸ expungi debet illud, καὶ παρενέβαλον« M

6 »post verbum, παραδίδωμι, suggeritur in mixta, ※πάντας αὐτοὺς↙. Illud verò Pronomen, αὐτοὺς, quod post, in vulgatis libris est, non habent emendati codices« M

6 indice ad ܢܟܝܠܝܢ adposito, ܡܢ ܡܬܚܝܠܝܢ B^m

7 ※ܥܠܝܗܘܢ↙ etiam M. »Deinceps sequitur, ἐπ' αὐτοὺς. Nam mendosi sunt codices Argentorati excusi, cùm habent, ἐπ' αὐτήν« M

7 ÷ܒܛܘܪܐ↙ M: signa non habet B

8 ܘܥܕܡܐ ܠܡܣܪܦܘܬ ܡܝܡ]

8 ܡܢ ܝܡܐ ܕܡ]

8 »κατέκοψαν, numero plurium« M

8 »καὶ διαπεφευγότα, expungendum est« M

9 »scribe ... ἐν πυρί« M

10 ultima vocis ܚܨܘܪ littera punctum utrumque habet in B

10 ※ܩܛܠ ܒܣܝܦܐ↙ B: edidi ex M

10 »scribendum, διότι ἦν Ἀσώρ« M

10 »debet scribi, βασιλειῶν« M

11 »ἀπέκτειναν .... numero plurium« M

11 ÷ܒܗ↙ M: signa non habet B

11 altero loco ܕܐܝܬ ܒܗ B

11 »deleatur nota uniuersitatis, cùm dicitur, πᾶν ἐμπνέον« M

11 ܚܨܘܪ B, sed punctum infernum inter ܘ et ܪ medium adest

12 »Pro βασιλειῶν, debet reponi βασιλέων« M

12 ※ܟܠܗܘܢ↙ B: correxi ex M

12 ܡܠܟܝܗܝܢ edo: ܡܠܟܝܗܘܢ apographum meum, cui fidem non habeo

12 »legit Syrus, ἐξωλόθρευσαν αὐτούς, vt verbum sit numeri pluralis« M

13 indice ad ܬܠܝܗܝܢ adposito, quem ad ܕܐܝܬ transtuli, ⁖ ܕܩܝܡܢ ܥܠ ܬܠܐ] ܡܢ ܩܘܪܝܐ ܗ ⁖ ܡܣܬܡܟܢ

13 med ܝܫܘܥ [non Ἰσραήλ] etiam M

13 ※ܠܚܨܘܪ↙ M, ※ܠܚܨܘܪ↙ B

13 ↙ post ܐܘܩܕ editus in B desideratur: edidi ex M

13 ܐܘܩܕ B

14 M 139 »sunt à Syro lecta haec per obeliscos, ÷κατὰ τὸ ῥῆμα τοῦ κυρίου, ὃ συνέταξε τῷ Ἰησοῦ↙. verum M 57 et B non ÷ praemittunt, sed ※

14 »sequitur quod in vulgatis libris est, αὐτοὺς δὲ πάντας &c. sed hîc, pro, αὐτούς, scribi omnino debet, ἀνθρώπους« M [= ανους]

14 »sunto verba numero singulari posita, ἐξωλόθρευσεν, & ἀπώλεσεν« M

14 ܩܛܠ apographum meum

15 ܕܦܩܕ in B punctum supernum habet

15 »Pro, καὶ καθώς, debet reponi, ὡσαύτως« M

15 ܗܟܢܐ etiam M

15 ܠܐ ܥܒܪ B

15 post ܗܠܝܢ folio 134¹ + ܗܠܝܢ B

15 »in mixta editione .... ὧν συνέταξε sic αὐτῷ ※κύριος↙ τῷ μωυσεῖ« M

16 ܐܝܣܪܐܝܠ etiam M ex Syro

16 »debet .... scribi ※τὴν↙ πᾶσαν γῆν« M

16 ܠܟܠܗ ܐܪܥܐ ܡܢ], indice ad ܢܓܒܐ adposito

16 non ܐܪܥܐ ܘܠܟܠܗ post ܢܓܒܐ sequens, testatur Masius, sed ※καὶ τὴν↙ πᾶσαν, deleta voce γῆν, ναγέβ

16 non Γοσόμ, sed Γοσόν M

16 ad ܠܫܦܝܠܬܐ adscriptum in B nihil. »nomini, πεδινά, additur in editione mixta Pronomen ※αὐτοῦ↙ M

[illegible]
[illegible] [18] [illegible]
[illegible] [19] [illegible]
[illegible]
[20] [illegible]
[illegible] 134[2]
[illegible] [21] [illegible]
[illegible] [22]
[illegible]
[23] [illegible]
[illegible]

12 [1] [illegible]
[illegible] 135[1]
[2] [illegible]
[illegible]
[illegible] [3] [illegible]
[illegible]
[illegible] [4] [illegible]
[illegible] [5] [illegible]
[illegible] [6] [illegible]
[illegible] 135[2]
[illegible] [7] [illegible]

17 »Initio huius versiculi secutus est Syrus eam scripturam, et verborum collocationem quae in vulgatis libris [Aldinam exprimentibus] habetur [contra bc]« M

17m [illegible] B

17 [illegible] B

17 [illegible] in [illegible] ※ ex M petitus: quem non habet B

17 [illegible]

18 signa suppeditavit solus M

19 [illegible] M: signa non habet B

19 ※ Masium sequutus ante [illegible] posui, quem ante [illegible] exhibet B

19 [illegible] ex Syro testatur etiam M

20 »ἐξολοθρεύσωσιν, debet bis mutari in .... ἐξολοθρευθῶσιν [= [illegible]] ..... debetque Pronomen, αὐτοὺς, auferri« M

21 [illegible] ter Masio debetur

21 [illegible] B. nisi in describendo et ter in conferendo codice B erravi, B a M hoc loco discrepat: »Duo illa nomina, ἰούδα, et ἰσραὴλ, sic sunt traijcienda, vt illud [Ιουδα] priore, hoc posteriore loco collocetur« M. sed Iuda nullus est in apographo meo. M 59 edidit καὶ ἐκ παντὸς ὅρους Ἰούδα, καὶ ἐκ παντὸς ὅρους ἰσραὴλ

22 »pro, τῷ [Aldinae], scribendum est, τῶν [[illegible]]. et pro γαζὴβ [Aldinae], γαζῆ« M

22 singularem [illegible] testatur M

1 ἀνεῖλον contra ἀνεῖλεν Aldi tuetur M = B

1 τὴν γῆν ἀραβὰ Aldus: »nomen, γῆν, auferendum ... est« M

2 post [illegible] B [illegible]

2 [illegible] B

2 [illegible] ※ M, [illegible] ※ [illegible] B

2 »pro .. eo quod continuò sequitur, κατὰ μέρος, reponendum est κατὰ μέσον [= [illegible]] .... Mihi tamen ... fit verisimile, veram scripturam esse, καὶ μέσον« M

2 »Ιαβωκ [contra Ιακωβ Aldinae] ※τοῦ χειμάρρου↙« M

3 »pro, θάλασσαν [in [illegible]], scribe θαλάσσης« M

3 »Pro βηθσιμὼθ, legit Syrus, βηθασιμὼθ« M

3 [illegible]

3 »pro τὴν ὑπὸ, scribe τῆς ὑπὸ. et pro Σηδὼθ, Ασηδὼθ« M

4 [illegible] Bm. »ostendit Syrus per limniscum, pro, καὶ ὢγ, scriptum esse, καὶ ὅρια ὢγ .... sed tum, pro, βασιλεὺς, dicendum quoque erit, βασιλέως; atque ita in tribus exemplaribus fuisse scriptum annotauit Syrus« M. in B index non adpositus

4 [illegible] Bm. vide adnotationem proxime praecedentem

4 »post ... βασὰν, adscribito ὃς« M

4 [illegible]

4 [illegible] B, qui ܕ puncto suo destitutam scribit

5 »πᾶσαν τὴν γῆν βασὰν, auferri debet ... γῆν« M

5 »ante ... ὁρίων, scribendum est ÷ἕως↙« M. signa priori loco nulla habet B, qui altero loco [illegible] ※ praebet, omisso ↙

6 [illegible] indice caret, [illegible] Bm

7 »ostendit Syrus in quibusdam libris esse τῆς γῆς [= [illegible]], in quibusdam, τῶν Αμοῤῥαίων« M

7 ܘܒܢܝ̈ ܐܝܣܪܝܠ ܒܥܒܪܐ ܕܝܘܪܕܢܢ ܠܘܬ ܝܡܐ ܕܒܥܠܓܕ ܒܦܩܥܬܐ ܕܠܒܢܢ ܘܥܕܡܐ ܠܛܘܪܐ ܕܚܠܩ ܡܢ
ܕܣܠܩ ܠܣܥܝܪ. ܘܝܗܒܗ̇ ܝܫܘܥ ܠܫܒܛܐ ܕܐܝܣܪܝܠ ܝܪܬܘܬܐ *ܐܝܟ ܦܠܓܘܬܗܘܢ: [8] ܒܛܘܪܐ
ܘܒܦܩܥܬܐ ܘܒܥܪܒܐ ܘܒܐܫܕܘܬܐ ܘܒܡܕܒܪܐ †ܘܒܢܓܒ ※ܘܓܪܓܫܝܐ⸔. ܚܬܝܐ ܘܐܡܘܪܝܐ ܘܟܢܥܢܝܐ
ܘܦܪܙܝܐ ܘܚܘܝܐ ܘܝܒܘܣܝܐ: [9] ܠܡܠܟܐ ܕܐܝܪܝܚܘ ※ܚܕ⸔: ܘܠܡܠܟܐ ܕܥܝ ܗܝ ܕܠܘܬ
ܒܝܬܐܝܠ ※ܚܕ⸔: [10] ܠܡܠܟܐ ܕܐܘܪܫܠܡ ※ܚܕ⸔. ܠܡܠܟܐ ܕܚܒܪܘܢ ※ܚܕ⸔:
[11] ܠܡܠܟܐ ܕܝܪܡܘܬ ※ܚܕ⸔. ܠܡܠܟܐ ܕܠܟܝܫ ※ܚܕ⸔. [12] ܠܡܠܟܐ ܕܥܓܠܘܢ ※ܚܕ⸔. ܠܡܠܟܐ
ܕܓܙܪ ※ܚܕ⸔. [13] ܠܡܠܟܐ ܕܕܒܝܪ ※ܚܕ⸔. ܠܡܠܟܐ ܕܓܕܪ ※ܚܕ⸔. [14] ܠܡܠܟܐ | ܕܚܪܡܐ 136[1]
※ܚܕ⸔. ܠܡܠܟܐ ܕܥܪܕ ※ܚܕ⸔. [15] ܠܡܠܟܐ ܕܠܒܢܐ ※ܚܕ⸔. ܠܡܠܟܐ ܕܥܕܘܠܡ ※ܚܕ⸔.
[16] ܠܡܠܟܐ ܕܡܩܕ ※ܚܕ⸔. ܠܡܠܟܐ ܕܒܝܬ ܐܝܠ ※ܚܕ⸔. [17] ܠܡܠܟܐ ܕܬܦܘܚ ※ܚܕ⸔. ܠܡܠܟܐ
ܕܚܦܪ ※ܚܕ⸔. [18] ܠܡܠܟܐ ܕܐܦܩ ※ܚܕ⸔. ܠܡܠܟܐ ܕܠܫܪܘܢ ※ܚܕ⸔. [19] ܠܡܠܟܐ ܕܡܕܘܢ ※ܚܕ⸔.
ܠܡܠܟܐ ܕܚܨܘܪ ※ܚܕ⸔. [20] ܠܡܠܟܐ ܕܫܡܪܘܢ ܕܡܪܘܢ ※ܚܕ⸔. ܠܡܠܟܐ ܕܐܟܫܦ ※ܚܕ⸔. [21] ܠܡܠܟܐ
ܕܬܥܢܟ ※ܚܕ⸔. ܠܡܠܟܐ ܕܡܓܕܘ ※ܚܕ⸔. [22] ܠܡܠܟܐ ܕܩܕܫ ※ܚܕ⸔. ܠܡܠܟܐ ܕܝܩܢܥܡ ܕܟܪܡܠܐ
※ܚܕ⸔. [23] ܠܡܠܟܐ *ܕܕܘܪ ܕܢܦܬܕܘܪ ※ܚܕ⸔. ܠܡܠܟܐ ܕܓܘܝܡ †ܕܓܠܓܠ ※ܚܕ⸔. [24] ܠܡܠܟܐ
ܕܬܪܨܐ ※ܚܕ⸔: ܟܠܗܘܢ ÷ ܥܣܪܝܢ ܘܚܕ⸔ ܡܠܟܐ ܠܡܢܝܢܐ ܘܚܕ:
ܡܠܟܝܢ ܟܐ:

13 [1] ܘܝܫܘܥ ܩܫܝܫ ܘܥܐܠ ܒܝܘܡܬܐ. ܘܐܡܪ ܡܪܝܐ ܠܘܬ ܝܫܘܥ. ܐܢܬ ※ܩܫܝܫܬ⸔ ÷ ܘܥ⸔ ܒܝܘܡܬܐ. ܘܐܪܥܐ ܫܒܝܩܐ ܣܓܝܐܐ ※ܠܗ̇⸔ ܠܡܐܪܬܗ̇: [2] ܘܗܕܐ ܗܝ | ܐܪܥܐ ܗܝ 136[2]
ܕܫܒܝܩܐ: ※ܬܚܘܡܝ̈⸔ ܦܠܫܛܝܐ ܘܓܫܘܪܝ ÷ ܘܟܢܥܢܝܐ ܘ※ܓܕܘܪ⸔ ÷ ܘܡܥܟܬܝܐ⸔. [3] ܡܢ ܠܐ ܡܬܥܡܪܢܐ ܕܠܘܩܒܠ
ܐܦܝ̈ ܡܨܪܝܢ ܥܕܡܐ ܠܬܚܘܡܐ ܕܥܩܪܘܢ ܡܢ ܣܡܠܐ ܕܟܢܥܢܝܐ ܡܬܚܫܒܐ ܠܚܡܫ ܫܠܝܛܘ̈ܬܐ ܕܦܠܫܬܝܐ..
ܠܥܙܝܐ °ܘܠܐܫܕܘܕܝܐ ܘܠܐܫܩܠܘܢܝܐ ܘܠܓܬܝܐ ܘܠܥܩܪܘܢܝܐ ܘܠܥܘܝܐ [4] ܡܢ *ܬܝܡܢ. ÷ ܘ⸔ ܟܠܗ̇
ܐܪܥܐ ܕܟܢܥܢ †ܡܢ ܥܙܐ. ܘܡܥܪܐ ܕܠܘܩܒܠ ܨܝܕܘܢ.. ܥܕܡܐ ܠܬܚܘܡܐ ܕܐܡܘܪܝܐ. [5] ܘ÷ ܟܠܗ̇⸔
ܐܪܥܐ ܕܓܒܠܝܐ ÷ ܘܟܠܗ⸔ *ܠܒܢܢ ܡܢ ܡܕܢܚ ܫܡܫܐ ܡܢ ܓܠܓܠ ܕܬܚܘܬ ܛܘܪܐ ܕܚܪܡܘܢ
ܥܕܡܐ ܠܡܥܠܢܐ ܕܚܡܬ. [6] ܟܠ ܕܥܡܪ ܒܛܘܪܐ ܡܢ ܠܒܢܢ ܥܕܡܐ ܠܡܣܪܦܘܬ °ܡܝܐ ܟܠܗܘܢ
ܨܝܕܘܢܝܐ: ܐܢܐ ܐܘܒܕ ܐܢܘܢ ܡܢ ܩܕܡ ܐܦܝ̈ ※ܒܢܝ̈⸔ ܐܝܣܪܝܠ: ܐܠܐ ܦܠܘܓܝܗ̇ ܠܐܝܣܪܝܠ ܒܝܪܬܘܬܐ ܐܝܟ ܡܐ
ܕܦܩܕܬܟ: [7] ܘܗܫܐ ܦܠܘܓܝܗ̇ ܠܐܪܥܐ | ܗܕܐ ܒܝܪܬܘܬܐ ܠܬܫܥܐ ܫܒܛܝ̈ܢ ܘܠܦܠܓܗ ܕܫܒܛܐ ܕܡܢܫܐ: 137[1]
[8] ÷ ܡܢ ܝܘܪܕܢܢ ܥܕܡܐ ܠܝܡܐ ܪܒܐ ܡܢ ܡܕܢܚ ܫܡܫܐ ܬܬܠ ܐܢܘܢ: ܝܡܐ ܪܒܐ ܢܬܚܡ÷:

7 ܕܢܦܬܕܘܪ transscripsi

7 indice ad ܫܒܛܐ adposito ܐܝܟ ܡܢ ܦܠܓܘܬܗܘܢ ܕܝܗܒ

8 ܒܢܓܒ ܡܢ ܦܩܥܬܐ]. »pro, ναγὰβ, scribendum est, ναγὲβ, aut .... νεγὲβ« M

8 »monet... Syrus in nonnullis libris, post illud, τὸν Ιεβουσαῖον, adscriptum fuisse καὶ τὸν Γηργασσαῖον« M

9 »monuisse satis sit, suggeri in mixta editione, post singulos reges ipsum numerum ※ἕνα⸔, per asteriscum« M

13 seqq »pro Γαδὲρ [14] scribatur Ἀρὰδ, aut Ἀρὲδ. et pro ἀπφοῦ [17], Ταπφοῦ. pro ὀφὲρ [17], ἐφὲρ. pro χεσαρώμ [18 ܠܫܪܘܢ B], λεσαρώμ. Et deinceps sic collocentur, μαρὼν; pro quo est apud Complutenses, μαδὼν, idque Hebraeum exprimit. Ἀσὼρ, Σομρὼν Μαδὼν, Ἀχσάφ, Θαανάχ. et deinde vt habentur in vulgatis libris. nisi quòd pro γερμὲλ, scribi debet, χερμὲλ. et pro Ἀδὼρ, Δὼρ« M. ⸔ prior ex M

16 ܕܡܩܕ . B

17 20 ⸔ alter deest in B

18 ܠܫܪܘܢ B. vide quae ad 13 adscripsi

19 ܕܡܪܘܢ B

20 ܘܡܪܘܢ vocis ܕܡܪܘܢ pr m in liturâ B. ※ non ante ܚܕ, sed ante ܕܡܪܘܢ

21 ⸔ prior deest in B

22 ܕܝܩܢܥܡ B[1], ܕܝܩܢܥܡܡ B[2] pr m

23 ܡܢ ܕܕܘܪ: ܚܕ

23 ܕܓܠܓܠ ܡܢ]

24 ÷ ܘܚܕ⸔ — M: signa non habet B

1 ※ܩܫܝܫܬ⸔ ܘܥܐܠܬ B: edidi ex M

2 ܘܟܠܗ̇ ܓܠܝܠܐ ܕܦܠܫܬܝܐ ܡܢ]

2 ※ܓܕܘܪ⸔ ego, ※ܓܕܘܪ⸔ BM

2 ܓܫܘܪ B

2 ÷ ܘܡܥܟܬܝܐ ÷ B: edidi ex M

3 ܘܠܐܫܕܘܕܝܐ B

4 ܡܢ ܬܝܡܢܐ ܟܠܗ̇ ܐܪܥܐ

4 ܟܠܗ̇ ⸔ ܘ — M: signa non habet B. »mox expungendum est ... ἐναντίον« M

4 ܠܥܕܡܐ ܗܝ ܕܐܦܝ̈ ܨܝܕܘܢ]

5 ܟܠܗ̇ ⸔ ܘ — B: edidi ex M

5 »pro Γαμβλὶ, rectius scribas Γαβλὶ, aut, vt legit Syrus, Γαβηλί« M

5 ܟܠܗ ܡܢ ܠܒܢܢ]

5 elementum tertium vocis ܕܚܪܡܘܢ puncto caret in B

5 »cum rectè est in libris vulgatis, καὶ πάντα τὸν λίβανον, legit Syrus, et habent Complutenses κατὰ πάντα τὸν λίβανον« M

5 »pro Γαλγὰλ, debet reponi, Βαλγὰδ« M

6 »scribe verbis traiectis, ἐγὼ ἐξολοθρεύσω αὐτούς« M

6 »scribe, τῷ ἰσραὴλ ἐν κλήρῳ« M

8 ÷ et ⸔ adposui ex Masio. B ÷ praeposuit versibus ultimis a ܥܡ et

[Syriac text]
[Syriac text]
[Syriac text] [9] [Syriac text]
[Syriac text] [10] [Syriac text]
[Syriac text]
[11] [Syriac text]
137[2] [Syriac text] [12] [Syriac text]
[Syriac text]
[13] [Syriac text]
[Syriac text] [14] [Syriac text]
[Syriac text]
[Syriac text]
[Syriac text] [15] [Syriac text]
[16] [Syriac text]
138[1] [Syriac text] [17] [Syriac text]
[Syriac text] [18] [Syriac text]
[19] [Syriac text] [20] [Syriac text]
[Syriac text] [21] [Syriac text]
[Syriac text]
[Syriac text] [22] [Syriac text]

[Syriac] et [Syriac] incipientibus, praeterea ÷ habet ante [Syriac] utrumque in versibus mediis occurrens: ✓ habet post [Syriac] et post [Syriac] et post [Syriac]: post [Syriac] cruciculam exhibet quatuor punctis ornatam. numerum [Syriac] adscripsit versui in [Syriac] finienti

8 [Syriac] ※ B

9ᵐ [Syriac] B

9 [Syriac] B

9 ex B [Syriac] transscripsi

9 [Syriac] |

9 ultima vocis [Syriac] littera in B punctum habet et supernum et infernum

9 »pro μαδαβὰν, scribe μεδαβὰ« M

10 signa ex M: quae non habet B

11 [Syriac] Bᵐ, quae adnotatio ad exordium commatis decimi adscripta est. »pro μαγαθὶ, scribi debet, μαχαθί. Syrus legit hic articulum gignendi casu, τῶν μαχαθὶ« M

11 »scribe ἕως Σελχὰ« M

12 in [Syriac] B littera quarta punctum habet et supernum et infernum

12 [Syriac] ※ B: edidi ex M

12 [Syriac], ubi [Syriac] vocis [Syriac] puncto caret

12 »cùm dicitur, καὶ ἐπάταξεν αὐτὸν, debet hoc pronomen habere adscriptum asteriscum« M

12 »verbo, ἐξωλόθρευσεν, adscribendum est alterum pronomen, αὐτὸν« M

13 [Syriac] ÷ etiam M, qui »equidem malim« ait »abesse copulam, si mihi assentirentur exemplaria«

13 indice non adposito [Syriac] | [Syriac]

14 »male scripserunt Complutenses, ἔδωκεν, pro ἐδόθη« M

14 signa in ✓ κύριος ÷ ex M sumpsi

14 obelos sumpsi ex M. nam ÷ [Syriac] ÷ ÷ ÷ B: obeliscum quater repetere debebat B, repetivit semel.

15 ✓ omisit B: utrumque signum testatur M

16 »scribendum est hac verborum collocatione, καὶ ἐγενήθη τὰ ὅρια αὐτῶν ἀπὸ« M

16 »dicendum est, καὶ ἡ πόλις ἡ ἐν τῇ, addito altero articulo« M

16 [Syriac] ÷ M: signa non habet B

16 [Syriac]

16 »post nomen, μισὼρ, suggerit mixta editio, ※ κατὰ μεδαβὰ ✓. Sic enim scribendum est; etsi tum Syrus, tum Complutenses ... legerint, καὶ μεδαβὰ« M

16 [Syriac] ÷ M: signa non habet B. Masium in edendo sequutus non sum

17 »monet Syrus, in quibusdam libris scriptum esse, καὶ πάσας τὰς πόλεις αὐτῶν τὰς οὔσας ... et hanc scripturam secuti sunt Complutenses« M

17 [Syriac] ÷ M: signa non habet B. B super litterâ secundâ nominis [Syriac] punctum ponit: M hoc punctum non invenit, qui »pro Δαιβὼν, scribe Δεβὼν, aut Διβὼν«

17 »pro βελμὼν, scribe βεελμὼν, aut potius βεελμεὼν« M

19 [Syriac] B (punctum super [Syriac])

19 »pro Σιὼρ, scribe Σαεὶρ, vt legit Syrus; et praecedentem copulam . . iugulato veru« M. quam non iugulavit B

19 »pro αἰνὰχ, reponendum est Αἰμὰχ« M

20 indice ad [Syriac] adposito, | [Syriac]

20 »pro βεθσιμοὺθ, rursus [12₃] legit Syrus βηθασιμὼθ« M

21 [Syriac] |

21 [Syriac] ÷ M: signa non habet B

21 »pro Ρεβὲχ, habent boni libri, Ροβὲ [= [Syriac]]« M

ܩܘܣܡܐ. ܩܛܠܘܗܝ ※ ܒܢ̈ܝ ܕܐܝܣܪܝܠ ܒܣܝܦܐ ܠ ܒܦܪܥܐ : ²³ ܘܗܘܘ ܕܝܢ ܬܚܘܡܐ ※ ܕܒܢ̈ܝ ܠ ܕܪܘܒܝܠ :
ܝܘܪܕܢܢ ܘܬܚܘܡܗ: ܗܕܐ ܗܝ ܝܪܬܘܬܐ ܕܒܢ̈ܝ ܪܘܒܝܠ. ܐܝܟ ܫܪ̈ܒܬܐ | ܕܝܠܗܘܢ. ܩܘܪ̈ܝܐ ܘܦܨ̈ܝܐ ܕܝܠܗܘܢ ÷ 138²
²⁴ ܝܗܒ ܕܝܢ ܡܘܫܐ ܠܫܒܛܐ ܕܓܕ ܐܝܟ ܫܪ̈ܒܬܐ ܕܝܠܗܘܢ: ²⁵ ܘܗܘܘ ܬܚܘܡܐ ܕܝܠܗܘܢ ܝܥܙܝܪ. ܘܟܠܗܝܢ ܩܘ
ܩܘܪ̈ܝܐ ܕܓܠܥܕ ܘܦܠܓܗ ܕܐܪܥܐ ܕܒܢ̈ܝ ܥܡܘܢ ܥܕܡܐ ܠܥܪܘܥܝܪ ܗܝ ܕܐܝܬܝܗ ܠܘܩܒܠ ܦܪܘܩܐ
ܪܒܐ . ²⁶ ܘܡܢ ܚܫܒܘܢ ܥܕܡܐ ܠܪܡܬܐ *ܕܡܨܦܝܐ ܘܒܛܢܝܡ ܘܡܚܢܝܡ ܥܕܡܐ ܠܬܚܘܡܐ ܕܕܒܝܪ
²⁷ ※ܘܒܥܘܡܩܐ ܘܒܝܬ ܐܪܡ ܘܒܝܬ ܢܡܪܐ ܘܣܘܟܘܬ °ܘܨܦܘܢ ܘܫܪܟܐ ܕܡܠܟܘܬܗ ܕܣܝܚܘܢ ܡܠܟܐ ܕܚܫܒܘܢ.
ܘܝܘܪܕܢܢ ܡܬܚܡ ܥܕܡܐ ܠܡܢܬܐ ܕܝܡܐ ܕܟܢܪܬ ܒܥܒܪܐ ܕܝܘܪܕܢܢ ܡܢ ܡܕܢܚܐ : ²⁸ ܗܕܐ ܗܝ ܝܪܬܘܬܐ
ܕܒ̈ܢܝ ܓܕ ܐܝܟ ܫܪ̈ܒܬܐ ܕܝܠܗܘܢ ܘܐܝܟ *ܩܘܪ̈ܝܐ ÷ ܕܝܠܗܘܢ ܠ ܘܦܨ̈ܝܐ ܕܝܠܗܘܢ ÷ ²⁹ ܘܝܗܒ ܡܘܫܐ
ܠܦܠܓܗ ܕܫܒܛܐ ܕܡܢܫܐ ※ ܘܗܘܐ ܠܦܠܓܗ ܕܫܒܛܐ ܕܒ̈ܢܝ ܡܢܫܐ ܠ ܐܝܟ ܫܪ̈ܒܬܐ ܕܝܠܗܘܢ:
³⁰ ܘܗܘܐ | ܬܚܘܡܗܘܢ ܡܢ ܡܚܢܝܡ ܘܟܠܗ ܡܠܟܘܬܐ ܕܡܬܢܢ ܘܟܠܗ ܡܠܟܘܬܐ ܕܥܘܓ ܡܠܟܐ ܕܡܬܢܢ: 139¹
ܘܟܠܗܝܢ ܡܫܪ̈ܝܬܐ ܕܝܐܝܪ ܗܠܝܢ ܕܐܝܬܝܗܝܢ ܒܡܬܢܢ. ܫܬܝܢ ܩܘܪ̈ܝܢ. ³¹ ܘܦܠܓܗ ܕܓܠܥܕ.
ܘܥܫܬܪܘܬ ܘܐܕܪܥܝ ܩܘܪ̈ܝܐ ܕܡܠܟܘܬܗ ܕܥܘܓ ܒܡܬܢܢ : ÷ ܐܬܝܗܒܝ ܠ ܠܒ̈ܢܝ ܡܟܝܪ ܒܪܗ
ܕܡܢܫܐ ÷ ܘܠܦܠܓܗܘܢ ܕܒ̈ܢܝܗܘܢ ܕܡܟܝܪ ܒܪܗ ܕܡܢܫܐ ܐܝܟ ܫܪ̈ܒܬܐ ܕܝܠܗܘܢ ÷ ³² ܗܠܝܢ ܐܢܘܢ
ܗܢܘܢ ܕܐܘܪܬ ܐܢܘܢ ܡܘܫܐ ܒܥܪ̈ܒܬܐ ܕܡܘܐܒ ܒܥܒܪܐ ܕܝܘܪܕܢܢ ܠܘܩܒܠ ܐܝܪܝܚܘ
ܡܢ ܡܕܢܚܐ ÷
³³ ※ ܘܠܫܒܛܐ ܕܠܘܝ ܠܐ ܝܗܒ ܡܘܫܐ ܝܪܬܘܬܐ. ܡܪܝܐ ܐܠܗܐ ܕܐܝܣܪܝܠ. ܗܘܝܘ ܝܪܬܘܬܐ ܕܝܠܗܘܢ ܠ
※ ܐܝܟ ܡܐ ܕܡܠܠ ܠܗܘܢ ܠ ÷
¹ ܘܗܠܝܢ ܐܢܘܢ ܗܢܘܢ ܕܝܪܬܘ ܒ̈ܢܝ ܕܐܝܣܪܝܠ ܒܐܪܥܐ ܕܟܢܥܢ. ܗܠܝܢ ܕܐܘܪܬ ܐܢܘܢ ܠܐ 14
ܟܗܢܐ ܘܝܫܘܥ ܒܪ ܢܘܢ ܘܪ̈ܫܐ ܕܐܒ̈ܗܬܐ ܕܫܒ̈ܛܐ ܕܒ̈ܢܝ ܐܝܣܪܝܠ : ² ܐܝܟ ܦܣܐ ܝܪܬܘ. 139²
ܐܝܟ ܡܐ ܕܦܩܕ ܡܪܝܐ ܒܐܝܕ° ܕܢܬܠ ܠܬܫܥܐ ܫܒ̈ܛܝܢ ܘܠܦܠܓܗ ܕܫܒܛܐ. ³ ܝܗܒ ܓܝܪ ܡܘܫܐ
ܝܪܬܘܬܐ ܠܬܪ̈ܝܢ ܫܒ̈ܛܝܢ ※ ܘܠܦܠܓܗ ܕܫܒܛܐ ܠ ܡܢ ܥܒܪܐ ܕܝܘܪܕܢܢ: ܘܠܠܘܝ̈ܐ ܠܐ ܝܗܒ ܦܠܓܐ ܒܗܘܢ.
⁴ ܡܛܠ ܕܐܝܬܝܗܘܢ ܗܘܘ ܒ̈ܢܝ ܕܝܘܣܦ ܬܪ̈ܝܢ ܫܒ̈ܛܝܢ .. ܡܢܫܐ ܘܐܦܪܝܡ .. ܘܠܐ ܐܬܝܗܒ ܡܢܬܐ ܠܠܘܝ̈ܐ
ܒܐܪܥܐ. ܐܠܐ ܐܢ ܩܘܪ̈ܝܐ ܠܡܥܡܪ. *ܘܗܠܝܢ ܕܦܪܝܫܢ ܕܝܠܗܘܢ ܠܒܥܝܪܐ ※ ܕܝܠܗܘܢ ܠ ܘܠܩܢܝܢܗܘܢ:
⁵ ܐܝܟ ܡܐ ܕܦܩܕ ܡܪܝܐ ܠܡܘܫܐ. ܗܟܢܐ ܥܒܕܘ ܒ̈ܢܝ ܕܐܝܣܪܝܠ. ܘܦܠܓܘܗ ܠܐܪܥܐ:

22 »Scribe numero plurium, ἀπέκτειναν« M

22 in medio versu ※ repetivit B ante ܒܣܝܦܐ, ܠ omisit. edidi ex M

23 altero loco ※ ܕܒܢ̈ܝ ܠ ܕܪܘܒܝܠ B, qui deinceps addit ܝܘܪܕܢܢ ܬܚܘܡܗ ܘܗܘܐ ܗܝ ܝܪܬܘܬܐ ܕܒܢ̈ܝ ܪܘܒܝܠ. M ut edidi

23 »αἱ πόλεις, adde Pronomen ÷ αὐτῶν ↙« M

25 ultima vocis ܝܥܙܝܪ littera in B punctum habet et supernum et infernum

25 »scribe addito articulo et copula, καὶ πᾶσαι αἱ πόλεις Γαλαάδ. et mox, καὶ τὸ ἥμισυ« M

25 . ܦܪܘܩܐ B

26 ܡܢ ܪܡܬܐ |

27 ܡܢ ܒܥܘܡܩܐ |. »pro ἐνσμὲκ, scribendum est Ενεμὲκ, ... aut ... ἐν Εμὲκ ... aut denique καὶ Εμὲκ, vt legit Syrus .... Est autem Εμὲκ Hebraeis vallis, aut planities. et sic reddidit hunc locum Aquilas, atque Symmachus, et etiam Latinus« M

28 »pro, καὶ κατὰ πόλεις, scribe, αἱ πόλεις ÷ αὐτῶν ↙« M. signa in B non adsunt. ܡܢ ܩܘܪ̈ܝܐ ܕܝܠܗܘܢ

29 ※ ܘܗܘܐ ܕܫܒܛܐ ※ B. M ut edidi

30 ܬܚܘܡܗܘܢ B

30 »cùm dicitur, καὶ πᾶσα βασιλεία βασὰν, καὶ πᾶσα, debent tum vtraque copula, tum Nomen hoc βασιλεία, positum priore loco, confodi obeliscis« M

31 »scribe ἐδραεὶ, absque litera Νι. Expunge etiam Praepositionem vtroque loco, cùm dicitur ἐν ἀσταρὼθ, et ἐν ἐδραεὶ« M

31 ÷ ܐܬܝܗܒܝ ܠ ex Syro Masii: signa non habet B

31 »scribito ÷ καὶ ↙ [signa non habet B] τοῖς ἡμίσεσιν υἱῶν μαχείρ υἱοῦ μανασσῆ, κατὰ δήμους &c. sic enim est in emendatissimis libris« M

32 variat B in scribendo ܥܪ̈ܒܬܐ

32 »illud, ἐν τῷ πέραν τοῦ ἰορδάνου, collocandum est post nomen, μωάβ« M

33 ex B ※ ܕܡܠܠ transscripsi

1 »pro οὓς, scribe οἵ. et pro φυλῆς, φυλῶν« M

2 »scribe ἐκληρονόμησαν, vlterius autem expungendum est .... μανασσῆ« M

3 M [contra vulgatos libros] = B

3 ܥܒܪܐ habet ; puncto carentem et ܒ vocali nestoriano *a* insignitam

4 »cùm dicitur, καὶ μανασσῆ, auferatur copula« M

4 »scribe mutato verborum ordine, τοῖς λευίταις ἐν τῇ γῇ« M

4 ܡܢ ܩܘܪ̈ܝܐ ܠܡܥܡܪ ܕܝܠܗܘܢ. »Cùm ..... hic Complutenses dicunt, προάστεια αὐτῶν, Symmachi interpretationem sequuntur. Sic enim dixisse Symmachum monet Syrus« M

4 »scribatur ἀφωρισμένα αὐτῶν« M

4 »scribe ... τοῖς κτήνεσιν ※ αὐτῶν ↙, καὶ τὰ κτήνη αὐτῶν« M

[illegible] [6] [illegible]
140¹ [illegible]
[illegible] [7] [illegible]
[illegible] [8] [illegible]
[illegible] [9] [illegible]
[illegible]
[illegible] [10] [illegible]
[illegible]
[illegible] [11] [illegible]
140² [illegible] [12] [illegible]
[illegible]
[illegible]
[illegible] [13] [illegible]
[illegible] [14] [illegible]
[illegible]
[illegible] [15] [illegible]
[illegible]
15 141¹ [1] [illegible]
[illegible] [2] [illegible]
[illegible] [3] [illegible]
[illegible]
[4] [illegible]
[illegible] [5] [illegible]

6 [illegible] B
6 »scribe, κενεζαῖος, omisso articulo« M
6 [illegible] B, confer [illegible]. servabo [illegible] quotienscumque occurrit
7 [illegible]
7 [illegible] in B^m fere evanidum
7 [illegible] »est in Vaticano, ἀπεκρίθη αὐτῷ λόγον. sed eam interpretationem adscribit Syrus Aquilae, et Symmacho. ipse verò eam sequitur, tamquam quae sit ipsorum LXXII. propria; quam vulgati libri habent. Vlterius autem scribendum est, κατὰ τὸν νοῦν αὐτοῦ« M
8 »οἱ δὲ ἀδελφοί μου« M
8 »copula, cùm dicitur, καὶ μετέστησαν, expungenda ... est« M
8 »pro διάνοιαν, habet Vaticanus, καρδίαν. Sed certum est in aliis atque aliis prouinciis, immò etiam codicibus, diuersas multorum locorum scripturas fuisse. est enim diuo Hieronymo adiungenda fides. et Vaticanus liber multa recepit, quae ab Aquila aut Symmacho, quàm à LXXII. melius dicta esse videbantur« M
9 »In extremo notat Syrus, esse in nonnullis libris, θεοῦ σου« M
10 »initio [tene hoc], suggeritur per asteriscum excitandi particula, ἰδοὺ, hoc modo, καὶ νῦν ※ ἰδοὺ ✓ διέθρεψε« M. quum [illegible] hoc loco non habeat B
10 [illegible] et [illegible] B, vide 6^m? 13₃ [illegible]
10 [illegible] ※ M: signa non habet B
12 [illegible] M, [illegible] B
12 »scribe, μεγάλαι καὶ ὀχυραί, traiectis ... verbis .... Et deinde, ἡ [sic] κύριος μετ' ἐμοῦ« M
12^m [illegible] B
13 [illegible] M, »vt habet Vaticanus, et legit Syrus«. [illegible] B
14 »scribe, mutato casu, et omisso articulo, κενεζαίῳ« M
15 »τῆς χεβρὼν« M. τὴν in b post χεβρὼν sequens non habuit M
15 [illegible]
[illegible]. »pro Αρβὸ, habent Complutenses rectè, Αρβαὶ. Nam sic etiam Syrus legit. qui interim monet, in quibusdam libris esse Αρβὸκ« M
1 [illegible] ※ M: ✓ non habet B
1 »In fine illa verba, πρὸς νότον, expungenda sunt. Nam pro iis dixerunt LXXII. ἕως κάδης« M
2 indice ad [illegible] adposito [illegible]
2 »pro ἐπὶ νότον, scribe, ἐπὶ λίβα« M
3 »scribe, προσαναβάσεως, continua dictione. Ibidem, pro σενὰ, scribe εἰς Σίν. Mox vbi est, ἀπὸ νότου ἐπὶ λιβὸς, ἐπὶ κάδης, scribe, ἀπὸ λιβὸς, ἐπὶ κάδης. cetera verò expungito. Vlterius, illa verba, καὶ ἐκπεριπορεύεται τὴν κατὰ δυσμὰς κάδης, omittit Syrus .... εἰς καρκὲ, vt legit Syrus .... Symmachus, pro καρκὲ, dixit γῆν« M
3 [illegible] B
3 [illegible]
4 [illegible]
5 [illegible] M: ✓ non habet B

ܒܝܡܐ *ܥܕ※ ܡܢܬܐ ܕܝܘܪܕܢܢ܀ ܘܬܚܘܡܐ ÷ܕܝܠܗܘܢ↙ ܥܠ ܓܪܒܝܐ ÷ܐܦ↙ ܡܢ ܠܫܢܐ ܕܝܡܐ ÷ܘܡܢ
141² ܡܢܬܐ ܕܝܘܪܕܢܢ܀ ⁶ܘܣܠܩ ܬܚܘܡܐ | ܥܠ ܒܝܬ ܚܓܠܐ. ܘܥܒܪ ܡܢ ܓܪܒܝܐ ܥܠ °ܒܝܬ ܥܪܒܐ.
ܘܣܠܩ ܬܚܘܡܐ ܥܠ ܟܐܦܐ ܕܒܘܗܢ ܒܪܗ ܕܪܘܒܝܠ. ⁷ܘܣܠܩ ܬܚܘܡܐ ܥܠ ܚܕ ܡܢ ܐܪ̈ܒܥܐ ܕܢܚܠܐ
ܕܥܟܘܪ. ܘ※ܠܡܕܢܚܐ ܓܪܒܝܐ↙ ܢܚܬ ܥܠ ܓܠܓܠܐ ܗܝ ܕܐܝܬܝܗ ܠܘܩܒܠ ܡܣܩܬܐ ܕܐܕܘܡܝܢ. ܗܝ
ܕܐܝܬܝܗ ܡܢ ܬܝܡܢܐ *ܕܢܚܠܐ. ܘܢܦܩ ※ ܬܚܘܡܐ↙ ܥܠ ܡ̈ܝܐ ܕܥܝܢܐ †ܕܫܡܫܐ. ܘܗܘܘ ܡ̈ܦܩܢܐ ܕܝܠܗ
ܥܝܢܐ ܕܪܘܓܠ. ⁸ܘܣܠܩ ܬܚܘܡܐ ܓܝܐ ※ܕܒܪܗ↙ ܕܗܢܘܡ ܥܠ ܟܬܦܐ ܕܝܒܘܣ ܡܢ ܬܝܡܢܐ (ܗܕܐ
ܐܝܬܝܗ ܐܘܪܫܠܡ). ܘܢܦܩ ܬܚܘܡܐ ܥܠ ܪ̈ܝܫܬܐ ܕܛܘܪܐ ܗܝ ܕܐܝܬܝܗ ܠܘܩܒܠ ܦܪܨܘܦܐ ܕܢܚܠܐ
ܕܗܢܘܡ ܠܘܬ ܝܡܐ. ܗܝ ܕܐܝܬܝܗ ܡܢ ܣܛܪ ܐܪܥܐ ܕܪ̈ܦܐܝܢ ܠܓܪܒܝܐ. ⁹ܘܢܦܩ ܬܚܘܡܐ ܡܢ ܪ̈ܝܫܬܗ
142¹ ܕܛܘܪܐ ܥܠ ܡܥܝܢܐ | ܕܡ̈ܝܐ ܕܢܦܬܘܚ. ܘܢܦܩ ※ܥܠ ܩܘܪ̈ܝܐ↙ ܕܛܘܪܐ ܕܥܦܪܘܢ. ܘܐܙܠ ܬܚܘܡܐ
ܠܒܥܠܐ (ܗܕܐ ܐܝܬܝܗ ܡܕܝܢܬܐ ܕܝܥܪܝܢ). ¹⁰ܘܡܬܟܪܟ ܬܚܘܡܐ ܡܢ ܒܥܠܐ ܥܠ ܝܡܐ ÷ܘܥܒܪ↙
ܠܛܘܪܐ ܕܣܥܝܪ. ܘܥܒܪ *ܥܠ ܟܬܦܐ ܕܡܕܝܢܬܐ ܕܝܥܪܝܢ ܡܢ ܓܪܒܝܐ (ܗܕܐ ܐܝܬܝܗ ܟܣܠܘܢ). ܘܢܚܬ
ܥܠ ܡܕܝܢܬܐ †ܕܫܡܫܐ. ܘܥܒܪ ܥܠ ܬܝܡܢܐ. ¹¹ܘܢܦܩ※ ܬܚܘܡܐ ܥܠ ܟܬܦܐ ܕܥܩܪܘܢ ܠܓܪܒܝܐ.
ܘܢܦܩ ܬܚܘܡܐ ܠܥܩܪܘܢ. ܘܥܒܪ ܠܛܘܪܐ ܕܒܥܠܐ. ܘܢܦܩ ܥܠ ܝܒܢܐܝܠ. ܘܗܘܘ ܡ̈ܦܩܢܐ ܕܬܚܘܡܐ
ܥܠ ܝܡܐ. ¹²ܘܬܚܘܡܐ ܕܡܥܪܒܐ ܕܡܢ ܝܡܐ. ܝܡܐ ܪܒܐ ܡܬܚܘܡ܀ ܗܢܘܢ ܬܚܘܡܐ ܕܒ̈ܢܝܐ ܕܝܗܘܕܐ ܡܢ
ܚܘܕܪܝܗܘܢ ܐܝܟ ܫܪ̈ܒܬܐ ܕܒܢ̈ܝܗܘܢ܀ ¹³ܘܠܟܠܒ ܒܪܗ ܕܝܦܢܐ ܝܗܒ ܡܢܬܐ ܒܡܨܥܬܐ ܕܒ̈ܢܝܐ ܕܝܗܘܕܐ ܐܝܟ
142² ܦܘܩܕܢܗ ܕܡܪܝܐ. ÷ܘܝܗܒ ܠܗ ܝܫܘܥ ܡܕܝܢܬܐ *ܕܐܪܒܥ ܕܐܒܘܗܝ ܕܥܢܩ (ܗܕܐ ܐܝܬܝܗ ܚܒܪܘܢ):
¹⁴ܘܝܪܬ ܡܢ ܬܡܢ ܟܠܒ ÷ܒܪܗ ܕܝܦܢܐ↙ ܠܬܠܬܐ ܒ̈ܢܝܗܘܢ ܕܥܢܩ.. ܠܫܝܫܝ ܘܠܐܚܝܡܢ ܘܠܬܠܡܝ
※ܒ̈ܢܝ ܕܥܢܩ↙: ¹⁵ܘܣܠܩ ܡܢ ܬܡܢ ÷ܟܠܒ↙ ܠܘܬ ܥܡܘܪ̈ܐ ܕܕܒܝܪ (ܫܡܗ ܕܝܢ ܕܕܒܝܪ ܡܢ ܩܕܝܡ
※ܡܕܝܢܬܐ ܕܣ̈ܦܪܐ). ¹⁶ܘܐܡܪ ܟܠܒ. ܗܘ ܕܢܡܚܐ ܠܡܕܝܢܬܐ ܕܣ̈ܦܪܐ. ܘܢܟܒܫܝܗ ܠܗ.
ܐܬܠ ܠܗ ܠܥܟܣܐ ܒܪܬܝ ܠܐܢܬܬܐ܀ ¹⁷ܘܟܒܫܗ ܠܥܬܢܐܝܠ ܒܪܗ ܕܩܢܙ ܐܚܘܗܝ ܕܟܠܒ ܗܘ

5 ܕܝܘܪܕܢܢ↙ ܡܢܬܐ※ B: ἕως ※ μέρους↙ τοῦ ἰορδάνου M. ܕܝܡܐ ܡܢ B^m

5 ÷ܕܝܠܗܘܢ↙ M: signa non habet B

5 ÷ܘܡܢ↙ M: non habet signa B

6 ܕ vocis ܕܥܒܪ pr m puncto suo privata est in B

6 »pro βαιθαρὰ, scribe, βηθαραβὰ. Symmachus hoc proprium loci nomen interpretatus, dixit, ἐν τοῖς πεδίοις« M. intellegis quae adnotatio esse deberit in B

6 fin + ܘܣܠܩ ܬܚܘܡܐ ܥܠ ܟܐܦܐ ܕܒܘܗܢ ܒܪܗ ܕܪܘܒܝܠ↙ B. »λίθων βαιὼρ, scribe . . . λίθον βαιὼν« M

7 »pro, ἐπὶ δαβηρὰ τῆς φάραγγος, est in bonis libris, ἐπὶ τὸ τέταρτον τῆς φάραγγος: atque ita Syrus locum istum reddidit« M

7 ※ܘܠܡܕܢܚܐ ܓܪܒܝܐ↙ B

7 »pro, προσβάσεως, scribe προσαναβάσεως. et pro ὀδδαμὶν, ἀδωμὶμ . . . . pro, κατὰ νότον, repone, κατὰ λίβα« M

7 ܕܐܕܘܡܝܢ]

7 ܡܢ ܬܝܡܢܐ

8 »pro, ἐπὶ νότου, scribe, ἐπὶ νῶτον« M [= ܥܠ ܚܨܐ]

8 »pro, ἐννὸν, scribe, ἐννὲμ« M

9 »scribe, ἀπὸ κορυφῆς« M

9 »in mixta editione, suggestis verbis, quae praeterita fuerant, ... καὶ διεκβάλλει ※ ἐπὶ κώμας↙ ὄρους ἐφρών. Apud Complutenses tamen, Verbum est futuri temporis, διεκβαλεῖ« M

9 ܕܛܘܪܐ ↙ܩܘܪ̈ܝܐ M?B

10 ÷ܘܥܒܪ↙ M, ※ܘܥܒܪ↙ B

10 »cùm dicitur . . . εἰς πόλιν Σηείρ . . . . pro πόλιν scribendum est, ὄρος« M

10 »scribe, ἐπὶ νῶτον πόλεως Ἰαρεὶμ, ἀπὸ βορρᾶς [sic]« M

10 indice ad ܚܨܐ adposito ܠܥܠ ܒܟܬܦܐ | ܕܛܘܪܐ ܕܝܥܪܝܢ

10 indice ad ܡܕܝܢܬܐ adposito ܡܢ ܕܒܝܬ ܫܡܫ

10 »extremo, pro, ἐπὶ νότον, scribe, ἐπὶ λίβα« M

11 in margine inferiori ܘܡܬܟܪܟܐ ܗܘܐ | ܛܘܪܐ ܥܠ ܟܬܦܐ ܕܥܩܪܘܢ ܠܓܪܒܝܐ ܘܥܒܪ ܗܘܐ | ܛܘܪܐ ܠܥܩܪܘܢ, ubi corrige ܠܥܩܪܘܢ

11 »repone, κατὰ νῶτον ἀκκαρὼν« M

11 »scribe, Σαχαρωνὰ, sublato κ« M

11 »dum est in vulgatis libris, ὅρος γῆς, scribe ὅρος τῆς« M

12 »legit Syrus, τὰ ὅρια τῶν ἀπὸ θαλάσσης« M

13 »scribe, Ἰεφοννὴ, ablata litera θ. atque ita inferius quoque« M

13 signa ex M: quae non habet B

13 ܡܕܝܢܬܐ ܐܡܐ ܕܐܢܩ B, indice ad ܕܐܒܘܗܝ adposito. »pro πατρὸς ἐνὰχ, habet Vaticanus, et Complutenses, μητρόπολιν ἐνὰχ. atque ea scriptura videtur etiam Origeni placuisse. illud tamen . . . . Syrus reddidit, alteram tamen scripturam per limniscum indicauit. sicut etiam Ἀρβὸκ esse in nonnullis libris, pro Ἀρβαὶ« M

14 ÷ܒܪܗ ܕܝܦܢܐ↙ M: signa non habet B

14 »scribe absque copula, τὸν Σησαΐ. Et mox . . . Ἀχιμὰν« M

15 ÷ܟܠܒ↙ M: signa non habet B

15 »sublato verbo ἦν [ante πόλις positum in Aldina], ... scribe mutato ordine, τὸ πρότερον πόλις γραμμάτων« M

15 indice ad ܕܕܒܝܪ adposito ܡܢ | ܩܪܝܬ ܣܦܪ

16 non convenire Syro cum Vaticano, ex M elucere videatur

16 ܠܗ [sine o] etiam M

16 »pro Ἀσχὰν, scribe Ἀχσὰν. et ita ubique« M

17 »ὁ ἀδελφὸς, articulus est expungendus« M

÷ܐܢ̈ܬܬܐ܂ ܘܝܗ̇ܒ ܠܗ ܠܥܟܣܐ ܒܪܬܗ ÷ܠܗ܀ ܐܢܬܬܐ: [18] ܘܗܘܐ ܕܟܕ ܢܦܩܐ ܗܘܬ܂
*ܘܡܦܝܣܐ ÷ܗܘܬ ܠܗ̇ ›ܠܐܒܘܗ̇ ܕܢܫܐܠ ܡܢ ܐܒܘܗ̇ ܚܩܠܐ‹: ܘܐܪܟܢܬ ܡܢ ܚܡܪܐ: ܘܐܡܪ ܠܗ̇
ܟܠܒ ›ܡܢܐ ܐܝܬ ܠܟܝ‹܂ [19] ܘܐܡܪܬ ÷ܠܗ܀ ›ܗܒ ܠܝ ܒܘܪܟܬܐ‹܆ ܡܛܠ ܕܠܐܪܥܐ ܕܬܝܡܢܐ
ܝܗܒܬܢܝ܂ ܗܒ ܠܝ ܓܒܘܠܝܐ ܕܡܝܐ‹: ܘܝܗܒ ܠܗ̇ ÷ܟܠܒ܀ *ܓܒܘܠܝܐ ܕܡܝܐ ܕܠܥܠ | ܘܓܒܘܠܝܐ 143[1]
ܕܠܬܚܬ܀ [20] ܗܕܐ ܗܝ ܝܪܬܘܬܐ ܕܫܒܛܐ ܕܒܢ̈ܝ ܝܗܘܕܐ ※ܐܝܟ ܫܪ̈ܒܬܗܘܢ ÷ܕܒܢ̈ܝ ܝܗܘܕܐ: [21] ܗܘܝ̈ ܕܝܢ
÷ܩܘܪ̈ܝܐ ܕܒܢ̈ܝ ܝܗܘܕܐ ܩܘܪ̈ܝܐ *ܠܘܬ ܫܪܒܬܐ ܕܒܢ̈ܝ ܝܗܘܕܐ ܥܠ ܬܚܘܡܐ ܕܐܕܘܡ ܡܢ ܡܕܒܪܐ:
ܠܬܝܡܢܐ ܩܒܨܐܝܠ ܘܥܕܪ ܘܝܓܘܪ܂ [22] ܘܩܝܢܐ ܘܕܝܡܘܢܐ ܘܥܕܥܕܐ [23] ܘܩܕܫ ܘܚܨܘܪ ܘܐܝܬܢ܂ [24] ܙܝܦ ܘܛܠܡܝܢ
ܘܒܥܠܘܬ [25] ܘܚܨܘܪ ܚܕܬܐ ܘܩܘܪܝܐ ܕܚܨܪܘܢ (ܗܕܐ ※ܐܝܬܝܗ̇܀ ܚܨܘܪ) [26] ܐܡܡ ܘܫܡܥ ܘܡܘܠܕܐ
[27] ÷ܘܚܨܪ ܓܕܐ܀ ܘܚܨܪ ܓܕܐ ܘܚܫܡܘܢ *ܘܒܝܬ ܦܠܛ [28] ܘܚܨܪ ܫܘܥܠ ܘܒܐܪ ܫܒܥ ܘܒܙܝܘܬܝܐ
[29] ܘܒܥܠܐ ܘܥܝܝܡ ܘܥܨܡ [30] ܘܐܠܬܘܠܕ *※ܘܟܣܝܠ܀ ܘܚܪܡܐ [31] ܘܨܩܠܓ *ܘܡܕܡܢܐ ܘܣܢܣܢܐ
[32] ܘܠܒܐܘܬ ܘܫܠܚܝܢ ܘܥܝܢ ܘܪܡܘܢ܂ ܟܠܗܝܢ ܩܘܪ̈ܝܐ ܥܣܪܝܢ ܘܬܫܥ܂ ܘܚܨ̈ܪܝܗܝܢ ܕܝܠܗܝܢ:
[33] ܒܫܦܠܬܐ܆ ܐܫܬܐܘܠ ܘܨܪܥܐ ܘܐܫܢܐ [34] ܘܙܢܘܚ ܘܥܝܢܓܢܝܡ ܘܬܦܘܚ ܘܥܝܢܡ [35] ܘܝܪܡܘܬ ܘܥܕܘܠܡ
143[2] | ܘܣܘܟܘ ܘܥܙܩܐ [36] ܘܫܥܪܝܡ ܘܥܕܬܐܝܡ ܘܓܕܪܐ ܘܓܕܪܬܝܡ܂ ܩܘܪ̈ܝܐ ܐܪܒܥܣܪܐ ܘܚܨ̈ܪܝܗܝܢ
ܕܝܠܗܝܢ: [37] ܨܢܢ ܘܚܕܫܐ ܘܡܓܕܠܓܕ [38] ܘܕܠܥܢ ܘܡܨܦܐ ܘܝܩܬܐܝܠ [39] ܘܠܟܝܫ ܘܒܨܩܬ
ܘܥܓܠܘܢ [40] ܘܟܒܒܘܢ ܘܠܚܡܣ ܘܟܬܠܝܫ [41] ܘܓܕܪܘܬ ܘܒܝܬ ܕܓܘܢ ܘܢܥܡܐ ܘܡܩܝܕܐ܂ ܩܘܪ̈ܝܐ
ܫܬܬܥܣܪܐ ܘܚܨ̈ܪܝܗܝܢ ܕܝܠܗܝܢ: [42] ܠܒܢܐ ܘܥܬܪ ܘܥܫܢ [43] ܘܝܦܬܚ ܘܐܫܢܐ ܘܢܨܝܒ [44] ܘܩܥܝܠܐ
ܘܐܟܙܝܒ ܘܡܪܫܐ܂ ܩܘܪ̈ܝܐ ܬܫܥ ܘܚܨ̈ܪܝܗܝܢ ܕܝܠܗܝܢ: ‖ [45] ܥܩܪܘܢ *ܘܩܘܪ̈ܝܬܗ̇ ܘܚܨ̈ܪܝܗ̇ ܕܝܠܗ̇.
[46] ܡܢ ܥܩܪܘܢ *ܘܠܝܡܐ ÷ܘ܀ ܟܠܗܝܢ ܗܠܝܢ ܕܐܝܬ ܠܘܬ †ܐܫܕܘܕ܂ ܘܚܨ̈ܪܝܗܝܢ ܕܝܠܗܝܢ. [47] ܐܫܕܘܕ

17 ÷ܐܢ̈ܬܬܐ et ÷ܠܗ M: signa non habet B

18 ܘܡܦܝܣܐ ܗܘܬ

19 »cum dicitur, εἰς γῆν νότου, habent Complutenses, et Vaticanus, εἰς γῆν ναγὲβ .... et eam scripturam esse in quibusdam exemplaribus, annotauit per limniscum Syrus« M

19 ÷ܟܠܒ M: signa non habet B

19 indice ad ܓܒܘܠܝܐ prius adposito ܡܒܘܥܐ ܕܡܝܐ ܕܠܥܠ ܘܡܒܘܥܐ

21 signa ex M: quae non habet B

21 »scribe, πόλεις πρὸς τῇ φυλῇ« M

21 indice ad ܫܪܒܬܐ adposito ܡܢ ܫܒܛܐ ܕܒܢ̈ܝ ܝܗܘܕܐ

21 ܠܬܝܡܢܐ ܡܢ etiam M, qui »pro, ἐπὶ τῆς ἐρήμου, legit Syrus, ἀπὸ τοῦ λιβός«

21 ἐδὲρ [non ἐδραῒ] etiam M

22 ܕܝܡܘܢܐ B

22 ܥܕܥܕܐ etiam M

23 »scribe ... καὶ κεδὲς, καὶ Ασὼρ, καὶ Εθνά« M

23 ܘܚܨܘܪ B

24 »scribe Ζεὶφ, καὶ Τελὲμ« M

25 καὶ Ασὼρ ἡ καινὴ καὶ πόλις ἐσρὼν etiam M

25 ultima nominis ܚܨܘܪ littera in B utroque puncto ornata, super o additus ÷

26 »pro Σεμὲ, scribe Σαμὲ, et expunge illud, καὶ θαμαά. atque pro μωλαδαδὰ, scribe μωλαδά« M

27 »καὶ Ασαρσοὺ, iugula obelo. non est enim iste eius locus. Nam versiculo xxviii. rursus dicitur, nomine pleniore, Ασαρσουλά« M

27 indice ad ܦܠܛ adposito ܒܝܬ ܦܠܛ

28 ܒܙܝܘܬܝܐ B. »scribe, ἐβεζουθιά.... Quae autem hic sequuntur in vulgatis libris, nempe, καὶ αἱ κῶμαι αὐτῶν, καὶ αἱ ἐπαύλεις αὐτῶν, ea prorsus auferenda è medio sunt« M

29 ܥܝܝܡ etiam M »pro εὐείμ«

30 ܐܠܬܘܠܕ B. »pro ἐλθωδάδ, repone ἐλθωλάδ« M

30 ܟܣܝܠ ܘ. »pro καὶ χεσὶδ, scribe ※καὶ χεσὶλ ↙« M

31 ܘܨܩܠܓ B

31 ܡܕܡܢܐ

31 »Vlterius illa, καὶ Μαχαρεὶμ, καὶ Σεεννὰκ, καὶ Λαμὼθ, καὶ Σεκελὲν, sunt auferenda è medio« M

32 »pro, καὶ ἀλβὼν, καὶ σελεμεεὶμ, scribendum est, καὶ λεβαὼθ, καὶ σελεὶμ .... scribe εἴκοσι καὶ ἐννέα, interposita copula« M

33 »pro σααρὰ, scribe Σαραὰ. deinceps illud, καὶ ῥαμεὶν, expunge« M

34 »pro ὀγγονεὶμ, scribe ἠγγονεὶμ ... illud, καὶ νεμρὰ auferendum est« M

36 »pro Αδιαγεθθαὶμ, scribi debet, Αδιαθθαὶμ. Mox ... καὶ αἱ πόλεις, expungatur copula« M

36 ܥܕܬܐܝܡ apographum meum

39 »pro Αγλὼμ, scribe Αἰγλών. et pro χαββὰν, χαββών« M

44 »pro Κελαὶ, scribe Κεϊλά. et pro Αχχὶμ, Αχζὶβ aut Αχζὶμ .... Porrò illud, καὶ μαλὼμ, expungatur« M

45[m] ܥܩ B

45 ܥܩܪܘܢ

46 »Vlterius, καὶ ἀπὸ, expuncta copula, scribe, ἀπὸ Αχχαρὼν, καὶ εἰς θάλασσαν, ÷καὶ↙« M, quem sequutus contra B signa omittentem ÷ܘ܀ ܠܝܡܐ edidi

46 ܝܡܢܐ. »Notat .... Syrus, in quibusdam libris esse, ἀπὸ Ἀκκαρὼν Ιαμναά, καὶ πᾶσαι« M

46 »Quae verò deinceps sequuntur, sunt ad hunc modum scribenda, πλησίον ἐσδὼδ, καὶ αἱ κῶμαι αὐτῶν. atque hîc est insistendum. Deinde verò inchoandus alius versus ... ἐσδὼδ καὶ αἱ κῶμαι αὐτῆς καὶ αἱ κῶμαι αὐτῆς, καὶ αἱ ἐπαύλεις αὐτῆς. Γαζά« M

46 ܐܫܕܘܕ 1

ܘܩܘܪ̈ܝܐ ܕܝܠܗ ܘܕܘܪ̈ܬܐ ܕܝܠܗ . ܥܕܡܐ *ܘܩܘܪ̈ܝܬܗ ܘܕܘܪ̈ܬܐ ܕܝܠܗ ܥܕܡܐ ܠܢܚܠܐ ܕܡܨܪܝܢ. ܘܝܡܐ ܪܒܐ ܡܬܚܘܡ:
48 ܘܒܛܘܪܐ ܫܡܝܪ ܘܝܬܝܪ ܘܣܘܟܘ 49 ܘܕܢܐ *ܘܩܪܝܬܐ ܕܣܦܪ̈ܐ (ܗܝ ܕܐܝܬܝܗ ܕܒܝܪ) 50 ܘܥܢܒ
ܘܐܫܬܡܘ ܘܥܢܝܡ 51 ܘܓܘܫܢ ܘܚܘܠܘܢ ܘܓܝܠܘܢ: | ܩܘܪ̈ܝܐ ܚܕܥܣܪܐ ܘܩܘܪ̈ܝܐ ܕܝܠܗܝܢ: 52 ܐܪܒ ܘܪܘܡܐ 144[1]
ܘܐܫܥܢ 53 ܘܝܢܘܡ ܘܒܝܬ ܬܦܘܚ ܘܐܦܩܐ 54 ܘܚܡܛܐ *ܘܩܪܝܬܐ ܕܐܪܒܥ (ܗܝ ܕܐܝܬܝܗ ܚܒܪܘܢ)
ܘܨܥܘܪ: ܩܘܪ̈ܝܐ ܬܫܥ ܘܕܘܪ̈ܬܐ ܕܝܠܗܝܢ: 55 ܡܥܘܢ ܘܟܪܡܠܐ ܘܙܝܦ ܘܝܛܐ 56 ܘܐܝܙܪܥܐܠ ܘܝܩܕܥܡ
ܘܙܢܘܚ 57 ܘܩܝܢ ܓܒܥܐ ܘܬܡܢܐ: ܩܘܪ̈ܝܐ ܥܣܪ *ܘܕܘܪ̈ܬܐ ܕܝܠܗܝܢ: 58 ܚܠܚܘܠ ܘܒܝܬ ܨܘܪ
ܘܓܕܘܪ 59 ܘܡܥܪܬ *ܘܒܝܬ ܥܢܘܬ ܘܐܠܬܩܘܢ: ܩܘܪ̈ܝܐ ܫܬ ܘܕܘܪ̈ܬܐ ܕܝܠܗܝܢ: ÷ ܬܩܘܥ ܘܐܦܪܬܐ (ܗܝ
÷ ܕܐܝܬܝܗ ܒܝܬ ܠܚܡ) ܘܦܓܘܪ ܘܐܝܛܡ ܘܩܘܠܘܢ ܘܬܛܡܝ ܘܣܘܪܝܫ ܘܓܠܡ ܘܒܬܐܪ ܘܡܢܘܚ:
÷ ܩܘܪ̈ܝܐ ܚܕܥܣܪܐ ܘܩܘܪ̈ܝܐ ܕܝܠܗܝܢ ↙ 60 ܩܪܝܬ ܒܥܠ (ܗܝ ܗܝ *ܩܪܝܬ ܝܥܪܝܡ) ܘܪܒܐ: ܩܘܪ̈ܝܐ
ܬܪܬܝܢ ܘܕܘܪ̈ܬܐ ܕܝܠܗܝܢ 61 *ܒܡܕܒܪܐ: ÷ ܘܒܝܬ ܥܪܒܐ ↙ ܘܡܕܝܢ ܘܣܟܟܐ 62 ܘܢܒܫܢ ܘܩܪܝܬܐ ܕܡܠܚܐ
ܘܥܝܢ ܓܕܝ: ܩܘܪ̈ܝܐ ܫܒܥ ܘܩܘܪ̈ܝܐ ܕܝܠܗܝܢ: 63 ܘܝܒܘܣܝܐ ܗܘ ܕܥܡܪ ܗܘܐ ܒܐܘܪܫܠܡ. ܘܠܐ ܐܫܟܚܘ 144[2]
ܒܢ̈ܝ ܝܗܘܕܐ ܠܡܘܪܬܗ ܐܢܘܢ. ܘܥܡܪ ܝܒܘܣܝܐ *ܥܡ ܒܢ̈ܝ ܝܗܘܕܐ ↙ ܒܐܘܪܫܠܡ ܥܕܡܐ ܠܝܘܡܐ ܗܢܐ ÷
1 *ܘܗܘܐ ܦܘܣܐ ܕܒܢ̈ܝ ܝܘܣܦ ܡܢ ܝܘܪܕܢܢ ܕܠܘܩܒܠ ܐܝܪܝܚܘ *ܡܢ ܡ̈ܝܐ ܕܠܘܩܒܠ ܐܝܪܝܚܘ ↙ 16
ܡܢ ܡܕܢܚܐ *ܡܕܒܪܐ. ÷ ܘ↙ ܣܠܩܝܢ ܡܢ ܐܝܪܝܚܘ ܠܛܘܪܐ ܠܒܝܬ ܐܝܠ. 2 ܘܢܦܩܝܢ ܡܢ ܒܝܬ ܐܝܠ
÷ ܠ↙ܠܘܙܐ. ܘܥܒܪܝܢ ܥܠ ܬܚܘܡܐ ܕܐܪܟܝ ܥܛܪܘܬ. 3 *ܘܡܬܚܬܝܢ ܥܠ ܝܡܐ ܥܠ ܬܚܘܡܐ ܕܝܦܠܛ
ܥܕܡܐ ܠܬܚܘܡܐ ܕܒܝܬ ܚܘܪܘܢ ܬܚܬܝܬܐ *ܘܥܕܡܐ ܠܓܙܪ ↙. ܘܗܘܘ ܡܦܩܢܘܗܝ ܥܠ ܝܡܐ ÷
4 ܘܐܚܣܢܘ ܒܢ̈ܝ ܝܘܣܦ.. ܡܢܫܐ ܘܐܦܪܝܡ: 5 ܘܗܘܐ ܬܚܘܡܐ ܕܝܠܗܘܢ ܕܐܦܪܝܡ ܐܝܟ ܫܪ̈ܒܬܐ ܕܝܠܗܘܢ.
ܘܗܘܐ | ܬܚܘܡ ܝܪܬܘܬܗܘܢ ܕܝܠܗܘܢ ܡܢ ܡܕܢܚܐ ܥܛܪܘܬ ܐܕܪ ܥܕܡܐ ܠܒܝܬ ܚܘܪܘܢ ܥܠܝܬܐ ÷ ܘܓܙܪܐ ↙. 145
6 ܘܡܬܦܩܝܢ ܬܚܘܡܐ ܥܠ ܝܡܐ *ܠܡܟܡܬܐ ܡܢ ܓܪܒܝܐ. ܘܡܬܟܪܟ *ܬܚܘܡܐ ↙ ܥܠ ܡܕܢܚܐ
ܠܬܐܢܬ ܫܠܘ. ܘܥܒܪ ܠܗ ܡܢ ܡܕܢܚܐ ܠܝܐܢܘܚ. 7 *ܘܢܚܬ ܡܢ ܝܐܢܘܚ ܠܥܛܪܘܬ ÷ ܘܩܘܪ̈ܝܐ

47 ܘܩܘܪ̈ܝܐ

48 »pro Σαφείρ, hábent quidam libri Σαμείρ« M

49 ܩܪܝܬ ܣܦܪ ܡܢ

51 »Syrus . . . videtur χωλὼν legisse« M

53 ܘܒܝܬ B. »pro βηθθαπφοὺθ, repone βηθθαπφοὺ« M

54 ܩܪܝܬ ܐܪܒܥ. »scribe Ἀρβὲ« M

55 »scribe χερμὲλ« M

56 »scribe Ἰεζρεὲλ . . . . Ἰεκαδὰμ . . . . καὶ Ζανουὰ« M

57 »Ἀκὶν ÷ καὶ↙ Γαβαὰ . . . . Ceterùm illud, καὶ ἐδνὶ, abolendum est« M

57 ܘܬܡܢܐ ܡܢ |

58 »scribe Γεδὼρ« M

59 ܒܝܬ ܥܢܘܬ

59 B ÷ ante ܘܩܘܪ̈ܝܐ in versu ineunte positum exhibet, ante ܬܩܘܥ omittit. »Quae . . . sequuntur, post illa verba, πόλεις ἕξ, vsque post illa verba, πόλεις ἕνδεκα, ea sunt omnia in Syro obeliscis iugulata« M, qui ad Hieronymi in Michaeam [5, 1] commentaria provocat. signa posui ut poni ea debere aliunde constabat. »Est autem . . . . pro Θεκὼ, scribendum Θεκουὰ, et pro Βηθὴρ, Θηθὴρ. Vlterius, pro Καριαβαὰλ, scribe, Καριαθβαὰλ. Mox deleto illa verba, καὶ αἱ κῶμαι ἀυτῶν. Complutenses tamen iis seruatis, alteram clausulam omittunt; ea est καὶ αἱ ἐπαύλεις ἀυτῶν. Vlterius verbum βὴθ, seorsim positum, est abolendum, vnà cum insequente Coniunctione, καὶ. Mox scribe μαδδεὶ, pro μαδὼν, ex Syro, et Eusebio. Syrus tamen in margine ostendit aliud nomen eius loco; nempe, Βαδραγὲς. Est autem etiam ea Coniunctio, quae ante μαδὼν posita est, abolenda. Pro ὀχοχὰν, debet scribi σχαχὰ . . . . Mox scribe numero singulari, καὶ ἡ πόλις τῶν ἁλῶν. vt legit Syrus . . . Versu postremo . . . . suggeruntur in editione mixta, ista ※μετὰ τῶν υἱῶν Ἰουδὰ↙« M

59 ultima nominis ܘܒܬܐܪ littera punctum habet et infernum et supernum

59 ↙ in B post ܘܡܢܘܚ positum Masium secutus post ܕܝܠܗܝܢ transtuli

60 indice ad ܝܥܪܝܡ adposito ܝܥܪܝܡ ܩܪܝܬ ܕܝܥܪ̈ܐ

61 primum vocabulum a commate 60 aptum in B. ܒܡܕܒܪܐ ܕܠܐ ܪܒܐ ܒܛܘܪܐ et mox ܒܕܪܓܝܣ, quarum adnotationum priorem Fieldius ad ܒܝܬ ܥܪܒܐ pertinere et Symmachi esse credebat alteram ad ܒܡܕܒܪܐ rettulit

1 indice non adposito ܡ̈ܝܐ ܕܝܪܝܚܘ ܥܝܢ

1 ※ ante ܡ̈ܝܐ in B positum, M sequutus, ante ܡܢ collocavi: ↙ priorem addidi

1 ܡܕܒܪܐ ܗܘ ܕܣܠܩ ܡܢ ܐܝܪܝܚܘ ܠܛܘܪܐ ܕܒܝܬ ܐܝܠ ܥܠ ܛܘܪܐ ܡܢ ܒܝܬ ܐܝܠ [sic] ܡܕܒܪ

1 ܘ↙ܣܠܩܝܢ ÷ M : signa non habet B

1 τὴν ἔρημον post [ܠܛܘܪܐ =] τὴν ὀρεινὴν a »vulgatis libris« exhibitum non agnoscit M = B

2 ܠ↙ܠܘܙܐ ÷ B, ܠܠܘܙܐ M

3 ܘܥܕܡܐ ܠܓܙܪ ܥܠ ܬܚܘܡܐ ܡܢ

3 ※ἕως Γάζερ↙ M 144, sed 77 = B

4 »Scrib μανασσῆ καὶ ἐφραὶμ« M

5 ܕܝܪܬܘܬܐ B: edidi ex M

5 ante Ἀδὰρ »auferenda copula« M

5 ↙ addidi ex M

6 | ܠܡܟܡܬܐ ܡܢ ܓܪܒܝܐ

6 »supplet mixta per asteriscum, ※τὸ ὅριον↙« M

6 ܠܗ testatur etiam M

6 ܠܝܐܢܘܚ aut ܠܝܐܢܘܚ B. Ἰανὼθ in Ἰανωὰ mutari volt M, qui Ιανωε restituere debebat

7 ↙ priorem addidi ex Masio

7 ܕܝܠܗܝܢ ÷ B, ego ÷ ante ܘܩܘܪ̈ܝܐ posui cum M

[illegible] [8] [illegible]
[illegible]
[illegible] [9] [illegible]
[illegible] [10] [illegible]
145² [illegible]
[illegible]
[illegible]
17 [1] [illegible]
[illegible] [2]
[illegible]
[illegible]
[illegible] [3] [illegible]
146² [illegible]
[illegible] [4] [illegible]
[illegible]
[illegible] [5] [illegible]
[illegible] [6] [illegible]
[illegible] [7] [illegible]
[illegible]
146² [illegible] [8] [illegible]
[illegible] [9] [illegible]
[illegible]
[illegible] [10] [illegible]
[illegible] [11] [illegible]
[illegible]

7 »καὶ εἰς Νααραθα καὶ διελεύσεται« M post »illa verba, καὶ αἱ κῶμαι ἀυτῶν« iugulanda obelo

7 [illegible] participium in textu B: [illegible] B^m, ubi [illegible] praeteritum

8 »pro Δαπφοὺθ, scribe θαπφοὺθ« M: imo Θαπφουέ

10 [illegible] M: signa non habet B

10 inde ab [illegible] altero obelos ponit M, quos edidi ex B ab [illegible] priori

10 [illegible] M, [illegible] B

10 ↘ priorem et ※ addidi ex M

10 [illegible] ※ B in versu ineunte

1 »cùm dicitur, φυλῆς υἱῶν μανασσῆ, expungendum est illud, υἱῶν« M

2 »pro, Αχιεζὲρ, scribe Αβιέζερ. Et pro Εχὲμ, Σεχὲμ. Denique pro Σεμιραὲ, Σεμιδαὲ« M

2 signa ponit M quae edidi, B ※ post [illegible] habet

3 ante [illegible] in versu ineunte positum ※ non habet B

3 »adscribendus est articulus, τοῦ Σαλπαὰδ, & pro μαλαὰ, scribendum est μααλὰ« M

4 [illegible] indice caret: [illegible] B^m

4 »expungatur . . . κληρονομία, cùm dicitur, καὶ ἐδόθη ἀυταῖς κληρονομία« M

4 [illegible] indice caret: [illegible] B^m

5 »Aboleatur Pronomen, ἀυτῶν, post verbum, σχοινισμὸς« M

5 »notat Syrus per limniscum, pro, λαβὰδ, esse in quibusdam libris, λαβὲκ« M

6 [illegible] B participium masculinum putat

7 ↘ post [illegible] habet M, post [illegible] B

7 »post . . . . μαχθὼθ, expungendum est . . . . ἡ δανὰθ« M

7 post [illegible] alterum + [illegible] B, non M

7 »cùm dicitur, καὶ ἐιασεὶμ, notetur copula obelo, & pro, ἐιασεὶμ, scribatur εἰς ἰωσὴβ. Et mox pro δαφθὼθ, Θαπφοὺ« M

8 indice ad [illegible] adposito [illegible] [illegible]

8 signa altera ex M: non habet B

9 signa ex M: B ※ ante [illegible] ponit

9 [illegible]. »legit Syrus, τοῦ ἐφραεὶμ. Notat tamen esse in quibusdam exemplaribus, τῷ ἐφραῒμ« M

9 ex B [illegible] transscripsi = M

9 »scribe, καὶ ἔσται ἡ διέξοδος ἀυτῶν. atque ita inferius quoque« M

10 »scribendum est ὅρια ἀυτοῖς« M

11 »Est quidem in exemplaribus miro consensu, βηθσὰν καὶ αἱ κῶμαι ἀυτῶν. Sed res ipsa loquitur, dicendum esse, κῶμαι ἀυτῆς« M

11 signa ex M: B asteriscos a [illegible] usque ad [illegible] continuat, [illegible] quartum in versu ineunte positum, [illegible] sextum et [illegible] sine signis scribit, ↘ duo ultimos habet

[Syriac]
[Syriac] [12] [Syriac] [13] [Syriac] 147¹
[Syriac] [13] [Syriac]
[Syriac]
[14] [Syriac]
[Syriac] [15] [Syriac]
[Syriac]
[Syriac] [16] [Syriac]
[Syriac]
[17] [Syriac] 147²
[Syriac] [18] [Syriac]
[Syriac]
[Syriac]
[1] [Syriac] 18
[2] [Syriac]
[Syriac] [3] [Syriac]
[Syriac] [4] [Syriac] 148¹
[Syriac]
[Syriac] [5] [Syriac]
[Syriac] [6] [Syriac]
[Syriac] [7] [Syriac]
[Syriac]
[Syriac]
[Syriac] [8] [Syriac] 148²

11 [Syriac] M, [Syriac] B

11 indice ad [Syriac] adposito [Syriac]

12ᵐ [Syriac] B

13 [Syriac]

13 »[Syriac] ※ . . . αὐτοὺς priore loco scriptum . . . . auferendum, at in extremo versiculi positum, debet iugulari veru« M. quod non iugulat B

14 ※ addidi ex M, ↙ BM

14 »delendum est verbum εἰμὶ, quod est in vulgatis libris« M

14 »debent mutato ordine scribi, καὶ εὐλόγησέ με ὁ θεός« M

15 signa in M eadem quae in B: »sic enim legit Syrus«

15 »Syrus τὸ ὄρος τοῦ ἐφφαεἰμ« M

16 »Pro, ἀρέσκει, habent pleraque exemplaria, ἀρκέσει. Syrus . . . . ἀρκεῖ« M. erat igitur [Syriac] in M puncto superno distinctum ut in B

16 ↙[Syriac] M: signa non habet B

16 [Syriac] . »pro, σίδηρος, legit Syrus, σιδήρεος . . . . debet tamen asterisco hoc vocabulum notari . . . additum ex Theodotione est ferri vocabulum, & simul vniuersitatis nota παντί« M

:6 [Syriac] ※ (non addito ↙) B. vide adnotationem proxime praecedentem

16 »κατοικοῦντι ἐν ἐμοὶ, corruptum est. debet autem hic locus scribi, vt Complutenses ediderunt, κατοικοῦντι ※ἐν τῇ γῇ↙ ἐμὲκ, ἐν βηθσὰν« M. ↙[Syriac]※ [Syriac] B, qui ad [Syriac] in margine addit [Syriac]

17 signa priora ex BM, altera ex M solo

18 [Syriac]

18 [Syriac]

1 [Syriac]

2 indice non adposito [Syriac]

3 ex B [Syriac] transscripsi

4 »Scribe, τρεῖς ἄνδρας, mutato verborum ordine« M

4 ↙ priorem addidi ex M: ante [Syriac] in versu ineunte positum ※ non repetitur in B

4 ↙[Syriac] M: signa non habet B

4 [Syriac]

»pro, καθὰ δυνήσῃ, est scribendum, καθὰ δεήσει« M

4 »pro διελθεῖν, habent quidam libri, διελεῖν . . . . Syrus tamen διελθεῖν« M

5 post [Syriac] + B [Syriac]

5 signa ex M ad Syrum provocante [»pro, στήσονται ἀπὸ βορρᾶ, scribe, στήσονται ※ἐπὶ τὸ ὅριον αὐτῶν↙ ἀπὸ βορρᾶ. ex Syro, & Complutensibus«]: haec signa non habet B

6 »scribe, traiectis verbis, πρός με ὧδε« M

6 [Syriac] B

6 7 [Syriac] Bᵐ: propterea signum ad [Syriac] 6 et ad prius [Syriac] 7 addidi

7 »pro μερὶς ἀυτῶν, scribe, μερὶς αὐτοῦ« M

7 »pro, καὶ τῷ ἡμίσει, scribe, καὶ τὸ ἥμισυ« M

8 ↙[Syriac] BM

ܒܐܪܥܐ ܡܢ ܐܦܝ »ܟ *ܐܙܠܘ ܘܗܠܟܘ ܒܐܪܥܐ ܘܟܬܘܒܘ ܠܗ̇. ܘܬܘ ܠܘܬܝ. ܘܗܪܟܐ ܐܦܩ ܠܟܘܢ ܦܣܐ
ܩܕܡ ܡܪܝܐ ܒܫܝܠܘ«:
⁹ܘܐܙܠܘ *ܓܒܪܐ ܗܢܘܢ ܘܥܒܪܘ ܠܐܪܥܐ ܟ ܘܚܙܘܗ̇ ܠܗ̇ ܘܟܬܒܘܗ̇ ܐܝܟ ܩܘܪܝܐ ܠܗ
ܟ ܕܝܠܗ̇ .. ܫܒܥ ܡܢܘܬܐ .. ܒܟܬܒܐ. ܘܐܬܘ ܠܘܬ ܝܫܘܥ *ܠܡܫܪܝܬܐ ܒܫܝܠܘ: ¹⁰ܘܐܪܡܝ
ܠܗܘܢ ܝܫܘܥ ܦܣܐ ܒܫܝܠܘ ܩܕܡ *ܡܪܝܐ *ܘܦܠܓ ܬܡܢ ܝܫܘܥ ܠܐܪܥܐ ܠܒܢܝܐ ܕܐܝܣܪܝܠ ܐܝܟ
*ܦܠܓܘܬܐ ܕܝܠܗܘܢ. ¹¹ܘܢܦܩ ܦܣܐ ܕܫܒܛܐ ܕܒܢܝܐ ܕܒܢܝܡܝܢ ܟ ܩܕܡܝܐ ܐܝܟ ܫܪܒܬܐ ܕܝܠܗܘܢ.
ܘܢܦܩ ܬܚܘܡܐ ܕܦܣܐ ܕܝܠܗܘܢ ܒܡܨܥܬ ܒܢܝܐ ܕܝܗܘܕܐ ܘܒܡܨܥܬ ܒܢܝܐ ܕܝܘܣܦ. ¹²ܘܗܘܐ
ܬܚܘܡܗܘܢ ܡܢ ܓܪܒܝܐ. ܡܢ ܝܘܪܕܢܢ ܣܠܩ ܬܚܘܡܐ *ܠܘܬ ܟܬܦܐ ܕܐܝܪܝܚܘ ܡܢ ܓܪܒܝܐ. ܘܣܠܩ
149¹ ܥܠ ܛܘܪܐ ܥܠ | ܝܡܐ. ܘܗܘܐ ܡܦܩܢܗ ܕܡܕܒܪܐ ܕܒܝܬ ܐܘܢ. ¹³ܘܥܒܪ ܡܢ ܬܡܢ *ܬܚܘܡܐ
ܕܠܘܙܐ ܥܠ ܟܬܦܐ ܕܠܘܙܐ ܡܢ ܬܝܡܢܐ (ܗܝ ܐܝܬܝܗ̇ ܒܝܬ ܐܝܠ). ܘܢܚܬ ܬܚܘܡܐ ܠܥܛܪܘܬ ܐܕܪ ܥܠ
ܛܘܪܐ ܗܘ ܕܐܝܬܘܗܝ ܠܘܬ ܬܝܡܢܐ ܕܒܝܬ ܚܘܪܘܢ ܬܚܬܝܬܐ. ¹⁴*ܘܥܒܪ ܬܚܘܡܐ ܘܡܬܟܪܟ ܥܠ
ܦܢܝܬܐ ܟ ܕܚܙܝܐ ܠܘܬ ܝܡܐ ܡܢ ܬܝܡܢܐ ܡܢ ܛܘܪܐ ܥܠ ܐܦܝ ܒܝܬ ܚܘܪܘܢ ܕܬܝܡܢܐ. ܘܗܘܐ ܡܦܩܢܘܗܝ
ܕܝܠܗ ܠܩܪܝܬ ܒܥܠ (ܗܝ ܐܝܬܝܗ̇ ܩܪܝܬ ܝܥܪܝܡ .. ܡܕܝܢܬܐ ܕܒܢܝܐ ܕܝܗܘܕܐ): ܗܢܐ ܐܝܬܘܗܝ ܦܢܝܬܐ
ܕܠܘܬ ܝܡܐ: ¹⁵*ܘܦܢܝܬܐ ܕܠܘܬ ܬܝܡܢܐ ܡܢ ܡܢܬܐ ܕܩܪܝܬ ܝܥܪܝܡ. ܘܡܬܟܪܟ ܬܚܘܡܐ °ܕܝܡܐ
*ܘܢܦܩ ܟ ܥܠ ܡܒܘܥܐ ܕܡܝܐ ܕܢܦܬܘ. ¹⁶ܘܢܚܬ ܬܚܘܡܐ ܥܠ ܦܢܝܬܗ ܕܛܘܪܐ ܗܘ ܕܐܝܬܘܗܝ
149² ܠܩܘܒܠ ܦܪܘܦܐ| *ܕܓܡܠܐ ܕܒܪܗ ܕܗܢܘܡ. ܗܘ ܕܐܝܬܘܗܝ ܡܢ ܦܢܝܬܐ ܕܥܡܩܐ ܕܪܦܐܝܡ ܡܢ ܓܪܒܝܐ.
ܘܢܚܬ ܥܠ ܓܐ ܕܗܢܘܡ ܥܠ ܟܬܦܐ ܕܝܒܘܣ ܡܢ ܬܝܡܢܐ. ܢܚܬ ܥܠ ܡܒܘܥܐ ܕܪܘܓܠ. ¹⁷※ܘܢܦܩ
※ܥܠ ܓܪܒܝܐ ܟ. ܘܥܒܪ ܥܠ ܡܒܘܥܐ ܕܒܝܬ °ܫܡܫ. ܘܥܒܪ *ܥܠ ܓܠܝܠܘܬܐ ܗܝ ܕܐܝܬܝܗ̇
ܠܘܩܒܠ ܡܣܩܢܐ ܕܐܕܘܡܝܡ. ܘܢܚܬ ܥܠ ܟܐܦܐ ܕܒܘܗܢ ܕܒܢܝܐ ܕܪܘܒܝܠ. ¹⁸ܘܥܒܪ ܥܠ ܟܬܦܐ
ܕܒܝܬ *ܥܪܒܐ ܡܢ ܓܪܒܝܐ. ܘܢܚܬ ※ܥܠ ܥܪܒܬܐ ܟ. ¹⁹ܘܡܬܥܒܪ ܥܠ ܬܚܘܡܐ ܥܠ ܟܬܦܐ ܕܒܝܬ
ܚܓܠܐ ܡܢ ܓܪܒܝܐ. ܘܗܘܐ ܡܦܩܢܗ ܕܬܚܘܡܐ ܥܠ ܠܫܢܐ ܕܝܡܐ ܕܡܠܚܐ ܡܢ ܓܪܒܝܐ. ܠܦܢܝܬܐ
ܕܝܘܪܕܢܢ ܡܢ ܬܝܡܢܐ: ܗܢܘ ܬܚܘܡܐ ܕܝܠܗܘܢ ܡܢ ܬܝܡܢܐ: ²⁰ܘܝܘܪܕܢܢ ܡܬܚܡ ܠܗ *ܡܢ ܦܢܝܬܐ ܕܡܢ

8 ※ܠܗ ܘܐܬܟܪܒܘ ܟ B : edidi ex M, qui 83 146 ÷ διέλθετε καὶ ↙ πορεύθητε exhibet ubi ÷ πορεύθητε καὶ ↙ διέλθετε debebat

8 ܠܗ ܒܟܬܒܐ ܘܗܪܟܐ ܐܦܩ ܠܟܘܢ ܦܣܐ indice post ܠܗ ܠܗ ܘܬܘܒܘ ܠܘܬܝ adposito

8 »Aduerbium loci ὧδε, suo loco mouendum est, traijciendumque vsque post Pronomen, ὑμῖν, hoc modo, καὶ ἐξοίσω ὑμῖν ὧδε κλῆρον« M

9 ※ prior in B ante ܗܢܘܢ positus: edidi ex M

9 ÷ priorem addidi ex M: ↙ alterum post ܘܟܬܒܘܗ̇ ponit B

9 »τὴν γῆν, quod denuò scribitur, post verbum ἐχωροβάτησαν, mutat eadem editio in Pronomen αὐτὴν [= ܠܗ̇]« M

9 ÷ ܕܝܠܗ̇ ↙ M: signa non habet B

10 ܘܐܪܡܝ B

10 ܡܪܝܐ indice caret: ܦܦܠ Bᵐ

11 ↙ ex M: non habet B

12 »τὸ ὅριον, mutandum est in pluralem numerum, τὰ ὅρια« M

12 indice ad ܣܠܩ adposito ܠܘܬ ܟܬܦܐ ܕܐܝܪܝܚܘ ܡܢ ܓܪܒܝܐ

12 »scribendum est, traiecto Pronomine, ἡ διέξοδος αὐτοῦ« M

12 »scribe, μαδβαρίτις« M

13 »quidàm codices mendosè habent, ἐπὶ νότου λουζὰ, pro, ἐπὶ νώτου λουζά« M. ܥܠ ܬܚܘܡܐ ܕܠܘܙܐ ܥܠ ܟܬܦܐ ܕܠܘܙܐ ܥܠ ܬܚܘܡܐ ܀ ܡܢ ܬܚܘܡܐ ܕܠܘܙܐ ܥܠ ܟܬܦܐ ܕܠܘܙܐ ܬܝܡܢܐ indice ad ܘܥܒܪ adposito

13 »expungenda est Praepositio ἀπὸ, cùm dicitur, ἀπὸ Αταρὼθ ἐδδὰρ« M

13 ultima vocis ܐܕܪ littera punctum et infernum et supernum habet in B

13 »scribe, τῆς κάτω« M

14 ܘܢܦܩ ܬܚܘܡܐ ܘܡܬܟܪܟ ܥܠ ܦܢܝܬܐ ܕܝܡܐ ܀ ܬܚܘܡܐ ܕܝܢ ܡܢ ܬܝܡܢܐ ܬܚܘܡܐ

14 ÷ ܕܚܙܝܐ ܠܘܬ ܝܡܐ ↙ B. edidi ex M

14 »scribe, τοῦ ὄρους, τοῦ ἐπὶ πρόσωπον« M

15 ܡܢ ܦܢܝܬܐ ܕܝܡܐ ܡܢ ܪܫܐ ܕܩܪܝܬ ܝܥܪܝܡ

15 »pro καριαθβαὰλ, legit Syrus, καριαθιαρεὶμ« M

15 »in Hebraeo . . . pro, θαλάσσης, est εἰς θάλασσαν. atque ita Symmachus conuertit« M. intellegis quaenam adnotatio in B desit

15 »γαὶν, quod habent peruulgati libri, aut γασὴν, quod est apud Complutenses, abolendum est« M

15 ܡܕܝܢܬܐ B

16 ܗܢܘܡ [ܗܢܘܡ B] ܕܒܪܗ ܕܓܡܠܐ

16 »scribe, ἐπὶ νῶτον Ιεβοὺς« M

17 ※ BM, ↙ solus M

17 »scribe Σαμὲς, addito Sigma. Aquilas nomen hoc interpretans, dixit Solis« M

17 ܡܢ ܥܠ ܬܚܘܡܐ, ubi ܬܚܘܡܐ F

17 »pro ἐδωδεὶμ, scribe Αδωμεὶμ« M

18 »scribe κατὰ νῶτον . . . & pro, βηταραβὰ, βηθαραβά. atque hîc adde, ἀπὸ βορρᾶ« M

18/19 ܡܢ ܦܢܝܬܐ ܠܘܬ ܓܪܒܝܐ. ܘܥܒܪ ܥܠ ܦܢܝܬܐ ܘܥܒܪ ܬܚܘܡܐ ܥܠ ܟܬܦܐ ܕܒܝܬ ܚܓܠܐ ܠܓܪܒܝܐ

18 ※ ܥܠ ܥܪܒܬܐ ↙ M: signa non habet B

19 ※ καὶ παρελεύσεται τὰ ὅρια ↙ ἐπὶ νῶτον βηθαγλὰ M

19 »scribe, ἐπὶ λοφίαν [= ܥܠ ܪܘܡܐ]« M

20 »scribe, ἀπὸ μέρους, τοῦ ἀπ' ἀνατολῶν; addito altero articulo« M

20 ܡܢ ܒܦܢܝܬܐ ܕܡܕܢܚܐ ܡܬܚܡ

150¹ ܚܕܪܝܗ̇: ܗܢܐ ܗܘ | ܝܘܪܬܢܐ ܕܒܢܝ̈ܐ ܕܒܢܝܡܝܢ. †ܠܫܪ̈ܒܬܐ ܕܬܚܘܡܗ̇ ܡܢ ܚܕܪܝܗ̇ ܐܝܟ ܫܪ̈ܒܬܗܘܢ ܕܒܢܝ̈ܗܘܢ ܀
[21] ܘܗܘܝ̈ ܩܘܪ̈ܝܐ ܕܫܒܛܐ ܕܒܢܝ̈ܐ ܕܒܢܝܡܝܢ ܐܝܟ ܫܪ̈ܒܬܗܘܢ ܐܪܝܚܘ ܘܒܝܬ ܚܓܠܐ *ܘܥܡܩܐ ܩܨܝܨ
[22] ܘܒܝܬ ܥܪܒܐ ܘܨܡܪܝܢ ܘܒܝܬ ܐܝܠ [23] ܘܥܘܝܢ ܘܥܦܪܐ ܘܦܪܐ [24] ܘܟܦܪ ܕܥܡܘܢܐ ܘܥܦܢܝ
ܘܓܒܥ: ܩܘܪ̈ܝܐ ܬܪ̈ܬܥܣܪܐ ܘܦܨ̈ܚܝܗܝܢ: [25] ܓܒܥܘܢ ܘܪܡܬܐ ܘܒܐܪܘܬ [26] ܘܡܨܦܐ ܘܟܦܪܐ
ܘܡܘܨܐ [27] ܘܪܩܡ ܘܬܪܦܠܐ ܘܐܪܐܠ [28] ܘܨܠܥ ܘܐܠܦ (ܗܝ ܕܝܒܘܣ ܐܘܪܫܠܡ) *ܘܓܒܥܬ
ܘܩܘܪ̈ܝܐ ܕܝܥܪܝܡ: ܬܠܬܥܣܪܐ ܩܘܪ̈ܝܐ ܘܦܨ̈ܚܝܗܝܢ ܀ ܗܢܐ ܗܘ ܝܘܪܬܢܐ ܕܒܢܝ̈ܐ ܕܒܢܝܡܝܢ ܐܝܟ ܫܪ̈ܒܬܐ
ܕܒܢܝ̈ܗܘܢ ܀

19 ܩܦܠܐ ܠ ܟܗ ‖ [1] ܘܢܦܩ ܦܣܐ ܬܪܝܢܐ ܠܫܡܥܘܢ.. ※ܠܫܒܛܐ܆ ܕܒܢܝ̈ܐ ܕܫܡܥܘܢ ܐܝܟ
150² ܫܪ̈ܒܬܐ ܕܒܢܝ̈ܗܘܢ. ܘܗܘܐ | ܝܘܪܬܢܐ ܕܒܢܝ̈ܗܘܢ ܒܡܨܥܬܗ ܕܦܣܐ ܕܒܢܝ̈ܐ ܕܝܗܘܕܐ: [2] ܘܗܘܐ ※ܠܗܘܢ܆ ܦܣܐ
ܕܒܢܝ̈ܗܘܢ ܒܒܐܪܫܒܥ ܘܫܒܥ ܘܡܘܠܕܐ [3] ܘܚܨܪ ܫܘܥܠ ܘܒܠܐ ܘܥܨܡ [4] ܘܐܠܬܘܠܕ ܘܒܬܘܠ ܘܚܪܡܐ
[5] ܘܨܝܩܠܓ ܘܒܝܬ ܡܪܟܒܬܐ ܘܚܨܪ ܣܘܣܐ [6] ܘܒܝܬ ܠܒܐܘܬ ܘܫܪܘܚܢ: ܩܘܪ̈ܝܐ
ܬܠܬܥܣܪܐ *ܘܦܨ̈ܚܝܗܝܢ: [7] ܥܝܢ ܘܪܡܘܢ ܘܥܬܪ ܘܥܫܢ: ܩܘܪ̈ܝܐ ܐܪܒܥ ܘܦܨ̈ܚܝܗܝܢ:
[8] ܘ※ܟܠܗܝܢ܆ ܕܗܘܝ ܕܚܕܪ̈ܝܗܝܢ ܕܩܘܪ̈ܝܐ ܗܠܝܢ ܥܕܡܐ ܠܒܥܠܬ ܒܐܪ ܪܡܬ ܕܬܝܡܢܐ܆
ܕܡܘܬܒܐ ܕܬܝܡܢܐ ܀ ܗܢܐ ܗܘ ܝܘܪܬܢܐ ܕܫܒܛܐ ܕܒܢܝ̈ܐ ܕܫܡܥܘܢ ܐܝܟ ܫܪ̈ܒܬܗܘܢ: [9] ܡܢ ܦܣܐ
ܕܝܗܘܕܐ ܗܘ ܝܘܪܬܢܐ ܕܫܒܛܐ ܕܒܢܝ̈ܐ ܕܫܡܥܘܢ. ܡܛܠ ܕܗܘܐ ܦܠܓܐ ܕܒܢܝ̈ܐ ܕܝܗܘܕܐ ܪܒܐ ܡܢ
151¹ ܕܒܢܝ̈ܗܘܢ. ܘܝܪܬܘ ܒܢܝ̈ܐ ܕܫܡܥܘܢ ܒܡܨܥܬܗ | ܦܣܐ ܕܒܢܝ̈ܗܘܢ ܀
[10] ܘܢܦܩ ܦܣܐ ܬܠܝܬܝܐ ܕܙܒܘܠܘܢ ܐܝܟ ܫܪ̈ܒܬܗܘܢ: *ܘܗܘܐ ܬܚܘܡܐ ܕܝܘܪܬܢܐ ܕܒܢܝ̈ܗܘܢ ܥܕ
ܥܕܡܐ ܠܣܪܝܕ. [11] ※ܘܣܠܩ܆ ܬܚܘܡܐ ܕܒܢܝ̈ܗܘܢ *ܠܝܡܐ ܘܡܪܥܠܐ. ܘܦܓܥ ܒܕܒܫܬ ܘܦܓܥ
*°ܘܒܢܚܠܐ܆ ܗܘ ܕܠܘܩܒܠ ܝܩܢܥܡ. [12] ܘܗܦܟ ܡܢ ܣܪܝܕ ܡܢ
ܡܕܢܚܐ ܡܢ ܩܕܡ̈ܝܗ *ܥܠ ܬܚܘܡܐ ܕܟܣܠܘܬ ܬܒܘܪ. ܘܢܦܩ ܠܕܒܪܬ. ܘܣܠܩ
ܠܝܦܝܥ: [13] ܘܡܢ ܬܡܢ ܥܒܪ ܡܢ ܡܕܢܚܐ ܠܓܬ ܚܦܪ *ܥܬ ܩܨܝܢ. ܘܢܦܩ

20 indice ad ܕܒܢܝܡܝܢ adposito | ܠܫܪ̈ܒܬܗܘܢ ܕܝܠܗ, quod et 149² et 150¹ exstat

21 »scribe ..... Αμεκ-κασίς« M

22 indice ad ܩܨܝܨ adposito ܘܥܡܩܐ ܩܨ

22 »scribe, βηθαραβα« M

23 »pro Αφραθά, scribe Αφαρά, aut potius, Αφρά ... & traijce, vt ponatur ante, ὠφρά. Quae autem deinceps sequuntur, ista dico, καὶ αἰκαρὲμ καὶ καθηραμεὶμ, ... sunt ... auferenda« M

24 »Habent quidem Complutenses καφὰρ Ἀμμωνὰ, pro eo quod est in vulgatis libris, ἐποίκιον Αμμωνά. verùm hoc, nisi fallor, probum est. videtur enim & Syro, & Eusebio placuisse .... Mox aufer articulum cùm est in vulgatis libris, καὶ τὴν Αφνεὶ« M

24 fin ܕܥܦܢܝ B

26 »pro, χεφθειρά, scribe χεφειρά, & pro, μωσά, Αμωσά« M

28 signa ex M: quae non habet B

28 indice ad ܩܘܪ̈ܝܐ (quod pluralis in M) adposito | ܠ ܩܘܪ̈ܝܐ ܩܪܝܬ

1ᵐ ܟܗ B

1 numerum ܟܗ huc posui, in B ad ܘܩܘܪ̈ܝܐ 18_{28} adpositum

1 »scribendum est .... ὁ κλῆρος ὁ δεύτερος« M

1 signa ex M, quae nulla habet B

2 υἱῶν Συμεὼν κατὰ δήμους αὐτῶν et κληρονομία αὐτῶν et κλήρων testatur etiam M

2 ※ܠܗܘܢ܆ ܦܣܐ M, ※ܠܗܘܢ ܦܣܐ܆ B

4 ܘܐܠܬܘܠܕ B. »Syrus ἐλουθλὰδ« M

4 »Post hoc ... nomen, est omissum, in peruagatis [sic] libris, vnius vrbis vocabulum, quod nuper, vt non suo loco positum, versiculo tertio, expungebamus, nempe βαθοὺλ« M

5 ܘܨܝܩܠܓ B. »pro σικελά, scribe Σικελὰγ« M

5 »Syrus ... βαιθμαρχαβὼθ, vnico vocabulo« M

6 »scribe βηθλαβαὼθ« M

6 ܦܘ ܕܬܪ |

7 »quod habent vulgati libri, ὁμοῦ φυλαὶ αἱ Συμεὼν δεκαεπτά, ... est expungendum« M

8 ܘ※ܟܠܗܘܢ܆ M, ※ܘܟܠܗܘܢ܆ B

8 ܕܚܕܪ̈ܝܗ B

10 | ܘܐܬܚܘܡܘܗܝ ܗܘܐ ܬܚܘܡܐ ܕܝܘܪܬܢܐ ܕܒܢܝ̈ܗܘܢ. »cùm dicitur, καὶ ἔσται τὰ ὅρια. in bonis libris abest copula. verùm quando in Hebraeo habetur, censeo esse adscribendam: praesertim cùm Syrus notat per hypolimniscum in vno aut altero antigrapho esse, καὶ ἦν τὸ ὅριον τῆς &c.« M

11 ܆ priorem non habet B

11 ܠܝܡܐ ܠܘܬ |. »pro, ἡ θάλασσα, scribendum est, εἰς θάλασσαν« M

11 »pro μαριλλά, scribe μαραλά: & pro δαβασθαὶ, Δαβασαὶθ« M

11 fin ܕܒܫܫܬ B

12 ܘܦܓܥ ܕܬܒܘܪ ܒܣܚܡܐ Bᵐ, indice ad ܣܚܡܐ adposito. »pro σλα, legit Syrus, & habet Vaticanus, βηθσαμὲς. at Complutenses omittunt illud βὴθ; &, vt existimo, rectè« M

12 »scribendum est, χασαλὼθ ... Et ... Ιαφιὲ« M

13 »scribe, ἀπὸ ἀνατολῶν« M

13 »pro Γοθθαεφθά, scribe Γεθαεφὲρ« M. post ܠܓܬܚܦܪ puncto distinguit B. »Mox, cùm est in antigraphis vulgatis, ἐπὶ πόλιν κασεὶμ, expungendum est illud, ἐπὶ πόλιν, & scribendum θακασὶν« M

13 ܩܨܝܢ |

*ܥܠ ܢܥܦ ܐܡܬܪ ܐܢܘܐ. ¹⁴ܘܡܬܟܪܟܝܢ ܥܠ ܬܚܘܡܐ ܕܓܪܒܝܐ ܥܠ ܐܢܒܬܘܢ. ܘܢܗܘܘܢ ܡ̈ܦܩܢܘܗܝ
ܕܝܠܗܘܢ *ܥܠ ܓܝ ܕܝܦܬܚܐܝܠ. ¹⁵ܘܩܛܐܬ ܘܢܗܠܠ ܘܫܡܪܘܢ ܘܝܕܠܐ | ܘܒܝܬ ܠܚܡ: ※ܩܘ̈ܪܝܐ 151²
※ܬܪܬܥܣܪܐ ܘܚܨܪ̈ܝܗܝܢ ܕܝܠܗܝܢ↙܀ ¹⁶ܗܕܐ ܗܝ ܝܪܬܘܬܐ ÷ܕܙܒܘܠܘܢ↙ ܕܒ̈ܢܝܐ ܕܫܪ̈ܒܬܗܘܢ ܐܝܟ ܬܚܘܡܐ
ܕܝܠܗܘܢ. ܩܘ̈ܪܝܐ ܗܠܝܢ ܘܚܨܪ̈ܝܗܝܢ ܕܝܠܗܝܢ܀
ܠܐܝܣ ¹⁷÷ܘܠܐܝܣܫܟܪ↙ ܢܦܩ ܦܣܐ ܪ̈ܒܝܥܝܐ ※ܠܒ̈ܢܝܐ ܕܐܝܣܫܟܪ ܐܝܟ ܫܪ̈ܒܬܐ ܕܝܠܗܘܢ↙:
¹⁸ܘܗܘܐ ܬܚܘܡܗܘܢ ܝܙܪܥܐܝܠ ܘܟܣܠܘܬ ܘܫܘܢܡ ¹⁹ܘܥܦܪܝܡ ܘܫܝܢ ܘܐܢܐܪܬ ²⁰ܘܪܒܝܬ
ܘܩܫܝܘܢ ܘܐܒܨ ²¹ܘܪܐܬܘܡ ܘܥܝܢܓܢܝܡ ܘܥܝܢ ܚܕܐ ܘܒܝܬ ܦܨܨ: ²²*ܘܡܦܓܥܝܢ ܬܚܘܡܐ ܥܠ
†ܬܒܘܪ ܘ÷ܥܠ↙ ܫܚܝܡܐ ÷ܥܠ ܝܡܐ↙ ܘܒܝܬ ܫܡܫ. ܘܢܗܘܘܢ ܡ̈ܦܩܢܘܗܝ ܕܬܚܘܡܐ ܕܝܠܗܘܢ ܝܘܪܕܢܢ:
※ܩܘ̈ܪܝܐ ܫܬܥܣܪܐ ܘܚܨܪ̈ܝܗܝܢ ܕܝܠܗܝܢ↙܀ ²³ܗܕܐ ܗܝ ܝܪܬܘܬܐ ܕܫܪ̈ܒܬܐ ܕܒ̈ܢܝܐ ܕܐܝܣܫܟܪ ܐܝܟ ܬܚܘܡܐ
ܕܝܠܗܘܢ. ܩܘ̈ܪܝܐ ܘܕܪ̈ܬܐ ܕܝܠܗܝܢ܀
ܠܐܫ ²⁴ܢܦܩ ܦܣܐ ܚܡܝܫܝܐ ※ܠܫܪ̈ܒܬܐ ܕܒ̈ܢܝܐ ܕܐܫܝܪ ܐܝܟ ܬܚܘܡܐ ܕܝܠܗܘܢ: ²⁵ܘܗܘܐ
152¹ | ܬܚܘܡܐ ܕܝܠܗܘܢ ܚܠܩܬ ܘܚܠܝ ܘܒܛܢ ܘܐܟܫܦ ²⁶ܘܐܠܡܠܟ ܘܥܡܥܕ ܘܡܫܐܠ. *ܘܡܦܓܥ
ܒܟܪܡܠ ܠܝܡܐ ܥܠ ܫܝܚܘܪ ÷ܘ↙ܠܒܢܬ. ²⁷ܘܢܦܩ ܡܢ ܡܕܢܚ̈ܝ ܫܡܫܐ ܘܒܝܬ ܕܓܘܢ.
ܘܡܦܓܥܝܢ ܠܙܒܘܠܘܢ *ܘܒܓܝ ܕܝܦܬܚܐܝܠ ܠܝܡܐ ܠܓܪܒܝܐ ܕܒܝܬ ܥܡܩ. ÷ܘܐܙܠ
÷ܬܚܘܡܐ↙ ܘ÷ܠ↙ܢܥܝܐܝܠ. ܘܡܬܟܪܟܝܢ ܠܣܡܠܐ ܡܢ ܟܒܘܠ ²⁸*ܘܥܒܪܢ ܘܪܚܘܒ ܘܚܡܘܢ ܘܩܢܐ
ܥܕܡܐ ܠܨܝܕܘܢ ܪܒܬܐ. ²⁹ܘܢܦܩ ܬܚܘܡܐ °ܠܪܡܬܐ †ܘܥܕܡܐ ܠܡܕܝܢܬܐ ܕܚܝܠܐ **ܕܨܘܪ. ܘܢܦܩ
ܬܚܘܡܐ ܥܠ ܚܘܣܐ. ܘܢܗܘܘܢ ܡ̈ܦܩܢܘܗܝ ܝܡܐ ÷ܘ↙ܡܢ ܚܒܠ ܕܐܟܙܝܒ ³⁰ܘܥܡܡܐ ܘܐܦܩ
ܘܪܚܘܒ ※ܩܘ̈ܪܝܐ ܥܣܪܝܢ ܘܬܪܬܝܢ ܘܚܨܪ̈ܝܗܝܢ ܕܝܠܗܝܢ↙܀ ³¹ܗܕܐ ܗܝ ܝܪܬܘܬܐ ܕܫܪ̈ܒܬܐ ܕܒ̈ܢܝܐ ܕܐܫܝܪ
ܐܝܟ ܬܚܘܡܐ ܕܝܠܗܘܢ. ܡܕܝ̈ܢܬܐ ܕܝܠܗܘܢ ܘܚܨܪ̈ܝܗܘܢ܀
ܦ 152² | ³²ܘܠܒ̈ܢܝ ܢܦܬܠܝ ܢܦܩ ܦܣܐ ܫܬܝܬܝܐ ※ܠܒ̈ܢܝܐ ܕܢܦܬܠܝ ܐܝܟ ܫܪ̈ܒܬܐ ܕܝܠܗܘܢ↙: ³³ܘܗܘܐ
ܐܣܘܩܐ ܕܝܠܗܘܢ ܡܢ ܚܠܦ ÷ܘ↙ܡܢ ܒܠܘܛܐ ܕܨܥܢܢܝܡ ܘܐܕܡܝ ܘܢܩܒ ܘܝܒܢܐܝܠ ܥܕܡܐ ܠܠܩܘܡ.
ܘܗܘܘ ܡ̈ܦܩܢܘܗܝ *ܝܘܪܕܢܢ: ³⁴ܘܢܦܩ ܬܚܘܡܐ ܥܠ ܝܡܐ ܠܐܙܢܘܬ ܬܒܘܪ. ܘܡܬܟܪܟ ܡܢ
ܬܡܢ ܠܚܘܩܩ. ܘܡܦܓܥܝܢ ܠܙܒܘܠܘܢ ܡܢ ܬܝܡܢܐ. ܘܠܐܫܝܪ ܡܦܓܥܝܢ *ܡܢ ܝܡܐ. ܘ※ܠ ܠܝܗܘܕܐ↙

13 indice ad ܚܡܬ adposito, ܡܢ ܒܚܡܬ ܐܢܘܐ Bᵐ. »pro Αμμαθανοὺ δριvουά, scribe Αματὰρ Ανουά« M

14 »scribe initium his verbis, καὶ περιελεύσεται τὰ ὅρια ἐπὶ βορρᾶ, ἐπὶ Αναθών, και ἔσται &c.« M

14 indice ad ܓܝ adposito, ܡܢ ܓܝܐ

15 ܘܢܗܠܠ B. »pro ναλὼθ, repone νααλὼλ« M

15 quatuor ultima vocabula > B: supplevit Bᵐ, sed signis (a me ex M additis) carentia

16 ÷ܕܙܒܘܠܘܢ↙ M: signa non habet B

16 »scribe αἱ πόλεις αὗται« M

17 ÷ܘܠܐܝܣܫܟܪ↙ M: signa non habet B

19 »pro, ἀφεραείμ dicendum est Αφεραΐμ. & expungendum est illud, ρεvάθ« M

20 »pro δαμὲ, scribe αἰμὲς« M

21 »pro ῥαμαῒ, scribe Ραιθὼμ, aut, vt quidam habent, Ρεθὼμ« M

22 ܥܝܢ ܚܕܐ ܘܒܝܬ ܦܨܨ |

22 ܥܠ ܬܒܘܪ

22 ÷ܘ↙ ܥܠ et ÷ܥܠ ܝܡܐ↙ M: signa non habet B

22 ÷ܕܬܚܘܡܐ↙ ܕܝܠܗܘܢ B contra M

23 »post illa verba, δήμους αὐτῶν, scribe, αἱ πόλεις, καὶ αἱ ἐπαύλεις αὐτῶν. expuncta copula, & sublato illo, καὶ αἱ κῶμαι« M

24 ܠܫܪ̈ܒܬܐ B

26 ܡܢ ܥܠ ܒܟܪܡܠ

26 ÷ܘ↙ܠܒܢܬ M: signa non habet B

27 »habent Complutenses, et legit Syrus, ἡλίου καὶ βηθδαγὼν. interposita copula« M

27 ܡܢ ܡܕܢܚ̈ܝ ܫܡܫܐ ܒܝܬ ܕܓܘܢ

27 signa ex M, quae non habet B. »Complutenses omiserunt illa verba, τὸ μεθόριον. sed lecta sunt a Syro« M, qui Ανιηλ pro ܢܥܝܐܝܠ

28 ܡܢ ܥܒܪܢ

28 »pro ἀσχρὰν, scribe, Αχρὰν ... pro Κανaῒ, scribe Κανὰ, aut .... Καναὶ« M

29 »scribe ὡσὰ« M

29 ܡܢ ܡܕܝܢܬܐ ܕܚܝܠܐ ܕܨܘܪ

29 indice non adposito, ܡܢ ܚܝܠܐ ܕܨܘܪ, ubi ܕ puncto caret. ex B ܕܨܘܪ transscripsi

29 »scribe, ἡ διέξοδος αὐτῶν« M

29 ÷ܘ↙ܡܢ M, ܡܢ B

30 ※ BM, ↙ solus M

33 »pro μηλὼμ καὶ βεσενανεὶμ, legit Syrus, ἀπὸ δρυὸς Σενανεὶμ« M. hinc ܕܨܥܢܢܝܡ codicis B mutavi

33 ÷ܘ↙ܡܢ scripsi, nam M »copula signanda est obelo«: ܡܢ B

33 »pro Αρμαὶ, scribe, Αδαμαὶ« M

33 ܘܢܩܒ ego, ܘܢܩܒ B, ÷καὶ↙ Ναχὲβ M

33 »scribe ... Ιαβνὴλ et .... Λαχὼμ« M

33 indice ad ܕܝܠܗܘܢ adposito ܐܣܘܩܐ ܕܝܠܗܘܢ

34 »pro κατὰ θάλασσαν, legit Syrus ἀπὸ θαλάσσης« M

34 indice ad ܡܦܓܥܝܢ adposito ܡܢ ܡܢ ܝܡܐ ܠܝܗܘܕܐ

34 ※ܠ ܠܝܗܘܕܐ↙ M: signa et ܠ in B non habentur

ܘܝܘܪܕܢܢ ܡܢ ܡܕ̈ܢܚܝ ܫܡܫܐ. 35 ܘܡܕܝ̈ܢܬܐ *ܕܥܘܫܢܐ ܫܘܪ ܨܘܪ ܘܫܡܬ ܘܐܪܩܬ ܘܟܢܪܬ 36 ܘܐܕܡܐ
ܘܪܡܐ ܘܚܨܘܪ 37 ܘܩܕܫ ܘܐܕܪܥܝ ܘܥܝܢ ܚܨܘܪ 38 ܘܐܪܘܢ ܘܡܓܕܠܐܝܠ ܘܚܪܡ ܘܒܝܬ ܥܢܬ ܘܒܝܬ
ܫܡܫ: ※ܡܕܝ̈ܢܬܐ ܬܫܥܣܪܐ ܘܩܘ̈ܪܝܐ ܕܝܠܗܝܢ↙ ⁙ 39 ܗܕܐ ܗܝ ܝܪܬܘܬܐ ܕܫܒܛܐ ܕܒ̈ܢܝ ܢܦܬܠܝ ※ܐܝܟ
153¹ ※ܫ̈ܪܒܬܐ ¦ ܥܡܡܐ ܕܝܠܗܘܢ↙ . ܡܕܝ̈ܢܬܐ ܘܩܘ̈ܪܝܐ ܕܝܠܗܝܢ ⁙
40 ※÷ܘܠܕܢ ܐܝܟ ܫ̈ܪܒܬܐ ܕܝܠܗܘܢ ܢܦܩ ܦܣܐ ܫܒܝܥܝܐ. 41 ܘܗܘܘ ܬܚܘ̈ܡܐ ※ܕܝܪܬܘܬܗܘܢ↙ ܨܪܥܐ
ܕܝܠܗܘܢ ܙܪܥܐ ܘܐܫܬܐܘܠ ܡܕܝ̈ܢܬܐ ܕܫܡܫ 42 ܘܫܠܒܝܢ ܘܐܝܠܘܢ ܘܝܬܠܐ 43 ܘܐܝܠܘܢ ܘܬܡܢܐ ܘܥܩܪܘܢ
44 ܘܐܠܬܩܐ ܘܓܒܬܘܢ ܘܒܥܠܬ 45 ܘܐܝܘܕ ܘܒܢܝ ܒܪܩ ܘܓܬ ܪܡܘܢ 46 ܘܡܝ̈ܐ ܕܝܪܩܘܢ ※ܘܪܩܘܢ↙
ܬܚܘܡܐ ܠܘܩܒܠ ܝܦܘ 47 ※ܘܢܦܩ ܬܚܘܡܐ ܕܒ̈ܢܝ ܕܢ ܡܢܗܘܢ↙ ⁙ ÷ܗܕܐ ܗܝ ܝܪܬܘܬܐ ܕܫܒܛܐ
÷ܕܒ̈ܢܝ ܕܢ ܐܝܟ ܫ̈ܪܒܬܐ ܕܝܠܗܘܢ. ܡܕܝ̈ܢܬܐ ܘܩܘ̈ܪܝܐ ܕܝܠܗܝܢ. ܘܠܐ ܐܠܨܘܗܝ ܒ̈ܢܝ ܕܢ ܠܐܡܘܪܝܐ ܗܘ
÷ܕܐܠܨ ܗܘܐ ܠܗܘܢ ܒܛܘܪܐ. ܘܠܐ ܫܒܩܝܢ ܗܘܘ ܠܗܘܢ ܕܢܚܬܘܢ ܠܥܘܡܩܐ. ܘܐܠܨܘ ܗܘܘ ܠܗܘܢ
÷ܠܬܚܘܡܐ ܕܡܢܬܐ ܕܝܠܗܘܢ↙ ⁙
153² ܘܐܙܠܘ ¦ ܒ̈ܢܝ ܕܢ ܘܐܬܟܬܫܘ ܥܡ ܠܫܡ ܘܟܒܫܘܗ̇ ܘܡܚܐܘܗ̇ ܒܦܘܡܐ ܕܣܝܦܐ ܘܝܪܬܘ
※ܘܝܪܬܘܗ̇↙ ܘܝܬܒܘ ܒܗ̇. ܘܩܪܘ ܫܡܗ̇ ܠܠܫܡ ܕܢ ※ܐܝܟ ܫܡܐ ܕܕܢ ܐܒܘܗܘܢ ⁙ 48 ܗܕܐ ܗܝ ܝܪܬܘܬܐ
※ܕܫܒܛܐ ܕܒ̈ܢܝ ܕܢ ܐܝܟ ܫ̈ܪܒܬܐ ¦ ܥܡܡܐ ܕܝܠܗܘܢ. ܡܕܝ̈ܢܬܐ ܗܠܝܢ ܘܩܘ̈ܪܝܐ ܕܝܠܗܝܢ: 49 ܘܫܠܡܘ
※ܠܡܦܠܓܘ ܠܐܪܥܐ ܒܬܚܘ̈ܡܐ ܕܝܠܗ̇↙ ⁙
÷ܘܐܬܡܠܟܘ ܫܘܡܥܘܢ ܒܫܒܛ̈ܐ ܘܐܠܗܝܢ ܘܡܫܘܚܬܗܝܢ. ܘܝܗܒܘ ܒ̈ܢܝ ܐܝܣܪܝܠ ܠܝܫܘܥ ܒܝܢܬܗܘܢ. ܦܬܓܡܐ ܡܢ
÷ܠܗܘܢ ܒܦܘ̈ܩܕܢܐ. ܘܐܙܠܘ ܠܡܦܠܓܘ ܠܐܪܥܐ ܐܝܟ ܬܚܘܡܐ ܕܝܠܗܘܢ↙ ⁙
ܘܝܗܒܘ ܒ̈ܢܝ ܐܝܣܪܝܠ *ܦܘܠܓܐ ܠܝܫܘܥ ܒܪܗ ܕܢܘܢ ܒܝܢܬܗܘܢ 50 ܒܝܕ ܦܘܩܕܢܗ ܕܡܪܝܐ. ܡܢ
÷ܘܐܬܝܗܒܬ ܠܗ ܩܪܝܬܐ ܗܝ ܕܫܐܠ.. ܬܡܢܣܪܚ. ÷ܗܝ ܕܐܬܐܡܪܬ↙ ܒܛܘܪܐ ܕܐܦܪܝܡ. ܘܒܢܝܗ̇
ܩܪܝܬܐ. ܘܝܬܒ ܗܘܐ ܒܗ̇ ⁙ | 51 ܗܠܝܢ ܦܘܠܓ̈ܐ ܗܢܘܢ ܕܐܘܪܬ ܐܠܥܙܪ ܟܘܡܪܐ ܘܝܫܘܥ ܗܘ ܕܢܘܢ 154¹

35 ܡܢ ܕܨܘܪܝܐ

35 »τῶν τυρίων non est à Syro lectum« M

37 »Pro, πηγαὶ Ασὲρ, est in bonis libris Ην Ασωρ . . . . Syrus tamen, per limniscum, monet, esse exemplaria, quae habent πηγὴ Ασὼρ« M

38 »Pro Ερὼν, scribe Ιερὼν, & pro ὡρὰν, ὡρὰμ. Pro θασμοὺς, βηθσαμὴς« M

39 ܐܝܟ ※ M: B ※ ante ܥܡܡܐ posuit

39 ܫܪ̈ܒܬܐ B

39 fin M = B

40 ܕܒ̈ܢܝ ܕܢ ܠܫܒܛܐ margo B, ubi corrige ܠܫܒܛܐ. »Syrus, per limniscum, ostendit in quibusdam libris esse, ÷ καὶ↙ τῇ φυλῇ υἱῶν Δὰν [hinc ÷ܘܠܕܢ contra B edidi] . . . . debet autem, post nomen, Δὰν, adscribi κατὰ δήμους ἀυτῶν. deinceps verò sequitur, quod vulgati libri habent, ἐξῆλθεν ὁ κλῆρος &c« M. numerum ܡ supplevi

41 ※ܕܝܪܬܘܬܗ↙ [singularem] M: signa non habet B

41 ante ܬܚܘܡܐ »neque Syrus, neque Complutenses copulam legerunt« M

42 »pro ἰβαλὼν, scribe Αιλὼν« M

43 »pro αἰλὼν, scribe Ιαλὼν« M

46 signo ad finem commatis 45 adposito, ܡܢ ܝܡܐ . »illud, καὶ ἀπὸ θαλάσσης Ιεραχῶν, esse quidem in quibusdam libris, notat Syrus. Ipse tamen reddidit, καὶ ὕδατα Ιεραχῶν, atque hîc omissum aliud nomen, suggeritur in mixta editione per stellulam. nempe ※καὶ Αιρεκχὼν↙ ὅριον &c.« M

47 ܢܦܩ in B participium

47 ÷ ex B, qui tamen ante ܝܪܬܘܬܐ, ante ܕܢ, ante ܡܕܝܢ̈ܬܐ, ante ܗܘܘ et ܕܒ̈ܢܝ versus incipientia signum ex more repetendum non habet, ↙ post ܕܝܠܗܘܢ habet. »perturbatus est ordo in Graecis libris. Nam versiculus 48 scriptus est ante 47. Ceterùm post absolutum versum 46 suggerit editio mixta haec verba versiculi quadragesimi septimi, ※καὶ ἐξῆλθεν [sic] τὸ ὅριον τῶν υἱῶν Δὰν ἀπ' ἀυτῶν.↙. Deinceps verò scribitur versiculus 48. sed vt ego existimo, non rectè. quandoquidem pòst suggeritur denuò, in editione mixta, suo loco. Quare putarim hîc continuò esse subijcienda illa, quae sunt in vulgatis etiam libris, καὶ οὐκ ἔθλιψαν οἱ υἱοὶ Δὰν &c. . . . . Syrus . . . ea in Hexaplis fuisse ostendit, sed obeliscis notata«. M 91 »※καὶ ἐξῆλθεν τὸ ὅριον τῶν υἱῶν δὰν ἀπ' ἀυτῶν↙. ÷καὶ οὐκ ἐξέθλιψαν οἱ υἱοὶ δὰν τὸν ἀμορραῖον τὸν θλίβοντα ἀυτοὺς ἐν τῷ ὅρει, καὶ οὐκ εἴων ἀυτοὺς οἱ ἀμορραῖοι καταβαίνειν εἰς τὴν κοιλάδα· καὶ ἔθλιβον ἐπ' ἀυτῶν τὸ ὅριον τῆς μερίδος ἀυτῶν↙. καὶ ἐπορεύθησαν οἱ υἱοὶ δὰν, καὶ ἐπόλεμησαν τὴν λεσὲμ, καὶ κατελάβοντο ἀυτὴν, καὶ ἐπάταξαν ἀυτὴν ἐν στόματι μαχαίρας, ※καὶ ἐκληρονόμησαν ἀυτὴν↙, καὶ κατῴκησαν ἀυτήν. καὶ ἐκάλεσαν τὸ ὄνομα τῆς λεσὲμ δὰν, ※κατὰ τὸ ὄνομα δὰν πατρὸς ἀυτῶν↙. ubi sequitur comma 48 meum, in B, quum iam in commate 47 meo habeatur, bis obvium. 48 asterisco caret M·91

48 ex B ܫܪ̈ܒܬܐ et ܕܢ transscripsi

49 ܕܝܠܗ̇↙ M, ܕܝܠܗ B

49 ÷ ex Masiano, quum in B ÷ primus ante ܫܘܡܥܘܢ positus sit

49 »scribendum, Αιλὼν. & Σαλαβεὶν« M

49 »cùm dicitur, καὶ ἔδωκαν οἱ υἱοὶ &c., omittendi sunt obelisci« M

49 ܡܢ ܝܪܬܘܬܐ ↑

50 ÷ܘܐܬܝܗܒܬ M: signis caret B

50 »pro σαραὶ, scribendum . . . . Σαραὶ, aut . . . . Σαρὰ« M

50 ÷ܗܝ ܕܐܬܐܡܪܬ↙ M: signis caret B

51 »scribe κατεκληροδότησεν« M

51 »scribe, Σηλὼ, ablato μ« M

[illegible] 1

[illegible]

20 [illegible]

[illegible]

[illegible]

[illegible]

154² [illegible]

[illegible]

[illegible]

[illegible]

[illegible]

[illegible]

[illegible]

155¹ [illegible]

[illegible]

[illegible]

[illegible]

[illegible]

[illegible]

21 [illegible]

[illegible]

[illegible]

155² [illegible]

[illegible]

[illegible]

[illegible]

[illegible]

[illegible]

51m [illegible] B. [illegible] Bm
51 [illegible] |
2 »adscribatur Pronomen, ὑμῖν« M
2 »lectum à Syro est, numero singulari, τοῦ φυγαδευτηρίου« M
3 in [illegible] conspirant BM: mox edidi ex M solo, nam B [illegible] : post [illegible] non habet [illegible]. mox B ÷ continuat, nam habet [illegible], et finit [illegible]
3 fin [illegible] addit B contra M
4 [illegible] |. »scribe, ἐπὶ τὴν θύραν τῆς πύλης τῆς πόλεως. atque expungito Pronomen… αὐτοῦ« M
4 »scribe, τοὺς λόγους αὐτοῦ« M
4 [illegible]
5 [illegible] |, indice ad [illegible] adposito
6 »pro, εἰσελεύσεται εἰς τὴν &c. scribe, καὶ ἐλεύσεται πρὸς τὴν πόλιν. Cùm porrò vlterius est, καὶ ἐλεύσεται πρὸς πόλιν, debet Coniunctio veru iugulari« M
6 ad versum a [illegible] incipientem addit [illegible] Bm
7 »scribe numero vnius, διέστειλεν« M
7 [illegible] M, [illegible] (omisso [illegible]) B
7 [illegible] B. [illegible] Bm. »legit Syrus .... Αρβὸκ« M
8 »post Γαλαάδ, adscribito, ἐκ τῆς φυλῆς Γάδ« M
9 [illegible] post [illegible] deest in B
9 [illegible]
9 [illegible] ego, [illegible] B, ※πᾶσιν↙ M
9 »pro ἐκ χειρὸς, scribe, ἐν χειρί« M
9 [illegible] M: signa non habet B
2 »scribendum est, verbis traiectis, κύριος ἐνετείλατο« M
2 [illegible]
2 »post, περισπόρια, additur in mixta Pronomen ※αὐτῶν↙« M. hunc sequutus signa in B addidi
3 indice ad [illegible] adposito [illegible]
4 »scribe κληρωτί« M
5 ※ [illegible] M, [illegible] ※ B
5 [illegible] ego, [illegible] BM
5 »scribe rursus κληρωτί« M
6 ※ [illegible] M, [illegible] ※ B
6 [illegible] ego, [illegible] BM

ܒܒܬܢܝܐ ܒܦܣܐ ܩܘܪ̈ܝܐ ܠܬܠܬܥܣܪܐ: 7 ÷ܘ↙ܠܒܢ̈ܝܐ ܕܡܪܪܝ ܐܝܟ ܬܘܗܡܐ ܕܝܠܗܘܢ ܡܢ ܫܒܛܐ
ܕܪܘܒܝܠ ܘܡܢ ܫܒܛܐ ܕܓܕ ܘܡܢ | ܫܒܛܐ ܕܙܒܘܠܘܢ ܒܦܣܐ ܩܘܪ̈ܝܐ↙ ܬܪ̈ܬܥܣܪܐ: 8 ܘܝܗܒܘ 156[1]
ܒܢ̈ܝܐ ܕܐܝܣܪܝܠ ܠܠܘ̈ܝܐ ܠܩܘܪ̈ܝܐ ※ܗܠܝܢ↙ ܘܠܦܪ̈ܙܝܗܝܢ ܐܝܟ ܗܘ ܕܦܩܕ ܡܪܝܐ ܠܡܘܫܐ.
ܒܦܣ̈ܐ: 9 ܘܝܗܒܘ *ܫܒܛܐ ܕܒܢ̈ܝܐ ܕܝܗܘܕܐ ܘܫܒܛܐ ܕܒܢ̈ܝܐ ܕܫܡܥܘܢ ܘܡܢ ܫܒܛܐ ܕܒܢ̈ܝܐ ܕܒܢܝܡܝܢ↙
ܠܩܘܪ̈ܝܐ ※ܗܠܝܢ↙ †ܘܐܬܩܪܝ ܒܫܡܗܝܢ: 10 ※ܘܗܘܝ↙ ܠܒܢ̈ܝܐ ܕܐܗܪܘܢ ܡܢ ܬܘܗܡܐ ܕܩܗܬ ܕܒܢ̈ܝܐ
ܕܠܘܝ. ܡܛܠ ܕܠܗܘܢ ܗܘܐ ܦܣܐ ※ܩܕܡܝܐ↙: 11 ܘܝܗܒܘ ܠܗܘܢ ܠܩܘܪܝܬ ܐܪܒܘܩ ܐܡܐ
ܕܩܘܪ̈ܝܐ *ܕܥܢܩ ܐܝܬ (ܗܕܐ ܐܝܬܝܗ ܚܒܪܘܢ ܒܛܘܪܐ ܕܝܗܘܕܐ). †ܠܦܪ̈ܙܝܗ̇ ܕܝܢ ※ܕܚܕܪܝܗ̇↙ ܕܚܕܪ̈ܝܗ̇
12 ܘܠܚܩܠܐ ܕܩܘܪܝܬܐ ܘܠܚܩܠ̈ܐ ܕܝܠܗ̇ ܝܗܒ ܐܢܘܢ ܝܫܘܥ↙ ܠܒܢ̈ܝ ܟܠܒ ܒܪܗ ܕܝܘܦܢܐ ܠܐܘܚܕܢܐ ※ܕܝܠܗ↙:
13 ܘܠܒܢ̈ܝܐ ܕܐܗܪܘܢ ܟܗܢܐ ※ܝܗܒ↙ ܠܩܘܪܝܬܐ *ܕܡܥܪܩܬܐ ܕܩܛܘܠܐ ܠܚܒܪܘܢ ܘܬܚܘܡܝܗ̇.. | ܠܠܒܢܐ ܘܬܚܘܡܝܗ̇ 156[2]
ܕܦܪ̈ܝܫܢ ܥܡܗ̇. ܘܠܝܬܝܪ ܘܬܚܘܡܝܗ̇ ܕܦܪ̈ܝܫܢ ܠܘܬܗ̇. 14 ܘܠܐܣܬܡܘܥ *ܘܬܚܘܡܝܗ̇ ܕܦܪ̈ܝܫܢ ܥܡܗ̇.
ܘܠܐܠܡܘܢ ܘܬܚܘܡܝܗ̇ ܕܦܪ̈ܝܫܢ ܠܘܬܗ̇. 15 ܘܠܐܠܢ ܘܬܚܘܡܝܗ̇ ܕܦܪ̈ܝܫܢ ܠܘܬܗ̇. 16 ܘܠܥܝܢ ܘܬܚܘܡܝܗ̇
ܕܦܪ̈ܝܫܢ ܠܘܬܗ̇. ܘܠܝܛܐ ܘܬܚܘܡܝܗ̇ ܕܦܪ̈ܝܫܢ ܠܘܬܗ̇. ܘܠܒܝܬ ܫܡܫ ܘܬܚܘܡܝܗ̇ ܕܦܪ̈ܝܫܢ
ܠܘܬܗ̇ .. ܩܘܪ̈ܝܐ ܬܫܥ ܡܢ ܬܪ̈ܝܢ ܫܒ̈ܛܐ ܗܠܝܢ ÷ 17 ܘܡܢ ܫܒܛܐ ܕܒܢܝܡܝܢ ܠܓܒܥܘܢ ܘܬܚܘܡܝܗ̇
ܕܦܪ̈ܝܫܢ ܠܘܬܗ̇. ܘܠܓܒܥ ܘܬܚܘܡܝܗ̇ ܕܦܪ̈ܝܫܢ ܠܘܬܗ̇. 18 ܘܠܥܢܬܘܬ ܘܬܚܘܡܝܗ̇ ܕܦܪ̈ܝܫܢ ܠܘܬܗ̇.
ܘܠܥܠܡܘܢ ܘܬܚܘܡܝܗ̇ ܕܦܪ̈ܝܫܢ ܠܘܬܗ̇ .. ܩܘܪ̈ܝܐ ܐܪܒܥ: 19 ܟܠܗܝܢ ܩܘܪ̈ܝܐ ܕܒܢ̈ܝܐ ܕܐܗܪܘܢ ܟܗ̈ܢܐ
ܬܠܬܥܣܪܐ ܩܘܪ̈ܝܐ ܘܦܪ̈ܙܝܗܝܢ ÷ 20 ܘܠܬܘܗܡܐ ܕܒܢ̈ܝܐ ܕܩܗܬ .. ܠܠܘ̈ܝܐ ܗܢܘܢ ܕܫܪܟܘ ܡܢ
ܒܢ̈ܝܐ ܕܩܗܬ. ܘܗܘܬ ܡܕܝܢܬܐ *ܕܟܘܡܪ̈ܐ ܕܝܠܗܘܢ ܡܢ ܫܒܛܐ ܕܐܦܪܝܡ: 21 ܘܝܗܒܘ ܠܗܘܢ ܠܡܥܪܩܬܐ
ܕܩܛܠ | ܩܛܘܠܐ ܘܦܠܛܐ. ܠܫܟܝܡ ܘܬܚܘܡܝܗ̇ ܕܦܪ̈ܝܫܢ ܠܘܬܗ̇. ※ܒܛܘܪܐ ܕܐܦܪܝܡ↙. ܘܠܓܙܪ 157[1]
ܘܬܚܘܡܝܗ̇ ܕܦܪ̈ܝܫܢ ܠܘܬܗ̇. 22 ܘܠܩܒܨܝܡ ܘܬܚܘܡܝܗ̇ ܕܦܪ̈ܝܫܢ ܠܘܬܗ̇. ܘܠܒܝܬ ܚܘܪܘܢ ܘܬܚܘܡܝܗ̇
ܕܦܪ̈ܝܫܢ ܠܘܬܗ̇ .. ܩܘܪ̈ܝܐ ܐܪܒܥ ÷ 23 ܘܡܢ ܫܒܛܐ ܕܕܢ ܠܐܠܟܬܐ ܘܬܚܘܡܝܗ̇ ܕܦܪ̈ܝܫܢ ܠܘܬܗ̇.
ܘܠܓܒܬܘܢ ܘܬܚܘܡܝܗ̇ ܕܦܪ̈ܝܫܢ ܠܘܬܗ̇. 24 ܘܠܐܝܠܘܢ ܘܬܚܘܡܝܗ̇ ܕܦܪ̈ܝܫܢ ܠܘܬܗ̇. ܘܠܓܬܪܡܘܢ ܘܬܚܘܡܝܗ̇
ܕܦܪ̈ܝܫܢ ܠܘܬܗ̇ .. ܩܘܪ̈ܝܐ ܐܪܒܥ ÷ 25 ܘܡܢ ܦܠܓܗ ܕܫܒܛܐ ܕܡܢܫܐ ܠܬܐܢܟ ܘܬܚܘܡܝܗ̇ ܕܦܪ̈ܝܫܢ
ܠܘܬܗ̇. ܘܠܓܬܪܡܘܢ ܘܬܚܘܡܝܗ̇ ܕܦܪ̈ܝܫܢ ܠܘܬܗ̇ .. ܩܘܪ̈ܝܐ ܬܪ̈ܬܝܢ ÷ 26 ܟܠܗܝܢ ܩܘܪ̈ܝܐ ܥܣܪ
ܘܬܚܘܡܝܗܝܢ ܕܦܪ̈ܝܫܢ ܠܘܬܗܝܢ. ܠܬܘܗܡܐ ܕܒܢ̈ܝܐ ܕܩܗܬ ܕܫܪ̈ܟܝܢ ÷ 27 ܘܠܒܢ̈ܝܐ ܕܓܪܫܘܢ
※ܠܘܝ̈ܐ ܗܘܝܢ↙ ܠܬܘܗ̈ܡܐ ܡܢ ܦܠܓܗ ܕܫܒܛܐ ܕܡܢܫܐ *ܠܩܘܪܝܬܐ ܕܦܪ̈ܝܫܢ ܠܩܛܠܐ ܐܡ̈ܗܬܐ.
ܠܓܘܠܢ | ܒܒܬܢ ܘܬܚܘܡܝܗ̇ ܕܦܪ̈ܝܫܢ ܠܘܬܗ̇. ܘܠܒܥܫܬܪܬܐ ܘܬܚܘܡܝܗ̇ ܕܦܪ̈ܝܫܢ ܠܘܬܗ̇ .. ܩܘܪ̈ܝܐ 157[2]
ܬܪ̈ܬܝܢ ÷ 28 ܘܡܢ ܫܒܛܐ ܕܐܝܣܟܪ ܠܩܫܝܘܢ ܘܬܚܘܡܝܗ̇ ܕܦܪ̈ܝܫܢ ܠܘܬܗ̇. ܘܠܕܒܪܬ ܘܬܚܘܡܝܗ̇ ܕܦܪ̈ܝܫܢ
ܠܘܬܗ̇. 29 ܘܠܪܡܘܬ ܘܬܚܘܡܝܗ̇ ܕܦܪ̈ܝܫܢ ܠܘܬܗ̇. *ܘܠܡܥܝܢܐ ܕܩܒܠܬܐ ܘܬܚܘܡܝܗ̇ ܕܦܪ̈ܝܫܢ

7 ÷ܘ↙ܠܒܢ̈ܝܐ M, ܘܠܒܢ̈ܝܐ B
8 ↙ ex M addidi
9 | ܡܢ ܫ ܫܒܛܐ ܕܒܢ̈ܝܐ ܕܝܗܘܕܐ ܘܡܢ ܫܒܛܐ ܕܒܢ̈ܝܐ ܕܫܡܥܘܢ
9 ↙ alterum ex M addidi
9 | ܗܠܝܢ ܕܗܘܝ ܐܝܟ ܒܫܡܐ
9 »adscribendum est, ἐν ὀνόματι« M
9/10 ※ܒܫܡܐ ※ܘܗܘܝ↙ M, ※ܒܫܡܐ ܘܗܘܝ B omisso signo ↙
11 »καὶ ἔδωκαν, numero plurium« M
11 ܘܠܦܪ̈ܙܝܗ̇ ܕܚܕܪ̈ܝܗ̇ ܐܘܟܐ
11 ܡܢ ܦܪ̈ܙܝܗ̇ ܕܚܕܪ̈ܝܗ̇
12 fin ↙ non adest in B
13 »post, τοῦ ἱερέως, habet mixta ※ἔδωκαν↙. nam mendosè habent Complutenses numerum singularem« M. ܝܗܒ potest pro ܝܗܒܘ scriptum esse. ※ non habet B
13 ex B ܕܡܥܪܩܬܐ transscripsi
13 ܡܢ ܕܩܛܠ ܠܩܛܘܠܐ Bm, indice ad ܕܩܛܘܠܐ adposito. »scribe φυγαδευτηρίου . . . . & . . . . σὺν αὐτῇ. verum paullò vlterius rectè est, τὰ πρὸς αὐτῇ« M
14 ܡܢ ܕܦܪ̈ܝܫܢ ܠܗ̇ ܘܬܚܘܡܝܗ̇, ubi ܠܘܬܗ̇ B
14 »pro Ισθεσμω, scribe Ισθιμω« M
15 »Scribe Αιλων« M
16 »pro Ιετγα, scribe, Ιεττα. Ibidem, scribe βεθσαμες« M
16 ܬܫܥ ܡܢ B: contra M
18 »Scribe Αλμων« M
19 »Scribe mutato verborum ordine, δεκατρεῖς πόλεις« M
20 »Pro τῶν ὁρίων, legit Syrus, aut certè reddidit, τῶν ἱερέων . . . . . Hebraeum, in quo est, τοῦ κλήρους [sic] . . . , vt Aquilas & Symmachus sunt interpretati« M. ܡܢ ܕܦܣܐ ܕܝܠܗܘܢ | Bm. singularem ܡܕܝܢܬܐ habuit etiam M
21 »scribe, τὰ πρὸς αὐτῇ« M
21 ܒܛܘܪܐ ※ܕܐܦܪܝܡ↙ B : edidi ex M
22 »Scribe χαβσειμ« M
22 »cùm dicitur, καὶ τὴν ἄνω βηθωρων, expungito illud, ἄνω« M
23 »scribe, γαβθων« M
25 »scribe Θαναχ. & mox, pro βαιθσαν, scribe, γεθρεμμων« M
27 ※ܠܘܝ̈ܐ ܓܒܪ̈ܐ↙ M, ܓܒܪ̈ܐ ※ܠܘܝ̈ܐ B
27 ex B ܠܩܛܠܐ transscripsi
27 | ܠܡܥܪܩܬܐ ܕܗܘܐ ܠܩܛܘܠܐ
27 »pro, βεεσθρα, legit Syrus, Ασθαρωθ« M
28 »scribe, κεσιων, et Δαβραθ« M
29 »adde copulam hoc modo, καὶ πηγὴν« M. ܘܠܡܥܝܢܐ ܕܓܢ̈ܐ ܠܒܝܬ Bm

ܠܗ̇ .. ܩܘܪ̈ܝܐ ܐܪ̈ܒܥ ܀ [30]ܘܡܢ ܫܒܛܐ ܕܐܫܝܪ ܠܡܫܐܠ ܘܬܚܘܡܝܗ̇ ܘܦܪ̈ܘܫܝ ܠܗ̇. ܘܠܥܒܕܘܢ
ܘܬܚܘܡܝܗ̇ ܘܦܪ̈ܘܫܝ ܠܗ̇. [31]ܘܠܚܠܩܬ ܘܬܚܘܡܝܗ̇ ܘܦܪ̈ܘܫܝ ܠܗ̇. ܘܠܪܘܚܒ ܘܬܚܘܡܝܗ̇
ܘܦܪ̈ܘܫܝ ܠܗ̇ .. ܩܘܪ̈ܝܐ ܐܪ̈ܒܥ ܀ ‖ [32]ܘܡܢ ܫܒܛܐ ܕܢܦܬܠܝ ܠܡܕܝܢܬܐ ܕܐܬܦܪ̈ܫܬ ܠܩܛܘܠܐ ܐܦ
ܠܩܕܫ ܕܓܠܝܠܐ. ܠܩܕܫ ܕܓܠܝܠܐ ܘܬܚܘܡܝܗ̇ ܘܦܪ̈ܘܫܝ ܠܗ̇. ܘܠܚܡܬܕܘܪ ܘܬܚܘܡܝܗ̇ ܘܦܪ̈ܘܫܝ
ܠܗ̇. ܘܠܩܪܬܢ ܘܬܚܘܡܝܗ̇ ܘܦܪ̈ܘܫܝ ܠܗ̇ .. ܩܘܪ̈ܝܐ ܬܠܬ ܀ [33]ܟܠܗܝܢ ܩܘܪ̈ܝܐ ܕܓܪܫܘܢ ܐܝܟ
158^1 ܬܘܠܕ̈ܬܗܘܢ ܬܠܬܥܣܪܐ | ܩܘܪ̈ܝܐ ※ ܘܗܠܝܢ ܘܦܪ̈ܘܫܝ ܠܗܝܢ ↙. [34]ܘܠܫܪ̈ܒܬܐ ÷ ܕܒܢ̈ܝ ↙
ܕܡܪܪܝ .. ܠܫܪ̈ܟܐ ܕܠܘܝ̈ܐ ܡܢ ܫܒܛܐ ܕܒܢ̈ܝ ܙܒܘܠܘܢ. ܠܝܩܢܥܡ ܘܦܪ̈ܘܫܝܗ̇ ܕܝܠܗ̇ ܘܠܩܪܬܐ ܘܦܪ̈ܘܫܝܗ̇
ܕܝܠܗ̇ [35]※ܘܠܡܪܡܠ ܘܦܪ̈ܘܫܝܗ̇ ܕܝܠܗ̇ ܘܠܢܗܠܠ ܘܦܪ̈ܘܫܝܗ̇ ܕܝܠܗ̇ ↙ .. ܩܘܪ̈ܝܐ ܐܪ̈ܒܥ ܀
[36] ÷ ܘܩܘܪ̈ܝܐ ܕܡܪܪܝ ܕܐܝܬܝܗܝܢ ܡܢ ܫܒܛܐ ܕܪܘܒܝܠ .. ܠܡܥܪܩܬܐ ܕܩܛܘܠܐ ܕܗܘ ܡܝܫܘܪ.
÷ ܠܒܨܪ ܒܡܕܒܪܐ ܕܡܝܫܘܪ ܘܦܪ̈ܘܫܝܗ̇ ܕܝܠܗ̇. ܘܠܝܥܙܪ ܘܦܪ̈ܘܫܝܗ̇ ܕܝܠܗ̇. [37]ܘܠܓܕܫܘܢ
÷ ܘܦܪ̈ܘܫܝܗ̇ ܕܝܠܗ̇ ܘܠܡܦܥܬ ܘܦܪ̈ܘܫܝܗ̇ ܕܝܠܗ̇ .. ܩܘܪ̈ܝܐ ܐܪ̈ܒܥ ↙ ܀ [38]ܘܡܢ ܫܒܛܐ ܕܓܕ
ܠܡܥܪܩܬܐ ܕܩܛܘܠܐ ܕܗܘ ܪܡܬ. ܒܓܠܥܕ ܘܦܪ̈ܘܫܝܗ̇ ܕܝܠܗ̇. ܘܠܡܚܢܝܡ ܘܦܪ̈ܘܫܝܗ̇
158^2 ܕܝܠܗ̇. [39]ܘܠܚܫܒܘܢ ܘܦܪ̈ܘܫܝܗ̇ ܕܝܠܗ̇. ܘܠܝܥܙܪ ܘܦܪ̈ܘܫܝܗ̇ ܕܝܠܗ̇ .. | ܟܠܗܝܢ ܩܘܪ̈ܝܐ ܐܪ̈ܒܥ:
[40]*ܟܠܗܝܢ ܩܘܪ̈ܝܐ ܠܒܢ̈ܝ ܕܡܪܪܝ ܐܝܟ ܬܘܠܕ̈ܬܗܘܢ ܕܗܠܝܢ ܕܫܪܟܘ ܡܢ ܫܒܛܐ ܕܠܘܝ. ܘܗܘܘ
ܬܚܘܡܐ ※ܕܠܗܘܢ ↙ ܩܘܪ̈ܝܐ ܬܪ̈ܬܥܣܪܐ ܀ [41]ܟܠܗܝܢ ܩܘܪ̈ܝܐ ܕܠܘܝ̈ܐ ܒܡܨܥܬ ܐܘܚܕܢܐ ܕܒܢ̈ܝ
ܕܐܝܣܪܝܠ ܩܘܪ̈ܝܐ ܐܪܒܥܝܢ ܘܬܡܢܐ ܘܦܪ̈ܘܫܝܗ̇ ܕܟܠܗܝܢ ܕܩܘܪ̈ܝܐ ܗܠܝܢ: ܩܘܪ̈ܝܐ ܘܦܪ̈ܘܫܝܗ̇
※ܕܝܠܗ̇ ↙ ܚܕ ܚܕ: ※ܗܟܢܐ ↙ ܠܟܠܗܝܢ ܩܘܪ̈ܝܬܐ ܗܠܝܢ ܀
ܡܐ ÷ ܘܫܠܡ ܝܫܘܥ ܟܕ ܦܠܓ ܐܪܥܐ ܒܬܚܘܡܐ ܕܝܠܗ̇. ܘܝܗܒܘ ܒܢ̈ܝ ܐܝܣܪܝܠ ܡܢܬܐ ܠܝܫܘܥ
÷ (ܟܕ ܦܩܕܗ ܕܢܬܠ ܝܗܒܘ ܠܗ) ܠܡܕܝܢܬܐ ܗ̇ܝ ܕܫܐܠ. ܠܬܡܢܬܣܪܚ ܝܗ̈ܒܘ ܠܗ ܒܛܘܪܐ
÷ ܕܐܦܪܝܡ: ܘܒܢܗ̇ ܠܡܕܝܢܬܐ ܝܫܘܥ. ܘܥܡܪ ܒܗ̇: ܘܢܣܒ ܝܫܘܥ ܠܣܟܝ̈ܢܐ ܕܫ̈ܘܥܐ. ܒܗܠܝܢ
159^1 ÷ ܕܓܙܪ ܠܒܢ̈ܝ ܐܝܣܪܝܠ. ܗܠܝܢ ܕܗܘܘ ܒܐܘܪܚܐ ܒܡܕܒܪܐ: | ܡܛܠ ܕܠܐ ܐܬܓܙܪܘ ܒܡܕܒܪܐ. ܘܣܡ
÷ ܐܢܝܢ ܠܬܡܢܬܣܪܚ ↙ ܀ ܘܝܗܒ ܡܪܝܐ ܠܐܝܣܪܝܠ ܟܠܗ̇ ܐܪܥܐ *ܗ̇ܝ ܕܝܡܐ ܠܡܬܠ ܠܐܒܗ̈ܬܐ ܕܝܠܗܘܢ.
ܘܝܪܬܘܗ̇ ܘܥܡܪܘ ܒܗ̇: [42]ܘܐܢܝܚ ܐܢܘܢ *ܡܪܝܐ ܡܢ ܚܕܪܝܗܘܢ ܐܝܟ ܡܐ ܕܝܡܐ ܠܐܒܗ̈ܬܗܘܢ. ܘܠܐ ܩܡ ܘܠܐ ܐܢܫ
ܡܩܕܡܝܗܘܢ ܡܢ ܟܠܗܘܢ ܒܥܠܕܒܒ̈ܐ ܕܝܠܗܘܢ: ܠܟܠܗܘܢ ܒܥܠܕܒܒ̈ܝܗܘܢ ܐܫܠܡ *ܡܪܝܐ ܒܐܝ̈ܕܝܗܘܢ.
[43]ܠܐ ܢܦܠܬ ※ܡܠܬܐ ↙ ܡܢ ܟܠܗܝܢ ܡ̈ܠܐ ܛܒ̈ܬܐ ܗܠܝܢ ܕܡܠܠ ܡܪܝܐ ܠܒܢ̈ܝ ܕܐܝܣܪܝܠ. ܟܠܗܝܢ ܐܬܝ̈ ܀

30 »pro μασαάλ, vt legit Syrus, et habent libri peruulgati, dicunt Complutenses μισάλ . . . . scribe, Αβδὼν« M

31 »scribe, χαλκὰθ, & Ροώβ« M

32[m] ܩܐ B

32 »τὴν πόλιν τὴν . . . Ibidem cùm dicitur, καὶ τὴν κέδες, auferenda est copula. neque enim à Syro lecta est« M

32 »expungenda sunt illa, καὶ τὴν Νοεμμὼν, καὶ τὰ ἀφωρισμένα τὰ πρὸς ἀυτῇ« M

34 ÷ܕܒܢ̈ܝ ↙ M, ܕܒܢ̈ܝ B

34 »Legendum etiam Ιεχνὰμ, & καρθὰ: Syrus tamen habet, καρθὰν« M

36 ÷ primum B non ante ܡܕܒܪܐ, sed ante ܘܡ versum proximum incohans posuit. edidi ex M

36 »Habent . . . . quaedam exemplaria, πόλεις τοῦ ἰορδάνου; pro, πέραν τοῦ ἰορδάνου [hoc edidit] . . . pro, κατὰ ἱεριχὼ, legit Syrus . . . . τῆς ἱεριχὼ« M

38 expungendum est verbum, ἔδωκε, & scribendum . . . τοῦ φυγαδευτηρίου. & τῆς μισὼρ« M

39 »Pro ἰαζὴρ . . . certum est, scribi debere Ιασσὰ, ex libro Paralipoménon . . . .« M

37 Syrus Masii γεδσὼν habuit

37 »pro Μασφὰ scribendum Μαφὰ« M

40 ܗܘ ܟܠܗܘܢ ܩܘܪ̈ܝܬܐ ܗܠܝܢ ܠܒܢ̈ܝ ܕܡܪܪܝ ܐܝܟ ܐܢܫܝܘܬܐ ܫܪܟܐ ܕܗܠܝܢ. ܕܫܪܟܘ ܕܐܢܫܝܘܬܐ ܫܪܟܐ ܕܠܘܝ. ubi ܩܘܪ̈ܝܬܐ B

40 »scribendum est, ex Syro, τοῖς καταλελειμμένοις« M

40 ※ܕܠܗܘܢ ↙ M, ܕܠܗܘܢ ↙ omisso asterisco B

41 »scribe . . . . πόλεις τεσσαράκοντα ὀκτὼ« M

41 »Scribe, πόλις, καὶ τὰ &c. numero vnius« M = ܩܘܪ̈ܝܬܐ B

41 ※ܕܝܠܗ̇ ↙ M, B ※ܕܝܠܗ̇ omisso ↙

41 »pro θαμναθσαχὰρ, scribi debet, Θαμναθσαρὰ, & mutato verborum ordine, καὶ ᾠκοδόμησεν τὴν πόλιν ἰησοῦς. Illud verò quod deinde habetur, ἣν ᾐτήσατο, est auferendum. Complutenses rursus ista [quae ÷ insignita sunt] omisere. At à Syro lecta sunt in eo antigrapho, quod Eusebij manu emendatum erat ad Origenis hexapla« M

41 ܠܬܡܢܬܣܪܚ edidi, ܠܬܡܢܬܣܪܚ B, qui altero loco nomen urbis recte scribit

41 initio folii 159^1 B non ÷, sed ※

41 ܠܐ ܐܬܓܙܪܘ ܒܡܕܒܪܐ ↙ B

41 indice ante ܕܡܛܠ adposito ܗܠܝܢ ܕܗܘܘ ܐܝܟ ܟܠܗܘܢ ܐܠܝܢ ܕܡܛܠ

42 indice neutrubi adposito ܦܫܩ B[m] bis

42 »Syrus legit, καὶ οὐκ ἀνέστη« M

42 »scribe, παρέδωκε κύριος, sublato Pronomine« M

ܩܦܠܐ ܟܒ ܀ I

22 ¹ܗܝܕܝܢ ܩܪܐ ܝܫܘܥ ܠܒܢܝ̈ܐ ܕܪܘܒܝܠ ܘܠܒܢܝ̈ ܓܕ ܘܠܦܠܓܗ ܕܫܒܛܐ ܕܡܢܫܐ. ²ܘܐܡܪ ܠܗܘܢ
ܠܗܘܢ ܐܢܬܘܢ *ܢܛܪܬܘܢ ܟܠܗܝܢ ܐܝܟ ܕܦܩܕܟܘܢ ܡܘܫܐ ܥܒܕܗ ܕܡܪܝܐ. ܘܫܡܥܬܘܢ ܠܩܠܝ ܕܝܠܝ
ܐܝܟ ܟܠܗܝܢ ܐܝܟ ܕܦܩܕܬܟܘܢ: ³ܠܐ ܫܒܩܬܘܢ ܠܐܚܝ̈ܟܘܢ *ܗܠܝܢ ܝܘܡܬܐ ܣܓܝܐܐ ܥܕܡܐ ܠܝܘܡܢܐ 159²
ܕܝܘܡܢܐ. ܢܛܪܬܘܢ ܠܦܘܩܕܢܗ ܕܡܪܝܐ ܐܠܗܐ ܕܝܠܟܘܢ: ⁴ܗܫܐ ܕܝܢ ܐܢܝܚ ܡܪܝܐ ܐܠܗܐ ܕܝܠܢ ܠܐܚܝ̈ܢ
ܠܗܘܢ ܐܝܟ ܕܐܡܪ ܠܗܘܢ. ܗܫܐ ܗܦܘܟܘ ܘܙܠܘ ܐܢܬܘܢ ܠܡܫܟܢ̈ܝܟܘܢ ܘܠܐܪܥܐ ܕܐܘܚܕܢܟܘܢ ܗܝ
ܕܝܗܒ ܠܟܘܢ ܡܘܫܐ ܥܒܕܗ ܕܡܪܝܐ ܒܥܒܪܐ ܕܝܘܪܕܢܢ: ⁵ܐܠܐ ܛܪܘ ܛܒ ܠܡܥܒܕ ܠܦܘܩܕܢܐ
ܘܠܢܡܘܣܐ ܗܘ ܕܦܩܕ ܠܟܘܢ ܡܘܫܐ ܥܒܕܗ ܕܡܪܝܐ ܠܡܪܚܡ ܠܡܪܝܐ ܐܠܗܐ ܕܝܠܢ. ܠܡܗܠܟܘ ܒܟܠܗܘܢ
ܐܘܪܚܬܗ. ܠܡܛܪ ܦܘܩܕܢܘܗܝ ܘܠܗ *ܠܡܬܚܒܩܘ ܠܗ ܘܠܡܫܡܫܘ ܠܗ ܡܢ ܟܠܗ ܠܒܟܘܢ ܘܡܢ
ܟܠܗ ܢܦܫܟܘܢ ܀

⁶ܘܒܪܟ ܐܢܘܢ ܝܫܘܥ ܘܫܪܐ ܐܢܘܢ. ܘܐܙܠܘ ܠܡܫܟܢ̈ܝܗܘܢ: ⁷ܘܠܦܠܓܗ ܕܫܒܛܐ ܕܡܢܫܐ ܝܗܒ
ܡܘܫܐ ܒܡܬܢܢ. ܘܠܦܠܓܗ | ܝܗܒ ܝܫܘܥ ܥܡ ܐܚܝ̈ܗܘܢ ܒܥܒܪܐ ܕܝܡܐ: *ܘܟܕ ܫܪܐ ܐܢܘܢ 160¹
ܝܫܘܥ ܠܡܫܟܢ̈ܝܗܘܢ. ܘܒܪܟ ܐܢܘܢ. ⁸ܘܐܡܪ ※ܠܗܘܢ ܒ ܡܢ ܐܡܪ «ܒܢܟܣܐ ܣܓܝܐܐ *ܐܬܘ
ܠܡܫܟܢ̈ܝܟܘܢ. ܘܒܒܥܝܪܐ ܣܓܝܐܐ ܛܒ. ܘܣܐܡܐ ܘܕܗܒܐ ※ܘܢܚܫܐ ܘܦܪܙܠܐ ܘܢܚ̈ܬܐ ܣܓܝܐܐ
ܛܒ *ܦܠܓܘ ܒܙܬܐ ܕܒܥܠܕܒܒܐ ※ܕܝܠܟܘܢ ܥܡ ܐܚܝ̈ܟܘܢ «. ⁹※ܘܐܙܠܘ ܘܐܙܠܘ ܒܢܝ̈ܐ ܕܪܘܒܝܠ
ܘܒܢܝ̈ ܓܕ ܘܦܠܓܗ ܕܫܒܛܐ ܕܡܢܫܐ ܡܢ ܒܢܝ̈ܐ ܕܐܝܣܪܝܠ ܡܢ ܫܝܠܘ ܕܒܐܪܥܐ ܕܟܢܥܢ ܠܡܐܙܠ ܠܐܪܥܐ
ܕܓܠܥܕ.. ܠܐܪܥܐ ܕܐܘܚܕܢܗܘܢ. ܗܝ ܕܝܪܬܘ ܒܗ ܒܦܘܩܕܢܗ °ܕܡܪܝܐ ܒܐܝܕܐ ܕܡܘܫܐ: ¹⁰ܘܐܬܘ
*ܠܓܠܝܠܘܬ ܕܝܘܪܕܢܢ ܗܝ ܕܒܐܪܥܐ ܕܟܢܥܢ ܀

ܘܒܢܘ ܒܢܝ̈ܐ ܕܪܘܒܝܠ ܘܒܢܝ̈ ܓܕ ܘܦܠܓܗ ܕܫܒܛܐ ܕܡܢܫܐ ܬܡܢ ܡܕܒܚܐ ܥܠ ܝܘܪܕܢܢ.. ܡܕܒܚܐ 160²
ܡܕܒܚܐ ܪܒܐ ܠܡܚܙܐ: ¹¹ܘܫܡܥܘ ܒܢܝ̈ܐ ܕܐܝܣܪܝܠ ܕܡܐܡܪܝܢ. ܗܐ ܒܢܘ ܒܢܝ̈ܐ ܕܪܘܒܝܠ ܘܒܢܝ̈
ܓܕ ܘܦܠܓܗ ܕܫܒܛܐ ܕܡܢܫܐ ܡܕܒܚܐ ܥܠ ܬܚܘܡܐ ܕܐܪܥܐ ܕܟܢܥܢ *ܒܓܠܝܠܘܬ ܕܝܘܪܕܢܢ ܒܥܒܪܐ
ܕܒܢܝ̈ܐ ܕܐܝܣܪܝܠ «: ¹²※ܘܫܡܥܘ ܒܢܝ̈ܐ ܕܐܝܣܪܝܠ ܘܐܬܟܢܫܘ ܟܠܗܘܢ ܒܢܝ̈ܐ ܕܐܝܣܪܝܠ ܠܫܝܠܘ.
ܐܝܟ ܕܢܣܩܘܢ ܠܡܩܪܒܘ *ܥܡܗܘܢ ܠܩܪܒܐ: || ¹³ܘܫܕܪܘ ܒܢܝ̈ܐ ܕܐܝܣܪܝܠ ܠܘܬ ܒܢܝ̈ܐ ܕܪܘܒܝܠ
ܘܒܢܝ̈ ܓܕ ܘܠܘܬ ܦܠܓܗ ܕܫܒܛܐ ܕܡܢܫܐ ܠܐܪܥܐ ܕܓܠܥܕ ܠܦܢܚܣ ܒܪܗ
ܕܐܠܥܙܪ ܟܗܢܐ ܪܒܐ.. ¹⁴ܘܥܣܪܐ ܪܝܫܢ̈ܐ ܥܡܗ.. ܪܝܫܐ ܚܕ ܡܢ ܒܝܬ ܐܒܗܘܬܐ. ܡܢ
ܟܠܗܘܢ ܫܒܛܐ ܕܐܝܣܪܝܠ. *ܪܝܫܐ ܪܝܫܐ ܕܒܝܬ ܐܒܗܘܬܐ ܐܢܘܢ. ܪܝܫܢ̈ܐ ܕܐܠܦܐ ܕܐܝܣܪܝܠ ܀
¹⁵ܘܐܬܘ ܠܘܬ ܒܢܝ̈ܐ ܕܪܘܒܝܠ ܘܠܘܬ | ܒܢܝ̈ ܓܕ ܘܠܘܬ ܦܠܓܗ ܕܫܒܛܐ ܕܡܢܫܐ ܠܐܪܥܐ ܕܓܠܥܕ. 161¹

1 huc traxi numerum ܟܒ, in B versui commatis 2 a ܘܐܡܪ incipienti adpositum

2 ܘ ܢܛܪܬܘܢ

2 »pro, καὶ τὰ πάντα, scribe κατὰ τὰ πάντα« M

3 ܐܠܐ ܫܒܩܬܘܢ ܐܝܟ ܗܠܝܢ] indice non adposito

3 ܥܕܡܐ ܠܝܘܡܢܐ M, ܥܕܡܐ ܠܝܘܡܢܐ B

4 ܕܝܠܢ ܠܐܚܝ̈ܢ etiam M

4 signa ex M: B asteriscum solum posuit

5 ܛܒ B

5 »Syrus habet Pronomina primae personae, ἐνετείλατο ἡμῖν, & θεὸς ἡμῶν« M. ܕܝܠܢ in B prima

5 ܕܝܠܢ ܠܗ ܐܠܗܐ B

5 ܘܠܡܫܡܫܘ ܠܗ]

6 »boni libri habent, καὶ εὐλόγησεν αὐτοὺς ἰησοῦς, καὶ ἀπέστειλεν αὐτούς« M

7 »scribendum est numero singulari, καὶ τῷ ἡμίσει. Et similiter paullo vlterius« M

7 »scribendum est, ἀδελφῶν αὐτῶν, ἐν τῷ πέραν τοῦ ἰορδάνου παρὰ θάλασσαν« M. sed B ἐν τῷ πέραν τοῦ ἰορδάνου non habet

7 ܘ ܟܕ ܫܪܐ ܐܢܘܢ ܝܫܘܥ ܠܡܫܟܢ̈ܝܗܘܢ. ܘܒܪܟ ܐܢܘܢ. ܘܐܡܪ ܠܗܘܢ

7 ἰησοῦς alterum etiam M

8 ܘܐܡܪ = καὶ εἶπεν etiam M. ܘܐܡܪ ※ ܘܐܡܪ ܠܗܘܢ ※ M 101, ܘܐܡܪ ܠܗܘܢ B

8 ܘܒܒܥܝܪܐ ܠܡܫܟܢ̈ܝܟܘܢ]

8 ܘܢܚ̈ܬܐ M? qui de καὶ in καὶ διείλαντο loquitur: signa non habet B

8 ܘ ܦܠܓܘ ܒܙܬܐ ܕܒܥܠܕܒܒܐ ܥܡ ܐܚܝ̈ܟܘܢ

9 »pro, ἐκ γῆς, scribendum est, ἐν γῇ« M

10 indice non adposito ܘ ܠܓܠܝܠܘܬ ܕܝܘܪܕܢܢ

11 »legit Syrus, ἐν Γαλιλὼθ ἐπὶ τοῦ ἰορδάνου« M. ܘ ܥܠ ܓܠܝܠܘܬ ܕܝܘܪܕܢܢ ܠܥܒܪܐ ܕܒܢܝ̈ܐ ܕܐܝܣܪܝܠ

11 ܐܝܣܪܝܠ B

12 signa non habet B

12 ܠܫܝܠܘ]

13 stichorum notatio (in quâ ܘܠܗ B) versui a ܐܝܟ incipienti addita

13 »cum dicitur τόν τε φινεές; expungendum illud encliticon, τε« M

13 ܠܦܢܚܣ ܒܪܗ ܠܐܠܥܙܪ M: signa non habet B

13 fin »pro ἱερέως scribendum est ἀρχιερέως« M

14 ܘ ܠܘܬ ܚܕ ܪܝܫܐ ܕܒܝܬ ܐܒܗܘܬܐ ܕܝܠܗܘܢ ܗܢܘܢ ܐܠܦܐ ܕܐܝܣܪܝܠ

15 »scribe, καὶ πρὸς τὸ ἥμισυ« M

ܘܡܠܠܘ ܥܡܗܘܢ ܟܕ ܐܡܪܝܢ ¹⁶ «ܗܟܢܐ ܐܡܪܐ ܟܠܗ ܟܢܘܫܬܐ° ܕܡܪܝܐ ※ܒܢܝܐ ܕܐܝܣܪܝܠ↙ »*ܡܢܐ
ܗܝ ܥܘܠܬܐ ܗܕܐ ܕܐܥܘܠܬܘܢ ܩܕܡ ܐܠܗܐ ܕܐܝܣܪܝܠ. ܠܡܗܦܟܘ ܝܘܡܢܐ ܡܢ ※ܒܬܪܗ↙ ܕܡܪܝܐ.
ܟܕ ܒܢܝܬܘܢ ܠܟܘܢ ܡܕܒܚܐ. ܕܬܗܘܘܢ ܠܟܘܢ ※ܝܘܡܢܐ↙ ܡܢ ܡܪܝܐ. ¹⁷ ܕܠܡܐ ܙܥܘܪܐ ܗܝ ܠܢ
ܚܛܝܬܗ ܕܦܥܘܪ. ܕܠܐ ܐܬܕܟܝܢ ܡܢܗ ܥܕܡܐ ܠܝܘܡܐ ܗܢܐ. ܘܗܘܬ ܡܚܘܬܐ ܒܟܢܘܫܬܗ ܕܡܪܝܐ:
¹⁸ ܘܐܢܬܘܢ ܠܝܘܡܢ ܬܗܦܟܘܢ ܡܢ ܡܪܝܐ. ܘܢܗܘܐ ܕܐܢ ※ܐܢܬܘܢ↙ ܬܡܪܕܘܢ ܝܘܡܢܐ ܡܢ ܡܪܝܐ. ܘܡܚܪ ܥܠ
ܟܠܗ ܐܝܣܪܝܠ ܢܗܘܐ ܪܘܓܙܐ: ¹⁹ ܘܗܫܐ *ܐܢ ܙܥܘܪܐ ܐܪܥܐ ܕܐܘܚܕܢܐ ܕܝܠܟܘܢ. ܥܒܪܘ ܠܟܘܢ ܠܐܪܥܐ
161² ܕܐܘܚܕܢܗ ܕܡܪܝܐ. ܐܝܟܐ ܕܫܪܐ ܬܡܢ ܡܫܟܢܗ ܕܡܪܝܐ. | ܘܐܬܝܪܬܘ ܒܢ. ܘܡܢ ܡܪܝܐ ܠܐ ܡܣܬܪܚܩܝܢ ܬܗܘܘܢ.
ܘܡܢܢ ܠܐ ܬܬܪܚܩܘܢ. ܡܛܠ ܕܒܢܝܬܘܢ *ܡܕܒܚܐ ܠܒܪ ܡܢ ܡܕܒܚܗ ܕܡܪܝܐ ܐܠܗܐ ܕܝܠܢ: ²⁰ ܗܐ ܠܐ ܗܘܐ
ܥܟܪ ܗܘ ܕܙܪܚ. ܘܥܒܕ ܡܥܒܕܢܘܬܐ ܡܢ ܚܪܡܐ. ܘܥܠ ܟܠܗ ܟܢܘܫܬܐ ܕܐܝܣܪܝܠ ܗܘܐ ܪܘܓܙܐ:
ܘܗܘܐ ܚܕ ~ ܟܕ ܚܛܐ ~ ܗܘܐ↙. ܘܠܐ ܗܘܐ ܕܗܘ ܒܠܚܘܕܘܗܝ↙ ܡܝܬ ܒܚܛܝܬܗ. ܘܝܠܗ.:«» :
²¹ ܘܥܢܘ ܒܢܝܐ ܕܪܘܒܝܠ ܘܒܢܝ ܓܕ ܘܦܠܓܗ ܕܫܒܛܐ ܕܡܢܫܐ. ܘܡܠܠܘ ܥܡ ܪܫܝ ܐܠܦܐ ܕܐܝܣܪܝܠ
ܟܕ ܐܡܪܝܢ↙ ²² »*ܐܠܗܐ ܐܠܗܐ ܡܪܝܐ ~ ܐܝܬܘܗܝ. ܘܐܠܗܐ ܐܠܗܐ ܡܪܝܐ ܗܘ ܝܕܥ. ܘܐܝܣܪܝܠ
ܗܘ ܢܕܥ. *ܐܢ ܒܡܣܬܪܗܒܢܘܬܐ ܐܥܒܪܢ ܩܕܡ ܡܪܝܐ. ܠܐ ܢܦܪܘܩ ܠܢ ܒܝܘܡܐ ܗܢܐ: ²³ ܘܐܢ ܒܢܝܢ ܠܢ
162¹ ܡܕܒܚܐ ܐܝܟ ܕܢܬܗܦܟ ܡܢ ܡܪܝܐ. ܐܘ ܐܝܟ ܕܢܣܩ ܥܠܘܗܝ ܝܘܩܕܢܐ | ܕܩܘܪܒܢܐ. ܐܘ ܐܝܟ
ܕܢܥܒܕ ܥܠܘܗܝ ܕܒܚܐ *ܕܫܠܡܐ. ܡܪܝܐ ܗܘ ܢܬܒܥ: ²⁴ *ܐܠܐ ܡܛܠ ܡܠܬܐ ܕܕܚܠܬܐ ܥܒܕܢ ܗܕܐ ܡܢ
ܐܡܪܝܢ ܗܘܝܢ: ~ ܕܠܡܐ ܕܠܐ↙ ܢܐܡܪܘܢ ܠܡܚܪ ܒܢܝܟܘܢ ܠܒܢܝܢ ܕܝܠܢ ※ܟܕ ܐܡܪܝܢ↙ »ܡܢܐ ܠܟܘܢ
ܘܠܡܪܝܐ↙ ܐܠܗܐ ܕܐܝܣܪܝܠ.: ²⁵ ܘܬܚܘܡܐ ܣܡ ܡܪܝܐ ܒܝܢܬܢ ܠܒܝܢܬܟܘܢ ※ܒܢܝܐ ܕܪܘܒܝܠ ܘܒܢܝ
※ܓܕ↙ ܠܝܘܪܕܢܢ. ܘܠܐ ܐܝܬ ܠܟܘܢ ܡܢܬܐ ܕܡܪܝܐ«. *ܘܢܗܦܟܘܢ ܒܢܝܐ ܕܝܠܟܘܢ ܠܒܢܝܢ ܕܝܠܢ. ⁺ܐܝܟܢܐ
ܕܠܐ ܢܗܘܘܢ ܕܚܠܝܢ ܠܡܪܝܐ: ²⁶ ܘܐܡܪܢ ܠܡܥܒܕ ܗܟܢܐ. ܠܡܒܢܐ ܡܕܒܚܐ ~ ܗܢܐ↙. ܠܐ ܗܘܐ ܡܛܠ ܡܩܪܒ
ܝܩܕܐ ܘܠܐ ܡܛܠ ܕܒܚܐ. ²⁷ ܐܠܐ ܐܝܟ ܕܢܗܘܐ ܣܗܕܘܬܐ ܗܢܐ ܒܝܢܬܢ ܘܒܝܢܬܟܘܢ ܘܒܝܢܬ ܫܪܒܬܢ ܕܡܢ ܒܬܪܢ.
162² ܠܡܦܠܚ. ܠܡܦܠܚܘܬܐ ܕܡܪܝܐ *ܩܕܡܘܗܝ ܒܝܘܩܕܢܐ | ܘܒܕܒܚܐ ܕܝܠܢ ܘܒܕܒܚܐ ܕܝܠܢ ܘܒܫܠܡܐ
ܕܝܠܢ. ܘܠܐ ܢܐܡܪܘܢ ܒܢܝܟܘܢ ܠܡܚܪ ܠܒܢܝܢ ܕܝܠܢ »ܠܐ ܐܝܬ ܠܟܘܢ ܡܢܬܐ ܕܡܪܝܐ«:
²⁸ ܘܐܡܪܢ ܕܐܢ ܢܗܘܐ ܕܢܐܡܪܘܢ ܠܢ ܐܘ ܠܫܪܒܬܢ ܠܡܚܪ. ܐܦ ܢܐܡܪ «ܚܙܘ ܕܡܘܬܐ
ܕܡܕܒܚܗ ܕܡܪܝܐ ܗܘ ܕܥܒܕܘ ܐܒܗܬܢ: ܠܐ ܗܘܐ ܡܛܠ ܝܘܩܕܢܐ ܘܠܐ ܡܛܠ ܕܒܚܐ. ܐܠܐ ܣܗܕܘܬܐ

16 ↙ nullum in hoc commate habet B

16 indice non adposito ܡܢܐ ܗܝ ܥܘܠܬܐ ܗܕܐ ܕܐܥܘܠܬܘܢ ܠܘܬ ܐܠܗܐ ܕܐܝܣܪܝܠ. ex M 320 sequitur, haec Symmachi esse

16 »cùm dicitur, ἐναντίον κυρίου τοῦ θεοῦ &c. auferatur illud, κυρίου« M

16 ante ܕܝܠܗܘܢ Aldina post κυρίου + θεοῦ ἰσραήλ, quae expungi iubet M

16 »scribe ἀποστάτας γενέσθαι ὑμᾶς« M

17 »Scribe μὴ μικρὸν ἡμῖν« M

18 ↙ non habet B

18 »cùm dicitur, ἔσται ἡ ὀργή; expungatur illud κυρίου, quod adiungitur in vulgatis libris« M

19 »καὶ νῦν εἰ μικρὰ ὑμῖν. auferatur Pronomen ὑμῖν... Aquilas dixit ἀκάθαρτος, Symmachus βεβήλη [sic]« M. indice ad ܙܥܘܪܐ adposito ܐܢ ܛܡܐ ܗܝ B^{m}

19 »scribe, διάβητε ὑμῖν εἰς τὴν γῆν τῆς κατασχέσεως κυρίου. Notat autem Syrus quosdam libros habere, ἀποστρέφετε, pro διάβητε« M

19 »scribe, κατακληρονομήσατε ἐν ἡμῖν« M

19 »scribatur ... καὶ ἀφ' ἡμῶν μὴ« M

19 ܡܕܒܚܐ |

20 »ἦν [= ↙ܗܘܐ ~], quaedam exemplaria non habent, vt notauit Syrus« M

20 ↙ܒܚܛܝܬܗ ~ ܗܘܐ M, ↙ܒܚܛܝܬܗ ~ B

22 ܐܠܗܐ |

22 ↙ܐܠܗܐ ܘܐܠܗܐ ~ ܐܝܬܘܗܝ M, ↙ܐܝܬܘܗܝ ~ ܐܠܗܐ B

22 indice ad ܝܕܥ adposito ܐܢ | ܒܡܣܬܪܗܒܢܘܬܐ ܥܒܕܢ ܠܗ ܘܐܢ ܒܡܣܬܪܗܒܢܘܬܐ, ubi ܒܡܣܬܪܗܒܢܘܬܐ in ܒܡܣܬܪܗܒܢܘܬܐ mutandum esse vidit F

23 ↙ܐܢ ~ M: signa non habet B

23 »post, ἀπὸ κυρίου, expungito illud, τοῦ θεοῦ ἡμῶν« M

23 »ἢ ὥστε ἀναβιβάσαι« etiam M, qui »hîc expunge Pronomen ἡμᾶς«

24 ܡܢ ܕܚܠܬܐ

24 ܐܢ ܠܐ ܡܢ ܕܚܠܬܐ |: index non adest

24 »Scribe ῥήματος εὐλαβείας« M

24 ↙ܕܠܡܐ ܕܠܐ ~ M: signa non habet B

24 ↙ secundum et tertium non habet B, qui ※ ante ܟܕ continuat

24 »Habent multi libri, καὶ κυρίῳ .... Non est tamen in omnibus copula, vt notauit Syrus« M

24 ※ secundum ex M sumpsi: > B

25 »scribe, ἡμῶν καὶ ὑμῶν« M

25 ※ ante ܓܕ non adest in B

25 ܡܢ ܢܗܦܟܘܢ

25 ܡܢ ܐܝܟܢܐ ܕܠܐ ܢܗܘܘܢ indice non adposito

27 »scribe, ἡμῶν καὶ ὑμῶν« M

27 »scribe ἀνὰ μέσον τῶν γενεῶν ἡμῶν μεθ' ἡμᾶς« M

27 »scribe, καὶ ἐν ταῖς θυσίαις ἡμῶν, καὶ ἐν ταῖς θυσίαις τῶν σωτηρίων ἡμῶν« M

27 »scribe, τὰ τέκνα ὑμῶν αὔριον τοῖς τέκνοις ἡμῶν« M

28 »scribe .... καὶ ἐροῦμεν, ἴδετε &c. sic enim legit Syrus ...« M

ܐܝܬܘܗܝ ܒܝܢܬܟܘܢ ܘܒܝܢܬܢ ܘܒܝܢܬ ܒܢ̈ܝܐ ܕܝܠܢ܀: 29 ܠܐ ܢܗܘܐ ܗܟܝܠ ܠܢ ܠܡܬܗܦܟܘ ܡܢ ܡܪܝܐ
ܐܝܟ ܕܒܝ̈ܘܡܬܐ ܗܠܝܢ ܕܝܘܡܢܐ ܘܠܡܦܪܩ ܡܢ ܡܪܝܐ. ܐܝܟ ܕܢܒܢܐ ܡܕܒܚܐ *ܠܡܣܩܬܐ ܦܐܪ̈ܐ ܘܠܕܒ̈ܚܐ ܘܠܕܒܚܬܐ
÷ ܕܦܘܪܩܢܐ ܕܝܠܢ↙ ܠܒܪ ܡܢ ܡܕܒܚܗ ܕܡܪܝܐ ܐܠܗܐ ܕܝܠܢ. ܗܘ ܕܐܝܬܘܗܝ ܩܕܡ †ܡܫܟܢܐ ܕܝܠܗ܀:
30 ܘܟܕ ܫܡܥ ܦܝܢܚܣ ܟܗܢܐ ÷ ܘܟܠܗܘܢ↙ | ܪ̈ܝܫܐ ܕܟܢܘܫܬܐ ※ ܘܪ̈ܫܝ ܐܠܦ̈ܐ↙ ܕܐܝܣܪܝܠ. ܗܢܘܢ ܕܐܝܬ ܗܘܘ 163[1]
ܥܡܗ. ܠܡ̈ܠܐ ܗܠܝܢ ܕܡܠܠܘ ܒܢ̈ܝܐ ܕܪܘܒܝܠ ܘܒܢ̈ܝ ܓܕ ܘܒܢ̈ܝܐ ܕܡܢܫܐ. *ܘܫܦܪ ܠܗܘܢ: 31 ܘܐܡܪ
ܦܝܢܚܣ ※ ܒܪܗ ܕܐܠܥܙܪ↙ ܟܗܢܐ ܠܒܢ̈ܝܐ ܕܪܘܒܝܠ ܘܠܒܢ̈ܝܐ ܕܓܕ ܘܠܒܢ̈ܝܐ ܕܡܢܫܐ. ܝܘܡܢܐ ܝܕܥܝܢ
*ܕܥܡܢ ܗܘ ܡܪܝܐ. ܡܛܠ ܕܠܐ ܐܥܠܬܘܢ ܩܕܡ ܡܪܝܐ ܡܥܠܬܐ ※ ܗܕܐ↙. ܘܦܨܝܬܘܢ ܠܒܢ̈ܝܐ
ܕܐܝܣܪܝܠ ܡܢ ܐܝܕܗ *ܕܡܪܝܐ: 32 ܘܗܦܟ ܦܝܢܚܣ ܟܗܢܐ ※ ܒܪܗ ܕܐܠܥܙܪ↙ ܘܪ̈ܫܐ ܡܢ ܒܢ̈ܝܐ ܕܪܘܒܝܠ
ܘܡܢ ܒܢ̈ܝܐ ܕܓܕ ܡܢ ܐܪܥܐ ܕܓܠܥܕ ܠܐܪܥܐ ܕܟܢܥܢ ܠܘܬ ܒܢ̈ܝܐ ܕܐܝܣܪܝܠ. ܘܐܦܢܝܘ ܠܗܘܢ ܡ̈ܠܐ:
33 ܘܫܦܪܬ ※ ܡܠܬܐ↙ ܠܒܢ̈ܝܐ ܕܐܝܣܪܝܠ. ÷ ܘܡܠܠܘ ܥܡ ܒܢ̈ܝܐ ܕܐܝܣܪܝܠ↙ ܘܒܪܟܘ ܠܐܠܗܐ †ܕܒܢ̈ܝܐ
ܕܐܝܣܪܝܠ. ܘܠܐ ܬܘܒ ܐܡܪܘ ܠܡܣܩ ܠܘܬܗܘܢ *ܒܩܪܒܐ. ܠܡܚܒܠܘ | ܠܐܪܥܐ ܕܒܢ̈ܝܐ ܕܪܘܒܝܠ ܘܕܒܢ̈ܝܐ 163[2]
ܓܕ: ܘܝܬܒܘ ܒܗ: 34 ܘܩܪܘ ܒܢ̈ܝܐ ܕܪܘܒܝܠ ܘܒܢ̈ܝܐ ܕܓܕ ÷ ܘܦܠܓܗ↙ ܕ»ܫܒܛܐ ܕܡܢܫܐ ܠܡܕܒܚܐ
ܣܗܕܐ. ܡܛܠ ܕܡܪܝܐ ÷ ܗܘ↙ ܐܠܗܐ ÷ ܕܝܠܗܘܢ ܐܝܬܘܗܝ↙܀:

23 1 ܘܗܘܐ ܒܬܪ ܝܘܡܬܐ ܣܓܝܐܐ. ܡܢ ܒܬܪ ܕܐܢܝܚ ܡܪܝܐ ܠܐܝܣܪܝܠ ܡܢ ܟܠܗܘܢ ܒܥܠܕܒ̈ܒܝܗܘܢ ܕܡܢ
ܚܕܪܝܗܘܢ. ܘܝܫܘܥ ܩܫܝܫ ܥܠ ܒܝܘܡܬܐ. 2 ܘܩܪܐ ܝܫܘܥ ܠܟܠܗܘܢ ܒܢ̈ܝܐ ܕܐܝܣܪܝܠ
ܘܠܩܫܝܫܘܬܐ ܕܝܠܗܘܢ ܘܠܪ̈ܫܝܗܘܢ ܘܠܕܝܢ̈ܝܗܘܢ ܘܠܣܦܪ̈ܝܗܘܢ. ܘܐܡܪ ܠܘܬܗܘܢ. ܐܢܐ ܩܫܝܫܬ
ܘܥܠܬ ܒܝܘܡܬܐ. 3 ܘܐܢܬܘܢ ܚܙܝܬܘܢ ܟܠ ܡܕܡ ܕܥܒܕ ܡܪܝܐ ܐܠܗܐ ܕܝܠܢ ܠܟܠܗܘܢ
ܥܡ̈ܡܐ ܗܠܝܢ ܡܢ ܩܕܡ ܦܪܨܘܦܐ ܕܝܠܟܘܢ. ܕܡܪܝܐ ܐܠܗܐ ܕܝܠܟܘܢ ܗܘ ܐܬܟܬܫ ܚܠܦܝܟܘܢ:
4 ܚܙܘ ܕܐܪܡܝܬ ܠܟܘܢ ܠܥܡ̈ܡܐ ܗܠܝܢ ܕܐܫܬܚܪܘ ÷ ܠܟܘܢ↙ ܗܠܝܢ ܒܦܠܓܘܬܐ ܕܝܪܬܘܬܐ ܕܝܠܟܘܢ.
ܠܫܒ̈ܛܝܟܘܢ. ܠܟܠܗܘܢ ܥܡ̈ܡܐ ܗܠܝܢ ܕܐܚܪܒܬ. ܡܢ ܝܘܪܕܢܢ ÷ ܘܥܕܡܐ↙ ܠܝܡܐ ܪܒܐ ܡܥܪܒܐ: 164[1]
5 ܡܪܝܐ ܕܝܢ ܐܠܗܐ ܕܝܠܢ ܗܘ ܢܘܒܕ ܐܢܘܢ ܡܢ ܩܕܡ ܦܪܨܘܦܐ ܕܝܠܟܘܢ ÷ ܥܕܡܐ ܕܢܐܒܕܘܢ. ܘܢܫܕܪ ܠܗܘܢ
÷ ܠܚܝܘܬܐ ܕܒܪܐ ܥܕܡܐ ܕܢܫܪܟܘܢ. ܥܕܡܐ ܕܢܘܒܕ ܐܢܘܢ ܘܠܡܠܟ̈ܝܗܘܢ ܡܢ ܩܕܡ ܦܪܨܘܦܐ ܕܝܠܟܘܢ↙. ※ ܘܬܐܪܬܘܢ
※ ܐܢܘܢ ܡܢ ܩܕܡ ܦܪܨܘܦܐ ܕܝܠܟܘܢ↙ ܘܬܐܪܬܘܢ ܠܐܪܥܐ ܕܝܠܗܘܢ. ܐܝܟ ܡܐ ܕܡܠܠ ܡܪܝܐ ܐܠܗܐ ܕܝܠܢ ܠܟܘܢ:
6 ܐܬܚܝܠܘ ܗܟܝܠ ܛܒ ܠܡܛܪ ܘܠܡܥܒܕ ܟܠܗܝܢ ܗܠܝܢ ܕܟܬܝܒܢ ܒܟܬܒܐ ܕܢܡܘܣܐ ܕܡܘܫܐ.
ܐܝܟܢܐ ܕܠܐ ܬܣܛܘܢ ※ ܡܢܗ↙ ܠܝܡܝܢܐ ܐܘ ܠܣܡܠܐ: 7 ܐܝܟܢܐ ܕܠܐ ܬܥܠܘܢ ܠܥܡ̈ܡܐ ܗܠܝܢ ܕܫܪܟܝܢ

28 »scribendum est, ἀνὰ μέσον ὑμῶν, καὶ ἀνὰ μέσον ἡμῶν« M

29 »scribe, ἐν ταῖς σήμερον ἡμέραις« M

29 »cùm dicitur, καὶ ταῖς θυσίαις σαλαμείν, aufer hoc σαλαμειν« M

29 ܠܕܒ̈ܚܐ ܕܫܠܡܐ ܘܠܕܒܚܬܐ |

29 »scribe, ÷τοῦ σωτηρίου ἡμῶν↙, mutato numero, et addito Pronomine« M

29 ܡܫܟܢܐ |

30 »scribe, καὶ ἤκουσεν φινεὲς ἱερεύς« M

30 ÷ܘܟܠܗܘܢ↙ M: signa non habet B

30 ܗܢܘܢ ܕܐܝܬ ܗܘܘ ܕܐܝܣܪܝܠ etiam M

30 »pro, τὸ ἥμισυ φυλῆς, scribe, οἱ υἱοὶ μανασσῆ« M

30 indice ad ܠܗܘܢ adposito ܫܦܪ | ܒܥܝܢܝܗܘܢ

31 »ὁ ※υἱὸς↙ τοῦ Ἐλεαζὰρ« M. B ↙ non habet, quem post nomen posui

31 »rursus pro, καὶ τῷ ἡμίσει φυλῆς, debet scribi, καὶ τοῖς υἱοῖς μανασσῆ« M

31 ܗܘ ܕܥܡܢ ܒܡܥܠܬܐ ܕܝܠܢ

32 »expungatur illud, πατριῶν. Mox illud quoque auferatur, καὶ ἀπὸ τοῦ ἡμίσους φυλῆς μανασσῆ« M

33 ↙ priorem non habet B

33 ÷ ex M: non habet B. »Dum verò paullo pòst [sic] habentur ea ipsa verba [καὶ ἐλάλησαν πρὸς τοὺς υἱοὺς ἰσραήλ], sunt expungenda« M

33 ܗܘ ܕܒܢ̈ܝܐ ܕܐܝܣܪܝܠ

33 »scribe, καὶ μηκέτι εἶπαν ἀναβῆναι &c.« M

33 ܒܩܪܒܐ |

33 »expunge illud, καὶ τοῦ ἡμίσους φυλῆς μανασσῆ« M

34 ÷ܘܦܠܓܗ↙ M: signa non habet B

34 ÷ܗܘ↙ M, ※ܗܘ B

1 »cùm dicitur in vulgatis libris, τὸν θεὸν ἰσραήλ, auferendum è medio est verbum, θεόν« M

1 »scribe, ἐχθρῶν αὐτῶν« M

2 »illud, τοὺς υἱούς, notetur veru. & similiter copula .... cùm dicitur, καὶ τὴν γερουσίαν .... Et .... καὶ προβέβηκα« M

3 »Syrus legit, ἐποίησε κύριος ὁ θεὸς ἡμῶν« M

3 »scribendum est, ἐκπολεμήσας ὑμῖν« M

3 notatio stichorum ea est in B, ut de initio stichi 1800 nihil ausim adfirmare. ܐܦ B

4 »initio, legit Syrus, ἴδετε ὅτι ἐπέρριφα ὑμῖν τὰ ἔθνη« M

4 »scribe; καὶ πάντα τὰ ἔθνη ἃ ἐξωλόθρευσα« M

5 ܐܠܗܐ ܕܝܠܢ utroque loco etiam M

5 ÷ B continuat usque ad versum voce ܕܝܠܟܘܢ terminatum, ↙ non ponit. edidi ex M

5 ※ et ↙ finiens ex M: > B

6 ※ܡܢܗ↙ M: signa non habet B

7 »Scribe, εἰς τὰ ἔθνη ταῦτα, τὰ καταλελειμμένα« M

※ܒܝܢܬܟܘܢ↙. ܘܫܡܗܐ ܕܐܠܗܐ ܕܝܠܗܘܢ ܠܐ ܢܬܩܪܘܢ ÷ܒܟܘܢ↙ ※ܘܠܐ | ܬܐܡܘܢ ܘܠܐ ܬܦܠܚܘܢ ܐܘ ܠܐ 164^{2}
※ܬܣܓܕܘܢ ܠܗܘܢ↙: ⁸ܐܠܐ ܠܡܪܝܐ ܐܠܗܐ ܕܝܠܟܘܢ ܬܬܢܩܦܘܢ. ܐܝܟܢܐ ܕܥܒܕܬܘܢ ܥܕܡܐ ܠܝܘܡܐ ܗܢܐ:
⁹ܘܢܘܪܬ ÷ܐܢܘܢ↙ ܡܪܝܐ ܡܢ ܩܕܡ ܦܪܨܘܦܟܘܢ. ܥܡܡܐ ܪܘܪܒܐ ⁰ܘܥܫܝܢܐ. ܘܠܘܩܒܠܟܘܢ ܠܐ ܐܢܫ
ܩܡ ܩܕܡܝܟܘܢ ܥܕܡܐ ܠܝܘܡܐ ܗܢܐ: ¹⁰※ܓܒܪܐ↙ ܚܕ ܡܢܟܘܢ ܪܕܦ ܠܐܠܦܐ. ܡܛܠ ܕܡܪܝܐ ܐܠܗܐ
ܕܝܠܟܘܢ ܗܘ ܩܪܒ ܗܘܐ ܚܠܦܝܟܘܢ. ܐܝܟܢܐ ܕܐܡܪ ܠܟܘܢ: ¹¹ܘܐܙܕܗܪܘ ܛܒ ※ܒܢܦܫܬܐ ܕܝܠܟܘܢ↙
ܠܡܚܒܘ ܠܡܪܝܐ ܐܠܗܐ ܕܝܠܟܘܢ: ¹²ܐܢ ܓܝܪ ※ܡܗܦܟܘ↙ ܬܗܦܟܘܢ ܘܬܬܘܣܦܘܢ ܠܟܠ ܥܡܡܐ *ܗܠܝܢ
ܕܫܪܟܘ ܥܡܟܘܢ. ܘܚܬܢܘܬܐ ܬܥܒܕܘܢ ܥܡܗܘܢ. ܘܬܥܠܘܢ ܠܘܬܗܘܢ ܘܗܢܘܢ ܠܘܬܟܘܢ: ¹³※ܕܥܘ↙
ܠܟܘܢ ܕܠܐ ܢܘܣܦ ܡܪܝܐ ܐܠܗܐ ※ܕܝܠܟܘܢ↙ ܠܡܘܒܕܘ ܠܥܡܡܐ ܗܠܝܢ ܡܢ ܩܕܡ ܦܪܨܘܦܟܘܢ.
ܘܢܗܘܘܢ ܠܟܘܢ ܠܦܚܐ | ܘܠܬܘܩܠܬܐ ܘܠܡܚܘܛܐ ܒܥܩܒܝܟܘܢ ܘܠܣܟܣܘܟܐ ܒܥܝܢܝܟܘܢ. ܥܕܡܐ ܕܬܐܒܕܘܢ 165^{1}
ܡܢ ܐܪܥܐ ܛܒܬܐ ܗܕܐ ܗܝ ܕܝܗܒ ܠܟܘܢ *ܡܪܝܐ ܐܠܗܐ ܕܝܠܟܘܢ: ¹⁴ܐܢܐ ܕܝܢ ܪܗܛ ܐܢܐ ※ܝܘܡܢܐ↙ ܐܘܪܚܐ.
ܐܝܟܐ ܕܐܦ ܟܠܗܘܢ ܗܢܘܢ ܕܥܠ ܐܪܥܐ. ܘܬܕܥܘܢ ܒ※ܠܒܟܘܢ↙ ܟܠܗ ܕܝܠܟܘܢ ܘܒܟܠܗ ܢܦܫܟܘܢ:
ܡܛܠ ܕܠܐ ܢܦܠܬ ܡܠܬܐ ܚܕܐ ܡܢ ܟܠܗܝܢ ܡܠܐ ※ܛܒܬܐ↙ ܗܠܝܢ ܕܐܡܪ *ܡܪܝܐ ܐܠܗܐ ܕܝܠܟܘܢ ※ܥܠܝܟܘܢ↙.
ܟܠܗܝܢ ܗܠܝܢ ܕܐܬܝ ܠܟܘܢ. ܠܐ ܐܫܬܒܩܬ ܡܢܗܝܢ ※ܡܠܬܐ ܚܕܐ↙: ¹⁵ܘܢܗܘܐ ܕܐܝܟܢܐ ܕܐܬܝ
ܥܠܝܟܘܢ ܟܠܗܝܢ ܡܠܐ ܗܠܝܢ ܛܒܬܐ ܗܠܝܢ ܕܡܠܠ ܡܪܝܐ ܐܠܗܐ ܕܝܠܟܘܢ ܠܘܬܟܘܢ. ܗܟܢܐ ܢܝܬܐ ܡܪܝܐ
ܥܠܝܟܘܢ ܟܠܗܝܢ ܡܠܐ ܗܠܝܢ ܒܝܫܬܐ ܥܕܡܐ ܕܢܘܒܕܟܘܢ ܡܢ ܐܪܥܐ ܛܒܬܐ ܗܕܐ ܗܝ ܕܝܗܒ ܠܟܘܢ ܡܪܝܐ
ܐܠܗܐ ܕܝܠܟܘܢ: ¹⁶ܟܕ ܬܥܒܪܘܢ | ܥܠ ܕܝܬܩܐ ܕܡܪܝܐ ܐܠܗܐ ܕܝܠܟܘܢ ܗܝ ܕܦܩܕ ܠܟܘܢ. ܘܬܐܙܠܘܢ 165^{2}
ܬܦܠܚܘܢ ܠܐܠܗܐ ܐܚܪܢܐ ܘܬܣܓܕܘܢ ܠܗܘܢ. ※ܘܢܬܪܓܙ ܒܚܡܬܐ ܡܪܝܐ ܒܟܘܢ. ܘܬܐܒܕܘܢ ܒܥܓܠ ܡܢ
※ܐܪܥܐ ܛܒܬܐ ܗܝ ܕܝܗܒ ܠܟܘܢ↙« ❖
24 ܟܕ ¹ܘܟܢܫ ܝܫܘܥ ܠܟܠܗܘܢ ܫܒܛܐ ܕܐܝܣܪܝܠ ⁰ܠܫܟܝܡ. ܘܩܪܐ ܠܩܫܝܫܐ ※ܕܐܝܣܪܝܠ↙ ܘܠܪܫܢܐ
ܕܝܠܗܘܢ ܘܠܕܝܢܝܗܘܢ ܘܠܣܦܪܝܗܘܢ. ܘܩܡܘ ܩܕܡ ܐܠܗܐ: ²ܘܐܡܪ ܝܫܘܥ ܠܘܬ ܟܠܗ ܥܡܐ
»ܗܟܢܐ ܐܡܪ ܡܪܝܐ ܐܠܗܐ ܕܐܝܣܪܝܠ. ܒܥܒܪܐ ܕܢܗܪܐ ܥܡܪܘ ܐܒܗܝܟܘܢ ܡܢ ܥܠܡܐ .. ܬܪܚ ܐܒܘܗܝ
ܕܐܒܪܗܡ ܘܐܒܘܗܝ ܕܢܚܘܪ .. ܘܦܠܚܘ ܠܐܠܗܐ ܐܚܪܢܐ: ³ܘܢܣܒܬ ܠܐܒܐ ܕܝܠܟܘܢ ܐܒܪܗܡ ܡܢ ⁰ܥܒܪܐ
ܕܢܗܪܐ. ܘܕܒܪܬܗ ܒܟܠܗ ܐܪܥܐ ※ܕܟܢܥܢ↙. ܘܐܣܓܝܬ ܠܙܪܥܐ ܕܝܠܗ. ܘܝܗܒܬ ܠܗ ܠܐܝܣܚܩ:
⁴ܘܝܗܒܬ ܠܐܝܣܚܩ ܠܝܥܩܘܒ | ܘܠܥܝܣܘ. ܘܝܗܒܬ ܠܥܝܣܘ ܠܛܘܪܐ ܕܣܥܝܪ ܠܝܪܬܘܬܐ ܠܗ. ܘܝܥܩܘܒ 166^{1}
ܘܒܢܘܗܝ ܢܚܬܘ ܠܡܨܪܝܢ: ÷ܘܗܘܘ ܬܡܢ ܠܥܡܐ ܪܒܐ ܘܥܫܝܢܐ ܘܣܓܝܐܐ. ܘܐܒܐܫܘ ܠܗܘܢ

7 B post ܠܗܘܢ non habet ↙: quem ex M addidi

7 »prius Pronomen, αὐτοῖς, quod habent libri peruagati [post λατρεύσητε = ܬܦܠܚܘܢ], est expungendum« M

9 ↙ܐܢܘܢ ÷ M: signa non habet B

10⁰ »pro συνεκπολεμεῖ, scribe, ἐξεπολέμει« M

10 »legit Syrus, καθάπερ εἶπεν ἡμῖν« M

11 ↙ܕܝܠܟܘܢ ※ܒܢܦܫܬܐ B: edidi ex M

11 fin ܠܟܘܢ etiam M ex Syro suo

12 ↙ܡܗܦܟܘ※ M: signa non habet B

12 ܘܬܬܘܣܦܘܢ B, quod punctum supernum habet inter ܬ et ܬ medium: verum eadem scribendi ratio obvia in ܬܬܘܣܦ

12 »scribe, προστεθῆτε τοῖς ὑπολειφθεῖσιν ἔθνεσι τούτοις, τοῖς μεθ' ὑμῶν. Syrus ostendit in quibusdam libris esse, τούτοις τοῖς καταλελειμμένοις μεθ' ὑμῶν« M

12 ܕܐܫܬܚܪܘ ܥܡܟܘܢ indice ad ܗܠܝܢ adposito

13 ↙ priorem praebet M solus

13 ↙ܕܝܠܟܘܢ ※ܐܠܗܐ M, ܕܝܠܟܘܢ ※ܐܠܗܐ B

13 »scribendum est, ἕως ἂν ἀπόλησθε [= ܥܕܡܐ ܕܬܐܒܕܘܢ]« M

13 fin ܡܪܝܐ indice in B caret

14 ܝܘܡܢܐ in M signis caret

14 ↙ܒܠܒܟܘܢ※ ego, ↙ܒܠܒܟܘܢ※ BM: M mox ↙ܒܠܒܟܘܢ※ testatur

14 ↙ܛܒܬܐ※ B

14 index ad ܡܪܝܐ adpositus non est, sed ܗܟܢܐ B^m

14 ↙ܚܕܐ※ M: ↙ non habet B

15 »cum dicitur, ἐλάλησε κύριος, adiunge, ὁ θεὸς ὑμῶν ἐφ' ὑμᾶς« M

15 ter index ad ܡܪܝܐ adpositus in B non est, sed bis ܗܟܢܐ B^m

16 ܠܟܘܢ etiam M ex Syro suo

16 ܕܦܩܕ prima in B

16 »scribendi sunt ..... modi finiti, λατρεύσετε, & προσκυνήσετε« M

16 ※ M ante, B post ܘܢܬܪܓܙ ponit. non continuat ※ B neque ↙ addit

16 ܘܬܐܒܕܘܢ [= καὶ ἀπολεῖσθε] M contra ἀποστρέψει σε testatur

16 fin non habet κύριος M [= B]

1 numerus ܟܕ in B ad ܐܪܥܐ 23_{16} adscriptus

1 ܠܫܟܝܡ B

1 »pro Συχέμ, est in Vaticano, Σηλὼ .... Notatumque à Syro est, quaedam exemplaria, Σηλὼ, habere« M

1 ↙ ex M contra B addidi

1 »scribe cum copula, καὶ τοὺς γραμματεῖς αὐτῶν« M

1 fin »dele illud κυρίου, quod est in vulgatis libris« M

2 »auferendum est Participium, λέγων« M

4 »adde Verbum, hoc modo, καὶ ἔδωκα τῷ Ισὰκ [sic]« M

4 signa contra B ex M sumpsi

÷ܡܪܝܐ↙: *[5]ܘܡܚܝܬ† ܠܡܨܪܝܢ ܒܗܠܝܢ ܕܥܒܕܬ ܒܗܘܢ. ܘܡܢ ܒܬܪ ܗܠܝܢ ܐܦܩܬܟܘܢ. [6]*ܘܐܦܩܬ ܠܐܒܗܬܐ
*ܕܝܠܟܘܢ↙ ܡܢ ܡܨܪܝܢ. ܘܥܠܬܘܢ ܠܝܡܐ. ܘܪܕܦܘ ܡܨܪܝܐ ܒܬܪ ܐܒܗܬܐ ܕܝܠܟܘܢ ܒܡܪܟܒܬܐ ܘܒܦܪܫܐ ܠܝܡܐ
ܕܣܘܦܐ: [7]ܘܩܥܘ ܠܘܬ ܡܪܝܐ. ܘܝܗܒ ÷ ܥܢܢܐ ܘܐܦܠܐ ܒܝܢܬܟܘܢ ܘܒܝܢܬ ܡܨܪܝܐ. ܘܐܝܬܝܗ
ܥܠܝܗܘܢ ܠܝܡܐ ܘܟܣܝ ܐܢܘܢ. ܘܚܙܝ ܥܝܢܝܟܘܢ ܕܥܒܕ ÷ ܡܪܝܐ↙ ܐܠܗܐ ܒ÷ܐܪܥܐ ܕܡܨܪܝܢ.
ܘܐܝܬܝܟܘܢ ܗܘܝܬܘܢ ܒܡܕܒܪܐ ܝܘܡܬܐ ܣܓܝܐܐ: [8]ܘܐܥܠܬܟܘܢ ܠܐܪܥܐ ܕܐܡܘܪܝܐ ܗܢܘܢ ܕܝܬܒܝܢ
ܒܥܒܪܐ ܕܝܘܪܕܢܢ. ܘܩܪܒܘ ܩܪܒܐ ܥܡܟܘܢ. ܘܐܫܠܡܬ ܐܢܘܢ ܒܐܝܕܝܐ ܕܝܠܟܘܢ. ܘܐܬܝܪܬܘܢ ܠܐܪܥܐ 166²
ܕܝܠܗܘܢ ܘܚܪܒܬ ܐܢܘܢ ܡܢ ܩܕܡ ܦܪܨܘܦܐ ܕܝܠܟܘܢ: [9]ܘܩܡ ܒܠܩ ܒܪܗ ܕܨܦܘܪ ܡܠܟܐ ܕܡܘܐܒ ܘܩܪܒ
ܩܪܒܐ ܥܡ ܐܝܣܪܝܠ. ܘܫܕܪ ܩܪܐ ܠܒܠܥܡ *ܒܪܗ ܕܒܥܘܪ↙ *ܕܢܠܘܛܟܘܢ: [10]ܘܠܐ ܨܒܐ ÷ ܡܪܝܐ
÷ ܐܠܗܐ ܕܝܠܟ↙ ܠܡܘܒܕܘܬܟ. ܘܒܘܪܟܬܐ ܒܪܟܟܘܢ. ܘܦܪܩܟܘܢ ܡܢ ܐܝܕܐ ܕܝܠܗܘܢ ÷ ܘܐܫܠܡ ܐܢܘܢ↙:
[11]ܘܥܒܪܬܘܢ ܠܝܘܪܕܢܢ ܘܐܬܝܬܘܢ ܠܐܝܪܝܚܘ. ܘܩܪܒܘ ܥܡܟܘܢ ܗܢܘܢ ܕܝܬܒܝܢ ܗܘܘ ܒܐܝܪܝܚܘ.
ܐܡܘܪܝܐ ܘܦܪܙܝܐ ܘܟܢܥܢܝܐ ܘܚܬܝܐ ܘܓܪܓܫܝܐ ܘܚܘܝܐ ܘܝܒܘܣܝܐ. ܘܐܫܠܡ ܐܢܘܢ ܒܐܝܕܝܐ ܕܝܠܟܘܢ:
[12]ܘܫܕܪ ܩܕܡܝܟܘܢ ܠܙܒܘܪܐ. ܘܐܦܩ ܐܢܘܢ ܡܢ ܩܕܡ ܦܪܨܘܦܐ ܕܝܠܟ. *ܬܪܝܢ ܡܠܟܐ ܕܐܡܘܪܝܐ. ܠܐ ܒܚܪܒܐ
ܕܝܠܟ ܐܦ ܠܐ ܒܩܫܬܟ: [13]ܘܝܗܒ ܠܟܘܢ ܐܪܥܐ | ܗܝ ܕܠܐ ܠܐܝܬܘܢ ܒܗ. ܘܩܘܪܝܐ ܐܝܠܝܢ ܕܠܐ ܒܢܝܬܘܢ. 167¹
ܘܥܡܪܬܘܢ ܒܗܝܢ. ܘܟܪܡܐ ܘܙܝܬܐ ܗܠܝܢ ܕܠܐ ܢܨܒܬܘܢ ܐܟܠܝܢ ܐܢܬܘܢ: ‖[14]ܘܗܫܐ ܕܚܠܘ ܩܕܡ ܡܪܝܐ
*ܡܢ↙ ܡܪܝܐ ܘܦܠܘܚܘ ܠܗ ܒܬܡܝܡܘܬܐ ܘܒܙܕܝܩܘܬܐ. ܘܐܥܒܪܘ ܠܐܠܗܐ ÷ ܢܘܟܪܝܐ↙ ܗܠܝܢ ܕܦܠܚܘ ܠܗܘܢ
ܐܒܗܬܐ ܕܝܠܟܘܢ ܒܥܒܪܐ ܕܢܗܪܐ ܘܒܡܨܪܝܢ. ܘܦܠܘܚܘ *ܠܡܪܝܐ: [15]*ܐܢ ܕܝܢ ܠܐ ܫܦܝܪ ܠܟܘܢ ܠܡܦܠܚ
*ܠܡܪܝܐ. ܓܒܘ ܠܟܘܢ ܝܘܡܢܐ ܠܡܢ ܬܦܠܚܘܢ. ܐܘ ܠܐܠܗܐ ܕܐܒܗܬܐ ܕܝܠܟܘܢ ܗܢܘܢ ܕܒܥܒܪܐ
ܕܢܗܪܐ. ܐܘ ܠܐܠܗܐ ܕܐܡܘܪܝܐ ܕܗܢܘܢ ܐܢܬܘܢ ܝܬܒܝܢ ܒܗܘܢ ܥܠ ܐܪܥܐ ܕܝܠܗܘܢ. ܐܢܐ ܕܝܢ ܘܒܝܬܐ ܕܝܠܝ
ܢܦܠܘܚ ܠܡܪܝܐ ÷ ܡܛܠ ܕܩܕܝܫ ܐܝܬܘܗܝ↙ ⁘ [16]ܘܥܢܐ ܥܡܐ. ܐܡܪ «ܠܐ °ܢܗܘܐ ܠܢ ܕܢܫܒܘܩ
ܠܡܪܝܐ | ܐܝܟ ܕܢܦܠܘܚ ܠܐܠܗܐ ܐܚܪܢܐ: [17]ܡܪܝܐ ܓܝܪ ܐܠܗܐ ܕܝܠܢ ÷ ܐܠܗܘܗܝ↙. ܗܘ ܐܣܩ ܠܢ 167²
ܘܠܐܒܗܬܐ ܕܝܠܢ ܡܢ ܐܪܥܐ ܕܡܨܪܝܢ *ܡܢ ܒܝܬܐ ܕܥܒܕܘܬܐ. ܘܕܥܒܕ ܠܢ ܐܬܘܬܐ ܪܘܪܒܬܐ ܗܠܝܢ↙.
ܘܢܛܪܢ ܒܟܠܗ ܐܘܪܚܐ ܗܝ ܕܐܙܠܢ ܒܗ. ܘܒܟܠܗܘܢ ܥܡܡܐ ܗܠܝܢ ܕܥܒܪܢ *ܒܝܢܝܗܘܢ: [18]ܘܐܦܩ
ܡܪܝܐ ܡܢ ܩܕܡܝܢ ܠܟܠܗܘܢ ܥܡܡܐ ܘܠܐܡܘܪܝܐ ܕܝܬܒ ܒܐܪܥܐ ܡܢ ܩܕܡ ܦܪܨܘܦܐ ܕܝܠܢ. ܐܠܐ ܐܦ ܚܢܢ ܢܦܠܘܚ
ܠܡܪܝܐ. ܗܢܐ ܓܝܪ ܐܠܗܘܗܝ ܐܠܗܐ ܕܝܠܢ«: [19]ܘܐܡܪ ܝܫܘܥ ܠܘܬ *ܥܡܐ↙ ܠܥܡܐ «ܠܐ ܬܫܟܚܘܢ
ܐܢܬܘܢ ܠܡܦܠܚ *ܠܡܪܝܐ. ܡܛܠ ܕܐܠܗܐ ܩܕܝܫܐ ܐܠܗܘܗܝ *°ܘܐܠܗܐ↙ ܛܢܢܐ ܗܘܐ. ܠܐ ܫܒܩ ܠܟܠ

4 ad ܘܐܝܬܝܟܘܢ index adpositus est in B, quem ad finem commatis transtuli.

ܘܫܕܪܬ ܠܡܘܫܐ ܘܠܐܗܪܘܢ |. M in textu habet ※καὶ ἀπέστειλα μωυσῆν, καὶ ἀαρὼν↙ »ex mixta editione«

5 ܒܗܠܝܢ ܕܥܒܕܬ ܒܗܘܢ ܠܡܨܪܝܢ ܘܡܚܝܬ ܗܘ .. ܒܗܘܢ M in textu habet καὶ ἐπάταξα τὴν Αἴγυπτον ἐν οἷς ἐποίησα ἐν αὐτοῖς. »sic enim scribendum est. Et Nomen illud, κύριος, expungendum«

6 signa ex M sumpta: ܘܐܦܩܬ ※ܠܐܒܗܬܐ ܕܝܠܟܘܢ↙ B

6 ܕܝܠܟ etiam M [»Syrus legit . . .«]

7 ܘܐܝܬܝܗ B

7 ܥܢܢܐ ܕܝܠܟ etiam M [»legit Syrus«]

7 ÷ κύριος ὁ θεὸς↙ M: edidi ex B

7 ÷ܐܪܥܐ↙ ܕܡܨܪܝܢ B, ἐν ÷ γῇ↙ Αἰγύπτῳ M

8 »scribe, καὶ ἤγαγεν ὑμᾶς εἰς γῆν« M

8 post ܘܐܫܠܡܬ ܐܢܘܢ »omittit Syrus verbum, κύριος, notatque in nonnullis libris esse, χεῖρας ἡμῶν« M

9 signa non habet B

9 ܕܢܠܘܛܟܘܢ B. ܒܟܠ. ܘܠܐ ܕܢܠܘܛܟܘܢ | ܠܡܠܛܟܘܢ ܒܠܥܡ ܘܡܒܪܟܘ ܒܪܟܟܘܢ

10 ܡܪܝܐ ܐܠܗܐ ܕܝܠܟ in B signis caret

10 »scribe . . . . εὐλογίαις« M

11 »Expunge illud, κύριος, cùm dicitur, κύριος εἰς τὰς χεῖρας« M

12 »Scribe, ἀπὸ προσώπου ἡμῶν« M

12 »pro, δύο, est in quibusdam libris δώδεκα, vt notauit Syrus« M. indice non adposito ܬܪܥܣܪ; B^m

13 »legit Syrus, καὶ ἔδωκεν ἡμῖν« M

14^m ܗܫܐ B

14 B^m ܥܢܐ

14 ※ܡܢ↙ B: de M non constat

14 »scribe . . . ἐν εὐθύτητι, καὶ ἐν δικαιοσύνῃ« M

14 ※ܠܡܪܝܐ↙ M, ※ܠܡܪܝܐ↙ B

15 ܘܐܢ ܒܝܫ ܒܥܝܢܝܟܘܢ ܠܡܦܠܚ ܠܡܪܝܐ

15 »scribatur, ἀρέσκει« M

15 ※ܠܡܪܝܐ M: signa non habet B

15 indice non addito ܥܢܢ B^m

15 »scribe, τῶν πατέρων ὑμῶν τοῖς ἐν τῷ πέραν« M

15 fin ↙ M: non habet B

17 ÷ ܕܝܠܢ ܐܠܗܘܗܝ↙ B: edidi ex M

17 ※ ante ܕܡܨܪܝܢ habet B, ante ܡܢ sequens M

17 ↙ alter ex M: quem non habet B

17 ܘܢܛܪܢ punctum participii habet in B. καὶ διεφύλαξεν M

17 | ܒܡܪܕܝܬܐ ܕܗܘܝܢ

19 ※ܠܡܪܝܐ↙ B: verbum non habet M

19 »cùm dicitur, κυρίῳ τῷ θεῷ, debet illud, τῷ θεῷ, expungi, et ante nomen, κυρίῳ, suggerit mixta [signa > B] articulum, ※τῷ↙ κυρίῳ, ὅτι θεὸς« M

19 ↙ tertius ex M: quem non habet B. »Complutenses hunc locum sic proferunt, καὶ θεὸς ζηλωτής ἐστιν οὗτος. quae sunt ipsa Symmachi verba, vt annotauit Syrus« M

19 »scribe . . . . τὰ ἀνομήματα ὑμῶν, καὶ τὰ ἁμαρτήματα ὑμῶν« M

ܢܟܦܘܬܐ ܕܝܠܟܘܢ ܘܒܥܘܠܘ̈ܬܟܘܢ: ²⁰ ܐܡܬܝ ܕܝܢ ܕܫܒܩܬܘܢ ܠܡܪܝܐ. ܘܦܠܚܬܘܢ ܠܐܠܗ̈ܐ
168¹ ܢܘܟܪ̈ܝܐ. ܘܢܐܬܐ ܘܢܒܐܫ ܠܟܘܢ. ܘܢܚܪܒܟܘܢ | ܘܢܫܠܡܟܘܢ ܚܠܦ ܕܐܛܒ ܠܟܘܢ: ²¹ ܘܐܡܪ ܥܡܐ
ܠܘܬ ܝܫܘܥ: ܠܐ. ܐܠܐ ܠܡܪܝܐ ܢܦܠܘܚ: ²² ܘܐܡܪ ܝܫܘܥ ܠܘܬ ܥܡܐ: ܣܗ̈ܕܐ ܐܢܬܘܢ ܒܟܘܢ ܕܐܢܬܘܢ
ܓܒܝܬܘܢ ※ ܠܟܘܢ↙ ܠܡܪܝܐ ܠܡܦܠܚ ܠܗ: ※ ܘܐܡܪܘ: ܣܗ̈ܕܝܢ↙: ²³ ܘܗܫܐ ܐܥܒܪܘ ܠܐܠܗ̈ܐ
ܢܘܟܪ̈ܝܐ ܗܠܝܢ ܕܥܡܟܘܢ. ܘܬܪܘܨܘ ܠܒܟܘܢ ܠܘܬ ⁰ܡܪܝܐ ܐܠܗܐ ܕܐܝܣܪܐܝܠ: ²⁴ ܘܐܡܪܘ ܥܡܐ ܠܘܬ
ܝܫܘܥ: ܠܡܪܝܐ ※ ܐܠܗܐ ܕܝܠܢ↙ ܢܦܠܘܚ. ܘܠܩܠܗ ܕܝܠܗ ܢܫܡܥ: ²⁵ ܘܩܝܡ ܝܫܘܥ ܕܝܬܩܐ ܠܘܬ
ܥܡܐ ܒܝܘܡܐ ܗܘ. ܘܝܗܒ ܠܗ *ܢܡܘܣܐ ܘܕܝܢܐ ⁺ܒܫܝܠܘ ÷ ܩܕܡ ܡܫܟܢܗ ܕܐܠܗܐ ܕܐܝܣܪܐܝܠ↙:
²⁶ ܘܟܬܒ ※ ܝܫܘܥ↙ ܦܬܓܡ̈ܐ ܗܠܝܢ ܒܟܬܒܐ ܕܢܡܘܣܗ ܕܐܠܗܐ. ܘܢܣܒ ܟܐܦܐ ܪܒܬܐ. ܘܐܩܝܡܗ
168² ÷ ܝܫܘܥ↙ ܬܡܢ *ܬܚܝܬ ܒܛܡܬܐ ※ *ܗܘ↙ ܩܕܡ ܡܪܝܐ: ²⁷ ܘܐܡܪ ܝܫܘܥ | ܠܘܬ ※ ܟܠܗ↙ ܥܡܐ: ܗܐ
ܟܐܦܐ ܗܕܐ ܬܗܘܐ ܠܟܘܢ ܠܣܗܕܘܬܐ: ܡܛܠ ܕܗܝ ܫܡܥܬ ܟܠܗܘܢ ܗܠܝܢ ܕܐܬܐܡܪ ܡܢ ܡܪܝܐ. ܗܠܝܢ
ܕܡܠܠ ܠܘܬܟܘܢ ÷ ܝܘܡܢܐ↙. ܘܬܗܘܐ ÷ ܗܕܐ↙ ܠܟܘܢ ܠܣܗܕܘܬܐ ÷ ܒܚܪܬܐ ܕܝܘܡܬܐ↙. ܐܡܬܝ ܕܝܢ
ܕܬܟܕܒܘܢ ⁰ܠ÷ܡܪܝܐ↙ ܐܠܗܐ ܕܝܠܝ: ²⁸ ܘܫܪܐ ܝܫܘܥ ܠܥܡܐ ܠܘܬ ܐܬܪܗ. ܘܐܙܠ ܐܢܫ ܠܝܪܬܘܬܗ ܕܝܠܗ:
[illegible] ²⁹ ܘܗܘܐ ܡܢ ܒܬܪ ※ ܦܬܓܡ̈ܐ↙ ܗܠܝܢ. ܡܝܬ ܝܫܘܥ ܒܪܗ ܕܢܘܢ ܥܒܕܗ ܕܡܪܝܐ ܒܪ ܡܐܐ
ܘܥܣܪ ܫܢ̈ܝܢ: ³⁰ ܘܩܒܪܘܗܝ ܠܘܬ ܬܚܘܡܐ ܕܝܪܬܘܬܗ ܕܝܠܗ ܒܬܡܢܬܣܪܚ ※ ܗܘ↙ ܕܒܛܘܪܐ ܕܐܦܪܝܡ.
ܡܢ ܓܪܒܝܐ ܕܛܘܪܐ ܕܓܥܫ: ÷ ܬܡܢ ܣܡܘ ܥܡܗ ܒܩܒܪܐ. ܐܝܟܐ ܕܩܒܪܘܗܝ ܬܡܢ. ܠܣܟ̈ܝܢܐ ܗܠܝܢ
169¹ ÷ ܕܟܐܦ̈ܐ ܗܠܝܢ ܕܒܗܘܢ ܓܙܪ ܠܒܢ̈ܝܐ ܕܐܝܣܪܐܝܠ ܒܓܠܓܠܐ ܝܫܘܥ. | ܟܕ ܐܦܩ ܐܢܘܢ ܡܢ ܡܨܪܝܢ.
÷ ܐܝܟܢܐ ܕܦܩܕ *ܡܪܝܐ. ܘܬܡܢ ܐܢܘܢ ܥܕܡܐ ܠܝܘܡܐ ܕܝܘܡܢܐ↙: ³¹ ܘܦܠܚ ܐܝܣܪܐܝܠ ܠܡܪܝܐ
ܒܟܠܗܘܢ ܝܘܡ̈ܘܗܝ ܕܝܫܘܥ ܘܒܟܠܗܘܢ [ܝ]ܘܡ̈ܬܐ ܕܩܫܝ̈ܫܐ ܗܠܝܢ [ܕ]*ܐܘܪܟܘ ܙܒܢܐ ܒܬܪ ܝܫܘܥ. ܗܠܝܢ
ܕܝܕܥܘ ܟܠܗܘܢ ܥܒ̈ܕܘܗܝ [*ܕܡܪܝܐ] ܗܠܝܢ ܕܥܒܕ ܠܐܝܣܪܐܝܠ: ³² [ܘܠܓܪ̈ܡ]ܘܗܝ ܕܝܘܣܦ ※ ܗܠܝܢ↙
[ܕܐܣܩ]ܘ ܒܢ̈ܝܐ ܕܐܝܣܪܐܝܠ [ܡܢ ܡܨܪܝܢ] ÷ ܘܩܒܪܘ ܐܢܘܢ [ܒܫܟܝܡ ܒ]ܡܢܬܐ ܕܚܩܠܐ [ܗܘ ܕܙܒ]ܢ
ܝܥܩܘܒ *ܡܢ [ܐܡܘ]ܪ̈ܝܐ ܗܠܝܢ ܕܥܡܪܝܢ [ܒܫܟܝܡ] ܒܡܐܐ ܢܩܘ̈ܫܐ. [ܘܝܗ]ܒ ܠ[ܗ] ܠܝܘܣܦ ܒܡܢܬܐ:
³³ [÷ ܘ]ܗܘܐ ܡܢ ܒܬܪ ܗܠܝܢ↙ ܘܐܠܥܙܪ ܒܪܗ ܕܐܗܪܘܢ ÷ ܪܒ ܟܘܡܪ̈ܐ↙ ܡܝܬ. ܘܐܬܩܒܪ *ܒܓܒܥܬܐ
ܕܦܝܢܚܣ ܒܪܗ ܕܝܠܗ. ܗܝ ܕܝܗܒ ܠܗ ܒܛܘܪܐ ܕܐܦܪܝܡ ܀

20 ܐܬܐ punctum participii habet in B

20 ex B ܢܫܠܡܟܘܢ transscripsi

22 »scribe μάρτυρες ὑμεῖς καθ' ὑμῶν« M

22 ܠܟܘܢ↙ ※ M: signa non habet B

23 fin edidi ex M: ※ ܘܐܡܪܘ ܣܗ̈ܕܝܢ↙ B

24 ※ ܝܫܘܥ B

24 ↙ ex M: quem non habet B

25 ܘ ܕܝܬܩܐ

25 »Rursus est in Vaticano, Σηλώ, pro Συχέμ .... notatque Syrus sic in nonnullis libris esse scriptum« M. ܒܫܝܠܘ Bm, ad comma 24 adscriptum

26 ※ priorem et ↙ tertium non habet B. ante ܘܐܩܝܡܗ in margine ܒ B, quod quo pertineat nescio

26 »pro νόμου, habent quidam libri .... νόμον. mihi magis placet gignendi casus« M. ܢܡܘܣܐ B = νόμον

26 »cùm dicitur, καὶ ἔλαβεν ἰησοῦς λίθον. debet nomen, ἰησοῦς, expungi, et locari cum obelisco inferius, post Pronomen ἀυτὸν, vna cum Aduerbio loci, hoc modo, καὶ ἔστησεν ἀυτὸν ÷ ἰησοῦς ↙ ἐκεῖ« M. ܝܫܘܥ signis caret in B

26 | ܗܘ ܡܢ ܬܚܝܬ ܒܛܡܬܐ

26 | ܗܘ ܕܐܝܬܝܗ ܗܘܐ ܒܗ ܡܫܟܢܐ ܕܡܪܝܐ

27 ܗܐ in B punctum habet et supernum et infernum, sed supernum prima manu deletum est

27 ÷ ܗܕܐ↙ ܠܟܘܢ M, ܠܟܘܢ ÷ ܗܕܐ B

27 ÷ ܒܚܪܬܐ ܕܝܘܡܬܐ↙ M: ↙ solum habet B

27 ÷ κυρίῳ ↙ M: signa non habet B. »Quae deinceps [post ܕܝܠܝ] sequuntur in vulgatis libris, καὶ ἐλάτρευσεν ἰσραὴλ, & cetera, vsque dum dicitur, καὶ ἐγένετο μετ' ἐκεῖνα [29] .... sunt mendosè huc traiecta. debent enim collocari post narrationem de gladiolis, cum Iesu defossis. pertinent enim ad versiculum tricesimum primum« M

29m ܡܝܬ B

29 ܒܪܗ Bm

29 ※ ܦܬܓܡ̈ܐ↙ B, > M

29 ܥܒܕܗ (non ܥܒܕܐ) etiam M

29 ※ υἱὸς ↙ M

30 »scribe Θαμναθσαρά, aut Θαμναθσαράχ« M

30 ↙ uterque deest in B

30 ܓܥܫ Bm, sed ad ܡܪܝܐ index adpositus non est

31 | ܕܐܘܪ[ܟܘ] ܙܒܢܐ ܒܬܪ ܝܫܘܥ

31 Bm ܓܥܫ

31 fin ܒ Bm

32 ܕܝܘܣܦ ܒܢ̈ܝܐ ܡܢ ܗܘ | quae bis scripta habeo in apographo meo

32 ÷ ܘ↙ ܐܣܩܘ M: signa non habet B

32 »scribendum . . . ἑκατὸν ἀμνάδων« M

33 ↙ ܟܘܡܪ̈ܐ ÷ ܪܒ M: signa > B

33 ܒܓܒܥܬܐ ܗܘ

33 subscribitur in B 169² ܫܠܡ ܝܫܘܥ
ܒܪܗ ܕܢܘܢ ܐܝܟ ܗܢܝܢ ܡܦܩܢܝܢ ܀ ܗܠܝܢ ܕܒܬܪ
ܫܘܠܡܐ ܐܝܟ ܗܢܝܢ ܡܦܩܢܝܢ ܕܫܒܥܝܢ ܗܘܝ
ܒܣܝܡܐ ܒ[ܗ] ܐܘܪ̈ܓܐ ܀ ÷ ܒܪܘܗ ܫܡܐ ܒ
[illegible]

4¹ | ܣܦܪܐ ܕܕܝܢ̈ܐ ܀

ܩܦܠܐܘܢ ܐ ܀

1 ܐ ¹ ܘܗܘܐ ܡܢ ܒܬܪ ܡܘܬܗ ܕܝܫܘܥ. ܘܫܐܠܘ ܗܘܘ ܒܢ̈ܝܐ ܕܐܝܣܪܐܝܠ ܒܡܪܝܐ ܟܕ ܐܡܪܝܢ ÷ܡܢܘ
ܢܣܩ ܠܢ ܠܘܬ ܟܢܥܢܝܐ ܐܪܫܐܝܬ ܠܡܬܟܬܫܘ ܥܡܗ ܀: ² ܘܐܡܪ ܡܪܝܐ ÷ܝܗܘܕܐ ܢܣܩ. ܗܐ ܝܗܒܬܗ
ܠܐܪܥܐ ܒܐܝܕܗ ܕܝܠܗ: ³ ܘܐܡܪ ܝܗܘܕܐ ܠܘܬ ܫܡܥܘܢ ܐܚܐ ܕܝܠܗ ÷ܣܩ ܥܡܝ ܒܦܣܬܐ ܕܝܠܝ. ܘܢܬܟܬܫ
ܒܟܢܥܢܝܐ. ܘܐܙܠ ܐܦ ܗܘ ܐܢܐ ܥܡܟ ܒܦܣܬܐ ܕܝܠܟ: ܘܐܙܠ ܥܡܗ ܫܡܥܘܢ: ⁴ ܘܣܠܩ ܝܗܘܕܐ.
ܘܝܗܒ ܡܪܝܐ ܠܟܢܥܢܝܐ ܘܠܦܪܙܝܐ ܒܐܝܕܝܗܘܢ. ܘܡܚܘ ܐܢܘܢ ܒܒܙܩ. ܒܡܢܝܢܐ ܕܥܣܪܐ ܐܠܦ̈ܝܢ ܓܒܪ̈ܝܢ:
⁵ ܘܐܫܟܚܘܗܝ ܠܐܕܘܢܝܒܙܩ ܒܒܙܩ. ܘܐܬܟܬܫܘ ܥܡܗ. ܘܡܚܘ ܠܟܢܥܢܝܐ ܘܠܦܪܙܝܐ: ⁶ ܘܥܪܩ ܐܕܘܢܝܒܙܩ.
ܘܪܕܦܘ ܒܬܪܗ ܘܐܚܕܘܗܝ. ܘܩܛܥܘ ܠܐܝܕܘܗܝ ܘܠܪ̈ܓܠܘܗܝ ܒܪ̈ܘܢܐ ܕܝܠܗܘܢ: ⁷ ܘܐܡܪ ܐܕܘܢܝܒܙܩ ÷ܫܒܥܝܢ
4² ܡܠܟ̈ܝܢ ܕܐܝ̈ܕܝܗܘܢ ܘܪ̈ܓܠܝܗܘܢ ܒܪ̈ܘܢܐ ܩܛܝ̈ܥܢ | ܗܘܘ ܡܠܩܛܝܢ ܬܚܝܬ ܦܬܘܪܝ. ܐܝܟܢܐ
ܕܥܒܕܬ: ܗܟܢܐ ܦܪܥ ܠܝ ܐܠܗܐ: ܘܐܝܬܝܘܗܝ ܠܐܘܪܫܠܡ. ܘܡܝܬ ܬܡܢ ܀
⁸ ܘܐܬܟܬܫܘ ܒܢ̈ܝܐ ܕܝܗܘܕܐ ܥܡ ܐܘܪܫܠܡ. ܘܟܒܫܘܗ̇. ܘܡܚܘܗ̇ ܒܦܘܡܐ ܕܣܝܦܐ. ܘܠܡܕܝܢܬܐ
ܐܘܩܕܘܗ̇ ܒܢܘܪܐ: ⁹ ܘܡܢ ܒܬܪ ܗܠܝܢ ܢܚܬܘ ܒܢ̈ܝܐ ܕܝܗܘܕܐ ܠܡܬܟܬܫܘ ܥܡ ܟܢܥܢܝܐ ܗܘ ܕܥܡܪ ܒܛܘܪܐ
ܘܒܬܝܡܢܐ ܘܒܫܦܝܠܬܐ ܀
¹⁰ ܘܐܙܠ ܝܗܘܕܐ ܠܘܬ ܟܢܥܢܝܐ ܗܘ ܕܥܡܪ ܒܚܒܪܘܢ. ܘܢܦܩ ܚܒܪܘܢ ܠܘܩܒܠܗ. ܫܡܐ ܕܝܢ
ܕܚܒܪܘܢ ܡܢ ܩܕܝܡ ܩܘܪܝܬ ܐܪܒܥ: ܘܡܚܘ ܠܫܫܝ ܘܠܐܚܝܡܢ ܘܠܬܠܡܝ ܝܠܝ̈ܕܐ ܕܥܢܩ ܀
¹¹ ܘܐܙܠ ܡܢ ܬܡܢ ܠܘܬ ܗܠܝܢ ܕܝܬܒܝܢ ܒܕܒܝܪ. ܫܡܐ ܕܝܢ ܕܕܒܝܪ ܐܝܬܝܗ̇ ܗܘܐ ܡܢ ܩܕܝܡ ܩܘܪܝܬ
ܣܦܪ̈ܐ: ¹² ܘܐܡܪ ܟܠܒ ÷ܗܘ ܕܢܡܚܐ ܠܩܘܪܝܬ ܣܦܪ̈ܐ ܘܢܟܒܫܝܗ̇. ܐܬܠ ܠܗ ܠܥܟܣܐ
| ܒܪܬܝ ܠܐܢܬܬܐ: ¹³ ܘܟܒܫܗ̇ ܓܬܢܝܐܝܠ ܒܪܗ ܕܩܢܙ ܐܚܘܗܝ ܕܟܠܒ ܗܘ ܙܥܘܪܐ ※ܘܝܗܒ ܠܗ ÷
ܠܥܟܣܐ ܒܪܬܗ ܠܐܢܬܬܐ: ¹⁴ ܘܗܘܐ ܟܕ ܥܠܬ ܗܘܬ. ܘܐܬܦܝܣܬܗ ܠܡܫܐܠ
ܚܩܠܐ ܡܢ ܐܒܘܗ̇. ܘܪܛܢܬ ܥܠ ܚܡܪܐ. ܘܩܥܬ ܗܘܬ ܡܢ ܥܠ ܚܡܪܐ ÷ܟܠܒ
ܕܝܢ ܐܡܪ ܠܗ̇ ÷ܡܢܐ ܐܝܬ ܠܟܝ: ¹⁵ ܘܐܡܪܬ ܠܗ ÷ܗܒ ܠܝ ܒܘܪܟܬܐ ÷ܡܛܠ ܕܠܐܪܥܐ ܕܬܝܡܢܐ ܝܗܒܬܢܝ.
ܘܬܬܠ ܠܝ ܡܦܩܢܐ ܕܡ̈ܝܐ. ܘܝܗܒ ܠܗ̇ ܟܠܒ ܐܝܟ ܠܒܗ̇: ÷ܡܦܩܢܐ ܕܪ̈ܘܡܐ
÷ ܘܡܦܩܢܐ ܕܥܘܡ̈ܩܐ ܀
¹⁶ ܘܒܢ̈ܝܐ ܕܝܬܪܘ ܚܡܘܗܝ ܕܡܘܫܐ ܣܠܩܘ ܡܢ ܡܕܝܢܬܐ ܕܕܩܠ̈ܐ ܠܘܬ ܒܢ̈ܝܐ ܕܝܗܘܕܐ ܠܡ
5² ܠܡܕܒܪܐ ※ܕܝܗܘܕܐ ܗܘ ܕܐܝܬܘܗܝ ܒܡܥܠܢܐ ÷ ܕܥܪܕ. ܘܐܙܠ ܘܥܡܪ | ܥܡ ܥܡܐ ܀

÷ܘܐܫܟܚܘܗ̇ [ܠܗ̇] ܒܣܝܦܐ. ܘܡܚܘ[ܗ̇] ܒܗ̇ ÷ܕܒܢ̈ܝܐ ܕܐܝܣܪܐܝܠ [ܠܐܪܘܢܐ] ܕܩܝܡܐ ܕܐܠܗܐ [sic] ÷ܘܐܢ[ܫܐ] ܕܡܬܩܪܐ ܦܢܚܣ. ܘܐ[ܬܟܬܫ] ÷ܗܘ ܕܝܢ ܠܘܬ ܐܘܪܫܠܡ [ܚܪܝܐܝܬ] ܟܕ ܠܐ ܗܘܐ ÷ܘܫܒܩܘ ܒܢ̈ܝܐ ܕܝܗܘܕܐ ܠܘܬ ܐܬܪܗܘܢ ܀ ܘܡܟܝܠ ܕܝܢ ܗܘܐ ܠܗܘܢ ܠܡܦܠܚ ܠܥܣܬܪܬܐ. ܘܠܥܬܪܐ ܘܠܐܠܗ̈ܐ ܕܥܡ̈ܡܐ ܕܚܕܪܝܗܘܢ. ܘܐܫܠܡ ܐܢܘܢ ܡܪܝܐ ܒܐܝܕ̈ܝ ܥܓܠܘܡ ܡܠܟܐ ܕܡܘܐܒ: ܘܐܫܬܥܒܕܘ ܠܗ ܫܢ̈ܝܢ ܬܡܢܥܣܪܐ. »quae post finem .... sequuntur in libris peruagatis, ea etiam à Syro lecta sunt. Sed admonet ille, scripta fuisse post absolutam interpretationem LXXII interpretum« M. quo melius intellegantur quae Masius addit, subiungo Aldinae verba (nam editio vaticana unicuivis ad manus est): ἐν ἐκείνῃ τῇ ἡμέρᾳ λαβόντες οἱ υἱοὶ ἰσραὴλ τὴν κιβωτὸν τῆς διαθήκης τοῦ θεοῦ, περιέφερον ἐν ἑαυτοῖς. καὶ φινεὲς ἱεράτευσεν ἀντὶ ἐλεάζαρ τοῦ πατρὸς αὐτοῦ ἕως ἀπέθανε, καὶ κατωρύγη ἐν γαβαὰθ τῇ ἑαυτοῦ. οἱ δὲ υἱοὶ ἰσραὴλ, ἀπήλθοσαν ἕκαστος εἰς τὸν τόπον αὐτῶν. καὶ εἰς τὴν πόλιν αὐτῶν. καὶ ἐσέβοντο οἱ υἱοὶ ἰσραὴλ τὴν ἀστάρτην καὶ τὴν ἀσταρὼθ, καὶ τοὺς θεοὺς τῶν ἐθνῶν τῶν κύκλῳ αὐτῶν. καὶ παρέδωκεν αὐτοὺς κύριος εἰς χεῖρας αἰγλὼμ τῷ βασιλεῖ μωὰβ. καὶ κατεκυρίευσεν αὐτῶν ἔτη δεκαοκτώ. »Possunt autem ex verbis Syri .... sic corrigi. Primum cùm est in nostris libris, λαβόντες οἱ υἱοὶ ἰσραὴλ, Syrus non legit illud, οἱ υἱοὶ ἰσραὴλ. Neque mox illud, τῆς διαθήκης. Et pro περιέφερον ἐν ἀυτοῖς [sed ἑαυτοῖς ab], legit Syrus, περιέφερον ἀυτὴν ἐν ἰσραὴλ. καὶ φινεὲς &c. Vlterius, pro τῇ ἑαυτοῦ, est in Vaticano, τῇ ἑαυτοῦ. verùm Syrus scripturam vulgarium librorum secutus est. Vlterius legit Syrus casu gignendi, τοῦ βασιλέως μωὰβ. idque mihi rectius esse videtur« M

1 sub ܐ positae ܒ litterae, quas quibus locis margini inscribam, nescio

8 ܘܐܘܩܕܘܗ̇ B, in quo ܒ paene evanuit: correxit R[oerdam]

10 ܕܚܒܪܘܢ in B punctum habet sub ܒ adscriptum

15 linea alterius ÷ deleta, punctum remansit intactum

16m ܠܡ pr m super ܠ radendo deletâ

16 ↘ prior deest in B: addidit R

16 ÷ ante ܕܥܪܕ posuit B, a quo abest ↘ alter, a Roerdamio additus

16 ܥܡ > B: addidit R

ܝܙ [17] ܘܐܙܠ ܝܗܘܕܐ ܥܡ ܫܡܥܘܢ ܐܚܘܗܝ. ܘܡܚܘ ܠܟܢܥܢܝܐ ܗܘ ܕܝܬܒ ܒܨܦܬ. ܘܐܚܪܡܘܗ̇
ܘܚܪܒܘܗ̇. ܘܩܪܐ ܫܡܗ̇ ܕܩܪܝܬܐ ܚܪܡܐ: [18] ܘܠܐ ܝܪܬ ܝܗܘܕܐ ܠܥܙܐ ܘܠܬܚܘܡܐ ܕܝܠܗ̇.
ܘܠܐܫܩܠܘܢ ܘܠܬܚܘܡܐ ܕܝܠܗ̇. ܘܠܥܩܪܘܢ ܘܠܬܚܘܡܐ ܕܝܠܗ̇. ܘܠܐܪܥܗܘܢ ܘܠܩܘܪܝܬܐ ܕܝܠܗ̇:
[19] ܘܐܝܬܘܗܝ ܗܘܐ ܡܪܝܐ ܥܡ ܝܗܘܕܐ. ܘܐܘܪܬ ܠܛܘܪܐ. ܡܛܠ ܕܠܐ ܫܟܚ ܗܘܐ ܕܢܐܪܬ ܠܥܡܡܐ ܕܝܬܒܝܢ
ܒܥܘܡܩܐ. ܡܛܠ ܕܪܟܒ ܦܪܙܠܐ ܗܘܐ ܠܗܘܢ܀
ܟ [20] ܘܝܗܒܘ ܠܟܠܒ ܠܚܒܪܘܢ. ܐܝܟ ܕܡܠܠ ܡܘܫܐ. ܘܐܘܪܬ ܡܢ ܬܡܢ ܠܬܠܬܐ ܒܢܘܗܝ ܕܥܢܩ
ܘܐܒܕܘ ܡܢ ܬܡܢ ܠܬܠܬܐ ܒܢܝ ܥܢܩ܀
ܟܐ [21] ܘܠܝܒܘܣܝܐ ܗܘ ܕܝܬܒ ܗܘܐ ܒܐܘܪܫܠܡ. ܠܐ ܐܘܪܬܘ ܒܢܝ ܒܢܝܡܝܢ. ܘܝܬܒ ܝܒܘܣܝܐ ܥܡ
ܒܢܝ ܒܢܝܡܝܢ ܒܐܘܪܫܠܡ ܥܕܡܐ ܠܝܘܡܢܐ |
ܠܓ 6¹ | [33] ܘܢܦܬܠܝ ܠܐ ܐܘܪܬ ܠܥܡܡܐ ܕܒܝܬ ܫܡܫ. ܘܠܐ ܠܥܡܡܐ ܕܒܝܬ ܥܢܬ:
ܘܝܬܒ ܐܝܣܪܝܠ ܒܡܨܥܬ ܟܢܥܢܝܐ ܗܘ ܕܝܬܒ ܒܐܪܥܐ: ܘܥܡܐ ܕܒܝܬ ܫܡܫ ܘܕܒܝܬ ܥܢܬ.
ܗܘܘ ܠܗܘܢ ܠܡܟܣܐ܀
ܠܕ [34] ܘܐܠܨܘ ܐܡܘܪܝܐ ܠܒܢܝ ܕܢ ܠܛܘܪܐ. ܡܛܠ ܕܠܐ ܫܒܩܘܗܝ ܠܡܚܬ ܠܥܘܡܩܐ: [35] ܘܫܪܝ
ܐܡܘܪܝܐ ܠܡܥܡܪ ܒܛܘܪܐ ܕܒܝܬ ܚܪܣ. ܒܐܝܠܘܢ ܘܒܫܥܠܒܝܢ܀
ܠܘ ܘܝܩܪܬ ܐܝܕܐ ܕܒܝܬ ܝܘܣܦ ܥܠ ܐܡܘܪܝܐ. ܘܗܘܘ ܠܡܟܣܐ: [36] ܘܬܚܘܡܐ ܕܐܡܘܪܝܐ
ܡܢ ܡܣܩܬܐ ܕܥܩܪܒܝܢ ܡܢ ܫܘܥܐ ܘܠܥܠ܀
ܫܠܡ ܐ܀
ܒ ܟܐ [1] ܘܣܠܩ ܡܠܐܟܗ ܕܡܪܝܐ ܡܢ ܓܠܓܠܐ ܠܒܝܬ ܒܟܝܐ. ܘܐܡܪ ܠܗ ܐܣܩܬ ܐܢܘܢ ܠܒܢܝ ܐܝܣܪܝܠ
6² ܘܐܡܪ ܠܗܘܢ. ܡܪܝܐ ܐܣܩܟܘܢ ܡܢ | ܡܨܪܝܢ. ܘܐܥܠܬܟܘܢ ܠܐܪܥܐ ܗܝ ܕܝܡܝܬ ܠܐܒܗܬܟܘܢ ܠܡܬܠ ܠܟܘܢ.
ܘܐܡܪܬ ܠܟܘܢ. ܠܐ ܐܫܢܐ ܩܝܡܝ ܕܥܡܟܘܢ ܠܥܠܡ: [2] ܘܐܢܬܘܢ ܠܐ ܬܓܙܪܘܢ ܩܝܡܐ
ܠܥܡܡܐ ܕܝܬܒܝܢ ܒܐܪܥܐ ܗܕܐ. ܘܠܐܠܗܝܗܘܢ ܠܐ ܬܣܓܕܘܢ. ܐܠܐ ܦܬܟܪܝܗܘܢ ܬܬܒܪܘܢ
ܘܡܕܒܚܝܗܘܢ ܬܣܚܦܘܢ: ܘܠܐ ܫܡܥܬܘܢ ܒܩܠܝ. ܡܢܐ ܗܕܐ ܥܒܕܬܘܢ: [3] ܘܐܦ ܐܢܐ ܐܡܪܬ ܘܠܐ
ܐܛܪܕ ܐܢܘܢ ܡܢ ܩܕܡܝܟܘܢ ܗܘ ܕܐܡܪܬ ܠܡܘܪܬܗ ܐܢܘܢ. ܘܢܗܘܘܢ ܠܟܘܢ ܠܥܩܪܬܐ ܕܥܝܢܝܟܘܢ. ܘܢܗܘܘܢ
ܠܟܘܢ ܠܬܘܩܠܬܐ. ܘܐܠܗܝܗܘܢ ܢܗܘܘܢ ܠܟܘܢ ܠܡܟܫܘܠܐ܀
ܟܕ [4] ܘܗܘܐ ܕܟܕ ܡܠܠ ܡܠܐܟܗ ܕܡܪܝܐ ܦܬܓܡܐ ܗܠܝܢ ܠܘܬ ܟܠܗܘܢ ܒܢܝ ܐܝܣܪܝܠ. ܘܐܪܝܡܘ ܥܡܐ
ܩܠܗܘܢ ܘܒܟܘ: [5] ܘܩܪܘ ܫܡܗ ܕܐܬܪܐ ܗܘ ܒܟܝܐ: ܘܕܒܚܘ ܬܡܢ
7¹ ܠܡܪܝܐ܀
ܟܗ [6] ܘܫܪܐ ܝܫܘܥ ܠܥܡܐ. ܘܐܙܠܘ ܒܢܝ ܐܝܣܪܝܠ ܟܠ ܚܕ ܠܝܪܬܘܬܗ ܘܠܡܐܪܬ
ܠܐܪܥܐ: [7] ܘܦܠܚܘ ܥܡܐ ܠܡܪܝܐ ܟܠܗܘܢ ܝܘܡܬܗ ܕܝܫܘܥ. ܘܟܠܗܘܢ ܝܘܡܬܐ ܕܩܫܝܫܐ ܕܐܘܪܟܘ ܝܘܡܬܐ
ܒܬܪ ܝܫܘܥ. ܗܢܘܢ ܕܚܙܘ ܟܠ ܥܒܕܐ ܪܒܐ ܕܡܪܝܐ ܕܥܒܕ ܠܐܝܣܪܝܠ܀
ܟܘ [8] ܘܡܝܬ ܝܫܘܥ ܒܪ ܢܘܢ ܥܒܕܗ ܕܡܪܝܐ ܒܪ ܡܐܐ ܘܥܣܪ ܫܢܝܢ. [9] ܘܩܒܪܘܗܝ ܒܬܚܘܡܐ
ܕܝܪܬܘܬܗ ܒܬܡܢܬܣܪܚ ܒܛܘܪܐ ܕܐܦܪܝܡ ܡܢ ܓܪܒܝܐ ܕܛܘܪܐ ܕܓܥܫ܀ ܗ܀
[10] ܐܦ ܟܠܗ ܕܪܐ ܗܘ ܐܬܟܢܫ ܠܘܬ ܐܒܗܬܗ܀
ܟܙ ܘܩܡ ܕܪܐ ܐܚܪܢܐ ܒܬܪܗܘܢ. ܗܢܘܢ ܕܠܐ ܝܕܥܘ ܠܡܪܝܐ ܘܠܥܒܕܐ ܗܘ ܕܥܒܕ ܠܐܝܣܪܝܠ܀ [11] ܘܥܒܕܘ
7² ܒܢܝ ܐܝܣܪܝܠ ܕܒܝܫ ܩܕܡ ܡܪܝܐ. ܘܦܠܚܘ ܗܘܘ ܠܒܥܠܐ. [12] ܘܫܒܩܘ ܠܡܪܝܐ ܐܠܗܐ | ܕܐܒܗܬܗܘܢ
ܗܘ ܕܐܦܩ ܐܢܘܢ ܡܢ ܐܪܥܐ ܕܡܨܪܝܢ. ܘܐܙܠܘ ܒܬܪ ܐܠܗܐ ܐܚܪܢܐ ܡܢ ܐܠܗܐ ܕܥܡܡܐ ܗܠܝܢ ܕܚܕܪܝܗܘܢ.
ܘܣܓܕܘ ܠܗܘܢ. ܘܐܪܓܙܘ ܠܡܪܝܐ. [13] ܘܫܒܩܘ ܠܒܥܠܐ ܘܠܥܣܬܪܬܐ܀

17 ܐ deest in B: addidit R
19 ܦܪܙܠܐ edidit R
20 ܘܐܒܕܘ ~ B: correxit R, qui mox ܐ addidit
34 ܐܡܘܪܝܐ B

35 ܐ addidit R
37 ܠܐܡܘܪܝܐ ܐ B: correxit R
1 ܐܣܩܬ B
1 ܠܐܝܣܪܝܠ B in versu medio
2 ܕܥܡܟܘܢ ܠܥܠܡ B: correxit R

2 ܠܥܡܡܐ punctum habet subter ܠ
3 ܐ addidit R
4 ܥܡܐ Bm
6 ܠܐܪܥܐ ܘܠܡܐܪܬ B
10 ܒܬܪܗܘܢ ܠܐܝܣܪܝܠ B: correxit R

[14] ܘܐܬܚܡܬ ܪܘܓܙܗ ܕܡܪܝܐ ܥܠ ܐܝܣܪܝܠ. ܘܐܫܠܡ ܐܢܘܢ ܒܐܝܕܝ ܒܙܘܙܐ. ܘܒܙܘ ܐܢܘܢ. ܘܙܒܢ ܐܢܘܢ ܒ
ܐܝܕܝ ܒܥܠܕܒܒܝܗܘܢ ܕܚܕܪܝܗܘܢ. ܘܠܐ ܐܫܟܚܘ ܠܡܩܡ ܩܕܡ ܒܥܠܕܒܒܝܗܘܢ
[15] ܒܟܠܡܐ ܕܢܦܩܝܢ ܗܘܘ. ܐܝܕܗ ܕܡܪܝܐ ܐܝܬܝܗ ܗܘܬ ܥܠܝܗܘܢ ܠܒܝܫܬܐ. ܐܝܟ ܕܡܠܠ ܡܪܝܐ.
ܘܐܝܟ ܕܝܡܐ ܡܪܝܐ ܠܗܘܢ. ܘܐܥܩ ܠܗܘܢ ܛܒ ܀
[16] ܘܐܩܝܡ ܡܪܝܐ ※ ܠܗܘܢ ܕ̈ܝܢܐ. ܘܦܪܩ ܐܢܘܢ ܡܪܝܐ ܡܢ ܐܝܕܝ ܕܒܙܘܙܐ ܕܠܗܘܢ: [17] ܐܦ ܠܘܬ ܕ̈ܝܢܐ ܡܢ
ܕܠܗܘܢ ܠܐ ܫܡܥܘ. ܡܛܠ ܕܙܢܝܘ ܒܬܪ ܐܠܗ̈ܐ ܐܚܪ̈ܢܐ ܘܣܓܕܘ ܠܗܘܢ ܘܐܪܓܙܘ ܠܡܪܝܐ ܘܐܫܬܒܩܘ
8[1] ܥܓܠ ܡܢ ܐܘܪܚܐ ܕܗܠܟܘ ܒܗ ܐܒܗ̈ܬܗܘܢ. ܠܡܫܡܥ ܦܘܩܕ̈ܢܘܗܝ ܕܡܪܝܐ: ܠܐ ܥܒܕܘ ܗܟܢܐ ܀
[18] ܘܐܩܝܡ ܡܪܝܐ ܠܗܘܢ ܕ̈ܝܢܐ. ܘܐܝܟܢܐ ܕܗܘܐ ܡܪܝܐ ܥܡ ܕܝܢܐ. ܘܦܪܩ ܐܢܘܢ ܡܢ ܐܝܕܝ ܒܥܠܕܒܒܝ
ܕܠܗܘܢ. ܒܟܠܗܘܢ ܝܘܡ̈ܬܗ ܕܕܝܢܐ. ܡܛܠ ܕܐܬܬܘܝ ܡܪܝܐ ܡܢ ܐܢܚܬܗܘܢ ܕܠܗܘܢ ܡܢ ܩܕܡ ܒܙܘܙܐ
ܕܐܠܨܘ ܘܕܥܨܪܝܢ ܗܘܘ ܠܗܘܢ: [19] ܘܗܘܐ ܟܕ ܡܐܬ ܕܝܢܐ. ܗܦܟܝܢ
ܘܚܒܠܘ ܝܬܝܪ ܡܢ ܐܒܗ̈ܬܗܘܢ. ܠܡܐܙܠ ܒܬܪ ܐܠܗ̈ܐ ܐܚܪ̈ܢܐ. ܠܡܦܠܚ ܠܗܘܢ ܘܠܡܣܓܕ
ܠܗܘܢ: ܠܐ ܫܒܩܘ ܠܥܒ̈ܕܝܗܘܢ. ܘܡܢ ܐܘܪܚܐ ܕܠܗܘܢ ܩܫܝܬܐ ܠܐ ܦܢܘ ܗܘܘ ܀
[20] ܘܐܬܚܡܬ ܪܘܓܙܗ ܕܡܪܝܐ ܥܠ ܐܝܣܪܝܠ ܘܐܡܪ ‖ ܚܠܦ ܕܥܒܪ ܥܡܐ ܗܢܐ ܥܠ ܩܝܡܝ ܕ
8[2] ܦܩܕܬ ܠܐܒܗ̈ܬܗܘܢ. ܘܠܐ ܫܡܥܘ ܠܩܠܝ: | [21] ܐܦ ܐܢܐ ܠܐ ܐܘܣܦ ܠܡܘܪܬܘ ܓܒܪܐ
ܡܢ ܩܕܡ ܒܥܠܕܒܒܝܗܘܢ ܡܢ ܥܡ̈ܡܐ ܗܠܝܢ ܕܫܒܩ ܝܫܘܥ ܟܕ ܡܝܬ. [22] ܠܡܢܣܝܘ ܒܗܘܢ ܠܐܝܣܪܝܠ.
ܐܢ ܢܛܪܝܢ ܐܘܪܚܗ ܕܡܪܝܐ. ܠܡܐܙܠ ܒܗ ܐܝܟ ܕܢܛܪܘ ܐܒܗ̈ܬܗܘܢ. ܐܘ ܠܐ: [23] ܘܫܒܩ
ܡܪܝܐ ܠܥܡ̈ܡܐ ܗܠܝܢ. ܘܠܐ ܐܘܒܕ ܐܢܘܢ ܒܥܓܠ. ܘܠܐ ܐܫܠܡ ܐܢܘܢ ܒܐܝܕܝ ܝܫܘܥ ܀
3 [1] ܘܗܠܝܢ ܥܡ̈ܡܐ ܕܫܒܩ ܡܪܝܐ ܐܝܟ ܕܢܢܣܐ ܒܗܘܢ ܠܐܝܣܪܝܠ. ܠܟܠܗܘܢ ܗܢܘܢ ܕܠܐ
ܝܕܥܘ ܟܠܗܘܢ ܩܪ̈ܒܐ ܕܟܢܥܢ. [2] ܠܚܘܕ ܡܛܠ ܕܪ̈ܪܐ ܕܒܢ̈ܝ ܐܝܣܪܝܠ. ܠܡܠܦܘ ܐܢܘܢ ܩܪܒܐ. ܠܚܘܕ
ܗܠܝܢ ܕܩܕܡܝܗܘܢ ܠܐ ܝܕܥܘ ܐܢܘܢ — [3] ܚܡܫܐ ܐܚܘܕ̈ܬܐ ܕܦܠܫܬܝ̈ܐ ܘܟܠܗܘܢ ܟܢܥܢܝ̈ܐ
ܘܨܝܕܢܝ̈ܐ ܘܚܘܝ̈ܐ ܗܘ ܕܝܬܒ ܒܛܘܪܐ ܕܠܒܢܢ ܡܢ ܛܘܪܐ ܕܒܥܠܚܪܡܘܢ ܥܕܡܐ ܠܡܥܠܢܗ ܕܚܡܬ: [4] ܘܗܘܘ
9[1] ܐܝܟ ܕܢܢܣܐ ܒܗܘܢ ܠܐܝܣܪܝܠ. ܠܡܕܥ ܐܢ | ܫܡܥܝܢ ܠܦܘܩܕ̈ܢܘܗܝ ܕܡܪܝܐ ܕܦܩܕ ܠܐܒܗ̈ܬܗܘܢ
ܕܠܗܘܢ ܒܐܝܕܐ ܕܡܘܫܐ ܀

ܡܫܠܡ ܝ̄ ܀

[5] ܘܒܢ̈ܝ ܐܝܣܪܝܠ ܥܡܪܘ ܒܝܢܝ̈ ܟܢܥܢܝ̈ܐ ܘܚܬܝ̈ܐ ܘܐܡܘܪ̈ܝܐ ܘܦܪܙܝ̈ܐ ܘܚܘܝ̈ܐ ܘܝܒܘܣܝ̈ܐ.
[6] ܘܢܣܒܘ ܒܢܬܗܘܢ ܠܗܘܢ ܠܢܫ̈ܐ. ܘܒܢܬܗܘܢ ܕܠܗܘܢ ܝܗܒܘ ܠܒܢ̈ܝܗܘܢ. ܘܦܠܚܘ ܠܐܠܗ̈ܐ
ܕܠܗܘܢ: [7] ܘܥܒܕܘ ܒܢ̈ܝ ܐܝܣܪܝܠ ܕܒܝܫ ܩܕܡ ܡܪܝܐ. ܘܛܥܘ ܠܡܪܝܐ ܐܠܗܗܘܢ. ܘܦܠܚܘ
ܠܒܥܠܐ ܘܠܐܣܬܪ̈ܬܐ ܀
[8] ܘܐܬܚܡܬ ܪܘܓܙܗ ܕܡܪܝܐ ܥܠ ܐܝܣܪܝܠ. ܘܐܫܠܡ ܐܢܘܢ ܒܐܝܕܝ ܟܘܫܢ ܪܫܥ ܬܝܡܢ ܡܠܟܐ ܕܢܗܪ̈ܝܢ ܠܐ
※ ܕܫܢܘܗܝ ܕܒܪ̈ܬܗ. ܘܦܠܚܘ ܒܝܬܗ ※ ܒܢ̈ܝ ܐܝܣܪܝܠ ܠܗ ܬܡܢܐ ܫܢ̈ܝܢ: [9] ܘܩܥܘ ܒܢ̈ܝ
9[2] ܐܝܣܪܝܠ ܠܘܬ ܡܪܝܐ. ܘܐܩܝܡ ܡܪܝܐ ܦܪܘܩܐ ܠܐܝܣܪܝܠ. ܘܦܪܩ | ܐܢܘܢ.. ܠܥܬܢܐܝܠ ܒܪܗ ܕܩܢܙ ܐܚܘܗܝ
ܕܟܠܒ ܗܘ ܙܥܘܪܐ — ܡܢܗ — ܡܫܡܫܢ ܐܢܘܢ: [10] ܘܗܘܬ ܥܠܘܗܝ ܪܘܚܗ ܕܡܪܝܐ. ܘܕܢ ܠܐܝܣܪܝܠ.
ܘܢܦܩ ܠܩܪܒܐ. ܘܐܫܠܡ ܡܪܝܐ ܒܐܝܕܘܗܝ ܠܟܘܫܢ ܪܫܥ ܬܝܡܢ ܡܠܟܐ ܕܐܕܘܡ. ܘܐܬܥܫܢܬ ܐܝܕܗ
ܕܥܠ ܟܘܫܢ ܪܫܥ ܬܝܡܢ ܀
[11] ܘܫܠܝܬ ܐܪܥܐ ܐܪܒܥܝܢ ܫܢ̈ܝܢ. ܘܡܝܬ ܥܬܢܐܝܠ ܒܪܗ ܕܩܢܙ: [12] ܘܐܘܣܦܘ ܒܢ̈ܝ ܐܝܣܪܝܠ ܠܡ
ܥܒܕ ܕܒܝܫ ܩܕܡ ܡܪܝܐ: ܘܐܥܫܢ ܡܪܝܐ ܠܥܓܠܘܢ ܡܠܟܐ ܕܡܘܐܒ ܥܠ ܐܝܣܪܝܠ. ܡܛܠ
ܕܥܒܕܘ ܗܘܘ ܕܒܝܫ ܩܕܡ ܡܪܝܐ: [13] ܘܟܢܫ ܠܘܬܗ ܠܒܢ̈ܝ ܥܡܘܢ ܘܠܥܡܠܝܩ. ܘܐܙܠ
ܘܡܚܐ ܠܐܝܣܪܝܠ. ܘܐܚܕ ܠܡܕܝܢܬܐ ܕܕܩܠܐ: [14] ܘܦܠܚܘ ܒܢ̈ܝ ܐܝܣܪܝܠ ܠܥܓܠܘܢ

14 ܘܐܬܦܢܝ B: correxit R
14 ܘܐܫܠܡܘ B: correxit R
17 ܘܐܬܦܢܝ — ܫܡܥܝܢܢ B: correxit R
19 ܘܚܒܠܘ — B: correxit R
22 ܢܛܪܢ B: tacitus correxit R
3 ܠܫܡܥ B
8 ܕܒܝܬ ※ ܢܗܪ̈ܝܢ B
8 ܕܢܗܪ̈ܝܢ B
8 ܢ addidit R
10 ※ ܒܢ̈ܝ B
11 ܘܫܠܝ puncto subterposito B
13 ܘܟܢܫ et ܘܐܙܠ et ܘܡܚܐ B

11[2]

ܡܠܟܐ ܕܡܘܐܒ ܬܡܢܬܥܣܪܐ ܫܢ̈ܝܢ: [15]ܘܩܥܘ ܒܢ̈ܝ ܐܝܣܪܝܠ ܠܘܬ ܡܪܝܐ . ܘܐܩܝܡ ܡܪܝܐ ܠܗܘܢ
10[1] ܦܪܘܩܐ | ܠܐܗܘܕ ܒܪܗ ܕܓܪܐ ܒܪܗ ܕܝܡܝܢ. ܓܒܪܐ ܠܐܫ ܝܡܝܢܐ: ܘܫܕܪܘ ܒܢ̈ܝ ܐܝܣܪܝܠ ܒܐܝܕܗ
ܩܘܪܒܢܐ ܠܥܓܠܘܢ ܡܠܟܐ ܕܡܘܐܒ: [16]ܘܥܒܕ ܠܗ ܐܗܘܕ ܣܝܦܐ ܕܬܪ̈ܝܢ ܦܘܡ̈ܘܗܝ .. ܐܘܪܟܗ ܙܪܬܐ
ܚܕܐ .. ܘܐܣܪܗ ܠܓܝܣܗ ܡܢ ܠܒܘܫܐ ܕܠܗ ܥܠ ܥܛܡܗ ܕܝܡܝܢܐ: [17]ܘܩܪܒ ܩܘܪܒܢܐ ܠܥܓܠܘܢ
ܡܠܟܐ ܕܡܘܐܒ . ܘܥܓܠܘܢ ܓܒܪܐ ܗܘܐ ܦܛܝܐ ܛܒ: [18]ܘܗܘܐ ܕܟܕ ܫܠܡ ܒ- ܐܗܘܕ ܠܡܩܪܒܘ
ܩܘܪܒܢܐ. ܘܫܕܪ ܒ- ܐܗܘܕ ܠܥܡܐ ܕܛܥܝܢܝܢ ܩܘܪܒܢܐ: [19]ܘܥܓܠܘܢ ܗܦܟ ܡܢ ܦܣܝ̈ܠܐ ܕܥܡ
ܓܠܓܠܐ . ܘܐܡܪ ܐܗܘܕ »ܡܠܬܐ ܟܣܝܬܐ ܠܝ ܠܘܬܟ .. ܡܠܟܐ«: ܘܐܡܪ ܥܓܠܘܢ ܠܛܠܝ̈ܘܗܝ »ܡܢ
ܩܕܡܝ«: ܘܢܦܩܘ ܡܢ ܠܘܬܗ ܟܠܗܘܢ ܗܢܘܢ ܕܩܝܡܝܢ ܗܘܘ ܡܫܡܫܝܢ ܠܗ: [20]ܘܐܬܐ ܐܗܘܕ ܠܘܬܗ.
10[2] ܘܗܘ ܝܬܒ ܗܘܐ ܒܥܠܝܬܐ ܩܝܛܝܬܐ ܕܠܗ ܒܠܚܘܕܘܗܝ: ܘܐܡܪ ܐܗܘܕ | »ܡܠܬܐ ܕܐܠܗܐ ܠܝ ܠܘܬܟ
ܒ- ܡܠܟܐ«: ܘܩܡ ܡܢ ܟܘܪܣܝܐ ܕܠܗ ܥܓܠܘܢ ܠܪܓܠܘܗܝ: [21]ܘܗܘܐ ܕܟܕ ܩܡ. ܐܘܫܛ ܐܗܘܕ
ܐܝܕܐ ܕܣܡܠܐ ܕܠܗ. ܘܢܣܒ ܣܝܦܐ ܡܢ ܥܛܡܐ ܕܝܡܝܢܐ ܕܠܗ. ܘܡܚܝܗ ܒܟܪܣܗ ܕܥܓܠܘܢ.
[22]ܘܐܥܠܗ ܐܦ ܠܩܒܥܬܐ ܒܬܪ °ܣܟܝܢܬܐ. ܘܣܟܪ ܬܪܒܐ ܥܠ ܣܟܝܢܬܐ. ܡܛܠ ܕܠܐ ܫܡܛܗ
ܠܣܦܣܪܐ ܡܢ ܟܪܣܐ ܕܠܗ: ܘܢܦܩ ܐܗܘܕ ܠܦܪܘܕܪܘܢ: [23]ܘܥܒܪ ܐܗܘܕ ܠܥܠܘܗܝ ܘܩܛܠܗ. ܘܐܚܕ
ܠܬܪ̈ܥܐ ܕܥܠܝܬܐ ܒܠܥܘܗܝ. ܘܪܟܒ ܐܢܘܢ: [24]ܘܗܘ ܢܦܩ . ܘܥܒ̈ܕܘܗܝ ܕܥܠܘ ܒܬܪܗ . ܘܚܙܘ . ܘܗܐ ܬܪ̈ܥܐ
ܕܥܠܝܬܐ ܐܚܝܕܝܢ . ~ ܘܟܕ ܐܬܝܟܪ ܐܗܘܕ. ܢܦܩ ܘܐܙܠ ܗܘܐ: ܘܥܒ̈ܕܘܗܝ ܕܥܓܠܘܢ ܥܠܘ ܘܐܫܟܚܘ.
~ ܘܬܪ̈ܥܐ ܕܥܠܝܬܐ ܐܚܝܕܝܢ: ܘܐܡܪܘ »ܕܠܡܐ ܥܒܕ ܡܥ̈ܒܕܢܐ ܕܝܠܗ .. ܒܩܝܛܘܢܐ ܕܩܪܝܪܐ ܕܡܫܬܝܘܗܝ«:
11[1] [25]ܘܟܠܘ ܥܕ ܕܐܬܒܗܬܘ . ܘܗܐ ܠܐ ܐܝܬ ܗܘܐ ܕܦܬܚ ܠܬܪ̈ܥܐ ܕܥܠܝܬܐ . | ܘܢܣܒܘ ܩܠܝܕܐ
ܘܦܬܚܘ . ܘܗܐ ܡܪܗܘܢ ܢܦܝܠ ܥܠ ܐܪܥܐ ܘܡܝܬ: [26]ܘܐܗܘܕ ܐܫܬܘܙܒ ܥܕ ܡܬܟܪܟܝܢ
ܗܘܘ . ~ ܘܠܐ ܐܝܬ ܗܘܐ ܕܡܪܕܦ ܒܬܪܗ . ܘܗܘ ܥܒܪ ܠܦܣܝ̈ܠܐ . ܘܐܫܬܘܙܒ ܠܣܥܝܪܬ ܀
ܠܚ [27]ܘܗܘܐ ܕܟܕ ܐܬܐ. ܘܩܥܐ ܒܩܪܢܐ ܒܛܘܪܐ ܕܐܦܪܝܡ. ܘܢܚܬܘ ܥܡܗ ܒܢ̈ܝ ܐܝܣܪܝܠ ※ܡܢ ܛܘܪܐ.
ܘܗܘ ܩܕܡܝܗܘܢ: [28]ܘܐܡܪ ܠܗܘܢ »ܪܕܘ ܒܬܪܝ. ܡܛܠ ܕܐܫܠܡ ܡܪܝܐ ܒ- ܐܠܗܐ
ܒܥܠܕܒܒ̈ܝܟܘܢ .. ܠܡܘܐܒ .. ܒܐܝܕܝܟܘܢ«: ܘܢܚܬܘ ܒܬܪܗ . ܘܐܚܕܘ ܐܦ ܠܡܥܒܪ̈ܬܐ ܕܝܘܪܕܢܢ
ܕܡܘܐܒ . ܘܠܐ ܫܒܩܘ ܓܒܪܐ ܠܡܥܒܪ: [29]ܘܩܛܠܘܗ ܠܡܘܐܒ ܒܙܒܢܐ ܗܘ ܐܝܟ ܥܣܪܐ ܐܠܦܝ̈ܢ
ܩܠ ܗ ܕܓܒܪܐ .. ܟܠܗܘܢ ܡܫܡܢ̈ܐ ܘܟܠܗܘܢ ܓܒܪܐ ܕܚܝܠܐ .. ܘܠܐ ܐܫܬܘܙܒ ܓܒܪܐ ܀ ‖ [30]ܘܐܬܟܒܫ
11[2] ܡܘܐܒ ܒܝܘܡܐ ܗܘ ܠܬܚܬ ܐܝܕܐ ܕܐܝܣܪܝܠ . ܘܫܠܝܬ ܐܪܥܐ ܬܡܢܝܢ ܫܢ̈ܝܢ . | ܐܗܘܕ ܒܪܢܫܐ
ܘܡܝܬ ܀ [31]ܘܒܬܪܗ ܩܡ ܫܡܓܪ ܒܪܗ ܕܥܢܬ. ܘܩܛܠ °ܠܦܠܫܬܝ̈ܐ ܫܬܡܐܐ .. ܒܡܪܕܝܐ ܕܬܘܪ̈ܐ ܗܘ
ܡܢ ܥܡܠܐ ܕܝܘܡܐ . ܘܦܪܩ ܐܦ ܗܘ ܠܐܝܣܪܝܠ ܀
4 ܟܕ [1]ܘܐܘܣܦܘ ܒܢ̈ܝ ܐܝܣܪܝܠ ܠܡܥܒܕ ܕܒܝܫ ܩܕܡ ܡܪܝܐ (※ܘܐܗܘܕ ܡܝܬ). [2]ܘܐܫܠܡ ܐܢܘܢ
°ܡܪܝܐ ܒܐܝܕܐ ܕܝܒܝܢ ܡܠܟܐ ܕܟܢܥܢ ܗܘ ܕܐܡܠܟ ܒܚܨܘܪ . ܘܪܒ ܚܝܠܗ ܣܝܣܪܐ. ܘܗܘ ܝܬܒ ܗܘܐ
ܒܚܪܫܬ ܕܥܡܡ̈ܐ: [3]ܘܩܥܘ ܒܢ̈ܝ ܐܝܣܪܝܠ ܠܘܬ ܡܪܝܐ. ܡܛܠ ܕܬܫܥܡܐܐ ܡܪ̈ܟܒܬܐ ܕܦܪܙܠܐ
ܐܝܬ ܗܘܐ ܠܗ . ܘܗܘ ܐܠܨ ܗܘܐ ܠܐܝܣܪܝܠ ܒܚܝܠܬܢܘܬܐ ܥܣܪܝܢ ܫܢ̈ܝܢ ܀
ܚܘ [4]ܘܕܒܘܪܐ ܐܢܬܬܐ ܢܒܝܬܐ. ܐܢܬܬܗ ܕܠܦܝܕܘܬ. ܗܝ ܕܢܐ ܗܘܬ ܠܐܝܣܪܝܠ ܒܙܒܢܐ ܗܘ: [5]ܘܗܝ
ܕܒܘܪܐ ܝܬܒܐ ܗܘܬ ܬܚܝܬ ܕܩܠܬܐ ܒܝܬ ܪܡܬܐ ܘܒܝܬ ܐܝܠ ܒܛܘܪܐ ܕܐܦܪܝܡ. ܘܣܠܩܝܢ ܗܘܘ
12[1] | ܠܘܬܗ ܒܢ̈ܝ ܐܝܣܪܝܠ ܠܕܝܢܐ: [6]ܘܫܕܪܬ ܒ- ܕܒܘܪܐ ܘܩܪܬ ܠܒܪܩ ܒܪܗ ܕܐܒܝܢܥܡ ܡܢ ܩܕܫ
ܕܢܦܬܠܝ. ܘܐܡܪܬ ܠܗ »ܠܐ ܗܘܐ ܠܟ ܦܩܕ ܡܪܝܐ ܐܠܗܐ ܕܐܝܣܪܝܠ. ܘܐܙܠ ܠܛܘܪܐ ܕܬܒܘܪ. ܘܐܦܩ
ܥܡܟ ܥܣܪܐ ܐܠܦܝ̈ܢ ܓܒܪܐ ܡܢ ܒܢ̈ܝ ܢܦܬܠܝ ܘܡܢ ܒܢ̈ܝ ܙܒܘܠܘܢ: [7]ܘܐܢܓܕ °°ܠܘܬܟ ܠܢܚܠܐ
ܕܩܝܫܘܢ ܠܣܝܣܪܐ ܪܒ ܚܝܠܗ ܕܝܒܝܢ ܘܡܪ̈ܟܒܬܗ ܘܟܢܫܗ ܕܠܗ. ܘܐܫܠܡܝܘܗܝ ܒܐܝܕܝܟ«:

18 ܠܡܩܪܒܘܬܗ ܒ- ܐܗܘܕ et mox ܘܫܕܪ ܒ- ܐܗܘܕ B: correxit R, nisi quod ܐܗܘܕ intactum relliquit

19 ܐܗܘܕ B, quem deinceps idem vitium repetentem tacitus corrigam

24 inde ab hoc loco recte ܐܗܘܕ B

26 ܘܠܐ signo in B caret, qui ܗܘܘ ܒ-

27 ܐ addidit R

28 ܪܕܘ B: tacitus correxit R

30[m] ܩܠ ܗ B

31 ܘܦܪܩ ~ B: ~ delevit R

1 ܕܒܝܫ ※ B: correxit R

1 signa ad ܘܐܗܘܕ ܡܝܬ addidit R

6 ܘܫܕܪܬ ܒ- ܕܒܘܪܐ B: correxit R

6 ܕܐܒܝܢܥܡ R, ܕܐܒܝܢܘܥܡ B

[8]ܘܐܡܪ ܠܗ̇ ܒܪܩ «ܐܢ ܬܐܙܠܝܢ ܥܡܝ. ܐܙܠ ܐܢܐ. ܘܐܢ ܗܘ ܕܠܐ ܬܐܙܠܝܢ ܥܡܝ. ܠܐ ܐܙܠ ܐܢܐ.
÷ܡܛܠ ܕܠܐ ܝܕܥ ܐܢܐ ܝܘܡܐ ܕܒܗ ܡܪܚܒ ܡܠܐܟܗ ܕܡܪܝܐ ܥܡܝ↙: [9]ܘܐܡܪܐ ※ܕܒܘܪܐ ܠܒܪܩ↙
12² «ܡܐܙܠ ܐܙܠ ܥܡܟ. ܒܪܡ ܕܥ ܕܠܐ ܠܗܘܐ ܫܘܒܚܐ ܠܟ ܒܐܘܪܚܐ | ܗܝ ܕܐܢܬ ܐܙܠ ܐܢܬ. ܡܛܠ
ܕܒܐܝܕܝ ܕܐܢܬܬܐ ܢܫܠܡܝܘܗܝ ܡܪܝܐ ܠܣܝܣܪܐ»: ܘܩܡܬ ܕܒܘܪܐ ܘܐܙܠܬ ܥܡ ܒܪܩ ܡܢ ܩܕܫ ܕܢܦܬܠܝ ÷
[10]ܘܩܪܐ ܒܪܩ ܠܙܒܘܠܘܢ ܘܠܢܦܬܠܝ ܠܩܕܫ. ܘܣܠܩܘ ܒܪ̈ܓܠܘܗܝ ܥܣܪܐ ܐܠܦܝܢ ܕܓܒܪ̈ܐ.
ܘܣܠܩܬ ܥܡܗ ܕܒܘܪܐ ÷ [11]ܘܚܒܪ ܕܩܝܢܝܐ ܦܪܫ ܡܢ ܩܝܢ .. ܡܢ ܒܢܝܐ ܕܚܘܒܒ ܚܡܘܗܝ ܕܡܘܫܐ.
ܘܩܒܥ ܡܫܟܢܗ ܠܘܬ ܒܠܘܛܐ ܕܡܬܛܦܝܢ. ܗܘ ܕܐܝܬܘܗܝ ܠܘܬ ܪܘܚܩ ܩܕܫ: [12]ܘܐܘܕܥܘ
ܠܣܝܣܪܐ ܕܣܠܩ ܒܪܩ ܒܪܗ ܕܐܒܝܢܥܡ ܠܛܘܪܐ ܕܬܒܘܪ: [13]ܘܩܪܐ ܣܝܣܪܐ ܠܟܠܗܘܢ ܡܪ̈ܟܒܬܗ
ܕܝܠܗ .. ܬܫܥܡܐܐ ܡܪ̈ܟܒܬܐ ܕܦܪܙܠܐ .. ܘܠܟܠܗ ܥܡܐ ܕܥܡܗ ܡܢ ܚܪܫܬ ܕܥܡ̈ܡܐ ܠܢܚܠܐ ܕܩܝܫܘܢ:
[14]ܘܐܡܪܬ ܕܒܘܪܐ ܠܘܬ ܒܪܩ «ܩܘܡ. ܡܛܠ ܕܗܢܐ ܝܘܡܐ ܕܒܗ ܐܫܠܡ ܡܪܝܐ ܠܣܝܣܪܐ ܒܐܝܕܝܟ: ܗܐ
13¹ ܠܐ ܗܘܐ ܡܪܝܐ ܢܦܩ ܩܕܡܝܟ.·.»: ܘܢܚܬ ܒܪܩ ܡܢ | ܛܘܪܐ ܕܬܒܘܪ. ܘܥܣܪܐ ܐܠܦܝܢ ܕܓܒܪ̈ܐ ܒܬܪܗ:
[15]ܘܐܬܗܦܟ ܡܪܝܐ ܠܣܝܣܪܐ ܘܠܟܠܗܘܢ ܡܪ̈ܟܒܬܗ ÷ܕܝܠܗ↙ ܘܠܟܠܗ̇ ܡܫܪܝܬܗ ܒܦܘܡܐ
ܕܣܝܦܐ ܩܕܡ ܒܪܩ: ܘܢܚܬ ܣܝܣܪܐ ܡܢ ܡܪܟܒܬܗ ܕܝܠܗ. ܘܥܪܩ ܒܪ̈ܓܠܘܗܝ: [16]ܘܒܪܩ ܪܕܦ ܗܘܐ
ܒܬܪ ܡܪ̈ܟܒܬܐ ܘܒܬܪ ܡܫܪܝܬܐ ܥܕܡܐ ܠܚܪܫܬ ܕܥܡ̈ܡܐ. ܘܢܦܠܬ ܟܠܗ̇ ܡܫܪܝܬܗ ܕܣܝܣܪܐ ܒܦܘܡܐ
ܕܣܝܦܐ. ܘܠܐ ܐܫܬܚܪ ܥܕܡܐ ܠܚܕ: [17]ܘܣܝܣܪܐ ܥܪܩ ܒܪ̈ܓܠܘܗܝ ܠܡܫܟܢܐ ܕܝܥܝܠ ܐܢܬܬܗ
ܕܚܒܪ ܗܘ ܩܝܢܝܐ. ܡܛܠ ܕܫܝܢܐ ܐܝܬ ܗܘܐ ܒܝܢܬ ܝܒܝܢ ܡܠܟܐ ܕܚܨܘܪ ܘܒܝܢܬ ܒܝܬܐ ܕܚܒܪ ܩܝܢܝܐ:
[18]ܘܢܦܩܬ ܝܥܝܠ ܠܐܘܪܥܗ ܕܣܝܣܪܐ. ܘܐܡܪܬ ܠܗ «ܣܛܝ .. ܡܪܝ ܕܝܠܝ .. ܣܛܝ ܠܘܬܝ. ܠܐ ܬܕܚܠ»:
ܘܐܣܛܝ ܠܘܬܗ̇ ܠܡܫܟܢܐ. ܘܚܦܬܗ̇ ܒܣܪܒܠܐ ܕܝܠܗ̇: [19]ܘܐܡܪ ܣܝܣܪܐ ܠܘܬܗ̇ «ܐܫܩܝܢܝ ܗܫܐ
13² ܩܠܝܠ ܡ̈ܝܐ. ܡܛܠ ܕܨܗܝܬ»: ܘܦܬܚܬ ܙܩܐ | ܕܚܠܒܐ ܘܐܫܩܝܬܗ. ܘܚܦܬܗ̇ ܦܪܨܘܦܗ ܕܝܠܗ:
[20]ܘܐܡܪ ܠܘܬܗ̇ «ܩܘܡܝ ܒܬܪܥܐ ܕܡܫܟܢܐ. ܘܢܗܘܐ ܕܐܢ ܐܢܫ ܢܐܬܐ ܠܘܬܟܝ ܘܢܫܐܠܟܝ ܘܢܐܡܪ ܠܟܝ «ܐܝܬ
ܗܪܟܐ ܓܒܪܐ».·. ܘܬܐܡܪܝܢ «ܠܐ ܐܝܬ»»: ÷ܘܚܦܬܗ̇ ܒܣܪܒܠܐ ܕܝܠܗ̇↙: [21]ܘܢܣܒܬ ܝܥܝܠ ܐܢܬܬܗ
ܕܚܒܪ ܣܟܬܐ ܕܡܫܟܢܐ. ܘܣܡܬ ※ܠܗ↙ ܐܪܙܦܬܐ ܒܐܝܕܗ̇ ܕܝܠܗ̇. ܘܥܠܬ ܠܘܬܗ ܒܫܠܝܐ. ܘܒܨܥܬܗ
ܠܣܟܬܐ ܒܪ̈ܥܘܗܝ ܕܝܠܗ. ܘܢܦܩܬ ܒܐܪܥܐ. ܘܗܘ ܐܬܢܝܡ ÷ܒܝܢܬ ܒ̈ܪܟܝܗ̇↙. ܘܢܦܩܬ ܢܦܫܗ.
ܘܡܝܬ ÷ [22]ܘܗܐ ܒܪܩ ܪܕܦ ܠܣܝܣܪܐ. ܘܢܦܩܬ ܝܥܝܠ ܠܐܘܪܥܗ ܕܝܠܗ. ܘܐܡܪܬ ܠܗ «ܬܐ ܘܐܚܘܝܟ
ܠܓܒܪܐ ܗܘ ܕܐܢܬ ܒܥܐ ܐܢܬ»: ܘܥܠ ܠܘܬܗ̇. ܘܗܐ ܣܝܣܪܐ ܕܢܦܝܠ ܡܝܬܐ. ܘܣܟܬܐ ܒܪ̈ܥܘܗܝ
ܕܝܠܗ: [23]ܘܐܟܦܗ ܡܪܝܐ ܐܠܗܐ ܒܝܘܡܐ ܗܘ ܠܝܒܝܢ ܡܠܟܐ ܕܟܢܥܢ ܩܕܡ ܒܢܝܐ ܕܐܝܣܪܝܠ.
14¹ [24]ܘ※ܐܙܠܐ ܗܘܬ↙ ܐܝܕܐ ܕܒܢܝܐ ܕܐܝܣܪܝܠ | ܟܕ ܐܙܠܐ ܘܡܬܩܫܝܐ ܥܠ ܝܒܝܢ ܡܠܟܐ ܕܟܢܥܢ ܥܕܡܐ ܕܫܪ̈ܝܘܗܝ ÷
ܘܐܘܒܕܘܗܝ ÷

5

[1]ܘܫܒܚܬ ܕܒܘܪܐ ܘܒܪܩ ܒܪܗ ܕܐܒܝܢܥܡ ܒܝܘܡܐ ܗܘ ܘܐܡܪܘ [2]«ܟܕ ܡܫܪܝܢ ܪ̈ܫܐ ܒܐܝܣܪܝܠ ܒܗ
ܒܨܒܝܢܐ ܕܥܡܐ ܒܪܟܘ ܠܡܪܝܐ: [3]ܫܡܥܘ .. ܡܠܟܐ . ܨܘܬܘ .. ܫܠܝܛܢܐ . ܐܢܐ ܠܡܪܝܐ ※ܐܢܐ ܐܫܒܚ↙
ܐܙܡܪ. ܐܙܡܪ ܠܡܪܝܐ ܐܠܗܐ ܕܐܝܣܪܝܠ ÷ [4]ܡܪܝܐ .. ܒܡܦܩܟ ܕܡܢ ܣܥܝܪ. ܟܕ ܥܒܪܬ ܡܢ ܚܩܠܐ ܕܐ
ܐܕܘܡ. ܐܪܥܐ ܙܥܬ ܘܫܡܝܐ ܢܛܦܘ. ܐܦ ※ܥܢܢ̈ܐ↙ ܢܛܦܘ ܡ̈ܝܐ: [5]ܛܘܪ̈ܐ
ܐܬܙܝܥܘ ܡܢ ܩܕܡ ܦܪܨܘܦܐ ܕܡܪܝܐ. ܡܢ ܩܕܡ ܦܪܨܘܦܐ ܕܡܪܝܐ ܐܠܗܐ ܕܐܝܣܪܝܠ ÷ [6]ܒܝܘ̈ܡܬܗ ܕܫܡܓܪ

8 ܡܪܚܒ ÷ ܡܪܚܒ B [alterum ܡܪܚܒ in versu ineunte]: correxit R . ܕܡܪܝܐ B
9 ※ܘܐܡܪܐ B: correxit R
9 signa ad ܕܒܘܪܐ ܠܒܪܩ addidit R
9 ※ܕܫܒܩܬ↙ B
10 inter ܘ et ܩ vocis ܘܩܪܐ punctum supernum in B
11 ܕܩܝܢܝܐ B, quod subdubitans in singularem mutari volebat R
13 ܠܢܚܠܐ ܡܪ̈ܟܒܬܐ B

15 ÷ܕܝܠܗ↙ R utrobique: ܕܝܠܗ ÷ ܘܠܟܠܗ̇ ܡܫܪܝܬܗ ܕܝܠܗ↙ B
19 ܕܨܗܝܬ > B: supplevit R
20 ÷ ܘܢܫܐܠܟܝ B: correxit R
20 ↙ ܠܟܝ ÷ ܐܝܬ B
20 ܓܒܪܐ B¹, pr m corr
20 ※ܘܡܬܟܣܝܐ B: correxit R
22 ÷ ܒܪ̈ܟܝܗ̇↙ ܒܝܢܬ B: correxit R
24 ※ܘܐܙܠܐ ܗܘܬ B: correxit R
1 Bᵐ ܡܢ et minio ܕܕܒܘܪܐ ܬܫܒܘܚܬܐ

3 ad ܫܠܝܛܢܐ ab R editum nihil adnotavi: quod falsum credens mutavi
4ᵐ ܟܕ B
4 ↙ abest a B: addidit R
4 ܐܬܪܓܫ B
5 post ܕܡܪܝܐ prius + ܐܠܗܐ ܕܐܝܣܪܝܠ B¹, quae vocabula lineolis ad ܐ priorem vocis ܐܠܗܐ et ܕ priorem vocis ܕܐܝܣܪܝܠ adpositis deleta sunt atramento ipsius librarii

ܒܪܗ ܕܐܒܝܢܥܡ. ܒܕܫܘܪܝܗ ܕܫܪܝܘ ܪ̈ܫܢܐ ܒܐܝܣܪܝܠ. ܒܨܒܝܢܐ ܕܥܡܐ ~ ܕܠܐ ܠܐܝܬܝܗ. ܒܪܟܘ ܠܡܪܝܐ
14² ܡܫܒܚܬܐ: ⁷ܐܬܒܨܪܘ ~ °ܦܪ̈ܙܘܢ ܒܐܝܣܪܝܠ܀ .. ܗܠܝܢ ܕܒܥܡܐ | ܒܐܝܣܪܝܠ ܐܬܒܨܪܘ. ܥܕܡܐ
ܕܩܡܬ ܕܒܘܪܐ .. ܥܕܡܐ ܕܩܡܬ ܐܡܐ ܒܐܝܣܪܝܠ܀ ⁸ܓܒܘ ܐܠܗ̈ܐ ܚܕ̈ܬܐ ܐܝܟ ܠܚܡܐ ܕܣܥܪ̈ܐ
ܣܟܪ̈ܐ ܕܪܘܡܚܐ ܢܬܚܙܐ܀ . ܐܢ ܗܘ ܕܐܬܚܙܝ ܘܪܘܡܚܐ ܒܐܪ̈ܒܥܝܢ ܐܠܦܝܢ * ܒܐܝܣܪܝܠ܀. ⁹ܠܒܝ
ܥܠ ܗܠܝܢ ܕܦܩܕܝܢ ܠܐܝܣܪܝܠ܀ ܡܬܢܕܒܢܐ ܕܥܡܐ .. ܒܪܟܘ ܠܡܪܝܐ. ¹⁰ܪ̈ܟܒܝ ܥܠ ܐܬܢ̈ܐ ܘܥܠ
ܡܫܚܬܐ. ܘܝܬܒܝ ܥܠ ܟܘܪܣܝܐ ܘܡܗܠܟܝ ܥܠ ܐܘܪܚܐ .. ܐܡܪܘ܀ ¹¹ܩܠܐ ܕܗܠܝܢ ܕܡܙܡܪܝܢ ܒܡܨܥܬ
ܗܠܝܢ ܕܚܕܝܢ: ܬܡܢ ܢܬܠܘܢ ܙܕܝܩܘܬܐ ܠܡܪܝܐ: ܙܕܝܩܐ ܐܬܚܝܠܘ ܒܐܝܣܪܝܠ: ܗܝܕܝܢ ܢܚܬܘ ܠܬܪ̈ܥܐ
ܥܡܗ ܕܡܪܝܐ܀ ܣ܀

¹²ܐܬܥܝܪܝ ܐܬܥܝܪܝ .. ܕܒܘܪܐ. ܥܝܪܝ ܪ̈ܒܘܬܐ ܕܥܡܟ ܐܬܥܝܪܝ ܐܬܥܝܪܝ. ܡܠܠܝ ܥܡ
ܫܘܒܚܬܐ. ܩܘܡ ܒܚܝܠܐ ܐܠܗܐ: ܩܘܡ .. ܒܪܩ .. ܘܫܒܝ .. ܕܒܘܪܐ. ܫܒܝܬܟ. ܒܪܗ ܕܐܒܝܢܥܡ
15¹ ܗܝܕܝܢ .. ܒܪܗ ܕܐܒܝܢܥܡ. ¹³ܗܝܕܝܢ ܢܚܬ ܫܪܟܐ ܠܚܝܠܬܢܐ .. ܥܡܐ .. ܕܡܪܝܐ | ܢܚܬ ܠܗܘܢ ܒܓܢܒܪ̈ܐ
¹⁴ܡܢܝ ܐܦܪܝܡ: ܥܩܪܐ ܕܝܠܗܘܢ ܒܥܡܠܩ ܒܬܪܟ. ܒܢܝܡܝܢ ܒܥܡܡܐ ܕܝܠܟ .. ܡܢܝ ܡܟܝܪ
ܢܚܬܘ ܡܥܩܒܝܢ .. ܘܡܢ ܙܒܘܠܘܢ ܢܓܕܝܢ ܒܫܒܛܐ ܕܡܫܬܥܝܢܘܬܐ ܕܣܦܪܐ. ¹⁵ܘܪ̈ܫܢܐ ܒܐܝܣܟܪ ܥܡ ܕܒܘܪܐ
ܘܒܪܩ ܗܟܢܐ ܒܥܡܩܐ ܫܕܪ ܒܪ̈ܓܠܘܗܝ ܠܦܠܓܘܬܐ ܕܪܐܘܒܢ܀ ܪ̈ܒܐ ܥܩܒ̈ܐ ܕܠܒܐ: ¹⁶ܠܡܢܐ ܝܬܒܬ ܒܝܬ ܡܫܦܝܬܐ
ܠܡܫܡܥ ܫܪ̈ܝܩܘܬܐ ܕܥܕ̈ܪܐ. ܠܦܠܓܘܬܐ ܕܪܐܘܒܢ ܪ̈ܒܐ ܥܘܩ̈ܒܐ ܕܠܒܐ܀ ¹⁷ܓܠܥܕ ܒܥܒܪܐ ܕܝܘܪܕܢܢ ܫܪܐ.
ܘܕܢ .. ܠܡܢܐ ܐܬܬܘܬܒ ܒܐܠܦ̈ܐ. ܐܫܪ ܝܬܒ ܥܠ ܣܦܪ ܝܡܡܐ. ܘܥܠ ܦܣ̈ܩܘܗܝ ܢܫܪܐ
¹⁸ܙܒܘܠܘܢ. ܥܡܐ ܕܚܣܕ ܢܦܫܗ ܠܡܘܬܐ. ܘܢܦܬܠܝ ܥܠ ܪ̈ܘܡܐ ܕܚܩܠܐ: ¹⁹ܐܬܘ ܡ̈ܠܟܐ
15² ܘܐܬܟܬܫܘ ܒܦܪܨܘܦܐ. ܗܝܕܝܢ | ܐܬܟܬܫܘ ܡ̈ܠܟܐ ܕܟܢܥܢ ܒܬܥܢܟ. ܥܠ ܡ̈ܝܐ ܕܡܓܕܘ. ܒܥܘܬܪܐ ܕܟܣܦܐ
ܠܐ ܢܣܒܘ: ²⁰ܡܢ ܫܡܝܐ ܐܬܟܬܫܘ ܟܘܟ̈ܒܐ. ܡܢ ܫܒ̈ܝܠܝܗܘܢ ܐܬܟܬܫܘ ܥܡ ܣܝܣܪܐ. ²¹ܢܚܠܐ
ܕܩܝܫܘܢ ܓܪܦ ܐܢܘܢ .. ܢܚܠܐ °ܕܩܕܡܝܢ. ܢܚܠܐ ܕܩܝܫܘܢ. ܬܕܘܫ ܐܢܘܢ ܢܦܫܐ ܕܝܠܝ ܒܚܝܠܬܢܘܬܐ: ²²ܗܝܕܝܢ
ܐܬܦܣܩܘ ܥܩܒ̈ܐ ܕܪ̈ܟܫܐ. ܫܥܒܘ ܥܠ ܐܦܝ ܒܚܝܠܐ ܕܝܠܝ ~ ܡܢ ܢܘܨܚܐ ܕܚܝ̈ܠܬܢܐ ܕܝܠܗ:
²³»ܠܘܛܘ ܠܡܪܘܙ« ܐܡܪ ܡܠܐܟܗ ܕܡܪܝܐ »ܡܠܛ ܠܘܛܘ ܠܥܡܡܐ ܕܥܡܪܝܢ ܒܗ. ܡܛܠ ܕܠܐ ܐܬܘ
ܠܥܘܕܪܢܗ ܕܡܪܝܐ«: ܡܥܕܪܢܐ ܕܝܠܢ ܡܪܝܐ ܒܟܬܝܫܘܬܐ ܚܝܠܬܢܐ܀ ²⁴ܬܬܒܪܟ ܒܢܫ̈ܐ .. ܝܥܝܠ.
ܐܢܬܬܗ ܕܚܒܪ ܗܘ ܩܝܢܝܐ. ܡܢ ܢܫ̈ܐ ܒܡܫܟܢܐ ܬܬܒܪܟ: ²⁵ܡ̈ܝܐ ܫܐܠ ܡܢܗ ܘܚܠܒܐ ܝܗܒܬ
ܠܗ܀. ܒܡܐܢܐ °ܕܚܝܠܬܢܐ ܩܪܒܬ ܚܐܘܬܐ: ²⁶ܐܝܕܐ ܕܝܠܗ ܥܠ ܣܟܬܐ ܫܕܪܬ. ܝܡܝܢܐ *ܕܝܠܗ܀
16¹ ܥܠ ܡܩܒܬܐ ܕܥܡ̈ܠܐ. | ܘܦܣܩܬܗ ܠܣܝܣܪܐ. ܦܠܚܬܗ ܠܪܫܗ ܘܡܚܬܗ. ܘܐܥܒܪܬ ܦܩܥܬܐ
ܕܝܠܗ: ²⁷ܒܡܨܥܬ ܪ̈ܓܠܐ ܕܝܠܗ ܟܪܥ ܢܦܠ. ܘܫܟܒ ܒܝܢܬ ܪ̈ܓܠܐ ܕܝܠܗ. ܟܪܥ *ܢܦܠ܀. ܐܝܟܐ
ܕܟܪܥ. ܬܡܢ ܢܦܠ ܕܘܝܐ܀ ²⁸ܒܝܬ ܟܘܬܐ ܡܕܝܩܐ ܗܘܬ *ܘܡܬܒܩܝܐ܀ ܐܡܗ ܕܣܝܣܪܐ. ܒܝܬ ܡܕܝܩܐ ܒܝܬ
ܚܘܪܐ ܥܠ ܗܠܝܢ ܕܗܦܟܝܢ ܥܡ ܣܝܣܪܐ܀. »ܡܛܠ ܡܢܐ ܐܬܘܚܪܬ ܡܪܟܒܬܐ ܕܝܠܗ ܠܡܐܬܐ܀. ܡܛܠ
ܡܢܐ ܐܬܘܚܪܘ ܥܩܒ̈ܬܐ ܕܡܪ̈ܟܒܬܐ ܕܝܠܗ܀«: ²⁹ܚܟܝܡܬܐ °ܕܪ̈ܫܢܝܬܐ ܕܝܠܗ ܗܦܟܬ ܗܘܝ ܡܠܝܢ
ܠܘܬܗ. ܘܗܝ *ܕܝܠܗ܀ ܗܦܟܬ ܗܘܬ ܡܠܝܢ ܠܡ̈ܠܐ ܕܝܠܗ ³⁰»ܠܐ ܢܫܟܚܘܢܘܗܝ ܐܢܘܢ ܒܙܐܙܐ.
ܕܢܦܠܓ °ܪܚܡܬܐ ܠܓܢܒܪܐ. ܨܒܥܘܗܝ °ܕܚܝܠܬܢܐ °ܒܙܐܙܐ ܕܨܒܥܐ ܠܣܝܣܪܐ. °ܒܙܐܙܐ ܕܨܒܥܐ ܕܡܬܩܠܢܘܬܐ.
16² ܨܒܥܐ ܐܣܦܩܬܐ ܠܨܘܪ ܨܘܪܗ ܗܘ ܕܝܠܗ °ܒܙܐܙܐ«܀ | ³¹ܗܟܢܐ ܢܐܒܕܘܢ ܟܠܗܘܢ ܒܥܠܕܒ̈ܒܐ ܕܝܠܟ .. ܡܪܝܐ.
ܘܗܠܝܢ ܕܪ̈ܚܡܝܢ ܠܗ °ܐܝܟ ܡܕܢܚܗ ܕܫܡܫܐ ܒܚܝܠܬܢܘܬܐ ܕܝܠܗ܀ ܀« ܘܫܠܝܬ ܐܪܥܐ ܐܪ̈ܒܥܝܢ ܫܢܝܢ܀

7 ~ addidit R
8 ܐܠܗ̈ܐ ܚܕ̈ܬܐ B¹, ܐܠܗ̈ܐ ܚܕܬܐ B²: correxit R
8 ܣܥܪ̈ܐ ܣܟܪ̈ܐ B
12 ܕܒܘܪܐ B
12 ܐܬܥܝܪܝ B
12 ܕܥܡܟ R: ܟ non habet B
12 ܥܡ ܡܠܠܝ B
12 ܚܝܠܐ B
12 ܫܒܝܬܟ (in versu ineunte: non addito ܟ) B: correxit R
13 ܡܢܝ B: correxit R
14 ܟ post ܕ addidi, quem post ܥܡܐ addiderat R
14 ܒܥܡܡܟ B
14 ÷ et ܟ alteros addidit R
15 ܒܥܘܡܩܐ R, ܒܥܘܡܩܐ B
17/18 ita ipse codex
22 ~ ܡܢ ~ ܢܘܨܚܐ B
25 ܗܘ ܚܠܒܐ B: correxit R
29 ※ ܘܗܝ ܕܝܠܗ B: correxit R

ܩܦܠܐܘܢ ܘ ܀

6 ¹ ܘܥܒܕܘ ܒܢܝ̈ܐ ܕܐܝܣܪܝܠ ܕܒܝܫ ܩܕܡ ܡܪܝܐ. ܘܐܫܠܡ ܐܢܘܢ ܡܪܝܐ ܠܐܝܕܐ ܕܡܕܝܢ ܫܒܥ ܫܢܝ̈ܢ: ܠܡ
² ܘܐܬܥܫܢܬ ܐܝܕܗ ܕܡܕܝܢ ܥܠ ܐܝܣܪܝܠ ~ ܛܫܝܬܐ: ܡܢ ܩܕܡ ܡܕܝܢܝ̈ܐ ܕܥܒܕܘ ܠܗܘܢ ܒܢܝ̈ܐ
ܕܐܝܣܪܝܠ ⁰ܡܥܪ̈ܬܐ ※ܗܠܝܢ ܕܒܛܘ̈ܪܐ ܘܒܡܥܪ̈ܬܐ ܘܒܚܣܢ̈ܐ ܀ ³ ܘܗܘܐ ܕܡܐ ܕܙܪܥ ܗܘܐ ÷ ܓܒܪܐ
ـ ܕܐܝܣܪܝܠ. ܣܠܩܝܢ ܗܘܘ ܡܕܝܢܝ̈ܐ ܘܥܡܠܩܝ̈ܐ ܘܒܢܝ̈ ܡܕܢܚܐ. ܘܣܠܩܝܢ ܗܘܘ ܥܠܝܗܘܢ. ⁴ ܘܫܪܝܢ
ܗܘܘ ܥܠܝܗܘܢ ܘܡܚܒܠܝܢ ܗܘܘ ܠܥܠܠܬܐ ܕܐܪܥܐ. ܥܕܡܐ ܕܡܥܠܟ ܠܥܙܐ. ܘܠܐ ܫܒܩܝܢ ܗܘܘ ܣܝܒܪܬܐ
17¹ ܕܚܝܐ ܠܐܝܣܪܝܠ ܘܥܢܐ ܘܬܘܪܐ ܘܚܡܪܐ: ⁵ ܡܛܠ ܕܗܢܘܢ ܘܒܥܝܪ̈ܐ ܕܝܠܗܘܢ ܣܠܩܝܢ ܗܘܘ | ܘܡܫܟܢܝ̈ܗܘܢ
~ ܡܝܬܝܢ ܗܘܘ ܘܡܫܟܢܝ̈ܗܘܢ ܕܥܡܗܘܢ ܗܘܘ܊ ܘܐܬܝܢ ܗܘܘ ܐܝܟ ܩܡܨܐ ܠܣܘܓܐܐ. ܘܠܗܘܢ ܘܠܓܡ̈ܠܝܗܘܢ
ܕܝܠܗܘܢ ܠܐ ܐܝܬ ܗܘܐ ܡܢܝܢܐ. ܘܐܬܝܢ ܗܘܘ ܠܐܪܥܐ ܕܐܝܣܪܝܠ ܠܡܚܒܠܘܬܗ: ⁶ ܘܐܬܡܣܟܢܘ ܐܝܣܪܝܠ
ܛܒ ܡܢ ܩܕܡ ܡܕܝܢܝ̈ܐ ܕܥܡܠܩ: ܘܩܥܘ ܒܢܝ̈ܐ ܕܐܝܣܪܝܠ ܠܘܬ ܡܪܝܐ: ‖ ⁷ ܘܗܘܐ ܕܟܕ ܩܥܘ ܥܠ ܐܦ
ܒܢܝ̈ܐ ܕܐܝܣܪܝܠ ܠܘܬ ܡܪܝܐ ܡܛܠ ܡܕܝܢ. ⁸ ܫܕܪ ܡܪܝܐ ܓܒܪܐ ܢܒܝܐ ܠܘܬ ܒܢܝ̈ܐ ܕܐܝܣܪܝܠ. ܘܐܡܪ
ܠܗܘܢ ܗܟܢܐ ܐܡܪ ܡܪܝܐ ܐܠܗܐ ܕܐܝܣܪܝܠ ܕܐܢܐ ܐܣܩܬ ܐܢܘܢ ܘܐܦܩܬܟܘܢ ܡܢ ܡܨܪܝܢ. ܘܐܦܩܬܟܘܢ *ܡܢ
ܒܝܬܐ ܕܥܒܕܘܬܐ. ⁹ ܘܦܪܩܬܟܘܢ ܡܢ ܐܝܕܐ ܕܡܨܪ̈ܝܐ ܘܡܢ ܐܝܕܐ ܕܟܠܗܘܢ ܗܠܝܢ ܕܐܠܨܘ ܠܟܘܢ. ܘܐܦܩܬ
17² ܐܢܘܢ ܡܢ ܩܕܡ ܦܪ̈ܨܘܦܝܟܘܢ ܘܝܗܒܬ ܠܟܘܢ ܠܐܪܥܗܘܢ ܕܝܠܗܘܢ: ¹⁰ ܘܐܡܪܬ ܠܟܘܢ | „ܐܢܐ ܐܢܐ ܡܪܝܐ
ܐܠܗܟܘܢ. ܠܐ ܬܕܚܠܘܢ ܠܐܠܗ̈ܐ ܕܐܡܘܪ̈ܝܐ. ܕܐܢܬܘܢ ܝܬܒܝܢ ܒܐܪܥܗܘܢ. ܘܠܐ ܫܡܥܬܘܢ
ܠܩܠܝ ܕܝܠܝ„ ܀
¹¹ ܘܐܬܐ ܡܠܐܟܗ ܕܡܪܝܐ. ܘܝܬܒ ܬܚܝܬ ܒܛܡܬܐ ܗܝ ܕܒܥܦܪܐ ⁰ܕܥܦܪܐ ܗܝ ܕܝܘܐܫ ܐܒܘܗܝ ܕܐܒܝ
ܥܙܪ. ܘܓܕܥܘܢ ܒܪܗ ܕܝܠܗ ܚܒܛ ܗܘܐ ܚܛ̈ܐ ܒܡܥܨܪܬܐ ~ ܘܡܫܬܓܪ ܗܘܐ ܠܡܥܪܩ ܡܢ ܩܕܡ
ܡܕܝܢܝ̈ܐ: ¹² ܘܐܬܚܙܝ ܠܗ ܡܠܐܟܗ ܕܡܪܝܐ ܘܐܡܪ ܠܗ »ܡܪܝܐ ܥܡܟ.. ܓܢܒܪܐ ܚܝܠܬܢܐ«:
¹³ ܘܐܡܪ ܠܗ ܓܕܥܘܢ »⁰ܒܝ.. ܡܪܝ ܕܝܠܝ.. ܘܐܢ ܐܝܬܘܗܝ ܡܪܝܐ ܥܡܢ. ܘܡܛܠ ܡܢܐ ܐܫܟܚܢ ܟܠ
ܗܠܝܢ ܒܝܫ̈ܬܐ ܗܠܝܢ.܊ ܘܐܝܟܐ ܐܢܘܢ ܟܠܗܘܢ ܬܕܡܪ̈ܬܗ ܕܝܠܗ. ܗܠܝܢ ܕܐܫܬܥܝܘ ܠܢ ܐܒܗ̈ܬܢ ܕܐܡܪܝܢ
ܕܡܢ ܡܨܪܝܢ »ܠܐ ܗܘܐ ܡܢ ܡܨܪܝܢ ܐܣܩ ܠܢ ܡܪܝܐ.܊«: ܘܗܫܐ ܫܒܩ ܠܢ *ܡܪܝܐ܊. ܘܐܫܠܡ ܠܢ ܠܐܝܕܐ
18¹ ܕܡܕܝܢ«: | ¹⁴ ܘܚܪ ܒܗ ܡܠܐܟܗ ܕܡܪܝܐ ܘܐܡܪ ܠܗ »ܙܠ ܒܚܝܠܟ ܗܢܐ. ܘܦܪܘܩܝܘܗܝ
ܠܐܝܣܪܝܠ ܡܢ ܐܝܕܐ ܕܡܕܝܢ. ܘܗܐ ܫܕܪܬܟ«: ¹⁵ ܘܐܡܪ ܠܗ ܓܕܥܘܢ »⁰ܒܝ.. ܡܪܝܐ *ܕܝܠܝ܊..
ܒܡܢܐ ܐܦܪܘܩܝܘܗܝ ܠܐܝܣܪܝܠ.܊ ܗܐ ܐܠܦܐ ܕܝܠܝ ܡܚܝܠ ܡܢܫܐ ܒܡܢܫܐ. ܘܐܢܐ ܙܥܘܪܐ ܒܒܝܬܐ
ܕܐܒܐ ܕܝܠܝ«: ¹⁶ ܘܐܡܪ ܠܗ ܡܪܝܐ »ܡܛܠ ܕܐܗܘܐ ܥܡܟ. ܘܬܡܚܐ ܠܡܕܝܢ ܐܝܟ ܕܠܓܒܪܐ ܚܕ«:
¹⁷ ܘܐܡܪ ÷ ܠܗ܊ ܓܕܥܘܢ »ܐܢ ܐܫܟܚܬ ܪܚܡܐ ܒܥܝܢܝ̈ܟ ܕܝܠܟ. ܘܬܥܒܕ ܠܝ ÷ ܐܬܐ܊ ܕܐܢܬ
ܡܡܠܠ ܐܢܬ ܥܡܝ. ¹⁸ ܠܐ ܬܬܪܝܡ ܡܢ ܗܪܟܐ ܥܕܡܐ ܕܐܬܐ ܠܘܬܟ. ܘܐܝܬܐ ܩܘܪܒܢܐ ܕܝܠܝ ܘܐܣܝܡ
ܩܕܡܝܟ«: ܘܐܡܪ ܠܗ »ܐܢܐ ܐܝܬܒ. ܥܕܡܐ ܕܬܬܐ ܥܕܡܐ ܕܬܗܦܘܟ ܐܢܬ«: ¹⁹ ܘܓܕܥܘܢ ܥܠ. ܘܥܒܕ ܓܕܝܐ
ܕܥܙ̈ܐ. ⁰ܘܐܦܐ ܕܩܡܚܐ ܦܛܝܪ̈ܐ ܘܒܣܪܐ ܣܡ ܒܣܠܐ ܦܝܣܬܐ. ܘܡܪܩܐ ܣܡ ܒܩܕܪܐ. ܘܐܦܩ
18² ܠܘܬܗ | ܬܚܝܬ ܒܛܡܬܐ. ܘܩܪܒ: ²⁰ ܘܐܡܪ ܠܗ ܡܠܐܟܗ ܕܡܪܝܐ »ܣܒ ܠܒܣܪܐ ܘܠܦܛܝܪ̈ܬܐ܊
ܗܠܝܢ ܦܛܝܪ̈ܐ. ܘܣܝܡ ܥܠ ܟܐܦܐ ܗܝ. ܘܡܪܩܐ ܫܘܕ«: ܘܥܒܕ ܗܟܢܐ: ²¹ ܘܐܘܫܛ ܡܠܐܟܗ
ܕܡܪܝܐ ܪܫܐ ܕܚܘܛܪܐ ܗܘ ܕܒܐܝܕܗ ܕܝܠܗ. ܘܩܪܒ ܠܒܣܪܐ ܘܠܦܛܝܪ̈ܐ. ܘܐܬܢܦܩܬ ܢܘܪܐ ܡܢ ܟܐܦܐ.
ܘܐܟܠܬ ܠܒܣܪܐ ܘܠܦܛܝܪ̈ܐ. ܘܡܠܐܟܗ ܕܡܪܝܐ ܐܙܠ ܡܢ ܥܝܢ̈ܘܗܝ: ²² ܘܚܙܐ ܓܕܥܘܢ ܕܡܠܐܟܗ
ܕܡܪܝܐ ܐܝܬܘܗܝ. ܘܐܡܪ ܓܕܥܘܢ »ܗܐ ܗܐ ܗܐ.. ܡܪܝܐ ܡܪܝܐ.. ܡܛܠܗܠܝܢ ܕ※ܥܠ ܗܕܐ܊ ܚܙܝܬ ܡܠܐܟܗ

2 ※ܗܠܝܢ܊ ܕܒܛܘ̈ܪܐ B
3 ※ܓܒܪܐ܊ ܕܐܝܣܪܝܠ B
4 litterae ܫ vocis ܫܒܩܝܢ punctum imposuit B
5 ܡܝܬܝܢ ~ R: signum non habet B
5 ante ܕܡܝܬܝܢ in versu ineunte positum in B signum nescio quod: ~?
7ᵐ ܩܥܘ B

8 ܐ vocis ܕܐܦܩܬܟܘܢ > B¹
8 super versu cruciculam addidit manus recentissima: Bᵐ signum habet, quod typis imitari nequeo
10 ܕܐܡܘܪ̈ܝܐ R, ܐܡܘܪܝܐ B
11 ܊ ante ܗܘܐ B: correxit R
14 ante ܘܚܪ, ante ܘܐܡܪ, ante ܘܦܪܘܩܝܘܗܝ (quae omnia in versibus ineuntibus posita sunt) habet ÷, ante ܐܝܕܐ et ipsum in versu ineunte positum habet ※ B. idem post ܡܪܝܐ et post ܕܝܠܝ habet ܊
17 ܠܗ ÷ ܓܕܥܘܢ܊ B: correxit R
17 ※ܐܬܐ܊ B: correxit R
20 ÷ ܘܠܦܛܝܪ̈ܬܐ܊ B
22 ※ܕܥܠ ܗܕܐ܊ (omisso ܊) B

11⁴

ܕܡܪܝܐ ܦܪܨܘܦܐ ܠܘܬ ܦܪܨܘܦܐ܀ : ²³ ܘܐܡܪ ܠܗ ܡܪܝܐ »ܫܠܡܐ ܠܟ . ܠܐ ܬܕܚܠ . ܠܐ ܬܡܘܬ ܐܢܬ܀ :
²⁴ ܘܒܢܐ ܬܡܢ ܓܕܥܘܢ ܡܕܒܚܐ ܠܡܪܝܐ . ܘܩܪܝܗ »ܫܠܡܐ ܕܡܪܝܐ« ܥܕܡܐ ܠܝܘܡܐ ܗܢܐ ✣
ܚܠ ܟܕ ܥܕܟܝܠ ܗܘ ܐܝܬܘܗܝ ܗܘܐ ܒܥܦܪܐ ܕܐܒܘܗܝ ܕܥܙܪܝ . ²⁵ ܘܗܘܐ ܒܠܠܝܐ ܗܘ . ܘܐܡܪ ܠܗ
19² ܡܪܝܐ »ܣܒ ܠܥܓܠܐ ܕܦܛܡܐ ܗܘ ܕܐܒܘܟ | ܘܬܘܪܐ ※ ܕܬܪܝܢ ܗܘ ܒܪ ܫܒܥ ܫܢܝܢ . ܘܬܗܦܘܟ ܡܕܒܚܐ ܕܒܥܠܐ
ܗܘ ܕܐܝܬܘܗܝ ܕܐܒܘܟ . ܘܐܫܝܪܬܐ ܕܥܠܘܗܝ ܬܦܣܘܩ . ²⁶ ܘܬܒܢܐ ܡܕܒܚܐ ܠܡܪܝܐ ܐܠܗܟ ܕܥܠ
ܕ÷ ܐܝܬܝܟ ܠܘܬܟ ܥܠ ܪܝܫܗ ܕ÷ ܛܘܪܐ ° ܡܥܘܙܐ ܗܢܐ ܕܒܥܘܫܢܐ ܒܣܕܪܐ . ܘܬܣܒܘܗܝ ※ ܠܬܘܪܐ
ܬܪܝܢܐ . ܘܬܣܩܝܘܗܝ ܝܩܕܐ ܒܩܝܣܐ ܕܐܫܝܪܬܐ ܗܝ ܕܬܦܣܘܩ ܐܢܬ܀ : ²⁷ ܘܕܒܪ ܓܕܥܘܢ
÷ ܥܣܪܐ ܓܒܪܐ ܡܢ ܥܒܕܘܗܝ . ܘܥܒܕ ܐܝܟܢܐ ܕܡܠܠ ܥܡܗ ܡܪܝܐ : ܘܗܘܐ ܕܟܕ ܕܚܠ ܡܢ
ܒܝܬܐ ܕܐܒܘܗܝ ܘܡܢ ܓܒܪܐ ܕܡܕܝܢܬܐ . ܕܠܐ ܢܥܒܕ ܒܐܝܡܡܐ . ܘܥܒܕ ܒܠܠܝܐ : ²⁸ ܘܩܕܡܘ ܓܒܪܐ
ܕܡܕܝܢܬܐ ܒܨܦܪܐ . ܘܗܐ ܗܘܐ ܣܚܝܦ ܗܘܐ ܡܕܒܚܗ ܕܒܥܠܐ . ܘܐܫܝܪܬܐ ܗܝ ܕܥܠܘܗܝ ܦܣܝܩܐ . ܘܬܘܪܐ
ܕܦܛܡܐ ܗܘܐ ※ ܬܪܝܢܐ ܐܣܬܠܩ ܥܠ ܡܕܒܚܐ ܗܘ ܕܒܢܐ ܗܘܐ : ²⁹ ܘܐܡܪܘ ܓܒܪܐ ܠܘܬ ܚܒܪܗ
19² ܕܝܠܗ »ܡܢܘ ܥܒܕ ܠܣܘܥܪܢܐ ܗܢܐ܀ . ܘܒܨܘ ܘܒܥܘ ܗܘܘ . ܘܐܡܪܘ »ܓܕܥܘܢ ܒܪܗ ܕܝܘܐܫ |
ܥܒܕ ܠܣܘܥܪܢܐ ܗܢܐ܀ : ³⁰ ܘܐܡܪܘ ܓܒܪܐ ܕܡܕܝܢܬܐ ܠܘܬ ܝܘܐܫ »ܐܦܩ ܠܒܪܟ ܘܢܡܘܬ .
ܡܛܠ ܕܣܚܦ ܡܕܒܚܗ ܕܒܥܠܐ . ܘܡܛܠ ܕܦܣܩ ܠܐܫܝܪܬܐ ܕܥܠܘܗܝ܀ : ³¹ ܘܐܡܪ ܝܘܐܫ ܠܟܠܗܘܢ
ܓܒܪܐ ܗܢܘܢ ܕܩܝܡܝܢ ܗܘܘ ܥܠܘܗܝ »ܠܡܐ ܐܢܬܘܢ ÷ ܗܫܐ ܕܝܢܝܢ ܐܢܬܘܢ ܡܛܠ ܒܥܠܐ . ܐܘ ܐܢܬܘܢ
ܬܦܪܩܘܢܝܗܝ . ܗܘ ܕܢܬܕܝܢ ܠܗ . ܢܡܘܬ ܥܕ ܨܦܪܐ : ܐܢ ܐܠܗܐ ܗܘ ÷ ܐܝܬܘܗܝ . ܢܬܕܝܢ ܠܗ :
ܡܛܠ ܕܣܚܦ ܡܕܒܚܗ܀ : ³² ܘܩܪܝܗ ܒܝܘܡܐ ܗܘ ※ ° ܝܪܘܒܥܠ ܟܕ ܐܡܪ »ܢܬܕܝܢ ܒܗ ܒܥܠܐ .
ܡܛܠ ܕܣܚܦ ܡܕܒܚܐ ܕܝܠܗ܀ ✣
ܡ ³³ ܘܟܠܗ ܡܕܝܢ ܘܥܡܠܩ ܘܒܢܝ ܡܕܢܚܐ ܐܬܟܢܫܘ ܐܟܚܕܐ . ܘܥܒܪܘ ܘܫܪܘ ܒܥܘܡܩܐ
ܕܐܝܙܪܥܝܠ : ³⁴ ܘܪܘܚܗ ܕܡܪܝܐ ܠܒܫܬ ܠܓܕܥܘܢ . ܘܩܥܐ ܒܩܪܢܐ . ܘܐܬܟܢܫ ܐܒܝܥܙܪ ܒܬܪܗ :
20¹ ³⁵ ܘܡܠܐܟܐ ܫܕܪ | ܒܟܠܗ ܡܢܫܐ . ܘܐܬܟܢܫ ܐܦ ܗܘ ܒܬܪܗ : ܘܡܠܐܟܐ ܫܕܪ ܠܘܬ ܐܫܝܪ ܘܙܒܘܠܘܢ
ܘܢܦܬܠܝ . ܘܣܠܩܘ ܠܐܘܪܥܗܘܢ : ³⁶ ܘܐܡܪ ܓܕܥܘܢ ܠܘܬ ܐܠܗܐ »ܐܢ ܦܪܩ ܐܢܬ ܒܐܝܕܝ ܕܝܠܝ
ܠܐܝܣܪܝܠ ܒܗܘ ܐܝܟ ܕܡܠܠܬ . ³⁷ ܗܐ ܐܢܐ ܣܐܡ ܐܢܐ ܓܙܬܐ ܕܥܡܪܐ ܒܐܕܪܐ . ܘܐܢ ܛܠܐ ܢܗܘܐ ܥܠ ܓܙܬܐ
ܒܠܚܘܕܝܗ . ܘܥܠ ܟܠܗ ܐܪܥܐ ܝܒܝܫܘܬܐ . ܐܦ ܐܕܥ ܕܦܪܩ ܐܢܬ ܒܐܝܕܝ ܠܐܝܣܪܝܠ ܐܝܟܢܐ ܕܡܠܠܬ܀ :
ܩܕ ܠܐ ‖ ³⁸ ܘܗܘܐ ܗܟܢܐ : ܘܩܕܡ ÷ ܓܕܥܘܢ ܒܝܘܡܐ ܕܒܬܪܗ ܘܥܨܪܗ ܠܓܙܬܐ . ܘܥܨܪ ܛܠܐ ܡܢ ܓܙܬܐ
ܡܠܐ ܩܢܝܐ ܕܡܝܐ : ³⁹ ܘܐܡܪ ܓܕܥܘܢ ܠܘܬ ܐܠܗܐ »ܠܐ ܢܬܩܦ ܚܡܬܟ ܒܝ . ܘܐܡܠܠ ܬܘܒ ܚܕܐ
ܙܒܢ . ܘܐܢܣܐ ܬܘܒ ܚܕܐ ܙܒܢ ܒܓܙܬܐ . ܘܢܗܘܐ ÷ ܬܘܒ ܝܒܝܫܘܬܐ ܥܠ ܓܙܬܐ ܒܠܚܘܕܝܗ . ܥܠ ܟܠܗ
20² ܐܪܥܐ ܢܗܘܐ ܛܠܐ܀ : ⁴⁰ ܘܥܒܕ ܐܠܗܐ ܗܟܢܐ ܒܠܠܝܐ | ܗܘ . ܘܗܘܬ ܝܒܝܫܘܬܐ ܥܠ ܓܙܬܐ
ܒܠܚܘܕܝܗ . ܥܠ ܕܝܢ ܟܠܗ ܐܪܥܐ ܗܘܐ ܛܠܐ ✣
7 ¹ ܘܩܕܡ ܝܪܘܒܥܠ (ܗܘ ܕܐܝܬܘܗܝ ܓܕܥܘܢ) ܘܟܠܗ ܥܡܐ ܕܥܡܗ . ܘܫܪܘ ܥܠ ܥܝܢܐ ܕܚܪܘܕ :
ܘܡܫܪܝܬܐ ܕܡܕܝܢ ܘܕܥܡܠܩ ܐܝܬܝܗ ܗܘܬ ܠܗܘܢ ܡܢ ܓܪܒܝܐ . ܡܢ ܓܒܥܬܐ ܕܐܡܘܪܐ ܒܥܘܡܩܐ : ² ܘܐܡܪ
ܡܪܝܐ ܠܘܬ ܓܕܥܘܢ »ܣܓܝܐܐ ܗܘ ܥܡܐ ܗܘ ܕܥܡܟ . ܐܝܟܢܐ ܕܠܐ ܐܫܠܡ ܠܡܕܝܢ ܒܐܝܕܝܗܘܢ :
ܕܠܡܐ ܢܫܬܒܗܪ ܥܠܝ ܐܝܣܪܝܠ ܟܕ ܐܡܪ »ܐܝܕܝ ܕܝܠܝ ܦܪܩܬܢܝ܀ . ³ ÷ ܘܐܡܪ ܡܪܝܐ ܠܘܬܗ »ܡܠܠ
ܗܫܐ ܒܐܕܢܝ ܕܥܡܐ ܟܕ ܐܡܪ ܐܢܬ »ܡܢܘ ܕܕܚܝܠ ܘܡܙܕܥܙܥ . ܢܗܦܘܟ« : ܘܐܬܦܢܝܘ ܡܢ ܛܘܪܐ ܕܓܠܥܕ .
ܘܗܦܟܘ ܡܢ ܥܡܐ ܥܣܪܝܢ ܘܬܪܝܢ ܐܠܦܝܢ . ܘܥܣܪܐ ܐܠܦܝܢ ܦܫܘ . ⁴ ܘܐܡܪ ܡܪܝܐ ܠܘܬ ܓܕܥܘܢ
»ܥܕܟܝܠ ܥܡܐ ܣܓܝܐܐ ܗܘ . ܐܚܬ ܐܢܘܢ ܠܡܝܐ . ܘܐܒܚܪ ܐܢܘܢ ܠܟ ܬܡܢ . ܘܢܗܘܐ ܗܘ ܕܐܡܪ ܐܢܐ ܠܟ
21¹ ܕܢܐܙܠ ܥܡܟ . ܗܘ ܢܐܙܠ ܥܡܟ . ܘ※ ܟܠ | ܗܘ ܕܐܡܪ ܐܢܐ ܠܟ ܕܠܐ ܢܐܙܠ ܥܡܟ . ܐܦ ܗܘ ܠܐ ܢܐܙܠ܀ :

26 ÷ܕܐܝܬܝܟ B
27 ܟ primum addidit R
27 ÷ܥܣܪܐ ܟ B
26 ※ܠܬܘܪܐ B: correxit R
27 ※ ܓܒܪܐ ܥܣܪܐ B: correxit R
28 ܟ, 31 ܟ prior non adest in B
28 ܕܒܢܐ participium activi in B
30 ܓܒܪܐ B, ܓܒܪܐ R
32 praemittitur ÷ in B
32 ※ ante ܝܪܘܒܥܠ addidit R
35 utrobique ܫܕܪ B: correxit R
35 ܘܙܒܘܠܘܢ B
37 ܒܐܕܪܐ proposuit R
38^{m} ܩܕ B
38 ܡܠܐ B: correxit R
2 ܥܠ ܐܫܬܒܗܪ B: correxit R
3 ÷ܡܪܝܐ B: correxit R
4 ※ܘܟܠ B: correxit R

[5] [illegible]
[illegible]
[illegible] [6] [illegible]
[illegible]
[7] [illegible]
[illegible] [8] [illegible]
[illegible]
[illegible]
[illegible] [9] [illegible] 21²
[illegible]
[illegible] [10] [illegible] [11] [illegible]
[illegible]
[illegible] [12] [illegible]
[illegible]
[illegible] [13] [illegible]
[illegible] 22¹
[illegible] [14] [illegible]
[illegible]
[illegible]
[15] [illegible]
[illegible]
[16] [illegible]
[illegible] [17] [illegible]
[illegible] [18] [illegible] 22²
[illegible]
[19] [illegible]
[illegible]
[20] [illegible]
[illegible] [21] [illegible]
[illegible] [22] [illegible]
[illegible]
[illegible] 23¹
[23] [illegible]
[24] [illegible]
[illegible]
[illegible] [25] [illegible]
[illegible]

5 priori loco [illegible] B. sed Bᵐ manu recenti quam vix lego [illegible]. folio 17² legere mihi videbar in margine [illegible]

12 [illegible] punctum habet litterae [illegible] subpositum

13 [illegible] B teste R: ego [illegible] non transscripsi

13 post [illegible] in versu exeunte positum ⁜, cuius loco edidi ※

15 [illegible] Bᵐ

18 teste R [illegible] B

23 [illegible] Bᵐ

ܕܥܘܪܒ ܘܙܐܒ ܐܝܬܝܘ ܠܘܬ ܓܕܥܘܢ ܡܢ ܥܒܪܐ ܕܝܘܪܕܢܢ ܀ ܗ ܀
8 1 ܘܐܡܪܘ ܠܗ ܓܒܪܐ ܕܐܦܪܝܡ ܡܢܐ ܗܝ ܡܠܬܐ ܗܕܐ ܕܥܒܕܬ ܠܢ. ܕܠܐ ܩܪܝܬ ܠܢ ܟܕ ܢܦܩܬ
ܗܘܝܬ ܠܡܩܪܒܘ ܒܡܕܝܢܝܐ: ܘܐܬܚܪܝܘ ܥܡܗ ܩܫܝܐܝܬ: 2 ܘܐܡܪ ܠܗܘܢ ܡܢܐ ܥܒܕܬ ܗܫܐ
23^{2} ܐܝܟ | ܡܐ ܕܝܠܟܘܢ. ܠܐ ܛܒܐ ܥܘܠܠܬܐ ܕܐܦܪܝܡ ܐܘ ܡܩܛܦܬܗ ܕܐܒܝܥܙܪ. 3 ܒܐܝܕܝܟܘܢ ܕܝܢ ܐܫܠܡ
ܡܪܝܐ ܠܪܘܪܒܢܐ ܕܡܕܝܢ.. ܠܥܘܪܒ ܘܠܙܐܒ. ܘܡܢܐ ܐܫܟܚܬ ܠܡܥܒܕ ܐܝܟ ܕܝܠܟܘܢ: ܘܫܠܝ
ܐܬܬܢܝܚܬ ܪܘܚܐ ܕܝܠܗܘܢ ܡܢܗ. ܟܕ ܡܠܠ ܗܘܐ ܥܡܗܘܢ ܡܠܬܐ ܗܕܐ ܀ 4 ܘܐܬܐ ܓܕܥܘܢ ܠܝܘܪܕܢܢ.
ܘܥܒܪ ܗܘ ܘܬܠܬܡܐܐ ܓܒܪܐ ܕܥܡܗ. ܟܕ ܡܢ ܟܦܢܐ ܠܐܝܢ ܗܘܘ ܘܪܕܦܝܢ: 5 ܘܐܡܪ ܠܓܒܪܐ
ܕܣܘܟܬ ܗܒܘ ܗܫܐ ܓܪܝܨܐ ܕܠܚܡܐ ܠܥܡܐ ܕܥܡܝ. ܡܛܠ ܕܠܐܝܢ. ܐܠܐ ܕܝܢ ܪܕܦ ܐܢܐ ܒܬܪ ܙܒܚ
ܘܨܠܡܢܥ ܡܠܟܐ ܕܡܕܝܢ: 6 ܘܐܡܪܘ ܪܘܪܒܢܐ ܕܣܘܟܬ ܠܡܐ ܐܝܕܐ ܕܙܒܚ ܘܕܨܠܡܢܥ ܗܫܐ ܒܐܝܕܝܟ
ܕܢܬܠ ܠܚܝܠܘܬܟ ܠܚܡܐ: 7 ܘܐܡܪ ܓܕܥܘܢ ܠܐ ܗܟܢܐ. ܡܢ ܕܢܬܠ ܡܪܝܐ ܠܙܒܚ
ܘܠܨܠܡܢܥ ܒܐܝܕܝ. ܐܦ ܐܢܐ ܐܕܘܫ ܒܣܪܟܘܢ ܒܟܘܒܐ ܕܡܕܒܪܐ ܘܒܒܪܩܢܐ: 8 ܘܣܠܩ
24^{1} ܡܢ ܬܡܢ | ܠܦܢܘܐܝܠ. ܘܡܠܠ ܥܡܗܘܢ ܐܝܟ ܗܕܐ. ܘܦܢܝܘ ܠܗ ܓܒܪܐ ܕܦܢܘܐܝܠ ܐܝܟ ܡܐ ܕܦܢܝܘ
ܠܗ ܓܒܪܐ ܕܣܘܟܬ: 9 ܘܐܡܪ ܠܓܒܪܐ ܕܦܢܘܐܝܠ ܟܕ ܐܡܪ: ܡܐ ܕܗܦܟܬ ܐܢܐ ܒܫܠܡܐ. ܐܣܚܘܦ
ܠܡܓܕܠܐ ܗܢܐ: 10 ܙܒܚ ܘܨܠܡܢܥ ܒܩܪܩܪ. ܘܡܫܪܝܬܗܘܢ ܥܡܗܘܢ. ܐܝܟ ܚܡܫܬܥܣܪ
ܐܠܦܐ. ※ ܟܠܗܘܢ ܗܠܝܢ ܕܐܫܬܚܪܘ ܡܢ ܟܠܗ ܡܫܪܝܬܐ ܕܒܢܝ ܡܕܢܚܐ. ܘܗܠܝܢ ܕܢܦܠܘ. ܡܐܐ ܘܥܣܪܝܢ ܐܠܦܝܢ ܗܘܘ
ܓܒܪܐ ܕܫܠܦܝ ܣܝܦܐ: 11 ܘܣܠܩ ܓܕܥܘܢ ܠܐܘܪܚܐ ܕܥܡܪܝ ܒܡܫܟܢܐ ܡܢ
ܡܕܢܚܐ ܕܢܘܒܚ ܡܢ ܟܘܡܛܐ ܕܝܓܒܗ. ܘܡܚܝܗ ܠܡܫܪܝܬܐ: ܗܝ ܕܝܢ ܡܫܪܝܬܐ ܬܟܝܠܐ ܗܘܬ ܀
12 ܘܥܪܩܘ ܙܒܚ ܘܨܠܡܢܥ. ܘܪܕܦ ܒܬܪܗܘܢ. ܘܐܚܕ ܠܬܪܝܗܘܢ ܡܠܟܐ ܕܡܕܝܢ.. ܠܙܒܚ ܘܠܨܠܡܢܥ..
ܘܟܠܗ ܡܫܪܝܬܐ ܕܥܡܗܘܢ ܗܦܟ: 13 ܘܗܦܟ ܓܕܥܘܢ ܒܪ ܝܘܐܫ ܡܢ ܩܪܒܐ ܡܢ ܡܥܠܢܐ ܕܚܪܣ.
24^{2} 14 ܘܐܚܕ ܛܠܝܐ ܡܢ ܓܒܪܐ ܕܣܘܟܬ | ܘܫܐܠܗ. ܘܟܬܒ ܠܗ ܫܡܗܐ ܕܪܘܪܒܢܐ ܕܣܘܟܬ ܘܕܩܫܝܫܝܗ.
ܫܒܥܝܢ ܘܫܒܥܐ ܓܒܪܝܢ: 15 ܘܐܬܐ ܠܘܬ ܓܒܪܐ ܕܣܘܟܬ ܘܐܡܪ ܗܐ ܠܟܘܢ ܗܐ ܙܒܚ ܘܨܠܡܢܥ.
ܕܚܣܕܬܘܢܢܝ ܒܗܘܢ ܟܕ ܐܡܪܝܬܘܢ ܕܝܠܟ. ܠܡܐ ܐܝܕܐ ܕܙܒܚ ܘܕܨܠܡܢܥ ܗܫܐ ܒܐܝܕܝܟ:
ܕܢܬܠ ܠܓܒܪܐ ܕܝܠܟ ܕܡܫܠܗܝܢ ܠܚܡܐ: 16 ܘܕܒܪ ܠܩܫܝܫܐ ܕܩܪܝܬܐ ܘܟܘܒܐ ܕܡܕܒܪܐ
ܘܒܪܩܢܐ. ܘܕܫ ܒܗܘܢ ܠܓܒܪܐ ܕܣܘܟܬ: 17 ܘܠܡܓܕܠܐ
ܕܦܢܘܐܝܠ ܣܚܦ. ܘܩܛܠ ܠܓܒܪܐ ܕܡܕܝܢܬܐ: 18 ܘܐܡܪ ܠܙܒܚ ܘܠܨܠܡܢܥ ܐܝܟܢܐ ܐܢܘܢ ܓܒܪܐ
ܗܠܝܢ ܕܩܛܠܬܘܢ ܒܬܒܘܪ.. ܘܐܡܪܘ ܐܝܟܘܬܟ. ܘܕܡܐ ܠܒܪ ܡܠܟܐ ܚܕ ܡܢܗܘܢ. ܐܝܟ ܚܙܘܐ ܕܒܢܝ ܡܠܟܐ:
19 ܘܐܡܪ ܓܕܥܘܢ ܐܚܝ ܗܘܘ. ܒܢܝ ܐܡܐ ܕܝܠܝ ܗܘܘ: ܚܝ ܗܘ ܡܪܝܐ ܕܐܠܘ ܐܚܝܬܘܢ ܐܢܘܢ ܠܟ
25^{1} ܗܘ ܩܛܠ. ܐܠܐ ܐܚܝܬܘܢ ܐܢܘܢ. ܠܐ ܩܛܠ ܗܘܝܬ ܠܟܘܢ: | 20 ܘܐܡܪ ܠܝܬܪ ܒܘܟܪܗ ܕܝܠܗ ܩܘܡ
ܩܛܘܠ ܐܢܘܢ. ܘܠܐ ܫܡܛ ܛܠܝܐ ܣܝܦܗ ܕܝܠܗ. ܡܛܠ ܕܕܚܠ. ܡܛܠ ܕܐܝܬܘܗܝ ܗܘܐ ܛܠܝܐ:
21 ܘܐܡܪܘ ܙܒܚ ܘܨܠܡܢܥ ܩܘܡ ܐܢܬ ܘܦܓܘܥ ܒܢ. ܡܛܠ ܕܐܝܟ ܓܒܪܐ ܚܝܠܐ ܕܝܠܗ: ܘܩܡ
ܓܕܥܘܢ ܘܩܛܠ ܠܙܒܚ ܘܠܨܠܡܢܥ. ܘܢܣܒ ܠܣܗܪܐ ܕܒܨܘܪܝ ܓܡܠܐ ܕܝܠܗܘܢ ܀
ܥܕ 22 ܘܐܡܪܘ ܓܒܪܐ ܕܐܝܣܪܝܠ ܠܘܬ ܓܕܥܘܢ ܗܘܝ ܫܠܝܛ ܒܢ. ܐܢܬ ܘܒܪܟ ܘܒܪܗ ܕܒܪܟ.
ܡܛܠ ܕܦܪܩܬܢ ܡܢ ܐܝܕܐ ܕܡܕܝܢ: 23 ܘܐܡܪ ܠܗܘܢ ܓܕܥܘܢ ܠܐ ܐܫܠܘܛ ܐܢܐ ܒܟܘܢ.
ܘܠܐ ܢܫܠܘܛ ܒܪܝ ܒܟܘܢ. ܡܪܝܐ ܢܫܠܘܛ ܒܟܘܢ: 24 ܘܐܡܪ ܠܗܘܢ ܓܕܥܘܢ ܫܐܠܬܐ
ܫܐܠ ܐܢܐ ܡܢܟܘܢ. ܘܗܒܘ ܠܝ ܓܒܪ ܩܕܫܐ ܡܢ ܒܙܬܗ ܕܝܠܗ. ܡܛܠ ܕܩܕܫܐ ܕܕܗܒܐ ܐܝܬ
ܗܘܐ ܠܗܘܢ. ܡܛܠ ܕܐܝܫܡܥܝܠܝܐ ܐܝܬܝܗܘܢ ܗܘܘ: 25 ܘܐܡܪܘ ܢܬܠ ܢܬܠ: ܘܦܪܣ ܡܪܕܘܬܐ
25^{2} ܕܝܠܗ. ܘܪܡܝܘ ܬܡܢ | ܓܒܪܐ ܩܕܫܐ ܡܢ ܒܙܬܗ ܕܝܠܗ. 26 ܘܗܘܐ ܡܬܩܠܐ ܕܩܕܫܐ ܕܕܗܒܐ

25 ܕܝܘܪܕܢܢ B teste R
3 ܗܘܐ deleri volebat R
7 ܒܟܘܒܐ B: correxit R
7 ܒܟܘܒܐ R, paginâ 202 corrigens
10 ܠܟ non habet B: addidit R
11 ܒܡܫܟܢܐ B habere videatur: vide quae ad 11_{13} adscripsi
16 ܠܡܫܠܗܝܢ B: correxit R
16 ܗ alterum non habet B: addidit R
19 ܠܟ vix adest in B (fortasse ~): ܠܟ edidit R

ܗܘܐ ܕܫܐܠ ܚܕ ܐܠܦ ܘܫܒܥܡܐܐ ܣܐܬܐ ܕܕܗܒܐ. ܣܛܪ ܡܢ ܣܗܪ̈ܘܢܐ ܘܩܘ̈ܕܫܐ ܘܡܐܢ̈ܐ ܕܐܪܓܘܢܐ.
ܕܐܝܬ ܗܘܐ ܥܠ ܡܠܟ̈ܐ ܕܡܕܝܢ. ܘܣܛܪ ܡܢ ܩܘ̈ܠܝܬܐ ܕܕܗܒܐ ܕܗܘܝ ܒܨܘܪ̈ܐ ܕܓܡ̈ܠܐ ܕܝܠܗܘܢ:
[27] ܘܥܒܕ ܐܢܘܢ ܓܕܥܘܢ ܠܐܦܘܕ. ܘܐܣܩܗ ܒܡܕܝܢܬܗ ܒܥܘܦܪܐ. ܘܙܢܘ ܒܬܪܗ ܐܝܣܪܝܠ ܬܡܢ. ܘܗܘܐ ܠܗ
ܬܘܩܠܐ. ܘܗܘܐ ܠܓܕܥܘܢ ܘܠܒܝܬܗ ܠܬܘܩܠܬܐ: [28] ܘܐܬܟܢܥ ܡܕܝܢ ܩܕܡ ܒܢܝ̈ ܐܝܣܪܝܠ. ܘܠܐ ܐܘܣܦܘ
ܠܡܪܡ ܪܫܐ ܕܝܠܗܘܢ: ܘܫܠܝܬ ܐܪܥܐ ܐܪܒܥܝܢ ܫܢܝ̈ܢ ܒܝܘܡ̈ܝ ܓܕܥܘܢ܀ [29] ܘܐܙܠ
ܝܪܘܒܥܠ ܒܪܗ ܕܝܘܐܫ ܘܝܬܒ ܒܒܝܬܐ ܕܝܠܗ: [30] ܘܠܓܕܥܘܢ ܐܝܬ ܗܘܐ ܫܒܥܝܢ ܒܢܝ̈ܐ ܕܢܦܩܘ ܡܢ
ܚܨܘܗܝ ܕܝܠܗ. ܡܛܠ ܕܢܫ̈ܐ ܣܓܝ̈ܐܬܐ ܐܝܬ ܗܘܝ ܠܗ: [31] ܘܦܠܓܫܬܗ ܗܝ ܕܒܫܟܝܡ ܝܠܕܬ ܠܗ
ܐܦ ܗܝ ܒܪܐ. ܘܣܡ ܫܡܗ ܕܝܠܗ ܐܒܝܡܠܟ: [32] ܘܡܝܬ ܓܕܥܘܢ ܒܪܗ ܕܝܘܐܫ ܒܣܝܒܘܬܐ 26¹
ܛܒܬܐ. ܘܐܬܩܒܪ ܒܩܒܪܗ ܕܝܘܐܫ ܐܒܘܗܝ. ܒܥܘܦܪܐ ܕܐܒܘܗܝ ܕܐܒܝܥܙܪ܀
[33] ܘܗܘܐ ܕܟܕ ܡܝܬ ܓܕܥܘܢ. ܘܗܦܟܘ ܒܢܝ̈ܐ ܕܐܝܣܪܝܠ. ܘܙܢܘ ܒܬܪ ܒܥܠܝܡ. ܘܣܡܘ
ܠܗܘܢ ܠܒܥܠܒܪܝܬ ܠܩܝܡܐ. ܠܡܗܘܐ ܠܗܘܢ ܠܐܠܗܐ: [34] ܘܠܐ ܐܬܕܟܪܘ ܒܢܝ̈ܐ ܕܐܝܣܪܝܠ ܠܡܪܝܐ
ܐܠܗܐ ܕܝܠܗܘܢ. ܗܘ ܕܦܪܩ ܐܢܘܢ ܡܢ ܐܝܕܐ ܕܟܠܗܘܢ ܒܥܠܕܒܒ̈ܐ ܕܝܠܗܘܢ ܕܚܕܪ̈ܝܗܘܢ. [35] ܘܠܐ ܥܒܕܘ ܛܝܒܘܬܐ
ܥܡ ܒܝܬܗ ܕܝܪܘܒܥܠ ܓܕܥܘܢ. ܐܝܟ ܟܠܗ ܛܒܬܐ ܗܝ ܕܥܒܕ ܥܡ ܐܝܣܪܝܠ܀
[1] ܘܐܙܠ ܐܒܝܡܠܟ ܒܪܗ ܕܝܪܘܒܥܠ ܠܫܟܝܡ ܠܘܬ ܐܚ̈ܝ ܐܡܗ. ܘܡܠܠ ܥܡܗܘܢ ܘܥܡ ܟܠܗ ܡܢ
ܫܪܒܬܐ ܕܒܝܬ ܐܒܘܗ̇ ܕܐܡܗ ܠܡܐܡܪ: [2] ܡܠܠܘ ܗܫܐ ܒܐܕܢ̈ܝ ܟܠܗܘܢ ܡܪ̈ܝ ܫܟܝܡ
ܐܝܢܐ ܗܝ ܕܦܩܚܐ ܠܟܘܢ. ܕܢܫܠܛܘܢ ܒܟܘܢ | ܫܒܥܝܢ ܓܒܪܝܢ.. ܟܠܗܘܢ ܒܢܝ̈ܐ ܕܝܪܘܒܥܠ. 26²
ܐܘ ܕܢܫܠܛ ܒܟܘܢ ܓܒܪܐ ܚܕ. ܘܐܬܕܟܪܘ ܕܓܪܡܐ ܕܝܠܟܘܢ ܘܒܣܪܟܘܢ ܐܢܐ ܐܢܐ: [3] ܘܡܠܠܘ
ܐܚ̈ܝ ܐܡܗ ܕܝܠܗ ܥܠܘܗܝ ܒܐܕܢ̈ܝ ܟܠܗܘܢ ܓܒܪ̈ܐ ܕܫܟܝܡ ܟܠܗܘܢ ܡܠ̈ܐ ܗܠܝܢ. ܘܐܬܪܟܢ ܠܒܗܘܢ
ܒܬܪ ܐܒܝܡܠܟ: ܡܛܠ ܕܐܡܪܘ ܐܚܘܢ ܕܝܠܢ ܗܘ: [4] ܘܝܗܒܘ ܠܗ ܫܒܥܝܢ ܕܟܣܦܐ ܡܢ ܒܝܬܐ
ܕܒܥܠܒܪܝܬ ܕܕܝܠܗ. ܘܐܓܪ ܒܗܘܢ ܐܒܝܡܠܟ ܓܒܪ̈ܐ ܣܪ̈ܝܩܐ ܘܦܚܝ̈ܙܐ. ܘܐܙܠܘ ܒܬܪܗ. [5] ܘܥܠ
ܠܒܝܬܐ ܐܒܘܗܝ ܠܥܘܦܪܐ ܘܩܛܠ ܠܐܚ̈ܘܗܝ ܒܢܝ̈ ܝܪܘܒܥܠ. ܫܒܥܝܢ ܓܒܪܝܢ ܥܠ ܟܐܦܐ ܚܕܐ.
ܘܐܫܬܒܩ ܝܘܬܡ ܒܪܗ ܕܝܪܘܒܥܠ ܗܘ ܕܙܥܘܪ ܗܘܐ. ܡܛܠ ܕܐܬܛܫܝ: [6] ܘܐܬܟܢܫܘ ܟܠܗܘܢ ܓܒܪ̈ܐ
ܕܫܟܝܡ ܘܟܠܗ ܒܝܬܐ ܕܡܠܘ. ܘܐܙܠܘ ܘܐܡܠܟܘ ܠܐܒܝܡܠܟ ܠܡܠܟܐ ܠܘܬ ܒܠܘܛܐ ܕܩܝܡܐ ܗܘ ܕܒܫܟܝܡ.
[7] ܘܐܘܕܥܘ | ܠܝܘܬܡ. ܘܐܙܠ ܘܩܡ ܒܪܝܫܗ ܕܛܘܪܐ ܕܓܪܙܝܡ ܘܐܪܝܡ ܩܠܗ ܘܩܪܐ ܘܐܡܪ ܠܗܘܢ 27¹
ܫܡܥܘܢܝ.. ܓܒܪ̈ܐ ܕܫܟܝܡ.. ܘܢܫܡܥܟܘܢ ܐܠܗܐ: [8] ܡܐܙܠ ܐܙܠܘ ܩܝܣ̈ܐ ܠܡܡܫܚܘ ܠܗܘܢ
ܡܠܟܐ. ܘܐܡܪܘ ܠܙܝܬܐ ܐܡܠܟ ܥܠܝܢ: [9] ܘܐܡܪ ܠܗܘܢ ܙܝܬܐ ܐܫܒܘܩ ܠܡܫܚܝ ܕܝܠܝ. ܗܘ ܕܒܝ
ܡܫܒܚ ܐܠܗܐ ܘܒܢܝ̈ܢܫܐ. ܘܐܙܠ ܐܗܘܐ ܪܝܫܐ ܕܩܝܣ̈ܐ܀.: [10] ܘܐܡܪܘ ܩܝܣ̈ܐ ܠܬܬܐ ܬܐ ※ܐܢܬܝ
ܐܡܠܟܝ ܥܠܝܢ: [11] ܘܐܡܪܐ ܠܗܘܢ ܬܬܐ ܐܫܒܘܩ ܠܚܠܝܘܬܐ ܕܝܠܝ ܘܠܦܐܪ̈ܐ ܕܝܠܝ ܛܒ̈ܐ. ܘܐܙܠ ܐܗܘܐ
ܪܝܫܐ ※ ܥܠ ܩܝܣ̈ܐ܀.: [12] ܘܐܡܪܘ ܩܝܣ̈ܐ ܠܓܦܬܐ ܬܐ ܐܢܬܝ ܐܡܠܟܝ ܥܠܝܢ: [13] ܘܐܡܪܐ
ܠܗܘܢ ܓܦܬܐ ܐܫܒܘܩ ܠܚܡܪܐ ܕܝܠܝ.. ܕܡܒܣܡ ܠܐܠܗܐ ܐܦ ܠܒܢܝ̈ܢܫܐ.. ܘܐܙܠ ܐܗܘܐ ܪܝܫܐ
※ܥܠ ܩܝܣ̈ܐ܀.: [14] ܘܐܡܪܘ ܟܠܗܘܢ ܩܝܣ̈ܐ ܠܘܬ ܚܘܚܐ ܬܐ ܐܢܬ ܐܡܠܟ ܥܠܝܢ: [15] ܘܐܡܪ
ܚܘܚܐ ܠܘܬ ܩܝܣ̈ܐ ܐܢ ܒܫܪܪܐ ܐܢܬܘܢ | ܡܫܚܝܢ ܠܝ ܠܡܠܟܐ ܥܠܝܟܘܢ. ܬܘ ܐܬܛܫܘ ܒܛܠܠܐ 27²
ܕܝܠܝ. ܘܐܢ ܠܐ. ܬܦܘܩ ܢܘܪܐ ܡܢ ܚܘܚܐ. ܘܬܐܟܘܠ ܠܐܪ̈ܙܐ ܕܠܒܢܢ: [16] ܘܗܫܐ ܐܢ ܒܫܪܪܐ ܘܒܬܡܝܡܘܬܐ
ܥܒܕܬܘܢ. ܘܐܡܠܟܬܘܢ ܠܐܒܝܡܠܟ. ܘܐܢ ܛܒܬܐ ܥܒܕܬܘܢ ܥܡ ܝܪܘܒܥܠ ܘܥܡ ܒܝܬܐ ܕܝܠܗ. ܘܐܢ ܐܝܟ
ܦܘܪܥܢܐ ܕܐܝܕܝ̈ܐ ܕܝܠܗ ܥܒܕܬܘܢ ܠܗ.. [17] ܐܝܟ ܕܐܒܘܝ ܐܬܟܬܫ ܕܝܠܝ ܚܠܦܝܟܘܢ. ܘܫܕܐ ܢܦܫܗ ܕܝܠܗ ܡܢ
ܩܕܡܝܟܘܢ. ܘܦܪܩܟܘܢ ܡܢ ܐܝܕܐ ܕܡܕܝܢ: [18] ܘܐܢܬܘܢ ܩܡܬܘܢ ܥܠ ܒܝܬܗ ܕܐܒܝ ܝܘܡܢܐ. ܘܩܛܠܬܘܢ
ܠܒܢ̈ܘܗܝ ܕܝܠܗ ܫܒܥܝܢ ܓܒܪܝܢ ܥܠ ܟܐܦܐ ܚܕܐ. ܘܐܡܠܟܬܘܢ ܠܐܒܝܡܠܟ ܒܪ ܐܡܬܗ ܥܠ ܓܒܪ̈ܐ
ܕܫܟܝܡ. ܡܛܠ ܕܐܚܘܟܘܢ ܗܘ: [19] ܘܐܢ ܒܫܪܪܐ ܘܒܬܡܝܡܘܬܐ ܥܒܕܬܘܢ ܥܡ ܝܪܘܒܥܠ

26 ܕܝܠܗ̇ B: correxit R
26 ܕܪܓܡܐ B: quod explicari potest
28 ※ܠܗܘܢ B [sine ܠ]: correxit R
32 ܒܣܘܦܪܐ B teste R
1 ܠܡܐ B teste R
7 ܘܩܡܘ ܘܐܙܠ B: correxit R
8 ܐܬܐ ܐܙܠܘ B
10 ※ addidit R contra B
11 ※ܪܝܫܐ ܥܠ ܩܝܣ̈ܐ B: correxit R

ܘܒܫܠܡܐ ܕܥܡܗ ܒܝܘܡܢܐ ܗܢܐ. ܬܚܕܘܢ ܐܢܬܘܢ ܘܐܬܒܣܡܘ ܒܐܒܝܡܠܟ. ܘܢܚܕܐ ܐܦ ܗܘ ܒܟܘܢ: | 20 ܘܐܢ 28^1
ܠܐ. ܬܦܘܩ ܢܘܪܐ ܡܢ ܐܒܝܡܠܟ. ܘܬܐܟܘܠ ܠܒܥܠܝ ܫܟܝܡ ܘܠܒܝܬܐ *ܕܡܠܘܐ. ܘܐܢ ܠܐ. ܬܦܘܩ
ܢܘܪܐ ܡܢ ܒܥܠܝ ܫܟܝܡ *ܘܡܢ ܒܝܬܐ ܕܡܠܘܐ. ܘܬܐܟܘܠ ܠܐܒܝܡܠܟ« ܀ 21 ܘܥܪܩ ܝܘܬܡ ܘܐܙܠ
ܘܐܙܠ ÷ ܠܒܐܪ. ܘܝܬܒ ܬܡܢ ܡܛܠ ܕܕܚܠ ܡܢ ܩܕܡ ܦܪܨܘܦܐ ܕܐܒܝܡܠܟ ܐܚܘܗܝ ܀ 22 ܘܗܘܐ
ܬܠܬ   ܫܢܝܢ ܐܒܝܡܠܟ ܥܠ ܐܝܣܪܝܠ ܠܟܠܗ ܫܢܝܐ ܀ ‖ 23 ܘܫܕܪ ܐܠܗܐ ܪܘܚܐ ܒܝܫܬܐ ܒܝܬ
ܐܒܝܡܠܟ ܘܠܒܥܠܝ ܫܟܝܡ: ܘܐܬܢܟܠܘ ܒܥܠܝ ܫܟܝܡ ܒܒܝܬܗ ܕܐܒܝܡܠܟ. 24 ܠܡܐܬܝܘ
ܥܘܠܐ ܕܫܒܥܝܢ ܒܢܘܗܝ ܕܝܪܘܒܥܠ ܘܕܡܗܘܢ ܕܝܠܗܘܢ. ܠܡܣܡ ܥܠ ܐܒܝܡܠܟ ܐܚܘܗܘܢ ܗܘ
ܕܩܛܠ ܐܢܘܢ. ܘܥܠ ܒܥܠܝ ܫܟܝܡ ܗܢܘܢ ܕܚܝܠܘ ܠܐܝܕܘܗܝ ܐܝܟ ܕܢܩܛܘܠܝܗܘܢ ܠܐܚܘܗܝ ܀
ܡܢܗ 25 ܘܣܡܘ ܠܗ ܒܥܠܝ ܫܟܝܡ ܟܡܝܢܐ ܥܠ ܪܝܫܝ ܛܘܪܐ. | ܘܚܛܦܝܢ ܗܘܘ ܠܟܠܗܘܢ ܗܠܝܢ 28^2
ܕܥܒܪܝܢ ܗܘܘ ܥܠܝܗܘܢ ܒܐܘܪܚܐ: ܘܐܬܬܚܘܝ ܠܐܒܝܡܠܟ ܀ 26 ܘܐܬܐ ܓܥܠ ܒܪܗ ܕܥܒܕ ܘܐܚܘܗܝ ܕܝܠܗ.
ܘܥܒܪܘ ܒܫܟܝܡ. ܘܐܬܬܟܠܘ ܒܗ ܒܥܠܝ ܫܟܝܡ: 27 ܘܢܦܩܘ ܠܚܩܠܐ ܘܩܛܦܘ ܟܪܡܝܗܘܢ ܕܝܠܗܘܢ.
ܘܕܪܟܘ ܘܥܒܕܘ ܗܠܘܠܐ. ܘܥܠܘ ܠܒܝܬܐ ܕܐܠܗܗܘܢ ܕܝܠܗܘܢ. ܘܐܟܠܘ ܘܐܫܬܝܘ. ܘܠܛܝܢ ܗܘܘ ܠܐܒܝܡܠܟ:
28 ܘܐܡܪ ܓܥܠ ܒܪܗ ܕܥܒܕ »ܡܢܘ ܐܒܝܡܠܟ ܐܒܝܡܠܟ. ܘܡܢܘ ܐܒܝܡܠܟ ܒܪܗ ܕܫܟܝܡ. ܕܢܦܠܚܝܘܗܝ
ܠܡ. ܠܐ ܗܘܐ ܗܘ ܒܪܗ ܕܝܪܘܒܥܠ. ܘܙܒܘܠ ܗܘ ܕܐܝܬܘܗܝ ܪܒܐ ܕܝܠܗ. ܦܠܘܚܘ ܠܓܒܪܐ ܕܚܡܘܪ
ܐܒܘܗܝ ܕܫܟܝܡ ܐܒܘܗܘܢ ܕܫܟܝܡ. ܘܠܡܢܐ ܢܦܠܚܝܘܗܝ ܠܗ ܚܢܢ. 29 ܘܡܢܘ
ܢܬܠܝܘܗܝ ܠܥܡܐ ܗܢܐ ܒܐܝܕܝ. ܘܐܥܒܪܝܘܗܝ ܠܐܒܝܡܠܟ. ܘܐܡܪ ܠܐܒܝܡܠܟ »ܐܣܓܐ ܚܝܠܟ
ܘܬܐ. ܘܦܘܩ«: 30 ܘܫܡܥ ܙܒܘܠ ܗܘ ܕܐܝܬܘܗܝ ܗܘܐ ܪܫܐ ܕܡܕܝܢܬܐ. ܠܡܠܘܗܝ ܕܓܥܠ ܒܪܗ
ܕܥܒܕ. | ܘܐܬܚܡܬ ܪܘܓܙܗ: 31 ܘܫܕܪ ܐܝܙܓܕܐ ܠܘܬ ܐܒܝܡܠܟ ܒܛܘܫܝܐ ܟܕ ܐܡܪ »ܗܐ °ܓܥܠ 29^1
ܒܪܗ ܕܥܒܕ ܘܐܚܘܗܝ ܕܝܠܗ ܐܬܘ ܠܫܟܝܡ. ܘܗܢܘܢ ܡܚܣܢܝܢ ܠܡܕܝܢܬܐ ܥܠܝܟ. 32 ܘܗܫܐ
ܩܘܡ ܒܠܠܝܐ ܐܢܬ ܘܥܡܐ ܗܘ ܕܥܡܟ. ܘܟܡܢ ܒܚܩܠܐ. 33 ܘܢܗܘܐ ܒܨܦܪܐ ܕܟܕ ܕܢܚ ܫܡܫܐ.
ܬܩܕܡ ܘܬܬܡܛܐ ܥܠ ܡܕܝܢܬܐ. ܘܗܐ ܗܘ ܘܥܡܐ ܗܘ ܕܥܡܗ. ܢܦܩܝܢ ܠܘܬܟ. ܘܬܥܒܕ ܠܗ ܐܝܟܢܐ
ܕܬܫܟܚ ܐܝܕܟ ܕܬܥܒܕ« ܀ 34 ܘܩܡ ܐܒܝܡܠܟ ܘܟܠܗ ܥܡܐ ܗܘ ܕܥܡܗ. ܘܟܡܢܘ ܥܠ ܫܟܝܡ ܐܪܒܥܐ
ܪܫܐ: 35 ÷ܘܗܘܐ ܕܢܦܩ÷ ܘܢܦܩ ܓܥܠ ܒܪܗ ܕܥܒܕ. ܘܩܡ ܒܬܪܥܐ ܕܡܥܠܢܐ ܕܡܕܝܢܬܐ. ܘܩܡ
ܐܒܝܡܠܟ ܘ*ܟܠܗ ܥܡܐ ܗܘ ܕܥܡܗ ܡܢ ܟܡܝܢܐ. 36 ܘܚܙܐ ܓܥܠ ÷ ܒܪܗ ܕܥܒܕ÷ ܠܥܡܐ
ܘܐܡܪ ܠܙܒܘܠ »ܗܐ ܥܡܐ ܢܚܬ ܡܢ ܪܝܫܝ ܛܘܪܐ«. ܘܐܡܪ | ܠܗ ܙܒܘܠ »ܠܛܠܠܐ ܕܛܘܪܐ 29^2
ܐܢܬ ܚܙܐ ܐܝܟ ܐܢܫܐ«: 37 ܘܐܘܣܦ ܬܘܒ ܓܥܠ ܠܡܡܠܠܘ ܘܐܡܪ »ܗܐ ܥܡܐ ܢܚܬ
÷ ܠܡܬܠ ܡܢ ܠܥܠ ܡܢ ܫܘܪܐ ܕܐܪܥܐ. ܘܪܫܐ ܚܕ ܐܬܐ ܡܢ ܐܘܪܚܐ ܕܒܠܘܛܐ ܕܚܙܝܐ«:
38 ܘܐܡܪ ܠܗ ܙܒܘܠ »ܐܝܟܐ ܐܝܬܘܗܝ ܗܫܐ ܦܘܡܟ ܕܐܡܪ ܗܘ ܕܐܡܪ »ܡܢܘ ܐܒܝܡܠܟ ܐܒܝܡܠܟ.
ܕܢܦܠܚܝܘܗܝ ܠܗ.·«. ܠܐ ܗܐ ܗܢܐ ܐܝܬܘܗܝ ܥܡܐ ܗܘ ܕܒܣܝܬ *ܒܗ.·. ܦܘܩ *ܗܫܐ ܐܬܟܬܫ ܗܫܐ
ܘܐܬܟܬܫ ܥܡܗ«: 39 ܘܢܦܩ °ܓܥܠ ܡܢ ܩܕܡ ܦܪܨܘܦܐ ܕܒܥܠܝ ܫܟܝܡ. ܘܐܬܟܬܫ ܒܐܒܝܡܠܟ:
40 ܘܪܕܦܗ ܐܒܝܡܠܟ. ܘܥܪܩ ܡܢ ܩܕܡ ܦܪܨܘܦܐ ܕܝܠܗ. ܘܢܦܠܘ ܩܛܝܠܐ ܣܓܝܐܐ ܥܕܡܐ ܠܬܪܥܐ ܕܡܕܝܢܬܐ:
41 ܘܝܬܒ ܐܒܝܡܠܟ ܒܐܪܘܡܐ. ܘܐܦܩ ܙܒܘܠ ܠܓܥܠ ܘܠܐܚܘܗܝ ܕܝܠܗ. ܕܠܐ ܢܬܒܘܢ ܒܫܟܝܡ: 42 ܘܗܘܐ
ܠܡܚܪܗ ܕܝܘܡܐ. ܘܢܦܩ ܥܡܐ ܠܚܩܠܐ. ܘܐܬܬܚܘܝ ܠܐܒܝܡܠܟ. 43 ܘܕܒܪܗ ܠܥܡܐ. ܘܦܠܓܗ
ܠܬܠܬܐ | ܪܫܝܢ. ܘܟܡܢ ܒܚܩܠܐ. ܘܚܙܐ. ܘܗܐ ܥܡܐ ܢܦܩ ܡܢ ܡܕܝܢܬܐ. ܘܩܡ ܥܠܝܗܘܢ. ܘܡܚܐ ܐܢܘܢ: 30^1
44 ܘܐܒܝܡܠܟ ܘܪܫܐ ܗܠܝܢ ܕܥܡܗ. ܐܬܦܫܛܘ ܘܩܡܘ ܥܠ ܬܪܥܐ ܕܡܥܠܢܐ ܕܡܕܝܢܬܐ. ܘܗܠܝܢ ܬܪܝܢ ܪܫܐ ܐܬܦܫܛܘ
ܥܠ ܟܠܗܘܢ ܗܠܝܢ ܕܒܚܩܠܐ. ܘܡܚܘ ܐܢܘܢ: 45 ܘܐܒܝܡܠܟ ܐܬܟܬܫ ܗܘܐ ܒܡܕܝܢܬܐ ܟܠܗ ܝܘܡܐ
ܗܘ. ܘܟܒܫܗ ܠܡܕܝܢܬܐ. ܘܠܥܡܐ ܗܘ ܕܒܗ. ܩܛܠܗ. ܘܣܬܪܗ ܠܡܕܝܢܬܐ ܘܙܪܥܗ ܡܠܚܐ:

19 ܘܐܬܒܣܡ R: in B deest ܘ.
20 ܘܡܢ ܕܫܟܝܡ ※ B: correxit R
20 ܝ alterum addidi, R sequutus
21 super ܥܪܩ in B signum quod ~ exprimere credideris
23 ܬܠܬ Bm
33 ܕܢܚ participium in B
34 ܕܥܡܗ R, ܕܥܡܟ B
35 ܕܢܦܩ÷ ܘܗܘܐ B: correxit R
35 36 ܓܥܠ R, °ܓܥܠ B
35 ܘ※ܟܠܗ B: correxit R
36 ÷ܒܪܗ ܕܥܒܕ÷ B: correxit R
37 priori loco ÷ܡܢ B
38 ܗܐ ܠܐ R, ܗܘܐ ܠܐ B
38 ※ܦܘܩ ܗܫܐ ܐܬܟܬܫ B: correxit R

[46] ܘܫܡܥܘ ܟܠܗܘܢ ܡܪ̈ܝ ܡܓܕܠܐ ܕܫܟܝܡ. ܘܥܠܘ ܠܚܣܢܐ ܕܒܝܬܗ ܕܒܝܬ ܐܝܠ ܕܕܝܬܐ:
[47] ܘܐܫܬܘܕܥ ܠܐܒܝܡܠܟ ܕܐܬܟܢܫܘ ܟܠܗܘܢ ܡܪ̈ܝ ܡܓܕܠܐ ܕܫܟܝܡ: [48] ܘܣܠܩ ܐܒܝܡܠܟ ܠܛܘܪܐ
ܕܨܠܡܘܢ. ܗܘ ܘܟܠܗ ܥܡܐ ܗܘ ܕܥܡܗ. ܘܢܣܒ ܐܒܝܡܠܟ ܢܪܓܐ ܒܐܝܕܗ ܘܦܣܩ ܣܘܟܐ ܕܐܝ̈ܠܢܐ.
ܘܫܩܠܗ ܘܣܡܗ ܥܠ ܟܬܦܬܗ. ܘܐܡܪ ܠܥܡܐ ܕܥܡܗ ܡܕܡ ܕܚܙܝܬܘܢ ܕܥܒܕܬ ܐܢܐ.
ܥܓܠ ܥܒܕܘ ܐܟܘܬܝ ܘܐܦ ܐܢܬܘܢ: [49] ܘܦܣܩܘ ܐܦ ܟܠܗ ܥܡܐ ܐܢܫ ܐܢܫ ܣܘܟܐ ܚܕ ܘܐܬܘ 30²
ܒܬܪ ܐܒܝܡܠܟ. ܘܣܡܘ ܥܠ ܚܣܢܐ ܘܐܘܩܕܘܗܝ ܥܠܝܗܘܢ ܒܢܘܪܐ. ܘܡܝܬܘ ܐܦ
ܟܠܗܘܢ ܐܢܫܐ ܕܡܓܕܠܐ ܕܫܟܝܡ. ܐܝܟ ܐܠܦܐ ܓܒܪܐ ܘܢܫܐ: [50] ܘܐܙܠ ܐܒܝܡܠܟ ܠܬܒܨ
ܘܫܪܐ ܥܠܝܗ. ܘܟܒܫܗ: [51] ܘܡܓܕܠܐ ܥܫܝܢܐ ܐܝܬ ܗܘܐ ܒܓܘ ܩܪܝܬܐ. ܘܥܪܩܘ ܠܬܡܢ ܟܠܗܘܢ
ܓܒܪܐ ܘܢܫܐ ܘܟܠܗܘܢ ܡܪ̈ܝ ܩܪܝܬܐ: ܘܐܚܕܘ ܒܐܦܝܗܘܢ. ܘܣܠܩܘ ܥܠ ܐܓܪܐ
ܕܡܓܕܠܐ: [52] ܘܐܬܐ ܐܒܝܡܠܟ ܥܕܡܐ ܠܡܓܕܠܐ. ܘܐܬܩܪܒ ܠܬܪܥܗ: ‖ ܘܩܪܒ ܥܠܘܗܝ
ܐܒܝܡܠܟ ܥܕܡܐ ܠܬܪܥܐ ܕܡܓܕܠܐ ܠܡܘܩܕܘܬܗ ܒܢܘܪܐ: [53] ܘܫܕܬ ܐܢܬܬܐ ܚܕܐ ܦܠܚܐ ܕܪܚܝܐ ܥܠ
ܪܫܗ ܕܐܒܝܡܠܟ. ܘܬܒܪܬ ܓܡܓܡܬܗ ܕܝܠܗ: [54] ܘܩܪܐ ܡܚܕܐ ܠܥܠܝܡܐ ܗܘ ܕܫܩܠ
ܡܐܢ̈ܘܗܝ. ܘܐܡܪ ܠܗ ܫܠܘܦ ܣܦܣܪܟ | ܘܩܛܘܠܝܢܝ: ܕܠܡܐ ܢܐܡܪܘܢ ܥܠܝ ܕܐܢܬܬܐ ܩܛܠܬܗ. ܘܕܓܪܗ 31¹
ܥܠܝܡܐ ܕܝܠܗ. ܘܡܝܬ ܐܒܝܡܠܟ: [55] ܘܚܙܘ ܓܒܪܐ ܕܐܝܣܪܝܠ ܕܡܝܬ ܐܒܝܡܠܟ. ܘܐܙܠܘ ܓܒܪܐ
ܠܕܘܟܬܐ ܕܝܠܗ: [56] ܘܐܗܦܟ ܐܠܗܐ ܒܝܫܬܗ ܕܐܒܝܡܠܟ ܗܝ ܕܥܒܕ ܠܐܒܘܗܝ. ܒܡܩܛܠܗ
ܠܫܒܥܝܢ ܐܚ̈ܘܗܝ: [57] ܘܟܠܗ ܒܝܫܬܐ ܕܓܒܪܐ ܕܫܟܝܡ ܐܗܦܟ ܐܠܗܐ ܒܪܫܗܘܢ. ܘܐܬܬ ܥܠܝܗܘܢ
ܠܘܛܬܗ ܕܝܘܬܡ ܒܪܗ ܕܝܪܘܒܥܠ:

ܫܠܡܬ ܛ:

[1] ܘܩܡ ܒܬܪ ܐܒܝܡܠܟ ܠܡܦܪܩܗ ܠܐܝܣܪܝܠ ܬܘܠܥ ܒܪܗ ܕܦܘܐܐ ܒܪܗ ܕܕܘܕܘ ܓܒܪܐ ܕܝܣܟܪ. ܘܗܘ 10
ܕܝܣܟܪ ܘܝܬܒ ܒܫܡܝܪ ܒܛܘܪܐ ܕܐܦܪܝܡ. [2] ܘܕܢ ܠܐܝܣܪܝܠ ܥܣܪܝܢ ܘܬܠܬ
ܫܢܝܢ. ܘܡܝܬ. ܘܐܬܩܒܪ ܒܫܡܝܪ:
[3] ܘܩܡ ܒܬܪܗ ܝܐܝܪ ܗܘ ܓܠܥܕܝܐ. ܘܕܢ ܠܐܝܣܪܝܠ ܥܣܪܝܢ ܘܬܪܬܝܢ ܫܢܝܢ: [4] ܘܗܘܘ ܠܗ ܬܠܬܝܢ
ܒܢܝܢ ܕܪܟܒܝܢ ܗܘܘ ܥܠ ܬܠܬܝܢ ܥܝܪ̈ܐ. ܘܬܠܬܝܢ ܩܘܪ̈ܝܐ ܗܘܝ̈ ܠܗܘܢ. ܘܩܪܝܢ ܠܗܝܢ | ܩܘܪ̈ܝܗ 31²
ܕܝܐܝܪ. ܥܕܡܐ ܠܝܘܡܢܐ ܗܢܐ ܕܒܐܪܥܐ ܕܓܠܥܕ:
[5] ܘܡܝܬ ܝܐܝܪ. ܘܐܬܩܒܪ ܒܩܡܘܢ:
[6] ܘܐܘܣܦܘ ܒܢ̈ܝ ܐܝܣܪܝܠ ܠܡܥܒܕ ܕܒܝܫ ܩܕܡ ܡܪܝܐ. ܘܦܠܚܘ ܠܒܥܠܐ ܘܠܥܫܬܪܬ ܘܠܐܠܗ̈ܐ ܕܐܪܡ
ܘܠܐܠܗ̈ܐ ܕܨܝܕܢ ܘܠܐܠܗ̈ܐ ܕܡܘܐܒ ܘܠܐܠܗ̈ܐ ܕܒܢ̈ܝ ܥܡܘܢ ܘܠܐܠܗ̈ܐ ܕܦܠܫܬܝ̈ܐ.
ܘܫܒܩܘܗܝ ܠܡܪܝܐ ܘܠܐ ܦܠܚܘܗܝ: [7] ܘܐܬܚܡܬ ܪܘܓܙܗ ܕܡܪܝܐ ܥܠ ܐܝܣܪܝܠ. ܘܐܫܠܡ ܐܢܘܢ
ܒܐܝܕܝ̈ ܦܠܫܬܝ̈ܐ ܘܒܐܝܕܝ̈ ܒܢ̈ܝ ܥܡܘܢ: [8] ܘܫܥܒܕܘ ܘܬܒܪܘ ܠܒܢ̈ܝ ܐܝܣܪܝܠ ܒܫܢܬܐ ܗܝ
ܬܡܢܥܣܪܐ ܫܢܝܢ. ܠܟܠܗܘܢ ܒܢ̈ܝ ܐܝܣܪܝܠ ܕܒܥܒܪܐ ܕܝܘܪܕܢܢ. ܒܐܪܥܐ ܕܐܡܘܪ̈ܝܐ ܕܒܓܠܥܕ:
[9] ܘܥܒܪܘ ܒܢ̈ܝ ܥܡܘܢ ܝܘܪܕܢܢ. ܠܡܬܟܬܫܘ ܥܡ ܝܗܘܕܐ ܘܥܡ ܒܢܝܡܝܢ ܘܥܡ ܒܝܬ ܐܦܪܝܡ. ܘܐܠܨܘ ܒܢ̈ܝ
ܐܝܣܪܝܠ ܛܒ: [10] ܘܩܥܘ ܒܢ̈ܝ ܐܝܣܪܝܠ ܠܘܬ ܡܪܝܐ ܘܐܡܪܝܢ ܚܛܝܢ ܠܟ. ܡܛܠ 32¹
ܕܫܒܩܢ ܠܐܠܗܢ ܘܦܠܚܢ ܠܒܥܠܐ: [11] ܘܐܡܪ ܡܪܝܐ ܠܘܬ ܒܢ̈ܝ ܐܝܣܪܝܠ. ܠܐ ܡܢ ܡܨܪ̈ܝܐ ܘܐܡܘܪ̈ܝܐ
ܘܒܢ̈ܝ ܥܡܘܢ ܘܦܠܫܬܝ̈ܐ: [12] ܘܨܝܕܢܝ̈ܐ ܘܥܡܠܩܝ̈ܐ ܘܡܕܝܢܝ̈ܐ ܫܥܒܕܘ ܐܢܘܢ.
ܘܦܪܩܬܟܘܢ ܡܢ ܐܝܕܝܗܘܢ: [13] ܘܐܢܬܘܢ ܫܒܩܬܘܢܢܝ. ܘܦܠܚܬܘܢ ܠܐܠܗ̈ܐ ܐܚܪ̈ܢܐ:
ܡܛܠ ܗܢܐ ܠܐ ܐܘܣܦ ܠܡܦܪܩܟܘܢ: [14] ܙܠܘ ܩܥܘ ܠܘܬ ܐܠܗ̈ܐ ܗܢܘܢ ܕܓܒܝܬܘܢ ܠܟܘܢ.
ܘܗܢܘܢ ܢܦܪܩܘܢܟܘܢ ܒܥܕܢ ܐܘܠܨܢܟܘܢ: [15] ܘܐܡܪܘ ܒܢ̈ܝ ܐܝܣܪܝܠ ܠܘܬ ܡܪܝܐ ܚܛܝܢ.

46 ܕܒܝܬܗ B
48 ܘܟܠܗܘܢ B: correxit R
48 ܢܪܓܐ B: correxit R
49 ܐ priorem addidit R
49 ܫܘܪܐ B teste R
52 etiam priori loco ܘܩܪܒ B: signa addidit R
52ᵐ ܥܠ B
54 signa addidit R
3 ܬ tertium addidit R [??]
13 ܫܒܩܬܘܢ B¹: sero correctum
14 ܠܦܘܪܩܢܟܘܢ B: correxit R

ܚܛܝܢ ܐܢܬ ܥܒܕ ܠܢ ܐܝܟ ܡܕܡ ܕܫܦܝܪ ܩܕܡܝܟ. ܒܪܡ ܡܪܝܐ ܦܪܘܩ ܠܢ ※ܝܘܡܢܐ ܒܝܘܡܐ
ܗܢܐ«: 16 ܘܐܥܒܪܘ ܠܐܠܗܐ ܢܘܟܪܝܐ ܡܢ ܡܨܥܬܗܘܢ. ܘܦܠܚܘ ܠܡܪܝܐ: ⁻ܘܠܐ ܫܦܪܬ ܒܥܡܠܗ
ܘܐܬܟܪܝܬ ܢܦܫܗ ܕܐܝܣܪܐܝܠ ܒܥܡܠܐ: 17 ܘܐܬܟܢܫܘ | ܒܢܝܐ ܕܥܡܘܢ ܘܫܪܘ ܒܓܠܥܕ. ܘܟܢܫܘ ܒܢܝܐ 32²
ܕܐܝܣܪܐܝܠ ܘܫܪܘ ܒܡܨܦܐ: 18 ܘܐܡܪܘ ܪܫܐ ܕܓܠܥܕ ܓܒܪܐ ܠܘܬ ܩܪܝܒܗ ܕܝܠܗ »ܡܢܘ ܓܒܪܐ
ܗܘ ܕܢܫܪܐ ܠܡܩܪܒܘ ܒܒܢܝܐ ܕܥܡܘܢ. ܘܢܗܘܐ ܠܪܫܐ ܠܟܠܗܘܢ ܕܥܡܪܝܢ ܒܓܠܥܕ« ܀
11 ܡܠܟ 1 ܘܝܦܬܚ ܗܘ ܓܠܥܕܝܐ ܐܝܬܘܗܝ ܗܘܐ ܓܢܒܪܐ ܒܚܝܠܐ. ܘܗܘ ܒܪܐ ܕܐܢܬܬܐ ܙܢܝܬܐ. ܘܝܠܕܬ
ܠܓܠܥܕ °ܠܝܦܬܚ: 2 ܘܝܠܕܬ ܐܢܬܬܗ ܕܓܠܥܕ ܠܗ ܒܢܝܐ. ܘܪܒܘ ܒܢܝܗ ܕܐܢܬܬܐ. ܘܐܦܩܘܗܝ
°ܠܝܦܬܚ. ܘܐܡܪܘ ܠܗ »ܠܐ ܬܐܪܬ ܒܒܝܬܐ ܕܐܒܘܢ. ܡܛܠ ܕܒܪܐ ܕܐܢܬܬܐ °ܐܚܪܬܐ ܐܝܬܝܟ ܐܢܬ«:
3 ܘܥܪܩ ܝܦܬܚ ܡܢ ܩܕܡ ܦܪܨܘܦܐ ܕܐܚܘܗܝ. ܘܥܡܪ ܒܐܪܥܐ ܕܛܘܒ. ܘܐܬܟܢܫܘ ܗܘܘ ܠܘܬ
ܝܦܬܚ ܓܒܪܐ ܣܪܝܩܐ. ܘܢܦܩܝܢ ܗܘܘ ܥܡܗ: 4 ܘܗܘܐ ܡܢ ܒܬܪ ܝܘܡܬܐ. ܘܐܩܪܒܘ ܒܢܝܐ ܕܥܡܘܢ ܥܡ
ܐܝܣܪܐܝܠ. 5 ܘܗܘܐ ܟܕ ܐܩܪܒܘ ܗܘܘ ܒܢܝܐ ܕܥܡܘܢ ܥܡ | ܐܝܣܪܐܝܠ. ܘܐܙܠܘ ܩܫܝܫܐ ܕܓܠܥܕ 33¹
ܠܡܕܒܪܗ ܠܝܦܬܚ ܡܢ ܐܪܥܐ ܕܛܘܒ. 6 ܘܐܡܪܘ ܠܘܬ ܝܦܬܚ »ܬܐ ܘܗܘܝ ܠܢ ܠܡܕܒܪܢܐ. ܘܢܩܪܘܒ
ܒܒܢܝܐ ܕܥܡܘܢ«: 7 ܘܐܡܪ ܝܦܬܚ ܠܩܫܝܫܐ ܕܓܠܥܕ »ܠܐ ܐܢܬܘܢ ܣܢܐܬܘܢܢܝ ܘܐܦܩܬܘܢܢܝ ܡܢ
ܒܝܬܗ ܕܐܒܐ ܕܝܠܝ. ܘܫܕܪܬܘܢܢܝ ܡܢܟܘܢ.. ܘܡܢܐ ܐܬܝܬܘܢ ܠܘܬܝ ܗܫܐ ܟܕ ܐܠܝܨܝܢ ܐܢܬܘܢ..«: 8 ܘܐܡܪܘ
ܩܫܝܫܐ ܕܓܠܥܕ ܠܘܬ ܝܦܬܚ »ܠܐ ܗܟܢܐ. ܗܫܐ ܐܬܝܢ ܠܘܬܟ. ܘܬܐܙܠ ܥܡܢ. ܘܬܩܪܘܒ ܒܒܢܝܐ
ܕܥܡܘܢ. ܘܬܗܘܐ ܠܢ ܠܪܫܐ. ܠܟܠܗܘܢ ܕܥܡܪܝܢ ܒܓܠܥܕ«: 9 ܘܐܡܪ ܝܦܬܚ ܠܘܬ ܩܫܝܫܐ ܕܓܠܥܕ
»ܐܢ ܡܗܦܟܝܢ ܐܢܬܘܢ ܠܝ ܠܡܩܪܒܘ ܒܒܢܝܐ ܕܥܡܘܢ. ܘܢܫܠܡ ܐܢܘܢ ܡܪܝܐ ܩܕܡܝ. ܐܢܐ ܐܗܘܐ
ܠܟܘܢ ܠܪܫܐ«: 10 ܘܐܡܪܘ ܩܫܝܫܐ ܕܓܠܥܕ ܠܘܬ ܝܦܬܚ »ܡܪܝܐ ܢܗܘܐ ܗܘ ܕܫܡܥ ܒܝܢܬܢ. ܐܠܐ
ܐܝܟ ܡܠܬܟ ܕܝܠܟ. ܗܟܢܐ ܢܥܒܕ«: 11 ܘܐܙܠ ܝܦܬܚ ܥܡ ܩܫܝܫܐ | ܕܓܠܥܕ. ܘܐܩܝܡܘܗܝ ※ܥܡܐ 33²
ܥܠܝܗܘܢ ܠܪܫܐ ܠܡܕܒܪܢܐ. ܘܡܠܠ ܝܦܬܚ ܟܠܗܝܢ ܡܠܘܗܝ ܩܕܡ ܡܪܝܐ ܒܡܨܦܐ: 12 ܘܫܕܪ
ܝܦܬܚ ܐܝܙܓܕܐ ܠܘܬ ܡܠܟܐ ܕܒܢܝܐ ܕܥܡܘܢ ܟܕ ܐܡܪ »ܡܢܐ ܠܝ ܘܠܟ. ܕܐܬܝܬ ܠܘܬܝ ⁻ܐܢܬ
ܠܡܩܪܒܘ ⁻ܒܐܪܥܝ ܕܝܠܝ«.. ܀

13 ܘܐܡܪ ܡܠܟܐ ܕܒܢܝܐ ܕܥܡܘܢ ܠܘܬ ܐܝܙܓܕܐ ܕܝܦܬܚ »ܡܛܠ ܕܢܣܒ ܐܝܣܪܐܝܠ ܠܐܪܥܐ ܕܝܠܝ
ܟܕ ܣܠܩ ܗܘܐ ܡܢ ܡܨܪܝܢ. ܡܢ ܐܪܢܘܢ ܘܥܕܡܐ ܠܝܒܘܩ ܘܥܕܡܐ ܠܝܘܪܕܢܢ.. ܘܗܫܐ ܐܦܢܝ
ܐܢܝܢ ܒܫܠܡܐ«: ⁻ܘܗܦܟܘ ܐܝܙܓܕܐ ܠܘܬ ܝܦܬܚ: 14 ܘܐܘܣܦ ※ܬܘܒ ܝܦܬܚ. ܘܫܕܪ ܐܝܙܓܕܐ
ܠܘܬ ܡܠܟܐ ܕܒܢܝܐ ܕܥܡܘܢ: 15 ܘܐܡܪ ܠܗ »ܗܟܢܐ ܐܡܪ ܝܦܬܚ »ܠܐ ܢܣܒ ܐܝܣܪܐܝܠ ܠܐܪܥܐ ܕܡܘܐܒ
ܘܠܐܪܥܐ ܕܒܢܝܐ ܕܥܡܘܢ: 16 ܡܛܠ ܕܟܕ ܣܠܩ ܡܢ ܡܨܪܝܢ. ܐܠܐ ܐܙܠ ܐܝܣܪܐܝܠ ܒܡܕܒܪܐ ܥܕܡܐ ܠܝܡܐ
ܕܣܘܦ. ܘܐܬܐ ܠܪܩܡ | ܠܡܕܒܪܐ: 17 ܘܫܕܪ ܐܝܣܪܐܝܠ ܐܝܙܓܕܐ ܠܘܬ ܡܠܟܐ ܕܐܕܘܡ ܟܕ ܐܡܪ „ܐܥܒܪ 34¹
ܒܐܪܥܐ ܕܝܠܟ„. ܘܠܐ ܫܡܥ ܠܗ ܡܠܟܐ ܕܐܕܘܡ: ܐܦ ܠܘܬ ܡܠܟܐ ܕܡܘܐܒ ܫܕܪ. ܘܠܐ ܨܒܐ ⁻ܐܦ
⁻ܗܘ ܕܢܫܒܘܩ. ܘܝܬܒ ܐܝܣܪܐܝܠ ܒܪܩܡ: 18 ܘܪܕܐ ܒܡܕܒܪܐ. ܘܐܬܟܪܟ ܠܐܪܥܐ ܕܐܕܘܡ
※ܘܠܐܪܥܐ ܕܡܘܐܒ. ܘܐܬܐ ܡܢ ܡܕܢܚ ܫܡܫܐ ܠܐܪܥܐ ܕܡܘܐܒ. ܘܫܪܘ ܒܥܒܪܐ ܕܐܪܢܘܢ. ܘܠܐ ܥܠܘ
ܠܬܚܘܡܐ ܕܡܘܐܒ. ܡܛܠ ܕܐܪܢܘܢ ܬܚܘܡܐ ܗܘܐ ܕܡܘܐܒ ܀ 19 ܘܫܕܪ ܐܝܣܪܐܝܠ ܐܝܙܓܕܐ
ܠܘܬ ܣܝܚܘܢ ܡܠܟܐ ܕܐܡܘܪܝܐ ܡܠܟܐ ܕܚܫܒܘܢ: ܘܐܡܪ ܠܗ ܐܝܣܪܐܝܠ „ܐܥܒܪ ܗܫܐ ܒܐܪܥܐ
ܕܝܠܟ ܥܕܡܐ ܠܐܬܪܐ ܕܝܠܝ„: 20 ܘܠܐ ܨܒܐ ܣܝܚܘܢ ܕܢܥܒܪ ܐܝܣܪܐܝܠ ܒܬܚܘܡܐ ܕܝܠܗ: ܘܟܢܫ
ܣܝܚܘܢ ܠܟܠܗ ܥܡܐ ܕܝܠܗ. ܘܫܪܐ ܒܝܗܨ. ܘܐܩܪܒ ܥܡ | ܐܝܣܪܐܝܠ ܀ 21 ܘܐܫܠܡ ܡܪܝܐ ܐܠܗܐ 34²

15 ܠ alterum addidit R
16 ⁻ non habet B
1 variat B, mox ܕܝܦܬܚ, mox ܝܦܬܚ scribens. equidem edam quae codex habet
5 ܗܘܘ edidit R, verum non adest in B
5 fortasse ܝܦܬܚ B

12 ܐܢܬ ܠ ܠܘܬܝ ⁻ B: correxit R
13 signa ego posui, praeeunte quodammodo Roerdamio: ܘܗܦܟܘ ܐܝܙܓܕܐ ܠܘܬ ⁻ ܝܦܬܚ B
14 ܘܐܘܣܦ B: correxit R
14 ܠ addidit R
17 ⁻ addidi, ܠ est in B. ante ܗܘ et post ܕܢܫܒܘܩ B signa habet nescio quae: imitari arte typographicâ non possum
17 ܪܩܡ B
18 ܡܕܢܚ B: correxit R
18 ܠ addidi
18 videatur ܠܡܕܢܚܐ scriptum: vide ad 8_{11}

ܕܐܝܣܪܝܠ ܠܣܝܚܘܢ ܘܠܟܠܗ ܥܡܗ ܒܐܝܕܐ ܕܐܝܣܪܝܠ. ܘܡܚܘ ܐܢܘܢ: ܘܝܪܬ ܐܝܣܪܝܠ ܠܟܠܗ
ܐܪܥܐ ܕܐܡܘܪܝܐ ܕܗܘ ܕܝܬܒ ܗܘܐ ܒܐܪܥܐ ※ܗܝ: [22] ܘܝܪܬ ܠܟܠܗ ܬܚܘܡܐ ܕܐܡܘܪܝܐ ܡܢ ܐܪܢܘܢ
ܘܥܕܡܐ ※ܠܝܘܒܩ. ܘܡܢ ܡܕܒܪܐ ܥܕܡܐ ܠܝܘܪܕܢܢ: [23] ܘܗܫܐ ܡܪܝܐ ܐܠܗܐ ܕܐܝܣܪܝܠ ܐܘܪܬ
ܠܐܡܘܪܝܐ ܡܢ ܩܕܡ ܦܪܨܘܦܐ ܕܥܡܐ ܕܝܠܗ ܐܝܣܪܝܠ. ܘܐܢܬ ܬܐܪܬܝܘܗܝ ~ ܬܐܪܬܝܘܗܝ: [24] ܠܐ ܗܘܐ ܡܕܡ
ܕܐܘܪܬܟ ܟܡܘܫ ܐܠܗܟ ܕܠܟ. ܗܘܝܘ ܐܪܬ: ܘܟܠܗܘܢ ܐܝܠܝܢ ܕܐܘܪܬ ~ ܠܢ ܡܪܝܐ ܐܠܗܢ ܕܠܢ ܡܢ
ܩܕܡ ܦܪܨܘܦܢ ܕܠܢ. ܗܘܝܘ ܐܪܬ: [25] ܘܗܫܐ ܕܝܠܟ ܡܛܒ ܐܢܬ ܡܢ ܒܠܩ ܒܪܗ ܕܨܦܘܪ ܡܠܟܐ ܕܡܘܐܒ.
ܕܠܡܐ ܡܬܚܪܐ ܐܬܚܪܝ ܥܡ ܐܝܣܪܝܠ. ܐܘ ܡܩܪܒܘ ܐܬܩܪܒ ܠܡܩܪܒܗܘܢ [26] ܟܕ ܝܬܒ ܐܝܣܪܝܠ.
35¹ ܒܚܫܒܘܢ ܘܒܟܦܪܢܝܗ̈ | ܕܝܠܗ. ܘܒܥܪܥܘܪ ܘܒܟܦܪܢܝܗ̈ ܕܝܠܗ. ܘܒܟܠܗܝܢ ܩܘܪܝܬܐ ܗܠܝܢ ܕܥܠ
ܝܘܪܕܢܢ. ܬܠܬܡܐܐ ܫܢܝܢ: ܘܡܛܠ ܡܢܐ ܠܐ ܦܪܩܬܘܢ ܐܢܝܢ ܒܙܒܢܐ ܗܘ. [27] ܐܦ ܐܢܐ ܠܐ ܣܟܠܬ ܠܟ. ܘܐܢܬ
ܥܒܕ ܐܢܬ ܥܡܝ ܒܝܫܬܐ. ܠܡܩܪܒܘ ܥܡܝ: ܢܕܘܢ ܡܪܝܐ ܗܘ ܕܝܢܐ. ܝܘܡܢܐ ܒܝܬ ܒܢܝ̈ ܐܝܣܪܝܠ
ܘܒܝܬ ܒܢܝ̈ ܥܡܘܢ܀ [28] ܘܠܐ ܫܡܥ ܡܠܟܐ ܕܒܢܝ̈ ܥܡܘܢ ܠܡܠܘܗܝ ܕܝܦܬܚ. ܗܠܝܢ ܕܫܕܪ
ܠܘܬܗ܀

[29] ܘܗܘܬ ܥܠ ܝܦܬܚ ܪܘܚܗ ܕܡܪܝܐ. ܘܥܒܪ ܠܓܠܥܕ ܘܠܡܢܫܐ. ܘܥܒܪ ܠܡܨܦܝܐ ܕܓܠܥܕ. ܘܠܐ
ܕܓܠܥܕ. ܘܡܢ ܡܨܦܝܐ ܕܓܠܥܕ ܥܒܪ ܠܒܢܝ̈ ܥܡܘܢ: [30] ܘܢܕܪ ܝܦܬܚ ܢܕܪܐ ܠܡܪܝܐ ܘܐܡܪ
ܐܢ ܡܫܠܡܘ ܬܫܠܡ ܠܝ ܠܒܢܝ̈ ܥܡܘܢ ܒܐܝܕܝ. [31] ܢܗܘܐ ※ܗܘ ܕܢܦܩ ܗܘ ܡܢ ܬܪܥܐ ܡܢ
35² ܬܪܥܐ ܕܒܝܬܝ ܠܐܘܪܥܝ ܟܕ ܗܦܟ ܐܢܐ ܒܫܠܡܐ ܡܢ ܒܢܝ̈ ܥܡܘܢ. ܢܗܘܐ | ܠܡܪܝܐ. ܘܐܣܩܝܘܗܝ
ܝܩܕܐ ܥܠܬܐ܀ [32] ܘܥܒܪ ܝܦܬܚ ܥܠ ܒܢܝ̈ ܥܡܘܢ ܠܡܩܪܒܘ ܥܡܗܘܢ. ܘܐܫܠܡ ܐܢܘܢ ܡܪܝܐ
ܒܐܝܕܗ: [33] ܘܡܚܐ ܐܢܘܢ ܡܢ ܥܪܘܥܝܪ ܘܥܕܡܐ ܠܡܥܠܢܐ ܕܡܢܝܬ. ܥܣܪܝܢ ܩܘܪܝܢ. ܘܥܕܡܐ
ܠܐܒܠ ܕܟܪܡܐ. ܡܚܘܬܐ ܪܒܬܐ ܛܒ: ܘܐܬܟܢܥܘ ܒܢܝ̈ ܥܡܘܢ ܡܢ ܩܕܡ ܦܪܨܘܦܐ ܕܒܢܝ̈ ܐܝܣܪܝܠ:
[34] ܘܐܬܐ ܝܦܬܚ ܠܡܨܦܝܐ ܠܒܝܬܗ ܕܝܠܗ. ܘܗܐ ܒܪܬܗ ܕܝܠܗ ܢܦܩܐ ܗܘܬ ܠܐܘܪܥܗ ܒܛܒܠܐ ܘܒܚܝܕܘܬܐ:
ܘܗܝ ܝܚܝܕܝܬܐ ܗܘܬ ܠܗ. ܘܠܝܬ ܗܘܐ ܠܗ ܒܪܐ ܐܘ ܒܪܬܐ: [35] ܘܗܘܐ ܕܟܕ
ܚܙܐ ܗ̇. ܨܪܐ ܢܚܬܘܗܝ ܘܐܡܪ: ܐܘܝ ܠܝ ܒܪܬܝ. ܒܪܬܝ ܡܟܟܬܢܝ ܟܒܪ. ܡܟܟܬܐ ܗܘܝܬ ܒܥܝ̈ܢܝ
ܘܐܢܐ ܦܬܚܬ ܦܘܡܝ ܠܡܪܝܐ. ܘܠܐ ܡܫܟܚ ܐܢܐ ܠܡܬܦܢܝܘ:
36¹ [36] ܘܐܡܪܐ ܠܗ: ܐܒܝ ܦܬܚܬ ܦܘܡܟ | ܠܡܪܝܐ. ܥܒܕ ܠܝ ܐܝܟ ܕܢܦܩ ܡܢ ܦܘܡܟ
ܒܬܪ ܕܥܒܕ ܠܟ ܡܪܝܐ ܬܒܥܬܐ ܡܢ ܒܥܠܕܒܒܝܟ. ܡܢ ܒܢܝ̈ ܥܡܘܢ: [37] ܘܐܡܪܐ ܠܐܒܘܗ
ܢܬܥܒܕ ܠܝ ܦܬܓܡܐ ܗܢܐ. ܐܫܒܘܩ ܠܝ ܬܪܝܢ ܝܪܚܝܢ. ܘܐܙܠ ܘܐܚܬ ܥܠ ܛܘܪܐ. ܘܐܒܟܐ ܥܠ
ܒܬܘܠܘܬܝ ܐܢܐ ܘܚܒܪܬܝ: [38] ܘܐܡܪ ܙܠܝ: ܘܫܕܪܗ ܬܪܝܢ ܝܪܚܝܢ. ܘܐܙܠܬ ܗܝ ܘܚܒܪܬܗ
ܘܒܟܬ ܥܠ ܒܬܘܠܘܬܗ ܥܠ ܛܘܪܐ: [39] ܘܗܘܐ ܡܢ ܣܘܦ ܬܪܝܢ ܝܪܚܝܢ. ܘܗܦܟܬ ܠܘܬ
ܐܒܘܗ. ܘܥܒܕ ܠܗ ܢܕܪܗ ܕܢܕܪ. ܘܗܝ ܠܐ ܝܕܥܬ ܓܒܪܐ: ܘܗܘܬ ܠܥܝܕܐ
ܒܐܝܣܪܝܠ. [40] ܕܡܢ ܙܒܢܐ ܠܙܒܢܐ ܐܙܠܢ ܗܘܝ ܒܢܬܗ ܕܐܝܣܪܝܠ ܕܢܐܠܝܢ ܠܒܪܬܗ ܕܝܦܬܚ
ܗܘ ܓܠܥܕܝܐ. ܐܪܒܥܐ ܝܘܡܝܢ ܒܫܢܬܐ܀

[1] ܘܐܬܟܢܫܘ ܒܢܝ̈ ܐܦܪܝܡ. ܘܥܒܪܘ ܠܨܦܘܢܐ: ܘܐܡܪܘ ܠܝܦܬܚ ܡܛܠ ܡܢܐ ܐܙܠܬ ܠܡܩܪܒܘ 12
36² ܥܡ ܒܢܝ̈ ܥܡܘܢ. | ܘܠܢ ܠܐ ܩܪܝܬ ܠܡܐܙܠ ܥܡܟ. ܒܢܘܪܐ ܢܘܩܕ ※ܒܝܬܟ ܥܠܝܟ:
[2] ܘܐܡܪ ܝܦܬܚ ܠܗܘܢ: ܓܒܪܐ ܕܕܝܢܐ ܗܘܝܬ ܐܢܐ ܘܥܡܐ ܕܝܠܝ. ‖ ܘܒܢܝ̈ ܥܡܘܢ ܩܥܝܬ ܠܟܘܢ
ܡܫܬܥܒܕܝܢ ܗܘܘ ܠܢ ܛܒ. ܘܩܥܝܬ ܠܟܘܢ. ܘܠܐ ܦܪܩܬܘܢܢ ܡܢ ܐܝܕܝܗܘܢ. [3] ܘܚܙܝܬ ܕܠܐ ܐܝܬ
ܗܘܐ ܦܪܘܩ. ܘܣܡܬ ܢܦܫܝ ܒܟܦܝ. ܘܥܒܪܬ ܥܠ ܒܢܝ̈ ܥܡܘܢ: ܘܐܫܠܡ ܐܢܘܢ ܡܪܝܐ
ܒܐܝܕܝ: ܘܡܛܠ ܡܢܐ ܣܠܩܬܘܢ ܠܘܬܝ ܝܘܡܢܐ ܠܡܩܪܒܘ ܥܡܝ܀ [4] ܘܟܢܫ ܝܦܬܚ

22 ܠܗ̇ R sequutus edidi: B post ܒܐܪܥܐ ponit, post ܐܪܥܐ omittit

23 ※ܠܝܘܒܩ B: correxit suo modo R

25 altero loco ܬܐܪܬܝܘܗܝ ~ B: signum delevit R

26 ܘܒܟܦܪܢܝܗ B: correxit R

26 ܕܝܠܗ R, ܕܝܠܗ̇ B

31 ※ܗܘ ܕܢܦܩ B: correxit R

37 ε ܒܬܘܠܘܬܝ B

37 38 crediderim ܒܬܘܠܘܬܝ scribendum esse: Uebersicht 191 seqq

1 ܠܗ addidit R

2ᵐ ܗܘܐ B

3 — ܡܫܬܥܒܕܝܢ B in versu exeunte, ubi — in fugam vacui scripta videatur

[illegible]
[illegible]
[illegible] [5] [illegible]
37[1] [illegible]
[illegible] [6] [illegible]
[illegible]
[illegible] [7] [illegible]
[illegible]
[8] [illegible] [9] [illegible]
[illegible]
[10] [illegible]
[11] [illegible] [12] [illegible]
37[2] [illegible]
[13] [illegible] [14] [illegible]
[illegible]
[15] [illegible]
[illegible]

13 [1] [illegible]
[illegible]
[2] [illegible]
[illegible] [3] [illegible]
[illegible] [4] [illegible]
38[1] [illegible] [5] [illegible]
[illegible]
[illegible] [6] [illegible]
[illegible]
[illegible] [7] [illegible]
[illegible]
[illegible] [8] [illegible]
38[2] [illegible]
[illegible] [9] [illegible]
[illegible] [10] [illegible]
[illegible]
[illegible] [11] [illegible]
[illegible] [12] [illegible]
[illegible] [13] [illegible]
[illegible] [14] [illegible]

4 ※ primus ante [illegible] B: correxit R
5 [illegible] ※ B: correxit R
9 [illegible] B
10 ※ in B ante [illegible]
11 ante [illegible] B ※ non habet, quem in versu ineunte ante [illegible] 10 posuerat
11 [illegible] numerum e coniectura posui
11 ↓ addidit R
2 B nunc [illegible], nunc [illegible], semper [illegible] edam, ultimo quo occurret loco, de [illegible] lectores certiores facturus
4 [illegible] addidi, a librario novum folium incipiente omissum
6 [illegible] ※ B: correxit R
7 [illegible] ※ [illegible] ※ B: correxit R
11 ↓ addidit R

*ܕܚܡܪܐ/. ܠܐ ܬܐܟܘܠ. ܘܚܡܪܐ ܘܫܟܪܐ | ܠܐ ܬܫܬܐ. ܘܟܠ ܛܡܐܐ. ܠܐ ܬܐܟܘܠ: ܟܠܡܕܡ ܕܐܡܪܬ 39[1]
ܘܦܩܕܬܗ̇. ܬܛܪ܀

15 ܘܐܡܪ ܡܢܘܚ ܠܡܠܐܟܗ ܕܡܪܝܐ ܢܚܒܘܫ ܗܫܐ ܠܟ. ܘܢܥܒܕ ܩܕܡܝܟ ܓܕܝܐ ܕܥܙܐ: 16 ܘܐܡܪ
ܡܠܐܟܗ ܕܡܪܝܐ ܠܘܬ ܡܢܘܚ ܐܢ ܬܚܒܫܢܢܝ. ܠܐ ܐܟܘܠ ܡܢ ܠܚܡܟ ܕܝܠܟ. ܘܐܢ ܬܥܒܕ ܥܠܬܐ ܠܡܥܒܕ.
ܠܡܪܝܐ ܬܣܩܝܗ̇. ܡܛܠ ܕܠܐ ܝܕܥ ܡܢܘܚ ܕܡܠܐܟܗ ܕܡܪܝܐ ܐܝܬܘܗܝ: 17 ܘܐܡܪ ܡܢܘܚ ܠܘܬ
ܡܠܐܟܗ ܕܡܪܝܐ ܡܢܘ ܫܡܟ. ܕܡܐ ܕܐܬܐ ܦܬܓܡܟ. ܢܝܩܪܟ: 18 ܘܐܡܪ ܠܗ ܡܠܐܟܗ ܕܡܪܝܐ
ܡܛܠ ܡܢܐ ܗܢܐ ܫܐܠ ܐܢܬ ܠܫܡܝ. ܘܗܘ ܐܝܬܘܗܝ ܬܡܝܗܐ: 19 ܘܢܣܒ ܡܢܘܚ ܓܕܝܐ
ܕܥܙܐ ܘܩܘܪܒܢܐ. ܘܐܣܩܗ ܥܠ ܫܘܥܐ ܠܡܪܝܐ. ܠܗܘ ܕܬܡܝܗܬܐ ܥܒܕ. ܘܡܢܘܚ ܘܐܢܬܬܗ ܚܙܝܢ
ܗܘܘ: 20 ܘܗܘܐ ܟܕ ܣܠܩ ܗܘܐ ܫܠܗܒܝܬܐ ܠܥܠ ܡܢ ܡܕܒܚܐ | ܠܫܡܝܐ. ܘܣܠܩ ܡܠܐܟܗ ܕܡܪܝܐ 39[2]
ܒܫܠܗܒܝܬܐ *ܕܡܕܒܚܐ/ || ܘܡܢܘܚ ܘܐܢܬܬܗ ܚܙܝܢ ܗܘܘ. ܘܢܦܠܘ ܥܠ ܦܪܨܘܦܝܗܘܢ. ܩܕ ܐܠܗ ܗ
ܥܠ ܐܪܥܐ. 21 ܘܠܐ ܐܘܣܦ ܬܘܒ ܡܠܐܟܗ ܕܡܪܝܐ ܠܡܬܚܙܝܘ ܠܘܬ ܡܢܘܚ ܘܠܘܬ ܐܢܬܬܗ. ܗܝܕܝܢ
ܝܕܥ ܡܢܘܚ ܕܡܠܐܟܗ ܕܡܪܝܐ ܐܝܬܘܗܝ: 22 ܘܐܡܪ ܡܢܘܚ ܠܘܬ ܐܢܬܬܗ. ܡܡܬ ܢܡܘܬ:
ܡܛܠ ܕܠܐܠܗܐ ܚܙܝܢ: 23 ܘܐܡܪܬ ܠܗ ܐܢܬܬܗ. ܐܢ ܨܒܐ ܗܘܐ ܡܪܝܐ ܠܡܩܛܠܢ ܠܢ. ܠܐ
ܢܩܒܠ ܗܘܐ ܡܢ ܐܝܕܝܢ ܕܝܠܢ ܥܠܬܐ ܘܕܒܚܐ. ܘܠܐ ܡܚܘܐ ܗܘܐ ܠܢ ܗܠܝܢ ܟܠܗܝܢ. ܘ*ܐܝܟ
*ܡܐ ܕܫܡܥܬ ܠܐ ܗܘܐ ܡܫܡܥ ܗܘܐ ܠܢ ܗܠܝܢ܀ 24 ܘܝܠܕܬ ܐܢܬܬܐ ܒܪܐ. ܘܩܪܬ ܫܡܗ
ܕܝܠܗ ܫܡܫܘܢ. ܘܪܒܐ ܛܠܝܐ. ܘܒܪܟܗ ܡܪܝܐ. 25 ܘܫܪܝ ܪܘܚܗ ܕܡܪܝܐ ܠܡܥܕܪܘ ܠܗ ܒܡܫܪܝܬܐ
ܕܕܢ ܒܝܬ ܨܪܥܐ ܘܒܝܬ ܐܫܬܐܘܠ܀ ܗ܀

1 ܘܢܚܬ ܫܡܫܘܢ ܠܬܡܢܬ. ܘܚܙܐ | ܐܢܬܬܐ ܠܬܡܢܬ ܡܢ ܒܢܬܐ ܕܦܠܫܬܝܐ ܥܪܠܐ ~ ܘܫܦܪܬ 40[1] ܠܗ 14
~ ܠܗ/: 2 ܘܣܠܩ ܘܐܘܕܥ ܠܐܒܘܗܝ ܘܠܐܡܗ ܕܝܠܗ *ܘܐܡܪ/ ܐܢܬܬܐ ܚܙܝܬ ܒܬܡܢܬ ܡܢ ܒܢܬܐ
ܕܦܠܫܬܝܐ ܥܪܠܐ. ܘܗܫܐ ܣܒܘ ܠܝ ܠܐܢܬܬܐ: 3 ܘܐܡܪܘ ܠܗ ܐܒܘܗܝ ܘܐܡܗ ܕܝܠܗ. ܠܡܐ ܠܐ ܐܝܬ
ܡܢ ܒܢܬܐ ܕܐܚܝܟ ܘܡܢ ܟܠܗ ܥܡܐ ܕܝܠܢ ܐܢܬܬܐ. ܕܐܙܠܬ ܐܢܬ ܠܡܣܒ ܐܢܬܬܐ ܡܢ ܥܪܠܐ ܦܠܫܬܝܐ
ܠܐ ܓܙܝܪܐ܀: ܘܐܡܪ ܫܡܫܘܢ ܠܘܬ ܐܒܘܗܝ. ܠܗܕܐ ܣܒ ܠܝ. ܡܛܠ ܕ*ܗܝ/ ܫܦܪܐ ܒܥܝܢܝ
ܕܝܠܝ: 4 ܘܐܒܘܗܝ ܘܐܡܗ ܕܝܠܗ ܠܐ ܝܕܥܘ ܕܡܢ ܡܪܝܐ ܐܝܬܝܗ̇. ܡܛܠ ܕܥܠܬܐ ܗܘ ܒܥܐ ܗܘܐ ܡܢ
ܦܠܫܬܝܐ ܥܪܠܐ: ܘܒܙܒܢܐ ܗܘ ܦܠܫܬܝܐ ܥܪܠܐ ܫܠܝܛܝܢ ܗܘܘ ܥܠ ܒܢܝ ܐܝܣܪܝܠ܀
5 ܘܢܚܬ ܫܡܫܘܢ ܘܐܒܘܗܝ ܘܐܡܗ ܕܝܠܗ ܠܬܡܢܬ. ܘܐܬܘ ܠܟܪܡܐ ܕܬܡܢܬ. ܘܗܘܐ ܓܘܪܝܐ
ܕܐܪܝܐ ܢܗܡ ܠܩܘܒܠܗ | ܕܝܠܗ: 6 ܘܫܪܬ ܥܠܘܗܝ ܪܘܚܗ ܕܡܪܝܐ. ܘܦܫܚܗ ܐܝܟ ܕܦܫܚܝܢ ܓܕܝܐ. ܘܠܐ ܐܝܬ 40[2]
ܗܘܐ ܡܕܡ ܒܐܝܕܗ ܕܝܠܗ. ܘܠܐ ܐܘܕܥ ܠܐܒܘܗܝ ܘܠܐܡܗ ܕܝܠܗ ܗܝ ܡܐ ܕܥܒܕ: 7 ܘܢܚܬ ܘܡܠܠ ܥܡ
ܐܢܬܬܐ. ܘܫܦܪܬ ܒܥܝܢܘܗܝ ܕܫܡܫܘܢ: 8 ܘܗܦܟ ܡܢ ܒܬܪ ܝܘܡܬܐ ܠܡܣܒܗ̇. ܘܐܬܐ ܠܡܚܙܐ ܫܠܕܐ ܕܐܪܝܐ.
ܘܗܐ ܥܕܬܐ ܕܕܒܘܪܝܬܐ ܒܓܘܫܡܗ ܕܐܪܝܐ. ܘܕܒܫܐ ܐܝܬܘܗܝ ܗܘܐ: 9 ܘܐܣܒܗ ܡܢ ܦܘܡܗ. ܘܐܙܠ ܟܕ
ܐܟܠ ܗܘܐ ܘܐܙܠ: ܘܐܙܠ ܠܘܬ ܐܒܘܗܝ ܘܠܘܬ ܐܡܗ ܕܝܠܗ. ܘܝܗܒ ܠܗܘܢ. ܘܐܟܠܘ. ܘܠܐ ܐܘܕܥ ܐܢܘܢ
ܕܡܢ ܓܘܫܡܗ ܕܐܪܝܐ ܐܣܒܗ ܠܕܒܫܐ: 10 ܘܢܚܬ ܐܒܘܗܝ ܕܝܠܗ ܠܘܬ ܐܢܬܬܐ. ܘܥܒܕ ܬܡܢ ܫܡܫܘܢ ܡܫܬܘܬܐ
ܫܒܥܐ ܝܘܡܝܢ/: ܡܛܠ ܕܗܟܢܐ ܥܒܕܝܢ ܗܘܘ ܥܠܝܡܐ: 11 ܘܗܘܐ ܟܕ ܚܙܐܘܗܝ ܗܘܘ ܒܢܝ ܩܪܝܬܐ/
ܗܘܘ. ܐܝܬܝܘ ܠܗ ܬܠܬܝܢ ܫܘܫܒܝܢܐ. ܘܗܘܘ ܥܡܗ: 12 ܘܐܡܪ ܠܗܘܢ ܫܡܫܘܢ. ܐܚܘܕ
ܦܠܐܬܐ ¦ ܠܟܘܢ ܚܝܕܬܐ. ܘܐܢ *ܬܦܫܩܘܢܗ̇/ ܬܚܘܘܢܢܝ ܒܫܒܥܐ ܝܘܡܝ ܡܫܬܘܬܐ ܘܬܫܟܚܘܢܗ̇ 41[1]
*ܘܬܫܟܚܘܢܗ̇/. ܐܬܠ ܠܟܘܢ ܬܠܬܝܢ ܣܕܝܢܐ ܘܬܠܬܝܢ ܐܨܛܠܐ *ܕܡܢܐ/: 13 ܘܐܢ ܠܐ ܬܫܟܚܘܢ
ܠܡܦܫܩܗ̇ ܠܝ. ܐܦ ܐܢܬܘܢ ܬܬܠܘܢ ܠܝ ܬܠܬܝܢ ܣܕܝܢܐ ܘܬܠܬܝܢ ܐܨܛܠܐ ܕܡܢܐ: ܘܐܡܪܘ ܠܗ
ܐܚܘܕ ܐܘܚܕܬܟ ܕܢܫܡܥܝܗ̇: 14 ܘܐܡܪ ܠܗܘܢ. ܡܢ ܐܟܘܠܐ ܢܦܩ ܡܐܟܘܠܬܐ. ܘܡܢ ܥܫܝܢܐ ܢܦܩ
ܚܠܝܐ: ܘܠܐ ܐܫܟܚܘ ܠܡܦܫܩܗ̇ ܠܐܘܚܕܬܐ ܒܬܠܬܐ ܝܘܡܝܢ: 15 ܘܗܘܐ ܒܝܘܡܐ ܪܒܝܥܝܐ. ܘܐܡܪܘ ܠܐܢܬܬܗ

15 Bᵐ ܡܢܝ
19 ante ܘܡܢܘܚ et 20 ante ܘܗܘܐ (utrumque vocabulum in versu ineunte positum) ܘ addit B

20ᵐ ܗܕ B
21 ܠܡܬܚܙܝܘ B: correxit R
23 ܘܐܝܟ※ B
3 ※ܕܗܝ/ B: correxit R

9 ܐܟܠ vocis ܘܐܟܠ manu recentiori in liturâ B
11 / addidit R
14 ܥܫܝܢܐ B: correxit R

ܕܫܡܫܘܢ ›ܐܬܟܝ ܦܘܢܝܐ ܠܚܒܪܐ ܕܝܠܟܝ. ܘܢܘܩܕ ܠܟܝ ܒܢܘܪܐ. ܐܢܬܝ ܘܠܒܝܬ ܐܒܘܟܝ
ܒܢܘܪܐ: ܐܘ ܠܡܣܟܢܘܬܢ ܩܪܝܬܘܢ ܠܢ.«: [16] ܘܒܟܬ ܐܢܬܬܗ ܕܫܡܫܘܢ ܥܠܘܗܝ ܘܐܡܪܐ ܠܗ ›*ܣܢܐ ܐܢܬ
ܣܢܝܬܢܝ ܘܠܐ ܪܚܡܬܢܝ. ܡܛܠ ܕܦܠܐܬܐ ܗܝ ܕܐܚܕܬ ܠܒܢܝܐ ܕܥܡܐ ܕܝܠܝ. ܐܦ ܠܝ ܠܐ ܐܘܕܥܬܗ«:
41² ܘܐܡܪ ܠܗ ܫܡܫܘܢ› ܗܐ | ܠܐܒܝ ܘܠܐܡܝ ܕܝܠܝ ܠܐ ܐܘܕܥܬ ܐܢܐ. ܘܠܟܝ ܐܘܕܥܟܝ.«: [17] ܘܒܟܬ
ܥܠܘܗܝ ܫܒܥܐ ܝܘܡܝܢ ܗܠܝܢ ܕܐܝܬ ܗܘܐ ܠܗܘܢ ܡܫܬܘܬܐ: ܘܗܘܐ ܒܝܘܡܐ ܫܒܝܥܝܐ. ܘܐܘܕܥܗ
ܡܛܠ ܕܐܥܝܩܬܗ: ܘܐܘܕܥܬܗ ܐܦ ܗܝ ܠܒܢܝܐ ܕܥܡܐ ܕܝܠܗ: [18] ܘܐܡܪܘ ܠܗ ܓܒܪܐ ܕܡܕܝܢܬܐ
ܒܝܘܡܐ ܕܫܒܥܐ ܩܕܡ ܕܢܥܪܒ ܫܡܫܐ ›ܡܢܘ ܕܚܠܐ ܢܦܩ ܡܢ ܕܒܫܐ. ܘܡܢܘ ܕܥܫܝܢ ܢܦܩ ܡܢ ܐܪܝܐ.«:
ܘܐܡܪ ܠܗܘܢ ܫܡܫܘܢ› ܐܠܘ ܠܐ ܪܕܝܬܘܢ ܒܥܓܠܬܐ ܕܝܠܝ. ܠܐ ܡܫܟܚܝܢ ܗܘܝܬܘܢ ܠܦܠܐܬܐ
ܕܝܠܝ« ❖ [19] ܘܐܬܬ ܥܠܘܗܝ ܪܘܚܐ ܕܡܪܝܐ. ܘܢܚܬ ܠܐܫܩܠܘܢ. ܘܩܛܠ ܡܢ ܐܢܫܐ ܬܠܬܝܢ ܓܒܪܐ.
ܘܢܣܒ °ܠܐܣܛܠܐ *ܕܝܠܗܘܢ. ܘܝܗܒ ܠܗܘܢ ܠܕܐܘܕܥܘ ܦܠܐܬܐ: ܘܐܬܚܡܬ ܪܘܓܙܗ ܕܫܡܫܘܢ
ܘܣܠܩ ܠܒܝܬܐ ܕܐܒܘܗܝ: [20] ܘܗܘܬ ܐܢܬܬܗ ܕܫܡܫܘܢ ܠܚܕ ܡܢ ܫܘܫܒܢܘܗܝ ܕܐܝܬܘܗܝ ܗܘܐ
ܪܚܡܐ ܕܝܠܗ ❖

15 42¹ [1] ܘܗܘܐ ܡܢ ܒܬܪ ܝܘܡܬܐ. ܒܝܘܡܬܐ | ܕܚܨܕܐ ܕܚܛܐ. ܘܣܥܪܗ ܫܡܫܘܢ ܠܐܢܬܬܗ ܘܐܝܬܝ ܥܡܗ ܓܕܝܐ
ܕܥܙܐ: ܘܐܡܪ ›ܐܥܘܠ ܠܘܬ ܐܢܬܬܝ ܠܩܝܛܘܢܐ«: ܘܠܐ ܫܒܩܗ ܐܒܘܗ ܕܢܥܘܠ ܠܘܬܗ.
[2] ܘܐܡܪ ܐܒܘܗ ܕܝܠܗ ›ܡܐܡܪ ܐܡܪܬ ܕܡܣܢܐ ܣܢܝܬܗ. ܘܝܗܒܬܗ ܠܚܒܪܟ ܕܝܠܟ: ܠܐ ܗܐ ܚܬܗ ܗܝ ܙܥܘܪܬܐ
ܫܦܝܪܐ ܡܢܗ ܐܝܟܘܬܗ. ܬܗܘܐ ܠܟ ܚܠܦܝܗ«: [3] ܘܐܡܪ ܠܗ ܫܡܫܘܢ ›ܙܟܝ ܐܢܐ ܗܕܐ ܙܒܢ ܡܢ
ܦܠܫܬܝܐ. ܡܛܠ ܕܥܒܕ ܐܢܐ ܥܡܗܘܢ ܒܝܫܬܐ«: [4] ܘܐܙܠ ܫܡܫܘܢ ܘܨܕ ܬܠܬܡܐܐ ܬܥܠܐ.
ܘܢܣܒ ܠܡܫܥܠܐ. ܘܐܚܕ ܕܘܢܒܐ ܠܘܬ ܕܘܢܒܐ. ܘܣܡ ܠܡܫܥܠܐ ܚܕ ܒܝܢܬ ܬܪܝܢ ܕܘܢܒܐ ܒܡܨܥܬܐ.
[5] ܘܐܘܩܕ ܢܘܪܐ ܠܡܫܥܠܐ. ܘܫܕܪ ܒܚܩܠܐ ܕܦܠܫܬܝܐ ܡܣܬܐ. ܘܐܘܩܕ ܐܝܟ ܓܕܝܫܐ ܘܠܐܟܝܢ ܙܝܬܐ ܣܘܓܐ
42² ܡܢ ܩܡܐ ܘܥܕܡܐ °ܠܟܘܢ ܘܟܪܡܐ ܘܒܕܡܐ ܠܟܪܡܐ ܘܙܝܬܐ: [6] ܘܐܡܪܘ ܦܠܫܬܝܐ | ܡܢܘ ›ܥܒܕ ܗܕܐ
ܗܕܐ.«. ܘܐܡܪ ›ܫܡܫܘܢ ܚܬܢܐ ܕܬܡܢܝܐ. ܡܛܠ ܕܢܣܒ ܐܢܬܬܗ ܘܝܗܒܗ ܠܚܒܪܗ«:
ܘܣܠܩܘ ܦܠܫܬܝܐ. ܘܐܘܩܕܘܗ ܠܗ ܘܠܐܒܘܗ ܘܠܒܝܬ ܐܒܘܗ ܒܢܘܪܐ: [7] ܘܐܡܪ ܠܗܘܢ ܫܡܫܘܢ
›ܐܢ ܗܘ ܕܥܒܕܬܘܢ ܗܟܢܐ. ܠܐ ܡܬܢܝܚ ܐܢܐ. ܐܠܐ ܕܐܬܒܥܐ ܕܝܠܝ ܡܢܟܘܢ ܘܗܝܕܝܢ ܐܫܠܐ«:
[8] ܘܡܚܐ ܐܢܘܢ ܫܩܐ ܥܠ ܝܪܟܐ. ܡܚܘܬܐ ܪܒܬܐ: ܘܢܚܬ ܘܝܬܒ ܗܘܐ ܒܡܥܪܬܐ ܕܟܐܦܐ °ܕܥܝܛܡ ❖
[9] ܘܣܠܩܘ ܦܠܫܬܝܐ ܘܫܪܘ ܒܝܗܘܕܐ. ܘܐܬܦܫܛܘ ܒܠܚܝ. [10] ܘܐܡܪܘ ܠܗܘܢ ܓܒܪܐ
ܕܝܗܘܕܐ ›ܡܛܠ ܡܢܐ ܣܠܩܬܘܢ ܥܠܝܢ.«. ܘܐܡܪܘ ܦܠܫܬܝܐ ›ܠܡܐܣܪܗ ܠܫܡܫܘܢ
*ܣܠܩܢ. ܘܠܡܥܒܕ ܠܗ ܐܝܟ ܕܥܒܕ ܠܢ«: [11] ܘܢܚܬܘ ܬܠܬܐ ܐܠܦܝܢ ܓܒܪܐ ܡܢ ܝܗܘܕܐ
ܠܘܬ ܢܩܝܥܐ ܕܟܐܦܐ ܕܥܝܛܡ. ܘܐܡܪܘ ܠܫܡܫܘܢ ›ܠܐ ܝܕܥܬ ܕܫܠܝܛܝܢ ܥܠܝܢ ܦܠܫܬܝܐ.
43¹ ܘܡܛܠ ܡܢܐ | ܥܒܕܬ ܠܢ ܗܕܐ.«. ܘܐܡܪ ܠܗܘܢ ܫܡܫܘܢ› ܐܝܟܢܐ ܕܥܒܕܘ ܠܝ. ܗܟܢܐ ܥܒܕܬ
ܠܗܘܢ«: [12] ܘܐܡܪܘ ܠܗ ›ܠܡܐܣܪܟ ܢܚܬܢ. ܠܡܫܠܡܘܬܟ ܒܐܝܕܝ ܦܠܫܬܝܐ«: ܘܐܡܪ
ܠܗܘܢ ܫܡܫܘܢ ›ܝܡܘ ܠܝ ܕܠܐ ܬܦܓܥܘܢ ܐܢܬܘܢ ܒܝ. ܘܐܫܬܘܕܝܘ ܠܗܘܢ ܘܐܡܪܘ ܠܗ
ܒܝ ܐܢܬܘܢ«: [13] ܘܐܡܪܘ ܠܗ ܠܐ ›ܐܠܐ ܡܐܣܪ ܢܐܣܪܟ. ܘܢܫܠܡܟ ܒܐܝܕܝܗܘܢ. ܘܡܩܛܠ
ܠܐ ܢܩܛܠܟ«: ܘܐܣܪܘܗܝ ܒܬܪܬܝܢ ܚܒܠܐ ܚܕܬܐ. ܘܐܣܩܘܗܝ ܡܢ ܟܐܦܐ ❖ ܗ ❖
[14] ܘܗܘܐ ܟܕ ܐܬܐ ܠܠܚܝ. ܘܦܠܫܬܝܐ ܐܬܘ ܠܐܘܪܥܗ ܘܝܒܒܘ ܠܘܩܒܠܗ. ܘܐܬܬ
ܥܠܘܗܝ ܪܘܚܐ ܕܡܪܝܐ. ܘܗܘܘ ܚܒܠܐ ܗܠܝܢ ܕܒܕܪܥܘܗܝ ܐܝܟ ܟܬܢܐ ܕܐܬܚܡܛ ܒܢܘܪܐ.
ܘܐܫܬܪܝܘ ܐܣܘܪܐ ܡܢ ܐܝܕܘܗܝ. [15] ܘܐܫܟܚ ܠܘܥܐ ܕܚܡܪܐ ܪܛܝܒܐ. ܘܐܘܫܛ ܐܝܕܗ ܘܢܣܒܗ.
43² ܘܩܛܠ ܒܗ ܐܠܦܐ ܓܒܪܐ. [16] ܘܐܡܪ ܫܡܫܘܢ ›ܒܠܘܥܐ ܕܚܡܪܐ ܚܡܪܬܐ | ܚܡܪܬܗܘܢ. ܡܛܠ
ܕܒܠܘܥܐ ܕܚܡܪܐ ܩܛܠܬ ܐܠܦܐ ܓܒܪܐ«: [17] ܘܗܘܐ ܕܟܕ ܫܠܡ ܠܡܡܠܠܘ. ܘܫܕܝܗ ܠܠܘܥܐ ܡܢ

19 ܐܫܩܠܘܢ B: correxit R
5 ante ܘܠܟܪܡܐ et ante ܐܝܟ (quod in versu ineunte positum) ⁜ B
6 ܠܚܡܘܗ ε B
7 ~ ܗܟܢܐ B ut videtur
9 ܢܚܬ B^m
10 ܫܡܫܘܢ ܠܡܐܣܪܗ B: correxit R
10 ※ addidit R
12 ܘܐܡܪ ܠܗܘܢ B: correxit R
12 ܝ addidit R
14 ܘܝܒܒܘ ܠܘܩܒܠܗ B, si conlationi meae fides. R ut edidi, sed ‑ ex G sumpsit

ܐܝܟ ܕܠܗ. ܘܩܪܐ ܠܫܡܗ ܕܐܬܪܐ ܗܘ «ܪܡܬ ܠܚܝܐ» : 18 ܘܨܗܝ ܛܒ. ܘܩܥܐ ܠܘܬ ܡܪܝܐ ܘܐܡܪ «ܐܢܬ
ܝܗܒܬ ܒܐܝܕܗ ܕܥܒܕܟ ܦܘܪܩܢܐ ܪܒܐ ܗܢܐ. ܘܗܫܐ ܐܡܘܬ ܒܨܗܝܐ. ܘܐܦܠ ܒܐܝܕܝܐ ܕܠܐ ܥܪ̈ܠܐ
ܗܠܝܢ» : 19 ܘܦܬܚ ܐܠܗܐ ܡܟܬܫܬܐ ܕܠܚܝܐ. ܘܢܦܩܘ ܡܢܗ ܡ̈ܝܐ. ܘܐܫܬܝ. ܘܗܦܟܬ ܪܘܚܐ
ܕܝܠܗ. ܘܐܬܢܦܫ: ܡܛܠ ܗܢܐ ܐܬܩܪܝ ܫܡܐ ܕܝܠܗ ܕܕܘܟܬܐ ܗܝ «ܡܥܝܢܐ ܡܬܩܥܝܢܐ» ※ܗܝ ܕܐܝܬܝܗ̇
ܒܠܚܝܐ ܥܕܡܐ ܠܝܘܡܢܐ ܗܢܐ ✣ 20 ܘܕܢ ܠܐܝܣܪܝܠ ܒܝܘܡ̈ܬܐ ܕܦܠܣܛܝܐ ܥܣܪܝܢ ܫܢܝܢ ✣
16 1 ܘܐܙܠ ܫܡܫܘܢ ܠܥܙܐ. ܘܚܙܐ ܬܡܢ ܐܢܬܬܐ ܙܢܝܬܐ. ܘܥܠ ܠܘܬܗ̇: 2 ܘܐܬܚܘܝ ܠܥ
44¹ ܠܥܙܝܐ ܟܕ ܐܡܪܝܢ «ܐܬܐ ܫܡܫܘܢ ܠܗܪܟܐ» : ܘܚܕܪܘܗܝ ܘܟܡܢܘ ܠܗ ܟܠܗ ܠܠܝܐ ܒܬܪܥܐ | ܕܡܕܝܢܬܐ
ܕܡܕܝܢܬܐ: ܘܫܠܝܘ ܟܠܗ ܠܠܝܐ ܟܕ ܐܡܪܝܢ «ܥܕܡܐ ܠܢܘܗܪܗ ܕܨܦܪܐ ܢܩܛܠܝܘܗܝ ܘܢܩܛܠܝܘܗܝ» :
3 ܘܕܡܟ ܫܡܫܘܢ ܥܕܡܐ ܠܦܠܓܗ ܕܠܠܝܐ. ܘܩܡ ܠܦܠܓܗ ܕܠܠܝܐ. ܘܐܚܕ ܠܕܫܐ ܕܬܪܥܐ
ܕܡܕܝܢܬܐ ܘܠܬܪܝܗܘܢ ܣܩܦܐ. ܘܥܩܪ ܐܢܘܢ ܥܡ ܡܘܟܠܐ. ܘܣܡ ܥܠ ܟܬܦܬܗ. ܘܐܣܩ ܐܢܘܢ ܠܥܠ
ܠܪܝܫܗ ܕܛܘܪܐ ܗܘ ܕܐܝܬܘܗܝ ܩܕܡ ܚܒܪܘܢ. ܘܫܒܩ ܐܢܘܢ ܬܡܢ ✣
4 ܘܗܘܐ ܡܢ ܒܬܪ ܗܠܝܢ. ܘܐܚܒ ܐܢܬܬܐ ܒܢܚܠܐ ܕܣܘܪܩ. ܘܫܡܗ̇ ܕܠܝܠܐ: 5 ܘܣܠܩܘ ܠܘܬܗ̇ ܣܪ
ܣܪ̈ܢܝܗܘܢ ܕܦܠܣܛܝܐ ܘܐܡܪܘ ܠܗ̇ «ܦܬܝܗܝ ܘܚܙܝ ܒܡܢܐ ܚܝܠܐ ܕܝܠܗ ܪܒܐ ܗܘ ܗܢܐ.
ܘܒܡܢܐ ܢܫܟܚ ܠܗ ܘܢܐܣܪܝܘܗܝ. ܐܝܟ ܕܢܫܥܒܕܝܘܗܝ: ܘܚܢܢ ܢܬܠ ܠܟܝ ܟܠ ܚܕ ܐܠܦܐ ܘܡܐܐ
ܕܟܣܦܐ» : 6 ܘܐܡܪܬ ܕܠܝܠܐ ܠܘܬ ܫܡܫܘܢ «ܚܘܝܢܝ ܒܡܢܐ ܗܘ ܚܝܠܐ ܕܝܠܟ ܗܢܐ ܪܒܐ. ܘܒܡܢܐ ܡܬܐܣܪ
44² ܘܡܬܥܢܐ» : | 7 ܘܐܡܪ ܠܗ̇ ܫܡܫܘܢ «ܐܢ ܗܘ ܕܢܐܣܪܘܢܢܝ ܒܫܒܥܐ ܝܬܪ̈ܐ ܪ̈ܛܝܒܐ ܕܠܐ ܚܪܝܒܝܢ. ܐܬ
ܐܬܚܠܫ. ܘܗܘܐ ܐܝܟ ܚܕ ܡܢ ܒܢܝܢܫܐ» : 8 ܘܐܝܬܝܘ ܠܗ̇ ܣܪ̈ܢܝܗܘܢ ܕܦܠܣܛܝܐ ܫܒܥܐ ܝܬܪ̈ܐ
ܪ̈ܛܝܒܐ ܕܠܐ ܚܪܝܒܝܢ. ܘܐܣܪܬܗ ܒܗܘܢ: 9 ܘܟܡܢܐ ܕܝܠܗ ܝܬܒ ܗܘܐ ܒܩܝܛܘܢܐ. ܘܐܡܪܬ ܠܗ «ܦܠܫܬܝܐ
ܥܠܝܟ ܫܡܫܘܢ» : ܘܦܣܩ ܐܢܘܢ ܠܝܬܪ̈ܐ ܐܝܟ ܕܡܬܦܣܩ ܚܘܛܐ ܕܢܥܪܬܐ ܟܕ ܡܪܚ ܢܘܪܐ. ܘܠܐ
ܐܬܝܕܥ ܚܝܠܗ ܕܝܠܗ: 10 ܘܐܡܪܬ ܕܠܝܠܐ ܠܘܬ ܫܡܫܘܢ «ܗܐ ܐܡܠܟܬ ܒܝ ܘܡܠܠܬ
ܥܡܝ ܕܓ̈ܠܬܐ. ܗܫܐ ܚܘܝܢܝ ܒܡܢܐ ܡܬܐܣܪ» : 11 ܘܐܡܪ ܠܗ̇ «ܐܢ ܗܘ ܕܐܣܪܝܢ
ܠܝ ܒ※ܚܒܠܐ ܚ̈ܕܬܐ ܕܠܐ ܥܒܝܕܐ ܒܗܘܢ ܥܒܝܕܬܐ. ܐܬܚܠܫ. ܘܗܘܐ ܐܝܟ ܚܕ ܡܢ ܒܢܝܢܫܐ» :
12 ܘܢܣܒܬ ܠܗ ܕܠܝܠܐ ܚܒܠܐ ܚ̈ܕܬܐ ܘܐܣܪܬܗ ܒܗܘܢ. ܘܐܡܪܬ ܠܗ «ܦܠܫܬܝܐ ܥܠܝܟ
45¹ | ܫܡܫܘܢ» : ܘܟܡܢܐ ܝܬܒ ܗܘܐ ܒܩܝܛܘܢܐ. ܘܦܣܩ ܐܢܘܢ ܡܢ ܕܪ̈ܥܘܗܝ ܐܝܟ ܚܘܛܐ: 13 ܘܐܡܪܬ ܕܠܝܠܐ
ܠܘܬ ܫܡܫܘܢ «ܥܕܡܐ ܠܗܫܐ ܐܡܠܟܬ ܒܝ. ܘܡܠܠܬ ܥܡܝ ܕܓ̈ܠܬܐ. ܚܘܝܢܝ ※ܗܫܐ ܒܡܢܐ
ܡܬܐܣܪ» : ܘܐܡܪ ܠܗ̇ «ܐܢ ܬܐܣܪܝܢ ܫܒܥ ܦܠܚܬܐ ܕܣܥܪܐ ܕܪܝܫܝ ܥܡ ܡܩܠܥܬܐ. ܘܬܩܒܥܝܢ ܒܣܟܬܐ
ܒܐܣܬܐ. ܘܬܐܡܪܝܢ ܐܝܟ ※ܡܟܝܠ ܐܡܚܐ. ܐܦ ܐܗܘܐ ܚܕ ܡܚܝܠܐ [ܐܝܟ ܚܕ ܡܢ ܒܢܝܢܫܐ]» : 14 ܘܐܪܕܡܬܗ
ܕܠܝܠܐ ܘܐܣܪܬܗ ܫܒܥ ܦܠܚܬܐ ܕܣܥܪܐ ܕܪܝܫܗ ܥܡ ܡܩܠܥܬܐ. ܘܩܒܥܬ ܒܣܟܬܐ ܒܐܣܬܐ
ܘܐܡܪܬ ܘܐܡܪܬ ܠܗ «ܦܠܫܬܝܐ ܥܠܝܟ ܫܡܫܘܢ» : ܘܐܬܬܥܝܪ ܡܢ ܫܢܬܗ ܕܝܠܗ. ܘܫܩܠܗ
ܐܝܟ ܣܟܬܐ ܒܐܣܬܐ ܥܡ ܐܡܚܐ ܘܡܩܠܥܬܐ. ܘܠܐ ܐܬܝܕܥ ܚܝܠܗ ܕܝܠܗ: 15 ܘܐܡܪܬ ܠܗ ܕܠܝܠܐ
«ܐܝܟܢܐ ܐܡܪ ܐܢܬ ܕܪܚܡܬܟ. ܘܠܒܟ ܕܝܠܟ ܠܐ ܐܝܬܘܗܝ ܥܡܝ. ܗܐ ܬܠܬ ܙܒ̈ܢܝܢ ܐܡܠܟܬ ܒܝ. ܘܠܐ
45² ܚܘܝܬܢܝ ܒܡܢܐ ܐܝܬܘܗܝ ܚܝܠܐ ܕܝܠܟ ܗܘ | ܪܒܐ» : 16 ܘܗܘܐ ܕܟܕ ܐܥܝܩܬܗ ܒܡ̈ܠܝܗ̇ ܟܠܗܘܢ ܝܘܡ̈ܬܐ
ܘܐܠܝܨܬܗ. ܘܐܬܟܪܝܬ ܢܦܫܗ ܥܕܡܐ ܠܡܘܬܐ. 17 ܐܦ ܚܘܝܗ̇ ܡܕܡ ܕܒܠܒܗ ܘܡܢ ܠܒܗ. ܘܐܡܪ ܠܗ̇
«ܡܣܦܪܐ ܠܐ ܣܠܩ ܥܠ ܪܝܫܝ. ܡܛܠ ܕܢܙܝܪܐ ܕܐܠܗܐ ܐܢܐ ※ܐܝܬܝ ܡܢ ܟܪܣܗ̇ ܕܐܡܝ. ܘܐܢ
ܗܘ ܕܐܬܓܠܚܬ. ܥܒܪ ܡܢܝ ܚܝܠܐ ܕܝܠܝ. ܘܡܬܚܠܫ ܐܢܐ ܘܗܘܐ ܐܢܐ ܐܝܟ ܟܠܗܘܢ ܒܢܝ ܐܢܫܐ» ✣
18 ܘܚܙܬ ܕܠܝܠܐ ܕܐܘܕܥܗ̇ ܠܗ̇ ܟܠܗ ܡܐ ܕܡܢ ܟܠܗ ܠܒܗ. ܘܫܕܪܬ ܘܩܪܬ ܠܣܪ̈ܢܝܗܘܢ ܕ
ܦܠܣܛܝܐ ܟܕ ܐܡܪܐ «ܣܩܘ ܗܕܐ ܙܒܢܐ. ܡܛܠ ܕܐܘܕܥܢܝ ܟܠܗ ܠܒܗ ܕܝܠܗ» : ܘܣܠܩܘ ܠܘܬܗ̇
ܟܠܗܘܢ ܣܪ̈ܢܝܗܘܢ ܕܦܠܣܛܝܐ. ܘܐܝܬܝܘ ܟܣܦܐ ܒܐܝܕܝܗܘܢ: 19 ܘܐܪܕܡܬܗ

18 ܠܚܝ̇ ※B: correxit R
19 addidit R
2 addidit R.
11 ※ܒܚܒܠܐ B
12 ܠܗ̇ B: correxit R
13 addidit R
13 [] addere suasit R
14 tertium addidit R
18 ܠܘܬܗ ܟܠܗܘܢ ܣܪ̈ܢܝܗܘܢ B: correxit R

ܒܝܢܬ ܒܘܪ̈ܟܐ ܕܝܠܗ. ܘܩܪܬ ܠܓܠܒܐ. ܘܓܠܚ ܐܝܟ ܫܒܥܐ ܓܕܘܠܐ ܕܪܫܐ ܕܝܠܗ. ܘܫܪܝ
46¹ ܠܡܬܡܟܟܘ. ܘܐܬܪܚܩ ܚܝܠܐ ܕܝܠܗ ܡܢܗ. [20]ܘܐܡܪܐ ܠܗ ܕܠܝܠܐ | «ܐܚܕܝܢ ܦܠܫܬܝܐ ܥܠܝܟ..
ܫܡܫܘܢ»: ܘܐܬܬܥܝܪ ܡܢ ܫܢܬܐ ܕܝܠܗ ܘܐܡܪ «ܐܦܩ ܘܐܬܢܦܨ ܐܝܟ ܕܒܟܠܗ ܙܒܢ. ܘܐܬܢܦܨ». ܘܗܘ ܠܐ
ܝܕܥ ܕܡܪܝܐ ܐܬܪܚܩ ܡܢܗ: [21]ܘܐܚܕܘܗܝ ܐܚܪܢܝܐ ܦܠܫܬܝܐ. ܘܚܨܝܘ ܠܥܝ̈ܢܐ ܕܝܠܗ. ܘܐܚܬܘܗܝ ܠܥܙܐ.
ܘܐܣܪܘܗܝ ܒܟܒ̈ܠܐ ܕܢܚܫܐ ÷ ܘܐܥܠܘܗܝ ܠܒܝܬܐ ܕܐܣܝܪ̈ܐ↙. ܘܐܝܬܘܗܝ ܗܘܐ ܛܚܢ ܒܒܝܬܐ
ܕܐܣܝܪ̈ܐ ✦ [22]ܘܫܪܝ ܣܥܪܐ ܕܪܫܐ ܕܝܠܗ ܠܡܦܪܥ ܡܢ ܕܐܬܓܠܚ. [23]ܘܪ̈ܘܪܒܢܐ ܕܐܚܪܢܝܐ ܦܠܫܬܝܐ
ܐܬܟܢܫܘ ܠܡܕܒܚܘ ܕܒܚܬܐ ܪܒܬܐ ܠܕܓܘܢ ܐܠܗܐ ܕܝܠܗܘܢ ܘܠܡܬܦܨܚܘ. ܘܐܡܪܘ «ܐܫܠܡ ܐܠܗܐ ܕܝܠܢ
ܒܐܝ̈ܕܝܢ ܠܫܡܫܘܢ ܒܥܠܕܒܒܐ ܕܝܠܢ»: [24]ܘܚܙܐܘܗܝ ܥܡܐ. ܘܫܒܚܘ ܠܐܠܗܐ ܕܝܠܗܘܢ. ܡܛܠ ܕܐܡܪܘ
«ܐܫܠܡ ܐܠܗܐ ܕܝܠܢ ܒܐܝ̈ܕܝܢ ܠܒܥܠܕܒܒܐ ܕܝܠܢ. ܘܠܗܘ ܕܡܚܪܒ ܠܐܪܥܐ ܕܝܠܢ. ܗܘ ܐܝܟ ܕܐܣܓܝ
46² ܠܩܛ̈ܝܠܐ ܕܝܠܢ» ✦ [25]ܘܗܘܐ ܕܟܕ ܛܒ ܠܒܐ ܕܝܠܗܘܢ. ܘܐܡܪܘ | «ܩܪܘ ܠܫܡܫܘܢ ÷ ܡܢ ܒܝܬܐ
÷ ܕܐܣܝܪ̈ܐ↙. ܘܢܓܚܟ °ܩܕܡܝܢ»: ܘܩܪܘܗܝ ܠܫܡܫܘܢ ܡܢ ܒܝܬܐ ܕܐܣܝܪ̈ܐ. ܘܡܓܚܟܝܢ ܗܘܘ ܒܗ.
ܘܐܩܝܡܘܗܝ ܒܡܨܥܬ ܥܡܘ̈ܕܐ ܕܝܠܗܘܢ: [26]ܘܐܡܪ ܫܡܫܘܢ ܠܛܠܝܐ ܗܘ ܕܐܚܝܕ ܗܘܐ ܒܐܝܕܗ ܕܝܠܗ
«ܐܢܝܚܢܝ ܘܐܓܫ ܠܥܡܘ̈ܕܐ ܕܥܠܝܗܘܢ ܒܝܬܐ ܩܝܡ ܥܠܝܗܘܢ. ܘܐܣܬܡܟ
ܥܠܝܗܘܢ»: ܗܘ ܕܝܢ ܛܠܝܐ ܥܒܕ ܗܟܢܐ: [27]ܒܝܬܐ ܕܝܢ ܐܬܡܠܝ ܗܘܐ ܓܒܪ̈ܐ ܘܢܫ̈ܐ. ܘܬܡܢ
ܟܠܗܘܢ ܪ̈ܘܪܒܢܐ ܕܐܚܪܢܝܐ ܦܠܫܬܝܐ. ܘܥܠ ܐܓܪܐ ܐܝܟ ܬܠܬܐ ܐܠܦܝܢ ܓܒܪ̈ܐ ܘܢܫ̈ܐ ܕܚܙܝܢ ܗܘܘ ܡܢ
ܕܡܬܓܚܟ ܠܫܡܫܘܢ: [28]ܘܩܥܐ ܫܡܫܘܢ ܠܘܬ ܡܪܝܐ ܘܐܡܪ «°ܡܪܝܐ °ܡܪܝܐ.. ܐܬܕܟܪܝܢܝ ܗܫܐ
ܘܚܝܠܢܝ. ܒܪܡ ܐܦ ܗܕܐ ܙܒܢܐ ܚܕܐ.. ܐܠܗܐ. ܘܐܬܦܪܥ ܦܘܪܥܢܐ ܚܕ ܚܠܦ ܬܪ̈ܬܝܢ ܥܝ̈ܢܝ ܕܡܢ
47¹ ܐܚܪܢܝܐ ܦܠܫܬܝܐ»: | [29]ܘܐܚܕ ܐܝܟ ܫܡܫܘܢ ܠܬܪ̈ܝܗܘܢ ܥܡܘ̈ܕܐ ܡܨܥܝ̈ܐ. ܕܥܠ ܗܠܝܢ ܕܒܝܬܐ
ܩܝܡ ܗܘܐ ܥܠܝܗܘܢ. ܘܐܣܬܡܟ ܥܠܝܗܘܢ.. ܚܕ ܒܝܡܝܢܐ ܕܝܠܗ. ܘܚܕ ܒܣܡܠܐ ܕܝܠܗ. [30]ܘܐܡܪ
ܫܡܫܘܢ «ܬܡܘܬ ܢܦܫܝ ܥܡ ܐܚܪܢܝܐ ܦܠܫܬܝܐ». ܘܐܪܟܢ ܒܚܝܠܐ. ܘܢܦܠ ܗܘ ܒܝܬܐ ܥܠ ܪ̈ܘܪܒܢܐ
ܘܥܠ ܟܠܗ ܥܡܐ ܗܘ ܕܒܗ. ܘܗܘܘ ܡܝ̈ܬܐ ܕܩܛܠ.. ܐܝܟ ܕܐܡܝܬ ÷ ܫܡܫܘܢ↙ ܒܡܘܬܐ ܕܝܠܗ.
ܩܛܠ ܟܠܗ ܐܘ ܡܢ̈ܝܢܐ ܕܩܛܠ ܡܢ ܚܝܘܗܝ ܕܐܡܝܬ ܒܚܝ̈ܐ ܕܝܠܗ ✦ ‖ [31]ܘܢܚܬܘ ܐܚ̈ܐ ܕܝܠܗ ܘܟܠܗ ܒܝܬܐ
ܕܐܒܘܗܝ. ܘܫܩܠܘܗܝ ܘܣܠܩܘܗܝ ܘܩܒܪܘܗܝ ܒܡܨܥܬ ܨܪܥܐ ܘܒܝܬ ܐܫܬܐܘܠ ܒܩܒܪܐ ܕܡܢܘܚ
ܐܒܘܗܝ: ܘܗܘ ܕܢ ܠܐܝܣܪܝܠ ܥܣ̈ܪܝܢ ܫܢܝ̈ܢ ✦ ܘܩܡ ܡܢ ܒܬܪ ܫܡܫܘܢ °ܐܡܝܓܪ ܒܪܗ ܕܐܢܬ. ܘܦܪܩܗ
ܡܢ ܐܚܪܢܝܐ ܦܠܫܬܝܐ ܠܬܠܬܐ ܡܐܐ ܓܒܪ̈ܐ ܣܛܪ ܡܢ ܒܥܝܪܐ. ܘܦܪܩ ܐܦ ܗܘ ܠܐܝܣܪܝܠ ✦
17 ܗܘܐ 47² [1]ܘܗܘܐ ܓܒܪܐ | ܡܢ ܛܘܪܐ ܕܐܦܪܝܡ. ܘܫܡܗ ܠܗ ܡܝܟܐ: [2]ܘܐܡܪ ܠܐܡܗ ܕܝܠܗ «ܐܠܦܐ ܘܡܐܐ
ܕܟܣܦܐ ܕܗܠܝܢ ܕܐܬܢܣܒܘ ܠܟܝ. ܘܐܘܡܝܬܝ ܘܐܡܪܬܝ ܒܐܕ̈ܢܝ ܕܝܠܝ «ܗܐ ܟܣܦܐ ܠܘܬܝ. ܐܢܐ ܢܣܒܬܗ»:
ܘܐܡܪܐ ܐܡܗ ܕܝܠܗ «ܡܒܪܟܐ ܗܘ ܒܪܝ ܕܝܠܝ ܠܡܪܝܐ»: [3]ܘܗܦܟ ܐܝܟ ܠܐܠܦܐ ܘܡܐܐ ※ܕܟܣܦܐ↙ ܠܐܡܗ
ܕܝܠܗ: ܘܐܡܪܐ ܐܡܗ ܕܝܠܗ «ܡܩܕܫܘ ܩܕܫܬܗ ܠܟܣܦܐ ܠܡܪܝܐ ܡܢ ܐܝܕܐ ܕܝܠܝ ܠܒܪܝ ܒܠܚܘܕ. ܠܡܥܒܕ
ܦܣܝܠܐ ܘܢܣܝܟܐ: ܘܗܫܐ ܐܗܦܟܝܘܗܝ ܠܟ»: [4]ܘܗܦܟܗ ܠܟܣܦܐ ܠܐܡܗ ܕܝܠܗ: ܘܢܣܒܬ ܐܡܗ
ܕܝܠܗ ܡܐܬܝܢ ܕܟܣܦܐ. ܘܝܗܒܬܗ ܠܨܐܘܦܐ. ܘܥܒܕܗ ܦܣܝܠܐ ܘܢܣܝܟܐ. ܘܗܘܐ ܒܒܝܬܗ ܕܡܝܟܐ ✦
[5]ܘܓܒܪܐ ܡܝܟܐ. ܠܗ ܒܝܬܐ ܕܐܠܗܐ. ܘܥܒܕ ܐܦܘܕ ܘܬܪܦܝܡ. ܘܡܠܝ ܠܐܝܕܐ ܕܚܕ ܡܢ ܒܢ̈ܝܐ ܕܝܠܗ. ܘܗܘܐ
ܠܗ ܠܟܗܢܐ ✦
ܗܘ 48¹ [6]ܒܝܘ̈ܡܬܐ ܗܠܝܢ ܠܐ ܐܝܬ ܗܘܐ ܡܠܟܐ ܒܐܝܣܪܝܠ: ܓܒܪܐ | ܗܘ ܕܬܪܝܨ ܒܥܝ̈ܢܐ ܕܝܠܗ ܥܒܕ
ܗܘܐ ✦ [7]ܘܗܘܐ ܛܠܝܐ ܡܢ ܒܝܬ ܠܚܡ ܕܝܗܘܕܐ.. ܡܢ ܐܫܬܘܐ ܕܫܪܒܬܐ ܕܝܗܘܕܐ. ܘܗܘ ܠܘܝܐ. ܐܦ
ܗܘ ܡܬܬܘܬܒ ܗܘܐ ܬܡܢ: [8]ܘܐܙܠ ܗܘ ܓܒܪܐ ܡܢ ܒܝܬ ܠܚܡ ܕܝܗܘܕܐ ܠܡܬܬܘܬܒܘ ܐܝܟܐ ܕܐܢ
ܢܫܟܚ. ܘܐܬܐ ܠܛܘܪܐ ܕܐܦܪܝܡ ܥܕܡܐ ܠܒܝܬܐ ܕܡܝܟܐ. ܠܡܥܒܕ ܐܘܪܚܐ ܕܝܠܗ: [9]ܘܐܡܪ ܠܗ
ܡܝܟܐ «ܡܢ ܐܝܟܐ ܐܬܐ ܐܢܬ»: ܘܐܡܪ ܠܗ «ܠܘܝܐ ܐܢܐ ܐܝܬܝ ܡܢ ܒܝܬ ܠܚܡ ܕܝܗܘܕܐ. ܘܐܢܐ ܐܙܠ ܐܢܐ

21 ÷ addidit R: mox ܕܐܣܝܪ̈ܐ↙※ B
24 ܐܫܠܡ ܐܫܠܡ B: correxit R
25 signa dedit R: B alteri ܡܢ praeponit ÷
25 ܗܘܘ in liturâ B
30 ܫܡܫܘܢ↙ ܕܐܡܝܬ ÷ ܐܝܟ B: correxit R
31ᵐ ܗܘ B
31 secunda littera nominis ܨܪܥܐ punctum habet et infernum et supernum
31 ܠܐܫܬܐܘܠ B: correxit R
1 numerum § ܗܘܐ addidi

ܒܒܝܬܠܚܡ ܕܝܗܘܕܐ ܐܙܠ ܐܢܐ ܕܐܬܬܘܬܒ« : ¹⁰ ܘܐܡܪ ܠܗ ܡܝܟܐ »ܬܒ ܠܘܬܝ. ܘܗܘܝ ܠܝ ܠܐܒܐ ܘܠܟܘܡܪܐ. ܘܐܢܐ
ܐܬܠ ܠܟ ܥܣܪܐ ܕܟܣܦܐ ܠܫܢܬܐ. ܘܙܘܓܐ ܕܢܚܬܐ. ܘܣܝܒܪܬܟ ܕܚܝܐ ܗܘ ܕܐܢܫ« : ¹¹ ܘܐܙܠ ܠܘܝܐ
ܡܩܪܒ ܠܒܝܬܠܚܡ ܠܘܬܗ ܕܓܒܪܐ. ܘܗܘܐ ܠܗ ܗܘ ܥܠܝܡܐ ܐܝܟ ܚܕ ܡܢ ܒܢܝܐ ܕܝܠܗ: | ¹² ܘܡܠܝ 48²
ܡܝܟܐ ܐܝܕܗ ܕܠܘܝܐ. ܘܗܘܐ ܠܗ ܗܘ ܥܠܝܡܐ ܠܟܘܡܪܐ. ܘܐܫܬܟܚ ܗܘܐ ܒܒܝܬܗ ܕܡܝܟܐ ܀
¹³ ܘܐܡܪ ܡܝܟܐ »ܗܫܐ ܝܕܥܬ ܕܐܛܒ ܡܪܝܐ ܠܝ. ܡܛܠ ܕܗܘܐ ܠܝ ܠܘܝܐ ܠܟܘܡܪܐ« : ܗܝ
¹ ܒܝܘܡܬܐ ܗܢܘܢ ܠܐ ܐܝܬ ܗܘܐ ܡܠܟܐ ܠܐܝܣܪܝܠ ܘܒܝܘܡܬܐ ܗܢܘܢ ܫܒܛܐ ܕܕܢ ܒܥܐ ܗܘܐ ܠܗ 18
ܝܪܬܘܬܐ ܠܡܥܡܪ. ܡܛܠ ܕܠܐ ܢܦܠܬ ܠܗ ܥܕܡܐ ܠܝܘܡܬܐ ܗܢܘܢ ܒܡܨܥܬ ܫܒܛܐ ܕܐܝܣܪܝܠ ܝܪܬܘܬܐ:
² ܘܫܕܪܘ ܒܢܝܐ ܕܕܢ ܡܢ ܫܪܒܬܗܘܢ ܚܡܫܐ ܓܒܪܐ ※ܡܢ ܣܟܐ ܕܝܠܗܘܢ .. ܓܒܪܐ̈ ܒܢܝ
ܚܝܠܐ ܡܢ ܨܪܥܐ ᵒܘܐܫܬܐܘܠ. ܠܡܪܓܠܘ ܠܐܪܥܐ ܘܠܡܒܨܝܘܬܗ̇. ܘܐܡܪܘ ܠܗܘܢ »ܐܙܠܘ ܒܨܘܬܗ̇
ܠܐܪܥܐ« : ܘܐܬܘ ÷ ܓܒܪܐ̈ ܠܛܘܪܐ ܕܐܦܪܝܡ ܥܕܡܐ ܠܒܝܬܗ ܕܡܝܟܐ. ܘܒܬܘ ܬܡܢ : ³ ܟܕ ܗܢܘܢ
ܐܝܬܝܗܘܢ ܠܘܬ ܒܝܬܗ ܕܡܝܟܐ. ܘܗܢܘܢ ܐܫܬܘܕܥܘܗܝ ܠܩܠܗ ܕܥܠܝܡܐ ܗܘ ܠܘܝܐ: | ܘܐܬܦܢܝܘ ܠܬܡܢ 49¹
ܘܐܡܪܘ ܠܗ »ܡܢܘ ܐܝܬܝܟ ܠܗܪܟܐ ∴ ܘܡܢܐ ܐܢܬ ܥܒܕ ܐܢܬ ܗܪܟܐ ∴ ܘܡܢܐ ܐܝܬ ܠܟ ܗܪܟܐ ∴« :
⁴ ܘܐܡܪ ܠܗܘܢ »ܗܟܢܐ ܘܗܟܢܐ ܥܒܕ ܠܝ ܡܝܟܐ. ܘܐܓܪܢܝ. ܘܗܘܝܬ ܠܗ ܠܟܘܡܪܐ« : ⁵ ܘܐܡܪܘ ܠܗ
»ܫܐܠ ܗܫܐ ܒܐܠܗܐ. ܘܢܕܥ ܐܢ ܡܨܠܚܐ ܐܘܪܚܐ ܕܝܠܢ. ܗܝ ܕܚܢܢ ܐܙܠܝܢ ܒܗ̇« : ⁶ ܘܐܡܪ
ܠܗܘܢ ܗܘ ܟܘܡܪܐ »ܙܠܘ ܒܫܠܡܐ. ܩܕܡ ܡܪܝܐ ܗܝ ܐܘܪܚܐ ܕܝܠܟܘܢ. ܗܝ ܕܐܙܠܝܢ ܐܢܬܘܢ ܒܗ̇« : ⁷ ܘܐܙܠܘ
ܗܢܘܢ ܚܡܫܐ ܓܒܪܐ̈ ܘܐܬܘ ܠܠܝܫ. ܘܚܙܘ ܠܥܡܐ ܗܘ ܕܒܗ̇ ܕܝܬܒܝܢ ܒܠܘܒܟܐ ܐܝܟ ܢܡܘܣܐ ܕܨܝܕܢܝܐ. ܟܕ
ܫܠܝܢ ܘܫܩܛܝܢ ܘܠܐ ܡܫܪܝܢ ܠܡܡܠܠܘ ܡܕܡ ※ܒܐܪܥܐ ܝܪܬܘܬܐ ܕܡܚܣܢܐ. ܘܒܛܠ ܕܪܚܝܩܝܢ ܐܝܬܝܗܘܢ
ܡܢ ܨܝܕܢ. ܘܡܕܡ ܠܐ ܗܘܐ ܠܗܘܢ ܥܡ ܐܢܫ : ⁸ ܘܐܬܘ ÷ ܗܢܘܢ ܚܡܫܐ ܓܒܪܐ̈ ܠܘܬ ܐܚܝܗܘܢ
ܕܠܗܘܢ ܠܨܪܥܐ ܘܠܐܫܬܐܘܠ. ܘܐܡܪܝܢ ܗܘܘ ܠܗܘܢ ܐܚܝܗܘܢ ܕܠܗܘܢ »ܡܢܐ | ܐܢܬܘܢ ܝܬܒܝܢ ܐܢܬܘܢ ∴« : 49²
⁹ ܘܐܡܪܘ »ܩܘܡܘ. ܘܢܣܩ ܥܠܝܗܘܢ ÷ ܡܛܠ ܕܚܙܝܢ ܘܗܐ ÷ ܛܒܐ ܐܪܥܐ ܛܒܐ ܠܚܕ. ܘܐܢܬܘܢ
÷ ܫܠܝܐ ܕܥܒܕܝܢ ܠܥܡܐ ܐܝܟ ܢܡܘܣܐ ܕܨܝܕܢܝܐ. ܟܕ ܘܡܫܬܘܕܝ ܕܐܪܚܝܩ ܡܢ ܨܝܕܢ. ܘܡܕܡ ܠܐ ܐܝܬ
÷ ܗܘܐ ܠܗܘܢ ܥܡ ܐܘܡܬܐ: ܐܠܐ ܩܘܡܘ ܘܢܣܩ ܥܠܝܗܘܢ: ܡܛܠ ܕܚܙܝܢܝܗ̇ ܠܐܪܥܐ. ܘܗܐ ܛܒܐ
ܫܚܝܩܐ: ܘܐܢܬܘܢ ܫܠܝܢ ܐܢܬܘܢ: ܠܐ ܬܬܚܒܠܘܢ ܠܡܐܙܠ ܠܡܐܪܬ ܠܐܪܥܐ ܐܢܬܘܢ: ¹⁰ ܐܝܟ ܕܥܠܬܘܢ
ܬܥܠܘܢ ܠܘܬ ܥܡܐ ܫܠܝܐ ܘܐܪܥܐ ܦܬܝܚܐ ※ܠܐܝܕܝܟܘܢ. ܡܛܠ ܕܝܗܒܗ̇ ܐܠܗܐ ܒܐܝܕܝܟܘܢ.
ܐܬܪܐ ܐܝܟܐ ܕܠܐ ܐܝܬ ܬܡܢ ܚܘܣܪܢܐ ܕܟܠ ܡܕܡ ܕܒܐܪܥܐ« ∴ ¹¹ ܘܐܫܬܩܠܘ ※ܡܢ ܬܡܢ ÷ ܡܢ ܫܪܒܬܐ
ܕܕܢ ܡܢ ܨܪܥܐ ܘܡܢ ܐܫܬܐܘܠ.. ܫܬܡܐܐ ܓܒܪܐ̈ ܐܣܝܪܝ ܙܝܢܐ: ¹² ܘܣܠܩܘ ܘܫܪܘ
ܒܩܪܝܬ ܝܥܪܝܢ ܒܝܗܘܕܐ ÷ ܘܩܪܘܗܝ ܬܡܢ: ܡܛܠ ܗܢܐ ܐܬܩܪܝ ܠܗܘ ܐܬܪܐ ܡܫܪܝܬܐ ܕܕܢ | ܕܥܕܡܐ 50¹
ܠܝܘܡܐ ܗܢܐ. ܗܐ ܒܣܬܪ ܩܪܝܬ ܝܥܪܝܢ: ¹³ ܘܥܒܪܘ ܡܢ ܬܡܢ ÷ ܘܐܬܘ ܥܕܡܐ ܠܛܘܪܐ ܕܐܦܪܝܡ. ܘܐܬܘ
ܥܕܡܐ ܠܒܝܬܗ ܕܡܝܟܐ: ¹⁴ ܘܥܢܘ ܚܡܫܐ ܓܒܪܐ̈ ܗܢܘܢ ܕܐܙܠܝܢ ܗܘܘ ܠܡܪܓܠܘ ܠܐܪܥܐ ※ܕܠܝܫ. ܘܐܡܪܘ
ܠܐܚܝܗܘܢ »ܝܕܥܝܢ ܐܢܬܘܢ ※ܕܐܝܬ ܒܒܬܐ ܗܠܝܢ ܐܦܘܕ ܘܬܪܦܝܢ ܘܦܣܝܠܐ ܘܢܣܝܟܐ. ܘܗܫܐ
ܐܬܒܝܢܘ ܡܢܐ ܬܥܒܕܘܢ ܐܢܬܘܢ« : ¹⁵ ܘܐܬܦܢܝܘ ܠܬܡܢ ܘܐܬܘ ܠܒܝܬܗ ܕܥܠܝܡܐ ܠܘܝܐ ܒܒܝܬܗ ܕܡܝܟܐ. ܘܫܐܠܘ
ܒܫܠܡܗ ܒܫܠܡܐ: ¹⁶ ܘܫܬܡܐܐ ܓܒܪܐ̈ ܘܐܣܝܪܝ ܙܝܢܐ ܕܗܘܘ ܡܢ ܒܢܝܐ ܕܕܢ. ܩܝܡܝܢ ܗܘܘ
ܥܠ ܬܪܥܐ ܕܬܪܥܐ: ¹⁷ ܘܣܠܩܘ ܚܡܫܐ ܓܒܪܐ̈ ܗܢܘܢ ܕܐܙܠܝܢ ܗܘܘ ܠܡܪܓܠܘ ܠܐܪܥܐ: ܟܕ ܥܠܘ
ܬܡܢ. ܢܣܒܘ ܠܦܣܝܠܐ ܘܠܐܦܘܕ ܘܠܬܪܦܝܢ ܘܠܢܣܝܟܐ. ܘܟܘܡܪܐ ܩܐܡ ܗܘܐ ܠܘܬ ܬܪܥܐ ܕܬܪܥܐ:
ܘܫܬܡܐܐ ܓܒܪܐ̈ ܗܢܘܢ ܘܐܣܝܪܝ ܗܘܘ ܙܝܢܐ ܕܩܪܒܐ. | ¹⁸ ܐܦ ܗܢܘܢ ܥܠܘ ܠܒܝܬܗ ܕܡܝܟܐ. ܘܢܣܒܘ 50²
ܠܦܣܝܠܐ ܘܠܐܦܘܕ ܘܠܬܪܦܝܢ ܘܠܢܣܝܟܐ: ܘܐܡܪ ܠܗܘܢ ܗܘ ܟܘܡܪܐ ║ »ܡܢܐ ܐܢܬܘܢ ܥܒܕܝܢ [illegible]

13 ܕܐܛܒ B
2 ÷ priorem addidit R
2 ܓܒܪܐ̈ ※ ܘܐܬܘ B: correxit R
7 signa edidi quae descripsi ego: ܫܩܛܐ codicis in ܫܩܛܝܢ mutavi cum R
7 ܥܡ ܐܢܫ B: correxit R
8 14 15 signa contra B inseruit R

8 ܠܨܪܥܐ B ut 13₂ 13₂₅
8 ܐܢܬܘܢ legi volt R
9 ܡܛܠ ÷ ܕܚܙܝܢ ܘܗܐ ÷ ܛܒܐ ÷ ܫܠܝܐ ÷ ܗܘܐ ܠܗܘܢ, et deinceps versuum sequentium initia (iam ܠܗܘܢ in versu ineunte positum), signo ÷ munita
9 ܫܚܝܩܐ B: tacitus correxit R

10 11 ÷ addidit R
11 ante ܫܬܡܐܐ in B ※ radendo deletus
12 ܘܩܪܘ ※ B: correxit R
13 priori loco ܘܐܬܘ ※ (omisso ÷) B: correxit R
18 ܥܠܘ B

ܐܠܗܘܢ܀ ܀: [19] ܘܐܡܪܘ ܠܗ ܀ܚܪܘܫ. ܣܝܡ ܐܝܕܟ ܥܠ ܦܘܡܟ. ܘܬܐ ܥܡܢ. ܘܗܘܝܬ ܠܢ ܠܐܒܐ
ܘܠܟܘܡܪܐ: ܠܡܢܐ ܡܝܬܪܐ ܕܬܗܘܐ ܟܘܡܪܐ ܠܒܝܬܐ ܕܓܒܪܐ ܚܕ. ܐܘ ܕܬܗܘܐ ܟܘܡܪܐ ܠܫܒܛܐ ܘܠܫܪܒܬܐ ܓܢܣܐ
ܒܐܝܣܪܝܠ܀ ܀: [20] ܘܛܒ ܠܒܗ ܕܟܘܡܪܐ. ܘܢܣܒ ܠܐܦܘܕ ܘܠܬܪܦܝܢ ܘܠܦܣܠܐ ܘܠܢܣܟܐ.
ܘܥܠ ܒܡܨܥܬܗ ܕܥܡܐ: [21] ܘܐܬܦܢܝܘ ܘܐܙܠܘ ܘܣܡܘ ܠܛܦܠܐ ܩܕܡܝܗܘܢ ܘܠܩܢܝܢܐ ܕܝܠܗ ܗܘ
ܝܩܝܪܐ ܩܕܡܝܗܘܢ: [22] ܗܢܘܢ ܕܝܢ ܐܪܚܩܘ ܡܢ ܒܝܬܗ ܕܡܝܟܐ. ܘܗܐ ܡܝܟܐ ܘܓܒܪܐ ܀ܗܢܘܢ
܀ܕܐܝܬܝܗܘܢ ܗܘܘ ܒܒܬܐ ܗܢܘܢ ܕܥܡ ܒܝܬܐ ܕܡܝܟܐ. ܩܥܘ ܗܘܘ ܒܬܪ ܒܢܝ ܕܢ. [23] ܘܩܪܘ ܠܘܬ
ܒܢܝ ܕܢ. ܘܐܗܦܟܘ ܒܢܝ ܕܢ | ܦܪܨܘܦܐ ܕܝܠܗܘܢ ܘܐܡܪܘ ܠܡܝܟܐ «ܡܢܐ ܐܝܬ ܠܟ ܕܐܬܟܢܫܬ܀ ܀: [24] ܘܐܡܪ 51[1]
«ܠܐܠܗܝ ܕܥܒܕ ܗܘܝܬ ܕܝܠܝ ܠܝ. ܢܣܒܬܘܢ. ܘܠܟܘܡܪܐ. ܘܐܙܠܬܘܢ. ܘܡܢܐ ܠܝ ܬܘܒ܀ ܘܡܢܐ ܗܕܐ
ܐܡܪܝܢ ܐܢܬܘܢ ܠܝ «ܡܢܐ ܠܟ ܗܕܐ ܕܩܥܝܬ܀܀: [25] ܘܐܡܪܘ ܠܗ ܒܢܝ ܕܢ «ܠܐ ܢܫܬܡܥ ܩܠܟ
ܕܝܠܟ ܥܡܢ. ܕܠܡܐ ܢܦܓܥܘܢ ܒܟܘܢ ܓܒܪܐ ܡܪܝܪܝ ܢܦܫܐ. ܘܬܘܣܦ ܢܦܫܟ ܘܢܦܫܐ ܕܒܝܬܟ܀ ܀
[26] ܘܐܙܠܘ ܒܢܝ ܕܢ ܠܐܘܪܚܐ ܕܝܠܗܘܢ. ܘܚܙܐ ܡܝܟܐ ܕܡܚܝܠܝܢ ܝܬܝܪ ܡܢܗ ܐܢܘܢ. ܘܐܬܦܢܝ ܘܗܦܟ
ܠܒܝܬܗ: [27] ܘܗܢܘܢ ܢܣܒܘ ܠܗܠܝܢ ܕܥܒܕ ܡܝܟܐ. ܘܠܟܘܡܪܐ ܗܘ ܕܐܝܬ ܗܘܐ ܠܗ. ܘܐܬܘ ܥܕܡܐ
ܠܠܝܫ. ܥܠ ܥܡܐ ܫܠܝܐ ܘܬܟܝܠܐ. ܘܡܚܘ ܐܢܘܢ ܒܦܘܡܐ ܕܣܝܦܐ. ܘܠܡܕܝܢܬܐ ܐܘܩܕܘ ܒܢܘܪܐ: [28] ܘܠܐ
ܐܝܬ ܗܘܐ ܡܦܨܝܢܐ: ܡܛܠ ܕܪܚܝܩܐ ܐܝܬܝܗ ܡܢ ܨܝܕܘܢ. ܘܡܠܬܐ ܠܐ ܐܝܬ ܠܗܘܢ ܥܡ ܒܪܢܫܐ. ܘܗܝ
ܒܥܘܡܩܐ ܗܘ | ܕܐܝܬ ܕܒܝܬܐ ܕܐܝܬܘܗܝ ܕܪܚܘܒ: ܘܒܢܘܗ ܠܡܕܝܢܬܐ. ܘܝܬܒܘ ܒܗ: [29] ܘܩܪܘ 51[4]
ܫܡܗ ܕܡܕܝܢܬܐ ܕܢ ܐܝܟ ܫܡܗ ܕܕܢ ܐܒܐ ܕܝܠܗܘܢ. ܗܘ ܕܐܬܝܠܕ ܠܐܝܣܪܝܠ. ܘܐܘܠܡܘܣ ܗܘܐ ܠܗ ܫܡܗ
ܕܡܕܝܢܬܐ ܡܢ ܩܕܡ: [30] ܘܐܩܝܡܘ ܠܗܘܢ ܒܢܝ ܕܢ ܠܦܣܠܐ ― ܕܡܝܟܐ܀: ܘܝܘܢܬܢ ※ܒܪܗ ܕܓܪܫܡ
※ܒܪܗ ܕܡܢܫܐ ܒܪܗ ܕܡܘܫܐ ܗܘܐ܀ ܘܒܢܘܗܝ ܐܝܬܝܗܘܢ ܗܘܘ ܟܘܡܪܐ ܠܫܒܛܐ ܕܕܢ ܥܕܡܐ ܠܝܘܡܐ
ܕܫܒܝܐ ܕܐܪܥܐ: [31] ܘܣܡܘ ܠܗܘܢ ܠܦܣܠܐ ܕܡܝܟܐ ܗܘ ܕܥܒܕ. ܟܠܗܘܢ ܝܘܡܬܐ ܗܢܘܢ ܕܐܝܬܘܗܝ
ܗܘܐ ܒܝܬܗ ܕܐܠܗܐ ܒܫܝܠܘ܀

ܗܘܐ [1] ܘܗܘܐ ܒܝܘܡܬܐ ܗܢܘܢ (ܘܡܠܟܐ ܠܐ ܐܝܬ ܗܘܐ ܒܐܝܣܪܝܠ). ܘܗܘܐ ܓܒܪܐ ܠܘܝܐ ܘܡܬܬܘܬܒ 19
ܗܘܐ ܒܣܘܦܝܗܘܢ ܕܛܘܪܐ ܕܐܦܪܝܡ: ܘܢܣܒ ܠܗ ― ܗܘ ܐܢܬܬܐ܀ ܦܠܓܬܐ ܡܢ ܒܝܬ ܠܚܡ ܕܝܗܘܕܐ:
[2] ܘܙܢܝܬ ܥܠܘܗܝ ܦܠܓܬܗ ܕܝܠܗ. ܘܐܙܠܬ ܡܢ ܠܘܬܗ ܠܒܝܬܐ | ܕܐܒܘܗ ܕܝܠܗ. ܠܒܝܬ ܠܚܡ ܕܝܗܘܕܐ. ܘܗܘܬ 52[1]
ܬܡܢ ܝܘܡܬܐ ܐܪܒܥܐ ܝܪܚܝܢ: [3] ܘܩܡ ܗܘ ܓܒܪܐ ܕܝܠܗ. ܘܐܙܠ ܒܬܪܗ ܒܡܦܝܣܢܘܬܗ ܥܠ ܠܒܐ ܕܝܠܗ
ܠܡܦܢܝܘܬܗ ― ܠܘܬܗ܀ ܘܠܡܬܟܢܫܘܬܗ ܠܘܬ ܠܗ. ܘܛܠܝܐ ܕܝܠܗ ܥܡܗ. ܘܙܘܓܐ ܕܚܡܪܐ: ܘܐܙܠ
ܥܕܡܐ ܠܒܝܬܗ ܕܐܒܐ ܕܝܠܗ. ܘܚܙܝܗ ܐܒܐ ܕܝܠܗ ܕܛܠܝܬܐ. ܘܩܡ ܠܐܘܪܥܗ [4] ― ܘܚܕܝ
― ܒܡܐܬܝܬܗ܀. ܘܐܚܕܗ ܚܡܘܗܝ ܕܝܠܗ ܐܒܘܗ ܕܛܠܝܬܐ ― ܠܘܬܗ܀. ܘܝܬܒ ܥܡܗ ܬܠܬܐ ܝܘܡܝܢ. ܘܐܟܠܘ
ܘܐܫܬܝܘ. ܘܒܬܘ ܬܡܢ: [5] ܘܗܘܐ ܒܝܘܡܐ ܪܒܝܥܝܐ. ܘܩܕܡܘ ܒܨܦܪܐ. ܘܩܡ ܠܡܐܙܠ: ܘܐܡܪ ܐܒܘܗ
ܕܛܠܝܬܐ ܠܘܬ ܚܬܢܗ ܕܝܠܗ «ܣܥܘܕ ܠܒܟ ܕܝܠܟ ܒܦܬܘܬܐ ܕܠܚܡܐ. ܘܒܬܪ ܗܕܐ ܬܐܙܠܘܢ܀:
[6] ܘܝܬܒܘ ܘܐܟܠܘ ܬܪܝܗܘܢ ܐܟܚܕܐ ܘܐܫܬܝܘ: ܘܐܡܪ ܐܒܘܗ ܕܛܠܝܬܐ ܠܘܬ ܓܒܪܐ «ܫܪܝ ܒܫܝܢܐ
※ܘܒܘܬ܀. ܐܦ ܗܪܟܐ. ܘܢܛܐܒ ܠܒܟ ܕܝܠܟ܀: [7] ܘܩܡ ܗܘ ܓܒܪܐ ܠܡܐܙܠ. ܘܐܠܨܗ ܚܡܘܗܝ
ܕܝܠܗ. ܘܗܦܟ ܒܬ ܬܡܢ: [8] ܘܩܕܡ | ܒܨܦܪܐ ܒܝܘܡܐ ܚܡܫܝܐ ܠܡܐܙܠ. ܘܐܡܪ ܐܒܘܗ ܕܛܠܝܬܐ 52[2]
«ܣܥܘܕ ※ܗܫܐ܀ ܠܒܟ ܕܝܠܟ ― ܒܠܚܡܐ܀. ܘܐܬܟܬܪ ܥܕܡܐ ܕܢܛܐ ܝܘܡܐ܀: ܘܐܟܠܘ ― ܘܐܫܬܝܘ܀
ܬܪܝܗܘܢ: [9] ܘܩܡ ܗܘ ܓܒܪܐ ܠܡܐܙܠ. ܗܘ ܘܦܠܓܬܗ ܘܛܠܝܐ ܕܝܠܗ. ܘܐܡܪ ܠܗ ܚܡܘܗܝ ܐܒܘܗ
ܕܛܠܝܬܐ «ܗܐ ܗܫܐ ܪܦܐ ܝܘܡܐ ܠܡܪܡܫ. ܒܘܬ ※ܗܫܐ܀ ܗܪܟܐ ܐܘ ܝܘܡܐ ※ܘܫܘܐ ܗܪܟܐ܀ ܒܘܬ.
ܩܠ ܠܡ ܠܠ ܘܢܛܐܒ ܠܒܟ. ‖ ܘܡܩܕܡܝܢ ܐܢܬܘܢ ܒܨܦܪܐ ܠܐܘܪܚܐ ܕܝܠܟܘܢ. ܘܬܐܙܠ ܠܡܫܟܢܐ ܕܝܠܟ܀:

25 B[m] manu recenti quae vix legi possunt, et incertissima manent, ܠܐܬܐ ܘܠܗܘܢ ܚܝܠ ܨܒܐ
30 ※ܕܓܪܫܡ et ※ܗܘܐ in medio versu B
1[m] non ܗܘܐ, sed ܗܘ ܗܘ B
1 ܐܝܬ ܘܗܘܐ edidit R
3 ܗ addidit R
3 ※ܠܐܘܪܥܗ B in versu exeunte
4 ܘܚܕܝ ܒܡܐܬܝܬܗ in B signis caret
4 ※ܠܘܬܗ܀ B: correxit R
6 super ܫܪܝ in B signum ~
8 ܗ secundus non adest in B
8 ―ܘܐܟܠܘ܀ ܘܐܫܬܝܘ B: correxit R
9 ܗܫܐ ※ܗܪܟܐ B: correxit R
9 stichorum notatio ad versum codicis a ܠܒܟ incipiente adscripta. ܩܠ B

¹⁰ ܘܠܐ ܨܒܐ ܗܘܐ ܓܒܪܐ ܠܡܒܬ. ܘܩܡ ܘܐܙܠ. ܘܐܬܐ ܥܕܡܐ ܠܘܩܒܠ ܝܒܘܣ (ܗܝ ܐܘܪܫܠܡ).
ܘܥܡܗ ܙܘܓܐ ܕܚܡܪܐ ܕܛܥܝܢܝܢ. ※ܘܦܠܓܫܬܐ ܕܝܠܗ ܥܡܗ ܘܥܠܝܡܗ↓: ¹¹ ܗܘܘ ܠܘܩܒܠ ܝܒܘܣ.
ܘܝܘܡܐ ܢܚܬ ܗܘܐ ܛܒ: ܘܐܡܪ ܛܠܝܐ ܠܡܪܗ ܕܝܠܗ ܬܐ ܢܦܢܐ. ܘܢܬܒܛܠ ܠܡܕܝܢܬܐ ܗܕܐ
53¹ ܕܝܒܘܣܝܐ. ܘܢܒܘܬ ܒܗ̇: | ¹² ܘܐܡܪ ܠܗ ܡܪܗ ܕܝܠܗ ܠܐ ܢܬܒܛܠ ܠܡܕܝܢܬܐ ܕܢܘܟܪܝܐ. ܗܝ ܕܠܐ
ܐܢܫ ܡܢ ܒܢܝܐ ܕܐܝܣܪܝܠ. ܘܢܥܒܪ ܥܕܡܐ ܠܓܒܥܐ: ¹³ ܘܐܡܪ ܠܛܠܝܐ ܕܝܠܗ ܬܐ. ܘܢܬܩܪܒ ܠܚܕܐ
ܡܢ ܕܘܟܝܬܐ. ܘܢܒܘܬ ܒܓܒܥܐ ܐܘ ܒܪܡܬܐ: ÷ ¹⁴ ܘܥܒܪܘ ܘܐܙܠܘ. ܘܥܪܒ ܗܘܐ ܠܗ ܫܡܫܐ ܠܗܘܢ
ܒܓܒܥܐ ܕܥܠ ܝܒܘܣ ܗܝ ܕܐܝܬܝܗ ܕܒܢܝܡܝܢ: ¹⁵ ܘܐܬܦܢܝܘ ܠܬܡܢ ܠܡܥܠ ܠܡܒܬ ܒܓܒܥܐ.
ܘܥܠ ܘܝܬܒ ܒܫܘܩܐ ܕܩܪܝܬܐ. ܘܠܝܬ ܓܒܪܐ ܗܘ ܕܟܢܫ ܠܗܘܢ ܠܒܝܬܐ ܠܡܒܬ: ¹⁶ ܘܗܐ
ܓܒܪܐ ܣܒܐ ܐܬܐ ܡܢ ܥܒܕܗ ܕܝܠܗ ܡܢ ܚܩܠܐ ܒܪܡܫܐ. ܘܗܘ ܓܒܪܐ ܡܢ ܛܘܪܐ ܕܐܦܪܝܡ. ܘܗܘ
ܡܬܬܘܬܒ ܗܘܐ ܒܓܒܥܐ. ܘܓܒܪܐ ܕܕܘܟܬܐ ܒܢܝ ܕܒܢܝܡܝܢ ÷ ܒܢܝܐ ܡܫܬܒܚܐ↓: ¹⁷ ܘܙܩܦ ܣܒܐ
ܥܝܢܘܗܝ. °ܘܚܙܐ ܠܓܒܪܐ ܗܘ ܒܪ ܐܘܪܚܐ ܒܫܘܩܐ ܕܩܪܝܬܐ. ܘܐܡܪ ÷ ܠܗܘܢ↓
53² ܓܒܪܐ ܗܘ ܣܒܐ ※ܠܐܝܟܐ ܐܙܠ ܐܢܬ. ܘܡܢ ܐܝܟܐ | ܐܬܝܬ ܐܢܬ↓: ¹⁸ ܘܐܡܪ ܠܗ ※ܥܒܪܝܢܢ ܡܢ ܒܝܬ
ܠܚܡ ܕܝܗܘܕܐ ܥܕܡܐ ܠܣܦܪܗ ܕܛܘܪܐ ܕܐܦܪܝܡ. ܡܢ ܬܡܢ ܐܢܐ ܐܝܬܝ. ܘܐܙܠܬ ܥܕܡܐ ܠܒܝܬ
ܠܚܡ ܕܝܗܘܕܐ. ܘ÷ܗܫܐ↓ ܠܒܝܬܐ ܕܝܠܝ ܐܢܐ ܪܕܐ ܐܢܐ. ܘܠܐ ܐܝܬ ܓܒܪܐ ܕܡܟܢܫ ܠܝ ܠܒܝܬܐ: ¹⁹ ܐܦ
ܬܒܢܐ ܐܝܬ ܘܟܣܬܐ ܐܝܬ ܠܚܡܪܝ ܕܝܠܢ. ܐܦ ܠܚܡܐ ܘܚܡܪܐ ܐܝܬ ܠܝ ܘܠܐܡܬܟ ܕܝܠܟ ܘܠܛܠܝܐ
ܕܥܒܕܝܟ ܕܠܐ ܐܝܬ ܡܚܣܪܢܘܬܐ ܕܟܠ ܡܕܡ ܠܢ: ²⁰ ܘܐܡܪ ܓܒܪܐ ܗܘ ܣܒܐ ※ܫܠܡܐ ܠܟ. ܒܪܡ
ܟܠ ܡܚܣܪܢܘܬܐ ܕܝܠܟ ܥܠܝ. ܒܪܡ ܒܫܘܩܐ ܠܐ ܬܒܘܬ↓: ²¹ ܘܐܥܠܗ ܠܒܝܬܐ ܕܝܠܗ. ܘܐܪܡܝ ܠܚܡܪܐ
÷ ܕܝܠܗ↓. ܘܐܫܝܓܘ ܪܓܠܝܗܘܢ. ܘܐܟܠܘ ܘܐܫܬܝܘ: ²² ܘܟܕ ܗܢܘܢ ܛܒ ܠܒܗܘܢ. ܗܐ
ܓܒܪܐ ܕܡܕܝܢܬܐ ܓܒܪܐ ܥܘܠܐ ܕܒܢܝ ܒܠܝܥܠ ܐܬܟܪܟܘܗܝ ܠܒܝܬܐ. ܘܢܩܫܘ ܥܠ
54 ܬܪܥܐ. ܘܐܡܪܘ ܠܗ ܠܓܒܪܐ ܡܪܗ ܕܒܝܬܐ ܗܘ | ܣܒܐ ܟܕ ܐܡܪܝܢ ※ܐܦܩ ܠܓܒܪܐ ܗܘ ܕܥܠ ܠܒܝܬܐ:
ܐܝܟܢܐ ܕܢܕܥܝܘܗܝ↓: ²³ ܘܢܦܩ ܠܘܬܗܘܢ ܗܘ ܓܒܪܐ ܡܪܗ ܕܒܝܬܐ ܘܐܡܪ ܠܘܬܗܘܢ ※ܠܐ ܐܚܝ.. ܐܚܝ..
ܠܐ ܬܒܐܫܘܢ ܗܟܝܠ ÷ ܘܠܐ ܬܥܒܕܘܢ ܒܝܫܬܐ ܗܕܐ↓ ܡܢ ܒܬܪ ܕܥܠ ܓܒܪܐ ܗܢܐ ܠܒܝܬܐ ܕܝܠܝ. ܠܐ ܬܥܒܕܘܢ
ܟܣܝܠܘܬܐ ܗܕܐ: ²⁴ ܗܐ ܒܪܬܐ ܕܝܠܝ ܒܬܘܠܬܐ ܘܦܠܓܫܬܐ ܕܝܠܗ. ܐܦܩ ܐܢܝܢ ܠܟܘܢ. ܘܫܥܒܕܘ ܐܢܝܢ. ܘܥܒܕܘ
ܠܗܝܢ ܗܝ ܕܫܦܝܪ ܒܥܝܢܝܟܘܢ. ܘܠܓܒܪܐ ܗܢܐ ܠܐ ܬܥܒܕܘܢ ܣܟܠܘܬܐ ܕܟܣܝܠܘܬܐ ܗܕܐ: ²⁵ ܘܠܐ ܨܒܘ
ܗܢܘܢ ܓܒܪܐ ܕܢܫܡܥܘܢܝܗܝ: ܘܐܚܕܗ ܗܘ ܓܒܪܐ ܠܦܠܓܫܬܐ ܕܝܠܗ. ܘܐܦܩܗ̇ ܠܘܬܗܘܢ ܠܒܪ.
ܘܝܕܥܘܗ̇ °ܘܐܬܛܠܩܘ ܒܗ̇ ܟܠܗ ܠܠܝܐ ܥܕܡܐ ܠܨܦܪܐ. ܘܫܪܝܘܗ̇ ܟܕ ܕܢܚ ܫܡܫܐ: ²⁶ ܘܐܬܬ
ܗܝ ܐܢܬܬܐ ܠܦܢܝ ܨܦܪܐ. ܘܢܦܠܬ ܠܘܬ ܬܪܥܐ ܕܒܝܬܐ ܕܓܒܪܐ ܕܐܝܟܐ ܕܐܝܬܘܗܝ ܗܘܐ ܡܪܗ̇
54² ܕܝܠܗ̇. ܥܕܡܐ | ܕܐܬܢܗܪ: ²⁷ ܘܩܡ ܡܪܗ̇ ܒܨܦܪܐ. ܘܦܬܚ ܠܬܪܥܐ ܕܒܝܬܐ. ܘܢܦܩ ܠܡܐܙܠ
ܠܐܘܪܚܐ ܕܝܠܗ. ܘܗܐ ܐܢܬܬܐ ܗܝ ܦܠܓܫܬܐ ܕܝܠܗ ܢܦܝܠܐ ܠܘܬ ܬܪܥܐ. ܘܐܝܕܝܗ̇ ܕܝܠܗ̇ ܥܠ ܣܩܘܦ ܬܪܥܐ:
²⁸ ܘܐܡܪ ܠܗ̇ ※ܩܘܡܝ °ܕܢܐܙܠ. ܘܠܐ ܥܢܬܗ. ܐܠܐ ܡܝܬܐ ܗܘܬ. ܘܫܩܠܗ̇ ܥܠ ܚܡܪܐ. ܘܩܡ ܗܘ
ܓܒܪܐ ܘܐܙܠ ܠܕܘܟܬܐ ܕܝܠܗ: ²⁹ ܘܥܠ ܠܒܝܬܗ. ܘܢܣܒ ܣܟܝܢܐ. ܘܐܚܕܗ̇ ܠܦܠܓܫܬܐ ܕܝܠܗ
ܘܦܠܓܗ̇ ܐܝܟ ܓܪܡܐ ܕܝܠܗ̇ ܠܬܪܬܥܣܪܐ ܦܠܓܘܬܐ. ܘܫܕܪ ܐܢܝܢ ܠܟܠܗܘܢ ܬܚܘܡܐ ܕܐܝܣܪܝܠ: ³⁰ ܘܗܘܐ
ܕܟܠ ܕܚܙܐ. ܐܡܪ ܗܘܐ ܕ※ܠܐ ܗܘܬ ܘܠܐ ܐܬܚܙܝܬ ܗܟܢܐ ܡܢ ܝܘܡܐ ܕܣܠܩܘ ܒܢܝܐ ܕܐܝܣܪܝܠ ܡܢ
ܡܨܪܝܢ ܥܕܡܐ ܠܝܘܡܐ ܗܢܐ. ÷ ܘܦܩܕ ܠܓܒܪܐ ܕܫܕܪ. ܟܕ ܐܡܪ ※ܗܟܢ ܬܐܡܪܘܢ ܠܟܠ ܓܒܪܐ
55¹ ÷ ܕܐܝܣܪܝܠ ※ܕܠܐ ܗܘܬ ܐܝܟ ܡܠܬܐ ܗܕܐ ܡܢ ܝܘܡܐ | ܕܣܠܩܘ ܒܢܝܐ ܕܐܝܣܪܝܠ ܡܢ ܡܨܪܝܢ ܥܕܡܐ
÷ ܠܝܘܡܐ ܗܢܐ↓ ܣܝܡܘ ܗܟܝܠ ܠܒܟܘܢ ܡܠܟܐ ܦܣܝܩܬܐ. ܘܡܠܠܘ:

20 ¹ ܘܢܦܩܘ ܟܠܗܘܢ ܒܢܝܐ ܕܐܝܣܪܝܠ. ܘܐܬܟܢܫܬ ÷ܟܠܗ↓ ܟܢܘܫܬܐ ܐܝܟ ܓܒܪܐ ܚܕ ܡܢ ܕܢ
ܘܥܕܡܐ ܠܒܐܪܫܒܥ ܘܐܪܥܐ ܕܓܠܥܕ ܠܘܬ ܡܪܝܐ ܠܡܨܦܐ. ² ܘܩܡ ܪܫܐ ܕܟܠܗ ܥܡܐ ܘܟܠܗܘܢ

16 signa correxit R: ※ܒܢܝܐ ܡܫܬܒܚܐ (omisso ↓) B
17 ÷ R, ※ B
18 ÷ܘܗܫܐ↓ R, ※ܘܗܫܐ B
21 ※ܠܚܡܪܐ ܕܝܠܗ↓ B: correxit R
23 signa ex R: ※ܘܠܐ ÷ ܬܥܒܕܘܢ↓ ܒܝܫܬܐ ܗܕܐ↓ B
23 ܓܒܪܐ ܕܥܠ B: correxit R
25 ܕܢܫܡܥܘܢ B: correxit R
29 ܦܠܓܗ̇ B
30 ÷ et ↓ inseruit R
30 ܕܚܙܐ ܗܘܐ B: correxit R

ܫܪ̈ܒܬܐ ܕܐܝܣܪܝܠ ܒܟܢܘܫܬܐ ܕܥܡܐ ܕܐܠܗܐ ܐܪܒܥܡܐܐ ܐܠܦܝܢ ܓܒܪܐ ܪ̈ܓܠܝܐ ܫܠܝܦܝ ܣܝܦܐ: ³ܘܫܡܥܘ
ܒܢܝ̈ ܕܒܢܝܡܝܢ ܕܣܠܩܘ ܒܢܝ̈ ܐܝܣܪܝܠ ܠܡܨܦܐ. ܘܐܡܪܘ ܒܢܝ̈ ܐܝܣܪܝܠ «ܡܠܠܘ ܐܝܟܢܐ ܗܘܬ
ܒܝܫܬܐ ܗܕܐ»: ⁴ܘܥܢܐ ܓܒܪܐ ܗܘ ܠܘܝܐ ܓܒܪܗ ܕܐܢܬܬܐ ܗܝ ܕܐܬܩܛܠܬ. ܘܐܡܪ «ܠܓܒܥܐ
ܕܒܢܝܡܝܢ ܐܬܝܬ ܐܢܐ ܘܦܠܓܘܬܝ ܠܡܒܬ. ⁵ܘܩܡܘ ܓܒܪ̈ܐ ܥܠܝ ܗܢܘܢ ܕܡܢ ܓܒܥܐ.
55² ܘܐܬܟܪܟܘ ܥܠܝ ܒܒܝܬܐ ܒܠܠܝܐ. ܘܠܝ ܒܥܘ ܠܡܩܛܠܢܝ. | ܘܠܦܠܓܘܬܝ ܕܝܠܝ ܫܢܩܘܗ. ܘܐܬܛܠܝܘ
ܒܗ. ܘܡܝܬܬ: ⁶ܘܐܚܕܬܗ ܠܦܠܓܘܬܝ ܕܝܠܝ ܘܦܣܩܬܗ ܘܫܕܪܬܗ ܒܟܠܗ ܬܚܘܡܐ ܕܝܪܬܘܬܐ ܕܐܝܣܪܝܠ:
ܡܛܠ ܕܥܒܕܘ *°ܛܢܦܘܬܐ ܘܫܘܝܫܘܬܐ ܒܐܝܣܪܝܠ: ⁷ܗܐ ܟܠܟܘܢ ܐܝܬܝܟܘܢ ܒܢܝ̈ ܐܝܣܪܝܠ..
ܗܒܘ ܠܟܘܢ ܡܠܬܐ ‖ ܗܪܟܐ ܐܝܟܢ ܠܟܘܢ ܡܠܟܐ ܘܡܠܝܟܘܬܐ *ܗܪܟܐ» ÷
ܗܒܘ ⁸ܘܩܡ ܟܠܗ ܥܡܐ ܐܝܟ ܓܒܪܐ ܚܕ ܟܕ ܐܡܪ «ܠܐ ܢܐܙܠ ܓܒܪܐ ܠܡܫܟܢܗ ܕܝܠܗ. ܘܠܐ ܢܗܦܘܟ
ܓܒܪܐ ܠܒܝܬܗ ܕܝܠܗ: ⁹ܘܗܫܐ ܗܢܐ ܡܠܬܐ ܢܥܒܕ ܠܓܒܥܐ. ÷ ܢܣܩ ܥܠܝܗ ܒܦܘܣܐ.
¹⁰ܘܢܕܒܪ ܥܣܪܐ ܓܒܪ̈ܐ ܠܡܐܐ. *ܠܟܠܗܘܢ ܫܒܛܐ ܕܐܝܣܪܝܠ ܘܡܐܐ ܠܐܠܦܐ ܘܐܠܦܐ ܠܪܒܘܬܐ.
ܠܡܣܒ ܙܘܕܐ ܠܥܡܐ. ܠܡܥܒܕ ܠܗܘܢ ܟܕ ܐܬܝܢ ܠܓܒܥܐ ܕܒܢܝܡܝܢ. ܐܝܟ ܟܠܗ ܫܘܝܫܘܬܐ ܗܝ
56¹ ܕܥܒܕܘ ܒܐܝܣܪܝܠ»: ¹¹ܘܐܬܟܢܫܘ ܟܠ ܓܒܪܐ ܕܐܝܣܪܝܠ ܡܢ ܩܘܪܝܬܗܘܢ. ܐܝܟ ܓܒܪܐ | ܚܕ
ܐܬܟܢܫܘ: ¹²ܘܫܕܪܘ ܫܒܛܐ ܕܐܝܣܪܝܠ ܓܒܪ̈ܐ ܠܟܠܗ ܫܒܛܐ ܕܒܢܝܡܝܢ ܟܕ ܐܡܪܝܢ «ܡܢܐ ܗܝ ܒܝܫܬܐ
ܗܕܐ ܗܝ ܕܗܘܬ ܒܟܘܢ: ¹³ܘܗܫܐ ܗܒܘ ܓܒܪ̈ܐ ܕܥܘܠܐ ܗܠܝܢ ܕܒܓܒܥܐ ÷ ܠܡܩܛܠ ܘܠܡܥܒܪܘܬܐ.
ܘܢܥܒܪ ܐܢܝܢ. ܘܢܦܢܐ ܒܝܫܬܐ ܡܢ ܐܝܣܪܝܠ»: ܘܠܐ ܨܒܘ ܒܢܝ̈ ܕܒܢܝܡܝܢ ܠܡܫܡܥ ܠܩܠܐ ܕܐܚ̈ܐ ܕܝܠܗܘܢ
ܒܢܝ̈ ܕܐܝܣܪܝܠ: ¹⁴ܘܐܬܟܢܫܘ ܒܢܝ̈ ܕܒܢܝܡܝܢ ܡܢ ܩܘܪܝܬܐ ܕܝܠܗܘܢ ܠܓܒܥܐ ܠܡܦܩ ܠܡܩܪܒܗ
ܥܡ ܒܢܝ̈ ܕܐܝܣܪܝܠ: ¹⁵ܘܐܬܡܢܝܘ° ܒܢܝ̈ ܕܒܢܝܡܝܢ ܒܝܘܡܐ ܗܘ ܡܢ ܩܘܪܝܬܐ. ܥܣܪܝܢ ܘܫܬܐ
ܐܠܦܝܢ ܓܒܪܐ ܫܠܝܦܝ ܣܝܦܐ. ܠܒܪ ܡܢ ܗܠܝܢ ܕܒܓܒܥܐ. ܗܠܝܢ ܕܐܬܡܢܝܘ ܫܒܥܡܐܐ
ܓܒܪܐ ܓܒܝܐ ܦܪ̈ܝܫܐ: ¹⁶*ܡܢ ܟܠܗ ܥܡܐ ܗܢܐ ܫܒܥܡܐܐ ܓܒܪܐ ܓܒܝܐ ܥܣܝܪ̈ܝ ܝܡܝܢܐ° ܘܣܡܠܐ ܟܠܗܘܢ
56² ܗܠܝܢ ܒܟܐܦܐ ܕܫܩܝܢ ܗܘܘ ܒܣܥܪܐ ܘܠܐ ܡܚܛܝܢ: ¹⁷ܘܓܒܪ̈ܐ | ܕܐܝܣܪܝܠ ܐܬܡܢܝܘ ܠܒܪ ܡܢ
ܒܢܝ̈ ܕܒܢܝܡܝܢ. ܐܪܒܥܡܐܐ ܐܠܦܝܢ ܓܒܪܐ ܫܠܝܦܝ ܣܝܦܐ. ܟܠܗܘܢ ܗܠܝܢ ܓܒܪ̈ܐ ܩܪܒܬܢܐ:
¹⁸ܘܩܡܘ ܘܣܠܩܘ ܠܒܝܬ ܐܝܠ ܘܫܐܠܘ ܠܐܠܗܐ: ܘܐܡܪܘ ܒܢܝ̈ ܐܝܣܪܝܠ «ܡܢܘ ܢܣܩ ܠܢ ܒܪܝܫܐ
ܠܡܩܪܒܘ ܥܡ *ܒܢܝ̈ ܕܒܢܝܡܝܢ»÷. ܘܐܡܪ ܡܪܝܐ «ܝܗܘܕܐ ܢܣܩ ܒܪܝܫܐ»: ¹⁹ܘܩܡܘ ܒܢܝ̈
ܕܐܝܣܪܝܠ *ܒܨܦܪܐ ܘܫܪܘ ܥܠ ܓܒܥܐ. ²⁰ܘܢܦܩܘ ܟܠ ܓܒܪ̈ܐ ܕܐܝܣܪܝܠ ܠܩܪܒܐ ܥܡ ܒܢܝܡܝܢ.
ܘܐܣܕܪܘ ܥܡܗܘܢ ܓܒܪ̈ܐ ܕܐܝܣܪܝܠ ܩܪܒܐ ܥܠ ܓܒܥܐ. ²¹ܘܢܦܩܘ ܒܢܝ̈ ܕܒܢܝܡܝܢ ܡܢ ܓܒܥܬܐ.
ܘܚܒܠܘ ܒܐܝܣܪܝܠ ܒܝܘܡܐ ܗܘ ܥܣܪܝܢ ܘܬܪܝܢ ܐܠܦܝܢ ܓܒܪܐ ÷ ܥܠ ܐܪܥܐ ܫܠܝܦܝ ܣܝܦܐ:
²²ܘܐܬܚܝܠܘ *ܥܡܐ ܓܒܪ̈ܐ ܕܐܝܣܪܝܠ. ܘܐܘܣܦܘ ܠܡܣܕܪܘ ܩܪܒܐ ܒܕܘܟܬܐ ܗܝ ܕܣܕܪܘ ܒܗ ܒܝܘܡܐ
57¹ ܗܘ ܩܕܡܝܐ: ²³ܘܣܠܩܘ ܒܢܝ̈ ܕܐܝܣܪܝܠ ܘܒܟܘ ܩܕܡ ܡܪܝܐ | ܥܕܡܐ ܠܪܡܫܐ. ܘܫܐܠܘ ܒܡܪܝܐ
ܟܕ ܐܡܪܝܢ «ܐܢ ܢܘܣܦ ܠܡܬܩܪܒܘ ܩܪܒܐ ܥܡ ܒܢܝ̈ ܕܒܢܝܡܝܢ ܐܚܘܢ ܕܝܠܢ»÷. ܘܐܡܪ ܡܪܝܐ «ܣܩܘ
ܠܘܬܗ»: ²⁴ܘܩܪܒܘ ܒܢܝ̈ ܕܐܝܣܪܝܠ ܠܘܬ ܒܢܝ̈ ܕܒܢܝܡܝܢ ܒܝܘܡܐ ܗܘ ܕܬܪܝܢ: ²⁵ܘܢܦܩܘ
ܒܢܝܡܝܢ ܠܐܘܪܥܗܘܢ ܡܢ ܓܒܥܐ ܒܝܘܡܐ ܗܘ ܕܬܪܝܢ. ܘܚܒܠܘ ܡܢ ܥܡܐ ܬܡܢܬܥܣܪ ܐܠܦܝܢ
ܓܒܪܐ ܥܠ ܐܪܥܐ. ܟܠܗܘܢ ܗܠܝܢ ܫܠܝܦܝ ܣܝܦܐ: ²⁶ܘܣܠܩܘ ܟܠܗܘܢ ܒܢܝ̈ ܕܐܝܣܪܝܠ
ܘܟܠܗ ܥܡܐ. ܘܐܬܘ ܠܒܝܬ ܐܝܠ. ܘܒܟܘ ܘܝܬܒܘ *ܬܡܢ ܩܕܡ ܡܪܝܐ. ܘܨܡܘ ܒܝܘܡܐ ܗܘ *ܥܕܡܐ
*ܠܪܡܫܐ. ܘܐܣܩܘ ܥܠܘ̈ܬܐ ܘܢܟܣ̈ܬܐ ܕܫܠܡܐ ܩܕܡ ܡܪܝܐ: ²⁷ܘܫܐܠܘ ܒܢܝ̈ ܕܐܝܣܪܝܠ ܒܡܪܝܐ. ܘܬܡܢ
ܗܘܬ ܩܒܘܬܐ ܕܩܝܡܐ ܕܡܪܝܐ ܒܝܘܡܬܐ ܗܢܘܢ: ²⁸ܘܦܢܚܣ ܒܪܗ ܕܐܠܥܙܪ ܒܪܗ °ܕܐܗܪܘܢ ܩܐܡ ܗܘܐ
57² ܩܕܡܘܗܝ ܒܝܘܡܬܐ ܗܢܘܢ ܟܕ ܐܡܪ «ܐܢ ܢܘܣܦ | ܬܘܒ ܠܡܦܩ ܠܩܪܒܐ ܥܡ ܒܢܝ̈ ܕܒܢܝܡܝܢ ܐܚܘܢ

6 ※ inseruit R, ܒ super ܝ vocis ܘܫܘܝܫܘܬܐ positus est in B: correxit R
7ᵐ ܗܒ B
8 ultra § ܗܒܘ paragraphi non signantur in B
9 signa addidit R
10 ܠܟܠܗܘܢ ܫܒܛܐ ※ B: correxit R
12 ܠܟܠܗ R, codicem ܕܟܠܗ habere adfirmans
13 ܠܡܩܛܠ ※ B: correxit R
18 signa mutavi: ܒܢܝ̈ ܒ ※ܕܒܢܝܡܝܢ B
20 ܕܒܢܝܡܝܢ vocis ܒܢܝܡܝܢ pr m in litura B
21 ܓܒܥܬܐ ܒ ܡܢ ※ B: correxit R
25 ad versum a ܠܘܩܒܠܗܘܢ incipientem Bᵐ ܡܢ
26 ܒ ܥܕܡܐ ※ ܠܪܡܫܐ ※ B in versu medio: tacitus correxit R

ܘܡܚܪ. ܐܘ ܐܬܬܠܝ܀. ܘܐܡܪ ܡܪܝܐ ܣܩܘ. ܘܡܚܪ ܐܫܠܡܝܢܘܢ ܒܐܝܕܝܟ: 29 ܘܣܡܘ ܒܢܝ
ܕܐܝܣܪܝܠ ܟܡܐܢܐ ܥܠ ܓܒܥܬܐ ܚܕܪܝܗ̇: 30 ܘܣܠܩܘ ܒܢܝ ܐܝܣܪܝܠ ܥܠ ܒܢܝܡܝܢ ܒܝܘܡܐ ܕܬܠܬܐ.
ܘܐܣܬܕܪܘ ܥܠ ܓܒܥܬܐ ܐܝܟ ܙܒܢܐ ܩܕܡܝܐ ܘܐܝܟ ܕܬܪܝܢ: 31 ܘܢܦܩܘ ܒܢܝ ܒܢܝܡܝܢ ܠܐܘܪܥܗ ܕܥܡܐ.
ܘܐܬܢܓܕܘ ܡܢ ܡܕܝܢܬܐ. ܘܫܪܝܘ ܠܡܩܛܠ ܡܢ ܥܡܐ ܩܛܝܠܐ ܐܝܟ ܙܒܢܐ ܩܕܡܝܐ ܘܐܝܟ ܕܬܪܝܢ ܒܐܘܪܚܬܐ.. ܚܕܐ
ܕܣܠܩܐ ܠܒܝܬ ܐܝܠ. ܘܚܕܐ ܕܓܒܥܬܐ ܒܚܩܠܐ.. ܐܝܟ ܬܠܬܝܢ ܓܒܪܐ ܡܢ ܐܝܣܪܝܠ:
32 ܘܐܡܪܘ ܒܢܝ ܒܢܝܡܝܢ ܕܡܬܬܒܪܝܢ ܗܠܝܢ ܩܕܡܝܢ ܐܝܟ ܕܡܢ ܩܕܡ: ܘܒܢܝ ܐܝܣܪܝܠ ܐܡܪܘ
ܢܥܪܘܩ. ܘܢܓܕܝܘܢ ܐܢܘܢ ܡܢ ܡܕܝܢܬܐ ܠܐܘܪܚܬܐ: 33 ܘܟܠܗ ܓܒܪܐ ܕܐܝܣܪܝܠ ܩܡܘ ܡܢ ܕܘܟܬܗܘܢ.
ܘܐܣܬܕܪܘ ܒܒܥܠ ܬܡܪ. ܘܟܡܐܢܐ ܕܐܝܣܪܝܠ ܡܬܓܠܐ ܗܘܐ ܡܢ | ܕܘܟܬܗ ܡܢ ܡܥܪܒܐ ܕܓܒܥܐ: 58[1]
34 ܘܐܬܘ ܡܢ ܠܘܩܒܠ ܓܒܥܐ ܥܣܪܐ ܐܠܦܝܢ ܓܒܪܝܢ ܓܒܝܐ ܡܢ ܟܠܗ ܐܝܣܪܝܠ. ܘܩܪܒܐ ܝܩܝܪ.
ܘܗܢܘܢ ܠܐ ܝܕܥܘ ܕܡܛܝܐ ܥܠܝܗܘܢ ܒܝܫܬܐ: 35 ܘܐܘܒܕ ܡܪܝܐ ܠܒܢܝܡܝܢ ܩܕܡ ܦܪܨܘܦܐ ܕܐܝܣܪܝܠ.
ܘܚܒܠܘ ܒܢܝ ܐܝܣܪܝܠ ܒܒܢܝܡܝܢ ܒܝܘܡܐ ܗܘ ܥܣܪܝܢ ܘܚܡܫܐ ܐܠܦܝܢ ܘܡܐܐ ܓܒܪܝܢ.. ܟܠܗܘܢ
ܗܠܝܢ ܫܠܦܝ ܣܝܦܐ: 36 ܘܚܙܘ ܒܢܝ ܒܢܝܡܝܢ ܕܐܬܒܪܘ. ܘܝܗܒܘ ܓܒܪܐ ܕܐܝܣܪܝܠ ܕܘܟܬܐ ܠܒܢܝܡܝܢ:
ܡܛܠ ܕܬܟܝܠܝܢ ܥܠ ܟܡܐܢܐ ܗܘ ܕܣܡܘ ܥܠ ܓܒܥܐ: 37 ܘܐܪܗܒܘ ܗܘ ܟܡܐܢܐ. ܘܐܬܦܫܛܘ ܘܡܚܘ ܠܟܠܗ̇
ܡܕܝܢܬܐ ܒܦܘܡܐ ܕܣܝܦܐ: 38 ܘܐܬܐ ܐܬܐ ܗܘܐ ܠܓܒܪܐ ܕܐܝܣܪܝܠ ܥܡ ܟܡܐܢܐ ܣܝܦܐ. ܕܢܣܩܘܢ
ܬܢܢܐ ܕܢܘܪܐ ※ ܡܢ ܡܕܝܢܬܐ: 39 ܘܗܦܟܘ ܓܒܪܐ ܕܐܝܣܪܝܠ ܒܩܪܒܐ. ܘܒܢܝܡܝܢ ܫܪܝ ܠܡܚܐ
ܘܠܡܩܛܠ | ܩܛܝܠܐ ܒܓܒܪܐ ܕܐܝܣܪܝܠ ܐܝܟ ܬܠܬܝܢ ܓܒܪܐ. ܡܛܠ ܕܐܡܪܘ ܬܒܝܪܝܢ ܩܕܡܝܢ 58[2]
※ ܗܢܘܢ ܩܕܡܝܢ ܐܝܟ ܩܪܒܐ ܗܘ ܕܡܢ ܩܕܡ: 40 ܘܢܘܪܐ ܫܪܝ ܠܡܣܩ ܡܢ ܡܕܝܢܬܐ.. ܥܡܘܕܐ
ܕܬܢܢܐ: ‖ ܘܚܪ ܒܢܝܡܝܢ ܠܒܣܬܪܗܘܢ. ܘܗܐ ܣܠܩ ܓܡܝܪܘܬܐ ܕܡܕܝܢܬܐ ܠܫܡܝܐ: 41 ܘܓܒܪܐ ܗܦܟܘ ܥܠܝܗܘܢ
ܕܐܝܣܪܝܠ ܗܦܟܘ. ܘܐܬܬܙܝܥܘ ܓܒܪܐ ܕܒܢܝܡܝܢ. ܘܚܙܘ ܕܡܛܝܐ ܥܠܝܗܘܢ ܒܝܫܬܐ: 42 ܘܐܬܦܢܝܘ ܩܕܡ
ܓܒܪܐ ܕܐܝܣܪܝܠ ܠܐܘܪܚܐ ܕܡܕܒܪܐ. ܘܩܪܒܐ ܐܕܪܟܗ. ܘܗܢܘܢ ܕܡܢ ܩܘܪܝܐ ܡܚܒܠܝܢ ܗܘܘ ܠܗ
°ܒܡܨܥܬܐ ܕܝܠܗܘܢ: 43 ܘܟܬܫܘܗܝ ܠܒܢܝܡܝܢ ܘܐܪܕܦܘܗܝ ܒܡܢܘܚܬܐ. ܘܕܫܘܗܝ ܥܕܡܐ
ܠܘܩܒܠ ܓܒܥܐ ܡܢ ܡܕܢܚ ܫܡܫܐ: 44 ܘܢܦܠܘ ܡܢ ܒܢܝܡܝܢ ܬܡܢܥܣܪ ܐܠܦܝܢ ܓܒܪܐ ܟܠܗܘܢ
ܟܠܗܘܢ ܗܠܝܢ ܓܒܪܐ ܚܝܠܬܢܐ: 45 ܘܐܬܦܢܝܘ ܘܥܪܩܘ ܠܡܕܒܪܐ ܥܠ ܫܘܥܐ ܕܪܡܘܢ. ܘܥܒܪܘ※ܗܘܝ
ܠܐܘܪܚܬܐ ܚܡܫܐ ܐܠܦܝܢ ܓܒܪܝܢ. ܘܕܒܩܘ | ܒܬܪܗ ܥܕܡܐ °ܠܓܕܥܘܡ. ܘܩܛܠܘ ܡܢܗ ܬܪܝܢ ܐܠܦܝܢ 59[1]
ܓܒܪܐ: 46 ܘܗܘܘ ܟܠܗܘܢ ܗܢܘܢ ܕܢܦܠܘ ܒܒܢܝܡܝܢ. ܥܣܪܝܢ ܘܚܡܫܐ ܐܠܦܝܢ ܓܒܪܝܢ ܫܠܦܝ
ܣܝܦܐ. ܟܠܗܘܢ ܕܝܢ ܗܘ ܗܘܘ ܗܠܝܢ ܓܒܪܐ ܚܝܠܬܢܐ. 47 ܘܐܬܦܢܝܘ ܘܥܪܩܘ ܠܡܕܒܪܐ ܥܠ
ܫܘܥܐ ܕܪܡܘܢ ܫܬܡܐܐ ܓܒܪܐ. ܘܝܬܒܘ ܒܫܘܥܐ ܕܪܡܘܢ ܐܪܒܥܐ ܝܪ̈ܚܝܢ: 48 ܘܓܒܪܐ ܕܐܝܣܪܝܠ ܗܦܟܘ ܥܠ
ܒܢܝ̈ܐ ܕܒܢܝܡܝܢ. ܘܡܚܘ ܐܢܘܢ ܒܦܘܡܐ ܕܣܝܦܐ ܡܢ ܡܕܝܢܬܐ ܠܡܕܝܢܬܐ ܥܕܡܐ ܠܒܥܝܪܐ.. ܥܕܡܐ
ܠܟܠ ܕܐܫܬܟܚ ܘܟܠܗܝܢ ܩܘܪܝܐ ܗܠܝܢ ܕܐܫܬܟܚ. °ܐܘܩܕܘ ܒܢܘܪܐ ܀
21 1 ܘܓܒܪܐ ܕܐܝܣܪܝܠ ܝܡܘ ܒܡܨܦܝܐ ܟܕ ܐܡܪܝܢ ܓܒܪܐ °ܡܢܢ ܠܐ ܢܬܠ ܒܪܬܗ ܠܒܢܝܡܝܢ
ܠܐܢܬܘ: 2 ܘܐܬܐ ܥܡܐ ܟܠܗ ܠܡܨܦܝܐ ܘܠܒܝܬ ܐܝܠ. ܘܝܬܒܘ ܬܡܢ ܥܕܡܐ ܠܪܡܫܐ ܩܕܡ ܐܠܗܐ.
ܘܐܪܝܡܘ ܩܠܗܘܢ ܘܒܟܘ | ܒܟܝܐ ܪܒܐ: 3 ܘܐܡܪܘ ܠܡܢܐ ܡܪܝܐ ܐܠܗܗ ܕܐܝܣܪܝܠ .. 59[2]
ܗܘܬ ܗܕܐ ܒܐܝܣܪܝܠ. ܕܢܬܚܣܪ ܝܘܡܢܐ ܡܢ ܐܝܣܪܝܠ ܫܒܛܐ ܚܕ܀: 4 ܘܗܘܐ ܒܝܘܡܐ ܕܒܬܪܗ.
ܘܩܕܡܘ ܥܡܐ ܘܒܢܘ ܬܡܢ ܡܕܒܚܐ. ܘܐܣܩܘ ܥܠܘܬܐ ܘܫܠܡܐ: 5 ܘܐܡܪܘ ܒܢܝ ܐܝܣܪܝܠ ܡܢܘ
ܕܠܐ ܣܠܩ ܒܟܢܘܫܬܐ ܡܢ ܟܠܗܘܢ ܫܒ̈ܛܐ ܕܐܝܣܪܝܠ ܠܘܬ ܡܪܝܐ. ܡܛܠ ܕܡܘܡܬܐ ܪܒܬܐ ܐܬܡܘܝܬ ܗܘܬ
ܥܠܘܗܝ ܕܠܐ ܣܠܩ ܠܘܬ ܡܪܝܐ ܠܡܨܦܝܐ ܟܕ ܐܡܪܝܢ ܡܡܬ ܢܡܘܬ: 6 ܘܐܬܬܘܝܘ ܒܢܝ ܐܝܣܪܝܠ
ܡܛܠ ܒܢܝܡܝܢ ܐܚܘܗܘܢ. ܘܐܡܪܘ ܐܬܦܣܩ ܝܘܡܢܐ ܫܒܛܐ ܚܕ ܡܢ ܐܝܣܪܝܠ: 7 ※ ܘܐܡܪܘ ܗܘ
ܡܢܐ ܢܥܒܕ ܠܗܘܢ ܠܗܠܝܢ ܕܐܫܬܚܪܘ ܠܢܫ̈ܐ. ܕܚܢܢ ܝܡܝܢ ܒܡܪܝܐ. ܕܠܐ ܢܬܠ ܠܗܘܢ ܡܢ ܒܢܬܢ ܕܢܗܘ̈ܝܢ

28 fin + ܗ B
33 ܡܥܪܒܐ B: correxit R
38 ܠܓܒܪܐ B: correxit R
40 ܣܩ B
45 ܗܘ addidit R
46 ܒܒܢܝܡܝܢ B: correxit R
47 ܗܘ possit ܗܘܝ videri
2 ܟܠܗ ܥܡܐ ܠܗ B: correxit R
3 super ܡܪܝܐ signum ÷ in B

ܒܢܫܐ܀ : ⁸ܘܐܡܪܘ »ܡܢ ܗܘ ܚܕ ܡܢ ܫܒܛܐ ܕܐܝܣܪܝܠ ܗܘ ܕܠܐ ܣܠܩ ܠܘܬ ܡܪܝܐ ܠܡܨܦܝܐ.·.« :
60¹ ܘܗܐ ܠܐ | ܐܬܐ ܓܒܪܐ ܠܡܫܪܝܬܐ ܡܢ ܝܒܝܫ ܕܓܠܥܕ ܠܟܢܫܐ: ⁹ܘܐܬܡܢܝܘ ܗܘܐ ܥܡܐ. ܘܗܐ ܠܐ ܐܝܬ
ܗܘܐ ܬܡܢ ܓܒܪܐ ܡܢ ܗܠܝܢ ܕܥܡܪܝܢ ܒܝܒܝܫ ܕܓܠܥܕ: ¹⁰ܘܫܕܪܘ ܬܡܢ ܟܢܘܫܬܐ ܬܪܥܣܪ ܐܠܦܝܢ
ܓܒܪܐ ܡܢ ܚܝܠܐ ܕܚܝܠܬܢܐ. ܘܦܩܕܘ ܐܢܘܢ ܟܕ ܐܡܪܝܢ »ܙܠܘ ܘܩܛܘܠܘ ܠܟܠܗܘܢ ܗܠܝܢ ܕܥܡܪܝܢ ܒܝܒܝܫ
ܕܓܠܥܕ ܒܦܘܡܐ ܕܣܝܦܐ ܘܠܢܫܐ ܘܠܛܠܝܐ: ¹¹ܘܗܢܐ ܦܬܓܡܐ ܗܘ ܕܬܥܒܕܘܢ. ܟܠܗ ܕܟܪܐ ܘܟܠܗ
ܐܢܬܬܐ ܕܝܕܥܐ ܡܫܟܒܐ ܕܕܟܪܐ. ܬܚܪܡܘܢ. ÷ ܒܬܘܠܬܐ ܕܝܢ ܕܒܬܘܠܘܬܗܝܢ↙ ܟܠܗܝܢ ܬܚܐܘܢ: ¹²ܘܐܫܟܚܘ
ܡܢ ܗܠܝܢ ܕܥܡܪܝܢ ܒܝܒܝܫ ܕܓܠܥܕ ܐܪܒܥܡܐܐ ܥܠܝܡܬܐ ܒܬܘܠܬܐ. ܗܠܝܢ ܕܠܐ ܐܬܝܕܥܝ ܓܒܪܐ
ܠܡܫܟܒܐ ܕܕܟܪܐ. ܘܐܝܬܝܘ ܐܢܝܢ ܠܡܫܪܝܬܐ ܠܫܝܠܘ ܗܝ ܕܐܝܬܝܗ ܒܐܪܥܐ ܕܟܢܥܢ: ¹³ܘܫܕܪܘ ܟܠܗ
60² ܟܢܘܫܬܐ ܘܡܠܠܘ ܥܡ ܒܢܝ ܒܢܝܡܝܢ ܗܢܘܢ ܕܒܫܘܥܐ ܕܪܡܘܢ. ܘܩܪܘ ܐܢܘܢ ܠܫܠܡܐ: | ¹⁴ܘܗܦܟܘ ܒܢܝܡܝܢ ܠܘܬ
ܒܢܝܐ ܕܐܝܣܪܝܠ ܒܙܒܢܐ ܗܘ. ܘܝܗܒܘ ܠܗܘܢ ܢܫܐ ܐܝܠܝܢ ܗܠܝܢ ܕܐܚܝܘ ܗܘܝ ܡܢ ܢܫܐ ܕܝܒܝܫ
ܕܓܠܥܕ. ܘܫܦܪܘ ܠܗܘܢ ܗܟܢܐ: ¹⁵ܘܥܡܐ °ܐܬܬܘܝ ܥܠ ܒܢܝܡܝܢ. ܡܛܠ ܕܥܒܕ ܗܘܐ ܡܪܝܐ
ܬܘܒܪܐ ܒܫܒܛܐ ܕܐܝܣܪܝܠ: ¹⁶ܘܐܡܪܘ ܩܫܝܫܐ ܕܟܢܘܫܬܐ »ܡܢܐ ܢܥܒܕ ܠܗܠܝܢ ܕܫܪܟܘ ܒܢܫܐ.·.
ܡܛܠ ܕܐܬܚܒܠܬ ܡܢ ܒܢܝܡܝܢ ܐܢܬܬܐ«: ¹⁷ܘܐܡܪܘ »ܝܪܬܘܬܐ ܡܫܘܙܒܬܐ ܠܒܢܝܡܝܢ. ܘܠܐ ܬܬܠܚܐ
ܫܒܛܐ ܡܢ ܐܝܣܪܝܠ: ¹⁸ܘܚܢܢ ܠܐ ܡܫܟܚܝܢܢ ܠܡܬܠ ܠܗܘܢ ܢܫܐ ܡܢ ܒܢܬܢ ܕܝܠܢ. ܡܛܠ ܕܝܡܝܢ
ܒܢܝܐ ܕܐܝܣܪܝܠ ܟܕ ܐܡܪܝܢ »ܠܝܛ ܗܘ ܗܘ ܕܝܗܒ ܐܢܬܬܐ ܠܒܢܝܡܝܢ«: ¹⁹ܘܐܡܪܘ »ܗܐ ܥܐܕܐ
ܠܡܪܝܐ ܒܫܝܠܘ ܡܢ ܙܒܢܐ ܠܙܒܢܐ. ܗܝ ܕܐܝܬܝܗ ܡܢ ܓܪܒܝܐ ܕܒܝܬ ܐܝܠ ܠܡܕܢܚܝܗ ܕܫܡܫܐ.
ܠܐܘܪܚܐ ܗܝ ܕܣܠܩܐ ܡܢ ܒܝܬ ܐܝܠ ܠܫܟܝܡ. ܘܡܢ ܬܝܡܢܐ ÷ ܕܠܒܢܢ↙ ܕܠܒܘܢܐ«: ²⁰ܘܦܩܕܘ
61¹ ܠܒܢܝܐ | ܕܒܢܝܡܝܢ ܟܕ ܐܡܪܝܢ »ܙܠܘ ܘܟܡܘܢܘ ܒܟܪܡܐ. ²¹ܘܚܙܘ. ܘܗܐ ܡܐ ܕܢܦܩܢ ܒܢܬܐ ܕܫܝܠܘ ܕܢܚܕܢ
ܒܚܕܘܬܐ ܒܟܢܪܐ ※ܒܪܩܕܐ↙. ܘܬܦܩܘܢ ܡܢ ܟܪܡܐ. ܘܬܚܛܦܘܢ ※ܠܟܘܢ↙ ܓܒܪܐ ܐܢܬܬܐ ܗܝ ܠܗ
ܡܢ ܒܢܬܐ ܕܫܝܠܘ. ܘܬܐܙܠܘܢ ܠܐܪܥܐ ܕܒܢܝܡܝܢ. ²²ܘܡܐ ܕܐܬܘ ܐܒܗܝܗܝܢ ܐܘ ܐܚܝܗܝܢ ܕܢܬܕܝܢܘܢ
ܥܡܟܘܢ. ܢܐܡܪ ܠܗܘܢ »ܐܬܪܚܡܘ ܥܠܝܗܘܢ. ܡܛܠ ܕܠܐ ܢܣܒܘ ܓܒܪܐ ܐܢܬܬܐ
ܕܝܠܗ ܒܩܪܒܐ. ܠܐ ܗܘܐ ܓܝܪ ܐܢܬܘܢ ܝܗܒܬܘܢ ܠܗܘܢ ܒܙܒܢܐ ܕܐܬܚܝܒܬܘܢ«: ²³ܘܥܒܕܘ ܗܟܢܐ ܒܢܝܐ
ܕܒܢܝܡܝܢ. ܘܢܣܒܘ ܢܫܐ ܐܝܟ ܡܢܝܢܗܘܢ ܕܝܠܗܘܢ ܡܢ ܗܠܝܢ ܕܚܛܦܘ. ܘܐܙܠܘ ܘܗܦܟܘ: ܘܐܬܘ
ܠܘܬ ܝܪܬܘܬܐ ܕܝܠܗܘܢ. ܘܒܢܘ ÷ ܠܗܘܢ↙ ܩܘܪܝܐ. ܘܝܬܒܘ ܒܗܝܢ: ²⁴ܘܐܙܠܘ° ܡܢ ܬܡܢ ܒܢܝܐ
ܫܠܡ ܠ ܒ ܗ 61² ܕܐܝܣܪܝܠ ܒܙܒܢܐ ܗܘ. ‖ ܓܒܪܐ ܠܫܒܛܗ ܕܝܠܗ ܘܠܐܪܥܗ ܘܠܫܪܒܬܗ ܕܝܠܗ. | ܘܢܦܩܘ
ܡܢ ܬܡܢ ܓܒܪܐ ܠܝܪܬܘܬܗ ܕܝܠܗ܀ ²⁵ܒܝܘܡܬܐ ܗܠܝܢ ܠܐ ܐܝܬ ܗܘܐ ܡܠܟܐ ܠܐܝܣܪܝܠ. ܓܒܪܐ ܗܘ
ܕܫܦܝܪ ܒܥܝܢܐ ܕܝܠܗ ܥܒܕ ܗܘܐ܀

62² | ܟܬܒܐ ܕܪܘܬ ܠܡܫܒܚܘܬܐ ܕܢܫܐ܀

1 ܐ ¹ܘܗܘܐ ܕܟܕ ܕܝܢܝܢ ܗܘܘ ܕܝܢܐ. ܗܘܐ [ܟܦܢܐ ܒܐܪܥܐ. ܘܐܙܠ] ܓܒܪܐ ܡܢ ܒܝܬ ܠܚܡ ܕܝܗܘܕܐ
ܠܡܬܬܘܬܒܘ ܒܚܩܠܐ ܕܡܘܐܒ. ܗܘ ܘܐܢܬܬܗ ܘ※ܬܪܝܗܘܢ↙ ܒܢܝܐ ܕܝܠܗ. ²ܘܫܡܗ ܕܓܒܪܐ
ܐܠܝܡܠܟ. ※ܘܫܡܗ ܕܐܢܬܬܗ ܢܥܡܝ↙ ܘܫܡܗܐ ܕܬܪܝܗܘܢ ܒܢܝܐ ܕܝܠܗ ܡܚܠܘܢ ܘܟܠܝܘܢ. ܐܦܪܬܝܐ
ܡܢ ܒܝܬ ܠܚܡ ܕܝܗܘܕܐ: ܘܐܬܘ ܠܚܩܠܐ ܕܡܘܐܒ. ܘܐܝܬܝܗܘܢ ܗܘܘ ܬܡܢ܀
ܒ ³ܘܡܝܬ ܐܠܝܡܠܟ ܓܒܪܗ ܕܢܥܡܝ. ܘܐܫܬܒܩܬ ܗܝ ܘܬܪܝܗܘܢ ܒܢܝܐ ܕܝܠܗ: ⁴ܘܢܣܒܘ ܠܗܘܢ
ܢܫܐ ܡܘܐܒܝܬܐ. ܫܡܐ ܕܚܕܐ ܥܪܦܐ. ܘܫܡܐ ܕܬܪܬܝܢܝܬܐ ܪܥܘܬ: ܘܝܬܒܘ ܬܡܢ ܐܝܟ ܥܣܪ ܫܢܝܢ:

8 ܫܒܛܐ et ܓܒܪܐ B
10 ܘܦܩܕܘ puncto diacritico in B caret
11 ※ܒܬܘܠܬܐ B: correxit R, qui ↙ proximum addidit
11 ※ܒܬܘܠܬܗ↙ B
14 post ܒܢܝܢ addit ܒܢܝܢ ܟܠܗ ÷ B
14 ante ܢܫܐ super versum ÷ B
15 ܫܒܛܐ B: correxit R
21 ※ܒܪܩܕܐ↙ B: correxit R
21 ↙ alterum addidit R
24 ܐܙܠ B
25 subscriptum ܫܠܡ ܟܬܒܐ ܕܫܦܛܐ et mox ܠܡܫܡܠܝܘܬܐ ܡܢ ܕܐܠܗܐ ܒܪ ܕܒܝܫܐ
1 non ܐ, sed ܐ ܟܕ B
1 quae uncis inclusa sunt, supplevit R

[5] ܘܡܝܬܘ ܐܦ ܬܪܝܗܘܢ .. ܡܚܠܘܢ ܘܟܠܝܘܢ. ܘܐܫܬܚܪܬ ܗܝ ܐܢܬܬܐ ܡܢ ܬܪܝܗܘܢ ܒܢ̈ܝܗ ܘܡܢ ܓܒܪܐ
63¹ ܕܝܠܗ: [6] ܘܩܡܬ ܗܝ ܘܬܪܬܝܗܝܢ ܟܠ̈ܬܗ | ܕܝܠܗ. ܘܗܦܟܘ ܡܢ ܐܬܪܐ ܕܡܘܐܒ. ܡܛܠ
ܕܫܡܥܬ ܒܐܬܪܐ ܕܡܘܐܒ ܕܣܥܪ ܡܪܝܐ ܠܥܡܐ ܕܝܠܗ. ܠܡܬܠ ܠܗܘܢ ܠܚܡܐ ܀
[7] ܘܢܦܩܬ ܡܢ ܕܘܟܬܐ ܐܝܟܐ ܕܐܝܬܝܗ ܗܘܬ. ܘܬܪܬܝܗܝܢ ܟܠ̈ܬܗ ܕܝܠܗ ܥܡܗ. ܘܐܙܠܝܢ ܗܘܝ
ܒܐܘܪܚܐ ܠܡܗܦܟܘ ܠܐܪܥܐ ܕܝܗܘܕܐ: [8] ܘܐܡܪܬ ܢܥܡܝ ܠܬܪܬܝܗܝܢ ܟܠ̈ܬܗ ܕܝܠܗ ※ܐܙܠܝܢ ܗܦܘܟܝ
ܗܦܘܟܝ ܟܠ ܚܕܐ ܠܒܝܬܐ ܕܐܡܗ ܕܝܠܗ. ܢܥܒܕ ܡܪܝܐ ܥܡܟܝܢ ܚܣܕܐ. ܐܝܟܐ ܕܥܒܕܬܝܢ ܥܡ ܗܠܝܢ
ܕܡܝܬܘ. ܘܥܡܝ: [9] ܢܬܠ ܡܪܝܐ ܠܟܝܢ ܕܬܫܟܚܢ ܢܝܚܐ ܟܠ ܚܕܐ ܒܒܝܬܐ ܕܓܒܪܐ
ܕܝܠܗ÷: ܘܢܫܩܬ ܐܢܝܢ. ܘܐܪܝܡܝ ܩܠܐ ܕܝܠܗܝܢ ܘܒܟܝܝܢ: [10] ܘܐܡܪܝ ܠܗ ÷ܥܡܟܝ ܢܗܦܘܟ ܠܥܡܐ
ܕܝܠܟܝ÷: [11] ܘܐܡܪܬ ܢܥܡܝ ÷ܗܦܘܟܝ ܒܢ̈ܬܝ.. ܒܢ̈ܬܐ ܕܝܠܝ. ܘܠܡܢܐ ܐܙܠܝܢ ܐܢܬܝܢ ܥܡܝ÷.
ܐܝܬ ܠܝ ܥܘܕ ܒܢ̈ܝܐ ܒܟܪܣܐ ܕܝܠܝ. ܘܢܗܘܘܢ ܠܟܝܢ ܠܓܒܪ̈ܐ÷. [12] ܗܦܘܟܝ ܒܢ̈ܬܝ.. ܒܢ̈ܬܐ ܕܝܠܝ
63² ※ܐܙܠܝܢ÷. ܡܛܠ ܕܣܒܬ | ܕܠܐ ܐܗܘܐ ܠܓܒܪܐ. ܡܛܠ ܕܐܡܪܬ ܕ«ܐܝܬ ܠܝ ܣܘܟܝܐ ܕܐܗܘܐ
※ܠܓܒܪܐ÷ ܠܓܒܪܐ. ܘܐܝܠܕ ܒܢ̈ܝܐ÷. [13] ܠܡܐ ܠܗܘܢ ܬܣܟܪܢ ܥܕܡܐ ܕܢܪܒܘܢ÷. ܐܘ ܠܗܘܢ
ܬܬܟܠܝܢ ܕܠܐ ܬܗܘܝܢ ܠܓܒܪܐ÷. ܠܐ ܒܢ̈ܬܝ.. ܒܢ̈ܬܐ ܕܝܠܝ. ܡܛܠ ܕܡܪܝܪ ܠܝ ※ܛܒ÷ ܝܬܝܪ ܡܢܟܝܢ:
ܡܛܠ ܕܢܦܩܬ ܒܝ ܐܝܕܗ ܕܡܪܝܐ÷: [14] ܘܐܪܝܡܝ ܩܠܐ ܕܝܠܗܝܢ ܘܒܟܝܝܢ ܬܘܒ: ܘܢܫܩܬ ܥܪܦܐ
ܠܚܡܬܗ. ܘܗܦܟܬ ܠܥܡܐ ܕܝܠܗ. ܐܘܪܘܬ ܕܝܢ ܢܩܦܬ ܠܗ ܀
[15] ܘܐܡܪܬ ܢܥܡܝ ܠܗ ܐܘܪܘܬ ܗܐ ܗܦܟܬ ܐܝܒܡܬܟܝ ܕܝܠܟܝ ܠܘܬ ܥܡܐ ܕܝܠܗ ܘܠܘܬ ܐܠܗܐ
ܕܝܠܗ: ܗܦܘܟܝ ÷ ܒܢ̈ܬܝ÷ ܐܦ ܐܢܬܝ ܒܬܪ ܐܝܒܡܬܟܝ ܕܝܠܟܝ÷: [16] ܐܡܪܬ ܕܝܢ ܐܘܪܘܬ ܠܐ ܬܦܓܥܝܢ
ܒܝ ܕܐܫܒܘܩܟܝ ܐܘ ܕܐܗܦܘܟ ܡܢ ܒܬܪܟܝ. ܡܛܠ ܕܠܐܝܟܐ ܕܐܙܠܐ ܐܢܬܝ ܐܙܠ. ܘܐܝܟܐ ܕܬܒܘܬܝܢ ܐܒܘܬ.
64¹ ܥܡܟܝ ܥܡܝ: ܐܠܗܟܝ ÷ ܐܠܗܝ÷: ܥܡܐ ܕܝܠܟܝ ܥܡܐ ܕܝܠܝ. ܘܐܠܗܐ | ܕܝܠܟܝ ܐܠܗܐ ܕܝܠܝ. [17] ܘܐܝܟܐ
ܕܬܡܘܬܝܢ ܐܡܘܬ. ܘܬܡܢ ܐܬܩܒܪ: ܗܟܢ ܢܥܒܕ ܡܪܝܐ ܠܝ. ܘܗܟܢ ܢܘܣܦ. ܕܡܘܬܐ ܢܦܪܘܫ
ܒܝܢܝ ܠܒܝܢܟܝ÷: [18] ܟܕ ܚܙܬ ܕܝܢ ÷ ܢܥܡܝ÷ ܕܡܬܚܝܠܐ ܗܝ ܠܡܐܙܠ ܥܡܗ. ܫܠܝܬ ܡܢ
ܕܬܡܠܠ ܥܡܗ ܬܘܒ ܀
[19] ܘܐܙܠܝ ܕܝܢ ܬܪܬܝܗܝܢ ܥܕܡܐ ܕܐܬܝ ܠܒܝܬ ܠܚܡ: ܘܗܘܐ ܟܕ ܥܠܝ ܠܒܝܬ ܠܚܡ ܘܐܡܪܬ ÷ܗܝ
ܐܝܠܝܢ ܢܥܡܝ÷: [20] ܘܐܡܪܬ ܠܗܝܢ ÷ܠܐ ܬܩܪܝܢܢܝ ܢܥܡܝ. ܩܪܝܢܢܝ ܡܪܝܪܬܐ. ܡܛܠ ܕܐܬܡܪܡܪ ܒܝ
ܗܘ ܕܡܫܟܚ ܗܘ. ܛܒ÷. [21] ܐܢܐ ÷ ܓܝܪ÷ ܡܠܝܬܐ ܐܙܠܬ. ܘܣܪܝܩܬܐ ܐܗܦܟܢܝ ܡܪܝܐ: ܘܠܡܢܐ ܩܪܝܢ
ܐܢܬܝܢ ܠܝ ܢܥܡܝ÷. ܘܡܪܝܐ ܡܘܟܟܢܝ. ܘܗܘ ܕܡܫܟܚ ܗܘ. ܐܒܐܫ ܠܝ÷ ܀ [22] ܘܗܦܟܬ ܢܥܡܝ ܘܐܘܪܘܬ
ܗܝ ܡܘܐܒܝܬܐ. ܟܠܬܐ ܕܝܠܗ. ※ܥܡܗ÷ ܡܢ ܩܘܪܝܐ ܡܢ ܐܬܪܐ ܕܡܘܐܒ. ܐܬܝ ܕܝܢ ܐܢܝܢ ܠܒܝܬ
64³ ܠܚܡ | ܒܪܫܐ ܕܚܨܕܐ ܕܣܥܪ̈ܐ ܀
[1] ܘܠܢܥܡܝ ܓܒܪܐ ܝܕܘܥܐ ܠܓܒܪܐ ܕܝܠܗ. ܗܘ ܕܝܢ ܓܒܪܐ ܓܢܒܪܐ ܗܘܐ ܒܚܝܠܐ. ܡܢ ܫܪܒܬܐ
ܕܐܒܝܡܠܟ. ܘܫܡܗ ܠܗ ܒܥܙ: [2] ܘܐܡܪܬ ܐܘܪܘܬ ÷ ܗܝ ܡܘܐܒܝܬܐ÷ ܠܘܬ ܢܥܡܝ ÷ܐܙܠ
ܠܚܩܠܐ. ܘܐܠܩܘܛ ܒܫܒܠ̈ܐ. ܡܢ ܒܬܪ ܗܘ ܕܐܫܟܚ ܛܝܒܘܬܐ ܒܥܝܢ̈ܘܗܝ ܕܝܠܗ÷: ܐܡܪܬ ܕܝܢ
÷ ܠܗ÷ ܢܥܡܝ ÷ܙܠܝ. ܒܪܬܝ÷: [3] ܘܐܙܠܬ ܗܝ ܕܝܢ ܘܠܩܛܬ ܒܚܩܠܐ ܒܬܪ ܚܨܘܕ̈ܐ. ܘܐܬܩܪܝܬ
ܒܡܢܬܐ ܕܚܩܠܐ ܕܒܥܙ ܗܘ ܕܡܢ ܫܪܒܬܐ ܕܐܒܝܡܠܟ: [4] ܘܗܐ ܒܥܙ ܐܬܐ ܡܢ ܒܝܬ
ܠܚܡ. ܘܐܡܪ ܠܚܨܘܕ̈ܐ ÷ܡܪܝܐ ܥܡܟܘܢ÷: ܘܐܡܪܘ ܠܗ ÷ܢܒܪܟܟ ܡܪܝܐ÷: [5] ܘܐܡܪ ܒܥܙ

8 ܕܐܬܝܗܝܢ※ et ܕܝܠܗ※ B: utrumque vocabulum in versu ineunte positum

8 ܕܥܒܕܬ B: correxit R

10 ܘܢܗܦܘܟ B

11 ܥܡܝ R, qui in B ܥܡܟ legi auctor est

13 ܬܬܟܠܝܢ B

13 ܠܓܒܪ̈ܐ B

13 post ܛܒ in B ÷ deest: correxit R

13 ܡܢܟܝ÷ B: correxit R

15 ܘܠܘܬܗ B: correxit R

15 post ܕܝܠܗ alterum in B ÷

15 ܒܢ̈ܬܝ÷ R: signum non habet B

16 ܕܐܫܒܘܩܟ B

16 ※ܐܠܗ÷ B: correxit R

17 ܐܬܩܒܪ B

20 ܩܪܝܢܢܝ ܡܪܝܪܬܐ B

20 ※ܛܒ÷ B: correxit R

22 ÷ addidit R

1 numerus ܐ in codice non notatus est, si exemplo meo fides

2 ÷ addidit R

2 ※ܠܗ÷ B: correxit R

ܠܚܨܘܕܐ ܕܝܠܗ ܗܘ ܕܩܐܡ ܗܘܐ ܥܠ ܚܨܘܕܐ܆ ܕܡܢ ܗܝ ܛܠܝܬܐ ܗܕܐ܀ : ⁶ܘܥܢܐ ܛܠܝܐ ܗܘ
65¹ ܕܩܐܡ ܗܘܐ | ܥܠ ܚܨܘܕܐ ܘܐܡܪ. ܘܐܡܪ ܗܝ ܛܠܝܬܐ ܡܘܐܒܝܬܐ ܐܝܬܝܗ. ܗܝ ܕܗܦܟܬ ܥܡ ܢܥܡܝ
ܡܢ ܐܓܘܪܐ ܕܡܘܐܒ. ⁷ܘܐܡܪܬ ܐܠܩܛ ܗܫܐ ܘܐܟܢܫ ܒܥܡܪܐ ܒܬܪ ܚܨܘܕܐ. ܘܐܬܬ
ܘܩܡܬ ܡܢ ܨܦܪܐ ܘܥܕܡܐ ܠܪܡܫܐ. ܠܐ ܐܢܚܬ ܒܚܩܠܐ ܩܠܝܠ܀ : ⁸ܘܐܡܪ ܒܘܥܙ ܠܘܬ ܪܥܘܬ ܠܐ
ܫܡܥܬܝ.. ܒܪܬܝ܀ ܠܐ ܬܐܙܠܝܢ ܠܡܠܩܛܘ ܒܚܩܠܐ ܐܚܪܢܐ. ܘܐܦ ܠܐ ܬܥܒܪܝܢ ܡܢ ܗܪܟܐ. ܗܪܟܐ ܕܒܩܝ
ܥܡ ܥܠܝܡܬܐ ܕܝܠܝ. ⁹ܥܝܢܝܟܝ ܕܝܠܟܝ ܒܚܩܠܐ ܐܝܟܐ ܕܚܨܕܝܢ. ܘܬܐܙܠܝܢ ܒܬܪܗܝܢ. ܗܐ ܦܩܕܬ ܠܥܠܝܡܐ
ܕܠܐ ܢܩܪܒܘܢ ܒܟܝ: ܘܐܡܬܝ ܕܨܗܝܬܝ ܐܙܠܝ. ܐܦ ܬܐܙܠܝܢ ܠܡܐܢܐ. ܘܬܫܬܝܢ ܡܢ ܐܝܟܐ ܕܡܠܝܢ ܥܠܝܡܐ܀ :
ܩܡ ܗ || ¹⁰ܘܢܦܠܬ ܥܠ ܦܪܨܘܦܗ ܕܝܠܗ ܘܣܓܕܬ ܥܠ ܐܪܥܐ. ܘܐܡܪܬ ܠܘܬܗ ܡܢܐ ܐܫܟܚܬ ܛܝܒܘܬܐ ܒܥܝܢܝܟ
65² ܕܝܠܟ. ܠܡܫܬܘܕܥܘ ܠܝ ܘܐܢܐ ܐܝܬܝ ܢܘܟܪܝܬܐ܀ : | ¹¹ܘܥܢܐ ܒܘܥܙ ܘܐܡܪ ܠܗ ܡܫܬܘܕܥܘ ܐܫܬܘܕܥ ܠܝ
※ܡܫܬܥܝܘ܁ ܗܠܝܢ ܕܥܒܕܬܝ ܥܡ ܚܡܬܟܝ ܕܝܠܟܝ ܡܢ ܒܬܪ ܕܡܝܬ ܓܒܪܐ ܕܝܠܟܝ. ܘ÷ܘܐܝܟܢܐ܁ ܫܒܩܬܝ
ܠܐܒܘܟܝ ܘܠܐܡܟܝ ܘܠܐܪܥܐ ܕܝܠܕܘܬܐ ܕܝܠܟܝ. ܘܐܬܝܬܝ ܠܘܬ ܥܡܐ ܗܘ ܕܠܐ ܝܕܥܬܝ ܗܘܝܬܝ ܡܢ ܐܬܡܠܝ ܘܡܢ ܠܩܕܡܐ:
¹²ܢܦܪܘܥ ܡܪܝܐ ܠܥܒܕܐ ܕܝܠܟܝ. ܘܬܗܘܐ ܐܓܪܐ ܕܝܠܟܝ ܫܠܡܐ ܡܢ ܡܪܝܐ ܐܠܗܐ ܕܐܝܣܪܝܠ. ܠܘܬ ܗܘ
ܕܐܬܝܬܝ ܠܡܬܛܫܝܘ ܬܚܝܬ ܟܢܦܘܗܝ ܕܝܠܗ܀ : ¹³ܗܝ ܕܝܢ ܐܡܪܬ ܐܫܟܚ ܛܝܒܘܬܐ ܒܥܝܢܝܟ ܕܝܠܟ.. ܡܪܝ ܕܝܠܝ.
ܡܛܠ ܕܒܝܐܬܢܝ. ܘܡܛܠ ܕܡܠܠܬ ܥܡ ܠܒܗ ܕܐܡܬܐ ܕܝܠܟ. ܘܗܐ ܐܢܐ ܗܘܝܬ ܐܝܟ ܚܕܐ ܡܢ ܐܡܗܬܐ ܕܝܠܟ܀ :
¹⁴ܘܐܡܪ ܠܗ ܒܘܥܙ ܗܐ ܫܥܬܐ ܗܝ ܕܠܡܐܟܠ. ܐܬܩܪܒܝ ܠܗܪܟܐ. ܘܬܐܟܠܝܢ ܡܢ ܠܚܡܐ. ܘܬܨܒܥܝܢ
ܦܬܬܐ ܕܝܠܟܝ ܒܚܠܐ܀. ܘܝܬܒܬ ܪܥܘܬ ܡܢ ܓܒܐ ܕܚܨܘܕܐ: ܘܩܛܦ ܠܗ ܒܘܥܙ °ܩܠܝܬܐ. ܘܐܟܠܬ
66¹ ܘܣܒܥܬ ܘܐܘܬܪܬ: | ¹⁵ܘܩܡܬ ܠܡܠܩܛܘ. ܘܦܩܕ ܒܘܥܙ ܠܥܠܝܡܐ ܕܝܠܗ ܟܕ ܐܡܪ ܐܦ ܒܝܬ ܥܡܪܐ
ܬܠܩܘܛ. ܘܠܐ ܬܟܠܡܘܢܗ. ¹⁶ܐܦ ܒܝܬ ܡܛܠܬܐ ܬܫܒܩܘܢ ܠܗ ܡܢ ܗܠܝܢ ܐܣܝܪܐ. ܘܬܠܩܘܛ
ܘܬܐܟܘܠ. ܘܠܐ ܬܟܐܘܢ ܒܗ܀ : ¹⁷ܘܠܩܛܬ ܒܚܩܠܐ ܥܕܡܐ ܠܪܡܫܐ. ܘܚܒܛܬ ܗܠܝܢ ܕܠܩܛܬ. ܘܗܘܐ
ܐܝܟ ܐܝܦܐ ܕܣܥܪܐ: ¹⁸ܘܫܩܠܬ ܘܥܠܬ ܠܡܕܝܢܬܐ. ܘܚܙܬ ܚܡܬܗ ܕܝܠܗ ܗܠܝܢ ܕܠܩܛܬ. ܘܐܦܩܬ
÷ܪܥܘܬ܁ ܝܗܒܬ ܠܗ ܗܠܝܢ ܕܐܘܬܪܬ ܡܢ ܗܠܝܢ ܕܣܒܥܬ: ¹⁹ܘܐܡܪܬ ܠܗ ܚܡܬܗ ܕܝܠܗ ܐܝܟܐ
ܠܩܛܬܝ ܝܘܡܢܐ܀ ܘܐܝܟܐ ܥܒܕܬܝ܀ ܢܗܘܐ ܗܘ ܕܐܫܬܘܕܥܟܝ ܡܒܪܟܐ܀. ܘܚܘܝܬ ܪܥܘܬ ܠܚܡܬܗ ܕܝܠܗ
ܐܝܟܐ ܥܒܕܬ. ܘܐܡܪܬ ܫܡܗ ܕܓܒܪܐ ܗܘ ܕܥܡܗ ܥܒܕܬ ܝܘܡܢܐ. ܒܘܥܙ܀ : ²⁰ܘܐܡܪܬ ܢܥܡܝ
66² ܠܟܠܬܐ ܕܝܠܗ ܒܪܝܟܐ ܗܘ ܠܡܪܝܐ. ܡܛܠ ܕܠܐ ܫܒܩ ܛܝܒܘܬܐ | ܕܝܠܗ ܥܡ ܚܝܐ ܘܥܡ
ܡܝܬܐ܀ : ܘܐܡܪܬ ܠܗ ܢܥܡܝ ܩܪܝܒ ܗܘ ܠܢ ܗܘ ܓܒܪܐ. ܡܢ ܦܪܘܩܝܢ ܕܝܠܢ ܗܘ܀ : ²¹ܘܐܡܪܬ
ܪܥܘܬ ܠܘܬ ܚܡܬܗ ܕܝܠܗ ܐܦ ܗܟܢܐ ܐܡܪ ܠܘܬܝ ܕܥܡ ܥܠܝܡܐ ܕܝܠܝ ܬܬܢܩܦܝܢ ܥܕܡܐ ܕܢܫܠܡܘܢ ܟܠܗ
ܚܨܕܐ ܗܘ ܕܐܝܬ ܠܝ܀ : ²²ܘܐܡܪܬ ܢܥܡܝ ܠܘܬ ܪܥܘܬ ܟܠܬܐ ܕܝܠܗ ܛܒܐ ܗܝ.. ܒܪܬܝ.. ܕܬܦܘܩܝܢ
ܥܡ ܥܠܝܡܬܐ ܕܝܠܗ. ܘܠܐ ܢܦܓܥܘܢ ܒܟܝ ܒܚܩܠܐ ܐܚܪܢܐ܀ : ²³ܘܐܬܩܢܦܬ ܪܥܘܬ ܠܥܠܝܡܬܗ ܕܒܘܥܙ
ܠܡܠܩܛܘ ܥܕܡܐ ܕܫܠܡ ܚܨܕܐ ܕܣܥܪܐ ܘ※ܚܨܕܐ܁ ܕܚܛܐ. ܘܝܬܒܬ ܥܡ ܚܡܬܗ ܕܝܠܗ ܀
3 ܣ ¹ܐܡܪܬ ܕܝܢ ܠܗ ܢܥܡܝ ܚܡܬܗ ܕܝܠܗ ܒܪܬܝ.. ܠܐ ܐܒܥܐ ܠܟܝ ܢܝܚܐ. ܐܝܟܢܐ ܕܢܛܐܒ ܢܗܘܐ
ܠܟܝ܀ ²ܘܗܫܐ. ܠܐ ܗܐ ܒܘܥܙ ܐܝܕܥܬܐ ܗܘ ܠܢ. ܗܘ ܕܐܬܬܢܝܬܝ ܗܘܝܬܝ ܥܡ ܥܠܝܡܬܐ ܕܝܠܗ܀ ܗܐ ܗܘ
67¹ ܕܪܐ ܐܕܪܐ ܕܣܥܪܐ ܒܗܢܐ ܠܠܝܐ: ³ܐܢܬܝ ܕܝܢ ܣܚܝ ܘܡܫܘܚܝ. ܘܠܒܫܝ ܠܒܘܫܐ | ܕܝܠܟܝ ܒܓܘܟܝ.
ܘܐܚܘܬܝ ܠܐܕܪܐ: ܠܐ ܬܬܝܕܥܝܢ ܠܓܒܪܐ ܥܕܡܐ ܕܢܫܠܡ ܠܡܐܟܠ ܘܠܡܫܬܐ. ⁴ܘܢܗܘܐ ܕܡܐ ܕܕܡܟ܀
ܘܬܕܥܝܢ ܠܕܘܟܬܐ ܐܝܟܐ ܕܕܡܟ ܬܡܢ. ܘܬܐܬܝܢ ܘܬܓܠܝܢ ܗܠܝܢ ܕܠܘܬ ܪܓܠܘܗܝ ܕܝܠܗ. ܘܬܕܡܟܝܢ. ܘܗܘ
ܢܘܕܥܟܝ ܗܠܝܢ ܕܬܥܒܕܝܢ܀ : ⁵ܐܡܪܬ ܕܝܢ ܪܥܘܬ ܠܘܬܗ ܟܠܗܝܢ ܗܠܝܢ ܕܐܡܪܬܝ ܠܝ. ܐܥܒܕ܀ :
⁶ܘܢܚܬܬ ܠܐܕܪܐ. ܘܥܒܕܬ ܐܝܟ ܟܠܗܝܢ ܗܠܝܢ ܕܦܩܕܬܗ ܚܡܬܗ ܕܝܠܗ: ⁷ܘܐܟܠ ܒܘܥܙ ※ܘܐܫܬܝ܁.
ܘܛܒ ܠܒܐ ܕܝܠܗ. ܘܐܬܐ ܠܡܕܡܟ ܒܣܛܪ ܕܓܘܪܐ. ܗܝ ܕܝܢ ܐܬܬ ܒܛܘܫܝܐ. ܘܓܠܬ ܗܠܝܢ ܕܠܘܬ
ܪܓܠܘܗܝ ܕܝܠܗ ※ܘܕܡܟܬ܁: ⁸ܗܘܐ ܕܝܢ ܒܦܠܓܗ ܕܠܠܝܐ. ܘܙܥ ܗܘ ܓܒܪܐ ܘܐܬܟܪܟ. ܘܗܐ ܐܢܬܬܐ
ܕܡܟܐ ܠܘܬ ܪܓܠܘܗܝ ܕܝܠܗ: ⁹ܐܡܪ ܕܝܢ ܡܢ ܗܝ ܐܢܬܝ܀ : ܗܝ ܕܝܢ ܐܡܪܬ ܐܢܐ ܐܝܬܝ ܪܥܘܬ.

10ᵐ ܩܡ ܗ B
11 ܁ addidit R
11 ÷ܘܐܝܟܢܐ܁ B: correxit R
14 ad ܒܚܠܐ Bᵐ teste R ܒܚܡܥܐ ܨܡܚ: ego dubitans ܐܘ ܒܚܡܥܐ ܚܡܝܥܐ et in fine signum legi quod imitari nequeo
16 ܬܟܐܘܢ B
21 ܗܟܢܐ R, ܗܟܢܐ B
23 ※ܘܚܨܕܐ ܕܚܛܐ܁ B: correxit R

67² [illegible] [10] [illegible]
[illegible]
[illegible] [11] [illegible]
[illegible]
[12] [illegible] [13] [illegible]
[illegible]
[illegible] [14] [illegible]
[illegible]
68¹ [15] [illegible]
[illegible] [16] [illegible]
[illegible] [17] [illegible]
[illegible] [18] [illegible]
[illegible]
[illegible]

[illegible] [1] [illegible]
[illegible]
[illegible] [2] [illegible]
68² [illegible] [3] [illegible]
[illegible] [4] [illegible]
[illegible]
[illegible]
[illegible] [5] [illegible]
[illegible]
[illegible] [6] [illegible]
69¹ [illegible]
[illegible] [7] [illegible]
[illegible]
[illegible]
[illegible] [8] [illegible]
[illegible]

[illegible] [9] [illegible]
[illegible] [10] [illegible]
69² [illegible]
[illegible]

[11] [illegible]
[illegible]
[illegible] [12] [illegible]

15 [illegible] B: correxit R
15 folium 68 lacerum: quae inter [ ] eduntur, supplevit R
16 [illegible] B: correxit R
1 [illegible] addidit R, ipsam vocem una cum signis delendam esse ratus
1 [illegible] ※ B
1 [illegible] B
1 [illegible] certus legi, [illegible] adfuisse (quod supplevit R) non credo
4 [illegible] ÷ R, [illegible] ※ B
5 [illegible] B: correxit R
6 [illegible] B
9 [illegible] B

ܠܝܗܘܕܐ. ܡܢ ܙܪܥܐ ܕܢܬܠ ܡܪܝܐ ܠܟ ܡܢ ܥܠܝܡܬܐ ܗܕܐ܀: [13]ܘܢܣܒܗ̇ ܒܥܙ ܠܪܥܘܬ. ܘܗܘܬ
ܠܗ ※ܠܐܢܬܬܐ. ܘܥܠ ܠܘܬܗ̇. ܘܝܗܒ ܠܗ̇ ܡܪܝܐ ܒܛܢܐ. ܘܝܠܕܬ ܠܗ ܒܪܐ: [14]ܘܐܡܪ̈ܝ ܢܫ̈ܐ
ܠܘܬ ܢܥܡܝ »ܡܒܪܟ ܗܘ ܡܪܝܐ ܗܘ ܕܠܐ ܫܒܩ ܠܟܝ ܝܘܡܢܐ ܦܪܘܩܐ. ܘܢܬܩܪܐ ܫܡܗ ܒܟܝ
70[1] ܒܐܝܣܪܝܠ. [15]ܘܢܗܘܐ ܠܟܝ | ܠܡܦܢܝܘ ܢܦܫܐ ܘܠܡܬܪܣܝܘ ܠܣܝܒܘܬܟܝ ܕܟܠܬܟܝ. ܡܛܠ ܕܟܠܬܐ
ܕܪܚܡܐ ܠܟܝ ܗܝ ܕܐܘܠܕܬܗ. ܐܝܬܝܗ̇. ܗܝ ܕܐܝܬܝܗ̇ ܛܒܬܐ ܠܟܝ ܝܬܝܪ ܡܢ ܫܒܥܐ ܒܢ̈ܝܐ܀: [16]ܘܢܣܒܬܗ
ܢܥܡܝ ܠܛܠܝܐ. ܘܣܡܬܗ ※ܗܘ ܠ ܒܥܘܒܗ̇. ܘܗܘܬ ܠܗ ܠܡܪܒܝܢܝܬܐ: [17]ܘܩܪ̈ܝܢ ܫܒ̈ܒܬܗ ܫܡܗ
ܕܝܠܗ ܟܕ ܐܡܪ̈ܢ »ܐܬܝܠܕ ܒܪܐ ܠܢܥܡܝ«. ܘܩܪܝ ܫܡܗ ܕܝܠܗ ܥܘܒܝܕ. ܗܢܘ ܐܒܘܗܝ ܕܐܝܫܝ ܐܒܘܗܝ
ܕܕܘܝܕ܀ [18]ܘܗܠܝܢ ܬܘܠܕ̈ܬܐ ܕܦܪܨ: ܦܪܨ ܐܘܠܕ ܠܚܨܪܘܢ. [19]ܘܚܨܪܘܢ ܐܘܠܕ °ܠܐܪܡ. ܘܐܪܡ ܐܘܠܕ ܠܥܡܝܢܕܒ.
[20]ܘܥܡܝܢܕܒ ܐܘܠܕ ܠܢܚܫܘܢ. ܘܢܚܫܘܢ ܐܘܠܕ ܠܣܠܡܘܢ. [21]ܘܣܠܡܘܢ ܐܘܠܕ ܠܒܥܙ. ܘܒܥܙ ܐܘܠܕ
ܠܥܘܒܝܕ. °ܘܥܘܒܝܕ ܐܘܠܕ ܠܐܝܫܝ. ܘܐܝܫܝ ܐܘܠܕ ܠܕܘܝܕ܀

52[1] | ܫܠܡ ܟܬܒܐ ܕܪ̈ܥܘܬ ܕܡܬܦܫܩܐ ܐܝܟ ܡܫܠܡܢܘܬܐ ܕܫܒܥܝܢ܀

ܡܠܟܐ ܐ܀

ܐ 1 [1]ܘܡܠܟܐ ܕܘܝܕ ܣܒ ܗܘܐ ܥܠ ܒܝܘܡܬܐ. ܘܡܟܣܝܢ ܗܘܘ ܠܗ ܒܠܒܘܫܐ. ܘܠܐ ܫܚܢ ܗܘܐ: [2]ܘܐܡܪܘ
*ܠܗ ܥܒ̈ܕܘܗܝ ܕܝܠܗ »ܢܒܥܘܢ ܠܡܪܢ ܕܝܠܢ ܡܠܟܐ ܥܠܝܡܬܐ ܒܬܘܠܬܐ. ܘܬܩܘܡ ܩܕܡ ܡܠܟܐ ※ܠ
ܡܫܡܫܢܘܬܐ. ܘܬܗܘܐ ܡܫܟܢܐ ܠܗ. ܘܬܕܡܟ *ܥܡܗ. ܘܢܫܚܢ ܡܪܢ ܕܝܠܢ ܡܠܟܐ܀: [3]ܘܒܥܘ
ܥܠܝܡܬܐ ܫܦܝܪܬܐ *ܡܢ ܟܠܗ ܬܚܘܡܐ ܕܐܝܣܪܝܠ. ܘܐܫܟܚܘ ܠܐܒܝܫܓ ܫܘܢܡܝܬܐ. ܘܐܝܬܝܘܗ̇ ܠܘܬ
ܡܠܟܐ: [4]ܘܗܝ ܥܠܝܡܬܐ ܫܦܝܪܐ ܗܘܬ ܥܕܡܐ ܠܚܕ. ܘܐܝܬܝܗ̇ ܗܘܬ ܡܫܡܫܢܝܬܐ ܠܡܠܟܐ. ܘܡܫܡܫܐ
ܗܘܬ ܠܗ. ܘܡܠܟܐ ܠܐ ܝܕܥܗ̇܀

ܡܠܟܐ ܒ܀

ܒ [5]ܘܐܕܘܢܝܐ ܒܪܗ ܕܚܓܝܬ *ܡܬܥܠܐ ܗܘܐ ܟܕ ܐܡܪ »ܐܢܐ ܐܡܠܟ«. ܘܥܒܕ ܗܘ ܠܗ ܡܪ̈ܟܒܬܐ ܘܦܪ̈ܫܐ
52[2] ܘܚܡܫܝܢ ܓܒܪ̈ܐ ܕܪ̈ܗܛܝܢ ܩܕܡܘܗܝ: | [6]ܘܠܐ ܟܠܝܗ ܐܒܘܗܝ ܕܝܠܗ ܘܠܐ ܡܕܡ ܟܕ ܐܡܪ »ܡܛܠ
ܡܢܐ ܐܢܬ *ܗܟܢܐ ܥܒܕܬ܀«: ܐܦ ܗܘ ܫܦܝܪ ܗܘܐ ܒܚܙܘܗ̇ ܛܒ. ܘܠܗ ܝܠܕܬ ܒܬܪ ܐܒܫܠܘܡ: [7]ܘܗܘܘ
ܡ̈ܠܐ ܕܝܠܗ ܥܡ ܝܘܐܒ ܒܪܗ ܕܨܪܘܝܐ ܘܥܡ ܐܒܝܬܪ ܟܗܢܐ. ܘܡܥܕܪܝܢ ܗܘܘ ܒܬܪ ܐܕܘܢܝܐ: [8]ܘܨܕܘܩ ܟܗܢܐ
ܘܒܢܝܐ ܒܪܗ ܕܝܗܘܝܕܥ ܘܢܬܢ ܢܒܝܐ ܘܫܡܥܝ ܘܪܥܝ ÷ܘܓܢܒܪ̈ܘܗܝ ܕܕܘܝܕ ܕܠܐ ܐܝܬܝܗܘܢ ܗܘܘ
*ܒܬܪ ܐܕܘܢܝܐ: [9]ܘܕܒܚ ܐܕܘܢܝܐ ܚܝ̈ܘܬܐ ܘܬܘܪ̈ܐ ܘܐܡܪ̈ܐ ܠܘܬ ܟܐܦܐ ܕܙܘܚܠܬ ܗܝ ܕܐܝܬܝܗ̇ ܗܘܬ ܠܘܬ
ܥܝܢ ܓܒܪܐ ܕܪܘܓܠ. ܘܩܪܐ ܠܟܠܗܘܢ ܐܚ̈ܘܗܝ ܕܝܠܗ ※ܗ ܠ ܠܒ̈ܢܝܐ ܕܡܠܟܐ܀ ܘܠܟܠܗܘܢ ܓܒܪ̈ܐ
ܕܝܗܘܕܐ ܠܥܒ̈ܕܘܗܝ ܕܡܠܟܐ. [10]ܘܠܢܬܢ ܢܒܝܐ ܘܠܒܢܝܐ ܘܠܓܢܒ̈ܪܐ ܘܠܫܠܝܡܘܢ ܐܚܐ ܕܝܠܗ ܠܐ ܩܪܐ:
53[1] [11]ܘܐܡܪ ܢܬܢ ܠܘܬ | *ܒܬܫܒܥ ܐܡܗ ܕܫܠܝܡܘܢ ܟܕ ܐܡܪ »*ܠܐ ܫܡܥܬܝ ܕܐܡܠܟ ܐܕܘܢܝܐ ܒܪܗ ܕܚܓܝܬ܀.
ܘܡܪܢ ܕܝܠܢ ܕܘܝܕ ܠܐ ܝܕܥ: [12]ܘܗܫܐ ܬܐ. ܐܡܠܟܟܝ ܗܟܝܠ ܡܠܟܐ. *ܘܦܪܘܩܝ ܢܦܫܐ ܕܝܠܟܝ ܘܕܒܪܟܝ

13 ܡܢܝ B^m
13 fin ※ܠܗ ܠ B: correxit R
15 ܘܡܬܪܣܝܢܘ B, si Roerdamio fides
21 ܘ vocis ܠܥܘܒܝܕ pr m super versum scripta
21 subscribitur ܫܠܡ ܪܥܘܬ܀. et deinceps folio 70[2] habentur haec: ܝܚܝܕܐ ܐܝܟ ܕܐܠܗܐ ܗܘ ܕܐܬܚܫܒ ܗܘܐ ܥܠܘܗܝ. ܢܥܡܝ ܗܘܐ ܠܗܘܢ ܗܘܝܐ: ܐܠܗܐ ܡܢ ܐܬܟܢܫ ܗܕܐ ܐܝܟ ܡܫܠܡܢܘܬܐ ܕܫܒ̈ܥܝܢ܀ et mox ܐܠܗܘܢ ܟܬܒܐ ܗܘܐ ܕܡܠܟ̈ܐ ܡܢܝܢܐ ܕܡܠܟܐ ܡܢܝ ܡܘܬܒܐ ܕܐܠܐ ܕܡܠܟܐ. ܟܠ ܐܝܟ ܕܡܠܠ ܠܗ ܠܡܠܟܐ ܗܘܐ ܕܡܠܐ ܠܗ ܐܘ ܕܢܠܗܘܢ ܡܢܗ ܐܘ ܕܢܬܩܢ ܡܢܗ. ܘܠܐ ܡܟܝܠ ܠܗ ܠܡܠܟܐ ܕܐܡܪ. ܗܘܐ ܚܕ ܕܐܝܬ ܡܠܟܐ ܕܫܟܢܐ ܕܐܠܗܐ ܐܠܗܘܢ ܠܗܘܢ ܕܡܠܟܐ ܠܗ ܠܚܠܘܢ. ܘܠܐ ܝܕܥ ܡܢܗ ܠܡ ܡܠܟܝ ܠܗ ܡܫܝܚܐ ܘܡܢܐ ܟܘܪܣܝܐ ܕܡܠܟܐ ܠܡܠܟܘܬܗ ܕܢܘܚܐ ܕܟܠܐ ܕܟܠܗܘܢ ܡܫܝܚܐ. ܐܡܝܢ. ܡܛܠ ܕܡܫܝܚܐ ܕܡܬܝܕܥ ܗܘܐ ܩܫܛܐ ܠܗܘܢ ܕܝܠ ܐܡܝܢ
1 in sinistro margine ܕܢܘܪ ܠܡܠܟܐ
2 ܠܡܠܟܐ ܠ ܐ
3 ܠܗ̇ ܠ ܗܘ | indice ad ܠܗ̇ adposito
5 ܡܬܥܠܐ ܗܘܐ
6 ܕܐܝܟ ܗܘܐ |
8 ܣܡܥܝ B
8 ܪܥܝ
11 | ܗܘ ܒܬ ܫܒܥ
11 ܫܡܥܬܝ ܗܘ ܐܠܐ ܐ indice ad ܫܡܥܬܝ adposito. ܐܠܐ praebet B
12 ܘܦܪܘܩܝ ܠ

ܘܕܒܪܟܝ ܫܠܝܡܘܢ: [13] ܙܠܝ ܥܘܠܝ ܠܘܬ ܡܠܟܐ ܕܘܝܕ. ܘܬܐܡܪܝܢ ܠܘܬܗ ܟܕ ܐܡܪܐ ܐܢܬܝ ›ܠܐ
ܐܢܬ .. ܡܪܝ ܕܝܠܝ ܡܠܟܐ .. ܝܡܝܬ ܠܐܡܬܟ ܕܟܕ ܐܡܪ ܐܢܬ ܕ›ܫܠܝܡܘܢ ܒܪܟܝ ܢܡܠܟ ܒܬܪܝ. ܘܗܘ
ܢܬܒ ܥܠ ܟܘܪܣܝܐ ܕܝܠܝ.·.‹. ܘܡܢܘ ܕܐܡܠܟ ܐܕܘܢܝܐ.·.‹. [14] ܘܗܐ ܟܕ ܡܡܠܠܐ ܐܢܬܝ ܬܡܢ
ܥܡ ܡܠܟܐ. ܐܦ ܐܢܐ ܐܥܘܠ ܒܬܪܟܝ ܘܐܡܠܐ ܡܠܝܟܝ‹: [15] ܘܥܠܬ °ܒܬܫܒܥ ܠܘܬ ܡܠܟܐ
°ܠܬܘܢܐ. ܘܡܠܟܐ ܣܒ ܗܘܐ ܛܒ. ܘܐܒܝܫܓ ܫܘܢܡܝܬܐ ܐܝܬܝܗ ܗܘܬ ܡܫܡܫܐ ܠܡܠܟܐ:
53² [16] ܘܐܬܟܪܥܬ *ܒܬܫܒܥ ܘܣܓܕܬ ܠܡܠܟܐ. | ܘܐܡܪ ܡܠܟܐ ›ܡܢܐ ܐܝܬ ܠܟܝ.·.‹: [17] ܗܝ ܕܝܢ ܐܡܪܬ
ܠܗ ›ܡܪܝ ܕܝܠܝ ÷ ܡܠܟܐ .. ܐܢܬ ܐܝܡܝܬ ܒܡܪܝܐ ܐܠܗܟ ܕܝܠܟ ܠܐܡܬܟ ÷ ܟܕ ܐܡܪ ܐܢܬ ※
ܕ›ܫܠܝܡܘܢ ܒܪܟܝ ܢܡܠܟ ܒܬܪܝ. ܘܗܘ ܢܬܒ ܥܠ ܟܘܪܣܝܐ ܕܝܠܝ‹. [18] ܘܗܫܐ ܗܐ ܐܕܘܢܝܐ ܐܡܠܟ.
ܘܐܢܬ .. ܡܪܝ ܕܝܠܝ ܡܠܟܐ .. ܠܐ ܝܕܥܬ: [19] ܘܕܒܚ ܬܘܪܐ *ܘܐܡܪܐ ܘܡܦܛܡܐ ܠܣܘܓܐܐ. ܘܩܪܐ ܠܟܠܗܘܢ
ܒܢܘ̈ܗܝ ܕܡܠܟܐ ܘܠܐܒܝܬܪ ܟܗܢܐ ܘܠܝܘܐܒ ܪܒ ܚܝܠܐ. ܘܠܫܠܝܡܘܢ ܥܒܕܟ ܕܝܢ ܠܐ ܩܪܐ: [20] ܘܐܢܬ ..
ܡܪܝ ܕܝܠܝ ܡܠܟܐ .. ܥܝ̈ܢܐ ܕܟܠܗ ܐܝܣܪܝܠ ܥܠܝܟ ܠܡܬܚܘܝܘ ܠܗܘܢ ܡܢܘ ܢܬܒ ܥܠ ܟܘܪܣܝܐ ܕܡܪܝ
ܕܝܠܝ ܡܠܟܐ ܡܢ ܒܬܪܗ: [21] ܘܢܗܘܐ ܕܟܕ ܢܫܟܘܒ ܡܪܝ ܕܝܠܝ ܡܠܟܐ ܥܡ ܐܒܗ̈ܘܗܝ ܕܝܠܗ. ܘܢܗܘܐ ܐܢܐ
54¹ ܘܒܪܝ ܕܝܠܝ ܫܠܝܡܘܢ *ܚܛܝ̈ܐ: [22] ܘܗܐ | ܟܕ ܗܝ ܡܡܠܠܐ ܥܡ ܡܠܟܐ. ܘܢܬܢ ܢܒܝܐ ܐܬܐ:
[23] ܘܐܘܕܥܘ ܠܡܠܟܐ ܕܐܡܪܝܢ ܕ›ܗܐ ܢܬܢ ܗܘ ܢܒܝܐ‹: ܘܥܠ *ܩܕܡ ܦܪܨܘܦܐ ܕܡܠܟܐ. ܘܣܓܕ ܠܡܠܟܐ
ܥܠ ܦܪܨܘܦܐ ܕܝܠܗ ܥܠ ܐܪܥܐ: [24] ܘܐܡܪ ܢܬܢ ›ܡܪܝ ܕܝܠܝ ܡܠܟܐ .. ܐܢܬ ܐܡܪܬ ܕ›ܐܕܘܢܝܐ ܢܡܠܟ
ܒܬܪܝ. ܘܗܘ ܢܬܒ ܥܠ ܟܘܪܣܝܐ ܕܝܠܝ‹. [25] ܕܢܚܬ ܝܘܡܢܐ ܘܕܒܚ ܬܘܪܐ *ܘܐܡܪܐ ܘܡܦܛܡܐ ܠܣܘܓܐܐ.
ܘܩܪܐ ܠܟܠܗܘܢ ܒܢܘ̈ܗܝ ܕܡܠܟܐ ܘܠܡܕܒܪ̈ܢܐ ܕܚܝܠܐ ܘܠܐܒܝܬܪ ܟܗܢܐ. ܘܗܐ ܐܝܬܝܗܘܢ ܐܟܠܝܢ ܘܫܬܝܢ
ܩܕܡܘܗܝ. ܘܐܡܪܘ ›ܢܚܐ ܡܠܟܐ ܐܕܘܢܝܐ‹: [26] ܘܠܝ ܥܒܕܟ ܕܝܠܟ ܘܠܨܕܘܩ ܟܗܢܐ ܘܠܒܢܝܐ ܒܪ
ܝܘܝܕܥ ܘܠܫܠܝܡܘܢ ܥܒܕܟ ܠܐ ܩܪܐ: [27] ܐܠܐ ܡܢ ܡܪܝ ܕܝܠܝ ܡܠܟܐ ܗܘܬ ܡܠܬܐ ܗܕܐ. ܘܠܐ
54² ܐܘܕܥܬ ܠܥܒܕܟ ܕܝܠܟ | ܡܢܘ ܢܬܒ ܥܠ ܟܘܪܣܝܐ ܕܡܪܝ ܕܝܠܝ ܡܠܟܐ ܡܢ ܒܬܪܗ.·.‹: [28] ܘܥܢܐ ܡܠܟܐ
ܕܘܝܕ ܘܐܡܪ ›ܩܪܘ ܠܝ ܠܒܬܫܒܥ‹: ܘܥܠܬ ܩܕܡ ܡܠܟܐ ܘܩܡܬ *ܩܕܡܘܗܝ: [29] ܘܝܡܐ ܡܠܟܐ
ܘܐܡܪ ›ܚܝ ܗܘ ܡܪܝܐ ܗܘ ܕܦܪܩܗ ܠܢܦܫܝ ܕܝܠܝ ܡܢ ܟܠ ܐܘܠܨܢܐ. [30] ܕܐܝܟܢܐ ܕܝܡܝܬ ܠܟܝ ܒܡܪܝܐ
ܐܠܗܐ ܕܐܝܣܪܝܠ ܟܕ ܐܡܪ ܐܢܐ ܕ›ܫܠܝܡܘܢ ܒܪܟܝ ܢܡܠܟ ܒܬܪܝ. ܘܗܘ ܢܬܒ ܥܠ ܟܘܪܣܝܐ ܕܝܠܝ
ܚܠܦܝ‹. ܕܗܟܢܐ ܐܥܒܕ ܝܘܡܢܐ ܗܢܐ‹: [31] ܘܐܬܟܪܥܬ ܒܬܫܒܥ ܥܠ ܦܪܨܘܦܗ ܥܠ ܐܪܥܐ ܘܣܓܕܬ
ܠܡܠܟܐ ܘܐܡܪܬ ›ܢܚܐ ܡܪܝ ܕܝܠܝ ܡܠܟܐ ܕܘܝܕ ܠܥܠܡ‹: [32] ܘܐܡܪ ܡܠܟܐ ܕܘܝܕ ›ܩܪܘ ܠܝ ܠܨܕܘܩ
ܟܗܢܐ ܘܠܢܬܢ ܢܒܝܐ ܘܠܒܢܝܐ ܒܪܗ ܕܝܘܝܕܥ‹: ܘܥܠܘ ܩܕܡ ܡܠܟܐ: [33] ܘܐܡܪ ܠܗܘܢ ܡܠܟܐ ›ܕܒܪܘ
55¹ ܥܡܟܘܢ ܠܥܒ̈ܕܐ ܕܡܪܟܘܢ. ܘܐܪܟܒܘ ܠܫܠܝܡܘܢ ܒܪܝ ܕܝܠܝ ܥܠ | ܟܘܕܢܝܐ ܕܝܠܝ ܘܐܚܬܘܗܝ
*ܠܓܝܘܢ: [34] ܘܢܡܫܚܝܘܗܝ ܬܡܢ ܨܕܘܩ ܟܗܢܐ ܘܢܬܢ ܢܒܝܐ ܠܡܠܟܐ ܥܠ ܐܝܣܪܝܠ. ܘܬܩܥܘ
ܒܩܪܢܐ ܘܬܐܡܪܘܢ ›ܢܚܐ ܡܠܟܐ ܫܠܝܡܘܢ‹: [35] ※ܠ ܘܬܣܩܘܢ ܒܬܪܗ. ܘܢܥܘܠ ܘܢܬܒ ܥܠ ܟܘܪܣܝܐ
ܕܝܠܝ ܘܗܘ ܢܡܠܟ ܚܠܦܝ. *ܘܐܢܐ ܦܩܕܬ ܕܢܗܘܐ ܪܫܐ ܥܠ ܐܝܣܪܝܠ ܘܥܠ ܝܗܘܕܐ‹: [36] ܘܥܢܐ ܒܢܝܐ
ܒܪܗ ܕܝܘܝܕܥ ܠܡܠܟܐ ܘܐܡܪ ›ܠܢܗܘܐ*. ܗܟܢܐ ܢܫܪܪ ܡܪܝܐ ܐܠܗܐ ܕܡܪܝ ܕܝܠܝ ܡܠܟܐ: [37] ܐܝܟܢܐ
ܕܐܝܬܘܗܝ ܗܘܐ ܡܪܝܐ ܥܡ ܡܪܝ ܕܝܠܝ ܡܠܟܐ. ܗܟܢܐ ܢܗܘܐ ܥܡ ܫܠܝܡܘܢ. ܘܢܪܘܪܒ ܟܘܪܣܝܐ ܕܝܠܗ
ܝܬܝܪ ܡܢ ܟܘܪܣܝܐ ܕܡܪܝ ܕܝܠܝ ܡܠܟܐ ܕܘܝܕ‹: [38] ܘܢܚܬ ܨܕܘܩ ܟܗܢܐ ܘܢܬܢ ܢܒܝܐ ܘܒܢܝܐ ܒܪܗ ܕܝܘܝܕܥ
*ܘܟܪܬܝ ܘܦܠܬܝ. ܘܐܪܟܒܘ ܠܫܠܝܡܘܢ ܥܠ ܟܘܕܢܝܐ ܕܡܠܟܐ ܕܘܝܕ ܘܐܘܒܠܘܗܝ ܠܓܝܘܢ: [39] ܘܢܣܒ
55² ܨܕܘܩ ܟܗܢܐ ܩܪܢܐ | ܕܡܫܚܐ ܡܢ ܡܫܟܢܐ. ܘܡܫܚܗ ܠܫܠܝܡܘܢ ܘܬܩܥܘ ܒܫܝܦܘܪܐ. ܘܐܡܪ ܟܠܗ ܥܡܐ ›ܢܚܐ
ܡܠܟܐ ܫܠܝܡܘܢ‹: [40] ܘܣܠܩܘ ܟܠܗ ܥܡܐ ܒܬܪܗ. ※ܘܥܡܐ ܡܙܡܪ ܗܘܐ ܒܫܒܘܪ̈ܐ ܘܚܕܐ ܗܘܐ
ܚܕܘܬܐ ܪܒܬܐ. ܘܐܬܪܥܬ ܐܪܥܐ ܒܩܠܐ ܕܝܠܗܘܢ: [41] ܘܫܡܥ ܐܕܘܢܝܐ ܘܟܠܗܘܢ ܩܪ̈ܝܐ ܕܝܠܗ. ܘܗܢܘܢ

16 ܒܪ ܡܠܟܐ : ܡܢ ܒܡܠܟܐ ܥܕܡܐ
19 ܦ ܡܦܛܡܐ descripsi : ܡܦܛܡܐ ܦ F
21 ܒܡܠܟܐ ܗܢܝ ܥܕܡܐ nomine non adposito
23 ܠ ܩܕܡܘܗܝ
25 ܦ ܡܦܛܡܐ [sic]
28 ܦ ܩܕܡ ܡܠܟܐ
32 ܡܡܠܠܐ ܕܡܠܟܐ ܠܡܠܟܐ ܒܪܚܡܐ ܕܡܠܟܐ B in margine ad 31 adscriptum
33 ܐ ܠܗ
35 ܐ ܡܢ ܠ ܘܠܗ
36 ܐ ܡܢ ܐܡܝܢ ܢܗܘܐ ܐܡܪ ܐܠܗܐ ܕܡܪܝ ܕܝܠܝ ܡܠܟܐ
38 ܦ ܟܪܬܝ ܦܠܬܝ

ܘܫܡܥܗ ܝܘܐܒ: ܘܢܩܫ ܩܠܐ ܕܩܪܢܐ ܘܐܡܪ »ܡܢܘ ܩܠܐ ܕܡܕܝܢܬܐ ܕܪܓܫܐ«: ⁴²ܘܥܕ ܗܘ
ܡܡܠܠ. ܗܐ ܝܘܢܬܢ ܒܪܗ ܕܐܒܝܬܪ ܟܗܢܐ ܐܬܐ. ܘܐܡܪ ܐܕܘܢܝܐ »ܥܘܠ. ܡܛܠ ܕܓܒܪܐ ܕܚܝܠܐ
ܐܢܬ. ܘܛܒܬܐ ܡܣܒܪ ܐܢܬ«: ⁴³ܘܥܢܐ ܝܘܢܬܢ ܘܐܡܪ ※ܠܗ ܠܐܕܘܢܝܐ↙ »*ܘܒܫܪܝܪ. ܡܪܢ ܕܝܢ ܡܠܟܐ
ܕܘܝܕ ܐܡܠܟ ܠܫܠܝܡܘܢ: ⁴⁴ܘܫܕܪ ܥܡܗ ܡܠܟܐ ܠܨܕܘܩ ܟܗܢܐ ܘܠܢܬܢ ܢܒܝܐ ܘܠܒܢܝܐ ܒܪܗ
ܕܝܗܘܝܕܥ ܘܠܟܪܝܬܝ ܘܠܦܠܝܬܝ. ܘܐܪܟܒܘܗܝ ܥܠ | ܟܘܕܝܐ ܕܡܠܟܐ: ⁴⁵ܘܡܫܚܘܗܝ ܨܕܘܩ ܟܗܢܐ ܘܢܬܢ 56¹
ܢܒܝܐ ܠܡܠܟܐ ܒܓܝܚܘܢ. ܘܣܠܩܘ ܡܢ ܬܡܢ ܟܕ ܚܕܝܢ. ܘܐܬܪܓܫܬ ܡܕܝܢܬܐ: ܗܢܘ ܩܠܐ ܗܘ ܕܫܡܥܬܘܢ:
⁴⁶ܘܐܦ ܝܬܒ ܫܠܝܡܘܢ ܥܠ ܟܘܪܣܝܐ ܕܡܠܟܘܬܐ: ⁴⁷ܘܐܦ ܥܠܘ ܥܒܕܘܗܝ ܕܡܠܟܐ ܠܡܒܪܟܘ ܠܡܪܢ
ܕܝܠܢ ܠܡܠܟܐ ܕܘܝܕ ܟܕ ܐܡܪܝܢ »ܢܛܒ ܐܠܗܐ ※ܕܝܠܟ↙ ܠܫܡܗ ܕܫܠܝܡܘܢ ܒܪܐ ÷ ܕܝܠܟ↙ ܝܬܝܪ ܡܢ
ܫܡܐ ܕܝܠܟ. ܘܢܪܘܪܒ ܠܟܘܪܣܝܐ ܕܝܠܗ ܝܬܝܪ ܡܢ ܟܘܪܣܝܐ ܕܝܠܟ«: ܘܣܓܕ ܡܠܟܐ ܥܠ ܥܪܣܐ
ܕܝܠܗ: ⁴⁸ܘܐܦ ܗܟܢܐ ܐܡܪ ܡܠܟܐ »ܡܒܪܟ ܗܘ ܡܪܝܐ ܐܠܗܐ ܕܐܝܣܪܐܝܠ ܗܘ ܕܝܗܒ ܝܘܡܢܐ ÷ ܡܢ
÷ ܙܪܥܐ ܕܝܠܝ↙ ܕܢܬܒ ܥܠ ܟܘܪܣܝܐ ܕܝܠܝ. ܘܥܝܢܐ ܕܝܠܝ ܚܙܝܢ«: ⁴⁹ܘܐܬܬܙܝܥܘ ܟܠܗܘܢ ܩܪܝܐ
ܕܐܕܘܢܝܐ. ܘܐܙܠ ܓܒܪܐ ܠܐܘܪܚܐ ܕܝܠܗ: ⁵⁰ܘܐܕܘܢܝܐ ܕܚܠ | ܡܢ ܩܕܡ ܦܪܘܨܘܦܐ ܕܫܠܝܡܘܢ. ܘܩܡ ܘܐܙܠ ܘܐܚܕ 56²
ܒܩܪܢܬܐ ܕܡܕܒܚܐ: ⁵¹ܘܐܬܬܚܘܝ ܠܫܠܝܡܘܢ ܟܕ ܐܡܪܝܢ »ܗܐ ܐܕܘܢܝܐ ܕܚܠ ܡܢ ܡܠܟܐ ܫܠܝܡܘܢ ܘܐܚܝܕ
ܠܩܪܢܬܐ ܕܡܕܒܚܐ ܟܕ ܐܡܪ »ܢܐܡܐ ܠܝ * ܝܘܡܢܐ ܡܠܟܐ ܫܠܝܡܘܢ. ܐܢ ܠܐ ܡܩܛܠ ܠܥܒܕܐ ܕܝܠܗ
ܒܣܝܦܐ«: ⁵²ܘܐܡܪ ܫܠܝܡܘܢ »ܐܢ ܢܗܘܐ ܠܒܪܐ ܕܚܝܠܐ. *ܐܦ ܠܐ ܡܢ ܣܥܪܐ ܕܪܫܗ ܥܠ ܐܪܥܐ.
ܘܐܢ ܒܝܫܬܐ ܢܫܬܟܚ ܒܗ. ܢܡܘܬ«: ⁵³ܘܫܕܪ ܡܠܟܐ ܫܠܝܡܘܢ ܘܐܚܬܗ ܡܢ ܠܥܠ ܡܢ ܡܕܒܚܐ.
ܘܥܠ ܘܣܓܕ ܠܡܠܟܐ ܫܠܝܡܘܢ: ܘܐܡܪ ܠܗ ܫܠܝܡܘܢ »ܙܠ ܠܒܝܬܐ ܕܝܠܟ«:

ܫܠܡ ܐ ܀

2 ܒ ¹ܘܩܪܒܘ ܝܘܡܬܗ ܕܕܘܝܕ ܠܡܡܬ. *ܘܦܩܕ ܟܕ ܐܡܪ ܠܫܠܝܡܘܢ ܒܪܗ ܕܝܠܗ ²»ܐܢܐ ÷ ܐܙܠ ܐܢܐ↙
ܐܢܐ ܒܐܘܪܚܐ ܕܟܠܗ ܐܪܥܐ. ܘܬܬܚܝܠ ܘܬܗܘܐ ܠܓܒܪܐ. ³ܘܬܛܪ *ܡܛܪܬܐ ܕܡܪܝܐ ܐܠܗܐ ܕܝܠܟ
ܠܡܗܠܟܘ | ܒܐܘܪܚܬܐ ܕܝܠܗ. ܠܡܛܪ ܦܘܩܕܢܐ ܕܝܠܗ ܘܢܡܘܣܐ ܘܕܝܢܐ ※ܗܘ ܐ ܘܣܗܕܘܬܐ ܕܝܠܗ↙ 57¹
*ܐܝܟ ܕܟܬܝܒ ܒܢܡܘܣܐ ܕܡܘܫܐ. ܐܝܟܢܐ ܕܬܣܬܟܠ ※ܒܟܠܗܝܢ↙ ܗܠܝܢ ܕܬܥܒܕ ܐܢܬ. ܘܐܝܟ ܟܠܗܝܢ
ܗܠܝܢ ܕܦܩܕ ܐܢܐ ܠܟ: ⁴ܐܝܟܢܐ ܕܢܩܝܡ ܡܪܝܐ ܠܡܠܬܐ ܕܝܠܗ ܗܝ ܕܡܠܠ ܡܢ ܩܕܡ ܕܐܡܪ »ܕܐܢ ܢܛܪܘܢ
ܒܢܝܐ ܕܝܠܟ ܠܐܘܪܚܐ ܕܝܠܗܘܢ. ܠܡܗܠܟܘ ܩܕܡܝ ܒܫܪܪܐ ܒܟܠܗ ܠܒܐ ܕܝܠܗܘܢ ܘܒܟܠܗ ܢܦܫܗܘܢ.
*ܠܐ ܢܬܒܛܠ ܠܟ ܓܒܪܐ ܡܢ ܥܠ ܟܘܪܣܝܐ ܕܐܝܣܪܐܝܠ«: ⁵ܐܦ ܐܢܬ ܝܕܥ ܐܢܬ ܐܝܟ ܕܥܒܕ ܠܝ
ܝܘܐܒ ܒܪܗ ܕܨܪܘܝܐ. ܕܥܒܕ ܠܬܪܝܢ ܪܝܫܐ ܕܚܝܠܘܬܐ ܕܐܝܣܪܐܝܠ.. ܠܐܒܢܝܪ ܒܪܗ ܕܢܝܪ ܘܠܥܡܫܐ ܒܪܗ
ܕܝܬܪ.. ܘܩܛܠ ܐܢܘܢ. ܘܐܫܕ ܕܡܐ ܕܩܪܒܐ ※ܒܫܝܢܐ↙. ※ܘܝܗܒ ܕܡܐ ܙܟܝܐ↙ ܒܚܘܨܪܐ ܕܝܠܗ ܗܘ ܕܥܠ
ܚܨܘܗܝ. ܘܒܡܣܐܢܐ ܕܝܠܗ ܗܘ ܕܒܪܓܠܘܗܝ: ⁶ܘܬܥܒܕ ܐܝܟ ܚܟܡܬܐ ܕܝܠܟ. ܘܠܐ ܬܚܬ | ܣܝܒܘܬܗ 57²
ܕܝܠܗ ܒܫܝܢܐ ܠܫܝܘܠ: ⁷ܘܠܒܢܘܗܝ ܕܒܪܙܠܝ ܓܠܥܕܝܐ ܬܥܒܕ ܚܣܕܐ. ܘܢܗܘܘܢ ܥܡ ܐܟܠܝ ܦܬܘܪܐ
ܕܝܠܟ: ܡܛܠ ܕܗܟܢܐ ܐܬܩܪܒܘ ܠܝ ܟܕ ܥܪܩ ܐܢܐ ܡܢ ܩܕܡ ܐܒܫܠܘܡ ܐܚܘܟ: ⁸ܘܗܐ ܥܡܟ
ܫܡܥܝ ܒܪܗ ܕܓܪܐ ܒܪ ܝܡܝܢܐ ܡܢ ܒܚܘܪܝܡ. ܘܗܘ ܠܛܢܢܝ ܠܘܛܬܐ ܡܪܝܪܬܐ ܒܝܘܡܐ ܕܒܗ
ܐܙܠܬ ܠܡܚܢܝܡ *ܠܡܫܪܝܬܐ. ܘܗܘ ܢܚܬ ܠܐܘܪܥܝ ܕܝܠܝ ܠܝܘܪܕܢܢ. ܘܝܡܝܬ ܠܗ ܒܡܪܝܐ ܟܕ ܐܡܪ ܐܢܐ »ܐܢ
ܐܩܛܘܠ ܒܣܝܦܐ«: ⁹ܘܠܐ ܬܚܣܝܘܗܝ. ܡܛܠ ܕܓܒܪܐ ܚܟܝܡܐ ܐܝܬܝܟ ܐܢܬ. ܘܬܕܥ ܗܠܝܢ ܕܬܥܒܕ
ܠܗ. ܘܬܚܬ ܣܝܒܘܬܗ ܕܝܠܗ ܒܕܡܐ ܠܫܝܘܠ«: ¹⁰ܘܫܟܒ ܕܘܝܕ ܥܡ ܐܒܗܘܗܝ ܕܝܠܗ. ܘܐܬܩܒܪ ܒܡܕܝܢܬܐ
ܕܕܘܝܕ: ¹¹ܘܝܘܡܬܐ ܕܐܡܠܟ ܕܘܝܕ ܥܠ ܐܝܣܪܐܝܠ. ܐܪܒܥܝܢ ܫܢܝܢ. ܒܚܒܪܘܢ ܐܡܠܟ ܫܒܥ ܫܢܝܢ.
ܘܒܐܘܪܫܠܡ ܐܡܠܟ ܬܠܬܝܢ | ܘܬܠܬ ܫܢܝܢ:

41 ܘܫܡܥܘ B
43 ܡܕܡܥܠ: ܡܘ ܗܢܕܝܢܐ
51 ܐܡܪ
52 ܘܐܡܪ in B participium
52 ܐ ܡܘ ܠܐ ܢܦܠ
1 paragraphum ܐ non notavit librarius
1 ܡܥܡ ܠ ܡܘ ܐ, ubi ܗܡ formae primae
3 ܕܡܛܪܐ
3 ܐܡܪ
3 credi possit pro ܕܝܠܟ secundo esse ܕܝܠܝ scriptum in B
4 post ܟܕ ܐܡܪ + ܢܚܘܢܝ B
4 ܢܗܘܘܢ ܠܐ indice ad ܠܟ posito
5 ܕܥܒܕ ܘܥܒܕ ego, ܕܥܒܕ B
8 ܒ ܡܘ ܒܚܘܪܝܡ

ܫܠܡ ܕ ܀

[12] ܘܫܠܝܡܘܢ ܝܬܒ ܥܠ ܟܘܪܣܝܐ ܕܕܘܝܕ ܐܒܘܗܝ ܒܪ ܫܢܝ̈ܐ ܬܪ̈ܬܥܣܪܐ. ܘܐܬܛܝܒܬ ܡܠܟܘܬܐ
ܕܝܠܗ ܛܒ ܀
[13] ܘܥܠ ܐܕܘܢܝܐ ܒܪܗ ܕܚܓܝܬ ܠܘܬ ܒܬܫܒܥ ܐܡܗ ܕܫܠܝܡܘܢ ÷ܘܣܓܕ ܠܗ: ܗܝ ܕܝܢ
ܐܡܪܐ »ܫܠܡܐ ܗܘ ܡܥܠܟ÷«. ܘܐܡܪ »ܫܠܡܐ«: [14] ܐ* ܘܐܡܪ ܠܗ »ܡܠܬܐ ܠܝ ܠܘܬܟܝ«: ܘܐܡܪܐ
÷ܠܗ »ܡܠܠ«: [15] ܘܐܡܪ ÷ܠܗ »ܐܢܬܝ ܝܕܥܐ ܐܢܬܝ ܕܕܝܠܝ ܗܘܬ ܗܝ ܡܠܟܘܬܐ. ܘܥܠܝ ܣܡܘ
ܟܠܗ ܐܝܣܪܝܠ ܦܪܨܘܦܐ ܕܝܠܗܘܢ ܠܡܠܟܐ. ܘܐܬܗܦܟܬ ܡܠܟܘܬܐ. ܘܗܘܬ ܠܐܚܝ ܕܝܠܝ. ܡܛܠ ܕܡܢ
ܡܪܝܐ ܗܘܬ ܠܗ: [16] ܘܗܫܐ ܫܐܠܬܐ ܚܕܐ ܐܢܐ ܫܐܠ ܐܢܐ ܡܢܟܝ. ܠܐ ܬܗܦܟܝܢ ܦܪܨܘܦܐ *ܕܝܠܝ«: ܘܐܡܪܐ
ܠܗ ÷ܒܬܫܒܥ »ܡܠܠ«: [17] ܘܐܡܪ ÷ܠܗ »ܐܡܪܝ ܗܫܐ ܠܘܬ ܫܠܝܡܘܢ ܡܠܟܐ (ܡܛܠ ܕܠܐ
58² ܡܗܦܟ ܦܪܨܘܦܐ ܕܝܠܗ ܡܢܟܝ). ܘܢܬܠ ܠܝ ܠܐܒܝܫܓ | ܫܘܢܡܝܬܐ ܠܐܢܬܬܐ«: [18] ܘܐܡܪܐ ܒܬܫܒܥ
»ܫܦܝܪ. ܐܢܐ ܐܡܠܠ *ܡܛܠܬܟ ܠܡܠܟܐ«: [19] ܘܥܠܬ ܒܬܫܒܥ ܠܘܬ ܡܠܟܐ ܫܠܝܡܘܢ ܠܡܡܠܠܘ
ܠܗ ܡܛܠ ܐܕܘܢܝܐ. ܘܩܡ ܡܠܟܐ ܠܐܘܪܥܐ ܕܝܠܗ. ܘܢܫܩܗ. ܘܝܬܒ ܥܠ ܟܘܪܣܝܐ ܕܝܠܗ. ܘܐܬܬܣܝܡ
ܟܘܪܣܝܐ ܠܐܡܗ ܕܡܠܟܐ. ܘܝܬܒܬ ܡܢ ܝܡܝܢܐ ܕܝܠܗ: [20] ܘܐܡܪܐ ÷ܠܗ »ܫܐܠܬܐ ܚܕܐ ܙܥܘܪܬܐ ܐܢܐ
ܫܐܠܐ ܐܢܐ ܡܢܟ. ܠܐ ܬܗܦܟ ܦܪܨܘܦܐ °ܕܝܠܝ«: ܘܐܡܪ ܠܗ̇ ܡܠܟܐ »ܫܐܠܝ«. ܐܡܐ ܕܝܠܝ. ܡܛܠ ܕܠܐ ܡܗܦܟ
ܐܢܐ ܠܟܝ«: [21] ܘܐܡܪܐ »ܬܬܝܗܒ ܗܫܐ ܐܒܝܫܓ ܫܘܢܡܝܬܐ ܠܐܕܘܢܝܐ ܐܚܘܟ ܠܐܢܬܬܐ«: [22] ܘܥܢܐ
ܡܠܟܐ ܫܠܝܡܘܢ ܘܐܡܪ ܠܐܡܐ ܕܝܠܗ »ܘܠܡܢܐ ܐܢܬܝ ܫܐܠܐ ܐܢܬܝ ܠܐܒܝܫܓ ܫܘܢܡܝܬܐ ܠܐܕܘܢܝܐ. ܫܐܠܝ
59² ܠܗ ܡܠܟܘܬܐ. ܡܛܠ ܕܗܢܘ ܐܚܝ ܕܝܠܝ ܪܒܐ ܕܡܢܝ ܗܘ. ܘܠܗ ܐܒܝܬܪ ܟܗܢܐ ܘ÷ܠܗ | ܝܘܐܒ
ܒܪܗ ܕܨܪܘܝܐ ÷ ܪܫܐ ܕܚܝܠܐ ܚܒܪܐ«܀
[23] ܘܝܡܐ ܡܠܟܐ ܫܠܝܡܘܢ ܒܡܪܝܐ ܟܕ ܐܡܪ »ܗܟܢ ܢܥܒܕ ܠܝ ܐܠܗܐ. ܘܗܟܢ ܢܘܣܦ ܠܝ.
ܕܥܠ ܢܦܫܗ ܕܝܠܗ ܡܠܠ ܐܕܘܢܝܐ ܡܠܬܐ ܗܕܐ: [24] ܘܗܫܐ ܚܝ ܗܘ ܡܪܝܐ ܗܘ ܕܐܬܩܢܢܝ ܘܐܘܬܒܢܝ
ܥܠ ܟܘܪܣܝܐ ܕܕܘܝܕ ܐܒܐ ܕܝܠܝ. ܘܗܘ ÷ܗܘ ܥܒܕ ܠܝ ܒܝܬܐ. ܐܝܟܢܐ ܕܡܠܠ ÷ܡܪܝܐ. ܕܝܘܡܢܐ
ܢܬܩܛܠ ܐܕܘܢܝܐ«: [25] ܘܫܕܪ ܡܠܟܐ ܫܠܝܡܘܢ ܒܐܝܕܐ ܕܒܢܝܐ ܒܪ ܝܘܝܕܥ. ܘܩܛܠܗ. ܘܡܝܬ ÷ܐܕܘܢܝܐ
÷ܒܝܘܡܐ ܗܘ: [26] ܘܠܐܒܝܬܪ ܟܗܢܐ ܐܡܪ ܡܠܟܐ »ܠܥܢܬܘܬ ܪܗܛ ÷ܐܢܬ. ܠܚܩܠܐ ܕܝܠܟ:
ܡܛܠ ܕܓܒܪܐ ܕܡܘܬܐ ܐܢܬ *ܐܦ ܒܝܘܡܐ ܗܢܐ. ܘܠܐ ܡܡܝܬ ܐܢܐ ܠܟ. ܡܛܠ ܕܫܩܠܬ
ܩܒܘܬܐ ÷ ܕܕܝܬܩܐ ܕܡܪܝܐ ܩܕܡ ܕܘܝܕ ܐܒܐ ܕܝܠܝ. ܘܐܬܛܪܦܬ ܒܟܠܡܕܡ ܕܐܬܛܪܦ ܐܒܐ ܕܝܠܝ«:
59³ [27] ܘܐܦܩ ܫܠܝܡܘܢ ܠܐܒܝܬܪ ܕܠܐ ܢܗܘܐ ܟܗܢܐ | ܕܡܪܝܐ. ܕܢܬܡܠܐ ܡܠܬܐ ܕܡܪܝܐ ܗܝ ܕܡܠܠ ܥܠ ܒܝܬܐ
ܕܥܠܝ ܒܫܝܠܘ܀
[28] ܘܫܡܥܐ ܐܬܬ ܥܕܡܐ ܠܝܘܐܒ* (ܡܛܠ ܕܝܘܐܒ ܐܬܦܢܝ ܗܘܐ ܒܬܪ ܐܕܘܢܝܐ. ܘܒܬܪ ܫܠܝܡܘܢ
ܠܐ ܐܬܦܢܝ). ܘܥܪܩ ܝܘܐܒ ܠܡܫܟܢܗ ܕܡܪܝܐ ܘܐܚܕ ܒܩܪ̈ܢܬܐ ܕܡܕܒܚܐ: [29] ܘܐܬܬܚܘܝ * ܠܡܠܟܐ ÷
°ܠܫܠܝܡܘܢ÷ ܟܕ ܐܡܪܝܢ ÷ »ܕܥܪܩ ܝܘܐܒ ܠܡܫܟܢܗ ܕܡܪܝܐ. ܘܗܐ *ܐܚܝܕ ܒܩܪ̈ܢܬܐ ܕܡܕܒܚܐ«:
÷ ܘܫܕܪ ܫܠܝܡܘܢ ܠܘܬ ܝܘܐܒ ܟܕ ܐܡܪ »ܡܢܐ ܗܘܐ ܠܟ ܕܥܪܩܬ ܠܡܕܒܚܐ÷«: ܘܐܡܪ ܝܘܐܒ »ܡܛܠ
÷ ܕܕܚܠܬ ܡܢ ܦܪܨܘܦܐ ܕܝܠܟ. ܘܥܪܩܬ ܠܘܬ ܡܪܝܐ«: ܘܫܕܪ ܫܠܝܡܘܢ ÷ ܡܠܟܐ ܠܒܢܝܐ ܒܪܗ
ܕܝܘܝܕܥ ܟܕ ܐܡܪ »ܙܠ ܘܩܛܘܠܝܗܝ ÷ ܘܩܒܘܪܝܗܝ«: [30] ܘܐܬܐ ܒܢܝܐ ܒܪܗ ܕܝܘܝܕܥ ÷ ܠܘܬ ܝܘܐܒ ÷
ܠܡܫܟܢܐ ܕܡܪܝܐ ܘܐܡܪ ܠܗ »ܗܟܢܐ ܐܡܪ ܡܠܟܐ »ܦܘܩ«: ܘܐܡܪ ÷ ܝܘܐܒ ÷ »ܠܐ ÷ ܐܠܐ ܬܡܢ ܐܡܘܬ. ܡܛܠ
50¹ ܕܗܪܟܐ | ܐܡܘܬ ܐܢܐ«: ܘܐܗܦܟ ܒܢܝܐ ܒܪܗ ܕܝܘܝܕܥ ܘܐܡܪ ܠܡܠܟܐ* ܟܕ ܐܡܪ »ܗܟܢ ܡܠܠ ܝܘܐܒ.
ܘܗܟܢ ܥܢܐ ܠܝ«: [31] ܘܐܡܪ ܠܗ ܡܠܟܐ »÷ ܙܠ ܘܥܒܕ ÷ ܠܗ ܐܝܟ ܕܐܡܪ. ܘܩܛܘܠܝܗܝ. ܘܩܒܘܪܝܗܝ.
ܘܐܥܒܪ ÷ ܝܘܡܢܐ ܕܡܐ ܗܘ ܕܡܓܢ ܐܫܕ ܝܘܐܒ. ܡܢܝ ܘܡܢ ܒܝܬܐ ܕܐܒܐ ܕܝܠܝ:
[32] ܘܐܗܦܟ ܡܪܝܐ ܕܡܐ ÷ ܕܥܘܠܐ ܕܝܠܗ ܥܠ ܪܫܗ. ܐܝܟ ܕܦܓܥ ܒܬܪܝܢ ܓܒܪܝܢ ܙܕܝܩܐ ܘܛܒܐ ܝܬܝܪ
ܡܢܗ. ܘܩܛܠ ܐܢܘܢ ܒܣܝܦܐ. ܘܐܒܐ ܕܝܠܝ ܕܘܝܕ ܠܐ ܝܕܥ ÷ ܕܡܐ ܕܝܠܗܘܢ«. ܠܐܒܢܝܪ ܒܪܗ ܕܢܪ ܪܒ

15 ܐܢܬܝ ܝܕܥܐ ܐܢܬܝ B
16 ܕܝܠܝ
18 indice ad ܐܡܠܠ adposito ܡܛܠܬܟ
22 ܘܠܗ ÷ B
22 ܠܗ alterum addidi contra B
28 ܒܬܪ ܐܕܘܢܝܐ
29 ܡܕܒܚܐ ܠܘܬ ܥܠ].
29 ÷ primum ad ܠܗ prius B
30 ܠܡܠܟܐ ܘܐܡܪ ܠܗ B. ܠܡܠܟܐ B^m

[illegible] [33] [illegible]
[illegible] [34] [illegible]
60² [illegible] [35] [illegible]
[illegible]

2² ÷ [1] [illegible]
÷ [illegible] [2] [illegible]
÷ [illegible] [3] [illegible]
÷ [illegible]
÷ [illegible] [4] [illegible]
61¹ ÷ [illegible] [5] [illegible]
÷ [illegible]
÷ [illegible] [6] [illegible]
÷ [illegible] [7] [illegible]
÷ [illegible]
÷ [8] [illegible]
÷ [illegible] [9] [illegible]
÷ [illegible] [10] [illegible]
÷ [illegible]

[illegible]

61² ÷ [11] [illegible]
÷ [illegible] [12] [illegible]
÷ [illegible] [13] [illegible]
÷ [illegible] [14] [illegible]
÷ [illegible]

2 [illegible] [36] [illegible]
[illegible] [37] [illegible]
[illegible] [38] [illegible]
62¹ [illegible]
[illegible]

[illegible] [39] [illegible]
[illegible] [40] [illegible]
[illegible]
[illegible]

[illegible] [41] [illegible]
[illegible] [42] [illegible]

2 [illegible]
5 [illegible] B¹
5 [illegible] B
11 notatio capitis quinti in causa fuit, ut ÷ in margine versuum duorum omitteretur. est ÷ ante [illegible] prius 10 et ante [illegible] 11
11 [illegible] forma prima in B
11 [illegible]
[illegible]. Athanasii in titulos psalmorum liber [Romae 1746] 10
12 inde a [illegible] usque ad 14 fin versibus ÷ praeponit B

ܐܡܪ ܐܢܐ ܕܒܝܘܡܐ ܗܘ ܕܬܦܘܩ ܡܢ ܐܘܪܫܠܡ ܘܬܐܙܠ ܠܝܡܝܢܐ ܐܘ ܠܣܡܠܐ. ܡܕܥ ܬܕܥ ܕܡܘܬܐ ܐܬܐ
62² ܬܡܘܬ.·. ※ ܐ ܘܐܡܪܬ ܠܝ ܛܒܐ ܡܠܬܐ ܗܝ ܕܫܡܥܬ«ܝ: 43ܘܡܛܠ ܠܐ | ܢܛܪܬ ܠܡܘܡܬܐ ܕܡܪܝܐ
ܘܠܦܘܩܕܢܐ ܗܘ ܕܦܩܕܬ ܠܟ.·.«: 44ܘܐܡܪ ܡܠܟܐ ܠܘܬ ܫܡܥܝ »ܐܢܬ ܝܕܥ ܐܢܬ ܠܟܠܗ ܒܝܫܬܐ
÷ ܕܝܠܟ ܗܝ ܕܝܕܥ ܠܒܐ ܕܝܠܟ. ܗܠܝܢ ܕܥܒܕܬ ܠܕܘܝܕ ܐܒܐ ܕܝܠܝ. ܘܐܗܦܟ ܡܪܝܐ ܒܝܫܬܐ ܕܝܠܟ ܠܪܫܟ
ܪܫܟ: 45ܘܡܠܟܐ ܫܠܝܡܘܢ ܡܒܪܟ. ܘܟܘܪܣܝܐ ܕܕܘܝܕ ܢܗܘܐ ܡܬܩܢ ܩܕܡ ܡܪܝܐ ܠܥܠܡ«:
46ܘܦܩܕ ܡܠܟܐ ـ ܫܠܝܡܘܢ ܠܒܢܝܐ ܒܪܗ ܕܝܘܝܕܥ. ܘܢܦܩ ܘܐܦܓܥ ܒܗ. ܘܡܝܬ ܀
3 1※ܗܐ ܡܢ ܕܝܢ ܡܠܟܘܬܐ ܐܬܬܩܢܬ ܒܐܝܕܗ ܕܫܠܝܡܘܢ. ܘܐܬܚܬܢ ܫܠܝܡܘܢ ܠܘܬ ܦܪܥܘܢ ܡܠܟܐ
※ܕܡܨܪܝܢ. ܘܢܣܒ ܠܒܪܬܗ ܕܦܪܥܘܢ. ܘܐܥܠܗ ܠܡܕܝܢܬܐ ܕܕܘܝܕ. ܥܕܡܐ ܕܫܠܡ ܡܢ ܒܢܝܢܐ ܕܒܝܬܐ ܕܝܠܗ
ܘܕܒܝܬܗ ܕܡܪܝܐ ܘܕܫܘܪܐ ܕܐܘܪܫܠܡ ܡܢ ܚܕܪ: 2ܒܪܡ ܥܡܐ ܐܝܬܝܗܘܢ ܗܘܘ ܕܡܕܒܚܝܢ ܠܘܬ ܪ̈ܡܬܐ:
63¹ ܡܛܠ ܕܠܐ ܐܬܒܢܝ ܒܝܬܐ | ܠܫܡܗ ܕܡܪܝܐ ܥܕܡܐ ܠܝܘܡܬܐ ܗܠܝܢ ܀
ܠ 3ܘܐܚܒ ܫܠܝܡܘܢ ܠܡܪܝܐ. ܠܡܗܠܟܘ ܒܦܘܩܕܢܐ ܕܕܘܝܕ ܐܒܐ ܕܝܠܗ. ܒܪܡ ܒܪ̈ܡܬܐ ※ܐ ܐ ܗܘܐ ܗܘܐ
ܡܕܒܚ ܗܘܐ ܘܡܩܛܪ: 4÷ܘܩܡ ܘܐܙܠ ※ܐ ܗܘ ܡܠܟܐ ܠܓܒܥܘܢ ܠܡܕܒܚܘ ܬܡܢ. ܡܛܠ
ܕܗܝ ܪܒܐ ܗܘܐ ܘܪܡܐ: ܐܠܦܐ ܥܠܘܬܐ ܐܣܩ ܫܠܝܡܘܢ ܥܠ ܡܕܒܚܐ ※ܐ ܗܘ ܗܘ ܗܘܝ
ܕܒܓܒܥܘܢ ܀

ܡܠܠܝ ܘ ܀

5ܘܐܬܚܙܝ ܡܪܝܐ ܠܫܠܝܡܘܢ ܒܚܠܡܐ ܒܠܠܝܐ. ܘܐܡܪ *ܡܪܝܐ ـ ܠܘܬ ܫܠܝܡܘܢ »ܫܐܠ ܫܐܠܬܐ
ܡܕܡ ܐܢܬ ܠܟ«: 6ܘܐܡܪ ܫܠܝܡܘܢ »ܐܢܬ ܥܒܕܬ ܥܡ ܥܒܕܟ ܕܘܝܕ ܐܒܐ ܕܝܠܝ ܚܣܕܐ ܪܒܐ. ܐܝܟܢܐ
ܕܗܠܟ ܩܕܡܝܟ ܒܫܪܪܐ ܘܒܙܕܝܩܘܬܐ ܘܒܬܪܝܨܘܬܐ ܕܠܒܐ ܥܡܟ. ܘܢܛܪܬ ܠܗ ܚܣܕܐ ܗܢܐ ܪܒܐ.
63² ܠܡܬܠ ܠܒܪܐ ܕܝܠܗ ※ܐ ܗܐ ܠ ܕܝܬܒ ܥܠ ܟܘܪܣܝܐ ܕܝܠܗ ܐܝܟ ܝܘܡܐ | ܗܢܐ: 7ܘܗܫܐ .. ܡܪܝܐ
ܐܠܗܐ ܕܝܠܝ .. ܐܢܬ ܐܡܠܟܬ ܠܥܒܕܟ ܕܝܠܟ ܚܠܦ ܕܘܝܕ ܐܒܝ. ܘܐܢܐ ܐܝܬܝ ܛܠܝܐ ܙܥܘܪܐ. ܘܠܐ ܝܕܥ ܐܢܐ
ܠܡܦܩ ܘܠܡܥܠ ܘܡܥܠܢܐ ܕܝܠܝ: 8ܗܘ ܕܝܢ ܥܒܕܟ ܒܡܨܥܬܐ ܕܥܡܐ ܕܝܠܟ ܗܘ ܕܓܒܝܬ. ܥܡܐ
ܣܓܝܐܐ ܗܘ ܕܠܐ ܡܬܡܢܐ ※ܘܠܐ ܡܬܚܫܒ ܡܢ ܣܘܓܐܐ ܕܝܠܗ: 9ܘܬܬܠ ܠܥܒܕܐ ܕܝܠܟ ܠܒܐ ܠܡܫܡܥ
ܘܠܡܕܢ ܠܥܡܐ ܕܝܠܟ ÷ ܒܙܕܝܩܘܬܐ. ܠܡܣܬܟܠܘ ܒܝܢܬ ܛܒܬܐ ܠܒܝܫܬܐ: ܡܛܠ ܕܡܢܘ ܡܫܟܚ
ܠܡܕܢ ܠܥܡܐ ܕܝܠܟ ܝܩܝܪܐ ܗܢܐ.·.«: 10ܘܫܦܪܬ ※ܗܐ ܡܠܬܐ ܩܕܡ *ܡܪܝܐ. ܕܫܐܠ ܫܠܝܡܘܢ ܡܠܬܐ
ܗܕܐ: 11ܘܐܡܪ *ܡܪܝܐ ܠܘܬܗ »ܚܠܦ ܕܫܐܠܬ ـ ܡܢܟ ܠܡܠܬܐ ܗܕܐ. ܘܠܐ ܫܐܠܬ ܐܢܬ ܠܟ ܝܘܡܬܐ
ܣܓܝܐܐ. ܘܠܐ ܫܐܠܬ ※ܐ ܗܐ ܠܟ ܥܘܬܪܐ. ܘܠܐ ܫܐܠܬ ܢܦܫܬܐ ܕܒܥܠܕܒܒܝܟ. ܐܠܐ ܫܐܠܬ ܠܟ
64¹ ܠܡܣܬܟܠܘ ܕܝܢܐ. 12ܗܐ ܥܒܕܬ ܐܝܟ ܡܠܬܐ ܕܝܠܟ: | ܗܐ ܝܗܒܬ ܠܟ ܠܒܐ ܚܟܝܡܐ ܘܡܣܬܟܠܐ.
ܐܝܟܢܐ ܕܠܐ ܗܘܐ ܕܟܘܬܟ. ܘܒܬܪܟ ܠܐ ܢܩܘܡ * ܕܕܡܐ ܠܟ: 13ܘܐܦ ܗܠܝܢ ܕܠܐ ܫܐܠܬ. ܝܗܒܬ ܠܟ.
ܐܦ ܥܘܬܪܐ ܐܦ ܫܘܒܚܐ. ܐܝܟܢܐ ܕܠܐ ܗܘܐ ܓܒܪܐ ܕܕܡܐ ܠܟ ܒܡܠܟܐ ※ܗܐ ܟܠܗܘܢ ܝܘܡܬܐ ܕܝܠܟ:
14ܘܐܢ ܬܐܙܠ ܒܐܘܪܚܐ ܕܝܠܝ. ܠܡܛܪ ܦܘܩܕܢܐ ܕܝܠܝ ܘܩܘܡܝ. ܐܝܟ ܕܐܙܠ ܕܘܝܕ ܐܒܘܟ. ܐܦ ܐܣܓܐ
ܝܘܡܬܐ ܕܝܠܟ«: 15ܘܐܬܥܝܪ ܫܠܝܡܘܢ. ܘܗܐ ܚܠܡܐ ܗܘ: ـ ܘܩܡ ܘܐܬܐ ܠܐܘܪܫܠܡ. ܘܩܡ ܩܕܡ
ـ ܦܪܨܘܦܐ ܕܐܪܘܢܐ ܗܘ ܕܩܝܡܐ ܦܪܨܘܦܐ ܕܕܝܬܩܐ ܕܡܪܝܐ ÷ ܕܡܪܝܐ ـ ܒܨܗܝܘܢ. ܘܐܣܩ ܝܩܕܐ
ܥܠܘܬܐ ܘܥܒܕ ܕܒܚܐ ܫܠܡܐ. ܘܥܒܕ ܡܫܬܘܬܐ ܪܒܬܐ ܠܗ ܘܠܥܒܕܘܗܝ ܟܠܗܘܢ ܀ 16ܗܝܕܝܢ *ܐܬܚܙܝ [ܬܪ]
ܬܪܬܝܢ ܢܫ̈ܐ ܙܢܝܝܬܐ ܠܡܠܟܐ ܘܩܡ ܩܕܡܘܗܝ: 17ܘܐܡܪܬ ܐܢܬܬܐ ܚܕܐ »ܒܥܘܬܐ .. ܡܪܝ ܕܝܠܝ .. ܐܢܐ
64² ܘܐܢܬܬܐ ܗܕܐ | ܒܒܝܬܐ ܚܕ ܥܡܪܝܢ ܚܢܢ. ܘܝܠܕܬ ܒܒܝܬܐ: 18ܘܗܘܐ ܒܝܘܡܐ ܬܠܝܬܝܐ ܡܢ ܕܝܠܕܬ ܐܢܐ.

42 ܝ alterum addidi
44 ܕܝܕܥ in B participium
46 ܘܦܩܕ in B prima
5 ܕܣܝܡܐ ܡܠܘܐܐ ÷ ܒܚܠܡܐ ܠܝ ܘܠܐ ܒܣܗܪܐ ܐܬܚܙܝ ܐܠܗܐ ܠܫܠܝܡܘܢ
5 ܐ ܡܢ ܐܠܗܐ ÷ ܗ ܠܐܠܗܘܬܐ
8 post ܘܐܠ suspensum signum ÷
8 ܝ non adest in B
9 ܕܣܝܡܐ ܡܠܘܐܐ ܗܟܢ: ÷ ܐܝܟ ܡܢ ܕܠܐ ܡܬܚܫܒ ܒܪܢܫܐ ܗܟܢ: ܡܢ ܫܘܡܐ ܕܐܠܗܐ ܘܠܐ ܠܫܡܥ ܡܬܠ ܐܘ ܫܐܠ ܘܡܢܐ ܫܠܝܡܘܢ
10 ܗ ܐܪܝܣ
10 ܡܪܝܐ ܝ B
11 ܗ ܠܐܠܗܘܬܐ
12 ܗ ܐܠܘܬܟ
13 ܘܠܟ ※ B in versu exeunte
15 ܘܐܬܐ participium in B
15 ܕܩܝܡܐ ܝ ܦܪܨܘܦܐ ÷ B
16 ܕܣܝܡܐ ܡܠܘܐܐ ܗܟܢ[ܬܪܬܝܢ] ÷ ܗܝܕܝܢ ܠܐ ܐܬܟܬܒ ܗܘܐ ܐܬܢܟܠܘ. ܡܛܠ ܕܗܝ ܕܠܐ ܢܗܘܐ ܙܢܝܬܐ ܡܢ ܒܢܬ ܐܝܣܪܝܠ [Deut 23 18: PdeLagarde Mittheilungen 2 368]
17 ܠܗ et mox ܒܥܘܬܝ B

ܝܠܕܬ ܐܦ ܐܢܬܬܐ ܗܕܐ. ܘܚܢܢ ܐܟܚܕܐ. ܠܝܬ ܘܠܐ ܐܢܫ ܥܡܢ ※ ܐ̈ ܒܒܝܬܐ܂ ܣܛܪ ܡܢ ܬܪܬܝܢ ܒܒܝܬܐ:
[19] ܘܡܝܬ ܒܪܗ ܕܐܢܬܬܐ ܗܕܐ ܒܠܠܝܐ ܐܝܟ ܕܕܡܟܬ ܥܠܘܗܝ: [20] ܘܩܡܬ ܒܦܠܓܗ ܕܠܠܝܐ܂ ܘܢܣܒܬܗ
ܠܒܪܝ ܕܝܠܝ ܡܢ ܕܪܥܐ ܕܝܠܝ ※ ܘܐܡܬܟ ܕܝܠܟ ܕܡܟܐ ܗܘܬ܂ ܘܐܫܟܒܬܗ ܒܥܘܒܗ̇. ܘܠܒܪܐ ܕܝܠܗ̇ ܗܘ
ܡܝܬܐ ܐܫܟܒܬ ܒܥܘܒܐ ܕܝܠܝ: [21] ܘܩܡܬ ܒܨܦܪܐ ܠܡܝܢܩܘ ܠܒܪܐ ܕܝܠܝ. ܘܗܘܐ ܐܫܬܟܚ ܗܘܐ ܡܝܬܐ.
ܘܚܪܬ ܒܗ ܒܨܦܪܐ܂ ܘܗܐ ܠܐ ܐܫܬܟܚ ܗܘܐ ܒܪܝ ܗܘ ܕܝܠܕܬ: [22] ܘܐܡܪܬ ܐܢܬܬܐ ܗܝ
ܐܚܪܬܐ ›ܠܐ. ※ ܐܠܐ ܒܪܐ ܕܝܠܟܝ ܐܫܬܟܚ ܗܘ ܡܝܬܐ. ܒܪܐ ܕܝܢ ܕܝܠܝ ܗܘ ܚܝܐ‹: ܗܝ ܕܝܢ ܐܚܪܬܐ ܐܦ
※ ܗܝ ܐܡܪܐ ܗܘܬ ›ܠܐ܂ ܐܠܐ ܒܪܐ ܕܝܠܝ ܗܘ ܚܝܐ. | ܒܪܐ ܕܝܢ ܕܝܠܟܝ ܗܘ ܡܝܬܐ‹: ܘܡܠܠܢ ܩܕܡ ܡܠܟܐ: 65¹
[23] ܘܐܡܪ ܠܗܘܢ ܗܘ ܡܠܟܐ ›ܐܢܬܝ ܐܡܪܐ ܐܢܬܝ ›ܗܢܘ ܒܪܐ ܕܝܠܝ ܗܘ ܚܝܐ܂ ܘܒܪܐ ܕܝܠܟܝ ܗܘ ܡܝܬܐ‹.
ܘܐܢܬܝ ܐܡܪܐ ܐܢܬܝ ›ܠܐ. ܐܠܐ ܒܪܐ ܕܝܠܟܝ ܗܘ ܡܝܬܐ܂ ܘܒܪܐ ܕܝܠܝ ܗܘ ܚܝܐ‹ ܀
[24] ܘܐܡܪ ܡܠܟܐ ›ܣܒܘ ܠܝ ܣܝܦܐ‹: ܘܩܪܒܘ ܣܝܦܐ ܩܕܡ ܡܠܟܐ: [25] ܘܐܡܪ ܡܠܟܐ ›ܦܠܓܘܗܝ
ܠܛܠܝܐ ÷ ܕܝܢܩܐ ܗܘ ܚܝܐ ܠܬܪܝܢ. ܘܗܒܘ ܦܠܓܗ ÷ ܕܝܠܗ ܠܚܕܐ܂ ܘܦܠܓܗ ÷ ܕܝܠܗ *ܠܚܕܐ‹:
[26] ܘܥܢܬ ܐܢܬܬܐ ܗܝ ܕܒܪܐ ※ ܕܝܠܗ̇ ÷ ܐܝܬܘܗܝ ܗܘܐ ܗܘ ܚܝܐ. ÷ ܘܐܡܪܬ ܩܕܡ ܡܠܟܐ (ܡܛܠ
ܕܐܬܚܡܬ °ܪ̈ܚܡܝܗ̇ ܕܝܠܗ̇ ܥܠ ܒܪܗ̇) ܘܐܡܪܬ ›ܒܥܝܢܐ .. ܡܪܝ .. ܗܒܘ ܠܗ̇ ܠܛܠܝܐ ※ ܐ̈ ܗܘ ܗܘ
ܚܝܐ܂ ܘܡܩܛܠܘ ܠܐ ܬܩܛܠܘܢܝܗܝ‹: ܘܗܕܐ ܐܡܪܐ ›ܠܐ ܠܝ ܘܠܐ ܠܟܝ ܢܗܘܐ. ܦܠܓܘܗܝ‹: | [27] ܘܥܢܐ 65²
ܡܠܟܐ ܘܐܡܪ ›ܗܒܘ ※ ܐ̈ ܗ̇ ܠܗ̇ ܠܛܠܝܐ ܗܘ ܕܚܝ ÷ ܠܗ̇ ܘܐܡܪܬ ›ܗܒܘܗܝ ܠܗ̇‹. ܘܡܩܛܠܘ ܠܐ
ܬܩܛܠܘܢܝܗܝ. ܗܕܐ ܗܝ ܐܡܗ ܕܝܠܗ‹: [28] ܘܫܡܥܘ ܟܠܗܘܢ ܐܝܣܪܝܠ ܕܝܢܐ ÷ ܗܢܐ ܗܘ ܕܕܢ ܡܠܟܐ.
ܘܕܚܠܘ ܡܢ ܦܪܨܘܦܐ ܕܡܠܟܐ܂ ܡܛܠ ܕܚܙܘ ܕܚܟܡܬܐ ܕܐܠܗܐ ܒܗ ܠܡܥܒܕ ܕܝܢܐ ܀
[1] ܘܐܝܬܘܗܝ ܗܘܐ ܡܠܟܐ ܫܠܝܡܘܢ ܕܡܠܟ ܥܠ ※ ܟܠܗ ܐܝܣܪܝܠ ܀ ܕ
[2] ܘܗܠܝܢ ܪ̈ܫܢܐ ܕܝܠܗ ܕܐܝܬ ܗܘܘ ܠܗ. ܥܙܪܝܐ ܒܪܗ ܕܨܕܘܩ ※ ܐ̈ ܗܘ ܟܗܢܐ. [3] ܐܠܝܚܘܪܦ ܒ
ܘܐܚܝܐ ܒ̈ܢܘܗܝ *ܕܫܝܫܐ ܣܦܪ̈ܐ܂ ÷ ܘܝܗܘܫܦܛ ܒܪܗ ܕܐܚܝܠܘܕ ܡܥܗܕܢܐ܂ [4] ※ ܐ̈ ܘܒܢܝܐ ܒܪܗ ܕܝܗܘܝܕܥ
※ ܥܠ ܚܝܠܐ. ܘܨܕܘܩ ܘܐܒܝܬܪ ܟܗܢ̈ܐ. [5] ܘܥܙܪܝܐ ܒܪܗ ܕܢܬܢ ܥܠ ܩܝ̈ܡܐ. °ܘܙܒܘܕ ܒܪܗ ܕܢܬܢ ※ ܐ̈
ܗܘ ܟܘܡܪܐ ܪܚܡܐ ܕܡܠܟܐ. [6] ܘܐܚܝܫܪ | ܐܝܬܘܗܝ ܗܘܐ *ܪܒ ܒܝܬܐ܂ ܘܐܠܝܐܒ ܒܪܗ ܕܫܦ 66¹
ܥܠ °ܦܛܪܝܐ܂ ܘܐܕܘܢܝܪܡ ܒܪܗ ܕܥܒܕܐ ܥܠ ܡ̈ܣܐ ܀
[7] ܘܠܫܠܝܡܘܢ ܬܪ̈ܥܣܪ ܩܝ̈ܡܐ ܥܠ ܟܠܗ ܐܝܣܪܝܠ܂ ܕܡܬܪܣܝܢ ܠܡܠܟܐ ܘܠܒܝܬܗ ܕܝܠܗ: ܝܪܚܐ ܗ
ܒܫܢܬܐ °ܗܘܐ ܗܘܐ ܥܠ ܚܕ ܠܡܬܪܣܝܘ: [8] ܘܗܠܝܢ ܫܡ̈ܗܝܗܘܢ ܕܝܠܗܘܢ. ܒܪܗ ܕܚܘܪ ܒܛܘܪܐ ܕܐܦܪܝܡ
÷ ܚܕ ܗܘ: [9] ܒܪܗ ܕܕܩܪ ܒܡܩܨ ܘܒܫܥܠܒܝܢ ܘܒܒܝܬ ܫܡܫ ܘܐܝܠܘܢ ܒܝܬ ܚܢܢ ܚܕ:
[10] ܒܪܗ ܕܚܣܕ ܒܐܪܘܒܘܬ. ܕܝܠܗ ܣܘܟܘ ܘܟܠܗ̇ ܐܪܥܐ ܕܚܦܪ: [11] ܕܒܪܗ ܕܐܒܝܢܕܒ °ܟܠܗ̇ ܢܦܬ ܕܘܪ.
ܛܦܬ ܒܪܬܗ ܕܫܠܝܡܘܢ ܐܝܬܝܗ̇ ܗܘܬ ܠܗ ܠܐܢܬܬܐ: [12] ܒܥܢܐ ܒܪܗ ܕܐܚܝܠܘܕ ܒܬܥܢܟ ܘܒܡܓܕܘ.
°ܘܟܠܗ̇ ܒܝܬ ܫܐܢ ܗܝ ܕܠܘܬ ܨܪܬܢ ܠܬܚܬ ܡܢ ܝܙܪܥܐܠ ܘܡܢ ܒܝܬ ܫܐܢ ܥܕܡܐ ܠܐܒܠ ܡܚܘܠܐ
ܠܥܒܪܐ | ܕܝܩܢܥܡ: [13] ܒܪܗ ܕܓܒܪ ܒܪܡܬ ܓܠܥܕ: ※ ܕܝܠܗ ܩܘܪ̈ܝܐ ܕܝܐܝܪ ܒܪܗ 66²
ܕܡܢܫܐ ܒܓܠܥܕ *ܕܝܠܗ: ܚܒܠܐ ܕܐܪܓܘܒ ܗܝ ܕܒܒܬܢ .. ܫܬܝܢ ܩܘܪ̈ܝܐ ܪ̈ܘܪܒܬܐ ܡܫܘܪ̈ܝܬܐ
ܘܡܘܟܠܐ ܕܢܚܫܐ: [14] ܐܚܝܢܕܒ ܒܪܗ ܕܐܕܐ ܒܡܚܢܝܡ: [15] ܐܚܝܡܥܨ ܒܢܦܬܠܝ. ܘܐܦ ܗܘ ܢܣܒ ܠܒܣܡܬ
ܒܪܬܗ ܕܫܠܝܡܘܢ ܠܐܢܬܬܐ: [16] ܒܥܢܐ ܒܪܗ ܕܚܘܫܝ ※ ܐ̈ ܒܐܫܝܪ ܘܒܒܥܠܘܬ: [17] ܫܡܥܝ ܒܪܗ
※ ܕܦܪܘܚ ܒܒܢܝܡܝܢ: [18] ܫܡܥܝ ܒܪܗ ܕܐܠܐ ܒܒܢܝܡܝܢ: [19] ܓܒܪ ܒܪܗ ܕܐܘܪܝ ܒܐܪܥܐ ܕܓܠܥܕ ..
ܐܪܥܐ ܕܣܝܚܘܢ ܡܠܟܐ ܕܐܡܘܪ̈ܝܐ ܘܕܥܘܓ ܡܠܟܐ ܕܡܬܢ: *ܘܢܨܝܒܐ ܚܕ ܒܐܪܥܐ ÷ ܕܝܗܘܕܐ: [20] ※ ܐ̈
※ ܗܘ ܝܗܘܕܐ ܘܐܝܣܪܝܠ ܣ̈ܓܝܐܝܢ ܐܝܟ ܚܠܐ ܗܘ ܕܥܠ ܝܡܐ ܠܣܘܓܐܐ܂ ܐܟܠܝܢ ܘܫܬܝܢ ܘܚܕܝܢ ܀
※ [1] ܘܫܠܝܡܘܢ ܐܝܬܘܗܝ ܗܘܐ ܕܫܠܝܛ | ܒܟܠܗܘܢ ܡ̈ܠܟܘܬܐ ܡܢ ܢܗܪܐ ܘܐܪܥܐ ܕܦܠܫܬܝ̈ܐ ܘܥܕܡܐ 67¹ ܗ

21 ÷ܘܗܘܬ B
22 ante ܒܪܐ et ܗܝ ܕܝܢ in versuum initiis posita ※ non adest in B
23 primo loco ܠܟܝ B
25 ܗܒܘ ܦܠܓܗ ܠܚܕܐ ܘܦܠܓܗ ܠܚܒܪܬܗ̇

26 — ܐܝܬܘܗܝ B
27 ܠܗ̇ scripsi, ܠܗ B
2 [adscr ad 3] ܫܡ̈ܗܐ ܕܪ̈ܫܢܐ ܕܫܠܝܡܘܢ
5 ܐ̈ addidit F
6 ܪܒ ܒܝܬܐ : ܐ̈ ܗܘ ܥܠ ܒܝܬܐ
9 ܒܡܩܨ B

12 ܕܒܡܓܕܘ B
13 ܕܝܠܗ ※ ܩܘܪ̈ܝܐ B: correxit F
13 ܗܝ ܗܘܐ ܟܠܗ̇ ܕܝܠܗ ܩܘܪ̈ܝܐ ܕܝܐܝܪ
19 ܡܠܟܐ ܕ : ܗܘ ܡܠܟܐ, ubi ܗܘ in Symmacho lineolam habet impositam

*ܒܬܚܘܡܐ ܕܡܨܪܝܢ . ܗܘܘ ܡܩܪ̈ܒܝܢ ܕܘܪ̈ܘܢܐ ܘܦܠܚܝܢ ܠܫܠܝܡܘܢ ܟܠܗܘܢ ܝܘ̈ܡܬܐ
*ܕܚܝ̈ܘܗܝ ↙ ⁘
2 ܘܗܠܝܢ ܕܙܕܩܢ ܠܫܠܝܡܘܢ ܒܝܘܡܐ ܚܕ . ܬܠܬܝܢ ܟܘܪܝܢ ܕܣܡܝܕܐ ܘܫܬܝܢ ܟܘܪܝܢ ܕܩܡܚܐ ܡܣ
÷ ܢܩܝܠܐ ↙: 3 ܥܣܪܐ ܬܘܪ̈ܐ ܓܒ̈ܝܐ ܘܡܪ̈ܥܝܐ ܥܣܪܝܢ ܘܡܐܐ ܥܪ̈ܒܐ. ܣܛܪ ܡܢ ܐܝ̈ܠܐ ܘܛܒ̈ܝܐ
*ܡܬܦܛܡ̈ܐ ÷ ܬܪ̈ܢܓܠܐ ↙ ܓܒ̈ܝܬܐ ܡܬܦ̈ܛܡܢ: 4 ܡܛܠ ܕܫܠܝܛ ܗܘܐ ܒܟܠܗ ܥܒܪܐ ܕܢܗܪܐ
*ܡܢ ܐܦܣܝܣ ܘܥܕܡܐ ܠܓܙܐ ܒܟܠܗܘܢ ܡ̈ܠܟܐ ܕܥܒܪܐ ܕܢܗܪܐ ↙: ܘܫܠܡܐ ܐܝܬ ܗܘܐ ܠܗ ܡܢ ܟܠܗܘܢ
ܥܒ̈ܕܐ ܕܝܠܗ ܚܕܪܘܗܝ: 5 ܘܥܡܪ ܗܘܐ ܝܗܘܕܐ ܘܐܝܣܪܝܠ ܡܬܬܟܝܠܝܢ. ܟܠ ܚܕ ܬܚܝܬ ܓܦܬܐ ܕܝܠܗ
| ܘܬܚܝܬ ܬܬܐ ܕܝܠܗ ÷ ܐܟܠܝܢ °ܘܫܬܝܢ ↙. ܡܢ ܕܢ ܘܥܕܡܐ ܠܒܝܪܫܒܥ. ܟܠܗܘܢ ܝܘܡ̈ܬܗ ܕܫܠܝܡܘܢ ⁘ 67^2
6 ܘܐܝܬ ܗܘܘ ܠܫܠܝܡܘܢ ܐܪܒܥܝܢ ܐܠܦܝܢ ܪ̈ܡܟܐ ܕܣܘ̈ܣܘܬܐ ܠܡܪ̈ܟܒܬܐ ܘܬܪܥܣܪ ܐܠܦܝܢ ܦܪ̈ܫܐ: 7 ܘܡܬܪܣܝܢ ܡܐ
ܗܘܘ ܫܠܝ̈ܛܢܐ ܗܠܝܢ ܠܡܠܟܐ ܫܠܝܡܘܢ ܐܝܟ ܟܠܗܘܢ ܕܩܪ̈ܝܒܝܢ ܠܦܬܘܪܐ ܕܡܠܟܐ. ܟܠ ܚܕ ܝܪܚܐ ܕܝܠܗ.
ܘܠܐ *ܡܚܣܪܝܢ ܗܘܘ ܡܕܡ: 8 ܘܣܥܪ̈ܐ ܘܬܒܢܐ ܠܣܘ̈ܣܘܬܐ ܘܠܡܪ̈ܟܒܬܐ *ܡܝܬܝܢ ܗܘܘ ܠܕܘܟܬܐ ܐܝܟܐ ܕܐܝܬ
ܐܝܬܘܗܝ ܗܘܐ ÷ ܡܠܟܐ ↙. ܟܠ ܚܕ ܐܝܟ ܦܘܩܕܢܐ ܕܝܠܗ ⁘
9 ܘܝܗܒ ܡܪܝܐ ܚܟܡܬܐ ܠܫܠܝܡܘܢ ܘܣܘܟܠܐ ܣܓܝܐܐ ܛܒ ܘܦܬܝܘܬܐ ܕܠܒܐ ܐܝܟ ܚܠܐ ܗܘ ܣܣ
ܕܥܠ ܝܡܐ: 10 ܘܣܓܝܐܬ ※ ܠܗ ↙ ܚܟܡܬܗ ܕܫܠܝܡܘܢ ÷ ܛܒ ↙ ܝܬܝܪ ܡܢ ܚܟܝܡܘܬܐ ܕܟܠܗܘܢ
ܩܕܡܝܐ | ÷ °ܘܐܦ ↙ ܝܬܝܪ ܡܢ ܟܠܗܘܢ ܚܟܝܡ̈ܐ ܕܡܨܪܝܢ: 11 ܘܐܬܚܟܡ ܝܬܝܪ ܡܢ ܟܠܗܘܢ ܐܢܫܐ. 68^1
ܘܐܬܚܟܡ ܝܬܝܪ ܡܢ ܓܝܬܢ ܐܙܪܐܝܬܐ ܘܗܝܡܢ ܘܟܠܟܘܠ ܘܕܪܕܥ ܒܢܘܗܝ ܕܡܚܘܠ. ※ ܘܐܝܬܘܗܝ ܗܘܐ
※ ܡܫܡܗܐ ↙ ܒܟܠܗܘܢ ܥܡ̈ܡܐ ܕܚܕܪ̈ܘܗܝ ↙: 12 ܘܡܠܠ ÷ ܫܠܝܡܘܢ ↙ ܬܠܬܐ ܐܠܦܝܢ ܡܬ̈ܠܐ. ܘܐܝܬ ܗܘܝ
ܬܫܒ̈ܚܬܐ ܕܝܠܗ ܚܡܫܐ ܐܠܦܝܢ: 13 ܘܡܠܠ ܥܠ ܩܝ̈ܣܐ ܡܢ ܐܪܙܐ ܗܘ ܕܒܠܒܢܢ ܘܥܕܡܐ ܠܙܘܦܐ
ܗܘ ܕܢܦܩ °ܡܢ ܫܘܪܐ. ܘܡܠܠ ܥܠ ܒܥܝܪܐ ܘܥܠ ܦܪܚܬܐ ܘܥܠ ܪܚܫܐ ܘܥܠ ܢܘ̈ܢܐ: 14 ܘܐܬܝܢ ܗܘܘ ܟܠܗܘܢ
ܥܡ̈ܡܐ ܠܡܫܡܥ ܚܟܡܬܗ ܕܫܠܝܡܘܢ. ÷ ܘܡܩܒܠ ܗܘܐ ܩܘܪ̈ܒܢܐ ↙ ܡܢ ܟܠܗܘܢ ܡ̈ܠܟܐ ܕܐܪܥܐ ܗܠܝܢ
ܕܫܡܥܝܢ ܗܘܘ ܚܟܡܬܐ ܕܝܠܗ ⁘
15 ܘܫܕܪ ܚܝܪܡ ܡܠܟܐ ܕܨܘܪ ܠܥܒ̈ܕܘܗܝ ܕܝܠܗ ܠܘܬ ܫܠܝܡܘܢ. ܫܡܥ ܓܝܪ ܕܝܠܗ ܡܫܚܘܗܝ ܠܡܠܟܐ ܚܠܦ
ܕܘܝܕ ܐܒܐ | ܕܝܠܗ. ܡܛܠ *ܕܪܚܡܐ ܐܝܬܘܗܝ ܗܘܐ ܚܝܪܡ ܠܕܘܝܕ ܟܠܗܘܢ ܝܘ̈ܡܬܐ ⁘ 68^2

ܡܠܐܢ ܪ ⁘

16 ܘܫܕܪ ܫܠܝܡܘܢ ܠܘܬ ܚܝܪܡ ܟܕ ܐܡܪ 17 «ܐܢܬ ܝܕܥ ܐܢܬ ܠܕܘܝܕ ܐܒܐ ܕܝܠܝ. ܕܠܐ ܡܫܟܚ ܗܘܐ
ܠܡܒܢܝܘ ܒܝܬܐ ܠܫܡܗ ܕܡܪܝܐ ܐܠܗܐ ܕܝܠܝ ܡܢ ܦܪ̈ܨܘܦܐ ܕܩܪ̈ܒܐ ܗܢܘܢ ܕܐܚܕܪܘܗܝ. ܥܕܡܐ ܕܝܗܒ ܐܢܘܢ
*ܐ ܗܘ ܠ ܡܪܝܐ ↙ ÷ ܬܚܝܬ ܥܩܒܬܐ ܕܪ̈ܓܠܘܗܝ ܕܝܠܗ: 18 ܘܗܫܐ ܐܢܝܚ ܠܝ ܡܪܝܐ ܐܠܗܐ ܕܝܠܝ ܡܢ ܚܕܪܝ. ܠܝܬ
ܣܛܢܐ ܘܠܝܬ ܦܓܥܐ ܒܝܫܐ: 19 ܘܗܐ ܐܢܐ ܐܡܪ ܐܢܐ «ܕܐܒܢܐ ܒܝܬܐ ܠܫܡܗ ܕܡܪܝܐ ܐܠܗܐ ܕܝܠܝ. ܐܝܟܢܐ
ܕܡܠܠ ܡܪܝܐ ÷ ܐܠܗܐ ↙ ܠܘܬ ܕܘܝܕ ܐܒܐ ܕܝܠܝ ܟܕ ܐܡܪ „ܒܪܐ ܕܝܠܟ ܗܘ ܕܐܬܠ ܚܠܦܝܟ ܥܠ ܟܘܪܣܝܟ.
ܗܢܐ ܢܒܢܐ ܒܝܬܐ ܠܫܡܐ ܕܝܠܝ„»: 20 ܘܗܫܐ ܦܩܘܕ. ܘܢܦܣܩܘܢ ܠܟ °ܩܝ̈ܣܐ ܡܢ ܠܒܢܢ. ÷ ܘܗܐ ↙ ܥܒ̈ܕܐ
ܕܝܠܝ ※ ܢܗܘܘܢ ↙ ܥܡ ܥܒ̈ܕܐ ܕܝܠܟ. | ܘܐܓܪܐ *ܕܦܘܠܚܢܐ ܕܝܠܟ ܐܬܠ ܠܟ ܐܝܟ ܟܠܗܘܢ ܡܕܡ ܕܐ 69^1
ܬܐܡܪ. ܡܛܠ ܕܐܢܬ ܝܕܥ ܐܢܬ ܕܠܝܬ ܠܢ ܓܒܪܐ ܕܝܕܥ ܠܡܦܣܩ ܩܝ̈ܣܐ ܐܝܟ ܨܝܕܘܢܝ̈ܐ»:
21 ܘܗܘܐ ܕܟܕ ܫܡܥ ܚܝܪܡ ܠܡ̈ܠܐ ܕܫܠܝܡܘܢ. ܚܕܝ ܣܓܝ ܘܐܡܪ «ܡܒܪܟ ܗܘ *ܡܪܝܐ ܝܘܡܢܐ ܗܘ ܕܝܗܒ
ܠܕܘܝܕ ܒܪܐ °ܚܟܝܡܐ ܥܠ ܥܡܐ ܗܢܐ ܣܓܝܐܐ»: 22 ܘܫܕܪ ※ ܗܘ ܠ ܚܝܪܡ ↙ ܠܘܬ ܫܠܝܡܘܢ ܟܕ ܐܡܪ
«ܫܡܥܬ ÷ ܡܛܠ ܟܠܗܝܢ ↙ ܗܠܝܢ ܕܫܕܪܬ ܠܘܬܝ. ܐܢܐ ܐܥܒܕ ܟܠܗ ܨܒܝܢܟ ܕܝܠܟ ܒܩܝ̈ܣܐ
*ܕܐܪ̈ܙܐ ܘܕܒܪ̈ܘܬܐ †ܕܦܩܘܣܐ: 23 ܥܒ̈ܕܐ ܕܝܠܝ ܢܚܬܘܢ ÷ ܐܢܘܢ ↙ ܡܢ ܠܒܢܢ ܠܝܡܐ. ※ ܐ ܗܘ ↙ ܐܢܐ ܐܣܝܡ
ܐܢܘܢ ܥܡܘ̈ܕܐ ܒܝܡܐ ܥܕܡܐ ܠܕܘܟܬܐ ܗܝ ܕܬܫܕܪ ܠܝ °ܬܡܢ. ܘܐܫܪܐ ܐܢܘܢ ܬܡܢ. ܘܐܢܬ ܬܫܩܘܠ.

3 ܘ ⁘ ܕܒܪܐ ܠܘܬܗ ⁘ ܒܟܠܗܘܢ ܡܟܠܗܘܢ ⁘ ܕܒܪܐ ܠܘܬܗ
4 ܡܢ ※ ܐܦܣܝܣ B: correxit F
5 ܠܐܬܪܘ B
5 ܒܝ ÷ ܐܟܠܝܢ B
6 16 numeros ܝܘ et ܝ addidi
7 ܗܘ ܠܐ ܡܚܣܪܝܢ ܗܘܘ ܡܕܡ
8 | ܗܘ ܠ ܡܝܬܝܢ ܗܘܘ
11 ※ addidit F
13 ܚܡܫܐ B
15 ܥܡܡܐ B
15 ܗܘ ܕܫܡܥܝܢ
19 ↙ addidi
20 ܕܝܠܝ puncto superno insign
20 ܕܝܠܝ ↙ ܐܬܠ B
21 ܕܝܘܡܢܐ: ܕ supra versum eminet
22 ܡܢ ܩܕܡ ܐܢܐ ܕܫܕܪܬ ܠܘܬܝ
22 ܗܘܘܢ ܡܢܟ ܕܫܕܪܬ

69[2] ܠܥܒܪ ܢܗܪܐ | ܕܝܠܗ. ܒܟܠܗܘܢ ܡܠܟܐ ܕܥܒܪ ܢܗܪܐ ※ܕܝܠܗ↙: [24]ܘܐܝܬܘܗܝ ܗܘܐ ܫܝܢܐ ܕܢܘܗܝ
ܠܫܠܝܡܘܢ ܡܢ ܬܪܥܘܗܝ ※ܘܡܕܢܚܐ↙ ܘܡܢ ܟܠ ܓܒܐ ܕܝܠܗ: [25]ܘܫܠܝܡܘܢ ܗܘܐ ܫܠܝܢ ܒܫܝܢܐ
ܟܠܗ ܝܗܘܕܐ ܘܐܝܣܪܝܠ °ܬܘܟܠܢܐ ܒܗ ܕܐܠܗܐ ܘܟܠ ܐܢܫ ܬܚܝܬ ܓܦܬܗ ܘܬܚܝܬ ܬܐܬܗ: ܐܟܠܝܢ ܘܫܬܝܢ ܗܘܘ
ܗܘܘ ܒܝܘܡܘܗܝ ܕܫܠܝܡܘܢ ܟܠܗܘܢ ܝܘܡܬܐ ܀
ܟܘ [26]ܘܗܘܐ ܠܗ ܠܫܠܝܡܘܢ ܐܪܒܥܝܢ ܐܠܦܝܢ ܪܡܟܐ ܕܣܘܣܘܬܐ ܠܡܪܟܒܬܐ. ܘܬܪܥܣܪ ܐܠܦܝܢ ܦܪ̈ܫܐ
ܡܛܠ ܗܢܐ ܕܢܬܠ ܠܗܘܢ: [27]ܘܡܙܘܢܝܢ ܗܘܘ ※ܗܠܝܢ↙ ܪ̈ܝܫܢܐ ܠܡܠܟܐ ܫܠܝܡܘܢ. ܘܟܠ ܡܕܡ
ܕܡܬܩܪܒ ܠܦܬܘܪܗ ܕܡܠܟܐ ܐܢܫ ܒܝܪܚܗ. ܠܐ ܡܚܣܪܝܢ ܗܘܘ ܡܕܡ: [28]ܘܣܥܪܐ ܘܬܒܢܐ ܠܣܘܣܘܬܐ.
70[1] ܘܠܪ̈ܟܫܐ ܡܝܬܝܢ ܗܘܘ ܠܕܘܟܬܐ ܕܐܝܬ ܗܘܐ ܬܡܢ ܡܠܟܐ. ܐܢܫ ܐܝܟ ܕܦܩܝܕ ܠܗ: | [29]ܘܝܗܒ
ܡܪܝܐ ܚܟܡܬܐ ܠܫܠܝܡܘܢ ܘܣܘܟܠܐ ܣܓܝܐܐ ܛܒ. ܘܪܘܚܒܐ ܕܠܒܐ ܐܝܟ ܚܠܐ ܕܥܠ ܣܦܬ ܝܡܐ. [30]ܘܣܓܝܐܐ
ܚܟܡܬܗ ܕܫܠܝܡܘܢ ܛܒ ܡܢ ܚܟܡܬܐ ܕܟܠܗܘܢ ܒ̈ܢܝ ܩܕܡܐ ܘܡܢ ܟܠܗܘܢ ※ܚܟܝܡܐ↙ ܕܡܨܪܝܢ.
[31]ܘܚܟܝܡ ܗܘܐ ܡܢ ܟܠܗܘܢ ܒ̈ܢܝ ܐܢܫܐ. ܘܡܢ ܐܝܬܢ ܐܙܪܚܝܐ ܘܡܢ ܗܝܡܢ ܘܟܠܟܘܠ ܘܕܪܕܥ
ܒ̈ܢܝ ܡܚܘܠ: [32]ܘܡܠܠ ܫܠܝܡܘܢ ※ܬܠܬܐ ܐܠܦܝܢ ܡܬܠܐ↙ ܘܗܘܝ ܙܡܝܪܬܗ ܚܡܫܐ ܐܠܦܝܢ ※ܘܚܡܫܐ↙.
ܕܬܫܒܚܬܐ ܐܝܟ ܕܟܬܝܒ ※ܒܣܦܪܐ↙ ܕܡܠܟܐ ܀
6 [1]ܘܗܘܐ ܒܫܢܬܐ ܐܪܒܥܡܐܐ ܘܬܡܢܐܝܢ ܕܦܩܘ ܒ̈ܢܝ ܐܝܣܪܝܠ ܡܢ ܡܨܪܝܢ. ܒܫܢܬܐ ܪܒܝܥܝܬܐ
ܒܝܪܚܐ ܕܐܝܪ ܗܘ ܝܪܚܐ ܕܬܪܝܢ ܕܡܠܟ ܫܠܝܡܘܢ ܥܠ ܐܝܣܪܝܠ. ܐܦ ܒܢܐ ܒܝܬܐ ܠܡܪܝܐ:
70[2] [2]ܘܒܝܬܐ ܗܘ ܕܒܢܐ ܡܠܟܐ ܫܠܝܡܘܢ ܠܡܪܝܐ. | ܫܬܝܢ ܐܡ̈ܝܢ ܐܘܪܟܗ ܕܝܠܗ. ܘܥܣܪܝܢ ܒܐܡܬܐ ܦܬܝܗ
ܕܝܠܗ. ܘܬܠܬܝܢ ܒܐܡܬܐ ܪܘܡܗ: [3]*ܘܐܣܛܘܐ ܕܩܕܡ ܦܢܝܬܐ ܕܗܝܟܠܐ ※ܕܒܝܬܐ↙. ܒܥܣܪܝܢ ܒܐܡܬܐ
ܐܘܪܟܐ ܕܝܠܗ ܠܘܩܒܠ ܦܬܝܐ ܕܦܢܝܬܐ ܕܒܝܬܐ. ܒܥܣܪ ܐܡ̈ܝܢ ܦܬܝܐ ܕܝܠܗ ܠܘܩܒܠ ܦܢܝܬܐ ܕܒܝܬܐ:
ܘܒܢܝܗܝ ܠܒܝܬܐ ܘܫܡܠܝܗ: [4]ܘܥܒܕ ܠܒܝܬܐ ܟܘ̈ܐ *ܕܡܬܚܙܝܢ ܡܛܫܝܬܐ: [5]*ܘܝܗܒ ܥܠ
ܣܛܪܝ ܕܒܝܬܐ ܦܫܝܛܐ ܡܢ ܚܕܪ ※ܠ ܠܗ ܐܡ̈ܝܢ ܕܒܝܬܐ ܠܗܝܟܠܐ↙ ܠܩܘܒܠ †ܘܠܕܒܝܪ. ܘܥܒܕ
※ܐܣܛܘܐ ܡܢ ܚܕܪ↙: [6]ܐܣܛܘܐ ܗܘ ܕܡܢ ܠܬܚܬ. ܚܡܫ ܐܡ̈ܝܢ ܦܬܝܐ ܕܝܠܗ. ※ܕܗܘܐ ܡܬܚܬܝܐ ܗܘ
※ܐܡ̈ܝܢ ܦܬܝܐ↙. ܘܗܘ ܠܡܨܥܬܐ. ܫܬ ܒܐܡܬܐ ܦܬܝܐ ܕܝܠܗ. ܡܛܠ ܕܝܗܒ ܗܘܐ ܠܒܝܬܐ ܚܕܪܢܐ
71[1] ܡܢ ܠܒܪ ܡܢ ܚܕܪ↙: ܐܝܟܢܐ ܕܠܐ | ܢܬܩܪܒܘܢ ܒܣܛܪܝ ܕܒܝܬܐ ܀ [7]ܘܒܝܬܐ ܟܕ ܡܬܒܢܐ ܗܘܐ. ܒܟܐܦܐ
ܫܠܡܬܐ ܕܡܬܦܣܩܢ ܐܬܒܢܝ. ܘܡܩܒܬܐ ܘܢܪܓܐ ܘܟܠ ܡܐܢܐ ܕܦܪܙܠܐ ܠܐ ܐܫܬܡܥ ܒܒܝܬܐ ܟܕ ܡܬܒܢܐ:
[8]ܘܬܪܥܐ ܕܐܣܛܘܐ ܕܗܘ °ܕܡܢ ܠܬܚܬ. ܒܣܛܪܗ ܗܘ ܕܝܡܝܢܐ ܕܒܝܬܐ. ܘܒܡܣܩܬܐ *ܡܬܥܛܦܢܐ
ܠܡܨܥܬܐ. ܘܡܢ ܡܨܥܬܐ ܠܘܬ ܗܝ ܕܬܠܝܬܝܬܐ *ܡܬܥܛܦܢ ܗܘܝ: [9]ܘܒܢܐ ܠܒܝܬܐ ܘܫܡܠܝܗ. ܘܛܫܝܗ
ܠܒܝܬܐ ※ܒܩܘܪ̈ܝܐ ܘܒܣܦܝܢܬܐ ܕܐܪ̈ܙܐ: [10]ܘܒܢܐ ܠܐܣܛܘܐ ܥܠ ܟܠܗ ܒܝܬܐ. ܚܡܫ ܒܐܡܬܐ
ܪܘܡܐ ܕܝܠܗ. ܘܐܚܕܗ *ܠܐܣܛܘܐ ܒܩܝܣ̈ܐ ܕܐܪ̈ܙܐ ܀
ܝܒ 71[2] [11]ܘܗܘܐ ܡܠܬܗ ܕܡܪܝܐ ܠܘܬ ܫܠܝܡܘܢ ܟܕ ܐܡܪ: [12]«ܒܝܬܐ ܗܢܐ ܗܘ ܕܐܢܬ | ܒܢܐ ܐܢܬ. ܐܢ ܬܗܠܟ
ܒܦܘܩܕܢܝ ܕܝܠܝ. ܘܬܥܒܕ ܕܝܢܝ. ܘܬܛܪ ܠܟܠܗܘܢ ܦܘܩܕ̈ܢܝ ܕܝܠܝ ܠܡܗܠܟܘ ܒܗܘܢ. ܐܩܝܡ ܡܠܬܝ
ܕܝܠܝ ※ܠܗ ܠܟ↙ ܗܝ ܕܡܠܠܬ ܥܡ ܕܘܝܕ ܐܒܘܟ: [13]ܘܐܫܪܐ ܒܡܨܥܬܐ ܕܒ̈ܢܝ ܐܝܣܪܝܠ.
ܘܠܐ ܐܫܒܘܩ ܠܥܡܐ ܕܝܠܝ ܐܝܣܪܝܠ» ܀
ܝܕ [14]ܘܒܢܐ ܫܠܝܡܘܢ ܠܒܝܬܐ ܘܫܡܠܝܗ: [15]ܘܒܢܐ ܠܫܘܪ̈ܐ ܕܒܝܬܐ ※ܠܗ ܠܗ ܡܢ ܠܓܘ↙ ܒܕܦ̈ܐ
ܕܐܪ̈ܙܐ. ܡܢ ܐܪܥܐ ܕܒܝܬܐ ܘܥܕܡܐ ܠܫܘܪ̈ܐ ܕܦܢ̈ܝܬܐ↙ ܛܫܝܗ ܒܩܝܣ̈ܐ ܘܐܚܕܗ ܒܕܦ̈ܐ ܡܢ ܠܓܘ.
ܘܐܚܕܗ ܠܓܘܗ ܕܒܝܬܐ ܒܕܦ̈ܐ ܕܒܪ̈ܘܬܐ: [16]ܘܒܢܐ ܥܣܪܝܢ ܐܡ̈ܝܢ ܡܢ ܣܦܪܐ ܕܒܝܬܐ ܠܣܛܪܐ ܚܕ ܡܢ
ܐܪܥܐ ܥܕܡܐ ܠܫܘܪ̈ܐ. ܘܥܒܕ ܠܗ ܠܓܘܗ ܡܢ *ܕܒܝܪ ܠܩܘܕܫ ܩܘܕ̈ܫܐ: [17]ܘܐܪܒܥܝܢ ܐܡ̈ܝܢ
72[1] ܐܝܬܘܗܝ ܗܘܐ ※ܠܗ ܠܗ ܗܘ ܒܝܬܐ↙ | ܗܝܟܠܐ ※ܠܓܘܝܐ: [18]ܘܥܒܕ ܐܪ̈ܙܐ ܠܒܝܬܐ ܗܘܐ ܡܢ ܠܓܘ.

32 ܒܙܡܝܪ̈ܘܗܝ
3 ܘ ܐܣܛܘܐ ÷ ܡܢ ܩܕܡ
4 ܕܚܙܝܢ ܕܡܬܚܙܝܢ ܠܒܝܬ ܟܘܝܢ ܠܟܘ̈ܐ ܕܡܬܚܙܝܢ, ubi fortasse ܟܘ̈ܐ ܕܡܬܚܙܝܢ voluit librarius, male pingens
5 ܡܢ ܚܕܪ ܚܕܪ
5 ܠ ܠܗ ܥܠ ܣܛܪܐ
6/7 ܟܐܦܐ ܫܠܡܬܐ ܕܡܬܦܣܩܢ ܥܠ ܕܡܛܠ ܥܦܪܐ ܗܘܐ ܡܬܚܙܝܢ ܗܘܐ. ܘܒܝܬܐ ܡܬܚܙܝܢ ܗܘܘ ܘܡܬܦܣܩܢ ܡܬܚܙܝܢ
8 ܡܬܥܛܦܢ
8 ܠܡܨܥܬܐ ܐܡܬܐ
9 ܒܩܘܪ̈ܝܐ ※ ܕܦܐ↙ ܘܒܣܦܝܢܬܐ ܕܐܪ̈ܙܐ↙ ※B
10 bis scriptum: altero loco ܠܐܣܛܘܐ B[2]. adnotatio altero tantum loco adest
10 ܡܢ ܚܡܫ
15 post ܠܗ primum ↙ B
16 ܡܢ ܣܦܪܐ

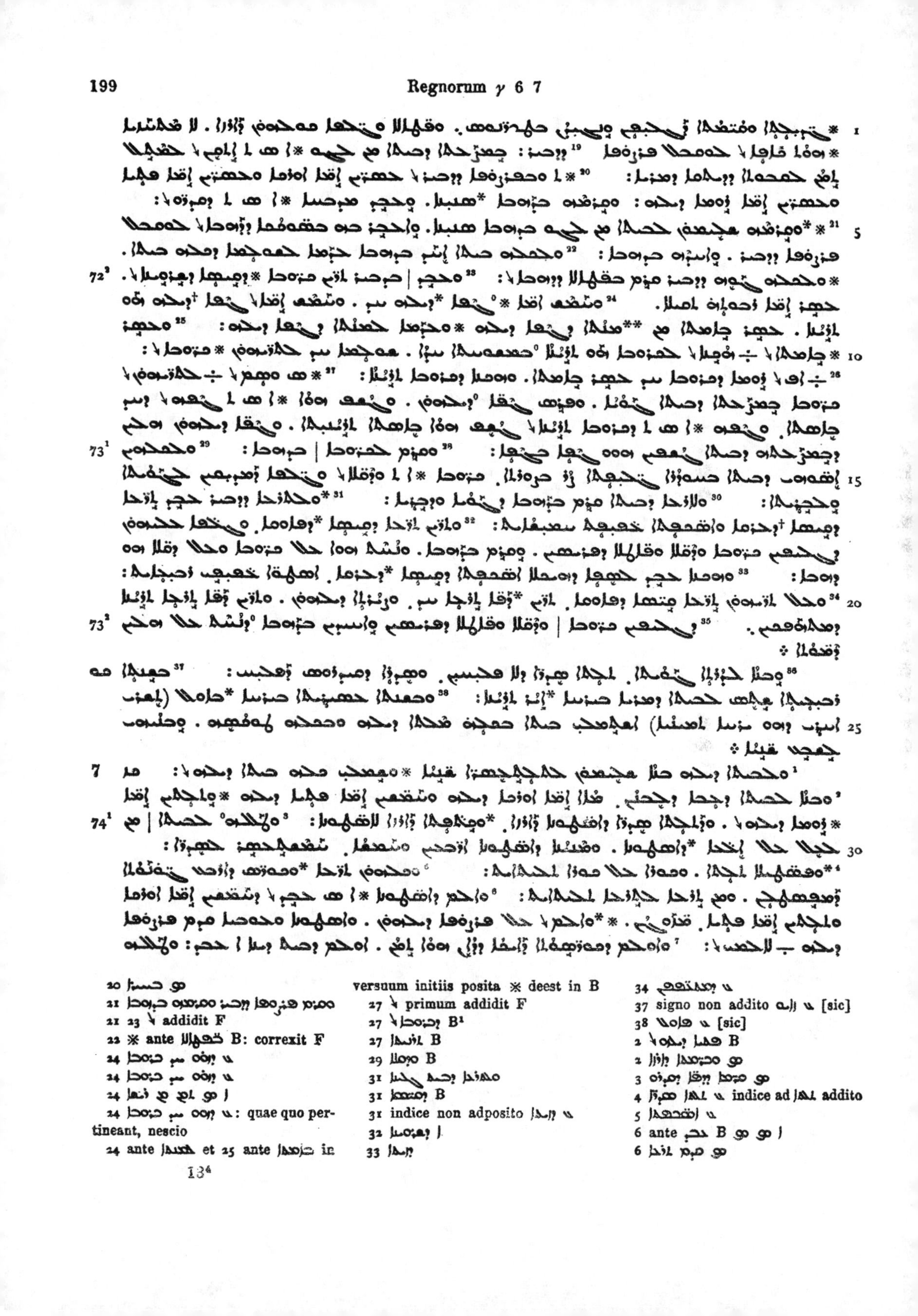

[Syriac]

72[2] [Syriac]

[Syriac]

73[1] [Syriac]

[Syriac]

73[2] [Syriac]

7 [Syriac]

74[1] [Syriac]

[Syriac]

20 [Syriac]
21 [Syriac]
21 23 [Syriac] addidit F
22 ※ ante [Syriac] B: correxit F
24 [Syriac]
24 [Syriac]
24 [Syriac]
24 [Syriac]: quae quo pertineant, nescio
24 ante [Syriac] et 25 ante [Syriac] in versuum initiis posita ※ deest in B
27 [Syriac] primum addidit F
27 [Syriac] B[1]
27 [Syriac] B
29 [Syriac] B
31 [Syriac]
31 [Syriac] B
31 indice non adposito [Syriac]
32 [Syriac]
33 [Syriac]
34 [Syriac]
37 signo non addito [Syriac] [sic]
38 [Syriac] [sic]
2 [Syriac] B
2 [Syriac]
3 [Syriac]
4 [Syriac] indice ad [Syriac] addito
5 [Syriac]
6 ante [Syriac] B [Syriac]
6 [Syriac]

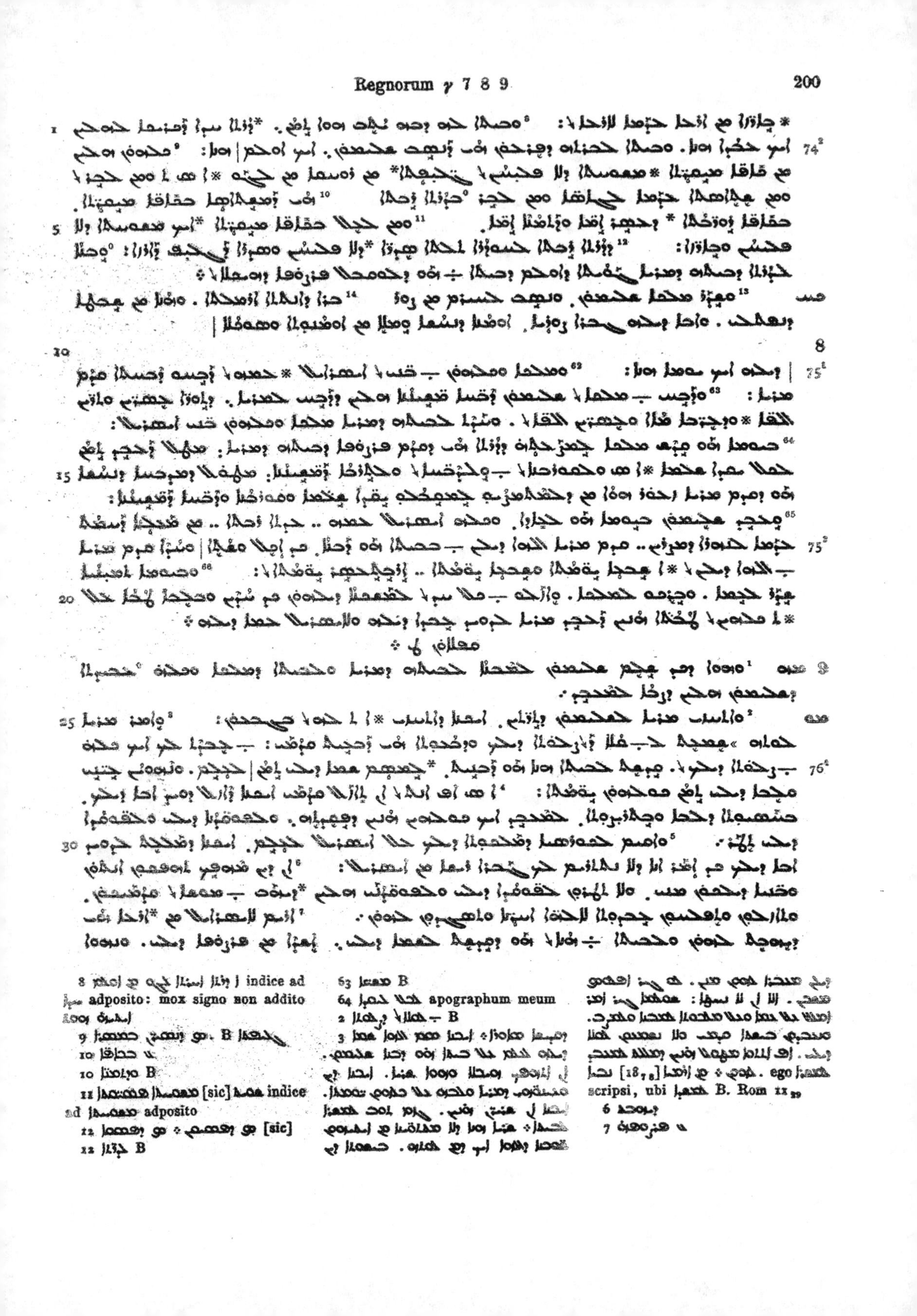

[illegible]

74² [illegible]

[illegible]

8

75¹ [illegible]

75² [illegible]

9

[illegible]

76¹ [illegible]

---

8 [illegible] indice ad [illegible] adposito: mox signo non addito [illegible]

9 [illegible] B [illegible]

10 [illegible]

10 [illegible] B

11 [illegible] [sic] [illegible] indice ad [illegible] adposito

12 [illegible] [sic]

12 [illegible] B

63 [illegible] B

64 [illegible] apographum meum

2 [illegible] B

3 [illegible]

[illegible] ego [illegible] scripsi, ubi [illegible] B. Rom 11 $_{29}$

6 [illegible]

7 [illegible]

[illegible] [9] [illegible] 76²
[illegible]
[illegible]
[illegible]
[illegible]
[illegible]

[10] [illegible]
[11] [illegible]
[illegible]
[12] [illegible] 77¹
[13] [illegible]
[illegible]

[14] [illegible] [15] [illegible]
[illegible]
[illegible]
[16] [illegible]
[17] [illegible]
[18] [illegible] 77²
[19] [illegible]
[illegible]
[20] [illegible]
[illegible]
[21] [illegible]
[22] [illegible]
[illegible]
[illegible]

[23] [illegible] 78¹
[24] [illegible]
[25] [illegible]
[illegible]
[26] [illegible]
[27] [illegible]
[28] [illegible]
[illegible]
[1] [illegible] 78²
[2] [illegible]

7 [illegible] B¹
9 [illegible] ※ [illegible] et [illegible] B
10 [illegible]
13 [illegible] ※ et mox [illegible]
14 [illegible]
15 [illegible]
15 [illegible]
16 [illegible] B
21 [illegible] indice post [illegible] addito
22 [illegible]
25 [illegible]
26 [illegible] omiserat B¹
1 numerum [illegible] addidi: quibus locis [illegible] et [illegible] a B non notatos addam, nescio
[illegible]
2 [illegible] apographum meum

ܘܥܠܬ ܠܘܬ ܫܠܝܡܘܢ ܘܡܠܠܬ ܥܡܗ ܟܠܗܝܢ ܗܠܝܢ ܕܐܝܬ ܗܘܝ ܒܠܒܗ̇ ܕܝܠܗ̇: [3] ܘܚܘܝܗ̇ ܠܗ̇
ܫܠܝܡܘܢ ܠܟܠܗܝܢ ܡ̈ܠܐ ܕܝܠܗ̇: ܠܝܬ ܗܘܐ ܡܠܬܐ ܕܛܫܝܐ ܡܢ ܡܠܟܐ ܗܘ ܕܠܐ ܚܘܝܗ̇ ܠܗ̇: [4] ܘܚܙܬ
ܡܠܟܬܐ ܕܫܒܐ ܟܠܗ̇ ܚܟܡܬܗ ܕܫܠܝܡܘܢ ܘܒܝܬܐ ܗܘ ܕܒܢܐ [5] ܘܡܐܟܘܠܬܐ ܕܫܠܝܡܘܢ ܘܡܘܬܒܐ
ܕܥܒ̈ܕܘܗܝ ܘܩܘܝܡܐ ܕܡܫܡܫܢܘܗܝ ܘܠܒܘܫܝܗܘܢ ܘܡܫܩܝܢܘܗܝ ܘܡܫܩܝܢܘܬܐ ܕܝܠܗ ܘܥܠܘܬܐ ܕܝܠܗ
ܗܠܝܢ ܕܡܣܩ ܗܘܐ ܒܒܝܬܗ ܕܡܪܝܐ. ܘܒܬܪܗ̇: [6] ܘܐܡܪܬ ܠܘܬ ܡܠܟܐ ܫܠܝܡܘܢ ܫܪܝܪܐ ܗܝ ܡܠܬܐ
ܗܝ ܕܫܡܥܬ ܒܐܪܥܐ ܕܝܠܝ ܡܛܠ ⁰ܡ̈ܠܬܐ ܕܝܠܟ ܘܡܛܠ ܚܟܡܬܐ ܕܝܠܟ: [7] ܘܠܐ ܗܝܡܢܬ ܠܗܘܢ
79¹ ܠܡ̈ܠܐ ܕܐܡܪܝܢ ܗܘܘ | ܠܝ. ܥܕܡܐ ܕܐܬܝܬ. ܘܚܙܝ ܥܝܢ̈ܝ ܕܝܠܝ. ܘܗܐ ÷ ܠܦܠܓܗ ܐܝܟ ܕܐܘܕܥܘܢܝ ܠܝ ܦܠܓܐ.
ܐܘܣܦܬ ※ܚܟܡܬܐ ܘܛܒ̈ܬܐ ÷ ܠܘܬ ܐܝܟ ÷ ܡܢ ܫܡܥܐ ܗܘ ܕܫܡܥܬ ܒܐܪܥܐ ܕܝܠܝ:
[8] ܛܘܒܝܗܘܢ ܠܢܫ̈ܐ ܕܝܠܟ. ܛܘܒܝܗܘܢ ܠܥܒ̈ܕܐ ܕܝܠܟ ܗܠܝܢ ܕܩܝܡܝܢ ܩܕܡܝܟ ܐܡܝܢܐܝܬ ܗܠܝܢ ܕܫܡܥܝܢ
÷ ܠܟܠܗ̇ ܚܟܡܬܐ ܕܝܠܟ: [9] ܢܗܘܐ ܡܪܝܐ ܐܠܗܐ ܕܝܠܟ ܡܒܪܟܐ ܗܘ ܕܨܒܐ ܒܟ. ܠܡܬܠܟ ܥܠ
ܟܘܪܣܝܐ ܕܐܝܣܪܐܝܠ ÷ ܒܡܪܚܡܘܬܗ ܕܡܪܝܐ. ܘܣܡܟ ܡܠܟܐ ÷ ܠܡܥܒܕ ܕܝܢܐ ܘܙܕܝܩܘܬܐ
÷ ܐܦ ܒܕܝ̈ܢܐ ܕܝܠܗܘܢ ⁰: [10] ܘܝܗܒܬ ܠܫܠܝܡܘܢ ܡܐܐ ܘܥܣܪܝܢ ܟܟܪ̈ܝܢ ܕܕܗܒܐ ܘܒܣܡ̈ܐ ܣܓܝܐܐ
ܛܒ ܘܟܐܦܐ ܝܩܝܪܬܐ: ܠܐ ܐܬܐ ܗܘܐ ܐܝܟ ܒܣܡ̈ܐ ܗܠܝܢ ܠܣܘܓܐܐ. ܗܠܝܢ ܕܝܗܒܬ ܡܠܟܬܐ
[ܝܐ] ܕܫܒܐ ܠܡܠܟܐ ܫܠܝܡܘܢ: [11] ܘܐܠܦܐ ܕܚܝܪܡ ܗܝ ܕܫܩܠܐ ܕܗܒܐ ܡܢ ܐܘܦܝܪ. ܐܝܬܝܬ ܡܢ ܐܘܦܝܪ ܩܝ̈ܣܐ
79² | ܠܐ ܦܣܝܠ̈ܐ ܣܓܝܐܐ ܛܒ ܘܟܐܦܐ ܝܩܝܪܬܐ: [12] ܘܥܒܕ ܡܠܟܐ ܒܩܝ̈ܣܐ ܠܐ ܦܣܝܠ̈ܐ ܣܡܟܐ ܕܒܝܬܗ
ܕܡܪܝܐ ܘܕܒܝܬܐ ܕܡܠܟܐ ܘܟܢܪ̈ܐ ܘܢܒ̈ܠܐ ܠܡܫܒܚܢܘܬܐ: ܠܐ ܐܬܘ ܩܝ̈ܣܐ ܕܐܝܟ ܗܠܝܢ ܠܐ ܦܣܝܠ̈ܐ ܘܠܐ ܐܬܚܙܝܘ
[ܝܒ] ÷ ܥܠ ܐܪܥܐ ÷ ܥܕܡܐ ܠܝܘܡܐ ܗܢܐ: [13] ܘܡܠܟܐ ܫܠܝܡܘܢ ܝܗܒ ܠܡܠܟܬܐ ܕܫܒܐ
ܟܠܗܝܢ ܗܠܝܢ ܕܨܒܬ ܘܗܠܝܢ ܕܫܐܠܬ. ܠܒܪ ܡܢ ܟܠܗܝܢ ܗܠܝܢ ܕܝܗܒ ܗܘܐ ܠܗ̇ ܒܐܝܕܗ ܐܝܟ ܐܝܕܐ
ܕܡܠܟܐ ܫܠܝܡܘܢ: ܘܗܦܟܬ ܘܐܙܠܬ ܠܐܪܥܐ ܕܝܠܗ̇ ܗܝ ܐܦ ÷ ܥܒ̈ܕܝܗ̇ ܕܝܠܗ̇ ÷ ܥܡܗ̇: [14] ܘܐܝܬܘܗܝ ܗܘܐ
ܡܬܩܠܐ ܕܕܗܒܐ ܕܐܬܐ ܠܫܠܝܡܘܢ ܒܫܢܬܐ ܚܕܐ. ܫܬܡܐܐ ܘܫܬܝܢ ܘܫܬ ܟܟܪ̈ܝܢ ܕܕܗܒܐ. [15] ܣܛܪ ܡܢ
ܡܕܐܬܐ ܕܗܠܝܢ ܕܡܬܟܢܫܝܢ ܘܕܬܓܪ̈ܐ ※ ܘܣܚܘܪܬܐ ܕܬܓܪ̈ܐ ܕܒܣܡ̈ܐ ܕܟܠܗܘܢ ܡܠܟܐ ܕܥܪ̈ܒܝܐ *ܘܫܠܝܛ̈ܢܐ ܕܐܪܥܐ:
80¹ ܝܓ | [16] ܘܥܒܕ ※ ܐ ܗ ܡܠܟܐ ܫܠܝܡܘܢ ܬܠܬܡܐܐ ܡܓܢ̈ܐ ܡܢܩ̈ܫܐ ܕܕܗܒܐ. ܬܠܬܡܐܐ ܕܕܗܒܐ *ܐܝܬ
ܗܘܘ ܥܠ ܡܓܢܐ ܚܕ. [17] ܘܬܠܬܡܐܐ ܙܝܢ̈ܐ ܡܢܩ̈ܫܐ ܕܕܗܒܐ. ܘܬܠܬ ܡܢܝܢ ܕܕܗܒܐ ܐܝܬ ܗܘܐ ܒܙܝܢܐ
ܚܕ: ܘܣܡ ܐܢܘܢ ܡܠܟܐ ܒܒܝܬܐ ܕܝܥܪܐ ܕܠܒܢܢ ܀
ܝܕ [18] ܘܥܒܕ ܡܠܟܐ ܟܘܪܣܝܐ ܪܒܐ ܕܫܢܐ ܕܦܝܠܐ. ܘܚܦܝܗܝ ܒܕܗܒܐ ܒܚܝܪܐ: [19] ܘܫܬ ܕܪ̈ܓܝܢ
ܠܟܘܪܣܝܐ. ⁰ܘܪ̈ܝܫܐ ܕܥܓܠ̈ܐ ܠܟܘܪܣܝܐ ܡܢ ܒܣܬܪܗ. ܘܐܝ̈ܕܐ ܡܢܐ ܘܡܢܐ ܥܠ ܕܘܟܬܐ ܕܡܘܬܒܐ. ܘܬܪܝܢ
ܐܪ̈ܝܘܬܐ ܩܝܡܝܢ ܠܘܬ ܐܝ̈ܕܐ: [20] ܘܬܪܬܥܣܪ ܐܪ̈ܝܘܬܐ ܩܝܡܝܢ ܬܡܢ ܥܠ ܫܬ ܕܪ̈ܓܝܢ ܡܢܐ ܘܡܢܐ. ܠܐ ܗܘܐ
ܗܟܢܐ ܠܟܠ ܡܠܟܘܬܐ ܀
ܝܗ [21] ܘܟܠܗܘܢ ܡܐܢ̈ܐ ܕܡܫܬܝܐ ܕܡܠܟܐ ܫܠܝܡܘܢ ܡܢ ܕܗܒܐ ܐܬܥܒܕܘ. ܘܟܠܗܘܢ ÷ ܕܕܗܒܐ ܘܟܠܗܘܢ
80² ܡܐܢ̈ܐ ܕܒܝܬܐ ܕܝܥܪܐ ܕܠܒܢܢ ܡܢ ܕܗܒܐ ܡܚܠܨ̈ܐ ܗܘܘ. | ܠܝܬ ܗܘܐ ܟܣܦܐ. ܡܛܠ ܕܠܐ ܐܬܚܫܒ ܗܘܐ
ܕܡܕܡ ܒܝܘܡܘܗܝ ܕܫܠܝܡܘܢ ※ ܐ ܠܟܠ ܕܗܘ: [22] ܡܛܠ ܕܐܠܦܐ ܕܬܪܫܝܫ ܠܡܠܟܐ ܒܝܡܐ ܥܡ
ܐܠܦ̈ܐ ܕܚܝܪܡ. ܚܕܐ ܠܬܠܬ ܫܢ̈ܝܢ ܐܬܝܐ ܗܘܬ ܐܠܦܐ ܠܡܠܟܐ ÷ ܡܢ ܬܪܫܝܫ ※ ܐ ܫܩܠܐ ÷ ܕܗܒܐ
ܘܟܣܦܐ ܘܫ̈ܢܐ ܕܦܝ̈ܠܐ ܘܩܘ̈ܦܐ ܠܘܬ ܡܢ ܕܡܬܓܠܦ ܘܡܪ̈ܓܢܝܬܐ *ܘܦܝ̈ܠܐ ܘܛܘܣ̈ܐ ܘܩܘ̈ܦܐ ܀
[ܝܘ] [23] ܘܪܒܐ ܫܠܝܡܘܢ ܝܬܝܪ ܡܢ ܟܠܗܘܢ ܡܠܟܐ ܕܐܪܥܐ ܒܥܘܬܪܐ ܘܒܚܟܡܬܐ: [24] ܘܟܠܗܘܢ ܡܠܟܐ
ܕܐܪܥܐ ܒܥܝܢ ܗܘܘ ܠܐܦ̈ܘܗܝ ܕܫܠܝܡܘܢ. ܠܡܫܡܥ ܚܟܡܬܗ ܕܝܗܒ ܗܘܐ ܡܪܝܐ ܒܠܒܗ:
[25] ܘܗܢܘܢ ܡܝܬܝܢ ܗܘܘ ܟܠ ܚܕ ܩܘܪܒܢܗ ※ ܐ ܗ ܡܐܢ̈ܐ ܕܟܣܦܐ ܘܡܐܢ̈ܐ ܕܕܗܒܐ ܘܠܒܘܫܐ.
ܐܣܛܟܣ̈ܐ ܘܒܣܡ̈ܐ ܘܣܘܣ̈ܘܬܐ ܘܪ̈ܟܫܐ. ܫܢܐ ܒܫܢܐ ܀
ܝܙ [26] ※ܘܗܘܐ ܠܫܠܝܡܘܢ ܐܪ̈ܒܥܐ ܐܠܦ̈ܝܢ ܣܘܣ̈ܘܬܐ. ܘܗܘܘ ܠܫܠܝܡܘܢ ܐܪ̈ܒܥܝܢ ܐܠܦ ÷ ܣܘܣ̈ܘܬܐ

7 ÷ ܠܗܢܘܢ ÷ ܐܝܟ — ܐ ܡܢ ܕܐܝܟ pertinet) — 21 ※ܐ ܕܗܒ ܗܘܘ B
7 ܐ ultimum addidit F — 15 ܡܢ ܐܘܦܝܪ — 22 ܠܡܠܟܐ F: ܐ non habet B
15 indice non adposito ܕܒܣܡ̈ܐ — 16 ܗ ܡܢ ܗܫܐ ܗܘܘ ܥܠ ܚܕ ܡܓܢܐ. — 22 ܬܪܫܝܫ B
25 indice non adposito (ad ܕܡܐܢ̈ܐ — indice non addito ܠܒܘܫܐ ܐ ÷ ܕܡܐܢ̈ܐ ܐ — 25 et primo loco 26 ܐ addidi

| [illegible] 81²
[illegible] [27] [illegible]
[illegible] [28] [illegible]
[illegible] [29] [illegible]
[illegible] ✣

[illegible] ✣

11 [1] [illegible]
[illegible] [2] [illegible] 81²
[illegible] [3] [illegible]
[illegible] [4] [illegible]
[illegible] [5] [illegible]
[illegible] [6] [illegible] ✣
[7] [illegible] 82¹ [illegible]
[illegible] [8] [illegible]
[illegible] [9] [illegible]
[illegible] [10] [illegible] ✣
[11] [illegible]
[illegible] [12] [illegible]
[illegible] [13] [illegible]
[illegible] 82²
[illegible] ✣
[14] [illegible] [15] [illegible]
[illegible]
[16] [illegible]
[illegible] [17] [illegible]
[illegible] [18] [illegible]
[illegible]

26 [illegible] B
29 signo non addito [illegible]
29 ※ [illegible] B
29 [illegible]
1 ※ [illegible] B
2 [illegible] et paulo inferius quae ad comma 1 pertinuerint [illegible]
3 [illegible] non adest: quem addidit F
4 in margine folii 81² [illegible] [Prov 27₁] [illegible]
5 [illegible]
7 ※ B ante [illegible] habet, quem ante [illegible] transposui
10 [illegible] in B prima
11 in margine folii 82¹ [illegible]
[illegible] sed [illegible] B
14 [illegible]
17 [illegible] B
18 [illegible] secundum et tertium addidit F

[illegible]
[19] [illegible]
[20] [illegible] 83[1]
[illegible]
[21] [illegible]
[22] [illegible]
[illegible]
[23] [illegible]
[24] [illegible]
[illegible] 83[2]
[25] [illegible]
[illegible]
[26] [illegible]
[27] [illegible]
[28] [illegible]
[illegible]
[illegible]
[29] [illegible]
[30] [illegible] 84[1]
[31] [illegible]
[illegible]
[32] [illegible]
[33] [illegible]
[illegible]
[illegible]
[34] [illegible]
[illegible] 84[2]
[35] [illegible]
[36] [illegible]
[37] [illegible]
[38] [illegible]
[illegible]
[illegible]
[39] [40] [illegible]
[illegible] 85[1]
[41] [illegible]
[illegible]
[42] [43] [illegible]

18 [illegible] B: [illegible] transposuit F
20 [illegible] B
21 altero loco [illegible] B
22 indice non adposito [illegible]
23 [illegible]
27 [illegible]
28 [illegible] B ut videatur
29 [illegible]
33 indice non adposito [illegible]
33 [illegible]
38 [illegible], 39 [illegible] et [illegible] B
42 [illegible] B: correxit F

ܫܠܝܡܘܢ ܥܡ ܐܒܗܬܐ ܕܝܠܗ . ܘܐܬܩܒܪ ܒܡܕܝܢܬܐ ܕܕܘܝܕ ܐܒܐ ܕܝܠܗ : ܘܡܠܟ ܪܚܒܥܡ ܒܪܗ
ܚܠܦܘܗܝ ܀
12 [1] ܘܐܙܠ ܗ̄ ܡܠܟܐ↙ ܪܚܒܥܡ ܠܫܟܝܡ : ܡܛܠ ܕܠܫܟܝܡ ܐܬܝܢ ܗܘܘ ܟܠܗ ܐܝܣܪܐܝܠ
ܠܡܡܠܟܘܬܗ ܀

ܡܛܠܬܗ ܣܓ ܀

[2] ܘܗܘܐ ܕܟܕ ܫܡܥ ܝܪܒܥܡ ܒܪܗ ܕܢܒܛ . ܘܥܕ ܗܘ ܐܬܝܘܗܝ ܗܘܐ ܒܡܨܪܝܢ . ܟܕ ܥܪܩ
ܗܘܐ ܡܢ ܦܪܨܘܦܗ ܕܡܠܟܐ ܫܠܝܡܘܢ (ܘܝܬܒ ܗܘܐ ܝܪܒܥܡ ܒܡܨܪܝܢ)· ܘܐܬܐ ܐܬܐ ܠܡܕܝܢܬܐ ܕܝܠܗ ܠܐܪܥܐ
85[2] ܕܨܪܪܐ ÷ ܛܘܪ | ܕܐܦܪܝܡ ܘܐܬܒܢܝ . ܘܗܦܟ ܝܪܒܥܡ ܡܢ ܡܨܪܝܢ↙ : [3] ※ ܐ ܘܫܕܪܘ↙ ܘܩܪܘܢܗ ※ ܘܐܬܐ
※ ܝܪܒܥܡ ܘܟܠܗ ܩܗܠܐ ܕܐܝܣܪܐܝܠ↙ . ⁰ܘܡܠܠܘ ÷ ܥܡܗ↙ ܠܘܬ ÷ ܡܠܟܐ↙ ܪܚܒܥܡ ܟܕ ܐܡܪܝܢ
[4] »ܐܒܘܟ ܐܩܫܝ ⁰ܢܝܪܐ ܕܝܠܢ . ܘܐܢܬ ܗܫܐ ܐܩܠ ܡܢ ܥܒܕܘܬܐ ܩܫܝܬܐ ܕܐܒܐ ܕܝܠܟ ܘܡܢ ܢܝܪܐ ܕܝܠܗ
ܝܩܝܪܐ ܗܘ ܕܝܗܒ ܥܠܝܢ . ܘܢܦܠܘܚ ܠܟ ܒܥܒܕܘܬܐ« : [5] ܘܐܡܪ ܠܘܬܗܘܢ »ܐܙܠܘ ܥܕܡܐ ܠܬܠܬܐ ܝܘܡܝܢ
ܘܗܦܟܘ ܠܘܬܝ« : ܘܐܙܠܘ : [6] ܘܐܫܬܐܠ⁰ ܡܠܟܐ ※ ܠ ܪܚܒܥܡ↙ ܠܣܒܝܐ ܗܠܝܢ ܕܐܝܬܝܗܘܢ ܗܘܘ
ܩܝܡܝܢ ܩܕܡ ܫܠܝܡܘܢ ܟܕ ܚܝ ܗܘܐ . ܟܕ ܐܡܪ »ܐܝܟܢ ܐܢܬܘܢ ܡܡܠܟܝܢ ܐܢܬܘܢ . ܘܐܦܢܐ ܦܬܓܡܐ
ܗܢܐ ܡܠܬܐ·:·« : [7] ܘܡܠܠܘ ܥܡܗ ܟܕ ܐܡܪܝܢ »ܐܢ ܒܝܘܡܐ ܗܢܐ ܬܗܘܐ ܥܒܕܐ ܠܥܡܐ ܗܢܐ . ܘܬܦܠܚܝܘܢ
86[1] ܠܗܘܢ ܒܥܒܕܘܬܐ | ※ ܐ ܗ̄ ܘܬܥܢܝ ܠܗܘܢ↙ ܘܬܡܠܠ ܠܗܘܢ ܡܠܝܢ ܛܒܬܐ· ܐܦ ܢܗܘܘܢ ܠܟ ܥܒܕܐ ܟܠܗܘܢ
ܝܘܡܬܐ« : [8] ܘܫܒܩ ܠܡܠܟܬܐ ܕܣܒܝܐ ܐܝܠܝܢ ܕܡܠܟܘܗܝ . ܘܐܬܡܠܟ ܥܡ ܛܠܝܐ ܗܠܝܢ ܕܐܬܪܒܝܘ ܥܡܗ .
ܕܩܝܡܝܢ ܩܕܡ ܦܪܨܘܦܗ . [9] ܘܐܡܪ ܠܗܘܢ »ܡܢܐ ܐܢܬܘܢ ܡܡܠܟܝܢ ܐܢܬܘܢ·:· ܘܡܢܐ ܐܦܢܐ ܦܬܓܡܐ ܗܢܐ.. ܠܗܠܝܢ
ܕܡܠܠܘ ܥܡܝ ܟܕ ܐܡܪܝܢ »ܐܩܠ ܡܢ ܢܝܪܐ ܗܘ ܕܝܗܒ ܐܒܐ ܕܝܠܟ ܥܠܝܢ«·:· : [10] ܘܡܠܠܘ ܥܡܗ
ܛܠܝܐ ܗܠܝܢ ܕܐܬܪܒܝܘ ܥܡܗ . ܗ̄ ܗܠܝܢ ܕܩܝܡܝܢ ܩܕܡ ܦܪܨܘܦܗ ܕܝܠܗ↙ ܟܕ ܐܡܪܝܢ »ܗܟܢ ܬܡܠܠ
ܠܥܡܐ ܗܢܐ . ܗܠܝܢ ܕܡܠܠܘ ܥܡܟ ܟܕ ܐܡܪܝܢ »ܐܒܘܟ ܐܩܫܝ ⁰ܢܝܪܐ ܕܝܠܢ . ܘܐܢܬ ÷ ܐܩܠܗ↙ ܐܩܠ ܡܢܢ«.
ܗܟܢ ܬܡܠܠ ܥܡܗܘܢ . ⁰"ܙܥܘܪܘܬܐ ܕܝܠܝ ܥܒܝܐ ܗܝ ܡܢ ܚܨܘܗܝ ܕܐܒܝ . [11] ܘܗܫܐ ܐܒܐ ܕܝܠܝ
ܐܛܥܢܟܘܢ ܢܝܪܐ ܝܩܝܪܐ . ܐܦ ܐܢܐ ܐܘܣܦ ܥܠ ܢܝܪܐ ܕܝܠܟܘܢ : ܐܒܐ ܕܝܠܝ ܪܕܐ ܠܟܘܢ ܒܡܩܪܥܬܐ . ܐܢܐ ܕܝܢ ܪܕܐ ܐܢܐ
85[2] | ܠܟܘܢ ⁰ܒܥܩܪܒܐ"« : [12] ܘܐܬܐ ܟܠܗ ܐܝܣܪܐܝܠ ܠܘܬ ܡܠܟܐ ܪܚܒܥܡ ܒܝܘܡܐ ܬܠܝܬܝܐ . ܐܝܟܢܐ
ܕܡܠܠ ÷ ܠܗܘܢ↙ ܡܠܟܐ ܟܕ ܐܡܪ »ܗܦܟܘ ܠܘܬܝ ܒܝܘܡܐ ܬܠܝܬܝܐ« : [13] ܘܥܢܐ ܡܠܟܐ ܠܘܬ ܥܡܐ
ܩܫܝܬܐ . ܘܫܒܩ ÷ ܪܚܒܥܡ↙ ܠܡܠܟܐ ܕܣܒܝܐ ܐܝܠܝܢ ܕܡܠܟܘܗܝ . [14] ܘܡܠܠ ܠܘܬܗܘܢ ܐܝܟ ܡܠܟܐ
ܕܛܠܝܐ ܟܕ ܐܡܪ »ܐܒܐ ܕܝܠܝ ܐܩܫܝ ܢܝܪܐ ܕܝܠܟܘܢ . ܐܦ ܐܢܐ ܐܘܣܦ ܥܠ ܢܝܪܐ ܕܝܠܟܘܢ : ܐܒܐ ܕܝܠܝ ܪܕܐ ܠܟܘܢ
ܒܡܩܪܥܬܐ . ܘܐܢܐ ܪܕܐ ܐܢܐ ܠܟܘܢ ܒܥܩܪܒܐ« : [15] ܘܠܐ ܫܡܥ ܡܠܟܐ ܠܥܡܐ . ܡܛܠ ܕܐܬܥܒܕܬ ܗܘܬ
ܡܬܗܦܟܢܘܬܐ ܡܢ ܡܪܝܐ . ܐܝܟܢܐ ܕܢܩܝܡ ܠܡܠܬܐ ܕܝܠܗ ܗܝ ܕܡܠܠ ܡܪܝܐ ܒܐܝܕ ܐܚܝܐ ܫܝܠܘܢܝܐ
ܠܘܬ ܝܪܒܥܡ ܒܪܗ ܕܢܒܛ ܀ [16] ܘܚܙܐ ܟܠܗ ܐܝܣܪܐܝܠ ܕܠܐ ܫܡܥ ܠܗܘܢ ܡܠܟܐ . ܘܥܢܐ ܥܡܐ ⁰
87[1] ܠܡܠܟܐ ※ ܗ̄ ܠ ܡܠܟܐ↙ ܟܕ ܐܡܪ »ܡܢܐ ܠܢ ܡܢܬܐ ܒܕܘܝܕ ܀ ܠܡܛܠ ÷ ܠܢ↙ ܝܪܬܘܬܐ ܒܒܪܗ ܕܐܝܫܝ .
÷ ܙܠܘ↙ ܠܡܫܟܢܐ ܕܝܠܟ .. ܐܝܣܪܐܝܠ . ܗܫܐ ܪܥܝ ܒܒܝܬܐ ܕܝܠܟ .. ܕܘܝܕ« : ܘܐܙܠ ܐܝܣܪܐܝܠ ܠܡܫܟܢܐ
※ ܐ ܕܝܠܗ↙ : [17] ※ ܘܥܡ ܒܢܝ ܐܝܣܪܐܝܠ ܗܠܝܢ ܕܝܬܒܝܢ ܒܩܘܪܝܬܐ ܕܝܗܘܕܐ . ܘܐܡܠܟ ܥܠܝܗܘܢ ܪܚܒܥܡ↙

1 ܘܐܬܩܒܪܘ B[1]

2 ÷ ܛܘܪ ego, ÷ ܛܘܪ B

3 ܘܩܪܘܗ in versu ineunte positum asterisco caret

6 ܘܐܫܬܐܠ in B punctum supernum habet inter ܘ et ܫ medium. ita in ܘܫܡܥ 13 16

6 ↙ et 7 ※ addidi

7 in margine folii 85[2] inferiori ܕܝܠܗܘܢ ܡܠܘܐܐ ܦܬܓܡܐ ܀ ܗܠܝܢ ܕܩܫܝܐ ܡܠܝܢ ܕܝܠܗܘܢ . ܠܡܠܟܘܬܐ ܠܐܦܝܣܩܘܦܘܬܐ ܡܠܟܘܬܐ . ܐܝܟ ܕܗܟܢ ܒܥܒܕܘܬܐ ܠܥܡܐ ܗܢܐ ܒܡܠܟܘܬܐ ܗܘܘ ܟܠܗ ܛܒܬܐ . ܗܢܐ ܗܘ ܥܒܕܐ ܕܝܗܒ ܠܗܘܢ ܡܠܟܐ . ܗܢܘܢ ܕܝܢ ܒܝܬ ܕܝܗܒ ܗܘܘ ܐܢܫܐ ܥܡܗܘܢ ܡܠܟܘܬܐ ܘܩܫܝܐ ܡܠܟܝܢ ܗܘ ܛܠܝܐ . ܗܢܘܢ ܕܝܢ ܘܡܠܟܝܗܘܢ ܡܬܡܪܕܝܢ ܥܠ ܥܡܗ ܕܐܠܗܐ ܡܠܟܝܗܘܢ ܠܥܡܐ ܗܘܘ ܠܗܘܢ ܡܪܕܘܬܐ ܕܪܒܬܐ ܐܬܝܐ ܥܡܐ ܠܐܦܝܣܩܘܦܐ et mox ܠܥܡܐ ܐܬܝܐ ܡܛܠ ܪܚܒܥܡ ܘܐܡܪܘ ܥܡܐ ܀ ܘܥܡܐ ܝܪܒܥܡ ܒܡܨܪܝܢ ܕܥܡܗ ܡܠܟܘܬܐ . ܘܡܠܠ ܠܐܝܣܪܐܝܠ ܕܦܝܠܝܦܘܣ ܡܠܟܐ ܕܡܨܪܝܢ ܥܡ ܐܡܪ . ܫܝܫܢܩ . ܘܐܙܠ ܠܐܪܥܐ ܕܝܠܗ : ܘܐܡܪ ܠܗ ܦܝܠܝܦܘܣ . ܗܠܐ ܐܬܐ ܥܡܟ . ܘܥܡܟ ܐܢܐ ܠܗ : ܦܝܠܝܦܘܣ ܥܡܟ ܠܝܪܒܥܡ ܠܐܪܥܐ ܕܝܠܗ ܠܡܕܝܢܬܐ ܕܝܠܗ ܘܐܬܚܙܝ ܠܗ ܡܠܟܘܬܐ ܕܝܠܗ . ܘܐܝܬܝ ܠܝܪܒܥܡ ܠܐܪܥܐ ܒܪܗ . ܘܐܡܪ ܝܪܒܥܡ ܥܡ ܦܝܠܝܦܘܣ . ܠܟܠܗܘܢ [sic] ܫܝܫܢܩ . ܘܐܙܠ : ܡܠܟܘܬܐ ܦܝܠܝܦܘܣ : ܘܥܡܗ ܝܪܒܥܡ ܡܢ ܡܨܪܝܢ . ܘܐܬܐ ܠܐܪܥܐ ܕܐܦܪܝܡ ܘܐܬܒܢܝ . ubi ܠܟܠܗܘܢ = πάντως

10 ÷ ܠܗܘܢ↙ B in versu medio

14 ܘܡܠܠ B

16 ܕܝܠܗܘܢ ܡܠܘܐܐ ܀ ܠܘܬ ܠܥܡܐ ܕܠܐ ܢܗܘܐ ܠܗܘܢ ܡܠܟܐ ܒܕܘܝܕ ܐܝܟ ܕܐܡܪ ܗܢܘܢ ܕܫܡܥܘ

[18] [illegible]
[illegible] [19] [illegible]
[illegible]

[20] [illegible]
[illegible]
[21] [illegible]
87² [illegible]
[illegible] [22] [illegible] [23] [illegible]
[illegible]
[24] [illegible]
[illegible]
[illegible]

[illegible]

[25] [illegible]
[illegible] [26] [illegible]
88¹ [27] [illegible]
[illegible]
[illegible] [28] [illegible]
[illegible]
[illegible] [29] [illegible] [30] [illegible]
[illegible] [31] [illegible]
[illegible] [32] [illegible]
[illegible]
88² [illegible]
[illegible] [33] [illegible]
[illegible]
[illegible]

13 [1] [illegible]
[illegible] [2] [illegible]
[illegible]
[illegible] [3] [illegible]
[illegible]
89¹ [4] [illegible]
[illegible]
[illegible] [5] [illegible]

---

19 [illegible]

20 numeri [illegible] et [illegible] non notantur, [illegible] et [illegible] supplevi

20 [illegible] indice ad [illegible] alterum adposito

21 [illegible]

27 [illegible] secundum post [illegible] habet B

27 [illegible] ※ B in versu medio

30 [illegible]

30 [illegible]

32 indice non adposito [illegible]

33 [illegible]

2 [illegible]

2 [illegible]

4 [illegible] F, [illegible] B

ܐܬܐ ܕܝܗܒ ܓܒܪܐ ܕܐܠܗܐ ܒܡܠܬܗ ܕܡܪܝܐ: [6] ܘܐܡܪ ܡܠܟܐ ܝܘܪܒܥܡ ܠܘܬ ܓܒܪܐ ܕܐܠܗܐ »ܒܥܝ ܡܢ
ܦܪܨܘܦܐ ܕܡܪܝܐ ܐܠܗܐ ܕܝܠܟ. ※ ܐ̇ ܘܨܠܝ ܚܠܦܝ ↙. ܘܬܬܦܢܐ ܐܝܕܝ ܠܘܬܝ«: ܘܐܬܚܢܢ ܓܒܪܐ
ܕܐܠܗܐ ܠܦܪܨܘܦܐ ܕܡܪܝܐ. ܘܐܗܦܟ ܐܝܕܗ ܕܡܠܟܐ ܠܘܬܗ. ܘܗܘܬ ܐܝܟ ܕܡܢ ܩܕܝܡ: [7] ܘܡܠܠ ܡܠܟܐ
ܠܘܬ ܓܒܪܐ ܕܐܠܗܐ »ܥܘܠ ܥܡܝ ܠܒܝܬܐ ܘܐܫܬܪܪ. ܘܐܬܠ ܠܟ ܡܘܗܒܬܐ«: [8] ܘܐܡܪ ܓܒܪܐ ܕܐܠܗܐ
89² ܠܘܬ ܡܠܟܐ »ܐܢ ܬܬܠ ܠܝ ܦܠܓܗ ܕܒܝܬܟ. ܠܐ ܐܥܘܠ ܥܡܟ. ܘܠܐ ܐܟܘܠ ܠܚܡܐ ܘܠܐ ܐܫܬܐ ܡܝܐ
ܒܕܘܟܬܐ ܗܕܐ: [9] ܡܛܠ ܕܗܟܢܐ ܦܩܕ ܠܝ *ܒܡܠܬܗ ܡܪܝܐ ܟܕ ܐܡܪ »ܠܐ ܬܐܟܘܠ ܠܚܡܐ ܘܠܐ ܬܫܬܐ
ܡܝܐ. ܘܠܐ ܬܬܗܦܟ ܒܐܘܪܚܐ ܗܝ ܕܐܬܝܬ ܒܗ«: [10] ܘܐܙܠ ܒܐܘܪܚܐ ܐܚܪܬܐ. ܘܠܐ ܗܦܟ ܒܐܘܪܚܐ ܗܝ
ܕܐܬܐ ܒܗ ܠܒܝܬܐܝܠ ܀

[11] ܘܢܒܝܐ ܚܕ ܩܫܝܫܐ ܥܡܪ ܗܘܐ ܒܒܝܬܐܝܠ. ܘܐܬܘ ܒܢܝܐ ܕܝܠܗ ܘܫܥܝܘ ܠܗ ܠܟܠܗܘܢ ܥܒܕܐ ܗܠܝܢ
ܕܥܒܕ ܓܒܪܐ ܕܐܠܗܐ ܒܝܘܡܐ ܗܘ ܒܒܝܬܐܝܠ. ※ ܐܦ ↙ ܠܡܠܐ ܗܠܝܢ ܕܡܠܠ ܠܡܠܟܐ. ܘܐܗܦܟܘ
ܦܪܨܘܦܐ ܕܐܒܐ ܕܝܠܗܘܢ: [12] *ܘܡܠܠ ܠܘܬܗܘܢ ܐܒܘܗܘܢ ⸓ ܟܕ ܐܡܪ ↙ »ܐܝܕܐ ܐܘܪܚܐ ܐܙܠ ⸓«. ܘܚܘܝܘܗܝ
ܠܗ ܒܢܝܐ ܕܝܠܗ ܠܐܘܪܚܐ ܗܝ ܕܐܙܠ ܒܗ ܓܒܪܐ ܕܐܠܗܐ ܗܘ ܕܐܬܐ ܡܢ ܝܗܘܕ: [13] ܘܐܡܪ ܠܒܢܘܗܝ ܕܝܠܗ
90¹ »ܫܘܘ ܠܝ ܚܡܪܐ«: ܘܫܘܝܘ ܠܗ ܚܡܪܐ. ܘܪܟܒ ܥܠܘܗܝ: [14] ܘܐܙܠ ܒܬܪ | ܓܒܪܐ ܕܐܠܗܐ.
ܘܐܫܟܚܗ ܕܝܬܒ ܬܚܝܬ *ܒܠܘܛܐ. ܘܐܡܪ ܠܗ »ܐܢ ܐܢܬ ܗܘ ܓܒܪܐ ܕܐܠܗܐ ܕܐܬܝܬ ܡܢ ܝܗܘܕ ⸓«: ܘܐܡܪ
ܠܗ »ܐܢܐ ܗܘ«: [15] ܘܐܡܪ ܠܗ »ܬܐ ܥܡܝ ※ ܘܠ ܠܒܝܬܐ ↙ ܘܐܟܘܠ ܠܚܡܐ«: [16] ܘܐܡܪ »ܠܐ ܡܫܟܚ
ܐܢܐ ܠܡܗܦܟ ܥܡܟ ※ ܘܠܐ ܠܡܥܠ ܥܡܟ ↙. ܘܠܐ ܐܟܘܠ ܠܚܡܐ ܘܠܐ ܐܫܬܐ ܡܝܐ ܒܕܘܟܬܐ ܗܕܐ: [17] ܡܛܠ
ܕܗܟܢܐ ܦܩܕ ܠܝ *ܒܡܠܬܗ ܡܪܝܐ ܟܕ ܐܡܪ ܕ»ܠܐ ܬܐܟܘܠ ܬܡܢ ܠܚܡܐ. ܘܠܐ ܬܫܬܐ ܡܝܐ ⸓ ܬܡܢ ↙. ܘܠܐ
ܬܬܗܦܟ ܠܡܐܙܠ ܒܐܘܪܚܐ ܗܝ ܕܐܬܝܬ ܒܗ«: [18] ܘܐܡܪ ܠܘܬܗ »ܐܦ ܐܢܐ ܢܒܝܐ ܐܝܟܘܬܟ. ܡܠܐܟܐ ܕܝܢ ܐܡܠܠ.
ܘܡܠܠ ܥܡܝ ܒܡܠܬܗ ܕܡܪܝܐ ܟܕ ܐܡܪ »ܐܗܦܟܝܘܗܝ ܠܘܬܟ ܠܒܝܬܟ ܕܝܠܟ. ܘܢܐܟܘܠ ܠܚܡܐ
ܘܢܫܬܐ ܡܝܐ«: ܘܕܓܠ ܠܗ: [19] ܘܐܗܦܟܗ ※ ܥܡܗ ↙. ܘܐܟܠ ܠܚܡܐ ܒܒܝܬܗ ܕܝܠܗ ܘܫܬܐ ܡܝܐ:
90² [20] ܘܗܘܐ ܟܕ ܗܢܘܢ | ܝܬܒܝܢ ܥܠ ܦܬܘܪܐ. ܘܗܘܬ ܡܠܬܐ ܕܡܪܝܐ ܠܘܬ ܢܒܝܐ ܗܘ ܕܐܗܦܟܗ.
[21] ܘܐܡܪ ܠܘܬ ܓܒܪܐ ܕܐܠܗܐ ܗܘ ܕܐܬܐ ܡܢ ܝܗܘܕ ܟܕ ܐܡܪ »ܗܟܢܐ ܐܡܪ ܡܪܝܐ »ܚܠܦ ܕܡܪܡܪܬ ܡܠܬܗ
ܕܡܪܝܐ. ܘܠܐ ܢܛܪܬ ܦܘܩܕܢܐ ܗܘ ܕܦܩܕܟ ܡܪܝܐ ܐܠܗܐ ܕܝܠܟ. [22] ܘܐܗܦܟܬ ܘܐܟܠܬ ܠܚܡܐ
ܘܐܫܬܝܬ ܡܝܐ ⸓ ܒܕܘܟܬܐ ܗܕܐ ܗܝ ܕܡܠܠ ܠܘܬܟ ⸓ ܟܕ ܐܡܪ ↙ »ܠܐ ܬܐܟܘܠ ܠܚܡܐ. ܘܠܐ ܬܫܬܐ ܡܝܐ«.
ܠܐ ܬܥܘܠ ܦܓܪܐ ܕܝܠܟ ܠܩܒܪܐ ܕܐܒܗܬܟ«: [23] ܘܗܘܐ ܒܬܪ ܕܐܟܠ ܠܚܡܐ ܘܐܫܬܝ ⸓ ܡܝܐ ↙.
ܘܫܘܝܘ ܠܗ ܚܡܪܐ ※ ܐ̇ ܠܢܒܝܐ ↙. ܘܗܦܟ [24] ܘܐܙܠ. ܘܐܫܟܚܗ ܐܪܝܐ ܒܐܘܪܚܐ. ܘܩܛܠܗ.
ܘܐܬܪܡܝܬ ܗܘܬ ܦܓܪܗ ܕܝܠܗ ܒܐܘܪܚܐ. ܘܚܡܪܐ ܩܐܡ ܗܘܐ ܠܘܬ ܦܓܪܐ: [25] ܘܗܘܐ ܓܒܪܐ
91¹ ܥܒܪܝܢ. ܘܚܙܘ ܠܦܓܪܐ ܕܪܡܐ ܒܐܘܪܚܐ. ܘܐܪܝܐ ܩܐܡ ܗܘܐ ܥܠ | ܓܢܒܗ ܕܦܓܪܐ. ܘܐܬܘ ܘܡܠܠܘ
ܒܡܕܝܢܬܐ ܗܝ ܕܢܒܝܐ ܩܫܝܫܐ ܥܡܪ ܗܘܐ ܒܗ: [26] ܘܫܡܥ ܗܘ ܕܐܗܦܟܗ ܡܢ ܐܘܪܚܐ. ܘܐܡܪ »ܗܘ
ܓܒܪܐ ܕܐܠܗܐ ܗܢܘ ⸓ ܗܘ ܕܡܪܡܪ ܠܡܠܬܗ *ܕܡܪܝܐ. ※ ܐ̇ ܘܐܫܠܡܗ ܡܪܝܐ ܠܐܪܝܐ. ܘܬܒܪܗ
※ ܘܩܛܠܗ ܐܝܟ ܡܠܬܗ ܕܡܪܝܐ ܗܝ ܕܡܠܠ ܠܗ«: [27] ܘܡܠܠ ܠܘܬ ܒܢܝܐ ܕܝܠܗ ܟܕ ܐܡܪ »ܫܘܘ ܠܝ
※ ܚܡܪܐ. ܘܫܘܝܘ ↙: [28] ܘܐܙܠ ܘܐܫܟܚ ܠܦܓܪܐ ܕܝܠܗ ܕܪܡܐ ܒܐܘܪܚܐ. ܘܚܡܪܐ ܘܐܪܝܐ ܩܝܡܝܢ ܗܘܘ
ܠܘܬ ܗܘ ܦܓܪܐ. ܘܠܐ ܐܟܠ ܗܘ ܐܪܝܐ ܠܦܓܪܐ ⸓ ܕܓܒܪܐ ܕܐܠܗܐ ↙ ܘܠܐ ܬܒܪ ܠܚܡܪܐ: [29] ܘܫܩܠ
ܗܘ ܢܒܝܐ ܠܦܓܪܗ ܕܓܒܪ ܐܠܗܐ. ܘܐܚܬܗ ܥܠ ܚܡܪܐ ܘܐܗܦܟܗ ※ ܘܐܬܐ ↙ ܠܡܕܝܢܬܐ ※ ܕܢܒܝܐ
※ ܩܫܝܫܐ ܠܡܪܩܕܗ ܘܠܡܩܒܪܗ. [30] ܘܐܢܚܗ ܒܩܒܪܗ ↙ ⸓ ܗܘ ܢܒܝܐ ܠܡܩܒܪܗ ↙ ܒܩܒܪܐ ܕܝܠܗ.

6 ܘܐܬܚܢܢ ܠܦܪܨܘܦܐ ܕܡܪܝܐ ܠܘܬܗ bis scr B
9 17 21 ܒܡܠܬܐ in B prima
9 ܡܢ ܟܕ ܡܠܬܐ
10 ܗܝ B
11 ܡܫܥܬܝܢ B
12 indice non adposito ܐ ܡܢ ܘܐܬܚܙܝ ܐܢܘܢ ܠܒܢܘܗܝ
12 ↙ addidi
12 ܐܙܠܬ B
14 ܠ ܒܠܘܛܐ
14 ܐ ܡܢ ܗܠܐ ܐܢܬ ܗܘ
17 ܡܢ ܟܕ ܡܠܬܐ
20 ܥ
21 ܡܪܡܪܬ B¹
26 ܠܡܠܬܗ ܕܡܪܝܐ
26 ܘܩܛܠܗ ↙ B¹

26 ܡܡܠܠܢܘܬܐ ܐܝܟ ⸓ ܕܢܒܝܐ ܐܪܥܢܝܐ ܗܘ ܕܡܢ ܐܬܐܪܐ ܗܘܬ ܡܩܪܝܐ ܗܘܐ ܠܗ ܡܢ ܒܝܬ ܐܠܗܐ ܕܒܝܬܐܝܠ. ܘܐܝܟ ܡܕܡ ܕܒܢܒܝܐ ܠܡܠܟܐ ubi ܐܬܐܡܪ ܗܘܐ ܕܢܒܝܐ ܗܘ B. Ioseph arch ϑ 4_2 Regn δ 4_1
28 ܘܐܫܟܚܗ B

91² ܘܐܪܩܕܘܗܝ ܒܩܒܪܗ ܘܝ ܐܚܝ: ³¹ ܘܗܘܐ ܒܬܪ ܕܩܒܪܘܗܝ ܒܩܒܪܗ. ܘܐܡܪ ܠܒܢܘܗܝ ܟܕ ܐܡܪ | ܐܡܬܝ
ܕܡܐܬ ܐܢܐ. ܩܒܪܘܢܝ ܒܩܒܪܐ ܗܢܐ ܕܗܘ ܕܒܪ ܐܢܫܐ ܕܐܠܗܐ ܩܒܝܪ ܒܗ. ܠܘܬ ܓܪܡܘܗܝ ܕܝܠܗ
ܣܝܡܘܢܝ: ܕܐܝܟܢܐ ܕܢܬܦܨܘܢ ܓܪ̈ܡܝ ܥܡ ܓܪ̈ܡܘܗܝ ܕܝܠܗ. ³² ܡܛܠ ܕܡܬܗܘܐ ܢܗܘܐ ܡܠܬܐ
ܗܝ ܕܡܠܠ ܒܡܠܬܗ ܕܡܪܝܐ ܥܠ ܡܕܒܚܐ ܗܘ ܕܒܒܝܬ ܐܝܠ ܘܥܠ ※ ܒܝܬܘܬܐ ܪ̈ܡܬܐ ⁰ܕܒܫܡܪܝܢ ܀
ܚܠ ³³ ܘܒܬܪ ܡܠܬܐ ܗܕܐ ܠܐ ܗܦܟ ܝܪܒܥܡ ܡܢ ܒܝܫܘܬܗ ܕܝܠܗ. ܘܗܦܟ ܘܥܒܕ ܡܢ ܩܨܬܗ ܕܥܡܐ ܟܗ̈ܢܐ
*ܕܪ̈ܡܬܐ: ܗܘ ܕܨܒܐ ܗܘܐ. ⁺ܡܠܐ ܗܘܐ ܐܝܕܗ. ܘܗܘܐ ܗܘܐ ܟܘܡܪܐ ܠܪ̈ܡܬܐ: ³⁴ ܘܗܘܬ ܡܠܬܐ ܗܕܐ ܠܚܛܝܬܐ
ܠܒܝܬܗ ܕܝܪܒܥܡ ܠܡܚܒܠܘ ܘܠܡܘܒܕܘ ܡܢ ܦܪܨܘܦܐ ܕܐܪܥܐ ܀

14 ܚܕ ※ ¹ ܒܙܒܢܐ ܗܘ ܐܬܟܪܗ ܐܒܝܐ ܒܪܗ ܕܝܪܒܥܡ: ² ܘܐܡܪ ܝܪܒܥܡ ܠܐܢܬܬܗ ܕܝܠܗ ܩܘܡܝ
※ *ܘܐܫܬܢܝ. ܘܠܐ ܢܕܥܘܢ ܕܐܢܬܝ ܗܝ ܐܢܬܬܗ ܕܝܪܒܥܡ. ܘܐܙܠܝ ܠܫܝܠܘ. ܗܐ ܬܡܢ ܐܚܝܐ ܢܒܝܐ.
92² ※ ܗܘ ܡܠܠ ܥܠܝ | ܠܡܗܘܐ ܡܠܟܐ ܥܠ ܥܡܐ ܗܢܐ: ³ ܘܣܒܝ ܒܐܝܕܝܟܝ ܕܠܒܢܝܟܝ ÷ ܠܓܒܪܐ ܕܐܠܗܐ
※ *ܠܚܡ̈ܐ. ܘܓܠܘܣܩ̈ܐ ÷ ܠܛܠܝ̈ܐ ܕܝܠܗ ܘܩܘܠܬܐ ※ ܕܕܒܫܐ. ܘܐܙܠܝ ܠܘܬܗ: ܗܘ ܢܚܘܐ
※ ܠܟܝ ܡܢܐ ܢܗܘܐ ܠܛܠܝܐ: ⁴ ܘܥܒܕܬ ܗܟܢܐ ܐܢܬܬܗ ܕܝܪܒܥܡ. ܘܩܡܬ ܘܐܙܠܬ ܠܫܝܠܘ. ܘܥܠܬ
※ ܠܒܝܬܗ ܕܐܚܝܐ. ܘܓܒܪܐ ܐܢܫܐ ܩܫܝܫ ܗܘܐ ܡܢ ܕܠܡܚܙܐ. ܘܩܝܡ̈ܢ ܗܘܝ ܥܝ̈ܢܐ ܕܝܠܗ ܡܢ
※ ܣܝܒܘܬܐ ܕܝܠܗ ܀
ܒܓ ※ ⁵ ܘܡܪܝܐ ܐܡܪ ܠܘܬ ܐܚܝܐ ܗܐ ܐܢܬܬܗ ܕܝܪܒܥܡ ܥܐܠܐ ܠܡܫܐܠ ܡܠܬܐ ܡܢܟ ܥܠ ܒܪܐ ܕܝܠܗ:
※ ܡܛܠ ܕܟܪܝܗܐ ܐܝܬܘܗܝ: ܗܟܢܐ ܘܗܟܢܐ ܬܡܠܠ ܠܘܬܗ: ⁶ ܘܗܘܐ ܕܟܕ ܫܡܥ ܐܚܝܐ ܩܠܐ ܕܪ̈ܓܠܝܗ
※ ܕܝܠܗ ܕܥܐܠܐ *ܒܬܪܥܐ. ܘܐܡܪ ܐܚܝܐ ܥܘܠܝ.. ܐܢܬܬܗ ܕܝܪܒܥܡ.. ܠܡܢܐ ܗܕܐ ܐܢܬܝ *ܡܬܢܟܪܐ
※ ܐܢܬܝ.· ⁺ܘܐܢܐ ܐܝܬܝ ܫܠܝܚ ܠܘܬܟܝ ܩܫܝܐ ܩܫܝܐ: ⁷ ܙܠܝ ܐܡܪܝ ܠܝܪܒܥܡ ܗܟܢܐ ܐܡܪ ܡܪܝܐ
92² ※ ܐܠܗܐ ܕܐܝܣܪܝܠ„ ܚܠܦ ܕܠܟ ܗܘܐ ܐܪܝܡܬܟ | ܡܢ ܡܨܥܬ ܥܡܐ. ܘܝܗܒܬܟ ܪܫܐ ܥܠ ܥܡܐ ܕܝܠܝ
※ ܐܝܣܪܝܠ. ⁸ ܘܦܪܩܬ ܠܡܠܟܘܬܐ ܡܢ ܒܝܬܗ ܕܕܘܝܕ. ܘܝܗܒܬܗ ܠܟ. ܘܠܐ ܗܘܝܬ ܐܝܟ ܥܒܕܐ ܕܝܠܝ
※ ܕܘܝܕ ܗܘ ܕܢܛܪ ܦܘܩܕ̈ܢܝ ܕܝܠܝ ܘܗܘ ܕܐܙܠ ܒܬܪܝ ܒܟܠܗ ܠܒܐ ܕܝܠܗ. ܠܡܥܒܕ *ܗܠܝܢ ܡܢ ܗܝ
※ ܕܬܪܝܨܐ ܩܕܡܝ ܕܝܠܝ. ⁹ ܘܐܒܐܫܬ ܠܡܥܒܕ ܝܬܝܪ ܡܢ ܟܠܗܘܢ ܗܢܘܢ ܕܗܘܘ *ܠܦܪܨܘܦܐ ܕܝܠܝ.
※ ܘܐܙܠܬ ܘܥܒܕܬ ܠܟ ܐܠܗ̈ܐ ܐܚܪ̈ܢܐ ܘܢܣܟ̈ܐ ܠܡܪܓܙܘ ܠܝ. ܘܠܝ ܫܕܝܬ ܒܣܬܪ ܦܓܪܐ ܕܝܠܟ.
ܒܝ ※ ¹⁰ ܡܛܠ ܗܕܐ ܗܐ ܐܢܐ ܡܝܬܐ ܐܢܐ ܒܝܫܬܐ ܠܘܬ ܒܝܬܐ ܕܝܪܒܥܡ. ܘܐܚܪܒ ܠܝܪܒܥܡ ܕܡܫܬܝܢ ܠܘܬ
※ ܐܣܛܐ. ܘܐܚܝܕ ܘܫܒܝܩ ܒܐܝܣܪܝܠ. *ܘܐܒܥܐ ܒܬܪ ܒܝܬܗ ܕܝܪܒܥܡ ܐܝܟ ܕܡܬܒܥܪܐ ܢܟܠܐ ܒܢܘܪܐ
※ ܕܡܬܒܥܪܐ: ¹¹ ܠܕܡܝܬ ܠܝܪܒܥܡ ܒܡܕܝܢܬܐ ܢܐܟܠܘܢ ܟܠܒ̈ܐ. ܘܠܕܡܝܬ ܒܚܩܠܐ ܢܐܟܠܘܢ ܦܪܚܬܐ
93² ※ ܕܫܡܝܐ: ܡܛܠ ܕܡܪܝܐ ܡܠܠ„: ¹² ܘܐܢܬܝ ܩܘܡܝ ܙܠܝ | ܠܒܝܬܐ ܕܝܠܟܝ. *ܠܡܥܠܟܝ ܕܝܢ
※ ܕܪ̈ܓܠܝܟܝ ܠܡܕܝܢܬܐ ܢܡܘܬ ܛܠܝܐ: ¹³ ܘܢܪܩܕܘܢ ܥܠܘܗܝ ܟܠܗ ܐܝܣܪܝܠ ܘܢܩܒܪܘܢܗ. ܡܛܠ
※ ܕܗܢܐ ܠܒܠܚܘܕܘܗܝ ܢܥܘܠ ܠܝܪܒܥܡ ܠܘܬ ܩܒܪܐ. ܡܛܠ ܕܐܫܬܟܚܬ ܒܗ ܡܠܬܐ ܛܒܬܐ ܡܛܠ
※ ܡܪܝܐ ܐܠܗܐ ܕܐܝܣܪܝܠ ܒܒܝܬܗ ܕܝܪܒܥܡ: ¹⁴ ܘܢܩܝܡ ܠܗ ܡܪܝܐ ܡܠܟܐ ܥܠ ܐܝܣܪܝܠ ܗܘ
※ *ܕܢܚܒܠ ܠܒܝܬܗ ܕܝܪܒܥܡ ܒܝܘܡܐ ܗܢܐ. ܘܡܢܐ ܐܦ ܗܫܐ.· ¹⁵ ܘܢܡܚܐ ܡܪܝܐ ܠܐܝܣܪܝܠ ܐܝܟ
※ ܕܡܬܬܙܝܥ ܩܢܝܐ ܒܡ̈ܝܐ. ܘܢܥܩܘܪ ܠܐܝܣܪܝܠ ÷ ܗܘ ܡܢ ܐܪܥܐ ܗܕܐ ܛܒܬܐ ܗܝ ܕܝܗܒ
※ ܠܐܒܗ̈ܝܗܘܢ. ܘܢܒܕܪ ܐܢܘܢ ⁰ ܡܢ ܥܒܪܐ ܕܢܗܪܐ ܚܠܦ ܕܥܒܕܘ ܠܗܘܢ ܐܫ̈ܝܪܐ ܡܢ ܕܡܪܓܙܝܢ

33 ܡܘ ܕܟܗ̈ܢܐ

33 indice non adposito ܗܠܐ ܗܘܐ ܕܝ ܡܚܦܛܐ

2 ܠ ܫܡܥܘܢ ܐܬܚܙܝܬ

3 ܐ post ܕܠܒܢܝܟܝ et post ܕܐܠܗܐ addidi: ܕܐܠܗܐ in versu ineunte positum et ÷ et ※ praepositos habet. ※ ante ܠܚܡ̈ܐ non est in B

3 ܠܚܡܐ ܠܚܡ̈ܐ ܘܓܠܘܣܩ̈ܐ ܘܩܘܠܬܐ ܕܕܒܫܐ

3 ܐ tertium addidi

3 ܠܚܡ̈ܐ ÷ F, quum B ÷ ante ܘܓܠܘܣܩ̈ܐ, ante ܠܚܡ̈ܐ ※ exhibeat

6 ܡܘ ܠ ܒܬܪܥܐ 6

6 ܡܘ ܠ ܡܬܢܟܪܐ ܐܢܬܝ ܐܝܟ ܐܚܪܢܐ 6

6 ܡܘ ܠ ܘܐܢܐ ܕܝ ܐܫܬܕܪܬ ܠܘܬܟܝ 6

8 ܡܘ ܠ ܦܘܩܕܢܝ

9 ܡܘ ܠ ܘܐܒܐܫܬ

9 ante ܘܐܙܠܬ in versu ineunte positum ※ non adest

10 ܡܘ ܠ ܐܣܛܐ ÷ ܡܘ ܠ ܐܝܟ ܕܡܬܒܥܪܐ
ܗܘ ܕܡܬܒܥܪ: ܠܚܡܐ ܒܢܘܪܐ ܕܡܬܒܥܪܐ

12 ܕܝܢ ܡܥܠܟܝ ÷ ܠܡܥܠܟܝ ܕܝܢ ܡܟܝܠ
ܕܗܘ ܕܡܝܬ ܒܕܘܟ ܕܐܠܗܐ. ܘܡܛܠ ܗܢܐ ܕܝܠܗ
ܕܡܝܬ ܠܡܕܝܢܬܐ ܩܕܡ ܐܟܠܢ. ܟܠܒܝ
ܕܝ ܕܒܚܩܠܐ ܕܡܝܬ ܐܟܠܝܢ ܦܪ̈ܚܬܐ ܕܫܡܝܐ

14 ܡܘ ܠ ܗܘ ܕܢܚܒܠ ubi verbum II

15 ad ܡܢ ܠܥܠ ܡܘ Bᵐ ܡܘ, quod in orationis continuitatem recepi. ÷ ܡܘ B

15 ܡܪܓܙܝܢ B¹: prima manu correctum

※ ܠܢܗܪܐ: 16 *ܘܢܬܠܝܗ ܡܪܝܐ ܠܐܝܣܪܐܝܠ ܡܛܠ ܚܛܗܝܐ ܕܝܪܒܥܡ ܗܘ ܕܚܛܐ ܘܗܘ ܕܐܚܛܝ
※ ܠܐܝܣܪܐܝܠ«: 17 ܘܩܡܬ ܐܢܬܬܗ ܕܝܪܒܥܡ. ܘܐܙܠܬ ܘܥܠܬ ܠܬܪܨܐ: ܘܗܘܐ ܕܟܕ ܥܠܬ ܒܬܪܥܐ
93² ※ ܕܒܝܬܐ. | ܘܛܠܝܐ ܡܝܬ: 18 ܘܩܒܪܘܗܝ ܘܐܣܦܕܘ ܥܠܘܗܝ ܟܠܗ ܐܝܣܪܐܝܠ ܐܝܟ ܡܠܬܗ ܕܡܪܝܐ
※ ܗܘ ܕܡܠܠ ܒܐܝܕ ܥܒܕܗ ܐܚܝܐ ܢܒܝܐ ❖ 19 ܘܫܪܟܐ ܕܡܠܝ ܕܝܪܒܥܡ. ܗܠܝܢ ܕܐܩܪܒ ܘܗܠܝܢ
※ ܕܐܡܠܟ. ܗܐ *ܗܢܝܢ ܟܬܝܒܢ ܒܟܬܒܐ ܕܡܠܝ ܕܝܘܡܬܐ ܕܡܠܟܐ ܕܐܝܣܪܐܝܠ: 20 ܘܝܘܡܬܐ ܗܠܝܢ
※ ܕܐܡܠܟ ܝܪܒܥܡ. ܥܣܪܝܢ ܘܬܪܬܝܢ ܫܢܝܢ: ܘܫܟܒ ܥܡ ܐܒܗܬܗ ܕܝܠܗ. ܘܐܡܠܟ ܢܕܒ ܒܪܗ ܕܝܠܗ
※ ܚܠܦܘܗܝ ❖

94¹ [ܒܗ] 21 ܘܪܚܒܥܡ ܒܪܗ ܕܫܠܝܡܘܢ ܐܡܠܟ ܥܠ ܝܗܘܕܐ: ܒܪ ܐܪܒܥܝܢ ܘܚܕܐ ܫܢܝܢ | ܪܚܒܥܡ ܟܕ
ܐܡܠܟ. ܘܫܒܥܣܪܐ ܫܢܝܢ ܐܡܠܟ ܒܐܘܪܫܠܡ ܡܕܝܢܬܐ ܗܝ ܕܓܒܐ ܡܪܝܐ ܠܡܫܪܐ ܫܡܗ ܬܡܢ ܡܢ
ܟܠܗܘܢ ܫܒܛܐ ܕܐܝܣܪܐܝܠ: ܘܫܡܐ ܕܐܡܗ ܢܥܡܐ ܥܡܘܢܝܬܐ: 22 ܘܥܒܕ *ܝܗܘܕܐ ܗܘ ܕܒܝܫ
ܩܕܡ ܡܪܝܐ. ܘܐܛܢܘܗܝ ܒܟܠܗܘܢ ܗܠܝܢ ܕܥܒܕܘ ܐܒܗܬܐ ܕܝܠܗܘܢ. ܘܒܚܛܗܝܗܘܢ ܕܝܠܗܘܢ ܗܠܝܢ ܕܚܛܘ:
23 ܘܒܢܘ *ܐ ܠ ܐܦ ܗܢܘܢ ܠܗܘܢ ܪܡܬܐ ܘܩܝܡܬܐ ܘܒܬܠܐ ܥܠ ܟܠ ܬܠܐ ܪܡܐ ܘܬܚܘܬ ܟܠ ܩܝܣܐ
ܥܒܘܬܐ: 24 *ܘܐܬܩܛܪ ܗܘܐ ܒܐܪܥܐ. ܘܥܒܕܘ ܡܢ ܟܠܗܘܢ ܛܢܦܘܬܐ ܕܥܡܡܐ ܗܠܝܢ ܕܬܪܟ ܡܪܝܐ ܡܢ
ܦܪܨܘܦܐ ܕܒܢܝ ܐܝܣܪܐܝܠ ❖

25 ܘܗܘܐ ܒܫܢܬܐ ܚܡܫܝܬܐ ܡܢ ܡܠܟܘܬܗ ܕܪܚܒܥܡ. ܣܠܩ ܫܘܫܩܝܡ ܡܠܟܐ ܕܡܨܪܝܢ ܥܠ ܗܘ
ܐܘܪܫܠܡ. 26 ܘܢܣܒ ܒ- ܟܠܗܘܢ ܣܝܡܬܐ ܕܒܝܬܗ ܕܡܪܝܐ ܘܣܝܡܬܐ ܕܒܝܬܗ ܕܡܠܟܐ ܘܟܠܗܘܢ
94³ ܕܗܘܐ ܗܠܝܢ ܕܢܣܒ ܕܣܡ ܡܢ ܓܒܪܘܗܝ | ÷ ܕܗܘܕܐܒܪ ܡܠܟܐ ܕܨܘܒܐ. ܘܐܘܒܠ ܐܢܝܢ ܠܐܘܪܫܠܡ. ܒܟܠܗܘܢ
ܗܠܝܢ ܢܣܒ. ܘܢܣܒ *ܬܪܣܝܐ ܕܕܗܒܐ ※ ܗܠܝܢ ܕܥܒܕ ܫܠܝܡܘܢ: 27 ܘܥܒܕ ܡܠܟܐ ܪܚܒܥܡ
ܚܠܦܝܗܘܢ ܬܪܣܝܐ ܕܢܚܫܐ. *ܘܐܫܠܡ ܠܥܠܘܗܝ ܪܫܝ ܕܪܗܛܐ. ܗܠܝܢ ܕܢܛܪܝܢ ܬܪܥܐ ܕܒܝܬܐ ܕܡܠܟܐ:
28 ܘܗܘܐ ܟܕ ܕܥܐܠ ܗܘܐ ܡܠܟܐ ܠܒܝܬܗ ܕܡܪܝܐ. ܘܫܩܠܝܢ ܗܘܘ ܠܗܘܢ ܗܠܝܢ ܕܪܗܛܝܢ. ܘܡܗܦܟܝܢ ܗܘܘ
ܠܗܘܢ *ܠܬܘܐ ܕܗܠܝܢ ܕܪܗܛܝܢ ❖ 29 ܘܫܪܟܐ ܕܡܠܝ ܕܪܚܒܥܡ ܘܟܠܗܘܢ ܗܠܝܢ ܕܥܒܕ. ܠܐ ܗܐ ܗܠܝܢ
ܟܬܝܒܢ ܒܟܬܒܐ ܕܡܠܝ ܕܝܘܡܬܐ ܕܡܠܟܐ ܕܝܗܘܕܐ ⁘ 30 ܘܩܪܒܐ ܐܝܬ ܗܘܐ ܒܝܢܬ ܪܚܒܥܡ ܘܒܝܢܬ
ܝܪܒܥܡ ܒܟܠܗܘܢ ܝܘܡܬܐ: 31 ܘܫܟܒ ܪܚܒܥܡ ܥܡ ܐܒܗܬܗ ܕܝܠܗ. ܘܐܬܩܒܪ ܥܡ ܐܒܗܘܬܗ ܒܡܕܝܢܬܐ
ܕܕܘܝܕ. *ܐ ܘܫܡܐ ܕܐܡܗ ܢܥܡܐ ܥܡܘܢܝܬܐ. ܘܐܡܠܟ ܐܒܝܐ ܒܪܗ ܕܝܠܗ ܚܠܦܘܗܝ ❖

15 95¹ [ܒܗ] 1 ܘܒܫܢܬܐ | ܕܬܡܢܥܣܪܐ ܡܢ ܡܠܟܘܬܗ ܕܝܪܒܥܡ ܒܪܗ ܕܢܒܛ. ܐܡܠܟ ܐܒܝܐ ܒ- ܒܪܗ
ܒ- ܕܪܚܒܥܡ ܥܠ ܝܗܘܕܐ: 2 ܘܬܠܬ ܫܢܝܢ ܐܡܠܟ *ܐ ܠ ܒܐܘܪܫܠܡ. ܘܫܡܐ ܕܐܡܗ ܕܝܠܗ ܡܥܟܐ ܒܪܬܗ
ܕܐܒܫܠܘܡ: 3 ܘܐܙܠ ܒܟܠܗܘܢ ܚܛܗܝܐ ܕܐܒܘܗܝ ܕܝܠܗ ܗܠܝܢ ܕܥܒܕ ܩܕܡܘܗܝ. ܘܠܐ ܐܫܬܟܚ ܗܘܐ

16 ܦܘ ܘܢܬܠܝ

19 indice non adposito ܦܘ ܗܠܝܢ

20 fin ܀ addidi

21 in margine folii 93² inferiori versus 24 hi: ܗܘܐ ܗܫܟܝܠ ÷ ܡܠܟܘܢ ܡܫܝܚܐ ܕܐܦ ܠܡܫܒܚܘ ܐܡܪ. ܕܟܪܣܛܝܢܐ ܥܢܬ ܡܫܝܚܐ [sic]. ܕܡܢܗܘܢ ܒܗܘ ܠܗܘܠܡܢ ܕܗܘܢܐ ܡܫܝܚ. ܐܠܐ ܡܫܝܚ: ܐܢܐ ܕܡܛܠ ܗܘ ܕܒܪܐ ܡܫܝܚܐ ܐܝܟ ܕܡܫܝܚ: ܡܫܝܚ: ܦܝܫܐ ܘܡܫܬܝ ܒܪܚܐ ܡܢ ܐܡܪܐ ܡܫܝܚܐ ܕܐܡܪ. ܐܬܡܫܚ ܡܢ ܗܘ ܕܡܫܝܚ. ܐܬܡܫܚ ܐܦ ܡܫܝܚܘܗܝ ܗܘ ܕܐܡܪܐ ÷ ܐܬܡܫܚ ܐܦ ܗܘ ܕܡܫܝܚ ܗܘܐ ÷ ܘܐܬܒܪܗ ܒܪܐ ܕܝܠܗ ܒܡܪܘܡܐ ܫܡܐ ܫܡܝܢ: ܘܐܙܠ ܝܪܒܥܡ ܒܫܠܬܗ ܡܛܠ ܛܠܝܐ. ܘܐܡܪ ܠܗ ܐܢܐ ܐܢܬܬܗ. ܘܫܡܥ ܘܐܬܐ ܫܠܡ [II] ܡܛܠ ܛܠܝܐ. ܠܝ ܚܙܐ ܡܢ ܒܥܘܬܐ ܕܝܠܗ: ܡܢ ܐܢܫܐ ܐܝܟ ܗܘܐ ܒܫܠܡܐ. ܘܫܡܥ ܠܗ ܐܚܝܐ. ܘܗܘܐ ܐܬܬܗܘܢ ܗܘܐ ܒܪܐ ܕܫܡܥ ܩܠܐ. ܘܫܡܥܬ ܕܒܪܗ ܒܥܝܐ: ܘܐܡܪ ܝܪܒܥܡ ܒܫܠܬܗ ܠܗ ܐܢܬܬܐ ܕܝܠܗ. ܫܡܥ ܫܡܥܬ ܩܠܐ ܕܝܠܗ ܒܪܢܫܐ ܕܐܬܐ ܠܗ ܡܢ ܗܢܐ ܓܝܪ ܐܬܪܐ ܕܝܠܗ ܒܪܘܚܐ ܕܐܬܐ: ܫܡܥܘ ܐܠܗܐ ܥܡܡܐ ܕܩܪܘܒܐ ܚܙܐ ܐܢܫܐ ܕܝܠܗ. ܘܐܡܪ: ܒܗܘ ܝܘܡܐ ܢܚܬ ܫܡܥ. ܘܒܢܘܗܝ ܗܘܐ ܒܝܫ ܗܘܐ ܕܡܬܐܠܨ: ܘܐܡܪ ܡܢ ܝܕܥ ܐܒܐ ܐܚܝܐ ܫܡܥ: ܘܗܘܐ ܕܟܕ ܒܗ ܚܙܐ ܗܘܐ. ܒܪ ܗܘ ܒܗ ܗܘܐ ܐܢܫܐ ܫܡܥܬܐ. ܘܐܡܪ ܐܢܫܐ ܠܛܠܝܐ ܕܝܠܗ. ܗܘܫ ܗܘܕܥ ܠܝܪܒܥܡ ܕܐܢܐ ܐܚܝܐ ܕܝܪܒܥܡ. ܘܐܡܪ ܠܗ. ܒܪܗ [ܒܗ pr manu in liturâ] ܘܠܐ ܐܫܬܡܥ ܡܛܠ ܕܗܠܝܢ ܐܡܪ ܡܪܝܐ. ܡܫܬܐ ܐܢܐ ܡܫܕܪ ܠܟܝ: ܡܛܠ ܐܢܐ ܗܘ ܗܘ ܒܪܢܫܐ ܕܐܠܗܐ: ܘܐܡܪ ܠܗ ܐܚܝܐ. ܗܟܢܐ ܐܡܪ ܠܗ ܠܟܢܫܐ ܡܠܟܐ ܘܫܡܥܬ ܘܫܡܥܬܐ ܕܒܝܫܐ: ܗܠܝܢ ܐܡܪ ܡܪܝܐ. ܗܐ ܐܢܐ ܡܝܬܐ ܐܢܬ ܒܢܝ. ܘܗܘܝܐ ܕܒܝܬ ܚܠܐ ܐܢܬ ܒܡܪܕܐ ܠܪܘܚܐ. ܘܡܛܠܬܐ ܕܥܒܕ ܢܦܩ ܠܝܪܒܥܡ ܘܐܡܪ ܠܗ ܕܛܠܝܐ ܡܝܬ ܠܗ: ܡܛܠ ܕܗܠܝܢ ܐܡܪ ܡܪܝܐ. ܗܐ ܐܢܐ ܡܝܬ ܐܢܐ ܠܝܪܒܥܡ ܕܐܝܟ ܗܘ ܐܚܝܐ. ܘܡܝܬܘ ܕܝܪܒܥܡ ܡܢ ܒܝܬܐ ܕܝܠܗ ܦܓܪܐ. ܘܡܢ ܗܘ ܒܝܬܐ ܕܐܬܐ ܠܗ ܕܝܠܗ ܡܛܠ ܛܠܝܐ ܡܝܬ: ܘܐܬܬܗ ܐܙܠܬ ܡܢ ܐܬܪܐ ܕܫܠܐ. ܘܐܬܐܬ ܠܬܪܨܐ. ܘܛܠܝܐ ܡܝܬ: ܘܩܒܪܘܗܝ ܡܛܠ ܠܐܘܪܫܠܡ ÷ ܗܟܢ ܗܫܟܝܠ ܕܡܝܬ ܛܠܝܐ ÷ ܘܐܬܩܛܪ ܗܘܐ ܒܐܪܥܐ. 24 ܕܡܝܬ ܕܢܬܐ ܡܫܡܫܝܢ ܐܢܫܐ ܕܒܐܪܥܐ. ܡܛܠ ܕܠܐ ܡܫܬܡܥܝܢ ܠܐܬܩܛܪܘ ܒܐܪܥܐ

26 ܕܗܘܕܐܒܪ ÷ B, sed in versus sequentis initio ÷ ܘܐܘܒܠ

26 ܦܘ ܛܝܒܐ ܕܢܚܫܐ

27 ܬܪܣܝܐ ܕܕܗܒܐ ܐܝܟ ܐܝܬ ܒܗܘܢ indice non adposito

27 ܕܢܛܪܝܢ ego, ܕܢܛܪܘܢ B

28 ܦܘ ܘܡܗܦܟܝܢ, quod num re vera ad ܒܬܪܥܐ pertineat, nescio

31 ܘܫܡܐ ܀ B¹

31 ܀ addidit F

ܠܒܗ ܡܫܠܡܐ ܥܡ ܡܪܝܐ ܐܠܗܗ ܐܝܟ ܠܒܐ ܕܕܘܝܕ ܐܒܘܗܝ. ⁴ܡܛܠ ܕܡܛܠ ܕܘܝܕ ܝܗܒ ܠܗ ܡܪܝܐ
ܐܠܗܗ *ܫܪܓܐ ※ ܐ ܗ ܠ ܒܐܘܪܫܠܡ ↙: ܐܝܟ ܕܢܩܝܡ ※ ܠ ܠܒܢܘܗܝ ܒܬܪܗ. ܘܢܩܝܡ ܠܐܘܪܫܠܡ.
⁵ܐܝܟ ܕܥܒܕ ܕܘܝܕ ܗܘ ܬܪܝܨܐ ܩܕܡ ܡܪܝܐ. ܠܐ ܐܣܬܠܩ ܡܢ ܟܠܗܘܢ ܗܠܝܢ ܕܦܩܕܗ. ܟܠܗܘܢ ܝܘܡܬܐ ܕܚܝܐ
ܕܝܠܗ ※ ܐ ܣܛܪ ܡܢ ܕܡܠܬܐ ܕܐܘܪܝܐ ܚܬܝܐ ❖ ⁶ܘܩܪܒܐ ܐܝܬ ܗܘܐ ܒܝܢܬ ܪܚܒܥܡ ܘܒܝܢܬ
※ ܝܪܒܥܡ ܟܠܗܘܢ ܝܘܡܬܐ ܕܚܝܐ ܕܝܠܗ ↙ ❖ ⁷ܘܫܪܟܐ ܕܡܠܐ ܕܐܒܝܐ ܘܟܠܗܝܢ | ܐܝܠܝܢ ܕܥܒܕ. ܠܐ ܗܐ 95^{2}
ܗܠܝܢ ܟܬܝܒܢ ܒܟܬܒܐ ܕܡܠܐ ܕܝܘܡܬܐ ܠܡܠܟܐ ܕܝܗܘܕܐ. ܘܩܪܒܐ ܐܝܬܘܗܝ ܗܘܐ ܒܝܢܬ ܐܒܝܐ ܘܒܝܢܬ
ܝܪܒܥܡ: ⁸ܘܫܟܒ ܐܒܝܐ ܥܡ ܐܒܗܘܗܝ. ܘܐܬܩܒܪ ܒܡܕܝܢܬܐ ܕܕܘܝܕ. ܘܐܡܠܟ ܐܣܐ ܒܪܗ ܕܠܗ
ܚܠܦܘܗܝ ❖

ܟܣ ⁹ܘܒܫܢܬܐ ܕܥܣܪܝܢ ܕܝܪܒܥܡ ܡܠܟܐ ܕܐܝܣܪܐܝܠ ܐܡܠܟ ܐܣܐ ܥܠ ܝܗܘܕܐ: ¹⁰ܘܐܪܒܥܝܢ ܘܚܕܐ
ܫܢܝܢ ܐܡܠܟ ܒܐܘܪܫܠܡ. ܘܫܡܐ ܕܐܡܗ ܡܥܟܐ ܒܪܬܗ ܕܐܒܫܠܘܡ: ¹¹ܘܥܒܕ ܐܣܐ ܗܘ ܕܬܪܝܨ ܩܕܡ
ܡܪܝܐ ܐܝܟ ܕܘܝܕ ܐܒܐ ܕܝܠܗ: ¹²ܘܐܥܒܪ *ܠܡܛܥܝܢܐ ܡܢ ܐܪܥܐ. ܘܥܒܪ ܟܠܗܘܢ ܨ̈ܠܡܐ ܗܠܝܢ ܕܥܒܕܘ
ܐܒܗܘܗܝ: ¹³ܘܠܡܥܟܐ ܐܡܐ ܕܝܠܗ ܐܥܒܪܗ ܡܢ ܗܝ ܕܬܗܘܐ ܡܠܟܬܐ. ܡܛܠ ܕܥܒܕܬ ܟܢܘܫܝܐ ܒܚܘܫܒܐ
ܕܝܠܗ: ܘܦܣܩ ܐܣܐ ܠܟܢܘܫܝܐ ܕܝܠܗ. ܘܐܘܩܕ ÷ ܒܢܘܪܐ ↙ ܒܢܚܠܐ ܕܩܕܪܘܢ: ¹⁴ܪ̈ܡܬܐ ܕܝܢ ܠܐ ܐܥܒܪ.
| ܒܪܡ ܠܒܗ ܕܐܣܐ ܐܝܬܘܗܝ ܗܘܐ ܡܫܠܡܐ ܥܡ ܡܪܝܐ ܟܠܗܘܢ ܝܘܡܬܐ ܕܝܠܗ: ¹⁵ܘܐܥܠ *ܠܩܘܕܫܐ 96^{1}
ܕܐܒܐ ܕܝܠܗ. ܘܠܩܘܕܫܐ ܕܝܠܗ ÷ ܐܥܠ ↙ ܒܒܝܬܗ ܕܡܪܝܐ.. ܣܐܡܐ ܘܕܗܒܐ ܘܡܐܢܐ ❖ ¹⁶ܘܩܪܒܐ ܐܝܬ
ܗܘܐ ܒܝܢܬ ܐܣܐ ܘܒܝܢܬ ܒܥܫܐ ܡܠܟܐ ܕܐܝܣܪܐܝܠ ܟܠܗܘܢ ܝܘܡܬܐ ܕܝܠܗܘܢ: ¹⁷ܘܣܠܩ ܒܥܫܐ
ܡܠܟܐ ܕܐܝܣܪܐܝܠ ܥܠ ܝܗܘܕܐ ܘܒܢܐ ܠܪܡܬܐ. ܕܠܐ ܢܗܘܐ ܕܢܦܘܩ ܘܢܥܘܠ ܠܐܣܐ ܡܠܟܐ ܕܝܗܘܕܐ:
¹⁸ܘܢܣܒ ܐܣܐ ※ ܐ ܠ ܟܠܗ ↙ ܣܐܡܐ ܘܕܗܒܐ ܗܘ ܕܐܫܬܟܚ ※ ܐ ܒܓܙܐ ܕܒܝܬܗ ܕܡܪܝܐ. ܐܦ ↙
ܒܓܙܐ ܕܒܝܬܗ ܕܡܠܟܐ. ܘܝܗܒ ܐܢܘܢ ܒܐܝܕܝܐ ܕܥܒܕܘܗܝ ܕܝܠܗ. ܘܫܕܪ ※ ܐܢܘܢ ↙ ܡܠܟܐ ܐܣܐ ܠܘܬ
ܒܪܗ ܕܗܕܕ ܒܪܗ ܕܛܒܪܡܘܢ ܒܪܗ ܕܚܙܝܐܝܠ ܡܠܟܐ ܕܐܪܡ ܗܘ ܕܝܬܒ ܒܕܪܡܣܘܩ. ܟܕ ܐܡܪ
¹⁹÷ܩܝܡ ↙ ܕܝܬܝܩܐ ܒܝܢܝ ܠܟ ܘܒܝܢܬ ܐܒܐ ܕܝܠܝ ܘܐܒܐ | ܕܝܠܟ. ܗܐ ܫܕܪܬ ܠܟ 96^{2}
ܕܘܪ̈ܘܢܐ ܣܐܡܐ ܘܕܗܒܐ. *ܐܠܐ ܦܪܘܩ ܕܝܬܝܩܐ ܕܝܠܟ ܕܥܡ ܒܥܫܐ ܡܠܟܐ ܕܐܝܣܪܐܝܠ. ܘܢܣܩ ܡܢܝ:
²⁰ܘܫܡܥ ܒܪܗ ܕܗܕܕ ܠܡܠܟܐ ܐܣܐ. ܘܫܕܪ ܠܪ̈ܫܝ ܚܝܠܘܬܐ ܕܝܠܗ ܥܠ ܡܕܝܢܬܐ ܕܐܝܣܪܐܝܠ. ܘܡܚܐ
ܠܥܝܘܢ ܘܠܕܢ ܘܠܐܒܠ ܒܝܬ ܡܥܟܐ ܘܠܟܠܗ ܟܢܪܬ ܥܕܡܐ ܠܟܠܗ ܐܪܥܐ ܕܢܦܬܠܝ: ²¹ܘܗܘܐ ܕܟܕ
ܫܡܥ ܒܥܫܐ. ܫܒܩ ܡܢ ܕܢܒܢܐ ܠܪܡܬܐ. ܘܗܦܟ ܠܬܪܨܐ: ²²ܘܡܠܟܐ ܐܣܐ ܦܩܕ ܠܟܠܗ
ܝܗܘܕܐ *ܠܐܢܫ. ܘܫܩܠܘ ܠܟܐܦܐ ܕܪܡܬܐ ܘܠܩܝܣܐ ܕܒܢܐ ܗܘܐ ܒܥܫܐ ܒܗ. ܘܒܢܐ ܒܗܘܢ ܡܠܟܐ
ܐܣܐ ˚ܠܟܠܗ ܓܒܥܐ ܕܒܢܝܡܝܢ ܘܠܡܨܦܐ ܕܗܘܐ ❖ ²³ܘܫܪܟܐ ܕ※ܟܠܗܘܢ ↙ ܡ̈ܠܐ ܕܐܣܐ ܘܟܠܗ ܓܢܒܪܘܬܗ
ܘܟܠܗܘܢ ܗܠܝܢ ܕܥܒܕ. ※ ܠ ܘܡܕܝܢܬܐ ܗܠܝܢ ܕܒܢܐ ↙. ܠܐ ܗܐ ܗܠܝܢ ܟܬܝܒܢ ÷ ܐܝܬܝܗܝܢ ↙ ܒܟܬܒܐ
ܕܡܠܐ ܕܝܘܡܬܐ ܕܡܠܟܐ ܕܝܗܘܕܐ. ܒܪܡ ܒܙܒܢܐ ܕܣܝܒܘܬܐ ܕܝܠܗ | ܟܐܒ ܠܗ ܪ̈ܓܠܘܗܝ: ²⁴ܘܫܟܒ 97^{1}
ܐܣܐ ※ ܐ ܠ ܥܡ ܐܒܗܘܗܝ ܕܝܠܗ ↙. ܘܐܬܩܒܪ ܥܡ ܐܒܗܘܗܝ ܒܡܕܝܢܬܐ ܕܕܘܝܕ ܐ ܠ ܐܒܐ ܕܝܠܗ ↙ ❖

ܟܗ ܘܐܡܠܟ ܝܗܘܫܦܛ ܒܪܗ ܕܠܗ ܚܠܦܘܗܝ. ²⁵ܘܢܕܒ˚ ܒܪܗ ܕܝܪܒܥܡ ܐܡܠܟ ܥܠ ܐܝܣܪܐܝܠ
ܒܫܢܬܐ ܕܬܪܬܝܢ ܕܐܣܐ ܡܠܟܐ ܕܝܗܘܕܐ. ܘܐܡܠܟ ܥܠ ܐܝܣܪܐܝܠ ܫܢܝܢ ܬܪܬܝܢ: ²⁶ܘܥܒܕ ܗܘ ܕܒܝܫ
ܩܕܡ ܡܪܝܐ. ܘܐܙܠ ܒܐܘܪܚܐ ܕܐܒܐ ܕܝܠܗ ܘܒܚܛܗܐ ܗܠܝܢ ܕܐܚܛܝ ܠܐܝܣܪܐܝܠ: ²⁷ܘܟܡܢ˚
ܠܗ ܒܥܫܐ ܒܪܗ ܕܐܚܝܐ ܥܠ ܒܝܬܐ ܕܐܝܣܟܪ. ܘܩܛܠܗ ※ ܐ ܠ ܒܥܫܐ ↙ ܒܓܒܬܘܢ ܕܦܠܣܛܝܐ
ܕܝܗܘܕܐ. ܘܢܕܒ ܘܟܠܗ ܐܝܣܪܐܝܠ *ܢܛܪܝܢ ܗܘܘ ܥܠ ܓܒܬܘܢ: ²⁸ܘܐܡܝܬܗ ܒܥܫܐ ܒܫܢܬܐ ܬܠܬ
ܕܐܣܐ ܡܠܟܐ ܕܝܗܘܕܐ. ܘܐܡܠܟ ※ ܐ ܗ ܚܠܦܘܗܝ ↙: ²⁹ܘܗܘܐ ܕܟܕ ܐܡܠܟ. ÷ ܘܐܡܝܬ ※ ܐ ܒܥܫܐ ↙
ܒܝܬܐ ܕܝܪܒܥܡ. ܘܠܐ ܫܒܩ ܗܘܐ ܟܠ ܢܦܫܐ ܠܝܪܒܥܡ ܒܐܪܥܐ | ܥܕܡܐ ܕܐܘܒܕܗ. ܐܝܟ ܡܠܬܐ ܕܡܪܝܐ 97^{2}

4 ܫܪܓܐ ܡܢ] ܐ ↙
5 ܕܟܠܗ, 6 ܒܝܢܬ et ܝܪܒܥܡ in versibus ineuntibus posita, asteriscis carent
9^{m} ܟܣ B
9 ܕܥܣܪܝܢ voluisse videtur B^{2}
10 ܡܢ ܕܝܢ ܗܘ ܐܡܐ ܕܐܡܗ ܐܒܐ ܕܐܒܘܗ̇
12 ܠܡܛܥܝܢܐ ܡܛܥܝܢܐ ܕܚܪ̈ܫܐ ܣܛܪ ܫܘܚܬܐ
ܡܢ ܚܪ̈ܫܐ ܒܛܘܪ̈ܐ ܒܛܘܪܐ ܠܡܛܥܝܢܐ et [sic]
15 ܠܩܘܕܫܐ ܡܢ ❖ ܕܩܘܕܫܘܗܝ ܘܠܩܘܕܫܐ]
17 ܕܝܠܗܘܢ vocis ܕܝܠܗܘܢ in liturâ
18 ↙ alter et 27 ↙ deest in B
19 ܫܕܪܬ ܠܟ ܐܠܐ ܡܢ
22 indice non addito ܕܢܒܢܐ ܠܬܪܨܐ]
23 ܟܠܗܘܢ ܕ※ܟܠܗܘܢ B
23 post ܕܡܕܝܢܬܐ deletus ↙
24 ܥܡ ↙ ܐܒܗܘܗܝ ܕܝܠܗ B
27 ܡܢ ܒܥܫܐ
29 ܒܥܫܐ in B praeteritum

ܗܘ̇ ܕܡܠܠ ܒܐܝܕܐ ܕܥܒܕܗ ܐܚܝܐ ܫܝܠܘܢܝܐ [30] ܡܛܠ ܚܛܗ̈ܝܗ̇ ܕܝܘܪܒܥܡ ※ܐ ܗ̇ܘ ܕܚܛܐ
※ܘܐ ܗ̇ܘ ܕܐܚܛܝ ܠܐܝܣܪܝܠ. ܘܒܡܪܓܙܢܘܬܐ ܕܒܗ ܗܘ̇ ܕܐܪܓܙ ܠܡܪܝܐ ܐܠܗܐ ܕܐܝܣܪܝܠ ܀ [31] ܘܫܪܟܐ
ܕܢܕܒ ܘܡ̈ܠܐ ܕܥܒܕ. ܘܟܠܗܘܢ ܗܠܝܢ ܕܥܒܕ. ܠܐ ܗܐ ܗܠܝܢ ܟܬܝܒܢ ܒܟܬܒܐ ܕܡ̈ܠܐ ܕܝܘ̈ܡܬܐ ܕܡ̈ܠܟܐ
ܕܐܝܣܪܝܠ. [32] ※ܐ ܩܪܒܐ ܐܝܬ ܗܘܐ ܒܝܢܬ ܐܣܐ ܘܒܝܢܬ ܒܥܫܐ ܡܠܟܐ ܕܐܝܣܪܝܠ ÷ ܟܠܗܘܢ ܝܘ̈ܡܬܐ
÷ ܕܚܝܘ̈ܗܝ ܀
[33] ÷ ܐܦ ܒܫܢܬܐ ܕܬܠܬ ܕܐܣܐ ܡܠܟܐ ܕܝܗܘܕܐ ܐܡܠܟ ܒܥܫܐ ܒܪܗ ܕܐܚܝܐ ܥܠ ܟܠܗ ܐܝܣܪܝܠ ܩ
ܒܬܪܨܐ. ܥܣܪܝܢ ܘܐܪܒܥ ܫ̈ܢܝܢ ܀ [34] ܘܥܒܕ ܗܘ̇ ܕܒܝܫ ܩܕܡ ܡܪܝܐ ܘܐܙܠ ܒܐܘܪܚܐ ܕܝܘܪܒܥܡ ÷ ܒܪܗ
÷ ܕܢܒܛ ܘܒܚܛܝ̈ܬܗ ܕܒܗ̇ ܐܚܛܝ ܠܐܝܣܪܝܠ ܀

16 [1] ܘܗܘܬ ܡܠܬܐ ܕܡܪܝܐ ܠܘܬ ܝܗܘ ܒܪܗ ܕܚܢܢܝ ܥܠ | ܒܥܫܐ ܡܢ ܐܡܪ [2] ܚܠܦ 98¹ ܗܠ
ܕܐܪܝܡܬܟ ܡܢ ܥܦܪܐ. ܘܝܗܒܬܟ ܪܫܐ ܥܠ ܥܡܐ ܕܝܠܝ ܐܝܣܪܝܠ. ܘܐܙܠܬ ܒܐܘܪܚܐ ܕܝܘܪܒܥܡ. ܘܐܚܛܝܬ
ܠܥܡܐ ܕܝܠܝ ܐܝܣܪܝܠ. ܠܡܪܓܙܘ ܠܝ *ܒܣܪܝܩܘܬܐ ܕܝܠܗܘܢ. [3] ܗܐ ܐܢܐ *ܡܥܒܪ ܐܢܐ ܒܬܪ ܒܥܫܐ
ܘܒܬܪ ܒܝܬܐ ܕܝܠܗ. ܘܐܬܠ ܠܒܝܬܐ ܕܝܠܟ ܐܝܟ ܕܠܒܝܬܐ ܕܝܘܪܒܥܡ ܒܪܗ ܕܢܒܛ: [4] ܠܗܘ̇ ܕܡܝܬ
ܠܒܥܫܐ ܒܡܕܝܢܬܐ. ܢܐܟܠܘܢܝܗܝ ܟܠܒ̈ܐ. ܘܠܗܘ̇ ܕܡܝܬ ܕܝܠܗ ܒܚܩܠܐ. ܢܐܟܠܘܢܝܗܝ ܦܪ̈ܚܬܐ ܕܫܡܝܐ ܀
[5] ܘܫܪܟܐ ܕܡ̈ܠܐ ܕܒܥܫܐ ÷ ܘܟܠܗܘܢ ܐܝܟܢ ܕܥܒܕ. ܘܓܢܒܪ̈ܘܬܗ ܕܝܠܗ. ܠܐ ܗܐ ܗܠܝܢ ܟܬܝܒܢ ܒܟܬܒܐ
ܕܡ̈ܠܐ ܕܝܘ̈ܡܬܐ ܕܡ̈ܠܟܐ ܕܐܝܣܪܝܠ. [6] ܘܫܟܒ ܒܥܫܐ ܥܡ ܐܒܗ̈ܘܗܝ ܕܝܠܗ. ܘܐܬܩܒܪ ܒܬܪܨܐ. ܘܡܠܟ
ܐܠܐ ܒܪܗ ܕܝܠܗ ܚܠܦܘܗܝ: [7] ÷ ܒܫܢܬܐ ܕܥܣܪܝܢ ܕܐܣܐ ܡܠܟܐ ܐܡܠܟ ܐܦ ※ܡܠܬܗ ܕܡܪܝܐ ܗܘܬ ܒܝܕ ܝܗܘ ܒܪܗ ܕܚܢܢܝ
※ܢܒܝܐ ܡܠܠ ܡܪܝܐ ܥܠ | ܒܥܫܐ ܘܥܠ ܒܝܬܗ ܕܝܠܗ ܡܛܠ ܒܝܫܬܐ ܗܝ ܕܥܒܕ ܩܕܡ ܡܪܝܐ. 98²
ܠܡܪܓܙܘܬܗ ܒܥܒ̈ܕܐ ܕܐܝܕ̈ܘܗܝ ܕܝܠܗ. ܠܡܗܘܐ ܐܝܟ ܒܝܬܗ ܕܝܘܪܒܥܡ ܘܥܠ ܗܝ ܕܩܛܠܗ ܀
[8] ※ܒ ܒܫܢܬܐ ܕܥܣܪܝܢ ܘܫܬ ܫ̈ܢܝܢ ܕܐܣܐ ܡܠܟܐ ܕܝܗܘܕܐ ÷ ܐܦ ܐܡܠܟ ܐܠܐ ܒܪܗ ܕܒܥܫܐ ܥܠ
ܥܠ ܐܝܣܪܝܠ ܒܬܪܨܐ. ܬܪܬܝܢ ܫ̈ܢܝܢ: [9] ܘܐܬܟܢܫ ܥܠܘܗܝ ܥܒܕܐ ܕܝܠܗ ܙܡܪܝ ܗܘ ܪܫܐ ܕܦܠܓܘܬ
ܦܠܓܐ °ܕܪ̈ܟܒܐ. ܘܗܘ ÷ ܐܫܬܝܘܗܝ ܗܘܐ ܒܬܪܨܐ ܡܢ ܚܡܪܐ ܘܪܘܐ ܒܒܝܬܐ °ܕܐܪܨܐ ܪܒ ܒܝܬܐ ܕܒܬܪܨܐ:
[10] ܘܥܠ ܙܡܪܝ ܘܡܚܝܗܝ ܘܩܛܠܗ ※ܐ ܗ ܠ ܒܫܢܬܐ ܕܥܣܪܝܢ ܘܫܒܥ ܕܐܣܐ ܡܠܟܐ ܕܝܗܘܕܐ
ܘܐܡܠܟ ܚܠܦܘܗܝ: [11] ܘܗܘܐ ܕܟܕ ܐܡܠܟ ܘܝܬܒ ܥܠ ܟܘܪܣܝܐ ܕܝܠܗ. ܡܚܐ ܠܟܠܗ ܒܝܬܐ
ܕܒܥܫܐ ※ܘܠܐ ܫܒܩ ܠܗ ܕܢܐܙܠ ܠܟܘܬܠܐ. ܘܠܐܚ̈ܝܢܘܗܝ ܘܠܚܒܪ̈ܘܗܝ ܕܝܠܗ: [12] ܘܫܪܝ ܙܡܪܝ ܠܟܠܗ
※ܒܝܬܗ ܕܒܥܫܐ ܐܝܟ ܡܠܬܐ ܕܡܪܝܐ ܗܝ ܕܡܠܠ ÷ ܥܠ ܒܝܬܐ ܕܒܥܫܐ. ܐܦ ܒܐܝܕ ܝܗܘ ܢܒܝܐ 99¹
[13] ܡܛܠ ܟܠܗܘܢ ܚܛܗ̈ܝܗ̇ ܕܒܥܫܐ ܘ※ܚܛܗ̈ܘܗܝ ܕܐܠܐ ܒܪܗ ܗܘ ܕ※ܚܛܐ ܘܐܚܛܝ ܠܐܝܣܪܝܠ. ܠܡܪܓܙܘܬܗ
ܠܡܪܝܐ ܐܠܗܐ ܕܐܝܣܪܝܠ ܒܣܪܝܩܘܬܐ ܕܝܠܗܘܢ ܀ [14] ܘܫܪܟܐ ܕܡ̈ܠܐ ܕܐܠܐ ܘܟܠܗܘܢ ܗܠܝܢ ܕܥܒܕ. ܠܐ ܗܐ
ܗܠܝܢ ܟܬܝܒܢ ܒܟܬܒܐ ܕܡ̈ܠܐ ܕܝܘ̈ܡܬܐ ܕܡ̈ܠܟܐ ܕܐܝܣܪܝܠ. [15] ※ܐ ܗ ܠ ܒܫܢܬܐ ܕܥܣܪܝܢ ܘܫܒܥ
※ܫ̈ܢܝܢ ܕܐܣܐ ܡܠܟܐ ܕܝܗܘܕܐ ÷ ܐܦ ܐܡܠܟ ܙܡܪܝ ܫܒܥܐ ܝܘܡ̈ܝܢ ܒܬܪܨܐ: *ܘܡܫܪܝܬܐ ܕܐܝܣܪܝܠ
ܥܠ ܓܒܬܘܢ ܕܦܠܫܬܝܐ: [16] ܘܫܡܥ ܥܡܐ ܕܒܡܫܪܝܬܐ ܡܢ ܐܡܪܝܢ »ܐܬܟܢܫ ܙܡܪܝ *ܘܡܚܐ
ܠܡܠܟܐ«. ܘܐܡܠܟܘ ܒܐܝܣܪܝܠ ܠܥܡܪܝ ܪܫܐ ܕܚܝܠܐ ܥܠ ܐܝܣܪܝܠ ܒܝܘܡܐ ܗܘ ܒܡܫܪܝܬܐ:
[17] ܘܣܠܩ ܥܡܪܝ ܘܟܠܗ ܐܝܣܪܝܠ ܥܡܗ ܡܢ ܓܒܬܘܢ. *ܘܐܬܟܢܫܘ ܥܠ ܬܪܨܐ: [18] ܘܗܘܐ ܕܟܕ ܚܙܐ
ܙܡܪܝ ܕܐܬܚܒܫܬ | ܡܕܝܢܬܐ ÷ ܕܝܠܗ. ܘܥܠ *ܠܓܘܪܓܐ ܕܒܝܬܐ ܕܡܠܟܐ. ܘܐܘܩܕ ܥܠܘܗܝ ܠܒܝܬܐ 99²
ܕܡܠܟܐ ܒܢܘܪܐ. ܘܡܝܬ [19] ܚܠܦ ܚܛܗ̈ܝܗ̇ ܕܝܠܗ ܗܠܝܢ ܕܚܛܐ. ܠܡܥܒܕ ܗܘ̇ ܕܒܝܫ ܩܕܡ ܡܪܝܐ.
ܠܡܐܙܠ ܒܐܘܪܚܐ ܕܝܘܪܒܥܡ ÷ ܒܪܗ ܕܢܒܛ ܘܒܚܛܝ̈ܬܗ ܕܝܠܗ ※ܗܝ ܕܚܛܐ ܐܝܟ ܕܐܚܛܝ

30 ※ܗ̇ܘ ܐ※ in versu exeunte
31 ܒܟܬܒܐ B
1 ܡܢ ܐܡܪ > B: habet B^m
2 ܐ ܡܢ ܒܣܪܝܩܘܬܐ ܕܝܠܗܘܢ
3 ܡܢ ܡܥܒܪ ܐܢܐ ܒܬܪ ܒܥܫܐ
7 ܝ primum, 9 ܝ addidit F
8 ܒܫܢܬܐ in versu ineunte positum, sed ※ non adest
10 ※ ante ܐ addidi contra B, qui vocabulis ܕܫܢܬܐ et ܘܐܡܠܟ in versuum initiis positis praemittit
10 ܝ addidi, ܘܐܡܠܟ※ correxi
12 ※ܘܠܐ ego, ܘܠܐ B. mox ※ܠܟܘܬܠܐ※ B, licet vocabulum in versu medio positum sit. ante ܘܠܐܚ̈ܝܢܘܗܝ in versu ineunte positum B asteriscos duos habet, alterum super altero collocatum. ante ܕܒܥܫܐ prius ※ non (ut debebat) adest in B. ܝ priorem addidi
12 ÷ܥܠ B
13 ※ܘܚܛܗ̈ܘܗܝ B
13 ܕܚܛܐ ※ܘܐܚܛܝ B
15 ܘܡܫܪܝܬܐ B
15 ܐ ܡܢ ܡܫܪܝܬܐ ܥܠ ܓܒܬܘܢ
16 ܡܢ ܘܫܡܥܘ. in B ܐܬܟܢܫ prima
17 ܡܢ ܘܣܠܩ
18 ܐ ܠܓܘܪܓܐ

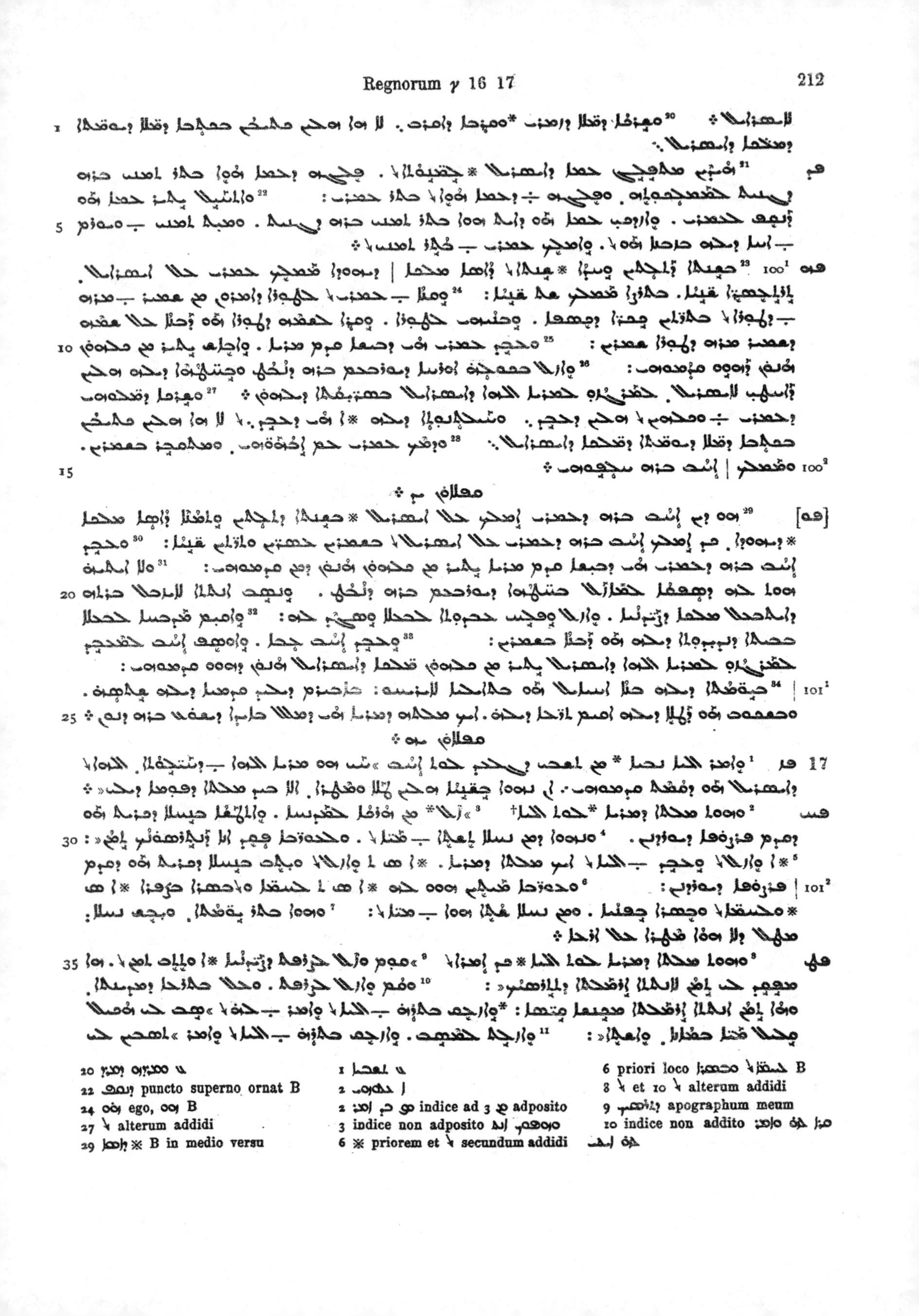

[illegible]

100¹ [illegible]

100² [illegible]

[illegible]

101¹ [illegible]

[illegible]

17 [illegible]

101² [illegible]

---

20 [illegible]

22 [illegible] puncto superno ornat B

24 [illegible] ego, [illegible] B

27 ܂ alterum addidi

29 [illegible] ※ B in medio versu

1 [illegible]

2 [illegible]

2 [illegible] indice ad 3 [illegible] adposito

3 indice non adposito [illegible]

6 ※ priorem et ܂ secundum addidi

6 priori loco [illegible] B

8 ܂ et 10 ܂ alterum addidi

9 [illegible] apographum meum

10 indice non addito [illegible]

ܘܩܠܝܠ ܦܬܐ ܕܠܚܡܐ ܒܐܝܕܝܟܝ»: [12] ܘܐܡܪܬ ܗܝ ܐܪܡܠܬܐ «ܚܝ ܗܘ ܡܪܝܐ ܐܠܗܐ ܕܝܠܟ. ܐܢ ܐܝܬ ܠܝ
ܠܗ *ܓܪܨܬܐ. ܐܠܐ | ܐܢ ܡܠܐ ܚܦܢܐ ܕܩܡܚܐ ܒܟܕܐ. ܘܩܠܝܠ ܡܫܚܐ †ܒܦܚܬܐ. ܘܗܐ ܡܠܩܛܐ ܐܢܐ ܬܪܝܢ 102¹
ܩܝܣܐ. ܘܐܥܘܠ ܘܐܥܒܕ ܐܢܐ ܠܗ ܠܝ ܘܠܒܢܝ ܕܝܠܝ. ܘܢܐܟܠܝܘܗܝ ܘܢܡܘܬ: [13] ܘܐܡܪ
ܠܗ ܐܠܝܐ «ܠܐ ܬܕܚܠܝܢ. ܥܘܠܝ ܘܥܒܕܝ ܐܝܟ ܡܠܬܟܝ. ܐܠܐ ܥܒܕܝ ܠܝ ܡܢ ܬܡܢ ܓܪܨܬܐ
ܙܥܘܪܬܐ ܒܩܕܡܝܐ. ܘܐܦܩܝ ܠܝ. ܘܠܟܝ ܕܝܢ ܘܠܒܢܝܟܝ ܥܒܕܝ ܒܚܪܬܐ: [14] ܡܛܠ ܕܗܟܢܐ ܐܡܪ
ܡܪܝܐ ܐܠܗܐ ※ܕܐܝܣܪܐܝܠ «ܟܕܐ ܕܩܡܚܐ ܠܐ ܬܚܣܪ. ܘܦܚܬܐ ܕܡܫܚܐ ܠܐ ܬܒܨܪ. ܥܕܡܐ ܠܝܘܡܐ
ܕܢܬܠ ܡܪܝܐ ܡܛܪܐ ※ܥܠ ܐܦܝ ܐܪܥܐ»: [15] ܘܐܙܠܬ ܗܝ ܐܢܬܬܐ ܘܥܒܕܬ ※ܐܝܟ ܡܠܬܐ
※ܕܐܠܝܐ. ܘܐܟܠܬ ܗܝ ܘܗܘ ܘܒܢܝܗ ※ܐܦ ܡܢ ܝܘܡܐ ܗܘ ܘܠܗܠ: [16] ܘܟܕܐ ܕܩܡܚܐ ܠܐ
ܐܬܚܣܪܬ. ܘܦܚܬܐ ܕܡܫܚܐ ܠܐ ܒܨܪܬ. ܐܝܟ ܡܠܬܐ ܕܡܪܝܐ ܕܡܠܠ ܒܐܝܕܐ ܕܐܠܝܐ: | [17] ܘܗܘܐ ܒܬܪ 102²
ܗܠܝܢ ※ܐܬܟܪܗ ܒܪܗ ܕܐܢܬܬܐ ܡܪܬܗ ܕܒܝܬܐ. ܘܐܬܬܩܦ ܗܘܐ ܟܘܪܗܢܗ ܕܝܠܗ ܛܒ
ܛܒ. ܥܕܡܐ ܕܠܐ ܐܫܬܒܩܬ ܒܗ ܢܫܡܐ: [18] ܘܐܡܪܬ ܠܘܬ ܐܠܝܐ «ܡܢܐ ܠܝ ܘܠܟ .. ܓܒܪܐ ܕܐܠܗܐ.·.
ܥܠܬ ܠܘܬܝ ܠܡܥܗܕܘ ܚܛܗܝ ܕܝܠܝ ܘܠܡܩܛܠܘ ܒܪܝ ܕܝܠܝ»: [19] ܘܐܡܪ ܐܠܝܐ ÷ ܠܘܬ ܐܢܬܬܐ «ܗܒܝ
ܠܝ ܒܪܟܝ ܕܝܠܟܝ»: ܘܢܣܒܗ ܡܢ ܥܘܒܗ ܕܝܠܗ. ܘܐܣܩܗ ܠܥܠܝܬܐ ܗܝ ܕܗܘ ܝܬܒ ܗܘܐ ܬܡܢ:
ܘܐܫܟܒܗ ܥܠ ܥܪܣܐ ܕܝܠܗ. [20] ܘܩܥܐ ܐܠܝܐ ÷ ܠܘܬ ܡܪܝܐ ܘܐܡܪ «ܘܝ ܠܝ .. ܡܪܝܐ ܣܗܕܐ
ܕܐܪܡܠܬܐ. ܥܡ ܗܝ ܕܐܢܐ ܥܡܪ ܐܢܐ ܥܡܗ.. ܐܝܟ ܐܒܐܫܬ ܠܡܩܛܠܘ ܒܪܗ ܕܝܠܗ»: [21] ܘܢܦܚ ܒܛܠܝܐ
ܬܠܬ. ܘܩܪܐ ܠܡܪܝܐ ܘܐܡܪ «ܡܪܝܐ ܐܠܗܐ ܕܝܠܝ.. ܬܬܦܢܐ ܢܦܫܗ | ܕܛܠܝܐ ܗܢܐ ܠܘܬܗ»: 103¹
÷ܘܗܘܐ ܗܟܢܐ. ܘܩܥܐ ܛܠܝܐ: [22] ※ܘܫܡܥ ܡܪܝܐ ܒܩܠܗ ܕܐܠܝܐ. ܘܗܦܟܬ ܢܦܫܗ ܕܛܠܝܐ ܠܘܬܗ
※ܕܝܠܗ. ܘܚܝܐ: [23] ܘܢܣܒܗ ܐܠܝܐ ܠܛܠܝܐ ܘܐܚܬܗ ܡܢ ܥܠܝܬܐ ܠܒܝܬܐ ܘܝܗܒܗ ܠܐܡܗ ܕܝܠܗ.
ܘܐܡܪ ܐܠܝܐ «ܚܙܝ ܕܚܝ ܒܪܟܝ ܕܝܠܟܝ»: [24] ܘܐܡܪܬ ܐܢܬܬܐ ܠܘܬ ܐܠܝܐ «ܗܐ ※ܗܫܐ ܝܕܥܬ ܕܐܢܬ
ܓܒܪܐ ܕܐܠܗܐ ܐܢܬ. ܘܡܠܬܐ ܫܪܝܪܬܐ ܕܡܪܝܐ ܒܦܘܡܟ ܕܝܠܟ» ❖

18 [1] ܘܗܘܐ ܒܬܪ ܝܘܡܬܐ ܣܓܝܐܐ. ܘܡܠܬܐ ܕܡܪܝܐ ܗܘܬ ܠܘܬ ܐܠܝܐ ܒܫܢܬܐ ܕܬܠܬ ܟܕ ܐܡܪ «ܙܠ
ܘܐܬܚܙܐ ܠܐܚܐܒ. ܘܐܬܠ ܡܛܪܐ ܥܠ ܦܪܨܘܦܐ ܕܐܪܥܐ»: [2] ܘܐܙܠ ܐܠܝܐ ܠܡܬܚܙܝܘ ܠܐܚܐܒ. ܘܟܦܢܐ ܥܫܝܢ
ܗܘܐ ܒܫܡܪܝܢ: [3] ܘܩܪܐ ܐܚܐܒ ܠܥܘܒܕܝܐ ܪܒ ܒܝܬܐ. ܘܥܘܒܕܝܐ ܐܝܬܘܗܝ ܗܘܐ ܕܕܚܠ ܠܡܪܝܐ ܛܒ:
[4] ܘܗܘܐ ܟܕ *ܡܩܛܠܐ ܐܝܙܒܠ ܠܢܒܝܐ ܕܡܪܝܐ. ܘܢܣܒ ܥܘܒܕܝܐ | ܡܐܐ ܓܒܪܝܢ ܢܒܝܐ. ܘܛܫܐ ܐܢܘܢ 103²
ܡܢ ܚܡܫܝܢ ܒܡܥܪܬܐ. ܘܡܬܪܣܐ ܗܘܐ ܠܗܘܢ ܒܠܚܡܐ ܘܒܡܝܐ: [5] ܘܐܡܪ ܐܚܐܒ ܠܘܬ ܥܘܒܕܝܐ «ܬܐ
÷ܘܢܥܒܪ ܥܠ ܐܪܥܐ.. ܥܠ ܟܠܗܘܢ ܡܒܘܥܐ ܕܡܝܐ ܘܥܠ ܟܠܗܘܢ ܢܚܠܐ. ܕܠܡܐ ܢܫܟܚ ܥܣܒܐ.
ܘܢܚܝܐ *ܣܘܣܘܬܐ ܘܟܘܕܢܝܐ. ܘܠܐ ܢܬܒܛܠܘܢ ܡܢ ܒܥܝܪܐ»: [6] ܘܦܠܓܘ ܠܗܘܢ ܐܘܪܚܐ ܠܡܥܒܪ ܒܗ. ܐܚܐܒ
ܐܙܠ ܒܐܘܪܚܐ ܚܕܐ ܒܠܚܘܕܘܗܝ. ܘܥܘܒܕܝܐ ܐܙܠ ܒܐܘܪܚܐ ܐܚܪܬܐ ܒܠܚܘܕܘܗܝ: [7] ܘܐܬܘܗܝ ܗܘܐ
ܥܘܒܕܝܐ ܒܐܘܪܚܐ. ܘܐܬܐ ܐܠܝܐ ܠܐܘܪܥܗ ܕܝܠܗ ÷ܒܠܚܘܕܘܗܝ: ※ܘܝܕܥܗ ÷ܘܥܘܒܕܝܐ ܐܣܬܓܕ ܠܗ
ܘܢܦܠ ܥܠ ܦܪܨܘܦܗ ܕܝܠܗ ܘܐܡܪ «ܐܢ ܐܢܬ ܗܘ ܡܪܝ ܕܝܠܝ ܐܠܝܐ»: [8] ܘܐܡܪ ÷ܐܠܝܐ ܐܢܐ ܗܘ.
ܙܠ ܐܡܪ ܠܡܪܟ ܕܝܠܟ «ܗܐ ܐܠܝܐ»: [9] ܘܐܡܪ ÷ ܥܘܒܕܝܐ «ܡܢܐ ܚܛܝܬ ܕܝܗܒ ܐܢܬ ܠܥܒܕܟ ܕܝܠܟ
| ܒܐܝܕܐ ܕܐܚܐܒ ܕܢܩܛܠܢܝ: [10] ܚܝ ܗܘ ܡܪܝܐ ܐܠܗܐ ܕܝܠܟ. ܐܢ ܐܝܬ ܥܡܐ ܐܘ ܡܠܟܘܬܐ ܗܝ ܕܠܐ ܫܕܪ 104¹
ܡܪܝ ܕܝܠܝ ※ܠܡܒܥܝܟ ܠܬܡܢ. ܘܐܡܪܘ «ܠܝܬܘܗܝ». ܘܐܘܡܝ *ܠܡܠܟܘܬܐ ܘܠܐܬܪܘܬܐ ܕܝܠܗܝܢ. ܡܛܠ

11 indice non adposito [illegible] B in textu [illegible]

12 [illegible]

15 [illegible] B¹

19 [illegible] cum signis bis scripta in B: nisi quod altero loco non ÷, sed ÷

21 [illegible] B · correxit F

22 ※ primus ante [illegible] versum incipiens positus

23 [illegible]

4 [illegible]

5 8 9 ÷ addidit F

5 indice non adposito [illegible] ubi [illegible] singularis, quum in B pluralis sit

7 ÷ alterum addidit F

9 in superiore folii 104¹ margine [illegible]

10 in margine sinistro folii 104¹ [illegible]

[illegible]
[illegible]
[illegible]
[illegible]
[illegible]
[illegible]
[illegible] 104²
[illegible]
[illegible]
[illegible]
[illegible]
[illegible]
[illegible]
[illegible]
105¹ [illegible]
[illegible]
[illegible]
[illegible]
[illegible]
[illegible]
[illegible]
105² [illegible]
[illegible]
[illegible]
[illegible]
[illegible]
[illegible]
[illegible]
106¹ [illegible]
[illegible]
[illegible]
[illegible]
[illegible]
[illegible]
[illegible]
106² [illegible]

[illegible] descripsi
13 ↘ priorem addidit F
17 [illegible]
18 ↘ addidit F
19 signa ex F : [illegible] scribit et ↘ omittit B
20 [illegible] ※ B. mox [illegible] descripsi
23 post [illegible] B¹ ↘
25 indice non adposito [illegible] Matth 7₁₈
26 ÷ addidit F
27 indice non adposito [illegible]
30 praeponit ÷ B, qui ante versum ab [illegible] incipientem signum habet nullum, mox signum ÷ exhibet
32 ↘ addidit F

[34] ܘܐܡܪ «ܬܢܘ ـ ܬܢܝܢܘܬ ܐܦ ܗܟܢܐ ܘܬܢܘ. ܘܐܡܪ ܬܠܬܘ ܗܟܢܐ ܘܬܠܬܘ *ܬܠܝܬܝܐܝܬ»: ÷ ܘܥܒܕܘ
÷ ܗܟܢܐ: ܘܐܡܪ «ܬܠܬܘ»: ܘܬܠܬܘ: ܘܐܡܪ «ܬܠܝܬܝܐܝܬ»: ܘܬܠܬܘ: [35] ܘܐܙܠܘ ܗܘܘ ܡܝܐ ܚܕܪܘܗܝ
ܕܡܕܒܚܐ. ܘܦܘܠܫܐ ܡܠܘ ܡܝܐ: [36] *ܘ ܐ ܗܘܐ ܒܡܣܩܬܐ ܕܩܘܪܒܢܐ. ܘܩܪܐ ܐܠܝܐ ܠܫܡܝܐ ܘܐܡܪ
«ܡܪܝܐ ܐܠܗܐ ܕܐܒܪܗܡ ܘܕܐܝܣܚܩ ܘܕܐܝܣܪܐܝܠ.. ܝܘܡܢܐ ܢܬܝܕܥ ܕܐܢܬ ܐܠܗܐ ـ ܡܪܝܐ ܐܠܗܐ
ܕܐܝܣܪܐܝܠ. ܘܐܢܐ ܥܒܕܐ ܕܝܠܟ. ܘܡܛܠ ܡܠܬܟ ܥܒܕܬ ܗܠܝܢ: [37] ܥܢܝܢܝ.. ܡܪܝܐ.. ܥܢܝܢܝ
ܒܢܘܪܐ ـ ܕܝܠܟ. ܘܢܕܥ ܥܡܐ ܗܢܐ ܕܐܢܬ ܐܢܬ ܡܪܝܐ ܐܠܗܐ. ܘܐܢܬ ܐܗܦܟܬ ܠܒܗܘܢ ܕܥܡܐ ܗܢܐ
ܠܒܣܬܪ»: [38] ܘܢܦܠܬ ܢܘܪܐ ܡܢ ܡܪܝܐ ܡܢ ܫܡܝܐ. ܘܐܟܠܬ ܠܝܩܕܐ ܘܩܘܪܒܢܐ ܘܩܝܣܐ ܘܟܐܦܐ
ܘܠܥܦܪܐ. ܘܠܡܝܐ ܕܒܡܥܠܐ ـ ܠܚܟܬ: [39] *ܗ ܐ ܘܚܙܐ ܟܠܗ ܥܡܐ. | ܘܢܦܠܘ ܥܠ 107¹
ܦܪܨܘܦܗܘܢ ܘܐܡܪܘ «ـ ܫܪܝܪܐܝܬ ܡܪܝܐ *ܐ ܗ ܗܘ ܐܠܗܐ. *°ܡܪܝܐ ܗܘ *ܐܠܗܐ
ܐܠܗܐ»: [40] ܘܐܡܪ ܐܠܝܐ ܠܘܬ ܥܡܐ «ܐܚܘܕܘ ܠܢܒܝܐ ܕܒܥܠ. ܠܐ ܐܢܫ ܢܬܦܠܛ ܡܢܗܘܢ»: ܘܐܚܕܘ ܐܢܘܢ.
ܘܐܚܬܗ ܐܢܘܢ ܐܠܝܐ ܠܢܚܠܐ ܕܩܝܫܘܢ. ܘܢܟܣ ܐܢܘܢ ܬܡܢ: [41] ܘܐܡܪ ܐܠܝܐ ܠܐܚܐܒ «ܣܩ ÷ ܐܟܘܠ
ܘܐܫܬܝ. ܡܛܠ ܕܩܠܐ ܕܪܓܠܝܗ ܕܡܛܪܐ»: [42] ܘܣܠܩ ܐܚܐܒ ܠܡܐܟܠ ܘܠܡܫܬܐ. ܘܐܠܝܐ ܣܠܩ
ܠܪܝܫܐ ܕܟܪܡܠܐ. ܘܐܬܓܗܢ ܥܠ ܐܪܥܐ. ܘܣܡ ܦܪܨܘܦܗ ܒܝܬ ܒܘܪܟܘܗܝ: [43] ܘܐܡܪ ܠܛܠܝܐ
ܕܝܠܗ «ܣܩ ܘܚܘܪ ܠܐܘܪܚܐ ܕܝܡܐ»: *ܐ ܘܣܠܩ ܘܚܪ ـ ܛܠܝܐ ܘܐܡܪ «ܠܝܬ ܘܠܐ ܡܕܡ»: ܘܐܡܪ
ܐܠܝܐ «ܘܐܢܬ ܗܦܘܟ ܫܒܥ ܙܒܢܝܢ»: ـ ܘܗܦܟ ܛܠܝܐ ܫܒܥ ܙܒܢܝܢ: [44] ܘܗܘܐ ܒܙܒܢܐ ܕܫܒܥܐ°. ܘܗܐ
ܥܢܢܐ ܙܥܘܪܬܐ ܐܝܟ *ܦܣܬܐ ܕܓܒܪܐ. ܕܣܠܩܐ ܡܢ ܝܡܐ: ܘܐܡܪ «ܣܩ ܘܐܡܪ ܠܐܚܐܒ «ܐܣܘܪ | ܡܪܟܒܬܐ 107²
÷ ܕܝܠܟ ܘܚܘܬ. ܕܠܐ ܬܕܪܟܝܟ ܡܛܪܐ»: [45] ܘܗܘܐ ܒܝܢܝ ܠܗܪܟܐ ܘܒܝܢܝ ܠܗܪܟܐ. ܘܫܡܝܐ ܚܫܟ
ܒܥܢܢܐ ܘܒܪܘܚܐ. ܘܗܘܐ ܡܛܪܐ ܪܒܐ. ܘܪܟܒ ܗܘܐ ܘܐܙܠ ܐܚܐܒ ܠܝܙܪܥܝܠ: [46] ܘܐܝܕܐ ܕܡܪܝܐ *ܗ
ܗܘܬ ܥܠ ܐܠܝܐ. ܘܐܣܪ ܚܨܘܗܝ ܘܪܗܛ ܗܘܐ ܩܕܡ ܐܚܐܒ ܥܕܡܐ ܕܐܬܐ *ܠܝܙܪܥܝܠ ܀
19 [1] ܘܚܘܝ ܐܚܐܒ ܠܐܝܙܒܠ ÷ ܐܢܬܬܗ ܟܠ ܕܥܒܕ ܐܠܝܐ. ܘܕܩܛܠ ܠܟܠܗܘܢ ܙܒ
ܢܒܝܐ ܒܣܝܦܐ ܀

ܡܥܠܢ ܗ ܀

[2] ܘܫܕܪܬ ܐܝܙܒܠ *ܐ ܗ ܫܠܝܚܐ ܠܘܬ ܐܠܝܐ ܘܐܡܪܬ «ـ ܐܢ ܐܢܬ ܐܠܝܐ ܘܐܢܐ ܐܝܙܒܠ. ܗܟܢ
ܢܥܒܕܘܢ ÷ ܠܝ ܐܠܗܐ ܘܗܟܢ ܢܘܤܦܘܢ. ܕܒܥܕܢܐ ܗܢܐ ܡܚܪ ܐܣܝܡ ܐܢܐ ܢܦܫܟ ܕܝܠܟ ܐܝܟ ܢܦܫܐ ܕܚܕ
ܡܢܗܘܢ»: [3] ܘܕܚܠ ÷ ܐܠܝܐ. ܘܩܡ ܘܐܙܠ ܒܢܦܫܐ ܕܝܠܗ. ܘܐܬܐ ܠܒܐܪܫܒܥ ܐܪܥܐ ܕܝܗܘܕܐ. ܘܫܒܩ
ܠܛܠܝܐ ܕܝܠܗ ܬܡܢ: [4] ܘܗܘܐ ܗܘ ܐܙܠ | ܒܡܕܒܪܐ ܐܘܪܚܐ ܕܝܘܡܐ. ܘܐܬܐ ܘܝܬܒ ܬܚܝܬ *ܪܬܡ ܚܕ. ܘܫܐܠ 108¹
ܠܢܦܫܐ ܕܝܠܗ ܠܡܡܬ. ܘܐܡܪ «ܢܣܬܦܩ ܗܫܐ.. *ܡܪܝܐ.. ܣܒ ܗܫܐ ܢܦܫܐ ܕܝܠܝ ـ ܡܢܝ.. ܡܪܝܐ.
ܡܛܠ ܕܠܐ ܛܒ ܐܢܐ ܡܢ ܐܒܗܝ ܕܝܠܝ»: [5] ܘܐܬܪܡܝ ܘܕܡܟ ÷ ܬܡܢ ܬܚܝܬ *ܪܬܡܐ. ܘܗܐ
*ܐܢܫ ܩܪܒ ܠܗ ܘܐܡܪ ܠܗ «ܩܘܡ ܘܐܟܘܠ»: [6] ܘܚܪ ـ ܐܠܝܐ. ܘܗܐ ܠܘܬ ܪܝܫܗ ܕܝܠܗ ܓܪܝܨܬܐ
ܕܣܥܪܐ °ܘܩܘܠܬܐ ܕܡܝܐ: [8] *ܘ ܘܩܡ ܘܐܟܠ ܘܐܫܬܝ. ܘܐܙܠ ܒܚܝܠܐ ܕܡܐܟܘܠܬܐ ܗܝ ܐܪܒܥܝܢ ܐܝܡܡܝܢ
ܘܐܪܒܥܝܢ ܠܠܝܘܬܐ ܥܕܡܐ ܠܛܘܪܗ *ܗ ܕܐܠܗܐ ܚܘܪܝܒ: [9] ܘܥܠ ܬܡܢ ܒܡܥܪܬܐ ܘܒܬ ܬܡܢ. ܘܗܐ
ܡܠܬܐ ܕܡܪܝܐ ܠܘܬܗ. ܘܐܡܪ *ܠܗ «*ܡܢܐ ܐܢܬ ܗܪܟܐ. ܐܠܝܐ»: [10] ܘܐܡܪ ܐܠܝܐ «ܛܢܢ ܛܢܬ

34 init ܘܐܡܪܘ B
34 ÷ addidit F
34 ܬܠܬܐ]
34 ܬܢܘ et ܘܬܢܘ punctum infernum habent
36 ※ in B ante ܒܡܣܩܬܐ demum
38 ÷ ܡܪܝܐ B
41 in margine folii 106² inferiori ܕܥܒܕܐ ܩܘܪܒܢܐ ÷ ܗܘ ܕܢܣܒ ܢܘܪܐ ܡܢ ܫܡܝܐ ܘܐܟܠܗ ܠܩܘܪܒܢܐ ܕܐܡܪ ܠܐ ܐܬܚܙܝ ܗܘܐ ܡܢ ܡܪܝܐ. ܡܛܠ ܕܢܘܪܐ ܘܠܐ ܒܡܫܟܐ ܡܢ ܡܪܝܐ: ܘܠܐ ܬܘܠܐ ܐܝܟ ܠܒܢܬ ܣܦܝܠܐ. ܘܐܟܙܢܐ ܐܝܟ ܕܐܝܬ ܒܗ ܬܘܠܐ [Ex 24₁₀]. ܘܡܛܠ ܕܢܘܪܐ ܒܠܒܐ. ܗܘܐ ܕܡܘܠܕܐ ܠܡܛܠܐ ܘܢܘܪ ܕܡܬܚܙܝ. ܕܒܬܪ ܦܩܘܕܐ ܐܝܟ ܕܠܐ ܡܢ ܥܠܘܗܝ ܕܐܒܪܗܡ ܘܐܡܪܝܢ ܒܣܦܪܐ ܕܒܪܝܬܐ
41 ܣܩ ÷ B
43 ܘܚܪ ÷ et 44 ܘܗܘܐ ÷ B, utrumque in versu ineunte
44 ܦܣܬܐ ܕܓܒܪܐ ܕܣܠܩܐ ܡܢ ܝܡܐ
44 ※ ܘܗܘܐ B
44 ÷ addidit F
45 ܘܫܡܝܐ ܚܫܟ descripsi
2 ܗܟܢ ܡܢ B: quod correxi, conlatis 17₁ 19₁₉. Bᵐ ܡܢܝ
2 ܐܢ ܐܢܬ ÷ B. qui ante ܐ habet ÷, ante versuum sequentium initia ÷
4 ܪܬܡܐ
4 ܘ ܫ, sequentia detrita: ܠܢܦܫܗ?
5 ܘ ܪܬܡ ܚܕ
5 ܬܚܝܬ ܡܢ]
8 utrum ܘ an ܘ sit, non liquet: crediderim ܘ esse
9 in textu B non ܠܗ ※, sed asteriscum solum habet, per signum in marginem relegans, ubi ܠܗ scriptum. ÷ addidi

108² ܠܡܪܝܐ ܐܚܝܕ ܟܠ: ܡܛܠ ܕܫܒܩܘܟ ܒܢܝ | ܐܝܣܪܐܝܠ: ܠܡܕܒܚ̈ܐ ܕܝܠܟ ܣܚܦܘ. ܘܠܢܒܝ̈ܐ ܕܝܠܟ
ܩܛܠܘ ܒܣܝܦܐ. ܘܫܪܟܬ ܐܢܐ ܐܢܐ ܒܠܚܘܕܝ. ܘܒܥܝܢ ܠܢܦܫܝ ܕܢܣܒܘܢܗ̇: 11 ܘܐܡܪ »ܕܬܦܘܩ
ܠܡܚܪ ܘܬܩܘܡ ※ ܗ̇ ܒܛܘܪܐ ܩܕܡ ܡܪܝܐ«: ܘܗܐ ܡܪܝܐ ܥܒܪ. ܘܪܘܚܐ ܪܒܐ ܘܚܣܝܢܐ ܕܡܦܪܩܐ ܛܘܪ̈ܐ ÷
ܘܡܬܒܪܐ ܟܐܦ̈ܐ ܩܕܡ ܡܪܝܐ: ܠܐ ܒܪܘܚܐ ܡܪܝܐ: ܘܒܬܪ ܪܘܚܐ ܙܘܥܐ: ܠܐ ܒܙܘܥܐ ܡܪܝܐ:
12 ܘܒܬܪ ܙܘܥܐ ܢܘܪܐ: ܠܐ ܒܢܘܪܐ ܡܪܝܐ: ܘܒܬܪ ܢܘܪܐ ܩܠܐ ܕܢܫܒܐ ܩܠܝܠܐ: ܬܡܢ ܡܪܝܐ܀ 13 ܘܗܘܐ ܕܟܕ
ܫܡܥ ܐܠܝܐ. *ܘܟܣܝ ܦܪ̈ܨܘܦܐ ܕܝܠܗ ܒܡܪܛܘܛܗ. ܘܢܦܩ ܘܩܡ †ܒܬܚܬܗ̇ ܡܢ ܡܥܪܬܐ: ܘܗܐ ܠܘܬܗ ܩܠܐ
ܘܐܡܪ »ܕܡܢܐ ܐܝܬ ܠܟ ܗܪܟܐ. ܐܠܝܐ.·.«: 14 ܘܐܡܪ ÷ ܐܠܝܐ ÷ »ܕܛܢܢܐ ܛܢܢܬ ܠܡܪܝܐ *ܐܚܝܕ ܟܠ: ܡܛܠ
ܕܫܒܩܘ ܕܝܠܟ ܒܢܝ ܐܝܣܪܐܝܠ: ܠܡܕܒܚ̈ܐ ܕܝܠܟ ܣܚܦܘ. ܘܠܢܒܝ̈ܐ ܕܝܠܟ ܩܛܠܘ ܒܣܝܦܐ.
109¹ ܘܫܪܟܬ ܐܢܐ ܐܢܐ | ܒܠܚܘܕܝ. ܘܒܥܝܢ ܠܢܦܫܝ ܕܢܣܒܘܢܗ̇«: 15 ܘܐܡܪ ܡܪܝܐ ܠܘܬܗ »ܙܠ ܗܦܘܟ
ܠܐܘܪܚܐ ܕܝܠܟ ÷ ܘܬܐܬܐ ÷ ܠܐܘܪܚܐ ܕܡܕܒܪܐ ܕܕܪܡܣܘܩ. ※ ܘܬܐܬܐ ܘܬܡܫܘܚ ܠܚܙܐܝܠ ܠܡܠܟܐ ܕܐܪܡ.
16 ܘܠܝܗܘ ܒܪܗ ܕܢܡܫܝ ܬܡܫܘܚ ܠܡܠܟܐ ܥܠ ܐܝܣܪܐܝܠ. ܘܠܐܠܝܫܥ ܒܪܗ ܕܫܦܛ ܡܢ ܐܒܠ ܡܚܘܠܐ
ܬܡܫܘܚ ܠܢܒܝܐ ܚܠܦܝܟ: 17 ܘܢܗܘܐ ܕܗܘ ܕܡܫܬܘܙܒ ܡܢ ܣܝܦܐ ܕܚܙܐܝܠ. ܢܩܛܘܠ ܝܗܘ. ܘܗܘ
ܕܡܫܬܘܙܒ ܡܢ ܣܝܦܐ ܕܝܗܘ. ܢܩܛܘܠ ܐܠܝܫܥ: 18 ܘܬܫܒܘܩ° ܒܐܝܣܪܐܝܠ ܫܒܥܐ ܐܠܦܝܢ ÷ ܓܒܪ̈ܐ ..
ܟܠܗܘܢ ܒܘܪ̈ܟܐ ܗܠܝܢ ܕܠܐ *ܟܪܥܘ ܠܒܥܠܐ. ܘܟܠ ܦܘܡܐ ܗܘ ܕܠܐ †ܢܫܩܗ ܠܗ܀

ܩܦܠܐܘܢ ܝܚ ܀

19 ܘܐܙܠ ܡܢ ܬܡܢ. ܘܐܫܟܚܗ ܠܐܠܝܫܥ ܒܪܗ ܕܫܦܛ. ܘܗܘ ܪܕܐ ܗܘܐ ÷ ܒܬܘܪ̈ܐ .. ܬܪܬܥܣܪ
109² ܨܡܕ̈ܝܢ ÷ ܕܬܘܪ̈ܐ *ܩܕܡܘܗܝ. ܘܗܘ ܒܬܪܬܥܣܪ: ܘܥܒܪ ܐܠܝܐ | ܥܠܘܗܝ ܘܫܕܐ ܦܪܨܘܦܐ ܕܝܠܗ ܥܠܘܗܝ:
20 ܘܫܒܩ ÷ ܐܠܝܫܥ ÷ ܠܬܘܪ̈ܐ ܘܪܗܛ ܒܬܪ ܐܠܝܐ ܘܐܡܪ »ܐܢܫܘܩ ܠܐܒܝ ※ ܘܠܐܡܐ ܕܝܠܝ. ܘܐܬܐ ܐܢܐ ܒܬܪܟ«:
ܘܐܡܪ ܠܗ »ܙܠ ܗܦܘܟ. *ܡܛܠ ܕܥܒܕܬ ܠܟ«: 21 ܘܗܦܟ ܡܢ ܒܬܪܗ. ܘܢܟܣ ܨܡܕܐ ܕܬܘܪ̈ܐ
ܕܝܠܗ*. ܘܒܡܐܢ̈ܐ ܕܬܘܪ̈ܐ ܒܫܠ ܐܢܘܢ. ܘܝܗܒ ܠܥܡܐ. ܘܐܟܠܘ: ܘܩܡ ܘܐܙܠ ܒܬܪ ܐܠܝܐ ܘܡܫܡܫ
ܗܘܐ ܠܗ܀

ܩܦܠܐܘܢ ܝܛ ܀

20 1 ܘܒܪܗ ܕܗܕܕ ܡܠܟܐ ܕܐܪܡ ܟܢܫ ܟܠܗ ܚܝܠܗ ÷ ܘܣܠܩ ܘܚܕܪ ܥܠ ܫܡܪܝܢ. ܘܬܠܬܝܢ
ܘܬܪܝܢ ܡܠܟ̈ܐ ܥܡܗ. ܘ÷ ܟܠܗ̇ ܦܪܫܐ ܘܪ̈ܟܒܬܐ: ܘܣܠܩܘ ܘܚܕܪܘ ܥܠ ܫܡܪܝܢ ܘܐܩܪܒܘ ܒܗ̇:
2 ܘܫܕܪ ※ ܐ̄ ܗ̇ ܡܠܐܟ̈ܐ ܠܘܬ ܐܚܐܒ ܡܠܟܐ ܕܐܝܣܪܐܝܠ ܠܡܕܝܢܬܐ. 3 ܘܐܡܪ ܠܘܬܗ »ܗܟܢܐ ܐܡܪ
ܒܪܗ °ܕܗܕܕ »ܣܐܡܐ ܕܝܠܟ ܘܕܗܒܐ ܕܝܠܟ ܕܝܠܝ ܐܢܘܢ. ܘܢܫ̈ܐ ܕܝܠܟ ܘܒܢ̈ܝܟ ※ ܫܦܝܪ̈ܐ ܕܝܠܟ ܕܝܠܝ ܐܢܘܢ««:
110¹ 4 ܘܥܢܐ ܡܠܟܐ ܕܐܝܣܪܐܝܠ ܘܐܡܪ | »ܐܝܟ ܕܡܠܠܬ .. ܡܪܝ ※ ܐ̄ ܗ̇ ܕܝܠܝ ܡܠܟܐ .. ܕܝܠܟ ܐܢܐ ܐܢܐ
ܘܟܠܗܘܢ ܕܝܠܝ«: 5 ܘܗܦܟܘ ܡܠܐܟ̈ܐ ܘܐܡܪܘ »ܗܟܢܐ ܐܡܪ ܒܪܗ ܕܗܕܕ »*ܐܢܐ ܫܕܪܬ ܠܘܬܟ ܠܡܐܡܪ ܕܝܠܟ
ܘܕܗܒܟ. ܘܢܫ̈ܝܟ ܘܒܢ̈ܝܟ ܕܝܠܟ ܬܬܠ ܠܝ. 6 ܡܛܠ ܕܐܝܟ ܗܕܐ ܫܥܬܐ ܕܡܚܪ ܡܫܕܪ ܐܢܐ ܠܥܒ̈ܕܝ
ܕܝܠܝ ܠܘܬܟ. ܘܢܒܨܘܢ ܠܒܝܬܐ ܕܝܠܟ ܘܠܒ̈ܬܐ ܕܥܒ̈ܕܝܟ. ܘܢܗܘܐ ܕܟܠܗܘܢ ܪ̈ܓܝܓܬܐ ܕܥܝ̈ܢܐ ܕܝܠܗܘܢ
ܥܠ ܗܠܝܢ ܕܐܢ ܢܣܡܘܢ ܐܝܕܝܗܘܢ. ܘܢܣܒܘܢ«: 7 ܘܩܪܐ ܡܠܟܐ ܕܐܝܣܪܐܝܠ ܠܟܠܗܘܢ ܩܫܝ̈ܫܐ ※ ܐ̄
ܗ̇ ܕܐܪܥܐ ܘܐܡܪ »ܕܥܘ ܗܟܝܠ ܘܚܙܘ ܕܒܝܫܬܐ ܗܕܐ ܒܥܐ. ܕܫܕܪ ܠܘܬܝ ܡܛܠ ܢܫ̈ܐ ܕܝܠܝ ܘܡܛܠ
ܒ̈ܢܝ ܘ÷ ܡܛܠ ܒ̈ܢܬܐ ܕܝܠܝ. ܣܐܡܐ ܕܝܠܝ ܘܕܗܒܐ ܠܐ ܟܠܝܬ ܡܢܗ«: 8 ܘܐܡܪܘ ܠܗ ※ ܟܠܗܘܢ ܂
ܩܫܝ̈ܫܐ ܘܟܠܗ ܥܡܐ »ܠܐ ܬܫܡܥ ܘܠܐ ܬܨܒܐ«: 9 ܘܐܡܪ ܠܡܠܐܟ̈ܐ ܕܒܪܗ ܕܗܕܕ »ܐܡܪܘ ܠܡܪܐ ܕܝܠܟܘܢ
110² ※ ܗ̇ ܠܡܠܟܐ | »ܟܠܗܘܢ ܗܠܝܢ ܕܫܕܪܬ ܠܘܬ ܥܒܕܐ ܕܝܠܟ ܒܩܕܡܝܬܐ. ܐܥܒܕ. ܡܠܬܐ ܕܝܢ ܗܕܐ

11 ÷ addidit F
13 ܗܘ ܘܟܣܝ ܦܪ̈ܨܘܦܗ ܒܡܪܛܘܛܗ indice ad ܘܟܣܝ ܦܪ̈ܨܘܦܐ adposito
13 ܗܘ ܠܘܬ ܬܪܥܐ ܕܡܥܪܬܐ
14 ܗܪܟܐ. ܐܠܝܐ
15 ※ addidit F
18 ܐ̄ ܟܠܗܘܢ ܕܠܐ ܟܪܥܘ ܀ ܠ̄ ܕܠܐ ܣܓܕܘ
18 ܐ̄ ܕܠܐ ܢܫܩܘܗܝ
19 ܗܘ ܐܪܕܝ ܗܘܐ ܩܕܡܘܗܝ ܘܗܘ ܒܬܪܗ ܘܐܬܪ̈ܝܢ
20 ܐ̄ alterum addidit F
20 ܐ̄ ܡܛܠ ܕܥܒܕܬ ܠܟ ܀ ܗܘ ܡܢܐ ܥܒܕܬ ܠܟ
21 ܐ̄ ܗ̇ ܒܫܠ ܀ ܠ̄ ܐܝܟ ܗܟܢܐ ܐܢܘܢ
1 ܕܗܕܕ B
1 ÷ ܘܣܠܩ ܐ̄ B
5 indice non addito ܐ̄ ܗ̇ ܡܫܕܪ ܠܟܘܢ ܀ ܗܘ ܗܘ ܕܫܕܪ ܠܟܘܢ ܗܟܢܐ. adnotatio non suo loco posita
7 ܒܢ̈ܝ ÷ ܘܡܛܠ ܐ̄ B
8 ܐ̄ addidit F
9 init ܘܐܡܪܘ B
9 ܕܗܕܕ B
9 ܗ̇ an ~ B? crediderim ~ esse

ܠܐ ܡܨܐ ܐܢܐ ܠܡܥܒܕܘ܀ ܘܐܙܠܘ ܗܢܘܢ *ܐܝܙܓܕܐ ܘܐܗܦܟܘ ܠܗ ܡܠܬܐ: 10 ܘܫܕܪ ܬܘܒ ܠܘܬܗ
ܒܪܗ ܕܗܕܕ ܟܕ ܐܡܪ »ܗܟܢܐ ܢܥܒܕܘܢ ܠܝ ܐܠܗܐ ܘܗܟܢܐ ܢܘܣܦܘܢ܀ ܐܢ ܢܣܦܩ ܥܦܪܐ ܕܫܡܪܝܢ ܠܫܘܥܠܐ
ܠܟܠܗ ܥܡܐ ܕܪ̈ܓܠܐ ܕܝܠܝ«: 11 ܘܥܢܐ ܡܠܟܐ ܕܐܝܣܪܝܠ ※ܘܐܡܪ↙ »ܣܦܩ. *ܠܐ ܢܫܬܒܗܪ
ܡܫܬܟܢܐ ܐܝܟ ܡܬܪܨܐ«: 12 ܘܗܘܐ ܕܟܕ ܫܡܥ ܠܗ ܡܠܬܐ ܗܕܐ. ܘܗܘ ܐܫܬܝܘܗܝ ܗܘܐ ܚܡܪܐ. ܗܘ ܘ÷ܟܠܗܘܢ↙
ܡܠܟ̈ܐ ÷ܥܡܗ↙ ܒܡܛܠ̈ܠܐ. ܘܐܡܪ ܠܥܒ̈ܕܘܗܝ ܕܠܗ »ܒܢܘ ܚܩܠܐ«. ÷ܘܣܡܘ ܚܩܠܐ↙ ܥܠ ܡܕܝܢܬܐ܀
13 ܘܗܐ ܢܒܝܐ ܚܕ ܩܪܒ ܠܘܬ ܐܚܐܒ ܡܠܟܐ ܕܐܝܣܪܝܠ ܘܐܡܪ »ܗܟܢ ܐܡܪ ܡܪܝܐ »ܐܢ ܚܙܝܬ ܠܟܠܗ
111¹ ܟܢܫܐ ܗܢܐ ܪܒܐ܀ ܗܐ ܐܢܐ ܝܗܒ ܐܢܐ ܠܗ ܠܐܝܕܝܟ ܕܝܠܟ | ܝܘܡܢܐ. ܘܬܕܥ ܕܐܢܐ ܗܘ ܡܪܝܐ««: 14 ܘܐܡܪ ܐܚܐܒ
»ܒܡܢܘ܀«. ܘܐܡܪ »ܗܟܢ ܐܡܪ ܡܪܝܐ »ܒܥܠܝ̈ܡܐ ܕܪ̈ܫܢܐ ܕܡܕܝ̈ܢܬܐ««: ܘܐܡܪ ÷ܐܚܐܒ↙ »ܡܢܘ ܢܣܕܪ
ܩܪܒܐ܀«: ܘܐܡܪ »ܐܢܬ«: 15 ܘܡܢܐ ܠܥܠܝ̈ܡܐ ܕܪ̈ܫܢܐ ܕܐܬܪ̈ܘܬܐ. ܘܗܘܘ ܡܐܬܝܢ ܘܬܠܬܝܢ ※ܘܬܪܝܢ↙.
ܘܒܬܪ ܗܟܢ ܡܢܐ ※ܐ ܠܟܠܗ↙ ܥܡܐ .. ܟܠܗܘܢ ܒܢܝ̈ ܚܝܠܐ .. ܫܒܥܐ ܐܠܦܝ̈ܢ: 16 ܘܢܦܩܘ ܒܛܗܪܐ.
ܘܒܪܗ ܕܗܕܕ ܫܬܐ ܗܘܐ ܪܘܝܐ *ܒܡܛܠܠܐ. ܗܘ ܘܡܠܟ̈ܐ. ܬܠܬܝܢ ܘܬܪܝܢ ܡܠܟ̈ܐ ܡܥܕܪ̈ܢܐ ܥܡܗ: 17 ܘܢܦܩܘ
ܥܠܝ̈ܡܐ ܕܪ̈ܫܢܐ ܕܐܬܪ̈ܘܬܐ ܒܩܕܡܝܐ. ܘܫܕܪ ܒܪܗ ܕܗܕܕ. ܘܐܘܕܥܘ ܠܗ ܟܕ ܐܡܪܝܢ »ܓܒܪ̈ܐ ܢܦܩܘ ܡܢ
ܫܡܪܝܢ«: 18 ܘܐܡܪ ÷ܠܗܘܢ↙ »ܐܢ ܠܫܠܡܐ ܢܦܩܝܢ. ܐܚܘܕܘ ܐܢܘܢ ܡܢ ܚܝ̈ܐ. ܘܐܢ ܠܩܪܒܐ ܢܦܩܘ.
ܡܢ ܚܝ̈ܐ ܐܚܘܕܘ ܐܢܘܢ: 19 *ܘܠܐ ܢܦܩܘܢ ܡܢ ܡܕܝܢܬܐ ܥܠܝ̈ܡܐ ܕܪ̈ܫܢܐ ܕܐܬܪ̈ܘܬܐ ܘܚܝܠܐ ܕܒܬܪܗܘܢ«: 20 ܘܡܚܘ
111² ܟܠ ܚܕ ܠܗܘ ܕܠܘܬܗ. ܘܥܪܩܘ | ܣܘܪ̈ܝܐ. ܘܪܕܦ ܐܢܘܢ ܐܝܣܪܝܠ. ܘܐܫܬܘܙܒ ܒܪܗ ܕܗܕܕ ܡܠܟܐ
ܕܣܘܪܝܐ ܥܠ ܣܘܣܝܐ ܥܡ ܦܪ̈ܫܐ ܩܠܝ̈ܠܐ: 21 ܘܢܦܩ ܡܠܟܐ ܕܐܝܣܪܝܠ. ܘܢܣܒ ÷ܟܠܗܘܢ↙ ܪ̈ܟܫܐ
ܘܡܪ̈ܟܒܬܐ. ܘܡܚܐ ܠܣܘܪܝܐ ܡܚܘܬܐ ܪܒܬܐ: 22 ܘܩܪܒ ܢܒܝܐ ܠܘܬ ܡܠܟܐ ܕܐܝܣܪܝܠ ܘܐܡܪ ※ܠܗ↙
»ܐܬܚܝܠ ܘܕܥ ܘܚܙܝ ܡܢܐ ܥܒܕ ܐܢܬ. ܡܛܠ ܕܠܦܘܢܝܗ ܕܫܢܬܐ ÷ܒܪܗ ܕܗܕܕ↙ ܡܠܟܐ ܕܣܘܪܝܐ
ܣܠܩ ܥܠܝܟ«܀

21 23 ܘܥܒ̈ܕܐ ܕܡܠܟܐ ܕܣܘܪܝܐ ܐܡܪܘ ܠܘܬܗ »ܐܠܗܐ ܗܘ ܕܛܘܪ̈ܐ ܐܠܗܐ ܕܐܝܣܪܝܠ ÷ܘܠܐ ܐܠܗܐ
ܕܥܘܡܩ̈ܐ↙. ܡܛܠ ܗܕܐ ܐܬܚܝܠܘ ܝܬܝܪ ܡܢܢ: ܐܠܐ ܕܝܢ ܢܩܪܘܒ ܠܘܬܗܘܢ *ܠܐܘܪܥܐ. ܐܢ ܠܐ ܢܬܚܝܠܝܢ
ܝܬܝܪ ܡܢܗܘܢ: 24 ܘܡܠܬܐ ܗܕܐ ܥܒܕ. ܐܥܒܪ ܠܡܠܟ̈ܐ. ܟܠ ܚܕ ܠܕܘܟܬܗ ܕܝܠܗܘܢ. ܘܣܝܡ
112¹ ܣܛܪ̈ܦܐ ܚܠܦܝܗܘܢ: 25 ܘܢܚܠܦ ܠܟ ܚܝܠܐ ܐܝܟ | ܚܝܠܐ ܕܢܦܠ ܡܢܟ. ܘܪ̈ܟܫܐ ܐܝܟ ܪ̈ܟܫܐ. ܘܡܪ̈ܟܒܬܐ
ܐܝܟ ܡܪ̈ܟܒܬܐ. ܘܢܩܪܘܒ ܠܘܬܗܘܢ *ܠܐܘܪܥܐ. ܘܢܬܚܝܠ ܝܬܝܪ ܡܢܗܘܢ«: ܘܫܡܥ ܠܩܠܗܘܢ. ܘܥܒܕ
ܗܟܢܐ: 26 ܘܗܘܐ ܠܡܦܢܝܬܗ ܕܫܢܬܐ. ܘܣܥܪ ܒܪܗ ܕܗܕܕ ܠܣܘܪܝܐ. ܘܣܠܩ ܠܐܦܩ ܠܩܪܒܐ ܥܠ
ܐܝܣܪܝܠ: 27 ܘܒܢܝ̈ ܐܝܣܪܝܠ ܐܬܡܢܝܘ ※ܐ ܗ ܘܐܬܦܪܢܣܘ↙ ܘܐܙܠܘ ܠܐܘܪܥܐ ܕܝܠܗܘܢ: ܘܫܪܘ ※ܗܢ
ܒܢܝ̈↙ ܐܝܣܪܝܠ ܠܘܩܒܠܗܘܢ ܐܝܟ ܬܪ̈ܝܢ ܦܪ̈ܡܣܐ ܕܥܙ̈ܐ. ܘܣܘܪܝܐ ܡܠܝܐ ܠܐܪܥܐ: 28 ܘܩܪܒ ܗܘ
ܐܢܫܐ ܕܐܠܗܐ ܘܐܡܪ ܠܡܠܟܐ ܕܐܝܣܪܝܠ° »ܗܟܢ ܐܡܪ ܡܪܝܐ »ܚܠܦ ܕܐܡܪܘ ܣܘܪܝܐ „ܐܠܗܐ ܗܘ ܕܛܘܪ̈ܐ
ܡܪܝܐ ÷ܐܠܗܐ ܕܐܝܣܪܝܠ↙. ܘܠܐ ܐܠܗܐ ܕܥܘܡܩ̈ܐ ܗܘ܀. ܐܦ ܐܬܠ° ܗܢܐ ܚܝܠܐ ܪܒܐ ܗܢܐ ܒܐܝܕܝܟ.
112² ܘܬܕܥ ܕܐܢܐ ܗܘ ܡܪܝܐ«: 29 ܘܫܪܘ ܗܟܢ ܠܘܩܒܠܐ ܗܠܝܢ ܫܒܥܐ ܝܘܡ̈ܬܐ. | ܘܗܘܐ ܒܝܘܡܐ ܫܒܝܥܝܐ.
ܘܩܪܒ ܩܪܒܐ. °ܘܡܚܘ ※ܒܢܝ̈↙ ܐܝܣܪܝܠ ܠܣܘܪܝܐ ܡܐܐ ܐܠܦܝ̈ܢ ܕܪ̈ܓܠܐ ܒܝܘܡܐ ܚܕ: 30 ܘܥܪܩܘ
ܗܠܝܢ ܕܫܪܟܘ ܠܐܦܩ ܠܡܕܝܢܬܐ. *ܘܢܦܠ ܫܘܪܐ ܥܠ ܥܣܪܝܢ ܘܫܒܥܐ ܐܠܦܝ̈ܢ ܓܒܪ̈ܐ ܗܠܝܢ ܕܐܫܬܟܚܘ.
ܘܒܪܗ ܕܗܕܕ ܥܪܩ. ܘܥܠ ܠܒܝܬܐ ܕܒܝܬ ܓܘܐ ܠܬܘܢܐ: 31 ܘܐܡܪܘ ܠܘܬܗ ܥܒ̈ܕܐ ܕܝܠܗ »ܗܐ ܫܡܥܢ
ܕܡܠܟ̈ܐ ܕܒܝܬ ※ܐ ܗ ܕܒܝܬܐ↙ ܕܐܝܣܪܝܠ ܡܠܟ̈ܐ ܕܚܢܢܐ ܐܝܬܝܗܘܢ: ܢܣܝܡ ܗܫܐ *ܣܩ̈ܐ ܥܠ
ܚܨ̈ܝܢ ܘܚܒ̈ܠܐ ܥܠ ܪ̈ܫܝܢ. ܘܢܦܘܩ ܠܘܬ ܡܠܟܐ ܕܐܝܣܪܝܠ: ܕܟܒܪ ܢܚܝܐ ܢܦܫܟ ܕܝܠܟ«:

9 indice non adposito ܐܝܙܓܕܐ ܗ
11 ܐ ܠܐ ܢܫܬܒܗܪ ܗܘ ܕܡܬܐܣܪ ܐܝܟ ܗܘ ܕܫܪܐ
ܕܫܪܐ indice ad ܢܫܬܒܗܪ adposito
12 ÷ܘܟܠܗܘܢ↙ B: correxit F
12 altero loco ܗܘܐ B
15 signa altera addidit F
16 ܪܘܝ B. ita 17, ut videtur
16 ܪܘܝܐ punctum habet super ܘ

16 ܡܠܟ̈ܐ ܡܥܕܪ̈ܢܐ ܥܡܗ
16 ܡܥܕܪ̈ܢܐ B
19 indice non adposito ܗ ܘܠܐ ܢܦܩܘܢ
ܢܦܩܘܢ ܡܢ ܡܕܝܢܬܐ
22 ↙ alterum post ܡܠܟܐ habet B: correxit F
23 ܕܥܘܡܩ̈ܐ singularis in B
23 indice non adposito ܠܐܘܪܥܐ ܗ

ܠܥܘܡܩܐ. F ܐ ante ܠܥܘܡܩܐ addi volt
25 indicibus duobus adpositis ܗ
ܠܥܘܡܩܐ ÷ ܠܐܘܪܥܐ
27 28 ↙ addidit F
30 ܘܐܬܩܛܠܘ ܗ ÷ ܘܐܬܩܛܠܘ ܐ . deest index
31 ܠܡܠܟܐ ܕܐܝܣܪܝܠ ܫܠܡܐ ܐܬܠ et
mox ܐܫܬܟܚܘ ܗܘܘ ܡܬܩܛܠܝܢ ܕܚܝܠܐ ܐܡܪܝܢ
ܠܡܠܟܐ ܕܐܦܩ ܡܬܩܛܠܐ ܗܘܐ

32 ܘܐܣܪܘ ܣܩ̈ܐ ܥܠ ܚܨ̈ܝܗܘܢ ܘܚܒ̈ܠܐ. ÷ ܘܣܡܘ↙ ܚܒ̈ܠܐ ܥܠ ܪ̈ܫܝܗܘܢ. ܘܐܡܪܘ ܠܡܠܟܐ
ܕܐܝܣܪܝܠ »ܥܒܕܟ ܕܝܠܟ ܒܪܗ ܕܗܕܕ ܐܡܪ »ܬܚܐ ܢܦܫܐ ܢܦܫܐ ܕܝܠܝ«« : ܘܐܡܪ »ܐܢ ܥܕܟܝܠ ܚܝ. ܐܚܐ
113¹ ܕܝܠܝ ܐܝܬܘܗܝ« : 33 ܘܓܒܪ̈ܐ ܢܚܫܘ ÷ ܘܢܣܒܘ↙ *ܘܐܣܬܪܗܒܘ | ܠܡܠܬܐ ܡܢ ܦܘܡܗ ܕܝܠܗ
ܘܐܡܪܘ »ܐܚܘܟ ܕܝܠܟ ܒܪܗ ܕܗܕܕ« : ܘܐܡܪ »ܥܘܠܘ ܘܕܒܪܘܗܝ« : ܘܢܦܩ ܠܘܬܗ ܒܪܗ ܕܗܕܕ:
ܘܐܣܩܗ ÷ ܠܗ ܠܘܬܗ↙ ܠܡܪܟܒܬܐ: 34 ܘܐܡܪ ܠܘܬܗ »ܠܡܕ̈ܝܢܬܐ ܗܠܝܢ ܕܢܣܒ ܐܒܐ ܕܝܠܝ ܡܢ
ܐܒܘܟ. ܐܬܠ ÷ ܠܟ↙. ܘܫܘܩ̈ܐ ܬܣܝܡ ܠܟ ܒܕܪܡܣܘܩ. ܐܝܟ ܕܣܡ ܐܒܐ ܕܝܠܝ ܒܫܡܪܝܢ. ܘܐܢܐ
ܒܕܝܬܩܐ ܐܫܪܐ ܐܢܐ ܠܟ« : ܘܓܙܪ ܠܗ ܕܝܬܩܐ ܘܫܪܝܗ ÷ 35 ܘܓܒܪܐ ܚܕ ܡܢ ܒ̈ܢܝ ܢܒ̈ܝܐ ܐܡܪ ܠܘܬ
ܚܒܪܐ ܕܝܠܗ ܒܡܠܬܗ ܕܡܪܝܐ »ܡܚܝܢܝ ܗܟܝܠ« : ܘܠܐ ܨܒܐ ܗܘ ※ ܓܒܪܐ↙ ܠܡܡܚܝܘܗܝ: 36 ܘܐܡܪ
ܠܘܬܗ »ܚܠܦ ܕܠܐ ܫܡܥܬ ܠܩܠܗ ܕܡܪܝܐ. ܗܐ ܐܢܬ ܐܙܠ ܐܢܬ ܡܢܝ. ܘܢܩܛܠܟ ܐܪܝܐ« : ܘܐܙܠ ܡܢܗ.
ܘܐܫܟܚܗ ܠܗ ܐܪܝܐ ܘܩܛܠܗ: 37 ܘܐܫܟܚ ܓܒܪܐ ܐܚܪܢܐ ܘܐܡܪ »ܡܚܝܢܝ ܗܟܝܠ« : ܘܡܚܝܗܝ ܓܒܪ
113² ܐܝܟ ܕܡ ܡܚܐ. *ܘܦܨܥܗ: 38 ܘܐܙܠ ܢܒܝܐ ܘܩܡ ܠܡܠܟܐ ܕܐܝܣܪܝܠ | ܥܠ ܐܘܪܚܐ. *ܘܚܒܫ
ܒܥܨܒܬܐ ܥܠ ܥܝ̈ܢܘܗܝ: 39 ܘܗܘܐ ܕܟܕ ܡܠܟܐ ܥܒܪ ܗܘܐ. ܘܗܘ ܩܥܐ ܗܘܐ ܠܘܬ ܡܠܟܐ ܘܐܡܪ
»ܥܒܕܟ ܕܝܠܟ ܢܦܩ ܠܡܥܒܕܬܐ ܕܩܪܒܐ. ܘܗܐ ܓܒܪܐ ܐܝܬܝ ܠܘܬܝ ܓܒܪܐ ܘܐܡܪ »ܛܪ ܠܓܒܪܐ ܗܢܐ.
ܐܢ ܕܝܢ ܡܥܒܪ ܢܥܒܪ. ܬܗܘܐ ܢܦܫܟ ܕܝܠܟ ܚܠܦ ܢܦܫܗ. ܐܘ ܟܟܪܐ ܕܟܣܦܐ ܬܬܩܠ«: 40 ܘܗܘܐ
ܕܟܕ ܗܦܟ ܥܒܕܟ ܠܟܐ ܘܠܟܐ. ܘܗܢܐ ܠܝܬܘܗܝ ܗܘܐ« : ܘܐܡܪ ܠܘܬܗ ܡܠܟܐ ܕܐܝܣܪܝܠ »*ܗܐ ܐܦ
ܩܛܠܐ. ܐܝܟ ܕܠܘܬܝ ܩܛܠܬ« : 41 ܘܐܣܬܪܗܒ ܘܐܥܒܪ ܥܨܒܬܐ ܡܢ ܥܠ ܥܝ̈ܢܘܗܝ. ܘܐܫܬܘܕܥܗ
ܡܠܟܐ ܕܐܝܣܪܝܠ ܕܡܢ ܢܒ̈ܝܐ ܗܘ ܗܢܐ: 42 ܘܐܡܪ ܠܘܬܗ »ܗܟܢܐ ܐܡܪ ܡܪܝܐ »ܡܛܠ *ܕܫܕܪܬ ܐܢܬ
ܠܓܒܪܐ †ܓܢܒܐ ÷ ܡܢ ܐܝܕܐ ܕܝܠܟ↙. ܘܬܗܘܐ ܢܦܫܐ ܕܝܠܟ ܚܠܦ ܢܦܫܗ. ܘܥܡܐ ܕܝܠܟ ܚܠܦ ܥܡܐ
114¹ ܕܝܠܗ« : | 43 ܘܐܙܠ ܡܠܟܐ ܕܐܝܣܪܝܠ ※ ܐ ܠܒܝܬܐ ܕܝܠܗ↙ ܥܝܩܐ ܘܡܫܓܫܐ. ܘܐܬܐ ܠܫܡܪܝܢ ÷
21 ܘܗ 1 ※ ܐ ܘܗܘܐ ܒܬܪ ܡ̈ܠܐ ܗܠܝܢ↙. ܟܪܡܐ ÷ ܚܕ↙ ܐܝܬ ܗܘܐ ܠܢܒܘܬ ܐܝܙܪܥܠܝܐ ܠܘܬ ܐܕܪܐ ܕܐܚܐܒ
ܡܠܟܐ ܕܫܡܪܝܢ: 2 ܘܡܠܠ ܐܚܐܒ ܠܘܬ ܢܒܘܬ ܟܕ ܐܡܪ »ܗܒ ܠܝ ܠܟܪܡܐ ܕܝܠܟ. ܘܢܗܘܐ ܠܝ
ܠܓܢܬܐ ܕܝܪܩܐ. ܡܛܠ ܕܩܪܝܒ ܗܘ ܠܒܝܬܐ ܕܝܠܝ. ܘܐܬܠ ܠܟ ※ ܚܠܦܘܗܝ↙ ܟܪܡܐ ÷ ܐܚܪܢܐ↙ ܕܛܒ
ܝܬܝܪ ܡܢܗ: ܐܢ ܕܝܢ ܫܦܝܪ ܩܕܡܝܟ. ܐܬܠ ܠܟ ܟܣܦܐ ܐܚܠܦܬܐ ÷ ܕܟܪܡܐ ܕܝܠܟ ※ ܗܢܐ↙. ܘܢܗܘܐ ܠܝ
÷ ܠܓܢܬܐ ܕܝܪܩܐ↙« : 3 ܘܐܡܪ ܢܒܘܬ ܠܘܬ ܐܚܐܒ »ܠܐ ܢܗܘܐ ܠܝ ܡܢ ܐܠܗܐ ÷ ܕܝܠܝ↙ ܠܡܬܠ
ܝܪܬܘܬܐ ܕܐܒܗ̈ܝ ܠܟ« : 4 ܘܐܙܠ ܐܚܐܒ ܠܒܝܬܐ ܕܝܠܗ ܥܝܩܐ ܘܡܫܓܫܐ ܥܠ ܡ̈ܠܬܐ ܗܝ ܕܡܠܠ
114² ܠܘܬܗ | ܢܒܘܬ ܗܘ ܐܝܙܪܥܠܝܐ. ܘܐܡܪ ܕ»ܠܐ ܐܬܠ ܠܟ ܝܪܬܘܬܐ ܕܐܒܗ̈ܝ ܕܝܠܝ« . ܘܫܟܒ ܥܠ ܥܪܣܐ ܕܝܠܗ
*ܘܚܦܐ ܦܪܨܘܦܐ ܕܝܠܗ ܘܠܐ ܐܟܠ ܠܚܡܐ ÷ 5 ܘܥܠܬ ܠܘܬܗ ܐܝܙܒܠ ܐܢܬܬܐ ܕܝܠܗ ܘܡܠܠܬ ܠܘܬܗ
»ܠܡܢܐ ܥܝܩܐ ܪܘܚܐ ܕܝܠܟ. ܘܠܐ ܐܝܬܝܟ ܐܟܠ ܠܚܡܐ ÷« : 6 ܘܐܡܪ ܠܘܬܗ »ܡܛܠ ܕܡܠܠܬ ܠܘܬ
ܢܒܘܬ ܐܝܙܪܥܠܝܐ ܟܕ ܐܡܪ ܐܢܐ »ܗܒ ܠܝ ܟܪܡܐ ܕܝܠܟ ܒܟܣܦܐ. ܘܐܢ ܕܝܢ ܨܒܐ ܐܢܬ. ܝܗܒ ܐܢܐ ܠܟ ܟܪܡܐ
÷ ܐܚܪܢܐ↙ ܚܠܦܘܗܝ« . ܘܐܡܪ »ܠܐ ܐܬܠ ܠܟ ܝܪܬܘܬܐ ܕܐܒܗ̈ܝ ܕܝܠܝ««: 7 ܘܐܡܪܬ ܠܘܬܗ ܐܝܙܒܠ ܐܢܬܬܐ
ܕܝܠܗ »ܐܢܬ ܗܫܐ ÷ ܗܟܢܐ↙ ܥܒܕ ܐܢܬ ܡܠܟܘܬܐ ܥܠ ܐܝܣܪܝܠ ÷ ܩܘܡ ܐܟܘܠ ܠܚܡܐ. ܘܐܢܬ ܕܝܠܟ
ܗܘܝ. ܐܢܐ ܐܬܠ ܠܟ ܟܪܡܗ ܕܢܒܘܬ ܗܘ ܐܝܙܪܥܠܝܐ« : 8 ܘܟܬܒܬ ܐܓܪܬܐ ܥܠ ܫܡܗ ܕܐܚܐܒ. ܘܚܬܡܬ
115¹ ܒܥܙܩܬܐ | ܕܝܠܗ. ܘܫܕܪܬ ܠܐܓܪܬܐ ܠܘܬ ܣܒ̈ܐ ※ ܐ ܠܘܬܗ↙ ܘܠܚܐܪ̈ܐ ܗܠܝܢ ※ ܕܒܡܕܝܢܬܐ ܕܝܠܗ↙ ܕܝܬܒܝܢ
ܥܡ ܢܒܘܬ: 9 ܘܟܬܝܒ ܗܘܐ ܒܐܓܪ̈ܬܐ ܠܡܐܡܪ »ܨܘܡܘ ܨܘܡܐ. ܘܐܘܬܒܘ ܠܢܒܘܬ ܒܪܝܫܐ ܕܥܡܐ.
10 ܘܐܘܬܒܘ ܠܩܘܒܠܗ ܬܪܝܢ ܓܒܪ̈ܐ ܒ̈ܢܝ ܥܘܠܐ ܠܩܘܒܠܗ. ܘܢܣܗܕܘܢ ܥܠܘܗܝ ܟܕ ܐܡܪܝܢ ※ ܐ
※ »ܒܪܟܬ ܠܐܠܗܐ ܘܠܡܠܟܐ«. ܘܢܦܩܘܢܝܗܝ ܘܢܪܓܡܘܢܝܗܝ. ܘܢܡܘܬ« : 11 ܘܥܒܕܘ ܓܒܪ̈ܐ ܕܡܕܝܢܬܐ
※ ܕܝܠܗ ܣܒ̈ܐ ܘܚܐܪ̈ܐ ܗܠܝܢ ܕܝܬܒܝܢ ܒܡܕܝܢܬܐ ܕܝܠܗ. ܐܝܟ ܕܫܕܪܬ ܠܘܬܗܘܢ ܐܝܙܒܠ.. ܐܝܟܢܐ

33 ܘܐܣܬܪܗܒܘ ܘܢܣܒܘ ܡܢܗ
35 ܐܡܪܝܢ ܕܗܘܐ ܢܒܝܐ ܕܟܢܝ ܕܡܢ ܠܐܝܟ ܡܟܝܐ ܐܠܗܘܝ ܗܘܐ
35 ↙, 2 ↙ prim, 8 alter, 6 ÷ add F
37 ܘܡܚܝܗܝ. ܒܗ ܘܡܚܝܗܝ forsan scr B
38 ܒܗ ܘܡܚܘ ܠܡܠܟܐ ÷ ܒܪܡܐ ܕܫܡܥܐ
40 indice non adposito ܗܘܐ ܕܝܐ ܗܘ ܕܐܝܟ ܫܩܠܬ ܘܗܐ ܕܝܐ ܗܘ ܕܐܝܟ ܫܩܠܬ
42 ܒܗ ܡܛܠ
42 ܐ ܕܝܪܬܐ
42 ÷ ܒܗ B: correxit F
4 ※ pro indice adposito ÷ ܕܡܫܓܫܐ ܕܐܢܘܢ ܠܐ ܡܬܚܫܒ ܗܘܐ ܕܒܥܙܩܬܐ [Cor β 3 18] ܠܒܝܬܐ ܕܐܠܗܐ ܢܫܪܐ ܐܝܟ ܕܒܚܫܐ

※ܘܡܠܟ̈ܐ ܥܡܗ ܦ̈ܠܓܐ ܗܘܘ ܕܒܡܛܠܠܬܐ ܕܐܬܘ܆ 12 ܗܘܐ ܕܝܢ ܟܕ ܥܢܐ ܠܗܕܐ ܡܠܬܐ ܘܐܝܬܘܗܝ ܫܬܐ ܗܘܐ ܗܘ ܘܟܠܗܘܢ ܡܠܟ̈ܐ:
※13 ܘܐܬܐ ܢܒܝܐ ܚܕ ܠܘܬ ܐܚܐܒ ܡܠܟܐ ܕܐܝܣܪܝܠ ※ܘܐܡܪ ܠܗ ܗܟܢܐ ܐܡܪ ܡܪܝܐ. ܘܐܬܚܙܝܬ ܠܗܢܐ ܟܢܫܐ
115² ※ܘܬܘܪܓܡܐ ܗܢܐ ܟܠܗ ܪܒܐ ܗܐ ܐܢܐ ܝܗܒ ܠܗ ܝܘܡܢܐ ܒܐܝܕܝܟ | ܘܬܕܥ ܕܐܢܐ ܗܘ ܡܪܝܐ܆ 14 ܘܐܡܪ ܐܚܐܒ ܒܝܕ ܡܢܘ.
ܘܐܡܪ ܗܟܢܐ ܐܡܪ ܡܪܝܐ ܒܥܠܝ̈ܡܐ ܕܪ̈ܫܐ ܕܡܕ̈ܝܢܬܐ. ܘܐܡܪ ܐܚܐܒ ܡܢܘ ܢܣܕܪ ܩܪܒܐ.
ܘܐܡܪ ܐܢܬ܆ 15 ܘܣܥܪ ܚܝܠܐ ܕܪ̈ܘܪܒܢܐ ܕܪ̈ܫܐ ܕܡܕ̈ܝܢܬܐ ※ܘܗܘܘ ܡܐܬܝܢ ܘܬܪܝܢ ※ܘܐܚܪܢܐ ※ܐ ܠ
ܐܝܣܪܝܠ ܚܕ ܒܬܪ ܚܕ ܘܐܝܟ ܢܦܩܘ ܠܡܕܝܢܬܐ ܗܘ ܕܠܐ ܢܬܚܙܘܢ ܡܢ ܩܕܡܝܗܘܢ. ܘܡܢܝܢܐ
ܕܟܠܗܘܢ ܒܢܝ̈ ܚܝܠܐ ܫܒܥܐ ܐܠܦܝܢ܆ 16 ܘܢܦܩܘ ܒܛܗܪ̈ܐ ܘܒܢܗܕܕ ܫܬܐ ܗܘܐ ܪܘܝܐ ܗܘ.
ܒܡܛܠܠܬܐ ܗܘ ܘܡܠܟ̈ܐ ܬܠܬܝܢ ܘܬܪܝܢ ܡܠܟ̈ܐ ܕܥܕܪܝܢ ܗܘܘ ܠܗ܆ 17 ※ܘܢܦܩܘ ܥܠܝ̈ܡܐ ܕܪ̈ܫܐ
ܕܡܕ̈ܝܢܬܐ ܒܩܕܡܝܬܐ܆ 18 ܘܫܕܪ ܒܢܗܕܕ ܘܚܘܝܘܗܝ ܠܗ ܘܐܡܪܝܢ ܓܒܪ̈ܐ ܢܦܩܘ ܡܢ ܫܡܪܝܢ܆ ܘܐܡܪ
ܠܗܘܢ ܐܢ ܠܫܠܡܐ ܢܦܩܝܢ ܐܚܘܕܘ ܐܢܘܢ ܚܝ̈ܐ. ܘܐܢ ܠܩܪܒܐ ܢܦܩܝܢ ܚܝ̈ܐ ܐܚܘܕܘ ܐܢܘܢ܆
116¹ 19 ܘܠܐ ܢܦܩܘ ܡܢ ܡܕܝܢܬܐ ܥܠܝ̈ܡܐ ܕܪ̈ܫܐ ܕܡܕ̈ܝܢܬܐ. ܘܚܝܠܐ ܕܒܬܪܗܘܢ܆ 20 ܘܩܛܠ ܓܒܪܐ
ܠܓܒܪܐ ܠܘܩܒܠܗ ܘܐܬܢܝܘ ܘܐܬܚܪܬ ܐܪܡ. ܘܪܕܦ ܒܬܪܗܘܢ ܐܝܣܪܝܠ. ܘܐܫܬܘܙܒ ܒܢܗܕܕ
ܡܠܟܐ ܕܐܪܡ ܥܠ ܣܘܣܝܐ ܕܦܪ̈ܫܐ܆ 21 ܘܢܦܩ ܡܠܟܐ ܕܐܝܣܪܝܠ ܘܢܣܒ ܟܠܗܘܢ ܣܘ̈ܣܘܬܐ
ܘܪ̈ܟܒܐ ܘܡܚܐ ܒܐܪܡ ܡܚܘܬܐ ܪܒܬܐ܆ 22 ܘܩܪܒ ܢܒܝܐ ܠܘܬ ܡܠܟܐ ܕܐܝܣܪܝܠ ܘܐܡܪ ܠܗ
ܐܬܚܝܠ ܘܚܙܝ ܘܕܥ ܡܢܐ ܬܥܒܕ. ܡܛܠ ܕܒܫܢܬܐ ܗܕܐ ܣܠܩ ܒܢܗܕܕ ܡܠܟܐ ܕܐܪܡ
ܥܠܝܟ܆ 23 ܘܥܒ̈ܕܘܗܝ ܕܡܠܟܐ ܕܐܪܡ ܐܡܪܘ ܠܗ ܐܠܗܐ ܕܛܘܪ̈ܐ ܐܠܗܐ ܕܐܝܣܪܝܠ ܘܠܐ ܐܠܗܐ
ܕܫܦܝ̈ܠܐ. ܡܛܠ ܗܢܐ ܐܬܚܝܠܘ ܡܢܢ. ܐܢ ܕܝܢ ܢܩܪܒ ܥܡܗܘܢ ܒܡܝܫܪܐ ܢܬܚܝܠ ܡܢܗܘܢ܆
ܘܗܕܐ ܥܒܕ. ܐܥܒܪ ܡܠܟ̈ܐ ܐܢܫ ܠܐܬܪܗ ܘܣܝܡ ܒܕܘܟܬܗܘܢ ܪ̈ܫܢܐ܆ 24
116² ܘܐܬܠ ܠܟ ܚܝܠܐ ܐܝܟ ܚܝܠܐ ܕܢܦܠ ܡܢܟ. ܘܣܘܣܝܐ ܐܝܟ ܣܘܣܝܐ | ܘܪܟܒܐ ܐܝܟ ܪܟܒܐ.
ܘܢܩܪܘܒ ܥܡܗܘܢ ܒܡܝܫܪܐ. ܘܢܬܚܝܠ ܡܢܗܘܢ. ܘܫܡܥ ܠܩܠܗܘܢ ܘܥܒܕ ܗܟܢܐ܆ 25
ܘܗܘܐ ܟܕ ܥܒܪܬ ܫܢܬܐ ܣܥܪ ܒܢܗܕܕ ܠܐܪܡ. ܘܣܠܩ ܠܐܦܩ ܠܩܪܒܐ ܥܡ ܐܝܣܪܝܠ܆ 26
ܘܒܢܝ̈ ܐܝܣܪܝܠ ܐܬܣܥܪܘ ܘܐܬܬܘܣܦܘ ܘܐܙܠܘ ܠܐܘܪܥܗܘܢ. ܘܫܪܘ ܒܢܝ̈ ܐܝܣܪܝܠ ܠܘܩܒܠܗܘܢ ܐܝܟ ܬܪܬܝܢ ܓܙܪ̈ܐ ܕܥܙ̈ܐ. ܘܐܪܡ ܡܠܘ ܐܪܥܐ܆ 27
ܘܩܪܒ ܓܒܪܐ ܕܐܠܗܐ ܘܐܡܪ ܠܡܠܟܐ ܕܐܝܣܪܝܠ ※ܘܐܡܪ ܠܗ ܗܟܢܐ ܐܡܪ ܡܪܝܐ܆ 28
ܚܠܦ ܕܐܡܪܘ ܐܪܡ ܐܠܗܐ ܕܛܘܪ̈ܐ ܗܘ ܡܪܝܐ ܘܠܐ ܐܠܗܐ ܕܥܘ̈ܡܩܐ. ܐܫܠܡ ܠܟܢܫܐ ܪܒܐ
ܗܢܐ ܒܐܝܕܝܟ ܘܬܕܥ ܕܐܢܐ ܗܘ ܡܪܝܐ܀ 29 ܘܫܪܘ ܗܠܝܢ ܠܘܩܒܠ ܗܠܝܢ ܫܒܥܐ ܝܘܡܝܢ.
ܘܗܘܐ ܒܝܘܡܐ ܕܫܒܝܥܝܐ ܘܐܬܩܪܒ ܩܪܒܐ. ܘܡܚܘ ܒܢܝ̈ ܐܝܣܪܝܠ ܠܐܪܡ ܡܐܐ ܐܠܦܝܢ ܓܒܪܐ
ܪܓܠܝܐ ܒܚܕ ܝܘܡܐ܆ 30 ܘܥܪܩܘ ܗܢܘܢ ܕܫܪܟܘ ܠܐܦܝܩ ܠܡܕܝܢܬܐ. ܘܢܦܠ ܫܘܪܐ ܥܠ ܥܣܪܝܢ
ܘܫܒܥܐ ܐܠܦܝܢ ※ܐ ܠ ܓܒܪܐ ܕܫܪܟܘ.
28 ܘܗܘܐ ܟܕ ܡܠܟܐ ܕܐܝܣܪܝܠ ܥܒܪ ܥܠ ܫܘܪܐ ܘܗܘ ܩܥܐ ܗܘܐ ܠܘܬܗ. ܘܐܡܪ ÷ ܡܠܟܐ܆ 29 ܢܦܩ
117¹ ܥܒܕܟ ܠܚܝܠܐ ܕܩܪܒܐ | ܕܝܠܟ܆ ※ܘܗܐ ܓܒܪܐ ܐܝܬܝ ܠܘܬܝ ܓܒܪܐ ܚܕ. ܘܐܡܪ ܛܪ ܓܒܪܐ ܗܢܐ.
ܘܐܢ ܡܬܩܠܝܐ ܢܦܫܟ ܚܠܦ ܢܦܫܗ ※ܐܘ ܟܟܪܐ ܕܟܣܦܐ ܬܫܩܘܠ܀
22 1 ܘܝܬܒ ܬܠܬ ܫܢܝ̈ܢ. ܘܠܐ ܗܘܐ ܩܪܒܐ ܒܝܬ ܐܪܡ ܘܒܝܬ ܐܝܣܪܝܠ܆ 2 ܘܗܘܐ ܒܫܢܬܐ
ܕܬܠܝܬܝܬܐ. ܘܢܚܬ ܝܗܘܫܦܛ ܡܠܟܐ ܕܝܗܘܕܐ ܠܘܬ ܡܠܟܐ ܕܐܝܣܪܝܠ܆ 3 ܘܐܡܪ ܡܠܟܐ ܕܐܝܣܪܝܠ
ܠܘܬ ܥܒ̈ܕܘܗܝ ܝܕܥܝܢ ܐܢܬܘܢ ܕܕܝܠܢ ܗܝ ܪܡܬ ܓܠܥܕ. ܘܚܢܢ ܫܬܩܝܢ ܚܢܢ ܠܡܣܒܗ ܡܢ
ܐܝܕܐ ܕܡܠܟܐ ܕܐܪܡ܆ 4 ܘܐܡܪ ܡܠܟܐ ܕܐܝܣܪܝܠ ܠܘܬ ܝܗܘܫܦܛ ܬܐܙܠ ܥܡܢ ܠܩܪܒܐ
ܠܪܡܬ ܓܠܥܕ܆ ܘܐܡܪ ܝܗܘܫܦܛ ܐ ܠ ܠܘܬ ܡܠܟܐ ܕܐܝܣܪܝܠ ܐܝܟ ܕܐܢܬ ܐܦ ܐܢܐ ÷ ܗܟܢܐ.
ܐܝܟ ܥܡܐ ܕܝܠܟ. ܥܡܐ ܕܝܠܝ. ܐܝܟ ܣܘܣܝܐ ܕܝܠܟ. ܣܘܣܝܐ ܕܝܠܝ܆ 5 ܘܐܡܪ ܝܗܘܫܦܛ ܡܠܟܐ
117² ÷ ܕܝܗܘܕܐ ܠܘܬ ܡܠܟܐ ܕܐܝܣܪܝܠ | ܫܐܠܘ ܗܫܐ ܝܘܡܢܐ ܠܡܪܝܐ܆ 6 ܘܟܢܫ ܡܠܟܐ ܕܐܝܣܪܝܠ
ܠܟܠܗܘܢ ÷ ܢܒ̈ܝܐ. ܐܝܟ ܐܪܒܥܡܐܐ ܓܒܪ̈ܐ. ܘܐܡܪ ܠܗܘܢ ܡܠܟܐ ܐܢ ܐܙܠ ܠܪܡܬ ܓܠܥܕ ܠܩܪܒܐ ܐܘ

13 ܠ non adest, quem post ܐܡܪ ܠܗ posui, licet hoc vocabulum in versu ineunte positum asterisco insignitum non sit
16 ܠ ܘܐܝܟ B
17 ܕܥܠܝ̈ܡܐ] ܕܡܠܟܐ ܩܕܡܝܐ ܘܗܘܘ ubi ܕܡܠܟܐ ܩܕܡܝܐ suspicabatur Cerianius] nunc deletum
19 ܘܩܛܠ ܓܒܪܐ ܠܓܒܪܐ ÷ ܗܢܘܢ ܕܠܐ ܐܬܚܝܠܘ ܒܩܪܒܐ. ܐܠܐ ܡܛܠ ܕܢܦܠܘ ܠܘܬܗܘܢ
19 ܠ secundum et tertium addidit F
19 indice non adposito ÷ ܘܩܛܠ ܓܒܪܐ ܓܒܪܐ ܡܢ ܕܫܪܟܘ ܒܬܪܗܘܢ ܐܝܟ. ܢܦܩܘ ܒܬܪܗ ܕܒܢܗܕܕ
25 ܕܐܬܡܠܟܘ apographum meum
27 indice non adposito ܠ ܠ ܒܝܬ ܐܝܣܪܝܠ ܐܝܟ
27 ܠ priorem addidit F
27 ܐܝܟ ܥܡܐ indice ad ܕܐܝܟ adposito
29 ܢܦܩ punctum super ܢ habet: 22_{17}
29 ܠ alterum addidit F
4 ܐܡܪ ÷ et 6 ܠ ܠܟܠܗܘܢ ÷ B

*ܐܣܩ܃܀: ܘܐܡܪܘ ܣܩ. ܘܡܬܝܗܒܘ ܬܬܠ †ܡܪܝܐ ܒܐܝܕܝ ܕܡܠܟܐ܀: ⁷ܘܐܡܪ ܝܘܫܦܛ ܠܘܬ
‐ ܡܠܟܐ ܕܐܝܣܪܝܠ »ܐܝܬ ܗܪܟܐ ܢܒܝܐ ܕܡܪܝܐ ‐ ܗܘ ܘܠܐ ܗܘܐ܆ ܘܢܫܐܠ ‐ ܒܗ ܠܡܪܝܐ
ܕܒܗ܀: ⁸ܘܐܡܪ ܡܠܟܐ ܕܐܝܣܪܝܠ ܠܘܬ ܝܘܫܦܛ »ܬܘܒ ܓܒܪܐ ܚܕ ‐ ܐܝܬ ܠܡܫܐܠܘܬܗ ܠܡܪܝܐ
ܡܪܝܐ ܒܗ. ܘܐܢܐ ܣܢܐ ܐܢܐ ܠܗ. ܡܛܠ *ܕܠܐ ܡܬܢܒܐ ܡܛܠܬܝ ܛܒܬܐ. ܐܠܐ ܐܢ ܒܝܫܬܐ. ܡܝܟܐ ܒܪܗ ܕܝܡܠܐ܀:
ܘܐܡܪ ܝܘܫܦܛ ‐ ܡܠܟܐ ܕܝܗܘܕܐ »ܠܐ ܢܐܡܪ ܡܠܟܐ ܗܟܢܐ܀: ⁹ܘܩܪܐ ܡܠܟܐ ܕܐܝܣܪܝܠ ܠܐܘܢܘܟܐ
ܚܕ. ܘܐܡܪ »ܒܥܓܠ ܠܡܝܟܐ ܒܪܗ ܕܝܡܠܐ܀: ¹⁰ܘܡܠܟܐ ܕܐܝܣܪܝܠ ܘܝܘܫܦܛ ܡܠܟܐ ܕܝܗܘܕܐ
ܝܬܒܝܢ ܗܘܘ ܓܒܪܐ ܥܠ ܟܘܪܣܝܐ ܕܝܠܗܘܢ | *ܡܙܪܙܝܢ ܒܐܣܛܠܐ ܕܡܫܪܝܢ. ܘܟܠܗܘܢ ܢܒܝܐ ܡܬܢܒܝܢ ܗܘܘ 118¹
ܩܕܡܝܗܘܢ: ¹¹ܘܥܒܕ ܠܗ ܨܕܩܝܐ ܒܪܗ ܕܟܢܥܢܐ ܩܪܢܬܐ ܕܦܪܙܠܐ ܘܐܡܪ »ܗܟܢ ܐܡܪ ܡܪܝܐ »ܒܗܠܝܢ
ܬܢܓܚ ܠܐܪܡܝܐ ܥܕܡܐ ܕܬܫܠܡܘܢ܀: ¹²ܘܟܠܗܘܢ ܢܒܝܐ ܡܬܢܒܝܢ ܗܘܘ ܗܟܢܐ ܟܕ ܐܡܪܝܢ »ܣܩ
ܠܪܡܬ ܓܠܥܕ ܘܬܨܠܚ. ܘܢܬܠ ܡܪܝܐ ܠܡܪܝܐ ܒܐܝܕܝ ܡܠܟܐ ܕܣܘܪܝܐ܀: ¹³ܘܡܠܐܟܐ ܗܘ ܕܐܙܠ
ܠܡܩܪܐ ܠܡܝܟܐ. ܡܠܠ ܥܡܗ ܟܕ ܐܡܪ »ܗܐ ܗܫܐ ܡܡܠܠܝܢ ܟܠܗܘܢ ܢܒܝܐ ܒܦܘܡܐ ܚܕ ܛܒܬܐ
ܥܠ ܡܠܟܐ: *ܗܘܝ ܗܫܐ ܐܦ ܐܢܬ ܒܡܠܐ ܕܚܕ ܡܢܗܘܢ. ܘܡܠܠ ܛܒܬܐ܀:
¹⁴ܘܐܡܪ ܡܝܟܐ »ܚܝ ܗܘ ܡܪܝܐ. ܕܗܘ ܡܐ ܕܢܐܡܪ ܡܪܝܐ ܠܘܬܝ. ܗܟܢ ܐܡܠܠ܀: ¹⁵ܘܐܬܐ ܠܘܬ
ܡܠܟܐ. ܘܐܡܪ ܠܗ ܡܠܟܐ »ܡܝܟܐ .. ܐܢ ܐܣܩ ܠܪܡܬ ܓܠܥܕ ܠܩܪܒܐ. ܐܘ ܐܫܬܒܩ܃܀: ܘܐܡܪ ※ܐ ܠ
ܠܘܬܗ. ܣܩ ܘܬܨܠܚ. | ※ܐ ܠ ܘܢܬܠ ܡܪܝܐ ܠܡܪܝܐ ܕܡܠܟܐ܀: ¹⁶ܘܐܡܪ ܠܗ ܡܠܟܐ »ܟܡܐ 118²
ܙܒܢܝܢ ܐܢܐ ܡܘܡܐ ܐܢܐ ܠܟ. ܐܝܟܢܐ ܕܠܐ ܬܡܠܠ ܠܘܬܝ ܫܪܪܐ ܒܫܡܗ ܕܡܪܝܐ܀: ¹⁷ܘܐܡܪ »‐ ܠܐ ܗܟܢܐ.
ܚܙܝܬ ܠܟܠܗ ܐܝܣܪܝܠ ܕܡܒܕܪܝܢ ܒܛܘܪܐ ܐܝܟ ܥܢܐ ܕܠܝܬ ܠܗܝܢ ܪܥܝܐ. ܘܐܡܪ ܡܪܝܐ *ܠܐ ܡܪܝܐ
ܠܗܠܝܢ. ܢܬܦܢܐ ܟܠ ܚܕ ܠܒܝܬܗ ܒܫܠܡܐ܀: ¹⁸ܘܐܡܪ ܡܠܟܐ ܕܐܝܣܪܝܠ ܠܘܬ ܝܘܫܦܛ
‐ ܡܠܟܐ ܕܝܗܘܕܐ »ܠܐ ܐܡܪܬ ܠܟ ܕܠܐ ܡܬܢܒܐ *ܥܠܝ ܗܢܐ ܛܒܬܐ. ܡܛܠ ܕܐܠܐ ܐܢ ܒܝܫܬܐ܃܀:
¹⁹ܘܐܡܪ ‐ ܡܝܟܐ »ܠܘ ܗܟܢܐ. ‐ ܠܐ ܐܢܬ. ܫܡܥ ܡܠܬܗ ܕܡܪܝܐ. ‐ ܠܐ ܗܟܢܐ܆ ܚܙܝܬ ܠܡܪܝܐ
‐ ܐܠܗܗ ܕܐܝܣܪܝܠ ܕܝܬܒ ܥܠ ܟܘܪܣܝܐ ܕܝܠܗ. ܘܟܠܗ ܚܝܠܐ ܕܫܡܝܐ ܩܐܡ ܗܘܐ ܠܘܬܗ ܡܢ
ܝܡܝܢܐ ܘܡܢ ܣܡܠܐ ܕܝܠܗ: ²⁰ܘܐܡܪ ܡܪܝܐ »ܡܢܘ ܢܛܥܐ ܠܐܚܐܒ ‐ ܡܠܟܐ ܕܐܝܣܪܝܠ. ܘܢܣܩ
ܘܢܦܠ ܒܪܡܬ ܓܠܥܕ܃܀. ܘܐܡܪ ܗܢܐ ܗܟܢܐ ܘܗܢܐ ܗܟܢܐ: ²¹ܘܢܦܩ ܪܘܚܐ ܘܩܡ ܩܕܡ ܡܪܝܐ ܘܐܡܪ »ܐܢܐ 119¹
ܐܛܥܝܘܗܝ ܐܢܐ ܠܗ܀: ܘܐܡܪ ܡܪܝܐ ܠܘܬܗ »ܒܡܢܐ܃܀: ²²ܘܐܡܪ »ܐܦܩ ܐܢܐ ܘܐܗܘܐ ܐܢܐ ܪܘܚܐ ܕܟܕܒܘܬܐ
ܒܦܘܡܗܘܢ ܕܟܠܗܘܢ ܢܒܝܐ: ܘܐܡܪ »ܬܛܥܐ ܐܦ ܬܫܟܚ. ܦܘܩ ܘܥܒܕ ܗܟܢܐ܀: ²³ܘܗܫܐ
ܗܐ ܝܗܒ ܡܪܝܐ ܪܘܚܐ ܕܟܕܒܘܬܐ ܒܦܘܡܗܘܢ ܕܟܠܗܘܢ ܢܒܝܐ ܗܠܝܢ. ܘܡܪܝܐ ܡܠܠ ܥܠܝܟ ܒܝܫܬܐ܀܆
²⁴ܘܩܪܒ ܨܕܩܝܐ ܒܪܗ ܕܟܢܥܢܐ ܘܡܚܝܗܝ ܠܡܝܟܐ ܥܠ ܦܟܗ ܘܐܡܪ »ܐܝܢܐ ※ܐ ܠ ܗܕܐ ܐ ܠ ܪܘܚܐ ܕܡܪܝܐ ※ܐ ܠ
※ܥܒܪܬ ※ܐ ܦܢܬ ܠܡܡܠܠܘ ܥܡܟ܃܀: ²⁵ܘܐܡܪ ܡܝܟܐ »ܗܐ ܐܢܬ ܚܙܐ ܐܢܬ | ܒܝܘܡܐ ܗܘ ܐܡܬܝ 119²
ܕܬܥܘܠ ܠܬܘܢܐ ܕܓܘܐ ܠܡܛܫܝܘ܀: ²⁶ܘܐܡܪ ܡܠܟܐ ܕܐܝܣܪܝܠ »ܣܒܘ ܠܡܝܟܐ ܘܐܗܦܟܘܗܝ
ܠܘܬ ܐܡܘܢ ܪܫܐ ܕܡܕܝܢܬܐ ܘܠܘܬ ܝܘܐܫ ܒܪܗ ܕܡܠܟܐ. ²⁷ܘܐܡܪܘ »ܗܟܢ ܐܡܪ ܡܠܟܐ „ܣܡܘܗܝ

6 ܘܐܡܪܘ] ܐܡܪܘ apographum meum
6 ܡܘ ⁘ ܐ ܐܫܬܒܩ ⁘ ܐܣܩ ܢܩܒܠ ܥܠ ܪܡܬܐ ܐܣܩܘܢ
6 ‐ܘܡܬܠܠܬܐ B
6 indice non adposito ⁘ ܐ ܡܘ ܠ ܡܪܝܐ ⁘ ܘ ܐܝܕܝ
7 ܠܘܬ ‐ ܡܠܟܐ B: correxit F
8 indice non adposito ܐ ܡܘ ܕܠܐ ܡܬܢܒܐ
10 ܓܒܪܐ > B¹. mox ܡܪܙܝܢ B
10 ܡܘ ܕܟܠܗܘܢ ܠܒܝܫܝܢ ܗܘܘ ܐܣܛܠܐ ⁘ ܩܪܝܢܐ ܒܐܣܛܠܐ ܕܡܫܪܝܢ
10 ܡܬܢܒܝܢ B
13 ܡܘ ܠܐܘܢܐ ܕܡܠܠ ܥܡܗ ܐܝܟ ܕܚܕ ܡܢܗܘܢ indice ad ܥܠ praecedens adposito
15 in margine inferiori folii 118¹ ܕܡܝܟܐ ܗܟܢܐ ⁘ ܕܗܘ ܡܬܢܒܝܐ ܕܡܠܟܐ ܗܘ ܢܒܝܐ ܕܡܪܝܐ ܗܘ ܡܢ ܡܠܟܐ ܥܠܝܗ ܕܡܠܟܐ ܒܡܕܝܢܬܐ ܕܒܢܝ ܕܐܝܣܪܝܠ ܘܐܫܬܘܝ ܠܡܣܩ ܠܡܠܟܐ ܕܐܝܣܪܝܠ ܡܛܠ ܕܢܒܝܐ ܐܡܪܘ ܠܗ ܐܡܪ. ܗܟܢܐ. ܘܬܨܠܚ ܡܪܝܐ ܠܡܪܝܐ ܕܡܠܟܐ: ܡܛܠ ܕܗܘܐ ܗܘ ܡܢ ܩܕܡ ܡܠܟܐ ܗܘ ܐܡܪ. ܗܟܢܐ ܐܡܪ ܠܘܬ ܢܒܝܐ. ܟܕ ܐܢܫ ܐܢܐ ܡܠܟܐ ܐܢܐ ܠܝ. ܐܡܪ ܕܐܙܠ ܠܩܪܒܐ ܕܪܡܬ ܓܠܥܕ ܘܬܨܠܚ. ܐܝܟ ܡܢ ܕܐܡܪܘ ܢܒܝܐ ܐܝܟ ܢܒܝܐ ܠܘܬܗ ܕܝܠܗ ܘܐܦܩ ܡܢ ܩܕܡܘܗܝ ܕܡܝܟܐ. ܐܝܟܢܐ ܕܠܐ ܐܣܬܟܠܘ ܒܗ
17 et 19 ܡܬܝܕܥ scriptum ut ܡܬܝܕܥ 21 29 obvium scriptum erat
17 ܠ ܡܬܠܐ ܕܗܘ ܠܘܬ ܐܝܟܢܐ ܕܢܒܝܐ indice non adposito
18 indice non adposito ܡܘ ܡܛܠ ܕܐܠܐ ܐܢ ܒܝܫܬܐ
21 ܐܡܪܐ ܡܪܝܐ ܗܘ ܡܛܠ ⁘ ܕܢܒܝܐ ܡܠܘܐ ܘܡܢ ܓܒܪܐ ܗܘ ܓܒܪܐ ܡܬܗܦܟ ܠܗ ܗܘܐ ܠܘܬ ܗܘ ܓܒܪܐ ⁘ ܗܘܐ ܕܡܠܠ ⁘ ܠܝ ܥܡܐ ܗܘ ܕܡܬܗܦܟ. ܡܛܠ ܕܢܒܝܐ ܕܗܠܝܢ ܚܠܦ ܐܢܫܐ ܥܡܐ ܐܡܪ ܠܘܬܗ ܕܢܦܩ ܡܢ ܠܘܬܗ ܠܘܬ ܗܘ ܥܡܐ ܗܘ ܕܐܡܪ ܐܢܫ ܪܘܚܐ ⁘ ܕܢܒܝܐ ܡܠܘܐ ⁘ ܗܘܐ ܢܦܩ ܕܗܘ ܠܘܬܗ ܡܬܗܦܟܢܘܬܐ ܕܢܒܝܐ ܩܕܡ ܗܘܐ ܡܢ ܡܬܗܦܟܢܐ ܕܠܘܬܗ ܘܠܐ ܐܝܟ ܡܢ ܡܬܗܦܟܐ ܩܕܡ ܗܘܐ ܡܬܟܢܫ ܗܘܐ ܥܠ ܐܢܫܐ ܕܢܒܝܐ. ܠܘܬ ܐܝܟ ܕܡܬܗܦܟܢܘܬܐ ܕܐܬܐ ܗܘܐ. ܒܢܒܝܐ ܕܬܘܒ ܗܘ ܡܬܟܢܫܐ ⁘ ܘܡܬܚܙܝܐ ܕܢܒܝܐ ܕܢܒܝ ܡܬܝܕܥ ܐܝܟ ܠܡܠܟܐ ܐܚܐܒ

ܠܚܡܐ ܥܡܗ ܢܐܟܘܠ. ܘܢܫܬܐ ܠܚܡܐ ܕܐܘܠܨܢܐ ܘܡܝܐ ܕܐܘܠܨܢܐ. ܥܕܡܐ ܕܐܬܐ ܐܢܐ ܒܫܠܡܐ»: [28] ܘܐܡܪ
ܡܝܟܐ «ܐܢ ܡܗܦܟܘ ܗܦܟܬ ܒܫܠܡܐ. ܠܐ ܡܠܠ ܒܝ ܡܪܝܐ»: ※ܗܘ ܠ ܘܐܡܪ «ܫܡܥܘ.. ܥܡܡܐ ܟܠܟܘܢ↙» ܀
[29] ܘܣܠܩ ܡܠܟܐ ܕܐܝܣܪܝܠ ܘܝܗܘܫܦܛ ÷ ܡܠܟܐ ܕܝܗܘܕܐ↙ ܠܪܡܬ ܕܓܠܥܕ: [30] ܘܐܡܪ ܠܗ
ܡܠܟܐ ܕܐܝܣܪܝܠ ܠܘܬ ܝܗܘܫܦܛ ÷ ܡܠܟܐ ܕܝܗܘܕܐ↙ «ܐܫܬܢܐ ܘܐܥܘܠ ܠܩܪܒܐ. ܘܐܢܬ ܠܒܘܫ ܠܒܘܫܐ
°ܕܝܠܟ»: ܘܐܫܬܢܝ ܡܠܟܐ ܕܐܝܣܪܝܠ. ܘܥܠ ܠܩܪܒܐ: [31] ܘܡܠܟܐ ܕܐܪܡ ܦܩܕ ܠܪ̈ܫܝ ܡܪܟܒ̈ܬܐ
ܕܝܠܗ ܬܠܬܝܢ|ܘܬܪܝܢ ܟܕ ܐܡܪ «ܠܐ ܬܬܟܬܫܘܢ ܥܡ ܙܥܘܪܐ ܘܪܒܐ. ܐܠܐ ܥܡ ܡܠܟܐ ܕܐܝܣܪܝܠ ܒܠܚܘܕܘܗܝ»: 120¹
[32] ܘܗܘܐ ܕܟܕ ܚܙܘ ܪ̈ܫܝ ܡܪܟܒ̈ܬܐ ܠܝܗܘܫܦܛ ÷ ܡܠܟܐ↙ ܕܝܗܘܕܐ. ܘܣܛܘ ܐܡܪܘ «ܡܟܝܠ ܕܡܠܟܐ ܗܘ
ܕܐܝܣܪܝܠ ܗܘܐ». ܘܚܕܪܘܗܝ ܠܡܩܪܒܘ: ܘܩܥܐ ܝܗܘܫܦܛ: [33] ܘܗܘܐ ܕܟܕ ܚܙܘ ܪ̈ܫܝ ܡܪܟܒ̈ܬܐ
ܕܠܘ ܗܘܐ ܡܠܟܐ ܕܐܝܣܪܝܠ. ܘܗܦܟܘ ܡܢܗ: [34] ܘܡܬܚ ܚܕ ܩܫܬܐ ܡܬܡܟܢܐܝܬ ܘܡܚܝܗܝ
ܠܡܠܟܐ ܕܐܝܣܪܝܠ ܒܝܬ ܢܩܦܐ ܠܫܪܝܢܐ: ܘܐܡܪ ܠܡܕܒܪܢܐ ܕܝܠܗ «ܐܗܦܟ ܐܝܕܐ ܕܝܠܟ
ܘܐܦܩܝܢܝ ܡܢ ܩܪܒܐ. ܡܛܠ ܕܡܚܫ ܐܢܐ»: [35] ܘܐܬܬܪܝܡ ܩܪܒܐ ܒܝܘܡܐ ܗܘ: ܘܡܠܟܐ ܐܝܬܘܗܝ ܗܘܐ
ܕܩܐܡ ܥܠ ܡܪܟܒܬܐ ܠܘܩܒܠ ܐܪܡ ܡܢ ܨܦܪܐ ܥܕܡܐ ܠܪܡܫܐ. ܘܐܫܬܦܟ ܗܘܐ ܕܡܐ ܡܢ ܡܚܘܬܐ
ܥܕܡܐ ܠܥܘܒܐ ܕܡܪܟܒܬܐ. ÷ ܘܡܝܬ ܒܪܡܫܐ. ܘܢܦܩ ܗܘܐ ܕܡܐ ܕܡܚܘܬܐ ܥܕܡܐ | ܠܥܘܒܗ 120²
÷ ܕܡܪܟܒܬܐ↙: [36] ܘܩܡ ܟܪܘܙ ܚܝܠܐ ※ ܐ ܠ ܒܡܫܪܝܬܐ↙ ܥܡ ܡܥܠܝ ܫܡܫܐ. ܟܕ ܐܡܪ «ܟܠ ܚܕ ܠܡܕܝܢܬܐ
ܕܝܠܗ ܘܠܐܪܥܗ: [37] ܡܛܠ ܕܡܝܬ ܠܗ ܡܠܟܐ»: ܘܐܬܘ ܠܫܡܪܝܢ ܘܩܒܪܘܗܝ ܠܡܠܟܐ ܒܫܡܪܝܢ:
[38] ܘܐܫܝܓܘ ܠܡܪܟܒܬܐ ܥܠ ܡܥܝܢܐ ܕܫܡܪܝܢ. ܘܠܚܟܘ ÷ ܚܙܝܪܐ ܘ↙ܟܠܒܐ ※ܐ ܕܡܐ ܕܝܠܗ↙.
ܘܙܢܝܬܐ ܣܚܝ ÷ ܒܕܡܐ↙ ܐܝܟ ܡܠܬܐ ܕܡܪܝܐ ܕܗܘ ܡܠܠ ܀ [39] ܘܫܪܟܐ ܕܡܠܐ ܕܐܚܐܒ ܘܟܠܗܝܢ
ܗܠܝܢ ܕܥܒܕ. ܘܒܝܬܐ ܕܫܢܐ ܗܘ ܕܒܢܐ. ܘܟܠܗܝܢ ܡܕܝܢܬܐ ܗܠܝܢ ܕܒܢܐ. ܗܐ ܐܦ ܗܠܝܢ ܟܬܝܒܢ
ܒܟܬܒܐ ܕܡܠܐ ܕܝܘܡܬܐ ܕܡܠܟܐ ܕܐܝܣܪܝܠ ܀ [40] ܘܫܟܒ ܐܚܐܒ ܥܡ ܐܒܗܘܗܝ. ܘܐܡܠܟ ܐܚܙܝܐ ܒܪܗ
ܚܠܦܘܗܝ ܀ [41] ܘܝܗܘܫܦܛ ܒܪܗ ܕܐܣܐ ܐܡܠܟ ܥܠ ܝܗܘܕܐ: ܒܫܢܬܐ ܐܪܒܥܬܐ ܕܐܚܐܒ ܡܠܟܐ
ܕܐܝܣܪܝܠ ÷ ܐܡܠܟ↙: [42] ܝܗܘܫܦܛ: ܒܪ ܕܬܠܬܝܢ ܘܚܡܫ | ܫܢܝܢ ܐܝܬܘܗܝ ܗܘܐ ܟܕ ܐܡܠܟ. ܘܥܣܪܝܢ 121¹
ܘܚܡܫ ܫܢܝܢ ܐܡܠܟ ܒܐܘܪܫܠܡ. ܘܫܡܐ ܠܐܡܗ ܕܝܠܗ ܥܙܘܒܐ ܒܪܬܗ ܕܫܠܚܝ: [43] ܘܐܙܠ ܒܟܠܗ
ܐܘܪܚܐ ܕܐܣܐ ܐܒܐ ܕܝܠܗ. ܠܐ ܐܣܛܝ ܡܢܗ ܠܡܥܒܕ ܗܘ ܕܬܪܝܨ ܒܥܝܢܝ ܕܡܪܝܐ: [44] ܒܪܡ ܡܢ *ܪ̈ܡܬܐ
ܠܐ ܐܥܒܪ. ܥܕܟܝܠ ܥܡܐ ܡܕܒܚ ܗܘܐ ܘܡܣܩ ܗܘܐ °ܒܪ̈ܡܬܐ: [45] ܘܐܫܬܝܢ ܝܗܘܫܦܛ ܥܡ ܡܠܟܐ
ܕܐܝܣܪܝܠ ܀ [46] ܘܫܪܟܐ ܕܡܠܐ ܕܟܠܗܝܢ ܕܝܗܘܫܦܛ ܘܓܢܒܪܘܬܐ ܕܝܠܗ ܗܝ ܕܥܒܕ ※ܘܗܠܝܢ ܕܐܬܟܬܫ↙.
ܠܐ ܗܐ ܗܠܝܢ ܟܬܝܒܢ ܒܟܬܒܐ ܕܡܠܐ ܕܝܘܡܬܐ ܕܡܠܟܐ ܕܝܗܘܕܐ: [47] ※ܐ ܘܫܪܟܐ ܕܢܡܘܣܐ ܗܘ ܕܐܫܬܚܪ
※ ܒܝܘܡܬܐ ܕܐܣܐ ܐܒܐ ܕܝܠܗ. ܐܥܒܪ ܡܢ ܐܪܥܐ: [48] ܘܡܠܟܐ ܠܝܬ ܗܘܐ ܒܐܕܘܡ ܢܨܝܒ: [49] ܘܡܠܟܐ
※ ܝܗܘܫܦܛ ܥܒܕ ܐܠܦܐ ܒܬܪܫܝܫ ܠܡܐܙܠ ܠܐܘܦܝܪ ܕܢܝ ܠܕܗܒܐ. ܘܠܐ ܐܙܠ: ܡܛܠ ܕܐܬܬܒܪ ܐܠܦܐ
| ※ ܒܥܨܝܘܢ ܓܒܪ: [50] ܗܝܕܝܢ ܐܡܪ ܐܚܙܝܐ ܒܪܗ ܕܐܚܐܒ ܠܘܬ ܝܗܘܫܦܛ «ܢܐܙܠܘܢ ܥܒ̈ܕܝ ܕܝܠܝ ܥܡ 121²
※ ܥܒ̈ܕܝܟ ܕܝܠܟ ܒܐܠܦܐ»: ܘܠܐ ܨܒܐ ܝܗܘܫܦܛ↙ ܀ [51] ܘܫܟܒ ܝܗܘܫܦܛ ܥܡ ܐܒܗܘܗܝ ܕܝܠܗ. ܘܐܬܩܒܪ ܠܘܬ
ܐܒܗܘܗܝ ܒܡܕܝܢܬܐ ܕܕܘܝܕ ܐܒܐ ܕܝܠܗ. ܘܐܡܠܟ ܝܘܪܡ ܒܪܗ ܚܠܦܘܗܝ ܀
[52] ܘܐܚܙܝܐ ܒܪܗ ܕܐܚܐܒ ܐܡܠܟ ܥܠ ܐܝܣܪܝܠ ܒܫܡܪܝܢ ܒܫܢܬܐ ܕܫܒܥܣܪܐ ܠܝܗܘܫܦܛ ܡܠܟܐ
ܕܝܗܘܕܐ. ܘܐܡܠܟ ܥܠ ܐܝܣܪܝܠ ܫܢ̈ܝܢ ܬܪܬܝܢ: [53] ܘܥܒܕ ܗܘ ܕܒܝܫ ܩܕܡ ܡܪܝܐ. ܘܗܠܟ ܒܐܘܪܚܐ
÷ ܕܐܚܐܒ↙ ܐܒܘܗܝ ܘܒܐܘܪܚܐ ÷ ܕܐܝܙܒܠ↙ ܐܡܐ ܕܝܠܗ ܘܒܚܛܗܝܐ ÷ ܕܝܠܗ↙ ܕܝܪܒܥܡ ܒܪܗ ܕܢܒܛ

31 ܗܡ in B prima
34 ܐܬܢܐ apographum meum
38 ÷ܚܙܝܪܐ↙ ܘܟܠܒܐ B
41 ↙ addidit F
42 ÷ܝܗܘܫܦܛ B
42 ܒܐܘܪܫܠܡ B
44 ܪ̈ܡܬܐ ܡܢ ܒܪܡ ubi ܪ̈ܡܬܐ ܠܐ ܐܥܒܪ supra versum scriptum et mox in ܪ̈ܡ mutatum. adnotatio non suo loco scripta
45 bis scriptum comma in B: altero loco ܕܐܝܣܪܝܠ
47 ܐ※ in B ante ܗܘ: correxit F
49 ante ܘܡܠܟܐ et ܒܥܨܝܘܢ et ܕܢܝ et ܡܛܠ in versuum initiis posita asteriscos non posuit B
50 ܗܘ ܕܢܝ B
50 ante ܝܗܘܫܦܛ et ܥܡ et ܘܠܐ in versuum initiis posita asteriscos non posuit B
50 ܒ in ܥܒ̈ܕܝ fere periit
51 ܒ in ܒܡܕܝܢܬܐ fere periit
53 ÷ܕܐܚܐܒ↙ B
53 ÷ܐܒܘܗܝ ܘܒܐܘܪܚܐ ܕܐܝܙܒܠ ÷ ܐܡܐ ܕܝܠܗ↙ B
53 ÷ ante ܕܝܠܗ addidit F

[Syriac] [54] [Syriac]
[Syriac] 122¹

ܟܬܒܐ ܪܒܝܥܝܐ ܕܡܠܟܘܬܐ ܐܝܟ ܫܒܥܝܢܝܘܬܐ ܕܫܒܥܝܢ ܀

ܩܦܠܐܘܢ ܐ ܀

ܐ [1] [Syriac] [2] [Syriac] 1
[Syriac]
[Syriac] [3] [Syriac]
[Syriac]
[Syriac]
[Syriac] [4] [Syriac] 9²
[Syriac] [5] [Syriac]
[Syriac] [6] [Syriac]
[Syriac]
[Syriac]
[Syriac] [7] [Syriac]
[Syriac] [8] [Syriac] 10¹
[Syriac]
[Syriac] [9] [Syriac]
[Syriac]
[Syriac] [10] [Syriac]
[Syriac]
[Syriac] [11] [Syriac]
[Syriac] 10²
[Syriac] [12] [Syriac]
[Syriac]
[Syriac] [13] [Syriac]
[Syriac]
[Syriac]

54 folio 122¹ [Syriac] et post doxologiam [Syriac]

⁰ Quae in hoc libro inter uncos edita sunt, ea cultro glutinatoris ablata et ex coniectura vel Fieldii vel mea suppleta esse scito

2 [δικτυ]ωτου

2 [Syriac]. B [Syriac] vocis [Syriac] puncto superno signat

3 [Syriac]

3 [Syriac] secundus et [Syriac] tertius deest in B: correxit F

3 [Syriac]

3 [Syriac]

3 [Syriac]

4 [Syriac]

4 [Syriac] B: correxit F

4 [Syriac] ultimum addidit F

6 [Syriac]

6 [Syriac] nomen cultro ablatum

6 [Syriac]. index deest

6 indice non adposito [Syriac]

6 [Syriac] B

8 [Syriac] addidit F

9 [Syriac] addidit F ter

11 [Syriac] priorem, 12 primum addidit F

12 [Syriac]: nomen auctoris cultro ablatum: supple [Syriac]

13 [Syriac] B¹, signum delevit B²

13 [Syriac] tertium addidit F

[illegible]

11[1] [illegible]

[illegible]

[illegible]

[illegible]

[illegible]

[illegible]

11[2] [illegible]

[illegible]

[illegible]

[illegible]

[illegible]

[illegible]

[illegible] 2

12[1] [illegible]

[illegible]

[illegible]

[illegible]

[illegible]

[illegible]

[illegible]

12[2] [illegible]

[illegible]

[illegible]

[illegible]

[illegible]

[illegible]

13[1] [illegible]

[illegible]

[illegible]

[illegible]

16 [illegible] priorem addidit F

16 indice ad [illegible] adposito [illegible]

17 [illegible]

17 [illegible]: nomen auctoris cultro ablatum

17 [illegible] utrumque addidit F

1 indice ad [illegible] adposito [illegible]: nomen auctoris cultro ablatum

1 [illegible]: nomen auctoris periit

1 [illegible] B[1]

2 [illegible]

[illegible]

3 [illegible]

4 fin [illegible] B

5 [illegible]

[illegible] ad utrumque

8 [illegible] ubi ante [illegible] aliam litteram adfuisse non credo

8 [illegible] [sic] [illegible], ubi [illegible] incertissima (non erat [illegible]). debebat [illegible]

9 [illegible] puncto inferno ornavit B

11 [illegible], ubi subter lineam elementa [illegible] conectentem punctum adest. in textu [illegible] punctum habet elemento [illegible] subpositum, punctum alterum apici summo elementi [illegible] impositum

11 [illegible]

11 [illegible] Luc 1,17

12 [illegible] vocis [illegible] habet punctum impositum, quem delevit altera manus, punctum infernum ad [illegible] adscribens

[Syriac text]

1
[Syriac text]
[Syriac text]
[Syriac text]

[Syriac text]

13[2]
[Syriac text]
[Syriac text]
[Syriac text]
[Syriac text]
[Syriac text]
[Syriac text]
[Syriac text]

[Syriac text]

14[1]
[Syriac text]
[Syriac text]
[Syriac text]
[Syriac text]
[Syriac text]

2
[Syriac text]
[Syriac text]

14[2]
[Syriac text]
[Syriac text]

3
[Syriac text]
[Syriac text]
[Syriac text]
[Syriac text]
[Syriac text]
[Syriac text]

15[1]
[Syriac text]

[Syriac text]

[Syriac text]
[Syriac text]
[Syriac text]
[Syriac text]

13 [Syriac text]

13 ÷ [Syriac text] B, qui mox ÷ omittit

14 ωφω quod vocabulum a parte sinistra cultro mutilum. mox [Syriac text] ubi punctis additis (ut soleo) significavi codicem mutilum esse

16 ⸓ prior non adest in B

16 [Syriac text] ubi ego de [Syriac text] et [Syriac text] et [Syriac text] [sic apographum meum] dubito. ad [Syriac text] relatum

19 titulum huc posui, qui quo referendus sit non docemur. [Syriac text] et [Syriac text] nunc desunt. manus recentior

19 [Syriac text] B

23 ※ addidit F

24 [Syriac text]

24 [Syriac text] [sic] [Syriac text]

indice non adposito

4 ποιμνιοτροφοσ et [Syriac text] [?]

4 [Syriac text]

4 ⸓ alterum addidit F

7 post [Syriac text] + [Syriac text] B[1]

⁸ ܘܐܡܪ »ܒܐܝܢܐ ܐܘܪܚܐ *ܐܣܩ«: ܘܐܡܪ »ܒܐܘܪܚܐ ܕܡܕܒܪܐ ܕܐܕܘܡ«: ⁹ ܘܐܙܠ ܡܠܟܐ ܕܐܝܣܪܝܠ
15² ܘܡܠܟܐ ܕܝܗܘܕܐ ܘܡܠܟܐ ܕܐܕܘܡ. ܘܐܬܟܪܟܘ ܐܘܪܚܐ ܕܫܒܥܐ ܝܘ̈ܡܬܐ. ܘܠܐ | ܗܘܐ ܡܝܐ ܠܡܫܪܝܬܐ
ܘܠܒܥܝܪܐ ܕܪ̈ܓܠܝܗܘܢ: ¹⁰ ܘܐܡܪ ܡܠܟܐ ܕܐܝܣܪܝܠ »ܐܘ ܩܪܐ ܡܪܝܐ ܠܬܠܬܐ ܡܠ̈ܟܐ ܗܠܝܢ ܕܢܬܠ.
ܠܡܫܠܡܘ ܐܢܘܢ ܒܐܝܕܐ ܕܡܘܐܒ«: ¹¹ ܘܐܡܪ ܝܗܘܫܦܛ »*ܐܝܬ ܠܟܐ ܢܒܝܐ ܕܡܪܝܐ. ܘܢܒܥܐ ܒܡܪܝܐ
ܡܢܗ.·.«: ܘܥܢܐ ܚܕ ܡܢ ܥܒ̈ܕܘܗܝ ܕܡܠܟܐ ܕܐܝܣܪܝܠ ܘܐܡܪ »ܗܪܟܐ ܐܠܝܫܥ ܒܪܗ ܕܫܦܛ ܗܘ ܕܢܫܘܓ ܗܘܐ
ܡܝܐ ܥܠ ܐܝ̈ܕܘܗܝ ܕܐܠܝܐ«: ¹² ܘܐܡܪ ܝܗܘܫܦܛ »ܐܝܬ ܗܘ ܒܗ ܡܠܬܐ ܕܡܪܝܐ«: ܘܢܚܬܘ ܠܘܬܗ
ܡܠܟܐ ܕܐܝܣܪܝܠ ܘܝܗܘܫܦܛ ܒ ܡܠܟܐ ܕܝܗܘܕܐ\ ܘܡܠܟܐ ܕܐܕܘܡ: ¹³ ܘܐܡܪ ܐܠܝܫܥ ܠܘܬ ܡܠܟܐ
ܕܐܝܣܪܝܠ »ܡܐ ܠܝ ܘܠܟ.·. *ܙܠ ܠܘܬ ܢܒ̈ܝܐ ܕܐܒܘܟ ܘܕܐܡܟ *ܐ ܠ ܗ ܘܠܘܬ ܢܒ̈ܝܐ ܕܐܡܟ\«: ܘܐܡܪ ܠܗ
16¹ ܡܠܟܐ ܕܐܝܣܪܝܠ »ܠܐ ܡܛܠ | ܕܩܪܐ ܡܪܝܐ ܠܬܠܬܐ ܡ̈ܠܟܐ. ܠܡܫܠܡܘ ܐܢܘܢ ܒܐܝ̈ܕܝܐ ܕܡܘܐܒ.·.«:
¹⁴ ܘܐܡܪ ܐܠܝܫܥ »ܚܝ ܗܘ ܡܪܝܐ ܕܚܝ̈ܠܘܬܐ ܗܘ ܕܩܡܬ ܩܕܡܘܗܝ. ܕܐܠܘ ܠܐ ܠܦܪܨܘܦܐ ܕܝܗܘܫܦܛ ܡܠܟܐ
ܕܝܗܘܕܐ ܐܢܐ ܢܣܒ ܐܢܐ. ܐܢ ܚܪܐ ܗܘܝܬ ܒܟ *ܐ ܠ ܗ ܐܘ ܚܙܝܬܟ\: ¹⁵ ܘܗܫܐ ÷ܣܒܘ\ ܠܝ ܚܕ ܡܙܡܪܢܐ«:
ܘܗܘܐ ܕܟܕ ܡܙܡܪ ܗܘ ܡܙܡܪܢܐ. ܘܗܘܬ ܥܠܘܗܝ ܐܝܕܗ ܕܡܪܝܐ: ¹⁶ ܘܐܡܪ »ܗܟܢܐ ܐܡܪ ܡܪܝܐ »ܥܒܕܘ
ܢܚܠܐ ܗܢܐ *ܓܘ̈ܡܨܐ ܓܘ̈ܡܨܐ«: ¹⁷ ܡܛܠ ܕܗܟܢܐ ܐܡܪ ܡܪܝܐ »ܠܐ ܬܚܙܘܢ *ܪܘܚܐ ܘܠܐ ܬܚܙܘܢ ܡܛܪܐ.
ܘܢܚܠܐ ܗܢܐ ܢܬܡܠܐ ܡܝܐ. ܘܬܫܬܘܢ ܐܢܬܘܢ ܘܩܢܝܢܝܟܘܢ ܘܒܥܝܪܟܘܢ: ¹⁸ ܘܩܠܝܠܐ ܗܝ ܗܕܐ ܒܥܝ̈ܢܝ ܕܡܪܝܐ. ܘܐܫܠܡ
16² ܠܡܘܐܒ ܒܐܝܕܝܟܘܢ: ¹⁹ ܘܬܡܚܘܢ ܟܠ | ܡܕܝܢܬܐ ܡܚܝܕܬܐ *ܗ ܐ ܠ ܗ ܘܟܠ ܡܕܝܢܬܐ
*ܓܒܝܬܐ\. ܘܟܠ ܐܝܠܢ ܛܒܐ ܬܦܣܩܘܢ. ܘܟܠܗܘܢ ܡܒܘ̈ܥܐ ܕܡܝܐ ܬܣܟܪܘܢ. ܘܟܠ ܡܢܬܐ ܛܒܬܐ *ܬܚܒܠܘܢ
ܒܟܐܦ̈ܐ«: ²⁰ ܘܗܘܐ ܒܨܦܪܐ *ܟܕ [illegible] ܕܩܘܪܒܢܐ. ܗܐ ܡܝܐ ܐܬܝܢ ܗܘܘ ܡܢ ܐܘܪܚܐ ܕܐܕܘܡ. ܘܡܠܝܬ ܐܪܥܐ
ܡܝܐ: ²¹ ܘܟܠܗ ܡܘܐܒ [illegible] ܕܣܠܩܘ ܡܠ̈ܟܐ ܠܡܬܟܬܫܘ ܥܡܗܘܢ. ܘܐܬܟܢܫܘ ܡܢ ܟܠ *ܕܐܣܪ
†ܙܪܢܐ ܘܠܥܠ. ܘܩܡܘ ܥܠ ܬܚܘܡܐ: ²² ܘܩܕܡܘ ܒܨܦܪܐ. ܘܫܡܫܐ ܕܢܚ ܥܠ ܡܝܐ. ܘܚܙܘ ܡܘܐܒ
ܡܢ ܠܩܘܒܠ ܠܡܝܐ *ܣܘܡܩܝܢ ܐܝܟ ܕܡܐ: ²³ ܘܐܡܪܘ »ܕܡܐ ܗܘ ܗܢܐ ܕܚܪܒܐ. ܐܬܚܪܒܘ ܡܠ̈ܟܐ.
ܘܩܛܠܘ ܓܒܪܐ ܠܚܒܪܗ ܒܗܘܢ: ܘܗܫܐ ܥܠ ܒܙܬܐ .. ܡܘܐܒ«: ²⁴ ÷ ܘܐܬܘ\ ܠܡܫܪܝܬܐ
17¹ ܕܐܝܣܪܝܠ. ܘܩܡܘ ܐܝܣܪܝܠ | ܘܡܚܘ ܠܡܘܐܒ. ܘܥܪܩܘ ܡܢ ܩܕܡܝܗܘܢ. ܘܥܠܘ ܟܕ ܡܚܝܢ
ܘܩܛܠܝܢ ܠܡܘܐܒ. ²⁵ ܘܠܡܕ̈ܝܢܬܐ ܣܚܦܘ. ܘܥܠ ܟܠ ܚܩܠܐ ܛܒܐ ܫܕܘ ܓܒܪܐ ܟܐܦܐ *ܟܠܗ\
ܘܡܠܐܘܗ. ܘܟܠܗ ܡܒܘܥܐ ܕܡܝܐ ܣܟܪܘ. ܘܟܠ *ܐܝܠܢ ܛܒܐ ܦܣܩܘ ܥܕܡܐ ܕܫܒܩܘ ܟܐܦ̈ܐ ܕܫܘܪܐ
*ܡܢ ܣܚܝܦܘܬܗ\. ܘܚܕܪܘ ܡܫܬܘ̈ܕܥܐ ܘܡܚܘܗ: ²⁶ ܘܚܙܐ ܡܠܟܐ ܕܡܘܐܒ ܕܐܬܚܣܢ ܡܢܗ ܗܘ ܩܪܒܐ. ܘܢܣܒ
ܥܡܗ ܫܒܥܡܐܐ ܓܒܪܐ ܕܫܠܝܦܝܢ ܣܝ̈ܦܐ. ܠܡܦܣܩ ܠܘܬ ܡܠܟܐ ܕܐܕܘܡ. ܘܠܐ ܐܬܡܨܝܘ:
²⁷ ܘܢܣܒ ܠܒܪܗ ܕܝܠܗ ܒܘܟܪܐ ܗܘ ܕܡܠܟ ܗܘܐ ܚܠܦܘܗܝ. ܘܐܣܩܗ ܥܠܬܐ ܥܠ
ܫܘܪܐ. ܘܗܘܐ *ܡܬܚܪܝܢܘܬܐ ܪܒܬܐ ܥܠ ܐܝܣܪܝܠ. ܘܫܩܠܘ ܡܢܗ ܘܗܦܟܘ ܠܐܪܥܐ ܕܝܠܗܘܢ ܀
17² | ܫܠܡ ܓ ܀
ܩܪ̈ܝܢܐ ܕܥܘܒܕܐ ܕܐܠܝܫܥ ܀
4 | ¹ ܘܐܢܬܬܐ *ܚܕܐ ܡܢ ܢܫܐ ܕܒܢܝ̈ ܢܒܝ̈ܐ ܩܥܬ ܗܘܬ ܠܘܬ ܐܠܝܫܥ ܟܕ ܐܡܪܐ »ܥܒܕܟ ܓܒܪܝ
ܕܗܘ ܡܝܬ. ܘܐܢܬ ܝܕܥ ܐܢܬ ܕܕܚܠ ܗܘܐ ܠܡܪܝܐ: ܘܡܪܐ ܚܘܒܐ ܐܬܐ ܠܡܣܒ ܠܗܘܢ
ܠܬܪܝܢ ܒ̈ܢܝ ܠܥܒ̈ܕܐ«: ² ܘܐܡܪ *ܐ ܠ ܗ ܠܘܬܗ\ ܐܠܝܫܥ »ܡܢܐ ܐܥܒܕ ܠܟܝ. ܐܘܕܥܝܢܝ ܡܢܐ ܐܝܬ ܠܟܝ
ܒܒܝܬܐ«: ܗܝ ܕܝܢ ܐܡܪܬ »ܠܝܬ ܠܐܡܬܟ ܡܕܡ ܒܒܝܬܐ. ܐܠܐ ܗܘ ܡܐ ܕܡܫܚܐ ܐܢܐ ܡܫܚܐ«:

8 ܢܣܩ ܒ
11 ܐ ܗܘ ܐܝܬ ܠܟ
13 ܗܘ ܠܝ
14 15 \ addidit F
15 ܘܗܘܐ habet ܠ pr manu in litura scriptam
16 ܥܒܕܘ B¹
16 ܓܘܡܨܐ ܓܘܡܨܐ
17 ܡܛܪܐ
19 ܡܚܝܕܬܐ: nomen (ܗܘ vel ܗܝ) cultro glutinatoris ablatum
20 ܩܘܪܒܢܐ ܕ[ܗ]ܘܐ ܕܡܥܠܝ: nomen (ܗܘ vel ܗܝ) cultro glutinatoris ablatum
21 ܐ ܠ ܗ [ܕ]ܐܣܪ indice non adposito. ubi editio ܙܪܢܐ addit, quod ab apographo meo abest
21 ܙܪܢܐ, sed haec adnotatio glossam proxime praecedentem in codice praecedit
22 ܗܘ [ܕ]ܣܘܡܩܝܢ
24 ܒܙܬܐ habet ܒܙ ante versum scriptum primâ manu
25 ܗܘ ܐܣܬܐ
27 ܐ ܡܬܚܪܝܢܘܬܐ
1 ܐܡܬܟ
1 [ܥܒ]ܕܟ ܓܒܪܝ ܀ [ܗܘ]ܐ ܐܢܬܬܐ ܕܗܘܐ [ܚܕܐ] ܡܢ ܢܫܐ [ܕܒܢܝ̈] ܢܒܝ̈ܐ [ܩܥܬ] ܠܘܬ ܐܠܝܫܥ [ܟܕ ܐܡܪܐ]. ܥܒ[ܕ]ܟ ܓܒܪܝ ܡܝܬ [ܘܐܢ]ܬ ܝܕܥ [ܐܢ]ܬ ܀ ܗܕܐ [ܗܝ] ܕܥܘܒܕܝܐ ܐܡܪ: vide supra marginem paginae 207

³ܘܐܡܪ ܗ݁ ܠܗ̇ ܀ ܙܠܝ. ܫܐܠܝ ܠܟܝ ܡܐܢܐ ܡܢ ܠܒܪ ܡܢ ܟܠܗܘܢ ܫܒܒܝܟܝ.. ܡܐܢܐ ܣܦܝܩܐ.
ܠܐ ܬܙܥܘܪܝܢ. ⁴ܘܬܥܠܝܢ ܘܬܐܚܕܝܢ ܬܪܥܐ ܒܐܦܝܟܝ ܘܥܠ ܒܢܝܟܝ. ܘܬܪܡܝܢ ܒ*ܟܠܗܘܢ ܡܐܢܐ
ܗܠܝܢ. ܘܗܘ ܕܡܠܐ ܬܫܩܠܝܢ܀: | ⁵ܘܐܙܠܬ ܡܢܗ ܘܐܚܕܬ ܬܪܥܐ ܒܐܦܝܗ̇ ܘܥܠ ܒܢܝܗ̇: ܗܢܘܢ 18¹
ܡܩܪܒܝܢ ܗܘܘ ܠܘܬܗ̇. ܘܗܝ ܢܨܒܐ ܗܘܬ ⁶*ܟܕ ܡܠܝܘ ܡܐܢܐ: ܘܐܡܪܬ ܠܘܬ ܒܢܝܗ̇ ܕܢܩܪܒܘܢ
܀ܩܪܒܘ ܠܘܬܝ ܬܘܒ ܡܐܢܐ܀: ܘܐܡܪܘ ܠܗ̇ ܀ܠܝܬ ܬܘܒ ܡܐܢܐ܀: ܘܩܡ ܡܫܚܐ: ⁷ܘܐܬܬ ܘܐܘܕܥܬ
ܠܓܒܪܐ ܕܐܠܗܐ: ܘܐܡܪ ܗ݁ ܠܐܢܬܬܐ ܀*ܙܠܝ ܘܙܒܢܝ ܡܫܚܐ ܘܦܪܘܥܝ ܚܘܒܬܟܝ ܘܐܢܬܝ ܘܒܢܝܟܝ
ܘܒܢܝܟܝ ܬܚܐܢ ܒܗܘ ܗ݁ ܡܘܬܪܢܐ ܕܡܫܚܐ ܀

ܫܪܝܐ ܕܥܒܕ ܒܪܐ ܀

ܣ ⁸ܘܗܘܐ ܝܘܡܐ. ܘܥܒܪ ܐܠܝܫܥ ܠܫܘܢܡ. ܘܬܡܢ ܐܢܬܬܐ ܪܒܬܐ. ܘܐܠܒܬܗ ܠܡܐܟܠ ܠܚܡܐ: ܘܗܘܐ
ܕܡܢ ܕܥܒܪ ܕܗܘܐ ܣܛܐ ܗܘܐ. ܗܦܟ ܗܘܐ ܠܬܡܢ ܠܡܐܟܠ*: ⁹ܘܐܡܪܬ ܐܢܬܬܐ ܠܒܥܠܗ̇ ܗܐ ܝܕܥܬ
ܕܓܒܪܐ ܗܘ ܕܐܠܗܐ ܩܕܝܫܐ ܗܢܐ ܕܥܒܪ ܥܠܝܢ ܐܡܝܢܐܝܬ: | ¹⁰ܢܥܒܕ ܠܗ 18²
ܗܕܐ ܥܠܝܬܐ .. *ܕܫܘܪܐ ܙܥܘܪܬܐ. ܘܢܣܝܡ ܠܗ ܬܡܢ ܥܪܣܐ ܘܦܬܘܪܐ ܘܟܘܪܣܝܐ ܘܡܢܪܬܐ. ܘܢܗܘܐ
ܕܡܐ ܕܐܬܐ ܠܘܬܢ. ܢܦܢܐ ܠܬܡܢ܀: ¹¹ܘܗܘܐ ܝܘܡܐ. ܘܥܠ ܠܬܡܢ ܘܐܬܦܢܝ ܠܥܠܝܬܐ ܘܕܡܟ
ܬܡܢ: ¹²ܘܐܡܪ ܠܓܚܙܝ ܛܠܝܐ ܕܝܠܗ ܀ܩܪܝ ܗ݁ ܠܗ̇ ܠܫܘܢܡܝܬܐ ܗܕܐ܀: ܘܩܪܐ ܠܗ̇. ܘܩܡܬ
ܩܕܡܘܗܝ: ¹³ܘܐܡܪ ܠܗ ܀ܐܡܪ ܗܟܝܠ ܠܗ̇ ܀*ܗܐ ܐܬܛܪܦܬܝ ܠܢ ܐܠܨܬܐ ܗܕܐ. ܡܢܐ ܐܨܒܐ
ܠܡܥܒܕ ܠܟܝ܂ ܐܝܬ ܠܟܝ ܡܠܬܐ ܠܘܬ ܡܠܟܐ ܐܘ ܠܘܬ ܪܝܫ ܚܝܠܐ܂܀: ܗܝ ܕܝܢ ܐܡܪܬ ܀†ܒܓܘ
ܥܡܐ ܕܝܠܝ ܐܢܐ ܝܬܒܐ ܀: ¹⁴ܘܐܡܪ ܀ܡܢܐ ܐܨܒܐ ܠܡܥܒܕ ܠܗ̇܂܀: ܘܐܡܪ ܓܚܙܝ
ܗ݁ ܛܠܝܐ ܕܝܠܗ ܀*ܘܕܠܡܐ | ܒܪܐ ܠܝܬ ܠܗ̇. ܘܓܒܪܐ ܕܝܠܗ̇ ܗ݁ ܣܒ ܗܘ܀ ܝܘܡܬܐ: ¹⁵ܘ*ܐܡܪ 19¹
*ܘܐܡܪ ܀ܩܪܝ ܠܗ̇܀: ܘܩܪܐ ܠܗ̇: ܘܩܡܬ ܠܘܬ ܬܪܥܐ: ¹⁶ܘܐܡܪ ܗ݁ ܐܠܝܫܥ ܠܘܬܗ̇ ܀ܠܙܒܢܐ ܗܢܐ
ܐܝܟ ܥܕܢܐ. ܡܢ ܚܝܐ ܐܢܬܝ. ܡܥܦܩܐ ܐܢܬܝ ܒܪܐ܀: ܗܝ ܕܝܢ ܐܡܪܬ ܀ܠܐ.. ܡܪܝ *ܐ ܗܘ ܓܒܪܐ ܕܐܠܗܐ܀
ܠܐ ܬܟܕܒ ܠܐܡܬܟ܀: ¹⁷ܘܒܛܢܬ ܐܢܬܬܐ. ܘܝܠܕܬ ܒܪܐ ܒܙܒܢܐ ܗܢܐ ܐܝܟ ܥܕܢܐ
ܕܚܝܐ. ܕܡܠܠ ܠܘܬܗ̇ ܐܠܝܫܥ ܀ ܗ݁ ܀
¹⁸ܘܪܒܐ ܗܘ ܛܠܝܐ: ܘܗܘܐ ܕܡܐ ܕܢܦܩ ܠܘܬ ܐܒܘܗܝ ܠܘܬ ܚܨܘܕܐ. ¹⁹ܘܐܡܪ ܠܘܬ ܐܒܐ
ܕܝܠܗ ܀ܪܝܫܝ ܪܝܫܝ܀: ܘܐܡܪ ܠܛܠܝܐ ܀ܐܫܩܠܘܗܝ ܠܘܬ ܐܡܗ܀: ²⁰ܘܐܫܩܠܗ *ܘܐܥܠܗ
ܠܘܬ ܐܡܗ: ܘܝܬܒ ܥܠ ܒܘܪܟܝܗ̇ ܥܕܡܐ ܠܛܗܪܐ. ܘܡܝܬ: ²¹ܘܐܣܩܬܗ ܘܐܫܟܒܬܗ ܥܠ
ܥܪܣܐ ܕܓܒܪܐ ܕܐܠܗܐ. | ܘܐܚܕܬ ܒܐܦܘܗܝ ܘܢܦܩܬ: ²²ܘܩܪܬ ܠܓܒܪܐ ܕܝܠܗ̇ ܘܐܡܪܬ ܀ܫܕܪ ܠܝ 19²
ܗܟܝܠ ܚܕ ܡܢ ܛܠܝܐ ܘܚܕܐ ܡܢ ܚܡܪܐ. ܘܐܪܗܛ ܥܕܡܐ ܠܓܒܪܐ ܕܐܠܗܐ ܘܐܗܦܘܟ܀: ²³ܘܐܡܪ
܀ܡܛܠ ܡܢܐ ܐܢܬܝ ܐܙܠܐ ܠܘܬܗ ܝܘܡܢܐ. ܘܠܐ ܪܝܫ ܝܪܚܐ ܗܘ ܘܠܐ ܫܒܬܐ܂܀: ܗܝ ܕܝܢ ܐܡܪܬ ܀ܫܠܡܐ܀:
²⁴ܘܐܣܪܬ ܠܚܡܪܐ. ܘܐܡܪܬ ܠܘܬ ܛܠܝܐ ܕܝܠܗ̇ ܀ܕܒܪ ܐܙܠ. ܠܐ ܬܟܠܐ ܠܝ ܠܡܪܟܒ. ܐܠܐ ܐܢ ܐܡܪܬ ܠܟ.
²⁵ܗ݁ ܐܙܠܝ ܘܐܬܝܬܝ ܘܐܬܬ ܠܘܬ ܓܒܪܐ ܕܐܠܗܐ ܠܛܘܪܐ ܕܟܪܡܠܐ܀: ܘܗܘܐ ܕܟܕ ܚܙܗ̇ ܐܠܝܫܥ ܕܐܬܝܐ. ܘܐܡܪ
ܠܘܬ ܓܚܙܝ ܛܠܝܐ ܕܝܠܗ ܀ܗܐ ܫܘܢܡܝܬܐ ܗܝ: ²⁶ܗܫܐ ܪܗܛ ܠܐܘܪܥܗ̇ ܕܝܠܗ̇ ܘܐܡܪ *ܠܗ̇ ܀ܫܠܡܐ
ܠܟܝ܂ ܫܠܡܐ ܠܓܒܪܟܝ ܘܠܒܪܟܝ܂ ܫܠܡܐ ܠܛܠܝܐ܂܀: ܗܝ ܕܝܢ | ܐܡܪܬ ܀ܫܠܡܐ܀: ²⁷ܘܐܬܬ 20¹
ܠܘܬ ܐܠܝܫܥ ܠܛܘܪܐ ܘܐܚܕܬ ܒܪܓܠܘܗܝ: ܘܐܬܩܪܒ ܓܚܙܝ ܠܡܕܚܝܗ̇: ܘܐܡܪ ܐܠܝܫܥ ܀ܫܒܘܩܝܗ̇.
ܡܛܠ ܕܢܦܫܗ̇ *ܡܪܝܪܐ ܠܗ̇. ܘܡܪܝܐ ܛܫܐ ܡܢܝ ܘܠܐ ܚܘܝ ܠܝ܀: ²⁸ܗܝ ܕܝܢ ܐܡܪܬ ܀ܠܡܐ ܫܐܠܬ
ܒܪܐ ܡܢ ܡܪܝ ܕܝܠܝ܂ ܡܛܠ ܕܐܡܪܬ *ܕܠܐ ܬܛܥܝܢܢܝ܀: ²⁹ܘܐܡܪ ܗ݁ ܠܓܚܙܝ ܀ܐܣܘܪ
ܚܨܝܟ ܘܣܒ. ܘܣܒ ܚܘܛܪܐ ܕܝܠܝ ܒܐܝܕܝܟ. ܘܙܠ: ܐܢ ܬܫܟܚ ܓܒܪܐ܂ ܠܐ ܬܫܐܠܝܘܗܝ. ܘܐܢ

ܢܒܪܟܝܟ ܓܒܪܐ. ܠܐ ܬܦܢܐ ܠܗ . ܘܬܣܝܡ ܚܘܛܪܐ ܕܝܠܝ ܥܠ ܦܪܨܘܦܗ ܕܛܠܝܐ܀

ܩܪܝܢܐ ܚܕ ܕܥܠ ܛܠܝܐ ܀

30 ܘܐܡܪܬ ܐܡܗ ܕܛܠܝܐ «ܚܝ ܗܘ ܡܪܝܐ ܘܚܝܐ ܢܦܫܟ. ܐܢ ܐܫܒܩܟ»: ܘܩܡ ܐܠܝܫܥ ܘܐܙܠ
20² ܒܬܪܗ: 31 ܘܓܝܚܙܝ ܥܒܪ *ܩܕܡܝܗܘܢ. ܘܣܡ ܠܚܘܛܪܐ ܥܠ ܦܪܨܘܦܗ ܕܛܠܝܐ. ܘܠܝܬ | ܗܘܐ ܩܠܐ
ܘܠܝܬ ܗܘܐ ܫܡܥܬܐ: ܘܗܦܟ ܠܐܘܪܥܗ ܕܝܠܗ ܘܚܘܝܗ ܟܕ ܐܡܪ «ܠܐ ܩܡ ܛܠܝܐ»: 32 ܘܥܠ ܐܠܝܫܥ ܠܒܝܬܐ.
ܘܗܐ ܛܠܝܐ ܡܝܬ ܘܡܫܟܒ ܥܠ ܥܪܣܐ ܕܝܠܗ: 33 ܘܥܠ ܐܠܝܫܥ ܠܒܝܬܐ ܘܐܚܕ ܬܪܥܐ ܥܠ
ܬܪܝܗܘܢ. ܘܨܠܝ ܠܘܬ ܡܪܝܐ: 34 ܘܣܠܩ ܘܐܬܪܡܝ ܥܠ ܛܠܝܐ. ܘܣܡ ܦܘܡܗ ܕܝܠܗ ܥܠ ܦܘܡܗ
ܘܥܝܢܐ ܕܝܠܗ ܥܠ ܥܝܢܘܗܝ ܘܐܝܕܝܐ ܕܝܠܗ ܥܠ ܐܝܕܘܗܝ ܘܐܬܟܦܦ ܥܠܘܗܝ. ܘܫܚܢ ܒܣܪܗ ܕܛܠܝܐ:
35 ܘܗܦܟ ܘܗܠܟ ܒܒܝܬܐ ※ܚܕܐ ܗܪܟܐ ܘ※ܚܕܐ ܗܪܟܐ. ܘܣܠܩ ܘܐܬܟܦܦ ܥܠ ܛܠܝܐ ※ܘܐܬܥܛܫ ܥܠ
※ܛܠܝܐ ܥܕܡܐ ܠܫܒܥ ܙܒܢܝܢ: ܘܦܬܚ ܛܠܝܐ ܥܝܢܘܗܝ: 36 ܘܩܪܐ ܐܠܝܫܥ ܠܘܬ ܓܝܚܙܝ
ܘܐܡܪ «ܩܪܝ ܠܫܘܢܡܝܬܐ ܗܕܐ»: ܘܩܪܐ ※ܠܗ ܗܘ ܠܗ. ܘܥܠܬ ܠܘܬܗ. ܘܐܡܪ ܐܠܝܫܥ «ܣܒܝ
21¹ |ܒܪܟܝ ܕܝܠܟܝ»: 37 ܘܥܠܬ ܐܢܬܬܐ ܘܢܦܠܬ ܥܠ ܪܓܠܘܗܝ ܘܣܓܕܬ ܥܠ ܐܪܥܐ. ܘܢܣܒܬ ܠܒܪܐ
ܕܝܠܗ ܘܢܦܩܬ ܀ ܗ ܀

ܡܛܠܬܐ ܗ ܀

ܠ 38 ܘܐܠܝܫܥ ܗܦܟ ܠܓܠܓܠܐ. ܘܟܦܢܐ ܒܐܪܥܐ. ܘܒܢܝܐ ܕܢܒܝܐ ܝܬܒܝܢ ܗܘܘ ܩܕܡܘܗܝ: ܘܐܡܪ
ܐܠܝܫܥ ܠܛܠܝܐ ܕܝܠܗ «ܐܩܝܡ ܠܩܕܪܐ ܪܒܐ ܘܒܫܠ ܫܠܩܐ ܠܒܢܝܐ ܕܢܒܝܐ»: 39 ܘܢܦܩ *ܚܕ ܡܢܗܘܢ
ܠܡܠܩܛ †ܐܘܪܘܬ. ܘܐܫܟܚ ܓܦܬܐ **ܒܚܩܠܐ. ܘܠܩܛ ܡܢܗ ※††ܦܩܘܥܬܐ ܕܒܪܐ ܡܠܐ ܠܒܘܫܗ ܕܝܠܗ.
※ܗܘ ܘܐܬܐ ܘܪܡܐ ܠܩܕܪܐ ܕܫܠܩܐ. ܡܛܠ ܕܠܐ ܝܕܥܘ: 40 ܘܐܫܦܘ ※ܐܢܘܢ ܠܗ ܠܐܟܠܐ. ܘܗܘܐ
ܕܟܕ ܐܟܠܝܢ ܗܘܘ ܡܢ ܫܠܩܐ. *ܗܢܘܢ ܙܥܩܘ ܘܐܡܪܘ «ܡܘܬܐ ܒܩܕܪܐ .. ܓܒܪܐ ܕܐܠܗܐ»: ܘܠܐ ܡܫܟܚܝܢ
21² ܗܘܘ ܠܡܐܟܠ: 41 ܘܐܡܪ «ܣܒܘ ܩܡܚܐ ܘܪܡܘ ܠܩܕܪܐ»: ܘܐܡܪ | ܐܠܝܫܥ ܠܘܬ ܓܝܚܙܝ
ܛܠܝܐ «ܐܫܘܕ ܠܥܡܐ. ܘܢܐܟܠܘܢ»: ܘܠܐ ܗܘܐ ܐܦܠܐ ܡܕܡ ܒܝܫܐ ܒܩܕܪܐ ܀ 42 ܘܓܒܪܐ ܐܬܐ ܡܢ
ܒܝܬ ܫܠܝܫܐ. ܘܐܝܬܝ ܠܘܬ ܓܒܪܐ ܕܐܠܗܐ ※ܐܦ ܗܘ ܠܚܡܐ ܕܒܘܟܪܐ ܘܟܠܝܬܐ.. ※ܥܣܪܝܢ ܠܚܡܝܢ
ܕܣܥܪܐ ܘܦܐܬܐ. ܘܐܡܪ ※ܠܗ ܠܥܠܝܡܐ: ܘܐܡܪ «ܗܒ ܠܥܡܐ. ܘܢܐܟܠܘܢ»: 43 ܘܐܡܪ ܠܗ ܡܫܡܫܢܐ
«ܡܢܐ ܐܬܠ ܗܠܝܢ ܩܕܡ ܡܐܐ ܓܒܪܝܢ»: ܘܐܡܪ «*ܗܒ ܠܥܡܐ. ܘܢܐܟܠܘܢ. ܡܛܠ ܕܗܟܢ ܐܡܪ
ܡܪܝܐ «ܢܐܟܠܘܢ ܘܢܘܬܪܘܢ»: 44 ※ܘܝܗܒ ܩܕܡ ܦܪܨܘܦܐ ܕܝܠܗܘܢ. ܘܐܟܠܘ ܘܐܘܬܪܘ ܐܝܟ ܡܠܬܐ ܕܡܪܝܐ ܀
5 1 ܘܢܥܡܢ ܪܫܐ ܕܚܝܠܐ ※ܠܗ ܕܡܠܟܐ ܕܐܪܡ ܐܝܬܘܗܝ ܗܘܐ ܓܒܪܐ ܩܕܡ ܡܪܗ ܕܝܠܗ ܘܐܬܢܣܒ
22¹ ܒܦܪܨܘܦܐ. ܡܛܠ ܕܒܗ ܝܗܒ ܡܪܝܐ ܦܘܪܩܢܐ | ܕܐܪܡ: ܘܓܒܪܐ ܐܝܬܘܗܝ ܗܘܐ ܚܝܠܬܢܐ ܒܚܝܠܐ
ܘܓܪܒܢܐ: 2 ܘܐܪܡܝܐ ܢܦܩܘ ܠܓܝܣܘܬܐ ܘܫܒܘ ܡܢ ܐܪܥܐ ܕܐܝܣܪܝܠ ܛܠܝܬܐ ܙܥܘܪܬܐ. ܘܐܝܬܝܗ
ܗܘܬ ܩܕܡ ܐܢܬܬܗ ܕܢܥܡܢ: 3 ܗܝ ܕܝܢ ܐܡܪܬ ܠܡܪܬܗ ܕܝܠܗ «*ܛܘܒ ܗܘܐ ܡܪܝ ܕܝܠܝ ܩܕܡ ܢܒܝܐ
※ܕܐܠܗܐ ܕܒܫܡܪܝܢ. ܗܝܕܝܢ ܢܕܟܝܘܗܝ ܗܘܐ *ܠܗ ܡܢ ܓܪܒܐ ܕܝܠܗ»: 4 ܘܥܠܬ ܘܚܘܝܬ ܠܡܪܗ
ܘܐܡܪܬ «ܗܟܢܐ ܘܗܟܢܐ ܡܠܠܬ ܛܠܝܬܐ ܕܡܢ ܐܪܥܐ ܕܐܝܣܪܝܠ»: 5 ܘܐܡܪ ܡܠܟܐ ܕܐܪܡ ܠܘܬ
ܢܥܡܢ «ܙܠ ܥܘܠ. ܘܐܫܕܪ ܐܢܐ *ܐܓܪܬܐ ܠܘܬ ܡܠܟܐ ܕܐܝܣܪܝܠ»: ܘܐܙܠ ܘܢܣܒ ܒܐܝܕܗ ܕܝܠܗ ܥܣܪ
22³ ܟܟܪܝܢ ܕܣܐܡܐ ܘܫܬܐ ܐܠܦܝܢ ܕܕܗܒܐ ܘܥܣܪ †ܐܣܛܠܝܢ **ܕܡܫܚܠܦܢܝܬܐ: 6 ܘܐܝܬܝ ܐܓܪܬܐ | ܠܘܬ
ܡܠܟܐ ܕܐܝܣܪܝܠ ܟܕ ܐܡܪ: «ܘܗܫܐ ܐܝܟ ܕܡܐ ܕܐܬܬ ܐܓܪܬܐ ܗܕܐ ܠܘܬܟ. ܗܐ ܫܕܪܬ ܠܘܬܟ ܠܢܥܡܢ ܥܒܕܐ
ܕܝܠܝ. ܘܬܕܟܝܘܗܝ ܡܢ ܓܪܒܐ ܕܝܠܗ»: 7 ܘܗܘܐ ܕܟܕ ܩܪܐ ܡܠܟܐ ܕܐܝܣܪܝܠ ܠܐܓܪܬܐ. ܨܪܝ ܡܐܢܘܗܝ

31 ܩܕܡܝܗܘܢ ܗ
33 ܐܠܝܫܥ ܠܒܝܬܐ − B
35 ※ܘ※ܚܕܐ F, ※ܘܚܕܐ B
35 ※ܘܐܬܥܛܫ ܥܠ ※ܛܠܝܐ B
39 ※ܚܕ
39 indice non adposito αριωθ
39 ܦܩ ܗ ܗ ܦܩܘܥܐ
39 ܦܩܘܥܐ ܦܩ ܐ λυπην [nihil periit, sed corrigendum τολύπην] et ܡܠܐ ܕܒܪܐ ܡܠܐ ܗܘܐ ܠܒܘܫܗ ܕܝܠܗ
39 ※ priorem, ※ alterum, 44 ※ addidi
40 ܐ ܗ ܘܐܫܦܘ
42 priori loco ܠܚܡܐ B¹: correctio recentior
42 ܘܟܠܝܬܐ in ܕܒܘܟܪܐ pr m in litura B
43 ܗ ܗܒ
43 extr + ܘܐܟܠܘ B
1 ※ deletus a B²
3 ܛܘܒ ܗܘܐ
3 ܢܒܝܐ ※ܕܐܠܗܐ − B: correxit F
3 ܡܢܗ
5 βιβλιον
5 ܟܟܪܝܢ ܐܣܛܠܝܢ
5 αλλασομενας [sic]

[illegible]

23¹ [illegible]

23² [illegible]

24¹ [illegible]

24² [illegible]

25¹ [illegible]

9 [illegible]

10 [illegible]

11 [illegible] in [illegible] pr m in litura B

11 [illegible] B: correxit F

12 [illegible]

12 [illegible]

13 [illegible] vocis [illegible] pr m in litura B

13 [illegible] prius [illegible] pr m in litura scriptam habet B

14 [illegible] B¹

17 αρμα [illegible] γωμορ

17 indice non adposito [illegible]. in margine folii 23² superiori [illegible]...

[illegible]

17 [illegible] pr m super versum, in quo crucicula picta B

18 [illegible] priorem addidit F

18 [illegible]

18 [illegible] F, [illegible] B

18 [illegible]

18 post [illegible] alterum oblique in margine manu satis antiqua [illegible]

[illegible] B

19 [illegible]

19 [illegible]

19 fin [illegible] addidit F

20 indice ad [illegible] adposito [illegible]

21 [illegible]

21 fin erunt qui [illegible] videant. sed possit [illegible] punctum esse pessime pictum

22 [illegible]

26 [illegible] primum addidit F

26 [illegible] indice post [illegible] adposito

26 [illegible] B

ܟ̈ܪܡܐ ܘܥܢܐ ܐܢܠ̈ܐ ܘܓܙܪ̈ܐ ܘܬܘܪ̈ܐ ܘܥܒ̈ܕܐ ܘܐܡܗ̈ܬܐ: ²⁷ ܘܓܪ̈ܒܐ ܕܢܥܡܢ ܢܕܒܩ ܒܟ ܘܒܙܪܥܟ
ܕܥܡ ܠܥܠܡ: ܘܢܦܩ ܡܢ ܦܪܨܘܦܐ ܕܝܠܗ ܟܕ ܡܓܪܒ ܐܝܟ ܬܠܓܐ ܀
6 ¹ ܘܐܡܪܘ ܒ̈ܢܝܐ ܕܢܒ̈ܝܐ ܠܘܬ ܐܠܝܫܥ »ܗܐ ܗܟܝܠ ܕܘܟܬܐ ܗܝ ܕܝܬܒܝܢ ܚܢܢ ܒܗ ܩܕܡܝܟ.
ܐܥܝܩܐ ܠܢ: ² ܢܐܙܠ ܗܟܝܠ ܥܕܡܐ ܠܝܘܪܕܢܢ. ܘܢܣܒ ܡܢ ܬܡܢ ܓܒܪܐ ܩܝܣܐ ܚܕܐ. ܘܢܥܒܕ ܠܢ
ܬܡܢ ※ ܕܘܟܬܐ ܠܢ ܠܡܬܒ ܬܡܢ«: ܘܐܡܪ »*ܙܠܘ«: ³ ܘܐܡܪ ܚܕ »ܐܬܐ ܡܬܟܫܦܢܐ. ܐܬܐ ܥܡ ܥܒ̈ܕܝܟ«:
※ ܘܗܘ ܕܝܢ ܐܡܪ ܠܝ »ܐܢܐ ܐܙܠ ܐܢܐ«: ⁴ ܘܐܙܠ ܥܡܗܘܢ. ܘܐܬܘ ܠܝܘܪܕܢܢ. ܘܦܣܩܝܢ ܗܘܘ ܩܝ̈ܣܐ:
25² ⁵ ܘܗܘܐ ܟܕ ܚܕ ܗܘ ܦܣܩ ܩܝܣܐ. ܘܦܪܙܠܐ ܢܦܠ ܒܡ̈ܝܐ: | ܘܐܩܥܐ ※ ܐ ܠ ܗ ܘܐܡܪ ܠܝ »ܐܘܗ† ܡܪܝ.. **ܘܗܘܐ
ܡܫܐܠܐ«: ⁶ ܘܐܡܪ ܗܘ ܓܒܪܐ ܕܐܠܗܐ »ܐܝܟܐ ܢܦܠ·.·«: ܘܚܘܝܗ ܠܗ ܠܕܘܟܬܐ: *ܘܦܣܩ ܩܝܣܐ
ܘܫܕܐ ܬܡܢ. ܘܛܦ ܦܪܙܠܐ: ⁷ ܘܐܡܪ »ܐܪܝܡܝܗܝ ܠܟ«: ܘܦܫܛ ܐܝܕܗ ܘܢܣܒܗ ܀

ܡܠܠܦ ܚ ܀

⁸ ܘܡܠܟܐ ܕܐܪܡ ܐܬܟܬܫ ܗܘܐ ܥܡ ܐܝܣܪܝܠ. ܘܐܬܡܠܟ ܥܡ ܥܒ̈ܕܘܗܝ ܕܝܠܗ ܟܕ ܐܡܪ ܠܗ
»*ܒܕܘܟܬܐ ܦܠܢܝܬ †ܐܠܡܘܢܝ ܟܡܝܢ ܦܓܪܐ ܐܢܐ«: ⁹ ܘܫܕܪ ܐܠܝܫܥ ܠܘܬ ܡܠܟܐ ܕܐܝܣܪܝܠ ܟܕ ܐܡܪ
»ܗܐ ܡܢ ܕܬܥܒܪ ܒܕܘܟܬܐ ܗܕܐ. ܡܛܠ ܕܐܪ̈ܡܝܐ ܟܡܝܢܝܢ ܬܡܢ«: ¹⁰ ܘܫܕܪ ܡܠܟܐ ܕܐܝܣܪܝܠ
ܠܕܘܟܬܐ ܗܝ ܕܐܡܪ ܠܗ ܐܠܝܫܥ. ※ܐ ܘܙܗܪܗ ܠܗ ܘܢܛܪ ܡܢ ܬܡܢ ܠܐ ܚܕܐ ܘܠܐ ܬܪܬܝܢ:
26¹ ¹¹ ※ܘܐܬܕܠܚ ܠܒܗ ܕܡܠܟܐ ܕܐܪܡ ܡܛܠ ܡܠܬܐ ܗܕܐ. ܘܩܪܐ | ܠܥܒ̈ܕܐ ܕܝܠܗ ܘܐܡܪ ܠܗܘܢ
»ܠܐ ܡܘܕܥܝܢ ܐܢܬܘܢ ܠܝ ܡܢܘ ܡܫܠܡ ܠܢ ܠܡܠܟܐ ܕܐܝܣܪܝܠ·.·«: ¹² ܘܐܡܪ ܚܕ ܡܢ ܥܒ̈ܕܘܗܝ
»ܠܐ.. ܡܪܝ ܕܝܠܝ ܡܠܟܐ. ※ܡܛܠ ܕܐܠܝܫܥ ܢܒܝܐ ܕܒܐܝܣܪܝܠ ܡܘܕܥ ܠܡܠܟܐ ܕܐܝܣܪܝܠ ÷ ܟܠܗܝܢ ܡ̈ܠܝܟ
ܩ̈ܠܐ ܐܝܠܝܢ ܕܐܢ ܬܡܠܠ ܒܬܘܢܐ ܕܡܫܟܒܐ ܕܝܠܟ«: ¹³ ܘܐܡܪ »*ܙܠܘ ܚܙܘ ܐܝܟܐ ܗܘ. ܘܐܫܕܪ ܐܕܒܪ ܐܢܐ
ܐܣܩܘܗܝ«: ܘܐܘܕܥܘܗܝ ܟܕ ܐܡܪܝܢ »ܗܐ ܒܕܘܬܝܢ«: ¹⁴ ܘܫܕܪ ܬܡܢ ܪ̈ܟܫܐ ܘܡܪ̈ܟܒܬܐ ܘܚܝܠܐ
ܝܩܝܪܐ. ܘܐܬܘ ܒܠܠܝܐ ܘܚܕܪܘܗ ܠܡܕܝܢܬܐ: ¹⁵ ܘܩܕܡ ܡܫܡܫܢܐ ܕܐܠܝܫܥ ܠܡܩܡ. ܘܢܦܩ. ܘܗܐ ܚܝܠܐ
ܚܕܪ ܠܡܕܝܢܬܐ ܘܪ̈ܟܫܐ ※ ܐ ܠ ܗ ܘܡܪ̈ܟܒܬܐ: ܘܐܡܪ ܛܠܝܐ ܠܘܬܗ »*ܡܪܝ.. ܐܝܟܢܐ ܢܥܒܕ·.·«:
26² ¹⁶ ÷ ܘܐܡܪ ܐܠܝܫܥ »ܠܐ ܬܕܚܠ. ܡܛܠ | ܕܣ̈ܓܝܐܝܢ ܐܢܘܢ ܕܥܡܢ ܝܬܝܪ ܡܢ ܗܠܝܢ ܕܥܡܗܘܢ«: ¹⁷ ܘܨܠܝ
ܐܠܝܫܥ ܘܐܡܪ »ܡܪܝܐ.. ܦܬܚ ܥܝ̈ܢܘܗܝ ܕܛܠܝܐ. ܘܢܚܙܐ«: ܘܦܬܚ ܡܪܝܐ ܠܥܝ̈ܢܘܗܝ ܕܛܠܝܐ. ܘܚܙܐ.
ܘܗܐ ܛܘܪܐ ܡܠܐ ܪ̈ܟܫܐ *ܘܡܪ̈ܟܒܬܐ ܕܢܘܪܐ ܚܕܪܝ̈ܗ ܕܐܠܝܫܥ. ¹⁸ ܘܢܚܬܘ ܠܘܬܗ: ܘܨܠܝ ܐܠܝܫܥ ܠܘܬ ܡܪܝܐ
ܘܐܡܪ »ܡܚܝ ܗܟܝܠ ܠܥܡܐ ܗܢܐ ܒܠܐ ܚܙܝܐ«: ܘܡܚܐ ܐܢܘܢ ܒܠܐ ܚܙܝܐ ܐܝܟ ܡܠܬܗ ܕܐܠܝܫܥ: ¹⁹ ܘܐܡܪ
ܠܘܬܗܘܢ ܐܠܝܫܥ »ܠܘ ܗܢܐ ܗܝ ܐܘܪܚܐ. ܘܠܘ ܗܕܐ ܗܝ ܡܕܝܢܬܐ: ܙܠܘ ܒܬܪܝ. ܘܐܘܒܠܟܘܢ ܠܘܬ
ܓܒܪܐ ܗܘ ܕܒܥܝܢ ܐܢܬܘܢ«: ܘܐܘܒܠ ܐܢܘܢ ܠܫܡܪܝܢ: ²⁰ ܘܗܘܐ ܕܟܕ ܥܠܘ ܠܫܡܪܝܢ. ܘܐܡܪ ܐܠܝܫܥ
27¹ »ܡܪܝܐ.. ܦܬܚ ÷ ܗܫܐ ܠܝ *ܥܝ̈ܢܐ ܕܗܠܝܢ. ܘܢܚܙܘܢ«: ܘܦܬܚ ܡܪܝܐ ܥܝ̈ܢܝܗܘܢ. ܘܚܙܘ: | ܘܗܘܐ
÷ ܐܝܬܝܗܘܢ ܗܘܘ ܠܝ ܒܡܨܥܬܗ ܕܫܡܪܝܢ: ²¹ ܘܐܡܪ ܡܠܟܐ ܕܐܝܣܪܝܠ ※ܗ ܠܘܬ ܐܠܝܫܥ ܟܕ ܚܙܐ
ܐܢܘܢ »ܐܢ ܡܡܚܐ ܐܡܚܐ.. ܐܒܐ·.·«: ²² ܘܐܡܪ »ܠܐ ܬܡܚܐ. ÷ ܐܠܐ ܠܗܘܢ ܕܫܒܝܬ ܒܣܝܦܐ ܕܝܠܟ
ܘܒܩܫܬܟ. ܐܝܟ ܡܚܝܬ ܐܢܬ: ܣܝܡ ܠܚܡܐ ܘܡ̈ܝܐ ܩܕܡܝܗܘܢ. ܘܢܐܟܠܘܢ ܘܢܫܬܘܢ ܘܢܐܙܠܘܢ ܠܘܬ ܡܪܐ
ܕܝܠܗܘܢ«: ²³ ܘܣܝܡ ܠܗܘܢ ܡܫܬܘܝܐ ܪܒܐ. ܘܐܟܠܘ ܘܐܫܬܝܘ. ܘܫܕܪ ܐܢܘܢ. ܘܐܙܠܘ ܠܘܬ ܡܪܐ ܕܝܠܗܘܢ.
ܘܠܐ ܐܘܣܦܘ ܬܘܒ *ܡܥܒܪܢ̈ܝܐ ܓܝ̈ܣܐ ܕܐܪܡ ܠܡܐܬܐ ܠܐܪܥܐ ܕܐܝܣܪܝܠ ܀

27 ܘ vocis ܢܕܒܩ pr m in litura
1 ܗܐ pr m in litura
2 ※ addidit F
2 ܡܢ ܙܠܘ
5 ܗ ܘܗ ܒܗ ܡܪܝܐ
5 ܗܘ ܕܡܪܝܐ ܕܝܘܢܝܐ ܗܘܝܐ ܡܬܐܡܪܐ ܒܥܒܪܝܐ ܕܥܒܪܝ [?ܕܥܒܪܝܢ] ܡܠܬܐ ܐܚܪܢܐ ܡܬܬܩܢܐ. ܒܒܒܠܝܐ ܕܝܢ ܐܘܗܝ
5 ܘܗܘܐ ܫܐܠܐ ÷ ܐ ܡܢ ܠ ܫܐܠܐ ܗܘܐ
6 indice non adposito ܘܚܘܝܗ ܗܘ
8 φελμονι et ܒܕܘܟܬܐ ܕܐܠܡܘܢܝ ܦܠܢܝ ܦܠܢܝܐ et φελλονι
10 ܘܦܪܫ ※ܠܗܘܢ B: correxit F
11 ܡܢ ܘܐܬܕܠܚ ܠܒܗ
12 ܡܢ ܠܐ
12 ÷ܠܡܠܟܘܢ B
13 ܡܢ ܙܠܘ
13 post ܐܝܟܐ + ܗܘ B¹
15 [ܐܝ]ܟܢܐ ܢܥܒܕ ܘ et ποιήσομεν. quod [πῶς πο]ιήσομεν significare clarum
17 ܡܢ ܘܡܪ̈ܟܒܬܐ ܕܢܘܪܐ
19 ܘܐܘܒܠܟܘܢ B
20 [ܕ]ܡܝܐ ܠܫܡܪܝܢ ÷ [ܕ]ܐܬܐܡܪ ܐܝܟ ܠܝ ܟܠ ܡܬܬܪܓܡܢܐ. ܡܢ ܝܘܢܝܐ ܡܬܦܫܩܐ. ܗܠܝܢ [ܕ]ܒܗܘܢ ܚܝܠܐ ܣܓܝܐܐ ܕܡܬܩܪܐ ܠܚܝܐ. vide ad 6_{32}
20 [ܕ]ܟܕ ܕܡܝܐ ܠܫܡܪܝܢ ÷ ܕܐܠܐ ܐܝܬܝܐ ܩܘܫܛܐ ܐܝܟ ܠܘܬ ܗܘ [ܒ]ܬܪܐ ÷ ܘܗܘܐ ܕܟܕ ÷ ܗܠܝܢ ܕܡܫܚܝܢ ܠܡܚܘܐ ܒܥܝܢܝܗܘܢ [ܕ]ܡܬܬܪܓܡܐ ÷ ܘܗܘܐ [ܐ]ܟܕ ÷ ܡܬܪܓܡܢܘܬܐ [ܘ]ܒܬܪ ܟܠܗ ܒܒܪܒܪܐ
23 ܗܘ ÷ ܡܢ ܩܕܡܝܐ ÷ [ܐ]ܬܝܗܒ ܦܩܕܘܗܝ ܦܪܬܐ et ιıρatai [= πειραταί]

ܡܠܟ̈ܐ ܕ ܀

[24] ܘܗܘܐ ܒܬܪ ܗܠܝܢ܂ ܘܟܢܫ ܒܪܗ ܕܗܕܪ ܡܠܟܐ ܕܐܪܡ ܠܟܠܗ ܡܫܪܝܬܐ ܕܝܠܗ܂ ܘܣܠܩ
ܘܐܩܦ ܥܠ ܫܡܪܝܢ܂ ※ ܐ ܗ ܘܚܒܫܗ̇: [25] ܘܗܘܐ ܟܦܢܐ ܪܒܐ ܒܫܡܪܝܢ܂ ܘܗܐ ܡܟܒܫܝܢ ܗܘܘ ܥܠܝܗ̇
27² | ܥܕܡܐ ܕܗܘܐ ܪܫܐ ܕܚܡܪܐ ܒܚܡܫܝܢ ܕܟܣܦܐ܂ ܘܪܘܒܥܐ ܕܩܒܐ ܕܙܒܠܐ ܕܝܘܢܐ *ܒܚܡܫܐ ܘܣܡܐ
ܕܟܣܦܐ: [26] ܘܐܝܬܘܗܝ ܗܘܐ ܡܠܟܐ ܕܐܝܣܪܐܝܠ ܕܥܒܪ ܥܠ ܫܘܪܐ܂ ܘܐܢܬܬܐ ܐܪܥܬܗ ܠܘܬܗ ܟܕ ܐܡܪܐ
»ܦܪܘܩ.. ܡܪܝ ܡܠܟܐ«: [27] ܘܐܡܪ »ܠܐ ܢܦܪܩܟܝ ܡܪܝܐ܂ ܡܢ ܐܝܟܐ ܐܦܪܩܟܝ܀ ܟܕ ܡܢ ܐܕܪܐ ܐܘ ܡܢ
ܡܥܨܪܬܐ܀«: [28] ܘܐܡܪ ܠܗ̇ ܡܠܟܐ »ܡܢܐ ܐܝܬ ܠܟܝ܀«: ܘܐܡܪܬ »ܐܢܬܬܐ ܗܕܐ ܐܡܪܬ ܠܘܬܝ »ܗܒܝ ܒܪܟܝ
ܕܝܠܟܝ܂ ܘܢܐܟܠܝܘܗܝ ܝܘܡܢܐ܂ ※ ܐ ܗ ܠ ܘܠܒܪܝ ܕܝܠܝ ܢܐܟܘܠ ܠܡܚܪ«: [29] ܘܒܫܠܢ ܠܒܪܝ ܕܝܠܝ
ܘܐܟܠܢܝܘܗܝ: ܘܐܡܪܬ ܠܗ̇ ܒܝܘܡܐ ܕܐܚܪܢ »ܗܒܝ ܒܪܟܝ ܕܝܠܟܝ܂ ܘܢܐܟܠܝܘܗܝ«. ܘܛܫܝܬܗ ܠܒܪܗ̇ ܕܝܠܗ̇«:
28¹ [30] ܘܗܘܐ ܕܟܕ ܫܡܥ ܡܠܟܐ ÷ ܕܐܝܣܪܐܝܠ ܠܡܠܘܗܝ ܕܐܢܬܬܐ܂ ܨܪܐ ܠܢܚܬܘܗܝ: | ܘܗܘܐ ܥܒܪ ܗܘܐ ܥܠ
ܫܘܪܐ܂ ܘܚܙܐ ܥܡܐ ܠܣܩܐ ܥܠ ܒܣܪܗ ܡܢ ܠܓܘ: [31] ܘܐܡܪ »ܗܟܢܐ ܢܥܒܕ ܠܝ ܐܠܗܐ ܘܗܟܢܐ
ܢܘܣܦ܀ ܐܢ ܢܩܘܡ ܪܫܗ ܕܐܠܝܫܥ ※ ܒܪܗ ܕܫܦܛ ܠܘܬܗ ܝܘܡܢܐ«: [32] ܘܐܠܝܫܥ ܝܬܒ ܗܘܐ ܒܒܝܬܐ
ܕܝܠܗ܂ ܘܩܫܝܫܐ ܝܬܒܝܢ ܗܘܘ ܥܡܗ: ܘܫܕܪ ܓܒܪܐ ܡܢ ܩܕܡ ܦܪܨܘܦܗ ܕܝܠܗ: ܥܕܠܐ ܕܢܐܬܐ ܡܠܐܟܐ ܠܘܬܗ܂
ܘܗܘ ܐܡܪ ܠܘܬ ܩܫܝܫܐ »*ܚܙܝܬܘܢ ܕܫܕܪ ܒܪܗ ܕܩܛܘܠܐ ܠܡܣܩ ܪܫܐ ܕܝܠܝ܀ ܚܙܘ
ܘܐܡܬܝ ܕܐܬܐ ܡܠܐܟܐ܂ ܐܚܘܕܘ ܬܪܥܐ ܘܐܠܚܘܨܘܗܝ ܒܬܪܥܐ: ܗܐ ܩܠܐ ܕܪ̈ܓܠܐ ܕܡܪܗ ܒܬܪܗ܀«:
[33] ܘܥܕ ܗܘ ܡܡܠܠ ܥܡܗܘܢ܂ ܘܗܐ ܡܠܐܟܐ ܢܚܬ ܠܘܬܗ܂ ܘܐܡܪ »ܗܐ ܗܕܐ ܗܝ ܒܝܫܬܐ ܡܢ ܡܪܝܐ܂ ܡܢܐ
ܡܣܟܐ ܐܢܐ ܠܡܪܝܐ ܬܘܒ܀« ܀
7 28² [1] ܘܐܡܪ | ܐܠܝܫܥ »ܫܡܥܘ ܡܠܬܐ ܕܡܪܝܐ: ܗܟܢܐ ܐܡܪ ܡܪܝܐ »ܐܝܟ ܥܕܢܐ ܗܕܐ ܠܡܚܪ ܟܝܠܬܐ ܕܣܡܝܕܐ
ܒܣܩܠܐ܂ ܘܬܪܝܢ ܟܝܠܝܢ ܕܣܥܪ̈ܐ ܒܣܩܠܐ܂ ܒܬܪܥܐ ܕܫܡܪܝܢ«: [2] ܘܥܢܐ *ܠܬܠܬܐ ܩܘܡܐ ܗܘ ܕܥܠ
ܐܝܕܗ ܡܬܬܡܝܟ ܗܘܐ ܡܠܟܐ܂ ܠܘܬ ܐܠܝܫܥ ܘܐܡܪ »ܗܐ *ܐܢ ܥܒܕ ܡܪܝܐ ܡܪ̈ܙܒܐ ܒܫܡܝܐ܂ ܕܠܡܐ ܢܗܘܐ
ܡܠܬܐ ܗܕܐ܀«: ܘܐܡܪ ÷ ܐܠܝܫܥ »ܗܐ ܚܙܐ ܐܢܬ ܒܥܝܢܐ ܕܝܠܟ܂ ܘܡܢ ܬܡܢ ܠܐ ܬܐܟܘܠ« ܀ [3] ܘܐܪܒܥܐ
ܓܒܪ̈ܐ ܓܪ̈ܒܐ ܐܝܬܝܗܘܢ ܗܘܘ ܒܬܪܥܐ ܕܡܕܝܢܬܐ: ܘܐܡܪ ܓܒܪܐ ܠܘܬ ܩܪܝܒܗ ܕܝܠܗ »ܠܡܢܐ ܚܢܢ
ܝܬܒܝܢ ܗܪܟܐ ܕܢܡܘܬ܀ [4] ܐܢ ܐܡܪܝܢ ܚܢܢ ܕܢܥܘܠ ܠܡܕܝܢܬܐ܀ ܘܟܦܢܐ ܒܡܕܝܢܬܐ܂ ܘܡܝܬܝܢ
29¹ ܬܡܢ: | ܘܐܢ ܝܬܒܝܢ ܗܪܟܐ܀ ܐܦ ܡܝܬܝܢ: *ܘܗܫܐ ܬܘ ܘܢܦܠ ܠܡܫܪܝܬܐ ܕܐܪܡܝܐ: ܐܢ ܢܚܝܘܢ ܚܝܝܢ܀
÷ ܐܦ ܚܢܢ܂ ܘܐܢ ܢܡܝܬܘܢ ܢܡܘܬ«: [5] ܘܩܡܘ ܒܚܫܘܟܐ ܠܡܐܬܐ ܠܡܫܪܝܬܐ ܕܐܪܡܝܐ܂
※ ܐ ܠ ܘܐܬܘ ܠܡܫܪܝܬܐ ܕܐܪܡܝܐ܂ ܘܗܐ *ܠܝܬ ܓܒܪܐ ܬܡܢ: [6] ܘܡܪܝܐ ܕܢܫܬܡܥܘܢ ܒܗܝܢ
*ܒܡܫܪܝܬܐ ܕܐܪܡܝܐ ܩܠܐ ܕܡܪ̈ܟܒܬܐ ܘܩܠܐ ܕܣܘܣܘܬܐ ܘܩܠܐ ܕܚܝܠܐ ܪܒܐ܂ ܘܐܡܪ ܓܒܪܐ ܠܘܬ ܐܚܘܗܝ ܕܝܠܗ
»ܗܫܐ ܐܓܪ ܥܠܝܢ †※ ܐ ܗ ܠ ܗܘ ܡܠܟܐ ܕܐܝܣܪܐܝܠ ܠܡܠܟܐ ܕܚܬܝܐ ܘܠܡܠܟܐ ܕܡܨܪܝܢ ܠܡܐܬܐ ܥܠܝܢ«:
[7] ܘܩܡܘ ܘܥܪܩܘ *ܒܚܫܘܟܐ܂ ܘܫܒܩܘ ܠܡܫܟܢܐ ܕܝܠܗܘܢ ※ ܐ ܗ ܠ ܗ ܘܣܘܣܘܬܐ ܕܝܠܗܘܢ
ܘܚܡ̈ܪܝܗܘܢ ܒܡܫܪܝܬܐ ܐܝܟ ܕܐܝܬܝܗܘܢ܂ ܘܥܪܩܘ ܥܠ ܢܦܫܐ ܕܝܠܗܘܢ: [8] ܘܥܠܘ ܓܪ̈ܒܐ ܗܠܝܢ
29² ܥܕܡܐ | ܠܡܢܬܐ ܕܡܫܪܝܬܐ܂ ܘܥܠܘ ܠܡܫܟܢܐ ܚܕ ܘܐܟܠܘ ܘܐܫܬܝܘ܂ ܘܫܩܠܘ ܡܢ ܬܡܢ ܣܐܡܐ ܘܕܗܒܐ
ܘܢܚܬܐ܂ ܘܐܙܠܘ ܛܫܘܗܝ܂ ܘܗܦܟܘ ܘܥܠܘ ܠܡܫܟܢܐ ܐܚܪܢܐ܂ ܘܫܩܠܘ ܡܢ ܬܡܢ ܘܐܙܠܘ ܛܫܘܗܝ:

25 ܕܟܣܦܐ ܒܚܡܫܐ ܐ
28 ܘܐܟܠܢܝܘܗܝ B
28 30 ܐ addidit F
32 ܗܘ ܐܦ ܫܕܪ ÷ ܠ ܫܕܪ
32 ܘܐܠܚܘܨܘܗܝ B
32 ܕܥܒܕܐ ܡܠܐܟܐ ÷ ܕܫܠܝܚܐ ܐܬܐ ܠܗ ܠܘܬ ܡܫܡܫܢܘܬܐ. ܗܘ ܕܐܬܐ ܠܡܫܡܫܢܘܬܐ[.] ܗܟܢ ܕܐܡܪ ܫܠܝܚܐ[ ] ܡܫܡܫܢܐ. vide ad 6_{20}, ubi vocabulum ܕܫܠܝܚܐ in fine additur
1 ܟܝܠܬܐ in ܕܣܡܝܕܐ pr m in litura B
2 τριστατης

2 ܗܘܐ ܠ ܐܘ ÷ ܢܬܒܥ ܡܪܝܐ ܐܘ ubi non ante ܐܘ, sed ante ܗ periit littera, auctorem nescio quem indicans
2 ܡܢ alterum in ܡܪ̈ܙܒܐ pr m in litura B
2 [ܬ]ܬܠܬܐ ܩܘܡܐ ܗܘ ܕܥܠ ܝܕܗ ܐܝܬܘܗܝ ܗܘܐ ܡܢ ܩܘܡܐ ܕܡܠܟܐ ܐܝܟ ܗܢܐ ܕܬܪܝܢ ܡܪ̈ܟܒܬܐ ܒܡܪܟܒܬܐ. ܡܪ̈ܟܒܬܐ ܕܝܢ ܒܬܠܬܐ ܗܘܘ ܡܬܕܒܪܢ ܒܩܪܒܐ ܕܝܠܗܘܢ. ܕܚܕ ܗܘܐ ܡܕܒܪ ܠܗܘܢ ܠܣܘܣܘܬܐ. ܐܝܟ ܕܐܡܪ ܡܢ ܬܠܬܐ ܩܘܡܐ. ܐܝܟ ܕܐܡܪ ܕܡܪ̈ܟܒܬܐ
ܕܦܪܥܘܢ [ܘ]ܐܡܪ ܠܬܠܬܐ ܩܘܡܐ ܡܫܒܚܐ ܕܝܠܗ [ܘ]ܐܡܪ. ܡܪ̈ܟܒܬܐ ܘܚܝܠܐ ܕܦܪܥܘܢ [Exod 15_{5}]. primum vocabulum puncta pluralis habet
4 ܗܘ ܕܢܦܠ ܘܢܚܝܐ ܢܚܐ ܐܦ
5 ܗܘ ܠܗ ܗܘܐ
6 ܠ ܒܡܫܪܝܬܐ ܕܐܪܡܝܐ ܩܠܐ ܕܡܪ̈ܟܒܬܐ
6 ܐ ܠ ܗ ܗܘ
6 ܡܠܟܐ ÷ ܕܐܝܣܪܐܝܠ B
7 ܐ ܘܩܡܘ ܒܚܫ[ܟܐ ܘܥܪ]ܩܘ
7 ܐ post ܡܫܟܢܐ B: correxit F

[9] [illegible]
[illegible]
[illegible] [10] [illegible]
[illegible]
[illegible] [11] [illegible] 30¹
[illegible] [12] [illegible]
[illegible]
[illegible]
[13] [illegible]
[illegible] [14] [illegible]
[illegible] [15] [illegible]
[illegible] 30²
[illegible] [16] [illegible]
[illegible] [17] [illegible]
[illegible]
[illegible] [18] [illegible]
[illegible]
[illegible] [19] [illegible] 31¹
[illegible]
[illegible] [20] [illegible]

8 [1] [illegible]
[illegible]
[illegible] [2] [illegible]
[illegible] [3] [illegible] 31²
[illegible]
[4] [illegible]
[illegible] [5] [illegible]
[illegible]
[illegible]
[6] [illegible] 32¹
[illegible]

9 [illegible] B, sed super [illegible] lineola ad notandum errorem addita
9 [illegible]: nomen auctoris cultro glutinatoris ablatum
10 [illegible] in [illegible] pr m in litura B
10 ante [illegible] liturula in B
10 [illegible]: nomen auctoris cultro glutinatoris ablatum
12 [illegible]
12 [illegible]
12 fin, 14 fin [illegible] addidit F
13 [illegible]
14 [illegible]
14 [illegible]
15 [illegible]
17 [illegible]
18 [illegible]
18 [illegible] B: correxit F
18 [illegible] alterum, 19 [illegible] addidit F
19 [illegible]
19 [illegible] B
1 [illegible]
1 [illegible] (participium) indice ad [illegible] (puncto diacritico carens) adposito
2 [illegible]
2 [illegible]
3 [illegible]
4 [illegible] B
5 indice non adposito [illegible] quae aut [illegible] aut [illegible] aut [illegible] praecedebat nunc abscissa ita, ut exigua pars supersit
6 [illegible]
6 indice non adposito [illegible]
6 [illegible] alterum addidit F

[Syriac text]

32² [Syriac text]

33¹ [Syriac text]

33² [Syriac text]

34¹ [Syriac text]

[Syriac text]

7 [Syriac text]

8 [Syriac text]

8 [Syriac text] [sic: scribe [Syriac text]]

8 [Syriac text]

9 [Syriac text] priorem addidit F

9 [Syriac text] [non differt a B]

10 [Syriac text] post [Syriac text] addidit, [Syriac text] suasit F, quum B [Syriac text] praebeat

10 [Syriac text]

11 εσαπρισαν

11 [Syriac text]

12 indice non adposito [Syriac text]

12 [Syriac text]

13 [Syriac text] addidit F

14 super [Syriac text] vocis [Syriac text] pr m ≈ B

15 μαχβαρ et mox [Syriac text] [sic] [Syriac text]

16 [Syriac text] indice ad [Syriac text] 15 adposito

16 indice non adposito [Syriac text]

18 [Syriac text] descripsi: correxit Middeldorpfius, cui utrumque apographum idem praebuerat quod mihi codex

19 [Syriac text] edo sequutus Fieldium, quum B [Syriac text] post [Syriac text] alterum exhibeat

20 [Syriac text]

20 [Syriac text]

22 [Syriac text] pr m in litura B

22 25 [Syriac text] addidit F

26 in margine sinistro folii 34¹ [Syriac text] [sic] [Syriac text] [Ioh 17 19] [Syriac text]

[illegible] [27] [illegible]
34² [illegible]
[illegible] [28] [illegible]
[illegible] [29] [illegible]
[illegible]
[illegible]
[illegible]
9 [1] [illegible]
[illegible] [2] [illegible]
35¹ [illegible]
[3] [illegible]
[illegible] [4] [illegible]
[5] [illegible]
[illegible] [6] [illegible]
[illegible]
35² [7] [illegible]
[illegible] [8] [illegible]
[illegible] [9] [illegible]
[illegible] [10] [illegible]
[illegible] [11] [illegible]
[illegible]
[illegible] [12] [illegible]
36¹ [illegible]
[illegible] [13] [illegible]
[illegible] [14] [illegible]
[illegible]
[illegible] [15] [illegible]
[illegible]
36² [illegible]
[illegible] [16] [illegible]

[illegible] Regn β 3₃₄ Ierem 49₄
28 [illegible]
29 [illegible]

29 [illegible] primum et tertium add F
29 [illegible] B¹
1 [illegible]
1 [illegible]
1 [illegible]
1 [illegible]
3 [illegible]
3 [illegible]
4 [illegible] ceterum [illegible] B²
5 [illegible]
5 [illegible] alterius [illegible] pr m in litura B
7 indice non adposito [illegible]
7 ÷ addidit F
7 [illegible]
8 [illegible]

8 [illegible] — B. [illegible] B¹
9 [illegible] [non [illegible]]
10 indice non adposito [illegible]
11 [illegible] et paulo superius [illegible]
11 [illegible]
12 [illegible]
12 [illegible] addidit F
12 [illegible]
13 [illegible] B, nisi quod ÷ super [illegible] scripsit: correxit F
13 [illegible]
13 [illegible]
15 [illegible]: index ad [illegible] adpos

ܪܟܒ ܒܡܪܟܒܬܐ ܒܝܙܪܥܐܝܠ* ܐܙܠ ܒܗ ܐܣܝܘܬܗ ܗܘܐ ܡܢ ܩܫܬܐ ܕܐܪܡܝܐ ܗܘܐ ܕܐܬܦܫܩ ܒܐܪܡܝܐ ܕܐܣܛܪܛܝܓܐ ܀
ܘܐܚܙܝܐ ܡܠܟܐ: ܗܘܐ ܢܚܬ †ܦܠܓܘܬܐ ܘܚܝܠܬܢܐ ܘܓܒܪܐ ܕܚܝܠܐ. ܡܛܠ ܕܗܘ ܚܝܠܬܢܐ ܡܠܟܐ ܕܝܗܘܕܐ ܀
ܚܙܐ ܗܘܐ ܠܝܘܪܡ ܒܝܙܪܥܐܝܠ. ܘܩܡ ܢܛܘܪܐ ܥܠ ܡܓܕܠܐ ܕܒܝܙܪܥܐܝܠ. [17] ܘܚܙܐ ܚܝܠܐ ܕܝܗܘܐ ܟܕ ܐܬܐ: ܘܐܡܪ ܚܝܠܐ ܐܢܐ ܚܙܐ ܐܢܐ. ܘܐܡܪ ܝܘܪܡ ܕܒܪ ܪܟܒܐ ܘܫܕܪ *ܠܘܩܕܡܝܗܘܢ. ܘܢܐܡܪ ܫܠܡܐ ܗܘ
ܗܘ: [18] ܘܐܙܠ ܪܟܒܐ ܕܣܘܣܝܐ ܠܐܘܪܥܗ ܘܐܡܪ ܗܟܢܐ ܐܡܪ ܡܠܟܐ ܫܠܡܐ ܗܘ: ܘܐܡܪ ܝܗܘܐ
37¹ ܡܢܐ ܠܟ ܘܠܫܠܡܐ. ܗܦܘܟ *ܠܒܣܬܪܝ: | ܘܐܘܕܥ ܢܛܘܪܐ ܟܕ ܐܡܪ ܕܐܬܐ ܡܠܐܟܐ ܥܕܡܐ ܠܘܬܗܘܢ
ܘܠܐ ܗܦܟ: [19] ܘܫܕܪ ܪܟܒܐ ܕܣܘܣܝܐ ܬܢܝܢܐ. ܘܐܬܐ ܥܕܡܐ ܠܘܬܗܘܢ ܘܐܡܪ ܗܟܢܐ ܐܡܪ ܡܠܟܐ ܫܠܡܐ
ܗܘ: ܘܐܡܪ ܝܗܘܐ ܡܢܐ ܠܟ ܘܠܫܠܡܐ. ܗܦܘܟ ܠܒܣܬܪܝ: [20] ܘܐܘܕܥ ܢܛܘܪܐ ܟܕ ܐܡܪ ܕܐܬܐ
ܥܕܡܐ ܠܘܬܗܘܢ ܘܠܐ ܗܦܟ. *ܘܗܘ ܕܒܪܐ ܕܒܪ ܗܘܐ ܐܝܟ ܕܒܪܗ ܕܢܡܫܝ. ܡܛܠ ܕܒܫܓܝܫܘܬܐ ܗܘܐ:
[21] ܘܐܡܪ ܝܘܪܡ ܐܣܘܪܘ: ܘܐܣܪܘ ܠܡܪܟܒܬܐ *ܕܝܠܗ: ܘܢܦܩ ܝܘܪܡ ܡܠܟܐ ܕܐܝܣܪܝܠ ܘܐܚܙܝܐ ܡܠܟܐ
ܕܝܗܘܕܐ. ܓܒܪ ܒܡܪܟܒܬܐ ܕܝܠܗ: ܘܢܦܩܘ ܠܐܘܪܥܗ ܕܝܗܘܐ. ܘܐܫܟܚܘܗܝ ܒܚܩܠܐ ܕܢܒܘܬ ܗܘ
ܐܝܙܪܥܝܠܝܐ: [22] ܘܗܘܐ ܕܟܕ ܚܙܐ ܝܘܪܡ ܠܝܗܘܐ. ܘܐܡܪ ܫܠܡܐ .. ܝܗܘܐ: ܘܐܡܪ ܝܗܘܐ ܡܢܐ ܫܠܡܐ.
37² *ܥܕ ܙܢܝܘܬܐ | ܕܐܝܙܒܠ ܐܡܟ ܘܚܪܫܘܬܗ ܕܝܠܗ ܣܓܝܐܬܐ: [23] ܘܗܦܟ ܝܘܪܡ ܐܝܕܘܗܝ ܕܝܠܗ ܘܥܪܩ. ܘܐܡܪ
ܠܘܬ ܐܚܙܝܐ ܢܟܠܐ .. ܐܚܙܝܐ: [24] ܘܡܠܐ ܝܗܘܐ ܐܝܕܗ ܒܩܫܬܐ. ܘܡܚܝܗܝ ܠܝܘܪܡ ܒܝܬ ܕܪܥܘܗܝ
ܕܝܠܗ. ܘܢܦܩ ܓܐܪܐ ܡܢ ܠܒܗ. ܘܓܚܢ ܥܠ ܒܘܪܟܘܗܝ ܕܝܠܗ: [25] ܘܐܡܪ ܝܗܘܐ ܠܘܬ *ܒܕܩܪ ܬܠܝܬܝܗ
ܕܝܠܗ: ܫܩܘܠ ܪܡܝܘܗܝ *ܒܡܢܬܐ ܕܚܩܠܐ ܕܢܒܘܬ ܗܘ ܐܝܙܪܥܝܠܝܐ. ܡܛܠ ܕܥܗܕ ܐܢܐ ܘܐܢܬ. ܟܕ
ܪܟܒܝܢ ܗܘܝܢ ܥܠ ܙܘܓܐ ܒܬܪ ܐܚܥܒ ܐܒܘܗܝ. ܘܡܪܝܐ ܫܩܠ ܥܠܘܗܝ *ܡܫܩܠܐ ܗܢܐ [26] ܐܠܐ ܐܢ
ܚܙܝܬ ܕܡܐ ܕܢܒܘܬ ܘܕܡܐ ܕܒܢܘܗܝ ܐܬܡܠܝ .. ܐܡܪ ܡܪܝܐ .. ܘܐܦܪܥ ܠܗ ܒܚܩܠܐ ܗܢܐ. ܐܡܪ
38¹ ܡܪܝܐ: ܘܗܫܐ ܫܩܘܠ ܐܪܡܝܘܗܝ ܒܚܩܠܐ ܐܝܟ ܡܠܬܐ ܕܡܪܝܐ: [27] ܘܐܚܙܝܐ | ܡܠܟܐ
ܕܝܗܘܕܐ ܚܙܐ. ܘܥܪܩ ܠܐܘܪܚܐ *ܕܒܝܬ ܓܢܬܐ. ܘܪܕܦ ܒܬܪܗ ܝܗܘܐ. ܘܐܡܪ ܐܦ ܠܗ. ܘܡܚܝܘܗܝ
ܒܡܪܟܒܬܐ ܒܡܣܩܬܐ †ܕܓܘܪ ܗܝ ܕܐܝܒܠܥܡ. ܘܥܪܩ ܠܡܓܕܘ. ܘܡܝܬ ܬܡܢ:
[28] ܘܐܪܟܒܘܗܝ ܥܒܕܘܗܝ ܥܠ ܡܪܟܒܬܐ *ܘܐܝܬܝܘܗܝ ܠܐܘܪܫܠܡ ܘܩܒܪܘܗܝ ܒܩܒܪܐ ܕܝܠܗ ※
ܥܡ ܐܒܗܘܗܝ ܒܡܕܝܢܬܐ ܕܕܘܝܕ ܀
ܠܐ [29] ܘܒܫܢܬܐ ܚܕܥܣܪܐ *ܕܝܘܪܡ ܡܠܟܐ ܕܐܝܣܪܝܠ ܐܡܠܟ ܐܚܙܝܐ ܥܠ ܝܗܘܕܐ ܀ [30] ܘܐܬܐ ܝܗܘܐ
ܠܝܙܪܥܐܝܠ. ܘܐܝܙܒܠ ܫܡܥܬ. ܘܟܚܠܬ ܥܝܢܝܗ ܕܝܠܗ *ܘܨܒܬܬ ܪܫܗ ܘܐܕܝܩܬ ܡܢ ܟܘܬܐ: [31] ܘܝܗܘܐ
ܥܐܠ ܗܘܐ ܠܡܕܝܢܬܐ. ܘܐܡܪܬ ܫܠܡܐ. *ܙܡܪܝ ܩܛܘܠܐ ܕܡܪܗ ܕܝܠܗ: [32] ܘܐܪܝܡ ܦܪܨܘܦܗ ܕܝܠܗ ܠܘܬ
38² ܟܘܬܐ ※ ܘ ܠ ܗܘ ܘܐܡܪ ܡܢ ܗܘ ܐܢܬܝ ܐܢܐ. ܚܘܬ ܠܝ | ܠܘܬܝ: ܘܕܝܩܘ ܠܘܬܗ ܬܪܝܢ ※ ܘ ܗܘ ܐܘ
※ ܬܠܬܐ ܡܗܝܡܢܐ: [33] ܘܐܡܪ ܫܕܘܗ *ܫܕܘܗ. ܘܫܕܘܗ: ܘܐܬܪܣܣ ܡܢ ܕܡܗ ܕܝܠܗ ܠܘܬ ܫܘܪܐ
ܘܠܘܬ ܣܘܣܘܬܐ. ܘܕܫܘܗ: [34] ܘܥܠ ܘܐܟܠ ܘܐܫܬܝ. ܘܐܡܪ ܣܥܘܪܘ ܗܫܐ ܠܡܠܝܛܬܐ ܗܕܐ ܘܩܒܪܘܗ.
ܡܛܠ ܕܒܪܬ ܡܠܟܐ ܐܝܬܝܗ: [35] ܘܐܙܠܘ ܠܡܩܒܪܗ. ܘܠܐ ܐܫܟܚܘ ܒܗ ܡܕܡ ܐܚܪܢܐ ܐܠܐ ܐܢ ܓܓܘܠܬܐ
ܘܪܓܠܐ ܘܦܣܬܐ ܕܐܝܕܝܐ: [36] ܘܗܦܟܘ ܘܐܘܕܥܘܗܝ. ܘܐܡܪ ܡܠܬܐ ܕܡܪܝܐ ※ ܗܝ ܕܡܠܠ ܒܐܝܕ ܥܒܕܗ ܐܠܝܐ
ܬܫܒܝܐ: ܕܒܚܩܠܐ ܕܝܙܪܥܐܝܠ ܢܐܟܠܘܢ ܟܠܒܐ ܒܣܪܗ ܕܐܝܙܒܠ. [37] ܘܬܗܘܐ ܢܒܠܬܗ

16 ܣܬܪܛܝܓܐ
16 ܝ addidit F
16 ܕܡܐ et ܕܡܢ ܐܬܝ [ܐܬܐ corr C]
17 ܠܐܘܪܥܗܘܢ
18 ܠܒܣܬܪܝ ܘ ܠ indice ad ܒܣܬܪܝ adposito
20 indice ad ܕܒܪܐ adposito ܘܕܒܪܐ ܐܝܟ ܕܒ[ܪ] ܕܗܘܐ ܡܛܠ ܕܒܫܓܝܫ[ܘ]ܬܐ ܗܘܐ ܕܒܪ
22 ܕܢ ܡܢ ܙܢܝܘܬ[ܐ]
25 βαδεκαρ
25 ܒܕܩܪ ܬܠܝܬܝܗ: nomen auctoris cultro ablatum est
25 ܝ vocis ܚܢܐ pr m in litura B
25 ܡܫܩܠܐ ܗܢܐ ܠܥܠܡ: praecessit aut ܘ aut ܗܘ aut ܠ
27 ܕܒܝܬ ܓܢܬܐ ܝ
27 ad ܕܓܘܪ pertinuerit in B^m ιρ, cuius initium cultro ablatum
27 ܕܒܠܥܡ B, ad quod pertinuerit B^m ܒܡܣܩܬܐ
28 ܕܝܠܗ ※ ܥܠ ܡܪܟܒܬܐ B: correxit F
28 ܘܐܝܬܝܘܗܝ ܠ [non ܠ]
29 ܕܢ ܘ ܕܝܘܪܡ ܒܪ[ܝ]ܗ ܐܚܐܒ
30 indice non adposito ܘ ܨܒܬܬ
31 . ܐܡܪ ܙܡܪܝ ܩܛܘܠܐ ܕܡܪܗ ❖ ܗܘ ܠܐܚܕܘܗܝ ܕܐܬܐ. ܐܠܐ ܠܡܘܬܐ ܕܢܡܘܬ ܕܝܠܗ ܗܘ ܕܩܡ ܥܠ ܐܠܗܘܗܝ ܕܡܪܗ ܘܩܛܠܗ ܘܐܡܠܟ ܚܠܦܘܗܝ. ܐܝܟ[ܢܐ] ܕܗܘܐ ܠܗ: ܫܠܡܐ [ܫܠܡ?] ܕܥܠ ܗܢܐ ܩܛܝܠ ܕܝܠܗ. ܐܝܟ ܕܟܬܝܒ ܕܒܬܪ ܫܒܥܐ [16$_9$] ܝܘܡܝܢ. ܘܡܝܬ ܘܡܛܠ ܗܢܐ ܐܡܪܐ. ܐܘ ܙܡܪܝ. ܕܢ ܗܫܐ ܐܡܠܟ ܥܡܪܝ ܒ[ܠ] ܡܪܐ ܕܝܠܗ ܡܠܟܐ ܝܘܪܡ
32 ܐܢܬ B
33 ܫܕܘܗ ܫܕܘܗ: nomen auctoris cultro ablatum
33 ܫܕܘܗ ܠܫܘܪܐ ܐܬܪܣܣ

37 [illegible]
[illegible]

10 [illegible] 39¹
[illegible]
[illegible]
[illegible]
[illegible]
[illegible]
[illegible]
39² [illegible]
[illegible]
[illegible]
[illegible]
[illegible]
[illegible]
40¹ [illegible]
[illegible]
[illegible]
[illegible]
[illegible]
[illegible]
[illegible]
40² [illegible]
[illegible]
[illegible]
[illegible]
[illegible]
[illegible]
[illegible]
41¹ [illegible]
[illegible]
[illegible]
[illegible]
[illegible]
[illegible]
41² [illegible]

37 ※ priorem addidit F
1 [βι]βλιον
5 [illegible]
6 [illegible] in [illegible] pr m in litura B
7 [illegible]
8 [illegible]
10 [α]φφο [sic]
10 [illegible] punctum et supernum et infernum habet in B
14 [illegible] priorem addidit F
14 [illegible] B
15 [illegible] B. [illegible] primum > B¹
15 [illegible] indice ad [illegible] adposito
15 [illegible] B
18 [illegible]
19 [illegible] et [illegible]
19 [illegible]
20 [illegible] B
21 [illegible] B
22 μαλθααλ et [illegible]

[illegible]

42[1] [illegible]

42[2] [illegible]

43[1] [illegible]

[illegible] ܝ ÷

11 [illegible]

43[2] [illegible]

---

23 [illegible]
24 [illegible]
24 [illegible] [non [illegible]]
25 [illegible] [non [illegible]] formae primae
27 [illegible] addidit F. [illegible]
29 [illegible]
[illegible] indice ad [illegible] adposito
30 ...[illegible]
[illegible]
[illegible] Ezechiel 18_{22}
30 [illegible] > B[1]
33 [illegible] ÷ B
1 [illegible] [non [illegible]]
2 [illegible]
3 indice non adposito [illegible] nunc radendo deletum
4 indice ad [illegible] adposito, nomine auctoris (ut videatur) per bibliopegam ablato, [illegible]
4 [illegible] quartum, 5 ÷ addidit F
6 [illegible] B[1], pr m correctum
7 [illegible]. F comparavit Iosephi $\theta 7_2$ [147] τὸν δὲ τολμήσαντα παρελθεῖν εἰς τὸ ἱερὸν ὡπλισμένον ἀναιρεῖσθαι παραυτίκα, de suo [5 9] addens μετὰ τῶν ἐκπορευομένων τὸ σάββατον

44¹ [illegible] [8] [illegible]
[illegible] [9] [illegible]
[illegible]
[illegible] [10] [illegible]
[illegible]
[illegible]
44² [illegible] [11] [illegible]
[illegible]
[illegible] [12] [illegible]
[illegible] [13] [illegible]
[illegible] [14] [illegible]
[illegible]
45¹ [illegible] [15] [illegible]
[illegible]
[illegible] [16] [illegible]
[illegible]
[17] [illegible]
[illegible] [18] [illegible]
[illegible]
45² [illegible] [19] [illegible]
[illegible]
[illegible] [20] [illegible]
[illegible]
12 [1] [illegible] [2] [illegible]
[illegible] [3] [illegible]
46¹ [illegible] [4] [illegible]
[illegible] [5] [illegible]
[illegible]
[illegible] [6] [illegible]
[illegible]
[illegible]

[illegible]

[7] [illegible] [8] [illegible]
46² [illegible]

7 [illegible]
8 [illegible] et σαδι
9 [illegible]
9 [illegible] addidit F
9 [illegible] B
10 [illegible] ceterum [illegible] B
10 [illegible] addidit F
12 [illegible]

12 [illegible]
14 [illegible]
15 [illegible] in B prima
15 [illegible]
17 primo loco [illegible] B: correxit F
17 [illegible] in [illegible] altero pr m in litura B
17 [illegible] alterum addidit F

18 [illegible]
18 [illegible]
2 [illegible]
3 [illegible]
5 [illegible]
6 [illegible] addidit F
7 nihil nisi [illegible] praemittit B

ܕܒܝܬܐ: ܘܗܫܐ ܠܐ ܬܣܒܘܢ ܟܣܦܐ ܡܢ ܙܒܢܘܬܐ ܕܝܠܟܘܢ. ܡܛܠ ܕܠܒܕܩܐ ܕܒܝܬܐ ܬܬܠܘܢܝܗܝ:
⁹ܘܐܫܬܘܝܘ ܟܗܢܐ ܠܡܘܢ ܕܠܐ ܢܣܒܘܢ ܟܣܦܐ ܡܢ ܥܡܐ ܘܠܡܘܢ ܕܠܐ ܢܚܙܩܘܢ ܠܒܕܩܐ ܕܒܝܬܐ: ¹⁰ܘܢܣܒ
ܝܘܝܕܥ ܟܗܢܐ ܩܒܘܬܐ ܚܕܐ. ܘܢܩܒ ܢܩܒܐ *ܒܕܦܐ ܕܝܠܗ. ܘܝܗܒܗ ܠܘܬ †ܐܡܕܒܚܐ ܒܒܝܬܐ ܕܓܒܪܐ
ܕܒܝܬܗ ܕܡܪܝܐ. ܘܝܗܒܘ ܬܡܢ ܟܗܢܐ ܗܢܘܢ ܕܢܛܪܝܢ **ܠܡܬܩܠܐ ܠܟܠܗ ܟܣܦܐ ܗܘ ††ܕܐܫܬܟܚ ܒܒܝܬܗ
ܕܡܪܝܐ: ¹¹ܘܗܘܐ ܕܟܕ ܚܙܘ ܕܣܓܝ ܗܘܐ ܟܣܦܐ ܒܩܒܘܬܐ. ܘܣܠܩ ܣܦܪܐ ܕܡܠܟܐ ܘܟܗܢܐ ܪܒܐ.
47¹ *ܘܨܪܘ ܘܡܢܘ ܠܟܣܦܐ ܗܘ ܕܐܫܬܟܚ ܒܒܝܬܗ ܕܡܪܝܐ: ¹²ܘܝܗܒܘ ܠܟܣܦܐ | ܗܘ ܕܐܬܛܝܒ ܥܠ
ܐܝܕܐ ܕܥܒܕܝ ܥܒܕܐ ܕܒܝܬܐ ܕܒܝܬܗ ܕܡܪܝܐ. ܘܝܗܒܘ ܠܢܓܪ̈ܐ ܕܩܝܣܐ ܘܠܒܢܝ̈ܐ ܗܢܘܢ ܕܥܒܕܝܢ
ܒܒܝܬܐ ܕܡܪܝܐ. ¹³÷ ܘܠܒܢܝ̈ܐ ܕܫܘܪܐ ܘܠܦܣܘܠܐ ܕܟܐܦ̈ܐ. ܠܡܙܒܢܘ ܩܝ̈ܣܐ ܘܟܐܦ̈ܐ ܕܦܣܝܠܢ.
*ܠܡܬܩܢܘ ܒܕܩܐ ܕܒܝܬܗ ܕܡܪܝܐ ܠܟܠܗܝܢ ܗܠܝܢ ܕܢܦܩܢ ܥܠ ܒܝܬܐ ܠܡܬܩܢܘܬܗ: ¹⁴ܒܪܡ ܠܐ
ܢܬܥܒܕܢ ܠܒܝܬܗ ܕܡܪܝܐ ܬܪ̈ܥܐ ܕܟܣܦܐ. ܙ̈ܪܐ. ܡܙܡܪ̈ܢ ÷ ܘܡܙܪ̈ܩܝܬܐ↙ .. ܟܠ ܡܐܢܐ ܕܕܗܒܐ ܘܡܐܢܐ
ܕܟܣܦܐ ܡܢ ܟܣܦܐ ܕܐܬܥܠܠ ܠܒܝܬܗ ܕܡܪܝܐ: ¹⁵ܡܛܠ ܕܠܗܘܢ ܠܥܒܕܝ ܥܒܕܐ ܢܬܠܘܢܝܗܝ.
47² ܘܡܚܙܩܝܢ ܒܗ ܠܒܝܬܗ ܕܡܪܝܐ: ¹⁶ܘܠܐ ܡܬܚܫܒܝܢ ܗܘܘ ܥܡ ܓܒܪ̈ܐ ܗܢܘܢ ܕܝܗܒܝܢ ܗܘܘ ܟܣܦܐ | ܥܠ
ܐܝܕܐ ܕܝܠܗܘܢ. ܠܡܬܠ ܠܗܢܘܢ ܕܥܒܕܝܢ ܥܒܕܐ: ܡܛܠ ܕܒܗܝܡܢܘܬܐ ܕܝܠܗܘܢ ܥܒܕܝܢ: ¹⁷ܟܣܦܐ
ܕܡܛܠ ܚܛܗܐ ※ܘܟܣܦܐ ܕܡܛܠ ܣܟܠܘܬܐ↙ ܗܘ ܕܐܬܥܠܠ ܠܒܝܬܗ ܕܡܪܝܐ. ܠܟܗܢܐ ܗܘܐ ❖
ܠܗ ¹⁸ܗܝܕܝܢ ܣܠܩ ܚܙܐܝܠ ܡܠܟܐ ܕܐܪܡ. ܘܐܬܟܬܫ ܥܠ ܓܬ *ܘܟܒܫܗ̇: †ܘܣܡ ܚܙܐܝܠ ܦܪܨܘܦܗ
ܕܢܣܩ ܠܐܘܪܫܠܡ: ¹⁹ܘܢܣܒ ܝܘܐܫ ܡܠܟܐ ܕܝܗܘܕܐ ܠܟܠܗܘܢ ܩܘܕܫ̈ܐ ܗܠܝܢ ܕܐܩܕܫ
ܝܘܫܦܛ ܘܝܘܪܡ ܘܐܚܙܝܐ ܐܒܗ̈ܘܗܝ ܕܝܠܗ ܡ̈ܠܟܐ ܕܝܗܘܕܐ. ܘܩܘܕܫ̈ܐ ܕܝܠܗ ܘܟܠܗ ܟܣܦܐ ܕܐܫܬܟܚ
ܒܓܙ̈ܐ ܕܒܝܬܗ ܕܡܪܝܐ ܘܕܒܝܬܐ ܕܡܠܟܐ. ܘܫܕܪ ܠܚܙܐܝܠ ܡܠܟܐ ܕܐܪܡ. ܘܣܠܩ ܡܢ ܐܘܪܫܠܡ ❖
48¹ ²⁰ܘܫܪܟܐ ܕܡ̈ܠܐ ܕܝܘܐܫ ܘܟܠܗܝܢ ܗܠܝܢ | ܕܥܒܕ. ܠܐ ܗܐ ܗܠܝܢ ܟܬܝܒܢ ܥܠ ܟܬܒܐ ܕܡ̈ܠܐ ܕܝܘܡ̈ܬܐ
ܕܡ̈ܠܟܐ ܕܝܗܘܕܐ. ²¹ܘܩܡܘ ܥܒ̈ܕܘܗܝ ܕܝܠܗ *ܘܐܬܩܛܪܘ ÷ ܟܠ↙ ܐܣܪܐ. ܘܡܚܐܘܗܝ ܠܝܘܐܫ ܒܒܝܬ ܡܠܘܐ
ܕܒܗ ※ܐ ܗܘ ܡܢ ܓܠܠܐ↙ ܒܓܠܠܐ: ²²ܘܝܘܙܟܪ ܒܪܗ ܕܫܡܥܬ ܘܝܘܙܒܕ ܒܪܗ ܕܫܡܪ ܥܒ̈ܕܘܗܝ ܕܝܠܗ
ܡܚܐܘܗܝ. ܘܡܝܬ. ܘܩܒܪܘܗܝ ܥܡ ܐܒܗ̈ܘܗܝ ܒܡܕܝܢܬܐ ܕܕܘܝܕ. ܘܐܡܠܟ ܐܡܘܨܝܐ ܒܪܗ ܚܠܦܘܗܝ ❖
13 ¹ܒܫܢܬܐ ܕܥܣܪܝܢ ܘܬܠܬ ܫܢܝܢ ܕܝܘܐܫ ܒܪܗ ܕܐܚܙܝܐ ܡܠܟܐ ܕܝܗܘܕܐ. ܐܡܠܟ ܝܘܐܚܙ ܒܪܗ ܕܝܗܘ
※ܐ ܗܘ ܥܠ ܐܝܣܪܝܠ↙ ܒܫܡܪܝܢ ܫܒܥܣܪܐ ܫܢܝܢ: ²ܘܥܒܕ ܗܘ ܕܒܝܫ ܒܥܝ̈ܢܘܗܝ ܕܡܪܝܐ. ܘܐܙܠ
48² ܒܬܪ ܚܛܗ̈ܐ ܕܝܪܒܥܡ ܒܪܗ ܕܢܒܛ | ܗܘ ܕܐܚܛܝ ܠܐܝܣܪܝܠ. ܠܐ ܐܣܬܛܝ ܡܢܗܘܢ: ³ܘܐܬܚܡܬ ܒܚܡܬܐ
ܡܪܝܐ ܒܐܝܣܪܝܠ. ܘܝܗܒ ܐܢܘܢ ܒܐܝܕܐ ܕܚܙܐܝܠ ܡܠܟܐ ܕܐܪܡ ܘܒܐܝܕܐ ※ܕܒܪܗ↙ ܕܒܪܗܕܕ ܒܪܗ ܕܚܙܐܝܠ
ܟܠܗܘܢ ܝܘܡ̈ܬܐ ❖ ⁴ܘܐܬܟܫܦ ܝܘܐܚܙ ܠܦܪܨܘܦܐ ܕܡܪܝܐ. ܘܫܡܥ ܠܗ ܡܪܝܐ. ܡܛܠ ܕܚܙܐ ܠܐܘܠܨܢܐ
ܕܐܝܣܪܝܠ. ܡܛܠ ܕܐܠܨ ܐܢܘܢ ܡܠܟܐ ܕܐܪܡ: ⁵ܘܝܗܒ ܡܪܝܐ ※ܐ ܗܘ ܠ ܠܐܝܣܪܝܠ↙ ܦܪܘܩܐ. ܘܢܦܩܘ ܡܢ
ܬܚܝܬ ܐܝܕܐ ܕܐܪܡ. ܘܝܬܒܘ ܒܢ̈ܝ ܐܝܣܪܝܠ ܒܡܫܟܢ̈ܐ ܕܝܠܗܘܢ ܐܝܟ ܕܐܬܡܠܝ ܘܕܩܕܡ: ⁶ܒܪܡ ܠܐ
ܐܣܬܛܝܘ ܡܢ ܚܛܗ̈ܐ ܕܒܝܬܐ ܕܝܪܒܥܡ ÷ ܗܘ ܠ ܗܘ ܒܪܗ ܕܢܒܛ↙ ܗܘ ܕܐܚܛܝ ܠܐܝܣܪܝܠ. ܒܗܘܢ ܐܙܠ:
49¹ ܘܐܦ ܒܥܠܐ ܗܘ ܩܡ ܒܫܡܪܝܢ: ⁷ܡܛܠ ܕܠܐ ܐܫܬܒܩ ܠܝܘܐܚܙ ܥܡܐ. ܐܠܐ ܐܢ ܚܡܫܝܢ | ܦܪ̈ܫܐ ܘܥܣܪ̈ܐ
ܡܪ̈ܟܒܬܐ ܘܥܣܪܐ ܐܠܦܝ̈ܢ ܕܪ̈ܓܠܐ. ܡܛܠ ܕܐܘܒܕ ܐܢܘܢ ܡܠܟܐ ܕܐܪܡ. ܘܣܡ ܐܢܘܢ ܐܝܟ ܥܦܪܐ ܒܕܝܫܐ ❖
⁸ܘܫܪܟܐ ܕܡ̈ܠܐ ܕܝܘܐܚܙ ܘܟܠܗܝܢ ܗܠܝܢ ܕܥܒܕ. ܘܓܢܒܪܘܬܗ ܕܝܠܗ .. ܠܐ ܗܐ ܗܠܝܢ ܟܬܝܒܢ ܥܠ
ܟܬܒܐ ܕܡ̈ܠܐ ܕܝܘܡ̈ܬܐ ܕܡ̈ܠܟܐ ܕܐܝܣܪܝܠ.: ⁹ܘܫܟܒ ܝܘܐܚܙ ܥܡ ܐܒܗ̈ܘܗܝ ܕܝܠܗ. ܘܩܒܪܘܗܝ ÷ ܥܡ
÷ ܐܒܗ̈ܘܗܝ↙ ܒܫܡܪܝܢ. ܘܐܡܠܟ ܝܘܐܫ ܒܪܗ ܕܝܠܗ ܚܠܦܘܗܝ ❖ ¹⁰ܒܫܢܬܐ ܕܬܠܬܝܢ ܘܫܒܥ ܫܢܝܢ
ܕܝܘܐܫ ܡܠܟܐ ܕܝܗܘܕܐ. ܐܡܠܟ ܝܘܐܫ ܒܪܗ ܕܝܘܐܚܙ ܥܠ ܐܝܣܪܝܠ ܒܫܡܪܝܢ ܫܬܬܥܣܪܐ ܫܢܝܢ:

10 ܡܢ ܙܒܢܘܬܐ ܕܝܠܟܘܢ ubi fuere qui ܙܒܢܘܬܟܘܢ aut ܙܒܢܘܬܐ corrigerent
10 ܡܛܠ ܕܠܒܕܩܐ ܕܒܝܬܗ ܕܡܪܝܐ ❖ l ܡܕܒܚܐ ܕܒܝܬ ܩܘܕܫܐ
10 ܠܡܛܪ ܠܡܬܩܠܐ
10 ܠ ܗܘ ܕܐܬܠ
11 ܗܘܘ ܕܟܕ ܚܙܘ B, ubi quam alteram ܪ esse volui, in codice puncto caret. ܗܘܘ ܡܢ ܕܚܙܘ Eichhorn repertor 15 46
13 14 ↙ addidit F
13 ܡܢ ܐܝܟܐ ܕܒܥܕܗ̇[ܘܢ]
14 17 ܕܐܬܥܠܠ punct infern habet
17 ܟܣܦܐ ܕܚܛܗܐ
18 indice non adposito ܘܟܒܫܗ̇
18 ܘܟܒܫ ܡܢ ubi ܘ ܡܢ pr m in litura
21 ܡܢ ܘܩܛܠܘܗܝ ܒܒܝܬ[ܗ] ܕܡܠܐ
3 ※ addidit F. utrum ܕܒܪܗ an ܕܒܪܗܕ voluerit B, non liquet
7 ܚܡܫܝܢ↙ B¹. ↙ addidit F
9 ÷ ܥܡ ÷ ܐܒܗ̈ܘܗܝ↙ B. ÷ alterum in versu medio

11 ܘܢܒܝܐ ܚܕ ܕܣܒܐ ܥܡܘܪ ܗܘܐ ܒܒܝܬܐܝܠ . ܘܐܬܝܢ ܒܢܘܗܝ ܘܡܫܬܥܝܢ ܠܗ | ܟܠܗܘܢ ܥܒܕܐ 49^2
ܕܥܒܕ ܓܒܪܐ ܕܐܠܗܐ . ܒܗܘ ܝܘܡܐ ܀ 12 ܘܡܠܐ ܕܡܠܠ ܠܡܠܟܐ ܘܡܫܬܥܝܢ ܗܘܘ ܠܐܒܘܗܘܢ . ܘܡܠܠ ܥܡܗܘܢ
ܐܒܘܗܘܢ ܟܕ ܐܡܪ . ܒܐܝܢܐ ܐܘܪܚܐ ܐܙܠ ܗܘܐ . ܘܡܚܘܝܢ ܠܗ ܒܢܘܗܝ ܐܘܪܚܐ ܕܐܙܠ ܗܘܐ ܓܒܪܐ ܕܐܠܗܐ
ܕܐܬܐ ܡܢ ܝܗܘܕ ܀ 13 ܘܐܡܪ ܠܒܢܘܗܝ ܐܣܪܘ ܠܝ ܚܡܪܐ . ܘܐܣܪܘ ܠܗ ܚܡܪܐ ܕܝܠܗ . ※ ܘܪܟܒ
※ ܥܠܘܗܝ ܘܐܙܠ ܒܬܪ ܓܒܪܐ ܕܐܠܗܐ ܀

ܓܒܪܐ ܕܐܠܗܐ ܢܒܝܐ ܕܓܠܐ ܀

14 ܘܐܙܠ ܒܬܪܗ ܕܓܒܪܐ ܕܐܠܗܐ ܘܐܫܟܚܗ ܕܝܬܒ ܬܚܝܬ ܒܠܘܛܐ . ܘܐܡܪ ܠܗ ܐܢܬ ܗܘ ܓܒܪܐ ܕܐܠܗܐ . ܠܗ
ܕܐܬܝܬ ܡܢ ܝܗܘܕ . ܘܐܡܪ ܠܗ »ܐܢܐ« . 15 ܘܐܡܪ ܠܗ
»ܬܐ ܥܡܝ ܠܒܝܬܐ ܘܐܟܘܠ ܠܚܡܐ« : 16 ܘܐܡܪ ܓܒܪܐ ܕܐܠܗܐ ※ ܠܐ ܐܫܟܚ
| »ܠܡܗܦܟܘ ܥܡܟ ܘܠܡܐܬܐ ܥܡܟ« : ܘܠܐ ܐܟܘܠ ܠܚܡܐ ܘܠܐ ܐܫܬܐ ܡܝܐ ܒܐܬܪܐ ܗܢܐ 50^1
ܒܗ ܥܠ ܐܬܪܐ ܕܡܠܟܐ . 17 ܘܐܡܪ »ܕܗܟܢܐ ※ ܦܩܕ ܠܝ« : ܦܩܕܢܝ : ※ ܘܐܡܪ ܡܪܝܐ
※ »ܒܡܠܬܗ« : ܘܐܡܪ ܠܝ : ܠܐ ܬܐܟܘܠ ܠܚܡܐ ܘܠܐ ܬܫܬܐ ܡܝܐ ܬܡܢ . ܘܠܐ ܬܗܦܘܟ ܒܐܘܪܚܐ
ܕܐܙܠܬ ܒܗ ܠܐܘܪܚܐ« : 18 ܘܐܡܪ ܠܗ ܐܦ ܐܢܐ ܢܒܝܐ ܐܢܐ ܐܝܟܘܬܟ : ܘܡܠܐܟܐ ܡܠܠ ܥܡܝ
ܒܡܠܬܗ ܕܡܪܝܐ ܟܕ ܐܡܪ : ܐܗܦܟܝܘܗܝ ܥܡܟ ܠܒܝܬܟ . ܘܢܐܟܘܠ : 19 ܘܐܗܦܟܗ
ܕܢܐܟܘܠ ܘܐܡܪ »ܠܗ ܠܚܡܐ ܘܢܫܬܐ ܡܝܐ ܒܒܝܬܗ . ܘܐܟܠ ܠܚܡܐ ܘܫܬܐ ܡܝܐ ܒܒܝܬܗ
ܒܐܘܪܚܐ . ܘܠܐ ܐܬܐ ܐܝܟ ܕܐܡܪ ܠܗ« ܀

ܥܠܬܐ ܕܐܣܬܓܝܘ ܀

20 ܘܗܘܐ ܟܕ ܝܬܒܝܢ ܥܠ ܦܬܘܪܐ : ܘܗܘܬ ܡܠܬܐ ܕܡܪܝܐ | ܥܠ ܢܒܝܐ ܕܐܗܦܟܗ : 21 ܘܩܥܐ 50^2 ܠܘܬ
ܓܒܪܐ ܕܐܠܗܐ ܕܐܬܐ ܡܢ ܝܗܘܕ . ܘܐܡܪ ܠܗ . ܗܟܢܐ ܐܡܪ ܡܪܝܐ . ܚܠܦ ܕܡܪܡܪܬ ܠܡܠܬܗ ܕܡܪܝܐ . ※ ܘܠܐ
ܢܛܪܬ ※ ܦܘܩܕܢܐ ܕܦܩܕܟ ܡܪܝܐ ܐܠܗܟ : 22 ܘܗܦܟܬ ܘܐܟܠܬ ܠܚܡܐ ܘܫܬܝܬ ܡܝܐ ܒܐܬܪܐ ܕܐܡܪ ܠܟ
※ ܕܠܐ ܬܐܟܘܠ ܠܚܡܐ ܘܠܐ ܬܫܬܐ ܡܝܐ : ܠܐ ܬܥܘܠ ܫܠܕܟ ܠܩܒܪܐ ܕܐܒܗܬܟ : 23 ܘܗܘܐ ܒܬܪ ܕܐܟܠ ܠܚܡܐ
ܘܫܬܐ ܡܝܐ . ܘܐܣܪ ܠܗ ܚܡܪܐ . ܘܗܦܟ ܘܐܙܠ . 24 ܘܐܫܟܚܗ ܐܪܝܐ ܒܐܘܪܚܐ ܘܩܛܠܗ . ܘܗܘܬ
ܫܠܕܗ ܫܕܝܐ ܒܐܘܪܚܐ . ܘܚܡܪܐ ܩܐܡ ܠܘܬܗ . ܘܐܪܝܐ ※ ܩܐܡ ܠܘܬ ܫܠܕܐ : 25 ܘܗܐ ܓܒܪܐ ܥܒܪܝܢ ܘܚܙܘ
※ ܠܫܠܕܐ ܕܫܕܝܐ ܒܐܘܪܚܐ . ܘܐܪܝܐ ܩܐܡ ܠܘܬ ܫܠܕܐ . ܘܐܬܘ ܘܐܡܪܘ ܒܡܕܝܢܬܐ
ܕܝܬܒ ܒܗ ܢܒܝܐ ܣܒܐ | ܘܫܡܥ ܗܘ ܢܒܝܐ ܕܐܗܦܟܗ ܡܢ ܐܘܪܚܐ . 51^1
ܘܐܡܪ ܓܒܪܐ ܕܐܠܗܐ ܗܘ . ܕܡܪܡܪ ܠܡܠܬܗ ܕܡܪܝܐ ܀

14 1 ܒܙܒܢܐ ܗܘ ܟܪܗ ܐܒܝܐ ܒܪܗ ܕܝܪܒܥܡ . 2 ܘܐܡܪ ܝܪܒܥܡ ܠܐܢܬܬܗ . ܩܘܡܝ ܘܫܢܝ ܢܦܫܟܝ
ܕܠܐ ܢܕܥܘܢ ܕܐܢܬܬ ܝܪܒܥܡ ܐܢܬܝ . ܘܙܠܝ ܠܫܝܠܘ . ܗܐ ܬܡܢ ܐܚܝܐ ܢܒܝܐ
ܗܘ ܕܡܠܠ ܥܠܝ ܕܐܗܘܐ ܡܠܟܐ ܥܠ ܥܡܐ ܗܢܐ : 3 ܘܣܒܝ ܒܐܝܕܝܟܝ ܥܣܪܐ ܠܚܡܝܢ
ܘܩܠܘܪܝܬܐ ܠܒܢܝܗ ܘܩܘܠܬܐ ܕܕܒܫܐ . ܘܙܠܝ ܠܘܬܗ : ܗܘ ܢܚܘܐ ܠܟܝ ܡܢܐ ܢܗܘܐ ܠܛܠܝܐ : 4 ܘܥܒܕܬ
ܐܢܬܬ ܝܪܒܥܡ ܗܟܢܐ . ܘܩܡܬ ܘܐܙܠܬ ܠܫܝܠܘ . ܘܥܠܬ ܠܒܝܬܗ ܕܐܚܝܐ : 5 ܘܐܚܝܐ
ܠܐ ܡܨܐ ܗܘܐ ܠܡܚܙܐ : ܡܛܠ ܕܩܡ ܥܝܢܘܗܝ ܡܢ ܣܝܒܘܬܗ . ܘܡܪܝܐ ܐܡܪ ܠܐܚܝܐ : | ܗܐ ܐܢܬܬ ܝܪܒܥܡ 51^2
ܐܬܝܐ ܠܡܫܐܠܘ ܡܢܟ ܥܠ ܒܪܗ ܕܟܪܝܗ ܗܘ . ܗܟܢܐ ܘܗܟܢܐ ܬܡܠܠ ܥܡܗ :
6 ܘܟܕ ܥܠܬ ܗܝ ܡܫܢܝܐ ܗܘܬ . ܘܟܕ ܫܡܥ ܐܚܝܐ ܩܠ ܪܓܠܝܗ ܕܥܠܐ ܒܬܪܥܐ . ܐܡܪ ܥܘܠܝ
ܐܢܬܬ ܝܪܒܥܡ . »ܠܡܢܐ ܗܕܐ ܡܫܢܝܐ ܐܢܬܝ . ܘܐܢܐ ܫܠܝܚ ܐܢܐ ܠܘܬܟܝ ܒܡܠܬܐ ܩܫܝܬܐ
: 7 ܙܠܝ ܐܡܪܝ ܠܝܪܒܥܡ . ܗܟܢܐ ܐܡܪ ܡܪܝܐ ܐܠܗܐ ܕܐܝܣܪܝܠ . ܚܠܦ ܕܐܪܝܡܬܟ ܡܢ ܓܘ ܥܡܐ
ܘܝܗܒܬܟ ܪܫܐ ܥܠ ܥܡܝ ܐܝܣܪܝܠ : 8 ܘܦܠܓܬ ܡܠܟܘܬܐ ܡܢ ܒܝܬ ܕܘܝܕ ܘܝܗܒܬܗ ܠܟ

13 ܐ post ܘܐܡܪ; habet B
14° non ܥܡܗ, sed ܥܡܝ B
15 ܠܒܝܬܝ ܥܡ ܐ
17 ܘܦܩܕ B¹
19 ܘܐܗܦܟܗ B¹
21 ante ܘܩܥܐ quatuor vel quinque elementa radendo deleta in B
21 indice non adposito ܥܡ ܕܝ ܐܠܗܐ ܗܘ ܓܒܪܐ ܕܐܬܐ ܡܢ ܝܗܘܕ ܕܡܪܝܐ
23 ܐ alterum addidit F
24 25 ܫܕܝܐ B
24 ܫܕܝܐ ܐ ܓܒܪܐ B
2 med ܕܝܪܒܥܡ B vocabulum unum
2 extr ܐܢܬܝ B [spatium augustius]
6 ܕܥܠܬ in B prima
7 ܡܢ ܓܘ ܥܡܐ
8 ܡܠܟܘܬܐ ܡܢ ܒܝܬ ܗܘܐ ܠܗ ܐܝܟ ܐܢܐ [sic] ܐܢܐ

ܕܝܗܘ ܡܠܟܐ ܕܐܝܣܪܐܝܠ ܟܕ ܐܡܪ «ܬܐ ܢܬܚܙܐ ܒܦܪܨܘܦܐ»: ⁹ܘܫܕܪ ܝܗܘܐܫ ܡܠܟܐ ܕܐܝܣܪܐܝܠ ܠܘܬ
52¹ ܐܡܘܨܝܐ ܡܠܟܐ ܕܝܗܘܕܐ ܟܕ ܐܡܪ «*ܐܟܐܢܐ ܗܘ ܕܒܠܒܢܢ ܫܕܪ ܠܘܬ ܩܕܪܘܣ ܕܒܠܒܢܢ ܟܕ ܐܡܪ | «ܗܒ
ܒܪܬܟ ܠܒܪܝ ܠܐܢܬܬܐ: ܘܥܒܪܘ ܚܝ̈ܘܬܐ ܕܚܩܠܐ ܕܒܪܐ ܗܢܝ ܕܒܠܒܢܢ ܘܕܫܘܗܝ ܠܐܟܐܢܐ:
[10] ܡܡܚܐ ܡܚܝܬ ܠܐܕܘܡ. ܘܐܬܪܝܡ ܠܒܟ. ܐܫܬܒܚ ܡܢ ܝܬܝܪ ܐܢܬ ܒܒܝܬܟ ܘܠܡܢܐ: ܒܒܝܫܬܐ ܗܪܐ ܐܢܬ
ܒܒܝܫܬܟ. ܘܬܦܠ ܐܢܬ ܐܢܬ. ܘܝܗܘܕܐ ܥܡܟ»: [11] ܘܠܐ ܫܡܥ ܐܡܘܨܝܐ. ܘܣܠܩ ※ܐ ܗ ܠ ܗ
ܝܘܐܫ↙ ܡܠܟܐ ܕܐܝܣܪܐܝܠ. ܘܐܬܚܙܝܘ ܒܦܪܨܘܦܐ ※ܗܘ ܘܐܡܘܨܝܐ ܡܠܟܐ ܕܝܗܘܕܐ↙. [12] ܘܐܬܒܪ ܝܗܘܕܐ
ܡܢ ܦܪܨܘܦܐ ܕܐܝܣܪܐܝܠ. ܘܥܪܩ ܓܒܪܐ ܠܡܫܟܢܐ ܕܝܠܗ: [13] ܘܠܐܡܘܨܝܐ ※ܡܠܟܐ ܕܝܗܘܕܐ↙ ܒܪܗ
ܕܝܘܐܫ ※ܐ ܒܪܗ ܕܐܚܙܝܐ↙ *ܬܦܫܗ ܝܘܐܫ ܒܪܗ ܕܝܗܘܐܚܙ↙ ܡܠܟܐ ܕܐܝܣܪܐܝܠ ܒܒܝܬ ܫܡܫ:
52² †ܘܐܬܐ ܠܐܘܪܫܠܡ **ܘܬܪܥ ܒܫܘܪܐ ܕܐܘܪܫܠܡ ܒܬܪܥܐ ܕܐܦܪܝܡ ܥܕܡܐ ܠܬܪܥܐ ܕܦܢ̈ܝܬܐ. ܐܪܒܥܡܐܐ | ܐܡܝܢ:
[14] ܘܢܣܒ ※ܟܠܗ↙ ܕܗܒܐ ܘܣܐܡܐ ܘܟܠܗܘܢ ܡܐܢܐ ܗܠܝܢ ܕܐܫܬܟܚܘ ܒܒܝܬܗ ܕܡܪܝܐ ܘܒܣܝ̈ܡܬܐ
ܕܒܝܬܐ ܕܡܠܟܐ ܘܒܢ̈ܝ *ܥܪܒܘܬܐ. ܘܗܦܟ ܠܫܡܪܝܢ ܀ [15] ܘܫܪܟܐ ܕܡ̈ܠܐ ܕܝܘܐܫ. ܗܠܝܢ ܕܥܒܕ
ܒܓܢܒܪܘܬܗ ܕܝܠܗ. ܘܐܝܟܢ ܕܐܬܟܬܫ ܥܡ ܐܡܘܨܝܐ ܡܠܟܐ ܕܝܗܘܕܐ. ܠܐ ܗܐ ܟܬܝܒܝܢ ܥܠ ܟܬܒܐ ܕܡ̈ܠܐ
ܕܝܘܡ̈ܬܐ ܕܡ̈ܠܟܐ ܕܐܝܣܪܐܝܠ: [16] ܘܫܟܒ ܝܘܐܫ ܥܡ ܐܒܗܘܗܝ. ܘܐܬܩܒܪ ܒܫܡܪܝܢ ܥܡ ܡ̈ܠܟܐ
ܕܐܝܣܪܐܝܠ. ܘܐܡܠܟ ܝܪܒܥܡ ܒܪܗ ܚܠܦܘܗܝ ܀ [17] ܘܚܝܐ ܐܡܘܨܝܐ ܒܪܗ ܕܝܘܐܫ ܡܠܟܐ
ܕܝܗܘܕܐ ܡܢ ܒܬܪ ܕܡܝܬ ܝܘܐܫ ܒܪܗ ܕܝܗܘܐܚܙ ܡܠܟܐ ܕܐܝܣܪܐܝܠ ܚܡܫܥܣܪܐ ܫܢܝ̈ܢ ܀ [18] ܘܫܪܟܐ
53¹ ܕܡ̈ܠܐ ܕܐܡܘܨܝܐ ܘܟܠܗܝܢ ܗܠܝܢ ܕܥܒܕ. | ܠܐ ܗܐ ܟܬܝܒܝܢ ܥܠ ܟܬܒܐ ܕܡ̈ܠܐ ܕܝܘܡ̈ܬܐ ܠܡ̈ܠܟܐ
ܕܝܗܘܕܐ: [19] ܘܐܬܩܛܪܘ ܥܠܘܗܝ ܩܛܝܪܘܬܐ ܒܐܘܪܫܠܡ. ܘܥܪܩ ܠܠܟܝܫ. ܘܫܕܪܘ ܒܬܪܗ
ܠܠܟܝܫ ܘܩܛܠܘܗܝ ܬܡܢ: [20] ܘܫܩܠܘܗܝ ܥܠ ܣܘܣܝܐ. ܘܐܬܩܒܪ ܒܐܘܪܫܠܡ ܥܡ ܐܒܗܘܗܝ ܒܒܝܬܗ
ܒܡܕܝܢܬܐ ܕܕܘܝܕ: [21] ܘܢܣܒܘ ܟܠܗ ܥܡܐ ܕܝܗܘܕܐ *ܠܥܙܪܝܐ†. ܘܗܘ ܒܪ ܫܬܥܣܪܐ ܫܢܝ̈ܢ.
ܘܐܡܠܟܘܗܝ ܚܠܦ ܐܒܐ ܕܝܠܗ ܐܡܘܨܝܐ: [22] ܗܘ ܒܢܐ ܠܐܝܠܬ ܘܐܬܦܢܝܗ ܠܝܗܘܕܐ ܒܬܪ ܕܫܟܒ ܡܠܟܐ
ܥܡ ܐܒܗܘܗܝ ܀
[23] ܒܫܢܬܐ ܕܚܡܫܥܣܪܐ ※ܐ ܗ ܫܢܝ̈ܢ↙ ܕܐܡܘܨܝܐ ܒܪܗ ܕܝܘܐܫ ܡܠܟܐ ܕܝܗܘܕܐ ܐܡܠܟ ܝܪܒܥܡ ܡܕ
ܒܪܗ ܕܝܘܐܫ ※ܡܠܟܐ↙ ÷ܥܠ ܐܝܣܪܐܝܠ↙ ܒܫܡܪܝܢ. ܐܪܒܥܝܢ ܘܚܕܐ ܫܢܝ̈ܢ: [24] ܘܥܒܕ ܗܘ ܕܒܝܫ
53² | ܩܕܡ ܡܪܝܐ. ܠܐ *ܐܪܚܩ ܡܢ ܟܠܗܘܢ ܚܛܗ̈ܐ ܕܝܪܒܥܡ ܒܪܗ ܕܢܒܛ ܗܘ ܕܐܚܛܝ ܠܐܝܣܪܐܝܠ:
[25] ܗܘ *ܐܪܚܩ ܠܬܚܘܡܐ ܕܐܝܣܪܐܝܠ ܡܢ ܡܥܠܢܐ ܕܚܡܬ ܥܕܡܐ ܠܝܡܐ ܕܥܪܒܐ ܐܝܟ ܡܠܬܐ ܕܡܪܝܐ ܐܠܗܐ
ܕܐܝܣܪܐܝܠ ܗܝ ܕܡܠܠ ܒܐܝܕܐ ܕܥܒܕܐ ܕܝܠܗ ܝܘܢܢ ܒܪܗ ܕܐܡܬܝ ܢܒܝܐ ܕܡܢ ܓܬ ܚܦܪ: [26] ܡܛܠ
ܕܚܙܐ ܡܪܝܐ ܠܫܘܥܒܕܐ ܕܐܝܣܪܐܝܠ ܕܡܪܝܪ ܛܒ ÷ ܘܕܒܨܝܪܝܢ ܘܕܐܝܬܝܗܘܢ↙ ܘܕܠܝܬ ܡܥܕܪܢܐ. ܘܠܝܬ ܗܘܐ
ܡܥܕܪܢܐ ܠܐܝܣܪܐܝܠ: [27] ܘܠܐ ܡܠܠ ܡܪܝܐ ܠܡܥܛܝܘ ܫܡܗ ܕܐܝܣܪܐܝܠ ܡܢ ܬܚܝܬ ܫܡܝܐ. ܘܦܪܩܗ ܐܢܘܢ
*ܡܢ ܐܝܕܗ ܕܝܪܒܥܡ ܒܪܗ ܕܝܘܐܫ ܀ [28] ܘܫܪܟܐ ܕܡ̈ܠܐ ܕܝܪܒܥܡ ܘܟܠܗܝܢ ܐܝܠܝܢ ܕܥܒܕ. ܘܓܢܒܪܘܬܗ
54¹ ܕܝܠܗ ܗܝ ܕܐܬܟܬܫ ܘܗܝ | ܕܐܗܦܟ ܠܕܪܡܣܘܩ ܘܠܚܡܬ ܠܝܗܘܕܐ ܒܐܝܣܪܐܝܠ. ܠܐ ܗܐ ܟܬܝܒܝܢ
ܥܠ ܟܬܒܐ ܕܡ̈ܠܐ ܕܝܘܡ̈ܬܐ ܠܡ̈ܠܟܐ ܕܐܝܣܪܐܝܠ: [29] ܘܫܟܒ ܝܪܒܥܡ ܥܡ ܐܒܗܘܗܝ ܥܡ ܡ̈ܠܟܐ
ܕܐܝܣܪܐܝܠ. ܘܐܡܠܟ ܙܟܪܝܐ *ܒܪܗ ܕܐܡܘܨܝܐ ܚܠܦ ܐܒܐ ܕܝܠܗ ܀

15 [1] ܒܫܢܬܐ ܕܥܣܪܝܢ ܘܫܒܥ ܫܢܝ̈ܢ ܕܝܪܒܥܡ ܡܠܟܐ ܕܐܝܣܪܐܝܠ ܐܡܠܟ ܥܙܪܝܐ ܒܪܗ ܕܐܡܘܨܝܐ ܡܠܟܐ
ܕܝܗܘܕܐ: [2] ܒܪ ܕܫܬܥܣܪܐ ܫܢܝ̈ܢ ܐܝܬܘܗܝ ܗܘܐ ܟܕ ܐܡܠܟ. ܘܚܡܫܝܢ ܘܬܪܬܝܢ ܫܢܝ̈ܢ ܐܡܠܟ ܒܐܘܪܫܠܡ:
ܘܫܡܐ ܕܐܡܗ ܝܟܠܝܐ ܡܢ ܐܘܪܫܠܡ: [3] ܘܥܒܕ ܗܘ *ܕܬܪܝܨ ܒܥܝܢܘܗܝ ܕܡܪܝܐ ܐܝܟ ܟܠܗܝܢ ܗܠܝܢ

9 ακανα [sic]
11 ↙ priorem et ※ alterum addidit F
11 extr linea perpendicularis atramento recentiori picta, post ↙, in B
13 ܡܠܟܐ ※ܕܝܗܘܕܐ↙ B: correxit F
13 ܡܢ ܐܚܘܗܝ
13 ܘܐܬܐ ÷ ܘܐܬܐܘ
13 indice non adposito ܘܡܡܡܐ
14 ܐ ܕܥܪܒܘܬܐ ÷ ܡܢ ܕܒܣܝܡܬܐ
21 ܠܥܙܪܝܐ ܐܝܟ ܥܒܪܝܐ
21 ܠܥܙܪܝܐ
22 ܠܐܝܠܬ↙ B¹?
23 ※ܡܠܟܐ ܥܠ↙ ÷ܐܝܣܪܐܝܠ↙ B (non addito ↙ post ܐܝܣܪܐܝܠ)
24 ܐܪܚܩ ܐܝܟ ܡܢ ܫ Bᵐ, pr m corr ut nunc sit ܐܪܚܩ ܐܝܟ ܡܢ ܫ
25 ܫ ܡܢ ܐܪܚܩ ܐܝܟ
27 ܠܐܝܕܗ ܫ [sic] indice ad ܐܝܕܗ adposito
28 ܫ vocis ܠܐ pr m in litura B
29 ܐ ܡܢ ܠ ܗ ܒܪܗ ܕܝܪܒܥܡ
2 ܕ alterius ܫܢܝ̈ܢ pr m in litura B
2 ܒ nominis ܚܡܫܝܢ pr m in litura B
3 ܫ ܕܬܪܝܨ

54² [illegible]
[illegible]
[illegible]
[illegible]
[illegible]
[illegible]
[illegible]
55¹ [illegible]
[illegible]
[illegible]
[illegible]
[illegible]
[illegible]
[illegible]
55² [illegible]
[illegible]
[illegible]
[illegible]
[illegible]
[illegible]
[illegible]
56¹ [illegible]
[illegible]
[illegible]
[illegible]
[illegible]
[illegible]
[illegible]
56² [illegible]
[illegible]
[illegible]
[illegible]
[illegible]
[illegible]
57¹ [illegible]
[illegible]
[illegible]

5 [illegible]
5 indice non adposito [illegible]
[illegible]
16¹

[illegible] Par β 26₁₃
5 [illegible] indice ad [illegible] adposito
5 αφουσωθ
6 [illegible]
7 [illegible] priorem, 10 alterum, 11 [illegible] add F

7 [illegible] B
10 χεβδαμ et [illegible]
11 [illegible] B^m, > B
12 [illegible] B², [illegible] B¹
13 [illegible] B¹
14 [illegible] B semper. [illegible] B
25 [illegible] lineolam adpictam habet

ܘܒܝܬ ܡܥܟܐ ܘܝܢܘܚ ܘܩܕܫ ܘܚܨܘܪ ܘܓܠܥܕ ܘܓܠܝܠܐ ܟܠܗ ܠܐܪܥܐ ܕܢܦܬܠܝ. ܘܐܓܠܝ
ܐܢܘܢ ܠܐܬܘܪ: [30] ܘܐܬܩܛܪ ܩܛܪܐ ܗܘܫܥ ܒܪܗ ܕܐܠܐ ܥܠ ܦܩܚ ܒܪܗ ܕܪܡܠܝܐ. ܘܡܚܝܗܝ
ܘܩܛܠܗ. ܘܐܡܠܟ ܚܠܦܘܗܝ ܒܫܢܬܐ ܕܥܣܪܝܢ ܠܝܘܬܡ ܒܪܗ *ܕܥܘܙܝܐ ÷ [31] ܘܫܪܟܐ ܕܡܠܐ ܕܦܩܚ
ܘܟܠܗܝܢ ܕܥܒܕ. ܗܐ ܐܢܝܢ ܟܬܝܒܢ ܥܠ ܟܬܒܐ ܕܡܠܐ ܕܝܘܡܬܐ ܕܡܠܟܐ ܕܐܝܣܪܝܠ ÷
ܡܠܟ 57[2] [32] ܒܫܢܬܐ ܕܬܪܬܝܢ ܕܦܩܚ ܒܪܗ ܕܪܡܠܝܐ ܡܠܟܐ | ܕܐܝܣܪܝܠ ܐܡܠܟ ܝܘܬܡ ܒܪܗ ܕܥܘܙܝܐ ܡܠܟܐ
ܕܝܗܘܕܐ: [33] ܒܪ ܕܥܣܪܝܢ ܘܚܡܫ ܫܢܝܢ ܐܝܬܘܗܝ ܗܘܐ ܟܕ ܐܡܠܟ. ܘܫܬܥܣܪܐ ܫܢܝܢ ܐܡܠܟ
ܒܐܘܪܫܠܡ: ܘܫܡܗ ܕܐܡܗ ܝܪܘܫܐ ܒܪܬܗ ܕܨܕܘܩ: [34] ܘܥܒܕ ܗܘ ܕܬܪܝܨ ܒܥܝܢܘܗܝ ܕܡܪܝܐ.
ܐܝܟ ܟܠܗܝܢ ܕܥܒܕ ܥܘܙܝܐ ܐܒܘܗܝ. *ܥܒܕ: [35] ܒܪܡ ܒܢܝܬܐ ܠܐ ܥܒܪ. ܥܕܟܝܠ ܥܡܐ
ܡܕܒܚ ܗܘܐ ܘܡܣܩ ܒܢܝܬܐ: ܗܘ ܒܢܐ ܠܬܪܥܐ ܥܠܝܐ ܕܒܝܬܗ ܕܡܪܝܐ ÷ [36] ܘܫܪܟܐ ܕܡܠܐ ܕܝܘܬܡ
ܘ÷ܟܠܗܝܢ ܗܠܝܢ ܕܥܒܕ. ܠܐ ܗܐ ܐܢܝܢ ܟܬܝܒܢ ܥܠ ܟܬܒܐ ܕܡܠܐ ܕܝܘܡܬܐ ܠܡܠܟܐ ܕܝܗܘܕܐ ܀
[37] ܒܝܘܡܬܐ ܗܢܘܢ ܫܪܝ ܡܪܝܐ ܠܡܫܕܪܘ ܥܠ ܝܗܘܕܐ ܠܪܨܝܢ ܡܠܟܐ ܕܐܪܡ ܘܠܦܩܚ ܒܪܗ ܕܪܡܠܝܐ ÷
58[1] [38] ܘܫܟܒ ܝܘܬܡ ܥܡ ܐܒܗܘܗܝ. *ܘܐܬܩܒܪ ܥܡ ܐܒܗܘܗܝ ܒܡܕܝܢܬܐ | ܕܕܘܝܕ ܐܒܘܗܝ. ܘܐܡܠܟ
ܐܚܙ ܒܪܗ ܚܠܦܘܗܝ ÷

16 [1] ܒܫܢܬܐ ܕܫܒܥܣܪܐ ܕܦܩܚ ܒܪܗ ܕܪܡܠܝܐ ܐܡܠܟ ܐܚܙ ܒܪܗ ܕܝܘܬܡ ܡܠܟܐ ܕܝܗܘܕܐ: [2] ܒܪ
*ܕܥܣܪܝܢ ܫܢܝܢ ܐܝܬܘܗܝ ܗܘܐ ܐܚܙ ܟܕ ܐܡܠܟ. ܘܫܬܥܣܪܐ ܫܢܝܢ ܐܡܠܟ ܒܐܘܪܫܠܡ. †ܘܠܐ ܥܒܕ ܗܘ
ܕܬܪܝܨ ܒܥܝܢܘܗܝ ܕܡܪܝܐ ܐܠܗܗ ÷ **ܡܫܡܠܝܐܝܬ ܐܝܟ ܕܘܝܕ ܐܒܘܗܝ: [3] ܘܐܙܠ ܒܐܘܪܚܐ ܕܡܠܟܝܗܘܢ
÷ ܕܝܗܘܕܐ ܘܕܡܠܟܐ ܕܐܝܣܪܝܠ. ܐܦ ܒܪܗ ܕܝܠܗ *ܐܥܒܪ ܒܢܘܪܐ ܐܝܟ ܛܢܦܘܬܐ ܕܥܡܡܐ ܗܠܝܢ ܕܐܘܪܬ
ܡܪܝܐ ܡܢ ܩܕܡ ܦܪܨܘܦܐ ܕܒܢܝ ܐܝܣܪܝܠ: [4] ܘܡܕܒܚ ܗܘܐ ܘܡܣܩ ܒܢܝܬܐ ܥܠ ܪܡܬܐ ܘܬܚܝܬ
ܟܠ ܐܝܠܢܐ ܥܒܝܐ: [5] ܗܝܕܝܢ ܣܠܩ ܪܨܝܢ ܡܠܟܐ ܕܐܪܡ ܘܦܩܚ ܒܪܗ ܕܪܡܠܝܐ ܡܠܟܐ ܕܐܝܣܪܝܠ
58[2] ܠܐܘܪܫܠܡ | ܠܩܪܒܐ. ܘܐܚܕܘ ܗܘܘ ܡܕܝܢܬܐ ܥܠ ܐܚܙ. ܘܠܐ ܐܫܟܚܘ ܗܘܘ ܠܡܟܒܫܗ: [6] ܒܥܕܢܐ
ܗܘ ܐܗܦܟ ܪܨܝܢ ܡܠܟܐ ܕܐܪܡ ܠܐܝܠܬ ܠܐܕܘܡ. ܘܐܦܩ ܠܝܗܘܕܝܐ ܡܢ ܐܝܠܬ. *ܘܐܕܘܡܝܐ ܐܬܘ ܠܐܝܠܬ
ܘܝܬܒܘ *ܬܡܢ ܥܕܡܐ ܠܝܘܡܢܐ ܗܢܐ: [7] ܘܫܕܪ ܐܚܙ ܐܝܙܓܕܐ ܠܘܬ ܬܓܠܬܦܠܐܣܪ ܡܠܟܐ ܕܐܬܘܪ ܟܕ
ܐܡܪ: ܥܒܕܟ ܘܒܪܟ *ܐܢܐ. ܣܩ ܘܦܪܘܩܝܢܝ ܡܢ ܐܝܕܐ ܕܡܠܟܐ ܕܐܪܡ ܘܡܢ ܐܝܕܐ ܕܡܠܟܐ ܕܐܝܣܪܝܠ
ܐܝܟ ܟܣܦܐ ܘܕܗܒܐ ܗܘ ܕܐܫܬܟܚ ܒܒܝܬܗ ܕܡܪܝܐ ܘܒܓܙܐ ܕܒܝܬ . . [8] . . . . .
ܕܡܠܟܐ. ܘܫܕܪ ܠܡܠܟܐ *ܕܐܬܘܪܝܐ ܫܘܚܕܐ: [9] ܘܫܡܥ ܠܗ ܡܠܟܐ ܕܐܬܘܪ. ܘܣܠܩ ܡܠܟܐ ܕܐܬܘܪ
59[1] ܠܕܪܡܣܘܩ ܘܫܒܝܗ ܘܠܩܘܪܝܢ *ܐ ܠܩܘܪܝܢܐ* ܐܓܠܝ. ܘܠܪܨܝܢ ܩܛܠ: | [10] ܘܐܙܠ ܡܠܟܐ ܐܚܙ ܠܐܘܪܥܐ
ܕܬܓܠܬܦܠܐܣܪ ܡܠܟܐ ܕܐܬܘܪ ܠܕܪܡܣܘܩ. ܘܚܙܐ ܠܡܕܒܚܐ ܗܘ ܕܒܕܪܡܣܘܩ. ܘܫܕܪ ܡܠܟܐ
ܐܚܙ ܠܘܬ ܐܘܪܝܐ ܟܗܢܐ ܕܡܘܬܐ ܕܡܕܒܚܐ ܘܨܘܪܬܐ ܘܬܘܩܢܗ ܒܟܠܗ ܥܒܕܐ ܕܝܠܗ: [11] ܘܒܢܐ ܐܘܪܝܐ
ܟܗܢܐ ܠܡܕܒܚܐ ܐܝܟ ܟܠܗܝܢ ܗܠܝܢ ܕܫܕܪ ܡܠܟܐ ܐܚܙ ܡܢ ܕܪܡܣܘܩ. *ܐ ܗܟܢܐ ܥܒܕ ܐܘܪܝܐ
*ܟܗܢܐ ܥܕ ܐܬܐ ܡܠܟܐ ܐܚܙ ܡܢ ܕܪܡܣܘܩ: [12] ܘܐܬܐ ܡܠܟܐ ܐܚܙ ܡܢ ܕܪܡܣܘܩ. ܘܚܙܝܗܝ ܡܠܟܐ
*ܠܡܕܒܚܐ. ܘܩܪܒ ܡܠܟܐ ܩܕܡ ܡܕܒܚܐ ܘܣܠܩ ܒܗܘܢ: [13] ܘܐܣܩ ܥܠܘܗܝ ܥܠܬܐ ܕܝܠܗ
ܠܡܕܒܚܐ. ܘܢܣܟ ܢܣܟܐ ܕܝܠܗ. ܘܐܙܠܦ ܕܡܐ ܕܢܟܣܬܐ ܕܝܠܗ ܥܠ ܡܕܒܚܐ: [14] ܘܠܡܕܒܚܐ
59[2] ܗܘ ܕܢܚܫܐ ܕܩܕܡ ܡܪܝܐ. *ܩܪܒܗ ܡܢ ܩܕܡ ܦܪܨܘܦܐ ܕܒܝܬܐ ÷ ܕܡܪܝܐ | ܘܡܢ ܡܨܥܬܐ ܕܒܝܬ ܡܕܒܚܐ
ܘܡܢ ܓܒܝܗ ܒܝܬܐ *ܕܡܪܝܐ †ܘܣܡܗ ܒܓܒܬܐ ܕܡܕܒܚܐ ܡܢ ܓܪܒܝܐ: [15] ܘܦܩܕ ܡܠܟܐ ܐܚܙ ܠܐܘܪܝܐ

30 ܒܪܬܐ
36 ܘ÷ܟܠܗܝܢ B (sine ÷)
38 ※ addidit F
2 (abscissa versus primi pars dimidia) ܒܐܘܪܫܠܡ ܐܚܙܐ ܒܫܢܬܐ ܕܫܒܥܣܪ ܕܫܘܠܛܢܗ ܐܡܠܟ ܦܩܚ ܒܪܗ ܕܐܠܐ ܥܠ ܐܝܣܪܝܠ. ܡܢ ܕܡܠܟ ܘܥܠ ܡܢ ܕܐܬܩܛܠ ܐܣܬܒܪܘ ܐܝܟ ܕܥܒܕ ܕܡܫܝܚ ܒܡܠܟ ܒܥܡܐ ܕܝܠܗ. ܐܠܐ ܠܝ ܥܠ ܗܢܐ ܕܡܝܬ ܗܘܐ ܝܘܬܡ ܐܝܟ ܕܒܫܢܝܢ ܥܣܪܝܢ ܐܝܟ ܕܟܬܝܒ ܠܗ
ܕܟܠ ܡܢ ܗܘ ܕܐܡܪ ܕܡܠܟ ܐܚܙ ܒܫܢܬܐ. ܡܢ ܩܕܡ ܕܢܦܩ ܗܘ ܡܠܟܐ ܗܘܐ ܒܗ ܕܐܠ ܕܐܝܬ ܗܘܐ ܥܠ ܗܘ ܕܡܠܟ ܗܘܐ ܥܠ ܕܐܡܠܟ ܦܩܚ ܒܪܗ ܕܐܠܐ ÷ ܐܝܣܪܝܠ ܗܘ ܗܘ ܕܒܫܢܬܐ 2 ܕܫܢܝ ܡܢ ܗܘ ܕܠܐ ܥܒܕ ܗܘ ܕܬܪܝܨ. ܘܗܘܐ ܡܢ ܗܠܝܢ ܕܗܘܐ ܡܠܟܐ ܗܘ ܕܡܫܡܠܝܐܝܬ ܠܐ ܗܘܐ ܗܘܐ ܒܡܠܟܐ 2 ܗܘ ܕܥܒܕ ܗܘܐ ܘܠܐ ܐܝܟ ܗܘܐ ܕܡܠܟܐ ܩܕܡܝܐ ܘܠܐ ܒܫܠܡܘܬܐ ܒܡܫܡܠܝܐܝܬ ܒܟܠܗ ܠܒܗ. ܒܟܠܗ[?] ܕܝ ܗܘܐ ܩܕܡܝ
3 8 ÷, 14 ÷ priorem addidit F
3 ܡܠܟܐ ܕܝܗܘܕܐ ܘܕܡܠܟܐ ܕܐܝܣܪܝܠ ܕܒܪܗ ܒܢܘܪܐ
6 ܠܐܕܘܡ
7/8 ubi ego ..... posui, B ܐܦ ܒܪܐ ܕܝܠܗ ܐܥܒܪ, quae e commate 3 male repetita recentior manus delevit
9 ܐܥܒܪ ܐܓܠܝ
14 ܡܢ ܐܬܪܗ ܡܢ ܩܕܡ ܦܪܨܘܦܐ
14 ܗ ܡܢ ܗ ܡܨܥܬܐ

ܦܘܩܕܐ ܗܘ ܐܡܪ: »ܥܠ ܡܕܒܚܐ ܪܒܐ ܩܪܒ ܥܠܬܐ ܕܨܦܪܐ ܘܕܒܚܬܐ ܕܪܡܫܐ *ܘܥܠܬܐ ܕܡܠܟܐ ܘܕܒܚܬܐ
ܕܝܠܗ ܘܥܠܬܐ ܕܟܠܗ ܥܡܐ *ܕܐܪܥܐ܀ ܘܕܒܚܬܐ ܕܝܠܗܘܢ ܘܢܣܟܐ
ܕܝܠܗܘܢ. ܘܟܠܗ ܕܡܐ ܕܥܠܬܐ ܘܟܠܗ ܕܡܐ ܕܕܒܚܬܐ ܥܠܘܗܝ ܬܐܫܘܕ. ܘܡܕܒܚܐ ܕܢܚܫܐ ܢܗܘܐ
ܠܝ ܠܨܦܪܐ«: [16] ܘܥܒܕ ܐܘܪܝܐ ܟܗܢܐ ܐܝܟ ܟܠܡܐ ܕܦܩܕ ܠܗ *ܡܠܟܐ ܐܚܙ: [17] ܘܦܣܩ
ܡܠܟܐ ܐܚܙ *ܠܐܣܘܪܐ ܕܡܟܘܢܬܐ †ܕܡܟܘܢܘܬ. ܘܐܥܒܪ ܡܢܗܘܢ ܠܟܘܪܝܘܬܐ. ܘܝܡܐ ܐܚܬ ܡܢ ÷ ܥܠ ܬܘܪܐ
60¹ ܬܘܪܐ ܕܢܚܫܐ ܕܠܬܚܬܝܗܘܢ. ܘܝܗܒܗ ܥܠ ܒܣܝܣܐ | ܕܟܐܦܐ: [18] ܘܠܡܫܒܬܐ ܕܫܒܬܐ *ܒܢܐ ܒܒܝܬܐ
ܕܡܪܝܐ. ܘܠܡܥܠܢܐ ܕܡܠܟܐ †ܗܘ ܕܠܒܪ ܐܦܢܝ ܠܒܝܬܐ ܕܡܪܝܐ ܡܢ ܩܕܡ ܦܪܨܘܦܐ ܕܡܠܟܐ ܕܐܬܘܪܐ܀
[19] ܘܫܪܟܐ ܕܡܠܐ ܕܐܚܙ ܗܠܝܢ ܕܥܒܕ. ܠܐ ܗܐ ܟܬܝܒܢ ܥܠ ܟܬܒܐ ܕܡܠܐ ܕܝܘܡܬܐ ܠܡܠܟܐ ܕܝܗܘܕܐ܀
ܘܫܟܒ ܐܚܙ ܥܡ ܐܒܗܘܗܝ. ܘܐܬܩܒܪ *ܥܡ ܐܒܗܘܗܝ ܒܩܪܝܬܐ ܕܕܘܝܕ. ܘܐܡܠܟ ܚܙܩܝܐ ܒܪܗ ܕܝܠܗ
ܚܠܦܘܗܝ܀

17 [1] ܒܫܢܬܐ ܕܬܪܬܥܣܪܐ ܠܐܚܙ ܡܠܟܐ ܕܝܗܘܕܐ ܐܡܠܟ ܗܘܫܥ ܒܪܗ ܕܐܠܐ ܒܫܡܪܝܢ ܥܠ ܐܝܣܪܐܝܠ ܬܫܥ
ܫܢܝܢ: [2] *ܘܥܒܕ ܕܒܝܫ ܒܥܝܢܘܗܝ ܕܡܪܝܐ. ܒܪܡ ܠܘ ܐܝܟ ܡܠܟܐ ܕܐܝܣܪܐܝܠ ܗܠܝܢ ܕܐܝܬ ܗܘܘ ܡܢ
60² ܩܕܡܘܗܝ: [3] ܥܠܘܗܝ ܣܠܩ ܫܠܡܢܐܣܪ ܡܠܟܐ ܕܐܬܘܪܐ. ܘܗܘܐ | ܠܗ ܗܘܫܥ ܥܒܕܐ ܘܐܗܦܟ ܠܗ
*ܡܢܬܐ: [4] ܘܐܫܟܚ ܡܠܟܐ ܕܐܬܘܪܐ ܒܗܘܫܥ *ܥܘܠܐ. ܡܛܠ ܕܫܕܪ ܡܠܐܟܐ ܠܘܬ ܣܘܐ ܡܠܟܐ ܕܡܨܪܝܢ.
ܘܠܐ †ܐܝܬܝ **ܡܢܬܐ ܠܡܠܟܐ ܕܐܬܘܪܐ ܒܫܢܬܐ ܗܝ. ††ܘܟܠܝܗ ܡܠܟܐ ܕܐܬܘܪܐ ܘܐܣܪܗ
ܒܒܝܬܐ ܕܐܣܘܪܐ: [5] ܘܣܠܩ ܡܠܟܐ ܕܐܬܘܪܐ ܒܟܠܗ ܐܪܥܐ. ܘܣܠܩ ܠܫܡܪܝܢ ܘܟܪܟܗ ܬܠܬ ܫܢܝܢ:
[6] ܒܫܢܬܐ ܬܫܝܥܝܬܐ ܕܗܘܫܥ ܐܚܕ ܡܠܟܐ ܕܐܬܘܪܐ ܠܫܡܪܝܢ. *ܘܐܓܠܝ ܠܐܝܣܪܐܝܠ ܠܐܬܘܪ. ܘܐܘܬܒ ܐܢܘܢ
ܒܚܠܚ ܘܒܚܒܘܪ †ܢܗܪܐ ܕܓܘܙܢ ܘܒܛܘܪܐ ܕܡܕܝܐ: [7] ܘܗܘܐ ܕܟܕ ܚܛܘ ܒܢܝ ܐܝܣܪܐܝܠ ܠܡܪܝܐ
61¹ ܐܠܗܐ ܕܝܠܗܘܢ. ܗܘ ܕܐܣܩ ܐܢܘܢ ܡܢ ܐܪܥܐ ܕܡܨܪܝܢ. ܡܢ ܬܚܝܬ ܐܝܕܐ ܕܦܪܥܘܢ | ܡܠܟܐ ܕܡܨܪܝܢ. ܘܕܚܠܘ
ܠܐܠܗܐ ܐܚܪܢܐ. [8] ܘܗܠܟܘ ܒܢܡܘܣܐ ܕܥܡܡܐ ܗܠܝܢ ܕܐܘܪܬ ܡܪܝܐ ܡܢ ܩܕܡ ܦܪܨܘܦܐ ܕܒܢܝ ܐܝܣܪܐܝܠ
*ܘܕܡܠܟܐ ܕܐܝܣܪܐܝܠ ܐܝܠܝܢ ܕܥܒܕܘ. [9] ܘܗܠܝܢ *ܕܠܒܫܘ ܗܘܘ ܒܢܝ ܐܝܣܪܐܝܠ †ܡܠܐ ܠܐ **ܗܘܝܐ ܥܠ
ܡܪܝܐ ܐܠܗܐ ܕܝܠܗܘܢ: ܘܒܢܘ ܠܗܘܢ ††ܪܡܬܐ ܒܟܠܗܝܢ ܩܘܪܝܬܐ ܕܝܠܗܘܢ ܡܢ ܡܓܕܠܐ ܕܢܛܘܪܐ ܘܥܕܡܐ
ܠܡܕܝܢܬܐ ܡܫܬܥܝܢܬܐ: [10] ܘܐܩܝܡܘ ܠܗܘܢ ܩܝܡܬܐ ܘܐܫܪܐ ܥܠ ܟܠ ܪܡܐ ܪܡܐ ܘܬܚܝܬ ܟܠ ܐܝܠܢ
*ܥܒܘܝܐ: [11] ܘܐܣܩܘ ܬܡܢ ܒܟܠ ܪܡܬܐ ܐܝܟ ܥܡܡܐ ܗܠܝܢ ܕܐܓܠܝ ܡܪܝܐ ܡܢ ܩܕܡ ܦܪܨܘܦܐ
ܕܝܠܗܘܢ. ܘܥܒܕܘ *ܫܘܬܦܐ ܘܚܪܒܘ ܠܡܪܓܙܘ ܠܡܪܝܐ: [12] ܘܦܠܚܘ ܠܦܬܟܪܐ ܗܠܝܢ ܕܐܡܪ ܠܗܘܢ
61² ܡܪܝܐ. ܠܐ | ܬܥܒܕܘܢ ܡܠܬܐ ܗܕܐ ÷ ܠܡܪܝܐ܀: [13] ܘܐܣܗܕ ܡܪܝܐ ܒܐܝܣܪܐܝܠ ܘܒܝܗܘܕܐ ܒܝܕ ܐܝܕܐ ܟܠܗܘܢ
ܕܢܒܝܘܗܝ ܢܒܝܐ ܘܚܙܝܐ .. ܟܠ ܚܙܝܐ .. ܟܕ ܐܡܪ »ܗܦܘܟܘ ܡܢ ܐܘܪܚܬܐ ܕܝܠܟܘܢ ܒܝܫܬܐ ܘܛܪܘ ܦܘܩܕܝ
ܘܢܡܘܣܝ ܘܟܠܗ ܢܡܘܣܐ ܗܘ ܕܦܩܕܬ ܠܐܒܗܝܟܘܢ ܕܝܠܟܘܢ ܘܐܝܟ ܕܫܕܪܬ ÷ ܐܢܘܢ ܠܘܬܟܘܢ ܒܐܝܕܝ
ܥܒܕܝ ܕܝܠܝ ܢܒܝܐ«: [14] ܘܠܐ ܫܡܥܘ. ܘܩܫܝܘ ܩܕܠܗܘܢ ܝܬܝܪ ܡܢ ܩܕܠܐ ܕܐܒܗܝܗܘܢ *ܗܠܝܢ

15 μανaα et ܡܢܚܬܐ ܠ et mox indice non adposito ܡܢܚܬܐ ܠ
16 ܠܗ addidit F
17 ܠܡܟܘܢܬܐ ÷ ܐܘ ܠܡܟܘܢܬܐ |
17 ܠܡܟܘܢܬܐ | et μεχωνωθ [sic]
18 ܕܡܥܠܢܐ ܗܘ ܕ ܐܘ indice ad ܕܡܥܠܢܐ adposito
18 ܘܡܥܠܢܐ B¹
18 ܗܘ ܒܪܐ ܐܘ
19 ※ addidit F
2 ܒܪܡ ܠܘ ܐܝܟ ܗܠܝܢ ܕ[ܐ]ܝܬ ܗܘܘ. ܒܪܡ ܠܘ ܐܝܟ [ܗ]ܠܝܢ ܕܡ[ܢ] ܩܕܡܘܗܝ. ܠܘ [ܐ]ܝܟ ܡܠܟܐ ܕܐܝ[ܣ incerta] ܕܩܕܡܘܗܝ
3 ܫܠܡܢܐܣܪ ※| ܐܘ ܡܢܬܐ
4 ܒܗܘܫܥ ܐܘ
4 ܐܘ ܘܐܫܟܚ
4 ܘܐܫܟܚ B¹
6 ܐܘ ܒܚܠܚ
6 indice non adposito ܠܗ ܐܘ ܠ ܢܗܪܐ ܕܓܘܙܢ ܒܛܘܪܐ
8 ※ addidit F
9 ܘܗܠܝܢ | loco non suo positum
9 ܠ ܐܘ ܗܠܝܢ ܕܠܐ ܙܕ[ܩ] loco non suo positum
9 ܘܒܢܘ ܗܘ ܕܐܡܪ ÷ ܘܗܟܢܐ ܡܬܡܠܠ ܗܘ ܕܐܡܪ: [Osee 14₃]. ܗܟܢܐ ܡܠܠܘ ܟܠܗ ܡܢ ܗܠܝܢ [ܕܗܘ]ܘ ܥܠ ܡܪܝܐ ܐܠܗܐ ܕܝܠܗܘܢ
9 indice non adposito ܪܡܬܐ
10 ܐܘ ܕܐܡܪ ܗܘ ubi ܐܘ participium
11 | ܐܘ ܕ ܟܠ ܒܪܡܬܐ
11 ܕܡܫܬܥܝܢ ܒܗ ܫܘܬܦܐ ÷ ܡܢ ܠܘܬܗ ܕܐܝܟ ܗܠܝܢ ܗܘܢ ܕܒܬܪܝܗܘܢ ܡܚܪܒܢܐ ܕܡ ܐܝܬܝܗܘܢ ܡܠܬܐ ܐܡܪ. ܫܘܬܦܐ ܐܡܪ ܠܡܒܥܐ ܕܐܦ ܕܐܝܢܐ ܗܘ ܕܠܐ ܢܗܘܐ ܠܡܕܡ ܕܐܝܬܘܗܝ ܠܐ ܕܠܐ ܒܛܠ. ܘܟܠ ܕܗ ܡܫܬܥܝܢ ܗܘ ܕܡܫܬܥܐ ܒܗ ܡܬܢܝܢܐ [Sap 14₂₁] ܡܛܠ ܗܠܝܢ ܠܡܕܪܫܐ ܐܡܪ ܕܚܠܬܐ ܘܡܫܬܥܝܢܐ ܠܡܠܐ ܠܐ ܡܫܬܥܝܢ ܫܘܬܦܐ. ܡܛܠ ܕܗܘܐ ܠܗ ܟܕ ܐܡܪ: [γ 17₁₁] ܕܥܒܕ ܫܘܬܦܐ. ܠܗ ܠܡܪܓܙܘ ܕܗܘ ܕܐܡܪ ܡܠܐ. ܚܪܒܘ ܠܡܪܓܙܘ ܠܡܪܝܐ. ܠܡܪܝܐ ܘܚܪܒܘ ܠܡܪܓܙܘ. codex ܠܐ ܠܡܠܐ ܫܘܬܦܐ praebet
12 ÷ in versu exeunte B, ܠܗ addidit F
13 ÷ prius addidit F

※ܕܠܐ ܗܝܡܢܘ ܒܡܪܝܐ ܐܠܗܐ ܕܝܠܗܘܢ: [15] ܘܡܣܘ ※ܠܢܡܘܣܘܬܗ ܕܝܠܗ ܘܠܩܝܡܬܐ ܕܝܠܗ ܗܝ ܕ†ܩܝܡ ※ܥܡ ܐܒܗ̈ܐ ܕܝܠܗܘܢ܀ . ܘܠܣܗܕܘ̈ܬܗ ܗܠܝܢ ܕܐܣܗܕ ܐܢܘܢ ‒ ܠܐ ܢܛܪܘ܀ ܘܐܙܠܘ ※※ܒܬܪ ܡܣܪܝܩܘ̈ܬܐ ܘܐܣܬܪܩܘ ※ ܐ ܣ ܬ ܐܦ܀ ܐܙܠܘ ܒܬܪ ܥܡ̈ܡܐ ܕܚܕܪ̈ܝܗܘܢ ܗܠܝܢ ܕܦܩܕ ܠܗܘܢ ※ ܐ ܣ ܬ ܡܪܝܐ܀ ܕܠܐ

62^{1} ܠܡܥܒܕ | ܐܝܟܘܬܗܘܢ: [16] ܘܫܒܩܘ ※ܠܟܠܗܘܢ܀ ܦܘܩܕ̈ܢܐ ܕܡܪܝܐ ܐܠܗܐ ܕܝܠܗܘܢ. ܘܥܒܕܘ ܠܗܘܢ ܢܣܟܐ ܬܪ̈ܝܢ ܥܓܠ̈ܐ. ܘܥܒܕܘ ※ܐܫܪܐ. ܘܣܓܕܘ ܠܟܠܗ ܚܝܠܐ ܕܫܡܝܐ. ܘܦܠܚܘ ܠܒܥܠܐ. [17] ܘܡܥܒܪܝܢ ܗܘܘ ܠܒܢ̈ܝܗܘܢ ܘܠܒܢ̈ܬܐ ܕܝܠܗܘܢ ܒܢܘܪܐ. ܘܩܣܡܝܢ ܗܘܘ ܩܣܡܐ ܘܡܢܚܫܝܢ ܗܘܘ. ܘܐܙܕܒܢܘ ܠܡܥܒܕ ܕܒܝܫ ܒܥܝܢ̈ܐ ܕܡܪܝܐ ܠܡܪܓܙܘܬܗ: [18] ܘܐܬܚܡܬ ܡܪܝܐ ܛܒ ܥܠ ܐܝܣܪܝܠ. ※ܘܐܥܒܪ ܐܢܘܢ ܡܢ ܦܪܨܘܦܐ ܕܝܠܗ. ܘܠܐ ܐܫܬܚܪ. ܐܠܐ ܐܢ ܫܒܛܐ ܕܝܗܘܕܐ ܒܠܚܘܕܝܗ܀: [19] ܘܐܦ ܝܗܘܕܐ ܠܐ ܢܛܪ ܠܦܘܩܕ̈ܢܐ ܕܡܪܝܐ ܐܠܗܐ ܕܝܠܗܘܢ. ܘܐܙܠܘ ܒܢܡܘ̈ܣܐ ܕܐܝܣܪܝܠ ܗܠܝܢ ܕܥܒܕܘ ‒ ܘܫܛܘ ܠܡܪܝܐ܀: [20] ܘܐܬܚܡܬ ܡܪܝܐ

62^{2} ܒܟܠܗ ܙܪܥܐ ܕܐܝܣܪܝܠ ܘܙܥܪ ܐܢܘܢ ܘܝܗܒ ܐܢܘܢ ܒܐܝܕܝ̈ | ܕܒܙܘܙܝܗܘܢ. ܥܕܡܐ ܕܫܕܐ ܐܢܘܢ ܡܢ ܦܪܨܘܦܐ ܕܝܠܗ: [21] ܡܛܠ ܕܐܬܦܪܫ ܡܢ ܕܒܝܬܐ ܡܢ ܒܝܬܗ ܕܕܘܝܕ ܐܝܣܪܝܠ ܘܐܡܠܟܘ ܠܗܘܢ ܠܝܘܪܒܥܡ ܒܪܗ ܕܢܒܛ. ※ܘܐܛܥܝ ܝܘܪܒܥܡ ܠܐܝܣܪܝܠ ܡܢ ܒܬܪ ܡܪܝܐ. ܘܐܚܛܝ ܐܢܘܢ ܚܛܝܬܐ ܪܒܬܐ: [22] ܘܐܙܠܘ ܒ̈ܢܝ ܐܝܣܪܝܠ ܒܟܠܗ ܚܛܝܬܐ ܕܝܘܪܒܥܡ ܗܘ ܕܥܒܕ. ܘܠܐ ܐܬܦܢܝܘ ܡܢܗ. [23] ܥܕܡܐ ܕܐܥܒܪ ܡܪܝܐ ܠܐܝܣܪܝܠ ܡܢ ܦܪܨܘܦܐ ܕܝܠܗ. ܐܝܟܢܐ ܕܡܠܠ ‒ ܡܪܝܐ܀ ܒܐܝܕܝ̈ ܕܟܠܗܘܢ ܥܒ̈ܕܘܗܝ ܕܝܠܗ ܢܒܝ̈ܐ. ܘܐܬܓܠܝ ܐܝܣܪܝܠ ܡܢ ܥܠ ܐܪܥܐ ܕܝܠܗ ܠܐܬܘܪ ܥܕܡܐ ܠܝܘܡܐ ܗܢܐ: [24] ܘܐܝܬܝ ܡܠܟܐ ܕܐܬܘܪ ܡܢ ܒܒܠ ܘܡܢ ܟܘܬܐ ܘܡܢ ܥܘܐ ܘܡܢ ܚܡܬ ܘܣܦܪܘܝܡ. ܘܐܘܬܒ ܐܢܘܢ ܒܩܘܪ̈ܝܐ ܕܫܡܪܝܢ ܚܠܦ ܒ̈ܢܝ ܐܝܣܪܝܠ.

63^{1} ܘܝܪܬܘ ܠܫܡܪܝܢ ܘܝܬܒܘ ܒܩܘܪ̈ܝܗ ܕܝܠܗ: | [25] ܘܗܘܐ ܒܫܘܪܝܐ ܕܥܘܡܪܐ ܕܝܠܗܘܢ ※ܣ ܗ ܕܬܡܢ܀ ܠܐ ܕܚܠܘ ܠܡܪܝܐ. ܘܫܕܪ ※ܬ ܐ ܣ ܠ ܗ ܡܪܝܐ܀ ܒܗܘܢ ܠܐܪ̈ܝܘܬܐ. ܘܐܝܬܝܗܘܢ ܗܘܘ ܩܛܠܝܢ ܒܗܘܢ: [26] ܘܐܡܪܘ ܠܡܠܟܐ ܕܐܬܘܪ ܟܕ ܐܡܪܝܢ ›ܥܡ̈ܡܐ ܗܠܝܢ ܕܐܓܠܝܬ ܘܐܘܬܒܬ ܒܩܘܪ̈ܝܐ ܕܫܡܪܝܢ. ܠܐ ܝܕܥܘ ܢܡܘܣܐ ܕܐܠܗܗ ܕܐܪܥܐ. ܘܫܕܪ ܒܗܘܢ ‒ ܡܪܝܐ܀ ܠܐܪ̈ܝܘܬܐ. ܘܗܐ ܐܝܬܝܗܘܢ ܗܘܘ ܡܡܝܬܝܢ ܠܗܘܢ ܒܕܠܐ ܕܠܐ ܝܕܥܝܢ ܢܡܘܣܐ ܕܐܠܗܗ ܕܐܪܥܐ‹: [27] ܘܦܩܕ ܡܠܟܐ ܕܐܬܘܪ ܟܕ ܐܡܪ ›※ܬ ܐ ܣ ܠ ܗ ܐܘܒܠܘ ܠܬܡܢ ※ܚܕ ܡܢ ܟܗ̈ܢܐ ܡܢ ܗܠܝܢ ܕܐܓܠܝܬ ܡܢ ܬܡܢ܀. ※ܘܢܐܙܠ ܘܢܥܡܪ ܬܡܢ ܘܢܠܦ ܐܢܘܢ ܢܡܘܣܐ ܕܐܠܗܗ ܕܐܪܥܐ‹: [28] ܘܐܬܐ ܚܕ ܡܢ ܟܗ̈ܢܐ ܗܠܝܢ ܕܐܓܠܝܘ ܡܢ ܫܡܪܝܢ. ܘܝܬܒ ܒܒܝܬܐܝܠ. ܘܐܝܬܘܗܝ ܗܘܐ

63^{2} ܡܠܦ ܠܗܘܢ ܕܐܝܟܢܐ ܢܕܚܠܘܢ | ܠܡܪܝܐ. [29] ܘܐܝܬܝܗܘܢ ܗܘܘ ܥܒܕܝܢ ܥܡ̈ܡܐ ※ܥܡ̈ܡܐ ܐܠܗܐ ܕܝܠܗܘܢ. ܘܣܡܘ ܒܒܝܬܐ ܕܪ̈ܡܬܐ ܗܠܝܢ ܕܥܒܕܘ ܫܡܪ̈ܝܐ °ܥܡܐ ܥܡܐ ܒܩܘܪ̈ܝܐ ܕܝܠܗܘܢ ܒܗܝܢ ܐ ܕ※ܬܡܢ܀ ܕܥܡܪܝܢ ܗܘܘ ܒܗܝܢ: [30] ܘܓܒܪ̈ܐ ...... ܥܒܕܘ ܠܣܘܟܘܬ ܒܢܘܬ. ܘܓܒܪ̈ܐ ※ܕܟܘܬ ܥܒܕܘ ܠܢܪܓܠ. ܘܓܒܪ̈ܐ ܕܚܡܬ ܥܒܕܘ ܠܐܫܝܡܐ: [31] ܘܥܘܝ̈ܐ ܥܒܕܘ ܠܢܒܚܙ ܘܠܬܪܬܩ ※ܘܠܣܦܪܘܝܡ. ܟܕ ܡܘܩܕܝܢ ܗܘܘ ܒ̈ܢܝܗܘܢ ܒܢܘܪܐ ܠܐܕܪܡܠܟ ܘܠܐܢܡܠܟ ܐܠܗ̈ܐ ܕܣܦܪܘܝܡ: [32] ܘܐܝܬܝܗܘܢ ܗܘܘ ܕܕܚܠܝܢ ܠܡܪܝܐ. ※ܘܐܥܒܕܘ ܠܡܪܕܘܬܐ ܕܝܠܗܘܢ ܒܟܘܡܪ̈ܐ ܕܪ̈ܡܬܐ ‒ ܗܠܝܢ ܕܥܒܕܘ †ܠܫܡܪܝܢ ܒܒܝܬܐ ܒܒܝܬܐ

15 ܣ ܗ ܩܝܡܬܐ

15 ܣ ܗ ܕܐܣܗܕ indice non adposito

15 ܀ ter addidit F, ܀ quartum B ipse praebuit

15 ܕܫܛܘ in B prima

15 ܕܥܒܪܝܐ ܡܦܩܢܐ ܀ ܗܘ ܕܠܐ ܢܫܡܥ ܠܡܠܬܐ ܫܡܥܘ ܘܠܐ ܐܙܠܘ ܒܬܪ ܡܪܝܐ ܐܠܗܐ. ܒܬܪ ܡܣܪܝܩܘܬܐ ܐܙܠܘ ܘܒܬܪ ܥܡ̈ܡܐ ܗܢܘܢ ܕܐܡܪ ܡܪܝܐ.

16 ܒ vocis ܥܓܠ̈ܐ m pr in litura B

16 ܣ ܬܪ̈ܝܢ ܬܘܪ̈ܐ ܕܢܚܫܐ

18 ܕܝܠܗ ܒܪ ܕܝܠܗ ܀ ܕܐܝܟ ܐܢܫܐ ܕܐܝܬ ܠܗ ܚܝܠܐ ܗܘܐ ܡܪܝܐ ܠܥܡܐ. ܥܠ ܕܠܐ ܚܛܝܘ ܥܒܪܘ ܗܘ ܕܝܫܘܥ ܒܪ ܡܠܟܐ ܠܗ ܕܢܫܬܚܪ

20 ܘܐܬܚܡܬ B^1?

21 ܛܘܒ ܕܝܠܗ ܕܐܬܦܠܓܘ ܀ ܗܘ ܟܕ ܡܛܥܝܐ ܐܠܗܝܗܘܢ ܠܗܘܢ ܕܢܛܥܘܢ ܐܦ ܗܘܢ ܡܢ ܡܪܝܐ ܠܐܝܣܪܝܠ ܡܥܒܕܝܢ ܠܗܘܢ ܕܗܘܐ ܕܝܠܗ ܠܥܠܡ ܘܐܦܠܝܢ ܕܢܦܠܘܢ ܒܥܠܡܐ ܗܢܐ ܘܒܥܠܡܐ ܕܥܬܝܕ:

24 ܣܦܪܘܝܡ scripsi, ܣܦܪܘܝܡ B. ܣܦܪܘܝܡ punctum super ܒ habet in B^1. serius crux in margine addita

26 ܘܗܐ = B^1: signum delevit B^2

27 ܦܩܕ in B prima

27 indice ad ܘܢܠܦ ܐܢܘܢ adposito ܐ ܘܢܐܙܠ ܘܢܠܦ

29 ܐ ܥܡܐ

29 ※ ܐ ܕܬܡܢ (omisso ܀) B

30 lacunam manus recentior in B^2 lineolâ ad ܘܓܒܪ̈ܐ adpictâ indicavit: B^1 loco lacunae ܕܒܒܠ praebet a B^2 deletum

30 ܡܛܠ ܗܘ ܕܒܝ ܐܬܪܐ ܕܡܥܒܕܝܢ ܠܗ ܐܠܗܐ ܠܡܥܒܕܘܬܗ ܕܦܘܠܚܢܐ ܕܐܝܟܢ ܫܦܝܪ ܠܘܬ ܐܠܗܐ ܗܘ ܗܝ. ܣܘܟܘܬ ܒܢܘܬ ܡܦܩܢܘܬܗ ܕܒܢ̈ܬܐ. ܐܦ ܕܝܢ ܟܠ ܚܕ ܡܢܗܘܢ ܝܬܝܪ ܕܒܪ ܐܬܪܗ ܗܘ ܝܕܥ

31 ܐ ܗ ܘܡܦܩܕܬܐ [sic] ܡܘܩܕܝܢ ܗܘܘ

32 ܐ ܣ ܗ ܘܥܒܕܘ ܠܗܘܢ ܡܢ ܡܕܡܐ ܕܫܡܪܝܢ ܕܝܠܗܘܢ ܒܟܘܡܪܐ indice ad ܠܡܪܕܘܬܐ adposito

32 ܕܥܒܪܝܐ ܡܦܩܢܐ ܀ ܡܪܝܐ ܕܐܣܬܪܩܘ ܕܠܡܕܡܐ ܕܒܝܬܐ ܐܝܟ ܠܫܡܪܝܢ ܗܘ ܕܫܡܪܝܢ ܗܘܐ ܒܗ ܠܚܕ ܚܕ ܕܥܡܡܐ ܥܡܡܐ ܐܝܟ ܕܐܬܪܐ ܕܡܫܡܫܝܢ ܒܗ ܕܝܠܗܘܢ ܕܫܡܪܝܢ ܒܐܬܪܘܬܐ ܡܢ ܐܬܪܐ ܕܐܬܘܬܐ: ܡܫܡܫ ܗܘܐ ܠܗܘܢ ܕܫܡܪܝܐ

32 ante ܠܫܡܪܝܢ in versu ineunte positum ‒ non repetitur, qui habetur post ܒܒܝܬܐ prius in versu medio conlocatum, et ante ܗܠܝܢ et ܘܐܝܬܝܗܘܢ et ܠܡܪܝܐ versus incipientia. ܀ addidit F

ܠܡܕܝܢܬܐ ܗܝ ܕܫܡܪܝܢ ܗܘܘ ܠܗ܆ ܘܐܠܗܝܗܘܢ ܗܘܘ ܕܕܚܠܝܢ ܠܡܪܝܐ. ܘܥܒܕܘ ܠܗܘܢ ܟܘܡܪ̈ܐ ܕܪ̈ܡܬܐ.
64¹ ܘܥܒܕܝܢ ܠܗܘܢ ܒܒܝܬ ܕܪ̈ܡܬܐ܆ | [33] ܠܡܪܝܐ ܕܕܚܠܝܢ ܗܘܘ. ܘܠܐܠܗ̈ܐ ܕܝܠܗܘܢ ܦܠܚܝܢ ܗܘܘ ܐܝܟ ܥܝܕܐ
ܕܥܡ̈ܡܐ. ܡܢ ܐܬܪܐ ܕܐܓܠܝܘ ܐܢܘܢ ܡܢ ܬܡܢ܆ [34] ܥܕܡܐ ܠܝܘܡܐ ܗܢܐ ܗܢܘܢ ܥܒܕܝܢ ܗܘܘ ܐܝܟ ܥܝܕܐ
ܕܝܠܗܘܢ. ܗܢܘܢ ܕܕܚܠܝܢ ܘܗܢܘܢ ܥܒܕܝܢ ܐܝܟ ܐܘܪܚܐ ܕܝܠܗܘܢ ܘܐܝܟ ܥܝܕܐ ܕܝܠܗܘܢ ܘܐܝܟ ܢܡܘܣܐ ܘܐܝܟ
ܦܘܩܕܢܐ ܗܘ ܕܦܩܕ ܡܪܝܐ ܠܒܢ̈ܝܐ ܕܝܥܩܘܒ ܗܘ ܕܣܡ ܫܡܗ ܐܝܣܪܝܠ܆ [35] ܘܩܝܡ ܡܪܝܐ ܠܥܡܗܘܢ
ܩܝܡܐ ܘܦܩܕ ܠܗܘܢ ܟܕ ܐܡܪ: «ܠܐ ܬܕܚܠܘܢ ܠܐܠܗ̈ܐ ܐܚܪ̈ܢܐ ܘܠܐ ܬܣܓܕܘܢ ܠܗܘܢ ܘܠܐ ܬܦܠܚܘܢ ܠܗܘܢ ܘܠܐ
ܬܕܒܚܘܢ ܠܗܘܢ. [36] ܐܠܐ ܠܝ ܠܡܪܝܐ ܗܘ ܕܐܣܩܟܘܢ ܡܢ ܐܪܥܐ ܕܡܨܪܝܢ ܒܚܝܠܐ ܪܒܐ ܘܒܕܪܥܐ ܪܡܐ. ܠܗ
64² ܬܕܚܠܘܢ ܘܠܗ ܬܣܓܕܘܢ ܘܠܗ ܬܕܒܚܘܢ܆ [37] ܘܠܥܝ̈ܕܐ ܘܠܕܝ̈ܢܐ ܘܠܢܡܘܣܐ ܘܠܦܘܩܕ̈ܢܐ | ܗܢܘܢ
ܕܟܬܒ ܠܟܘܢ. ܬܛܪܘܢ ܠܡܥܒܕ ܟܠܗܘܢ ܝܘ̈ܡܬܐ. ܘܠܐ ܬܕܚܠܘܢ ܠܐܠܗ̈ܐ ܐܚܪ̈ܢܐ. [38] ܘܠܩܝܡܐ ܗܘ
ܕܩܝܡ ܥܡܟܘܢ. ܠܐ ܬܛܥܘܢ. ܘܠܐ ܬܕܚܠܘܢ ܠܐܠܗ̈ܐ ܐܚܪ̈ܢܐ. [39] ܐܠܐ ܠܡܪܝܐ ܐܠܗܟܘܢ ܕܚܠܘ. ܘܗܘ ܢܦܪܘܩ
ܠܟܘܢ ܡܢ ܐܝܕܐ ܕܒܥܠܕܒܒ̈ܝܟܘܢ܆ [40] ܘܠܐ ܫܡܥܘ ܐܠܐ ܥܝܕܐ ܕܝܠܗܘܢ ܗܘ ܕܗܢܘܢ ܥܒܕܝܢ»:
[41] ܘܐܠܗܝܗܘܢ ܗܘܘ ܥܡ̈ܡܐ ܗܢܘܢ ܕܕܚܠܝܢ ܠܡܪܝܐ. ܘܠܦܬܟܪ̈ܐ ܕܝܠܗܘܢ ܐܠܗܝܗܘܢ ܗܘܘ ܦܠܚܝܢ
ܠܟܘܪ̈ܐ. ܐܦ ܒܢ̈ܝܗܘܢ ܘܒܢ̈ܝܐ ܕܒܢ̈ܝܗܘܢ ܐܝܟܢܐ ܕܥܒܕܘ ܐܒܗ̈ܝܗܘܢ. ※ܗܟܢܐ↙ ܗܢܘܢ ܥܒܕܝܢ
ܥܕܡܐ ܠܝܘܡܐ ܗܢܐ ܀
[1] ܘܗܘܐ ܒܫܢܬܐ ܕܬܠܬ ܕܗܘܫܥ ܒܪܗ ܕܐܝܠܐ ܡܠܟܐ ܕܐܝܣܪܝܠ. ܐܡܠܟ ܚܙܩܝܐ ܒܪܗ ܕܐܚܙ ܡܠܟܐ ܕܝ 18
65¹ ܗܘܕܐ܆ [2] ܒܪ ܥܣܪܝܢ ܘܚܡܫ ܫܢܝܢ ܐܝܬܘܗܝ | ܗܘܐ ܟܕ ܐܡܠܟ. ܘܥܣܪܝܢ ܘܬܫܥ ܫܢܝܢ ܐܡܠܟ
ܒܐܘܪܫܠܡ. ܘܫܡܐ ܕܐܡܗ *ܐܒܝ ܒܪܬܗ ܕܙܟܪܝܐ܆ [3] ܘܥܒܕ ܗܘ ܕܫܦܝܪ ܒܥܝ̈ܢܘܗܝ ܕܡܪܝܐ ܐܝܟ
ܟܠܡܕܡ ܕܥܒܕ ܕܘܝܕ ܐܒܘܗܝ܆ [4] ܗܘ ܐܥܒܪ ܒܝܬ ܕܒ̈ܚܐ. ܘܬܒܪ ܠ÷ܟܠܗܘܢ↙ ܡܨܒ̈ܬܐ. *ܘܩܛܥܗ
ܠܚܘܝܐ ܘ※ܫܪ̈ܟܐ↙ ܕܢܚܫܐ ܕܥܒܕ ܗܘ ܡܘܫܐ. ܡܛܠ ܕܥܕܡܐ ܠܝܘܡܬܐ ܗܢܘܢ ܐܠܗܝܗܘܢ ܗܘܘ ܒܢ̈ܝ
ܐܝܣܪܝܠ ܕܡܥܛܪܝܢ ܠܗ. ܘܩܪܘܗܝ ܢܚܫܬܢ ܀
[5] ܠܡܪܝܐ ܐܠܗܐ ܕܐܝܣܪܝܠ ܣܒܪ. ܘܒܬܪܗ ܠܐ ܗܘܐ ܕܕܡܐ ܠܗ ܒܟܠܗܘܢ ܡ̈ܠܟܐ ܕܝܗܘܕܐ ܘܒܗܢܘܢ ܕ
ܗܘܘ ܡܢ ܩܕܡܘܗܝ܆ [6] *ܘܐܬܢܩܦ ܠܡܪܝܐ ܘܠܐ ܐܬܦܢܝ ܡܢ ܒܬܪܗ ܘܢܛܪ ܦܘܩܕ̈ܢܘܗܝ ܕܝܠܗ ܗܢܘܢ ܕܦܩܕ
†ܡܘܫܐ܆ [7] ܘܐܠܗܘܗܝ ܗܘܐ ܡܪܝܐ ܥܡܗ. ܒܟܠܡܕܡ ܗܘ ܕܥܒܕ ܗܘܐ. ܡܫܟܠ ܗܘܐ܆ ܘܡܪܕ
65² ܒܡܠܟܐ | ܕܐܬܘܪ. ܘܠܐ ܦܠܚ ܠܗ ܒܥܒܕܘܬܐ܆ [8] ܗܘ ܡܚܐ ܠܦܠܫ̈ܬܝܐ ܥܕܡܐ ܠܥܙܐ ܥܕܡܐ ܠܬܚܘܡ̈ܝܗ ܘܥܕܡܐ
ܠܡܓܕܠܐ ܕܢܛܘܪ̈ܐ ܡܢ ܦܘܪܝܡܐ ܕܢܛܘ̈ܪܐ ܘܥܕܡܐ ܠܡܕܝܢܬܐ ܥܫܝܢܬܐ ܀
[9] ܘܗܘܐ ܒܫܢܬܐ ܪܒܝܥܝܬܐ ܠܡܠܟܐ ܚܙܩܝܐ (ܗܝ ܗܝ ܫܢܬܐ ܫܒܝܥܝܬܐ ܠܗܘܫܥ ܒܪܗ ܕܐܝܠܐ ܡܠܟܐ ܕ
ܐܝܣܪܝܠ). ܣܠܩ ܫܠܡܢܐܣܪ ܡܠܟܐ ܕܐܬܘܪ ܥܠ ܫܡܪܝܢ. ܘܐܚܕ ܗܘܐ ܠܗ܆ [10] ܘܟܒܫܗ *ܡܢ
ܫܘܠܡܐ ܕܬܠܬ ܫܢܝܢ. ܒܫܢܬܐ ܫܬܝܬܝܬܐ ܠܚܙܩܝܐ (ܗܝ ܗܝ ܫܢܬܐ ܬܫܝܥܝܬܐ ܠܗܘܫܥ ܡܠܟܐ
ܕܐܝܣܪܝܠ). ܐܬܟܒܫܬ ܫܡܪܝܢ܆ [11] ܘܐܓܠܝ ܡܠܟܐ ܕܐܬܘܪ ܠܫܡܪܝܢ ܠܐܬܘܪ. ܘܐܘܬܒ ܐܢܘܢ ܒܚܠܚ
ܘܒܚܒܘܪ ܢܗܪܐ ܕܓܘܙܢ ܘܒܡܕܝܢ̈ܬܐ ܕܡܕ̈ܝܐ܆ [12] ܡܛܠ ܕܠܐ ܫܡܥܘ ܒܩܠܐ ܕܡܪܝܐ ܐܠܗܐ ܕܝܠܗܘܢ. ܘܥܒܪܘ
66¹ ܥܠ ܩܝܡܐ ܕܝܠܗ.. | ܟܠܡܕܡ ܗܘ ܕܦܩܕ ܡܘܫܐ ܥܒܕܗ ܕܡܪܝܐ. ܘܠܐ ܫܡܥܘ ܘܠܐ ܥܒܕܘ܆
[13] ܘܒܫܢܬܐ ܕܐܪܒܥܣܪܐ ܠܡܠܟܐ ܚܙܩܝܐ ܣܠܩ ܣܢܚܪܝܒ ܡܠܟܐ ܕܐܬܘܪ ܥܠ ܟܪ̈ܟܐ ܕܝܗܘܕܐ
ܥܫܝ̈ܢܬܐ. ܘܐܚܕ ܐܢܝܢ܆ [14] ܘܫܕܪ ܚܙܩܝܐ ÷ ܡܠܟܐ ܕܝܗܘܕܐ ܐܝܙܓܕ̈ܐ↙ ܠܘܬ ܡܠܟܐ ܕܐܬܘܪ ܠܠܟܝܫ
ܟܕ ܐܡܪ: «ܚܛܝܬ. ܗܦܘܟ ܡܢܝ. ܘܡܐ ܕܬܣܝܡ ܥܠܝ. ܐܫܩܘܠ»: ܘܣܡ ܡܠܟܐ ܕܐܬܘܪ ܥܠ
ܚܙܩܝܐ ܡܠܟܐ ܕܝܗܘܕܐ ܬܠܬܡܐܐ ܟܟܪ̈ܝܢ ܕܣܐܡܐ ܘܬܠܬܝܢ ܕܕܗܒܐ܆ [15] ܘܝܗܒ ܚܙܩܝܐ ܟܠܗ ܟܣܦܐ
ܕܐܫܬܟܚ ܒܒܝܬܗ ܕܡܪܝܐ. ܘܒܓܙ̈ܐ ܕܒܝܬܗ ܕܡܠܟܐ܆ [16] ܒܙܒܢܐ ܗܘ ܩܨܨ ܚܙܩܝܐ ܠܬܪ̈ܥܐ

34 ܕܩܝܡ et 35 ܘܩܝܡ in B prima
41 ܕܠܗܘܢ ܐܠܗܝܗܘܢ B
2 αβουθ
4 ÷ ܟܠܗܘܢ↙ B
4 ܘܡܩܢܐ ܡܢ |. mox ※ܢܚܫܐ↙ B
4 ܘܡܥܛܪܝܢ B. ܠܗ: vocis ܘܡܥܛܪܝܢ pr

m in litura B
6 ἐκολλήθη
6 ܕܩܝܡ in B prima
6 ܐ ܦܩܕ ܡܘܫܐ
7 ܕܝܠܗ ܗܘܐ ܀ ܒܟܠܡܕܡ ܟܕ ܕܥܒܕ
ܕܡܕܝܢܬܐ. ܕܩܝܡܐ ܐܠܗܐ. ܐܝܟܐ ܕܐܦ ܗܘܐ

ܥܠ ܚܙܩܝܐ ܒܫܢܬܐ ܐܚܪܬܐ ܀ ܐܝܣܪܝܠ ܀
ܗܘ ܕܒܫܢܬܐ ܒܬܠܬ ܫܢܝܢ ܥܡܗ [sic].
ܘܡܢ ܟܠ ܚܕܐ ܡܢ ܗܠܝܢ ܕܐܡܪ ܕܗܢܐ ܐܠܗܘܗܝ
ܦܘܩܕܢܐ. ܒܟܠܗܘܢ ܗܠܝܢ ܕܒܬܪ ܡܫܟܠܐ.
ܐܝܟ ܕܫܢܬܐ ܡܛܠ ܚܙܩܝܐ ܐܡܪܐ
10 ܡܢ ܒܬܪ indice ad ܫܢܬܐ adposito

16³

66² ܕܒܝܬܗ ܕܡܪܝܐ *ܘܠܡܣܡܟܐ ܗܠܝܢ ܕܐܪܕܦ ܚܙܩܝܐ ܡܠܟܐ ܕܝܗܘܕܐ . ܘܝܗܒ | ܐܢܘܢ ܠܡܠܟܐ ܕܐܬܘܪܝܐ :
ܣ [17] ܘܫܕܪ ܡܠܟܐ ܕܐܬܘܪܝܐ ܠܬܪܬܢ ܘܠܪܒܣܪܝܣ ܘܠܪܒܫܩܐ ܡܢ ܠܟܝܫ ܠܘܬ ܡܠܟܐ ܚܙܩܝܐ
ܒܚܝܠܐ ܝܩܝܪܐ ܥܠ ܐܘܪܫܠܡ . ܘܣܠܩܘ ܘܐܬܘ ܠܐܘܪܫܠܡ ※ܘܣܠܩܘ ܘܐܬܘ↙ ܘܩܡܘ *ܥܠ ܝܕ ܩܢܝܐ ܕܡܝܐ
†ܕܡܥܡܘܕܝܬܐ ܥܠܝܬܐ ܗܝ ܕܐܝܬܝܗ ܒܐܘܪܚܐ ܕܚܩܠܗ ܕܡܪܐ : [18] ܘܩܥܘ ܠܘܬ ܚܙܩܝܐ . ܘܢܦܩܘ
ܠܘܬܗ ܐܠܝܩܝܡ ܒܪܗ ܕܚܠܩܝܐ ܗܘ ܕܥܠ ܒܝܬܐ ܘܫܒܢܐ ܣܦܪܐ ܘܝܘܐܚ ܒܪܗ ܕܐܣܦ ܡܥܗܕܢܐ : [19] ܘܐܡܪ
ܠܘܬܗܘܢ ܪܒ ܫܩܐ ܀ܐܡܪܘ ܗܫܐ ܠܘܬ ܚܙܩܝܐ ܀ܗܟܢ ܐܡܪ ܡܠܟܐ ※ܐ ܣ ܠ ܗ ܪܒܐ↙ ܡܠܟܐ ܕܐܬܘܪܝܐ
ܡܢܘ ܬܘܟܠܢܐ ܗܢܐ ܗܘ ܕܬܬܟܠܬ .· [20] ܐܡܪܬ (*ܒܪܡ ܡ̈ܠܐ ܕܣܦܘ̈ܬܐ) ܕܡܠܟܬܐ ܘܚܝܠܐ ܠܩܪܒܐ : ܗܫܐ
67¹ ܗܟܝܠ ܥܠ ܡܢܘ ܐܬܬܟܠܬ . ܕܡܪܕܬ ܒܝ .· | [21] ܗܫܐ ܗܐ ܐܬܬܟܠܬ ܠܟ ܥܠ ܫܒܛܐ ܗܢܐ
ܕܩܢܝܐ ܪܥܝܥܐ .. ܥܠ ܡܨܪܝܢ . ܗܘ ܕܐܢ ܢܣܬܡܟ ܓܒܪܐ ܥܠܘܗܝ .· ܐܦ ܥܐܠ ܒܐܝܕܗ ܘܢܩܒܝܗ .
ܗܟܢܐ ܗܘ ܦܪܥܘܢ ܡܠܟܐ ܕܡܨܪܝܢ ܠܟܠܗܘܢ ܗܠܝܢ ܕܡܬܟܠܝܢ ܥܠܘܗܝ : [22] ܘܐܢ ܬܐܡܪܘܢ ܠܘܬܝ ܀ܕܥܠ
ܡܪܝܐ ܐܠܗܐ ܕܝܠܢ ܬܟܝܠܝܢܢ« . ܠܗ ܗܘ ※ܐܠܗܘܗܝ ܗܢܐ↙ ܗܘ *ܕܐܥܒܪ ܚܙܩܝܐ ܠܪ̈ܡܬܗ ܕܝܠܗ
ܘܠܡܕ̈ܒܚܘܗܝ . ܘܐܡܪ ܠܝܗܘܕܐ ܘܠܐܘܪܫܠܡ ܀ܩܕܡ ܡܕܒܚܐ ܗܢܐ ܬܣܓܕܘܢ ܒܐܘܪܫܠܡ« .· [23] ܘܗܫܐ
ܐܬܚܠܛܘ ܗܫܐ ܥܡ ܡܪܝ ܕܝܠܝ ܡܠܟܐ ܕܐܬܘܪܝܐ . ܘܐܬܠ ܠܟ ܬܪܝܢ ܐܠܦܝܢ ܪ̈ܟܫܐ .· ܐܢ ܡܫܟܚ ܐܢܬ
ܠܡܬܠ ܐܢܬ ܠܟ ܪ̈ܟܘܒܐ ܥܠܝܗܘܢ : [24] ܘܐܝܟܢܐ ܡܗܦܟ ܐܢܬ ܦܪ̈ܨܘܦܐ ܕܚܕ ܦܚܬܐ ܕܚܕ ܡܢ ܥܒ̈ܕܘܗܝ
67² ܕܡܪܝ ܕܝܠܝ | ܙܥܘܪ̈ܐ . ܘܐܬܬܟܠܬ ܠܟ ܥܠ ܡܨܪܝܢ .. ܥܠ ܡܪ̈ܟܒܬܐ ܘܦܪ̈ܫܐ .· [25] ܗܫܐ ܗܟܝܠ ܠܘܬ ܐܬܪܐ ܕܒܠܥܕ
ܡܢ ܡܪܝܐ ܣܠܩܬ ܥܠ ܕܘܟܬܐ ܗܕܐ ܠܡܚܒܠܘܬܗ .· ܡܪܝܐ ܐܡܪ ܠܘܬܝ ܀ܣܩ ܥܠ ܐܪܥܐ ܗܕܐ . ܐܦ
ܚܒܠܝܗ« : [26] ܘܐܡܪ ܐܠܝܩܝܡ ܒܪܗ ܕܚܠܩܝܐ ܘܫܒܢܐ ܘܝܘܐܚ ܠܘܬ ܪܒ ܫܩܐ ܀ܡܠܠ ܗܫܐ ܠܘܬ
ܥܒ̈ܕܝܟ ܒܠܫܢܐ ܐܪܡܝܐ . ܡܛܠ ܕܫܡܥܝܢ ܚܢܢ . ܘܠܐ ܬܡܠܠ ܥܡܢ ܝܗܘܕܐܝܬ ܒܐܕܢ̈ܝ ܕܥܡܐ ܕܥܠ ܫܘܪܐ« :
[27] ܘܐܡܪ ܠܘܬܗܘܢ ܪܒ ܫܩܐ ܀ܠܘܬ *ܠܘܬ ܡܪܟ ܘܠܘܬܟ ܫܕܪܢܝ ܡܪܝ ܕܝܠܝ ܠܡܡܠܠܘ ܡ̈ܠܐ ܗܠܝܢ .·
ܠܐ ܠܘܬ ܓܒܪ̈ܐ ܕܝܬܒܝܢ ܥܠ ܫܘܪܐ ܠܡܐܟܠ ܨܐܬܗܘܢ ܘܠܡܫܬܐ ܡܝ̈ܐ ܕܪ̈ܓܠܝܗܘܢ ܥܡܟܘܢ ܐܟܚܕܐ .·« :
68¹ [28] ܘܩܡ ܪܒ ܫܩܐ ܘܩܥܐ ܒܩܠܐ ܪܒܐ ܝܗܘܕܐܝܬ ܘܡܠܠ ܘܐܡܪ ܀ܫܡܥܘ ܦܬܓܡܐ | ※ܐ ܠ ܗ ܕܡܠܟܐ ܪܒܐ
ܡܠܟܐ ܕܐܬܘܪܝܐ : [29] ܗܟܢ ܐܡܪ ܡܠܟܐ ܀ܠܐ ܢܛܥܝܟܘܢ ܚܙܩܝܐ . ܡܛܠ ܕܠܐ ܡܫܟܚ ܠܡܦܪܩܘܬܟܘܢ
ܡܢ ܐܝܕܝ ܕܝܠܝ : [30] ܘܠܐ ܢܬܟܠܟܘܢ ܚܙܩܝܐ ܥܠ ܡܪܝܐ ܟܕ ܐܡܪ ܕܡܦܪܩܘ ܢܦܪܩܢ ܡܪܝܐ . ܠܐ ܡܫܬܠܡܐ
ܡܕܝܢܬܐ ܗܕܐ ܒܐܝܕܐ ܕܡܠܟܐ ܕܐܬܘܪܝܐ : [31] ܠܐ ܬܫܡܥܘܢ ܠܚܙܩܝܐ . ܡܛܠ ܕܗܟܢ ܐܡܪ ܡܠܟܐ ܕܐܬܘܪܝܐ .
ܥܒܕܘ ܥܡܝ ܒܘܪܟܬܐ ܘܦܘܩܘ ܠܘܬܝ . *ܘܐܟܘܠܘ ܓܒܪܐ ܓܦܬܐ ܕܝܠܗ . †ܘ÷ܕܐܟܠܘܢ↙ ܓܒܪܐ ܬܐܬܐ
ܕܝܠܗ . ܘܐܫܬܘ ※ܓܒܪܐ↙ ܡܝ̈ܐ ܕܓܘܒܐ ܕܝܠܗ . [32] ܥܕܡܐ ܕܐܬܐ ܘܐܕܒܪܟܘܢ ܠܐܪܥܐ ܐܝܟ ܐܪܥܐ ܕܝܠܟܘܢ .
ܐܪܥܐ ܕܥܒܘܪܐ ܘܕܚܡܪܐ ܘܕܠܚܡܐ ܘܕܟܪ̈ܡܐ . ܐܪܥܐ ܕܙܝܬܐ ܕܡܫܚܐ ܘܕܕܒܫܐ . ܘܬܚܘܢ ܘܠܐ ܬܡܘܬܘܢ : ܘܠܐ
68² ܬܫܡܥܘܢ ܠܚܙܩܝܐ ܕܡܛܥܐ ܠܟܘܢ ܟܕ ܐܡܪ | ܕܡܪܝܐ ܢܦܪܘܩ ܠܟܘܢ : [33] ܠܡܐ ܡܦܪܩܘ ܦܪܩܘ
ܐܠܗ̈ܐ ܕܥܡ̈ܡܐ . ܟܠ ܚܕ ܠܐܪܥܐ ܕܝܠܗ . ܡܢ ܐܝܕܐ ܕܡܠܟܐ ܕܐܬܘܪܝܐ .· [34] ܐܝܟܐ ܐܢܘܢ ܐܠܗ̈ܐ ܕܚܡܬ ܘܕܐܪܦܕ .·
ܐܝܟܐ ܐܢܘܢ ܐܠܗ̈ܐ ܕܣܦܪܘܝܡ ※ܕܗܢܥ ܘܕܥܘܐ↙ .· ܠܡܐ ܦܪܩܘ ܠܫܡܪܝܢ ܡܢ ܐܝܕܝ ܕܝܠܝ .· [35] ܡܢܘ
ܒܟܠܗܘܢ ܐܠܗ̈ܐ ܕܐܪ̈ܥܬܐ ܗܠܝܢ ܕܦܪܩܘ ܠܐܪ̈ܥܬܗܘܢ ܡܢ ܐܝܕܝ ܕܝܠܝ . ܕܢܦܪܘܩ ܡܪܝܐ ܠܐܘܪܫܠܡ ܡܢ ܐܝܕܝ
ܕܝܠܝ .·« : [36] *ܘܫܬܩܘ ※ܥܡܐ↙ ܘܠܐ ܦܢܘ ܠܗ ܡܠܬܐ . ܡܛܠ ܕܦܘܩܕܢܐ ܗܘܐ ※ܐ ܣ ܗ ܗܢܐ↙
ܕܡܠܟܐ ܟܕ ܐܡܪ ܀ܠܐ ܬܦܢܘܢ ܠܗ« ✤
ܣܐ [37] ܘܥܠܘ ܐܠܝܩܝܡ ܒܪܗ ܕܚܠܩܝܐ ܪܒ ܒܝܬܐ ܘܫܒܢܐ ܣܦܪܐ ܘܝܘܐܚ ܒܪܗ ܕܐܣܦ ܡܥܗܕܢܐ ܠܘܬ
ܚܙܩܝܐ ܟܕ ܡܨܪܝܢ ܢܚ̈ܬܝܗܘܢ . ܘܐܘܕܥܘܗ ܠܗ ܡ̈ܠܘܗܝ ܕܪܒ ܫܩܐ ✤
19 69¹ [1] ܘܗܘܐ ܕܟܕ ܫܡܥ ܡܠܟܐ ܚܙܩܝܐ . ܨܪܝ ܢܚ̈ܬܘܗܝ ܘܐܬܟܣܝ ܣܩܐ ܘܥܠ ܠܒܝܬܗ ܕܡܪܝܐ :

16 deletumne ܘܕܒܝܬܗ a B¹?
16 indice non adposito ܠ ܠܡܣܡܟܐ
17 κολυμβήθρας et ܠܡܥܡܘܕܝܬܐ ܗ ܣ duplici indice ad ܥܠ ܝܕ relata, quum κολυμβήθρας ad ܕܡܥܡܘܕܝܬܐ pertineat, cui indicem alterum adposui
20 ܒܪܡ ܕܝܠܗ ܡ̈ܠܐ ܕܣܦܘ̈ܬܐ ܘܡܠܟܬܐ ubi non ܕܣܦܘ̈ B, sed ܕܣܦ, cui super versum inter ܕ et ܣ ܘ adposita. index ad ܡ̈ܠܐ additus in B
22 ܣ ܕܐܥܒܪ
24 ܦܚܬܐ singularis in B
25 ܒܠܥܕ B
26 ܐܠܝܩܝܡ et ܕܚܠܩܝܐ B
27 ܠܘܬ ܡܪܟ ܘܠܘܬܟ indice ad ܡܪܝ adposito
28 ܘܐܡܪ B
28 ↙ quo loco suppleam nescio
31 ܐ ܠ ܗ ܘܐܟܘܠ[ܘܢ] ܘܐܟܘܠܘ
31 ܘܐܟܘܠܘ Bᵐ. ÷ܘܐܟܘܠܘܢ↙ B
36 ܘܫܬܩܘ

[2] ܘܫܕܪ ܠܐܠܝܩܝܡ ܪܒ ܒܝܬܐ ܘܠܫܒܢܐ ܣܦܪܐ ܘܠܩܫܝܫܐ ܕܟܗܢܐ ܟܕ ܡܟܣܝܢ ܣܩܐ ܠܘܬ ܐܫܥܝܐ ܢܒܝܐ
ܒܪܗ ܕܐܡܘܨ. [3] ܘܐܡܪܘ ܠܗ ܗܟܢܐ ܐܡܪ ܚܙܩܝܐ ܝܘܡܐ ܗܢܐ ܕܐܘܠܨܢܐ ܘܕܡܟܣܢܘܬܐ ܘܕܡܪܓܙܢܘܬܐ
ܝܘܡܐ ܗܘ. ܡܛܠ ܕܐܬܘ ܒܢܝܐ ܥܕܡܐ ܠܡܬܒܪܐ ܘܚܝܠܐ ܠܝܬ ܠܗ ܠܡܐܠܕ. [4] ܕܠܡܐ ܢܫܡܥ ܡܪܝܐ
ܐܠܗܟ ܠܟܠܗܘܢ ܡܠܘܗܝ ܕܪܒ ܫܩܐ ܗܘ ܕܫܕܪܗ ܡܠܟܐ ܕܐܬܘܪ ܡܪܗ ܠܡܚܣܕܘ ܠܐܠܗܐ
ܚܝܐ ܘܠܡܚܣܕܘ ܒܡܠܐ ܕܫܡܥ ܡܪܝܐ ܐܠܗܟ. ܘܬܬܠ ܨܠܘܬܐ ܡܛܠ ܫܪܟܐ ܗܢܘܢ
ܕܐܫܬܟܚܘ.·.«« ❖

[5] ܘܐܬܘ ܥܒܕܘܗܝ ܕܡܠܟܐ ܚܙܩܝܐ ܠܘܬ ܐܫܥܝܐ. [6] ܘܐܡܪ ܠܗܘܢ | ܐܫܥܝܐ ܗܟܢܐ ܬܐܡܪܘܢ ܠܡܪܟܘܢ ܗܟܢܐ 69[2]
ܐܡܪ ܡܪܝܐ ܠܐ ܬܕܚܠ ܡܢ ܦܬܓܡܐ ܕܫܡܥܬ ܕܓܕܦܘ ܥܠܝ ܥܠܝܡܘܗܝ ܕܡܠܟܐ
ܕܐܬܘܪ. [7] ܗܐ ܐܢܐ ܝܗܒ ܐܢܐ ܒܗ ܪܘܚܐ. ܘܢܫܡܥ ܫܡܥܐ. ܘܢܗܦܘܟ ܠܐܪܥܗ. ܘܐܪܡܝܘܗܝ
ܒܚܪܒܐ ܒܐܪܥܗ. [8] ܘܗܦܟ ܪܒ ܫܩܐ. ܘܐܫܟܚܗ ܠܡܠܟܐ ܕܐܬܘܪ ܕܩܪܒ ܥܠ ܠܒܢܐ.
ܡܛܠ ܕܫܡܥ ܕܫܩܠ ܡܢ ܠܟܝܫ. [9] ܘܫܡܥ ܡܛܠ ܬܪܗܩ ܡܠܟܐ ܕܟܘܫܐ ܕܐܡܪܝܢ ܗܐ ܢܦܩ
ܠܡܩܪܒܘ ܥܡܟ. ܘܗܦܟ. ܘܫܕܪ ܐܝܙܓܕܐ ܠܘܬ ܚܙܩܝܐ ܟܕ ܐܡܪ [10] ܗܟܢܐ ܬܐܡܪܘܢ ܠܘܬ
※ܚܙܩܝܐ ܡܠܟܐ ܕܝܗܘܕܐ ܠܐ ܢܛܥܝܟ ܐܠܗܟ ܕܐܢܬ ܬܟܝܠ ܥܠܘܗܝ ܟܕ ܐܡܪ
ܠܐ ܬܫܬܠܡ ܐܘܪܫܠܡ ܒܐܝܕܘܗܝ ܕܡܠܟܐ | ܕܐܬܘܪ. [11] ܗܐ ܐܢܬ ܫܡܥܬ ܡܕܡ ܕܥܒܕܘ ܡܠܟܐ 70[1]
ܕܐܬܘܪ ܠܟܠܗܘܢ ܐܪܥܬܐ ܠܡܚܪܒܘ ܐܢܝܢ. ܘܐܢܬ ܬܬܦܨܐ. [12] ܕܠܡܐ ܦܨܝܘ ܐܢܘܢ ܐܠܗܐ
ܕܥܡܡܐ ܗܠܝܢ ܕܚܪܒܘ ܐܒܗܬܝ. ܠܓܘܙܢ ܘܠܚܪܢ ܘܠܪܨܦ ܘܠܒܢܝܐ ܕܥܕܝܢ ܕܒܬܠܣܪ.·.
[13] ܐܝܟܐ ܐܝܬܘܗܝ ܡܠܟܐ ܕܚܡܬ ܘܡܠܟܐ ܕܐܪܦܕ ܘ※ܡܠܟܐ ܕܡܕܝܢܬܐ ܕܣܦܪܘܝܡ ܗܢܥ ܘܥܘܐ.·.«
[14] ܘܢܣܒ ܚܙܩܝܐ ※ܐܓܪܬܐ ܡܢ ܐܝܕܐ ܕܐܝܙܓܕܐ. ܘܩܪܐ ܐܢܝܢ. ܘܣܠܩ ܠܒܝܬܗ ܕܡܪܝܐ. ܘܦܪܣ ܐܢܝܢ
ܚܙܩܝܐ ܩܕܡ ܡܪܝܐ. [15] ܘܨܠܝ ※ܚܙܩܝܐ ܩܕܡ ܦܬܓܡܐ ܕܡܪܝܐ ܘܐܡܪ ܡܪܝܐ ܐܠܗܐ ܕܐܝܣܪܝܠ ܗܘ
ܕܝܬܒ ܥܠ ܟܪܘܒܐ. ܐܢܬ ܐܢܬ ܗܘ ܐܠܗܐ ܒܠܚܘܕܝܟ ܠܟܠܗܘܢ ܡܠܟܘܬܐ ܕܐܪܥܐ. ܐܢܬ ܥܒܕܬ ܠܫܡܝܐ ܘܠܐܪܥܐ.
| [16] ܪܟܢ .. ܡܪܝܐ .. ܐܕܢܟ ܘܫܡܥ. ܦܬܚ .. ܡܪܝܐ .. ܥܝܢܝܟ ܘܚܙܝ. ܘܫܡܥ ܠ※ܡܠܘܗܝ※ ܟܠܗܘܢ 70[2]
ܕܣܢܚܪܝܒ ܗܘ ܕܫܕܪ ܠܡܚܣܕܘ ܠܐܠܗܐ ܚܝܐ. [17] ܡܛܠ ܕܫܪܝܪܐܝܬ .. ܡܪܝܐ .. ܐܚܪܒܘ ܡܠܟܐ
ܕܐܬܘܪ ܠܥܡܡܐ ※ܘܠܐܪܥܬܗܘܢ. [18] ܘܪܡܘ ܠܐܠܗܝܗܘܢ ܒܢܘܪܐ. ܡܛܠ ܕܠܐ ܗܘܘ ܐܠܗܐ ܐܠܐ ܥܒܕܐ
ܕܐܝܕܝ ܒܪܢܫܐ. ܩܝܣܐ ܘܟܐܦܐ. ܘܐܘܒܕܘ ܐܢܘܢ. [19] ܘܗܫܐ .. ܡܪܝܐ ܐܠܗܢ .. ܦܪܘܩܝܢ ܡܢ
ܐܝܕܗ. ܘܢܕܥܘܢ ܟܠܗܘܢ ܡܠܟܘܬܐ ܕܐܪܥܐ ܕܐܢܬ ܐܢܬ ܡܪܝܐ ܐܠܗܐ ܒܠܚܘܕܝܟ.·.« [20] ܘܫܕܪ
ܐܫܥܝܐ ܒܪܗ ܕܐܡܘܨ ܠܘܬ ܚܙܩܝܐ ܟܕ ܐܡܪ ܗܟܢܐ ܐܡܪ ܡܪܝܐ ܐܠܗܗ ܕܐܝܣܪܝܠ ܨܠܘܬܟ ܕܨܠܝܬ ܩܕܡܝ
ܗܟܢܐ ܕܐܡܪܬ ܥܠ ܣܢܚܪܝܒ ܡܠܟܐ | ܕܐܬܘܪ. ܫܡܥܬ. [21] ܗܢܐ ܗܘ ܦܬܓܡܐ ܕܡܠܠ ܡܪܝܐ 71[1]
※ܥܠܘܗܝ. ܫܛܬܟ ܘܒܙܚܬ ܒܟ ܒܬܘܠܬܐ ܒܪܬ ܨܗܝܘܢ. ܒܬܪܟ ܐܢܝܕܬ ܪܫܗ ܒܪܬ ܐܘܪܫܠܡ.
[22] ܠܡܢܘ ܚܣܕܬ ܘܓܕܦܬ ※ܘܥܠ ܡܢܘ ܐܪܝܡܬ ܩܠܟ ܘܐܪܝܡܬ ܒܪܘܡܐ ܥܝܢܝܟ ܥܠ ܩܕܝܫܐ
ܕܐܝܣܪܝܠ. [23] ܒܝܕ ܥܒܕܝܟ ܚܣܕܬ ※ܠܡܪܝܐ. ܘܐܡܪܬ ܒܣܘܓܐܐ ܕܪܟܒܝ ܐܢܐ
ܣܠܩܬ ܠܪܘܡܐ ܕܛܘܪܐ ܒܣܘܦܐ ܕܠܒܢܢ. ܘܦܣܩܬ ܪܘܡܐ ܕܐܪܙܘܗܝ ܘܫܒܝܚܐ ܕܒܪܘܬܘܗܝ. ܘܥܠܬ ܠܡܥܪܬܐ
ܕܝܠܗ. ܘܠܚܘܪܫܐ ܕܟܪܡܠܐ ܘܚܩܠܐ ܕܝܠܗ. [24] ܐܢܐ ※ܚܦܪܬ ܘܐܫܬܝܬ ܡܝܐ
ܢܘܟܪܝܐ. ܘܐܚܪܒܬ ܒܦܥܠܬ ܪܓܠܝ ܟܠܗܘܢ ܢܗܪܘܬܐ ܕܡܨܪܝܢ. [25] ※ ܠܐ ※ܫܡܥܬ ܕܡܢ
※ܩܕܡ ܥܒܕܬܗ. ܡܢ ܝܘܡܬܐ ܕܥܠܡ ܨܒܝܬܗ ܘܗܫܐ ܐܝܬܝܬܗ ܘܗܘܬ ܠܡܚܪܒܘ ܩܘܪܝܐ ܥܫܝܢܬܐ.
| ܘܥܡܘܪܝܗܝܢ ܐܬܒܨܪܘ. ܘܐܬܦܪܥܘ ܘܒܗܬܘ ܘܗܘܘ ܐܝܟ ܥܣܒܐ ܕܚܩܠܐ. ܐܝܟ ܝܘܪܩܐ. ܗܘܘ 71[2]
ܠܚܡܪܐ ܕܐܓܪܐ ܐܘ ܫܕܦܐ ܕܩܕܡ. [26] ܘܡܘܬܒܟ ܘܡܦܩܟ ܘܡܥܠܟ ܝܕܥ ܐܢܐ. [27] ܘܡܛܠ ܕܐܪܓܙܬ
ܥܠܝ ܘܫܠܘܬܟ ܣܠܩܬ ܠܐܕܢܝ. ܐܪܡܐ ܙܡܐܡܐ ܒܦܘܡܟ ܘܚܘܛܪܐ ܒܣܦܘܬܟ. [28] ܘܐܗܦܟܟ ܒܐܘܪܚܐ ܕܐܬܝܬ ܒܗ.

3 ܘܡܪܓܙܢܘܬܐ B
13 signa F, ܡܠܟܐ ※ (sine ⁄) B
14 βιβλια
15 22 ⁄ addidit F
16 ※ܡܠܘܗܝ ⁄ B
21 [illegible] et [illegible]
23 ⁄ ܨܘܪܐ
23 ܠܡܪܝܐ ܐܢܬ B
23 ante ܒܣܘܓܐܐ + ܥܠ B[1]
23 [illegible] J. mox [illegible]
24 [illegible]. mox [illegible] B[1]
24 [illegible]
25 [illegible]
26 [illegible]. index <
28 [illegible]

[illegible]
[28] [illegible]
[illegible]
[29] [illegible] [30] [illegible]
[illegible] [31] [illegible] 72¹
[illegible] [32] [illegible]
[illegible]
[illegible] [33] [illegible] [34] [illegible]
[illegible]
[illegible] [35] [illegible]
[illegible] [36] [illegible]
[illegible] [37] [illegible] 72²
[illegible]
20 [1] [illegible]
[illegible] [2] [illegible]
[illegible] [3] [illegible]
[illegible] [4] [illegible]
[illegible] [5] [illegible] 73¹
[illegible]
[illegible] [6] [illegible]
[illegible]
[illegible] [7] [illegible]
[illegible] [8] [illegible]
[illegible] [9] [illegible]
[illegible] [10] [illegible] 73²
[illegible]
[11] [illegible]
[illegible] [12] [illegible]
[illegible] [13] [illegible]
[illegible]
[illegible] 74¹

28 [illegible] B
29 αυτοματα et [illegible]
29 indice non adposito [illegible]
30 [illegible] B¹
32 [illegible] indice ad [illegible] adposito
35 [illegible]
35 [illegible]
[illegible] ubi post [illegible] folio 72² ineunte versus dimidius cultro bibliopegae absumptus, postea pauciora desunt. [illegible] incertus legi
37 αραρατ et [illegible]
1 [illegible]
2 ※ [illegible]
3 [illegible]
3 [illegible]
3 [illegible]
3 [illegible]
3 [illegible] B
3 [illegible] indice non adposito
12 [illegible]
13 [illegible]

ܫܘܠܛܢܗ: [14] ܘܐܬܐ ܐܫܥܝܐ ܢܒܝܐ ܠܘܬ ܚܙܩܝܐ ܡܠܟܐ ܘܐܡܪ ܠܗ ›ܡܢܐ ܡܠܠܘ ܓܒܪܐ ܗܠܝܢ. ܘܡܢ
ܐܝܟܐ ܐܬܝܢ ܠܘܬܟ‹: ܘܐܡܪ ܚܙܩܝܐ ›ܡܢ ܐܪܥܐ ܪܚܝܩܬܐ ܐܬܘ ÷ ܠܘܬܝ↙. ܡܢ ܒܒܠ‹: [15] ܘܐܡܪ
›ܡܢܐ ܚܙܘ ܒܒܝܬܐ ܕܝܠܟ‹: ܘܐܡܪ ※ ܚܙܩܝܐ↙ ›ܟܠܗܘܢ ܗܠܝܢ ܕܒܒܝܬܐ ܕܝܠܝ ܚܙܘ. ܠܝܬ ܗܘܐ ܒܒܝܬܐ
ܕܝܠܝ ܗܘ ܕܠܐ ܚܘܝܬ ܠܗܘܢ. ܐܠܐ ܘܟܠܗܘܢ ܕܒܓܢܙܝܐ ܕܝܠܝ‹: [16] ܘܐܡܪ ܐܫܥܝܐ ܠܘܬ ܚܙܩܝܐ ›ܫܡܥ
ܡܠܬܐ ܕܡܪܝܐ. [17] ܗܐ ܝܘܡܬܐ ܐܬܝܢ. ܘܡܬܢܣܒܝܢ ܟܠܗܘܢ ܗܠܝܢ ܕܒܒܝܬܐ ܕܝܠܟ. ܘܗܠܝܢ ܕܣܡܘ
ܒܓܙܐ ܐܒܗܝܟ ܕܝܠܟ ܥܕܡܐ ܠܝܘܡܐ ܗܢܐ. ܠܒܒܠ. ܘܠܐ ܢܫܬܒܩ *ܡܠܬܐ. ܐܡܪ ܡܪܝܐ: [18] ܘܒܢܝܐ
74² ܕܝܠܟ ܗܠܝܢ ܕܢܦܩܝܢ ܡܢܟ. ܗܠܝܢ ܕܬܘܠܕ ܐܢܬ. ܢܣܒܘܢ. ܘܢܗܘܘܢ | ܐܘܢܘܩܐ ܒܗܝܟܠܐ ܕܡܠܟܐ ܕܒܒܠ‹:
[19] ܘܐܡܪ ܚܙܩܝܐ ܠܘܬ ܐܫܥܝܐ ›ܛܒܐ ܡܠܬܐ ܕܡܪܝܐ ܗܝ *ܕܡܠܠ‹: ※ ܘܐܡܪ↙ ›ܕܢܗܘܐ ܠܝ ܫܠܡܐ ܘܫܪܪܐ ܢܗܘܐ
ܒܝܘܡܬܐ ܕܝܠܝ‹ ÷ [20] ܘܫܪܟܐ ܕܡܠܐ ܕܚܙܩܝܐ ܘܟܠܗ ܓܢܒܪܘܬܐ ܕܝܠܗ ܘܗܠܝܢ ܕܥܒܕ.. *ܠܡܥܝܢܐ
ܘܠܡܪܙܒܐ.. ܘܐܥܠ ܡܝܐ ܠܡܕܝܢܬܐ. ܠܐ ܗܐ ܗܠܝܢ ܟܬܝܒܝܢ ܥܠ ܟܬܒܐ ܕܡܠܐ ܕܝܘܡܬܐ ܕܡܠܟܐ ܕܝܗܘܕܐ.‹
[21] ܘܫܟܒ ܚܙܩܝܐ ܥܡ ܐܒܗܘܗܝ ܕܝܠܗ. ܘܐܬܩܒܪ ܒܡܕܝܢܬܐ ܕܕܘܝܕ. ܘܐܡܠܟ ܡܢܫܐ ܒܪܗ ܚܠܦܘܗܝ ÷
21 [1] ܒܪ ܕܬܪܬܥܣܪܐ ܫܢܝܢ ܗܘܐ ܡܢܫܐ ܟܕ ܐܡܠܟ. ܘܚܡܫܝܢ ܘܚܡܫ ܫܢܝܢ ܐܡܠܟ ܒܐܘܪܫܠܡ. ܘܫܡ
ܫܡܐ ܕܐܡܗ ܕܝܠܗ ܚܦܨܝܒܐ: [2] ܘܥܒܕ ܕܒܝܫ ܒܥܝܢܝ ܕܡܪܝܐ ܐܝܟ ܛܢܦܘܬܐ ܕܥܡܡܐ ܗܠܝܢ ܕܐܘܪܬ
75¹ ܡܪܝܐ ܡܢ ܩܕܡ ܒܢܝܐ ܕܐܝܣܪܝܠ: [3] ܘܗܦܟ ܘܒܢܐ | ܒܡܪܡܐ ܗܠܝܢ ܕܣܚܦ ܚܙܩܝܐ ܐܒܐ ܕܝܠܗ. ܘܐܩܝܡ
ܡܕܒܚܐ ܠܒܥܠܐ. ܘܥܒܕ ܐܫܪܐ. ܐܝܟܢܐ ܕܥܒܕ ܐܚܐܒ ܡܠܟܐ ܕܐܝܣܪܝܠ. ܘܣܓܕ ܠܟܠܗ ܚܝܠܐ ܕܫܡܝܐ.
ܘܦܠܚ ܠܗܘܢ: [4] ܘܒܢܐ ܡܕܒܚܐ ܒܒܝܬܐ ܕܡܪܝܐ ܐܝܟ ܕܐܡܪ ※ *ܡܪܝܐ↙ ܕ›ܒܐܘܪܫܠܡ ܐܣܝܡ
ܫܡܐ ܕܝܠܝ‹: [5] ܘܒܢܐ ܡܕܒܚܐ ܠܟܠܗ ܚܝܠܐ ܕܫܡܝܐ *ܒܬܪܬܝܗܘܢ ܕܪ̈ܬܐ ܕܒܝܬܗ ܕܡܪܝܐ: [6] ܘܥܒܪ
ܗܘܐ ܠܒܢܝܐ ܕܝܠܗ ܒܢܘܪܐ. ܘܡܥܕܢ ܗܘܐ ܘܡܢܚܫ ܘܥܒܕ *ܬܪܦܐ ܘܢܒܝܐ. ܘܐܣܓܝ ܠܡܥܒܕ ܕܒܝܫ
ܒܥܝܢܘܗܝ ܕܡܪܝܐ ܠܡܪܓܙܘ: [7] ܘܣܡ *ܓܠܝܦܐ ÷ ܕܐܣܝܪܬܐ↙ ܒܒܝܬܐ ※ ܗܘ ܗܘ ܕܐܡܪ
※ ܒܒܝܬܐ↙ ܗܘ ܘܐܡܪ ܡܪܝܐ ܠܘܬ ܕܘܝܕ ܘܠܘܬ ܫܠܝܡܘܢ ܒܪܗ ܕܝܠܗ ›ܒܒܝܬܐ ܗܢܐ ܘܒܐܘܪܫܠܡ ܗܝ ܕܓܒܝܬ
75² ܡܢ ܟܠܗܘܢ ܫܒܛܐ ܕܐܝܣܪܝܠ. ܘܐܣܝܡ | ܫܡܐ ܕܝܠܝ ÷ ܬܡܢ↙ ܠܥܠܡ. [8] ܘܠܐ ܐܘܣܦ
*ܠܡܙܥܙܥܘ ܪܓܠܐ ܕܐܝܣܪܝܠ ܡܢ ܐܪܥܐ ܗܝ ܕܝܗܒܬ ܠܐܒܗܝܗܘܢ ܕܝܠܗܘܢ. †ܐܝܟ ܕܢܛܪܘܢ ※ ܠܟܠܗܘܢ↙
ܟܠܗܘܢ ܗܠܝܢ ܕܦܩܕܬ ※ ܐܝܟ↙ ܐܝܟ ܟܠܗ ܦܘܩܕܢܐ ܗܘ ܕܦܩܕ ܠܗܘܢ ܥܒܕܐ ܕܝܠܝ ܡܘܫܐ‹: [9] ܘܠܐ
ܫܡܥܘ. ܘܐܛܥܝ ܐܢܘܢ ܡܢܫܐ ܠܡܥܒܕ ܕܒܝܫ ÷ ܒܥܝܢܘܗܝ ܕܡܪܝܐ↙ ܝܬܝܪ ܡܢ ܥܡܡܐ ܗܠܝܢ ܕܐܘܒܕ
ܡܪܝܐ ܡܢ ܩܕܡ ܦܪܨܘܦܐ ܕܒܢܝ ܐܝܣܪܝܠ: [10] ܘܡܠܠ ܡܪܝܐ ܒܐܝܕ ܥܒܕܘܗܝ ܢܒܝܐ ܟܕ ܐܡܪ [11] ›ܚܠܦ
ܗܠܝܢ ܕܥܒܕ ܡܢܫܐ ܡܠܟܐ ܕܝܗܘܕܐ ܛܢܦܘܬܐ ܗܠܝܢ ܒܝܫܬܐ ܡܢ ܟܠܗܘܢ ܗܠܝܢ ܕܥܒܕܘ ܐܡܘܪܝܐ ܗܘ ܕܡܢ
ܩܕܡܘܗܝ. ܘܐܚܛܝ ܐܦ ܠܝܗܘܕܐ ܒܓܠܘܠܐ ܕܝܠܗܘܢ.
[12] *ܠܐ ܗܟܢܐ. ܗܟܢܐ ܐܡܪ ܡܪܝܐ ܐܠܗܐ ܕܐܝܣܪܝܠ ›ܗܐ ܐܢܐ ܡܝܬܐ ܐܢܐ ܒܝܫܬܐ ܥܠ ܐܘܪܫܠܡ ܘܥܠ ܝܗܘ-
76¹ | ܕܐ. ܐܝܟܢܐ ܕܟܠ ܕܫܡܥ. ܬܨܠܢ ܬܪܬܝܢ ܐܕܢܘܗܝ ܕܝܠܗ: [13] ܘܐܡܬܚ ܥܠ ܐܘܪܫܠܡ *ܠܡܫܘܚܬܐ
ܕܫܡܪܝܢ ܘܠܡܬܩܠܐ ܕܒܝܬܗ ܕܐܚܐܒ. ܘܐܡܚܘܩ ܠܐܘܪܫܠܡ. ܐܝܟܢܐ ܕܡܬܡܚܝܐ ܦܝܠܐܠܐ ܕܡܬܡܚܝܐ
ܘܡܬܗܦܟܐ ܥܠ ܦܪܨܘܦܗ ܕܝܠܗ: [14] ܘܐܫܒܘܩ ܠܫܪܟܐ ܕܝܪܬܘܬܐ ܕܝܠܝ. ܘܐܫܠܡ ܐܢܘܢ ܒܐܝܕܝܐ
ܕܒܥܠܕܒܒܐ ܕܝܠܗܘܢ. ܘܢܗܘܘܢ ܠܒܙܬܐ ܘܠܡܫܒܝܬܐ ܠܟܠܗܘܢ ܒܥܠܕܒܒܐ ܕܝܠܗܘܢ. [15] ܚܠܦ
ܕܥܒܕܘ ܕܒܝܫ ܒܥܝܢܝ ܕܝܠܝ. ܘܐܝܬܝܗܘܢ ܗܘܘ ܕܡܪܓܙܝܢ ܠܝ ܡܢ ܝܘܡܐ ܗܘ ܕܢܦܩܘ ܐܒܗܝܗܘܢ ܕܝܠܗܘܢ ܡܢ
ܡܨܪܝܢ ܘܥܕܡܐ ܠܝܘܡܐ ܗܢܐ: [16] ܐܦ ܕܡܐ ܙܟܝܐ ܐܫܕ ܡܢܫܐ ܣܓܝܐܐ ܛܒ. ܥܕܡܐ ܕܡܠܐ ܠܐܘܪܫܠܡ

15 4 7 ※, 19 ↙, 7 ↙ tertium add F
17 ܡܢ ܡܢܝ
17 fin ܐܡܪ: participium B¹
18 ܢܣܒܘܢ B
19 ܕܡܠܠ ܘ
20 ܠܡܥܝܢܐ ܘ et κρηνη et ταρφον [sic = ταφρον]
20 ܘܠܡܪܙܒܐ B, sed lineolis duabus recentiori atramento scriptis notatum
20 ܕܝܠܗ addidi. mox ܒܟܬܒܐ B

3 ܘܡܢܫܐ ܡܠܟܐ ÷ ܠ ܗܘ ܕܗܘܐ ܒܪܗ
ܚܠܐ ܕܥܡܐ ܘܥܠܝܗ ܒܒܪܬܐ ܠܡܫܘܚܬܐ[ܐ]
ܕܐܬܡܠܝܘ ܡܫܡܥܢ [: puncto caret] ܡܫܡܥܢ
ܗܘܐ . ܗܢܐ ܕܐܡܪ ܡܠܟܐ ܗܘܝܘ ܕܢܦܩܝܢ ܒܡܫܡܥܐ
ܠܐ ܡܫܬܥܐ . ܕܗܘܐ ܡܫܡܥ ܘܥܠ ܡܫܡܥܐ
ܡܬܚܙܐ ܗܘܐ ܒܠܒܗ ܚܠܐ ܕܥܡܐ ܒܪ ܐܢܫ
ܕܠܐܠܗܐ ܡܫܡܫ ܗܘܐ ܡܫܡܠܝܐ
4 ܘ ܐ ܡܢ ܠ ܘ ܡܫܡܥ
5 ܘܗܠܝܢ ܕܥܒܕ ܒܟܬܒܐ : index abest
6 ܐ ܡܫܚܠܐ ÷ ܘ ܡܫܬܠܐ ܒܒܪܬܐ

7 ܘ ܠܓܠܝܦܐ
7 ܘܐܣܝܡ B¹
8 ܐ ܡܢ ܠܡܙܥ
8 ܐ ܡܢ ܒܪܝܫ ܠ ܢܛܪܘܢ
8 ↙ priorem delevit B²
8 ↙ alterum addidit F
8 ܕܦܩܕ in B prima
9 ↙ addidit F
12 ܘܡܢܐ ܕܡܠܠ ܡܢ ܐ: index post ܘܡܢܐ
13 ܐ ܠܡܫܘܚܬܐ

ܡܢ ܦܘܡܐ ܠܦܘܡܐ. *ܣܛܪ ܡܢ ܚܛܗܘܗܝ ܕܝܗܘ ܗܘ ܕܐܚܛܝ ܠܝܗܘܕܐ. ܠܡܥܒܕ ܗܘ ܕܒܝܫܐ ܩܕܡܘܗܝ
ܕܡܪܝܐ ❊ | [17] ܘܫܪܟܐ ܕܡ̈ܠܐ ܕܡܢܫܐ ܘܟܠܗܘܢ ܐܝܠܝܢ ܕܥܒܕ. ܘܚܛܝܬܗ ܕܝܠܗ ܗܝ ܕܚܛܐ. ܠܐ ܗܐ ܗܠܝܢ 76²
ܟܬܝܒܝܢ ܥܠ ܟܬܒܐ ܕܡ̈ܠܐ ܕܝܘܡ̈ܬܐ ܠܡܠܟ̈ܐ ܕܝܗܘܕܐ. [18] ܘܫܟܒ ܡܢܫܐ ܥܡ ܐܒܗܘܗܝ ܕܝܠܗ. ܘܐܬܩܒܪ
ܒܓܢܬܐ ܕܒܝܬܐ ܕܝܠܗ .. ܒܓܢܬܐ ܕܥܙܐ. ܘܐܡܠܟ ܐܡܘܢ ܒܪܗ ܕܝܠܗ ܚܠܦܘܗܝ ❊
[19] ܒܪ ܕܥܣܪܝܢ ܗܘܐ ܘܬܪܬܝܢ ܫܢܝܢ ܐܡܘܢ ܟܕ ܐܡܠܟ. ܘܬܪܬܝܢ ܫܢܝܢ ܐܡܠܟ ܒܐܘܪܫܠܡ. ܘܫܡܐ ܠܐܡܗ ܠܐ
ܕܝܠܗ ܡܫܘܠܡܬ ܒܪܬܗ ܕܚܪܘܨ ܡܢ ܝܛܒܐ: [20] ܘܥܒܕ ܕܒܝܫ ܩܕܡܘܗܝ ܕܡܪܝܐ. ܐܝܟܐ ܕܥܒܕ ܡܢܫܐ ܐܒܐ
ܕܝܠܗ: [21] ܘܐܙܠ ܒܟܠܗ ܐܘܪܚܐ ܗܝ ܕܐܙܠ ܐܒܐ ܕܝܠܗ. ܘܦܠܚ ܠܦܬܟܪ̈ܐ ܗܠܝܢ ܕܦܠܚ ܐܒܘܗܝ.
ܘܣܓܕ ܠܗܘܢ: [22] ܘܫܒܩ ܠܡܪܝܐ ܐܠܗܐ ܕܐܒܗ̈ܬܐ ܕܝܠܗ. ܘܠܐ ܗܠܟ ܒܐܘܪܚܗ ܕܡܪܝܐ: [23] ܘܐܬܟܫܦܘ
ܥܒ̈ܕܘܗܝ ܕܐܡܘܢ *ܥܠܘܗܝ. ܘܩܛܠܘܗܝ | ܠܡܠܟܐ ܒܒܝܬܐ ܕܝܠܗ: [24] ܘܡܚܐ ÷ ܥܡܗ↙ ܥܡܐ ܕܐܪܥܐ 77¹
ܠܟܠܗܘܢ ܗܢܘܢ ܕܐܬܟܫܦܘ ܥܠ ܡܠܟܐ ܐܡܘܢ. ܘܐܡܠܟܘ ܥܡܐ ܕܐܪܥܐ ܠܝܘܫܝܐ ܒܪܗ ܕܝܠܗ ܚܠܦܘܗܝ ❊
[25] ܘܫܪܟܐ ܕܡ̈ܠܐ ܕܐܡܘܢ ܗܠܝܢ ܕܥܒܕ. ܠܐ ܗܐ ܗܠܝܢ ܟܬܝܒܝܢ ܥܠ ܟܬܒܐ ܕܡ̈ܠܐ ܕܝܘܡ̈ܬܐ ܠܡܠܟ̈ܐ
ܕܝܗܘܕܐ. [26] ܘܩܒܪܘܗܝ ܒܩܒܪܐ ܕܝܠܗ ܒܓܢܬܐ ܕܥܙܐ. ܘܐܡܠܟ ܝܘܫܝܐ ܒܪܗ ܕܝܠܗ ܚܠܦܘܗܝ ❊
22 ܟܒ [1] ܒܪ ܬܡܢܐ ܫܢܝܢ *ܝܘܫܝܐ↙ ܟܕ ܐܡܠܟ. ܘܬܠܬܝܢ ܘܚܕܐ ܫܢܝܢ ܐܡܠܟ ܒܐܘܪܫܠܡ. ܘܫܡܐ ܠܐܡܐ
ܕܝܠܗ ܝܕܝܕܐ ܒܪܬܗ ܕܥܕܝܐ ܡܢ ܒܨܩܬ: [2] ܘܥܒܕ ܗܘ ܕܬܪܝܨ ܒܥܝܢ̈ܝ ܕܡܪܝܐ. ܘܐܙܠ ܒܟܠܗ ܐܘܪܚܐ
ܕܕܘܝܕ ܐܒܐ ܕܝܠܗ. ܠܐ ܣܛܐ ܠܝܡܝܢܐ ܐܘ ܠܣܡܠܐ ❊
ܟܓ 77² [3] ܘܗܘܐ ܒܫܢܬܐ ܕܬܡܢܥܣܪܐ ܠܡܠܟܐ ܝܘܫܝܐ ÷ ܒܝܪܚܐ ܕܬܡܝܢܝܐ↙. ܫܕܪ ܡܠܟܐ ܠܫܦܢ | ܒܪܗ
ܕܐܨܠܝܐ ܒܪܗ ܕܡܫܠܡ ܣܦܪܐ ܕܒܝܬܗ ܕܡܪܝܐ ܟܕ ܐܡܪ [4] »ܣܩ ܠܘܬ ܚܠܩܝܐ ܟܗܢܐ ܪܒܐ. ܘܣܟܘܡ
ܠܟܣܦܐ ܗܘ ܕܐܬܥܠܠ ܠܒܝܬܗ ܕܡܪܝܐ ܗܘ ܕܟܢܫܘ ܗܢܘܢ ܕܢܛܪܝܢ *ܠܣܦ̈ܐ ܕܬܪܥܐ ܡܢ ܥܡܐ.
[5] ܘܢܬܠܘܢܝܗܝ ܥܠ ܐܝܕܐ ܕܥܒ̈ܕܝ ܥܒܕܐ. ܗܢܘܢ ܕܡܩܝܡܝܢ ܒܒܝܬܗ ܕܡܪܝܐ«: *ܘܢܬܠܘܢܗ ܠܗܘܢ ܕܥܒܕܝܢ
ܥܒܕܐ ܒܒܝܬܐ ܕܡܪܝܐ. ܠܡܣܥܪܘ ܒܕܩܐ ܕܒܝܬܐ.. [6] ܠܢܓܪ̈ܐ ܘܠܐܪܕܟܠ̈ܐ ܘܠܒܢܝ̈ܝ ܣܘܪܐ.. ܘܠܡܙܒܢܘ
ܩܝ̈ܣܐ ܘܟܐܦ̈ܐ ܦܣܝ̈ܠܬܐ. ܠܡܣܥܪܘ ܒܕܩܐ ܕܒܝܬܐ. [7] ܒܪܡ ܠܐ ܡܬܚܫܒܝܢ ܗܘܘ ܥܡܗܘܢ ܟܣܦܐ ܗܘ
ܕܡܬܝܗܒ ܗܘܐ ܥܠ *ܐܝܕܝ↙ ܕܝܠܗܘܢ. ܡܛܠ ܕܒܗܝܡܢܘܬܐ ܗܢܘܢ ܥܒܕܝܢ ܗܘܘ: [8] ܘܐܡܪ ܚܠܩܝܐ
ܟܗܢܐ ܪܒܐ ܠܘܬ ܫܦܢ ܣܦܪܐ »ܟܬܒܐ ܕܢܡܘܣܐ ܐܫܟܚܬ ܒܒܝܬܗ ܕܡܪܝܐ«. ܘܝܗܒܗ ܚܠܩܝܐ ܠܟܬܒܐ
ܠܘܬ ܫܦܢ. | ܘܩܪܝܗܝ: [9] ܘܐܬܐ ܠܘܬ ܡܠܟܐ ܝܘܫܝܐ. ܘܐܗܦܟ ܠܡܠܟܐ ܡܠܬܐ ܘܐܡܪ »ܢܬܟܘ 78¹
ܥܒ̈ܕܝܟ ܟܣܦܐ ܕܐܫܬܟܚ ܒܒܝܬܐ ܕܡܪܝܐ. ܘܝܗܒܘܗܝ ܥܠ ܐܝܕܐ ܕܥܒ̈ܕܝ ܥܒܕܐ ܗܢܘܢ ܕܡܩܝܡܝܢ
ܒܒܝܬܗ ܕܡܪܝܐ«: [10] ܘܐܡܪ ܫܦܢ ܣܦܪܐ ܠܘܬ ܡܠܟܐ ܟܕ ܐܡܪ »ܟܬܒܐ ܝܗܒ ܠܝ ܚܠܩܝܐ ܟܗܢܐ«:
ܘܩܪܝܗܝ ܫܦܢ ܩܕܡ ܡܠܟܐ: [11] ܘܗܘܐ ܕܟܕ ܫܡܥ ܡܠܟܐ ܠܡ̈ܠܐ ܕܟܬܒܐ ܕܢܡܘܣܐ. ܨܪܐ ܡܐܢ̈ܘܗܝ ܕܝܠܗ:
[12] ܘܦܩܕ ܡܠܟܐ ܠܚܠܩܝܐ ܟܗܢܐ ܘܠܐܚܝܩܡ ܒܪܗ ܕܫܦܢ ܘܠܥܟܒܘܪ ܒܪܗ ܕܡܝܟܐ ܘܠܫܦܢ ܣܦܪܐ
ܘܠܥܣܝܐ ܥܒܕܐ ܕܡܠܟܐ ܟܕ ܐܡܪ [13] »ܐܙܠܘ ܒܥܘ ܠܡܪܝܐ ܡܛܠܬܝ ܘܡܛܠ ÷ ܥܡܗ↙ ܟܠܗ ܥܡܐ ܘܡܛܠ
ܟܠܗ ܝܗܘܕܐ ܡܛܠ ܡ̈ܠܐ ܕܟܬܒܐ ܗܢܐ ܕܐܫܬܟܚ. ܡܛܠ ܕܪܒܐ ܗܘ ܚܡܬܗ ܕܡܪܝܐ ܗܝ ܕܝܩܕܐ ܒܢ ܒܢ ܡܛܠ
ܗܝ ܕܠܐ ܫܡܥܘ ܐܒܗ̈ܬܢ ܕܝܠܢ ܠܡ̈ܠܐ | ܕܟܬܒܐ *ܐ ܗܠ ܗ ܗܢܐ↙. ܠܡܥܒܕ ܐܝܟ ܟܠܗܝܢ ܗܠܝܢ ܕܟܬܝܒܢ 78²
ܥܠܝܢ«: [14] ܘܐܙܠ ܚܠܩܝܐ ܗܘ ܟܗܢܐ ܘܐܚܝܩܡ ܘܥܟܒܘܪ ܘܫܦܢ ܘܥܣܝܐ ܠܘܬ ܚܘܠܕܐ ܢܒܝܬܐ ܐܢܬܬܗ
ܕܫܠܘܡ ܒܪܗ ܕܬܩܘܐ ܕܚܪܚܣ ܢܛܘܪ ܡܐܢ̈ܐ. ܘܗܝ ܝܬܒܐ ܗܘܬ ܒܐܘܪܫܠܡ *ܒܡܫܢܝܬܐ. ܘܡܠܠܘ
ܥܡܗ: [15] ܘܐܡܪܬ ܠܗܘܢ »ܗܟܢܐ ܐܡܪ ܡܪܝܐ ܐܠܗܐ ܕܐܝܣܪܝܠ »ܐܡܪܘ ܠܓܒܪܐ ܗܘ ܕܫܕܪܟܘܢ
ܠܘܬܝ [16] „ܗܟܢܐ ܐܡܪ ܡܪܝܐ. ܗܐ ܐܢܐ ܡܝܬܐ ܐܢܐ ܒܝܫܬܐ ܥܠ ܐܬܪܐ ܗܢܐ ܘܥܠ ܗܢܘܢ ܕܥܡܪܝܢ ܒܗ.
ܟܠܗܘܢ ܡ̈ܠܐ ܕܟܬܒܐ ܗܢܐ ܕܩܪܐ ܡܠܟܐ ܕܝܗܘܕܐ. [17] ܚܠܦ ܕܫܒܩܘܢܝ ܘܣܝܡܘ ܗܘܘ ܠܐܠܗ̈ܐ ܐܚܪ̈ܢܐ:
ܐܝܟܢܐ ܕܢܪܓܙܘܢܢܝ ܒܟܠܗܘܢ ܥܒ̈ܕܐ ܕܐܝܕܝ̈ܗܘܢ. ܘܬܬܝܩܕ ܚܡܬܝ ܒܐܬܪܐ ܗܢܐ ܘܠܐ ܬܕܥܟ„«:
[18] ܘܠܘܬ ܡܠܟܐ | ܕܝܗܘܕܐ ܗܘ ܕܫܕܪܟܘܢ ܠܡܒܥܐ ܠܡܪܝܐ. ܗܟܢܐ ܬܐܡܪܘܢ ܠܗ »ܗܟܢܐ ܐܡܪ ܡܪܝܐ 79¹

16 ܒܢ: ܘ
23 ܒܡܫܢܝܬܐ ܡܢ
24 1 ↙ addidit F
3 ↙ non adest in B

4 ܠܣܦܐ ܕܬܪܥܐ ÷ ܡܢ ܠܣܦܐ ܕܬܪܥܐ |
4 ܠܥܒ̈ܕܐ ܕܥܒܕܝܢ B¹
5 ܘܢܬܠܘܢܝܗܝ|
12 ܥܟܒܘܪ in B prima

12 ܠ in ܘܠܥܟܒܘܪ B pr m in litura
14 ܐܬܩܘܐ et μασενα
17 ܕܢܪܓܙܘܢܢܝ B

ܐܠܗܗ ܕܐܝܣܪܝܠ „ܡ̈ܠܐ ܗܠܝܢ ܕܫܡܥܬ. ¹⁹ ܚܠܦ ܕܐܬܪܟܟ ܠܒܟ. ܘܐܬܟܢܥܬ ܡܢ ܦܪܨܘܦܐ ܕܡܪܝܐ.
ܟܕ ܫܡܥܬ ܗܠܝܢ ܕܡܠܠܬ ܥܠ ܕܘܟܬܐ ܗܕܐ ܘܥܠ ܥܡܘܪ̈ܝܗ. ܠܡܗܘܐ ܠܚܘܪܒܐ ܘܠܠܘܛܬܐ.
ܘܨܪܝܬ ܡܐܢ̈ܝܟ ܘܒܟܝܬ ܩܕܡܝ. ܘܐܦ ܐܢܐ ܫܡܥܬ .. ܐܡܪ ܡܪܝܐ: ²⁰ *ܠܐ ܗܘܝܐ. ܗܐ ܗܐ ܐܢܐ ܟܢܫ ܠܟ
ܐܒܗ̈ܝܟ ܕܝܠܟ. ܘܬܬܟܢܫ ܠܩܒܪܐ ܕܝܠܟ †ܒܫܠܡܐ. ܘܠܐ ܬܚܙܝܢܗ̈ ܥܝܢ̈ܝܟ ܒܟܠܗܝܢ ܒܝ̈ܫܬܐ ܗܠܝܢ
ܕܐܢܐ ܡܝܬܐ ܐܢܐ ܥܠ ܐܬܪܐ ܗܢܐ „«»: ܘܐܦܢܝܘ ܠܡܠܟܐ ܡܠܬܐ ܀
23 ¹ ܘܫܕܪ ܡܠܟܐ ܘܟܢܫ ܠܘܬܗ ܠܟܠܗܘܢ ܩܫܝ̈ܫܐ ܕܝܗܘܕܐ ܘܕܐܘܪܫܠܡ: ² ܘܣܠܩ ܡܠܟܐ ܠܒܝܬܗ
79³ ܕܡܪܝܐ ܘܟܠ ܓܒܪܐ ܕܝܗܘܕܐ ܘܟܠܗܘܢ ܗܠܝܢ ܕܥܡܪܝܢ ܒܐܘܪܫܠܡ ܥܡܗ ܘܟ̈ܗܢܐ ܘܢܒܝ̈ܐ ܘܟܠܗ | ܥܡܐ
ܡܢ ܙܥܘܪܐ ܘܥܕܡܐ ܠܪܒܐ. ܘܩܪܐ ܒܐܕ̈ܢܝܗܘܢ ܠܟܠܗܝܢ ܡ̈ܠܐ ܕܟܬܒܐ ܕܕܝܬܩܐ ܗܘ ܕܐܫܬܟܚ ÷
ܒܒܝܬܗ ܕܡܪܝܐ: ³ ܘܩܡ ܡܠܟܐ *ܠܘܬ ܐܣܛܘܢܐ. ܘܐܩܝܡ ܕܝܬܩܐ ܩܕܡ ܡܪܝܐ. ܠܡܐܙܠ ܒܬܪ ܡܪܝܐ
ܘܠܡܛܪ ܠܦܘܩ̈ܕܢܘܗܝ ܘܠܣܗ̈ܕܘܬܗ ܘܠܟܐܢܘ̈ܬܗ ܒܟܠܗ ܠܒܐ ܘܒܟܠܗ ܢܦܫܐ. ܠܡܩܝܡܘ
ܠܡ̈ܠܐ ܕܕܝܬܩܐ ܗܕܐ ܕܟܬܝܒܢ ܥܠ ܟܬܒܐ ܗܢܐ: ܘܩܡ ܟܠܗ ܥܡܐ ܒܕܝܬܩܐ: ⁴ ܘܦܩܕ ܡܠܟܐ
ܠܚܠܩܝܐ ※ ܐ̇ ܗܘ ܗ ܟܗܢܐ ܗܘ ܪܒܐ ܘܠܟܗ̈ܢܐ ܕܬܢܝܢܘܬܐ ܘܠܢܛܘܪ̈ܝ ⁰ܠܣܦ̈ܐ ܕܗܝܟܠܐ. ܠܡܦܩܘ
ܡܢ ܗܝܟܠܐ ܕܡܪܝܐ ܠܟܠܗܘܢ ܡܐܢ̈ܐ ܗܠܝܢ ܕܥܒܝܕܝܢ ܠܒܥܠܐ ܘܠܐܫܝܪܐ ܘܠܟܠܗ ܚܝܠܐ ܕܫܡܝܐ. ܘܐܘܩܕ ܐܢܘܢ
ܠܒܪ ܡܢ ܐܘܪܫܠܡ *ܒܫܕܡܘܬܐ ܕܩܕܪܘܢ. †ܘܐܫܩܠ ܠܥܦܪܐ ܕܝܠܗܘܢ ܠܒܝܬ ܐܝܠ: ⁵ ܘܐܘܩܕ *ܠܟܘܡܪ̈ܐ
80¹ †ܗܠܝܢ | ܕܝܗܒܘ ܡ̈ܠܟܐ ܕܝܗܘܕܐ ܘܡܩܛܪܝܢ ܗܘܘ ܒܪ̈ܡܬܐ ܘܒܩܘ̈ܪܝܬܐ ܕܝܗܘܕܐ ܘܒܚܕ̈ܪܝܗ̇ ܕܐܘܪܫܠܡ.
ܘܠܗܠܝܢ ܕܡܩܛܪܝܢ ܠܒܥܠܐ ܘܠܫܡܫܐ ܘܠܣܗܪܐ **ܘܠܡܠܘܫܐ ܘܠܟܠܗ ܚܝܠܐ ܕܫܡܝܐ: ⁶ ܘܐܦܩ
ܠܐܣܪܐ ܡܢ ܒܝܬܗ ܕܡܪܝܐ ܠܒܪ ܡܢ ܐܘܪܫܠܡ ܠܢܚܠܐ ܕܩܕܪܘܢ. ܘܐܘܩܕܗ ܒܢܚܠܐ ܕܩܕܪܘܢ. ܘܕܩܗ ܠܥܦܪܐ.
ܘܫܕܐ ܠܥܦܪܐ ܒܩܒܪ̈ܐ ܕܒܢ̈ܝ ܥܡܐ: ⁷ ܘܣܬܪ ܠܒܝ̈ܬܐ *ܕܡܩܕܫ̈ܐ ܗܠܝܢ ܕܒܒܝܬܗ ܕܡܪܝܐ. ܐܝܟܐ
ܕܢܫ̈ܐ ܐܪܓܢ ܗܘܝ ܬܡܢ †ܬܐܠܡܐ ܠܚܒܠܐ: ⁸* ܘܐܝܬܝ ܠܟܠܗܘܢ ܟܗ̈ܢܐ ܡܢ ܩܘܪ̈ܝܐ ܕܝܗܘܕܐ. ܘܛܡܐ
ܠܪ̈ܡܬܐ ܗܠܝܢ ܕܐܩܛܪܘ ܬܡܢ ܟܗ̈ܢܐ ܡܢ ܓܒܥ ܘܥܕܡܐ ܠܒܐܪܫܒܥ. †ܘܣܬܪ ܠܒܝܬܐ ܕܬܪ̈ܥܐ ܗܘ
80² ܕܠܘܬ ܬܪܥܐ ܕܝܫܘܥ **ܕܪܫܐ ܕܡܕܝܢܬܐ ܕܡܢ ܣܡܠܐ ܕܓܒܪܐ ܒܬܪܥܐ ܕܡܕܝܢܬܐ: ⁹ ܒܪܡ | ܠܐ ܣܠܩܘ
ܟܗ̈ܢܐ ܕܪ̈ܡܬܐ ܠܘܬ ܡܕܒܚܐ ܕܡܪܝܐ *ܒܐܘܪܫܠܡ. ܐܠܐ ܐܢ ܐܟܠܘ ܗܘܘ ܦܛܝܪ̈ܐ ܒܡܨܥܬ ܐܚ̈ܐ ܕܝܠܗܘܢ:
¹⁰ ※ *ܘܛܡܐ ܗܘܐ ܠܬܦܬ †ܒܚܩܠܐ ܕܒܢܝܐ ܕܒܪ ܗܢܘܡ. ܒܕܝܠ **ܕ※ܠܐ ܢܥܒܪ ܓܒܪܐ ܠܒܪܗ ܘܠܐ
ܘܓܒܪܐ ܠܒܪܬܗ ܒܢܘܪܐ ܠܡܠܟܘܡ: ¹¹ ܘܐܘܩܕ ܠܪ̈ܟܫܐ ܗܠܝܢ ܕܝܗܒܘ ܡ̈ܠܟܐ ܕܝܗܘܕܐ ܠܫܡܫܐ.
ܠܡܥܠܢܐ ܕܒܝܬܗ ܕܡܪܝܐ ܠܘܬ ܓܙܐ ܕܢܬܢܡܠܟ ܕܡܠܟܐ ܗܘ ܕܒܦܪܘܪܝܢ. ܘܠܡܪ̈ܟܒܬܐ ܕܫܡܫܐ
ܐܘܩܕ ܒܢܘܪܐ: ¹² ܘܠܡܕܒ̈ܚܐ ܗܠܝܢ ܕܥܠ ܐܓܪܐ ܕܥܠܝܬܐ ܕܐܚܙ. ܗܠܝܢ ܕܥܒܕܘ ܡ̈ܠܟܐ ܕܝܗܘܕܐ.
ܘܠܡܕܒ̈ܚܐ ܗܠܝܢ ܕܥܒܕ ܡܢܫܐ ܒܬܪ̈ܬܝܗܝܢ ܕܪ̈ܬܐ ܕܒܝܬܗ ܕܡܪܝܐ. ܘܣܬܪ ܡܠܟܐ ܘܕܩܢܘܢ ܡܢ ܬܡܢ.
81¹ ܘܫܕܐ ܠܥܦܪܐ ܕܝܠܗܘܢ ܒܢܚܠܐ ܕܩܕܪܘܢ: ¹³ ܘܠܒܝܬܐ | ܗܘ ܕܩܕܡ ܦܪܨܘܦܐ ܕܐܘܪܫܠܡ ܕܡܢ ܝܡܝܢܐ ܕܛܘܪܐ
*ܕܡܫܘܚܬܐ. ܗܘ ܕܒܢܐ ܫܠܝܡܘܢ ܡܠܟܐ ܕܐܝܣܪܝܠ ܠܥܫܬܪܬ ܢܟܦܘܬܐ ܕܨܝܕܢܝ̈ܐ ܘܠܟܡܘܫ ܛܥܝܘܬܐ
ܕܡܘܐܒ ܘܠܡܠܟܘܡ ܛܢܦܘܬܐ ܕܒܢ̈ܝ ܥܡܘܢ. ܛܡܐ ܡܠܟܐ: ¹⁴ ܘܬܒܪ ܠܩܝܡ̈ܬܐ *ܘܦܣܩ ܠܚ̈ܒܠܐ

20 ܐܢܐ ܡܟܢܫ ܐܢܐ ܗܐ ܗܘܝܐ ܡܬܠܠ ܡܢ indice ad ܗܘܝܐ adposito
20 ܒܫܠܡܐ ܗܘ ܬ ܡܢ ܐ ܗ
3 ܟܠܗ ܡܢ ܐ
3 ܗܠܝܢ ܗܠܝܢ B¹
4 ܘܦܩܕ in B prima
4 ܠܐܪܓܠܐ ܕܬܢܝܢܐ ܗܘ
4 ܘܦܩܕܗ ܡܢ ܐ
5 ܐܬܪܘܢܐ ܠܡܠܘܫܐ ܐܠ
5 ܡܢ ܗ ܗܠܝܢ ܕܝܗܒܘ ܡ̈ܠܟܐ ܕܝܗܘܕܐ ܠܡܩܛܪܘ ܒܪ̈ܡܬܐ
5 μαζαλωθ et ܠܡܠܘܫܐ ܡܠܘܫܬ
6 ܐܘܩܕܗ B
7 ܕܡܩܕܫ̈ܐ ܡܢ ÷ ܕܐܪܓܢ ܐ et ܠܬܐܠܡܐ ܐ quod ζῴδια est, ad μαζαλωθ 5 trahendum
7 ܐܪܓܢ ܗܘܝ. scrib ܐܪܓܢܝ?
7 ܠܟܗܢܐ B
8 ܘܐܝܬܝ ܡܢ. mox ܠܟܠܗܘܢ B¹
8 ܗ ܘܫܡܫ ܠܡܕܒ[ܚܐ] ܕܡܐܪܝܐ ܗܠܝܢ ܕܐ[ܝܬܝܗܘܢ] ܗܘܘ ܠܗܘܢ ܕܠܬܪ[ܐ] *ܕܝܗܘܕܐ [sic] ܢܦܩ[ܐ] ܕܡܕܝܢܬܐ ܗ[ܘ] ܕܐܝܬܝܗܘܢ ܗܘܐ ܡܢ ܡܛܠ ܕܓܒܪ[ܐ] ܟܕ ܢܦܩ ܠܬܪܥܐ ܕܡܕܝܢܬܐ
8 ܗܘܘ ܐܝܬܝܗܘܢ etiam ad ܕܝܗܘܕܐ pertinens
9 versus 29 a dexterа parte plerumque mutili B^m ܐܠܐ ܐܢ ÷ ܗܘܐ ܕܐܝܬ[ܗ] ܕܝܢ ܦܛܝܪܐ ܐܟܠܘ ܘܡܫܬܝܢ [ܒ]ܡܨܥܬ ܕܟܗܢ̈ܐ ܐܚ̈ܐ ܕܝܠܗܘܢ ܐܘ ܕܝܢ ܕܡܛܠܬܐ ܐܝܟ ܕܫܠܡܘܢ ܠܟܗ [ܡ]ܕܒܚܐ ܕܒܐܘܪܫܠܡ ܐܬܐ ܘܡܫܬܐܠܐ ܐܝܟ ܕܐܣܝܪܝܢ [ܐ]ܟܠܐ ܕܠܐ ܬܘܕܝܬܐ [ܕܗ]ܘܘ ܠܗܘܢ ܗܠܝܢ [ܗ]ܟܢܐ ܢܦܫܗ ܗܘ ܐܡܪ ܡܢ ܚܝܠܐ ܕܐܠܗܐ
ܐܠܐ ܐܝܟ ܡܬܠܠ ܕܟܗܢܐ ܐܚܪܢܐ ܫܡܥܘ ܐܢܘܢ ܐܘ ܟܗܢܐ ܕܡܪܝܐ ܐܝܟ ܫܡܥ ܐܢܘܢ ܐܟܘܬ ܡܬܝܒܐ ܐܢܘܢ ܕܗܘܘ ܟܗܢܐ ܐܚܪܢܐ ܘܡܕܒܚܐ ܟܠ [ܬ]ܫܡܫܬܗ ܕܡܪܝܐ [ܗ]ܘܐ ܐܝܟ ܠܐ [ܫ]ܟܝܚ ܚܫܚܐ ܕܬܘܒ [ܠ]ܡܬܩܪܒܘ ܠܡܕܒܚܐ ܐܝܟ ܟܗܢܐ. ܐܠܐ ܐܝܟ ܗܘ ܕܒܟܪܐ [ܐ]ܚܝܗܘܢ ܘܠܐ [ܫ]ܘܝܢ ܠܡܕܒܚܘܬܐ. ܫܡܥ ܕܐܬܠܗܘܢ ܠܡܐܟܠ ܦܛܝܪܐ ܥܡ ܐܚܝܗܘܢ
10 ܗܘܐ ܡܛܡܐ ܬ ܡܢ . ܠܝ addidit F
10 ܠܬܦܬ ܬ ܡܢ
10 ܕܢܥܒܪ ܕܠܐ ܐܢܫ ܐܢܫ. ※ addidi
12 ܫ nominis ܡܢܫܐ pr m in litura B
13 ܕܐܘܪܫܠܡ B
13 ܕܡܫܚܐ ܐ
13 ܠܥܫܬܪܬ B: errorem notavit B²
14 ܘܦܣܩ ܡܢ

ܘܡܠܐ ܠܕܘ̈ܟܝܬܗܘܢ ܓܪ̈ܡܐ ܕܒܢܝ̈ܢܫܐ: [15] ܐܦ ܠܡܕܒܚܐ ܪܡܐ ܕܒܒܝܬ ܐܝܠ. ܗܘ ܕܥܒܕ ܝܘܪܒܥܡ ܒܪܗ
ܕܢܒܛ ܗܘ ܕܐܚܛܝ ܠܐܝܣܪܝܠ. ܘܐܦ ܠܡܕܒܚܐ ܗܘ ܘܠܪܡܬܐ ܣܬܪ. ܘܬܒܪ ܠܟܐܦ̈ܐ ܕܝܠܗ ܘܕܩܗ
ܠܥܦܪܐ. ܘܐܘܩܕ ܠܥܒܐ ܀
[16] ܘܐܬܦܢܝ ܝܘܫܝܐ ܘܚܙܐ ܠܩܒܪ̈ܐ ܗܠܝܢ ܕܬܡܢ *ܒܡܕܝܢܬܐ. ܘܫܕܪ ܘܢܣܒ ܓܪ̈ܡܐ ܡܢ ܩܒܪ̈ܐ ܘܐܘܩܕ ܠܗ
ܥܠ ܡܕܒܚܐ ܘܛܡܐܗ ܐܝܟ ܡܠܬܐ ܕܡܪܝܐ ܗܝ ܕܡܠܠ ܓܒܪܐ ܕܐܠܗܐ ܟܕ ܩܐܡ ܗܘܐ ܝܘܪܒܥܡ ܒܥܐܕܐ
81² | ܥܠ ܡܕܒܚܐ: ܘܟܕ ܐܬܦܢܝ. ܐܪܝܡ ܥܝܢ̈ܘܗܝ ܥܠ ܩܒܪܐ ܕܓܒܪܐ ܕܐܠܗܐ ܗܘ ܕܡܠܠ ܡ̈ܠܐ ܗܠܝܢ.
[17] ܘܐܡܪ «ܡܢܐ ܗܝ *ܨܘܝܬܐ ܗܝ ܕܐܢܐ ܚܙܐ ܐܢܐ.» ܘܐܡܪܘ ܠܗ ܒ̈ܢܝ ܕܡܕܝܢܬܐ «ܓܒܪܐ ܕܐܠܗܐ ܐܝܬܘܗܝ
ܗܘ ܕܐܬܐ ܡܢ ܝܗܘܕ. ܘܩܪܐ ܡ̈ܠܐ ܗܠܝܢ ܗܠܝܢ †ܕܩܪܐ ܥܠ ܡܕܒܚܐ ܕܒܝܬ ܐܝܠ» : [18] ܘܐܡܪ
«ܫܒܘܩܘܗܝ. ܓܒܪܐ ܠܐ ܢܙܝܥ ܠܓܪ̈ܡܐ ܕܝܠܗ» : *ܘܐܬܦܠܛܘ ܓܪ̈ܡܘܗܝ ܥܡ ܓܪ̈ܡܐ ܕܢܒܝܐ ܗܘ
ܕܐܬܐ ܡܢ ܫܡܪܝܢ: [19] ܐܦ ܠܒ̈ܬܝܗܘܢ ܟܠܗܝܢ ܕܪ̈ܡܬܐ ܗܠܝܢ ܕܒܩܘܪ̈ܝܐ ܕܫܡܪܝܢ. ܗܠܝܢ ܕܥܒܕܘ ܡ̈ܠܟܐ
ܕܐܝܣܪܝܠ ܠܡܪܓܙܘ ÷ ܠܡܪܝܐ↙. ܐܥܒܪ ܝܘܫܝܐ ܡܠܟܐ ܕܐܝܣܪܝܠ ※ *ܘܥܒܕ ܠܗܘܢ↙ ܐܝܟ ܥܒܕ̈ܘܗܝ
ܟܠܗܝܢ ܗܠܝܢ ܕܥܒܕ ܒܒܝܬ ܐܝܠ: [20] ܘܢܟܣ ܠܟܘܡܪ̈ܝܗܘܢ *ܕܪ̈ܡܬܐ ܗܠܝܢ ܕܐܝܬ ܗܘܘ ܬܡܢ. ܥܠ
ܡܕܒ̈ܚܐ. ܘܐܘܩܕ ܒܗܘܢ ܓܪ̈ܡܐ ܕܒܢ̈ܝ ܐܢܫܐ: ܘܗܦܟ ܠܐܘܪܫܠܡ ܀

ܦܢܝܐ ܕܚܕ ܠܡܠܟܐ ܪܒܐ ܀

82¹ | [21] ܘܦܩܕ ܡܠܟܐ ܠܟܠܗ ܥܡܐ ܟܕ ܐܡܪ «ܥܒܕܘ ܦܨܚܐ ܠܡܪܝܐ ܐܠܗܟܘܢ. ܐܝܟܢܐ ܕܟܬܝܒ ܥܠ
ܟܬܒܐ ܕܕܝܬܩܐ ܗܢܐ» : [22] ܡܛܠ ܕܠܐ ܗܘܐ ܐܝܟ ܦܨܚܐ ܗܢܐ ܡܢ ܝܘ̈ܡܬܐ ܕܕܝ̈ܢܐ ܗܠܝܢ ܕܕܢܘ ܠܐܝܣܪܝܠ ※ ܐ
※ ܘܡܢ ܟܠܗܘܢ ܝܘ̈ܡܬܐ ܕܡ̈ܠܟܐ ܕܐܝܣܪܝܠ↙ ܘܕܡ̈ܠܟܐ ܕܝܗܘܕܐ. [23] ܐܠܐ ܐܢ ܒܫܢܬܐ ܬܡܢܥܣܪܐ ܕܡܠܟܐ
ܝܘܫܝܐ ܗܘܐ ܦܨܚܐ ܗܢܐ ܠܡܪܝܐ ܒܐܘܪܫܠܡ: [24] ܐܦ *ܠܒܥܠܝ ܐܘܒܐ ܘܠܝܕܘܥ̈ܐ †ܘܠܬܪ̈ܦܐ ܘܠܨܠܡ̈ܐ
ܘܠܟܠܗܘܢ ܫܩܘܨ̈ܝܬܐ ܕܗܘܘ ܒܐܪܥܐ ܕܝܗܘܕܐ ܘܒܐܘܪܫܠܡ. ܐܥܒܪ ܝܘܫܝܐ. ܐܝܟܢܐ ܕܢܩܝܡ ܠܡ̈ܠܐ ܕܢܡܘܣܐ
ܗܠܝܢ ܕܟܬܝܒܢ ܥܠ ܟܬܒܐ ܗܘ ܕܐܫܟܚ ܚܠܩܝܐ ܟܗܢܐ ܒܒܝܬܗ ܕܡܪܝܐ ܀ ܗ ܀
[25] ܘܕܟܘܬܗ ܠܐ ܗܘܐ ܩܕܡܘܗܝ ܡܠܟܐ ܗܘ ܕܐܬܦܢܝ ܠܘܬ ܡܪܝܐ ܒܟܠܗ ܠܒܐ ܕܝܠܗ ܘܒܟܠܗ
82² ܢܦܫܗ ܘܒܟܠܗ ܚܝܠܐ ܕܝܠܗ ܐܝܟ ܟܠܗ ܢܡܘܣܐ ܕܡܘܫܐ. | ܘܒܬܪܗ ܠܐ ܩܡ ܕܕܟܘܬܗ: [26] ܒܪܡ
ܠܐ ܗܦܟ ܡܪܝܐ ܡܢ ܚܡܬܐ ܕܪܘܓܙܐ ܕܝܠܗ ܪܒܐ. ܗܘ ܕܐܬܚܡܬ ܪܘܓܙܗ ܒܝܗܘܕܐ ܥܠ ܟܠܗܘܢ ܡܪ̈ܓܙܢܘܬܐ
ܗܠܝܢ ܕܐܪܓܙܗ ܡܢܫܐ: [27] ܘܐܡܪ ܡܪܝܐ «ܘܐܦ ܠܝܗܘܕܐ ܐܪܚܩ ܡܢ ܦܪܨܘܦܐ ܕܝܠܝ. ܐܝܟܢܐ ܕܐܪܚܩܬ
ܠܐܝܣܪܝܠ. ܘܐܪܚܩ ܐܢܐ ܠܡܕܝܢܬܐ ܗܕܐ ܗܝ ܕܓܒܝܬ. ܠܐܘܪܫܠܡ. ܘܠܒܝܬܐ ܗܘ ܕܐܡܪܬ ܕܢܗܘܐ ܫܡܐ ܕܝܠܝ
ܬܡܢ» ܀ [28] ܘܫܪܟܐ ܕܡ̈ܠܐ ܕܝܘܫܝܐ ܘܟܠܗܝܢ ܐܝܠܝܢ ܕܥܒܕ. ܠܐ ܗܐ ܟܬܝܒܢ ܥܠ ܟܬܒܐ ܕܡ̈ܠܐ ܕܝܘ̈ܡܬܐ
ܠܡ̈ܠܟܐ ܕܝܗܘܕܐ: [29] ܒܝܘ̈ܡܬܐ ܕܝܢ ܕܝܠܗ ܣܠܩ ܦܪܥܘܢ ܢܟܐܘ ܡܠܟܐ ܕܡܨܪܝܢ ܥܠ ܡܠܟܐ ܕܐܬܘܪܝܐ
ܥܠ ܢܗܪܐ ܦܪܬ. ܘܐܙܠ ܝܘܫܝܐ ※ ܐ ܗܘ ܡܠܟܐ↙ ܠܐܘܪܥܐ ܕܝܠܗ. ܘܐܡܝܬܗ ܒܡܓܕܘ ܟܕ ܚܙܝܗܝ:
[30] ܘܫܩܠܘܗܝ ܥܒ̈ܕܘܗܝ ܟܕ ܡܝܬ ܗܘ *ܒܡܓܕܘ. ܘܐܝܬܝܘܗܝ ܠܐܘܪܫܠܡ ܘܩܒܪܘܗܝ ܒܩܒܪܐ ܕܝܠܗ†.
83¹ ܘܢܣܒ ܥܡܐ ܕܐܪܥܐ ܠܝܗܘܐܚܙ ܒܪܗ ܕܝܘܫܝܐ ܘܡܫܚܘܗܝ. ܘܐܡܠܟܘܗܝ ܚܠܦ | ܐܒܐ ܕܝܠܗ ܀

16 ܡܢ ܠܩܒܪ̈ܐ

17 ܡܢܐ ܗܘ et ܡܢ ܨܘܝܬܐ ܀ ܗܝ ܐܢܐ ܚܙܐ ܕܓܒܪܐ ܕܐܠܗܐ ܐܬܐ ܗܘ ܕܐܬܐ ܡܢ ܝܗܘܕ ܘܩܪܐ Regn γ 13₂

17 ܓܒܪܐ ܕܐܠܗܐ ܐܝܬܘܗܝ > B¹: cruciculâ omissio notata, Bᵐ pr m supplevit

17 ܡܢ ܕܩܒܪܐ

18 ܐ ܘܐܬܦܠܛܘ ܀ ܡܢ ܘܦܠܛܘ

19 indice non adposito ܐܝܟ ܕܥܒܕ ܠܗܘܢ

20 ܕܪ̈ܡܬܐ

20 ܐܢܫ̈ܐ ܕܝܠܗ ܟܕ [ܕܝܠܗ] ܀ ܦ̣ ܕܝܢ ܝܘܫܝܐ [ܥܠ]ܠܐ ܕܝܠܗ ܗܘ ܢܒܝܐ ܕܐܬܐ ܐܝܟ ܠܡܠܟܐ ܐܠ. ܘܗܘܝ ܗܟܢܐ ܐܠ ܕܐܬܐ ܕܐܬܘܗܝ ܟܕ ܗܘ ܠܡܕܒܚܐ ܐܬܐ ܕܐܡܪ: ܡܛܠܗܘܢ ܐܠ ܕܡܠܐ ܐܝܟ ܕܡܠܟܐ ܒܐܬܪܐ ܐܝܟܢ ܗܘܐ ܡܕܒܚܐ ܕܡܕܒܚ ܕܡܠܟܐ ܕܝܠܗ ܘܐܝܬܝܗ ܡܢܗܘܢ ܗܘܐ. ܡܛܠ ܗܘ ܕܐܦ ܡܠܟܘܬܐ [ܕܡܠ]ܟ ܡܠܟ ܗܘ ܕܡܠܟ ܢܒܝܐ ܗܘ ܡܠܟܐ ܗܘ ܐܠ ܗܘܐ ܐܬܪܐ

21 ܦܨܚܐ in B prima

24 ܐ ܠܝܕܘܥ̈ܐ ܀ ܡܢ ܠܡܩܣܡܢܐ ܕܚܪ̈ܫܐ

24 ܐ ܠܬܪ̈ܦܐ ܀ ܡܢ ܠܨܠܡ̈ܐ

26 ܕܡܠܬܐ ܡܘܬܐ ܀ ܦ̣ ܕܝܢ ܐܦ ܗܘ ܕܢܦܩ ܒܫܘܠܡܐ ܠܗ. ܐܝܟܢܐ ܕܡܠܬܐ. ܗܠܝܢ ܕܒܫܘܠܡܐ

ܕܗܘ ܢܦܩܘ ܡܢܗܘܢ. ܡܛܠ ܕܠܐ ܐܬܦܢܝܘ. ܒܗ ܠܐ ܩܡ ܒܗܘ ܒܫܘܠܡܗܘܢ ܡܢ [ܕ]ܡܢܗܘܢ ܗܘ ܕܐܟܘܬ ܫܘܠܡܐ ܐܝܟ ܡܢ ܕܝܠܗ ܐܦ ܠܗ ܒܫܘܠܡܐ ܕܚܙܝܘ[ܗܝ] ܠܘܬܗ ܕܘܟܬܐ ܗܘܐ 29 ܕܡܠܟܘܢ

29 ܒܚܝܠܐ ܦܬܝܚܐ [ܗ]ܘܬ ܠܗ ܗܝ [ܕ]ܐܡܪ: ܦܪܥܘܢ [ܠ]ܗ ܝܘܫܝܐ ܥܡܗ. ܐܠܐ ܕܐܡܪܗ. ܐܝܟܢܐ ܕܫܡܥ ܕܘܟܬܐ ܠܚܙܝܢ [ܒ]ܚܙܝܢ ܡܢܚܡܢܘܬܐ. ܐܠܐ ܒܡܠܟܐ ܕܐܬܐܡܪ ܕܡܠܟܘܬܐ Paralip β 35 ₂₁

30 ܡܢ ܡܢ ܡܝܬ

30 [ܒ]ܡܓܕܘ ܕܐܡܝܬ

³¹ܒܪ ܕܥܣܪ̈ܝܢ ܘܬܠܬ ܫܢ̈ܝܢ ܐܝܬܘܗܝ ܗܘܐ ܝܗܘܐܚܙ ܟܕ ܐܡܠܟ. ܘܬܠܬܐ ܝܪ̈ܚܝܢ ܐܡܠܟ ܒܐܘܪܫܠܡ. ܘܫܡܗ
ܕܐܡܗ ܚܡܝܛܠ ܒܪܬܗ *ܕܐܪܡܝܐ ܡܢ ܠܒܢܐ: ³²ܘܥܒܕ ܗܘ̇ ܕܒܝܫ ܩܕܡ ܥܝ̈ܢܝ ܡܪܝܐ ܐܝܟ
ܟܠܗܘܢ ܗܠܝܢ ܕܥܒܕܘ ܐܒܗ̈ܬܗ ܕܝܠܗ: ³³ܘܐܣܪܗ ܦܪܥܘܢ ܢܟܐܘ *ܒܪܒܠܐ ܒܐܪܥܐ ܕܚܡܬ. ܕܠܐ ܢܡܠܟ
ܒܐܘܪܫܠܡ. ܘܝܗܒ †ܡܕܐܬܐ ܥܠ ܐܪܥܐ .. ܡܐܐ ܟܟܪ̈ܝܢ ܕܣܐܡܐ **ܘܟܟܪܐ ܕܕܗܒܐ: ³⁴ܘܐܡܠܟ ܦܪܥܘܢ
ܢܟܐܘ ÷ ܠܐܠܝܩܝܡ ⁄ ܠܐܠܝܩܝܡ ܒܪܗ ܕܝܘܫܝܐ ܡܠܟܐ ܕܝܗܘܕܐ ܚܠܦ ܝܘܫܝܐ ܐܒܘܗܝ. ܘܗܦܟ ܫܡܗ
ܕܝܠܗ ܝܘܝܩܝܡ: ܘܠܝܘܐܚܙ ܢܣܒ ܘܐܝܬܝܗ ܠܡܨܪܝܢ. ܘܡܝܬ ܬܡܢ: ³⁵ܘܣܐܡܐ ܘܕܗܒܐ ܝܗ̇ܒ
ܝܘܝܩܝܡ ܠܦܪܥܘܢ. ܒܪܡ ܐܪܥܝ ܦܪܐܐ ܥܠ ܐܪܥܐ. ܠܡܬܠ ܟܣܦܐ ܐܝܟ ܦܘܩܕܢܗ ܕܦܪܥܘܢ. ܠܓܒܪܐ°
*ܐܝܟ ܫܘܡܗ ܐܬܒܥ ܠܥܡܗ ܕܐܪܥܐ ܣܐܡܐ ܘܕܗܒܐ ܥܡ ܥܡܐ ܕܐܪܥܐ. ܠܡܬܠ ܠܦܪܥܘܢ ܢܟܐܘ ܀
83² ³⁶ܒܪ ܕܥܣܪ̈ܝܢ | ܘܚܡܫ ܫܢ̈ܝܢ ܝܘܝܩܝܡ ܟܕ ܐܡܠܟ. ܘܚܕܥܣܪܐ ܫܢ̈ܝܢ ܐܡܠܟ ܒܐܘܪܫܠܡ. ܘܫܡܐ ܠܐܡܗ
ܕܐܡܗ ܙܒܝܕܐ ܒܪܬܗ ܕܦܕܝܐ ܡܢ ܪܘܡܐ: ³⁷ܘܥܒܕ ܕܒܝܫ ܒܥܝ̈ܢܘܗܝ ܕܡܪܝܐ ܐܝܟ ܟܠܗܘܢ ܗܠܝܢ ܕܥܒܕܘ
ܐܒܗ̈ܬܗ ܕܝܠܗ ܀

24 ¹ܒܝܘܡ̈ܬܐ ܕܝܠܗ ܣܠܩ ܢܒܘܟܕܢܨܪ ܡܠܟܐ ܕܒܒܠ. ܘܗܘܐ ܠܗ ܝܘܝܩܝܡ ܥܒܕܐ ܬܠܬ ܫܢ̈ܝܢ.
ܘܗܦܟ ܘܡܪܕ ܒܗ: ²ܘܫܕܪ ܡܪܝܐ ܒܗܘܢ *ܠܟܠܕܝ̈ܐ ܓܝܣܐ ܕܣܘܪܝܐ †ܘܠܡܘܐܒܝ̈ܐ ܓܝܣܐ ܕܡܘܐܒ
ܘܠܟܠܕܝ̈ܐ ܓܝܣܐ ܕܒܢ̈ܝ ܥܡܘܢ. **ܘܫܕܪ ܐܢܘܢ ܒܐܪܥܐ ܕܝܗܘܕܐ ܠܡܘܒܕܗ ܐܝܟ ܡܠܬܐ ܕܡܪܝܐ ܗܝ ܕܡܠܠ
ܒܐܝܕ ܥܒ̈ܕܘܗܝ ܢܒܝ̈ܐ: ³ܒܪܡ ܥܠ ܪܘܓܙܗ ܕܡܪܝܐ ܐܝܬ ܗܘܐ ܒܝܗܘܕܐ ܠܡܥܒܪܘܬܗ ܡܢ
ܦܪܨܘܦܗ ܒܚܛܗ̈ܐ ܕܡܢܫܐ ܐܝܟ ܟܠܗܘܢ ܗܠܝܢ ܕܥܒܕ: ⁴ܐܦ ܕܡܐ ܙܟܝܐ ܗܘ ܕܐܫܕ. ܘܡܠܝܗ
84¹ ܠܐܘܪܫܠܡ ܕܡܐ ܙܟܝܐ. ܘܠܐ ܨܒܐ ܡܪܝܐ ܠܡܫܒܩܘ ܀ ⁵ܘܫܪܟܐ ܕܡ̈ܠܐ *ܕܝܘܝܩܝܡ ܘܟܠܗܘܢ ܐܝܠܝܢ | ܕܥܒܕ.
ܠܐ ܗܐ ܗܠܝܢ ܟܬܝܒܢ ܥܠ ܟܬܒܐ ܕܡ̈ܠܐ ܕܝܘܡ̈ܬܐ ܕܡܠܟ̈ܐ ܕܝܗܘܕܐ.· ⁶ܘܫܟܒ ܝܘܝܩܝܡ ܥܡ ܐܒܗ̈ܬܗ
ܕܝܠܗ. ܘܐܡܠܟ ܝܘܝܟܝܢ ܒܪܗ ܚܠܦܘܗܝ: ⁷ܘܠܐ ܐܘܣܦ ܬܘܒ ܡܠܟܐ ܕܡܨܪܝܢ ܠܡܦܩ ܡܢ ܐܪܥܐ
ܕܝܠܗ: ܡܛܠ ܕܢܣܒ ܡܠܟܐ ܕܒܒܠ ܡܢ ܢܚܠܐ ܕܡܨܪܝܢ ܥܕܡܐ ܠܢܗܪܐ ܦܪܬ ܟܠܗܘܢ ܗܠܝܢ ܕܐܝܬ ܗܘܝ
ܠܡܠܟܐ ܕܡܨܪܝܢ: ⁸ܒܪ ܕܬܡܢܥܣܪܐ ܫܢ̈ܝܢ ܗܘܐ ܝܘܝܟܝܢ ܟܕ ܐܡܠܟ. ܘܬܠܬܐ ܝܪ̈ܚܝܢ ܐܡܠܟ ܒܐܘܪܫܠܡ.
ܘܫܡܐ ܕܐܡܗ ܢܚܘܫܬܐ ܒܪܬܗ ܕܐܠܢܬܢ ܡܢ ܐܘܪܫܠܡ: ⁹ܘܥܒܕ ܕܒܝܫ ܒܥܝ̈ܢܘܗܝ ܕܡܪܝܐ ܐܝܟ ܟܠܗܘܢ
ܗܠܝܢ ܕܥܒܕ ܐܒܘܗܝ ܀ ¹⁰ܒܙܒܢܐ ܗܘ ܣܠܩ ܢܒܘܟܕܢܨܪ ܡܠܟܐ ܕܒܒܠ ܠܐܘܪܫܠܡ. ܘܐܬܬ ܡܕܝܢܬܐ
ܠܡܚܨܪܘ ܒܚܘܣܢܐ: ¹¹*ܘܥܠ ܢܒܘܟܕܢܨܪ ܡܠܟܐ †ܠܡܕܝܢܬܐ. ܘܥܒ̈ܕܘܗܝ **ܢܚܝܡ ܗܘܘ ܥܠܝܗ:
¹²ܘܢܦܩ ܝܘܝܟܝܢ ܡܠܟܐ ܕܝܗܘܕܐ ܥܠ ܡܠܟܐ ܕܒܒܠ. ܗܘ ܘܐܡܗ ܕܝܠܗ ܘܥܒ̈ܕܘܗܝ ܘܪ̈ܘܪܒܢܘܗܝ ܕܝܠܗ
84² | ܘܐܘܢܘܟܐ ܕܝܠܗ: ܘܢܣܒܗ ܡܠܟܐ ܕܒܒܠ ܒܫܢܬܐ ܬܡܝܢܝܬܐ ܕܡܠܟܘܬܗ: ¹³ܘܐܦܩ ܡܢ ܬܡܢ
ܟܠܗܘܢ ܣܝ̈ܡܬܐ ܕܒܝܬܗ ܕܡܪܝܐ *ܘܣܝ̈ܡܬܐ ܕܒܝܬܗ ܕܡܠܟܐ ⁄. ܘܩܨܨ ܟܠܗܘܢ ܡܐܢ̈ܐ ܕܕܗܒܐ
ܗܠܝܢ ܕܥܒܕ ܫܠܝܡܘܢ ܡܠܟܐ ܕܐܝܣܪܐܝܠ ܒܗܝܟܠܗ ܕܡܪܝܐ ܐܝܟ ܡܠܬܐ ܕܡܪܝܐ: ¹⁴ܘܐܫܒܝ ※ ܠ ܗ̇ܝ
※ ܟܠܗ̇ ⁄ ܐܘܪܫܠܡ ܘܟܠܗܘܢ ܪ̈ܫܐ ܘܟܠܗܘܢ ܓܢܒܪ̈ܐ ܚܝܠܬܢ̈ܐ ܚܝܠܐ. ܡܢ ܥܣܪܐ ܐܠܦܝܢ ܫܒܝܐ ܫܒܝܬܐ
ܫܒܐ. ܘܟܠ ܢܓܪܐ *ܘܡܣܓܪܢܐ: ܘܠܐ ܐܫܬܒܩܘ ܐܠܐ ܐܢ ܡܣܟܢ̈ܐ ܕܥܡܐ ܕܐܪܥܐ: ¹⁵ܘܫܒܐ ܠܝܘܝܟܝܢ
ܠܒܒܠ. ܘܠܐܡܗ ܕܡܠܟܐ ܘܠܢܫ̈ܘܗܝ ܕܡܠܟܐ ܘܠܐܘܢܘܟܐ ܕܝܠܗ ܘܠܚܝܠܬܢ̈ܐ ܕܐܪܥܐ ܐܘܒܠ ܫܒܝܬܐ
ܡܢ ܐܘܪܫܠܡ ܠܒܒܠ: ¹⁶ܘܠܟܠܗܘܢ ܓܒܪ̈ܐ ܕܚܝܠܐ ܫܒܥܐ ܐܠܦܝܢ. ܘܢܓܪ̈ܐ ܘܡܣܓܪ̈ܢܐ ܐܠܦܐ.
85¹ ܟܠܗܘܢ ܚܝܠܬܢ̈ܐ ܥܒܕܝ ܩܪܒܐ. ܘܐܝܬܝ ܐܢܘܢ ܡܠܟܐ ܕܒܒܠ ܫܒܝܬܐ ܠܒܒܠ: ¹⁷ܘܐܡܠܟ | ܡܠܟܐ
ܕܒܒܠ ܠܡܬܢܝܐ *ܐܚܘܗܝ ܕܐܒܘܗܝ ܚܠܦܘܗܝ. ܘܗܦܟ ܫܡܗ ܕܝܠܗ ܨܕܩܝܐ ܀

31 Ιεραμιου
33 Ιεβλα
33 [ζ]ημιαν
33 ܟܟܪܐ: ܘܡܐܐ ⁄ [non ⁄] indice non adposito
34 ÷ addidit F
35 ܐܝܟ ܫܘܡܐ ⁄ [non ⁄] et [συ]ντιμησις
2 ܗܘ ܠܟܠܕܝ̈ܐ ܐܚܪ̈ܢܐ: ܐܡܪ ÷ ܗܘ ܟܠܕܝ̈ܐ

2 μονοζονους [sic]
2 secundo loco B ܘܠܟܠܕܝ̈ܐ
2 ܐܡܪ ܐܦ ܐܘܣܦܬ ܐܡܪܐ [ܕ]ܢܒܘܟܕܢܨܪ
5 ܐܦܝܢ ܕܡ̈ܠܐ ܕܝܘܝܩܝܡ ÷ [ܘ]ܟܠ ܀ ܘܫܪܟܐ ܕܡ̈ܠܐ ܕܝܘܝܩܝܡ ÷ [ܘ]ܟܠ ܝܘܝܩܝܡ ܡܢ ܐܘܪܫܠܡ ܝܘܝܩܝܡ ܡܠܟܐ ܕܝܗܘܕܐ. ܐܡܪ ܡܠܟܐ ܕܒܒܠ. [ܘ]ܘܠ ܢܒܘܟܕܢܨܪ ܕܝܠܗ ܝܘܝܩܝܡ ܥܡ ܐܒܗ̈ܬܗ
8 ܐ vocis ܕܐܠܢܬܢ pr m in litura B

8 ܢܚܘܫܬܐ serius lineolâ castigatum B
11 ܐܬܬ ܐ
11 ܥܠ indice ad ܡܠܟܐ adposito
11 ܗܘ ܢܚܝܡ ܗܘܘ ÷ ܗܘ ܢܚܝܡ ܗܘܘ
12 ܘܢܦܩ in B participium
13 ⁄ addidit F
14 συγκλειοντα et ܡܣܓܪܢܐ ܘܐܚܝܕܐ ܬܪܥܐ
16 extr ܕܚܝܠܐ B¹
17 ܚܠܦܘܗܝ ÷ ܒܪ ܕܝܠܗ

ܚܣ ¹⁸ܒܪ *ܥܣܪܝܢ ܘܚܕܐ ܫܢܝܢ ܗܘܐ ܨܕܩܝܐ ܟܕ ܐܡܠܟ. ܘܚܕܥܣܪܐ ܫܢܝܢ ܐܡܠܟ ܒܐܘܪܫܠܡ. ܘܫܡܗ
ܕܐܡܗ ܕܝܠܗ ܚܡܝܛܠ ܒܪܬ ܐܪܡܝܐ ※ܡܢ ܠܒܢܐ: ¹⁹ܘܥܒܕ ܗܘ ܕܒܝܫ ܩܕܡ ܡܪܝܐ ܐܝܟ ܟܠܗܝܢ
ܗܠܝܢ ܕܥܒܕ ܝܗܘܝܩܝܡ: ²⁰ܡܛܠ ܕܥܠ ܪܘܓܙܗ ܕܡܪܝܐ ܐܬܬܣܝܡ ܗܘܐ ܥܠ ܐܘܪܫܠܡ ܘܥܠ ܝܗܘܕܐ. ܐܝܟ
ܕܢܫܕܐ ܐܢܘܢ ܡܢ ܦܪܨܘܦܗ ܕܝܠܗ ✠ ܘܡܪܕ ܨܕܩܝܐ ܒܡܠܟܐ ܕܒܒܠ ✠
25 ¹ܘܗܘܐ ܒܫܢܬܐ ܬܫܝܥܝܬܐ ܕܡܠܟܘܬܗ. ܒܝܪܚܐ ܕܥܣܪܐ ※ܒܥܣܪܐ ܒܝܪܚܐ. ܐܬܐ ܢܒܘܟܕܢܨܪ
ܡܠܟܐ ܕܒܒܠ. ܗܘ ܘܟܠܗ ܚܝܠܗ. ܥܠ ܐܘܪܫܠܡ. ܘܫܪܐ ܥܠܝܗ ܘܒܢܐ ܥܠܝܗ ܒܪ ܚܘܪܐ ܚܣܘܪܐ:
²ܘܥܠܬ ܡܕܝܢܬܐ ܠܐܘܚܕܢܐ ܥܕܡܐ ܠܫܢܬܐ ܚܕܥܣܪܐ ܕܨܕܩܝܐ ܘܠܡܠܟܘܬܗ ܕܨܕܩܝܐ ܡܠܟܐ | ܕܝܗܘܕܐ: ³ܒܬܫܥܐ 85²
ܬܩܦ ܟܦܢܐ ܒܡܕܝܢܬܐ. ܘܠܝܬ ܗܘܐ ܠܚܡܐ ܠܥܡܐ ܕܐܪܥܐ: ⁴ܘܐܬܒܙܥܬ ܡܕܝܢܬܐ. ܘܟܠܗܘܢ ܓܒܪ̈ܐ ܕܩܪܒܐ
ܢܦܩܘ ܒܠܠܝܐ ܒܐܘܪܚܐ ܕܬܪܥܐ ܕܒܝܬ ܫܘܪܐ. ܗܘ ܕܐܝܬܘܗܝ ܒܓܢܬܐ ܕܡܠܟܐ. ܘܟܠܕܝ̈ܐ ܥܠ
ܡܕܝܢܬܐ ܚܕܪܢܐ. ܘܐܙܠ ܒܐܘܪܚܐ ܕܥܪܒܐ: ⁵ܘܪܕܦ ܚܝܠܐ ܕܟܠܕܝ̈ܐ ܒܬܪ ܡܠܟܐ. ܘܐܕܪܟܘܗܝ *ܒܥܪܒܬܐ
ܕܐܝܪܝܚܘ. ܘܟܠܗ ܚܝܠܐ ܕܝܠܗ ܐܬܒܕܪ ܡܢܗ: ⁶ܘܐܚܕܘܗܝ ܠܡܠܟܐ *ܘܐܝܬܝܘܗܝ ܠܘܬ ܡܠܟܐ ܕܒܒܠ
†ܠܪܒܠܐ. ܘܡܠܠ ܥܡܗ ܕܝܢܐ: ⁷ܘܠܒܢܘܗܝ ܕܨܕܩܝܐ ܢܟܣ ܩܕܡ ܥܝܢ̈ܘܗܝ ܕܝܠܗ. ܘܠܥܝܢ̈ܘܗܝ
ܕܨܕܩܝܐ ܥܘܪ. ܘܐܣܪܗ *ܒܫܫܠܬܐ ܘܐܝܬܝܗ ܠܒܒܠ: ⁸ܘܒܝܪܚܐ ܕܚܡܫܐ. ܒܫܒܥܐ ܕܝܪܚܐ (ܗܝ
ܗܝ ܫܢܬܐ ܕܬܫܥܣܪܐ ܠܢܒܘܟܕܢܨܪ ܡܠܟܐ ܕܒܒܠ). ܘܐܬܐ ܢܒܘܙܪܕܢ *ܪܒ ܛܒ̈ܚܐ. ܕܩܐܡ ܩܕܡ
ܡܠܟܐ ܕܒܒܠ. ܠܐܘܪܫܠܡ: ⁹ܘܐܘܩܕ ܒܝܬܗ ܕܡܪܝܐ ܘܒܝܬ ܡܠܟܐ ܘܒܝܬ̈ܐ ܟܠܗܘܢ | ܕܒܐܘܪܫܠܡ. 86¹
ܘܟܠ ܒܬ̈ܐ * ܐܘܩܕ ܒܢܘܪܐ: ¹⁰ܘܫܘܪܐ ܕܐܘܪܫܠܡ ܚܕܪܢܐ ܣܚܦܘ ܟܠܗ *ܚܝܠܘܬܐ ܕܟܠܕܝ̈ܐ ※ܗܠܝܢ
※ ܕܥܡ ܪܒ ܛܒ̈ܚܐ: ¹¹ܘܫܪܟܐ ܕܥܡܐ. ܗܘ ܕܐܫܬܚܪ ܒܡܕܝܢܬܐ. *ܘܕܢܦܠܘ ܗܢܘܢ ܕܢܦܠܘ
ܠܘܬ ܡܠܟܐ ܕܒܒܠ. ܘܫܪܟܐ ܕܡܫܝܪܝܬܐ ܓܠܝ ܢܒܘܙܪܕܢ ܪܒ ܛܒ̈ܚܐ: ¹²ܘܡܢ ܡܣܟܢ̈ܐ ܕܐܪܥܐ ܫܒܩ
ܗܘ ܪܒ ܛܒ̈ܚܐ ܠܟܪ̈ܡܐ *ܘܠܦܠܚ̈ܐ: ¹³ܘܠܐܣܛܘ̈ܢܐ ܕܢܚܫܐ ܗܠܝܢ ܕܒܒܝܬܗ ܕܡܪܝܐ.
*ܘܠܡܟܘ̈ܢܬܐ ܘܠܝܡܐ ܕܢܚܫܐ ܗܘ ܕܒܒܝܬܗ ܕܡܪܝܐ. ܬܒܪܘ ܟܠܕܝ̈ܐ ܘܫܩܠܘ ܢܚܫܐ ܕܝܠܗܘܢ
ܠܒܒܠ: ¹⁴ܘܠܩܕܪ̈ܐ *ܘܠܡܓܪ̈ܦܬܐ ※ܘܠܡܙܡܪ̈ܬܐ ÷ ܘܠܡܚܬܝ̈ܬܐ ܘܠܟܠܗܘܢ ܡܐܢ̈ܐ ܕܢܚܫܐ
ܗܠܝܢ ܕܡܫܡܫܝܢ ܒܗܘܢ. ܢܣܒܘ: ¹⁵ܘܠܡܚܬܝ̈ܬܐ ܘܠܡܙܪ̈ܩܐ ܕܕܗܒܐ ܘܕܣܐܡܐ ܢܣܒ ܗܘ ܪܒ
ܛܒ̈ܚܐ: ¹⁶ܐܣܛܘ̈ܢܐ ܬܪܝܢ. ܝܡܐ ܚܕ. | *ܘܡܟܘ̈ܢܬܐ ܗܠܝܢ ܕܥܒܕ ܫܠܝܡܘܢ ܠܒܝܬܐ ܕܡܪܝܐ: 86²
ܘܠܝܬ ܗܘܐ ܡܬܩܠܐ ܠܢܚܫܐ ܕܟܠܗܘܢ ܡܐܢ̈ܐ ܗܠܝܢ: ¹⁷ܬܡܢܥܣܪܐ ܐܡ̈ܝܢ ܪܘܡܐ ܕܐܣܛܘܢܐ ܚܕ.
*ܘܟܘܬܪܬܐ ܕܥܠܘܗܝ ܕܢܚܫܐ. ܘܪܘܡܐ ܕܟܘܬܪܬܐ ܬܠܬ ܐܡ̈ܝܢ. †ܘܫܒܟܬܐ ܘܪ̈ܘܡܢܐ ܥܠ ܟܘܬܪܬܐ ܚܕܪ ܚܕܪ.
ܟܠܗܘܢ ܕܢܚܫܐ. ܘܐܟܘܬܗܘܢ ܠܐܣܛܘܢܐ ܗܘ ܐܚܪܝܐ ܥܠ **ܫܒܟܬܐ: ¹⁸ܘܕܒܪ ܪܒ ܛܒ̈ܚܐ ܠܣܪܝܐ
ܟܗܢܐ ܪܝܫܐ ܘܠܨܦܢܝܐ *ܒܪ ܕܬܪܝܢܘܬܐ ܘܠܬܠܬܐ ܢܛܘܪ̈ܝ ܬܪܥܐ: ¹⁹ܘܡܢ ܡܕܝܢܬܐ ܕܒܪ ܐܘܢܘܟܐ
ܚܕ ܗܘ ܕܐܝܬܘܗܝ ܗܘܐ ܦܩܝܕܐ ܥܠ ܓܒܪ̈ܐ ܩܪ̈ܒܬܢܐ. *ܘܚܡܫܐ ܓܒܪ̈ܐ ܡܢ ܗܠܝܢ ܕܚܙܝܢ ܒܦܪܨܘܦܐ ܕܡܠܟܐ.
ܗܠܝܢ ܕܐܫܬܟܚܘ ܒܡܕܝܢܬܐ. ܘܠܣܦܪܐ ܪܒ ܚܝܠܐ †ܗܘ ܕܡܦܩܕ ܗܘܐ ܠܥܡܐ ܕܐܪܥܐ **ܘܫܬܝܢ ܓܒܪ̈ܐ ܡܢ
ܥܡܐ ܕܐܪܥܐ ܗܠܝܢ ܕܐܫܬܟܚܘ ܒܡܕܝܢܬܐ: ²⁰ܘܕܒܪ ܐܢܘܢ ܢܒܘܙܪܕܢ *ܪܒ ܛܒ̈ܚܐ | ...... ²⁹...
87¹ | ܕܚܝ̈ܐ ܕܝܠܗ: ³⁰ܘܦܘܪܣܐ ܕܝܠܗ ܦܘܪܣܐ ܕܟܠ ܝܘܡ ܐܬܝܗܒ ܠܗ ܡܢ ܠܘܬ ܡܠܟܐ. ܝܘܡܐ ܕܝܘܡܐ
ܒܝܘܡܗ. ܟܠܗܘܢ ܝܘܡ̈ܬܐ ܕܚܝ̈ܐ ܕܝܠܗ ✠

18 ܫܢܐ ܕܥܣܪܝܢ ܘܚܕܐ ܫܢܝܢ ܗܘܐ ܘ ubi ܝ pr m in litura
1 ✓, 4 ÷ addidit F
4 ܒܐܘܪܚܐ B, ܒ serius lineolâ notata
5 ܒܥܣܪܐ ✠ ܡܢ ܟܠ ܚܝܠܐ |
6 ܘܐܝܬܝܘܗܝ
6 ܒܒܒܠ ܘ
7 priori loco ܕܨܕܩܝܐ B
7 ܒܫܫܠܬܐ ܡܢ
8 ܗܘ ܪܒ ܛܒܚ̈ܐ [ܕ]ܩܐܡ [ܩ]ܕܡ ܡܠܟܐ |
9 ܒܐ ܐ |
10 ܕܐܘܪܫܠܡ B
10 indice non adposito ܚܝܠܐ ܘ ܡܢ
10 ※ addidit F
11 ܘܕܢܦܠܘ [ܗܢܘܢ] ܕܢܦܠܘ ܡܢ [ܠܘܬܗ]
12 ܘܠܦܠܚܐ |
13 ܘܡܟܘܢܬܐ ✠ ܡܢ ܘܠܡܟܘܢܬܐ |
14 ܘܠܡܓܪܦܬܐ |
16 ܘܡܟܘܢܬܐ ܘ ܡܢ
17 ܬܡܢܐ et χωθαρ
17 [ܗ]ܡܢܐ
17 ܗܡܢܐ .ܐ
18 ܬܘܒ ܕܬܪܝܢ. praecessitne ܡܢ?
19 ܐܘܢܘܟܐ [ܚܕ] ܕܚܙܝܢ ܡܢ. post ܒܪ B ✓, quem in indicem mutavi. vox ܡܢ indice instructa est
19 ܘܚܡܫܐ L, ܘܚܡܫܐ B serius lineolâ notatum. vide ad 20
19 indice non addito ܗܘܐ ܗܘ ܗܠܝܢ
19 ܥܡ ܕܡܢ ubi ܡܢ incerta
20 ܘܕܒܪ L, ܘܕܒܪ B. vide ad 19
20 ܪܒ ܛܒܚ̈ܐ indice non addito
20 folium unum periit
30 subscriptum ܫܠܡ ܟܬܒܐ ܕܪܒܝܥܝܐ

87² [illegible]

[illegible]

[illegible]

88¹ [illegible]

[illegible]

[illegible] et post doxologiam [illegible] sequuntur post haec ea quae in pagina sequenti 255 typis exscripsi: mox post epiphaniana quaedam e libro περὶ μέτρων desumpta folio 90 leguntur inter alia haec: [illegible] et post nonnulla 90² [illegible] et serius scripta [illegible] .... [illegible] [sic] ubi punctis expressi vocabulum, quod dinoscere non poteram: [illegible] legit HZotenberg, qui [illegible] edidit. sequentia non necessarium est adponere

4 Matth 1 17

5 [illegible] B¹

10 Regn γ 12 24 𝔊

12 Regn γ 14 21

12 [illegible] B¹

14 Regn γ 12 24 𝔊

15 Regn γ 14 21

27 [illegible] B

ܕܠܒܪ ܕܡܫܘܡܚܘܬܐ ܀

ܘܐܪܒܥ ܕܐܬܪ̈ܓܡܢ ܀ ܒ

ܗܠܝܢ ܐܠܝܢ ܕܐܦ ܗܠܝܢ ܡܢ ܐܪܒܥܐ ܒܡܕܒܪܐ ܒܥܝܢܐ. ܒܡܢܝܢܐ ܡܢ ܒܟܬܒܘܬܐ ܡܟܠ ܗܘܐ. ܒܡܢܝܢܐ ܕܝܢ ܢܚܝܬܘ ܐܝܟ ܕܒܘܬܐ ܒܗ ܕܩܛܠ ܕܩܪܐ ܕܒܗܘܢ ܒܡܦܩܬܐ ܗܢܐ ܡܠܟܘܬܐ ܕܐܢܛܝܘܟܘܣ ܫܘܪܝܐ: ܡܠܟܘ ܕܝܢ ܗܠܝܢ ܕܒܗ ܡܠܟܘ ܡܢ ܕܘܝܕ ܡܠܟܐ ܦܘܫܘ. ܐܠܐ ܡܛܠ ܫܢܝܐ ܡܢܝܢ ܕܦܩܝܕ ܥܕܡܐ ܕܒܗܘܢ ܘܐܝܟ ܕܒܫܘܠܡܐ ܕܟܬܒܐ ܕܝܕܥܐ ܀ ܡܢ ܗܘܦܐ ܦܘܦܠܐ ܕܝܠܗ ܕܝܕܥ ܐܬܐܘܗܝ ܗܘ ܕܦܫܘ ܗܠܝܢ ܡܢܝܢܐ ܡܠܟܝܢ ܘܐܬܝܢ. ܘܐܝܟܢܐ ܒܟܠ ܡܢܝܢ ܡܛܘܠ ܀

ܗܘ ܐܝܢܐ ܕܡܦܩܢܘܬܐ ܗܝ ܕܐܬܐܡܪܐ ܕܢܫܢ. ܠܐܬܘܬܐ ܐܦ ܒܡ ܦܬܓܡܐ ܐܝܢܐ ܒܟܬܒܐ ܘܫܪܝܐ ܒܫܪܒܐ ܒܚܕܐ ܐܦܝܢܗ ܒܠܡ ܒܪܐ. ܒܪܟܐ ܕܐܬܦܫܩܘ ܗܘ ܕܐܦ ܒܚܝܠ ܡܟܠܐ ܒܪܗ ܕܡܐܪܐ ܀ ܗ

ܦܡܦܩܢܘܬܐ ܕܡܛܠ ܐܬܐܡܪܐ ܐܦ ܗܝ ܕܡܬܚܡܐ ܒܫܪܒܐ ܒܡܦܩܢܘܗܝ ܗܝ ܕܒܟܠ ܐܬܦܫܩ ܒܩܪܒܐ ܪܒܐ ܕܐܬܡܫܕܪܘ ܗܘ ܕܡܫܡܠܐ ܀ ܘ

ܒܪܟܐ ܕܪܡܫܘ ܡܟܠܐ ܡܠܟܘ ܗܘܐ ܐܢܛܝܟܘܣ ܗܘ ܕܐܦ ܐܪܡܢܝܘܣ ܐܠܡܪܝ. ܗܘ ܕܐܬܐܘܗܝ ܗܘܐ ܒܝܘܡܐ ܒܢܘܬܐ: ܦܫܩ ܐܦ ܗܘ ܒܡܕܒܪܐ. ܡܢ ܐܝܟ ܫܠܡܘܬܐ ܒܟܠܗܘܢ ܦܘܦܠܐ. ܕܒܗܘܢ ܡܢ ܐܢܫܝܢ ܡܛܠ ܒܗܝ ܕܡܟܝܢ ܘܐܦܢ ܕܝܕܥ ܫܠܡܘܬܐ ܘܝܕܥ ܒܝܕܥܐ. ܒܟܬܒܘ: ܡܢ ܗܘܦܐ ܘܡܫܘܚܬܐ ※ ܕܡܬܐܡܪܝܢ ܐܣܛܪܝܣܩܘ. ܘܡܫܘܚܬܐ — ܕܡܬܐܡܪܝܢ ܐܘܒܠܘ. ÷ ܘܡܫܘܚܬܐ ܐܚܪܬܐ ܕܐܝܟ ܒܗܘܢ ܐܬܝܢ ܢܩܕܐ. ܚܕ ܡܢ ܒܬܪ ÷ ܘܚܕ ܡܢ ܒܬܪܗ ܕܡܬܐܡܪܝܢ ÷ ܠܡܢܝܣܩܘ. ܘܐܚܪܬܐ ܕܡܬܐܡܪܝܢ ÷ ܗܘܦܘܠܡܢܝܣܩܘ. ܕܦܠܓܝܢ ܡܢ ܒܬܪܗ ܚܕ ܢܩܕܐ ܒܠܚܘܕ ܒܪܐ ܗܘܐ ܕܗܟܢܐ ܗܘܝܐ. ܡܢ ܒܬܪ ܫܠܡܘܬܐ ܐܝܟ ܕܒܗܘܢ ܗܘ ܘܗܠܝܢ ܕܦܫܩ. ܗܟܢ ܐܦ ܒܦܘܦܠܐ ܕܒܗ. ܡܢ ܪܫܐ ܒܦܘܪܫܢ ܒܡܦܩܢܘܬܐ ܕܒܟܠܗܝܢ ܘܐܬܝܢ ܡܦܩܢܘܬܐ ܦܪܝܫܐ ܀ ܡܢ ܕܝܢ ܦܘܦܠܐ ܐܘܪܚܐ ܡܦܩܢܘܬܐ ܗܝ ܕܫܡܥܘ ܘܗܝ ܕܡܛܠ ܐܬܡܘܣ. ܡܛܠ ܠܐ ܢܚܒܘܬܐ ܕܗܠܝܢ ܕܒܗܘܢ ܦܫܩܘ. ܡܢ ܐܬܘܬܐ ܕܫܡܥܘ ܘܕܡܛܠ (ܗܝ ܕܡܬܐܡܪܐ ܚܘܠܡܐ ܐܦܝܣܛܝܡܘܣ) | ܗ ܕܫܡܥܘ ܘ ܘܕܡܛܠ ܦܬܓܡܐ ܐܝܟ ܀ 88[2]

ܒܬܪܝܢ ܘܟܕ ܒܡܦܩܢܘܬܐ ܗܘ ܒܢܘܗܝ ܒܪܐ ܘܫܦܝܪܐ ܡܚܝܠܐ. ܗܘ ܐܝܟ ܕܐܦ ܗܘܐ ܡܢ ܦܘܬܟܐ ܒܗܘܢ ܒܡܦܩܢܘܬܐ ܕܡܚܝܠܝܢ ܐܡܪܝܢ ܘܒܫܠܡܐ ܒܟܬܒܐ. ܘܚܙܐ ܒܗ ܫܠܡܘܬܐ ܒܟܠܗ ܗܠܝܢ ܕܢܩܦܝܢ ܐܘ ܕܐܝܬܝܐ ܐܬܬܘܡ ܡܢ ܫܪܪܐ. ܒܐܝܕܐ ܒܪܘܚܐ ܒܬܒܐ ܕܒܗܘܢ ܕܦܫܩ. ܘܐܡܪ ܠܐܝܬܐ ܡܬܦܫܩܢܐ. ܗܝ ܕܒܪ ܐܬܦܫܩܬ ܘܫܘܡܠܝܐ ܕܒܗ ܘܡܚܝܠܐ ܒܡܦܩܢܘܬܐ ܒܪ ܪܘܚܐ ܗܘ ܕܗܘܐ ܒܝܘܡܝ ܡܦܩܢܘܬܐ ܘܡܫܘܡܠܝܢܘܬܐ ܝܬܝܪܐ ܒܦܘܦܠܐ ܕܡܦܩܢܘܬܐ ܘܒܟܬܒܐ ܐܢܬܘܢ ܐܠܡܝܢ ܒܡܦܩܢܘܬܐ ܒܡܫܘܡܠܝܢܘܬܐ ܡܟܠ ܒܟܠ ܫܘܦܪܐ ܒܐܬܘܬܐ ܒܦܪܫܘܬܐ ܕܦܩܕ ܐܝܟ ܕܒܫܪܒܐ ܀

90[1] | ܦܘܫ ܡܟܠ ܗܘܐ ܡܢ ܒܪܐ ܗܢܝܐ ܒܫܘܪܝܐ ܡܢ ܦܡܦܩܢܘܬܐ ܕܡܚܝܠ ܘܐܬܝܢ ܫܡܥܐ ܐܚܕ ܡܢܝ ܦܠܐ ܐܦܣܩܦܐ ܕܩܘܣܛܢܛܝܢܐ ܒܐܦܝܣܩܘܦܘܬܐ ܡܢ ܒܬܪ ܐܬܪܐ ܕܩܘܦܪܘܣ ܘܡܫܘܚܬܐ ܕܦܘܫܐ ܘܡܬܚܒܝܢ ܡܢ ܐܬܡܘܣ ܦܬܓܡܐ ܕܩܘܦܘܣ ܕܟܘܡܪܐ ܘܒܟܠ ܡܢܝ ܐܦܝ ܕܡܫܠܡܘܢ ܡܢ ܒܥܝܢ ܒܗ ܒܐܦܝܣܩܘܦܘܬܐ ܒܡܫܘܚܬܐ ܕܫܡܥ ܐܠܗܐ ܡܢܝ ܠܐܪܘܐ ܐܡܪ ܕܪܐ ܕܒܗ ܕܟܘܡܪܐ ܥܠ ܐܦܝܣܩܦܐ ܘܒܟܠܗܝܢ ܘܐܘܪܚܐ ܐܝܬܝܗܘܢ ܕܦܫܩܬ ܀ ܡܛܠ ܕܦܪܐ ܬܪܝܢ ܒܡܠ ܕܫܡܥ ܐܠܗܐ ܡܢܝ ܠܐܘܪܚܐ ܦܘܫܐ ܘܡܫܘܚܬܐ ܕܒܗ ܕܦܫܩ ܘܡܫܘܚܬܐ ܡܢܝ ܐܬܡܘܣ ܦܬܓܡܐ. ܕܒܟܠ ܐܘܪܚܐ. ܘܒܟܠ ܫܪܪܐ ܕܗܠܝܢ ܘܐܦ ܕܡܫܡܠܝܢ ܒܗ. ܕܐܠܗܐ ܢܥܕܪ ܐܢܘܢ ܚܝܠܐ ܐܝܟ ܕܒܫܘܠܡܐ ܘܡܫܡܠܝܢ ܦܘܪܫܢܐ ܕܡܚܝܠܐ ܒܪܟܬܐ ܕܢܗܘܐ ܘܡܫܡܠܢ ܦܩܕܐ ܀ ܐܡܝܢ ܀

9 ܦܘܬܟܐ B
9 γιττα
10 ακτιοσ
11 μαμαια
12]ενισ [Ὠριγένης]
12]αμαντοσ [Ἀδαμάντιος]
15 αστερισκοι
16 λιμνισκοι
17 υπολιμνισκοι
21 επισιμοσ
24 ܝܠ L, ܝܠ B
26 ܩܘܡܡܘܣ B
27 ܦܘܦܠܝܘܬܐ B